新视点 知识产权

INTELLECTUAL PROPERTY
IN EUROPEAN UNION
(SECOND EDITION)

欧盟知识产权法

（第二版）

李明德　闫文军　黄　晖｜著

法律出版社
LAW PRESS · CHINA
北京

图书在版编目(CIP)数据

欧盟知识产权法 / 李明德，闫文军，黄晖著. -- 2版. -- 北京：法律出版社，2023
ISBN 978-7-5197-7512-4

Ⅰ. ①欧… Ⅱ. ①李… ②闫… ③黄… Ⅲ. ①知识产权法-研究-欧洲联盟 Ⅳ. ①D950.3

中国国家版本馆 CIP 数据核字(2023)第 019296 号

欧盟知识产权法(第二版)
OUMENG ZHISHICHANQUANFA(DI-ER BAN)

李明德 闫文军 黄 晖 著

责任编辑 赵明霞 王 斓
装帧设计 汪奇峰

出版发行 法律出版社
编辑统筹 法商出版分社
责任校对 王晓萍 王语童
责任印制 胡晓雅
经 销 新华书店

开本 787 毫米×1092 毫米 1/16
印张 42.25 字数 1006 千
版本 2023 年 5 月第 2 版
印次 2023 年 5 月第 1 次印刷
印刷 三河市龙大印装有限公司

地址：北京市丰台区莲花池西里 7 号(100073)
网址：www.lawpress.com.cn
投稿邮箱：info@lawpress.com.cn
举报盗版邮箱：jbwq@lawpress.com.cn

销售电话：010-83938349
客服电话：010-83938350
咨询电话：010-63939796

书号：ISBN 978-7-5197-7512-4 定价：158.00 元

凡购买本社图书，如有印装错误，我社负责退换。电话：010-83938349

作 者 简 介

李明德 1956年出生于甘肃省。现任中国社会科学院知识产权中心名誉主任,中国社会科学院大学特聘教授,中国社会科学院法学研究所研究员。兼任中国法学会学术委员会委员,中国法学会知识产权法研究会常务副会长,国家知识产权专家咨询委员会委员,国家社科基金学科评审组专家。

1978年10月进入北京大学,在历史系获得学士学位,在法律系获得硕士和博士学位。1991年7月进入中国社会科学院法学研究所工作。1995年1月至1997年1月,在美国华盛顿大学法学院做访问学者;2001年2月至8月,在德国马普外国与国际专利、著作权和竞争法研究所任客座研究员;2006年10月至2007年3月,在日本知识产权研究所任特聘研究员。多次参加世界知识产权组织、联合国教科文组织和美国、德国、英国、日本、韩国、新加坡和印度等国组织的国际会议,用英文发表有关知识产权的演讲。

主要著作有《美国知识产权法》(法律出版社2003年第一版,2014年第二版,荣获中国社科院法学研究所和国际法研究所首届法学研究优秀科研成果一等奖,中国社会科学院第七届优秀科研成果三等奖),《欧盟知识产权法》(合著,法律出版社2010年版),《日本知识产权法》(合著,2020年版),《著作权法》(合著,法律出版社2003年第一版,2009年第二版,被教育部指定为普通高等教育"十一五"国家级规划教材),《知识产权法》(法律出版社2007年版,被列为"21世纪法学规划教材"),《特别301条款与中美知识产权争端》(社科文献出版社2000年版)。在《法学研究》《环球法律评论》《知识产权》《中国版权》等刊物上,发表论文一百二十余篇。

闫文军 1967年出生于山东省。现任中国科学院大学教授、博士生导师,知识产权学院副院长,中国知识产权法学研究会常务理事,中国知识产权研究会常务理事。

1990年、1996年毕业于北京大学,分别获得历史学学士学位和法学硕士学位。1996年至2006年,任山东省高级人民法院法官。2003年至2006年,在中国社会科学院攻读知识产权方向博士,获得法学博士学位。2004年8月至2005年2月,在日本知识产权研究所做访问学者。2006年7月起,在中国科学院大学任教。2016年2月至2017年2月,在美国华盛顿大学法学院做访问学者。

出版《专利权的保护范围》(法律出版社2007年版,2018年第二版),《专利法学说与案例研究(一)》(知识产权出版社2015年版),《知识产权教程》(主编,科技出版社2015年版),《日本知识产权法》(合著,法律出版社2020年版),《依法治国视野中的科技与法律》(主编,知识产权出版社2020年版),《专利法》(中国人民大学出版社2022年版)。在《知识产权》、

《专利法研究》、《科学学研究》、《电子知识产权》、《法学》、《中国知识产权报》、《科技日报》、日本《知财管理》等报刊发表专业论文五十余篇。

黄 晖 1968年出生于重庆市。现任万慧达知识产权合伙人及管理委员会成员,中国社会科学院知识产权中心兼职研究员,中国国际经济贸易仲裁委员会网上争议解决中心专家,中国法学会知识产权法研究会理事,北京君策知识产权发展中心副理事长,国家知识产权专家咨询委员会委员。

1990年毕业于外交学院,继而在原国家工商行政管理总局工作。2002年加盟万慧达知识产权。师从中国社会科学院郑成思教授,从事商标法等知识产权的专业研究,获得民商法学博士学位。后在法国斯特拉斯堡大学留学,获得私法博士学位。

著有《中国商标及不正当竞争案例精要》(知识产权出版社2021年版),《使用对商标保护范围的影响:中欧比较法研究》(LexisNexis,2020年法文版),《商标法》(法律出版社2004年第一版,2016年第二版),《欧盟知识产权法》(合著,法律出版社2010年版),商标法专论《驰名商标和著名商标的法律保护》(法律出版社2001年版)。参与编写《WTO知识产权协定常识问答》,担任《中国商标四十年1978－2018》联合主编、《中国商标报告》(第1～12卷)执行主编、《中华商标》杂志编委会委员。翻译《法国知识产权法典(法律部分)》(商务印书馆1999年第一版,2017年第二版)。另著有多篇专业论文。

第二版序言

《欧盟知识产权法》第一版问世于2010年。在第一版中,几位作者运用2009年以前的资料,梳理和论述了欧盟层面上的知识产权法。其中的“资料”,包括《欧共体条约》有关知识产权的规定,欧盟发布的知识产权指令、条例以及欧盟法院作出的相关判决。其中的“知识产权法”,则涉及了总论、版权、专利、商标以及知识产权与竞争法,共计五编十九章。本书第一版问世后,获得了学术界和实务界的积极评价。毕竟,这是世界第一部系统论述欧盟知识产权法,尤其是相关判例法的中文专著。

自本书第一版问世之后,欧盟本身和欧盟层面的知识产权法律,都发生了令人瞩目的变化。首先,欧共体升级为欧盟。现在的欧盟是由1958年成立的欧洲经济共同体发展而来。1992年,欧洲经济共同体的12个成员国缔结了《欧洲联盟条约》。2009年12月,欧盟27个成员国缔结的《里斯本条约》生效,不仅修订了《欧洲联盟条约》,而且在原来的《欧共体条约》的基础上制定了新的《欧盟运行条约》。随着这些条约的生效,原来的欧洲经济共同体终于升级为欧洲联盟。与欧盟的上述发展脉络相对应,本书的第一版主要依据《欧共体条约》讨论欧盟知识产权法。因而在机构名称上,更多地使用了欧共体议会、欧共体理事会、欧共体委员会、欧共体法院的称谓。而现在的第二版,则主要依据《欧盟运行条约》讨论欧盟知识产权法,因而在机构名称上统一使用了欧盟议会、欧盟理事会、欧盟委员会和欧盟法院的称谓。

其次,在2010年以后,欧盟立法机关针对知识产权保护和共同市场的运行,发布了一系列新的指令和条例。在版权方面,欧盟相继发布了《孤儿作品指令》(2012年),《版权和相关权集体管理指令》(2014年),《盲人和视力障碍者使用某些作品和客体所涉及的版权和相关权指令》及其条例(2017年),《数字单一市场版权和相关权指令》(2019年),以及《广播电视在线传播指令》(2019年)。在商标方面,欧盟于2008年和2015年两度修订《商标指令》,于2009年、2015年和2017年三度修订《商标条例》,进一步强化了商标保护。在专利方面,欧盟理事会通过了《欧盟统一专利条例》(2012年),一些成员国缔结了《统一专利法院协议》(2013年)。虽然有关专利的条例和协议尚未生效,但显示了成员国在欧盟层面上强化专利保护所做出的努力。在制止不正当竞争方面,欧盟还于2016年发布《商业秘密保护指令》,协调了成员国商业秘密保护的规则。

最后,欧盟法院持续针对版权、商标、专利、外观设计方面的指令和条例,作出了大量的判决。这些判决,或者澄清相关指令、条例中所用术语的含义,或者通过阐释指令、条例的规定,确立了一系列具体规则,进而指导了成员国法院对于相关纠纷的判决。与此相应,欧盟法院的判决,也被称为判例法(case law),与知识产权方面的指令和条例,具有同等的法律效力。指令和条例中的一些规定,包括那些抽象和模糊不清的术语,在欧盟法院的判决中具有了崭新的意义。显然,欧盟法院的系列判决,使得我们对于欧盟关于知识产权的指令和条例以及相关的规则,有了具体而清晰的认识。

此外,无论是依据原来的《欧共体条约》还是现在的《欧盟运行条约》,欧盟在经济和共同市场方面的目标是,实现商品、服务、资金和人员的自由流动。然而自2008年以后,欧盟在相关的文件中又提出了第五个自由流动,也即知识和创新成果的自由流动。这一方面显示了对于知识产权和创新成果予以保护的高度重视,另一方面也彰显了让创新成果广泛传播,惠及社会公众,促进社会经济发展的意图。至少是在版权领域,欧盟所发布的指令和条例,更加侧重于作品、表演、录音和广播的传播,以及权利的限制与例外对于社会公众获得知识和创新成果的作用。这是一个值得我们注意的发展动向。

显然,自本书第一版出版以来欧盟上述几个方面的发展,尤其是2010年以来发布和修订的指令、条例,以及欧盟法院的大量判决,都应当反映在《欧盟知识产权法》的第二版中。在修订的过程中,几位作者针对总论、版权、专利和商标四个部分,不仅补充和论述了新近发布和修改的指令、条例,而且重新讨论了原有的指令和条例,不仅补充和论述了欧盟法院新近作出的有关判决,而且重新讨论了原有的判决。事实上,很多章节都是依据相关的指令、条例和判决而重新撰写的。

在本书的写作中,尤其是在第二版的修订中,几位作者使用了欧盟法院有关知识产权的大量判决。这些判决,既涉及商品和服务的自由流动与知识产权保护的关系,又涉及相关指令和条例的解读。正是通过这些判决,欧盟法院不仅深入解读了相关法律规定和法律术语的含义,而且提出了在共同市场背景下有效保护知识产权的指引。显然,如果没有这些判决,或者作者们没有使用这些判决,对于欧盟知识产权法的论述,必将停留在枯燥的条文解读和抽象的法律逻辑之中。梳理和阅读欧盟法院的相关判决,进而落实在具体的章节之中,确实是一件耗费时日和精力的工作。然而,这又是一件非常有意义的工作。至少,引用和论述欧盟法院的大量判决,已经成为本书的突出特征之一。

就本书的第二版而言,最大的遗憾是郃中林博士不能参加有关的修订工作。郃博士一直担任最高人民法院的法官,先后在知识产权审判庭、研究室、外事合作部门工作。自2021年起,他又担任最高人民法院知识产权法庭的副庭长,主持法庭的日常工作。按照全国人大常委会的授权,知识产权法庭统一受理来自全国各地技术类案件的二审,相当于美国的联邦巡回上诉法院和日本的知识产权高等法院。受理的二审案件,包括了发明专利、实用新型专利、植物新品种、集成电路布图设计、技术秘密、计算机软件和垄断纠纷案件。郃博士既要主持法庭的日常工作,又要参与大量案件的审理,自然是分身乏术。经过再三考虑,他决定不参与本书第二版的修订工作,以免影响其他部分的修订和出版。

在本书的第一版中,郃中林博士撰写的是第五编"知识产权与竞争法"。事实上,在欧盟法院早期有关知识产权的案件中,无论是案件的双方当事人,还是成员国的法院,都是从竞争法或者反垄断法的角度,提出了有关版权、专利、商标与共同市场关系的问题。而欧盟法院也不得不从是否有协议垄断和滥用市场支配地位的角度,阐述有关知识产权保护的问题。当然在后来,欧盟法院逐渐将有关版权、专利、商标的保护,与商品和服务在共同市场上的自由流动结合起来,解决知识产权保护与共同市场关系的问题。尽管如此,关于知识产权行使中的协议问题,某些专利权人所具有的市场支配地位,仍然是竞争法或者反垄断法所关注的问题。

近年来，有关标准必要专利的许可费用问题，再次成为知识产权法和竞争法关注的焦点，说明了二者的密切关系。期望在本书的第三次修订中，郃中林博士可以就此做出详细论述。

人类的创新活动没有止境，而市场竞争模式也在持续发展之中。由此之故，世界各国的立法机关和司法机关，也包括欧盟的立法机关和司法机关，都在不断调整知识产权制度，既保护创新成果，又促进社会经济的迅速发展。可以预见，在未来的若干年里，欧盟将继续调整其知识产权制度，通过立法机关发布或者修订指令、条例，通过欧盟法院的相关判决，回应创新活动和市场经济所带来的挑战。我们也期望能在不久的将来再次修订《欧盟知识产权法》，将相关的研究成果呈现给读者。

李明德

写于 2023 年 1 月

第一版序言

2001 年 2 月到 8 月,作为“中欧高等教育合作项目”(EU – China Higher Education Cooperation Program)资助的学者,我来到位于德国慕尼黑的“马普外国与国际专利、反不正当竞争和版权法研究所”①(Max – Planck – Institute for Foreign and International Patent, Unfair Competition, and Copyright Law)担任客座研究员。当时的研究题目是“网络环境中的版权保护”,指导者则是国际著名的版权学家 Adolf Dietz 教授。

在 6 个月的时间里,我阅读了大量有关德国、法国、英国和欧共体的版权法论著,以及有关专利、商标和反不正当竞争法的论著。随着研究过程的不断深入,尤其是在大量阅读了有关欧共体版权、专利和商标资料的过程中,逐步萌生了写一部《欧盟知识产权法》的念头。按照初衷,是想将欧盟知识产权法,尤其是欧共体层面上有关知识产权的指令、条例和判例,介绍给中国的读者。当然,这部专著不会涉及欧盟成员国如德国、法国的知识产权法。因为,讨论欧盟各个成员国的知识产权法律,应当属于另外的研究课题。

应该说,在 2001 年的时候,欧盟知识产权法律体系已经初步形成。在此之前,欧共体已经在 20 世纪 80 年代和 90 年代,颁布了《集成电路布图设计保护指令》《商标协调指令》《欧盟商标条例》《外观设计指令》《共同体植物品种权条例》《生物技术指令》,以及版权方面有关计算机软件、数据库、保护期、出租权与出借权、卫星广播与有线转播的一系列指令。进入 21 世纪以来,欧共体又颁布了《社会信息版权指令》《追续权指令》《外观设计条例》《知识产权实施指令》等。显然,有了这样一系列的立法,有了成员国对于相关立法的贯彻执行,再加上欧共体法院的相关判例,一个欧盟知识产权法律体系就展现在了我们的面前。

从某种意义上说,慕尼黑是德国和欧洲的知识产权中心。就德国而言,联邦政府的专利商标局就设在慕尼黑,除了从事专利授权和商标注册的工作,还兼管版权方面的事务。德国的很多著作权集体管理组织,例如德国音乐著作权集体管理协会、德国文字著作权集体管理协会,也设立在慕尼黑。就欧洲而言,著名的《欧洲专利公约》于 1973 年签订于慕尼黑,依据这个公约建立的欧洲专利局也设立于慕尼黑,与德国专利商标局毗邻。截至目前,欧洲专利公约组织已经有 34 个成员国,包括了欧盟的所有成员国。至于马普知识产权法研究所,其研究人员不仅研究德国的知识产权法律问题,而且对欧共体层面上的很多问题都有深入的研究。据说,欧共体有关版权、专利和商标的很多立法,都是来自马普知识产权法研究所的研究成果。马普知识产权法研究所的一大批研究人员,也都是积极推动欧盟知识产权法律一体化

---

① 该研究所自 2002 年更名为“马普知识产权法与税法研究所”(Max – Planck – Institute for Intellectual Property and Tax Law)。

的学者。

马普知识产权法研究所位于慕尼黑市区的中心,同时又紧邻著名的"英国公园"。静静流淌的伊萨河水,将慕尼黑大学、德意志博物馆、欧洲专利局和德国专利商标局连成一线。风和日丽的时候,常常约几位朋友漫步公园,或者高谈阔论,或者到公园里的"中国塔"下豪饮一大杯黑色或浅色啤酒,然后回到研究所的阅览室里,潜心于有关欧盟知识产权法的论著之中。马普知识产权法研究所的图书馆藏有大量的知识产权方面的图书、期刊和报告。其资料之齐全,令人叹为观止。而徜徉于那些巨大的书柜之间,又总会生发吾辈渺小的感觉。从图书馆出来,穿过"英国公园",或前往南边的慕尼黑大学参加相关的学术会议,或前往北面的欧洲专利局和德国专利商标局,与人相约讨论问题,又会觉得有关欧盟知识产权法的思绪逐渐清晰了起来。正是在这样的气氛之中,撰写一部《欧盟知识产权法》的念头,逐步坚定了下来。

然而,2001 年 8 月回国以后,拟议中的《欧盟知识产权法》却迟迟没有动手。直到 2007 年年底,才开始着手撰写的工作。为了让计划中的论著早日问世,同时也为了减轻自己的工作负担,我决定约请黄晖、闫文军和郃中林三位先生,共同完成相关的撰写工作。他们都是毕业于中国社会科学院知识产权中心的博士,也是各自领域中的顶尖学者。黄晖博士早年在国家工商行政管理总局商标局工作,对于商标制度具有独到的研究。他的专著《驰名商标和著名商标的法律保护》问世后,对于中国的商标法学和商标实务产生了重大的影响。闫文军博士原来是山东省高级人民法院知识产权审判庭的法官,参与过很多有关专利的审判工作。他的专著《专利权的保护范围》出版后,也在国内的专利法学和专利实务界产生了积极的影响。郃中林博士长期在最高人民法院知识产权审判庭工作,并且担任过竞争合议庭的审判长。他的博士论文"技术许可的反垄断规制",着重研究了《欧共体条约》中竞争法的规定与知识产权的关系,目前正在出版之中。基于这样的学术背景,由他们撰写欧盟知识产权法中的相关部分,再合适不过了。

本书的撰写工作主要是在 2009 年完成的,相关的资料也以 2009 年 12 月为截止时间点。其中,我本人撰写了"总论"和"版权"两编,闫文军撰写了"专利、外观设计和植物新品种"一编,黄晖撰写了"商标"一编,郃中林撰写了"知识产权与竞争法"一编。按照开始的设想,各编之间相互独立,每位作者根据自己讨论的主题,设计一定的章节,将相关的问题容纳进去。同时,将五个相互独立的部分合在一起,又会构成一部完整的《欧盟知识产权法》。而且,如果将来有必要,每位作者还可以在现有内容的基础之上,将自己撰写的部分扩充为一部单独的专著。显然,随着欧盟知识产权法律一体化的进程,随着欧盟法院相关判决的不断产生,撰写单独的欧盟版权法、专利法、商标法、竞争法与知识产权法,只是一个时间的问题。

对于欧洲联盟或者欧共体来说,2009 年无疑是一个非常重要的年份。就在这一年,替代欧盟宪法草案的《里斯本条约》获得了欧盟 27 个成员国的批准。随着《里斯本条约》于 2009 年 12 月 1 日生效,原来的欧共体为欧洲联盟所取代。原来的《欧洲联盟条约》仍然延续其名称,而原来的《欧共体条约》则更名为《欧盟运行条约》(The Treaty on the Functioning of European Union)。在此基础之上,《欧盟运行条约》还重新编排了条文的顺序。例如,原来《欧共体条约》中有关商品自由流动的第 28 条、第 29 条和第 30 条,现在变为《欧盟运行条约》中的第 34 条、第 35 条和第 36 条。又如,原来《欧共体条约》中有关竞争法原则的第 81 条和第 82 条,现在变为《欧盟运行条约》的第 101 条和第 102 条。不过,这种条文顺序的变化,对于本书的影响并不是很大。首先,这种变化仅限于条文编排顺序的变化,不涉及有关商品自由流动和竞争法内容的变化。其次,本书所使用的欧盟立法资料和相关的报告,欧盟法院的判决,以及相关的学术论著,都是基于原有的《欧共体条约》和原有的序号。而《欧盟运行条约》刚刚开始生效,使用新条文顺序的资料还有待于出现。所以我们决定,不在匆忙之间对条约的名称和序号做出变更。

欧洲经济共同体自 1958 年建立以来,欧洲经济一体化的进程就在不断进行之中。近年来,随着经济一体化的加速发展,还出现了政治一体化的要求。应该说,在欧洲经济一体化的过程中,知识产权制度的一体化始终是一个重要的环节。因为,知识产权的保护不仅与商品、服务、人员和资金的自由流动密切相关,而且促进了欧盟经济和社会的快速发展。欧盟和各个成员国,都非常重视和鼓励创新,以及对于创新成果的保护。与此相应,欧盟知识产权的保护和知识产权制度的一体化,就是一个值得持续关注的课题。我们期待着在不久的将来,对《欧盟知识产权法》做出进一步的修改。

李明德

2009 年 12 月于北京

目　　录

第一编　总　　论

第三编　专利、外观设计、植物新品种和商业秘密

第四编　欧盟商标法

Contents

Part Ⅰ Introduction

Part Ⅲ Patent, Design, New Varieties of Plants, and Trade Secrets in European Union

PartI Ⅳ Trademark in European Union

第一编

总　论

欧盟知识产权法，主要是指欧盟层面上有关知识产权的指令、条例和欧盟法院的相关判决。欧盟知识产权法的发展，可以划分为两个阶段。第一个阶段是1958年至1993年，欧洲经济共同体依据《欧共体条约》，从建立经济共同体和单一市场的宗旨出发，颁布了一系列协调成员国知识产权法律的指令，并且创设了若干在欧共体范围内一体有效的知识产权条例。这可以称为"欧共体时代的知识产权法"。第二个阶段是从1993年欧盟单一市场建成以后，欧盟依据《欧洲联盟条约》和《欧共体条约》(2010年更名为《欧盟运行条约》)，颁布或者修订了一系列知识产权指令，以及颁布和修订了一系列知识产权条例。这可以称为"欧盟时代的知识产权法"。当然，从今天欧盟已然成立的角度来看，也可以笼统地将两个阶段的知识产权指令、条例和判决，统称为"欧盟知识产权法"。

按照《欧盟运行条约》(原来为《欧共体条约》)和《欧洲联盟条约》，对于欧共体或者欧盟颁布的指令和条例，成员国必须加以贯彻执行。通常，成员国都会依据欧盟的指令和条例，修订国内的知识产权法律，使之与欧盟的指令和条例一致起来。这样，成员国就将国内的知识产权法律，纳入了欧盟指令和条例的范围之内。在欧盟知识产权法律体系形成的过程中，欧盟法院发挥着非常重要的作用。通过一系列典型判例，欧盟法院不仅解释了《欧盟运行条约》(原来为《欧共体条约》)的相关条文，而且解释了知识产权指令和条例的相关规定，从而确保了欧盟知识产权法律的一致性。与此相应，也就形成了以《欧盟运行条约》(原来为《欧共体条约》)为核心，由欧盟的知识产权指令、条例和欧盟法院的相关判例，由成员国的知识产权法律和相关判例所构成的知识产权法律体系。这个法律体系的形成，不仅有助于欧盟的建设和单一市场的运行，而且促进了成员国知识产权法律的一体化。

本编主要讨论欧盟知识产权法中的一般问题，如欧洲联盟与欧共体，《欧盟运行条约》(原来为《欧共体条约》)与知识产权，单一市场与权利用尽，以及欧盟知识产权法律的协调和一体化。至于具体的版权、专利、商标，则留待后面的章节讨论。

第一章　欧洲联盟与欧共体

本章简要介绍欧盟的起源与发展，欧盟的机构与法律制度，以及作为欧盟核心的欧洲经济共同体和《欧盟运行条约》（原来为《欧共体条约》）。了解这些内容，将有助于了解后面所要讨论的欧盟知识产权法。

第一节　欧盟的起源与发展

一、欧盟的起源

历史上的欧洲，一直处于分裂状态。大大小小的国家，或以邻为壑，或合纵连横，经常陷于血腥的战争之中。长期的纷争，不仅导致了第一次世界大战，而且导致了将更多国家和人民拖入战争的第二次世界大战。“二战”结束之后，许多欧洲人都在思考，如何避免战争，实现持久和平。

在当时所提出的各种思路之中，有一种主张认为，欧洲各国应当加强经济合作，尤其是加强煤炭和钢铁等重要物资方面的合作，从而避免战争。1950 年 5 月 9 日，在欧洲各国举行的部长理事会上，法国外长舒曼提出了一个计划，建议成立一个共同机构，管理联邦德国和法国的煤炭、钢铁生产，以消除法德之间的紧张关系。根据建议，这个机构除了法国和联邦德国之外，还将邀请其他一些欧洲国家参与，并在未来形成一个欧洲联邦。这个计划史称“舒曼计划”，而发表这一计划的 5 月 9 日，也被作为“欧洲日”而加以纪念。

自 1950 年 6 月开始，法国、联邦德国、意大利、比利时、荷兰和卢森堡 6 国的代表，以“舒曼计划”为基础谈判制定欧洲煤钢共同体条约。到了 1951 年 4 月 18 日，上述六国在法国巴黎签订了《欧洲煤钢共同体条约》。1952 年 7 月 25 日，条约正式生效，法国、联邦德国、意大利、比利时、荷兰和卢森堡也正式成为欧洲煤钢共同体的 6 个初始成员国。由于后来的欧洲经济共同体和欧洲联盟，都是在欧洲煤钢共同体的基础上发展起来的，这 6 个国家也成为欧洲经济共同体和欧洲联盟的创始国。

欧洲煤钢共同体的建立是欧盟发展的起点，也是一件具有划时代意义的事情。然而，6 个成员国并不满足于煤钢共同体的成功，继续探索 6 国成为一个更为广泛的经济共同体的可能性。从 1956 年开始，6 个成员国开始谈判建立欧洲经济共同体的条约。1957 年 3 月 25 日，6 国在意大利罗马签订了《欧洲经济共同体条约》。该条约于 1958 年 1 月 1 日生效，欧洲经济共同体也由此而诞生。由于原子能是一种新型能源，法国、联邦德国、意大利、比利时、荷兰和卢森堡 6 国，还同时（1957 年 3 月 25 日）签订了《欧洲原子能共同体条约》，以便和平开发和利用原子能。该条约也在1958年1月1日生效。

1958年1月生效的两个条约,在欧盟的发展史上是一个具有里程碑意义的事件。一方面,6国签订的《欧洲经济共同体条约》,确立了一个共同市场,方便了人员、货物和服务的自由流动。另一方面,《欧洲经济共同体条约》和《欧洲原子能共同体条约》,再加上原来的《欧洲煤钢共同体条约》,构成了三个相互联系的共同体,从而大大扩展了6个国家在经济方面的合作。事实上,后来所说的欧共体(European Communities),就是指上述三个相互联系的共同体。

到了20世纪60年代,由6个国家所形成的共同体,在经济方面主要执行了两项措施。一是从1962年7月开始,执行共同农业政策(Common Agricultural Policy),共同管理各国的农业生产和农产品的流通。根据这项政策,各国农民就自己所生产的农产品,可以同样的价钱在市场上销售。与此相应,农民的生产积极性大大提高,很快就实现了农产品的充分供给,并且有了很大的剩余。二是从1968年7月1日开始,6国之间取消了货物进口关税,从而在历史上第一次实现了跨越边境的自由贸易。与此相应,6国作为一个共同市场,在与其他国家贸易时,执行统一的进口关税。这项政策的执行,不仅造就了世界上最大的经济贸易体,而且促进了6国共同体与欧洲和世界其他国家贸易的发展。

随着欧共体的建立和发展,以及各项经济政策的实施,其促进经济发展的优势很快显示了出来。在这种情形之下,一些欧洲国家开始考虑加入欧洲经济共同体的可能性。例如,英国、丹麦、爱尔兰和挪威都在60年代提出过加入欧共体的请求。到了1973年1月1日,丹麦、英国和爱尔兰正式加入欧共体。欧共体的成员国也随之由原来的6个国家,变成了9个国家。随后,希腊于1981年1月成为欧共体成员,葡萄牙和西班牙于1986年1月成为欧共体成员。这样,欧共体的成员国就达到了12个。

尽管欧洲的一体化进程不断强化,但欧共体各国仍然觉得应当进一步加强各成员国之间的联系,以促进欧洲经济的发展。1986年2月,欧共体各成员国缔结了《单一欧洲法令》(the Single European Act),于1987年7月生效。这个法令不仅修订了此前的三个共同体条约,而且规定在1992年年底以前建成统一的内部市场。为了建成这样的单一市场,各成员国必须将自身的相关法律一体化,扫除形成单一市场的各种障碍。

在国际政治方面,1989年发生了柏林墙的倒塌和以苏联为首的东欧集团的崩溃。这一方面促成了德国的统一,使原来的东德在德国统一后成为欧共体的一个部分。另一方面,这种巨变也使许多东欧国家有可能加入欧共体,从而使欧洲一体化有可能在一个更为广泛的基础上推进。①

二、欧盟的建立与发展

1993年1月,拟议中的单一内部市场建成,实现了欧共体内部货物、服务、人员和资金的自由流通。与此同时,欧共体的12个成员国还于1992年2月,在荷兰的马斯特里赫特签订了旨在建立欧洲联盟的《欧洲联盟条约》。到了1997年10月,欧共体各成员国又签订了《阿姆斯特丹条约》,不仅进一步吸纳了《马斯特里赫特条约》以来的成果,修订了《欧洲联盟条约》,

① 以上内容,参见欧盟网站有关欧盟的介绍(https://european-union.europa.eu/index_en)。

而且修订了原有的三个共同体条约,即《欧洲煤钢共同体条约》、《欧洲经济共同体条约》和《欧洲原子能共同体条约》。随着《阿姆斯特丹条约》的修改,《欧洲联盟条约》和三个共同体条约还重新编排了条文的顺序。2001 年 2 月,12 个成员国签订《尼斯条约》,再次对《欧洲联盟条约》和三个共同体条约进行了修订。

随着经济一体化的深入,又有两项重大举措得以实施。一是在 1995 年 3 月,比利时、荷兰、法国、德国、卢森堡、葡萄牙和西班牙 7 国,在卢森堡的一个名为"申根"的小镇,签订了有关人员自由流动的协定。随后,又有更多的欧盟成员国加入了"申根协定"。按照这个协定,成员国的国民和持有成员国签证的旅行者,可以在成员国之内自由旅行,不再接受护照的检查。显然,"申根协定"为成员国之内人员的自由流动创造了条件。二是 1999 年 1 月,比利时、法国、德国、西班牙、葡萄牙、荷兰、卢森堡、芬兰、爱尔兰、意大利 10 个成员国缔结协议,准备建立一个单一货币体系,也即欧元体系或欧元区域。希腊也在 2001 年决定加入欧元体系。但英国、丹麦和瑞典则决定暂时不加入欧元体系。显然,单一货币体系的确立,也极大地方便了货物、服务、人员和资金的流动。

欧盟的成员国数量也在不断扩大。到了 1995 年 1 月,奥地利、瑞典、芬兰正式加入欧盟。欧盟的成员国也随之而上升为 15 个国家。1997 年,欧盟开始考虑保加利亚、罗马尼亚等东欧国家的加入申请。2004 年 5 月,捷克、立陶宛、爱沙尼亚、拉脱维亚、波兰、匈牙利、斯洛文尼亚、斯洛伐克、马耳他和塞浦路斯正式加入欧盟。2007 年 1 月,保加利亚和罗马尼亚正式加入欧盟。2013 年 7 月,克罗地亚正式加入欧盟。这样,欧盟的成员国数量就达到了 28 个。与此同时,阿尔巴尼亚、波黑、马其顿、科索沃、黑山、土耳其等国,也在申请加入欧盟。

随着欧洲经济一体化和欧盟的不断扩张,当时的 25 个成员国于 2004 年 10 月签订了《欧盟宪法条约》(Treaty Establishing a European Constitution),准备将 25 个或者更多成员国的决策机制一体化,包括建立一个欧盟外交部,以处理相关的外交事务。然而,这个宪法条约在荷兰和法国的全民公决中,却遭到了否定。与此相应,欧盟在政治上一体化的进程受到了挫折。

2007 年 12 月 13 日,当时的 27 个成员国签署了《里斯本条约》(The Treaty of Lisbon),其目的是在欧盟的层面上建立一个更为现代的组织机构和更为有效的工作机制,以便欧盟作为一个整体来应对全球化、气候变暖、安全和能源方面的挑战。一方面,《里斯本条约》修订了《欧洲联盟条约》,强化了欧盟的组织机构。从这个意义上说,《里斯本条约》是一个新版本的欧盟宪法条约。另一方面,《里斯本条约》大幅修订了此前的《欧共体条约》,并且将其更名为《欧盟运行条约》(Treaty on the Functioning of European Union)。根据规定,修订后的《欧洲联盟条约》和《欧盟运行条约》,共同构成欧盟得以建立的基础。①

根据生效程序,《里斯本条约》将在 27 个成员国批准后生效。按照预定的计划,条约将在 2009 年 1 月 1 日生效。虽然很多欧盟成员国批准了条约,但在 2008 年 6 月爱尔兰举行的全民公决中,《里斯本条约》再次遭到否定。《里斯本条约》和更为紧密的欧洲联盟的前程,又蒙上了阴影。不过,随着全球金融危机的出现,爱尔兰于 2009 年 10 月再次对《里斯本条约》进行公投,获得了 67% 的支持。随后,爱尔兰总统于 10 月 15 日签署条约。到了 2009 年 11 月 3 日,波兰总统签署《里斯本条约》。至此,《里斯本条约》在欧盟 27 个成员国都获得批准,于

---

① Article 1, The Treaty of European Union.

2009 年 12 月 1 日起生效。随后,比利时首相范龙佩当选为欧盟理事会主席(相当于欧盟总统),英国外交大臣米利班德当选为负责外交和安全事务的代表(相当于外交部部长)。随着这一系列事件的发生,一个联邦式的欧洲联盟已经隐约产生了。[①]

自 2010 年以后,欧盟的各项事务似乎都在平稳的发展之中。然而,欧盟(欧共体)从 6 个国家发展到 12 个国家,再从 12 个国家发展到 25 个国家,甚至 28 个国家,本身就蕴含了一系列不稳定的要素。例如,北欧成员国与南欧成员国,西欧成员国与东欧成员国,不仅在文化传统和价值取向上存在着种种不同,而且在经济、社会和政治利益的诉求上也在存着种种不同。其实,2004 年《欧盟宪法条约》在荷兰和法国的全民公决中遭到否决,2007 年的《里斯本条约》在爱尔兰的全民公决中遭到否决,已经说明欧盟在快速发展中存在大量的不稳定因素。由于政治、经济、文化传统上的差异,欧盟成员国在一些重大问题上往往难以达成一致。

此外,全球范围内的另外两个因素,也在不断冲击着欧盟的稳定性。一是自 2008 年开始的世界金融危机,以及由此而来的全球性经济衰退,持续影响着欧盟各个成员国的社会经济,进而造成了欧盟内部不稳定因素的增加。二是随着伊拉克、利比亚、叙利亚等中东国家的战乱不断发生,大量移民涌向欧洲,不仅冲击着欧盟成员国的社会经济,而且进一步加剧了成员国在移民问题上的分歧。基于以上种种原因,欧盟内部分离主义的声音逐渐增大。

在此背景之下,英国于 2016 年 6 月举行全民公决,确定是否继续留在欧盟之内。全民公决的结果是,52% 的投票者赞成英国退出欧盟,48% 的投票者反对英国退出欧盟。尽管赞成"脱欧"者略占多数,但英国的议会、政府和法院,似乎下定了借此机会退出欧盟的决心。2017 年 3 月,英国正式发出退出欧盟的通告。按照《欧洲联盟条约》第 50 条的规定,成员可以退出欧盟,但应当按照条约设定的程序,与欧盟谈判退出的条件。2018 年 11 月,欧盟委员会代表 27 个成员国与英国达成了英国退出欧盟的协议草案。[②] 与此同时,双方启动了英国脱欧的法律程序。按照预定的计划,英国应当在 2019 年 3 月底以前,完成退出欧盟的程序。然而,由英国政府与欧盟 27 国达成的"脱欧"协议,却在英国议会两度遭到否决。2019 年 9 月,欧盟与英国重新达成协议。随后,这个协议在英国议会获得通过。到了 2020 年 1 月 31 日,英国正式退出欧盟。

显然,英国退出欧盟,为欧盟未来的发展蒙上了一层阴影。如何在欧盟层面上协调成员国之间的政治、经济关系,以及如何在协调成员国利益的基础之上执行统一的外交和安全政策,将是欧盟能否稳定发展的关键所在。

---

① 以上内容,参见欧盟网站有关欧盟的介绍(https://european - union. europa. eu/index_en)。

② Draft Agreement on the withdrawal of the United Kingdom of Great Britain and Northern Ireland from the European Union and the European Atomic Energy Community, as agreed at negotiators' level on 14 November 2018.

第二节 欧盟的机构与法律

一、欧盟的机构

这里所说的欧盟机构,既包括原来的三个共同体(煤钢共同体、经济共同体、原子能共同体)所设立的机构,也包括欧盟现有的机构,如欧盟议会、欧盟理事会、欧盟委员会和欧盟法院等。了解这些机构,不仅有助于了解欧盟的决策体系,而且有助于理解欧盟的知识产权法律体系。

1951 年,德国、法国、意大利、比利时、荷兰和卢森堡等国签订《欧洲煤钢共同体条约》,同时设立了四个机构,即高级机构(the High Authority)、共同会议(the Common Assembly)、特别部长理事会(the Special Council of Ministers)和法院(the Court of Justice)。其中的高级机构,后来演化为欧盟委员会;其中的共同会议,后来演化为欧盟议会;其中的特别部长理事会,后来演化为欧盟部长理事会;其中的法院后来演化为欧盟法院。

1957 年,当德、法等 6 国签订《欧洲经济共同体条约》和《欧洲原子能共同体条约》时,又面临着机构设置的问题。为了避免机构的重复设置,各成员国在签订上述两个共同体条约时,还签订了《关于欧洲共同体某些共同机构的条约》,三个共同体建立了一个议会和一个法院。这样,对三个共同体来说,就有了一个共同的议会和一个共同的法院。但是,三个共同体仍然有三套委员会和部长理事会。到了 1965 年,各成员国又决定,将三个共同体的委员会合并为一个委员会,将三个共同体的部长理事会合并为一个部长理事会。这样,三个共同体就有了共同的议会、部长理事会、委员会和法院。

随着 1993 年《欧洲联盟条约》的生效,上述机构也相应成为欧盟的机构。例如,部长理事会成为欧盟理事会,欧共体委员会成为欧盟委员会,欧共体议会成为欧盟议会,欧共体法院成为欧盟法院。根据《欧洲联盟条约》,除了三个共同体构成欧盟的主体之外,欧盟还有两个支柱,即共同外交与安全政策、司法与内务合作。这就是通常所说的欧盟的三个支柱(three pillars)。在通常情况下,有关后两个支柱的决策,也与欧盟理事会、欧盟委员会和欧盟议会密切相关。①

根据现行的《欧洲联盟条约》第 13 条,欧盟的机构主要包括:欧盟议会、欧洲理事会、欧盟理事会、欧盟委员会、欧盟法院、欧洲中央银行和欧盟审计法院。② 其中的欧洲中央银行,主要涉及欧盟的金融事务;其中的欧盟审计法院,主要是对欧盟的财产收入和财政支出进行审计。《欧洲联盟条约》详细规定了欧盟议会、欧洲理事会、欧盟理事会、欧盟委员会和欧盟法院的职责,却将欧洲中央银行和欧盟审计法院的职责,放在了《欧盟运行条约》中予以规定。事实上,欧洲中央银行和欧盟审计法院的职责,与知识产权关系不大。所以,这里仅简要介绍欧盟议会、欧盟理事会、欧洲理事会、欧盟委员会和欧盟法院。

---

① 以上内容,参见欧盟网站有关欧盟的介绍(https://european - union. europa. eu/index_en)。

② Article 13, The Treaty of European Union.

(一)欧盟议会(European Parliament)

欧盟议会,由欧共体议会发展而来。早在1952年《欧洲煤钢共同体条约》生效之时,就建立了议会。到了1958年《欧洲经济共同体条约》和《欧洲原子能共同体条约》生效之时,成员国作出决定,就三个共同体设立一个共同议会,称为欧共体议会。在一开始,欧共体议会的成员,由各成员国的议会指定本国的议员担任。到了1979年6月,欧共体议会开始实行直选,即在欧共体的范围内,由成员国的人民直接投票选举欧共体议会的议员。到了1993年,《欧洲联盟条约》生效,原来的欧共体议会也相应成为欧盟议会。

根据《欧洲联盟条约》第14条,欧盟议会由来自欧盟的公民代表组成,总数不超过750人,再加上一个议长,总共751人。欧盟议会的议员,不是以国家的形式形成派别,而是以政党的方式形成派别,例如社会民主党、自由党和绿党等。但同时,《欧洲联盟条约》第14条也针对成员国和欧盟人口的分布,规定了议员产生的办法。根据规定,欧盟议会的席位应当按照人口的比例分配,每一个成员国至少6个议席,任何成员国不得超过96个议席。欧盟议会的任期,每5年一届,在欧盟范围内经由普选产生。议长则由当选后的议员选举产生,负责议会的召集和议题的确定。

欧盟议会是欧盟的立法机关之一,与欧盟理事会共同行使欧盟的立法权。在一开始,欧共体议会是一个纯粹的咨议性机构,所以在立法方面发挥的作用不大。自1993年欧盟建立以后,随着欧盟一体化进程的不断强化,欧盟议会在立法中所扮演的角色也越来越重要。根据《欧洲联盟条约》第14条,欧盟议会与欧盟理事会共同行使立法权。例如,欧盟委员会(欧盟的常设行政机关)可以提出议案,包括指令、条例的草案,由欧盟议会和欧盟理事会审议,然后做出是否通过的决定。又如,欧盟委员会提出具体的预算草案,由欧盟议会和欧盟理事会审议通过,然后加以执行。再如,欧盟议会可以选举欧盟委员会(欧盟常设行政机关)的主席,批准欧盟委员会的组成。此外,欧盟议会还可以就相关的事宜,质询欧盟理事会和欧盟委员会,要求其作出回答。①

为了行使立法权、预算批准权,以及确保欧盟沿着《欧洲联盟条约》和《欧盟运行条约》所规定的政治方向发展,欧盟议会还设立了20个委员会和两个分委员会,具体负责某一个方向或者某一个问题的事务。这些委员会包括:外交事务,人权,安全与防卫,发展,国际贸易,预算,预算控制,经济与金融,就业与社会事务,环境、公共健康与食品安全,工业、研发与能源,内部市场与消费者保护,交通与旅游,区域发展,农业与农村发展,渔业,文化与教育,法律事务,公民自由、正义与内务,女权与性别平等,宪法,请愿。② 根据规定,这些委员会将针对各自负责的事务,审议相关的法律议案,提出具体的意见,提交欧盟议会作出必要的决定。

(二)欧盟理事会(Council of European Union)

欧盟理事会,是由原来的欧共体理事会发展而来。1952年生效的《欧洲煤钢共同体条约》和1958年生效的《欧洲经济共同体条约》《欧洲原子能共同体条约》,分别设立了三个共

---

① Article 14, The Treaty of European Union.

② 以上内容,参见欧盟网站有关欧盟议会的介绍(https://european - union. europa. eu/index_en)。

同体的部长理事会。到了 1965 年,三个共同体的理事会合并为一个理事会,成为欧共体理事会。随着 1993 年《欧洲联盟条约》的生效,原来的欧共体理事会,也相应成为欧盟理事会。欧盟理事会由成员国部长一级的代表组成,每个成员国占有一个席位。欧盟理事会有一个常设机构成员国政府代表委员会(Committee of Permanent Representatives of the Governments of the Member States),负责处理理事会的日常工作。

在一开始,欧共体部长理事会议的参加者,基本是各成员国政府的外交部长。但在后来,随着欧共体的不断发展,以及欧盟的建立,理事会所处理的事务也日益繁杂。这样,欧共体理事会(或者欧盟理事会)也会召开一些由财政部长、农业部长参加的理事会议。与此相应,也就有了不同类别(different configurations)的理事会议。根据《欧盟运行条约》第 236 条,欧洲理事会(成员国首脑会议)可以依据需要,设立类别理事会。但总务理事会和外交事务理事会属于常设的类别理事会。到目前为止,欧盟理事会共有 10 个类别理事会:农业和渔业理事会,竞争事务理事会,经济与金融理事会,环境理事会,就业、社会政策、健康和消费者事务理事会,教育、青年、文化和体育事务理事会,外交事务理事会,总务理事会,司法内务理事会,运输、交通和能源理事会。[①] 其中的总务理事会,应当协调其他类别理事会的工作,并且确保其他理事会的工作符合《欧洲联盟条约》和《欧盟运行条约》设定的目标。其中的外交理事会,则负责欧盟外交政策的制定和协调成员国的外交政策。类别理事会的召开,由成员国负责相关领域职责的部长参与。例如,有关环境理事会的会议,由成员国的环境部长参加,有关农业和渔业的理事会会议,由成员国负责农业和渔业的部长参见。

欧盟理事会是欧盟的立法机关之一,与欧盟议会共同行使立法权。在早期,欧共体议会只是一个咨询机构,因而有关的立法建议都是由理事会表决后加以采纳。自 1993 年《欧洲联盟条约》生效以后,欧盟的立法权由欧盟议会和欧盟理事会共同行使。根据现行的《欧洲联盟条约》第 16 条,欧盟理事会与欧盟议会,共同行使立法权,共同确定欧盟的预算。同时,欧盟理事会还承担制定欧盟政策和协调欧盟各项事务的职责。[②] 这表明,欧盟理事会在欧盟的立法、政策制定和各项事务的协调中,具有举足轻重的地位。事实上,即使是欧盟议会通过的法律议案,也只有在获得了欧盟理事会同意的情况下,才可以发生法律效力。如果欧盟理事会不同意欧盟议会的决议,则应当向欧盟议会提出相应的建议或者修改意见。[③]

欧盟理事会的表决机制,因所涉及的问题不同而有所不同。根据规定,在绝大多数情况下,理事会可以通过简单多数,就有关的问题作出决定。自 2014 年 11 月开始,简单多数是指,至少有理事会 55% 的成员同意,并且同意者至少来自 15 个成员国,代表了欧盟 65% 以上的人口。但如果《欧洲联盟条约》和《欧盟运行条约》有特殊规定的,则应当由理事会一致通过。[④] 这通常是指有关外交和安全的事项。

欧盟理事会既是一个超国家组织,又是一个政府间组织。就理事会可以决定欧盟层面上的重大事项来说,它是一个超越国家的组织。就欧盟理事会由各成员国政府的代表组成,协

---

① 参见欧盟网站有关欧盟理事会的介绍(https://european - union. europa. eu/index_en)。

② Article 16, The Treaty of European Union.

③ Article 293 and article 294, The Treaty on the Functioning of European Union.

④ Article 16, The Treaty of European Union.

商成员国之间的相关事务来说,它又是一个政府间的组织。根据《欧洲联盟条约》第16条,代表成员国参加理事会的部长,既代表成员国对相关的事务、议案进行投票,又代表成员国承诺贯彻落实相关的决议。

(三)欧洲理事会(European Council)

欧洲理事会,不同于前面讨论的欧盟理事会。如果说欧盟理事会是成员国部长级别的议事和决策机构,则欧洲理事会是成员国首脑级别的议事和决策机构。根据《欧洲联盟条约》第15条,欧洲理事会由成员国的国家元首或者政府首脑,再加欧盟委员会的主席组成。同时,欧盟负责外交和安全事务的高级代表,应当参与欧洲理事会的工作。通常认为,欧洲理事会举行的会议,相当于欧盟成员国的首脑会议。与此相应,欧洲理事会通常为欧盟的发展提供必要的建议,确定欧盟发展的政治方向,以及优先处理的议题。

但是,欧洲理事会不是立法机关,不享有立法权。关于欧洲理事会提出的建议或者议题,或者交给欧盟理事会(成员国部长级别的议事机构)处理,或者交给欧盟委员会(欧盟的行政机构)处理。至于欧盟委员会,则可以依据首脑会议的意见和建议,提出具体的立法草案,交由欧盟议会和欧盟理事会审议通过。除此之外,欧洲理事会还享有权利,提出欧盟一些高级机构首脑的候选人,经由欧盟议会和欧盟理事会的同意而获得任命。例如,提出欧盟委员会主席的候选人,提出欧洲央行行长的候选人等。

根据规定,欧洲理事会应当选举一名理事为主席,任期两年半,可以连任一次。欧洲理事会的主席,对外代表欧盟从事相应的活动。欧洲理事会每6个月举行一次,每年举行两次,由主席召集。在必要的时候,主席也可以召集特别的理事会议。根据讨论议题的需要,欧洲理事会的成员,可以确定相关的部长协助自己工作。欧洲理事会做出的决议,除了《欧洲联盟条约》另有规定外,应当获得全体成员的同意。①

欧洲理事会自1974年开始运行,为欧共体的议事机构。到了1993年欧盟成立,欧洲理事会也相应成为欧盟的议事机构。近年来,随着欧盟的扩大和相关事务的复杂,欧洲理事会在欧盟的决策中发挥着越来越重要的作用。事实上,欧洲理事会由欧盟成员国的国家元首或者政府首脑组成,就表明了它在欧盟决策中的作用。

(四)欧盟委员会(European Commission)

欧盟委员会,由原来的欧共体委员会发展而来,是欧盟的常设性行政机构。欧盟委员会由各成员国提名的委员组成。按照《欧洲联盟条约》第17条,每一个成员国可以提出一名候选人,在获得欧盟议会和欧盟理事会的批准之后,担任欧盟委员会的委员。与此相应,欧盟现有27个成员国(英国已经退出),因而由27个委员组成欧盟委员会。在27个欧盟委员中,由1人担任欧盟委员会主席,6人担任副主席,其中又有1人担任第一副主席,1人担任外交与安全高级代表。除了主席、副主席,另有20名委员。其中的主席人选,由欧洲理事会(成员国首脑会议)提名,经过欧盟议会和欧盟理事会的批准而担任。主席人员必须获得欧盟议会多数

---

① Article 15, The Treaty of European Union;以及欧盟网站关于欧洲理事会的介绍(https://european - union.europa.eu/index_en)。

议席支持。欧盟委员会的任期为5年,届满后重新提名和选举。

欧盟委员会的成员,虽然是由各成员国提名,但在行使职责方面,则仅对欧盟议会和欧盟理事会负责。欧盟委员会的委员,包括主席和副主席,独立于各成员国政府,以欧盟的整体利益为追求,不得寻求或者接受成员国政府的指示。各成员国在选择委员的时候,欧盟议会和欧盟理事会在任命委员的时候,都应当确定委员人选具有必要的工作能力,信守对于欧盟的承诺。根据《欧洲联盟条约》第17条,欧盟委员会应当以提升欧盟的整体利益为己任,并且由此而采取必要的措施。欧盟委员会应当确保欧盟法律的贯彻执行,确保欧盟各个机构和成员国遵守和执行欧盟法律。

欧盟委员会是欧盟的常设行政机关。为了履行相应的行政职责,欧盟委员会之下设有53个事务部门(Directorate - General or Department or agency),如总秘书部、预算部、经济和金融事务部、内部审计部、人事部、反欺诈部、能源部、环境部、农业与农村发展部、贸易部、竞争事务部、消费者事务部、数据保护部、健康与食品安全部、海洋事务与渔业部、外交政策部、国际合作和发展部、移民和内部事务部、法律部、出版部、翻译部等。由这些部门的设置可以看出,欧盟委员会享有广泛的行政权力,通过相关的部门监督《欧洲联盟条约》和《欧盟运行条约》的执行。例如,欧盟委员会可以就反倾销问题、大型企业合并问题、限制竞争问题作出决定。又如,欧盟委员会还可以代表欧盟,在某些情况下与其他国家或者地区谈判和签订条约,包括与其他国家或者地区商谈经济合作。①

欧盟委员会享有立法提议权。根据《欧洲联盟条约》第17条,除非另有规定,有关欧盟层面上的立法,应当由欧盟委员会提出。即使是欧洲理事会(欧盟首脑会议)提出的建议,也应当经由欧盟委员会提出具体的立法建议,然后交由欧盟议会和欧盟理事会审议通过。在通常情况下,欧盟议会和欧盟理事会都不会主动提出立法建议。正是从这个意义上说,有人将欧盟委员会称为欧盟的"发动机"。与此相应,欧盟委员会可以根据具体的需要,在适当的时候提出相关的立法建议,提交理事会和议会讨论决定。本书后面所要讨论的,与知识产权有关的各项指令、条例,都是由欧盟委员会提出,然后由理事会通过,或者由理事会和议会通过而成为法律。

(五)欧盟法院(Court of Justice of the European Union)

欧盟法院,由欧共体法院发展而来,负责解释和适用欧盟或欧共体法律。早在《欧洲煤钢共同体条约》缔结之时,就设立了共同体法院。当时设立法院,目的不是处理一般的诉讼,而是解释有关的条约内容,保障条约得以正确实施。后来,缔结《欧洲经济共同体条约》和《欧洲原子能共同体条约》时,又设立了三个条约的共同法院。随着1993年《欧洲联盟条约》的生效和欧盟的建立,欧共体法院也相应地改称为欧盟法院。

在三个共同体条约的时代,欧共体法院的工作并不繁忙。但是,随着欧盟一体化的进程和诸多条例、指令和决定的制定,欧共体法院有关欧共体法律的解释工作,也日益庞杂和繁忙起来。到了1989年,欧共体还设立了初审法院(Court of First Instance),以分担欧共体法院的

① Article 17, The Treaty of European Union;以及欧盟网站有关欧盟委员会的介绍(https://european - union.europa.eu/index_en)。

工作。随着 1993 年《欧洲联盟条约》的生效和欧盟的建立,欧共体初审法院也改称为欧盟初审法院。到了 2009 年《里斯本条约》生效,又将欧盟初审法院更名为欧盟一般法院(General Court)。

根据现行《欧洲联盟条约》第 19 条,欧盟法院由法院(Court of Justice)、一般法院(General Court)和特别法院(Specialized Court)构成。其中的一般法院为一审法院,法院为二审法院。依据《欧盟运行条约》第 257 条,欧盟议会和欧盟理事会在必要的时候,可以设立特别法院。特别法院附属于一般法院,可以审理一些特殊领域的案件。不过,查阅欧盟法院的网页,尚没有任何关于特别法院的信息。从目前的情况来看,欧盟法院体系由一般法院和法院构成,前者为初审法院,后者为二审法院。按照《欧盟运行条约》第 256 条的规定,一般法院可以管辖有关欧盟法律的诉讼案件,既查清事实,又适用法律。如果一审案件的当事人不服一般法院的判决,可以向法院提起上诉。至于二审法院,则只审查法律的适用,而不审查案件的事实。①

依据《欧洲联盟条约》第 19 条,法院由来自各成员国的法官组成。同时,法院设有总法务官(advocates - general),协助法院从事相关的审判工作。总法务官的工作是在具体的案件中,深入分析相关的法律问题,然后向审理案件的法官提出意见和建议。但法官仅以总法务官的意见和建议作为参考,可以作出与之意见和建议不同的判决。根据《欧洲联盟条约》第 19 条,法院的法官由成员国指定,每一成员国指定一名法官。欧盟目前有 27 个成员国,则法院共有 27 名法官。根据《欧盟运行条约》第 252 条,法院设立 8 名总法务官,但在必要的时候也可以增加名额。② 法官和总法务官的任期为 6 年,每 3 年进行部分更换。法官和总法务官可以连选连任。27 名法官应当选举一名法官为院长,任期 3 年,可以连选连任。

根据《欧洲联盟条约》第 19 条,一般法院由来自成员国的法官组成,每一个成员国至少指定一名法官。又根据《欧盟运行条约》第 254 条,一般法院也可以设立总法务官。但到目前为止,一般法院尚未设立总法务官。查阅欧盟网站,截至 2019 年 3 月,一般法院共有 47 名法官。而在未来,将会有 54 名法官,也即每一成员国指定两名法官。一般法院法官的任期为 6 年,每 3 年进行部分更换,可以连选连任。一般法院的法官,应当选举一名法官担任院长,任期 3 年,可以连选连任。

欧盟法院和一般法院的法官,虽然由成员国指定,但是在行使审判职能时,应当公平公正,不带有成员国的偏见。无论是依据《欧洲联盟条约》还是《欧盟运行条约》,选择法官的标准应当是:具有不容置疑的独立性,具有公认的职业能力,符合法定的担任欧盟法官的条件。法官虽然由某一成员国指定,但应当获得全体成员国政府的认可。而且,在法官获得成员国指定之前,法院或者一般法院还应当组成一个遴选委员会,就候选人的资质、能力等提出意见。遴选委员会应当由 7 人组成,包括法院、一般法院的法官,以及成员国最高法院的法官和资深律师。只有在经过了遴选委员会的同意之后,成员国才可以指定相应的候选人成为法院或者一般法院的法官。③

欧盟法院是负责解释欧盟法律的机构。在 2009 年《里斯本条约》生效之前,欧盟法院(或

---

① Article 19, The Treaty of European Union; articles 256, 257, The Treaty on the Functioning of European Union.

② 查阅欧盟法院的网站,2020 年的总法务官的数额为 11 人(https://european - union. europa. eu/index_en)。

③ Article 255, The Treaty on the Functioning of European Union.

者欧共体法院）主要负责解释《欧洲联盟条约》和三个共同体条约（煤钢共同体、经济共同体和原子能共同体），以及与之相应的条例、指令等。到了2009年《里斯本条约》生效后，则负责解释《欧洲联盟条约》和《欧盟运行条约》，以及与之相应的法律、法规和条例、指令等。根据《欧洲联盟条约》第19条，欧盟法院应当管辖以下三类案件：就任何成员国、机构、自然人或者法人依据《欧洲联盟条约》和《欧盟运行条约》所提起的诉讼，作出裁决；应成员国法院或者法庭的请求，就欧盟法律的解释，或者就欧盟机构所采纳法规的有效性，作出前置裁决；以及就《欧洲联盟条约》《欧盟运行条约》所规定的其他案件进行裁决。① 在这方面，《欧盟运行条约》第263条也规定，欧盟法院有权力审查欧盟立法的合法性，审查欧盟法院、欧盟理事会、欧洲理事会、欧盟委员会、欧洲央行行为的合法性。同时，欧盟法院还有权力审查成员国法律、成员国政府行为和市场主体行为的合法性。②

事实上，无论是在2009年《里斯本条约》生效之前，还是生效之后，欧盟法院处理最多的是其中的第二类案件，即成员国法院或者法庭提出请求，要求欧盟法院解释欧盟法律（包括欧盟条约、条例、指令、决定），以及欧盟机构所采纳的法规是否有效。在这方面，成员国法院在审理有关案件时，如果涉及了对于欧盟法律的理解，或者发生了适用上的问题，可以请求（request）欧盟法院作出前置裁定（preliminary ruling），解释相关的欧盟法律。③ 在这方面，欧盟法院只是被动地，而非主动地解释相关的法律条文。而且，向欧盟法院提出请求的成员国法院，可以是各个级别的法院，而不必是最高法院或者终审法院。《欧洲联盟条约》规定的术语"应成员国法院或者法庭的请求"，就说明了这一点。

根据相关的判例，成员国法院或者法庭在提出请求时，一般都是简明扼要地提出要求回答的法律问题，如某一法律条文或者某一法律术语应当如何理解，是否可以适用于本案具体案情等。在必要的时候，欧盟法院甚至可以自行抽象出应当回答的法律问题。④ 同时，为了方便欧盟法院解释有关的法律条文或者术语，各成员国法院在提出请求时，还应当简要说明相关案件的事实，原告和被告的主张等。而欧盟法院在接到成员国法院的请求之后，则会作出相应的判决，或者解释欧盟法律条文的具体含义，或者回答相应的法律问题。不过，欧盟法院对于法律的解释，仅限于欧盟条约和其他的欧盟法律。欧盟法院不会对成员国法律的条文或者含义作出判决。

欧盟法院不是成员国法院的上诉法院。成员国法院在提出请求时，虽然也会罗列原告和被告的基本主张，以及案件的基本事实，但欧盟法院仅就其中涉及欧盟法律的问题作出解释，而对于具体的原告或被告的主张，以及谁胜谁负的问题，都不会提出任何意见。根据相关的程序，提出请求的成员国法院或者法庭，在获得了欧盟法院对于法律问题的解释后，可以依据相关的法律条文，针对案件的具体事实作出判决。而且，就同样的法律问题，如果成员国法院或者法庭认为已经可以理解其中的含义，或者已经可以理解欧盟法院此前做出的解释，也可以直接针对案件的事实作出判决。提请欧盟法院解释相关的法律问题，并非成员国处理有关

---

① Article 19, The Treaty of European Union.

② Article 263, The Treaty on the Functioning of European Union.

③ 在相关的判决中，如果成员国的法院认为欧盟条约或者其他法律有疑问，可以请求欧盟法院作出解释，然后依据这个解释作出案件的判决。所以从这个意义上说，可以将 preliminary ruling 翻译为"前置裁定"。

④ See Judgment of the Court of 15 July 1964, Case 6/64, Flaminio Costa v. E. N. E. L.

案件的必经程序。

从目前所看到的欧盟法院的判决来说,有相当一部分涉及了《欧盟运行条约》(包括原来的《欧共体条约》)的具体条文和术语的含义。正是通过这些解释,欧盟法院不仅指导了成员国法院的司法活动,而且影响了成员国的立法活动。除此之外,欧盟法院还对其他的一些基本法律,如欧盟缔结或者加入的贸易协议,作出了必要的解释。不过,在解释基本法律的时候,欧盟法院不会对这类法律的效力和合法性提出质疑。至于二级法律,如欧盟颁布的条例、指令、决定等,欧盟法院则可以在判决中讨论这类立法是否有效,是否符合欧盟条约的基本精神。

了解欧盟法院的性质和判决机制,对于我们正确理解欧盟法院的相关判决是非常重要的。事实上,欧盟法院通过解释《欧洲联盟条约》和《欧盟运行条约》(包括原来的《欧共体条约》)中的相关条文,通过解释欧盟的条例、指令和决定,作出了一系列有关知识产权的判决。这些判决不仅阐释了相关法律条文的含义,而且指导了进一步的知识产权立法和司法活动,具有非常重要的影响。

二、欧盟的法律

欧盟的法律,是指欧盟各成员国缔结的条约,以及欧盟的各个机构依据《欧洲联盟条约》和《欧盟运行条约》所制定的法律、条例、指令和其他法律文件。欧盟的法律,通常分为两个部分,即基本法律(primary law)和二级法律(secondary law)。除此之外,欧盟法院在相关判决中对于《欧洲联盟条约》和《欧盟运行条约》的解释,也属于欧盟法律的组成部分。下面,仅对基本法律和二级法律作简单介绍,并附带讨论欧盟法律的效力。

(一)基本法律(primary law)

在欧盟法律的范畴之内,基本法律是指《欧洲联盟条约》和《欧盟运行条约》及其修正案,以及欧盟与其他国家所缔结的条约。欧盟的基本法律有一个发展过程。早期应当称为欧共体基本法律,主要包括:1951 年缔结的《欧洲煤钢共同体条约》,1957 年缔结的《欧洲经济共同条约》和《欧洲原子能共同体条约》,以及上述三个条约的附件和修正案;1965 年缔结的《合并条约》(就三个共同体设立统一的理事会和委员会);1986 年缔结的《单一欧洲法令》。到了 1993 年欧盟成立,则有了现在意义上的欧盟基本法律,包括《欧洲联盟条约》《马斯特里赫特条约》、1997 年的《阿姆斯特丹条约》、2001 年的《尼斯条约》,以及 2007 年 1 月缔结的《里斯本条约》。[①] 其中的《里斯本条约》不仅大幅修订了《欧洲联盟条约》,而且大幅修订了原来的《欧共体条约》,并且将之更名为《欧盟运行条约》。所以,自 2009 年 12 月《里斯本条约》生效之后,欧盟的基本法律主要是指《欧洲联盟条约》和《欧盟运行条约》。

除此之外,以欧盟的名义缔结或者加入的国际条约,也属于欧盟的基本法律。例如,欧盟各成员国是以欧盟的名义加入世界贸易组织。这样,世界贸易组织的整体协议,包括《与贸易有关的知识产权协议》,都属于欧盟的基本法律。又如,以欧盟名义加入的《集成电路知识产权条约》《世界知识产权组织版权条约》《世界知识产权组织表演与录音条约》,也属于欧盟的

---

① 参见欧盟网站:https://european - union. europa. eu/index_en。

基本法律。

(二)二级法律(secondary law)

在欧盟法律体系中,二级法律是由欧盟机构制定的,旨在实施或者细化基本法律,尤其是《欧洲联盟条约》和《欧盟运行条约》的法律。这类二级法律,不得限制基本法律的实施,也不得与基本法律相冲突,否则将被欧盟法院宣告为无效。根据《欧盟运行条约》第 288 条,欧盟机构可以制定的二级法律包括条例、指令、决定、建议和意见。[①] 按照欧盟的立法程序,二级法律的草案,应当由欧盟委员会提出,由欧盟议会和欧盟理事会审议通过,然后发生法律效力。下面分别介绍:

(1)条例(regulation)

条例是由欧盟机构发布的针对特定事项的法律文件。条例具有普遍的适用性,可以由成员国政府直接适用,而不必在相应的成员国立法中加以落实。这与下面所说的指令的贯彻实施不同。在具体的司法实践中,各成员国的自然人和法人可以直接依据相关的条例,主张权利或者利益。而成员国的法院,也应当直接适用条例的相关规定,就当事人的主张作出判决。如果成员国的法院对条例的规定有疑问,或者感到难以适用,则可以请求欧盟法院作出解释。

(2)指令(directive)

指令是由欧盟委员会、理事会和议会共同制定的法律文件。在通常情况下,先由欧盟委员会提出指令的建议草案,然后由议会和理事会进行审议通过。对于相关的成员国来说,指令具有直接的约束力,成员国应当通过国内的立法加以贯彻执行。在这一点上,指令不同于条例。因为条例具有普遍的约束力,可以由成员国的法院直接适用。而对于指令,其约束力仅针对成员国的政府。通常情况下,成员国通过制定和修改国内法律,使之与指令一致起来,从而达到贯彻实施指令的目的。在这方面,成员国的自然人和法人,不得依据指令提起对于另一方自然人和法人的诉讼。

按照欧盟法院于 2003 年对“Parma”一案的判决,指令仅仅在其所要达到的效果方面,对于成员国具有约束力。至于成员国,则可以自由选择达成指令效果的方式方法。[②] 具体说来,成员国在贯彻实施指令时,可以通过制定和修改法律的方式,也可以通过解释法律的方式。法院在适用相关的国内法解决争端时,尽管是以国内法为依据,但应当尽可能通过法律解释的方式,使国内法与相关的指令一致起来。如果成员国在规定的时间里没有贯彻实施有关的指令,欧盟委员会甚至包括该成员国的自然人和法人,都可以提起针对该成员国的诉讼。目前,欧盟主要是通过各类指令来协调成员国的知识产权法律。

(3)决定(decision)

决定是指欧盟委员会或者欧盟理事会所做出的,针对特定的成员国或者市场主体的法律文件。其中的市场主体,既包括公司一类的法人,也包括自然人。例如,在涉及大型企业合并或者反垄断的情况下,欧盟委员会可以针对相关的企业做出允许或者不允许的决定。而接受决定的成员国或者市场主体,则必须执行有关的决定。当然,如果相关的成员国或者市场主

---

① Article 288, The Treaty on the Functioning of European Union.

② Consorzio del Prosciutto di Parma v. Asda Stores (C-108/01)(2003).

体认为决定有违欧共体法律,也可以起诉到欧盟法院。

按照欧盟的法律体系,如果某一决定针对某一特定的市场主体或者特定的成员国,则其他市场主体不能依据该决定主张权利或者义务。从法律性质来看,一旦针对某一成员国或者市场主体的决定,由该成员国或者市场主体予以执行,则相关的决定也就失去了意义。

(4)建议和意见(recommendation and opinion)

建议和意见是指由欧盟委员会、欧盟议会和欧盟理事会发布的具有指导性的法律文件。建议通常由欧盟的机构主动做出,而意见则是应某一成员国或者市场主体的请求而做出,以表达欧盟在某一问题上的立场或看法。建议和意见不具有约束力,仅仅具有引导相关成员国或者市场主体的作用。这与以上所说的条例、指令和决定截然不同。通常情况下,欧盟的相关机构可以通过建议或意见,表达某种倾向性的意见,鼓励成员国或者相关的市场主体从事某一方面的行为,或者向某一个方面发展。

在这方面,除了《欧盟运行条约》第288条所说的"建议和意见",通常所见的宣言(Declaration)、通告(Communication)、通知(Notice)、白皮书(White Paper)、绿皮书(Green Paper)和政策声明(Policy Statement)等,也属于具有指导性的法律文件。

由欧盟发布的建议和意见,以及类似的指导性文件,虽然不具有直接的法律效力,但按照欧盟法院的判决,成员国在解决相关纠纷时,还是应当尽可能地使国内法的解释,与相关意见和建议一致起来。例如,欧盟法院在1989年的"Grimaldi"一案中说:"成员国法院在处理提交给它们的纠纷时,应当充分考虑欧共体的各项建议。尤其是当成员国作出法律规定贯彻落实这些建议时,或者当这些建议是为了补充具有约束力的欧共体措施时,充分考虑这些建议将有助于澄清成员国或者欧共体的法律规定。"①

按照欧盟的法律结构,二级法律系依据《欧洲联盟条约》和《欧盟运行条约》而制定的,因而不得与上述条约相冲突。根据《欧盟运行条约》,欧盟法院负有审查二级法律是否合法的职责。《欧盟运行条约》第263条规定:"欧盟法院应当审议立法草案的合法性,审议理事会、委员会和欧盟中央银行颁布法律的合法性,审议欧盟议会、欧盟理事会所做出的针对第三人发生法律效力的决定的合法性,但不包括审查建议和意见的合法性。欧盟法院也应当审查欧盟机构、办公室或者机关所做出的针对第三人发生法律效力的决定的合法性。"②

第三节 经济共同体与《欧盟运行条约》

一、经济共同体与单一市场

到目前为止,欧盟已经有了令人瞩目的发展。例如,起草了欧盟宪法,设立了议会、理事会、委员会和法院等机构,建立了欧元区,签订了申根协定,协调成员国的外交和安全政策,成员国的不断扩大,等等。一个新的联邦国家似乎呼之欲出。然而,如果我们仔细观察就会发

① Grimaldi v. Fond des Maladies Professionells (C-322/88)(1989).

② Article 263, The Treaty on the Functioning of European Union.

现,作为欧盟核心部分的,仍然是欧洲经济共同体和欧洲统一市场。

从历史上看,现今的欧盟发源于 1952 年的《欧洲煤钢共同体条约》。这是德、法等国共同管理重要战略物资煤炭和钢铁的协定。到了 1957 年,德、法等国又签订了《欧洲经济共同体条约》和《欧洲原子能共同体条约》,并由此而形成了欧洲经济共同体。欧洲经济共同体的目标是建立一个统一的市场,促进欧洲经济的发展。随着欧共体的发展,随着欧洲统一市场的建立,才有了 1993 年生效的《马斯特里赫特条约》,以及《欧洲联盟条约》。然而,即使是 1993 年的《马斯特里赫特条约》和 1997 年的《阿姆斯特丹条约》,其主要任务都是修订三个经济共同体条约,即煤钢共同体条约、经济共同体条约和原子能共同体条约。2009 年生效的《里斯本条约》,一方面大幅整合了《欧洲联盟条约》,另一方面又大幅整合了原来的三个共同体条约,形成了《欧盟运行条约》。这表明,在欧洲联盟的框架之下,其核心的部分仍然是成员国之间的经济共同体。

事实上,目前所说的欧盟的各个机构,如欧盟议会、欧盟理事会、欧盟委员会和欧盟法院,都是由原来的欧共体的机构发展而来的。严格说来,这些机构应当称为欧共体议会、欧共体理事会、欧共体委员会和欧共体法院。因为,这些机构所处理的立法、司法和行政事务,都是依据《欧盟运行条约》以及原来的《欧共体条约》的授权。例如,自 20 世纪 80 年代中期以来,欧共体委员会、欧共体理事会和欧共体议会,依据《欧共体条约》建立统一市场的宗旨,发布了一系列旨在协调成员国相关法律的指令。其中也包括协调版权、专利权和商标权保护的指令。又如,欧共体法院依据《欧共体条约》的授权,不仅适用、解释了条约相关条文的含义,而且通过审判活动维护了《欧共体条约》的权威性。到了 2009 年《里斯本条约》生效之后,欧盟委员会与欧盟议会、欧盟理事会,又依据《欧盟运行条约》,修订了有关知识产权保护的条例、指令,欧盟法院也依据《欧盟运行条约》解释了有关知识产权的条例、指令。由此可见,了解《欧共体条约》和《欧盟运行条约》,了解欧盟委员会、议会和理事会围绕这两个条约所从事的立法活动,了解欧盟法院围绕这两个条约所从事的司法活动,对于我们将要讨论的欧盟知识产权法,具有非常重要的意义。

如果说 1952 年缔结《欧洲煤钢共同体条约》,是为了管控煤炭和钢铁一类的重要物资,那么 1957 年缔结《欧洲经济共同体条约》,则是为了建立一个统一的欧洲市场,实现货物、服务、人员和资金的自由流动,从而促进贸易和经济的发展。沿着建立统一市场的思路,欧盟不断修订《欧共体条约》,发布条例、指令和作出判决,消除形成统一市场的障碍。1986 年,欧共体成员国缔结《单一欧洲法令》,规定在 1992 年年底完成单一市场的建立。随着统一市场的逐步形成,欧盟成员国又在 1995 年签订《申根协定》,既方便了人员的自由流动,又方便了货物、服务和资金的自由流动。到了 1999 年,欧盟还决定建立欧元区,这不仅在一定的区域内统一了货币,而且方便了资金的结算,极大地促进了货物、服务、人员和资金的流动。在这方面,欧盟的建立和成员国的不断扩大,也应当从经济共同体和统一市场不断扩大的角度来理解。欧共体从最早的 6 个成员国扩展到 12 个成员国,又从 12 个成员国扩展到 15 个、25 个,直到 2014 年的 28 个成员国。显然,成员国数量的不断扩大,也是欧洲经济共同体的不断扩大和统一市场的不断扩大。

当然,伴随着欧洲经济一体化的进程,尤其是随着 1993 年欧洲联盟的建立,欧共体或者欧盟也不可避免地产生了一些政治上的意义。例如,依据 1992 年的《欧洲联盟条约》和 1997

年的《阿姆斯特丹条约》,欧盟由三个支柱构成,即经济共同体(包括煤钢共同体和原子能共同体)、共同外交和安全政策、司法和内务合作。不过到目前为止,经济共同体仍然是欧盟的主要支柱,而后两个支柱的作用并不明显,更多地显示了未来的发展方向。又如,2003 年签订的《欧盟宪法条约》,2007 年签订的《里斯本条约》,显示了欧洲各国在政治一体化方面的意愿。然而,《欧盟宪法条约》在荷兰和法国遭到否决,《里斯本条约》在 2008 年一度遭到爱尔兰的否决,又表明了欧盟政治一体化进程的波动。至于 2016 年 6 月英国通过全民公决,决定退出欧盟,又使欧盟的未来发展蒙上了一层阴影。

综上所述,至少就本书所要讨论的欧盟知识产权法而言,我们对于欧洲联盟、欧盟法律和具体的欧盟知识产权法的理解,都应当更多地从经济共同体和统一市场的角度加以理解,而不能从政治国家的角度加以理解。

二、《欧共体条约》与《欧盟运行条约》

这里所说的《欧共体条约》,主要是指有关欧洲经济共同体的条约,不包括《欧洲煤钢共同体条约》和《欧洲原子能共同体条约》。《欧共体条约》是在 1958 年生效的《欧洲经济共同体条约》的基础上发展而来,经过了 1992 年《马斯特里赫特条约》和 1997 年《阿姆斯特丹条约》的修订。随着《阿姆斯特丹条约》的修订,《欧共体条约》还重新编排了条文的顺序。这里所说的《欧盟运行条约》,则是指随着《里斯本条约》于 2009 年生效而产生的,有关欧盟经济、社会、外交和安全政策运行的条约。一方面,《欧盟运行条约》的主要条文来自此前的《欧共体条约》,涉及了内部市场、社会保障、环境保护等,并且有所细化和发展。另一方面,《欧盟运行条约》又对于此前的《欧共体条约》有所发展,还涉及了公民、金融、外交和安全等方面的内容。

至少是从内部市场,商品、服务、人员和资金的自由流动来说,或者从本书所要讨论的知识产权保护来说,《欧盟运行条约》的很多规定,与此前《欧共体条约》的很多规定都是相同或者基本相同的。正是从这个意义上说,欧盟知识产权法律体系,包括欧盟层面上有关知识产权的条例、指令和判决,并没有因为《欧盟运行条约》取代《欧共体条约》而发生重大变化。具体说来,在此前的《欧共体条约》框架下所颁布的有关知识产权的条例、指令,以及欧盟法院作出的相关判决,在现行的《欧盟运行条约》框架下仍然有效。当然,自 2009 年《欧盟运行条约》生效以来,欧盟委员会、欧盟议会和欧盟理事会,又对于其中的一些条例、指令进行了修订,欧盟法院也作出了一些新的判决。尽管如此,2009 年以后对于相关条例、指令的修订,2009 年以后的法院判决,与此前的条例、指令和判决在精神实质上仍然是一致的。所以,在新的《欧洲联盟条约》和《欧盟运行条约》生效达 10 年之久(2020 年)的今天,本书在论述欧盟知识产权法的时候,将更多地引用现行的《欧洲联盟条约》和《欧盟运行条约》的规定,而非此前的《欧共体条约》的规定。

如前所述,德、法等国于 1957 年缔结《欧洲经济共同体条约》,其目的是建立一个统一的欧洲市场,实现商品、服务、人员和资金的自由流动,进而促进成员国经济和社会的发展。事实上,建立一个统一的内部市场,一直是欧共体或者欧盟生存和发展的基点。2009 年生效的《欧盟运行条约》,继承了原来的《欧共体条约》中的一系列规定,尤其是有关内部市场的规定。关于内部市场,《欧盟运行条约》的序言说:"为了在欧洲人民之间建立更紧密的联盟基础,成员国应当采取共同的措施,消除分割欧洲的障碍,确保经济和社会的发展。”“共同行动,消除现存障碍,保障持续发展、贸易平衡和公平竞争;减少区域之间的现有差别,改变欠发达地区的落后状态,从而加强成员国经济的一体化,确保成员国经济的和谐发展。”在这方面,《欧盟运行条约》第3条规定了欧盟的各项职能,其宗旨也是建立一个统一的内部市场,以及保障内部市场的良好运行。根据规定,欧盟的权力范围包括:建立关税联盟;为了内部市场的良好运行而建立必要的竞争规则;确立欧元区国家的金融政策;依据共同的渔业政策保护海洋生物资源;确立共同的商业政策;以及为了内部市场的良好运行而与其他国家或者地区缔结国际贸易协议。①

事实上,正是围绕着“统一的内部市场”这一基点,才有了欧盟关于社会保障、环境保护、共同外交和安全的政策。关于这一点,现行的《欧洲联盟条约》序言中就有明确的表述:“基于可持续发展的原则,在建设内部市场的框架之下,在加强融合和环境保护的框架之下,促进成员国人民经济和社会的发展,同时贯彻执行其他领域中确保经济一体化的相关政策。”《欧洲联盟条约》第3条规定了欧盟的宗旨,其中也有关于内部市场建设与经济、社会、环保关系的规定。该条规定:“欧盟应当建立一个内部市场。欧盟应当基于经济平衡发展、价格稳定和高效竞争的社会市场经济理念,致力于欧盟的可持续发展,从而推动全面就业和社会进步,推动高水平和高质量的环境保护。”②至于《欧盟运行条约》,除了在第3条规定了欧盟的职责范围,还在第4条规定,欧盟应当与成员国共同合作,做好以下工作:内部市场,社会政策,经济、社会和地域的融合,农业和渔业,环境,消费者保护,交通运输,跨欧洲网络,能源,自由、安全和公平,有关公共健康的共同安全。③

就本书所要讨论的欧盟知识产权法而言,《欧盟运行条约》第3条和第4条关于“内部市场”的规定,与之密切相关。首先,欧盟的职责之一是建立一个内部市场,将分散的成员国市场融合为一个单一市场,实现商品、服务、人员和资金在单一市场上的自由流动。为此,欧盟必须清理那些妨碍商品、服务、人员和资金自由流动的法律规则,以及协调和统一相关的法律规则。显然,这主要是指清理、协调和统一成员国的相关法律规则。其次,欧盟应当与成员国共同合作,做好内部市场的建设工作。这就要求,成员国的立法、司法和行政机关,应当依据《欧盟运行条约》的相关规定,尤其是关于单一市场建设的要求,清理与之不相适应的法律规则,或者按照欧盟相关指令、条例的要求,协调和统一自己的相关法律规则。

就共同市场的建立而言,商品的自由流动与知识产权密切相关,例如版权产品、专利产品、外观设计产品、商标产品、植物品种产品等。然而在目前的欧盟,知识产权主要是依据成员国法律而产生的权利。显然,依据成员国法律而产生的版权、专利权、外观设计权、商标权等知识产权,具有鲜明的特定成员国的特征,具有妨碍商品自由流动的天然属性。例如,在若干个成员国注册了相同商标的市场主体,完全可以依据自己在不同成员国享有的商标权,防止商标商品从一个成员国流入另一个成员国。这样,知识产权的所有人就有可能利用具有成员国特征的版权、专利、外观设计和商标等,再次将已经建立的共同市场予以分割,阻碍商品

① Preamble and article 3, The Treaty on the Functioning of European Union.

② Preamble and article 3(3), The Treaty of European Union.

③ Article 4, The Treaty on the Functioning of European Union.

在共同市场上的自由流动。正是由此出发,成员国应当与欧盟机构共同合作,或者清理妨碍商品自由流动的法律规则,或者协调和统一知识产权保护的规则,进而实现相关商品在成员国之间的自由流动。①

大体说来,德国、法国、意大利、荷兰、比利时、卢森堡6国,于1957年缔结《欧洲经济共同体条约》,其宗旨是建立一个经济共同体。随着经济共同体的建设和发展,随着成员国的增多,欧共体又提出了建立单一市场的目标。同时,围绕着经济共同体和单一市场的建设,成员国又不得不把一些相关的社会、经济、金融、能源、环境、外交、安全等议题纳入了欧共体的范围。随着1993年单一市场的建立和欧洲联盟的建立,欧盟的市场一体化进入了一个新的发展阶段。同时产生的《欧洲联盟条约》和修改后的《欧共体条约》,不仅以法律的形式规定了此前欧共体发展的成果,而且提出了欧盟未来发展的一些议题。到了2009年《里斯本条约》的生效,再次修订《欧洲联盟条约》,制定《欧盟运行条约》,同样是以法律的形式固定了欧盟发展的成果,并且提出了一些未来发展的议题。尽管如此,无论是现行的《欧洲联盟条约》,还是取代此前的《欧共体条约》而产生的《欧盟运行条约》,仍然是以统一的内部市场为核心,规定了欧盟承担的职责,以及欧盟与成员国共同承担的职责。

从统一的内部市场的角度来看,欧盟是一个统一的关税区,由此方便了商品的自由流动。同时,在这样一个关税区内,建立一个统一的内部市场,取消成员国之间的限制,进而实现了商品、服务、人员和资金的自由流动。事实上,正是围绕着一个统一的内部市场的运行,《欧盟运行条约》做了多方面的规定。例如,《欧盟运行条约》第三部分第一编的标题是“内部市场”(第26条至第27条),第二编的标题是“商品自由流动”(第28条至第37条),从关税联盟和禁止成员国之间采取限制性措施的角度,对货物的自由流动作了规定。又如,第三部分第四编的标题是“服务、人员和资金的自由流动”(第45条至第66条),具体规定了人员、服务和资金的自由流动。再如,第三部分第七编第一章第一节的标题是“适用于企业的规则”(第101条至第106条),具体规定了企业活动不得扭曲市场竞争,不得滥用市场优势地位进行竞争。

除了上述有关内部市场和商品、服务、人员、资金自由流动的任务,欧盟的另一项任务也与本书所要讨论的欧盟知识产权法密切相关。这就是协调成员国的法律,使之达到内部市场顺畅运行的要求。例如,《欧盟运行条约》第2条第3项规定:“欧盟应当依据本条约,安排经济和就业政策,而成员国则应当在此安排的范围内,协调它们之间的经济和就业政策。”又据第5条第1项规定:“成员国应当在欧盟的范围内协调其经济政策。为了达到这一目标,欧盟理事会应当针对这些经济政策制定措施,尤其是制定广泛的指南。”②正是依据这样的宗旨,《欧盟运行条约》还针对内部市场运行的需要,规定了对于成员国法律的协调。这就是条约第三部分第七编第三章的规定,“法律协调”(第114条至第118条)。在相关的条文中,具体规定了欧盟委员会、理事会、议会和经济社会委员会,应当就共同市场及其运行发布指令,以协调成员国的相关法律。同时还规定,如果成员国没有恰当贯彻执行,则应当加以纠正。事实上,欧盟所发布的与知识产权相关的条例、指令,都是依据上述规定做出的。与此相应,成员国也依据有关的条例和指令,协调了自己的法律,从而保障了共同市场的有效运行。

① 关于商品自由流动与知识产权保护,参见本书第二、三、四章。

② Article 2(3) and article 5(1), The Treaty on the Functioning of European Union.

值得注意的是,2009 年生效的《欧盟运行条约》,还在“法律协调”的部分,针对知识产权保护做了一个专门的规定。这是一个不见于原来的《欧共体条约》的条文。根据规定:

> 在内部市场建设和运行的过程中,欧盟议会和欧盟理事会,依据其正常的立法程序,应当采取措施创设欧盟知识产权,在欧盟范围内对于知识产权提供统一的保护。同时,还应当采取措施,在欧盟范围内建立中心化的机构,协调和监督有关欧盟知识产权的制度。欧盟理事会,应当依据特别的立法程序,制定条例,针对欧盟知识产权做出语言上的安排。欧盟理事会应当在咨询欧盟议会的前提下,以全体一致的方式做出这种语言上的安排。①

三、欧盟法律体系

《欧盟运行条约》,以及依据《欧盟运行条约》或者此前的《欧共体条约》而制定的二级法律,尤其是其中的条例、指令和决定,已经形成了一个独特的法律体系。不仅如此,成员国在贯彻落实欧盟条约、条例、指令和决定的过程中,又将国内的相关法律与欧盟的法律体系融合在一起,形成了一个以欧盟条约为核心,以欧盟发布的条例、指令、决定为准则的法律体系。这样,所谓的欧盟法律体系,就是欧盟层面上的法律与成员国的相关法律合为一体的法律体系。关于这一点,欧共体法院早在 1964 年的“Costa”一案就有论述。② 法院在判决中说,《欧盟运行条约》不同于一般的国际公约,它本身就构成了一个独特的法律体系。同时,随着成员国加入《欧盟运行条约》,这个法律体系又与成员国的法律体系结合起来,并由成员国的法院加以实施。正是从这个意义上说,成员国的国内法律体系也就转化成了欧盟的法律体系。

由此可见,在说到欧盟法律体系的时候,我们不能仅限于欧盟的条约、条例、指令和决定,还应当将各成员国的相关法律纳入其中。当然,这里所说的是成员国的相关法律,而非全部法律。而所谓的相关法律,又主要是指与欧盟条约相关的,经济、社会、金融、能源、环境方面的法律。事实上,这样一个广义的法律体系的形成,与欧盟目标的实现密切相关。因为,只有在一个完整而统一的欧盟法律体系之下,才会有货物、服务、人员和资本的自由流动,以及统一的内部市场的存在。否则,各成员国法律规定的不同,就有可能成为内部市场运行的障碍。

欧盟的法律体系虽然由两个部分构成,即欧盟层面的法律和成员国层面的法律,但前者的效力要高于后者的效力。这就意味着,成员国必须承担相关的义务,遵守欧盟条约的规定,落实欧盟发布的条例、指令和决定。各成员国的法律,不得与欧盟条约相冲突,不得与欧盟各个机构发布的条例、指令和决定相冲突。如果成员国的法律规定与欧盟条约的规定不一致,与各项条例、指令和决定不一致,则应当执行条约、条例、指令和决定的相关规定。关于这一点,《欧洲联盟条约》第 4 条第 3 款也明确规定:“成员国应当采取一切适当的措施,无论是一般的还是特殊的,确保承担本条约规定的义务,或者执行欧盟各机构所做出的决定。成员国应当促进欧盟任务的完成,不得采取任何措施,损害本条约各项目标的实现。”③其中所说的

---

① Article 118, The Treaty on the Functioning of European Union.

② Judgment of the Court of 15 July 1964, Case 6/64, Flaminio Costa v. E. N. E. L.

③ Article 4(3), The Treaty of European Union.

“本条约”,是以复数形式“Treaties”出现,具体是指《欧洲联盟条约》和《欧盟运行条约》。

从这个意义上说,欧盟法律既具有超国家的性质,又不同于一般的国际公约。成员国不仅应当遵守欧盟法律,而且应当通过国内法贯彻落实欧盟法律,并且在任何情况下不得与欧盟法律相冲突。关于这个问题,早在 1964 年的“Costa”一案①中,欧盟法院就有明确的论述。法院在判决中指出,《欧盟运行条约》不同于一般的国际公约,它本身已经形成了自身的法律体系。事实上,成员国在创立欧盟、建立欧盟机构、赋予欧盟以某种法律能力和国际代表资格的时候,已经限制了自己在某些方面的主权,或者将这些主权转让给了欧盟。这样,由此而产生的法律,无论是对于成员国的国民而言,还是对于成员国的机构而言,都具有约束力。欧盟法院在判决中还指出,随着欧盟法律体系的建立,各成员国的法律体系,也成了欧盟法律体系的一个部分。《欧盟运行条约》,以及相关的法律,都应当在成员国中得到一体贯彻。随着成员国法律体系向欧盟法律体系的转变,成员国的某些主权已经受到了永久性的限制,不符合欧盟条约的任何国内立法,不再具有优先的地位和效力。

如果说 1964 年的“Costa”一案涉及《欧盟运行条约》的法律地位的话,那么 1970 年的“国际进出口”案则涉及欧盟条例的法律地位,以及欧盟法律与成员国宪法的关系。② 根据案情,欧盟理事会颁布了一个关于谷物进出口的条例,欧盟委员会又发布了一个关于谷物进出口许可的规定,要求谷物进出口商申请许可并缴存进出口的样品。德国的一家谷物进出口公司认为,欧盟的上述条例和规定违反了德国宪法的某些规定,尤其是关于贸易自由和经济自由的原则,应当被宣告无效。这家德国公司还认为,超国家的欧盟法律应当服从德国宪法的基本原则。在此情况之下,德国法兰克福法院将有关问题提交欧盟法院,请求后者作出前置裁定。

欧盟法院认为,由欧盟机构所颁行的法律措施,其有效性只能依据《欧盟运行条约》和欧盟的法律来判定。如果依据某个成员国的法律原则或者规定来判定这类法律措施是否有效,就会造成欧盟法律体系的不确定性。根据《欧盟运行条约》制定的法律,是一个独立于成员国的法律,不能依据成员国的法律规则判定其有效性。与此相应,即使有人认为欧盟的某项法律与成员国的宪法或者宪法原则相冲突,该项法律的合法性或者有效性也不会受到影响。法院还指出,欧盟机构所采纳的法律措施,尤其是有关谷物进出口许可的措施,应当在必要的时候接受审查,以确保没有侵犯欧盟法律规定的基本权利。但是,这种审查,以及对于基本权利的保障,只能在欧盟法律体系的范围内进行,而不能在成员国法律体系的范围内进行。

欧盟法律属于超国家的法律,应当在成员国中得到贯彻执行。如果成员国政府没有贯彻实施或者没有正确贯彻实施,欧盟的机构,以及受到影响的自然人和法人,都可以将成员国作为被告,向欧盟法院提起诉讼。例如在 1998 年 4 月,爱尔兰政府没有贯彻实施欧盟 1992 年颁布的《出租权与出借权指令》,欧盟委员会决定向欧盟法院提起诉讼。随后,爱尔兰于 2000 年贯彻执行《出租权与出借权指令》,向作者提供了出租权的保护。③ 这属于欧盟委员会针对成员国政府的诉讼。又根据《欧盟运行条约》第 260 条,如果成员国没有采取有效措施,执行欧

---

① Judgment of the Court of 15 July 1964, Case 6/64, Flaminio Costa v. E. N. E. L.

② Judgment of the Court of 17 December 1970, Case 11/70, Internationale Handelsgesellschaft mbH v. Einfuhr – und Vorratsstelle für Getreide und Futtermittel.

③ Commission of EU, Report on the Public Lending Right in the European Union, COM (2002) final.

盟法院的判决，欧盟委员会可以再次提起诉讼，要求对该成员国处以罚款。这是关于欧盟法院判决执行的诉讼。其具体规定是：

> 如果欧盟法院裁定，某一成员国没有履行本条约所规定的义务，则成员国应当采取必要措施，执行欧盟法院的判决。如果欧盟委员会认为，相关的成员国没有采取必要的措施，执行欧盟法院的判决，则可以在该成员国提出其意见之后，再次向欧盟法院提起诉讼。欧盟委员会还可以依据相应的情形，确定该成员国应当支付的罚款数额或者惩罚性罚款的数额。如果欧盟法院认定，相关的成员国确实没有执行法院判决，则可以判决该成员国支付罚款或者惩罚性罚款。①

欧盟法律具有高于成员国法律的效力，是由成员国加入欧盟的行为和欧盟条约的性质决定的。大体说来，现行的《欧洲联盟条约》和《欧盟运行条约》，以及此前的《欧共体条约》，都规定了欧盟作为一个整体，在建立共同体市场和处理相关经济、社会、政治、外交事务方面，享有制定法律（包括二级法律）的权力，享有与第三国或者相关国际组织缔结条约的权力。正是从这个意义上说，某一个成员国一旦决定加入欧盟，批准《欧洲联盟条约》和《欧盟运行条约》，或者此前的《欧共体条约》，就意味着作出承诺，放弃一部分主权，交由欧盟行使。与此相应，成员国也就应当承认，欧盟条约和欧盟二级法律，包括欧盟与第三国或者相关国际组织缔结的条约，其效力高于自己的国内法，包括高于自己的宪法。在这方面，如果某一成员国确定，不想承认欧盟条约和二级法律高于自己国内法的效力，或者说不想继续放弃自己的那部分主权，则保有退出欧盟的权力。关于这一点，《欧洲联盟条约》第 50 条明确规定："任何成员国，可以依据其宪法规定，做出退出欧盟的决定。"②

从超国家法律的角度来看，《欧盟运行条约》及其二级法律，不仅对成员国政府具有约束力，而且对成员国的国民，包括法人和自然人，也具有约束力。根据欧盟法院的相关判例，无论是法人还是自然人，在必要的时候都可以依据欧盟条约及其二级法律，提起针对另一方的诉讼。这种针对另一方当事人的诉讼，也包括某一成员国的国民针对另一成员国国民的诉讼。在这方面，《欧盟运行条约》第 18 条明确规定："就本条约的适用范围来说，在不损害条约所含有的特殊规定的情形下，禁止任何基于国籍的歧视。欧盟议会和欧盟理事会，依据正常的立法程序，可以制定规则，禁止此类歧视。" ③

从超国家法律的角度来看，成员国法院也可以在必要的时候，直接依据《欧盟运行条约》和二级法律作出相应的判决。显然，这与成员国的国民可以依据条约、二级法律主张权利是一致的。如果某一成员国的法院在受理相关诉讼时，感觉《欧盟运行条约》的某一个规定，或者二级法律中的某一个规定难以理解，通常会要求欧盟法院作出相应的判决，解释相关条文的含义。事实上，欧盟法院作出的绝大多数判决，都是就《欧盟运行条约》（或者此前的《欧共

---

① Article 260, The Treaty on the Functioning of European Union.

② Article 50(1), The Treaty of European Union.《欧洲联盟条约》第 50 条第 2 项至第 5 项，还具体规定了成员退出的要求和程序。事实上，英国就是依据《欧洲联盟条约》第 50 条作出了退出欧盟的决定，并按照相关的要求和程序退出了欧盟。

③ Article 18, The Treaty on the Functioning of European Union.

体条约》)及其二级法律的含义进行解释的判决。这对于我们理解欧盟法院的绝大多数判决是非常重要的。

需要说明的是,这里所讨论的欧盟法律体系,包括欧盟层面上的法律和成员国的相关法律,以及欧盟法律与成员国法律的关系,对于我们将要讨论的欧盟知识产权法是非常重要的。因为,本书所说的欧盟知识产权法,不是指已经产生了一个主权国家意义上的知识产权法律体系,如欧盟层面上的版权法、专利法、商标法和反不正当竞争法,而是指以《欧盟运行条约》中的相关规定为核心,由欧盟的相关条例、指令和欧盟法院的判决,再加上成员国的相关法律所构成的知识产权法律体系。在这样一个知识产权法律体系中,欧盟法律的效力高于成员国法律的效力,成员国应当贯彻执行欧盟的知识产权法律,并在相关的司法判决中予以落实。

四、欧洲经济区域与《欧洲经济区域协议》①

在说到《欧盟运行条约》、欧洲经济共同体和欧盟法律体系的时候,我们还应当注意另一个组织欧洲经济区域及其相关的《欧洲经济区域协议》(European Economic Area Agreement)。因为,前者与欧洲经济共同体密切相关,后者与《欧盟运行条约》密切相关。

如前所述,1958 年 1 月开始生效的《欧洲经济共同体条约》,不仅确立了一个共同的欧洲市场,而且实现了人员、货物和服务的自由流动。很快,《欧共体条约》就发挥了积极的经济作用。于是,一些不愿意加入欧共体,但又希望享受自由贸易区域好处的国家,开始考虑建立一个类似欧共体的自由贸易联盟。到了 1960 年,奥地利、丹麦、挪威、英国、葡萄牙、瑞典和瑞士 7 国,发起成立了“欧洲自由贸易联盟”(European Free Trade Association)。随后,冰岛、芬兰和列支敦士登也加入了这个贸易联盟。随着欧洲自由贸易联盟的成立,欧共体成员国与贸易联盟的成员国一道,形成了一个更大范围的自由贸易区域。

1992 年 5 月 2 日,欧盟及其 12 个成员国,与欧洲自由贸易联盟的 7 个缔约国,共同签署了《欧洲经济区域协议》(European Economic Area Agreement)。根据安排,这个协议应当在所有的缔约国批准后生效。虽然瑞士在全民公决中否决了《欧洲经济区域协议》,但协议在其他缔约方却获得了批准。1994 年 1 月 1 日,《欧洲经济区域协议》正式生效。至此,欧盟与欧洲自由贸易联盟的另外 6 个缔约国一道,组成了欧洲经济区域(European Economic Area, EEA)。

大体说来,成立于 20 世纪 60 年代的“欧洲自由贸易联盟”,是一个成员不断变动的组织。在欧洲自由贸易联盟的 10 个缔约国中,丹麦和英国于 1973 年加入了欧盟,葡萄牙于 1986 年加入欧盟。这样,当 1992 年签订《欧洲经济区域协议》的时候,欧洲自由贸易联盟就剩下了 7 个缔约国。1995 年,其中的奥地利、芬兰和瑞典也加入了欧盟。目前,欧洲自由贸易联盟只有挪威、冰岛、瑞士和列支敦士登 4 个缔约国。其中的挪威、冰岛和列支敦士登,同时还是《欧洲经济区域协议》的缔约方。至于瑞士,由于全民公决否决了《欧洲经济区域协议》,甚至不能成为欧洲经济区域的成员。这样,在欧洲经济区域中发挥主导作用的,就一直是欧盟及其成员国。

---

① 关于欧洲经济区域,主要参考 Guy Tritton et al., *Intellectual Property in Europe*, 5th edition, Sweet & Maxwell, 2008, p. 39 – 47.

根据《欧洲经济区域协议》，设立欧洲经济区域的宗旨是加强缔约方之间的贸易和经济关系，并且通过适用同样的竞争条件和贸易规则，形成一个统一的欧洲经济区域。① 其中的缔约方，包括欧盟及其所有的成员国，以及挪威、冰岛和列支敦士登等欧洲自由贸易联盟的国家。其中的竞争条件和规则，主要是指欧盟的条约、协议和规则。事实上，正是通过延伸欧盟各种规则的方式，欧洲自由贸易联盟的国家与欧盟成员国之间，可以依照相同的规则，进行经济和贸易方面的往来。

《欧洲经济区域协议》的绝大多数条文，与《欧盟运行条约》的条文基本一致。例如，该协议同样规定了商品、人员、服务和资本的自由往来，同样规定了非歧视性原则、社会政策、消费者保护和环境保护等。这样，欧盟的许多二级立法，以及欧盟法院对于《欧盟运行条约》的解释，就可以延伸到《欧洲经济区域协议》。除此之外，《欧洲经济区域协议》还通过议定书和附件的方式，将欧盟的条例、指令和决定等具有约束力的二级立法，纳入了自己的范围。按照相关的规定，《欧洲经济区域协议》签订之时已经产生的欧盟二级立法，自动纳入协议的范围。协议签订之后颁布的条例、指令和决定等二级立法，则可以通过有关机构作出决定的方式，纳入协议的范围。正是从这个意义上说，欧洲经济区域组织是通过动态跟踪的方式，随时将欧盟的二级立法纳入自己的范围，从而保证了各个缔约方之间，可以依据同样的规则从事经济和贸易的往来。

从知识产权的保护来说，根据《欧洲经济区域协议》议定书第 28 号和附件第 17 号，该协议签订之时欧盟已经颁布的有关知识产权的条例、指令，自动成为协议的一个部分。协议签订之后欧盟颁布的条例和指令，则可以通过欧洲经济区域联合委员会的决定而成为协议的一个部分。而且，为了显示与欧共体条约的一致性，《欧洲经济区域协议》也在相关的条文中，使用了“工商业产权”的术语，而没有使用“知识产权”的术语。与此相应，《欧盟运行条约》有关知识产权的规定，欧盟发布的有关知识产权的条例、指令，其适用范围都是在欧洲经济区域的范围之内，既包括欧盟成员国，又包括欧洲自由贸易联盟的缔约方。事实上，欧盟近年来发布的与知识产权相关的指令，通常都在标题之下含有一个括弧，说明同样适用于欧洲经济区域(text with EEA relevance)。与此相应，本书讨论的欧盟知识产权法，也就在很大程度上涉及了欧洲经济区域，涉及了欧洲自由贸易联盟中的那些非欧盟成员国的缔约方。

---

① Article 1, EEA Agreement.

第二章 《欧盟运行条约》与知识产权

在《欧盟运行条约》中，与知识产权密切相关的主要有第 34 条、第 35 条、第 36 条、第 101 条和第 102 条。前三条涉及了知识产权产品（商品）的自由流动，与版权、专利权、外观设计权和商标权的保护相关，而后两条则涉及了知识产权的行使，与竞争法或者反垄断法有关。本书将在第二章、第三章和第四章中，从欧盟共同市场、商品自由流动和知识产权保护的角度，介绍欧盟知识产权法的概况。包括知识产权的存在与知识产权的行使，知识产权在欧盟范围内的用尽，以及欧盟知识产权法的协调和统一。

第一节 共同市场与知识产权

一、共同市场与关税联盟

如前所述，法国、联邦德国、意大利、比利时、荷兰和卢森堡于 1958 年缔结《欧洲经济共同体条约》，其宗旨就是建立一个共同市场，实现商品、服务、人员和资金的自由流动。1958 年生效的《欧洲经济共同体条约》，虽然于 1992 年演变为《欧共体条约》，于 2009 年演变为《欧盟运行条约》，但是建立一个欧盟范围内的共同市场，实现商品、服务、人员和资金的自由流动，一直是一个不变的宗旨。同时，欧盟（欧共体）从一开始的 6 个成员国，到后来的 12 个成员国，再到现在的 27 个成员国，建立一个由成员国组成的共同市场，实现商品、服务、人员和资金的自由流动，也是一个不变的宗旨。当然，这里所说的共同市场，或者内部市场，仅仅涉及商品、服务、人员和资金的自由流动，而不涉及经济活动的其他方面，更不涉及政治的、文化的和宗教的方面。

关于共同市场或者内部市场，以及商品、服务、人员和资金的自由流动，现行的《欧盟运行条约》第 26 条有如下的规定：

（一）欧盟应当依据本条约的相关规定，采取措施建立一个内部市场，并确保内部市场的运行。

（二）内部市场应当由一个没有边界的区域构成，并依据本条约的相关规定，确保商品、服务、人员和资金的自由流动。

（三）欧盟理事会，基于欧盟委员会的建议，应当制定必要的指南和条件，以确保各方面的平衡发展。

依据《欧盟运行条约》,由欧盟成员国建立的共同市场是一个关税区域。在这样一个关税区域之内,成员国之间取消所有的进出口关税,从而方便商品、服务、人员和资金的自由流动。同时,欧盟作为一个独立的关税区域,在与第三国进行商品贸易时,处理相关的海关事宜。关于这一点,《欧盟运行条约》第 28 条第 1 款明确规定:"欧盟应当建立在一个关税联盟的基础之上,从事所有的货物贸易,禁止成员国之间有关进出口的关税,以及所有的具有同等效力的费用。欧盟在与第三方的贸易中,应当采取统一的关税税率。"按照这个规定,欧盟 27 个成员国组成一个关税联盟,形成一个关税区域,或者共同市场。在这样一个关税区域内,无论是来自成员国的商品,还是经由某一成员国的海关而进入欧盟的第三国商品,都可以没有边界地自由流动,不存在成员国之间征收进出口关税的问题。关于这一点,《欧盟运行条约》第 28 条第 2 款规定:"来源于任何成员国的商品,以及来源于第三国的商品,都应当在所有成员国之间自由流动。"

按照《欧盟运行条约》,起源于欧盟成员国的商品,可以在欧盟共同市场上自由流动,不受成员国边界的限制。同样,来源于第三国的商品,只要经由欧盟海关联盟,或者某一个成员国的海关,进入该成员国,就可以在该成员国内自由流动,进而在欧盟范围内自由流动。这表明,合法来自第三国的商品,一旦进入欧盟的某一个成员国,就相当于是起源于这个成员国,进而可以在共同市场上自由流动。关于这一点,《欧盟运行条约》第 29 条规定:

> 来自第三国的产品,如果在某一成员国完成了进口手续,该成员国已经征收了应当支付的关税或者具有等同效果的费用,同时这些产品也没有享受全部或者部分免税、免费的好处,应当视为已经在该成员国中自由流动。

事实上,《欧盟运行条约》的条文结构,已经反映了共同市场与关税区域的关系。具体说来,《欧盟运行条约》的第三部分为"欧盟政策与内部措施"。其中的第一编为"内部市场",在第 26 条、第 27 条规定了内部市场的建立和运行,包括确保商品、服务、人员和资金的自由流动。其中的第二编则为"商品的自由流动",在第 28 条和第 29 条规定了关税联盟,包括关税联盟内部取消成员国之间的进出口关税,以及欧盟作为一个关税区域与第三国从事进出口贸易。在此基础之上,第二编还分两章规定了关税联盟和海关合作的事宜。其中的第一章为"海关联盟",第 30 条规定了成员国之间应当取消进出口关税和与之等同的费用;第 31 条规定了欧盟的共同关税由欧盟理事会依据欧盟委员会的建议而确定;第 32 条规定了欧盟委员会在提出共同关税建议时应当考虑的一些因素。

值得注意的是,由欧盟 27 个成员国组成一个关税联盟,形成一个关税区域,对于知识产权的获得和保护,具有非常重要的意义。例如,依据《欧盟商标条例》获准注册的商标,依据《欧盟外观设计条例》获准注册的外观设计,依据《欧盟植物品种权条例》获准的植物品种权利,其效力范围都是在欧盟关税区域之内。又如,无论是依据成员国法律所获得版权、专利权、外观设计权、商标权,还是依据欧盟法律所获得的注册商标、注册外观设计、植物品种权,其权利用尽的范围也是在欧盟关税区域之内。再如,在不允许知识产权国际用尽的前提下,在欧盟关税区域内享有版权、专利权、外观设计权和商标权的法人或者自然人,可以阻止体现其作品、发明、外观设计、商标的商品进入欧盟关税区域。

事实上,本书讨论的知识产权的获得,知识产权的用尽,以及与之相应的商品自由流动,都是在共同市场或者内部市场的背景下,在欧盟关税区域的背景下展开的。

二、共同市场与商品流通

按照《欧盟运行条约》,由 27 个成员国组成一个共同市场或者内部市场,是为了便于商品、服务、人员和资金的自由流动,进而提升欧盟的市场竞争力。同时,由 27 个成员国组成关税联盟,形成一个关税区域,也有利于起源于成员国的商品,以及来自第三国的商品,可以在共同市场上自由流动,不受成员国国界的限制。

就商品、服务、人员和资金的自由流动而言,与知识产权密切相关的是商品的自由流动。为了保障商品在欧盟共同市场上的自由流动,《欧盟运行条约》还在第 34 条和第 35 条规定,禁止成员国在商品的进出口方面采取配额限制的措施。其具体规定如下:

> 第 34 条:成员国之间,应当禁止有关进口的配额限制,以及所有的具有同等效力的措施。
>
> 第 35 条:成员国之间,应当禁止有关出口的配额限制,以及所有的具有同等效力的措施。

在上述两个条文中,前者涉及商品的进口,后者涉及商品的出口。从行文上看,两个条文的区别仅在于进口和出口。就欧盟范围内的共同市场而言,一切有关进口、出口的配额限制,以及具有同等效力的措施,都在禁止之列。从理论上说,成员国无论是限制商品的进口,还是限制商品的出口,都会妨碍商品的自由流动,从而破坏共同体市场的统一性。不过,在对于第 34 条和第 35 条的适用上,欧盟法院总是对于禁止或者限制进口的措施采取较为严厉的态度,而对于禁止或者限制出口的措施则采取较为宽松的态度。这是因为,在通常情况下,成员国总是鼓励出口,不大愿意采取禁止或者限制出口的措施。当然,当某些限制出口的措施,影响了成员国之间的进出口贸易,或者造成了歧视性待遇时,则应当加以禁止。[①]

在有关商品进口的限制方面,配额限制比较容易理解,在司法实践中一般不会发生太大的问题。而与配额限制具有同等效力的措施,则是一个模糊的规定,从而为法院的解释留下了很大的空间。在这方面,欧盟法院对于"具有同等效力的措施",给予了非常宽泛的解释。例如,在 1974 年的"Dassonville"一案[②]中,欧盟法院解释说:"成员国所颁布的所有贸易措施,只要妨碍了共同体之内的贸易,无论是直接的还是间接的,实际发生的还是潜在的,都属于与配额限制具有同等效力的措施。"这样,一项有关进口的措施,只要有轻微的,或者间接的,或者潜在的限制成员国之间商品贸易的作用,法院就可以裁定违背条约第 34 条和第 35 条的规定,并且予以禁止。

值得注意的是,《欧盟运行条约》虽然在第 34 条和第 35 条明确规定,在商品的自由流动方面,禁止成员国采取任何配额限制的措施,但又在紧跟其后的第 36 条规定,成员国在某些

---

① See David Keeling, *Intellectual Property Rights in EU Law*, Vol. 1, Oxford University Press, 2003, p. 11.

② Judgment of the Court of 11 July 1974, Case 8/74, Procureur du Roi v. Dassonville.

情况下，可以就商品的自由流动采取禁止或者限制性的措施。其具体规定如下：

> 第34条和第35条的规定，对于禁止或者限制商品进口、出口或者转口的某些措施，不应当适用，只要这些禁止或者限制是基于：公共道德、公共政策和公共安全；保护人类的健康和生命，保护动物和植物；保护具有艺术、历史和考古价值的国家宝物；以及保护工商业产权。但是这种禁止或者限制，对于成员国之间的贸易来说，不应当构成任意歧视的手段，或者隐蔽的限制。

在《欧盟运行条约》中，先是在第34条和第35条规定，禁止成员国就商品的进出口采取限制性的措施，然后又在第36条规定，成员国在某些特殊情况下可以采取限制商品进出口的措施。这种规定方式，反映了成员国在建立欧盟共同市场时的矛盾心态。大体说来，成员国缔结《欧盟运行条约》（包括此前的《欧洲经济共同体条约》和《欧共体条约》），组成共同市场或者内部市场，允许商品、服务、人员和资金的自由流动，相当于是放弃了自己的一部分主权。例如，在欧盟的范围之内，成员国在商品、服务、人员和资金的流动方面，放弃了对于国境线的控制，放弃了海关措施，放弃了对于进出口关税的控制。然而在另一方面，在共同市场的建设方面，在商品、服务、人员和资金的流动方面，成员国显然又不愿意放弃所有的主权。或者说，成员国在缔结或者加入欧盟条约的时候，仍然在商品、服务、人员和资金的流动方面，保留了相当一部分主权和采取相应措施的权力。

就商品的自由流动而言，成员国对于主权的保留，具体体现在了《欧盟运行条约》第36条的规定之中。按照第36条，尽管有第34条和第35条的规定，但在某些特定的情形下，成员国仍然可以采取措施，禁止或者限制商品的进出口。这些禁止或者限制的特殊措施包括四种：基于公共道德、公共政策和公共安全的措施；保护人类健康和生命、保护动物和植物的措施；保护国宝的措施；保护工商业产权的措施。根据欧盟法院的解释，只有法律明文规定的四种特殊措施，才可以获得豁免，进而禁止或者限制成员国之间的商品进出口。

事实上，《欧盟运行条约》第36条的行文方式，仍然体现了成员国在商品自由流动上的矛盾心态，或者在放弃一部分主权和保留一部分主权上的矛盾心态。具体说来，第36条规定了在四种情况下，成员国可以采取措施，禁止或者限制商品的自由流动。然而成员国似乎又担心，如果放任某一成员国和相应的市场主体随意采取禁止性或者限制性的措施，又会反过来妨碍商品的自由流动，妨碍共同市场的运行。正是基于这种考虑，第36条的后半部分又出现了一个“但书”，对于可以获得豁免的四种措施，做出了限制性的规定。按照规定，就成员国之间商品的进出口来说，上述四种措施不得构成任意歧视的手段或者隐蔽的限制。这样，即使某一措施属于上述四类中的一种，但如果构成了任意歧视的手段或者隐蔽的限制，仍然应当加以禁止。

大体说来，《欧盟运行条约》第36条所规定的几个例外，是对于商品自由流动的限制。一方面，建立欧盟的目标是形成一个统一的市场，实现商品、服务、人员和资金的自由流动。另一方面，考虑到成员国的一些特殊利益，包括依据成员国法律而产生的知识产权，又不得不在某种程度上限制商品的自由流动。应当说，这些例外与共同市场的目标存在一定的冲突。所以，无论是在欧盟委员会的相关立法建议中，还是在欧盟法院的相关判决中，虽然不得不考虑

第36条所规定的例外,但总是把共同市场和商品的自由流动放在优先考虑的地位上。① 事实上,《欧盟运行条约》第36条后半段的“但书”部分,所体现的也是商品自由流动优先的态度。

三、商品自由流动与知识产权

依据《欧盟运行条约》,建立一个由成员国组成的共同市场,是为了实现商品、服务、人员和资金的自由流动。其中与知识产权相关的,则主要是商品的流动。或者说,商品的自由流动,必然会涉及知识产权保护的问题。例如,在当今的国际国内贸易中,95%以上的商品都会带有某种形式的商标,这就涉及了商标权的保护。又如,许多进入流通领域的产品,都会体现某种专利技术、秘密技术、外观设计,因而又涉及了专利、商业秘密和外观设计的保护。至于唱片、书籍、杂志、DVD等,又体现了文字、音乐、戏剧、摄影和电影等作品,与版权保护密切相关。此外,商品的自由流动,还会涉及商号、地理标志、植物新品种等知识产权。②

从字面上看,原来的《欧洲经济共同体条约》和《欧共体条约》,没有出现过知识产权这一术语,也没有出现过版权、专利、商标、外观设计、商业秘密等术语。至于2009年生效的《欧盟运行条约》则仅仅是在第118条规定,欧盟议会和欧盟理事会应当依据相关的立法程序,创设欧盟层面上的知识产权,在欧盟的范围内统一保护由此而创设的知识产权。这似乎给人一种感觉,原来的《欧共体条约》与知识产权无关,现在的《欧盟运行条约》也仅仅涉及了欧盟层面上的知识产权,而没有提及成员国的知识产权。从商品自由流动的角度来看,《欧盟运行条约》和此前的《欧共体条约》,似乎与知识产权的关系不大。

然而,实际情形并非如此。因为,《欧盟运行条约》第36条所列举的,第四种可以豁免的限制或者禁止商品进出口的措施,就是为了保护工商业产权(industrial and commercial property)的措施。需要略作说明的是,《欧盟运行条约》的第36条,在此前的《欧共体条约》中为第30条,而且二者的规定完全相同。这样,无论是在现行《欧盟运行条约》的第36条中,还是在此前《欧共体条约》的第30条中,都出现了“工商业产权”或者“工业产权”(industrial property)的术语。在这方面,很多欧洲学者都是将《欧共体条约》第30条,或者《欧盟运行条约》第36条提及的工商业产权,称为工业产权。按照起源于欧洲大陆的《保护工业产权巴黎公约》,工业产权应当包括专利、实用新型、外观设计、商品商标、服务商标、地理标志和制止不正当竞争。③ 此外,按照世界贸易组织《与贸易有关的知识产权协议》,在制止不正当竞争框架之下予以保护的商业秘密,也应当属于工业产权的范畴。④

《欧盟运行条约》(或者此前的《欧共体条约》)所说的“工商业产权”,包括专利、外观设

---

① See Guy Tritton et al., *Intellectual Property in Europe*, 5th edition, Sweet & Maxwell, 2018, p.788.

② 除了商品的自由流动,服务、人员和资金的自由流动,也会在一定程度上涉及知识产权保护的问题。例如,广告服务、保险服务、金融服务、电信服务、运输服务、教育服务、餐饮服务、医疗服务等,必然涉及相关企业或者个人的服务商标。又如,人员的自由流动,在某些情况下会涉及知识、技术、技能、技巧的传播,又会涉及专利技术、秘密技术的保护问题。再如,资金的自由流动,必然会涉及金融服务、保险服务、电信服务等,也会涉及商标、商号和营业秘密的问题。但本书将主要讨论与商品自由流动有关的知识产权问题,基本不涉及与服务、人员、资金自由流动相关的知识产权问题。

③ Article 1, Paris Convention for the Protection of Industrial Property.

④ Article 39, TRIPS Agreement.

计、商标和植物新品种,这在欧洲学者中基本没有争论。但是,工商业产权是否也包括版权和相关权,在欧盟(欧共体)建立后的一段时间里则是有争议的。一些学者曾经认为,版权和邻接权所保护的作品、表演、录音和广播信号,不应当纳入工商业产权的范围。因为,工商业产权属于经济的范畴,而版权和邻接权所涉及的作品等,则属于文化的范畴。然而,欧盟法院的相关判决,则一而再、再而三地明确认定,《欧盟运行条约》第 36 条所说的"工商业产权",不仅包括工业产权,而且包括版权和相关权。在很多场合下,欧盟法院甚至使用"知识产权"的术语,取代了条约中的"工商业产权"的术语。下面来看两个案例。

在 1971 年的"Deutsche Grammophon"一案①中,原告是一家德国唱片公司,制造了一批录音制品,一部分在德国销售,另一部分在法国销售。在法国销售录音制品的公司,虽然在法律上属于另外一个实体,但在事实上是原告的下属公司。然而,法国公司获得了这批录音制品之后,不仅在法国销售,而且将其中的一部分运回到了德国销售。于是,原告依据其在德国享有的发行权,向汉堡地方法院提起诉讼,禁止法国公司在德国销售相关的录音制品。受理案件的汉堡法院认为,被告在德国销售录音制品,涉及了商品在共同市场上的自由流动,或者从法国流动到德国的问题,因而请求欧盟法院作出前置裁定。

正如欧盟早期的一些知识产权案例所显示的那样,无论是案件的当事人还是成员国的法院,就商标权、专利权和版权的行使而言,通常都把争执的焦点放在了《欧盟运行条约》第 101 条(关于协议垄断)和第 102 条(滥用市场支配地位)的规定上。在本案中,德国汉堡法院提出的问题也是,原告依据其在德国享有的发行权,阻止已经在法国上市的录音制品进入德国,是否存在协议垄断或者违反第 101 条的问题。欧盟法院认为,从本案的情形来看,不存在原告与他人达成垄断协议,妨碍共同市场竞争的问题。随后,欧盟法院又将这个问题推进了一步。如果不存在协议垄断的问题,那么下一个问题就是,原告行使其在德国享有的发行权,阻止在法国上市的录音制品进入德国,是否妨碍了商品在成员国之间的自由流动。

欧盟法院论证说,按照《欧盟运行条约》的相关规定,成员国不得采取任何措施,有损本条约宗旨的实现。然而在另一方面,该条约第 36 条又规定,在四种情况下,包括为了保护工商业产权,可以禁止或者限制商品的自由流动。尽管如此,当事人所采取的措施,仍然不得构成任意歧视的手段或者隐蔽的限制。正是在这里,欧盟法院明确指出,"按照一般的看法,这个规定与版权相关"。这样,欧盟法院就把工商业产权与版权联系起来,将版权纳入了工商业产权的范围。

欧盟法院指出,版权和相关权是依据成员国法律产生的权利,不受欧盟法律的影响。然而,权利的行使则应当受到限制,不能妨碍商品在共同市场上的自由流动。就本案而言,如果任由相关权人行使进口权,阻止已经合法在法国上市的产品进入德国,就会在事实上分割市场,违背《欧盟运行条约》建立单一市场的宗旨。

> 如果相关权的所有人自己或者他人经其同意,在其他成员国发行了相关的录音制品,然后又以该行为发生于其他成员国的地域为由,依据自己享有的相关权,防止

① Judgment of the Court of 8 June 1971, case 78/70, Deutsche Grammophon Gesellschaft mbH v. Metro - SB - Großmärkte GmbH & Co. KG.

录音制品进入这个成员国,那么此种禁止将会使得分割成员国市场的行为合法化,从而违背《欧盟运行条约》的基本宗旨。因为,该条约的基本宗旨是将各成员国的市场统一为一个单一市场。

如果说在1971年的"Deutsche Grammophon"一案中,欧盟法院以顺带的方式将版权和相关权纳入了工商业产权的范围,并由此而讨论了商品自由流动的话,那么在1981年的"GEMA"一案中,欧盟法院则是明确将版权纳入了工商业产权的范围,并讨论了版权在工商业产权概念中的具体含义。

在1981年的"GEMA"一案①中,原告是德国音乐著作权集体管理组织,代表音乐作品的版权所有人行使权利。根据案情,原告分别在德国、英国和其他一些成员国,授权制作了相关的录音制品。然而在英国,按照该国《版权法》的规定,制作录音制品向音乐作品版权所有人支付的权利金,为录音制品销售额6.25%,低于其他成员国应当支付的权利金。例如在德国,权利金的数额通常是销售额的8%。这样一来,在英国市场上销售的录音制品,价格就会低于在德国市场上销售的录音制品。于是,一家德国公司在英国市场上购买了一批录音制品,然后进口到德国销售,总数有10万件之多。随后,德国音乐著作权集体管理组织提起诉讼,主张进口商侵犯了自己管理的音乐版权。然而,原告在诉讼中没有行使发行权,阻止录音制品进入德国,而是要求被告按照德国较高的版税率,补上与英国差额的部分。或者说,被告应当在英国6.25%的基础上,补上1.75%,从而达到德国的8%。关于这个问题,德国法院也认为,按照《德国著作权法》和录音产业的做法,音乐著作权人可以要求被告按照德国的标准支付许可费用。然而在另一方面,德国法院又提出疑问,原告以这样的方式行使版权,是否符合《欧盟运行条约》关于商品自由流动的规定,因而提请欧盟法院作出前置裁定。

欧盟法院在判决中详细讨论了共同市场上的商品自由流动,以及版权是否可以纳入工商业产权范围的问题。欧盟法院首先指出,录音制品,尽管其中体现有音乐作品,但其显然属于《欧盟运行条约》所规定的商品,应当在成员国之间自由流动。与此相应,如果成员国的法律规定妨碍了录音制品在共同市场上的自由流动,就应当认为属于第34条所规定的与配额限制具有同等效力的措施。就本案而言,原告以音乐著作权人的名义,行使《德国著作权法》规定的发行权,妨碍来自英国的录音制品进入德国市场,显然属于禁止或者限制商品自由流动的措施。当然在另一方面,《欧盟运行条约》第36条又规定,在保护工商业产权的意义上,可以禁止或者限制商品的进口。其中的工商业产权,不仅包括了专利权、商标权等,而且包括了版权。具体说来,版权所有人在商业性利用版权的意义上,可以发放许可,制作体现了文学艺术作品的产品,进而在成员国之间流动。欧盟法院明确指出,按照以往的判例法,如果工商业产权的所有人,包括版权所有人,已经在其他成员国上市了含有自己作品的产品,或者经其同意在其他成员国上市了含有自己作品的产品,则不得依据这个成员国的法律,阻止相关的产品进入这个成员国。

从商品自由流动的角度出发,欧盟法院还在判决中就版权中的精神权利和经济权利,进

① Judgment of the Court of 20 January 1981. – Musik – Vertrieb membran GmbH et K – tel International v. GEMA – Gesellschaft für musikalische Aufführungs – und mechanische Vervielfältigungsrechte.

行了讨论。在本案的审理过程中,法国政府曾经提出意见认为,版权包括了署名权、维护作品完整权等内容,不同于专利、商标等其他的工商业产权,因而不适用以往的有关工商业产权的判例法。针对这个说法,欧盟法院作出了如下的判决:

> 确实,正如法国政府所指出的那样,版权中含有某种精神权利。然而,版权也含有其他的权利,例如商业性地利用已经上市的受保护作品的权利,尤其是通过许可的方式获得权利金的支付。成员国(德国)法院所提出的问题涉及版权的经济方面。正是从版权的经济方面出发,就该条约第36条的适用来说,没有理由将版权与其他的工商业产权区别开来。由于商业性地利用版权是版权所有人获得报酬的源泉,这种利用也在同时成了版权所有人、版权管理协会(以权利人的名义行为)和被许可人控制市场的形式。从这个意义上说,版权的商业性利用所产生的问题,与其他工业或者商业产权所产生的问题,就是相同的。

由"GEMA"一案可以看出,欧盟法院不仅将版权纳入了工商业产权的范围,而且从版权中的经济权利出发,论证了将版权纳入工商业产权的必要性。这样,版权和相关权属于《欧盟运行条约》所说的"工商业产权",不再成为司法实务中的问题。正是基于欧盟法院的判决,欧盟委员会在有关《欧盟运行条约》第36条的指南中也明确指出,工商业产权包括专利、商标、外观设计、版权和植物新品种。①

事实上,欧盟法院将版权和相关权纳入工商业产权的范畴,也在很大的程度上保障了版权所有人和相关权所有人依据成员国法律而享有的权利。因为,《欧盟运行条约》第36条规定的几种例外,是相对于第34条和第35条而言的。按照第34条和第35条的规定,就成员国之间的贸易而言,不得采取配额限制和其他具有同等效力的措施。而按照第36条的规定,如果为了保护工商业产权,又可以采取某些必要的措施,限制商品的自由流动。如果将版权和相关权排除在工商业产权的范围之外,就会产生不公平的结果。一方面,共同市场上有关版权产品的贸易,属于第34条和第35条所说的贸易,成员国不得采取任何限制商品自由流动的措施。另一方面,如果他人未经权利人许可而在某一个成员国上市了盗版或者侵权的产品,版权人或者相关权人则难以依据第36条规定的例外,阻止相关产品进入其他成员国。而欧盟法院通过判决将版权和相关权纳入工商业产权的范围,或者纳入《欧盟运行条约》第36条的范围,则避免了这种不公平的结果。与此相应,版权所有人和相关权所有人,也可以像专利权人和商标权人一样,在必要的时候禁止或者限制侵权产品的自由流动,从而保护自己的权利和利益。

值得注意的是,按照欧盟法院的思路,既然版权和相关权可以纳入工商业产权的范围,有关制止不正当竞争的权利,包括制止虚假宣传、商业诋毁和窃取他人商业秘密的行为,也可以纳入工商业产权的范围。事实上,正是沿着这样的思路,欧盟于2005年发布了《不正当商业

---

① European Commission Internal Market DG: guide to the concept and practical applicatio of articles 34 – 36 The Treaty on the Functioning of European Union, at 21.

行为指令》,[①]以协调成员国关于反不正当竞争的立法;于2016年发布了《商业秘密保护指令》,[②]以协调成员国关于商业秘密保护的立法。

四、知识产权的地域性与商品自由流动

知识产权具有鲜明的地域性特征。知识产权是依据特定国家或地区的法律而产生的权利,其效力仅限于这个国家或者地区。一旦超出了这个国家或者地区的范围,权利的客体,如作品、技术发明、外观设计、商标等,则不再受到保护。如果作者、发明人、商标所有人还想在其他国家获得保护,则应当依据其他国家的法律和程序,获得相应的版权、专利权和商标权。

从历史的发展来看,知识产权产生伊始,就是地域性的权利。例如,按照1474年的《威尼斯专利法》,发明人应当向威尼斯的总福利局提出注册申请,并且在威尼斯城邦的范围之内受到保护。[③] 又如,英国于1624年颁布的《垄断法》规定,对于新产品的发明人,英国国王可以给予发明人14年的垄断期限,专利权人可以在英国的范围内排他性地制造和销售新产品。[④] 再如,英国1710年的《安娜法》规定,作者对于其创作的作品,在一定的期限之内享有专有权利。[⑤] 显然,作者享有的版权,是依据《安娜法》而产生,其有效范围也是在英国之内。此外,法国于1857年颁布的《商标法》规定,商标所有人可以向法国的政府部门申请注册,获准注册的商标在法国的范围内有效。[⑥] 随后,美国、德国、日本等国制定的有关作品、发明、外观设计和商标保护的法律,其效力都是在本国的主权范围之内。

事实上,产生于19世纪后半叶的《保护工业产权巴黎公约》(以下简称《巴黎公约》)和《保护文学和艺术作品伯尔尼公约》(以下简称《伯尔尼公约》),就是为了协调成员国工业产权的保护标准和版权保护的标准而产生的。具体说来,在承认工业产权和版权的地域性前提下,《巴黎公约》在专利、商标、外观设计、制止不正当竞争方面,设定了成员国应当遵守的基本原则和最低要求;《伯尔尼公约》在文学艺术作品的保护方面,设定了成员国应当遵守的基本原则和最低要求。至于两个公约所遵行的国民待遇原则、工业产权或者版权的独立原则,也反映了知识产权的地域性特征。例如,国民待遇的基本含义是,成员国对于其他成员国的国民,应当给予本国国民的待遇。又如,某一成员国赋予的工业产权,独立于其他成员国的工业产权而存在;某一成员国赋予的版权,独立于其他成员国的版权而存在。[⑦]

在这方面,世界贸易组织《与贸易有关的知识产权协议》,也是在承认知识产权地域性特征的基础上,进一步协调了成员在知识产权保护方面的标准,包括要求成员采取民事的、行政的、刑事的和边境的措施保护知识产权。同样,《与贸易有关的知识产权协议》也沿袭了《巴黎公约》和《伯尔尼公约》一系列实体性规定,包括国民待遇原则和知识产权的独立原则。而

---

① Directive 2005/29/EC of the European Parliament and of the Council of 11 May 2005 concerning unfair business - to - consumer commercial practices in the internal market.

② Directive (EU) 2016/943 of the European Parliament and of the Council of 8 June 2016 on the protection of undisclosed know - how and business information (trade secrets) against their unlawful acquisition, use and disclosure.

③ 参见1474年《威尼斯专利法》。

④ 参见1624年英国《垄断法》第6条。

⑤ 参见1710年《安娜法》。

⑥ 参见1857年《法国注册商标法》。

⑦ 参见《保护工业产权巴黎公约》《保护文学艺术作品伯尔尼公约》的相关规定。

且,在此基础之上,该协议还在第4条规定了"最惠国待遇原则"。根据规定,在知识产权的保护上,某一成员给予另一成员国民的任何优惠、特权或者豁免,都应当无条件地适用于其他所有成员的国民。[①] 显然,最惠国待遇原则,也是在承认知识产权地域性特征的前提下,作出的一个特别规定。

知识产权的地域性是一个普遍特征。即使是在欧盟已经建立,共同市场已经形成的条件之下,市场主体或者个人所获得的知识产权,仍然是地域性的权利。在欧盟(欧共体)建立以后相当长的时间里,并没有出现欧盟层面上的注册商标、外观设计和植物品种。因此在欧盟建立的早期,所有的知识产权,包括版权、专利权、外观设计权、商标权,都是依据成员国的相关法律或者程序而产生的。与此相应,就一件具有独创性的作品而言,就一件技术发明而言,就一件工业品外观设计而言,就一件商标而言,就有了隶属不同成员国的知识产权。即使在有了欧盟层面上的注册商标、注册外观设计和植物品种权以后,相关权利的效力范围也是在欧盟的范围之内。而且,欧盟层面上的注册商标、注册外观设计和植物品种权,要想获得司法救济,仍然有赖于成员国的司法机关。事实上,迄今为止,除了少数的欧盟层面上的注册商标、注册外观设计和植物品种权,相当一部分的注册商标、外观设计权,以及所有的发明专利权、版权和相关权,所有的制止不正当竞争的权利(包括商业秘密的保护),仍然是地域性的成员国权利。

显然,知识产权的地域性,尤其是依据成员国法律或者程序而产生的知识产权,与欧盟建立统一的内部市场、统一的关税区域,存在矛盾和冲突。一方面,欧盟成员国缔结《欧盟运行条约》(以及此前的《欧洲经济共同体条约》和《欧共体条约》),其目的是在欧盟的范围内形成一个共同市场,实现商品、服务、人员和资金的自由流动。建立欧元区,建立海关联盟,取消成员国之间的进出口关税,其目的都是促进商品、服务、人员和资金的自由流动。然而在另一方面,分别存在于各个成员国的商标、专利、外观设计和版权等知识产权,又有可能阻碍商品的自由流动。因为,在共同市场上流动的商品,几乎都与商标、专利、外观设计、版权密切相关。如果任由知识产权所有人依据地域性(或者国别性)的原则,行使自己的知识产权,就会在成员国的边境线上树立起知识产权的藩篱,阻碍商品的自由流动。这样一来,实现商品在共同市场上自由流动的目的,就会落空。

从共同市场上的商品自由流动来看,似乎应当取消成员国地域性的知识产权,例如商标、专利、外观设计和版权。然而从整体的社会经济发展而言,依据成员国法律而产生的知识产权,又具有合理的政策性目的。例如,通过赋予专利权的方式,可以鼓励技术创新,或者向社会提供新型产品,或者改进原有的产品或者方法。又如,通过版权保护,可以鼓励文学艺术和科学作品的创作,鼓励作品的传播,让社会公众获得丰富多彩的精神产品。再如,通过商标保护,可以鼓励市场主体进行商标、商号的投入,改进产品质量、丰富产品种类、降低产品成本等,最终有利于健康良好的市场竞争,有利于消费者。显然,如果只考虑共同市场和商品自由流动的目标,忽略知识产权保护的政策性取向,也会牺牲经济和社会发展的长远利益。正是基于这样的考虑,《欧盟运行条约》在强调共同市场和商品自由流动的同时,仍然承认了知识产权保护的必要性。例如,根据《欧盟运行条约》第36条的规定,出于保护知识产权的需要,

---

① Article 4, TRIPs Agreement.

成员国可以采取某些措施,禁止或者限制商品的自由流动。

寻求商品自由流动与知识产权保护之间的平衡,既不损害共同市场和商品自由流动的宗旨,又不损害知识产权保护的价值取向,就成了摆在欧盟各个成员国政府和欧盟委员会、欧盟理事会、欧盟议会和欧盟法院面前的任务。毕竟,保护知识产权,鼓励丰富多彩的文学艺术作品的创作,鼓励技术发明和新产品的上市,鼓励市场主体在商标上的投入,进而让社会公众获得更多的精神文化产品和物质产品,对于欧盟和各个成员国,甚至对于整个人类社会,都具有更为重要的意义。

在这方面,欧盟法院依据《欧盟运行条约》第 34 条、第 35 条和第 36 条的规定,作出了一系列的判决,调和了商品自由流动与知识产权地域性之间的冲突。具体说来,欧盟法院通过典型判决,先后创设了权利的存在与权利的行使和知识产权在欧盟范围内用尽的原则。根据这些原则,欧盟法院一方面承认依据成员国法律而产生的知识产权,承认权利人可以行使自己的知识产权。另一方面,欧盟法院又认为,权利人一旦将体现有专利技术、商标、外观设计和作品的商品投入某一成员国的市场,就在欧盟范围内用尽了自己的权利。权利人不得再以他在其他成员国享有的权利,妨碍商品的自由流动,谋取再一次的利益回报。这样,欧盟法院就在商品自由流动的宗旨与知识产权保护的政策取向之间,求得了最大的平衡,既没有损害建立共同市场的宗旨,又没有过多地损害知识产权所有人的利益。[①]

下面先讨论欧盟法院所确立的权利的存在与权利的行使原则。至于知识产权在欧盟范围内用尽的原则,则留待第三章讨论。

第二节 权利的存在与权利的行使

权利的存在与权利的行使(the existence of right and the exercise of right)是由欧盟法院在“Consten”、“Deutsche Grammophon”和“Centrafarm”等一系列判例中所确定的原则。根据这个原则,在欧盟没有协调成员国有关知识产权的立法以前,获得知识产权的程序和条件由各成员国的法律确定。与此相应,《欧盟运行条约》和法院的判决不影响知识产权的存在。但是,权利人在行使自己的知识产权时,仅限于《欧盟运行条约》所规定的例外,并且不得构成任意歧视,或者掩盖性地妨碍商品的自由流动。显然,这个原则的提出,是为了在商品自由流动和知识产权保护之间,达成某种可能的平衡。

下面分别论述权利的获得,权利的获得与非歧视性,权利的行使,以及权利存在与权利行使命题的意义。

一、权利的获得

如前所述,法国、联邦德国、意大利、荷兰、比利时、卢森堡等国在缔结《欧洲经济共同体条约》的时候,其侧重点在于经济共同体,以及与之相应的共同市场和关税区域。与此相应,为

---

① 如果从知识产权的地域性角度来看,还是损害了知识产权所有人的利益。因为,他虽然在几个成员国享有商标权、专利权或者版权,但只能在首次上市的一个成员国获得经济回报。

了建设共同市场和关税区域,实现商品、服务、人员和资金的自由流动,成员国放弃了一些主权,交由欧盟(欧共体)的机构行使。然而,在确保商品、服务、人员和资金自由流动的同时,成员国仍然保留了一些主权,没有交由欧盟(欧共体)的机构行使。例如,《欧盟运行条约》第36条规定了在四种情形下,成员国可以禁止或者限制商品的进出口。[①] 其中的"工商业产权",具体是指版权、专利、商标、外观设计等知识产权。

知识产权是一种无形产权。从《欧盟运行条约》第36条的规定来看,成员国保留了在知识产权授予和保护方面的主权,甚至可以基于知识产权而禁止或者限制商品的自由流动。事实上,成员国不仅在知识产权的授予和保护方面保留了主权,而且在整个的财产权方面,包括有形财产和无形财产方面,都保留了自己的主权。这就是《欧盟运行条约》第345条的规定:"本条约在任何情况下都不得损害成员国关于财产所有权的法律体系。"按照这个规定,关于财产权的获得,包括知识产权的获得,属于各成员国法律规范的事项。《欧盟运行条约》及其相关法律,不影响财产权(包括知识产权)的存在。

大体说来,正是依据《欧盟运行条约》第345条和第36条的规定,尤其是第36条关于工商业产权的规定,欧盟法院做出了一系列有关知识产权的存在不受欧盟法律影响的判例。下面,分别从外观设计、专利、商标和版权的角度,选取几个典型案例予以说明。

先来看一个关于外观设计的典型案例。在1982年的"Keurkoop"一案[②]中,一家名为南希礼品公司(以下简称南希公司)的企业,就一款女式手袋的外观设计,于1979年4月向比荷卢外观设计局申请注册,获得了一项外观设计权。然而,南希公司所注册的外观设计,与一件美国公司的在先外观设计相似。而且,美国公司还于1977年3月,向美国专利商标局申请了外观设计专利。[③] 显然,南希公司抄袭了在先的美国外观设计。不过,这家美国公司没有出现在本案中。在获得了外观设计权以后,南希公司在荷兰上市了带有该外观设计的手袋。而上市的手袋,虽然来自瑞士,但实际生产于中国台湾。到了1980年年初,南希公司发现被告,一家注册于荷兰鹿特丹的公司,也在荷兰上市了同样的女式手袋。被告的女式手袋虽然来自德国,但也是生产于中国台湾。于是,南希公司在鹿特丹地方法院提起了针对被告的侵权诉讼。地方法院经过审理,作出了有利于原告的判决。具体说来,法院禁止被告为了工商业的目的,制造、进口、销售、许诺销售、展示、使用和仓储同样或者近似外观的女士手袋。因为,原告就其女式手袋的外观已经获得了外观设计注册。被告不服一审判决,向位于海牙的上诉法院提起上诉。

海牙上诉法院经过审理发现,尽管原告南希公司是涉案外观设计的注册人,但它既不是该外观设计的设计者,也没有经过设计者的同意而申请外观设计注册。上诉法院指出,按照比荷卢的法律,具有独创性的作品应当获得版权法的保护,至于实用性产品的新颖外观设计,则由外观设计法予以保护。按照《比荷卢统一外观设计法》第4条的规定,即使是已经存在的产品,如果在最近50年内不为人知或者被忘却,在本法的意义上属于具有新颖性的产品。这

---

① 这四种情形是:公共道德、公共政策和公共安全;保护人类的健康和生命、保护动物和植物;保护具有艺术、历史和考古价值的国宝;保护工商业产权。

② Judgment of the Court of 14 September 1982, case 144/81, Keurkoop BV v. Nancy Kean Gifts BV.

③ 《美国专利法》保护三类专利,发明专利、外观设计专利和植物专利。

表明,这里所说的“新颖性”,不同于通常所理解的新颖性。上诉法院继续论证说,《比荷卢统一外观设计法》也不要求,新颖性应当来自原创。正是从这个意义上说,该法第3条规定,外观设计权利应当授予第一个提出注册申请的人。这就表明,提出外观设计注册申请的人,不一定是该外观设计的设计者。事实上,《比荷卢统一外观设计法》的宗旨是保护不同于其他产品外观的外观设计,而不论相关的外观设计是艺术性的还是常见的,同时也不论申请外观设计注册的人是制造商还是设计者。又根据该法的规定,在外观设计注册的有效期内,他人不得侵犯相关的外观设计,而侵权的标准则是公众是否会将此外观设计与其他外观设计混同起来。这样,至少就《比荷卢统一外观设计法》来看,原告抄袭他人的外观设计获得注册,就是一项有效的权利。

在被告提起的上诉中,除了提到原告不是涉案外观设计的设计者,还提出了两个问题。第一,就《欧盟运行条约》第36条来说,一个抄袭者通过《比荷卢统一外观设计法》获得了注册,是否符合《欧盟运行条约》的相关规定。第二,即使原告的外观设计注册有效,原告针对被告行使外观设计权,是否妨碍了欧盟范围内的商品自由流动。由于被告提出的问题涉及了《欧盟运行条约》,海牙上诉法院向欧盟法院提出请求,就两个问题作出前置裁定。这里仅讨论第一个问题。

如前所述,海牙上诉法院在判决中已经认定,按照《比荷卢统一外观设计法》,原告抄袭他人的外观设计而获得注册,属于一项有效的权利。而且,按照《比荷卢统一外观设计法》,除非该外观设计的真正设计者,或者设计者的雇主提起异议,其他任何人都不得就权利的有效性提出异议。这样,被告在上诉中就提出质疑,这样的法律规定是否符合《欧盟运行条约》关于商品自由流动的规定,尤其是是否符合第36条关于工商业产权保护的规定。

欧盟法院在判决中说,被告提出的这个问题,实际上是指向另一个问题,即《欧盟运行条约》第36条是否允许成员国的类似法律存在。具体说来,《比荷卢统一外观设计法》允许第一个提出注册申请的人获准注册并享有权利,但又不要求申请人是相关外观设计的设计者或者设计者的雇主。而且,只有相关外观设计的设计者或者其雇主才可以挑战注册的有效性,其他人则不能予以挑战。按照被告的说法,《比荷卢统一外观设计法》的这个规定是有问题的,似乎不符合《欧盟运行条约》第36条关于工商业产权保护的规定。

关于这个问题,欧盟法院首先论证说,本院已经在若干个判决中裁定,第36条规定的工商业产权,包括专利权、商标权、版权和外观设计权。而且,这些权利都是专有性的财产权。就本案而言,《比荷卢统一外观设计法》的宗旨是,保护实用性产品的新颖外观特征,而不论该外观特征是来自设计者的创作,还是来自他人的创作。即使是存在于申请日以前50年的外观设计,申请人也可以拿来申请注册。这表明,申请注册者不必是相关外观设计的设计者,也不必是相关设计者的雇主。显然,这种做法具有经济上的简洁性和有效性。欧盟法院还特别指出,按照《比荷卢统一外观设计法》第5条的规定,真正的设计者应当在相关外观设计注册后的5年内提出异议。就本案的事实来看,原告获准注册的期间已经超过了5年,即使是真正的设计者也不再能够提起异议。这表明,原告就涉案外观设计所享有的权利是一项不容置疑的有效权利。

基于海牙上诉法院和欧盟法院关于《比荷卢统一外观设计法》的讨论,以及海牙法院和欧盟法院对于涉案外观设计权的认定,欧盟法院进一步认定,原告就涉案外观设计所享有的权利，属于《欧盟运行条约》第36条意义上的工商业产权。按照欧盟法院的判决，工商业产权系依据成员国的法律和程序而产生。相关的知识产权，只要符合成员国的法律和程序，就是一项有效的权利。至于相关的法律规定是否合理，是否与其他成员国的法律冲突，则是另外一个问题。关于这一点，欧盟法院在判决中说：

> 从欧盟法律的目前状况来看，在缺乏欧盟标准或者缺乏法律协调的状况下，确定外观设计保护的条件和程序，只能依据成员国的规则。就本案而言，则是比利时、卢森堡和荷兰依据区域性联盟而制定的共同立法。

欧盟法院还进一步指出，《欧盟运行条约》关于商品自由流动的规则，并不妨碍各成员国采取类似于《比荷卢统一外观设计法》的立法。同样，从欧盟法律目前的状态来看，也不妨碍各成员国制定类似于《比荷卢统一外观设计法》的法律。从这个意义上说，知识产权获得的条件和程序，属于成员国规范的事项。

显然，依据《比荷卢统一外观设计法》，允许原告将抄袭来的女式手袋的外观设计予以注册，并且成为合法的权利，存在着不合理之处。然而即使如此，欧盟法院也只能予以认可。下面再来看一个关于专利的典型案例。

在1988年的"Fiamma"一案①中，涉及了当时《英国专利法》中的一个特别制度——"相对新颖性"。具体说来，1949年《英国专利法》的第50条第1项规定：

> 在一份完整的申请案中披露的发明，在以下情况下不应当认为，已经被某一项在英国公开的发明而预见：
>
> (1)依据专利申请程序而在英国提交的申请案中披露，而且该申请案是在现有申请案申请日的50年以前提出；
>
> (2)依据专利申请程序而在英国之外的任何一个国家提交的申请案中披露，而且该申请案是现有申请案申请日的50年以前提出。

根据英国法院的说明，《英国专利法》中关于50年以前的发明可以申请专利，并且不丧失新颖性的规则，是在1902年由议会纳入《英国专利法》的。根据立法资料，引入这个规则的目的，是让原有的从来没有使用过的专利技术获得新生，进而促进发明创造的积极性和提升产业利益。按照这个规定，如果现在的发明人重新发现了50年以前存在的旧有发明，可以获得专利权和相应的回报。与此相应，50年以前存在的专利或者其说明书，不应当成为现有专利丧失新颖性和归于无效的依据。

在1988年的"Fiamma"一案中，原告是英国的赛德富公司(Thetford)，是全球著名的移动卫生设施的制造商。在本案中，原告就方便厕所在英国享有两项专利权。本案的被告是意大利的菲亚玛公司(Fiamma)，也是全球有名的移动卫生设施的制造商。在本案中，被告制造了

---

① Judgment of the Court of 30 June 1988, case C-35/87, Thetford Corporation and others v. Fiamma SpA and others.

大量的移动厕所,并且通过其设立在英国的子公司,在英国上市了相关产品。根据案情,原告关于移动厕所的专利,仅仅在英国有效,不涉及意大利和其他欧盟成员国。所以,被告在意大利制造和销售移动厕所,没有必要获得原告的同意。然而在英国销售涉案的移动厕所,似乎应当获得原告的同意。但是被告没有寻求原告的许可。于是,原告向伦敦专利法院提起诉讼,主张被告侵犯了自己的专利权,要求被告停止侵权和支付损害赔偿。

就本案而言,一个非常重要的事实是,原告就移动厕所在英国所享有的两项专利权,是依据当时《英国专利法》中的"50 年以前发明规则"而获得的专利权。基于这个事实,被告在诉讼中提出抗辩说,原告的专利权缺乏新颖性和创造性,应当被认定为无效。与此相应,自己没有侵犯原告的专利权。显然,被告也知道《英国专利法》中的"50 年以前发明规则",因而又提出抗辩说,即使原告的专利权有效,依据《欧盟运行条约》第 34 条和第 36 条的规定,英国法院也不应当禁止自己的方便厕所进口到英国。

伦敦专利法院经过审理,依据《英国专利法》的相关规定,作出了有利于原告的判决。被告不服判决而提起上诉。伦敦上诉法院认为,被告提出的问题,涉及了《欧盟运行条约》的规定,因而有必要提请欧盟法院对于相关问题作出前置裁定。具体说来,伦敦上诉法院向欧盟法院提出了两个问题:第一,依据"50 年以前发明规则"获得的专利权,是否属于《欧盟运行条约》第 36 条规定的应当予以保护的工商业产权;第二,如果这种专利属于应当予以保护的工商业产权,是否可以像被告抗辩的那样,法院只能判给原告以合理的权利金,而不应当下达禁令。

欧盟法院在判决中说,依据《欧盟运行条约》第 36 条的规定,基于保护工商业产权的必要性,可以禁止或者限制商品的自由流动。关于这个问题,被告提出抗辩说,第 36 条予以保护的专利权,应当是那些符合基本授权要件的专利权。与此相应,缺乏新颖性和创造性的专利,不属于第 36 条规定的工商业产权。关于这个问题,欧盟法院回顾了 1982 年的"Keurkoop"一案,再次指出,依据目前的欧盟法律,在缺乏欧盟统一的授权标准,或者缺乏对于成员国相关法律协调的情况下,如何确定专利授予的条件和程序,完全是成员国法律的问题。就本案而言,英国可以依据"50 年以前发明规则",授予原告以相应的专利权。依据《英国专利法》,原告的专利权不可能被宣告为无效,因而属于《欧盟运行条约》第 36 条规定的,应当予以保护的工商业产权。

在此基础之上,欧盟法院还审查了"50 年以前发明规则"是否属于第 36 条规定的任意的歧视和隐蔽的限制。欧盟法院在判决中说,1949 年《英国专利法》第 50 条第 1 款规定的"50 年以前发明规则",不存在对于其他成员国国民的任意歧视。因为,这个规则中所说的在专利申请过程中披露的发明,既包括在英国专利申请中的披露,也包括在其他任何国家专利申请中的披露。而且,"50 年以前发明规则"所涉及的专利申请,也没有任何国籍的限制,即使是外国国民也可以依据这个规则申请和获得专利。欧盟法院在判决中继续论证说,《英国专利法》中的"50 年以前发明规则",也不存在对于成员国之间贸易的隐蔽限制。因为,英国于 1902 年制定这个规则,是为了鼓励发明活动和重新利用已经过时的发明,进而提升产业利益。设计这个规则的主要目的,是防止有人拿出申请日 50 年以前存在的专利申请文献,来挑战现有专利的有效性。与此相应,这个规则与成员国之间的贸易无关。

欧盟法院在判决中还回答了伦敦上诉法院提出的第二个问题,如果原告的专利权有效,在发生侵权的情况下，是否不应当给予禁令的救济。关于这个问题，欧盟法院明确指出，在承认专利权有效的前提下，发生了侵权的情况，成员国专利法中所规定的所有救济措施，包括禁令和损害赔偿，都可以适用。而且，成员国法院适用所有的救济措施，包括针对本案的被告适用禁止进口的措施，并不违反《欧盟运行条约》第 36 条的规定。

以上是两个关于外观设计和专利的典型案例。其中都明确表示，在欧盟协调成员国的相关立法以前，外观设计权和专利权的获得条件和要求，都由成员国法律决定。下面再来看两个关于商标注册的典型案例。

先来看 1993 年的“AUDI”一案[①]。在这个案件中，被告是德国雷诺汽车公司（母公司为法国雷诺），原告是德国奥迪汽车公司，双方的争执涉及一件数字商标。根据《德国商标法》第 4 条的规定，数字在通常情况下不能作为商标予以注册，但如果在与相关商品一道使用的过程中获得了显著性，则可以获准注册。根据案情，德国奥迪汽车公司就“Quattro”在德国注册了两件商标，用于汽车之上。其中的“Quattro”来自意大利文，其含义是数字“4”。自 1980 年以来，奥迪公司又在市场上推出了一种四轮驱动的汽车，同时使用了“Quattro”商标，具有相当的市场影响力。随后，法国雷诺也推出了一款四轮驱动的汽车，在很多国家上市，并且使用了“Espace Quadra”的商标。其中的“Quadra”，其含义也是数字“4”。到了 1988 年 3 月，这款四轮驱动汽车经由德国雷诺汽车公司而在德国上市，同样使用了“Espace Quadra”的标记。于是，德国奥迪汽车公司针对德国雷诺汽车公司，在慕尼黑地方法院提起了商标侵权的诉讼，要求被告停止使用“Espace Quadra”的商标，并且支付一定的损害赔偿。原告主张，被告的标记中含有“Quadra”，与自己的注册商标“Quattro”近似，容易造成消费者在商品来源上的混淆。随后，慕尼黑地方法院作出判决，认定原告的商标和被告的商标中，都含有数字“4”的标记，容易造成消费者在商品来源上的混淆。被告不服一审判决，向慕尼黑高等法院提起上诉，后者基于原告提交的公众问卷调查，驳回了被告的上诉。具体说来，原告作出的问卷调查显示，61% 的受访者认为“Quattro”与汽车相关；51% 的受访者认为“Quattro”指示了汽车的制造厂商。

被告不服慕尼黑高等法院的判决，向德国最高法院提起了上诉。德国最高法院则认为，依据目前的证据，尚不能证明原告的“Quattro”已经获得了显著性。具体说来，上诉法院依据的是对于社会公众的问卷调查，而最高法院则认为，问卷调查的对象应当限于汽车制造业的专业人士。具体说来，就汽车产业中的专业人士而言，数字“4”在许多方面都有非常重要的意义，应当处于公有领域，人人都可以自由使用。当然德国最高法院也承认，如果重新作出的事实评估证明，原告的“Quattro”已经在贸易中获得了必要的高度认可，或者说获得了显著性，也可以作为商标予以保护。

在本案的上诉中，被告提出了一个问题，即原告获准注册“Quattro”商标，妨碍了成员国之间的贸易。德国最高法院认为，有必要将这一问题提交欧盟法院，由其作出前置裁定。具体说来，德国最高法院提出了两个问题。第一，《德国商标法》允许数字在获得了显著性之后注册为商标，是否违反《欧盟运行条约》第 36 条的规定；第二，就商标权的行使而言，《德国商标法》规定的混淆可能性，是否违反了《欧盟运行条约》第 36 条的规定。

---

① Judgment of the Court of 30 November 1993, case C – 317/91, Deutsche Renault AG v. AUDI AG.

关于第一个问题,欧盟法院在判决中回顾了《欧盟运行条约》第 34 条和第 36 条的规定,同时也回顾了 1982 年的"Keurkoop"一案,重申在欧盟法律目前的状态下,在欧盟没有协调和统一成员国商标注册标准的情况下,商标注册的条件和程序,完全是一件由成员国法律决定的事情。与此相应,类似于原告的"Quattro"标记是否可以获得商标注册,应当符合什么样的条件,就是一件由成员国法律决定的事情。欧盟法院指出,从本案的相关卷宗来看,《德国商标法》就数字注册为商标,设定了较为严格的标准,即只有相关的数字获得了市场上较高的显著性时,才可以作为商标予以注册和获得保护。而且这个标准既适用于德国国民,也适用于所有的外国国民,因而不存在国籍歧视的问题。

关于第二个问题,欧盟法院在判决中指出,商标保护的宗旨是保障商标所有人享有排他性的使用自己商标的权利,同时防止他人使用相同或者近似的商标,进而造成消费者在商品来源上的混淆可能性。然而在目前的情况下,欧盟层面上的法律并没有规定认定消费者混淆可能性的标准。与此相应,如何认定消费者在商品来源上的混淆可能性,以及在认定中考虑什么样的因素,也是由成员国法律决定的事情。在本案中,如果成员国法院认定原告的"Quattro"标记可以获准注册,则原告可以制止他人以有可能造成消费者混淆的方式,使用近似的标记。至于被告的"Quadra"与原告的"Quattro",或者被告的"Espace Quadra"与原告的"Audi Quattro",是否有可能造成消费者在商品来源上的混淆,也是一件由成员国法院认定的事情。

欧盟法院最后得出结论说,就成员国法院提出的两个问题来看,无论是允许数字在获得了显著性以后注册为商标,还是在商标权行使的过程中排除有可能造成混淆可能性的标记的使用,都既没有违反《欧盟运行条约》第 34 条和第 36 条的规定,也没有限制成员国之间的商品自由流动。

再来看 2006 年的"Matratzen"一案①。根据案情,一家名为胡克拉的企业,于 1994 年 5 月在西班牙获准注册了一件文字商标"Matratzen",指定使用的商品是卧具,包括床、床垫、沙发床、折叠床、枕头等。这属于"尼斯国际分类"的第 20 类。到了 1996 年 10 月,欧洲著名的汽车座椅企业康科德公司向欧盟知识产权局(当时的名称为内部市场协调局)提出申请,要求注册"Matratzen"的文字商标,而指定使用的商品是"尼斯国际分类"的第 10 类(医疗器械等)、第 20 类(家具等)和第 24 类(纺织品等)。随后,胡克拉公司依据此前自己在西班牙获准注册的"Matratzen"文字商标,提出了针对康科德公司的异议。欧盟知识产权局经过审查,驳回了康科德公司的商标注册申请。康科德公司不服驳回注册的决定,向欧盟知识产权局的复审部门提起申诉,后者又维持了不予注册的决定。在此之后,康科德公司向欧盟初审法院和欧盟法院提起诉讼,但都遭到了驳回。显然,胡克拉公司已经在西班牙注册了"Matratzen"的文字商标,在此前提之下,康科德公司不可能在同类或者类似商品上再行注册"Matratzen"的文字商标。

就在上述注册程序和诉讼程序进行之时,康科德公司又向巴塞罗那地方法院提起诉讼,依据《西班牙商标法》的相关规定,要求撤销胡克拉公司的注册商标。因为被告的注册商标"Matratzen",在德文中的含义是床垫(mattress)。而依据《西班牙商标法》,含有通用名称的标

① Judgment of the Court of 9 March 2006, case C - 421/04, Matratzen Concord AG v. Hukla Germany SA.

记,以及在产品的性能、质量、特征或者地理来源方面有可能误导消费者的标记,不能注册为商标。然而,巴塞罗那地方法院依据《西班牙商标法》的相关规定,驳回了原告的诉讼请求。原告不服一审判决,向巴塞罗那省法院提起了上诉。

上诉法院在判决中指出,商标的基本功能是向消费者指示商品或者服务的来源。按照西班牙有关商标的判例法,借用外国语言的文字,指示商品或者服务来源,属于任意的、随意的和想象的标记。当然,如果这些字词与西班牙文的字词相同,向消费者传达了通常熟悉的含义,或者这些字词在市场上演化成了通用名称,则不能作为商标使用。从这个意义上说,被告的"Matratzen"文字商标,属于任意的、随意的和想象的标记,可以向消费者指示商品的来源。

然而在另一面,上诉法院又不甚确定,在欧盟已经成为一个单一市场的背景之下,以这样的方式解释来自外国语言文字的商标,包括本案所涉及的"Matratzen"文字商标,是否符合建立单一市场的宗旨。具体说来,在另一些成员国的语言文字中属于通用名称的术语,是否应当保留给那些成员国中的市场主体自由使用。与此相应,允许这个成员国将来自那些成员国的通用名称注册为商标,是否有可能造成垄断的后果,是否有可能妨碍商品或者服务的自由流动,是否有可能妨碍市场主体的正当竞争。于是,上诉法院向欧盟法院提出了以下的问题,请求欧盟法院作出前置裁定。

> 如果商业活动中使用的某一个标记,在某一个成员国的语言文字中缺乏显著性,指示了产品的种类、质量、数量、用途、价值、地理来源或者其他特征,那么在不使用该种语言文字的另一个成员国中将其注册为商标,是否具有合法性?就像本案所涉及的西班牙"Mstratzen"商标,指定使用在床垫和相关产品上,是否会构成对于成员国之间贸易的隐蔽限制?

欧盟法院在判决中说,按照巴塞罗那省法院提出的问题,似乎应当依据《欧盟运行条约》第 34 条和第 36 条的规定,判断涉案的商标"Matratzen"是否应当在西班牙获准注册。然而在商标保护方面,欧盟已经于 1988 年发布了《协调成员国商标立法一号指令》(以下简称《商标指令》),要求成员国贯彻执行。根据以往的判例法,在欧盟已经颁布了协调成员国法律的相关指令的情况下,应当依据具体法律而非《欧盟运行条约》来解决相关的问题。与此相应,法院应当依据《商标指令》的相关规定,而非依据《欧盟运行条约》第 34 条和第 36 条的规定,解决涉案商标是否应当获准注册的问题。

欧盟法院继续论证说,《商标指令》第 3 条具体规定了驳回注册和注册无效的理由,如缺乏显著性的标记、描述性标记、欺骗性标记等。然而,其中并没有规定,借用于其他成员国语言文字中在那个成员国缺乏显著性的描述性标记,在这个成员国不得注册为商标。事实上,评估某一成员国的商标是否缺乏显著性,或者是否描述了相关的商品或者服务,应当考虑在寻求注册的那个成员国中,相关的市场主体和普通消费者是如何感受的。显然,由于成员国之间语言、文化和社会经济的不同,在一个成员国缺乏显著性的标记,或者描述相关商品或者服务的标记,在另一个成员国则可能是具有显著性的或者非描述性的。正是从这个意义上说,成员国可以将借用于其他成员国语言文字的标记注册为商标,只要该标记在获准注册的成员国具有显著性,没有描述商品或者服务的种类、质量、数量、性能。

欧盟法院最后指出,按照以往的判例法,在商品自由流动的原则之下,《欧盟运行条约》并不影响依据成员国法律而产生的知识产权的存在,仅仅是在某些特定的情形下才会限制知识产权的行使。商品自由流动的原则,并不妨碍某一成员国注册一件本国的商标,尽管该标记在另外一个成员国的语言文字中是缺乏显著性的,或者属于描述性的。当然在这种情况下,获准注册的商标所有人,不得妨碍其他市场主体在原有的含义上使用相关的字词或者术语。由此看来,如果商标注册所有人在行使自己权利的时候,妨碍了正常的市场竞争,则有可能受到限制。

以上是关于商标注册的两个典型案例。下面再来看一个关于版权的典型案例。在 1987 年的“Basset”一案①中,涉及《法国著作权法》规定的录音制品机械使用费的问题。按照《法国著作权法》,著作权人享有复制权和表演权两类权利。与此相应,音乐作品的作者可以授权他人为了个人使用而制作和销售录音制品。但如果购买了录音制品的人,如迪斯科厅,以公开表演的方式使用其中的音乐作品,除了支付表演费用,还应当支付一个额外的机械使用费。这叫作附加的机械使用费。在法国,音乐作品的表演费和附加的机械使用费,都是由法国音乐著作权集体管理组织(SACEM)收取,然后转付给音乐作品的权利人。

在“Basset”一案中,被告是法国一家迪斯科厅的老板,从英国进口了一些录音制品,在一个名为弗雷瑞斯的小镇上,以公开表演的方式使用该录音制品。由于录音制品中含有法国音乐著作权集体管理组织管理的音乐作品,因此后者向位于德拉吉尼的地方法院提起诉讼,要求被告不仅支付音乐作品的表演费用,而且支付附加的机械复制费(Supplementary Mechanical Reproduction Fee)。初审法院经过审理,裁定被告应当依据《法国著作权法》,向原告支付附加的机械使用费。被告不服判决,向位于凡尔赛的上诉法院提起上诉。

被告在上诉中提出,原告与其他国家的音乐集体管理组织达成协议,收取音乐作品的使用费,违反了法国和欧盟的反垄断法。上诉法院认为,法国音乐著作权集体管理组织,与很多国家的音乐著作权集体管理组织签订互惠协议,按照各自国家的法律规定,收取并相互支付音乐作品的使用费。从表面上看,这确实是一种横向的协议,似乎与反垄断法或者《欧盟运行条约》的第 101 条有关。然而,著作权集体管理组织收取费用的目的,不是妨碍或者扭曲共同市场上的竞争。事实上,收取音乐作品使用费的互惠协议,是由各个国家的集体管理组织依据相应国家的法律规定收取费用,从本质上说减少了监管的行政费用,既有利于音乐作品的作者,又有利于音乐作品的使用者。

被告在上诉中还提出,法国音乐著作权集体管理组织具有垄断地位,既收取了 8.25% 的音乐作品使用费,又收取了 1.65% 的附加机械复制费,属于滥用了自己的市场支配地位。显然,这与《欧盟运行条约》第 102 条的规定相关。上诉法院认为,原告收取 8.25% 的音乐作品使用费,与其他国家音乐著作权集体管理组织所收取的费用比例相比,确实有些偏高。然而这个费率并非过高。如果考虑到被告经营迪斯科厅的收入,原告收取营业额 8.25% 的音乐作品使用费,仍然是在合理的范围之内,并没有滥用其市场支配地位。上诉法院在判决中说,按照《法国著作权法》,作者享有复制权和表演权两项权利。其中的表演权是以各种手段将作品

---

① Judgment of the Court of 9 April 1987, Case 402/85, G. Basset v. Société des auteurs, compositeurs et éditeurs de musique (SACEM).

传播给社会公众,而复制权则是将作品固定在一定的介质上,然后提供给社会公众。就本案而言,被告在迪斯科厅播放音乐作品,属于表演权的范围,因而被征收了 8.25% 的费用。同时,被告在使用录音制品表演音乐作品的时候,还有会有一个机械复制的环节。正是从机械复制的角度出发,被告又应当支付 1.65% 的附加机械复制费。

综上所述,凡尔赛上诉法院裁定,关于被告迪斯科厅使用音乐作品,原告征收 8.25% 的作品使用费和 1.65% 的附加机械复制费,具有《法国著作权法》规定的依据。然而,上诉法院对于附加机械复制费的收取,也存在一些疑虑。因为,被告购买的录音制品来自另外一个成员国,而且在那个成员国属于合法上市的产品。同时,在那个成员国使用录音制品中的音乐作品,仅仅支付表演费用,而没有附加机械复制费的问题。与此相应,相关的问题就是,在欧盟是一个单一市场的情况下,法国既收取音乐作品的表演费,又收取附加的机械复制费,是否妨碍了商品的自由流动。于是,凡尔赛上诉法院将这个问题提交给了欧盟法院,由其作出前置裁定。

欧盟法院在判决中指出,《欧盟运行条约》第 34 条和第 36 条所涉及的是商品的自由流动。就本案而言,所谓的“商品”是指录音制品。如果法国音乐著作权集体管理组织妨碍了录音制品的进口,则应当予以制止。然而在本案中,法国音乐著作权集体管理组织并没有妨碍被告从其他成员国进口或者购买录音制品。事实上,原告仅仅是针对音乐作品的使用而要求征收附加的机械复制费。按照法国上诉法院的判决,这属于表演权的范围。在这方面,原告是依据《法国著作权法》收取音乐作品的表演费和机械复制费,与相关的录音制品制造于法国还是其他成员国无关。

欧盟法院继续论证说,关于音乐作品的表演或者公开使用,有些成员国确实只收取表演费,而不收取机械复制费。但是这并不表明法国不能收取附加的机械复制费。因为,无论是只收取表演费,还是既收取表演费又收取机械复制费,都是依据音乐作品的使用方式而定的,也都是为了音乐作品版权人的利益。在这种情况下,成员国完全可以依据自己的立法,既收取表演费用,又收取附加的机械使用费。欧盟法院最后得出结论说:

> 《欧盟运行条约》第 34 条和第 36 条,在其真实的含义上,并不排除成员国通过立法,允许版权集体管理组织在征收表演费的同时,基于录音制品的公开表演而征收一项叫作附加的机械复制费的使用费,即使在合法上市这些录音制品的那个成员国,没有规定这样的附加费用。

二、权利的获得与非歧视性

按照《欧盟运行条约》和相关的判例法,知识产权获得的条件和程序,属于成员国范围的事情。在这方面,正如上述几个典型案例所显示的那样,成员国甚至可以就权利获得的条件和程序,做出不同的规定。然而在另一方面,成员国在规范知识产权获得的条件和程序方面,又不得歧视其他成员国的国民。在这方面,《欧盟运行条约》第 18 条明确规定:“就本条约的适用范围来说,在不损害其中关于特别规定的前提下,禁止任何基于国籍的歧视。”下面来看几个不得歧视其他成员国国民的典型案例。

先来看 1993 年的"Collins"一案[1]。在这个案件中,原告是英国著名的摇滚乐表演者克林斯,在美国举办了一场演唱活动,有人未经许可而制作了录音制品。随后,一些未经许可而录制的录音制品出现在了德国市场上。于是,克林斯向慕尼黑地方法院提起诉讼,要求法院责令被告停止侵权。然而,按照《德国著作权法》的相关规定,如果表演者具有德国国籍,不论有关的表演活动发生于哪个国家,都可以受到保护。至于外国表演者,除非其表演活动发生于德国,否则不受《德国著作权法》的保护。此外,依据《保护表演者、录音制作者和广播组织国际公约》(以下简称《罗马公约》),尤其是依据其中的国民待遇原则,对于发生于某一成员国的表演活动,无论表演者是哪一国的国民,其他成员国都应当给予保护。这是按照表演活动发生地原则而给予的保护。按照《罗马公约》的相关规定,如果克林斯的表演活动发生于《罗马公约》的成员国中,依据德国和英国共同加入的《罗马公约》,可以获得《德国著作权法》的保护。然而就本案而言,克林斯的表演活动发生于美国,而美国没有加入《罗马公约》。与此相应,英国籍的克林斯在美国举办的表演活动,既不能依据《德国著作权法》获得保护,也不能依据《罗马公约》在德国获得保护。

这样,呈现在德国法院面前的问题就是:具有德国国籍的国民,其表演活动无论发生在哪里,都可以受到《德国著作权法》的保护,而克林斯具有英国国籍,其表演活动又发生在非《罗马公约》的成员国中,因而不能受到《德国著作权法》的保护。这种基于国籍的不同能否受到保护也不同的规定,是否违反了《欧盟运行条约》第 18 条关于禁止国籍歧视的规定?如果是的话,《德国著作权法》是否应当给予其他成员国国民的表演活动与德国国民同样的保护?于是,德国慕尼黑地方法院提出请求,要求欧盟法院就这一问题作出前置裁定。

欧盟法院在判决中首先声明,本院既不解释成员国的法律或规则,也不审查成员国的法律是否与《欧盟运行条约》相一致。本院的职责是向成员国法院提供一个准则,帮助它们理解欧盟法律的相关条文,从而解决所面对的法律问题。与此相应,欧盟法院没有必要解释《德国著作权法》中关于相关权,尤其是表演者权利的规定,以及这些规定是否符合《欧盟运行条约》。就本案而言,本院应当说明的问题是,《欧盟运行条约》第 18 条第 1 款关于禁止国籍歧视的规定,是否应当适用于《德国著作权法》。

在本案的审理中,原告和德国政府、英国政府都认为,版权和相关权,尤其是其中的经济权利,是作者或者表演者要求报酬的前提条件,与欧盟范围内的商品贸易和服务贸易直接相关。与此相应,版权和相关权在经济性权利的意义上,属于《欧盟运行条约》予以规范的内容。按照以往的判例法,《欧盟运行条约》的各项规定,包括禁止国籍歧视的规定,应当适用于有关版权和相关权的保护。然而本案的被告则认为,按照《欧盟运行条约》的相关规定和欧盟法院的判例法,版权和相关权存在的条件属于成员国决定的事宜,只有权利的行使才属于《欧盟运行条约》予以规范的范畴。在目前欧盟既没有制定相关规则,也没有协调相关规则的情况下,不应当将版权和相关权的规则纳入欧盟法律的范围。

关于原告和被告的上述争执,欧盟法院显然更倾向于原告的观点。欧盟法院论证说,从

---

① Judgment of the Court of 20 October 1993, Joined cases C – 92/92 and C – 326/92. Phil Collins v. Imtrat Handelsgesellschaft mbH and Patricia Im – und Export Verwaltungsgesellschaft mbH and Leif Emanuel Kraul v. EMI Electrola GmbH.

欧盟法律的目前状况来看,在缺乏对于成员国法律协调的情况下,应当由成员国确定文学艺术作品保护的条件和具体规则,包括依据相关的国际公约而制定必要的规则。依据成员国的法律,保护文学艺术作品的宗旨是保护作者的精神权利和经济权利。在这方面,版权和相关权在本质上也是经济性的权利,作者或者权利人享有上市相关作品的权利,尤其是通过许可获得经济利益(权利金)的权利。正如其他的工商业产权一样,行使版权和相关权也会影响商品和服务在欧盟市场上的流动。正是从这个意义上说,成员国法律规定的版权和相关权从属于欧盟的基本法律,应当适用《欧盟运行条约》的相关规定。例如,录音制品中含有的音乐作品,涉及了第 34 条和第 36 条规定的商品自由流动。又如,版权集体管理组织的活动,涉及了第 56 条至第 62 条规定的服务自由流动。再如,成员国法律赋予的关于文学艺术作品的权利,在其行使的时候,还应当受到第 101 条和第 102 条竞争规则的规范。

欧盟法院在判决中具体分析了被告的观点。诚如被告所说,成员国之间在版权和相关权保护上存在一系列差异,而且并非所有的成员国都是《罗马公约》的成员国。被告由此而认为,《德国著作权法》关于录音保护的差异性规定是合理的。然而欧盟法院认为,这种差异性的规定,并不妨碍《欧盟运行条约》第 18 条第 1 款关于禁止国籍歧视规定的适用。无论是成员国法律在版权和相关权保护上的差异,还是有些成员国尚未加入《罗马公约》,都不是采取国籍歧视的理由。在这里,重要的问题不在于法律规定的差异性和是否加入了《罗马公约》,而在于成员国不得对于其他成员国的国民采取歧视性的待遇。

欧盟法院最后指出,《欧盟运行条约》关于禁止国籍歧视的规定,意味着任何人在受到欧盟法律管辖的时候,都应当与相关成员国的国民处于同一起跑线上。按照这个原则,成员国的立法在赋予某一专有权利的时候,不得要求相关的个人必须是本国的国民。成员国立法在赋予本国国民某些权利的时候,不得拒绝来自其他成员国的作者和表演者,享有相同的权利,例如禁止他人上市未经许可的录音制品。与此相应,成员国的法院可以在相关的判决中,直接适用《欧盟运行条约》第 18 条第 1 款关于禁止国籍歧视的规定。判决说:

> 第 18 条第 1 款意味着,来自其他成员国的作者和表演者,可以在某一成员国的法院面前,直接依据欧盟条约所确定的非歧视性原则,或者通过主张这些原则,从而获得只有本国作者和表演者所享有的那些利益。

再来看 1992 年的"UK "和"Italy"两个案件①。其中的"UK"一案,涉及《英国专利法》中的强制许可制度,"Italy"一案涉及了《意大利专利法》中的强制许可制度。值得注意的是,这两个案件都是由欧盟委员会提起诉讼,认为两个成员国专利法中有关强制许可的某些规定,违反了《欧盟运行条约》第 34 条关于商品自由流动的规定。同时,欧盟法院又于同一天作出判决,认定英国和意大利的专利法中有关强制许可的某些规定,违反了《欧盟运行条约》关于商品自由流动的规定。而且,欧盟法院在两个判决中的推理理由和论证顺序,也是大体相同

---

① Judgment of the Court of 18 February 1992, Case C – 30/90, Commission of the European Communities v. United Kingdom of Great Britain and Northern Ireland; Judgment of the Court of 18 February 1992, Case C – 235/89, Commission of the European Communities v. Italian Republic.

的。这里先讨论"UK"一案所涉及的问题。

按照当时的《英国专利法》第48条,自专利权授予之日起满3年之后,专利局局长可以依据下列规定,授予该专利的强制许可:(1)如果该专利发明不能在英国商业性地实施,或者不能如此实施,或者没有完全实施,而在事实上是可以实施的;(2)如果专利发明是产品,而英国对于该产品的需求在很大的程度上是通过进口而满足的;(3)如果专利发明可以在英国商业性地实施,但由于以下原因而防止或者不能如此实施,①在发明是产品的情形下,因为产品的进口,②在发明是方法的情形下,因为进口了该方法直接获得的产品或者使用该方法而生产的产品。

除此之外,当时的《英国专利法》第50条第1款还规定,专利局局长可以行使其职责,确保专利发明在英国以商业性的规模实施;如果是基于公共利益的需要,则应当确保该专利及时地和充分地实施。这表明,专利局局长在必要的时候,可以依据其他市场主体的请求,颁发相应的强制许可。

到了1991年1月,欧盟委员会向欧盟法院提起诉讼,认为《英国专利法》中关于强制许可的某些规定,违反了《欧盟运行条约》第34条的规定,妨碍了商品的自由流动,应当予以废除。具体说来,如果某一专利在英国没有充分实施,或者英国对于某一专利产品的需求主要依赖于进口而满足,则可以颁发强制许可,使得该专利在英国充分实施。欧盟委员会认为,《英国专利法》的这个规定,构成了《欧盟运行条约》第34条规定的与限制进口的配额措施具有同等效力的措施。与此相应,英国未能履行其依据《欧盟运行条约》第34条规定的义务。

欧盟委员会在具体的诉讼请求中特别表明,自己没有挑战以下原则:专利权人具有实施其专利,进而满足国内市场需求的义务;如果专利权人未履行其义务,成员国的专利机构有权力颁发强制许可。欧盟委员会仅仅主张,《英国专利法》的上述规定,区别了英国本土制造的专利产品和其他成员国进口的专利产品。按照规定,如果相关的专利产品不是制造于英国,而是制造于其他成员国并且进口到英国,专利主管部门就可以颁发强制许可。显然,这是把进口产品放在了不利的地位上。

英国政府对此提出辩解说,《英国专利法》中关于强制许可的规定,包括专利产品主要依赖进口的情形下可以颁发强制许可的规定,与欧盟的法律,例如《共同体专利公约》是一致的。然而欧盟法院则指出,欧盟各国确实在1975年签署了《共同体专利公约》,并且在1989年签署了另一个《共同体专利公约》。但是,无论是前一个还是后一个《共同体专利公约》,从来没有获得过多数成员国的批准,因而一直没有生效。与此相应,英国政府以此作为辩解是没有意义的。

欧盟法院认为,《英国专利法》中的上述规定,是以歧视专利产品进口的方式,鼓励了专利产品在英国本土的制造。因为,按照《英国专利法》第48条和第50条的规定,专利权人为了避免强制许可,只能是尽量在英国本土制造专利产品,而非从其他成员国进口。这样,《英国专利法》的上述规定,就会直接或者间接地,事实上或者潜在地,影响成员国之间的贸易。与此相应,鼓励专利权人在本国制造专利产品,而非进口制造于其他成员国的专利产品,就商品的自由流动而言,构成了与配额限制具有同等效力的措施,违反了《欧盟运行条约》第34条的规定。

欧盟法院继续论证说,《英国专利法》的上述规定,也不能得到《欧盟运行条约》第36条的支持。因为,按照第 36 条的规定,只有在保护工商业产权的意义上,才可以禁止或者限制成员国之间的商品自由流动。至于《英国专利法》的上述规定,显然不是为了保护工商业产权,而是为了限制工商业产权的行使,例如颁发强制许可。事实上,这些规定的宗旨是鼓励专利产品的本土制造,因而与《欧盟运行条约》的宗旨相悖。

欧盟法院最后指出,在欧盟尚未协调或者统一成员国关于专利保护的法律之前,确定专利保护的条件和相关的规则,属于成员国的事务。然而,即使是在这种情形下,成员国关于工商业产权的立法,包括关于专利强制许可的规定,也不能明显影响商品的自由流动。在这方面,即使是按照《欧盟运行条约》第 36 条的规定,基于保护工商业产权的必要性,可以禁止或者限制商品的进口,但相关的措施仍然不得构成对于成员国贸易的任意歧视和隐蔽限制。

以上是关于"UK"一案的讨论。下面再来看同一天判决的"Italy"一案①。按照当时《意大利专利法》第 52 条的规定,获得专利的发明必须在意大利本土实施,以满足本国市场的需要。同时第 53 条还规定,从其他国家进口和上市专利产品,不构成对于专利发明的实施。在此基础之上,《意大利专利法》第 54 条又规定,自专利授予之日起满 3 年,专利权人没有自己直接或者许可他人在意大利本土实施其专利,专利局基于其他市场主体的申请,可以颁发实施该专利发明的强制许可。

欧盟委员会于 1989 年 7 月向欧盟法院提起诉讼,认为《意大利专利法》的上述规定,违反了《欧盟运行条约》第 34 条的规定,妨碍了成员国之间的商品自由流动。欧盟委员会同样指出,自己没有挑战成员国主管机关颁发强制许可的权力,也没有挑战专利权人应当在本国充分实施其发明的规则。欧盟委员会的主张仅仅在于,《意大利专利法》的上述规定,区别了本土制造的专利产品和进口的由其他成员国制造的专利产品,从而将进口产品放在了一个不利的地位上。与此相应,意大利的这种做法构成了对于其他成员国制造的产品的歧视,违反了《欧盟运行条约》第 34 条的规定。

在诉讼中,意大利政府同样提出辩解说,《意大利专利法》中关于强制许可的规定,包括专利产品从其他国家进口不构成对于专利发明的实施,与《共同体专利公约》的规定是一致的。同样,欧盟法院认定这个辩解是不成立的。因为,无论是 1975 年签署的《共同体专利公约》还是 1989 年签署的《共同体专利公约》,从来没有获得过多数成员国的批准,因而一直没有生效。

欧盟法院在判决中指出,《意大利专利法》中关于强制许可的某些规定,其目的是鼓励专利产品尽可能在本国制造,进而歧视了在其他成员国制造的专利产品。就商品的自由流动而言,《意大利专利法》中关于强制许可的某些规定,构成了与配额限制具有同等效力的措施,违反了《欧盟运行条约》第 34 条的规定。欧盟法院同样指出,《意大利专利法》中关于强制许可的某些规定,也不能得到《欧盟运行条约》第 36 条的支持。因为,第 36 条允许在保护工商业产权的情形下,可以禁止或者限制成员国之间的商品自由流动。而《意大利专利法》关于强制许可的相关规定,则是为了限制工商业产权的行使。

欧盟法院继续论证说,在成员国关于专利保护的法律尚未协调和统一之前,应当由成员

---

① Judgment of the Court of 18 February 1992, Case C-235/89, Commission of the European Communities v. Italian Republic.

国的立法机关确定专利保护的条件和规则。然而,即使是在这种情形下,成员国关于工商业产权的立法,包括关于专利强制许可的规定,也不能明显违背《欧盟运行条约》的相关规定,进而影响商品在共同市场上的自由流动。欧盟法院最后得出结论说:

> 按照《意大利专利法》,当工业发明专利或者植物新品种专利没有在意大利本土实施的情形下,当专利产品主要是从其他成员国进口的情形下,就有可能颁发强制许可。与此相应,我们必须裁定,意大利未能履行其依据《欧盟运行条约》第 34 条所应承担的义务。

三、权利的行使

自《欧盟运行条约》(包括此前的《欧洲经济共同体条约》和《欧共体条约》)实施以来,时常发生知识产权保护与商品自由流动的矛盾。但在一开始,每当知识产权所有人行使自己的权利,试图禁止或者限制商品进出口的时候,被控侵权人总是诉诸《欧盟运行条约》第 101 条和第 102 条,认为原告或者限制了正常的市场竞争,或者滥用了市场优势地位。而欧盟法院在相关的判决中,限于成员国法院提出的问题,也只能审查知识产权所有人行使自己权利的做法,是否违反了第 101 条或第 102 条的规定。当然在绝大多数情况下,欧盟法院都会限制性地解释第 101 条和第 102 条的规定,认定知识产权所有人行使自己的权利,没有违反《欧盟运行条约》规定的反垄断规则。①显然,知识产权所有人行使自己的版权、专利权、外观设计权和商标权,既难以构成第 101 条规定的协议垄断,也难以构成第 102 条规定的滥用市场支配地位。事实上,在绝大多数情况下,知识产权所有人行使自己的版权、专利权、外观设计权和商标权,并不违反反垄断法的规则。

然而从 1966 年的"Consten"一案开始,欧盟法院在有关知识产权的判决中,不仅分析了《欧盟运行条约》第 101 条和第 102 条所涉及的问题,而且逐步将分析的焦点转移到了第 34 条和第 36 条所涉及的问题,即商品的自由流动与工商业产权的保护。与此相应,关于知识产权的行使,也就不仅要考虑是否构成了协议垄断或者滥用市场优势地位,还要考量是否妨碍了商品的自由流动。正是从这个意义上说,权利存在与权利行使的分析模式,也就从依据第 101 条和第 102 条的规定,转到了依据第 34 条和第 36 条的规定。

在 1966 年的"Consten"一案②中,德国的格兰蒂格是一家电器制造公司,与法国的康斯坦公司达成协议,由后者在法国独家销售自己的产品。为了方便康斯坦的独家销售,该德国公司还允许康斯坦在法国注册了自己的商标"GINT"(Grundig International 的缩写),使用在康斯坦销售的商品上。由于康斯坦在法国独家销售的电器产品价格较高,另一家法国公司在德国购买了带有"GINT"商标的产品,然后进口到法国销售。于是康斯坦向法国法院提起诉讼,主张进口商侵犯了自己的商标权。而进口商则向欧盟委员会提起申请,认为格兰蒂格与康斯坦达成的独家销售协议,违反了《欧盟运行条约》第 101 条的规定,构成了协议垄断。随后,欧

---

① See Guy Tritton et al., *Intellectual Property in Europe*, 3rd edition, Sweet & Maxwell, 2008, p.642.

② Judgment of the Court of 13 July 1966, Joined cases 56 and 58 – 64, Établissements Consten S. à. R. L. and Grundig – Verkaufs – GmbH v. Commission of the European Economic Community.

盟委员会作出决定,认定有关的销售协议违反了《欧盟运行条约》第101条。于是,格兰蒂格和康斯坦向欧盟法院提起诉讼,要求撤销欧盟委员会的决定。这是一件以欧盟委员会为被告的案件。

在"Consten"一案的判决中,欧盟法院主要讨论了独家销售协议是否违反《欧盟运行条约》第101条的问题。关于这个问题,欧盟法院基本上肯定了欧盟委员会的决定,认为独家销售协议限制了共同市场上的竞争,违反了《欧盟运行条约》第101条的规定。不过在这个案件中,出现了一个不同于其他类似案件的情形,即康斯坦在法国注册了"GINT"商标,并且将其使用在了依据协议销售的电器商品上。正是由此出发,康斯坦提出抗辩说,依据自己的注册商标,可以防止另一家法国公司进口来自德国的电器商品。康斯坦还认为,欧盟委员会关于独家销售协议的决定,违反了《欧盟运行条约》第36条关于工商业产权保护的规定,以及第345条关于财产权保护的规定。这样,"Consten"一案就从独家销售协议中的商标权出发,引出了商品自由流动与财产权保护的问题。

欧盟法院在判决中指出,康斯坦虽然在法国注册了"GINT"商标,但这种注册是在独家销售协议的范围之内,其目的是为了阻止可能发生的平行进口。从这个意义上说,独家销售协议和其中的商标条款,都应当纳入《欧盟运行条约》第101条的范围。如果康斯坦可以通过商标的使用而达到限制竞争的目的,那么第101条的规定就失去了意义。在此基础之上,欧盟法院回答了有关第36条和第345条的问题。

欧盟法院指出,按照《欧盟运行条约》第36条的规定,在保护工商业产权的前提下,可以限制商品的自由流动。然而,保护工商业产权,包括保护商标权,并不妨碍第101条的适用。具体说来,基于知识产权保护的必要性,可以在某种程度上限制商品的自由流动。但是这种限制,仍然应当受到第101条的检验。欧盟法院论证说,按照《欧盟运行条约》第345条的规定,本条约在任何情况下都不得损害成员国关于财产所有权的法律体系。但是,欧盟委员会决定中的禁令,即不得通过行使商标权而达到妨碍平行进口的目的,并没有影响这些权利的授予和存在。按照欧盟委员会的决定,商标所有人可以行使自己的权利,但是不得不恰当地行使商标权,不得通过商标权的行使,达到垄断市场的目的。欧盟法院在判决中说:

> 依据成员国商标法律而产生的权利,不得妨碍商品的平行进口,这显然没有影响这类权利的获得。欧盟委员会的禁令,仅仅是在第101条第1款规定的禁止性效果的意义上,限制了权利的行使。

"Consten"一案的意义在于,欧盟法院在分析独家销售协议的基础上,结合《欧盟运行条约》第36条和第345条,讨论了商标权与商品自由流动的问题。在此基础之上,欧盟法院提出了权利存在与权利行使的命题,即依据成员国法律而产生的商标权可以独立存在,但商标所有人在行使自己权利的时候不得造成协议垄断。然而,"Consten"一案是从知识产权的行使与反垄断的角度论述了权利的存在与权利的行使,但没有从商品自由流动与知识产权的角度,论证权利的存在与权利的行使。直到1985年的"Parke"一案,欧盟法院才从商品自由流动与知识产权保护的关系,论述了权利的存在与权利的行使。

在1985年的“Parke”一案①中,荷兰的一家制药公司,就某种药品在荷兰获得了专利权。然而在当时,有些欧盟成员国尚未提供对于药品的专利保护。本案的被告也是一家荷兰公司,从某一未提供药品专利保护的成员国进口了一批类似的药品,价格远低于荷兰市场上的药品。于是,专利权人向荷兰法院提起诉讼,主张被告未经许可从另一成员国进口类似药品,侵犯了自己的专利权。被告则主张,原告滥用专利权,妨碍了商品在成员国之间的自由流动。受理案件的荷兰法院认为,本案涉及了《欧盟运行条约》的相关问题,要求欧盟法院作出前置裁定。具体说来,原告行使专利权禁止来自其他成员国的药品进口到荷兰,是否违反了第101条关于协议垄断的规定和第102条关于滥用市场地位的规定。其中的第一个问题,又涉及了《欧盟运行条约》第36条与第101条的关系,即原告行使自己的专利权,是否与第101条第1款的规定冲突。

欧盟法院在判决中首先指出,在欧盟范围内,成员国有关工商业产权保护的标准尚未统一。在这种情况下,工商业产权就是依据成员国的法律而产生的。工商业产权所具有的成员国特征,以及成员国法律体系的差异,有可能影响商品的自由流动,以及竞争法规则的适用。在此基础上,欧盟法院论述了商品自由流动与知识产权行使的关系。判决指出,《欧盟运行条约》第34条规定,成员国不得采取措施,禁止或者限制商品的进口。然而依据第36条的规定,基于保护工商业产权的需要,又可以禁止或者限制商品的进口。但是这种禁止或者限制,还应当服从于明确规定的“但书”条款,即相对于成员国之间的贸易来说,不得构成任意歧视的手段或者隐蔽的限制。在此基础之上,欧盟法院进一步论述了知识产权行使与竞争法规则的关系:“同样的理由,行使依据成员国立法所获得的专利权,本身并不违反《欧盟运行条约》所确立的竞争规则。”这样,欧盟法院就从商品自由流动的角度,论述了知识产权存在与行使的关系。

关于荷兰法院提出的问题,欧盟法院做了如下的回答。第一,按照《欧盟运行条约》第101条第1款,如果市场主体之间达成的协议、决定或者采取的做法,妨碍了共同市场上的竞争,应当予以禁止。然而就本案来说,原告只是单方面行使了自己的专利权,不存在与其他市场主体之间的协议。第二,按照《欧盟运行条约》第102条的规定,滥用市场支配地位的构成,应当具备三个条件,具有市场支配地位,滥用了市场支配地位,影响了成员国之间在贸易方面的竞争。然而就本案而言,原告仅仅是在某一成员国的层面上行使了自己的专利权,显然没有同时具备上述三个要件。事实上,按照《欧盟运行条约》第36条的规定,知识产权所有人可以在必要的时候行使权利,限制或者禁止商品的自由流动。只是,权利的行使不得构成任意歧视的手段或者隐蔽的限制。欧盟法院最后得出结论说:

> 首先,对于成员国法律授予所有人的专利权来说,条约第101条第1款和第102条规定的情形,并不影响这个权利的存在。其次,对于此种权利的行使,在缺乏第101条第1款所禁止的协议、决定或者相关做法的情况下,不会落入该条款的范围,而且在没有滥用优势市场地位的情况下,也不会落入第102条的范围。

---

① Judgment of the Court of 29 February 1968, Case 24 – 67 – Parke, Davis and Co. v. Probel, Reese, Beintema – Interpharm and Centrafarm.

应该说,在商品自由流动与知识产权保护方面,对于权利存在与权利行使做出论述的经典性判例,恐怕还是1971年的"Deutsche Grammophon"一案①。如前所述,这个案子涉及了录音制品从法国平行输入德国,而版权人和相关权人依据《德国著作权法》禁止相关录音制品平行输入的问题。与上述两个案件类似,德国法院向欧盟法院提出的问题中,要求解释《欧盟运行条约》第101条第1款和第102条的含义,以及禁止录音制品平行进口是否违反了这些条款的含义。然而,欧盟法院在判决中不仅论述了《欧盟运行条约》第101条和第102条,而且论述了商品的自由流动与知识产权的关系。这里仅涉及第101条和第36条的规定。

欧盟法院首先在判决中澄清,依据《欧盟运行条约》第267条的规定,欧盟法院可以就《欧盟运行条约》的相关规定作出解释,可以就欧盟机构制定的法律的合法性和相关规定作出解释,但不能对于成员国法律的规定作出解释。当然,欧盟法院可以依据成员国法院提出的问题,抽象出与《欧盟运行条约》相关的问题,并且结合成员国法院提供的案件事实,进而解释《欧盟运行条约》的相关规定。

依据这样的思路,欧盟法院首先结合案件的事实,讨论了关于《欧盟运行条约》第101条的问题。欧盟法院指出,按照第101条的规定,市场主体之间达成的协议、做出的决定或者采取的措施,如果妨碍了成员国之间的贸易,防止、限制或者扭曲了共同市场上的竞争活动,则应当予以制止。然而就本案而言,原告行使其相关权阻止涉案的录音制品进入德国,仅仅是行使了相关权,不存在与其他市场主体之间的协议。与此相应,原告行使其相关权,并没有违反《欧盟运行条约》第101条的相关规定。然而正是在这里,欧盟法院把分析的思路又向前推进了一步。根据判决,尽管原告行使自己相关权的行为不会构成协议垄断,但是还应当考察原告行使其相关权,是否违反了《欧盟运行条约》的其他规定,尤其是关于商品自由流动的规定。

欧盟法院继续论证说,《欧盟运行条约》的宗旨是建立一个共同市场,将分散的成员国市场融合为一个单一市场,进而确保商品的自由流动。但是,《欧盟运行条约》第36条又规定,为了保护工商业产权的必要性,可以限制商品的自由流动。这表明,知识产权的行使,可以禁止或者限制商品的自由流动,但是不得构成任意的歧视和隐蔽的限制。正是由此出发,欧盟法院论述了知识产权的行使与商品自由流动的关系:

> 从商品的自由流动来说,条约第36条规定了一些禁止或者限制的情形,其中提到了工商业产权。按照一般的看法,这些规定与相关权相关。然而,就成员国立法所承认的工商业产权来说,该条清楚地表明,虽然《欧盟运行条约》不影响权利的存在,但对于此种权利的行使却会落入条约所规定的限制性条款的范围之内。尽管条约第36条承认,基于保护工商业产权的需要可以禁止或者限制商品的自由流动,但仅仅是为了保护这些权利,而且只有在这些权利构成了此种财产特定宗旨的程度上,才可以限制商品的自由流动。

---

① Judgment of the Court of 8 June 1971, case 78/70, Deutsche Grammophon Gesellschaft mbH v. Metro - SB - Großmärkte GmbH & Co. KG. 该案的基本案情,参见本章第一节有关商品流通与知识产权的部分。

当然就本案来说,欧盟法院认为原告先是依据其在法国的权利,在法国上市了录音制品,然后又依据其在德国的相关权利,禁止在法国上市的录音制品进入德国。显然,原告的这种做法,对于商品在成员国之间的自由流动来说,已经构成了隐蔽的限制。

根据以上三个典型案例的分析可以看出,权利存在与权利行使的命题,源于欧盟法院有关《欧盟运行条约》第 101 条和第 102 条的判决。按照这两个条款和欧盟法院的相关判决,一方面,《欧盟运行条约》不影响依据成员国法律而获得的知识产权的存在。在这方面,知识产权获得的条件和程序,都是由成员国法律决定的。另一方面,知识产权所有人在行使自己权利的时候,既不得限制正常的市场竞争,也不得滥用由此而产生的优势地位。同时,权利人行使其知识产权,还不得对于商品的自由流动构成任意的歧视和隐蔽的限制。

在"Consten"、"Parke"和"Deutsche Grammophon"三个典型案例之后,欧盟法院又运用"权利的存在与权利的行使"的思路,处理了一系列有关知识产权保护与商品自由流动的案件。下面再来看两个典型案例。

在 1976 年的"Terrapin"一案①中,原告是一家德国的建筑材料公司,在半成品的建筑构件上使用了"Terra"、"Terra Fabricate"和"Terranova"的文字商标,并且在德国专利商标局获准了上述商标的注册。除此之外,原告还以其中的"Terranova"作为企业名称中的字号,从事相关的经营活动。本案的被告是一家英国的建筑材料公司,同样在市场上提供半成品的建筑构件,使用了"Terrapin"的商标和字号。随着业务的发展,被告的半成品建筑构件进入了德国市场,并且向德国专利商标局提出了商标注册申请。德国专利商标局经过审查,认为被告的"Terrapin"商标,与原告已经获准注册的三件商标近似,存在混淆可能性,因而予以驳回。与此同时,原告向慕尼黑地方法院提起诉讼,要求禁止被告在其产品上使用"Terrapin"的商标和企业字号。然而,慕尼黑地方法院却驳回了原告的诉讼请求,认为被告的商标和字号,在实际上不会造成与原告商标和字号的混淆。原告不服地方法院的判决,向慕尼黑高级法院提起上诉。上诉法院经过审理,又推翻了地方法院的判决,认定被告的商标和字号与原告的商标和字号,有可能造成消费者的混淆。上诉法院还判定被告,不得使用"Terrapin"的商标和字号。被告不服上诉法院的判决,又向德国最高法院提起了上诉。

德国最高法院认定,上诉法院作出的判决认定,被告的商标与商号与原告的商标和商号存在着混淆可能性,是一个正确的裁定。按照德国商标法的相关规定,上诉法院的判决应当予以维持。然而,由于这个案件涉及了两个成员国公司的商标和字号,涉及了成员国之间的商品流动,德国最高法院决定将相关的问题提交欧盟法院作出前置裁定。尤其是在这个案件中,德国公司和英国公司都在相应的成员国获得了商标注册,并且合法使用了企业字号。这样,禁止英国公司在德国使用其商标和字号,是否符合《欧盟运行条约》第 34 条和第 36 条的规定,就真的成了一个必须予以澄清的问题。

在欧盟法院审理这个案件的过程中,被告英国公司对于慕尼黑上诉法院和德国最高法院的判决中,双方当事人的商标和字号存在混淆可能性,提出了质疑。然而欧盟法院则认为,双方当事人的商标和字号是否存在混淆可能性,是一个由成员国法院判定的问题,而不应当由

---

① Judgment of the Court of 22 June 1976, Case C119/75, Société Terrapin (Overseas) Ltd. v. Société Terranova Industrie CA Kapferer & Co.

欧盟法院判定。在这方面,欧盟法院所要解决的仅仅是欧盟法律层面上的问题,例如在各自成员国合法获得的商标和字号,在使用的过程中是否产生了《欧盟运行条约》第34条和第36条所涉及的问题。至于成员国的法院,则应当在做出了存在混淆可能性的判断之后,进一步探究权利人对于商标权的行使,是否构成了对于成员国之间贸易的任意歧视和隐蔽限制。尤其是在被控侵权者来自另外一个成员国的时候,成员国的法院应当适用相同的标准,判定权利人对于商标权的行使是否构成了任意的歧视和隐蔽的限制。

欧盟法院论证说,就商品在成员国之间的自由流动来说,《欧盟运行条约》第34条规定,成员国不得采取禁止商品进口的配额措施,或者与之具有同等效力的措施。同时第36条又规定,在某些情况下,例如为了保护工商业产权,可以禁止或者限制商品的进口。在这方面,《欧盟运行条约》不影响依据成员国法律而产生的工商业产权的存在。然而,按照第36条后半段的规定,即使是在这种情况下,权利人在行使工商业产权的时候,仍然不得构成对于成员国之间贸易的任意歧视和隐蔽限制。按照《欧盟运行条约》第36条的规定,权利人行使工商业产权,只有在实现工商业产权目的的意义上,才是合理的。如果工商业产权的所有人自己或者他人经其同意而在某一个成员国上市了相关的产品,就实现了工商业产权的价值。在此情形之下,如果权利人再依据自己在其他成员国享有的权利,防止相关产品的进口,就会超出合理的范围。欧盟法院特别指出,在任何情况下,行使工商业产权,包括使用相关的商标或者企业字号,都不得造成分割共同市场,妨碍商品自由流动的结果。

欧盟法院在判决中指出,在欧盟法律目前的情形下,工商业产权都是依据成员国法律而产生的。按照《欧盟运行条约》第36条的规定,为了实现工商业产权的目的,权利人可以禁止或者限制商品的进口。然而在某些情况下,依据一个成员国法律产生的工商业产权,与依据另一个成员国法律而产生的相同工商业产权,可能属于相互独立的市场主体。与此相应,行使某一个成员国的工商业产权,禁止或者限制另一个成员国市场主体的商品进口,而该商品又体现了在一个成员国产生的工商业产权,就会造成矛盾和冲突。在这种情况下,如果过于强调商品的自由流动,就会妨碍工商业产权的实现。欧盟法院认为,在这种特殊的情形下,应当协调商品自由流动与工商业产权保护之间的关系,将工商业产权的合法行使放在优先的位置上。具体说来,工商业产权的所有人,可以依据《欧盟运行条约》第36条的规定,禁止或者限制来自另一成员国的商品进口。当然,即使是在这种情况下,权利人也不得不正当地行使自己的工商业产权,造成分割共同市场的结果。

欧盟法院最后得出结论说,就本案的具体情形而言,原告可以行使其依据德国法律而产生的注册商标和企业字号,禁止或者限制被告英国公司的商品进入德国市场,尽管被告在英国享有合法的注册商标和企业字号。但是,原告在行使自己权利的时候,不得与被告达成分割市场和限制竞争的协议。只有在这种情形下,原告行使自己的权利,才不会违反《欧盟运行条约》的相关规定。

在1981年的"Dansk"一案①中,原告是丹麦的一个手工艺团体"IMERCO",于1978年庆祝该团体成立50周年的时候,在英国制作了一批工艺瓷器。瓷器的正面是丹麦王宫的画面,

---

① Judgment of the Court (Second Chamber) of 22 January 1981, Case 58/80, Dansk Supermarked A/S v. A/S Imerco.

背面写了该团体50周年庆的字样。原告与英国的制造商达成协议,烧制过程中产生的次品(20%左右),可以由制造商在英国销售,合格品则由原告的经销商在英国销售。但无论在何种情况下,都不得将烧制出来的瓷器,出口到丹麦或者其他斯堪的那维亚国家销售。本案的被告是丹麦一家连锁超市的所有人,依据其特殊的业务关系,从英国的市场上购买了一批工艺瓷器,进口到丹麦销售。显然,这批工艺瓷器或者是原告在英国市场上销售的,或者是英国的制造商在英国销售的残次品。而且,被告在丹麦销售的价格要远远低于英国市场的价格。于是,原告依据丹麦的市场销售法,提起了针对被告的诉讼,主张被告在丹麦销售工艺瓷器的做法,违反了自己与英国经销商和制造商所达成的协议。

一审法院经过审理,作出了有利于原告的判决,责令被告不得在丹麦销售相关的工艺瓷器。被告不服判决,向哥本哈根商业法院提起上诉,后者维持了一审法院的判决。然而上诉法院仅仅依据丹麦的市场销售法作出了判决,而没有考虑原、被告提出的其他主张。例如,原告还主张被告侵犯了自己的版权和商标权。又如,被告曾经提出抗辩说,禁止自己在丹麦销售涉案的工艺瓷器,违反了《欧盟运行条约》第34条和第101条的规定。

随后,被告又向丹麦最高法院提起上诉,认为上诉法院依据丹麦市场销售法,禁止自己销售涉案商品,违反了《欧盟运行条约》的相关规定。为了解决被告提出的上述问题,丹麦最高法院向欧盟法院提出请求,由后者对于相关问题作出前置裁定。具体说来,权利人在什么情况下行使其版权和商标权,以及在什么情况下适用市场销售法律,才不会违反《欧盟运行条约》的相关规定。

欧盟法院在判决中说,丹麦最高法院提出的问题,与《欧盟运行条约》第34条、第36条和第101条有关。其中第34条规定,成员国不得采取配额限制的措施,或者与之具有同等效力的措施,禁止或者限制商品的进口;其中的第36条规定,基于工商业产权的保护,可以禁止或者限制商品的进口。至于第101条则涉及了欧盟的竞争规则。同时,丹麦最高法院提出的问题还在于,当原告自己或者他人经其同意而在英国上市了艺术瓷器之后,原告是否可以依据其在丹麦享有的版权和商标权,以及丹麦的市场销售法,禁止相关商品进入丹麦市场。针对丹麦最高法院的问题,欧盟法院分别讨论了版权与商标权的行使,以及丹麦的市场销售法。这里仅涉及与版权和商标权有关的部分。

在本案中,原告艺术瓷器上的图案属于版权保护的作品,艺术瓷器上标注的名称属于商业标识。按照《欧盟运行条约》第36条的规定,这属于应当受到保护的工商业产权。欧盟法院指出,按照以往确定的判例法,在欧盟目前的法律状态之下,工商业产权依据成员国的法律而产生。在这方面,《欧盟运行条约》不影响工商业产权的存在。然而在另一方面,当权利人行使工商业产权的时候,依据其具体的行使情形,则应当遵守《欧盟运行条约》的禁止性规定。同样,按照第36条的规定,作为商品自由流动的一个例外,在合法行使工商业产权的意义上,可以禁止或者限制商品的进口。但是,当权利人自己或者经其同意而在任何一个成员国上市了相关的产品之后,工商业产权的所有人就用尽了自己的权利,不得妨碍商品的进一步流动。欧盟法院最后得出结论说:

> 依据《欧盟运行条约》第34条和第36条的规定,如果版权或者商标权的所有人自己或者他人经其同意而在某一个成员国上市了相关的产品,并且行使了版权或者

商标权，则另一个成员国的法院，不得依据该成员国的版权或者商标权，禁止相关产品在本国地域上的销售。

四、权利存在与权利行使命题的意义

大体说来，在“Consten”、“Parke”和“Deutsche Grammophon”等典型案例中，欧盟法院不仅依据传统的思路，分析了知识产权的行使是否违反了《欧盟运行条约》第101条和第102条的规定，而且引入有关商品自由流动的规定，尤其是引入第36条的规定，分析了工商业产权保护与商品自由流动的关系。这样，有关知识产权纠纷的分析思路，就发生了一个根本性的转换。在上述三个判决之后，在有关侵犯知识产权的纠纷中，被告更多地把抗辩理由放在了第36条的“但书”规定上，主张原告行使依据成员国法律获得的知识产权，对于成员国之间的贸易构成了任意的歧视和隐蔽的限制。至于欧盟法院，也在相关的判决中不断解释第36条有关工商业产权保护的例外，进而分析权利的行使是否构成了对于商品自由流动的任意歧视或者隐蔽限制。

然而，就知识产权本身而言，“权利的存在与权利的行使”这样一个分析思路，却存在着巨大的内在矛盾。至少是从成员国的角度来看，知识产权具有禁止或者限制商品自由流动的天然属性。因为，知识产权是由成员国法律所赋予的权利，而且仅在相关成员国的地域范围内有效。这样，知识产权的所有人就可以依据地域性的权利，禁止或者限制知识产权产品进入本国，从而妨碍商品的自由流动。在这种情况下，承认知识产权的存在，或者承认知识产权的获得条件和程序完全是成员国的事情，就意味着知识产权所有人可以行使知识产权，禁止或者限制知识产权产品的自由流动。与此相应，无论是依据《欧盟运行条约》第101条和第102条限制知识产权的行使，还是依据第34条和第36条限制知识产权的行使，都意味着在某种程度上对于知识产权的否定。

正是由此出发，很多学者认为，权利存在与权利行使的命题，对于解决知识产权保护与商品自由流动的冲突来说，没有多大的意义。根据相关统计，欧盟法院援引权利存在与权利行使而作出的判决，前后只有10余件。① 自1990年以后，欧盟法院在相关的判决中，不再提及权利存在与权利行使的命题。关于这一点，在1992年的“Merck”一案中，总法务官费恩里在其提出的法律意见中说：“权利存在与权利行使之间的区分，通常都是不真实的。在最近的法律案件中，例如HAG II中，一直没有提及这一区分。目前，至少是就《欧盟运行条约》第34条至第36条的解释来说，权利存在与权利行使的区分已经被抛弃。”②

事实上，从历史的发展来看，权利存在与权利行使的命题，不过是一个分析思路的过渡。借用这个命题，就知识产权案件而言，欧盟法院逐渐把分析的侧重点由《欧盟运行条约》第101条和第102条转向了第34条和第36条，由权利的行使是否妨碍和扭曲了市场竞争，转向了是否构成了对于商品自由流动的任意歧视和隐蔽限制。一旦欧盟法院、成员国法院和市场主体，将有关知识产权纠纷的分析焦点转向知识产权的行使与商品的自由流动，权利存在与

---

① See David Keeling, *Intellectual Property Rights in EU Law*, Vol. 1, Oxford University Press, 2003, p. 54.

② Judgment of the Court of 5 December 1996, joined case 267 – 268/95 – Merck v. Primecrown, and Beecham v. Europharm.

权利行使的分析思路,也就失去了存在的意义。

按照新的分析思路,知识产权仍然是依据成员国法律而产生的权利(权利的存在),但是在共同市场的背景之下,只要知识产权所有人自己或者他人经其同意而在任何一个成员国上市了体现有作品、专利技术、外观设计、商标的产品,或者在欧盟范围内一次性地行使了自己的权利,他就用尽了自己的权利(权利的行使)。在此之后,权利人不得再依据其在其他成员国享有的平行权利,妨碍商品在成员国之间的自由流动。从这个意义上说,权利存在与权利行使的命题,在共同市场和商品自由流动的背景之下,就转换成了知识产权在欧盟范围内用尽的命题。

第三章 共同市场与权利用尽

欧盟法院在依据《欧盟运行条约》第34条和第36条处理知识产权保护与商品自由流动关系的过程中,逐步提出了知识产权在欧盟范围内用尽的原则。按照这个原则,知识产权的所有人自己或者经其同意而将体现了相关作品、专利技术、商标、外观设计的商品,首次投入任何一个成员国的市场后,就在欧盟范围内用尽了自己的权利。在此之后,知识产权的所有人不得利用其在其他成员国所享有的平行权利,禁止或者限制商品的自由流动。本章讨论知识产权在欧盟范围内用尽的原则,以及与之相关的问题。

第一节 单一市场与权利用尽

一、权利用尽概述

在通常情况下,知识产权的所有人将体现有作品、专利技术或者商标的产品投入市场或者销售给他人以后,不会干预该产品的进一步销售,也不会干预购买者对于相关产品的使用。与此相应,购买了体现有作品、专利技术或者商标的产品的人,也可以使用相关的产品,或者处置相关的产品,如销毁、转卖或者赠与他人。如果知识产权的所有人在第一次销售之后,仍然可以干预产品的进一步流通,或者可以干预购买者对于产品的正常使用,不仅会影响市场秩序,而且会影响正常的商业活动,造成妨碍市场竞争的严重后果。

隐含在这种现象之后的前提是,版权、专利权和商标权是一种专有权利或者垄断权利,当权利人将体现了作品、专利技术或者商标的产品第一次销售之后,就实现了自己的专有权利,获得了必要的回报。与此相应,知识产权的所有人也就用尽了自己的权利,不应当继续控制相关产品的销售和使用。如果权利人进一步控制相关产品的销售或者使用,就会延伸这种专有权利或者垄断权利,从而违反了知识产权保护的宗旨。

为了说明上述的"通常情况",同时也为了防止个别知识产权所有人在某些特殊的情况下,继续控制相关产品的进一步流通或者使用,欧美国家相继提出了不同的理论,主要有默示许可、权利用尽和第一次销售。下面以专利权为例予以说明。

就体现有专利技术的产品而言,英国最先提出了"默示许可"的理论。按照这个理论,专利权人自己上市,或者许可他人上市专利产品以后,就相当于向购买者发放了一个许可,让购买者可以进一步销售、使用相关的产品。与此相应,购买者在合法购买体现有专利技术的产品以后,也相当于从专利权人那里获得了一个许可,可以进一步处置相关的产品,如转卖、使用、销毁、赠与等。当然,这里的"许可"是通过销售行为而引申的许可,或者通过购买行为而引申的许可。无论是销售产品的专利权人,还是购买专利产品的人,都没有签订“明示”的许可合同。根据相关的研究,早在1871年的一个判例中,英国法院就确立了专利权默示许可的理论,并且在相关的判例中进一步加以完善。[①]

继英国的默示许可理论之后,德国提出了“权利用尽”的理论。根据相关的研究,就在英国法院于1871年作出有关“默示许可”理论的判决之后不久,德国著名法学家科勒就将英国有关默示许可的判例引入了德国,但很快发现默示许可的理论很难在德国发挥作用。因为,专利权人可以通过“明示”的方式,限制购买者进一步销售或者使用相关的产品,从而削弱“默示许可”的理论。于是,科勒提出了权利用尽的理论。按照这种理论,当专利权人第一次将体现有专利技术的产品销售之后,他就用尽了自己的专利权。从法律上说,他不得再以明示的或者默示的方式,控制或者限制专利产品的进一步流通,包括购买者对于专利产品的处置。1902年3月,德国法院作出判决,专利权人所享有的权利,随着专利产品的第一次销售而用尽。[②] 通过这个判例,德国确定了专利权用尽理论,进而扩展到版权产品和商标产品。应该说,在世界各国的知识产权法律中,“权利用尽”理论是一个被广泛接受的理论。例如,在日本和中国,今天所适用的就是德国的“权利用尽”理论。

美国虽然接受了英国的法律制度,包括英国的专利制度,但并没有接受英国的“默示许可”理论,而是通过判例提出了“第一次销售”理论。按照这个理论,专利权人在第一次将体现有专利技术的产品销售之后,就实现了自己的专利权,因而不得进一步控制或者限制相关产品的进一步流通,包括不得控制或者限制购买者对于相关产品的使用或者处置。如果将美国的“第一次销售”理论与德国的“权利用尽”理论相对比,就会发现二者有着实质上的相似性。不过,美国法院提出第一次销售理论,在时间上要早于德国的权利用尽理论。例如,早在1873年的一个判例中,美国最高法院就确立了专利权的第一次销售理论。[③] 随后,美国法院又将“第一次销售”理论延伸到了商标和版权领域。

值得注意的是,无论是英国的默示许可理论,还是德国的权利用尽理论、美国的第一次销售理论,都是针对具体的,体现了作品、专利技术或商标的产品而言的。按照这些理论,当购买者合法获得了相关产品以后,他可以转卖、使用、处置或者销毁相关的产品,知识产权所有人不得加以干预。但是,合法的购买者不得未经许可而商业性地使用体现在产品中的作品、专利技术或者商标。例如,购买了DVD的人不得复制、发行、出租体现在其中的电影作品。又如,购买了专利产品的人不得利用其中体现的专利技术,制造、销售相关的产品。再如,购买了商标产品的人也不得将该商品上的商标取下来,贴在其他商品之上,然后在市场上加以销售。在这几种情况下,他人都是未经许可而使用了受保护的作品、技术和商标,从而侵犯了相关的知识产权。

知识产权是依据主权国家的法律所获得的权利,具有鲜明的地域性。与此相应,权利用尽的地域范围,通常都是在某一个主权国家的范围之内。例如,就一项德国的专利权而言,体

---

① Betts v. Willmott (1871) LR 6 Ch 239. See David Keeling, *Intellectual Property Rights in EU Law*, Vol. 1, Oxford University Press, 2003, p. 77.

② See David Keeling, *Intellectual Property Rights in EU Law*, Vol. 1, Oxford University Press, 2003, p. 75 – 77.

③ Adams v. Burke, 84 US (Wall.) 453 (1873).

现有专利技术的产品一旦合法上市之后，其权利用尽的范围就是在德国的范围之内。或者说，相关专利产品的购买者可以在德国的范围之内进一步销售、使用、处置自己购买的产品，专利权人不得干预。到目前为止，很少有哪个国家允许知识产权所有人将国内市场加以分割，防止投放到这个区域的产品进入另外的区域。① 因为，这种分割国内市场的做法，会让知识产权所有人获得不当利益，同时也会妨碍相关商品在国内市场的自由流动。

按照知识产权的地域性特征，就商标产品、专利产品或者版权产品而言，采用一国范围之内的权利用尽原则，是世界各国通行的法律原则。然而在很多情况下，商标所有人、技术发明所有人或者作品所有人，还有可能在其他国家获得商标权、专利权或者版权。例如，"耐克"商标的所有人，在世界很多国家都注册了自己的商标。在这种情况下，"耐克"商标的所有人是否可以援引自己在美国的商标权，防止来自中国的耐克产品进入美国市场呢？如果他可以援引自己在美国的商标权，防止自己投放于中国市场上的耐克产品进入美国，那么美国所实行的就是国内用尽原则。如果他不能援引自己在美国的商标权，防止来自中国的耐克产品进入美国市场，那么美国实行的就是国际用尽原则。除了商标产品，在涉及专利产品、版权产品的时候，都会发生国内用尽还是国际用尽的问题。

采纳知识产权的国际用尽原则，又叫作允许相关产品的平行进口。这是因为，依据地域性的原则，知识产权的所有人在不同的国家享有不同的商标权、专利权或者版权。例如，"耐克"商标所有人在很多国家享有的商标权，都是平行存在的商标权。至于版权，按照《伯尔尼公约》的自动获得原则，每一位作者都在该公约的 160 多个成员国中享有平行存在的版权。如果某一国家不允许知识产权所有人援引其在本国的权利，防止来自其他国家的商标产品、专利产品或者版权产品进入本国市场，就是允许知识产权产品的平行进口。反之，则是不允许知识产权产品的平行进口。

当然，无论是采取国际用尽的原则，还是允许平行进口，有关的商标产品、专利产品或者版权产品，都是经过同一个权利人投放市场，或者经其同意而投放市场的产品。如果相关商标产品、专利产品的投放者，是不同的权利人，或者是未经权利人同意而投放市场的产品，则不存在国际用尽或者平行进口的问题。例如，西班牙的"耐克"商标所有人，与美国等国的"耐克"商标所有人，不是同一个商标所有人。所以，来自西班牙的"耐克"产品在美国就属于侵权产品，美国的"耐克"商标所有人可以援引自己的商标权，防止这类产品进入美国。又如，如果有人未经许可而在意大利生产了"路易威登"的皮包，则不仅在意大利属于侵权，输入到其他国家也属于侵权。"路易威登"的所有人不仅可以在意大利提起侵权诉讼，而且可以以自己在有关国家的商标权为由，防止这类侵权产品进入该国市场。

关于体现有知识产权的产品，是采取国内用尽的原则，还是国际用尽的原则，是允许平行进口，还是不允许平行进口，不仅各国的立法和司法实践有不同的做法，而且在具体的商标产品、专利产品方面，又有不同的做法。根据相关的研究，世界大多数国家的商标立法或者司法，都允许商标产品的平行进口。这是因为，商标的作用是指示商品的来源。如果带有某一

① 可口可乐和百事可乐公司，以合同的方式将中国划分为若干区域，许可不同的生产厂商在不同的区域之内销售自己的产品，并要求他们不得进入另外的区域。这属于以合同的方式分割国内市场，其效力仅限于被许可人。如果他人购买了相关的产品，并且运输到不同的区域销售，许可人应当无权干预。

商标的产品是由商标所有人自己投放市场,或者是经其同意而投放市场,就属于"真品"而非假冒产品。在这种情况下,无论有关的"真品"进入了哪一个国家的市场,都不会造成消费者混淆。而在专利产品方面,大多数国家的立法或者司法,则不允许专利产品的平行进口。这与商标产品的情形形成了鲜明的对比。这是因为,商标所有人可以在世界很多国家注册自己的商标,获得相应的法律保护。而对于技术发明,其所有人却很难在如此之多的国家或者地区申请并获得专利权。不仅申请和维持专利要花费巨额的费用,而且各国的专利审查实践和司法实践,也造成了同样的技术在不同的国家所获得的保护范围可能不尽相同的结果。① 所以,专利权人往往可以依据其在某一个国家获得的权利,防止来自其他国家的含有其技术发明的产品,进入本国市场。

根据以上的论述可以看出,知识产权的权利用尽,在一个主权国家的范围内,不会成为一个很大的问题。因为在正常的商业生活中,专利权人、商标所有人、版权所有人,很少会违背常识,在第一次上市或者销售了相关产品以后,试图去控制产品的进一步流通,或者购买者对于产品的正常使用。只有在涉及知识产权产品的国际贸易时,在是否允许知识产权产品的平行进口时,权利用尽才会构成一个真正的、令人头痛的问题。是否采用国际用尽的原则,是否允许平行进口,不仅涉及了一个国家的贸易政策和导向,而且涉及了具体的商标法、专利法、版权法的问题。有些国家可能恪守知识产权的国内用尽原则,不允许知识产权产品的平行进口。有些国家可能允许商标产品的平行进口,而又不允许专利产品的平行进口。正是基于这种复杂的状况,《与贸易有关的知识产权协议》将是否采取国际用尽的原则,是否允许平行进口,留给了各个成员自行决定。该协议第 6 条还明确规定,各成员有关知识产权权利用尽的问题,不得成为争端解决程序的案件。②

二、欧盟范围内的权利用尽

知识产权是地域性的权利。在欧盟(欧共体)建立之初,尚不存在欧盟层面上的注册商标、注册外观设计和植物品种权,相关的版权、专利、外观设计、商标、植物品种等,都是依据成员国法律而产生的权利。与此相应,权利用尽的范围也是在相关的成员国范围之内。显然,知识产权的成员国特征,包括权利用尽的成员国特征,与建立欧盟和共同市场的宗旨存在冲突。一方面,欧盟建立共同市场,是为了实现商品、服务、人员和资金的自由流动。而在另一方面,继续遵行知识产权在成员国范围内用尽的原则,又会让知识产权的所有人在成员国之间树立起版权、专利、商标、外观设计的藩篱,阻碍商品在共同市场上的自由流动。

为了解决知识产权的成员国特征与商品自由流动的矛盾,欧盟法院通过相关的判决逐步阐明:依据成员国法律而产生的知识产权,具有成员国效力。然而,只要权利人自己或者他人经过其同意,将含有商标、专利技术、外观设计和作品的商品投入任何一个成员国的市场,就在欧盟的范围内用尽了自己的权利。在此之后,权利人不得以自己在其他成员国还享有商标权、专利权、外观设计权或者版权为由,阻碍商品在其他成员国的进一步流动。这就是知识产权在欧盟范围内用尽的原则。

---

① See David Keeling, *Intellectual Property Rights in EU Law*, Vol. 1, Oxford University Press, 2003, p. 79 – 80.

② Article 6, TRIPs Agreement.

事实上,知识产权在欧盟范围内的用尽原则,不过是把原来的成员国权利用尽的原则,推广到了欧盟的范围而已。而这种推广的基点又在于,成员国通过放弃某些主权,建立了一个共同市场和关税区域,并且使得这个市场具有了某一国国内市场的特征。既然欧盟在某些情况下享有了成员国放弃的主权,既然共同市场具有某一个国家国内市场的特征,那么无论是依据成员国法律而产生的知识产权,还是依据欧盟法律而产生的注册商标、注册外观设计、植物品种权,其权利用尽的范围也就必然是在欧盟共同市场的范围之内。

不过,现行的《欧盟运行条约》和此前的《欧洲经济共同体条约》《欧共体条约》,都没有明确规定知识产权权利用尽的问题。在这方面,知识产权在欧盟范围内用尽的原则,是由欧盟法院通过判例法而确定的。具体说来,欧盟法院在有关知识产权纠纷的判决中,依据《欧盟运行条约》第 34 条和第 36 条,分析市场主体对于知识产权的行使,与商品在成员国之间自由流动的关系,进而提出了知识产权在欧盟范围内用尽的理论。正如本书第二章所显示的那样,知识产权在欧盟范围内用尽的原则,源于权利存在与权利行使的分析思路。按照权利存在与权利行使的分析思路,知识产权是依据成员国法律产生的权利,属于《欧盟运行条约》应当予以保护的财产权。但是,权利人在行使自己权利的时候,按照《欧盟运行条约》第 101 条和第 102 条,不得妨碍和扭曲共同市场上的竞争;按照《欧盟运行条约》第 36 条,不得对于商品的自由流动构成任意的歧视和隐蔽的限制。

事实上,正是从权利的行使不得对于商品的自由流动构成任意歧视和隐蔽限制的角度出发,欧盟法院提出了知识产权在欧盟范围内用尽的原则。在上一章所讨论的"Consten"和"Park"两个判决中,欧盟法院虽然也讨论了知识产权的存在与商品自由流动的关系,但侧重点仍然在于,知识产权的行使是否构成协议垄断和滥用市场支配地位。而在"Deutsche Grammophon"一案中,则侧重讨论了《欧盟运行条约》第 34 条和第 36 条所规定的商品自由流动的问题,讨论了知识产权的行使与商品自由流动的问题。由此出发,欧盟法院提出了知识产权在欧盟范围内用尽的思路。

如前所述,在 1971 年的"Deutsche Grammophon"一案①中,原告是录音制品的所有人,分别在德国和法国上市了录音制品。当被告在法国市场上购买了相关的录音制品,在德国市场上销售的时候,原告依据自己在德国享有的相关权,针对被告提起了侵权诉讼,要求法院禁止被告在德国市场上销售相关的录音制品。这表明,相关权人先是依据自己在法国享有的权利上市了涉案的录音制品,然后又试图依据自己在德国享有的权利,禁止或者限制涉案录音制品进入德国。显然,这是对于成员国之间贸易的禁止或者限制。

欧盟法院在判决中指出,原告在本案中仅仅是行使了依据《德国著作权法》所享有的权利,没有与其他市场主体达成协议,因而不构成《欧盟运行条约》第 101 条禁止的协议垄断;就共同市场上的录音制品提供者而言,原告并不占有支配地位,因而也不存在第 102 条禁止的滥用市场支配地位的问题。在此基础之上,欧盟法院将原告对于知识产权的行使,引入了《欧盟运行条约》第 34 条和第 36 条的分析框架,具体审查了原告行使其依据《德国著作权法》而享有的权利,是否妨碍了商品(录音制品)在共同市场上自由流动的问题。

---

① Judgment of the Court of 8 June 1971, case 78/70, Deutsche Grammophon Gesellschaft mbH v. Metro – SB – Großmärkte GmbH & Co. KG. 关于该案的基本案情,参见本书第二章第一节有关商品流通与知识产权的部分。

欧盟法院在判决中说,按照《欧盟运行条约》第 36 条的规定,基于知识产权保护的必要性,可以禁止或者限制成员国之间的商品流动。这是对于商品自由流动的限制。然而,同样是依据第 36 条,知识产权所有人在行使其权利的时候,不得构成对于商品自由流动的任意歧视和隐蔽限制。在欧盟法院看来,原告在法国依据其权利上市涉案录音制品之后,又依据其在德国享有的权利,禁止或者限制涉案录音制品的自由流动,构成了对于成员国之间贸易的任意歧视和隐蔽限制。正是从共同市场和商品自由流动的基点出发,欧盟法院论述了欧盟范围内权利用尽的原则。

> 如果相关权的所有人自己或者他人经其同意,在其他成员国发行了相关的录音制品,然后又以该行为发生于其他成员国的地域为由,依据自己享有的相关权,防止录音制品进入这个成员国,那么此种禁止将会使得分割成员国市场的行为合法化,从而违背《欧盟运行条约》的基本宗旨。因为,条约的基本宗旨是将各成员国的市场统一为一个单一市场。在成员国法律体系各不相同的情况下,如果成员国的国民可以分割市场,以任意歧视的方式或者隐蔽的方式限制成员国之间的贸易,那么这个宗旨就不能实现。

欧盟法院在上述论证中,虽然没有使用权利用尽的术语,但是其中所体现的,正是欧盟范围内权利用尽的含义。按照判决,录音制品的权利人一旦自己,或者经其同意而由他人在某一个成员国发行了相关的录音制品,他就在欧盟范围内用尽了自己的权利。在此之后,录音制品的权利人不得依据其在其他成员国(如德国)享有的权利,禁止或者限制相关录音制品在成员国之间的进一步流动。这表明,至少就发行权而言,权利人一旦在某一个成员国行使以后,就不得在欧盟的范围内再次行使,禁止他人在其他成员国的进一步销售。这里所体现的,正是发行权在欧盟范围之内用尽的原则。

在 1971 年的"Deutsche Grammophon"一案之后,欧盟法院又在 1974 年的"Sterling"和"Winthrop"两个判决中,详细论述了知识产权在欧盟范围内用尽的原则。

在 1974 年的"Sterling"一案①中,原告是荷兰著名的斯特林药品公司,就某项药品在若干个欧盟成员国,包括荷兰和英国拥有专利。依据案情,原告授权若干个成员国的医药制造公司,制造和上市了专利药品。然而,由于英国实行药品价格管控政策,斯特林药品公司在英国上市的药品价格远远低于荷兰的价格。本案的被告是一家位于荷兰鹿特丹的药品销售公司,在英国购买了价格较低的专利药品,然后在荷兰市场上销售。于是,原告依据自己在荷兰享有的药品专利权,向法院提起侵权诉讼,阻止被告进口和销售专利药品。经过几轮诉讼,案件上诉到了荷兰最高法院。荷兰最高法院认为,这个案件涉及了商品自由流动与知识产权保护的问题,以及成员国之间商品自由流动中的一些其他问题,因而提请欧盟法院,就《欧盟运行条约》中的若干条款进行解释。这里仅涉及商品自由流动与知识产权保护的问题。

欧盟法院在判决中说,按照《欧盟运行条约》第 34 条,成员国不得采取配额限制的措施,

---

① Judgment of the Court of 31 October 1974, case 15/74, Centrafarm BV et Adriaan de Peijper v. Sterling Drug Inc.

或者具有同等效力的措施,妨碍商品在成员国之间的自由流动。然而按照第36条的规定,基于保护工商业产权的必要性,又可以禁止或者限制商品的自由流动。欧盟法院论证说,按照以往的判例法,《欧盟运行条约》不影响工商业产权的存在,因为这是依据成员国法律而产生的权利。但是,知识产权的行使,依据不同的具体情形,应当受到《欧盟运行条约》中限制性规定的影响。

欧盟法院指出,就商品的自由流动而言,《欧盟运行条约》第36条规定了四种例外情形,可以禁止或者限制商品的自由流动。其中之一是,基于保护工商业产权的必要性,权利人可以禁止或者限制商品的自由流动。具体到专利权,则是确保专利权人享有专有权利,或者首次将专利产品投入市场,或者发放许可让第三人将专利产品投入市场,以及在必要的时候制止他人的侵权。通过自己首次上市或者发放许可,发明人可以就其创造性的劳动获得必要的回报。值得注意的是,欧盟法院在这里使用了专利权人首次上市或者许可他人上市专利产品的说法。这表明,专利权人首次上市或者许可他人上市之后,已经实现了自己的经济利益,因而用尽了自己的权利。同时,欧盟法院对于首次上市或者许可他人上市的论证,不是在成员国法律的框架之下,而是在《欧盟运行条约》的框架之下,或者是在欧盟共同市场的框架之下。

正是由此出发,欧盟法院否定了原来的成员国权利用尽原则,改而确立了共同市场上的权利用尽原则。欧盟法院的判决说,从成员国有关工商业产权的立法来说,如果权利人自己或者许可他人在某一成员国上市专利产品之后,仍然没有用尽自己的专利权的话,那么这样的规定就会妨碍商品的自由流动,就应当被宣告为无效。

> 如果专利权人自己或者他人经其同意而在另一个成员国上市相关产品之后,他又行使依据这个成员国法律所赋予的权利,禁止相关的产品进入这个国家,就会违背《欧盟运行条约》所确立的,关于商品在共同体市场之内自由流动的规则。

基于以上的论述,欧盟法院认为在两种情况下,专利权人可以利用自己手中的权利,防止来自其他成员国的产品进入自己的国家。第一种情况是,相关的产品来自某一成员国,但有关的发明在该成员国不能获得专利,而且有关产品属于第三人未经专利权人同意而制造。第二种情况是,相关的产品来自某一成员国,并且获得了专利权的保护,但那个成员国的专利权人与本国的专利权人,无论是从法律关系上说还是从经济关系上说,都不是同一个人。欧盟法院指出,只有在这两种情况下,专利权人才可以援引有关工商业产权保护的例外,禁止或者限制商品的自由流动。但如果相关产品是由专利权人自己或者他人经其同意而在其他成员国上市,尤其是当同一个市场主体拥有几个平行专利权的时候,则不得援引保护工商业产权的例外。因为,利用平行专利权而分割共同市场,限制成员国之间的贸易,属于任意的歧视和隐蔽的限制。

在"Sterling"一案中,原告还提出抗辩说,由于成员国之间有关工业产权的立法和具体规则存在诸多差异,事实上不存在相同的或者真正平行的专利权。欧盟法院则认为,尽管成员国有关工业产权的规则存在差异,欧盟也没有对于这些规则予以统一,但是各个平行专利权所保护的发明显然是同一个发明。事实上,成员国法院在相关的诉讼中,就是依据相同的发明,具体评估专利权的保护范围。正是从这个意义上说,成员国之间法律规则的不同,既不影响对于同一个发明的保护,也不影响平行专利权的存在。

再来看 1974 年的"Winthrop"一案①。这个案子与前面讨论过的"Sterling"密切相关,属于一个案件的两个方面。其中的"Sterling"一案涉及了原告的专利权,而"Winthrop"一案则涉及了原告的注册商标。具体说来,原告斯特林药品公司除了拥有涉案的药品专利,还拥有一件注册商标,该商标在若干个成员国获得了注册。而且在不同的成员国,涉案的注册商标分别归属于原告不同的子公司所有,例如在荷兰的注册商标就归属于原告的其中一家子公司。根据案情,原告不仅将自己的药品专利许可给了若干个成员国的制造商,而且允许制造商在相关的药品上使用自己的注册商标。同样是英国实行药品价格的管控措施,被告从英国购买了带有原告商标的药品,然后在荷兰市场上销售。于是,原告依据自己在荷兰的注册商标权利,向法院提起诉讼,要求被告不得进口和销售相关的药品。同样,诉讼案件几经周折,上诉到了荷兰最高法院。由于案件涉及了商品自由流动和商标保护的问题,荷兰最高法院要求欧盟法院就《欧盟运行条约》的相关条款,尤其是第 36 条关于工商业产权保护与商品自由流动的问题,作出前置裁定。

欧盟法院在判决中,采取了与"Sterling"一案相同的推理思路,论述了商标权保护与商品自由流动的问题。例如,成员国不得采取限制商品进口的措施,或者具有同等效力的措施,但是基于保护工商业产权的必要性,又可以禁止或者限制商品在成员国之间的自由流动。又如,《欧盟运行条约》不影响依据成员国法律产生的工商业产权的存在,但是权利人在行使工商业产权的时候,依据具体的情形,应当受到《欧盟运行条约》的禁止性规定的影响。再如,尽管工商业产权的所有人可以行使自己的权利,但是不得构成对于商品自由流动的任意歧视和隐蔽限制。

在上述论述的基础上,欧盟法院讨论了商标权保护与商品自由流动的关系。判决说,商标权保护的宗旨是:保障商标所有人排他性地使用自己的商标,将带有其商标的产品首次投入市场;同时,防止竞争者未经许可而使用自己的商标,利用该商标所具有的市场优势地位,掠夺该商标所承载的商誉。欧盟法院继续论证说,商标所有人自己或者许可他人首次在某一个成员国上市了商标产品之后,他就在共同市场的范围内用尽了自己的商标权。如果在此之后,他仍然可以依据另一个成员国的商标权禁止或者限制商标产品的进口,就会妨碍商品在成员国之间的自由流动,违反《欧盟运行条约》第 36 条的规定。事实上,如果某一市场主体在若干个成员国分别享有商标权,同时又可以分别行使这些商标权,就会将欧盟共同市场分割为成员国的国别市场,阻碍商品的自由流动。

大体说来,欧盟法院在"Winthrop"一案中,以同样的方式否定了商标权在成员国范围内用尽的原则,确立了商标权在欧盟范围内用尽的原则。按照这个原则,商标所有人自己或者许可他人在某一成员国上市商标商品之后,就在欧盟范围内用尽了自己的商标权。在此之后,商标所有人不得以平行存在的商标权分割共同市场,妨碍成员国之间的贸易。欧盟法院最后得出结论说:

> 如果商标所有人自己或者他人经其同意而在另一个成员国上市相关产品之后,

① Judgment of the Court of 31 October 1974, case 16/74, Centrafarm BV et Adriaan de Peijper v. Winthrop BV.

他又行使依据这个成员国法律所赋予的权利，禁止相关的产品进入这个成员国，就会违背《欧盟运行条约》所确立的，关于商品在共同体市场之内自由流动的规则。

一般认为，欧盟法院通过“Deutsche Grammophon”、“Sterling”和“Winthrop”三个典型判例，确立了知识产权在欧盟范围内用尽的原则。[①] 归纳起来，只要版权所有人、专利权人、外观设计权人和商标所有人自己或者他人经其同意，而在某一个成员国上市了体现有作品、专利、外观设计和商标的产品，这些产品就可以在欧盟共同市场的范围内自由流动。知识产权的所有人，不得以自己在不同成员国中享有的平行权利，分割共同体市场，妨碍商品在成员国之间的自由流动。这样，就知识产权的行使来说，权利用尽的范围，就从原来的成员国用尽，变成了欧盟共同市场的用尽。

第二节　同意与权利用尽

按照欧盟法院的相关判例，体现有作品、专利技术、外观设计和商标的产品，一旦由权利人自己或者经其同意而由他人首次销售之后，相关的版权、专利权、外观设计权或者商标权就已经在欧盟范围内用尽，权利人不得对产品的进一步销售、使用或者消费加以干预。根据欧盟法院的相关判决，在这个原则之中，权利人的同意，包括权利人自己上市和允许他人上市相关的产品，是一个关键性的要素。所以，有些学者又将“权利用尽原则”称为“同意原则”。[②]

大体说来，知识产权所有人自己销售或者上市体现有作品、专利技术、外观设计或者商标的产品，比较容易判断。因为在这种情况下，权利人的行为已经表明，他同意上市或者销售相关的产品。然而，在由他人上市或者销售相关产品的时候，他人是否获得了权利人的同意，以及获得了权利人在何种程度上的同意，可能就会模糊起来。例如在被许可人的情况下，在母子公司的情况下，在代理人或者销售商的情况下，是否获得了权利人的同意，可能需要依据合同、隶属关系和其他情形，作出具体的分析。这在商标权用尽的具体实例中尤为突出。

此外，按照知识产权的成员国地域性原则，版权、专利权、外观设计权和商标权都是依据成员国的法律获得的权利。在通常情况下，依据版权自动获得的原则，作品一旦完成就在所有的成员国获得了权利。同时，商标所有人基于商业活动的需要，也会依据相关成员国的法律或者《欧盟商标条例》在几乎所有的成员国获得权利。然而在专利的情况下，技术发明的所有人不可能在所有成员国中申请、获得和维护专利权。这样，专利权人就其拥有的技术发明，可能在若干个成员国享有专利权，而在另外的很多成员国并不享有专利权。这样，经过权利人同意而上市的专利产品，以及相关的权利用尽，又会呈现不同于版权和商标权的情形。

下面将结合欧盟法院的相关典型判例，讨论商标权用尽中和专利权用尽中，具有特殊性的同意。

---

① See Guy Tritton et al., *Intellectual Property in Europe*, 5th edition, Sweet & Maxwell, 2018, p. 800.

② See Guy Tritton et al., *Intellectual Property in Europe*, 5th edition, Sweet & Maxwell, 2018, p. 792–803.

一、商标权用尽中的同意

商标是指示商品或者服务来源的标记。在实际的商业活动中,尤其是在跨国企业的商业活动中,商标所有人可能依据地域性的原则,同时许可若干个企业使用自己的商标。具体到欧盟共同市场,某一个商标的被许可人可能分散于若干个成员国中。在这种情况下,某一个被许可人在某一成员国上市了相关的商品,是否可以视为其他成员国中的被许可人上市了相关的商品,从而在欧盟范围内用尽了相关的商标权,就是一个容易引起争议的问题。如果随着时间的流逝,若干个被许可人成为了若干个商标所有人时,情况可能就会更加复杂起来。下面来看一个典型案例。

在 1994 年的"Idea – Standard"一案①中,涉及了由若干个企业共同使用的商标"理想标准"(Idea Standard),以及指定使用的卫浴产品和取暖产品。具体说来,美标(American Standard)是由美国的一些企业共同使用的商标,主要生产和销售卫浴产品、取暖产品。后来,美标集团通过联营的方式,在欧洲设立了一系列子公司。根据案情,美标集团在德国和法国设立的子公司,分别注册和使用了"理想标准"(Idea Standard)的商标。然而,法国理想标准公司因为财政困难,进入了破产程序。在破产清算中,将其注册商标"理想标准"和取暖产品的业务,卖给了另一家法国公司,后者经营的地域范围包括法国、突尼斯和阿尔及利亚。这样,受让了"理想标准"商标和取暖产品业务的法国公司,与美标集团和其他欧洲子公司,不再有任何隶属的和经营上的关系。

就本案而言,受让了取暖产品业务的法国公司,不仅继续生产和销售取暖产品,而且继续使用"理想标准"的商标。该法国公司的一个德国子公司,又将相关的取暖产品进口到德国销售。而在另一方面,德国理想标准公司在德国拥有"理想标准"的注册商标,持续生产经营卫浴产品、取暖产品和其他相关产品。显然,来自法国公司的取暖产品冲击了德国市场上的取暖产品销售。于是,德国理想标准公司提起诉讼,主张法国公司的德国子公司侵犯了自己的德国商标权,并且要求被告在德国停止使用"理想标准"的商标,停止生产和销售相关的取暖产品。为了叙述的方便,下面将制造取暖产品的法国公司称为"法国母公司",将进口和销售相关取暖产品的德国公司称为"德国子公司"。

受理案件的杜塞尔多夫地方法院,经过审理作出了支持原告主张的判决。一审法院认为,被告在取暖产品上使用的商标,与原告在取暖产品上使用的商标相同。而且,双方当事人的取暖产品具有相同的消费群体,消费者一般都认为双方当事人的产品来自同一个市场主体。由此出发,一审法院认定被告在取暖产品上使用"理想标准"的商标,有可能造成消费者在商品来源上的混淆。在一审诉讼中,被告提出了共同来源(common origin)的抗辩,即原告的商品和被告的商品均来自一个共同的企业集团。被告还要求一审法院将这个问题提交给欧盟法院,让欧盟法院就共同来源与商品自由流动的问题作出裁决。然而一审法院则认为,就本案而言,不存在共同来源的问题。因为,原告和被告是两个相互独立的、没有经济关系的市场主体。

---

① Judgment of the Court of 22 June 1994, Case C – 9/93, IHT Internationale Heiztechnik GmbH and Uwe Danzinger v. Ideal – Standard GmbH and Wabco Standard GmbH.

被告不服一审判决，向杜塞尔多夫高等法院提起了上诉。上诉法院在审查了一审判决和欧盟法院的相关判决后认为，有必要让欧盟法院就不同市场主体之间的商标保护与商品自由流动的问题作出裁决。具体说来，法国母公司在法国享有注册商标"理想标准"的权利，并且用在了取暖产品上；而本案的原告在德国就相同的注册商标享有权利，同样使用在取暖产品上；当法国公司在法国合法上市商标产品之后，原告是否可以依据自己在德国的注册商标权利，禁止法国取暖产品进入德国市场。

欧盟法院在判决中说，毫无疑问，原告依据其在德国享有的注册商标权利，禁止法国公司在法国合法上市的商品进入德国，属于《欧盟运行条约》第 34 条规定的与配额限制具有同等效力的措施。与此相应，下一个问题就是，原告行使自己在德国的注册商标权利，是否属于第 36 条规定的例外，即基于保护工商业产权的需要，可以禁止或者限制商品的自由流动。欧盟法院认为，要想说明这个问题，还应当澄清本案所涉及的几个问题。第一，原告和被告的商标相同、产品类似，具有消费者混淆的可能性。第二，商标具有地域性的特征，原告和被告的"理想标准"商标，注册于不同的成员国，属于相互独立的商标。第三，欧盟法院关于第 34 条和第 36 条的判例法表明，市场主体不得就商品的进口采取配额限制或者具有同等效力的措施，但是基于工商业产权的保护，又可以禁止或者限制商品的自由流动。第四，商标所有人行使依据成员国法律而产生的商标权，对于商品的自由流动而言，不得构成任意的歧视和隐蔽的限制。

在澄清了上述几个问题之后，欧盟法院进一步论证了商标权在欧盟范围内用尽的原则。根据这个原则，商标产品经由商标所有人自己或者他人经其同意而在某一个成员国上市之后，商标所有人不得依据其在其他成员国享有的商标权，反对相关商品的进口。具体到本案的具体情形，欧盟法院又明确指出，权利用尽的原则仅仅适用于，在不同成员国拥有相同注册商标的是同一个市场主体，而非互不关联的两个市场主体。法院在判决中说：

> 权利用尽原则，适用于进口国的商标所有人与出口国的商标所有人为同一人的情形，或者他们虽然不是同一人，但是具有经济上的联系。这包括以下的一些情形：产品是由同一个企业投入流通，由被许可人投入流通，由父子公司投入流通，由同一集团中的附属公司投入流通，或者由独家销售商投入流通。

从同一个市场主体的角度出发，欧盟法院还论证了单一市场主体控制商标使用和控制商品质量的问题。根据判决，为了保障商标指示商品来源功能的实现，所有的带有某一商标的商品，都应当受到某一市场主体的控制，并且由该市场主体负责商品的质量。欧盟法院回顾说，此前有关商标权在欧盟范围内用尽的判决，都是某个单一的市场主体控制了商标的使用，并且为商品的质量负责。例如，在子公司将相关商品投入市场的情况下，由企业集团控制商标的使用。又如，在经销商将相关商品投入市场的情况下，由制造商控制商标的使用。再如，在许可人与被许可人的关系中，由许可人控制被许可人商品的质量，并且在许可合同中设定条款，要求被许可人听从许可人的指示，接受许可人的监督检查，等等。显然，在单一市场主体控制商标使用和商品质量的情况下，可以保障商标指示商品来源的功能。与此相应，当商标所有人自己，或者由子公司、经销商、被许可人将商标产品投入某一成员国的市场以后，商标权人不得利用其在其他成员国的商标权,妨碍该商品的进一步流动。

在欧盟法院看来,本案所涉及的情形,显然不属于单一市场主体控制商标使用的情形。具体说来,随着法国理想标准公司的破产和"理想标准"商标转让给了法国母公司,原有的单一市场主体控制的商标使用机制,不再适用于法国母公司。因为,受让了"理想标准"商标的法国母公司,与美标集团没有任何经济关系,属于一个独立存在的市场主体和商标所有人。而且,即使是商标的转让人法国理想标准公司,也没有任何能力和手段控制法国母公司的产品质量。正如杜塞尔多夫一审法院指出的那样,在这样一个商标转让的问题上,既没有公共权力的担保,也没有合同的约定,要求受让人接受单一市场主体的控制。从商标法的意义上说,受让了"理想标准"商标的法国母公司,已经成了取暖产品的另一个来源。为了防止商品来源的混淆和确保商品质量的一致,原告当然可以禁止相关商品进入德国,以及在德国市场上的销售。

在本案审理的过程中,被告还提出了两个抗辩。第一,法国理想标准公司仅仅将取暖产品的业务和"理想标准"商标的使用转让给了法国母公司,但是保留了卫浴产品的业务和商标的使用。与此相应,法国理想标准公司应当承受不完全转让所带来的不利后果。第二,在取暖产品业务和商标转让之后,受让人法国母公司与转让人法国理想标准公司,已经在法国市场上共存,没有造成消费者在商品来源上的混淆。欧盟法院则指出,被告的这两个抗辩,忽视了商标权是成员国权利的特征。本案所涉及的商标转让和取暖产品业务的转让,仅仅发生在法国,而没有发生在德国。同样,就法国市场而言,受让人使用"理想标准"商标从事取暖产品的业务,转让人使用"理想标准"商标从事卫浴产品的业务,大体不会产生消费者在商品来源上的混淆。然而在德国,无论是关于卫浴产品的业务,还是关于取暖产品的业务,都是由德国理想标准公司经营,并没有分属于两个相互独立的市场主体。与此相应,适用于法国的部分业务转让,适用于法国的卫浴产品和取暖产品使用相同商标的情形,显然不可能适用于德国。

欧盟法院最后得出结论说:虽然法国母公司受让了"理想标准"的商标,并且使用在了取暖产品上,但是与美标集团和德国理想标准公司没有经济上的关联性,因而属于商品的另一个来源。在这种情况下,允许法国母公司制造的取暖产品,带着"理想标准"的商标进入德国,必然会造成消费者在商品来源上的混淆。在这种情况下,本案的原告依据自己在德国的注册商标"理想标准",制止被告进口和销售来自法国母公司的取暖产品,既没有妨碍商品在成员国之间的自由流动,也没有违反《欧盟运行条约》第 34 条和第 36 条的规定。

在"Idea Standard"一案中,两个市场主体虽然分别在法国和德国使用了相同的商标,但没有任何经济关联或者隶属关系,因而不存在一个企业同意另一个企业上市相关产品的问题。然而在某些特殊的情况下,尽管相同的商标分别归属于两个独立的市场主体,但两个市场主体具有协调商品质量的意愿,仍然可以视为相关的商品属于同一个来源。

在 2017 年的"Schweppes"一案[①]中,涉及了国际著名饮料"怡泉"(Schweppes)商标分割转让,并引起商标纠纷的情形。在历史上,"怡泉"商标属于英国的吉百利怡泉公司(Cadbury Schweppes),用于奎宁汽水(tonic water)和其他饮料。英国的吉百利怡泉公司,还在所有的欧

① Judgment of the Court (Second Chamber) of 20 December 2017, Case C – 291/16, Schweppes SA v. Red Paralela SL and Red Paralela BCN SL.

盟成员国和欧洲自由贸易区域的成员国中，注册了平行的“怡泉”商标。到了1999年，由于资产重组的原因，吉百利怡泉公司将一些平行注册的商标，包括在英国注册的“怡泉”商标，转让给了美国的可口可乐公司。经过公司重组，英国的吉百利怡泉公司变身为怡泉国际，并且成为位于荷兰的法奇那怡泉集团（Orangina Schweppes Holding）的子公司。作为子公司的怡泉国际继续从事奎宁水和其他饮料的经营活动，同时授权一些欧盟成员国的企业使用自己的商标“怡泉”，制造和销售奎宁水和其他饮料。

就本案而言，受让了若干个欧盟成员国“怡泉”注册商标的可口可乐公司，也在同时使用“怡泉”商标，从事奎宁水和其他饮料的经营活动。这样，在欧盟的共同市场上，就同时出现了来自两个商标所有人的“怡泉”奎宁水和其他饮料。于是，一家西班牙饮料销售公司红色帕拉（Red Paralela），在共同市场上购买了一批可口可乐公司的“怡泉”奎宁水，在西班牙市场上销售。而在另一方面，英国的怡泉国际仍然保留了在西班牙获准注册的“怡泉”商标，并且授权给西班牙怡泉饮料公司使用，制造和销售奎宁汽水和其他饮料。

显然，红色帕拉在西班牙销售来自可口可乐公司的“怡泉”奎宁水，冲击了西班牙怡泉饮料公司的销售市场。于是，西班牙怡泉饮料公司于2014年5月，向位于巴塞罗那的西班牙第八商事法院提起诉讼，主张红色帕拉在西班牙销售可口可乐的“怡泉”奎宁水，侵犯了自己的商标权。具体说来，被告在西班牙进口和销售的瓶装奎宁水，不是原告自己或者经由原告同意而在其他成员国上市的产品，而是可口可乐公司上市的产品。而且，原告与可口可乐公司相互独立，没有任何法律上和经济上的关系。同时，被告进口和销售的瓶装奎宁水产品上，带有与原告使用的商标相同的商标，消费者根本不可能识别市场上的瓶装奎宁水，究竟是来自原告还是来自被告。

而被告则提出抗辩说，原告使用的商标属于英国怡泉国际公司，原告仅仅在西班牙获得了使用许可。而在另一方面，英国怡泉国际公司的产品，包括原告西班牙怡泉公司的产品，与可口可乐公司的产品同时在欧盟成员国上市，并且在共同市场上并存。这表明，英国怡泉国际公司默许可口可乐公司的产品在欧盟成员国上市。与此相应，无论是英国怡泉公司的产品，还是可口可乐公司的产品，只要在任何一个成员国上市，就在欧盟范围内用尽了“怡泉”商标权。被告还指出，英国怡泉国际公司与可口可乐公司之间，存在无法否认的法律关系和经济关系。因为，两个公司一直合作使用“怡泉”商标，并且试图将其打造成全球知名的商标。

受理案件的第八商事法院经过审理，查清了以下的一些事实：尽管英国怡泉国际公司仅仅在若干个欧盟成员国享有平行的注册商标权，但一直与可口可乐公司合作推进“怡泉”商标的国际形象；英国怡泉国际公司虽然将其在英国的商标转让给了可口可乐公司，但仍然在相关的商业活动和网站上推介可口可乐公司的产品；英国怡泉国际公司在丹麦、荷兰等成员国上市的产品，与可口可乐公司的产品非常相似；尽管英国怡泉国际公司将某些成员国的注册商标转让给了可口可乐公司，但在此之后双方还共同在欧盟的一些成员国申请注册了与“怡泉”相关的商标；英国怡泉国际公司对于可口可乐公司商品在共同市场上的自由流动，可口可乐公司对于英国怡泉国际公司商品在共同市场上的自由流动，从来不持反对意见。

基于以上的事实，第八商事法院认为，本案所涉及的商标权用尽的问题，不同于欧盟法院以往判决的情形，因而有必要提交欧盟法院作出前置裁定。具体说来，本案所涉及的商标，在一开始归属于一家英国公司所有，后来分别归属于两个市场主体，英国怡泉国际公司和可口可乐公司。在这种情况下,获得了一方许可的原告,是否可以依据其商标权禁止来自另一方的商品进入西班牙销售。

欧盟法院在判决中首先澄清了本案所涉及的法律,即2008年《商标指令》第7条第1款和《欧盟运行条约》第34条、第36条的规定。其中,2008年《商标指令》第7条是关于商标权用尽的规定,基本上是将此前欧盟法院关于商标权在欧盟范围内用尽的判例法,加以法典化的规定而已。例如,第7条第1款规定:“商标所有人或者他人经其同意,将带有其商标的商品置于共同市场之后,商标权人不得依据该商标禁止与该商品相关的使用。”①显然,这个规定来自欧盟法院所作出的关于商标权用尽的一系列判决,与《欧盟运行条约》第34条和第36条的规定是一致的。

欧盟法院论证说,按照以往的判例法,只要商标权人或者他人经其同意而在某一个成员国上市了商标产品,他就在欧盟范围内用尽了自己的商标权,不得依据他在其他成员国享有的平行商标权,禁止或者限制相关商品的进一步流动。显然,这样一个权利用尽的原则,一方面保护了商标权人的市场利益,另一方面又坚持了商品在共同市场上自由流动的原则。欧盟法院继续论证说,商标的功能是向消费者指示商品的来源,让消费者在不同市场主体所提供的同类商品中做出选择。同时,商标还具有保障商品品质的作用,商标所有人通常都会通过一定的控制机制,向消费者提供质量和功能较为稳定的商品。如果他人未经商标所有人的许可,在同类或者类似商品上使用了相关的商标,不仅有可能造成消费者在商品来源上的混淆,而且非法利用了相关商标所承载的商誉或者信誉。与此相应,商标所有人可以禁止侵权产品的进口和销售。

由于本案所涉及的“怡泉”商标在历史上属于一家英国公司,后来发生了部分转让或者分割,欧盟法院对于可能产生的后果进行了分析。欧盟法院说,不同成员国的相同注册商标的分割,可以是因为公权力机关的介入,也可以是因为自愿的合同转让。如果在商标分割之后,两个以上的市场主体互不关联,各自在不同的成员国地域内享有相应的商标权利,则为各自商品的来源、品质负责。在这种情况下,如果某一商标所有人在一个成员国上市了商标产品,则另一个商标所有人可以禁止相关的商品进入自己享有专利的成员国。但是,如果两个以上的商标所有人不是相互独立的,而是具有父子公司、许可人与被许可人的关系,或者是同一个企业集团的下属企业,或者是独家代理商,则表明相关的商品属于同一个来源。在这种情况下,商标商品在某一个成员国的上市,就属于获得了商标所有人的同意,处于另一个成员国的商标所有人不得禁止相关的商品进入该国。

欧盟法院认为,由西班牙第八商事法院查清的事实表明,英国怡泉国际公司和可口可乐公司虽然各自在若干个成员国分别拥有“怡泉”注册商标,但双方在共同开发和利用“怡泉”商标方面具有紧密的经济关系。事实上,英国怡泉国际公司刻意与可口可乐公司保持了商标战略的合作,积极推动“怡泉”商标的单一国际化形象,并且默示双方产品在共同市场上的并存。假如说双方的“怡泉”商品确实有来源混淆的问题,那么也是由双方的合作关系造成的,或者说是双方都愿意看到的结果。当可口可乐公司在某些成员国上市了“怡泉”商品之后,英

① Directive 2008/95/EC of the European Parliament and of the Council of 22 October 2008 to approximate the laws of the Member States relating to trade marks.

国怡泉国际公司及其被许可人,包括本案的原告,都不能依据其平行的商标权,禁止相关商品进入西班牙市场。

大体说来,在商标所有人的同意方面,“Schweppes”一案所涉及的情形属于特例。在实际的商业活动中,类似的情形比较少见。此外,依据知识产权在欧盟范围内用尽的原则,知识产权所有人的同意应当是基于相关证据支持的同意。例如在“Schweppes”一案中,成员国法院和欧盟法院都是依据相关的证据,得出结论认为英国怡泉国际公司与可口可乐公司在“怡泉”商标的共同使用和开发上,具有紧密的经济关系。但如果相关的证据证明,知识产权所有人没有同意相关的商品在某一个成员国上市,则不会有权利用尽的问题。下面来看一个典型案例。

在2010年的“Coty”一案①中,原告是德国的科蒂公司,国际著名的香水产品制造商。原告在德国、其他欧盟成员国、欧洲经济区域成员国,以及全球很多国家,就其香水产品注册了“Lancaster”“Joop”等商标。原告主要是通过特许经销的方式(authorized specialist dealers),在全球范围内销售自己的香水。通常,原告会在不同的国家建立特别的销售系统,与经过选择的特许经销商订立合同,由后者专卖自己的产品。根据特许经销合同,原告还会向特许经销商提供样品,由特许经销商作为广告宣传之用。在这方面,原告与特许经销商的格式合同规定:原告科蒂公司可以向特许经销商,免费提供用于广告宣传的材料,但保留对于这些材料的财产权;特许经销商对于上述材料,只能用于广告宣传之用,不得用于其他商业活动,包括不得销售样品、试用品和微缩礼品。

本案的被告是一家瑞士奢饰品销售连锁经营企业,其业务范围包括了德国。根据案情,被告在欧洲经济区域的某一成员国,获得了一批原告提供给国外特许经销商的香水试用品,然后在德国市场上销售。后来查明,这批试用品是原告于2007年提供给新加坡的特许经销系统的。随后又查明,被告在德国销售的另外一些试用品,是原告提供给中东的一些特许经销商的。于是,原告向纽伦堡地方法院提起诉讼,主张被告侵犯了自己的商标权。因为,这些试用品未经自己的同意而出现在了共同市场上。而被告则提出抗辩说,自己销售的香水产品来自欧洲经济区域,是由原告自己或者经其同意而上市的。与此相应,原告已经在欧盟范围内用尽了其商标权。针对被告的这个抗辩,原告又特别指出了以下的事实:试用品包装内的说明书是以黑白文字印制的,而正常产品包装内的说明书则是彩色印制的;试用品的包装盒上印有“展示品”和“非卖品”的字样。原告还说,按照自己与特许经销商的合同,自己仍然保留了试用品的财产权,特许经销商只能将试用品用于广告宣传,不得用于销售。

理解“Coty”一案的判决,还应当注意以下的法律背景。第一,早在1988年12月,欧盟就通过了《协调成员国商标立法一号指令》,于2008年重新颁布,改名为《协调成员国商标立法指令》(以下简称《商标指令》)。其中的第7条第1款吸纳欧盟法院的相关判决,规定了商标权在欧盟范围内的用尽原则。同时,欧盟于1993年12月通过了《欧盟商标条例》,自1996年开始注册在欧盟范围内一体有效的商标。其中在第13条第1款中也吸纳欧盟法院的相关判决,规定了商标权在欧盟范围内用尽的原则。后来,这个商标条例于2009年重新颁布,改名

① Judgment of the Court (Fourth Chamber) of 3 June 2010, Case C-127/09, Coty Prestige Lancaster Group GmbH v. Simex Trading AG.

为《欧盟商标条例》(以下简称《商标条例》)。就本案而言,原告的"Lancaster""Joop"等商标,也获得了欧盟层面上的注册。第二,无论是欧盟《商标指令》还是《商标条例》,都把商标权用尽的范围,扩展到了欧洲经济区域,既包括所有的欧盟成员国,也包括瑞士等没有加入欧盟的国家。就本案而言,《德国商标法》第 24 条第 1 款,也规定了商标权在德国、欧盟和欧洲经济区域内用尽的原则。第三,就本案而言,由于被告在德国市场上销售的试用品,经过了欧洲经济区域成员国,所以无论是德国法院还是欧盟法院所讨论的问题就是,原告的商标权是否在欧洲经济区域的范围内用尽。事实上,原告和被告争论的焦点也是商标权是否在欧洲经济区域用尽的问题。

回到"Coty"一案本身。当原告提起诉讼之后,纽伦堡初审法院经过审理,作出了有利于被告的判决。一审法院认为,尽管原告的香水试用品属于非卖品,但是原告已经用尽了相关的商标权。具体说来,当原告将试用品转交给特许经销商,并且允许其使用的时候,就已经在事实上将处置这些试用品的权利转移给了特许经销商。与此相应,这属于将试用品投入了欧洲经济区域的市场,从而用尽了自己的商标权。一审法院还认为,商标权用尽的原则,不应当因为合同的约定而受到限制或者归于无效。合同的约定,仅仅与合同的双方当事人有关。尽管原告按照合同保留了关于试用品的财产权,但是这与权利用尽的原则无关,因为权利用尽的原则仅仅要求,已经转让了事实上处置试用品的权利。

原告不服一审判决,向纽伦堡高等法院提起了上诉。上诉法院认为,一审法院的判决和推理,存在着一系列可质疑的地方。至少,依据欧盟法院此前的判决,依据《商标指令》第 7 条第 1 款,依据《商标条例》第 13 条第 1 款的规定,所谓将商品"置于市场",其条件是转让了处置商品的权利,并且实现了相应的经济利益回报。然而在本案中,依据原告与特许经销商的合同,原告保有试用品的财产权,特许经销商只能用于广告宣传,而不能销售。由于试用品不能用于销售,所以商标权人的经济利益并没有实现。由于试用品上印有"非卖品"的字样,也可以排除善意第三人购买试用品的可能性。显然,由于某些特许经销商违反合同,相关的试用品才作为商品而出售给了第三人,但商标所有人的经济利益并没有实现。

然而在另一方面,纽伦堡上诉法院又认为,本案毕竟涉及了试用品的特殊情形,因而决定将案件提交欧盟法院,就相关的问题作出前置裁定。具体说来,原告依据合同将试用品交给特许经销商,仅仅用于广告宣传而非销售,并且保留了对于试用品的财产权,是否属于欧盟《商标指令》和《商标条例》所说的"上市"。

欧盟法院在判决中说,根据以往的判例法和《商标指令》《商标条例》的相关规定,商标所有人自己或者他人经其同意,在欧洲经济区域成员国首次上市商标产品后,就用尽了自己的商标权。如果他人未经商标所有人的同意,在欧洲经济区域成员国上市带有其商标的商品,商标所有人有权制止。在这里,商标所有人的同意是一个关键要素。事实上,正是通过商标所有人的同意,随着商标产品的上市,商标所有人也就实现了自己的经济利益。然而在本案中,试用品在欧洲经济区域成员国的上市,并没有经过商标所有人的同意,而是由第三人上市的。具体说来,是被告通过新加坡的特许经销商,将涉案的试用品进口到了欧洲经济区域,然后通过其销售系统在德国出售。与此相应,无论是原告提供给新加坡特许经销商的试用品,还是提供给欧洲经济区域成员国特许经销商的试用品,都不属于以往判例法和《商标指令》《商标条例》所说的"上市"。

欧盟法院继续论证说，从权利用尽的原则来看，商标所有人同意相关的商标产品上市，相当于是经由同意而放弃了自己的商标权。商标所有人的同意，可以是明示的同意，例如商标所有人自己上市、被许可人上市、具有经济关系的市场主体上市。商标所有人的同意，也可以是默示的同意。例如，商标所有人不反对商标产品进入欧洲经济区域，商标产品上没有禁止在欧洲经济区域销售的说明，商标所有人转让了商标产品的所有权，并且没有销售区域的限制。然而就本案而言，原告在其提供给特许经销商的试用品上，明确标注了"展示"和"非卖品"的字样。这表明，原告已经明确表示，自己所提供的试用品不是用于销售，无论是在欧洲经济区域之内还是之外。

在本案的上诉中，被告提出抗辩说，如果原告将试用品提供给了欧洲经济区域内的，而非区域之外的特许经销商，则应当认为是在欧洲经济区域的上市，从而用尽了其商标权。欧盟法院则认为，试用品包装上的"非卖品"声明，排除了被告的这种分类方式。因为，这个声明表明，原告的真实意思是，无论是在欧洲经济区域之内还是之外，试用品都不是用于销售的。原告的"非卖品"声明，表明了原告不同意上市，因而没有用尽自己的商标权。只有在商标所有人明示同意或者默示同意，将商标产品投入了共同市场或者欧洲经济区域，才会构成商标权的用尽。如果没有商标所有人的同意，则不会有商标权用尽的问题。

欧盟法院最后指出，就本案的情形来看，原告仅仅向特许经销商提供了试用品，但并没有转移所有权。在这种情况下，原告可以随时召回相关的试用品。同时，原告还与特许经销商约定，试用品仅仅用于消费者试用，不得用于销售。此外，试用品上还明确标注了"展示"和"非卖品"的字样，试用品的包装和说明书的印制方式也不同于通常提供给消费者的香水产品的包装和说明书印制方式。这些情况表明，原告不同意试用品的上市和销售，原告没有在欧洲经济区域的范围内用尽自己的商标权。

二、专利权用尽中的同意

在欧盟法院所确立的知识产权在欧盟范围内用尽的原则中，权利人的同意是一个核心要素。这里的同意，既包括权利人自己首次在某一成员国上市体现有作品、专利技术、外观设计和商标的产品，也包括许可他人在某一成员国上市体现有作品、专利技术、外观设计和商标的产品。然而，在某些专利案件中，欧盟法院似乎把专利权人的同意推到了极端。只要专利权人同意在某一成员国首次上市含有专利技术的产品，无论他是否获得了相应的经济利益，是否实现了专利技术的价值，他都在欧盟范围内用尽了自己的权利。这与在版权和商标案件中强调，版权所有人和商标所有人应当通过第一次上市获得相应的经济利益，有所不同。下面来看两个典型案例。

在 1981 年的"Merck"一案①中，原告莫克公司是一家著名的美国医药公司，就一项药品发明在荷兰获得了两项专利权，产品专利权和制造方法专利权。由于当时的《意大利专利法》，既不保护药品的产品专利，也不保护药品的方法专利，莫克公司不能就自己的药品发明获得意大利的专利保护。然而，出于商业上的考虑，莫克公司在意大利销售了相关的药品。

---

① Judgment of the Court of 14 July 1981, Case 187/80, Merck & Co. Inc. v. Stephar BV and Petrus Stephanus Exler.

由于莫克公司在意大利销售的药品价格较低,一家位于荷兰鹿特丹的医药公司,从意大利购买了相关的药品,然后进口到荷兰以较高的价格出售。于是,莫克公司向鹿特丹法院提起诉讼,主张被告侵犯了自己的专利权,要求被告停止侵权。鹿特丹法院经过审理,认为原告的诉讼请求涉及了《欧盟运行条约》关于商品自由流动的规定,尤其是涉及了第36条关于工商业产权保护的规定,因而决定将案件提交给欧盟法院作出前置裁定。鹿特丹法院向欧盟法院提出的问题是,当专利权人在意大利上市了相关的药品之后,又依据其在荷兰的专利权,反对相关的药品进入荷兰市场,是否违反了《欧盟运行条约》关于商品自由流动的规定。

在本案的审理过程中,原告和被告都同意,依据《欧盟运行条约》第36条的规定,以及欧盟法院此前的判决,基于保护工商业产权的需要,可以禁止或者限制商品在成员国之间的自由流动。但是,一旦权利人自己或者他人经其同意而在某一成员国首次上市了含有专利技术的产品,权利人就不能依据他在其他成员国的专利权,禁止专利产品在成员国之间的自由流动。双方当事人还同意,保护专利权的目的是让发明人享有排他性的权利,通过首次上市专利产品获得必要的经济回报,以及防止他人未经许可而上市相关的产品。然而正是在这里,双方当事人的看法产生了分歧。

被告认为,一旦专利权人将相关产品投入任何一个成员国的市场,包括投入不能获得专利权的成员国的市场,他就用尽了自己的专利权,不能再以自己在另一成员国所享有的专利权,禁止相关产品进入该成员国。因为,专利权人已经依据自己的自由意志,将专利产品投入了欧盟共同市场。而原告则认为,专利保护的宗旨是保障发明人获得必要的经济回报。如果发明人在一个不能获得专利权的国家上市了自己的产品,显然不能就其发明获得必要的经济回报。因为,他在那个国家不享有首次上市相关产品的专有权利。正是从这个意义上说,发明人可以依据他在其他成员国享有的专利权,禁止相关产品进入那个成员国的市场,以换取必要的经济回报。

欧盟法院也承认,专利权保护的宗旨是让发明人享有专有权利,可以首次上市专利产品和获得必要的经济回报。然而,专利权人享有首次上市专利产品的权利,并不表明一定能够获得必要的经济回报。事实上,专利权并不保障专利权人在所有的情形下,都可以获得经济利益的回报。在明白了这个道理之后,专利权人就应当依据具体的市场条件,慎重决定首次上市自己专利产品的时机和成员国。欧盟法院的判决说:

> 专利权人可以依据相关的情形,自由决定在什么样的条件下上市自己的产品,包括在不保护相关发明专利的成员国上市自己的产品。如果他做出了这样的决定,他就必须接受由此而产生的后果,包括相关产品在共同市场范围内自由流动的后果。因为,产品的自由流动是一项基本原则,是相关法律条件和经济条件的构成部分。专利权人在决定以何种方式行使自己的专有权利时,必须对此加以考虑。

显然,欧盟法院关于"Merck"一案的判决,将分析和推理的重心,放在了权利人的同意之上。按照这个判决,只要专利权人自己或者他人经其同意,在任何一个成员国上市了专利产品,包括在没有专利保护的成员国上市了专利产品,他就在欧盟范围内用尽了自己的权利。在此之后,专利权人不能再依据他在其他成员国享有的专利权,禁止或者限制相关产品的进一步流动。可以看出，欧盟法院的分析和推理，侧重点在于内部市场的统一和商品的自由流动，而对于专利权的保护则多少有些忽略。事实上，欧盟法院在做出上述论证之后还进一步指出，如果允许原告行使其在荷兰享有的专利权，禁止他在意大利上市的产品进入荷兰，就会造成分割成员国市场的后果。

"Merck"一案的判决作出后，遭到了一些专家学者的批评。因为，该案过于强调专利权人的同意，忽略了专利法保障发明人获得经济回报的宗旨。很多人认为，"Merck"一案是一个例外，应当在适当的时候予以纠正。这样，到了1996年的"Merck Ⅱ"的时候，专利权人、一些成员国政府和总法务官纷纷提出要求，希望欧盟法院借这个机会，推翻1981年的"Merck"及其所确立的规则。然而，欧盟法院在"Merck Ⅱ"一案中，再次延续了"Merck"案所确立的规则，认为就专利权在欧盟范围内的用尽来说，专利权人的同意，或者说专利权人自己上市或者允许他人上市相关产品，是一个核心要素。

在1996年的"Merck Ⅱ"一案①中，同一个莫克公司，就治疗高血压、佝偻、青光眼的药品，在英国和其他一些欧盟成员国享有专利权。但在当时，西班牙和葡萄牙的法律都没有提供对于药品的专利保护。与第一个"Merck"案的情形相似，莫克公司出于商业上的考虑，在西班牙和葡萄牙上市了相关的药品。显然是由于价格较低的原因，英国的一家药店购买了原告在西班牙和葡萄牙上市的药品，返回到英国予以销售。于是，莫克公司在英国提起诉讼，主张被告侵犯了自己的专利权，要求被告不得进口和销售相关的药品。原告认为，依据自己在英国享有的专利权，可以阻止相关的药品进口到英国。而且，虽然相关的药品是由自己在西班牙和葡萄牙上市，但西班牙和葡萄牙不保护药品专利，因而自己没有在首次上市中获得必要的经济利益。而被告则认为，依据欧盟法院1981年的"Merck"一案，当原告在西班牙和葡萄牙上市了涉案的药品后，自己将其进口到英国销售，属于合法行为。

受理案件的英国高等法院认为，本案涉及专利权保护与商品自由流动的关系，请求欧盟法院作出前置裁定。在提交给欧盟法院的问题中，英国高等法院特别指出，按照当时西班牙和葡萄牙的专利法，原告根本不可能在这两个国家获得药品专利权。与此相应，原告在西班牙和葡萄牙上市的药品价格，也低于欧盟其他成员国的价格。而且在某些情况下，当原告把自己的药品提供给批发商以后，相关的药品就出口到了其他成员国，而非进一步销售给了当地的消费者。鉴于此种情形，英国高等法院还特别要求欧盟法院重新考虑1981年"Merck"一案的判决。关于这一点，原告也主张只有当专利产品在受保护的成员国首次上市之后，才有权利用尽的问题。如果首次上市发生在没有专利保护的成员国，则不应当有权利用尽的问题。

但是，欧盟法院仍然坚持了1981年"Merck"一案所确立的规则。法院首先回顾了

① Judgment of the Court of 5 December 1996, Joined cases C－267/95 and C－268/95, Merck & Co. Inc., Merck Sharp & Dohme Ltd and Merck Sharp & Dohme International Services BV v. Primecrown Ltd, Ketan Himatlal Mehta, Bharat Himatlal Mehta and Necessity Supplies Ltd and Beecham Group plc v. Europharm of Worthing Ltd. 在这个合并判决中，除了莫克公司的起诉，还涉及毕驰曼公司的起诉。由于莫克公司的起诉和毕驰曼公司的起诉，都涉及了药品专利，都涉及了西班牙和葡萄牙，都涉及了相关的药品进口到英国销售，也都是由英国高等法院审理和向欧盟法院提出问题，所以欧盟法院将两个诉讼案放在了一个判决书中予以回答。为了叙述的方便，这里只论述与莫克公司诉讼相关的部分。

"Merck"判决的一系列理由。例如,保护专利权的宗旨是,让专利权人享有排他性的权利,可以自己上市或者同意他人上市专利产品,以获得必要的经济回报。又如,尽管专利权保护的目的是让专利权人获得必要的经济回报,但并不保证专利权人在所有的情况下都可以获得经济回报。再如,只要专利权人自己或者他人经其同意,在任何一个成员国,包括在没有获得专利权的成员国,首次上市了专利产品,专利权人就在欧盟范围内用尽了自己的权利,不能再以在其他成员国享有的专利权,禁止专利产品的进口和销售。否则,就会违反《欧盟运行条约》关于共同市场建设和商品自由流动的规定。

在本案的上诉中,原告还提出了一系列理由,认为欧盟法院应该推翻 1981 年的"Merck"一案。例如,在 1981 年的时候,只有少数成员国提供对于药品的产品专利保护和方法专利保护,而在 1996 年的时候除冰岛外,所有的成员国都提供了对于药品的产品专利保护和方法专利保护。[①] 然而欧盟法院则认为,关于药品专利保护的这种发展,并不意味着作出"Merck"一案判决的理由已经消失。又如,欧盟理事会于 1992 年发布了《药品补充保护证书条例》,规定了药品专利保护期限的延长。这表明了对于药品产业研发成果的重视和对于药品专利保护的重视。然而欧盟法院认为,这同样没有触动 1981 年作出"Merck"一案判决的理由。

在进行了上述的论证之后,欧盟法院重申了 1981 年"Merck"一案的判决理由和所确立的规则:

> 毫无疑问,就像作出"Merck"一案判决时毫无疑问一样,如果专利权人自己或者他人经其同意而在另一个成员国上市了受保护的产品,他又可以禁止相关产品的进口,那么他就可以分割成员国的市场,限制成员国之间的贸易。同样,如果专利权人依据相关的情形作出决定,在一个不能获得专利权的成员国上市了相关产品,那么就相关产品的平行进口而言,他必须接受由此而产生的后果。

显然在欧盟法院看来,共同市场的建设和商品的自由流动是一项基本原则。专利权人在作出决定以何种方式行使自己权利的时候,必须考虑相关的法律条件和经济条件。一旦权利人自己或者他人经其同意而在任何一个成员国,包括不能获得专利权的成员国上市了专利产品,他就用尽了自己的权利,不得再以他在其他成员国享有的权利,禁止相关产品的进口。欧盟法院最后得出结论说,要求重新考虑 1981 年"Merck"一案判决的意见,并没有触动作出相关判决的推理,因而没有必要推翻"Merck"一案的判决。

根据相关的研究,欧盟法院在作出"Merck Ⅱ"一案的判决时,并非没有意识到"Merck"判决的不合理性。然而在欧盟已经协调了成员国相关法律的情况下,推翻"Merck"一案的意义不是很大。例如意大利等国已经提供药品的产品专利和方法专利的保护,西班牙和葡萄牙在加入欧盟以后,也提供了对于药品的产品专利和方法专利的保护。在这样的背景之下,即

① 当莫克公司与进口商发生纠纷的时候,西班牙和葡萄牙尚未提供对于药品的产品专利和方法专利的保护。但在案件进行之时,西班牙和葡萄牙也提供了对于药品的产品专利和方法专利的保护。

使坚持"Merck"一案的判决,也不会在实际上带来多少问题或困惑。① 事实上,两个"Merck"案的判决及其所确立的规则,仅限于专利的范围,并不涉及其他知识产权。例如在版权、商标和外观设计的情况下,不存在权利人不能在其他成员国获得权利的问题。与此相应,也就不存在这类知识产权的所有人,在不保护作品、商标、外观设计的成员国上市相关产品的问题。

关于知识产权在欧盟范围内用尽的原则,欧盟法院一直强调权利人同意的要素,即只要权利人自己或者他人经其同意而在某一成员国上市了含有作品、商标、外观设计和专利技术的产品,他就在欧盟范围内用尽了自己的权利。在这方面,欧盟法院还认为,在有关强制许可的案例中,相关产品的上市没有经过权利人的同意,因而持有平行权利的专利权人,可以防止这类产品的进口。我们来看一个典型案例。

在1985年的"Pharmon"一案②中,德国赫斯特公司就一项药品利尿灵(呋塞米),在德国、荷兰和英国等国拥有平行的专利权。根据当时的《英国专利法》,就食品、药品、外科器械等产品的发明专利,任何利害关系人都可以申请强制许可。英国专利局局长在接到此类申请后,除非明显有理由拒绝,一般都会批准强制许可的申请。根据相关的立法精神,这种做法一方面可以降低药品价格,另一方面也会让专利权人获得合理的强制许可费用。但是相关的强制许可,其效力仅限于英国的地域范围,由此而生产的专利产品,也只能在英国销售。在本案中,英国的达萨制药公司就利尿灵的制造申请强制许可,并且获得了英国专利局的批准。随后,达萨制药公司一直在英国制造和销售利尿灵药品。然而,就在专利保护期限快要届满的时候,达萨制药公司却违反约定,将一批利尿灵药品转让给了荷兰的佛蒙药品公司,后者准备在荷兰市场上销售。于是,德国赫斯特公司依据其在荷兰享有的专利权,在鹿特丹地方法院提起诉讼,要求法院下达禁令,制止佛蒙药品公司在荷兰销售涉案的利尿灵。

鹿特丹地方法院经过审理,向被告发出禁令,禁止被告侵犯原告在荷兰享有的专利权。被告不服判决,向位于海牙的上诉法院提起上诉,要求撤销一审法院下达的禁令。被告在上诉中说,禁令所涉及的药品来自英国,而在英国这些药品是达萨制药公司合法上市的产品。海牙上诉法院则认为,被告的利尿灵药品直接来自达萨制药公司,并没有在英国市场上销售。同时,原告也没有就这批药品的转让收取任何许可费用。由此出发,上诉法院驳回了被告的上诉理由。被告仍然不服判决,又向荷兰最高法院提起了上诉。

荷兰最高法院认为,本案涉及欧盟法律的若干个问题,尤其是商品自由流动的问题,因而请求欧盟法院就相关的问题作出前置裁定。具体说来,本案的原告依据其在荷兰享有的专利权,禁止在英国通过强制许可而上市的药品进入荷兰,是否违反了《欧盟运行条约》第34条和第36条,妨碍了商品的自由流动。毕竟,在英国合法上市的利尿灵,没有经过专利权人的同意,既不是专利权人自己上市,也不是专利权人同意他人上市。除此之外,荷兰最高法院还提出,英国的达萨制药公司违反规定,将通过强制许可制造的药品直接出口,是否构成了一个特殊的情节,从而让本案的原告可以依据其在荷兰的专利权,禁止相关药品进入荷兰市场。

在本案提交欧盟法院审理的过程中,原告和被告都提出了自己的理由。被告佛蒙公司认

---

① See David Keeling, *Intellectual Property Rights in EU Law*, Vol. 1, Oxford University Press, 2003, p. 112 – 114.

② Judgment of the Court of 9 July 1985, Case 19/84, Pharmon BV v. Hoechst AG.

为,英国的达萨制药公司,依据其在英国获得的强制许可,有权利将由此而制造的药品直接销售到其他成员国。与此相应,原告不得依据其在荷兰享有的平行专利权,禁止相关药品进入荷兰市场。被告论证说,强制许可与自愿许可在本质上没有太大的区别。因为,颁发强制许可需要符合一些程序性规则,而这些规则又在一定程度上保护了专利权人,确保专利权人可以获得合理的补偿。被告继续论证说,在自愿许可的情形下,确实有专利权人的同意。然而在强制许可的情形下,可以看作成员国的专利机关代替专利权人表达了同意。此外,在自愿许可的情形下,专利权人自己或者同意他人上市专利产品之后,就用尽了自己的权利。同样,经由强制许可而制造的产品一旦在某一个成员国上市,也就用尽了相关的专利权。

而原告则认为,强制许可的持有人,没有权利将由此而制造的产品直接出口到存在平行专利权的成员国。与此相应,在其他成员国享有平行专利权的人,可以阻止相关的产品进入相关的成员国,并且不违反《欧盟运行条约》的相关规定。原告论证说,在强制许可的情形下,强制许可的获得者与专利权人之间没有经过真正的合同谈判,无论是强制许可的获得者,还是专利权人,都没有签署任何合同或者文件。与此相应,也就缺失了通常情况下专利权人与被许可人之间的关系。原告继续论证说,强制许可的目的不同于自愿许可的目的。具体说来,在自愿许可的情况下利用专利技术,与专利保护的宗旨相一致。而在强制许可的情形下,则是为了满足某一个成员国的特殊需要。与此相应,在颁发了强制许可的情形下,如果还允许由此而制造的产品直接进口到专利权人享有平行专利权的成员国,就是不公平的甚至是危险的。除此之外,原告还特别强调,在强制许可的情形下,缺乏在欧盟范围内权利用尽的同意要素,即专利权人自己或者同意他人首次在一个成员国上市专利产品。

或许,原告最强有力的论据,就是知识产权的地域性特征。原告指出,专利权在目前的情况下都是依据成员国的法律而产生的权利。与此相应,某一成员国的专利机构所做出的决定,包括强制许可的决定,也具有地域性的特征。某一个成员国颁发的强制许可,不可能赋予持有人在其他成员国地域上的权利。强制许可是一种例外措施,通常具有惩罚专利权人的性质。与此相应,强制许可的颁发应当受到限制,其效力不应当超越其内在的目的,也就是特定成员国的公共利益和对于相关药品的需求。

欧盟法院在判决中重申,就《欧盟运行条约》第34条和第36条的规定来看,如果专利权人自己或者他人经其同意而在某一成员国首次上市了专利产品,专利权人就不能再依据其他成员国的平行专利权,禁止相关产品进入那个成员国。否则,专利权人就会依据不同成员国的平行专利权,达到分割共同市场的目的。然而就本案来说,则是英国专利局向萨达制药公司颁发了强制许可,而非专利权人的自愿许可或者同意其制造专利药品。与此相应,这里缺失了专利权人同意的要素。欧盟法院的判决说:

> 在这里有必要指出,就像本案的情形一样,某一成员国的主管机关向第三方颁发了强制许可,允许其从事制造和销售活动。由于在正常情况下,专利权人有权利防止这类行为,因而不能认为专利权人已经同意第三方从事这样的制造和销售活动。此类措施剥夺了专利权人的权利,使其不能自由确定上市其产品的条件。

欧盟法院最后得出结论说,在某一个成员国颁发了强制许可的情形下,专利权人可以依据其在其他成员国享有的专利权,禁止经由强制许可而制造的产品进入其享有平行专利权的成员国。而且,这样的禁止行为和相关的法律规定,没有违反《欧盟运行条约》第34条和第36条关于商品自由流动的规定。

由"Pharmon"一案可以看出,欧盟法院在权利用尽原则的适用方面,始终强调的是权利人的同意,而非权利人是否获得了必要的经济回报。本案的被告曾经指出,在强制许可的情况下,专利权人已经获得了必要的经济回报。然而欧盟法院则认为,在强制许可的情形下,在专利权人没有同意的情况下,应当关注的是专利权人是否可以利用其平行的专利权制止相关产品的进口,而非强制许可是否有权利金的安排,以及专利权人是否收到了这样的权利金。由此可以看出,在权利用尽原则的适用方面,欧盟法院所关注的始终是,有关产品的首次上市是否经由权利人同意,权利人是否依据自己的意愿作出了上市相关产品的决定。

在某些特殊的情况下,可能存在介于自愿许可与强制许可的情形。按照欧盟法院的判决,在这种情况下仍然应当依据具体的案情,判定专利权人是否同意了专利产品的制造、销售或者进口。例如1988年的"Allen"一案①,就涉及了《英国专利法》中的一个特殊制度,开放许可(License of Rights)。具体说来,专利权人可以在英国专利局进行开放许可的登记,这属于自愿行为。如果第三人提出申请在英国制造和销售相关的专利产品,进行了开放许可登记的专利权人不得反对许可,但专利权人仍然保留了获得合理费用的权利。当时的《英国专利法》第46条规定:

> (1)任何人都可以通过协议,或者在没有协议的情况下,通过专利局局长获得权利许可,就像依据专利许可条件而获得的许可一样。可以要求申请者服从的条件之一是,不得进口相关的专利产品。与此相应,某一企业虽然可以获得许可,在本国的地域上制造专利产品,但这不适用于进口者。
>
> (2)在有关专利侵权的诉讼中,针对在本国地域上制造专利产品的侵权者,不得发布禁令,但前提是该企业依据上述条件获得了许可。但是,这不适用于通过进口手段而侵犯专有权利的企业。此外,针对在本国地域上制造专利产品的侵权者,专利权人所获得损害赔偿的数额,不应当超出正常情况下许可费用的两倍。但是,这个限制不适用于通过进口手段而侵犯专有权利的企业。

在1988年的"Allen"一案中,原告是英国著名的艾伦医药公司,就一种沙丁胺醇(舒喘宁,用于哮喘等疾病)在英国和其他一些欧盟成员国享有专利权。根据案情,艾伦医药公司依据《英国专利法》中的开放许可制度,在英国专利局进行了登记。本案的被告也是一家英国医药公司,其依据开放许可制度,先是向艾伦医药公司提出请求,然后向英国专利局提出请求,打算从意大利进口专利药品。而当时的意大利尚未提供对于药品的专利保护,因而制造于意大利的沙丁胺醇价格较低。显然是被告过于急切进口专利药品,在英国专利局批准之前,就向艾伦医药公司通告自己准备从意大利进口沙丁胺醇。于是,艾伦医药公司在英国法院提起

① Judgment of the Court of 3 March 1988, Case 434/85, Allen and Hanburys Ltd v. Generics (UK) Ltd.

诉讼,要求法院下达禁令,禁止被告从意大利进口专利药品。

案件几经审理,到了英国最高法院(the House of Lords)。在此期间,被告获得了英国专利局关于开放许可的批准。英国最高法院认为,原告的主张涉及商品的自由流动,以及《英国专利法》关于开放许可的规定是否违反《欧盟运行条约》第34条和第36条的问题,因而提交欧盟法院就相关的问题作出前置裁定。具体说来,专利产品来自意大利,而专利权人没有自己或者同意他人在意大利上市相关产品,在这种情况下专利权人是否可以依据其在英国的专利权,制止相关产品进入英国;专利权人已经在英国专利局,就开放许可进行了登记,在这种情况下是否可以制止来自意大利的专利药品进口到英国;当时的意大利尚未提供对于药品的专利保护,而相关的药品又是来自意大利,这是否影响专利权人制止相关的药品进口。

欧盟法院在判决中重申了以往所确立的原则。例如,专利权是依据成员国法律而产生的权利,专利权人享有排他性的权利,自己或者经其同意而由他人首次上市专利产品。又如,专利权人自己或者经其同意而由他人在任何一个成员国上市了专利产品之后,就在欧盟范围内用尽了自己的权利。再如,专利权人不得利用其在其他成员国享有的平行专利权,妨碍经由其同意而在另一个成员国上市的专利产品进入该成员国。然而就本案而言,欧盟法院明确指出,当原告在英国专利局就开放许可做了登记之后,专利权的本质就在很大程度上发生了改变。因为按照英国法院的解释,在开放许可制度下,进行了登记的专利权人必须依据一定的条件发放专利许可。而且在相关的侵权诉讼中,专利权人不能要求禁令,只能要求合理的回报,或者合理的损害赔偿。

欧盟法院指出,在正常的情况下,针对未经许可而在本国制造和销售专利产品的人,专利权人既可以寻求禁令的救济,又可以寻求损害赔偿的救济,并且符合《欧盟运行条约》第36条关于保护工商业产权的规定。而在专利权人依据开放许可制度进行了登记以后,针对发生在本国的制造和销售专利产品的情形,专利权人只能要求合理的经济回报。在这种情况下,如果成员国的法院不能针对本国企业下达禁令,反而针对其他成员国的企业下达禁止进口的禁令,就会构成任意的歧视和隐蔽的限制,违反《欧盟运行条约》第36条的规定。欧盟法院最后得出结论说,当专利权人依据开放许可制度进行了登记之后,英国法院就不能针对本国企业的制造和销售行为下达禁令,也不能针对来自另一个成员国的专利产品下达禁令,尽管专利权人在那个成员国不能获得专利权。否则就会违反《欧盟运行条约》第34条和第36条的规定。

英国最高法院在向欧盟法院提出的问题中,还提出了一个关于《英国专利法》第46条规定的问题,即专利局在依据开放许可制度颁发许可的时候,是否可以要求被许可人不得进口相关的专利产品。欧盟法院关于这个问题的回答是,就商品在欧盟范围内的自由流动而言,无论是成员国的司法机关还是行政机构,都应当遵守《欧盟运行条约》的相关规定。在这方面,如果英国专利局不能驳回依据开放许可制度的申请,那么它在发放许可的时候,不得附加一个禁止从其他成员国进口专利产品的条件。在这方面,即使进口的产品是药品,而且相关的成员国不提供对于药品的专利保护,英国专利局也不得附加禁止进口的条件。否则,英国专利局的做法就会违反《欧盟运行条约》第34条和第36条的规定。

第三节　欧盟用尽与国际用尽

一、恪守欧盟范围内的权利用尽

如前所述，欧盟法院通过“Deutsche Grammophon”、“Sterling”和“Winthrop”三个典型判例，确立了知识产权在欧盟范围内用尽的原则。随后，“Idea Standard”、“Merck”、“Pharmon”和“Allen”等案，又从不同的角度阐述了权利用尽原则中的同意要素。随着判例法的发展，欧盟在其发布的一系列协调成员国商标、版权、专利、外观设计保护的指令和条例中，也吸收欧盟法院的判决要旨，确立了知识产权在欧盟范围内用尽的原则。

例如，欧盟理事会于1988年12月通过了《协调成员国商标立法一号指令》，其第7条规定：“商标所有人自己或者他人经其同意，将带有其商标的商品投入共同市场之后，不得禁止其商标在该商品上的使用。”①

又如，欧盟议会和欧盟理事会于2001年5月通过了《信息社会版权指令》，其第4条规定：“就作品的原件或者复制件而言，发行权不得在共同市场的范围内用尽，除非该物品的首次销售或者所有权的其他转移，系由权利人自己或者经其同意而做出。”②

再如，欧盟议会和欧盟理事会于1998年通过了《外观设计指令》，其第15条规定：“当外观设计权利保护范围内的外观设计，体现在或者适用于某一产品之上，并且该产品是由外观设计权利人自己或者经其同意而投入共同市场，通过注册而获得的外观设计权利，不延及于与该产品相关的行为。”③

此外，欧盟理事会于1992年12月通过的《欧盟商标条例》中关于欧盟注册商标的权利用尽，于1994年6月通过的《共同体植物新品种权条例》中关于植物新品种权的用尽，于2001年12月通过的《外观设计条例》中关于欧盟注册外观设计的权利用尽，④以及拟议中的《共同体专利条例》中关于共同体专利权的用尽，⑤都有类似的规定。

大体说来，对于欧盟成员国而言，知识产权在欧盟范围内用尽具有两重含义。一方面，这意味着成员国应当放弃原有的国内用尽原则。与此相应，只要知识产权所有人自己或者他人经其同意而将体现有作品、专利、外观设计和商标的商品，首次投入任何一个成员国的市场，

---

① First Council Directive 89/104/EEC of 21 December 1988 to approximate the laws of the Member States relating to trade marks, Official Journal L 040, 11/02/1989, p. 1 – 7.

② Directive 2001/29/EC of the European Parliament and of the Council of 22 May 2001 on the Harmonization of Certain Aspects of Copyright and Related Rights in the Information Society, Official Journal of European Communities, 167/10, June 22, 2001.

③ Directive 98/71/EC of the European Parliament and of the Council of 13 October 1998 on the legal protection of designs, Official Journal L 289, 28/10/1998, p. 28 – 35.

④ Council Regulation (EC) No 40/94 of 20 December 1993 on the Community trade mark, Official Journal L 011, 14/01/1994; Council Regulation (EC) No 2100/94 of 27 July 1994 on Community plant variety rights, Official journal NO. L 227, 01/09/1994; Council Regulation (EC) No 6/2002 of 12 December 2001 on Community Designs, Official journal NO. L 31, 05/01/2002.

⑤ Proposal for a Council Regulation on the Community Patent, Official Journal 2001 C 337 E, p. 278.

权利人就不得再次干预该商品在共同市场上的进一步流动。另一方面,知识产权在欧盟范围内的用尽,也意味着对于国际用尽原则的否定。与此相应,即使是知识产权所有人自己或者他人经其同意而在非成员国上市了体现有作品、专利、外观设计和商标的商品,权利人仍然可以依据其在某一个成员国享有的权利,防止相关商品进入共同体市场。这就意味着,某些成员国还应当放弃曾经奉行的国际用尽原则。

从建立欧盟共同市场和欧盟关税区的宗旨来看,《欧盟运行条约》仅仅授权欧盟法院,通过判决推进共同市场的一体化,将原有分散的成员国市场融合为一个单一市场。与此相应,欧盟法院在这个框架之内所做的事情之一,就是将原来的知识产权的成员国用尽原则,转换成了欧盟范围内用尽的原则。但是,《欧盟运行条约》不具有整合全球市场的含义,因而也不可能授权欧盟法院推进知识产权的国际用尽。

事实上,早在 1976 年的"EMI Records"一案①中,欧盟法院就以商标权为例,既强调了知识产权在欧盟范围内用尽的原则,又否定了知识产权的国际用尽原则。根据案情,"哥伦比亚"商标在历史上属于一家美国公司,在美国、欧洲国家和其他一些国家获得了注册。到了 1917 年,美国公司将自己在欧洲很多国家的"哥伦比亚"商标转让给了自己的英国子公司。随着时间的迁移,美国和其他一些国家的"哥伦比亚"商标归属于哥伦比亚广播公司(CBS)所有,欧洲国家的"哥伦比亚"商标归属于英国的电子与音乐公司(EMI)所有。这些欧洲国家,大体包括了欧盟的成员国,例如本案所涉及的英国、丹麦和德国。根据案情,美国的商标所有人通过其设立在英国等欧盟成员国的子公司,将其在美国制造的录音制品进口到了欧盟成员国,包括英国、丹麦、德国。于是,EMI 依据自己在欧盟成员国享有的商标权,分别在英国、丹麦、德国提起了侵权诉讼。而被告则依据《欧盟运行条约》关于商品自由流动的规定,请求法院认定自己没有侵权。受理案件的英国法院、丹麦法院和德国法院认为,被告的抗辩涉及了《欧盟运行条约》关于商品自由流动的规定,因而请求欧盟法院作出前置裁定。与此相应,欧盟法院于 1976 年 6 月 15 日,在同一天针对三个成员国法院提出的问题作出了判决。② 由于三个判决的依据、论证、推理和结论大体相同,这里仅以针对英国伦敦高等法院的判决为例,说明相关的问题。

欧盟法院认为,英国法院所提出的问题是,某一成员国的商标所有人,是否可以行使其商标权,防止来自非成员国的商品进入本国,而且该商品制造于非成员国,并且带有相同的商标。因为,这既涉及了《欧盟运行条约》规定的商品自由流动,又涉及了竞争法的规则。

欧盟法院在判决中指出,《欧盟运行条约》第 34 条和第 35 条规定,成员国不得采取配额限制或者与之等同的措施,妨碍商品在成员国之间的自由流动。然而值得注意的是,这里所涉及的仅仅是成员国之间的商品流动,而不包括成员国与非成员国之间的商品流动。在此基础之上,《欧盟运行条约》第 36 条规定,基于保护工商业产权的需要,可以采取某种禁止或者限制的措施。同样值得注意的是,第 36 条规定的例外,是针对第 34 条和第 35 条的规定而言的。与此相应,第 36 条规定的保护工商业产权,针对的也是成员国之间的,而成员国与非成

---

① Judgment of the Court of 15 June 1976, Case 51 – 75, EMI Records Limited v. CBS United Kingdom Limited.

② 另外两个判决是:Judgment of the Court of 15 June 1976, Case 86 – 75, EMI Records Limited v. CBS Grammofon A/S.; Judgment of the Court of 15 June 1976, Case 96 – 75, EMI Records Limited v. CBS Schallplatten GmbH。

员国之间的商品流动。这样，从成员国之间的角度来看，如果有关的限制或者禁止进口的措施，系针对来自第三国的商品，就不会违反《欧盟运行条约》的相关规定。正是由此出发，欧盟法院作出了以下的判决：

> 与此相应，行使商标权，其目的是防止来自第三国的带有相同商标的产品进入共同市场，即使构成了与配额限制相等同的措施，也不会影响成员国之间的商品自由流动，从而不属于该条约第34条、第35条和第36条禁止的范围。在这种情况下行使商标权，不会在事实上损害共同市场的统一性。这是该条约第34条、第35条和第36条确保的目的。

欧盟法院继续论证说，如果同一个商标所有人，在所有的成员国中就同样的产品拥有商标权，则没有必要考察这些商标与第三国承认的相同商标，是否具有共同的起源。因为，只有在有可能在共同体范围内分割市场的情况下，这个问题才有意义。

由于本案所涉及的录音制品，已经办理了相关的海关手续，并且已经在某些成员国销售。对于这个问题，欧盟法院在判决中也予以了澄清。具体说来，按照《欧盟运行条约》第29条，来自第三国的产品，如果在某一成员国完成了进口手续，该成员国已经征收了应当支付的关税或者具有等同效果的费用，同时这些产品也没有享受全部或者部分免税、免费的好处，应当视为已经在该成员国中自由流动。同时，《欧盟运行条约》第28条第2款也规定："来源于任何成员国的商品，以及来源于第三国的商品，都应当在所有成员国之间自由流动。"这似乎表明，来自第三国的商品，只要办理了相关的海关手续，包括支付了相应的关税和费用，就可以在欧盟共同市场上自由流动。

欧盟法院认为，《欧盟运行条约》中的上述规定，仅仅是指进口者应当遵守海关程序，支付关税和相应的费用。然而这并不意味着，带有某一商标的商品，经由某一个成员国的海关之后，就可以在共同市场上自由流动，从而与商标保护的规则无关。在欧盟法院看来，即使来自第三国的商品经由欧盟海关联盟进入了共同市场，知识产权的所有人，包括商标所有人，仍然可以依据自己的权利，禁止或者限制这些商品在共同市场上的流动。

此外，《欧盟运行条约》规定的商业政策，欧盟与第三国订立的自由贸易协定，也不能妨碍商标权人行使自己的权利。就前者而言，《欧盟运行条约》第206条规定，基于共同的利益，欧盟应当促进世界贸易的和谐发展，逐步取消限制贸易和投资的措施，以及降低关税和取消其他障碍。然而欧盟法院指出，这种共同商业政策，并未要求成员国承担起义务，将成员国之间的商品自由流动原则，尤其是不得采取配额措施或者具有同等效力措施的原则，延伸到第三国。就后者而言，欧盟确实与瑞士、瑞典等第三国，还有其他一些国家，缔结了国际性的自由贸易协定。然而在欧盟法院看来，对于成员国来说，这些协定与《欧盟运行条约》不同，并不意味着成员国应当承担起相应的义务。而且，即使是对于欧盟具有约束力的国际协定，其效力也不应当延伸到缔约国之外的第三国。

欧盟法院最后得出结论说，无论是《欧盟运行条约》关于商品自由流动的规定，还是来自第三国的商品已经进入欧盟市场，或者是《欧盟运行条约》规定的共同商业政策，都不妨碍商标所有人行使其商标权，防止带有其商标的类似商品的进口。事实上，如果在这种情况下，商标所有人不能依据其商标权,防止来自第三国的带有相同商标的商品进口,那么《欧盟运行条约》第36条关于保护工商业产权的规定,就会变得毫无意义。与此相应,针对来自第三国的商标商品行使商标权,对于成员国之间的商品自由流动来说,不会构成任意的歧视和隐蔽的限制。

二、否定知识产权的国际用尽

大体说来,1976年的"EMI Records"一案,紧扣成员国之间的贸易或者商品自由流动,既肯定了知识产权在欧盟范围内用尽的原则,又否定了知识产权的国际用尽原则,具有非常重要的意义。进入20世纪90年代以后,欧盟颁布了一系列协调成员国商标、版权、外观设计、专利保护的指令和条例,其中都规定了知识产权在欧盟范围内用尽的原则。在此基础之上,欧盟法院又在相关的判决中继续强调,欧盟所奉行的是知识产权在欧盟范围内用尽的原则,成员国不得采取国际用尽的原则。下面来看两个典型案例。

先来看1998年的"Silhouette"一案①。在这个案件中,原告位于奥地利,是一家生产和销售高档眼镜的公司,其商标正是蜚声国际的"Silhouette"。本案的被告也是一家奥地利公司,生产和销售各种低档次眼镜,以价格低廉为其特点。基于被告这一特点,原告从来没有委托被告销售自己的高档眼镜。1995年10月,原告将21,000多件过时的眼镜架卖给了一家保加利亚公司,约定后者只能在保加利亚或东欧国家销售,不得进入其他国家。显然,保加利亚公司没有遵守约定。根据案情,被告从不明途径获得了这些眼镜架,打出广告准备在奥地利销售。

于是,原告提起诉讼,要求法院下达禁令,禁止被告以"Silhouette"的商标销售涉案的眼镜架。原告还认为,自己是在欧盟或者欧洲经济区域之外销售了相关的眼镜架,因而没有在欧盟用尽自己的商标权。被告则提出抗辩说,原告将眼镜架销售到保加利亚,已经用尽了相关的权利。因为奥地利在商标保护上,一直采取商标权的国际用尽原则。被告还认为,1988年发布的《协调成员国商标立法一号指令》(以下简称《商标指令》)的第7条第1款仅仅确定了商标权在欧盟范围内用尽的原则,并没有否定商标权的国际用尽原则。在被告看来,这样的规定方式显然为成员国选择国际用尽原则留下了余地。

由于奥地利曾经采用商标权的国际用尽原则,先是一审法院驳回了原告的诉讼请求,然后是二审法院维持了一审法院的判决。随后,原告就本案所涉及的法律问题,尤其是欧盟《商标指令》和奥地利商标法的相关规定,向奥地利最高法院提起上诉。奥地利最高法院认为,这个案子涉及了相关商品在非成员国上市之后,又重新进入欧盟市场的问题;涉及了奥地利曾经采用的商标权国际用尽原则;涉及了奥地利实施《商标指令》的立法,将国际用尽原则是否合法的问题留给了司法机构决定。因而,奥地利最高法院提请欧盟法院,就相关的问题作出前置裁定。

欧盟法院认为,理解成员国法院提出的问题,应当将《商标指令》的第5条和第7条放在一起理解。其中,第5条第1款规定了注册商标所有人享有的排他性权利,防止他人未经其

---

① Judgment of the Court of 16 July 1998, Case C-355/96, Silhouette International Schmied GmbH & Co. KG v. Hartlauer Handelsgesellschaft mbH.

同意而在同类或者类似的商品或者服务上,使用与其注册商标相同或者近似的商标,以免造成消费者在商品或者服务来源上的混淆可能性。在此基础之上,第5条第3款还以非穷尽的方式列举了商标权人可以制止的行为,包括进口和出口商标商品。这表明,商标所有人享有的排他性权利是非常广泛的。至于随后的第6条和第7条,则显然是对于商标所有人宽泛权利的限制。其中的第6条规定了商标使用的限制,第7条规定了商标权的用尽。根据第7条第1款的规定,商标所有人自己或者他人经其同意而在共同市场上市了商标商品之后,商标所有人不得禁止该商标在相关商品上的使用。显然,商标权在欧盟或者欧洲经济区域的用尽原则,是对于宽泛的商标专有权利的限制。

欧盟法院特别指出,按照《商标指令》第7条第1款的规定,商标权人自己或者他人经其同意而在共同市场上市了商标产品之后,就用尽了自己的权利。显然,这里所说的是在共同市场上市和用尽权利,而非在任何地方上市和用尽权利。而且,按照欧盟与欧洲经济区域成员国的安排,这里的上市和权利用尽虽然扩展到了欧洲经济区域,但无论如何也没有扩展到其他国家。与此相应,《商标指令》第7条第1款的规定绝对没有为成员国留下空间,允许其采纳商标权国际用尽的原则。欧盟法院继续论证说,制定《商标指令》的目的是协调欧盟成员国的商标立法,而非其他国家的商标立法。协调成员国关于商标保护的某些规定,是尽可能减少障碍,确保商品在共同市场上的自由流动,保障共同市场良好运行。显然,这与欧盟共同市场之外的其他国家无关。法院的判决说:

> 与此相应,《商标指令》只能以这样的方式加以解释,即它没有为成员国留下空间,针对在非成员国上市的产品,在其国内法中规定商标权的用尽。而且,从确保《商标指令》所要达到的保障内部市场运行的目的来说,这是唯一可能的解释。如果在其他成员国规定共同市场权利用尽的同时,某些成员国可以规定国际用尽,必然会妨碍商品的自由流动和服务的自由提供。

再来看2006年的“Laserdisken”一案①。在这个案件中,原告是一家丹麦公司,主要向个人消费者出售电影复制品。根据案情,原告销售的电影复制品,有的来自欧盟成员国,有的来自其他国家,包括某些未在欧盟成员国上映的电影复制品。然而,自2001年欧盟《信息社会版权指令》颁布以后,原告电影复制品的销售量急剧下降。这本是技术发展的结果。例如,早期的电影复制品是录像带,后来则是DVD,再后来则是直接在网络上下载和观看。然而,原告却将电影DVD销售量的下降,归咎于《信息社会版权指令》,尤其是其中第4条第2款关于发行权在欧盟范围内用尽的规定。于是,原告以丹麦文化部作为被告,在丹麦东部法院提起诉讼,认为修改后的《丹麦版权法》第19条(落实《信息社会版权指令》第4条第2款关于权利用尽的规定),不应当继续适用。具体说来,这个条文明确规定了发行权在欧盟范围内用尽的原则,使得原告难以从欧盟之外的国家进口电影DVD,从而影响了原告的销售业绩。为了增加诉讼的分量,原告还要求法院宣告《信息社会版权指令》无效。

---

① Judgment of the Court (Grand Chamber) of 12 September 2006, Case C-479/04, Laserdisken ApS v. Kulturministeriet.

受理案件的丹麦东部法院认为,原告的主张涉及了该指令的效力,包括对于第4条第2款的解释,因而决定将案件提交给欧盟法院,就相关的问题作出前置裁定。具体说来,丹麦东部法院向欧盟法院提出了两个问题,即该指令是否有效及其第4条第2款是否允许成员国保留发行权的国际用尽原则。欧盟法院则在判决中详细讨论了上述两个问题,最后得出结论:该指令有效,并且成员国不得采取发行权的国际用尽原则。这里仅涉及发行权用尽的问题。

在本案的诉讼中,原告和个别成员国政府认为,《信息社会版权指令》第4条第2款虽然规定了发行权在欧盟范围内的用尽,但没有否定发行权的国际用尽。这样的规定方式,显然为成员国选择国际用尽原则留下了余地。然而,欧盟法院则认为,原告的这种理解是没有依据的。

欧盟法院首先指出,2001年的《信息社会版权指令》第1条规定了该指令的"范围"。根据规定:"在内部市场的框架之下,本指令涉及版权和相关权的保护,尤其强调信息社会中版权和相关权的保护。"这表明,其规定的版权和相关权保护,仅仅与"内部市场",也就是欧盟共同市场相关。随后,《信息社会版权指令》第2条至第5条分别规定了复制权、向公众传播权、发行权和权利的限制与例外。其中的第4条第2款规定了发行权的用尽:"关于作品的原件和复制件,除非由权利人或者他人经其同意,首次在共同市场上销售或者转让所有权,不应当认为发行权在共同市场上用尽。"显然,这里所规定的作品原件或者复制件的上市,以及权利用尽的范围,都是在"共同市场"的范围之内。

欧盟法院继续论证说,按照《信息社会版权指令》第4条第2款的规定,关于发行权用尽的规定有两个要件:一是作品的原件或者复制件由权利人自己或者他人经其同意而上市;二是作品的原件或者复制件在欧盟范围内上市。这样,《信息社会版权指令》所说的权利用尽,与作品原件或者复制件在非成员国的上市无关。事实上,《信息社会版权指令》的第28个"重述"(recital)也说,就体现在有形物中的作品而言,版权包括排他性的控制作品发行的权利。版权所有人或者他人经其同意在共同市场上首次上市作品的原件或者复制件之后,就在共同市场上用尽了控制其再次销售的权利。但如果有人未经版权所有人同意在共同市场上销售了相关作品的原件或者复制件,则不会有发行权在共同市场上用尽的问题。欧盟法院进一步指出,根据《信息社会版权指令》第5条的规定,成员国可以规定权利的例外或者限制,包括关于复制权、向公众传播权的具体的情形,但没有涉及发行权的用尽。这也表明,《信息社会版权指令》不存在关于发行权用尽规则的例外。欧盟法院由此而得出结论说:

> 显然,从《信息社会版权指令》第4条第2款的行文来看,从《信息社会版权指令》序言中的第28个重述来看,这个规定没有为成员国留下任何空间,规定共同市场之外的发行权用尽。

欧盟法院还在判决中特意指出,在落实《信息社会版权指令》有关发行权用尽的规定以前,《丹麦版权法》第19条规定,"作品的复制件,经由版权所有人同意而销售或者以其他方式转让给了另一方之后,该复制件可以继续发行"。显然,这个规定没有将发行权用尽的范围局限在丹麦或者欧盟的范围,可以解释为包括了发行权的国际用尽。然而,丹麦于2002年12月修订《丹麦版权法》,已经按照《信息社会版权指令》第4条第2款规定了发行权在欧盟共同市场,包括欧洲经济区域的用尽。这样,对于《丹麦版权法》第 19 条关于发行权用尽的规定,就应当与《信息社会版权指令》第 4 条第 2 款的规定,联系在一起加以理解。

在欧盟法院看来,2001 年颁布的《信息社会版权指令》,其目的是协调成员国关于版权和相关权保护的立法,从而确保内部市场的良好运行。从这个意义上说,如果在大多数成员国采纳发行权在欧盟范围内用尽原则的同时,又允许某些成员国采纳发行权的国际用尽原则,必然会妨碍商品的自由流动和服务的自由提供。与此相应,成员国只能规定发行权在欧盟范围内的用尽,而不能规定发行权的国际用尽。

非常有意思的是,当欧盟法院作出"Silhouette"一案的判决后,一些人认为这个判决对于国际用尽原则的否定,仅仅适用于商标权的范围。① 然而,"Laserdisken"一案的判决则表明,在涉及作品原件或者复制件的发行权方面,同样不适用国际用尽的原则。如果再往下推理,则不仅商标权和版权中的发行权不适用国际用尽的原则,而且专利权、外观设计权、植物新品种权,也不应当适用国际用尽的原则。或者说,在知识产权的权利用尽方面,《欧盟运行条约》和欧盟法院的相关判决,一方面坚持了欧盟范围内的权利用尽,另一方面则坚决否定了知识产权的国际用尽规则。

在以上三个典型案例"EMI Records"、"Silhouette"和"Laserdisken"中,欧盟法院明确否定了知识产权的国际用尽原则。这样,就欧盟共同市场或者欧洲经济区域而言,成员国应当适用知识产权在欧盟范围内用尽的原则,非欧盟成员国、非欧洲经济区域成员国则不得适用知识产权国际用尽的原则。在这里,成员国与非成员国的界限是非常清楚的。然而在某些特殊的情况下,某一个国家究竟属于成员国还是非成员国,可能就会模糊起来。下面来看一个典型案例。

1982 年的"Polydor"一案②涉及一件录音,该录音版权归属于 RSO 录音公司。在英国,本案的原告 Polydor 获得了独家的版权许可,制造和销售录音制品。而在葡萄牙,RSO 录音公司许可了两家葡萄牙公司制造和销售录音制品。显然,相关的录音制品经过了版权所有人的同意而在葡萄牙上市。本案的被告是两家英国公司。这两家公司从葡萄牙进口了涉案的录音制品,准备在英国销售。于是,原告依据其在英国的独家许可权利,提起了侵权之诉,要求禁止被告进口和销售来自葡萄牙的录音制品。

本案还涉及如下的事实:1972 年 7 月欧盟与葡萄牙签署协议,就后者加入欧盟做出了一系列安排。然而在本案的纠纷发生之时,葡萄牙尚未完成加入欧盟的手续。而且,在欧盟与葡萄牙达成的协议中,具体规定了葡萄牙与欧盟成员国之间:不得采取配额或者与之具有同等效力的措施,以保障商品的自由流动;基于工商业产权的保护,可以禁止或者限制商品的自由流动。显然,这两个规定与《欧盟运行条约》第 34 条和第 36 条的规定是一致的。正是基于以上事实,本案的被告在诉讼中提出抗辩说,在葡萄牙制造和销售的录音制品经过了版权所有人的同意,相关的版权已经在欧盟范围内用尽。

受理案件的英国高等法院认为,按照 1956 年《英国版权法》第 16 条第 2 款的规定,被告

---

① See Guy Tritton et al. , *Intellectual Property in Europe*, 3rd edition, Sweet & Maxwell, 2008, p. 709.

② Judgment of the Court of 9 February 1982, Case 270/80, Polydor Limited and RSO Records Inc. v. Harlequin Records Shops Limited and Simons Records Limited.

未经许可进口涉案的录音制品,属于侵权。与此相应,原告可以制止涉案录音制品的进口和销售。然而被告则抗辩说,依据欧盟与葡萄牙协议的相关规定,原告不得依据其在英国的权利,禁止涉案录音制品的进口和销售。因为这些录音制品已经经由版权所有人同意而在葡萄牙上市。英国高等法院认为,本案的纠纷涉及了欧盟与葡萄牙协议中的相关规定,以及这些规定与《欧盟运行条约》第 34 条和第 36 条的关系,因而提请欧盟法院就相关的问题作出前置裁定。具体说来,原告行使其在英国的版权,禁止进口和销售在葡萄牙合法上市的录音制品,是否与欧盟与葡萄牙协议中的相关规定冲突。

欧盟法院在判决中说,按照已经确立的判例法,如果权利人自己或者他人经其同意而在某一成员国上市了版权产品,然后又行使其版权,禁止该产品进入另外一个成员国,就会构成《欧盟运行条约》第 34 条规定的配额措施或者与之具有同等效力的措施,并且不属于第 36 条规定的保护工商业产权的例外。这样,从本案来说,关键的问题就在于,欧盟与葡萄牙的协议中关于配额措施和工商业产权保护的规定,是否与《欧盟运行条约》第 34 条和第 36 条具有同样的效力。如果具有同等效力,则原告不得行使其英国的版权,禁止涉案录音制品的进口和销售。

欧盟法院分析说,为了说明欧盟与葡萄牙之间的协议与《欧盟运行条约》的关系,首先要明确二者的宗旨和所要达到的目的。先来看欧盟与葡萄牙之间的协议。具体说来,这个协议是以欧盟为一方,葡萄牙为另一方签订的贸易协议。按照序言,这个协议的宗旨是整合和发展欧盟与葡萄牙之间的经济关系,确保双方的公平竞争和商业发展,进而为世界贸易做出贡献。由此出发,双方应当依据《关税与贸易总协定》的相关规定,尽可能消除和减少贸易障碍。为了达到上述目标,双方约定在欧盟与葡萄牙的贸易中,针对某些商品采取自由化的政策,包括废除关税和与之等同的费用,取消歧视性的行政费用,以及公平竞争、反倾销等。正是在这样的背景下,该协议第 14 条第 2 款规定了在 1973 年以前取消限制贸易的配额措施,在 1975 年以前取消与配额措施等同的措施。此外,该协议第 23 条还规定,为了保护工商业产权,可以禁止或者限制商品的进口,但不得构成对于双方贸易的任意歧视和隐蔽限制。

欧盟法院指出,从表面上看,欧盟与葡萄牙间协议的很多规定,包括取消配额措施和对于工商业产权的保护,与《欧盟运行条约》的规定,例如第 34 条和第 36 条相似。正是由此出发,本案的被告提出抗辩,原告不得禁止已经在葡萄牙合法上市的录音制品进口到英国。然而这种表面上的相似性,不足以将欧盟法院的判例法移植到欧盟与葡萄牙间协议的框架之中。因为欧盟法院的判例法,是基于欧盟共同市场上的商品自由流动与工商业产权保护而产生的,仅仅适用于欧盟共同市场和欧盟成员国之间的贸易。事实上,建立欧盟关税区和共同市场,就是要整合成员国之间的经济政策,最终将各个成员国的市场统一为一个市场,使之具有某一个国家国内市场的特征。而欧盟与葡萄牙之间的协议,仅仅涉及了以欧盟为一方,葡萄牙为另一方的贸易安排,在性质上与《欧盟运行条约》截然不同。

欧盟法院具体分析说,欧盟与葡萄牙的协议中确实规定了应当废除贸易方面的配额措施或者与之等同的措施,但是这个规定仅限于协议的双方,即欧盟和葡萄牙。这与《欧盟运行条约》第 34 条规范的欧盟成员国之间的,或者共同市场上的商品自由流动,截然不同。同时,欧盟与葡萄牙间协议规定为了保护工商业产权,可以禁止或者限制商品的贸易,但这同样限于协议的双方,与《欧盟运行条约》第 36 条规范的成员国工商业产权的保护,截然不同。就本案而言，明确这一点是非常重要的。因为建立欧盟的目的是在共同市场上统一适用欧盟法律，积极消除成员国立法上的差异。至于欧盟与葡萄牙之间的协议，则不具有这样的宗旨和目的。欧盟法院最后说：

> 与此相应，版权所有人可以依据欧盟与葡萄牙间的自由贸易协议，尤其是该协议第23条的规定，禁止来自葡萄牙的产品进入共同市场。成员国法院的判决表明，就本案的情形而言，版权所有人行使其版权，不会构成该协议第23条所说的对于双方贸易的任意歧视和隐蔽限制。

大体说来，按照欧盟法院在"Polydor"一案中的判决，即使是某一个欧洲国家正在履行加入欧盟的手续，即使某一个欧洲国家与欧盟签订了自由贸易协议，只要这个欧洲国家没有正式加入欧盟，仍然属于非成员国，不能适用知识产权在欧盟范围内用尽的原则。与此相应，在欧盟共同市场上享有知识产权的市场主体，可以依据其权利，禁止或者限制相关商品进入欧盟共同市场或者某一个欧盟成员国。

如前所述，关于知识产权在欧盟范围内用尽的原则，其中一个关键因素是权利人同意体现了作品、专利技术、外观设计和商标的产品，首次在欧盟成员国上市。其中的同意，既包括权利人自己上市相关的产品，也包括权利人允许他人上市相关的产品。在知识产权是否用尽的判定中，权利人的同意始终是一个关键因素。事实上，在涉及欧盟成员国（包括欧洲经济区域成员国）与非成员国的贸易中，知识产权所有人是否同意已经在非成员国合法上市的商品再次进入欧盟成员国，也是解决相关纠纷的一个关键要素。下面来看一个典型案例。

在2001年的"Davidoff"一案①中，原告是两件商标"Cool Water""Davidoff Cool Water"的所有人，在英国和其他一些国家获准注册，使用在各种卫生用品和化妆品上。带有上述商标的各种产品，或者由原告自己，或者由被许可人，不仅在欧盟成员国，而且在其他国家销售。按照欧盟相关法律的要求，原告所有的产品上都带有生产批次代码和产品号码，以方便追溯产品的生产时间、地点、质量等。根据案情，原告于1996年与新加坡的一家代理商签订了独家代理合同。双方约定，由原告提供的各类卫生产品和化妆品，只能在欧洲经济区域以外的国家销售。同时，独家代理商还应当与次级代理商、代理人、零售商约定，要求他们在各自的国家或者区域销售原告的产品，以免发生冲突。

本案的被告是一家位于英国的进口商。被告从新加坡代理商那里获得了一批原告的产品，进口到了英国销售。为了掩人耳目，被告还将产品上的生产批次代码和产品号码予以消除或者遮盖。于是，原告向英国高等法院提起诉讼，主张被告向英国进口和销售涉案产品侵犯了自己的商标权。而被告则抗辩说，涉案产品是经由原告同意而在新加坡上市的。与此相应，应当认为这批产品在英国的进口和销售，也获得了原告的同意。而原告则反驳说，自己不可能同意这批产品进入欧盟共同市场和英国。事实上，被告消除或者遮盖产品上的生产批次代码和产品号码，就表明了自己的反对。

受理案件的英国高等法院认为，本案的纠纷涉及了原告是否同意相关产品进入欧盟共同

---

① Judgment of the Court of 20 November 2001, C414/99, Zino Davidoff SA v. A & G Imports Ltd.

市场的问题。具体说来,欧盟《商标指令》第 7 条第 1 款在规定商标权用尽的时候,涉及了商标所有人同意的问题,商标所有人自己或者他人经其同意而在共同市场上市了商标商品之后,商标所有人不得禁止该商标在相关商品上的使用。然而就本案的纠纷而言,双方当事人争论的焦点则在于,商标所有人的同意究竟是指明示同意还是默示同意,或者是直接同意还是间接同意。于是,英国高等法院决定将如何解释同意的问题,提交欧盟法院作出前置裁定。需要略作说明的是,“Davidoff”一案是与另外两个案件放在一起审理,一起作出判决的。三个案件都涉及了商标,都是由英国高等法院向欧盟法院提出请求,就同意的问题作出前置裁定。不同之处在于,“Davidoff”一案涉及了商标产品进口到欧盟共同市场和英国,而另外两个案件则涉及了商标产品进入欧洲经济区域。为了叙述的方便,这里仅讨论“Davidoff”一案,不涉及其他两个案件。

欧盟法院在判决中说,《商标指令》第 5 条和第 7 条确定了商标权在欧盟范围内用尽的原则。具体说来,第 5 条规定了商标所有人享有的一系列排他性权利,包括防止商标产品在共同市场上的进口和出口。而依据第 7 条第 1 款的规定,商标产品经由商标所有人自己或者他人经其同意而在共同市场上市之后,商标所有人不得妨碍商标产品在共同市场上的进一步流动。同时,依据第 7 条第 1 款的规定,商标权的用尽仅仅是在欧盟共同市场范围内的用尽,从而排除了商标权国际用尽的可能性。与此相应,如果商标所有人在非欧盟国家上市相关商标产品之后,仍然可以依据其在欧盟成员国所享有的商标权,禁止或者限制相关商标商品进入欧盟共同市场。这表明,欧盟商标立法仅仅赋予商标所有人以排他性的权利,在欧盟共同市场或者欧洲经济区域,控制商标产品的首次上市。欧盟法院认为,正是在这个意义上,英国高等法院提出了如下的问题:如何依据具体案情确定商标所有人是直接同意还是间接同意,是明示同意还是默示同意涉案的商标产品进口到欧盟共同市场。

欧盟法院指出,按照《商标指令》第 7 条第 1 款的规定,商标所有人同意在欧盟共同市场上市商标产品,就在欧盟范围内用尽了自己的商标权。从这个意义上说,商标所有人的同意,相当于是一个弃权的声明。具体说来,商标所有人自己上市或者同意他人上市商标产品,伴随着相关产品的商标权就归于消灭。与此相应,商标所有人不得继续控制商标产品的进一步流动和使用。欧盟法院认为,就商标权的用尽或者消灭而言,商标所有人的同意具有非常重要的意义。

本案所涉及的商标产品,先是由商标所有人在非欧盟成员国(非欧洲经济区域成员国)上市,然后再由被告进口到欧盟共同市场(或者欧洲经济区域市场)。在这种情况下,如果商标所有人同意被告将涉案产品进口到欧盟共同市场,则意味着就涉案的商标产品而言,商标所有人放弃了自己的权利。欧盟法院认为,考虑到弃权与否的重要性,原告的同意应当是明示的。即使是在推断默示同意的情形下,也应当显示商标所有人具有明确的弃权意图。欧盟法院的判决:

> 同意必须是积极而明示的。在裁定默示同意的时候,相关的证据必须毫不含糊地显示商标所有人已经放弃了行使其排他性权利的意图。

就“Davidoff”一案来说,原告反对被告将涉案商标商品进口到欧盟共同市场或者英国的意图是非常明确的。在这方面,被告消除或者遮盖相关产品上的生产批次代码和产品号码,就显示了被告未经原告的同意,而将首次在新加坡上市的产品进口到了英国。这也从反面证实,原告只同意涉案产品在新加坡上市,反对将其进口到欧盟共同市场或者英国销售。

在很多涉及知识产权用尽的案件中,商标所有人的同意与否,无论是依据其上市的行为判定,还是依据许可合同判定,都应当有相关的证据予以说明。在某些特定案件中,可能又涉及谁先举证的问题,例如究竟是由被控侵权人举证说明原告的意图,还是由商标所有人举证说明自己同意与否。

2003 年的"Van Doren"一案①就涉及了应当是被告先举证还是原告先举证的问题。根据案情,一家建立于美国加州尔湾的公司,拥有一件"Stussy"的文字商标,使用在针棉织品上,例如衬衫、短袖衫、T 恤衫、游泳衣裤、运动服、背心、裤子等。商标所有人在美国和欧洲等许多国家注册了"Stussy"商标,并且按照国家或者区域许可他人使用自己的商标,制造和销售相关的针棉织品。然而,带有"Stussy"商标的产品,不具有特定国家或者地区的特点,款式和风格相对一致。

本案的原告是一家德国的服装销售公司,于 1995 年 5 月与美国公司签订独家销售"Stussy"商标产品的协议,相当于是德国的商标所有人。根据独家销售协议,原告可以以自己的名义,针对第三方侵权者提起诉讼,要求禁令和损害赔偿。本案的被告也是一家服装销售公司,从身份不明的第三人那里获得了一批带有"Stussy"商标的产品在德国市场上销售。于是,原告提起了针对被告的诉讼,要求法院下达禁令和判给损害赔偿。然而被告则抗辩说,自己在德国销售的带有"Stussy"商标的产品,获得了美国商标所有人的同意,因而没有侵犯原告的商标权。关于这一点,原告予以澄清说,美国商标所有人在每一个欧洲经济区域成员国(包括欧盟成员国),仅仅授予一家销售公司以独家销售权。与此相应,美国公司不可能同意被告在德国销售涉案的商品。随后,被告又提出了一个抗辩,认为自己在德国销售的商品,来自欧洲经济区域。按照《商标指令》第 7 条第 1 款,以及欧盟与欧洲经济区域成员国达成的协议,只要商标商品首次在欧洲经济区域上市,就在该区域内用尽了相应的商标权。与此相应,被告在德国销售来自欧洲经济区域成员国的商品,没有侵犯原告的商标权。

就本案而言,特殊之处在于,尽管被告宣称涉案的商品来自欧洲经济区域,来自一个特定的中间商,但出于商业性的考虑,又不想在诉讼中披露中间商的身份。被告担心,一旦自己披露了中间商的身份,将会影响未来的商业关系,难以再次从中间商那里获得相应的商品。这样,被告的处境和做法,就给受理案件的德国法院提出了一个难题,究竟是由原告提出证据证明,涉案的商品不是来自欧洲经济区域,还是由被告举证证明,涉案的商品来自欧洲经济区域,包括在必要的时候披露中间商的身份。一审法院经过审理,支持了原告的主张。然而二审法院经过审理,驳回了原告关于被告侵权的主张。二审法院认为,原告在诉讼中主张,涉案商品有可能是未经商标所有人的同意,经过进口而出现在了欧洲经济区域的市场上。与此相应,应当由原告提出证据予以证明。原告不服二审判决,向德国最高法院提起上诉,要求德国最高法院就举证问题作出裁定。

---

① Judgment of the Court of 8 April 2003, C-244/00, Van Doren + Q. GmbH v. Lifestyle sports + sportswear Handelsgesellschaft mbH and Michael Orth.

德国最高法院认为,按照《德国商标法》第 24 条第 1 款的规定,同时也是按照一般的举证分配原则,应当由被告举证证明,原告的商标权已经用尽。具体说来,在原告说明自己享有商标权,同时依据相关证据指控被告侵权的情况下,就完成了相应的举证责任。在此之后,被告可以提出抗辩,说明原告的商标权已经用尽,自己没有侵犯原告的商标权。与此相应,被告应当举证证明自己的抗辩,而不能把证明自己抗辩的责任转移到原告的头上。德国最高法院还认为,如果颠倒举证责任,就会破坏商标法律体系的基本结构,而且也会背离侵权行为法(tort)的传统原则。因为,按照侵权行为法的基本原则,如果存在受保护的权利受到侵犯的事实,按照一般的证据规则,不是受害人举证证明存在非法行为,而是被控侵权人举证证明不存在相关的非法行为。德国最高法院还认为,颠倒举证原则,必然会损害商标所有人享有的排他性权利。同时,颠倒举证原则,有可能使得原告难以举证,从而大大降低商标权在欧洲经济区域用尽原则的效果,甚至使得这一原则归于无用。显然,就本案而言,由被告说明涉案商标产品的来源,本来就是一件很容易的事情。

然而在另一方面,德国最高法院又认为,如果把举证责任强加在被告头上,也可能造成某些不利的后果。因为,一旦被告在诉讼中指明自己商品的供货商,以后就会很难从该供货商那里获得相应的商品。同时,在商标所有人建立了独家许可体系的情况下,一旦商标所有人知悉某一供货商向被告提供了涉案商品,也有可能改变对于该供货商的独家许可。这样,最终可能造成商标所有人运用独家许可体系,通过合同分割欧洲经济区域市场(欧盟共同市场),从而妨碍商品的自由流动。这又涉及了《欧盟运行条约》第 34 条规定的商品自由流动,以及第 36 条规定的可以保护知识产权,但不得造成对于成员国之间贸易的任意歧视和隐蔽限制。于是,德国最高法院决定将这一问题提交欧盟法院作出前置裁定。

欧盟法院在判决中说,按照《商标指令》第 5 条,商标所有人享有一系列排他性的权利,包括防止带有其商标的商品从第三国进口到欧洲经济区域。同时按照第 7 条第 1 款,一旦带有其商标的商品,由商标权人自己或者他人经其同意而在欧洲经济区域上市,商标权人就用尽了自己的权利,不能妨碍相关商品在欧洲经济区域的自由流动。这样,商标所有人自己或者他人经其同意而在第三国上市带有其商标的商品之后,仍然可以行使其商标权,禁止相关商品进入欧洲经济区域市场,除非这样的进口获得了商标所有人的同意。就本案而言,商标所有人的同意与否,是涉案商品是否可以进口到欧洲经济区域成员国的关键所在。

按照《德国商标法》的相关规定,在商标侵权诉讼中,先由商标所有人提出证据,证明被告实施了侵犯自己商标权的行为,然后由被告提出抗辩,就涉案商品而言原告已经用尽了商标权,并且提供证据予以证明。欧盟法院认为,德国法律的这个规定或者举证原则,与欧盟法律的规定,包括《商标指令》第 5 条和第 7 条的规定,是一致的。然而,正如德国最高法院提出的那样,这样一个证据规则,还应当符合《欧盟运行条约》第 34 条和第 36 条的精神,即对于商标权的行使,不得构成与配额措施等同的措施,对于商标权的行使不得任意歧视和隐蔽限制成员国之间的贸易。或者说,举证责任的分配,不得造成商标所有人分割共同市场的结果。正是由此出发,欧盟法院提出了以下的解决方案。判决说:

> 与此相应,如果第三人能够证明,自己承担举证责任证明涉案商品是由商标所有人或者他人经其同意而在欧洲经济区域上市,确实存在分割成员国市场的风险,

> 则应当由商标所有人说明,涉案商品最初是由自己或者他人经自己同意而在欧洲经济区域以外的国家上市。如果商标所有人提供了这样的证据,则应当由第三人证明,商标所有人随后又同意涉案商品在欧洲经济区域上市。

按照上述的做法,在通常情况下,仍然是原告依据自己的商标权证明被告侵权,然后是被告提出未侵权的抗辩,包括原告的商标权已经在欧洲经济区域范围内用尽。然而在涉及《欧盟运行条约》第34条和第36条的情况下,为了防止商标所有人利用其独家销售系统分割成员国市场,妨碍商品在欧洲经济区域的自由流动,则可以先由原告举证说明涉案商品是在第三国上市,然后再由被告证明,原告已经同意涉案商品进入欧洲经济区域。显然,这种举证程序的略加改变,其目的就是要保障欧盟共同市场的统一性,保障商品在成员国之间的自由流动。

第四章　知识产权的协调与一体化

就欧盟而言，知识产权所具有的成员国地域性特征，与建立单一市场或者共同市场的宗旨之间，存在一定的冲突。为了解决这一冲突，欧盟法院依据《欧盟运行条约》第34条和第36条，确立了知识产权在欧盟范围内用尽的原则，进而扫除了商品自由流动中的一大障碍。然而从理论上讲，这仅仅是解决单一市场与知识产权地域性冲突的第一步。因为这种冲突的根源在于，知识产权是依据成员国的法律产生的，而非依据欧盟的法律产生的。同时，依据成员国法律而产生的知识产权，无论是在权利的获取方面，还是在权利的实施方面，都存在很大的差异。

这样，在确立欧盟范围内知识产权用尽原则的同时，也就产生了协调成员国的知识产权法律，甚至创设欧盟范围内一体有效的知识产权的需要。在这方面，欧盟委员会、欧盟理事会和欧盟议会，做出了积极的努力。一方面，这些机构制定和颁布了一系列指令，协调成员国有关知识产权的保护标准。另一方面，这些机构还通过立法，创设了一些在欧盟范围内一体有效的知识产权。除此之外，欧盟委员会、欧盟理事会和欧盟议会，还在知识产权的实施方面，在知识产权的海关保护方面，做出了一些协调成员国立法和一体化的努力。

本章讨论欧盟知识产权保护的协调和一体化，知识产权实施措施的协调，以及知识产权海关保护的一体化。

第一节　知识产权保护的协调和一体化

一、协调和一体化的背景

如前所述，欧盟法院通过一系列判例确定了知识产权在欧盟范围内用尽的原则，同时废除了原来的成员国范围内用尽的原则。按照新的权利用尽原则，只要知识产权所有人自己或者他人经其同意而将体现有作品、专利技术、外观设计和商标的商品，首次投入任何一个成员国的市场，权利人就不得再干预该商品的进一步流通或者购买者的使用、消费。这样一来，知识产权的所有人就不能再依据地域性的权利，在成员国的边境线上树立藩篱，妨碍商品的自由流动。

然而，知识产权在欧盟范围内用尽原则的确立，仍然不能完全解决成员国地域性的知识产权，与单一市场之间的冲突。因为，知识产权在欧盟范围内的用尽，建立在知识产权是依据成员国的法律而产生的前提之上。按照这个前提，知识产权获取的条件和程序由成员国的法律决定，欧盟法院并不过问。但是，知识产权的所有人在行使自己权利的时候，不得妨碍商品在成员国之间的自由流动。这就是权利的存在与权利的行使命题的含义，也是知识产权在欧盟范围内用尽原则的含义。

按照权利存在与权利行使的命题，按照知识产权在欧盟范围内用尽的原则，如果各个成员国在专利授权、商标注册、外观设计保护、版权保护方面的要求和程序大体一致，应当不会发生太大的问题。然而在事实上，由于历史文化传统的差异，由于社会经济发展水平的差异，欧盟各个成员国关于专利授权、商标注册、外观设计保护、版权保护的要求和程序，存在这样或者那样的不同，进而影响了商品在单一市场上的自由流动。

例如，在相当长的一段时间里，欧盟成员国对于著作权或者版权的保护期限为作者有生之年加 50 年。然而德国于 1965 年修订《德国著作权法》，将著作权的保护期限延长为作者有生之年加 70 年。这就意味着，逝世于 1915 年的作者，其作品在其他成员国已经处于公有领域，而在德国仍然处于专有领域之中。虽然有关该作者作品的书籍、录音制品可以在其他成员国自由制作和流动，但是难以进入德国市场。① 又如，在专利保护方面，《英国专利法》曾经有 50 年以前的发明可以授予专利权的规则，从而在专利授权的新颖性和创造性方面，与其他成员国存在着明显的不同。② 在专利保护方面，意大利、西班牙等国长期不提供对于药品的专利保护，也为成员国之间的商品自由流动造成了一定的障碍。再如，在外观设计方面，《比荷卢统一外观设计法》曾经规定，外观设计权利授予给第一个申请注册者，而不论申请者是否设计或者完成了申请案中的外观设计。③ 在外观设计的保护方面，成员国在是否保护未注册外观设计，以及怎样保护未注册外观设计上，都存在种种差异。除了版权、专利、外观设计，各个成员国在商标注册的标准和程序上，也存在这样或者那样的差异。

显然，成员国在专利授权、商标注册、外观设计注册和版权保护方面的种种差异，包括保护条件和程序方面的差异，必然会造成依据成员国法律获得的专利、商标、外观设计、版权存在着种种差异。对于成员国之间的商品自由流动来说，有些差异可能影响不大，但绝大多数差异却会以这样或者那样的方式，影响成员国之间的商品自由流动，包括影响成员国之间服务、人员和资金的自由流动。正是由此出发，也就有了协调成员国知识产权立法的必要性。

大体说来，从 20 世纪 80 年代末期开始，欧盟委员会、欧盟理事会和欧盟议会共同努力，制定了一系列协调成员国知识产权立法的指令。例如，在商标保护方面，欧盟于 1988 年 12 月通过了《协调成员国商标立法一号指令》，并且在 2009 年和 2015 年两度予以修订，其名称也最终改为《协调成员国商标立法指令》。又如，在外观设计保护方面，欧盟于 1998 年 12 月通过了《外观设计指令》，就外观设计的定义、注册标准和程序，做出了一系列规定。再如，在版权保护方面，欧盟自 1991 年开始，相继通过了《计算机程序保护指令》、《版权与相关权保护期指令》（以下简称《保护期指令》）、《数据库保护指令》、《信息社会版权指令》等等，就版权和相关权保护的一系列问题做出了规定。此外，在专利方面，欧盟还在 1998 年通过了《关于生物技术发明的法律保护指令》（以下简称《生物技术专利指令》），就生物技术专利的保护做出了具体规定。

---

① 参见本书第八章关于“EMI Electronic”一案的论述。

② 参见本书第二章第二节关于“Fiamma”一案的论述。

③ 参见本书第二章第二节关于“Keurkoop”一案的论述。

值得注意的是,在上述一系列指令中,不仅具体规定了商标注册、外观设计注册、生物技术专利授权、版权和相关权保护的一系列规则,而且要求成员国在一定的期限之内,在其国内法中予以落实。随着相关规则在成员国立法中的落实,依据成员国法律而产生的知识产权,例如注册商标权、注册外观设计权、生物技术专利权、版权和相关权,就在很大的程度上一致了起来。这样,就成员国之间的商品自由流动而言,有关商标、外观设计、生物技术专利、版权和相关权的障碍,就大大减少了。

然而,就欧盟共同市场上的商品自由流动来说,协调成员国关于商标注册、外观设计注册、生物技术专利授权、版权和相关权保护的立法,仍然不能从根本上解决问题。因为,即使是在成员国贯彻落实了相关指令所设定规则的情形下,即使是在成员国关于商标、外观设计、专利、版权和相关权保护的标准相对一致的情形下,由此而产生的商标权、专利权、外观设计权、版权和相关权,仍然是地域性的成员国权利,仍然有可能与共同市场上商品的自由流动相冲突。

在商标领域,当一个相同或者近似的商标,在甲成员国中属于某一个市场主体,而在乙成员国中属于另一个市场主体的情形之下,就会发生商标的地域性与共同体市场冲突的问题。例如在"Idea Standard"一案①中,关于使用在取暖产品上的"理想标准"商标,在法国的注册商标所有人,与德国的注册商标所有人,是两个互不关联的市场主体。因而当带有"理想标准"商标的取暖产品进入德国时,就发生了德国商标所有人与法国商标所有人的冲突。又如,在"Terrapin"一案②中,一家德国企业就半成品的建筑构件,在德国注册和使用了"Terra"、"Terra Fabricate"和"Terranova"的文字商标,而英国的一家企业在半成品建筑构件上,在英国注册和使用了近似的"Terrapin"商标和字号。当英国企业试图进入德国市场时,遭到了德国企业的禁止。再如,在"Schweppes"一案③中,还涉及了国际著名商标"怡泉",在某些成员国属于可口可乐公司所有,而在另一些成员国属于英国吉百利公司所有的情形。虽然两个商标所有人目前合作良好,并且共同打造"怡泉"国际形象,但并不排除将来在欧盟共同市场上的冲突。

在专利方面,当发明人完成了一项发明之后,可能在某几个欧盟成员国申请专利,但不可能在所有的27个欧盟成员国申请专利。即使是在《欧洲专利公约》(European Patent Convention)规定的条件下,申请人也不可能指定所有的成员国,获得30多个成员国的专利权。根据欧洲专利局提供的资料,在21世纪初,申请人指定的成员国平均为6个到8个。④ 这是因为,如果发明人想在欧盟27个成员国申请和获得专利权,不仅要支付高昂的专利申请费、审查费、翻译费,而且还要支付必要的专利维持费用和诉讼费用。事实上,正是基于成本的考虑,发明人通常仅仅在若干个成员国申请和获得专利,以维护自己的市场利益。这样,体现有某一技术发明的产品,在某一些成员国可能受到保护,而在另一些成员国则不受保护。当来自

---

① 参见本书第三章第二节关于"Idea Standard"一案的论述。

② Judgment of the Court of 22 June 1976, Case C119/75, Société Terrapin (Overseas) Ltd. v. Société Terranova Industrie CA Kapferer & Co.

③ Judgment of the Court (Second Chamber) of 20 December 2017, Case C – 291/16, Schweppes SA v. Red Paralela SL and Red Paralela BCN SL.

④ 这是作者于2008年10月访问欧洲权利局时所获得的资料。在此之前,当《欧洲专利公约》的成员国为25个左右时,申请人指定的成员国平均为5个到7个。

不受保护成员国的产品，进入受保护成员国时，专利权人就可以依据自己的权利，防止该产品进入该国市场。这样，专利权的成员国地域性特征，仍然会与商品在成员国之间的自由流动发生冲突。

在外观设计权的情形下，也有可能发生像专利权一样的情形。例如，某一外观设计的所有人，通常是在某几个成员国获得了注册或者权利，而没有在所有的成员国获得注册或者权利。因为，如果某一外观设计的所有人，要想在所有的 27 个成员国获得注册和相应的权利，也需要支付高昂的申请费、注册费、翻译费，以及必要的权利维持费用和诉讼费用。基于成本的考虑，外观设计的所有人通常仅在若干个成员国申请和获得注册，以维护自己的市场利益。同样，体现有某一外观设计的产品，某一些成员国可能获得保护，而在另一些成员国则不受保护。当来自不受保护成员国的产品，进入受保护的成员国时，外观设计权利的所有人，就可以禁止或者限制该产品的进口，从而妨碍商品在成员国之间的自由流动。

这样，至少是在涉及专利授权、商标注册和外观设计注册时，创设一种在欧盟范围内一体有效的权利，就会从根本上解决知识产权与商品自由流动的冲突。因为，欧盟范围内一体有效的专利权、商标权、外观设计权，其效力是在欧盟共同市场的范围之内，而非成员国的范围之内。与此相应，相关的知识产权，不再是成员国的知识产权，而是欧盟的知识产权；相关知识产权的地域性特征，不再是成员国的地域性特征，而是欧盟的地域性特征。这样，知识产权的地域性特征，与共同市场或者商品自由流动的冲突，就会最终得以解决。正如一位著名学者所说：

> 一个真正的由单一经济区域构成的内部市场，不仅应当是统一的关税区域和货币区域，还必须是统一的工业产权区域。在这个区域中，将不再有德国、法国、英国和意大利的专利、实用新型、外观设计或商标，而是在整个区域内有效的单一的欧洲工业产权。①

大体说来，自 20 世纪 80 年代以来，在协调成员国关于知识产权立法的同时，欧盟委员会、欧盟理事会和欧盟议会，还着力推动知识产权的一体化，创设了一系列欧盟层面上的知识产权。例如，欧盟于 1993 年 12 月通过《欧盟商标条例》，②创设了在欧盟范围内一体有效的注册商标。又如，欧盟于 1994 年 7 月通过《共同体植物品种权条例》，③创设了在欧盟范围内一体有效的植物品种权。再如，欧盟于 2001 年 12 月通过《外观设计条例》，④创设了在欧盟范围内一体有效的注册外观设计。除此之外，欧盟理事会和欧盟议会还于 2012 年 12 月通过了

---

① F. K. Beier, *Industrial Property and the Free Movement of Goods in the Internal European Market*, (1990) IIC, 131.

② Council Regulation (EC) No 40/94 of 20 December 1993 on the Community trade mark, Official Journal L 011, 14/01/1994.

③ Council Regulation (EC) No 2100/94 of 27 July 1994 on Community plant variety rights, Official journal No. L 227, 01/09/1994.

④ Council Regulation (EC) No 6/2002 of 12 December 2001 on Community Designs, Official journal No. L 31, 05/01/2002.

《统一专利保护条例》,[1]其宗旨是创设在欧盟范围内一体有效的专利权。

截至目前为止,依据《欧盟商标条例》《外观设计条例》《共同体植物品种权条例》,已经在欧盟范围内产生了三种一体有效的知识产权,即欧盟注册商标,欧盟注册外观设计和欧盟植物品种权。在未来的几年里,随着《欧洲专利法院协议》的生效,还会产生在欧盟25个成员国中一体有效的专利权。这样,至少是就工业产权的主要组成部分,专利、外观设计和商标来说,就有了欧盟范围内一体有效的权利。与此相应,就商品在共同市场或者成员国之间的自由流动来看,有关专利权、外观设计权和商标权的障碍,就大大减少了。

二、协调和一体化的进程

以上是欧盟协调成员国知识产权立法和创设欧盟层面上知识产权的背景。下面分别叙述商标领域、外观设计领域、专利领域、版权领域的协调和一体化的进程。

(一)商标保护的协调和一体化

大体说来,在知识产权的协调和一体化方面,商标领域是欧盟着手最早的领域之一。这显然是因为,在现代的国际贸易中,几乎所有的商品都带有某种形式的商标,向消费者指示相关商品的来源。与此相应,在欧盟共同市场上流动的商品,在成员国之间进口或者出口的商品,也基本带有某种形式的商标,向消费者指示商品的来源,甚至指示商品的质量、性能等。然而,在商标保护的协调和一体化之前,欧盟成员国的商标立法,包括商标注册的标准和程序,却存在着种种差异,对于商品在成员国之间的自由流动,造成了很多不利的影响。同时,市场主体享有的商标权,经由成员国的法律而产生,并且其效力仅限于成员国的地域之内,也对成员国之间商品的自由流动造成了诸多妨碍。事实上,欧盟法院早期处理的有关知识产权保护与商品自由流动冲突的案件,很多都是与有关商标的案件。欧盟法院创设的权利存在与权利行使的命题,知识产权在欧盟范围内用尽的原则,主要也是针对商标权利的行使,或者针对商标权的用尽而提出的。

作为欧盟的行政机关,欧盟委员会很早就意识到,成员国商标立法存在的种种差异,尤其是商标保护的成员国地域性特征,在很大程度上妨碍了商品在共同市场上的自由流动。与此相应,为了维护共同市场的有效运行和商品的自由流动,有必要采取措施解决商标保护中的成员国地域性和成员国差异性的问题。早在1976年,欧盟委员会就提出了一个有关商标保护的"备忘录",其主旨是创设一种欧盟层面上的注册商标,以保障商品在共同市场上的自由流动。按照"备忘录"的设想,这种欧盟层面上的注册商标,其效力范围延及于所有的成员国。与此相应,欧盟注册商标所具有的是欧盟共同市场的地域性特征,而非成员国的地域性特征。然而在另一方面,欧盟委员会也意识到,即使是创设了欧盟层面上的注册商标,成员国的注册商标和成员国对于商标的保护,仍然会在相当长的时间里存在,影响商品在成员国之间的自由流动。所以,在创设欧盟层面上注册商标的同时,还有必要采取措施,协调成员国的商标立

---

① Regulation (EU) No. 1257/2012 of the European Parliament and of the council of 17 December 2012 implementing enhanced cooperation in the area of the creation of unitary patent protection.

法。只有这样,才能够在商标领域,确保共同市场的有效运行和商品在成员国之间的自由流动。①

按照最初的设想,欧盟委员会打算同时推出一个条例和一个指令,前者的宗旨是创设欧盟层面上注册商标,后者的宗旨是协调成员国关于商标的立法。然而,按照欧盟的立法程序,创设欧盟层面上权利的条例,需要欧盟理事会全体成员,也即全体成员国的同意,才可以制定。而各个成员国基于自身利益的考虑,又需要多方磋商才能在一些关键性的问题上达成一致。事实上,仅仅是商标审查机构的设立地点,就引发了成员国之间的争议。显然,欧盟商标注册机构设在哪个成员国,必然会对那个成员国带来一系列经济利益。而在另一方面,按照欧盟的立法程序,关于协调成员国立法的指令,只要理事会成员多数同意,也即多数成员国同意就可以制定。在这种情况下,欧盟委员会决定,先推进协调成员国商标立法指令的制定。

到了1980年,欧盟公布了协调成员国商标立法指令的草案,征求成员国、市场主体和相关利益方的意见。在此基础之上,欧盟委员会与欧盟理事会、欧盟议会、成员国政府和市场主体反复磋商,终于在1988年12月通过了《协调成员国商标立法一号指令》(以下简称《商标指令》)。② 其中规定了可以获准注册的商标构成要素(如文字、字母、数字、产品形状等),应当拒绝注册的标志,注册无效的理由,商标所有人享有的权利,商标使用的限制,商标许可和商标使用,连续5年不使用商标的撤销注册,以及要求成员国于1991年12月以前落实该指令的规定。

在《商标指令》发布和贯彻执行的同时,创设欧盟范围内一体有效的注册商标的立法,也在积极推进。随着欧盟委员会、欧盟议会、欧盟理事会、成员国政府和相关市场主体的谈判、折中和让步,到了1993年12月,欧盟理事会终于通过了《欧盟商标条例》(以下简称《商标条例》)③,创设了在欧盟范围内一体有效的注册商标。《商标条例》同样规定了可以获准注册的商标构成要素,应当拒绝注册的标志,注册无效的理由,商标所有人享有的权利,商标使用的限制,商标许可和商标使用,连续5年不使用商标的撤销注册。除此之外,还针对欧盟商标的注册,规定了申请注册的主体,商标注册的程序,商标的转让,以及欧盟注册商标与成员国注册商标的关系,等等。《商标条例》制定过程中争执很大的商标注册审查机构的所在地,最终落在了西班牙的阿利坎特。显然,这是欧盟理事会,或者欧盟成员国反复协商讨论的结果。

大体说来,在商标注册和商标保护的实体性规定和要求方面,《商标条例》与《商标指令》基本上是一致的。无论是《商标指令》还是《商标条例》,一个显著的特征是将欧盟法院所确立的知识产权在欧盟范围内用尽的原则,予以了法典化的规定。这既包括了依据成员国法律产生的商标权利的用尽,也包括依据《商标条例》获准注册的欧盟商标的权利用尽。例如,《商标指令》第7条第1款规定:"商标所有人自己或者他人经其同意,将带有其商标的商品投入共同市场之后,不得禁止其商标在该商品上的使用。"这涉及成员国商标权利的用尽。又如,《商标条例》第13条是关于欧盟商标权利用尽的规定。其中的第1款规定:"欧共体商标

---

① See Guy Tritton et al., *Intellectual Property in Europe*, 5th edition, Sweet & Maxwell, 2018, p. 296.

② First Council Directive 89/104/EEC of 21 December 1988 to approximate the laws of the Member States relating to trade marks, Official Journal L 040, 11/02/1989, p. 1 – 7.

③ Council Regulation (EC) No 40/94 of 20 December 1993 on the Community trade mark, Official Journal L 011, 14/01/1994.

的所有人,自己或者他人经其同意,将带有其商标的商品投入共同体之后,不得禁止其商标在该商品上的使用。”

《商标指令》和《商标条例》的制定实施,深刻地影响了欧盟共同市场上的商标保护,进而保障了商品在成员国之间的自由流动。一方面,随着成员国对于《商标指令》的贯彻实施,成员国在商标保护方面的规则和要求,包括商标的构成要素、商标权的权利用尽,大体一致了起来。另一方面,随着《商标条例》的实施,创设了在欧盟范围内一体有效的注册商标,从根本上解决了商标保护的成员国特征对于商品自由流动的不利影响。然而,随着欧盟商标保护实践的发展,无论是成员国商标的保护,还是欧盟注册商标的保护,都出现了一些新的问题,需要予以应对。于是,欧盟又两度修订了《商标指令》和《商标条例》。

2008 年 10 月,欧盟议会和欧盟理事会修订了《商标指令》,①主要是增加了关于集体商标和证明商标的保护。2009 年 2 月,欧盟议会和欧盟理事会修订了《商标条例》,②主要是修订了有关欧盟商标注册的一些程序性规定。大体说来,2008 年修订《商标指令》,2009 年修订《商标条例》,在商标保护和商标注册方面,没有做出多少实质性的修订。然而,两部法律文件都在标题部分说明,该文本与欧洲经济区域有关(text with EEA relevance)。这表明,《商标指令》和《商标条例》中的一些规定,例如商标权用尽的范围,延伸到了欧洲经济区域的范围。

到了 2015 年 12 月,欧盟议会和欧盟理事会再次修订《商标指令》,③要求成员国于 2019 年 1 月 15 日以前贯彻执行。2015 年修订的《商标指令》,不仅涉及了商标保护的实体性规定,而且增加了商标注册程序的一些原则性规定。例如,就商标构成要素来说,删除了原来的可视性要求,增加了声音商标。又如,系统规定了驳回商标注册申请的绝对理由和相对理由。再如,详细规定了撤销注册的程序和理由。由于 2015 年《商标指令》的修订较多,还重新编排了条文的顺序。例如,原来规定商标权用尽的第 7 条,改为了现在的第 15 条。与此前的《商标指令》一样,2015 年《商标指令》的所有规定,也适用于欧洲经济区域。

关于《商标条例》,欧盟议会和欧盟理事会于 2015 年 12 月和 2017 年 6 月,进行了两次修订。④ 其中,2015 年 12 月修订的内容于 2016 年 3 月生效;2017 年 6 月修订的内容于 2017 年 10 月生效。由于这两次修订间隔时间较短,一般将其视为一次修订。2015 年和 2017 年的修订,主要有以下内容:在商标构成要素方面,删除了可视性的要求,增加了声音商标;地理标志可以申请注册为欧盟商标;商标所有人可以针对转口的商品主张权利;等等。与此前的《商标条例》一样,2017 年《商标条例》的规定,同样适用于欧洲经济区域。

随着欧盟《商标条例》的贯彻实施,也就产生了欧盟范围内一体有效,甚至在欧洲经济区域范围内一体有效的注册商标。为了方便欧盟商标的申请、审查、注册,以及处理撤销、无效

---

① Directive 2008/95/EC of the European Parliament and of the Council of 22 October 2008 to approximate the laws of the Member States relating to trade marks.

② Council Regulation (EC) No 207/2009 of 26 February 2009 on the Community trade mark.

③ Directive (EU) 2015/2436 of the European Parliament and of the Council of 16 December 2015 to approximate the laws of the Member States relating to trade marks.

④ Regulation (EU) 2017/1001 of the European Parliament and of the Council of 14 June 2017 on the European Union trade mark; Regulation (EU) 2015/2424 of the European Parliament and of the Council of 16 December 2015 amending Council Regulation (EC) No 207/2009 on the Community trade mark.

等事项，欧盟于1994年在西班牙的阿利坎特设立了一个内部市场协调局（Office for the Harmonization in the Internal Market），依据《商标条例》受理欧盟层面上商标注册的申请、审查、注册和撤销等事项。后来，随着《外观设计条例》的生效，内部市场协调局又承担了欧盟外观设计注册的申请、审查、注册和撤销等事宜。自2012年开始，内部市场协调局又承担了监管知识产权侵权状况的职责（observatory），以及"孤儿作品"数据库的管理工作。而且，随着内部市场协调局职责的不断扩大，该机构于2016年3月改名为欧盟知识产权局（EU Intellectual Property Office），继续从事有关欧盟商标注册、外观设计注册、孤儿作品管理和监管知识产权侵权的工作。

欧盟知识产权局（内部市场协调局）自1996年1月开始受理欧盟商标注册申请，申请量和注册量连年增长，到2008年已经有50万件欧盟商标获准注册。[①] 根据欧盟知识产权局的数据，2016年收到的商标注册申请为116,000余件，获准注册的商标为126,000余件。在这一年，针对申请注册的商标，共对1900余件有异议，大约占到申请量的1/5。[②] 又据欧盟知识产权局的网站，商标注册的申请量大约为每年15万件，获准注册量大约为12万件。[③] 按照相关的程序规定，对于欧盟知识产权局驳回商标注册申请的决定，或者关于异议的决定，当事人不服的，可以起诉到欧盟一般法院（General Court），并且有可能针对商标注册的法律问题，上诉到欧盟法院。截至目前，无论是欧盟知识产权局，还是欧盟一般法院和欧盟法院，已经针对商标注册申请、异议中的相关问题，作出了一系列决定和判决。这些决定和判决，对于理解《商标条例》的相关规定，具有非常重要的意义。

值得注意的是，尽管欧盟层面上的商标注册申请量和获准注册量在不断增加，但欧盟注册商标并未取代成员国的注册商标。首先，对于商标所有人来说，欧盟商标注册仅仅是一个选择，除此之外还可以选择成员国的商标注册。如果商标所有人希望获得欧盟范围内的保护，可以选择欧盟商标注册。但如果商标所有人的经营规模有限，仅仅愿意在某一个有限的地域之内获得保护，则可以选择某一成员国的商标注册。这样，所有新注册的商标，并非都是欧盟的注册商标。其次，对于那些已经在成员国获准注册的商标，商标所有人虽然可以将其转换为欧盟注册商标，但并非所有的成员国注册商标都可以转换为欧盟注册商标。如果相关的商标所有人经营规模较大，可以选择将成员国注册商标转换成为欧盟注册商标，以获得全欧盟范围内的保护。但如果商标所有人仅仅在某一个有限的区域之内从事商业活动，则不必转换为欧盟注册商标。而且，即使成员国注册商标的所有人愿意将其商标转换为欧盟注册商标，还有可能因为与此前注册的欧盟商标、成员国注册商标相同或者近似，难以转换为欧盟注册商标。这样，基于以上几个原因，在相当长的时间里，成员国的注册商标将与欧盟注册商标并存。

---

① 参见EUIPO网站2008年12月新闻稿（https://europa.eu/european-union/about-eu/agencies/euipo_en）。

② 参见EUIPO网站2016年12月年度报告（https://europa.eu/european-union/about-eu/agencies/euipo_en）。

③ 参见EUIPO网站2016年12月年度报告（https://europa.eu/european-union/about-eu/agencies/euipo_en）。

(二)外观设计保护的协调和一体化

在欧盟协调成员国立法和创设欧盟外观设计权利以前,成员国关于工业品外观设计保护的法律制度,存在种种差异。首先,在欧盟协调成员国外观设计立法以前,所有的成员国均有对于注册外观设计的保护制度。在这方面,欧盟成员国都是《巴黎公约》和《与贸易有关的知识产权协议》的成员,因而在符合上述两个国际公约相关规定的基础上,成员关于注册外观设计的保护标准大体相近。然而,由于历史文化传统的不同和经济社会发展水平的不同,成员之间关于外观设计的定义,对于申请案是否应当进行实质性审查,以及侵权认定的标准和可以给予的法律救济方面,却存在种种差异。其次,所有的欧盟成员国,除了提供对于外观设计的注册保护,还提供了对于未注册外观设计的保护。这种保护,有的成员是类似版权的保护,有的成员是制止不正当竞争的保护,有的成员是专门法的保护,还有的成员甚至通过实用新型、立体商标、实用艺术品,保护相关的外观设计。这表明,在未注册外观设计的保护方面,成员的法律制度存在更大的差异。

作为行政机构的欧盟委员会,很早就意识到,成员国关于外观设计保护的种种差异,包括外观设计权利的成员国地域性特征,严重影响了商品在共同市场上的自由流动。与此相应,为了保障商品在成员国之间的自由流动,减少成员国外观设计权利对于共同市场建设的影响,有必要采取措施协调成员国关于外观设计保护的立法,甚至创设欧盟范围内一体有效的外观设计权利。经过长期的准备,欧盟委员会于 1991 年 6 月发布了一个《关于工业品外观设计法律保护的绿皮书》,[①]阐释了欧盟有关外观设计保护的立场和准备采取的措施。

欧盟委员会在该绿皮书中指出,成员国关于工业品外观设计保护的法律规则,包括注册外观设计和未注册外观设计的法律规则,存在巨大的差异,影响了共同市场的建设和商品的自由流动。欧盟委员会还认为,一些成员国将外观设计限定在产品的装饰性要素和美学要素上,没有反映现代工业品外观设计保护的要求,不利于提升欧盟工业品的国际竞争力。由此出发,欧盟委员会建议制定一个指令,协调成员国关于外观设计的立法,从而减少成员国外观设计权利对于共同市场建设的不利影响。除此之外,欧盟委员会还建议,制定一个欧盟的外观设计保护条例,创设欧盟范围内一体有效的外观设计权利,以保障工业品在成员国之间的自由流动。

到了 1993 年 12 月,欧盟委员会同时公布了两个有关外观设计保护的立法草案,一个是创设欧盟外观设计权利的条例,一个是协调成员国关于外观设计保护立法的指令。按照《欧盟运行条约》的相关规定,指令的制定只要获得欧盟理事会的多数同意就可以颁布实施,而条例的制定则需要获得欧盟理事会的全体同意才可以颁布实施。欧盟理事会由成员国的代表组成,一个成员国可以投出一票。这就意味着指令只需要获得多数成员国的同意,而条例的制定则需要全体成员国的一致同意。基于这样的表决机制,指令的制定显然要快于条例的制定。

---

① Green Paper on the Legal Protection of Industrial Design, Commission III/F/5131/91 – EN, June 1991.

到了1998年10月，欧盟理事会和欧盟议会通过了《外观设计指令》，[①]以协调成员国关于注册外观设计保护的法律规则。该指令首先统一了外观设计的含义。根据第1条，外观设计是指产品的整体外表或者部分外表，由一系列要素，尤其是线条、轮廓、色彩、形状、产品结构或者材料本身，以及产品的装饰所构成。这表明，外观设计不仅指向产品的装饰性和美学要素，而且指向产品的轮廓、形状、结构或者材料，从而具有更为广泛的含义。其次，该指令规定了可以获得注册的外观设计的要件，例如新颖性、独特性，但不包括功能性要素支配的外观设计和违反公共利益、违反社会公德的外观设计。再次，该指令规定了注册外观设计的保护期限，即第一个保护期限为5年，可以按照5年的期限连续续展，最高保护期限为25年。最后，该指令还依据欧盟法院关于权利用尽的判决，规定依据成员国法律获得的注册外观设计，一旦经由外观设计的权利人或者经其同意而在任何一个成员国上市之后，就在欧盟共同市场的范围内用尽了权利。

值得注意的是，《外观设计指令》仅仅协调了成员国有关注册外观设计的法律规则，而没有涉及未注册外观设计的保护。所以，该指令第16条规定，本指令的任何规定，都不损害欧盟法律和成员国法律关于未注册外观设计、商标、专利、实用新型、印刷字体、民事责任和制止不正当竞争的规定。第17条规定，本指令的规定，不影响成员国以版权的方式保护外观设计。这表明，成员国在提供外观设计注册保护的同时，还可以提供对于未注册外观设计的保护，以及通过版权、商标、专利、实用新型、印刷字体和制止不正当竞争，对于外观设计提供保护。

根据《外观设计指令》，成员国应当于2001年10月以前贯彻实施相关的规定。随着该指令的贯彻实施，欧盟成员国关于注册外观设计的保护条件，大体有了一致的做法。截至目前为止，欧盟尚没有对于《外观设计指令》进行修订。这似乎表明，该指令已经很好地协调了成员国关于注册外观设计保护的法律规则。与此相应，成员国对于注册外观设计权利的保护，也没有妨碍欧盟共同市场的建设和商品在成员国之间的自由流动。

就在《外观设计指令》贯彻实施的同时，欧盟也在积极推动《外观设计条例》的制定。到了2002年12月，欧盟理事会终于通过了《外观设计条例》，[②]创设了在欧盟范围内一体有效的外观设计权利，包括注册外观设计和未注册外观设计。而且，这个条例自2003年生效以来，一直没有修订过。这样，在2009年新的《欧盟条约》和《欧盟运行条约》生效以后，尽管原来的欧共体机构都改名为欧盟机构，例如欧盟委员会、欧盟理事会、欧盟议会、欧盟法院，原来的法律文件经过修订也改名为欧盟的法律文件，例如《商标条例》，但由于《外观设计条例》一直没有修订过，所以仍然沿袭了原有的名称，相应的外观设计也称为共同体外观设计。为了叙述的方便，下面将使用《外观设计条例》和欧盟外观设计的术语。

在对于注册外观设计的保护方面，《外观设计条例》所规定的实质性要件，与《外观设计指令》的规定大体相同。例如，该条例关于外观设计的定义，与《外观设计指令》完全一样。

---

① Directive 98/71/EC of the European Parliament and of the Council of 13 October 1998 on the legal protection of designsOfficial Journal L 289, 28/10/1998, p.28 –35.

② Council Regulation (EC) No 6/2002 of 12 December 2001 on Community Designs, Official journal No. L 31, 05/01/2002.

又如,可以获准注册的外观设计应当具有新颖性和独特性,并且不得违反公共利益和社会公德。再如,获准注册的外观设计,第一个保护期为5年,可以连续续展,最高不超过25年。此外,欧盟注册外观设计的权利范围是欧盟共同市场的范围,相关的外观设计经由权利人或者经其同意而在任何一个成员国上市之后,就在欧盟范围内用尽了权利。按照《外观设计条例》,本条例的任何规定,均不影响欧盟法律和成员国法律关于版权、未注册外观设计、专利、实用新型、商标、民事责任和制止不正当竞争的法律规则,对于外观设计的保护。这与《外观设计指令》的规定大体相同。

值得注意的是,《外观设计条例》不仅规定了关于注册外观设计的保护,而且规定了关于未注册外观设计的保护。一般认为,注册外观设计类似于专利,权利人就其外观设计享有类似于专利权的垄断权。而对于未注册外观设计的保护,则相当于版权类的保护,权利人仅仅享有权利,禁止他人复制自己的外观设计,包括以实质性相似的方式予以复制。如果他人独立创作了相关的外观设计,即使与权利人的外观设计相同或者近似,也享有相应的权利。按照欧盟《外观设计条例》,未注册外观设计可以获得三年的保护,自该外观设计向公众提供之日起算。在此期间,未注册外观设计所有人可以防止他人复制自己的外观设计。

《外观设计条例》主要是创设了欧盟范围内一体有效的注册外观设计。与此相应,该条例除了规定外观设计可以获准注册的实质性要件,而且规定了外观设计注册的申请、审查、注册、无效、费用缴纳等程序。根据规定,外观设计注册的申请,应当向欧盟知识产权局提出,后者经过形式审查之后,申请案中的外观设计就可以获准注册。欧盟知识产权局自2003年4月开始接受欧盟注册外观设计的申请。根据欧盟知识产权局的网站,每年的外观设计注册申请量大约为9000件。对于已经获准注册的外观设计,任何利害关系人都可以向欧盟知识产权局提出无效宣告的申请。

如果对于欧盟知识产权局驳回注册申请不服的,或者对于欧盟知识产权局做出的无效宣告决定不服的,可以向该局的复审委员会提起上诉。如果对于复审委员会做出的决定不服,则可以上诉到欧盟一般法院,直至欧盟法院。但在通常情况下,欧盟法院仅仅针对相关的法律问题作出判决,不涉及具体的外观设计是否应当获准注册、是否应当被宣告为无效。

《外观设计条例》的另一个特殊之处是,要求成员国应当在其地域之内指定一定数量的法院或者法庭,行使本条例规定的有关职责。这种法院或者法庭可以称为欧盟外观设计法院,既包括一审法院或者法庭,也包括二审法院或者法庭。其实,在此之前于1993年12月颁布实施的《商标条例》,也要求成员国在其地域之内指定一定数量的法院或者法庭,行使该条例规定的有关职责。这种法院或者法庭可以称为欧盟商标法院,既包括一审法院或者法庭,也包括二审法院或者法庭。此外,两个条例还要求,成员国应当将指定特别法院或者法庭的情形,报告给欧盟委员会。其中,《商标条例》要求在条例生效后的三年之内报告指定的情形,[①]《外观设计条例》要求在2005年3月以前报告指定的情形。[②] 与此相应,欧盟委员会也负有监督成员国落实相关要求的职责。

显然,《商标条例》和《外观设计条例》要求成员国设立专门的商标法庭或者外观设计法

---

① Article 91, Council Regulation (EC) No 40/94 of 20 December 1993 on the Community trade mark.

② Article 80, Council Regulation (EC) No 6/2002 of 12 December 2002 on Community Designs.

庭，是为了保障对于欧盟注册商标和欧盟注册外观设计提供有效的保护，包括在相关的诉讼中，通过专门法院或者法庭的专业审判，尽可能统一裁判的尺度。当然在这方面，两个条例并非要求成员国成立欧盟商标、外观设计法院或者法庭，而是要求成员国指定这样的法院或者法庭。这样，在成员国成立了专门的知识产权法院或者法庭的情形下，只要指定该法院或者法庭审理有关欧盟商标、欧盟外观设计的案件，就满足了两个条例的要求。事实上，很多成员国都是这样做的。

例如，意大利于2002年12月发布关于知识产权制度改革的第273号法令，就知识产权专门法庭的建设做出了规定。由于意大利宪法不允许设立专门法院，所以是在原有的法院中设立专门的知识产权法庭，审理相关的案件。2006年时，意大利已经在巴里、博洛尼亚、卡塔尼亚、佛罗伦萨、热那亚、米兰、那不勒斯、巴勒莫、罗马、都灵、特里亚斯特、威尼斯的12个一审法院中设立了专门的知识产权法庭，并且在相应的二审法院中也设立了12个知识产权法庭。同时，还指定最高法院中的第一法庭受理有关知识产权的终审案件。根据了解，一审和二审法院中的知识产权法庭，不仅负责所在地的知识产权案件，而且负责临近大区内该类案件的管辖。此外，专门的知识产权法庭由6名或者更多的法官组成，受理有关商标、外观设计、专利和不正当竞争的案件。与此相应，只要意大利指定专门的知识产权法庭受理有关欧盟商标、欧盟外观设计的案件，就满足了两个条例的要求。①

大体说来，《商标条例》和《外观设计条例》要求成员国设立专门的法院或者法庭，审理有关欧盟注册商标和外观设计的案件，也反映了欧盟和成员国关于知识产权审判机构专门化的趋势。

（三）专利保护的协调和一体化

专利涉及技术发明和新产品的上市，对于任何一个国家的社会经济发展都具有非常重要的作用。早在20世纪60年代，欧盟就开始起草欧盟层面上的专利条例，准备创设欧盟层面上的专利权，以及相应的申请、审查、授权、无效和侵权认定程序。然而，各个成员国在专利的授权标准、无效标准和侵权认定标准上存在种种差异，因而很难在短期内制定一部欧盟层面上的专利条例。到了1969年，欧盟决定将有关专利的条例分为两个部分，分别予以制定。第一个部分是关于集中授权的法律，主要涉及专利授权的条件，以及申请、审查和授权的程序。第二个部分则主要涉及专利的无效宣告、侵权认定等问题。

就第一个部分而言，欧盟成员国于1973年在德国的慕尼黑缔结了《欧洲专利公约》，就专利的授权条件，以及申请、审查、授权等程序做了规定。《欧洲专利公约》于1977年生效，依据协议而设立的欧洲专利局，开始接受欧洲专利的申请和审查。值得注意的是，《欧洲专利公约》不是欧盟通过和颁布的法律文件，而是由当时的一些成员国单独缔结的公约。与此相应，《欧洲专利公约》的成员国，不仅包括了德国、法国等欧盟成员国，而且包括了土耳其、瑞士、摩洛哥等非欧盟成员国。截至2019年年底，《欧洲专利公约》共有38个成员国，包括27个欧盟成员国和11个非欧盟成员国。②

---

① 以上信息，系2006年7月中国社会科学院访问意大利专利商标局时获得。

② 参见欧洲专利局网站（www.epo.org）。

就第二个部分而言,当时的欧盟成员国于1975年在卢森堡签署了《共同体专利公约》,就欧盟范围内一体有效的专利权,作出了一系列规定,包括欧共体专利的申请、审查、无效宣告和侵权判定。按照规定,《共同体专利公约》应当在当时的9个成员国批准之后生效。然而,由于某些成员国宪法和法律上的障碍,也由于成员国之间不同的利益诉求,《共同体专利公约》一直没有生效。到了1985年和1989年,欧盟又两度修改了《共同体专利公约》,但仍然无法获得所有成员国的批准。与此同时,随着《欧洲专利公约》的运行,申请人可以通过欧洲专利局的审查,一次性指定在若干个成员国获得专利。在此背景之下,确立欧盟范围内一体有效的专利权的必要性也就大大降低了。

然而,欧盟内部一直存在建立统一有效的欧洲专利的愿望。到了2000年,欧盟委员会提出了《共同体专利条例建议》。① 经过广泛讨论,欧盟委员会于2004年正式提出了新的《共同体专利条例》。但是,由于其中的一些规定,尤其是专利文件翻译为成员国语言的规定,欧盟理事会最终没有达成一致。具体说来,西班牙和意大利坚持相关的专利文件,不能仅限于英文、德文和法文,而应当包括西班牙文和意大利文。这样,确立欧盟范围内一体有效专利的计划再次搁浅。

到了2010年,随着新的《欧盟运行条约》的生效,一些成员国发现,可以利用其中的提升合作(enhanced cooperation)机制,推动欧盟统一专利的实现。具体说来,某些成员国可以针对某一特定的领域和方面,达成协议或者设立机制,以解决所面临的问题。但是,经由提升合作机制而达成的协议或者设立的机制,不得与《欧盟运行条约》的宗旨相冲突,不得构成对于成员国之间贸易的障碍和歧视,不得损害共同市场的竞争政策。与此同时,相关的协议或者机制,还应当向未加入的成员国开放。② 从一体有效的欧盟专利来说,2010年时有26个成员国决定,利用提升合作的机制,制定有关欧盟统一专利的立法。2012年3月,欧盟理事会授权26个成员国,利用提升合作的机制,制定《欧盟统一专利条例》。

由于前期已经有了一系列的准备工作,欧盟理事会很快于2012年12月通过了《欧盟统一专利条约》及其附件《关于统一专利翻译安排的条例》,二者统称为《欧盟统一专利条例》(EU Unitary Patent Regulations)。③ 按照规定,欧洲统一专利的申请、审查和授权,由欧洲专利局负责。具体说来,申请人向欧洲专利局提出专利申请时,相当于是欧洲专利申请。欧洲专利局经过审查,认为可以授权时,相当于传统的欧洲专利。在这个时间点上,申请人可以指定一些欧洲专利授权组织的成员国,以便自己的专利权在那里生效。如果申请人依据《欧盟统一专利条例》,要求获得欧盟统一专利,则该专利在上述26个成员国中一体有效。正是从指定欧盟统一专利的意义上说,欧洲专利局又可以称为欧盟专利局。然而,《欧盟统一专利条例》仅仅规定了专利的申请、审查和授权,但没有规定专利的无效宣告和侵权认定。这样,《欧

① Proposal for a Council Regulation on the Community patent / COM/2000/0412 final - CNS 2000/0177, Official Journal C 337 E, 28/11/2000.

② Articles 326 - 334, Enhanced Cooperation, The Treaty on the Functioning of European Union.

③ Regulation (EU) No 1257/2012 of the European Parliament and of the Council of 17 December 2012 implementing enhanced cooperation in the area of the creation of unitary patent protection; Council Regulation (EU) No 1260/2012 of 17 December 2012 implementing enhanced cooperation in the area of the creation of unitary patent protection with regard to the applicable translation arrangements.

盟统一专利条例》的实施，以及欧盟专利的签发，还有待于专利诉讼机制的建立。

除了推动《共同体专利条例》和《欧盟统一专利条例》，欧盟还针对特定的技术领域和问题，颁布了两个有关专利的条例和一个指令。具体说来，欧盟理事会于 1992 年 6 月通过了《药品补充保护证书条例》，[①]就药品专利保护期的延长问题作了规定；于 1994 年 7 月通过《共同体植物品种权条例》，[②]创设了欧盟层面上的植物品种权利；于 1998 年 6 月通过《生物技术专利指令》，[③]就生物技术的专利保护做出了协调成员国法律的规定。显然，上述两个条例和一个指令，仅仅就专利保护中的个别问题作出了规定，远远不能满足欧盟共同市场发展的需要。

一般说来，某一个国家的专利制度，应当包括专利的申请、审查、授权制度，以及必要的无效宣告、侵权认定和法律救济制度。就欧盟范围内的统一专利而言，也应当包括这样的制度环节和相应的机构设施，如专利的审查授权机构，处理侵权纠纷的机构。自 1977 年欧洲专利局正式运行以来，欧盟内部所形成的共识是，欧洲专利局在审查和授予欧盟统一专利的意义上，可以称为欧盟专利局，而在审查和授予非欧盟专利的意义上，仍然称为欧洲专利局。然而，就欧盟统一专利的无效宣告、侵权纠纷处理和法律救济来说，则涉及了相应的司法机构。如果利用成员国现有的法院体系处理无效宣告和侵权纠纷，虽然不会涉及成员国的主权问题，但是有可能造成无效宣告标准和侵权认定标准的不统一，影响欧盟统一专利的效力。如果另起炉灶设立一套专门的专利法院体系，又有可能与成员国的司法体系，甚至是宪法制度相冲突。正是从这个意义上说，欧盟统一专利成败的关键就在于，如何设立一套既能解决专利无效宣告和侵权纠纷的司法体系，又能为成员国的法律体系所接受的司法体系。关于这个问题，欧盟一直处于探索之中。

早在 1975 年缔结的《共同体专利公约》中，就规定欧盟专利应当在欧盟的范围内统一有效，包括授权、转让、撤销、灭失，其效力都在整个欧盟范围之内。到了 1985 年，当欧盟成员国修订《共同体专利公约》的时候，还就专利诉讼达成了一个初步协议。根据协议，成员国应当指定专门的法院或者法庭，审理有关欧盟专利的无效宣告和侵权纠纷的案件。至于相关案件的二审，则由一个拟定设立的共同体专利上诉法院（Community Patent Appeal Court）审理。显然，这是将成员国的司法体系与欧盟层面的司法体系结合在一起的做法，既有利于发挥成员国专利审判机构的作用，又有利于协调和统一无效宣告、侵权认定的标准。随后，1989 年再次起草的《共同体专利公约》也包括了关于专利司法体系的内容。如前所述，1975 年缔结、1989 年修订的《共同体专利公约》，一直没有获得当时所有的欧盟成员国的批准，有关专利司法体系的规定也就成了一纸设想。

进入 20 世纪以后，当欧盟再次着手制定统一专利的法律时，有关统一专利的司法体系也

---

① Council Regulation (EEC) No 1768/92 of 18 June 1992 concerning the creation of a supplementary protection certificate for medicinal products, Official Journal L 182, 02/07/1992.

② Council Regulation (EC) No 2100/94 of 27 July 1994 on Community plant variety rights, Official journal No. L 227, 01/09/1994.

③ Directive 98/44/EC of the European Parliament and of the Council of 6 July 1998 on the legal protection of biotechnological inventions, Official Journal L 213, 30/07/1998, p. 13 –21.

再次进入了人们的视野。2000 年 11 月,欧盟委员会提出了《关于共同体专利条例的建议》。[①]欧盟委员会在该建议中指出,《共同体专利公约》一再失败的原因之一是司法体系过于复杂,而且成员国法院一旦宣告某一专利权无效,其效力就是整个欧盟范围之内的无效。这造成了很多人对于共同体专利的不信任。基于这样的原因,建议稿一方面提出,由欧洲专利局授予共同体专利,其授予、转让、灭失的效力,都在整个欧盟的范围之内。另一方面,建议稿又提出,应当建立一个集中的专利司法体系,专门处理有关欧盟专利无效和侵权的事务。拟议中的欧盟专利法院,既包括一审审判机构,又包括上诉审判机构。同时,共同体专利法院作出的无效宣告和侵权判决,其效力及于整个欧共体。这就意味着,建议稿所说的欧盟专利法院,是成员国司法体系之外的欧盟层面上的专利法院,既处理有关统一专利的一审案件,又处理不服一审判决的二审案件。在上述建议稿的基础上,欧盟委员会于 2004 年 3 月向理事会和议会提出了《共同体专利条例》草案。该条例草案不仅涉及了统一申请、审查和授权的问题,而且涉及了集中化审理的欧盟专利法院、专门法官和技术专家等问题。但拟议中的《共同体专利条例》,并没有获得欧盟理事会的通过。

就在《共同体专利公约》和《共同体专利条例》陷入停顿或者难以通过境地的时候,欧洲专利公约组织自 1999 年开始起草《欧洲专利诉讼协议》(European Patent Litigation Agreement),其中也涉及了专门法院和专门法官等问题。值得注意的是,这是从欧洲专利公约组织(而非欧盟)的角度,提出了一个替代的专利诉讼机制。2003 年 11 月,起草小组提出了建立欧洲专利诉讼体系协议草案,同时还提出了欧洲专利法院法律草案(Draft Statute of a European Patent Court)。在此基础上,起草小组广泛征求意见,于 2005 年 9 月提出了《欧洲专利诉讼协议》和《欧洲专利法院法律》的最终草案。

根据最终草案,欧洲专利法院分为一审法院和上诉法院。一审法院又分为中央分支机构和地方分支机构。其中的中央分支机构使用欧洲专利局的正式语言(英文、法文和德文),地方分支机构使用欧洲专利局的正式语言或者所在地成员国的官方语言。上诉法院则使用一审法院所使用的语言。又据最终草案,合议庭由奇数法官构成,至少有两名法律法官和一名技术法官。法律法官应当至少来自两个成员国。专利法院的法官应当具有专利审判经验,能够熟练运用欧洲专利局的某一种正式语言。根据该草案,对于在某一个或更多成员国有效的专利权,如果涉及该专利是否受到侵权,该专利是否有效,一律由专利法院进行审理,并作出相应的判决。在这方面,该草案还就相关的程序作了规定,例如专利法院判决的效力、可以给予的法律救济、临时保护措施和担保、罚金等。[②]

然而,《欧洲专利诉讼协议》是欧洲专利局组织起草的协议,不属于欧盟范围内的协议草案。2006 年 10 月,欧盟议会要求欧盟委员会中的法律部(the Legal Service)进行研究,就欧盟成员国加入《欧洲专利诉讼协议》的可能性提出意见。法律部在进行了初步的研究后认为,在欧盟已经颁布了一些内部规则,尤其是颁布了《知识产权实施指令》和有关诉讼程序的《布鲁

---

① Proposal for a Council Regulation on the Community patent / COM/2000/0412 final - CNS 2000/0177, Official Journal C 337 E, 28/11/2000.

② Dr Klaus Grabinski, *A View from the Judiciary: EPLA and Related Issues*, presented at Fordham University School of Law 15th Annual Conference, International Intellectual Property and Policy, April 13, 2007.

塞尔条例》[①]的情形下，各成员国无权单独加入《欧洲专利诉讼协议》。此外，《欧洲专利诉讼协议》的缔结，还会与《知识产权实施指令》和《布鲁塞尔条例》相冲突。在这种情况下，假如还有可能的话，也只能是欧盟代表成员国加入《欧洲专利诉讼协议》，同时对协议的草案加以修订，使之与《知识产权实施指令》和《布鲁塞尔条例》的规定一致起来。但这种可能性仍然很小。[②]

如前所述，2011 年前后，当欧盟的一些成员国利用提升合作机制制定《欧盟统一专利条例》的同时，一些欧盟成员国又于 2013 年 2 月在布鲁塞尔缔结了《统一专利法院协议》(Agreement on the Unified Patent Court)。[③] 根据该协议，拟议中的统一专利法院分为两个层级，审理有关侵权和无效宣告的案件。其中的一审法院设立于德国慕尼黑、法国巴黎和英国伦敦，按照机械、化学、电学等专业领域，审理有关的案件。其中的二审法院设立于卢森堡，受理不服一审法院判决的案件。在相关审判活动中使用三种官方语言，即英文、德文和法文。根据该协议，拟议中的统一专利法院，既受理关于统一专利的侵权和无效宣告案件，又受理有关传统欧洲专利的案件。如果一审法院和二审法院作出的判决，涉及关于统一专利的效力和侵权与否，则在参与提升合作机制的 26 个欧盟成员国中一体生效。

值得注意的是，《统一专利法院协议》不是欧盟制定的法律，而是一个地域性的协议。同时，这个协议的参加者又是欧盟成员国，尤其是推动欧盟统一专利的那些成员国。根据规定，《统一专利法院协议》应当在 13 个成员国，包括英国、法国和德国批准之后生效。到了 2017 年 8 月，已经有 13 个欧盟成员国批准《统一专利法院协议》。截至 2020 年 6 月，共有 16 个欧盟成员国批准该协议。[④] 然而，就英国和德国来说，在是否加入《统一专利法院协议》的问题上却出现了戏剧性的结果。英国尽管于 2016 年 6 月就决定退出欧盟，但是在 2018 年 4 月批准了《统一专利法院协议》。而积极推动欧盟统一专利和统一专利法院的德国，却面临了加入《统一专利法院协议》是否违宪的问题。到了 2020 年 3 月，德国宪法法院作出裁定，德国议会作出的加入《统一专利法院协议》的决定，没有达到法定的 2/3 的多数，因而无效。

显然，随着德国宪法法院作出裁定，德国在短时间里难以加入《统一专利法院协议》。如果《统一专利法院协议》不能生效，或者不能在德国生效，是否会有欧盟统一专利的签发，如果签发其效力范围如何，都是值得观察的问题。

(四)版权保护的协调和一体化

与商标、外观设计和专利等领域相比，欧盟对于成员国版权保护法律的协调比较晚，制定一体化的版权保护条例的时间更晚。这主要是因为，欧盟成员国对于作品保护的法律，或者

---

① Council Regulation (EC) No 44/2001 of 22 December 2000 on jurisdiction and the recognition and enforcement of judgments in civil and commercial matters Official Journal L 012, 16/01/2001. 由于这个条例的前身是在布鲁塞尔制定，所以又被称为《布鲁塞尔条例》或者《布鲁塞尔第二条例》，其中规定了关于民事案件的管辖，如被告所在地、侵权行为发生地等。

② Dr Klaus Grabinski, *A View from the Judiciary: EPLA and Related Issues*, presented at Fordham University School of Law 15th Annual Conference, International Intellectual Property and Policy, April 13, 2007.

③ Agreement on the Unified Patent Court, Official Journal of EPO, 5/2013.

④ 关于《统一专利法院协议》的成员国和批准时间，可查阅(www. consilium. europa. eu/en/documents - publications/treaties - agreements)。

属于版权法,或者属于作者权法,二者之间存在根深蒂固的差异。例如,起源于英国的版权法体系,注重作品的经济性利用,以及经济性权利的保护。而起源于法国和德国的作者权制度,则侧重于保护创作作品的作者,以及作者所享有的精神权利和经济权利。又如,在作品的构成要件上,版权法体系注重作者的劳动、技能、判断或者经验,而作者权法体系则强调,受到保护的作品应当体现作者的精神、情感、人格。再如,依据较高的独创性标准,作者权法体系认为表演、录音、广播不构成作品,因而创设了表演者权、录音制作权和广播组织权。而依据较低的独创性标准,版权法体系认为表演、录音、广播构成了录音作品和电影作品,因而没有设定相关权的保护。除此之外,两大法系在权利的归属、转让和许可方面,在权利的限制与例外方面,也存在着这样或者那样的差异。与此相应,任何协调成员国作品保护法律的建议或者措施,都会引发成员国之间、权利人之间和产业集团之间的激烈争论。

然而在另一方面,成员国之间在作品、表演、录音和广播保护方面的差异,又在很大程度上影响了欧盟共同市场的建设,影响了商品、服务在成员国之间的自由流动。例如,在20世纪80年代末,绝大多数成员国的版权保护期限都是作者有生之年加50年,而德国则为作者有生之年加70年。又如,当时有些成员国例如丹麦规定了电影作品的出租权,而另一些成员国例如英国则没有规定。再如,当时的英国、爱尔兰等国,依据较低的独创性标准,对于计算机程序提供了作品的保护,对于数据库提供了汇编作品的保护,而德国、法国等成员国依据较高的独创性标准,则难以对计算机程序和数据库提供类似于作品的保护。正是由此出发,欧盟委员会认为,应当协调成员国版权立法的某些方面,以保障欧盟共同市场的建设和商品与服务在成员国之间的自由流动。

自1991年开始,欧盟理事会和欧盟议会,制定了一系列协调成员国版权立法的指令。例如,欧盟于1991年发布了《计算机程序保护指令》;1992年发布了《出租权与出借权指令》;1993年发布了《卫星广播与有线转播指令》和《版权与相关权保护期指令》;于1996年发布了《数据库保护指令》;于2001年发布了《信息社会版权指令》和《追续权指令》。这些指令分别就计算机程序、数据库的保护,就出租权和出借权的保护,以及版权和相关权的保护期限,协调了成员国的相关法律规定。

进入21世纪后,面临数字技术和网络技术对于版权保护的挑战,欧盟又针对一些具体问题,制定了一系列指令和条例。例如,欧盟于2012年发布了《孤儿作品指令》;于2014年发布了《版权和相关权集体管理指令》;于2017年发布了《盲人和视力障碍者使用某些作品和客体所涉及的版权和相关权指令》和《盲人和视力障碍者使用某些作品和其他客体所涉及的版权和相关权条例》;于2017年发布了《内部市场在线内容跨境服务条例》;于2019年发布了《数字单一市场版权和相关权指令》;于2019年发布了《广播电视节目网络转播中的版权和相关权指令》。这些指令和条例,就数字单一市场中的版权和相关权保护,包括特定的孤儿作品问题、权利集体管理问题、在线内容跨境服务问题、网络转播问题,以及盲人和视力障碍者使用某些作品和客体的问题,进行了具体规定。①

大体说来,欧盟关于成员国版权立法的协调措施,以及欧盟所制定的与版权相关的条例,都是碎片式的协调措施和某一方面的规定。显然,这是因为成员国在版权保护的法律规定方

---

① 关于上述指令和条例的详细内容,参见本书第二编有关版权的章节。

面，存在种种差异。同时，版权所有人、作品传播者和社会公众的利益诉求，在作品的保护和利用上，也存在巨大的不同。如果某一指令或者条例触动了根本性的利益问题，则难以在欧盟理事会和欧盟议会获得通过。这样，以碎片式的方式协调成员国的版权立法，或者以碎片式的方式制定有关特定问题的条例，一方面会阻力较小，另一方面又可以针对特定的问题或者规则，消除影响商品和服务自由流动的障碍。当然，也正是由此出发，像商标注册和外观设计注册那样，制定一个在欧盟范围内一体有效的版权条例，是难以实现的。

三、指令、条例和提升合作机制

欧盟对于知识产权保护的协调和一体化，主要是通过制定指令和条例而进行的。其中的指令，由欧盟理事会和欧盟议会制定，系针对知识产权保护中的特定问题作出相应的规定，要求成员国予以贯彻实施。与此相应，通过指令的贯彻实施，欧盟也就在特定的问题上协调了成员国的有关法律制度。其中的条例，则是欧盟理事会和欧盟议会制定的欧盟层面上的法律，系针对知识产权保护中的特定问题作出统一规定，要求欧盟的公民、市场主体、成员国和欧盟机构一体遵守。从目前的情形来看，在知识产权的保护方面，欧盟制定的条例主要是创设了一些在欧盟范围内一体有效的知识产权，例如注册商标，注册外观设计，植物品种权，以及拟议中的统一专利。

依据《欧盟运行条约》（包括此前的《欧洲经济共同体条约》和《欧共体条约》），欧盟机构制定协调成员国法律指令的程序，与制定欧盟层面上条例的程序，既有相同之处，又有不同之处。大体说来，无论是指令的制定，还是条例的制定，都要经过以下三个程序。第一，由欧盟委员会提出指令或者条例的草案，提交欧盟理事会和欧盟议会表决。如前所述，欧盟委员会是欧盟的行政机关，通常会从欧盟共同市场运行的角度，发现知识产权保护中的一些问题，然后提出协调成员国法律的指令，或者创设欧盟层面上一体有效的知识产权。第二，由欧盟理事会和欧盟议会审议指令或者条例的草案，并且作出必要的修订。在必要的时候，欧盟理事会和欧盟议会，还会征求欧盟经济社会委员会的意见，对于指令或者条例的草案进行修订。第三，由欧盟理事会和欧盟议会表决通过相关的指令或者条例，然后予以发布执行。

事实上，在制定指令和条例的程序中，二者最大的不同在于欧盟理事会的表决机制不同。关于指令的制定，《欧盟运行条约》第 114 条规定：

> 欧盟议会和欧盟理事会，依据一般立法程序，并且在与经济和社会委员会协商以后，可以采取措施，协调成员国法律、法规和行政规范中的规定，只要这些规定的目的与内部市场的建立和功能相关。

其中的“一般立法程序”，是指相关的指令经过欧盟理事会和欧盟议会的多数同意，就可以发布执行。事实上，这里的多数同意，主要是指理事会的多数同意。如前所述，欧盟理事会由各个成员国的代表组成。所谓理事会的多数同意，也就是多数成员国的同意。这表明，如果多数成员国同意某一指令，即使个别成员国不同意，也应当在该指令发布之后，在本国的立法中贯彻执行。

关于条例的制定程序，见于《欧盟运行条约》第 352 条。根据规定：

> 在本条约所确定的政策框架之内,如果欧盟认为有必要达到本条约所设定的某一目的,同时本条约又没有规定必要的权力时,理事会基于委员会的建议,并且在获得欧盟议会同意的基础上,以一致同意的方式采纳适当的措施。对于委员会提出的建议,如果理事会是依据特别的立法程序,也应当是在获得欧盟议会同意的基础上,以一致同意的方式采纳相关的措施。

按照上述规定,某一条例的制定,应当由欧盟委员会提出建议,由欧盟理事会和欧盟议会表决通过。其中,欧盟理事会的表决,应当是一致通过。如前所述,欧盟理事会由各个成员国的代表组成。所谓理事会的一致同意,也就是全体成员国的一致同意。按照这样的表决机制,就某一条例的草案或者建议而言,只要有一个成员国不同意,就不能发生法律效力。所以,我们前面提及的《商标条例》《外观设计条例》和《植物品种条例》,都是全体成员国一致同意而制定,并且予以修订的。

除了上述制定指令和条例的程序,2009 年 12 月生效的《欧盟运行条约》还规定了一个提升合作(enhanced cooperation)的立法机制。具体说来,《欧盟运行条约》第六部分第三编以“提升合作”为标题,具体规定了提升合作的发起、审议、表决和后续程序。① 其中的第 329 条第 1 款规定:

> 就本条约所涉及的领域而言,某些成员国希望确立相互之间的提升合作关系,可以向欧盟委员会提出请求,并阐明拟议提升合作的范围和目的。但不包括本条约所规定的专有职责领域和共同的外交、安全政策。欧盟委员会可以将相应的建议提交欧盟理事会。如果欧盟委员会不提交某一建议,则应当通知相关的成员国并说明理由。
>
> 欧盟理事会基于欧盟委员会的建议,并且在获得欧盟议会的同意之后,可以授权进行前述的提升合作。

根据上述规定,提升合作的立法措施,先由某些成员国向欧盟委员会提出,然后由欧盟理事会授权制定和实施。按照相关的规定,某些成员国在提出提升合作的立法措施时,应当争取尽可能多的成员国参与。欧盟委员会在接到提升合作的请求之后,应当审查相关的立法措施是否符合欧盟相关条约的宗旨和规定,进而决定是否将提升合作的请求提交给欧盟理事会。按照相关的规定,在审议成员国提升合作的立法措施时,欧盟理事会的全体成员都可以参加,但只有参加提升合作立法措施的成员国代表可以投票,并且应当得到一致同意。除此之外,获得欧盟理事会授权而制定的提升合作立法措施,应当对于那些尚未参加提升合作的成员国开放,以保障其在同意相关措施之后加入提升合作。

关于提升合作,《欧盟运行条约》仅仅规定了相关的立法程序,但没有具体规定由此而产生的立法措施是条例,还是指令或者决定。不过从提升合作措施的投票方式来看,由参与国的理事会代表一致同意,表明这属于制定条例的投票机制。事实上,在知识产权领域中,某些

---

① Articles 326 – 334, Enhanced Cooperation, the Treaty on the Functioning of European Union.

成员国利用提升合作机制而制定的《欧盟统一专利条例》,就属于欧盟法律体系中的条例。

以上是关于指令和条例的制定机制,以及提升合作制定某些法律措施的机制。值得注意的是,指令、条例和决定属于欧盟的二级法律,应当与《欧盟宪法条约》和《欧盟运行条约》保持一致。根据《欧盟运行条约》第 263 条和第 264 条,如果欧盟理事会、委员会、议会,以及成员国政府和利害关系人认为,有关的指令和条例违背了基本程序的要求,或者违背了《欧盟运行条约》或其他的法律规则,或者制定条例或者指令的机构超越了权限,都可以向欧盟法院提起诉讼,要求撤销相关的条例或者指令。欧盟法院经过审理后,可以宣告有关的条例和指令无效,当然也可以维持有效。① 下面来看几个典型案例。

先来看一个关于条例的判决。1995 年的"Spain"一案②,涉及了欧盟理事会颁布的《药品补充保护证书条例》。在该案中,西班牙政府以欧盟理事会为被告,就《药品补充保护证书条例》的合法性提出挑战。根据欧盟理事会于 1992 年通过的《药品补充保护证书条例》,各成员国有关药品的专利,如果因为行政审批程序而延迟上市,可以获得延长保护的证书,最多不超过五年。西班牙政府认为,依据《欧盟运行条约》第 36 条(有关商品自由流动与知识产权例外)和第 345 条(本条约不影响成员国有关财产权的法律)的规定,包括专利权在内的工业产权,应当由成员国的法律予以规定。按照以往的判例法,专利权的产生属于成员国法律规范的事项,但权利人在行使专利权时,不得妨碍商品在成员国之间的自由流动。在这方面,欧盟的法律不能规定专利保护的实体内容。如果成员国关于专利保护的规定不同,影响了共同市场的建设和商品的自由流动,欧盟可以采取措施加以协调。但是,欧盟不得创设新的知识产权,不得改变成员国知识产权的性质、内容和效力。这也包括不得改变专利权的保护期限。事实上,就专利权作为一项财产权而言,保护期限是一个关键性因素,在平衡专利权人的利益和他人的义务之间起着非常重要的作用。

欧盟法院指出,在欧盟尚未确立统一专利的法律和协调成员国关于专利保护的法律之前,有关专利的获得和保护规则,确实属于成员国立法规范的事情。然而,《欧盟运行条约》第 345 条和第 36 条的规定,并不意味着只有成员国的立法机关可以规范专利的获得和保护,而将欧盟的法律措施排除在外。事实上,如果成员国有关专利保护的规则影响了共同市场的正常运行,妨碍了商品在成员国之间的自由流动,欧盟完全可以采取相应的法律措施予以纠正。例如,欧盟机构可以依据《欧盟运行条约》第 36 条和第 114 条制定指令,协调成员国的专利法律。又如,欧盟机构也可以依据《欧盟运行条约》第 352 条制定条例,创设新的凌驾于成员国知识产权之上的权利,就像欧盟理事会通过《欧盟商标条例》创设欧盟范围内一体有效的商标权一样。欧盟法院还在判决中预期,未来会有统一专利条例和协调成员国专利法律的指令产生。

在本案中,西班牙政府还就《药品补充保护证书条例》制定的程序性问题提出了异议。根据西班牙政府的意见,《药品补充保护证书条例》即使有效,也应当依据《欧盟运行条约》第 352 条制定,由所有的成员国一致同意。一方面,成员国的一致同意可以赋予欧盟以特定领域的权力,另一方面又不至于损害成员国的主权。欧盟法院在判决中论证说,按照《欧盟运行条

---

① Articles 263 - 264, the Treaty on the Functioning of European Union.

② Judgment of the Court of 13 July 1995, Case C - 350/92, Kingdom of Spain v. Council of the European Union.

约》第 352 条的规定,成员国的一致同意,确实可以让欧盟在条约没有明确规定的领域,获得一定的权力,包括制定必要的法律措施。然而,就本案争议的《药品补充保护证书条例》来说,不是创设了一项新的权利,而是针对药品行政审查延误的期间而设立的一种纠正机制。与此相应,《药品补充保护证书条例》可以依据《欧盟运行条约》第 114 条制定,而非依据第 352 条制定。

在有关《药品补充保护证书条例》的制定程序上,西班牙政府还认为,依据条例所颁发的补充保护证书,使得在某些成员国中有效的药品专利获得了额外的保护期限,一方面继续通过成员国地域性的专利权分割了共同市场,另一方面又使得相关的药品企业不能及时利用本来应当进入公有领域的专利,增加了消费者的药品费用。欧盟法院则认为,为了确保商品、服务、人员和资金的自由流动,欧盟可以制定相关的法律措施,协调成员国的法律、法规和行政措施。只要成员国的法律、法规和行政措施存在分歧,有可能妨碍、扭曲共同市场上的竞争,妨碍商品在成员国之间的自由流动,欧盟就可以制定法律措施予以协调。在药品专利保护方面,当欧盟制定《药品补充保护证书条例》时,已经有两个成员国规定了药品补充保护证书,另有一个成员国正在制定这样的法律。这表明,制定《药品补充保护证书条例》的目的,就是要协调成员国关于药品专利保护期限延长的规定,防止因为药品专利保护期限不同而发生分割共同市场的后果。至于药品专利权人的利益,医药企业自由生产相关药品的利益,以及社会公众获得合理价格药品的利益,涉及了方方面面的因素,应当在另一个立法中予以统一考虑。在这方面,《药品补充保护证书条例》规定,药品专利保护期限的延长,最多不得超过五年,已经充分考虑了药品生产企业和社会公众的利益。

再来看一个关于指令的判决。2001 年判决的"Netherlands"一案①,涉及了欧盟理事会和欧盟议会于 1998 年颁布的《生物技术专利指令》。具体说来,这个指令对植物、动物和人体的发明,哪些可以获得专利,哪些不能获得专利做出规定,其目的是协调成员国专利法中的相关规定。然而,荷兰政府反对利用动物和植物进行基因操作,反对利用生物发明鼓励对于动植物基因的操作。于是,荷兰政府针对欧盟议会、欧盟理事会和欧盟委员会提起诉讼,就《生物技术专利指令》的合法性提出挑战,要求宣告该项指令无效。意大利政府和挪威政府也参与了荷兰提起的诉讼。

荷兰政府在诉讼中提出,《生物技术专利指令》是一个错误制定的指令,因为在这个领域中,不存在需要欧盟予以协调的法律、法规和行政措施。欧盟法院则在判决中指出,按照《欧盟运行条约》第 114 条的规定,在某一特定的领域或者方面,当成员国的法律、法规和行政措施出现分歧,妨碍了共同市场的建设和商品自由流动的时候,为了防止此种分歧和不同的扩大,欧盟可以采取法律措施,协调成员国的法律、法规和行政措施。而在生物技术领域,正如《生物技术专利指令》的序言所说,成员国在这个问题上的法律规定和做法,已经出现了分歧,并且有可能对于成员国之间的贸易造成障碍。欧盟法院由此而得出结论说,欧盟理事会和欧盟议会发布《生物技术专利指令》,协调成员国关于生物技术发明专利的法律规定,就是必要的。

---

① Judgment of the court of 9 October 2001, Case C – 377/98, Kingdom of the Netherlands, Italian Republic, Kingdom of Norway v. European Parliament, Council of the European Union, Commission of the European Communities.

荷兰政府在诉讼中还提出，欧盟成员国的专利保护规则，包括关于生物技术发明专利保护的规则，都是来自《欧洲专利公约》。与此相应，即使欧盟要保护生物技术专利，也应当与欧洲专利公约组织谈判，协调《欧洲专利公约》的相关规定。正是从这个意义上说，欧盟没有必要发布协调成员国生物技术专利的指令。欧盟法院则在判决中指出，根据欧盟议会和理事会提供的资料，成员国的专利法虽然来自《欧洲专利公约》，但在生物技术发明的可专利性方面，成员国对于《欧洲专利公约》条文的不同解释，已经造成了一些法律规定和司法上的差异，从而妨碍了共同市场的正常运用。例如在当时，某些成员国在植物发明和人体发明是否可以获得专利保护方面，出现了明显的歧异。因此，《生物技术专利指令》要求成员国保护生物技术发明，其目的就是要防止贸易障碍的产生。

欧盟法院在判决中强调，欧盟发布《生物技术专利指令》，其目的是协调成员国的法律规定，尽可能减少成员国法律在这一问题上的差异，以及由此而产生的贸易障碍。至于这种差异或者障碍是来自原有的法律，还是来自对于相关国际条约的理解，则是无关紧要的。在这方面，无论成员国的有关法律差异来自国际公约，或者来自对于国际公约的不同解释，欧盟都可以发布指令，确保成员国对相关国际公约的规定做出统一解释。与此相应，欧盟没有任何理由不去制定协调指令，也没有任何理由通过间接的和不可预见的谈判方式，去修改《欧洲专利公约》的规定。

最后来看一个关于提升合作的判决。2015 年判决的“Spain”一案①，涉及了《欧盟运行条约》规定的“提升合作”机制。如前所述，2009 年 12 月生效的《欧盟运行条约》第 326 条至第 334 条规定了“提升合作”机制。按照这个机制，欧盟的若干个成员国可以在欧盟条约规定的范围之内，就某一特定的问题或者方面达成进一步合作的协议，包括制定条例、采取法律措施。自 2010 年开始，大约有 25 个成员国决定利用提升合作的机制，推动欧盟范围内统一专利的实现。到了 2011 年 3 月，欧盟理事会依据《欧盟运行条约》的相关规定，授权相关成员国利用提升合作机制创设统一专利。随后，欧盟理事会和欧盟议会于 2012 年 12 月通过了《欧盟统一专利条例》（以下简称《条例》）。

按照《条例》，统一专利的申请和授予将使用英文、德文、法文中的任何一种，并且将其摘要翻译为另外两种语言。由于这种语言安排没有考虑西班牙文，西班牙对于《欧盟统一专利条例》一直持反对意见。到了 2013 年 3 月，西班牙政府向欧盟法院提起诉讼，要求宣告《条例》非法，或者予以废除。在诉讼中，西班牙政府提出了 7 点理由，包括违反法治原则，没有法律依据，滥用权力，破坏欧盟法律的统一性，等等。欧盟法院经过审理，在 7 个问题上都驳回了西班牙政府的主张。下面仅讨论其中的法治原则和法律依据两个问题。

西班牙政府在诉讼中说，按照《欧盟统一专利条例》，统一专利的基础是欧洲专利，即欧洲专利局对于申请案进行审查，依据相关的条件和要求作出是否授予统一专利的决定。然而，欧洲专利局是独立于欧盟的机构，欧洲专利局做出的授权与否的决定，并不接受欧盟法律的司法审查。由此而获得的统一专利，就很难作为欧盟的基本权利，获得欧盟法律的统一保护。与此相应，《条例》违反了法治原则，应当予以废除。欧盟法院在判决中说，《条例》属于《欧洲

---

① Judgment of the Court (Grand Chamber) of 5 May 2015, Case C – 377/98, Kingdom of Spain v. European Parliament and Council of the European Union.

专利公约》的子协议。对于参与《条例》的成员国来说,欧盟专利局授予的专利权,经过申请人的请求,在这些成员国中一体有效,具有统一专利的特征。然而,《条例》没有规定获得专利的条件或者要求,欧洲专利局是否授予统一专利,完全是依据《欧洲专利公约》的条件或者要求。从这个意义上说,《条例》没有将《欧洲专利公约》纳入欧盟的法律体系。事实上,《条例》仅仅表明,原来由欧洲专利局授予的专利权,经过申请人的请求之后,可以转换为欧盟统一专利。与此相应,欧盟法院不对欧洲专利局授予的统一专利进行合法性审查,没有破坏欧盟的法治原则。

西班牙政府在诉讼中说,《条例》是依据《欧盟运行条约》第 118 条的规定而制定的。按照第 118 条的规定,在共同市场运行的范围内,欧盟议会和理事会可以通过一般立法程序,创设在欧盟范围内一体有效的知识产权。西班牙政府认为,该条例所创设的欧盟统一专利,既不属于在欧盟范围内一体有效和受到保护的知识产权,也没有达到协调成员国相关法律的目的。事实上,《条例》仅仅是《欧洲专利公约》的子协议,虽然由某些成员国缔结,但所涉及的保护客体和制定的宗旨,与《欧盟运行条例》无关。欧盟法院指出,《欧盟运行条约》第 118 条是一个新增加的条文,赋予欧盟立法机构创设新的知识产权的职责。然而,条文所说的“欧盟范围”(throughout of the Union),并非是指所有成员国的范围。本案争议的《条例》是依据提升合作机制而制定的。与此相应,这里的“欧盟范围”就不应当是所有成员国的范围,而应当是指参与了提升合作机制的成员国的范围。或者说,是指《条例》参与国的范围,而非全欧盟的范围。从这个意义上说,只要依据《条例》而创设的统一专利在所有参与国的范围内一体有效,一体受到保护,就满足了《欧盟运行条约》第 118 条的规定。欧盟法院最后得出结论说,《条例》的制定和由此而产生的统一专利,符合第 118 条的规定,应当被判定为有效。

在以上三个典型案例中,欧盟法院分别判定《药品补充保护证书条例》《生物技术专利指令》《欧盟统一专利条例》有效,并且驳回了相关成员国对于条例或者指令合法性的挑战。当然,这并不表明在所有的情况下,欧盟法院都会判定欧盟的立法有效。例如,欧盟法院于 2001 年判决的“Germany”一案①,涉及欧盟理事会于 1998 年 7 月通过的《烟草广告指令》。该指令是依据《欧盟运行条约》第 114 条制定的。德国政府认为,广告的设计、播放以及影响力,通常都限于某一个成员国,与跨越成员国边境的贸易基本无关。同时,根据《欧盟运行条约》第 114 条,只有在促进内部市场的建设和运行的意义上,欧盟立法机关才可以采取必要的措施,协调成员国的立法。德国政府认为,《烟草广告指令》含有某些限制性条款,不仅没有促进烟草产品在成员国之间的自由流动,反而限制了这种流动。与此相应,欧盟理事会依据《欧盟运行条约》第 114 条通过《烟草广告指令》是错误的,应当被宣告为无效。欧盟法院在详细讨论了双方当事人的各项主张以后,认为《烟草广告指令》不应当依据《欧盟运行条约》第 114 条制定,并宣告该指令无效。显然,这个判例表明,欧盟法院在必要的时候,可以宣告已经通过的指令或者条例无效。

---

① Judgment of the Court of 5 October 2000, Case C - 376/98, Federal Republic of Germany v. European Parliament, and Council of the European Union.

第二节　知识产权实施措施的协调

一、《知识产权实施指令》

知识产权是一种无形财产权,很容易受到他人侵犯。如果在受到侵权的时候,权利人不能获得及时而有效的法律救济,其知识产权的商业价值也就大为降低了。其中的"有效"是指,相关的法律救济措施,应当是适当的和具有劝阻力的,既可以弥补权利人的损失,又可以防止侵权的发生。其中的"及时"是指,相关的救济程序应当具有合理的期限,不得无限期地拖延。这也包括在必要的时候,采取诉前的禁令、证据保全和财产保全。

正是由此出发,世界贸易组织《与贸易有关的知识产权协议》在第三部分专门规定了知识产权的实施措施,其标题为"知识产权执法"。其中的第一节规定了知识产权的实施义务,要求成员采取必要的法律措施,确保知识产权的权利人可以获得及时而有效的法律救济。其中的第二节规定了成员可以采取民事程序、行政程序和刑事程序的救济措施,以有效遏制侵权。其中的第三节规定了诉前的临时措施,包括诉前的责令停止侵权和证据保全。其中的第四节规定了边境保护措施,包括扣押和销毁侵权物品。按照要求,世界贸易组织的成员都应当依据该协议中的上述规定,在国内立法中落实上述实施措施。

欧盟及其成员国与世界贸易组织的关系比较复杂。一方面,欧盟的各个成员国如法国、德国、西班牙、意大利等,以国家的名义加入了世界贸易组织,成为世界贸易组织的成员。另一方面,欧盟作为一个经济实体,也以自己的名义加入了世界贸易组织,在欧盟层面上享有相关权利和承担相关义务。就知识产权而言,欧盟加入世界贸易组织,成为《与贸易有关的知识产权协议》的成员之一。与此相应,至少是在共同市场的层面上,欧盟承担着落实《与贸易有关的知识产权协议》,包括落实协议规定的实施措施的义务。

在2004年欧盟发布《知识产权实施指令》之前,成员国在知识产权的实施措施方面,存在一系列差异。例如,有关证据保全的临时措施,有关损害赔偿的计算方式,以及有关禁令的适用,成员国的规定多有不同。又如,有的成员国没有规定关于信息获得的措施和程序,有的成员国没有规定由侵权人承担费用,召回已经流入市场的侵权物品。实施措施上的这些差异,不仅损害了欧盟共同市场的运行,使得知识产权所有人在共同市场上不能获得同等保护,而且妨碍了对于知识产权的有效保护,损害了市场主体在共同市场上从事商业活动的信心,进而影响了市场主体对于创新的投资。①

正是基于以上的考虑,欧盟理事会和欧盟议会于2004年4月通过了《知识产权实施指令》(以下简称《实施指令》),就协调成员国的知识产权实施机制做出了一些必要的规定。②发布《实施指令》,一方面是为了协调成员国有关知识产权实施的程序和救济措施,另一方面也是为了落实欧盟执行《与贸易有关的知识产权协议》的义务。但是,《实施指令》只涉及该

---

① Recitals 7, 8, 9, Directive 2004/48/EC on the enforcement of intellectual property rights.

② Directive 2004/48/EC of the European Parliament and of the Council of 29 April 2004 on the enforcement of intellectual property rights (Official Journal of the European Union L 157 of 30 April 2004).

协议规定的民事措施、诉前的临时措施和边境措施,而不涉及有关刑事措施的部分。根据要求,成员国应当在 2006 年 4 月 29 日以前,贯彻《实施指令》中的相关规定。[①] 不过,对于大多数成员国来说,这并不成为问题。因为,欧盟成员国都是世界贸易组织的成员。即使没有欧盟的《实施指令》,它们也必须在国内法中落实《与贸易有关的知识产权协议》中有关实施措施的规定。

《实施指令》主要规定了成员国的一般义务、证据获得、信息获得、临时和预防措施,以及案件审理后的救济措施。值得注意的是,对于成员国来说,《实施指令》仅仅设定了一个必须达到的最低标准。在此基础上,成员国还可以采取其他的有效措施。例如《实施指令》第 16 条规定:“在不损害本指令所规定的民事和行政措施、程序和救济的前提下,成员国可以在知识产权受到侵犯时采取其他的恰当措施。”

关于成员国在知识产权实施方面的一般义务,见于《实施指令》第 4 条和第 5 条。根据规定,成员国应当提供必要的措施、程序和救济,以确保本指令所提及的知识产权得以有效实施。而且,这些措施、程序和救济应当公平公正,不应当过于复杂和费用太高,不应当包含不合理的时效限制或者无限期的拖延。同时,这些措施、程序和救济应当有效、适当和具有劝阻力,既不会成为合法贸易的障碍,也不至于构成程序的滥用。根据规定,知识产权的持有人、获得授权使用知识产权的人、知识产权的集体管理机构、可以为知识产权所有人辩护的专业团体,都可以利用相关的措施、程序和救济。

关于证据获得,见于《实施指令》第 6 条和第 7 条。根据规定,如果一方当事人已经提供了合理的证据,足以支持其主张,同时又指出对于其主张具有实质性意义的特定证据,掌握在另一方手中,则成员国的司法机关可以责令另一方提供该证据,但应当考虑对于秘密信息的保护。成员国的司法机关可以裁定,就大量的作品或者其他受保护的物品而言,其中的某些样品就可以构成合理的证据。此外,就商业性规模的侵权活动而言,成员国的司法机关可以应权利人的请求,要求被告提供银行、财务和商业往来文件,但应当考虑秘密信息的保护。

关于临时措施,见于《实施指令》第 9 条。根据规定,成员国的司法机关应权利人的请求,可以针对被控侵权人发布临时禁令,目的是防止即将发生的侵权,或者制止连续侵权行为。成员国的司法机关还可以应权利人的请求,下令扣押或转移可能侵权的物品,以防止其进入商业渠道。在商业性大规模侵权,而且权利人表明将遭受不可挽回损失的情形下,成员国的司法机关可以采取预防措施,扣押被控侵权人的动产和不动产,包括冻结其银行账户和其他财产。

以上是《实施指令》中关于一般义务、证据获得和临时措施的规定。至于信息获得、禁令和损害赔偿,则在后面结合相关的典型判例予以说明。

顾名思义,《实施指令》是与知识产权实施相关的指令。与此相应,这里的“知识产权”,是指依据成员国法律和欧盟法律获得的知识产权,这里的“实施”是指知识产权所有人(包括持有人、被许可人和集体管理组织)依据相关的程序,针对侵权人提起诉讼和获得相应的法律救济。根据已有的判决,在权利获得程序中发生的纠纷,在权利无效程序中发生的纠纷,不属于知识产权实施过程中的纠纷,因而也不在《实施指令》的调整范围之内。例如,欧盟法院于

---

① Article 20, Directive 2004/48/EC on the enforcement of intellectual property rights.

2012 年判决的“Bericap”一案,就涉及了实用新型权利无效宣告的问题。

在“Bericap”一案[①]中,Plastinnova 公司于 1991 年 5 月向匈牙利专利局提出了一项外观设计权利申请,随后更改为实用新型权利申请,并且获得授权。到了 1998 年 5 月,Bericap 公司向匈牙利专利局提起无效宣告请求,理由是涉案的实用新型缺乏新颖性和创造性。2004 年 6 月,匈牙利专利局作出行政决定,维持 Plastinnova 公司的实用新型权利有效,但是缩小了权利保护的范围。Plastinnova 公司不服行政决定,向布达佩斯市政法院提起诉讼,又向布达佩斯上诉法院和匈牙利最高法院提起上诉,最终结果仍然是实用新型权利部分有效。这属于本案的第一轮诉讼,是权利人针对行政决定提起的诉讼。

到了 2007 年 1 月,Bericap 公司再次针对 Plastinnova 公司的实用新型,向匈牙利专利局提起无效宣告请求,其理由仍然是缺乏新颖性和创造性。而 Plastinnova 公司则依据此前的专利无效宣告程序,以及自己的实用新型权利部分有效的判决结果,要求专利局驳回 Bericap 公司的请求。匈牙利专利局依据《匈牙利专利法》的相关规定,以及权利人提出的证据,作出了维持实用新型权利部分有效的决定。Bericap 公司不服该行政决定,以实用新型权利人 Plastinnova 公司为被告,再次向布达佩斯市政法院提起诉讼,要求宣告涉案实用新型权利无效。随后,布达佩斯市政法院作出判决,维持了专利局关于实用新型部分有效的决定。在原告提起的上诉中,布达佩斯上诉法院重新审查了专利局的决定,认定专利局关于涉案实用新型部分有效的决定是正确的。

然而在另一发面,上诉法院又表示疑虑,本案所涉及的实用新型无效宣告,是否与欧盟的《实施指令》相关。尤其是《实施指令》第 2 条第 1 款规定,本指令所规定的措施、程序和救济,应当适用于所有的侵犯知识产权的情形;第 3 条第 2 款规定,这些措施、程序和救济应当是有效的、适当的和具有劝阻力的,并且不应当造成对于贸易的阻碍。上诉法院还认为,本案的实用新型还涉及了《巴黎公约》和《与贸易有关的知识产权协议》,这也是《实施指令》提到的国际条约。于是,布达佩斯上诉法院决定暂停案件的审理,请求欧盟法院就相关的问题作出前置裁定。

欧盟法院指出,布达佩斯上诉法院显然认为,《实施指令》,尤其是其中的第 2 条第 1 款和第 3 条第 2 款,与实用新型的无效宣告有关。然而,《实施指令》的宗旨是,要求成员国针对侵犯知识产权的行为,提供各种措施、程序和救济,有效地保护当事人的知识产权。这表明,《实施指令》仅仅与知识产权的实施相关,仅仅与知识产权的侵权有关,从而与知识产权获得程序中的,或者无效宣告程序中的纠纷没有关系。事实上,按照《实施指令》第 2 条和第 3 条的规定,只有已经获得了知识产权的人,或者说知识产权的所有人,才可以利用相关的措施、程序和救济,有效地、适当地和具有劝阻力地保护自己的知识产权。欧盟法院在判决中说,就本案而言,提起实用新型无效宣告的 Bericap 公司,既不是知识产权所有人,也不是相关的侵权人。在这方面,Bericap 公司仅仅是依据《匈牙利专利法》中的无效宣告程序,主张涉案的实用新型权利无效。要求宣告他人的实用新型权利无效,显然与侵犯实用新型权利无关,因而与《实施指令》的规定无关。

---

① Judgment of the Court (Third Chamber), 15 November 2012, Case C180/11, Bericap Záródástechnikai Bt. v. Plastinnova 2000 Kft.

此外,按照欧盟法院的相关判决,关于知识产权许可费用的纠纷,包括版权补偿费用的计算方式和支付方式纠纷,也与《实施指令》无关。例如在2013年的"ACI Adam"一案[①]中,就涉及了版权补偿费用的计算方式问题。按照德国和荷兰等欧盟国家的做法,版权集体管理组织可以就市场上销售的复印机、打印机、录音机和录像机等设备,以及打印纸张、空白磁带、空白录像带、空白CD和DVD等材料征收版权补偿费用。其基本推理是,这些设备和材料可以经由私人使用,复制版权作品,进而损害了版权所有人的利益。与此相应,应当对于这些设备和材料征收一定的版权使用费,由版权集体管理组织转付给版权所有人,以弥补其因为私人复制而遭受的经济损失。当然,版权补偿费用最终是由购买相关设备和材料的消费者承担的。

在"ACI Adam"一案中,原告是荷兰的一些公司,制造和进口一些空白媒介,例如CD和CDR,可以用于复制音乐作品和其他作品。本案的被告是荷兰的两家版权集体管理公司,以其首字母缩写称为"SONT",既负责收取和分配私人复制的补偿费用,又负责确定费用的收取标准和数额。按照《荷兰版权法》第6条第3款,原告应当依据被告确定的费率标准,就自己制造和进口的空白CD和CDR,向被告支付版权补偿费用。然而,被告在确定费率标准的时候,使用了两个标准。一是私人复制所依据的作品复制件是合法的,例如经过了权利人的授权;二是私人复制所依据的作品复制件是非法的,例如没有获得权利人的许可,属于盗版复制件。按照被告的要求,原告应当就后一种情形,支付高于前一种情形的补偿费用。

原告认为,被告关于两种情形的支付标准,自己难以履行,因而向海牙地方法院提起诉讼,要求被告取消烦琐的费率标准。原告在诉讼中主张,征收私人复制费,是为了补偿版权所有人因为私人复制而遭受的损失。征收私人复制费用,应当考虑私人复制行为对于版权所有人造成的损害,而不应当考虑私人复制依据的是合法的复制件还是非法的复制件,以及版权所有人因为非法复制件而产生的损失。海牙地方法院经过审理,驳回了原告的诉讼请求。原告不服判决,向海牙上诉法院提起了上诉。当海牙上诉法院维持了地方法院的判决之后,原告又向荷兰最高法院提起了上诉。

荷兰最高法院认为,2001年颁布的《信息社会版权指令》第5条第2款第2项,虽然规定版权所有人应当因为私人复制而获得合理的补偿费用,但并没有规定在征收合理补偿费的时候,应当考虑非法复制件的问题。与此相应,如果那些应当支付补偿费的公司(如本案的原告),针对收取和转付费用的组织(如本案的被告),就什么是合理费用而提起诉讼,是否可以适用《实施指令》的相关规定。于是,荷兰最高法院暂停审理,请求欧盟法院就上述两个问题作出前置裁定。

欧盟法院在判决中指出,成员国关于合理补偿费用的征收,应当考虑私人复制依据的是合法复制件还是非法复制件。如果像原告所主张的那样,仅仅考虑私人复制的补偿费,而不考虑所依据的是合法复制件还是非法复制件,就会在客观上起到鼓励非法复制件的作用。这是对于荷兰最高法院提出的第一个问题的回答。关于第二个问题,欧盟法院在判决中说,《实施指令》的宗旨是确保知识产权的实施,确保成员国提供了相应的实施措施、程序和救济。根

① Judgment of the Court (Fourth Chamber), 10 April 2014, Case C435/12, ACI Adam BV and Others v. Stichting de Thuiskopie and Stichting Onderhandelingen Thuiskopie vergoeding.

据规定,《实施指令》仅仅与知识产权的实施相关。而且,按照《实施指令》第2条,只有知识产权的所有人,才可以依据相关的措施、程序和救济,达到保护自己知识产权的目的。这表明,《实施指令》既不适用于非知识产权所有人,也不适用于非侵权行为。

欧盟法院最后得出结论说,本案所涉及的是私人复制的例外,以及这个例外对于收取和转付合理补偿费用的影响,对于空白媒介的生产者和进口者支付合理补偿费用的影响。与此相应,本案的纠纷不是因为侵权行为而发生,因而不适用《实施指令》的相关规定。

以上是有关《实施指令》适用范围的两个典型案例。下面继续结合典型案例,讨论《实施指令》规定的信息获得、禁令和损害赔偿等问题。

二、信息获得

关于信息获得,见于《实施指令》第8条。根据规定,在知识产权的侵权诉讼过程中,成员国的司法机关可以应知识产权所有人的请求,责令侵权人或者其他人披露侵权物品或服务的来源和销售渠道。其中的"其他人",包括以商业性规模拥有侵权物品的人,以商业性规模使用或提供侵权服务的人,以及生产、制造和销售侵权物品,或者提供侵权服务的人。值得注意的是,《实施指令》第8条的标题是"信息权利"(right of information),这似乎表明,要求提供与侵权相关的信息,是知识产权所有人的"权利"。与此相应,要求被控侵权人和其他人提供相关的信息,则是他们应尽的"义务"。

根据《实施指令》第8条,侵权人或者其他人应当提供的信息包括:侵权产品生产者、制造者、销售者、提供者的姓名和地址,或者侵权产品或服务的持有人。应当提供的信息还包括:批发商和零售商的姓名和地址,以及有关侵权产品数量、价格的信息。除此之外,依据欧盟法院的判决,知识产权所有人还可以要求银行等金融机构,提供侵权者的账户信息。显然,这些信息的获得,既有利于知识产权所有人主张权利,也有助于主管机关采取措施,遏制侵权的发生。下面来看几个典型案例。

欧盟法院于2015年判决的"Coty Germany"一案①,涉及了银行提供侵权者账户信息的问题。在这个案件中,原告是一家香水制造和销售公司,拥有注册商标"Davidoff Hot Water"。大概是出于打击假冒的策略,原告于2011年1月在一家网络拍卖平台上,购买了一瓶带有"Davidoff Hot Water"商标的香水,并且通过卖方提供的银行账户支付了相应的金钱。原告很快就发现,自己购买的是假冒香水。为了追踪假冒商品的来源,原告要求拍卖平台提供卖方的银行账户信息。然而,卖方在拍卖平台上所使用的是代码,而非真实姓名。随后,原告又向卖方的开户银行Stadtsparkasse提出请求,要求提供相关账户持有人的姓名和住所。而开户银行则以保守个人信息为由,拒绝了原告的请求。

于是,原告针对拒绝提供信息的银行,向德国马德格堡地方法院提起了诉讼。法院经过审理,向被告下达了提供相关账户信息的命令。然而在被告提起的上诉中,德国诺姆堡上诉法院认为,原告的要求不符合《德国商标法》关于侵权人信息披露的规定。上诉法院还认为,尽管银行向售假者提供了账户服务,尽管相关的账户被用于侵权活动,银行仍然可以依据《德

① Judgment of the Court (Fourth Chamber) of 16 July 2015, Case C - 580/13, Coty Germany GmbH v. Stadtsparkasse Magdeburg.

国商标法》和《民事诉讼法》的相关规定,拒绝提供账户持有人的信息。上诉法院还认为,即使按照欧盟《实施指令》的相关规定,包括第8条关于信息披露的规定,被告银行也可以拒绝提供账户持有人的信息。

在此情形之下,原告向德国最高法院提起上诉,坚持自己的主张,即被告银行应当披露账户持有人的姓名和地址。德国最高法院也表示怀疑,依据《实施指令》的相关规定,尤其是第8条的规定,被告是否应当披露售假者的账户信息,例如姓名和住址。鉴于此,德国最高法院提请欧盟法院,就《实施指令》第8条规定的信息披露,与成员国关于银行个人信息保护法律的规定,作出前置裁定。具体说来,《实施指令》第8条关于信息披露的规定,是否允许银行依据相关的信息保密法律,拒绝披露侵权者的账户信息。

欧盟法院首先指出,依据《实施指令》第8条,在涉及侵犯知识产权的诉讼程序中,成员国的司法机关应当依据权利人的合理主张,命令知晓侵权产品来源、销售渠道的任何人,提供相关的信息。第8条还规定,成员国法院在责令提供相关信息时,应当确保不会侵犯他人的商业秘密和个人数据。毫无疑问,诸如本案的被告银行,属于《实施指令》规定的应当提供信息的机构。同样毫无疑问,被告银行所掌握的客户账号、姓名、住址等信息,又属于欧盟1995年发布的《个人信息保护指令》规定的个人数据。① 一方面,知识产权应当受到保护,另一方面个人数据也应当受到保护。这就要求成员国在贯彻落实相关指令时,平衡二者的关系,进而作出相应的规定。同时,成员国的司法机关在具体的案件中,既要考虑相关的法律规定,又要依据案件的具体情形,平衡两方面的利益,进而作出判决。

欧盟法院继续论证说,就本案所涉及的侵犯商标权的情形而言,被告银行拒绝披露的信息,显然属于《实施指令》第8条规定的应当予以披露的信息。在这方面,《实施指令》虽然没有赋予知识产权所有人以获得相关信息的权利,但是却要求成员国承担起义务,可以通过法院的命令,在平衡相关利益的前提下,让知识产权所有人获得相关的信息。欧盟法院指出,就成员国有关银行信息保密的法律来看,本案的被告确实可以拒绝提供侵权者的账户信息。因为,这类法律没有规定适用的条件或者资格,因而是绝对性的规定。但是这样一来,就会使得《实施指令》规定的信息获得权利落空,进而影响相关知识产权的实施和保护。与此相应,孤立地适用银行信息保密法律,就妨碍了《实施指令》第8条的规定,进而损害了知识产权所有人的权利和利益。欧盟法院由此而提出建议,就本案的具体情形而言,成员国法院可以依据本国的其他法律规定或者做法,要求银行披露侵权者的账户信息,包括姓名和住址,以便知识产权所有人主张权利。

根据以上的判决可见,成员国法院在相关的案件中,不仅要考虑《实施指令》的相关规定和知识产权的保护,而且要考虑有关个人数据的权利。知识产权和个人数据权利,都是应当受到保护的基本权利。法院既不应当孤立地适用有关个人数据权利保护的法律,也不应当孤立地适用有关知识产权保护的法律。

根据欧盟法院的判决,知识产权所有人不仅可以在侵权诉讼中获得侵权者的信息,而且

---

① Directive 95/46/EC of the European Parliament and of the Council of 24 October 1995 on the protection of individuals with regard to the processing of personal data and on the free movement of such data, Official Journal L 281, 23/11/1995, p. 31 – 50.

可以在侵权诉讼结束之后,另行要求侵权者提供相关的信息,以方便自己获得必要的损害赔偿。例如在2017年的"New Wave"一案①中,原告拥有一件文字商标"MagaBabe",使用在玩具类产品上。被告All Toys也是一家玩具经销商,未经许可使用了原告的商标。在原告提起的第一轮诉讼中,捷克布拉格城市法院判决,被告未经许可使用"MagaBabe"商标,侵犯了原告的商标权。在法院审理过程中,原告还追加了一个请求,要求法院责令被告提供与侵权产品相关的信息,例如制造商、进口商和销售网络等,但法院没有同意这一请求。这样,在商标侵权诉讼结案之后,原告又向布拉格城市法院提起一个新的诉讼,要求法院责令被告All Toys公司,提供与侵权产品相关的信息,包括侵权产品的来源、销售网络,以及制造商、供货商、储存商、销售商和相关的数量。

布拉格城市法院经过审理,驳回了原告要求被告提供相关信息的请求。一审法院认为,依据捷克落实欧盟《实施指令》的相关规定,原告可以在侵权诉讼中,要求被告提供与侵权相关的信息。就被告的侵权而言,法院已经作出了被告侵权的判决,相关的案件已经终结。在此基础之上,原告不能再提起一个诉讼,要求被告提供相关的侵权信息。原告不服一审判决,向布拉格上诉法院提起了上诉。而上诉法院则认为,将捷克法律中关于信息获得权利的规定,与《实施指令》第8条的规定放在一起来看,原告完全可以另行提起诉讼,要求被告提供与侵权相关的信息。随后,被告不服上诉法院的判决,向捷克最高法院提起了上诉。

捷克最高法院认为,捷克法律中的相关规定与《实施指令》第8条的规定,在表述上确实存在不同。按照捷克法律的规定,知识产权所有人在侵权诉讼程序中(in proceedings for infringement of a right),可以申请获得信息。然而按照《实施指令》的规定,则是在与侵犯知识产权相关的程序中(in the context of proceedings concerning of an infringement of intellectual property rights),可以申请获得信息。捷克最高法院还指出,对于《实施指令》关于获得侵权信息的上述规定,英文、法文和捷克文的表述,都有一些差别,因而请求欧盟法院就相关的问题做出解释。就本案而言,捷克最高法院还提出了一个具体问题,依据《实施指令》第8条的规定,在一个侵权诉讼案件终结之后,知识产权所有人是否可以单独提起一个诉讼,要求侵权人提供相关的侵权信息。

欧盟法院在判决中说,按照以往的判例法,在解释某一条文的具体规定时,不仅应当理解条文的具体表述,而且应当理解该表述的上下文,以及相关条文或者法律所要达到的目的。按照这样一种解释方式,《实施指令》第8条规定的"在与侵犯知识产权相关的程序中"获得信息,就不能狭隘地理解为仅仅涉及侵权的诉讼。事实上,《实施指令》第8条规定的"程序",不仅包括侵权诉讼的程序,而且包括其他的单独程序,例如在侵权诉讼终结之后另行提起诉讼,要求侵权人提供相关的信息。在这方面,即使捷克文、英文、法文对于相关规定的表述有所不同,也应当以有利于权利人获得侵权信息的角度加以理解,以有利于保护知识产权的角度加以理解。事实上,起草《实施指令》的欧盟委员会已经向欧盟法院提交了说明,应当以最为宽泛的方式理解第8条所规定的"与侵犯知识产权相关的程序"。

欧盟法院继续论证说,按照《实施指令》第8条的规定,成员国法院可以责令知晓侵权的

---

① Judgment of the Court (Ninth Chamber) of 18 January 2017, Case C-427/15, NEW WAVE CZ v. ALLTOYS.

"任何人"提供有关侵权的信息。显然,这里的"任何人"具有非常广泛的含义,并不仅限于侵权人。与此相应,除了针对侵权人要求获得侵权信息,知识产权所有人还可以针对其他人提起诉讼,要求获得与侵权有关的信息。这也从另外一个方面证明,第8条所说的"与侵犯知识产权相关的程序",不限于针对侵权人的诉讼程序。

欧盟法院指出,发布《实施指令》的目的是协调成员国有关知识产权实施的措施、程序和救济,进而达到对于知识产权的高水平保护。从高水平保护知识产权的角度来看,允许知识产权所有人不仅在侵权诉讼中,而且在其他程序中获得与侵权相关的信息,允许知识产权所有人不仅针对侵权人,而且针对其他人提起诉讼,获得与侵权相关的信息,就是非常重要的。例如,从损害赔偿的计算来说,从获得充分的补偿来说,知识产权所有人只有在获得了必要的侵权信息之后,才可以提出自己的主张。与此相应,即使是相关的侵权诉讼已经终结,知识产权所有人仍然可以另行提起诉讼,就像本案所涉及的情形一样,要求侵权人提供必要的信息。

20世纪末期以来,计算机技术和网络技术的发展,给知识产权的保护,尤其是版权保护带来了一系列挑战。从网络环境中的版权保护来说,一个很重要的问题就是网络服务商是否应当承担一定的信息披露责任。这是因为,实施直接侵权行为的个人,都是经由网络服务商提供的存储空间服务、链接服务和文档交换服务而实现其侵权结果的。与此相应,责令网络服务商在必要的条件下向权利人披露网络用户的信息,对于知识产权所有人维护其权利就是非常重要的。在这方面,欧盟法院和成员国法院在一系列典型判决中,依据《实施指令》第8条的规定,明确了网络服务商应当向权利人披露与侵权相关的信息,包括侵权人的姓名、住址,侵权的时间和地点等。

然而在另一方面,责令网络服务商提供侵权者的信息,又会涉及个人隐私和个人数据的问题。这样,如何处理知识产权保护与个人数据、个人隐私保护的关系,就是一个立法机关和司法机关必须面临的问题。例如,在2008年的"Promusicae"一案①中,欧盟法院就具体论述了知识产权保护与个人隐私、个人数据保护的关系。

在"Promusicae"一案中,原告是西班牙音乐版权集体管理组织,代表了音乐作品、录音权利人的利益。被告是一家电信公司,为网络用户提供相关的服务,包括用户接入服务。根据案情,被告的一些用户使用P2P软件,通过个人电脑交换了一些音乐录音,侵犯了原告管理的音乐和录音版权。于是,原告于2005年11月在马德里第五商业法庭提起诉讼,要求法院责令被告提供相关用户的真实身份和住址,以便自己提起进一步的侵权诉讼。第五商业法庭经过审理,很快下达了要求被告提供相关信息的临时命令。

随后,被告针对临时命令提起上诉,认为按照西班牙《信息社会和电子商务法》的相关规定,自己仅仅在刑事调查的程序中,或者为了公共安全和国防的目的,才有义务向相关的公权力机关,披露用户的信息。与此相应,在原告提起的民事诉讼程序(而非刑事程序)中,自己没有义务向原告(非公权力机关)披露用户的相关信息,法院也不应当下达相关的禁令。而原告则认为,对于西班牙《信息社会和电子商务法》的相关规定,必须与欧盟2000年的《电子商务指令》、2001年的《信息社会版权指令》、2004年的《实施指令》结合起来予以解读。按照上述

① Judgment of the Court (Grand Chamber) of 29 January 2008, Case C－275/06, Productores de Música de España (Promusicae) v. Telefónica de España SAU.

指令，尤其是《实施指令》第 8 条的规定，即使是在民事诉讼程序中，法院也可以责令被告提供相关用户侵犯知识产权的信息。鉴于双方当事人的争执，马德里第五商业法庭决定暂停诉讼程序，提请欧盟法院就相关的问题作出前置裁定。具体说来，上述三个指令是否允许成员国将电子商务经营者提供用户信息的范围，限定在刑事调查、公共安全和国防安全的程序中，而将民事程序排除在外。

为了说明相关的问题，欧盟法院首先讨论了成员国法院没有提及的欧盟《隐私和电子通讯指令》。[①] 欧盟法院说，这个指令颁布于 2002 年，其宗旨是确保个人信息的秘密性。根据规定，未经相关个人的许可，任何个人和企业，不得以各种方式传播他人的个人信息。当然，《隐私和电子通讯指令》也规定了几个例外，即为了国防安全、公共安全和刑事调查的目的，电子商务的经营者应当披露涉案个人的信息。在这方面，《隐私和电子通讯指令》还要求成员国就该指令的相关规定，包括个人信息保护的例外，以及对于他人权利和自由的保护，进行具体立法。欧盟法院指出，关于其中的"他人权利和自由"，指令没有具体列举。这表明，《隐私和电子通讯指令》既没有将财产权（包括作者权利）的保护排除在外，也没有将相关的民事诉讼程序排除在外。与此相应，成员国可以要求类似于本案的网络服务商，在保护财产权的民事诉讼中，向权利人披露侵权者的个人信息。

欧盟法院继续论证说，成员国法院提及的三个指令，2000 年的《电子商务指令》、2001 年的《信息社会版权指令》、2004 年的《实施指令》，其宗旨都是有效地保护工商业产权，包括本案原告主张的版权。其中的《实施指令》第 8 条还要求，在与知识产权侵权相关的程序中，成员国法院可以依据权利人的请求，责令网络服务商提供侵权货物来源和销售网络的信息。当然，权利人提出的提供相关信息的请求，应当是合理的和恰当的。这就要求成员国法院在下达信息提供命令时，综合平衡知识产权所有人、个人信息所有人的利益，而非单方面地做出提供或者不提供相关信息的判决。

大体说来，在"Promusicae"一案中，欧盟法院虽然倾向于成员国法院可以依据《实施指令》第 8 条的规定，责令网络服务商提供侵权人的信息，但仍然强调了应当适当保护侵权人的个人隐私和个人数据。然而到了 2012 年的"Bonnier"一案，欧盟法院则进一步强调了对于知识产权所有人的保护，要求网络服务商必须提供侵权人的信息，例如姓名和地址。

在"Bonnier"一案[②]中，原告是一些录音书籍（audio books）的出版商，就涉案的 27 部录音书籍享有专有权利。然而，一些计算机网络的用户，使用文档交换软件，未经许可通过被告 ePhone 提供的网络服务，发行了原告的录音书籍。于是，原告向瑞典索尔纳地方法院提起诉讼，要求被告 ePhone 提供 2009 年 4 月 1 日 3 点 28 分至 5 点 45 分，非法交换其录音书籍者的姓名、住址，以及网络地址。而被告则提出抗辩说，依据欧盟 2006 年发布的《数据保存指令》

① Directive 2002/58/EC of the European Parliament and of the Council of 12 July 2002 concerning the processing of personal data and the protection of privacy in the electronic communications sector (Directive on privacy and electronic communications).

② Judgment of the Court (Third Chamber), 19 April 2012, Case C461/10, Bonnier Audio AB and Others v. Perfect Communication Sweden AB.

(Directive on the Retention of Data),[①]自己仅仅有义务向公权力机关,而非个人或者企业,披露相关的信息。索尔纳地方法院经过审理,依据《实施指令》第8条的规定,要求被告向原告披露相关的信息。被告不服一审判决,向斯德哥尔摩上诉法院提起上诉。上诉法院经过审理认定,2006年《数据保存指令》的相关规定,并不妨碍法院依据《实施指令》第8条的规定,在民事诉讼程序中要求被告披露相关的信息。被告仍然不服判决,向瑞典最高法院提起了上诉。

瑞典最高法院经过审理认定,就本案而言,原告提供的侵权证据较为清楚,依据《实施指令》第8条的规定,应当责令被告ePhone向原告提供侵权用户的信息。然而瑞典最高法院又指出,自欧盟《数据保存指令》于2006年颁布以来,成员国法院尚没有就《数据保存指令》与《实施指令》的关系,提请欧盟法院作出过裁决。此外,尽管《数据保存指令》要求成员国于2009年3月以前贯彻实施,但在本案发生时瑞典尚未贯彻实施,这是否会影响案件的判决。于是,瑞典最高法院提请欧盟法院,就上述两个问题作出前置裁定。

欧盟法院在判决中说,2006年颁布的《数据保存指令》,其宗旨是协调成员国关于数据保存和数据提供的规则,以便在刑事案件的调查、拘留和诉讼程序中,让相关的公权力机关获得必要的数据和信息。该指令确实没有规定,个人或者企业可以获得相关的数据信息。在这方面,《数据保存指令》与此前2002年的《隐私和电子通讯指令》有着很多重合之处。然而,《数据保存指令》仅仅涉及数据保存和刑事程序中的数据提供,有其特定的立法宗旨和范围,并不排除《实施指令》第8条的适用。与此相应,《数据保存指令》与《实施指令》之间,不存在立法和司法上的冲突,不能依据前者的规定,排除后者的适用。欧盟法院还指出,虽然瑞典在《数据保存指令》规定的期限内,没有通过立法贯彻落实相关的规定,但并不妨碍法院对于本案的处理。

欧盟法院继续论证说,本案所涉及的问题是,原告在民事诉讼程序中,要求被告提供与侵权用户相关的信息。这是一个与《实施指令》相关的问题。在这方面,成员国法院应当综合考虑《信息社会版权指令》《实施指令》和有关个人信息保护指令的规定,平衡版权所有人和网络用户的个人利益,进而作出必要的判决。欧盟法院指出,根据瑞典落实《实施指令》的相关法律规定,在侵权证据明确的前提下,掌握了侵权者信息的网络服务商,应当向权利人披露相关的信息,例如侵权人的姓名和住址。显然,这些信息的获得,对于权利人进一步查清侵权行为,获得相应的法律救济,是非常重要的。至于侵权人因为信息披露而受到的损害或者痛苦,则是微不足道的。因为,侵权人已经实施了侵犯他人知识产权的行为。

三、禁令

按照《实施指令》的规定,法院一旦确定被告侵权,可以责令被告采取纠正性措施和停止侵权,还可以责令被告支付损害赔偿和法律费用。这里先讨论纠正性措施和责令停止侵权,损害赔偿和法律费用则留待下一小节论述。

---

① Directive 2006/24/EC of the European Parliament and of the Council of 15 March 2006 on the retention of data generated or processed in connection with the provision of publicly available electronic communications services or of public communications networks and amending Directive 2002/58/EC.

根据《实施指令》第 11 条,成员国法院在确定侵权之后,可以针对侵权人下达禁令,制止其从事进一步的侵权行为。显然,这里所说的“禁令”是指永久性禁令。至于诉前和诉讼中的临时性禁令,则见于《实施指令》第 9 条的规定之中。为了叙述的方便,这里将临时性禁令和永久性禁令一并论述。

又据《实施指令》第 10 条,成员国法院在确定侵权之后,可以应权利人的请求,责令侵权人承担费用,从商业渠道中召回侵权物品、移除侵权物品和主要用于制造侵权物品的原材料、工具,或者销毁侵权物品和相关的原材料、工具。这叫作纠正性措施。显然,在很多国家的法律规定中,这种纠正性措施,例如召回或者销毁侵权物品,也属于禁令的一个组成部分。此外,依据《实施指令》第 9 条,在诉前和诉讼之中,法院可以下令没收或者扣押有可能认定为侵权的物品,以防止有可能侵权的物品进入商业流通。当然,提出请求的知识产权所有人,应当提供一定的担保。这种没收或者扣押,属于临时性禁令的一个部分。

大体说来,针对直接侵权者下达禁令,无论是依据欧盟的《实施指令》,还是依据成员国的法律,早已不是问题。至少,欧盟和各个成员国都是《与贸易有关的知识产权协议》的缔约方,都有义务按照《与贸易有关的知识产权协议》关于知识产权实施的要求,责令直接侵权者停止侵权。所以,自 2004 年《实施指令》发布以后,有关的争议点在于,市场管理者是否应当为他人的侵权行为承担禁令责任,以及如何承担禁令责任。其中的市场管理者,既包括实体市场的管理者,也包括在线市场的管理者(Online Marketplace Operators)。

先来看一个实体市场管理者承担禁令责任的典型案例。在 2016 年判决的“Tommy”一案①中,原告是一些知名品牌的所有人,其品牌包括“Lacoste”和“Burberry”。被告 Delta Center 是位于捷克布拉格的一家实体市场的管理者。具体说来,被告先是租借了一家市场大厅,然后分割成摊位出租给数百家小商户,后者则出售各种各样的商品。被告在与小商户签订的出租合同中要求,小商户的经营活动应当遵守相关的法律规定,包括不得销售假冒商品。除此之外,被告还向小商户散发了手册,其中说明一旦发现出售假冒商品,将终止摊位的出租合同。尽管如此,原告仍然发现一些承租摊位的小商户出售了假冒自己品牌的商品,因而向布拉格市法院提起诉讼,要求法院责令被告,一旦有小商户被司法或者行政机关认定为售假,不得再次与相关的小商户签订出租合同。与此同时,原告还要求法院责令被告在相关媒体上向原告赔礼道歉。

布拉格市法院经过审理,于 2012 年 2 月作出判决,驳回了原告的诉讼请求。一审法院认为,尽管被告提供的设施和服务为第三人利用,但不存在被告侵犯原告权利或者有可能侵犯原告权利的问题。因为,在销售假冒商品的过程中,真正受害的是假冒商品的购买者。在这方面,原告没有在捷克提供相关的商品,因而没有实际损失。在原告提起的上诉中,布拉格高等法院再次驳回了原告的诉讼请求,认为不能将法律规定中的“设施和服务”给予过于宽泛的解释。否则,向市场提供电力的公司也会成为帮助侵权者。在此情形之下,原告向捷克最高法院提起了上诉。

捷克最高法院认为,捷克法律中规定的“某人提供的设施和服务为第三人利用而侵权”,

---

① Judgment of the Court (Second Chamber) of 7 July 2016, Case C－494/15, Tommy Hilfiger Licensing LLC and Others v. DELTA CENTER.

来自《实施指令》第11条的规定,因而请求欧盟法院对于相关规定的具体含义做出解释。捷克最高法院还提出,《实施指令》第11条规定,“中间人提供的服务为第三人利用而侵犯知识产权”(intermediary whose services are used by a third party to infringe an intellectual property right),是否仅指网络服务商,而不包括实体市场管理者。

欧盟法院在判决中说,依据《实施指令》第11条,成员国应当承担义务,当第三人利用中间人的服务侵犯他人知识产权的时候,应当责令中间人采取措施,制止正在发生的侵权和防止未来可能发生的侵权,而不论该中间人是否应当对于侵权事实承担责任。从经济学的角度来看,只要某一市场主体所提供的服务,为第三人所利用而侵犯了他人的知识产权,就属于《实施指令》所述的“中间人”。如果一个市场主体所提供的服务,没有被第三人利用而侵犯他人的知识产权,则不属于中间人。欧盟法院指出,就本案而言,被告Delta Center向那些小商户出租了摊位,毫无疑问是向这些小商户提供了服务。同样毫无疑问的是,其中的某些小商户出售了假冒商标的商品,属于利用被告的服务而侵犯了他人的知识产权。在这里,没有必要确定那些假设的服务提供者,例如电力提供商是否属于《实施指令》第11条所述的“中间人”,第三人是否利用电力而侵犯了他人的知识产权。就本案而言,被告提供了摊位出租的服务,使某些小商户可以在市场上出售假冒商品,就满足了中间人的要件。

关于《实施指令》第11条所述的“中间人”,是否仅仅指在线市场管理者的问题,欧盟法院给予了否定的回答。法院在判决中说,《实施指令》第11条所说的“中间人”,与在线市场或实体市场无关。根据规定,只要中间人提供的服务为第三人利用而侵犯了他人的知识产权,无论中间人提供的是在线服务还是实体服务,都应当承担相应的法律责任。事实上,欧盟制定《实施指令》,并没有将其适用范围限定在在线服务方面。《实施指令》的宗旨是,确保成员国对于知识产权提供一个高水平的一体化的保护。如果仅仅将中间人限定于在线市场管理者,而允许实体市场的管理者出租摊位和侵犯他人知识产权,则会在很大程度上损害《实施指令》的宗旨。

再来看一个在线市场管理者承担禁令责任的典型案例。在2011年判决的“L’Oreal”一案①中,原告是香水、化妆品和护发素的生产销售者,也是国际知名品牌“L’Oreal”“Lancome”的拥有者。原告的销售方式是开设专卖店和选择有限的销售商,以专卖的方式出售自己的产品。本案的被告eBay是著名的网络市场开设者和管理者,允许个人和小商户在其网站上销售、拍卖、许诺销售各种商品,而被告则依照成交额收取一定的费用。在某些情况下,被告还在其网络市场上为某些个人或者小商户发布广告和设立链接。按照被告的要求,销售者和购买者在网络市场上从事交易的时候,都要接受格式合同的要求,其中包括不得买卖假冒商品。

显然,一些个人和小商户通过出售、拍卖和许诺销售的方式,在被告的网站上销售了假冒原告商标的商品。于是,原告先是于2007年5月发出警告信,要求被告采取措施制止假冒其商标的行为。随后,原告又向英国高等法院提起诉讼,要求被告承担侵权责任。具体说来,尽管从事售假行为的是个人或者小商户,但被告作为网络市场的所有人和管理者,应当承担相应的侵权责任。同时,被告为售假者发布广告,在网络上展示假冒商品,则是直接侵犯了原告

① Judgment of the Court (Grand Chamber) of 12 July 2011, Case C-324/09, L’Oréal SA and Others v. eBay International AG and Others.

的商标权。英国高等法院经过审理发现，对于原告指控的假冒商品，无论是被告还是销售者，都没有异议；被告已经在其网络市场上安装了过滤系统，以便及时发现买卖假冒商品的行为；买卖假冒商品者一经发现，被告会采取相应的制裁措施，包括关闭其账户和网店。英国高等法院认为，就本案的最终判决而言，还有一系列法律问题需要澄清。其中包括，在网络上销售商品是否属于上市，去掉非买商品的包装再次销售是否属于侵权，以及网络服务商如何为他人的侵权行为承担禁令的责任。于是，英国高等法院提出了 10 个问题，请求欧盟法院作出前置裁定。其中的 9 个问题涉及了欧盟《商标指令》和《电子商务指令》，1 个问题涉及了《实施指令》。这里仅讨论与《实施指令》相关的问题。

英国高等法院提出的问题是，依据《实施指令》第 11 条，知识产权所有人针对网络经营者所获得的禁令，是否既包括制止正在发生的侵权，也包括防止未来发生的侵权。关于这一点，被告 eBay 认为相关的禁令应当仅仅针对已知的侵权，而不应当针对未知的侵权。欧盟法院在判决中指出，《实施指令》第 11 条的规定是，成员国法院可以针对侵权者下达"防止侵权继续发生的禁令"(injunction aimed at prohibiting the continuation of infringement)。显然，这里的"禁令"具有非常广泛的含义，既包括制止已知的侵权行为，也包括防止未来的侵权行为。将这个规定延伸到网络经营者，则是指成员国法院可以责令 eBay 这样的在线市场经营者，既制止已经发生的侵权行为，也防止未来发生的侵权行为。

在此基础之上，欧盟法院还讨论了被告可以采取哪些措施，以防止未来的侵权。法院在判决中说，《实施指令》第 11 条仅仅要求成员国法院可以责令侵权人停止侵权和防止侵权，但并没有规定具体的措施。这样，采取什么样的措施防止侵权，就是一个由成员国立法和司法具体决定的事情。在这方面，《实施指令》第 3 条也只是原则性地规定，成员国采取的措施，应当是有效的、适当的和具有劝阻性的。其中的"适当性"，是指具体的措施不能是成本过高的，不能构成正常商业活动的障碍。例如，适时终止侵权人的商业活动，既可以制止已经发生的侵权活动，也可以防止未来的侵权活动，因而属于有效的和适当的措施。又如，适时向权利人披露侵权人的信息，也属于有效的和适当的措施。

值得注意的是，关于成员国法院应当采取的制止侵权和防止侵权的措施，《实施指令》一直强调应当是有效的、适当的和具有劝阻力的。其中的"有效"和"具有劝阻力"比较容易理解。而其中的"适当"，则要求成员国法院依据案件的具体情形，一方面采取措施制止侵权和防止侵权，另一方面又不至于造成成本过高和妨碍正常的商业活动。如果相关的措施是不适当的，也难以得到法院的支持。下面来看一个典型案例。

在 2011 年判决的"Scarlet"一案①中，原告是比利时音乐著作权集体管理组织，代表音乐词曲作者和出版者发放许可和收取费用。被告是一家网络服务接入公司，提供网络空间服务，但不提供下载或者文档交换服务。原告于 2004 年年初发现，一些网络用户利用被告的网络服务空间，或者交换音乐文档，或者下载音乐作品，既没有获得原告的许可，也没有支付费用。于是，原告于当年 6 月向布鲁塞尔初审法院提起诉讼，要求被告采取措施，制止其用户的侵权行为。原告还要求被告，不仅制止已知的侵权行为，而且应当制止未来的侵权行为，因而

---

① Judgment of the Court (Third Chamber) of 24 November 2011, Case C－70/10, Scarlet Extended SA v. Société belge des auteurs, compositeurs et éditeurs SCRL (SABAM).

要求被告在其网络服务中装载过滤软件,以便及时发现和制止非法的音乐文档交换。

初审法院经过审理,认定一些网络用户确实利用被告的网络服务,未经原告许可交换音乐文档,侵犯了原告的权利。但是在针对被告下达禁令之前,初审法院委托一位专家进行调查,责令被告装载过滤软件,监督文档交换软件的使用者,及时发现和制止侵权,是否具有可行性。专家经过调查得出结论,装载原告所要求的过滤软件,虽然在技术上有些困难,但并非完全不可行。于是,初审法院下达禁令,要求被告自己承担相关的费用,在其网络服务器上装载过滤和发现非法交换音乐文档的软件。

被告不服一审法院判决,向布鲁塞尔上诉法院提起了上诉。被告在上诉中说,安装过滤软件能发现和阻碍非法的文档交换,在技术上尚未获得证实。同时,装载这类过滤软件还会面临一系列技术上的问题,例如增加网络负担,减缓网络速度等。此外,在文档交换软件不断更新的时代,同时会有很多文档交换软件存在,针对现有文档交换软件的过滤软件即使可行,也很快为新的文档交换软件或者其他软件所超越。被告在上诉中还抗辩说,要求网络服务商装载一般性的过滤软件,不符合欧盟《电子商务指令》第 15 条的规定。按照规定,成员国不应当要求网络服务商承担一般性的义务,监控其传送、储存的信息,也不应当要求网络服务商承担起一般性的义务,发现和指明互联网络上的非法行为。被告还认为,初审法院要求自己装载过滤软件,以发现和阻止非法文档交换,还与欧盟关于个人信息保护的法律相冲突。按照欧盟的相关法律,个人数据和个人隐私也是应当获得保护的基本权利。

布鲁塞尔上诉法院经过审理认为,关于本案的判决,不仅涉及《信息社会版权指令》和《实施指令》,还涉及《电子商务指令》和《个人数据与隐私保护指令》,因而提请欧盟法院就相关的问题作出前置裁定。具体说来,成员国的法院是否可以责令网络服务商,自己承担相应成本引入过滤系统,进而不加区别地、永久性地监管文档交换软件的使用者,以制止已知的侵权和防止未来的侵权。

欧盟法院在判决中说,按照《信息社会版权指令》第 8 条关于网络服务商承担禁令的规定,按照《实施指令》第 11 条关于网络服务商承担禁令的规定,知识产权所有人确实可以要求网络服务商承担停止侵权的责任,成员国法院也可以责令网络服务商制止已知的侵权和防止未来的侵权。至于禁令的具体内容和方式,则是一个由成员国决定的事情。然而无论如何,成员国法院在考虑禁令的时候,不仅要考虑有效性和劝阻性,而且不能与欧盟的其他法律相冲突。欧盟法院继续论证说,然而在另一方面,2000 年的《电子商务指令》第 15 条又规定,成员国的主管机关不得要求网络服务商一般性地监控其传送和储存的信息。根据以往的判例法,不得要求网络服务商从事一般性监控,也包括不得对于侵犯知识产权的行为进行一般性的监控。欧盟法院进一步指出,要求网络服务商以自己承担费用的方式,一般性地监控用户的侵权行为,也与《实施指令》第 3 条所规定的“适当性”相抵触。就本案而言,原告要求被告装载过滤系统,既能够发现已有的侵权行为,又可以防止未来的侵权行为,既可以监控侵权的文档交换,又可以监控非侵权的文档交换,既可以监控侵权人的行为,又可以监控非侵权人的行为,既可以监控和发现侵权行为,又可以阻碍侵权性交换行为的发生,显然违反了禁令的适当性。

欧盟法院继续论证说,知识产权,包括本案原告享有的权利,应当获得保护。然而,知识产权的保护不是绝对性的。保护知识产权,还应当考虑对于其他权利的保护。例如,就本案而言，一方面要保护原告的知识产权，另一方面又要保护他人的个人数据和隐私权。知识产权和个人隐私权，都是欧盟法律予以保护的基本权利。如果按照原告的要求装载过滤系统，虽然有利于保护知识产权，但是却会严重损害网络用户的隐私权利和个人数据权利。欧盟法院最后得出结论，基于欧盟《信息社会版权指令》《实施指令》《电子商务指令》《个人数据与隐私保护指令》，成员国法院不得要求网络服务商装载有争议的过滤系统。

四、损害赔偿和法律费用

关于认定侵权之后的法律责任，上一小节讨论了禁令的问题，这一小节讨论损害赔偿(damages)和法律费用(legal costs)两个问题。

先来看损害赔偿。根据《实施指令》第13条，成员国法院在认定侵权人故意或者过失侵权之后，可以责令侵权人向权利人支付适当的损害赔偿。成员国法院在确定损害赔偿数额时，应当考虑权利人的利润损失，侵权人的不当得利，以及权利人的精神损失等因素。成员国法院还可以依据许可使用费等因素，确定一个总的损害赔偿数额。但在侵权人不是故意侵权，或者没有理由知道侵权的情形下，成员国法院可以责令侵权人支付利润所得或者损害赔偿，而不考虑其他因素。

根据欧盟法院的判决，《实施指令》第13条规定的损害赔偿及其计算方式，是针对成员国的一个基本要求。在此基础之上，成员国还可以规定更为有利于权利人的损害赔偿数额和计算方式。例如2017年的"Stowarzyszenie"一案①，就涉及了成员国法律是否可以规定惩罚性损害赔偿的问题。在这个判决中，原告是波兰视听作品集体管理组织，就一系列视听作品享有权利，发放许可和收取费用。而被告则是一家电视广播组织，在波兰的弗罗茨瓦夫市通过电缆网络播放视听作品。双方当事人曾经就播放视听作品达成过一个协议，包括费用的支付比例。然而到了1998年12月30日，原告向被告发出通知，终止原有的视听作品使用协议，重新谈判作品使用费的数额和比例。在此之后，被告一方面继续使用原告管理的视听作品，另一方面向波兰版权委员会提起申请，要求后者确定自己应当支付的费用和比例。波兰版权委员会于2009年3月作出裁定，被告应当向原告支付的视听作品使用费，应当是被告纯收入的1.6%。

原告似乎不满意版权委员会的裁定，于2009年向弗罗茨瓦夫初审法院提起诉讼，要求被告停止播放自己管理的视听作品，直到双方就新的费率标准达成协议。原告还要求被告，就过去几年对于自己管理的视听作品的使用，支付88,000余欧元的费用。随后，初审法院作出判决，责令被告向原告支付36,000余欧元的作品使用费，但驳回了原告的其他诉讼请求。原告和被告均不服判决，向弗罗茨瓦夫上诉法院提起上诉，后者又驳回了双方当事人的上诉请求。于是，双方当事人再次向波兰最高法院提起上诉，其中的一个法律问题是，是否应当责令被告支付惩罚性损害赔偿。

波兰最高法院经过审理，也对《波兰版权法》中关于惩罚性损害赔偿的规定产生了疑虑。具体说来，《实施指令》第13条仅仅规定了侵权人应当向权利人支付损害赔偿，但并没有规定

---

① Judgment of the Court (Fifth Chamber) of 25 January 2017, Case C－367/15, Stowarzyszenie "Oławska Telewizja Kablowa" w Oławie v. Stowarzyszenie Filmowców Polskich w Warszawie.

惩罚性损害赔偿。而《波兰版权法》则规定,版权中的经济权利所有人,可以要求两倍于通常权利金的损害赔偿。如果被告是恶意侵权,还可以要求三倍于通常权利金的损害赔偿。显然,这个规定具有惩罚性的意味。此外,按照《实施指令》第13条,权利人为了获得相应的损害赔偿,应当证明被告的侵权行为与自己遭受的损害结果之间存在着因果关系。而法院在确定损害赔偿数额的时候,也应当考虑与侵权行为相关的因素。但是依据《波兰版权法》,权利人在要求两倍或者三倍的损害赔偿时,不必证明被告的侵权行为与自己遭受的损害之间存在着因果关系。于是,波兰最高法院请求欧盟法院,就上述两个问题作出前置裁定。

欧盟法院在判决中说,发布《实施指令》的宗旨是确保知识产权在欧盟范围内得到有效保护。与此相应,第3条要求成员国提供有效的、适当的和具有劝阻力的措施、程序和救济。然而,什么是有效的、适当的和具有劝阻力的措施、程序和救济,则是一个由成员国法律具体规定的问题。在这方面,《实施指令》仅仅提供了一个基本的和最低的要求,并不妨碍成员国规定更加有利于权利人的措施、程序和救济。欧盟法院继续论证说,就权利人可以获得的法律救济措施来说,《实施指令》第13条规定了损害赔偿及其计算方式。按照同样的道理,这个规定并不妨碍成员国立法规定更加有利于权利人的赔偿方式,例如惩罚性损害赔偿。所以,按照《波兰版权法》的规定,权利人可以要求侵权人支付损害赔偿,或者两倍于权利金的损害赔偿,或者在侵权人具有恶意的时候要求三倍于权利金的损害赔偿。

欧盟法院认为,波兰《版权法》所说的不必证明侵权行为与损害结果的关系,仅仅是在非常狭窄的意义上说,原告不必证明被告的行为到底造成了多少实际损害。按照波兰《版权法》,权利人在主张两倍损害赔偿时,是以通常的权利金为基点而提出主张,因而不必证明自己所遭受的确切损失。事实上,《实施指令》第13条规定的损害赔偿计算方式中,就有一个选择性方案:成员国法院"在适当的情形下,可以依据诸如权利金或者费用数额的要素,确定一个总的数额,作为损害赔偿"。显然,法院在确定这个总的赔偿数额的时候,也不要求说明权利人的确切损失。

值得注意的是,《实施指令》第13条规定的损害赔偿及其计算方式,还要求成员国法院在必要的时候,考虑权利人的精神损失等非经济性因素。显然,对于权利人精神损失的考虑,应当在具体的侵权案件中予以确定。例如在2016年的"Liffers"一案①中,原告就主张了精神损害的赔偿。在这个案件中,原告里弗斯先生制作了一部电影"两国记:古巴的夜晚",其兼任导演、剧本和制片人。这部电影反映了六位主人公在哈瓦那生活的故事,以及他们之间的同性生活和跨性生活。本案的被告是一家电影公司,制作了一部反映古巴童妓的文献片,以及与童妓相关的黑社会犯罪活动。然而,被告在制作文献片的过程中,出于主题的需要,未经许可使用了原告电影中的一些片段。当被告的文献片在西班牙电视频道Telecinco播放以后,原告针对文献片的制作者和电视频道,在马德里第六商业法庭提起诉讼,要求两被告立即停止侵权,同时支付损害赔偿。关于其中的经济损失,原告依据一般许可费用的计算方式,要求被告支付6740欧元。或者说,如果被告寻求许可而使用原告电影的片段,应当支付的许可费用。在此基础之上,原告还要求被告支付10,000欧元的损害赔偿,作为对于自己精神损害的

① Judgment of the Court (Fifth Chamber) of 17 March 2016, Case C-99/15, Christian Liffers v. Producciones Mandarina SL and Mediaset España Comunicación SA, anciennement Gestevisión Telecinco SA.

补偿。这属于“一揽子”损害赔偿,没有具体的计算方式。

马德里第六商业法庭经过审理,支持了原告的部分损害赔偿请求,要求被告支付3370欧元经济损害赔偿,以及10,000欧元的精神损害赔偿。在被告提起的上诉中,马德里省法院一方面将经济性损害赔偿减少为962欧元,另一方面又驳回了原告关于精神损害赔偿的请求。上诉法院认为,由于原告选择了以一般许可费的方式计算自己的损害赔偿,因而不能再要求精神损害赔偿。或者说,一般许可费的损害赔偿与精神损害的赔偿是相互排斥的,不能同时选择和适用。原告不服省法院的判决,向西班牙最高法院提起了上诉。原告在上诉中抗辩说,关于精神损害的补偿,应当适用于所有的情形,而不论原告是以实际损失的方式还是一般许可费的方式主张了经济损失。西班牙最高法院也表示疑虑,按照《实施指令》第13条的规定,权利人是否可以同时主张经济性损害赔偿和精神损害赔偿,因而提请欧盟法院就《实施指令》第13条的相关规定作出解释。

欧盟法院在判决中说,解释一个法律条款,不仅要看这个条款的行文,而且要看这部法律制定的宗旨和所要达到的目的。《实施指令》第13条第1款规定,成员国的司法机关在确定损害赔偿时:第一,应当考虑所有的相关要素,诸如消极的经济后果,包括受害方遭受的利润损失,侵权人获得的不当利润,以及在必要的情形下考虑非经济的要素,诸如侵权行为造成的权利人的精神损害;第二,作为上述措施的替代,在适当的情形下依据一些基本的要素,至少是诸如权利金或者费用的数额,确定一个总的数额作为损害赔偿金。欧盟法院说,从行文上看,第二种计算方式确实没有提到精神损害。但是,第二种计算方式也没有将精神损害排除在外。从其中的“至少是”或者“诸如”来看,显然允许成员国法院考虑其他的基本要素,例如这里所说的精神损害。

欧盟法院论证说,关于第二种计算方式应当包括精神损害的说法,还可以从第13条的行文结构予以说明。《实施指令》第13条第1款规定,在侵权人明知或者应知而侵权的情况下,成员国法院可以应受害人的请求,责令侵权人支付适当的损害赔偿,以补偿权利人因为侵权而遭受的实际损失。显然,这里所说的“实际损害”,既包括权利人的经济损害,也包括作者的精神损害。与此相应,当权利人遭受了精神损害的时候,即使他按照一般权利金或者许可费用主张了经济损失,也不妨碍他同时主张精神损害和相应的赔偿。事实上,第13条规定了两种损害赔偿的计算方式,第二种仅仅是第一种计算方式的替代,仅仅是在某些特定的情形下才适用。这表明,第二种计算方式应当是在第一种计算方式的范围之内,而非排斥第一种计算方式。欧盟法院最后得出结论说,即使是权利人选择《实施指令》第13条规定的第二种计算方式,按照一般权利金或者许可费用而主张损害赔偿,也仍然可以按照第一种计算方式,主张其中的精神损害赔偿。

以上是关于损害赔偿和相关典型案例的论述。下面讨论法律费用的问题。根据《实施指令》第14条,败诉方应当承担胜诉方的法律费用和其他费用。其中的法律费用和其他费用,应当是合理的和适当的;其中的胜诉方既可以是案件中的原告,也可以是被告。值得注意的是,由败诉方承担胜诉方的法律费用和其他费用,包括胜诉方的律师费,是欧洲的做法。这与美国双方当事人各自承担自己的律师费显著不同。此外,《实施指令》第15条还规定,成员国法院在必要的时候可以应权利人的请求,责令侵权人自己承担费用,全部或者部分公开判决书。

来看一个阐明法律费用的典型案例。在2016年的"United Video"一案①中,原告是一家电子产品公司,就某种产品拥有一项专利权。被告是比利时的一家电信网络公司。大约是在2012年年初,原告在比利时安特卫普商业法院提起诉讼,主张被告侵犯了自己的专利权,要求被告停止侵权和支付相关的费用。然而,法院于2012年4月作出判决,宣告涉案的专利权无效,进而驳回了原告的所有诉讼请求。一审法院在判决中还责令原告向被告支付11,000欧元的法律费用,这是比利时相关法令规定的最高额度。原告不服判决,向安特卫普上诉法院提起了上诉。随后,原告决定终止诉讼程序,接受一审法院的判决。

然而被告则在上诉案中提出,原告除了向自己支付11,000欧元的诉讼费,还应当支付185,462欧元的律师费,以及44,400欧元的专家费用。针对被告的主张,上诉法院作出判决,维持11,000欧元的法律费用,而没有支持律师费和专家费的主张。因为,按照比利时的相关法律规定,胜诉方每一诉讼案件最多只能获得11,000欧元的法律费用,其中包括了律师费。而且,在通常的情况下,被告不能获得所说的专家费用,除非能够证明原告是过错诉讼,并且继续相关的诉讼。被告则提出抗辩说,比利时法律和法令有关法律费用的规定,违背了《实施指令》第14条的规定。因为,该条文一方面没有授权成员国设定律师费的最高限额,另一方面也没有要求只有在败诉方具有过错时才承担其他的费用。鉴于此,安特卫普上诉法院暂停审理,请求欧盟法院就上述两个问题作出前置裁定。

关于第一个问题,欧盟法院指出,《实施指令》第14条确立了一个基本原则,败诉方应当承担胜诉方的,合理的和适当的法律费用。在这方面,法律费用的概念,包括了律师费在内的相关费用,是指在诉讼过程中发生的维护知识产权的实质性费用。值得注意的是,第14条规定的是"合理的费用",而非所有的费用。这表明,并非胜诉方在诉讼过程中发生的所有费用,都应当由败诉方承担。与此相应,如果某一成员国在其立法中规定了一个平均数额的律师费,只要符合第14条所说的"合理的费用",就没有违反《实施指令》的规定。当然,在确定平均数额的时候,还应当考虑权利客体、律师投入的劳动和支出的费用等要素。事实上,确定一个平均数额的律师费或者法律费用,还有助于排除那些过高的不合理的律师费。当然在另一方面,如果成员国立法规定的参考数额低于一般律师费的水准,则不符合"合理的费用"的标准。显然,让败诉方支付过低的法律费用,不利于达到《实施指令》规定的"具有劝阻性"的目的。关于第一个问题,欧盟法院得出结论说,《实施指令》第14条并不妨碍成员国立法确定一个法律费用的标准,作为法院判决的参考。但前提是符合"合理的和适当的"标准,不得低于平均的律师费用或者法律费用。

关于第二个问题,是否只有当败诉方具有过错时才应当支付技术专家的费用。欧盟法院在判决中说,《实施指令》第14条确定的基本原则是,败诉方应当向胜诉方支付合理的和适当的法律费用,以及其他费用。显然,诉讼过程中所产生的技术专家的费用,属于"其他费用"的范畴。按照条文中"合理的和适当的其他费用"来看,应当对"其他费用"作出狭义的解释,即只有那些与诉讼程序直接相关或者紧密相关的费用,才属于法律规定的"其他费用"。欧盟法院进一步指出,按照《实施指令》第14条的规定,由败诉方支付"其他费用"或者"法律费用",

---

① Judgment of the Court (Fifth Chamber) of 28 July 2016, Case C-57/15, United Video Properties Inc. v. Telenet NV.

不应当以败诉方是否有过错为前提。与此相应，就本案而言，败诉方是否应当向胜诉方支付技术专家的费用，关键在于技术专家费用的产生，是否与诉讼程序直接和紧密相关。不过在欧盟法院看来，本案中被告所要求的技术专家费用，显然与诉讼程序没有直接的和紧密的联系，因为原告已经决定终止相关的诉讼。

第三节　知识产权海关保护的一体化

一、海关知识产权保护概述

知识产权是一种地域性的权利。即使某一个国家或者关税区拥有良好的法律制度，侵犯知识产权的行为很少发生，但侵犯知识产权的产品，尤其是假冒和盗版物品，还有可能从其他国家或者关税区进入这个国家或者关税区。这在当今的国际贸易中，属于经常发生的情形。正是由此出发，关贸总协定乌拉圭回合谈判才缔结了《与贸易有关的知识产权协议》。而这个协议的全称《与贸易（包括假冒商品贸易）有关的知识产权协议》，[①]一方面强调了国际贸易中存在的假冒商品问题，另一方面也表明了解决这一问题的意图。

从知识产权的地域性来看，一旦来自其他国家或者关税区的侵权产品进入这个国家或者关税区，就会很快扩散到大量的批发商和零售商手中。权利人在发现侵权物品之后，可以诉诸良好的法律制度，到法院提起诉讼，追究批发商和零售商的侵权责任，获得必要的法律救济。然而，这种侵权诉讼对于权利人来说是成本昂贵的。他不仅要耗费大量的金钱，而且要耗费大量的时间和精力，提起一系列侵权诉讼，追究一个又一个批发商或者零售商的侵权责任。从这个意义上说，针对来自其他国家或者关税区的侵权产品，最好的办法就是将其拦截在国门或者关税区之外，或者由海关部门扣押和销毁，不让侵权产品进入本国或者本关税区的商业渠道。

正是基于以上的考虑，《与贸易有关的知识产权协议》在“知识产权执法”部分，不仅规定了实施知识产权的民事措施、行政措施和刑事措施，而且规定了知识产权的边境措施。在这方面，协议详细规定了海关措施的申请，海关对于侵权物品的扣押，海关对于疑似侵权物品的放行，以及对于侵权物品的销毁和处置，等等。其条文也有 10 条之多（第 51 条至第 60 条）。基于同样的考虑，同时也是为了落实《与贸易有关的知识产权协议》中关于海关保护措施的规定，欧盟于 1994 年 12 月通过了《海关知识产权保护条例》（1999 年修订）。[②] 2003 年 7 月，为了进一步贯彻落实《与贸易有关的知识产权协议》中有关海关措施的规定，欧盟通过了第二个《海关知识产权保护条例》，取代了 1994 年的条例。[③] 2013 年 6 月，欧盟针对海关知识产权保

---

① WTO：Agreement on the Trade - Related Aspects of Intellectual Property Rights, Including Trade in Counterfeited Goods.

② Council Regulation (EC) No 3295/94 of 22 December 1994 laying down measures to prohibit the release for free circulation, export, re - export or entry for a suspensive procedure of counterfeit and pirated goods, OJ L 341, 30. 12. 1994, p. 8.

③ Council Regulation (EC) No 1383/2003 of 22 July 2003 concerning customs action against goods suspected of infringing certain intellectual property rights and the measures to be taken against goods found to have infringed such rights.

护中出现的新问题,又通过了第三个《海关知识产权保护条例》,[①]取代了2003年的条例。为了叙述的方便,以下简称《海关条例》。根据2013年《海关条例》第40条的规定,个别条款于2013年7月19日开始实施,而整体的《海关条例》则于2014年1月1日开始全面实施。这是现行的《海关条例》。

如前所述,欧盟是一个统一的关税区。[②] 在这方面,成员国依据《欧盟运行条约》组成了一个关税联盟,协调处理有关关税的事宜。[③] 与此相应,《海关条例》所处理的侵权物品,也仅限于来自其他国家或者关税区的侵权物品,或者从欧盟成员国出口到其他国家或者关税区的侵权物品。在发现这类侵权产品时,欧盟海关联盟可以依据《海关条例》,采取必要的措施,防止侵权产品的进口或者出口。至于在欧盟关税区内、在成员国之间流动的侵权物品,则由其他的法律加以规范。从这个意义上说,《海关条例》所处理的仅仅是欧盟与其他国家或者关税区的关系,而不涉及欧盟与成员国,或者成员国与成员国的关系。

《海关条例》共计六章40条,详细规定了海关保护的客体和海关保护的程序。其中的第一章是"受保护的客体、范围和定义",具体规定了可以受到保护的知识产权内容,以及假冒产品、盗版产品和侵权产品的含义。第二章是"申请",具体规定了知识产权所有人申请海关保护的程序,海关对于申请内容的审查,以及作出是否批准申请的决定。第三章是"海关措施",具体规定了海关对于侵权产品的检查、查扣、销毁或者放行的程序,以及权利人对于相关信息的获得和使用。第四章是"责任、费用和处罚",具体规定了权利人的责任、应当缴纳的费用和相关的处罚措施。第五章是"信息交换",主要规定了成员国之间、成员国与欧盟委员会之间的信息交流,以及中心数据库的建设和数据保护。第六章为其他内容,包括海关委员会、该条例的生效日期。

值得注意的是,《海关条例》与世界贸易组织《与贸易有关的知识产权协议》密切相关。如前所述,虽然欧盟各个成员国分别加入了世界贸易组织,但欧盟作为一个独立关税区,也以自己的名义加入了世界贸易组织。[④] 所以,欧盟作为世界贸易组织的成员,同样应当通过立法贯彻落实《与贸易有关的知识产权协议》中关于"边境措施"的规定。事实上,欧盟于1994年、2003年和2013年制定的三个《海关条例》,一方面贯彻落实了《与贸易有关的知识产权协议》的相关规定,另一方面则是针对欧盟的具体情形做出了一些特别的规定。正是由此出发,在理解《海关条例》相关规定的时候,如果有必要还应当参考《与贸易有关的知识产权协议》中关于"边境措施"的规定。

下面将结合相关的典型案例,就《海关条例》所规定的知识产权内容、海关措施,以及争议较大的转运与转口问题,进行讨论。

二、知识产权与侵权产品

根据《海关条例》第2条的规定,涉及海关保护的知识产权,可以分为两类:一类是欧盟一

---

① Regulation (EU) No 608/2013 of the European Parliament and of the Council of 12 June 2013 concerning customs enforcement of intellectual property rights.

② 参见本书第二章第一节中的"共同市场与关税联盟"。

③ The Treaty on the Functioning of European Union, articles 28, 29, 30, 31, 32, 33.

④ 参见本书第四章第二节第一部分。

级的知识产权,包括欧盟注册商标、欧盟注册外观设计、欧盟植物品种权,以及欧盟的药品保护证书权利和植物品种保护证书权利;另一类则是成员国一级的知识产权,包括成员国的注册商标、注册外观设计、版权、地理标志、专利、集成电路布图设计、实用新型和商号。

在此基础之上,《海关条例》界定了海关可以采取措施的侵权产品。按照《海关条例》第2条的规定,海关可以扣押和销毁的侵权物品,仅限于假冒产品、盗版产品,以及侵犯其他知识产权的产品。其中的假冒产品,是指未经注册商标所有人同意,将相同或者基本相同的商标使用在相关的产品上,或者产品的包装上;未经地理标志所有人同意,将相同或者基本相同的标志使用在相关的产品上,或者产品的包装上。其中的盗版产品,是指未经版权人、相关权人或者外观设计权人的同意而制作的复制品。值得注意的是,这里所说的"盗版",既涉及了版权和相关权,又涉及了外观设计。其中的侵犯其他知识产权的产品,是指侵犯专利权、药品专利延长保护证书、成员国或欧盟植物品种权的产品,以及侵犯实用新型的产品。此外,用于制造上述侵权产品的模具或者模型,视为侵权产品;专门用于规避版权技术措施的设置、产品、零件,也视为侵权产品。按照惯常的说法,这些产品称为"条例产品"(goods covered by the customs regulation)。

按照《海关条例》第1条的规定,欧盟海关联盟可以监控、扣押、销毁的侵权产品包括:出口和再出口的产品;进入和离开欧盟海关的产品;海关监管之下的产品,例如处于自由贸易区域或者自由仓储的产品。关于其中的"进入欧盟海关的产品",按照欧盟法院的判决,应当是指向欧盟关税区域或者有可能进入欧盟关税区域的产品。下面来看一个典型案例。

在2014年的"Blomqvist"一案①中,原告劳力士公司是著名奢侈品手表的设计和销售者,被告是丹麦人布鲁姆维斯基。根据案情,被告通过一家中文在线商店预定了一款"劳力士"手表,并支付了相应的价款。随后,在线商店从香港向被告邮寄了涉案的手表。然而当手表到达丹麦时,海关人员怀疑邮包中的手表是假冒商品,不但侵犯了原告的商标权,而且侵犯了其外观设计版权。② 于是,丹麦海关将相关情形通知了原告和被告。原告劳力士公司很快确认,邮包中的手表属于假冒商品(商标)和盗版商品(外观设计),进而要求被告同意销毁假冒手表。但是被告拒绝销毁,声称自己购买的是合法商品。于是,原告向丹麦的海事商业法院提起诉讼,要求法院责令被告同意销毁假冒手表。海事商业法院经过审理,支持了原告的诉讼请求。被告不服判决,向丹麦最高法院提起上诉。

丹麦最高法院认为,按照《海关条例》的规定,扣押和销毁侵犯知识产权的产品,必须符合两个条件:第一,在欧盟或者成员国有效的知识产权遭到了侵犯;第二,相关的侵权活动发生于欧盟关税区域或者成员国境内。就本案而言,劳力士公司在丹麦享有有效的商标权和外观设计权,并且遭到了侵犯。然而,相关的侵权活动是否发生在丹麦或者欧盟关税区域则是一个问题。因为被告布鲁姆维斯基购买假冒劳力士手表是个人使用,而非商业性使用,所以不能认为被告侵犯了原告的商标权和版权(外观设计权)。这样,本案所要解决的问题就是,在线商店是否侵犯了原告的商标权和版权(外观设计权)。具体说来,在线商店提供涉案假冒商

---

① Judgment of the Court (Second Chamber), 6 February 2014, Case C98/13, Martin Blomqvist v. Rolex SA and Manufacture des Montres Rolex SA.

② 在丹麦,外观设计是通过其《版权法》予以保护的。所以,本案的相关讨论使用了"版权"的术语。

品的行为,是否属于欧盟《商标条例》所说的"在商业活动中"未经许可使用他人的商标,是否属于欧盟《信息社会版权指令》所说的未经许可"发行"了他人的版权作品。

欧盟法院在判决中指出,依据《海关条例》的定义,"假冒产品"意味着相关产品侵犯了他人的商标权,"盗版产品"意味着相关产品侵犯了他人的版权、相关权和外观设计权。按照规定,海关可以依据知识产权所有人的申请,对于假冒产品和盗版产品采取行动,例如中止放行、查扣和销毁。在这方面,关于是否侵权的认定,仍然应当依据《商标条例》和《信息社会版权指令》,《海关条例》并没有在侵权认定方面提供新的判断标准。就本案而言,涉案的劳力士手表在非欧盟成员国制造和上市,然后通过在线商店销售给了丹麦国民。当涉案的手表进入欧盟关税区域的时候,可以认为是未经许可而在商业活动中使用了原告的商标,未经许可而在商业活动中发行了原告的外观设计作品。事实上,被告与在线商店缔结购买合同,在线商店依据合同将涉案手表邮寄给被告,已经表明这是一种商业性的买卖活动。

欧盟法院继续论证说,毫无疑问,本案的原告享有商标权和外观设计版权,因而可以针对已经进入丹麦国境的假冒手表,主张商标权和外观设计版权。然而,涉案的手表是在线商店销售和邮寄给被告的,而被告又是个人使用。与此相应,本案所要解决的问题就是,原告是否可以针对位于非欧盟成员国的在线商店主张自己的权利。欧盟法院认为,在线商店确实发布了广告、展示了侵权产品。这虽然可以让欧盟关税区域的人看到,但尚不足以证明相关的假冒产品是指向(targeted at)欧盟关税区域的人的。然而,如果相关的假冒商品或者盗版商品,销售给了或者许诺销售给了欧盟成员国的国民,则可以认为这些侵权商品指向了欧盟及其成员国的国民。在这种情况下,当假冒商品或者盗版商品进入欧盟及其成员国的时候,相关的权利人,例如本案中的原告,就可以请求海关予以扣押和销毁。

根据"Blomqvist"一案的判决,即使是存在于非欧盟成员国的在线商店的侵权商品,只要其通过具体的买卖关系,指向了欧盟及其成员国的国民,就可以认定侵犯了欧盟或者成员国层面的知识产权。与此相应,成员国的海关就可以依据《海关条例》中止侵权产品的放行,或者扣押和销毁侵权产品。显然,这对于我们理解《海关条例》所说的"条例产品",具有非常重要的意义。

值得注意的是,依据《海关条例》的规定,并非所有侵犯知识产权的产品都属于"条例产品",都可以受到《海关条例》的规范。例如,平行进口的商品不属于"条例产品"。根据《海关条例》第1条第5项规定,经过权利人同意而制造的产品,包括超出授权数量制造的产品,不属于"条例产品"。如果权利人不同意这类产品进入欧盟或者欧洲经济区域,可以依据其他的法律,例如《商标条例》《版权指令》《外观设计条例》,但不能依据《海关条例》阻止其进口。又如,《海关条例》第1条第3项规定,面向终端使用者免费发放的产品,不属于"条例产品"。再如,《海关条例》第1条第3项规定,个人行李中夹带的侵权产品,只要不是商业性的,也不属于"条例产品"。除此之外,《海关条例》没有提到的一些侵权物品,例如使用近似商标的产品(非假冒),抄袭他人作品或者外观设计的产品(非盗版),都不属于"条例产品"的范畴。

关于《海关条例》所提到的平行进口的商品,来看一个典型案例。在2015年的"Top Logistics"一案①中,原告是一家酒精饮料的制造和销售商,拥有"Bacardi"(百加得)注册商

① Judgment of the Court (Third Chamber) of 16 July 2015, Case C-379/14, TOP Logistics BV and Van Caem International BV v. Bacardi Co. Ltd and Bacardi.

标。本案的被告“Top Logistics”是一家从事商品运输和仓储的公司,案外人“Van Caem”是一家从事国际贸易的公司。根据案情,案外人于2006年,在欧盟以外的第三国,将一些带有“Bacardi”商标的瓶装酒,以小包装的方式运往荷兰。虽然这些瓶装酒是经过原告许可,在第三国合法生产的,但原告显然不同意这些瓶装酒进入欧盟市场。涉案的小包装酒产品,先是进入了鹿特丹港口的外部转运仓库,然后依据“暂缓纳税”的安排,进入了纳税仓库(tax warehouse)。其中的外部转运仓库和纳税仓库,都是由本案的被告“Top Logistics”公司经营的。当原告得知这些瓶装酒已经进入纳税仓库之后,一方面要求荷兰海关中止放行,另一方面向鹿特丹地方法院提起诉讼,要求法院下达禁令,禁止这些瓶装酒进入欧盟。在诉讼中,原告还特意依据自己在比利时荷兰卢森堡的注册商标,提出了被告侵权的主张。鹿特丹地方法院经过审理,认定停留在鹿特丹纳税仓库的瓶装酒,侵犯了原告的比荷卢注册商标。被告不服判决,向海牙上诉法院提起上诉。

海牙上诉法院经过审理认定,涉案的酒类产品处于外部转运仓库的时候,不能认定为侵犯了原告的注册商标权。因为处于外部转运仓库的产品,视为没有进入欧盟关税区域。但是,涉案产品依据暂缓纳税的安排进入纳税仓库之后,是否可以认定为侵犯了原告的注册商标权。具体说来,按照海关的相关规定,放在纳税仓库中的商品,是已经支付或者将要支付关税的商品。在本案中,则是暂缓纳税的瓶装酒。一般说来,这些商品将在支付关税后进入欧盟,因而属于“欧盟商品”。然而上诉法院又提出疑问,以暂缓纳税的安排将涉案商品放入纳税仓库,是否可以视为他人未经权利人的同意,在“商业活动中”使用了商标。或者说,处于纳税仓库中的商品,是否属于侵犯商标权的产品,商标权人是否可以制止相关商品进入自由流通。

欧盟法院在判决中说,作为问题的起点,首先应当明确,在一个或者若干个成员国获准注册的商标,只能控制相关商品在欧洲经济区域的首次上市。与此相应,商标权人可以防止他人未经许可进口带有其商标的商品,或者防止他人为了进口而许诺销售、上市或者仓储带有其商标的商品。就本案而言,涉案商品生产于欧盟以外的第三国,未经商标权人的同意进入了欧盟关税区域,并且依据暂缓纳税的安排进入了纳税仓库。随后,这些商品将在支付关税之后,进入自由流动的状态。欧盟法院指出,如果涉案商品处于外部转运仓库,因为没有进入欧盟关税区域而不在商标权的范围之内,那么已经进入纳税仓库的商品,毫无疑问属于商标权利的范围之内。在这种情况之下,原告完全可以依据其有效的注册商标,反对相关商品首次在欧盟关税区域上市。

欧盟法院指出,海牙上诉法院提出的问题是,相关的商品进入纳税仓库尚未征税和进入市场时,商标权人是否可以行使其商标权。或者说,此时的商标商品,尚未与消费者见面,是否属于商标在商业活动中的使用。显然,这是把商标的使用,限定在了与消费者见面的关系上。欧盟法院说,按照《商标指令》和《商标条例》的规定,商标的使用是指在“商业活动中”的使用,并没有限定在消费者获得相关商品上。事实上,将商标商品从第三国进口到欧盟关税区域,将商标商品放在纳税仓库中,将商标商品分发给零售商,都属于在“商业活动中”对于商标的使用。从商标权利的地域性来说,涉案的商标商品只要从外部转运仓库进入了纳税仓库,就算是进入了欧盟关税区域。随后,欧盟注册商标或者成员国注册商标的所有人就可以行使其权利,防止相关的商品首次在欧盟关税区域上市。

根据“Top Logistics”一案的判决,尽管商标权人不能依据《海关条例》阻止“真品”进入欧盟关税区域,或者防止平行进口,但是却可以依据《商标条例》或者《商标指令》,阻止商标商品的平行进口。在这方面,可以通过《海关条例》解决的问题就是,在什么样的情况下,相关的商品尚未进入欧盟关税区域,或者已经进入欧盟关税区域。

三、海关保护的申请与海关保护措施

按照《海关条例》的相关规定,知识产权的所有人只有提出申请以后,才能够获得相关权利的海关保护。根据该条例第 3 条的规定,可以提出申请的人包括:知识产权所有人,知识产权集体管理组织,专业维权团体,地理标志产品的生产者或者团体。知识产权海关保护的申请,应当向本国海关组织提出。根据规定,海关保护的申请可以分为两类:一类是依据欧盟层面的知识产权提出的申请,例如欧盟注册商标、欧盟注册外观设计、欧盟植物品种权、欧盟地理标志权。这类权利的申请一旦获得批准,其效力范围为整个欧盟,由欧盟海关联盟予以实施。另一类是依据成员国的知识产权而提出的申请,例如依据成员国注册商标、注册外观设计、版权、专利权、实用新型权。这类权利的申请一旦获得批准,其效力范围仅限于相关的成员国,由成员国海关予以实施。

根据《海关条例》的相关规定,海关组织收到知识产权海关保护的申请之后,应当审查申请表中的相关内容,进而作出是否准予海关保护的决定。通常情况下,只要申请人的资格、要求保护的权利种类、要求保护的范围等,符合《海关条例》的规定,并且支付了必要的申请费用,就可以获得海关组织的批准。在这方面,《海关条例》第 6 条详细规定了申请表中应当填写的内容。如果受理申请的海关组织作出决定,批准保护申请表中的知识产权,申请人也随之而成为“海关决定持有人”(holder of the decision)。海关决定的有效期为一年,届满可以申请续展。

获准海关知识产权保护,意味着相关的知识产权纳入了海关检查监督的程序。一般说来,海关工作人员具有丰富的经验,可以在日常工作中确认相关的产品是否有可能属于侵权产品,进而采取必要的措施。根据《海关条例》的规定,海关一旦发现或者认定进出口的货物有可能属于侵权产品,可以中止放行和予以扣押,并在同时通知货物所有人和知识产权所有人。知识产权所有人应当尽快确认,相关的货物是否侵犯了自己的知识产权。如果初步确定侵权,可以要求货物所有人同意销毁相关的商品。这可能出现两种情形:第一种是货物所有人销声匿迹,不出来反对海关的扣押。在这种情形下,海关可以应知识产权所有人的请求,销毁扣押的侵权物品。第二种是货物所有人出来反对扣押,主张自己的产品没有侵权。在这种情形下,知识产权所有人应当及时提起诉讼,由法院确认海关扣押的商品是否属于侵权商品。这在涉及外观设计、专利、实用新型和集成电路布图设计产品时,比较常见。

通常情况下,海关仅仅在检查监督的过程中,初步确认相关的货物是否有可能侵犯他人的知识产权,进而采取中止放行或者扣押的措施。至于相关的货物是否真的属于侵权物品,是否应当予以销毁,则取决于知识产权所有人和货物所有人的行为,例如要求销毁,或者反对扣押,等等。在相关的程序中,海关部门一般不会认定扣押的货物是否真的属于侵权物品。但是,依据欧盟法院的判决,如果某一成员国的法律允许海关判定相关的货物是否属于侵权物品,也没有违反《海关条例》的相关规定。下面来看一个典型案例。

在 2014 年的“Sintax”一案①中，原告是爱沙尼亚的一家贸易公司。该公司从乌克兰进口了一批瓶装的洗浴产品。当这些瓶装洗浴产品进入爱沙尼亚口岸的时候，第三人通知海关这些瓶子（而非洗浴液体）侵犯了自己的外观设计权利。于是，爱沙尼亚海关中止洗浴产品的放行，并且进行了进一步的调查，初步认定相关的瓶子侵犯了第三人的外观设计权利。按照爱沙尼亚的相关程序，外观设计的权利人和货物所有人（本案原告），都向海关部门提交了相关的证据和主张。海关部门经过审查，认定涉案的商品侵犯了第三人的外观设计权利，同时驳回了货物所有人未侵权的主张，以及要求放行的请求。货物所有人不服海关部门的裁定，向塔林（爱沙尼亚港口城市）行政法院提起诉讼。行政法院经过审理，认定海关部门裁定侵权的做法，违反了相关的程序，应当宣告无效，同时下令海关放行涉案的商品。海关不服判决，向塔林上诉法院提起上诉，后者支持了一审法院的判决。上诉法院认为，欧盟《海关条例》并没有授予海关机构以权力，认定涉案货物是否存在侵权。与此相应，由于缺乏海关机关认定侵权的程序，海关机关就应当在法定期限（10 天）届满之后，放行相关的货物。塔林海关不服上诉法院的判决，再次向爱沙尼亚最高法院提起了上诉。

爱沙尼亚最高法院经过审理认为，欧盟《海关条例》确实没有授权海关机关认定进出口货物是否侵犯他人知识产权，但是爱沙尼亚法律又明确规定，海关机构可以发起和主持双方当事人的对抗性程序，并在程序中认定涉案货物是否侵犯知识产权。爱沙尼亚最高法院由此而向欧盟法院提出疑问，上述法律规定是否违反了《海关条例》的相关规定。

欧盟法院在判决中说，《海关条例》不仅规定，海关在发现疑似侵权货物时可以中止放行，而且可以在确认侵权之后采取必要的措施。按照《海关条例》的相关规定，在知识产权所有人提出的海关保护申请获得批准后，海关可以自行发起程序，扣押疑似侵权货物。这表明，在认定相关货物是否侵权方面，《海关条例》并没有将海关排除在外。欧盟法院论证说，按照《海关条例》的相关规定，确实是知识产权所有人提出海关保护的申请，确实是知识产权所有人提出销毁侵权物品的要求，也确实是知识产权所有人在必要的时候前往法院提起诉讼。但是，这并不表明海关部门在任何情况下都是被动行为，没有主动查处的余地。事实上，按照《海关条例》的规定，即使知识产权所有人没有提出海关保护的申请，海关在发现侵权货物之后，也可以主动查扣并通知知识产权所有人。

在欧盟法院看来，《海关条例》虽然没有明确规定成员国海关可以在相关的程序中，判定涉案的货物是否侵权，但是也没有排除这种可能性。与此相应，成员国完全可以根据自身情况的需要，授权作为行政机关的海关部门，在对抗性程序中判定涉案货物是否侵权。欧盟法院还举例说，按照通常的做法，认定侵权与否都是司法机关的职责。然而《与贸易有关的知识产权协议》第 49 条却规定，成员可以通过行政程序确定是否侵权，并且由行政机关实施知识产权。当然其前提是，相关的行政程序应当基本符合民事程序，以及接受司法复审。其中的接受司法复审，则是《与贸易有关的知识产权协议》第 41 条第 4 项的规定。欧盟法院最后得出结论说，《海关条例》并不排除成员国法律作出特殊安排，由海关部门主动发起相关的程序，进而作出涉案货物是否侵权的裁定。当然，海关部门作出的侵权与否的决定，如果当事人提

---

① Judgment of the Court (Second Chamber) 9 April 2014, Case C583/12, Sintax Trading OÜ v. Maksu – ja Tolliamet.

出异议,还应当接受司法机关的复审。

显然,"Sintax"一案的判决是非常具有启发意义的。按照欧盟法院的判决,《海关条例》仅仅在知识产权的海关保护方面,提出了一些基本的和最低的要求,成员国应当予以贯彻落实。在此基础之上,成员国还可以对于相关的程序和条件作出进一步的规定,但前提条件是这些规定没有违反《海关条例》和《与贸易有关的知识产权协议》的相关规定。

按照《海关条例》的规定,在监督检查和扣押进出口的侵权货物中,海关部门具有很大的自主性,既可以依据知识产权所有人的请求查处,也可以依据知识产权所有人的申请备案主动查处。在必要的时候,即使知识产权所有人没有提出海关保护的申请,海关部门怀疑相关的进出口货物侵犯了其知识产权,也可以履行中止放行和扣押的职责。当然在这种情况下,海关应当及时通知知识产权所有人,由其主张权利和提起相应的程序。不过,在知识产权的海关保护中,海关虽然可以主动查处进出口的侵权货物,可以采取扣押、销毁等措施,但不会因为自己的作为或者不作为而承担法律责任。按照《海关条例》第 27 条的规定,即使海关部门没有发现进出口的侵权物品,或者没有扣押侵权物品,也不会为此而承担责任。

四、转运与转口贸易

关于欧盟的《海关条例》,一个有争议的问题在于,海关措施是否针对转口贸易的侵权货物。按照《与贸易有关的知识产权协议》第 51 条的规定,成员首先有义务针对"进口"的假冒、盗版和其他侵权货物采取海关措施。在此基础上,成员也可以针对"出口"的侵权货物采取海关措施。所以,美国等国家仅针对进口的侵权货物采取海关措施,而中国等国家则针对进口和出口的侵权货物采取海关措施。在这方面,欧盟也是针对进出口的侵权货物,包括假冒、盗版和其他侵权物品,采取海关措施。

然而,是否可以针对转口贸易的侵权货物采取措施,1994 年和 2003 年的《海关条例》未作明确规定。按照 2003 年《海关条例》第 1 条的规定,当侵权物品进入和离开欧盟关税区时,或者进口、出口、再出口时,可以采取必要的海关措施。① 其中没有提及转口的侵权货物。这样,至少是在 1994 年和 2003 年《海关条例》的背景之下,是否可以针对转口的侵权货物采取扣押、销毁的措施,就成了一个不明确的问题。在此背景之下,欧盟法院也作出了不同的判决。

先来看 1998 年的"Polo"一案②。在这个案件中,原告是一家总部位于美国纽约的服装公司,在全球很多国家,包括奥地利拥有"POLO"的文字和图形组合商标。被告是一家印度尼西亚服装公司,未经商标所有人许可,制造了一批带有原告商标的衬衫销往波兰(当时还不是欧盟成员国)。当涉案的 600 多件衬衫在奥地利林茨市进行外部转运时,海关以疑似假冒为由予以扣押。随后,原告向林茨地方法院提起诉讼,请求法院下达命令,由被告承担相关费用,销毁涉案的假冒服装。然而林茨地方法院却认为,由于相关的货物处于外部转运仓库中,自

---

① Council Regulation (EC) No 1383/2003 of 22 July 2003 concerning customs action against goods suspected of infringing certain intellectual property rights and the measures to be taken against goods found to have infringed such rights, Official Journal L 196, 02/08/2003 p. 7.

② Judgment of the Court of 6 April 2000, Case C – 383/98, The Polo/Lauren Company, L. P. v. PT. Dwidua Langgeng.

己没有管辖权。在随后的上诉中,林茨高等法院肯定了林茨地方法院的判决,认为法院对于尚未进入欧盟关税区的货物没有管辖权。原告再次向奥地利最高法院提起上诉。

奥地利最高法院认为,如果涉嫌侵权的货物是从一个非成员国进口到欧盟共同市场,或者至少对欧盟共同市场具有一定的影响,毫无疑问可以适用欧盟《海关条例》,可以应商标所有人的请求,销毁假冒商品。然而就本案而言,涉嫌侵权的货物是从一个非成员国出口到另一个非成员国,仅仅是在奥地利海关转口,是否可以适用欧盟《海关条例》,扣押和销毁假冒商品? 如果相关的货物没有对欧盟共同市场产生影响,成员国的法院下达销毁的命令,是否符合欧盟法律的规定? 于是,奥地利最高法院决定暂停相关的司法程序,请求欧盟法院就上述问题作出前置裁定。

欧盟法院在判决说,按照当时的《海关条例》第 1 条规定,处于"中止程序"中的假冒、盗版货物和其他侵犯知识产权的货物,属于《海关条例》规范的"条例产品"。其中的中止程序(suspensive procedure),包括外部转运(external transit)。其含义是说,允许非成员国的货物,经由欧盟的关税领域(customs territory)前往另一个非成员国,并且不征收欧盟进口关税和其他费用。这表明,欧盟《海关条例》完全适用于经由欧盟领域的转口货物。至于相关的权利人,例如商标所有人是否在欧盟成员国、非成员国设立了办公室或者分公司,与此毫无关系。在这方面,即使转口的侵权货物对于欧盟共同市场没有直接的关联,欧盟机构也具有足够的法律依据,对于侵权货物采取必要的措施。

在判决中,欧盟法院还论述了外部转运的性质与特征。判决说,外部转运的非欧盟商品,对于欧盟内部市场并非完全没有影响。事实上,外部转运仅仅是基于一个法律的虚构。按照这个虚构,处于外部转运的商品,既没有被征收相应的进口关税,也没有被采取其他商业措施,就好像是没有进入欧盟领域一样。然而在事实上,这些货物来自某一个非成员国,经过了一个或者数个欧盟成员国,最终到达了另一个非成员国。相关货物经过欧盟成员国的事实,也存在着另一种风险,即侵权货物有可能在外部转运的程序中,通过欺骗性的方式,随时进入欧盟共同市场。正是从这个意义上说,外部转口的假冒、盗版和侵权商品,仍然对于欧盟共同市场具有一定的关联,应当予以制止。

应该说,欧盟法院关于"Polo"一案的判决,依据《海关条例》和欧盟其他法律,有力地论证了应当对于外部转口的假冒、盗版和其他侵权货物,采取必要的措施,具有很大的影响力。正是依据这个判决,很多人都认为,欧盟在海关知识产权保护的问题上,既管辖进、出口的侵权货物,也管辖转口贸易的侵权货物。与此相应,在海关知识产权的保护方面,欧盟也为全世界树立了一个良好的榜样。然而 2005 年 10 月的"Class International"一案,欧盟法院却依据《商标指令》和《商标条例》,判定处于外部转运程序的商标商品,不属于欧盟法意义上对于商标的使用,商标权人不得反对转口,海关和法院不应当行使管辖权。

在"Class International"一案①中,被告是英国的一家牙膏制造和销售商,拥有国际著名的"Aquafresh"商标,在英国、比荷卢和欧盟均获得了商标注册。本案的原告是一家国际贸易公司,自南非购买了一批带有被告商标的牙膏,准备出口到其他国家。当装载了涉案牙膏的集

① Judgment of the Court of 18 October 2005, Case C-405/03, Class International BV v. Colgate-Palmolive Company.

装箱到达荷兰的鹿特丹港口后,海关人员在巡查中怀疑这是一批假冒商标的商品,因而通知了商标所有人。商标所有人经过检验后发现,这批货物是生产于南非的真品,而非假冒商品。于是,货物所有人针对商标所有人,在鹿特丹地方法院提起诉讼,要求法院下达放行货物的命令,同时判决商标所有人赔偿自己的损失。由于原告不能说明涉案货物的最终目的地,法院驳回了原告的诉讼。随后,原告向海牙上诉法院提起上诉,并且重申自己的货物仅仅是在鹿特丹港口转运,没有打算出口到欧盟。

海牙上诉法院经过审理认为,相关的证据尚不能表明谁是这批货物的购买者,而且从相关的情形来看,这批货物有可能最终进入欧盟关税区域。海牙上诉法院指出,这批货物属于正品而非假冒,临时储存在海关仓库之中,虽然处于转口贸易的状况,但也可能进入欧盟关税区域。正是从这个意义上说,也就产生了一系列法律问题,例如处于转口贸易状态的商标商品,是否属于《商标指令》和《商标条例》意义上的对于商标的使用。在上诉法院看来,依据商标权的地域性特征,只有在相关的商标商品进入欧盟关税区域以后,才属于欧盟范围内的使用。与此相应,欧盟或者成员国的商标所有人,只能阻止那些准备进口的商标商品,似乎难以针对转口贸易的商标商品行使商标权。

值得注意的是,在"Class International"一案中,海牙上诉法院是从《商标指令》和《商标条例》的角度,要求欧盟法院作出前置裁定,处于转口贸易状态,或者尚未进入欧盟关税区域的商标商品,是否属于欧盟法意义上的商标使用。而欧盟法院也是依据《商标指令》和《商标条例》的相关规定,讨论了商标使用的问题。

在欧盟法院审理的过程中,原告(货物所有人)主张,将真品放置于外部转运程序或者海关仓库中,不属于《商标指令》和《商标条例》意义上的商标使用。按照商标权和商标权用尽的规定,商标所有人有权利防止商标商品首次在共同市场上市。但是,处于外部转运程序或者海关仓库的商品,不构成在欧盟共同市场的上市。尤其是在相关商品已经有了明确的第三国目的地的时候,欧盟及其成员国的商标所有人,更没有理由针对这些商品行使其商标权。否则,历史上长期存在的转口贸易就将不复存在。而在另一方面,被告(商标所有人)则认为,即使是那些处于外部转运程序或者海关仓库中的真品,欧盟及其成员国的商标所有人也可以行使其商标权。按照欧盟的相关法律,工商业产权应当受到保护。事实上,处于外部转运程序或者海关仓库的商品,随时有可能获得放行,进入自由流通的状态。被告(商标所有人)还强调,《商标指令》和《商标条例》所说的"进口",应当是指相关的商品已经在"物理上"进入了欧盟区域,从而与《海关条例》意义上的"进口"有所不同。与此相应,只要相关的商品在物理上进入了欧盟,商标所有人就可以行使其商标权,而不论相关商品的最后目的地是否明确。

欧盟法院认为,按照《商标指令》和《商标条例》的规定,商标所有人享有专有权利,有权首次在欧盟共同市场上市商标产品。这表明,如果商标所有人在欧盟之外上市商标商品,不存在用尽其欧盟或者成员国商标权利的问题。与此相应,商标所有人可以反对来自第三国的商标产品进入欧盟关税区域,无论是真品还是假冒品。欧盟法院继续论证说,按照《商标指令》和《商标条例》的规定,"进口"是指,相关商品为了在欧盟共同市场上市,进入了欧盟区域。进口商品一旦进入欧盟区域,就会在欧盟范围内自由流动,因而欧盟及其成员国的商标所有人可以反对带有其商标的商品进口。然而,处于外部转运程序和海关仓库的非欧盟商品,不同于进入或者准备进入欧盟的商品,二者在法律性质上截然不同。

欧盟法院在判决中说,处于外部转运程序或者海关仓库的货物,可能有若干个后果。例如,这些货物前往另一个非成员国,继续维持非欧盟商品的性质。又如,这些货物也可以在办理了相关的海关手续之后,成为欧盟商品而在欧盟关税区域内自由流动。再如,这些货物有可能为货物所有人放弃。由于处于外部转运程序或者海关仓库的货物,具有多种可能的后果,即使从物理上说已经进入了海关区域,也不能视为"欧盟货物"。在这方面,关于处于外部转口程序或者海关仓库的商品,商标所有人不得以指明某一欧盟之外的国家为最终目的地为条件,包括以可能的销售协议为条件,才不去行使权利。欧盟法院最后得出结论说,本案所涉及的牙膏真品,处于外部转运程序和海关仓库之中,属于非欧盟商品。与此相应,商标所有人不得反对其进入外部转运状态,也不得对其行使其商标权利。

非常有意思的是,在"Class International"一案中,欧盟法院还讨论了许诺销售和销售的问题。在本案的审理过程中,原告(货物所有人)认为,处于外部转运程序或者海关仓库中的货物,可以许诺销售或者销售给他人,并且不属于《商标指令》和《商标条例》所说的"商业活动中"对于商标的使用。在这种情况下,商标所有人不能反对非欧盟商品的许诺销售和销售。而被告(商标所有人)则认为,对于外部转运程序和海关仓库中的货物,商标所有人可以依据欧盟及其成员国的权利,反对相关商品的许诺销售和销售。

欧盟法院指出,要想解决这个问题,还是应当回到商标权的范围和商标使用的概念上。依据《商标指令》和《商标条例》的规定,欧盟及其成员国的商标权利,赋予了商标所有人在欧盟共同市场首次上市商标商品的权利,同时可以防止非欧盟商品未经其同意而进入欧盟共同市场。按照这样一个原则,就本案所涉及的真品牙膏来说,如果相关的许诺销售和销售是面向非成员国的,则商标所有人不得依据欧盟及其成员国的商标权利予以反对。但如果相关的许诺销售是面向欧盟共同市场,相关的销售是为了出口到欧盟共同市场,则商标所有人可以依据欧盟及其成员国的商标权予以反对。因为在这种情况下,处于外部转运程序和海关仓库中的商品,就会转换成为欧盟商品。

比较 1998 年的"Polo"一案和 2005 年的"Class International"一案就会发现,在外部转运货物的问题上,欧盟法院似乎作出了截然相反的判决。按照"Polo"一案的判决,对于外部转运或者处于海关仓库的货物,商标所有人可以依据《海关条例》的相关规定,要求扣押和销毁相关的假冒商品。而依据"Class International"一案,对于外部转运或者处于海关仓库中的货物,商标所有人不得行使其商标权,不得要求扣押和销毁侵权物品。然而仔细比较两个案件就会发现,两个判决至少存在着两点不同。第一,"Polo"一案是依据《海关条例》作出判决,而"Class International"一案则是依据《商标指令》和《商标条例》作出判决。与此相应,"Polo"一案的判决,强调了海关对于转口贸易货物的管辖,包括停止放行、扣押和必要的销毁。而"Class International"一案,则侧重于商标的权利范围,具体分析了商标使用和商标商品的进口等概念,因而得出了欧盟及其成员国的商标权利,不能延伸到处于外部转运程序和海关仓库的非欧盟商品的结论。第二,"Polo"一案涉及的是假冒商品,而"Class International"一案所涉及的则是真品。与此相应,在"Polo"一案中,从打击假冒盗版的理念出发,欧盟法院更倾向于管辖处于转口状态的假冒商品,进而予以扣押和销毁。而在"Class International"一案中,从有利于真品流通的角度出发,欧盟法院显然倾向于放任转口货物的流动,进而得出了商标所有人不得反对转口货物处于外部转运程序和海关仓库的结论。

如果说从有利于真品流动的角度来看,“Class International”一案的判决尚具有一定的合理之处的话,随后的一些判决则沿着这个思路,作出了即使是处于外部转运程序和海关仓库的假冒商品,欧盟及其成员国的商标所有人也不得予以反对的判决。这样,原来的有利于真品流动的判决,就变成了有利于假冒商品流动的判决。这在欧盟法院于 2011 年判决的“Philips”和“Nokia”两个案例中,显得尤为突出。

在“Philips”一案①中,原告是著名电器制造商飞利浦公司,就“Philips”的商标和一系列电动剃须刀的外观设计享有权利。飞利浦就其商标和一系列外观设计在比利时海关,申请并获得了海关保护的决定。2002 年 11 月,比利时安特卫普海关发现,有一个来自中国的集装箱,其中装载的电动剃须刀,疑似侵犯了飞利浦的外观设计权利。飞利浦依据海关提供的样品认定,相关的电动剃须刀模仿了自己的外观设计,属于盗版产品。经过飞利浦的申请,海关扣押了涉案的盗版电动剃须刀,并且披露了盗版产品的制造商、运输商和转运代理人。随后,飞利浦向安特卫普法院提起诉讼,要求被告销毁盗版产品,并且支付相应的损害赔偿。

安特卫普法院经过审理发现,这批电动剃须刀属于临时储存的货物,处于外部转运程序和海关仓库程序中。基于海关仓库处于比利时的领土之上,原告主张应当认定涉案货物相当于是比利时制造的货物。而被告则主张,没有证据显示涉案的货物将在欧盟关税区域内销售,因而不能认定涉案货物侵犯了原告的外观设计权利。由于双方当事人的主张都有欧盟海关法律和欧盟法院判决的支持,安特卫普法院决定将相关问题提交给欧盟法院,由其作出前置裁定。

在“Nokia”一案②中,原告是诺基亚公司,被告是英国海关。2008 年 6 月,伦敦希斯罗机场的海关工作人员在巡查中发现,有一件来自香港,目的地为哥伦比亚的包裹之中,装满了疑似假冒的诺基亚手机和手机配件。诺基亚公司经过检查认定,包裹中的手机和手机配件,都是假冒商品,因而要求海关予以查扣。英国海关则回复说,装有假冒手机的包裹,其最终目的地是哥伦比亚,不会进入欧盟,因而不能依据欧盟法律认定其为“假冒商品”,也不能予以扣留。英国海关还指出,按照欧盟《海关条例》和欧盟法院的判例法,如果涉案的货物不可能进入欧盟关税区域,则不能认定其侵犯了欧盟及其成员国的商标权,更不能加以扣留。

在诺基亚与英国海关互动的过程中,诺基亚曾经要求英国海关披露发货人和收货人的身份。然而,在收到英国海关的信息以后,诺基亚发现发货人和收货人的信息都是虚假的,其身份难以确认。这样,诺基亚难以针对发货人或者收货人提起诉讼,只能针对英国海关的决定,向英国高等法院提起了诉讼。英国高等法院经过审理认定,涉案的手机和手机配件确实是假冒诺基亚的产品,但最终目的地又是哥伦比亚,不可能进入欧盟关税区域。于是,英国高等法院请求欧盟法院就相关的问题作出前置裁定,即涉案的假冒手机和手机配件,是否属于《海关条例》所说的“假冒产品”。

尽管“Philips”一案来自比利时法院,“Nokia”一案来自英国法院,但二者的案情和所涉及

---

① Judgment of the Court (First Chamber) of 1 December 2011, Case C – 446/09, Koninklijke Philips Electronics NV v. Lucheng Meijing Industrial Company Ltd and Others.

② Judgment of the Court (First Chamber) of 1 December 2011, Case C – 495/09, Nokia Corporation v. Her Majesty's Commissioners of Revenue and Customs.

的问题大体相同。于是,欧盟法院决定将两个案件合并审理,进而回答了两个案件所涉及的法律问题。在案件的审理过程中,一些成员国政府和国际商标协会认为,只要相关的货物是假冒和盗版,即使是处于外部转运程序和海关仓库,也应当予以扣押和销毁,从而将其排除在商业交易之外。在这方面,两个案件的原告飞利浦和诺基亚还认为,相关的货物处于外部转运程序和海关仓库,仅仅是一种法律上的假定。因为涉案的假冒和盗版货物已经处于比利时或者英国的领域之内,完全可以认定涉案的货物就是制造于比利时或者英国,进而予以扣押和销毁。而在另一方面,两个案件的被告,以及个别成员国政府则认为,尽管涉案的货物是模仿品,但依据欧盟《海关条例》,依据欧盟和成员国的相关法律,只有当这些模仿品在欧盟关税区域上市或者准备上市的前提下,才可以认定为假冒、盗版商品。如果将处于外部转运程序和海关仓库程序中的货物,依据欧盟及其成员国的法律打上"假冒""盗版"的标签,既违反了知识产权的地域性原则,又会在某种程度上妨碍正常的转口贸易。

欧盟法院在判决中说,按照《海关条例》和其他法律规定,"假冒商品"和"盗版商品"具有特定的含义,是指侵犯了他人商标权、版权、相关权和外观设计权利的产品。而受到侵犯的商标权、版权、相关权和外观设计权利,又是依据欧盟及其成员国法律获得的权利。这就表明,只有那些侵犯了欧盟及其成员国权利的产品,才可以在欧盟法律的意义上称为假冒产品或者盗版产品。欧盟法院继续论证说,处于外部转运程序和海关仓库程序的货物,是从一个海关到另一个海关、从一个海关仓库到另一个海关仓库的商品。按照欧盟法院以往的判例法,不能认为这些货物是在欧盟上市的商品,因而也不能认为这些货物是假冒或者盗版商品。同样,按照欧盟法院以往的判例法,也不能因为这些货物处于海关的临时程序之中,就适用欧盟及其成员国的法律,将其认定为侵权物品。当然,如果处于外部转运程序和海关仓库程序的假冒或者盗版货物,是指向欧盟成员国的,或者是面向欧盟消费者发布广告或者许诺销售的,则可以认定相关的货物侵犯了欧盟及其成员国的知识产权。

欧盟法院在判决中指出,在某些情况下,假冒、盗版或者侵权物品的所有人,也会以欺骗的方式,将处于外部转运程序和海关仓库的货物,从其他的海关进口到欧盟关税区域。为了应对这种状况,海关人员可以依据具体情形作出判断。例如,货物所有人没有说明相关货物的最终目的地。又如,没有可靠的制造商、发货商的身份信息。再如,相关的文件表明,涉案的货物很有可能转向欧盟成员国。在这类情形下,海关机构就可以采取必要的措施,应欧盟及其成员国知识产权所有人的请求,扣押和销毁涉案的假冒、盗版或者侵权物品。不过,欧盟法院在判决中也提醒说,处于外部转运程序和海关仓库程序的货物,是从一个非成员国前往另一个非成员国,有可能符合那些国家的知识产权法律。这样,依据《欧盟运行条约》提及的共同商业政策,以及废除贸易障碍和发展国际贸易的宗旨,欧盟应当对于过境或者转口的货物提供最大限度的方便。与此相应,当这类货物在欧盟转口时,欧盟应尽可能减少设置不必要的障碍,尽快予以放行,这是非常必要的。例如,如果没有迹象表明,相关的假冒、盗版货物有可能以欺骗的方式转向欧盟消费者,就不应当予以扣押。

当然,欧盟法院在判决中也指出,如果有证据表明,处于外部转运程序和海关仓库程序中的货物,有可能侵犯目的国的知识产权,则海关机构可以依据《与贸易有关的知识产权协议》的相关规定,与目的国的海关机构合作,将相关的侵权物品排除在国际贸易之外。具体到目前讨论的两个案件,就"Nokia"一案而言,英国海关应当确定涉案的手机和手机配件,是否会被目的国的司法机关认定为侵犯知识产权;就“Philips”一案而言,比利时海关应当尽可能确定收货人的身份,进而确定涉案的货物是否会侵犯目的国的知识产权。

显然,按照欧盟法院关于“Philips”和“Nokia”的判决,即使是对于假冒或者盗版的转口商品,欧盟海关也应当尽可能放行。至于相关的转口商品是否侵犯了目的国的商标权、版权、相关权和外观设计权利,则不是一个由欧盟及其成员国海关,或者欧盟及其成员国法院可以判断的事情。正是从这个意义上说,“Class international”和“Philips”“Nokia”等判决,引起了知识产权所有人,尤其是商标所有人的反弹,推动欧盟立法机关修订了《商标条例》、《商标指令》和《海关条例》。

先来看《商标条例》和《商标指令》的修订。无论是2005年的“Class International”一案,还是2011年的“Philips”和“Nokia”两案,都是从解释商标权利范围的角度,论证了欧盟及其成员国的商标所有人,对于处在外部转运程序和海关仓库中的假冒货物,不能行使其商标权。正是由此出发,市场主体、行业协会、成员国政府和欧盟机构,都认为应当修订《商标条例》和《商标指令》,让商标所有人可以针对处于外部转运程序和海关仓库中的假冒货物,行使其商标权,要求海关予以扣押和销毁。与此相应,除非获得商标所有人的同意,对于处在外部转运程序和海关仓库程序中的假冒货物,海关机构不得放行。

到了2015年12月,欧盟议会和欧盟理事会修订《商标条例》,[①]回应了商标所有人和相关方面的诉求,扩大了商标所有人的权利范围。其中的第9条规定了商标所有人的权利。在这方面,《商标条例》增加了一个第4款。根据规定,欧盟注册商标的所有人享有权利,防止第三方未经其许可,将带有其商标或者带有基本相同商标的商品输入欧盟领域,即使这些商品没有被放行而在欧盟流通。按照这个规定,即使是处于外部转运程序和海关仓库的货物,即使这些货物不会在欧盟共同市场上流通,也属于进入了欧盟领域,进入了注册商标所有人的权利范围。其中的带有“其商标或者与之基本相同商标的商品”,是指假冒商标的商品;其中的“没有放行而在欧盟流通”(without being released for free circulation there),则是指向处于外部转运程序和海关仓库的假冒商品。这样,欧盟商标所有人的权利范围,就扩展到了处于外部转运程序和海关仓库的假冒商品。

当然在另一方面,为了方便正常的国际贸易,《商标条例》新增加的第9条第4款也规定,如果货物所有人可以证明,欧盟商标所有人无权反对相关的货物在的目国合法上市,则不能认为处于外部转运程序和海关仓库的货物,侵犯了欧盟的商标权。显然,这在某种程度上吸收了欧盟法院的判决,即如果货物所有人能够证明相关货物的最终目的地不是欧盟成员国,以及最终目的国的商标所有人允许相关的货物上市,则属于正常的转口贸易。对于这样的货物,只要不进入欧盟关税区域,欧盟商标所有人不得反对其处于外部转运程序和海关仓库。

根据2015年修订的《商标条例》规定,对于处在外部转运程序和海关仓库的货物,欧盟注册商标所有人可以反对的是假冒其注册商标的商品。而对于在目的国合法的商品,则不得予以反对。这表明,该条例新增加的第9条第4款,是针对假冒商品而制定的。《商标条例》的“重述”指出,作出这样的规定,是为了进一步落实《与贸易有关的知识产权协议》的规定,落实欧盟所承担的打击假冒商品贸易的义务。具体说来,如果相关的货物是假冒商标的货物,

---

① Regulation (EU) 2015/2424 of the European Parliament and of the Council of 16 December 2015.

即使处于外部转运程序和海关仓库中,也应当予以扣押、销毁,将其排除在国际贸易之外。

值得注意的是,2015 年 12 月,在修订《商标条例》的同时,欧盟议会和欧盟理事会还修订了《商标指令》,[①]要求成员国贯彻落实。其中的第 10 条第 4 款,做了内容相同的规定。这样,不仅是欧盟注册商标的所有人,而且是成员国的注册商标所有人,同样可以针对处于外部转运程序和海关仓库的假冒商品,行使其商标权,要求海关予以扣押和销毁,最终将其排除在国际贸易之外。

以上是《商标条例》和《商标指令》修订的情形。事实上,在此之前的 2013 年 6 月,欧盟议会和欧盟理事会就修订了《海关条例》。与 2003 年的《海关条例》相比,新的《海关条例》第 1 条在规定海关机构可以管辖的情形时,在进口、出口、再出口货物,以及进入和离开欧盟货物的基础之上,又增加了一种情形,即相关的货物处于临时扣押程序,或者处于海关自由区域或者自由仓库之中。显然,新增加的情形,尤其是"处于海关自由区域或者自由仓库"的规定,具体指向了处于外部转运程序和海关仓库的货物。按照新增加的规定,海关机构可以针对处于外部转运程序中的侵权货物,采取扣押、中止放行的措施,以及在必要的时候应权利人的请求,销毁假冒、盗版的货物。

---

① Directive (EU) 2015/2436 of the European Parliament and of the Council of 16 December 2015 to approximate the laws of the Member States relating to trade marks.

第二编

欧盟版权法

版权(copyright)是英美法系的术语,基本相当于大陆法系的作者权(author's right)和相关权(related rights)。欧盟成员国大多属于大陆法系,相关的法律也称为著作权法,而非英美法系意义上的版权法。不过在欧盟的层面上,相关的立法文件和司法判决翻译为英文时,都使用了"版权"的术语。尽管将作者权或著作权翻译为版权并不准确,但已经成为普遍接受的做法。本书的写作主要依据英文资料。所以,为了叙述的方便,通常使用"版权"的术语。当然在事实上,欧盟立法文件和司法判决中所说的版权,在很多情况下都是指大陆法系中的著作权,而非英美法系意义上的版权。

欧盟成员国都有自己的著作权法或者版权法。同时,为了消除商品自由流动的障碍,欧盟自20世纪90年代以来颁布了一系列协调成员国版权法的指令。此外,欧盟法院依据《欧盟运行条约》第34条和第36条作出的判决,依据各项版权指令作出的判决,不仅消除了商品自由流动的障碍,而且明确了相关法律规定的含义。与此相应,《欧盟运行条约》第34条和第36条,欧盟颁布的各项版权指令,欧盟法院作出的相关判决,再加上成员国依据条约和指令而修订的版权法,就形成了欧盟的版权法律体系。

本编将以欧盟的版权指令为线索,结合欧盟法院的相关判决,讨论欧盟版权法律体系中的一些问题。

第五章　欧盟版权法概述

第一节　版权与著作权

一、版权与作者权

版权是文学艺术作品创作者和作品的传播者就其作品或者媒体产品所享有的权利。在英国和其他普通法系国家,版权包括作者就其所创作的文学艺术作品所享有的权利,表演者就其表演活动、录音制作者就其录音所享有的权利,广播组织就其广播节目享有的权利。例如,英国1988年《版权法》所列举的受保护的作品有:文学、戏剧、音乐和艺术作品;录音作品、电影作品和广播节目;版本之版面安排。① 其中的文学艺术等作品,涉及了作者的权利,其中的"录音作品"涉及了表演者和录音制作者的权利,广播节目涉及了广播组织的权利。

著作权或者作者权(法文 droit d' auteur)是大陆法系的术语。与版权的概念相比,作者权仅仅是指作者就其创作的文学艺术作品所享有的权利,而不包括表演者、录音制作者和广播组织所享有的权利。后三者所享有的权利,在大陆法系中称为邻接权(法文 droits voisins)或者相关权(related rights)。例如《法国著作权法》规定了14类作品,这是著作权保护的客体。同时,《法国著作权法》还规定了邻接权,包括表演者权、录音制作者权、录像制作者权、视听转播企业的权利。②

版权制度和作者权制度,都是起源于欧洲的作品保护制度。然而,二者的立法基点却存在一定的差异,从而导致了版权制度和作者权制度在作品保护上的一系列差异。例如,版权法是以作品的利用为核心,而作者权制度则是以创作作品的作者为核心。又如,按照版权制度,只要相关的表达来源于作者,就满足了独创性的要求,而依据作者权制度,相关的表达不仅应当源于作者,还应当体现作者的精神、人格、情感。再如,按照版权制度,表演活动、录音和广播信号,可以作为作品获得保护,而依据作者权制度,表演、录音和广播信号应当以邻接权或者相关权的方式加以保护。追究其原因,二者的根本差异在于,版权制度是以作品的利用为核心,而作者权制度则是以创作作品的作者为核心。

从历史的发展来看,版权制度和作者权制度,都是来源于欧洲中世纪后期的特许权制度。大体说来,伴随着造纸术的发明和活字印刷技术的普及,作品得以廉价地复制和发行,图书出版业也应运而生。在欧洲,罗马教皇、英国国王、法国国王和一些封建君主,曾经以特许令的方式,让某些出版商专有图书的出版发行。然而,随着西欧资本主义商品经济的发展和个人

---

① Section 1, Copyright, Design and Patent Law 1988 of United Kingdom.

② 参见《法国知识产权法典》第112条,第211~217条。

权利意识的觉醒,逐步产生了更多的保护作者和作者权利的要求。与此相应,关于作品保护的制度,也发生了从特许权向版权和作者权的跨越,并且形成了以英国为代表的版权制度和以法国为代表的作者权制度。

先来看英国。中世纪后期的英国,是资本主义商品经济最为发达的国家,并且于1688年完成了资产阶级革命。在1709年,英国国会制定了一部作品保护法律,名为《为鼓励创作而授予作者及购买者就其已经印刷成册的图书在一定时期之内享有权利的法》。由于这部法律的名称过长,所以通常以当时在位的英国女王的名字命名该法,称为《安娜法》。从名称上可以看出,这部法律的宗旨是,鼓励作者创作作品,因此授予作者就其已经印刷成册的图书,在一定的时期之内享有权利。《安娜法》的序言也表明,颁布这部法律的目的是,防止印刷者未经作者同意而擅自印刷、翻印或者出版其作品,进而鼓励有知识的人创作有用的作品。根据《安娜法》规定,作者就其创作的作品享有权利,防止他人未经同意而印刷、翻印和销售其作品。如果出版商未经作者同意而印刷、翻印或者销售,则会受到没收、销毁和罚金的处罚。作者就其已经印刷成册的图书,享有14年的专有权利,而且到期之后还可以再续展14年。① 一般认为,作者就其作品所享有的防止他人印刷、翻印和销售的权利,就是现在所说的版权。② 与此相应,《安娜法》也被认为是世界上第一部版权法。

然而在另一方面,《安娜法》仍然带有了某种出版商特权的色彩。根据这部法律的名称可知,与作者一道享有专有权利的,还有作者权利的购买者,图书出版商。按照该法规定,出版商就其已经印刷成册的图书,同样享有14年的专有权利,并且可以续展14年。这样,作者就其创作的作品,属于第一权利人。如果相关的作品印刷成册而成为图书,则出版商享有复制、销售的专有权利。根据《安娜法》的规定,作者就其创作的作品享有复制和发行的权利,出版商经过购买而享有复制、发行的权利,又表明了无论是作者享有的权利,还是出版商享有的权利,都是对于作品予以经济性利用的权利。与此相应,以作品的经济性利用为核心,也就成了版权制度的鲜明特征。

再来看法国。在完成从特许权到作者权的道路上,法国显然比英国更为彻底,没有保留出版商的特许权色彩。这是因为,法国作者权制度的确立,与欧洲大陆的启蒙运动和法国大革命的理念密切相关。具体说来,启蒙运动强调人和人权的价值,否定中世纪的神权和王权。至于法国大革命,更是高举人权的大旗,进而摧毁了封建的王权和等级制度。与此相应,在法国大革命中产生的对于作品予以保护的法律,也就将保护的基点转移到了创作作品的作者。例如,法国国民议会于1791年通过了《表演权法》,于1793年通过了《复制权法》。③ 后来,这两部法律又演变成了《作者权法》。与此相应,复制权和表演权也就成了作者享有的基本权利。④ 按照作者权法的理念,有关作品的权利,例如复制、表演等,应当归属于创作作品的人或

---

① 参见英国1710年《安娜法》。该法的英文原文,载郑成思主编:《知识产权保护实务全书》,中国言实出版社1995年版。

② 根据考证,将英文中的“copy”与“right”合在一起而称为“copyright”(版权),是1740年以后的事情。参见郑成思:《知识产权法》(第2版),法律出版社2014年版,第266页。

③ 参见郑成思:《版权法》,中国人民大学出版社1997年版,第13页。

④ 时至今日,按照《法国著作权法》的规定,作者享有两项基本权利,复制权和表演权。显然,这种规定方式来源于法国大革命时颁布的《表演权法》和《复制权法》。

者作者所有，与图书出版商无关。事实上，产生于法国大革命的《法国民法典》，也是以“人”和“人人生而平等”的理念而起草的。这样，作者权法就具有了鲜明的不同于版权法的特征。

随后，受到法国大革命和《法国民法典》的影响，很多欧洲国家所建立的作品保护制度，都沿用了“作者权法”的术语。在这方面，以康德、黑格尔为代表的一些德国古典哲学家，还提出了作者精神权利的思想。按照这种理念，作品不仅是由人或者作者所创作的，而且体现了作者的精神、情感和人格，作者应当对于外化于作品中的精神状态享有权利。与此相应，作者对于自己创作出来的作品，不仅在源头上享有经济性利用的权利，例如复制、发行、表演、演绎等；而且享有精神权利，例如决定何时何地以何种方式将自己的作品公之于众（发表权），说明相关的作品是自己的精神产儿（署名权），以及防止他人篡改、肢解或者歪曲自己作品中的精神状态（保护作品完整权）。

从作品保护制度的国际性发展来看，起源于英国的版权制度主要影响了美国和很多英联邦国家，而起源于法国的作者权制度则主要影响了德国、瑞士和西班牙等欧洲大陆国家。随后，这两个独具特色的作品保护制度又在全世界的范围内蔓延开来，一些国家效法英美建立了保护作品的版权制度，而另一些国家则效法欧洲大陆建立了保护作品的作者权制度。在这方面，日本于明治维新时引进德国等欧洲大陆的法律制度，包括了其中的作者权制度。后来，中国于清朝末年制定现代法律，从日本引进了作者权制度，制定了《大清著作权律》。中华民国时期制定的《著作权法》，以及现行的《中华人民共和国著作权法》，都是继承欧洲大陆作者权法体系而制定的作品保护法律。

然而，日本在制定作品保护法时，虽然依据的是作者权的理念，但是却使用了汉字“著作权”，而非“作者权”。当中国从日本引进作者权的时候，同样使用了“著作权”而非“作者权”。称为《著作权法》而非“作者权法”，从字面上看不过是省略了“作者”的字样，然而却使得一些专家学者将“著作权法”当成了是关于著作（作品）的权利法。这不能不说是一个遗憾。追本溯源，我们在理解《日本著作权法》和中国《著作权法》的时候，一定要将其理解为作者权法。

版权制度和作者权制度的上述不同，也反映在了对于作者权利的规定方式上。起源于英国的版权制度，侧重于作品的利用，因而在长时间里没有规定作者的精神权利。例如，英国《版权法》长期仅仅规定了作者享有的经济权利，而没有规定作者的精神权利。直到 1956 年，英国《版权法》才引入了虚假署名的规定，提供了某种程度的对于作者精神权利的保护。到了 1988 年《版权法》，英国提供了对于作者署名权和作品完整权的保护。依据现行的英国《版权法》，作者和表演者享有署名权、保护作品（表演）完整权，以及制止假冒署名和侵犯隐私的权利。[①] 又如，美国自 1790 年制定其《版权法》以后，也是长期没有规定作者的精神权利。直到 1988 年，美国为了加入《伯尔尼公约》，才修订美国《版权法》，在第 106 条之二规定了视觉艺术家的署名权和保护作品完整权。[②] 然而，这里所说的精神权利，也仅仅是针对视觉艺术家的有限的精神权利，不包括其他作品作者的精神权利。

而且，在作者权利的规定顺序上，版权制度通常也是先规定作者的经济权利，然后再规定

---

① See Cornish, Llewelin, *Intellectual Property: Patents, Copyright, Trade Marks and Allied Rights*, 6th edtion, 2007, p. 487－489. 参见英国《版权法》第 77 条至第 85 条。

② 参见美国《版权法》第 106 条之二。

有限的作者精神权利。例如,英国《版权法》先在第 16 条规定了版权所有人享有的经济权利,包括复制权、发行权、出租权和出借权、表演权、向公众提供权等,然后在第 77 条规定了作者享有的署名权,在第 80 条规定了作者享有的保护作品完整权。又如,美国《版权法》第 106 条规定了版权所有人享有的经济权利,包括复制、发行、演绎、表演、展览等,然后在第 106 条之二规定了视觉艺术家的署名权和保护作品完整权。这与作者权法体系先规定作者的精神权利,再规定作者的经济权利,形成了鲜明的对比。

当然,这里所说的版权制度不保护、或者不注重保护作者的精神权利,仅仅是指英美法系的《版权法》不保护或者不注重保护作者的精神权利,而非英美等国的法律制度不保护或者不注重保护作者的精神权利。例如,在 1988 年英国《版权法》明确规定作者的署名权和保护作品完整权以前,英国已经通过隐私法、合同法、仿冒法等法律,提供了对于作者精神权利的保护。① 又如,美国 1988 年加入《伯尔尼公约》之前,国会在研究了相关的法律后得出结论说,美国的州法和联邦法律已经提供了对于作者精神权利的保护,已经满足了《伯尔尼公约》第 6 条之二关于保护作者精神权利的要求。具体说来,美国《版权法》第 115 条规定,制作录音不得歪曲他人的音乐作品;第 203 条规定了权利转让和许可的终止。此外,美国州法中关于形象权的保护,不得违反合同的规定,不得进行欺诈和误导性描述的规定,关于制止不正当竞争的规定,关于制止诽谤和侵犯隐私权的规定,都从不同的角度提供了对于作者署名权和保护作品完整权的保护。②

而在另一方面,起源于法国的作者权制度,则以创作作品的作者为核心,进而规定了作者享有的精神权利和经济权利。从字面上看,法国大革命中产生的《作者权法》,突出了作者创作作品、作者享有权利,进而把作者放在了作品保护制度的核心地位上。随着作者精神权利意识的产生,欧洲大陆的作者权制度还规定了作者的发表权、署名权、保护作品完整权,对于反映在作品之中的作者的精神、情感、人格提供了必要的保护。依据作者创作作品,作者将自己的精神、情感、人格外化到作品之中的理念,作者所享有的权利不仅包括复制、发行、演绎、表演等经济权利,而且享有署名和保护作品完整的精神权利。按照作者权制度,作者创作作品,有关作品的精神权利和经济权利,从源头上归属于作者所有。其中的精神权利,例如署名权和保护作品完整权,专属于作者所有,不能转让和继承。其中的经济权利,例如复制、发行、演绎、表演、展览,则可以通过转让、继承、赠与等方式,归属于他人所有。

此外,在作者权利的规定方面,作者权法体系通常是先规定作者的精神权利,然后再规定作者的经济权利。例如,《法国著作权法》先是在第二编第一章规定了作者的精神权利,如署名权、发表权、收回权和保护作品完整权,然后在第二章规定了作者享有的经济权利,如复制权和表演权。③ 又如,《德国著作权法》第 12 条规定了作者的发表权、第 13 条规定了作者的署名权、第 14 条规定了作者的保护作品完整权,这些属于作者的精神权利。在此之后的第 15 条至第 27 条,则以有形利用和无形利用作品的方式,规定了作者享有的复制权、发行权、展览

① See D. I. Brainbridge, *Intellectual Property*, 4th edition, Financial Times & Pitman Publishing, 1999, p. 99.

② H. R. Report No. 609, 100th Cong., 2d Session (1988).

③ 参见法国《著作权法》第 121 条和第 122 条。

权、表演权、播放权、改编权、出租权等,这些属于作者的经济权利。[①] 显然,这种规定方式,突出强调了作者创作作品、作者将自己的精神、情感和人格外化到相关作品中的事实。

在这方面,日本和中国继承了欧洲大陆国家的做法,以同样的方式规定了作者的精神权利和经济权利。例如,日本《著作权法》第18条至第20条规定了作者享有的发表权、署名权和保护作品完整权,而在第21条至第28条规定了作者享有的复制权、表演权、展览权、发行权、出租权和改编权等。[②] 又如,中国《著作权法》第10条第1项至第4项,规定了作者享有的发表权、署名权、修改权和保护作品完整权,而第5项至第17项则规定了作者享有的复制权、发行权、出租权、展览权、表演权、信息网络传播权和改编权等。[③]

事实上,版权和作者权的术语,已经反映了两大法系的核心区别。顾名思义,版权是制作作品的复制品的权利,显示了对于作品的利用和对于相应的经济权利的保护。而作者权则是指作者所享有的权利,显示了作者在作品保护法律体系中的核心地位,以及对于作者精神权利和经济权利的保护。

二、作品与独创性

无论是起源于英国的版权制度,还是起源于法国的作者权制度,都是保护作品的制度。作品是对于思想观念、客观事实、自然规律等的表达。与此相应,保护作品,就是保护表达,而不保护被表达的东西。在这方面,美国《版权法》甚至明确规定了表达与思想观念的"二分法"。该法第102条规定:"在任何情况下,对于作者独创性作品的版权保护,都不延及于思想观念、程序、工艺、系统、操作方法、概念、原则和发现,不论它们在该作品中是以何种形式描述、解释、说明或体现的。"在制定《与贸易有关的知识产权协议》的过程中,美国又将这个"二分法"纳入了其中。该协议第9条第2款规定:"版权保护应延及表达,而不延及于思想观念、工艺、操作方法或数学概念之类。"

同样,无论是英美的版权法体系,还是欧洲大陆的作者权法体系,都要求受保护的作品应当具有"独创性"(originality)。例如,英国《版权法》第1条规定,版权存在于具有独创性的文学、戏剧、音乐和艺术作品之中。又如,美国《版权法》第2条规定,版权存在于具有独创性的作品之中,包括文字、音乐、戏剧、美术、电影、建筑、录音等作品。再如,法国《著作权法》第111条之一规定,智力作品的作者,就其独立创作的事实而享有著作权。德国《著作权法》第2条也规定,作品是指作者的智力创作。在这方面,两大法系所说的独创性,是指相关的表达应当来自作者,而非来自他人或者抄袭。或者说,可以获得保护的作品,应当是由作者独立创作的。然而,正是在独创性的标准上,两大法系却产生了分歧。

按照英美的版权法体系,只要相关的表达来自作者就满足了独创性的要求,就可以作为作品获得保护。在这方面,英国版权法的标准是技能、判断、劳动(skill, judgement and la-

---

① 参见德国《著作权法》第12条至第27条。

② 参见日本《著作权法》第18条至第28条。关于作者的精神权利,日本使用了"著作人格权"和"著作权"的术语,但其具体内容仍然是作者的精神权利和经济权利。

③ 参见中国《著作权法》第10条。关于作者的精神权利和经济权利,我国使用了术语"著作人身权"和"著作财产权",但其具体内容仍然是作者的精神权利和经济权利。

bor),或者选择、判断、经验(selection, judgement and experience)。[①] 按照这个标准,作者在创作作品的时候,只要付出了脑力上的劳动、判断、技能、经验等,就达到了独创性的要求。至于美国,在独创性的标准上长期奉行汗水理论(sweat of the brow doctrine)或辛勤收集理论(industrious collection doctrine)。按照这个理论,只要汇编者在收集相关事实、数据或者资料的过程中,付出了劳动,流了汗水,就可以获得保护。直到1990年的"费斯特"一案,美国最高法院才抛弃了传统的汗水理论或者辛勤收集理论,要求相关的表达应当具有最低限度的创造性(modicum creativity)。[②] 然而,就作品的独创性而言,最低限度的创造性,仍然是一个很低的标准。

而依据作者权法体系,作者在创作作品的过程中,不仅创作了构成作品的表达,而且将自己的精神、情感、人格外化在了相关的表达之中。或者说,作品不仅应当来自作者,而且还应当体现作者独特的精神、情感和人格。从这个意义上说,作品不过是作者精神的产儿。按照作者权法体系,作者享有发表权,可以决定何时何地以何种方式将自己的精神产儿公之于众;作者享有署名权,通过自己署名和反对他人署名的方式,向世人宣告相关的作品是自己的精神产儿;作者享有保护作品完整权,反对他人肢解、篡改、歪曲自己的精神产儿。按照精神、情感、人格或者精神产儿的标准,那些仅仅体现了作者劳动、技能、判断、汗水和辛勤收集的,或者不具有智力创造的表达,例如广播节目表、电话号码簿,不可能构成作者权法体系中的作品。

在相当长的一段时间里,尽管版权法体系对于作品独创性的要求低于作者权法体系,但二者都是对于作品提供保护的制度,相对来说差异并不很大。然而在人类社会进入20世纪,随着录音技术、电影技术,以及留声机技术、无线电广播技术、电视广播技术和卫星广播技术的发展,出现了保护表演、录音、广播的必要性。由于两大法系关于作品独创性的要求不同,因而出现了或者以作品的方式,或者以相关权的方式,保护表演、录音和广播的分歧。与此相应,两大法系在作品保护制度上的差异也随之而扩大。

如前所述,起源于欧洲大陆的作者权制度,对于作品的独创性具有较高的要求,应当体现作者的精神、情感和人格。按照这个标准,表演者在从事相关表演活动的时候,虽然投入了自己的智力劳动,但并没有达到独创性的标准,因而不能作为作品受到保护。按照这个标准,录音制作者在固定表演的声音和其他声音的时候,虽然投入了一定的智力劳动,但远远达不到作者权制度所要求的独创性标准,因而不能作为作品获得保护。按照这个标准,广播组织发射的广播信号,虽然也属于智力活动成果,但相关人员所投入的智力劳动,远远达不到作者权制度所要求的独创性标准,因而也不能作为作品获得保护。于是,为了保护表演、录音和广播,作者权制度创设了一些新的规则,并由此而产生了不同于作者权的表演者权、录音制作者权和广播组织权。这些权利称为邻接权或者相关权,即与著作权邻接的权利或者与著作权相关的权利。

不过,面对录音技术、留声机技术、无线电广播技术、电视广播技术,版权制度却以作品为

---

① See Cornish, Llewelin, *Intellectual Property: Patents, Copyright, Trade Marks and Allied Rights*, 6th edtion, 2007, p. 417.

② Feist Publications, Inc. v. Rural Telephone Service Co., Inc., 499 U.S. 340 (1991).

基点，游刃有余地应对了相应的挑战，而没有另辟蹊径创设邻接权或者相关权的规则。具体说来，版权制度关于作品独创性的标准较低，因而可以将表演、录音和广播信号当作作品予以保护。例如，按照英国《版权法》第1条，受到保护的作品有：文字、戏剧、音乐和艺术作品；录音、电影和广播作品规定；以及版本之版面安排。[①] 其中的文学艺术等作品，涉及作者的权利，其中的录音作品涉及了表演者和录音制作者的权利，广播涉及了广播组织的权利。按照这个规定，录音和广播，都可以作为作品获得版权保护。

至于美国，则分别通过录音作品和视听作品，提供了对于表演、录音、广播的保护。根据美国《版权法》第102条规定，作者创作的作品包括：文字作品、音乐作品、戏剧作品、美术作品、电影和其他视听作品、建筑作品、录音作品。[②] 关于其中的"录音作品"，就表演声音的录制而言，录音作品的作者是表演者和录制者；就其他声音的录制而言，录音作品的作者就是录制者。关于其中的"电影和其他视听作品"，是指有伴音或者无伴音的滚动画面，既包括了通常意义上理解的电影作品，也包括了体育赛事或者社会事件的直播。例如，体育赛事的直播，通过摄像人员和导播的劳动，就可以构成电影或者视听作品获得保护。[③] 这样，就广播组织而言，如果是无线电广播，可以将相关的广播看作"录音作品"；如果是电视广播，又可以将滚动的画面看作"电影作品"。

随着邻接权或者相关权制度的创设，起源于法国的作者权制度，呈现了纷繁复杂和架构臃肿的特点。一方面，作者权法提供了对于作者、作品的保护，这是原有的保护框架。另一方面，作者权法又提供了对于表演者、录音制作者和广播组织的保护，甚至提供了对于电影固定人、快照拍摄者、版本所有人的保护。与此相应，相关的法律也被表述为"作者权与相关权法"。例如，法国于1985年制定现行的著作权法，称为《关于作者权和表演者权、录音制作者权、视听传播企业权利的法律》，后来又于1992年被纳入《法国知识产权法典》，为"文学艺术产权"部分。又如，德国关于作者权和相关权保护的现行法律，名称为《德国作者权和相关权保护法》。事实上，欧盟于1996年发布的《数据库保护指令》，对于不构成汇编作品的数据库，提供特别权利的保护，也是作品独创性要求较高的产物。与此形成鲜明对比的是，起源于英国的版权法体系，因为遵循了较低的独创性标准，以简洁的方式，对于表演、录音、广播提供了作品的保护，对于快照拍摄者、数据库制作者提供了作品的保护，没有创设邻接权或者相关权的概念。至少是从结构上看，版权法体系仅仅保护作品，从而避免了法律规定的纷繁复杂和法律架构的臃肿。

显然，作者权法体系以相关权的方式保护表演、录音、广播信号、快照，甚至以特别权利的方式保护数据库，而版权法体系以作品的方式保护表演、录音、广播信号，以及快照和数据库，其根本原因就在于二者对于作品构成要件"独创性"的要求不同。在这方面，欧盟法院于1995年判决的"Magill"一案，就突出反映了版权法体系与作者权法体系在独创性标准方面的差异。

---

① 参见英国《版权法》第1条。

② 参见美国《版权法》第102条。

③ H. R. Report, No. 94－1476, 94th Cong., 2d Sess.（1976）, for Section 102.

在"Magill"一案①中,上诉人是爱尔兰都柏林的一家广播公司(Radio Telefis Eireann, RTE)及其代理人(Independent Television Publications Ltd,ITP)。本案还牵涉英国广播公司(British Broadcasting Company,BBC)。根据案情,上诉人向一些日报和杂志发放许可,刊登当日或者两日内的电视节目表,同时也许可刊登一周的重点节目表。上诉人发放许可时不收取费用,但要求被许可人按照自己要求的版式刊登节目表。本案的另一方是麦基尔电视指南公司,出版了一份包括很多电视台节目在内的"电视指南周报"。麦基尔于 1986 年 5 月底曾经在自己的指南周刊上,未经许可而刊登了上诉人和 BBC 的一周电视节目表,但遭到后者的禁止和侵权诉讼。于是,麦基尔向欧盟委员会提起申诉,认为上诉人和 BBC 拒绝发放许可,滥用了市场支配地位。欧盟委员会经过漫长的调查,认定上诉人和 BBC 违反了《欧盟运行条约》第 102 条的规定,滥用了市场支配地位。上诉人不服,以欧盟委员会为被告,向欧盟初审法院提起诉讼。当初审法院肯定了欧盟委员会的决定之后,上诉人向欧盟法院提起上诉。

大体来说,欧盟法院在判决中主要讨论了两个问题,即上诉人的电视节目表是否享有版权,上诉人拒绝发放许可是否违反了《欧盟运行条约》第 102 条的规定。关于第一个问题,按照爱尔兰和英国的版权法,尤其是其中所体现的汗水理论,电视节目表属于作品,上诉人享有版权。例如,上诉人曾经针对麦基尔在爱尔兰提起过侵犯版权的诉讼。爱尔兰高等法院于 1989 年 7 月作出判决,认定电视节目表构成了版权保护的客体。法官拉德纳在判决中说:

> 我感到满意,每周节目表是大量初步考虑和工作的结果,是运用了大量技能和判断力的结果。这是 RTE 的创造……有关的证据表明,发表在 RTE 指南上的 RTE 电视节目表,在(爱尔兰)1963 年版权法第 2 条和第 8 条通常接受的意义上,属于文字作品和汇编作品。RTE 也表明,它们是这些节目表的版权所有人,被告在 1986 年 5 月 31 日到 6 月 6 日的那个星期出版其电视节目表,通过复制 RTE 版权资料中的实质性部分,侵犯了版权。②

正是基于《爱尔兰版权法》和爱尔兰法院的判决,无论是欧盟初审法院还是欧欧盟院,都一再重申,在欧盟没有协调成员国版权获得标准的情况下,授予知识产权的条件和程序是成员国的事情。与此相应,对于电视节目表依据爱尔兰法律而构成作品,并且享有版权的事实,欧盟法院不做任何质疑。

关于第二个问题,欧盟法院首先认为,上诉人占据了市场支配地位。法院认为,仅仅拥有知识产权,并不表明所有人占有市场支配地位。但是在涉及电视节目的基本信息,如播放日期、时间和节目名称的时候,而且相关的电视台是有关信息唯一来源的时候,就会出现版权所有人占有市场支配地位的情形。在本案中,上诉人和 BBC 公司就电视节目信息而言,已经占有了事实上的垄断地位。因为爱尔兰的绝大多数电视用户,北爱尔兰 30% ~40% 的电视用

---

① Judgment of the Court of 6 April 1995, joined cases C – 241/91 P and C – 242/91 P – – Radio Telefis Eireann (RTE) and Independent Television Publications Ltd (ITP) v. Commission of the European Communities.

② 爱尔兰法院判决的上述片段,见于欧共体初审法院判决书的第 10 段。Judgment of the Court of First Instance (Second Chamber) of 10 July 1991, Case T – 69/89 – – Radio Telefis Eireann v. Commission of the European Communities.

户,都在收看上诉人和 BBC 的电视节目。同时,这些电视用户只能通过上诉人和 BBC 获得相关的电视节目信息。

欧盟法院其次认为,上诉人滥用了自己的市场支配地位。判决指出,尽管版权的获得条件和程序由成员国的法律决定,但权利人在行使自己版权的时候不得滥用市场支配地位。根据一审法院的判决,就一周的电视节目信息而言,相关的市场上没有替代的产品。从消费者的角度来看,其需要广泛的电视节目周刊,从而选择自己喜欢的节目。如果要编辑出版一份广泛的电视节目周刊,上诉人的电视节目信息就相当于不可替代的原材料。与此相应,上诉人依据自己的版权拒绝许可必要的电视信息,就阻碍了相关产品的出现,从而构成了市场支配地位的滥用,违反了《欧盟运行条约》第 102 条的规定。

仔细阅读欧盟法院的判决,不免使人联想起版权法的一个基本原理,即表达与思想观念的分界。欧盟法院无论是在论证上诉人占据市场支配地位的时候,还是论证上诉人滥用了市场支配地位的时候,都反复提到了电视节目信息,而不是提到表达或者作品。显然,欧盟法院是从上诉人占据相关信息,并且拒绝许可信息的角度,认定上诉人占据了市场支配地位,并且滥用了自己的市场支配地位。这种论证角度似乎与版权无关。

确实,按照表达与思想观念的分界,电视节目信息的表达方式非常有限,很难或者不应当获得版权保护。而依据版权法体系的汗水理论,电视节目表的创作人付出了一定的技能、劳动和判断力,电视节目表也就构成了作品,可以获得版权保护。但是在另一方面,保护这种作品,甚至允许版权所有人拒绝发放许可,又会在事实上将有关的事实(电视节目信息)垄断起来,从而妨碍市场竞争,妨碍思想文化的传播。正是由此出发,欧盟法院在通常情况下允许知识产权所有人拒绝发放许可,认为这是权利人行使自己权利,获取必要经济收益的一个途径。[①] 然而在"Magill"一案中,欧盟法院却一再强调,虽然知识产权的获得是成员国法律的事情,但权利人在行使版权的时候,仍然不得违反《欧盟运行条约》第 101 条和第 102 条的规定。版权所有人依据成员国的法律而获得版权,并不意味着在行使版权的时候就可以免除有关第 101 条和第 102 条的审查。

这样,欧盟法院一方面承认电视节目表依据爱尔兰法律可以获得版权保护,另一方面又认定 RTE 公司滥用市场支配地位或者滥用版权,从而在事实上否定了上诉人所享有的版权。应该说,这种否定方式在欧盟法院有关版权的判决中,是非常少见的。有人认为,欧盟法院作出这样的判决,其潜意识显然是认为,受保护的作品(电视节目表)没有体现创造性的劳动,不应当获得保护。[②]

三、作者自己的智力创造

欧盟现在有 27 个成员国。关于作品保护的法律制度,大多数成员国属于欧洲大陆的作者权法体系,例如法国、德国、意大利、西班牙、荷兰等。但也有一些成员国属于英美的版权法体系,例如爱尔兰和曾经的成员国英国。随着计算机技术的发展,基于版权法体系和作者权法体系所秉持的独创性标准的不同,在计算机程序和电子数据汇编保护的问题上,成员国之

---

① Judgment of the Court of 5 October 1988, Case 238/87 - - AB Volvo v Erik Veng (UK) Ltd.

② See David Keeling, *Intellectual Property Rights in EU Law*, Vol. 1, Oxford University Press, 2003, p. 270.

间再次发生了分歧。

大体来说,版权法体系依据较低的独创性标准,对于计算机程序提供了作品的保护,对于电子数据汇编提供了汇编作品的保护。而作者权法体系依据较高的独创性标准,例如作者的精神、情感、人格,却在计算机程序和电子数据汇编保护的问题上,发生了问题。例如,德国最高法院在1985年的"Inkassaprogram"一案中判决,由于计算机程序没有体现编程人员的精神、情感、人格,不符合德国著作权法的独创性要求,不能作为作品获得保护。德国最高法院在判决中还指出,对于数据的选择、编排、展示,只有在符合德国著作权法所要求的独创性,也即体现了汇编者的精神、情感、人格时,才可以作为作品获得保护。[①] 按照这个标准,几乎所有的计算机程序和电子数据汇编,都不符合作者精神、情感、人格的独创性标准,因而难以作为作品获得保护。又如,荷兰最高法院在1991年的"Grote"一案中裁定,对于字典词条的选择和编排,只有在体现了编纂者的观点、个性的时候,才可以作为作品获得保护。[②] 同样,按照这个标准,绝大多数的电子数据汇编,难以达到体现编纂者观点和个性的标准,因而不能作为汇编作品予以保护。

德国最高法院和荷兰最高法院的判决表明,作者权法体系传统的独创性标准,难以适应保护计算机程序和电子数据汇编的需要。而版权法体系依据其较低的独创性标准,则轻而易举地将计算机程序作为文字作品予以保护,将电子数据汇编作为汇编作品予以保护。为了协调成员国之间在计算机程序和电子数据汇编保护上的分歧,欧盟理事会先后发布了《计算机程序保护指令》和《数据库保护指令》,以协调成员国的相关法律。其中突出之点,就是协调了作品构成的独创性标准。

先来看欧盟理事会1991年5月发布的《计算机程序保护指令》。[③] 在这个指令中,欧盟就计算机程序的独创性,或者计算机程序可以构成作品的要件,提出了"作者自己智力创造"的标准。根据《计算机程序保护指令》第1条第3款规定:"计算机程序只有是独创性的,是作者自己的智力创造的时候,才可以获得保护。在确定计算机程序受保护的合法性方面,不应当适用其他的标准。"显然,这里所说的"作者自己的智力创造",是一个低于作者精神、情感、人格的标准,但又高于作者劳动、技能、判断的标准。就作者权法体系而言,可以构成作品的计算机程序,可以低于作者"人格印迹"或者"精神印迹"的要求。就版权法体系来说,可以构成作品的计算机程序,一定要高于技能、判断力和劳动,体现了作者自己的智力创造。

再来看欧盟理事会1996年3月发布的《数据库保护指令》。[④] 在这个指令中,欧盟就数据库的版权保护,继续强调了"作者自己智力创造"的独创性标准。在这方面,《数据库保护指令》第3条在规定数据库的版权保护时,做了如下的规定:"根据本指令,通过选择和编排其内容而形成的数据库,只有在构成作者自己的智力创造时,其本身才可以获得版权保护。在确定这种保护的合法性时,不应当适用其他的标准。"这样,在数据汇编作品的保护方面,《数据库保护指令》也提出了一个介乎作者权法体系和版权法体系的作品构成要件。就版权法体系

---

① Inkassaprogram—Bundesgerichtshof, May 9, 1985.

② Grote Van Dale v. Romme (1991) Netherland Jur. 608.

③ Council Directive 91/250/EEC of 14 May 1991 on the legal protection of computer programs.

④ Directive 96/9/EC of the European Parliament and of the Council of 11 March 1996 on the legal protection of databases.

来说,可以构成汇编作品的数据汇编,一定要高于劳动、技能、判断的标准。就作者权法体系而言,构成汇编作品的数据汇编,则可以低于传统的作者精神、情歌和人格的标准。按照《数据库保护指令》的规定,如果相关的数据汇编达不到"作者自己智力创造"的标准,则可以获得特别权利(sui generis right)的保护。

在一开始,人们认为"作者自己智力创造"的独创性标准,仅仅是针对计算机程序作品和数据汇编作品而提出的,并不涉及其他的作品种类。然而,欧盟后续发布的有关协调成员国版权保护的指令和欧盟法院的相关判决却表明,"作者自己智力创造"的独创性标准,不仅适用于计算机程序作品和数据汇编作品,而且适用于其他的作品种类。例如,欧盟理事会于1993 年 10 月发布了《保护期指令》。[①] 其中的第 6 条是关于摄影作品的规定:"摄影,只要在独创性的意义上,属于作者自己的智力创造,可以依据第 1 条获得保护。在确定其受保护的合法性时,不应当适用其他的标准。"其中的第 1 条是指,文学艺术作品的作者,其权利可以获得作者有生之年加 70 年的保护。2006 年 12 月,欧盟理事会重新发布了《保护期指令》,仍然保留了第 6 条的规定。[②] 与此相应,按照这个规定,至少是摄影,只要符合"作者自己智力创造"的独创性标准,就可以获得版权保护。至于欧盟法院的一系列判决,则将"作者自己智力创造"的独创性标准,推广到了所有的作品种类之上,而非局限于计算机程序作品、数据汇编作品和摄影作品。

先来看欧盟法院于 2009 年判决的"Infopaq"一案。[③] 在这个案件中,原告"Infopaq International"是一家网络公司,提供搜索关键词的服务,而被告"DDF"则是丹麦的报纸出版商协会。根据案情,原告提供关键词服务的做法分为以下几步:扫描报纸上的新闻文章;将扫描件转换为数字化的文档,同时销毁扫描件;在数字化的文档中找出某一关键词,并且在关键词的前后各保留 5 个字词,同时销毁数字化文档;将关键词和前后的 5 个字词,共计 11 个字词,予以打印并提供给搜索使用者。2005 年,被告报纸出版商协会发现了原告的做法,认为原告的做法侵犯了自己就新闻文章所享有的版权。原告则认为,自己的做法没有侵犯原告的版权,自己是提供关键词搜索服务,不需要获得被告的同意。

为了防止报纸出版商协会的侵权指控,"Infopaq International"针对"DDF",在丹麦东部地区法院提起了不侵权的诉讼,要求法院作出判决,主张自己以上述方式使用报纸文章,没有侵犯被告的版权,不需要获得被告或者其会员的许可。一审法院经过审理,驳回了原告的诉讼请求。原告不服判决,向丹麦高等法院提起上诉。在二审法院审理的过程中,双方当事人对于以下几点没有争议:如果以人工的方式利用已经出版的新闻文章,撰写文章摘要,或者找出关键词,说明其在文章的位置,不需要获得版权所有人的许可;寻找关键词的过程中,需要制作扫描件和数字化文档,以及向他人提供由此而产生的关键词。然而,在关键词和前后的 5 个字词上,双方却发生了争议。具体说来,将关键词和前后连带的 5 个字词提供给用户,或者

---

① Council Directive 93/98/EEC of 29 October 1993 harmonizing the term of protection of copyright and certain related rights.

② Directive 2006/116/EC of the European Parliament and of the Council of 12 December 2006 on the term of protection of copyright and certain related rights (codified version).

③ Judgment of the Court (Fourth Chamber) of 16 July 2009, Case C-5/08, Infopaq International A/S v. Danske Dagblades Forening.

将新闻文章中的11个字词提供给用户,是否侵犯了新闻文章版权所有人的复制权。这就涉及2001年《信息社会版权指令》第2条的规定。根据规定,作者就其作品享有复制权,包括“允许或者禁止直接或者间接,暂时或者永久的复制,而且不论是以何种方式或者形式复制,是全部复制或者部分复制”。事实上,双方当事人的争议焦点在于,将新闻文章中的11个字词予以复制,是否属于《信息社会版权指令》予以禁止的“部分复制”。于是,丹麦高等法院决定,暂停案件的审理,提请欧盟法院澄清“部分复制”的含义,以及本案所涉及的11个字词的复制是否属于“部分复制”。

欧盟法院在判决中讨论了两个问题,《信息社会版权指令》第2条规定的“部分复制”和第5条规定的权利的限制与例外。这里仅涉及“部分复制”的问题。欧盟法院在判决中首先指出,欧盟法律的适用应当具有一致性。按照公平的原则,欧盟法律的规定,例如《信息社会版权指令》规定的“部分复制”,应当在整个欧盟范围内给予自动的和一致的解释。与此相应,某些成员国主张的观点,应当由成员国解释“部分复制”的含义,是不可接受的。具体到本案,相关的问题是,将一篇文章中的11个字词的片段打印在纸张上,是否属于《信息社会版权指令》第2条规定的“部分复制”。

欧盟法院论证说,《信息社会版权指令》第2条规定的“复制”,包括全部或者部分复制,是指对于作品、表演、录音、广播等受保护客体的复制。就本案而言,作者授权或者禁止的复制或者部分复制,则是指向“作品”。按照《伯尔尼公约》第2条的规定,作品是指文学艺术领域内的作品,属于作者的智力创造。关于构成作品的独创性要件,1991年的《计算机程序保护指令》、1996年的《数据库保护指令》和2006年的《保护期指令》,对于计算机程序作品、数据汇编作品和摄影作品有具体规定。按照三个指令的规定,相关的计算机程序、数据库和摄影,只有在作者自己智力创造的意义上,才具有独创性,才可以作为作品受到保护。正是由此出发,欧盟法院将论证的逻辑向前推进了一大步。法院的判决说,2001年发布的《信息社会版权指令》,其宗旨是协调成员国的版权保护制度,使之在版权保护的一些原则问题上一致起来。与此相应,《信息社会版权指令》第2条规定的作品,只有在属于作者自己智力创造的意义上,才可以获得版权保护。这样,欧盟法院的判决,就将“作者自己的智力创造”的独创性标准,推而广之到了所有的作品种类上,而不在局限于计算机程序、数据汇编和摄影作品。

在上述论证的基础上,欧盟法院讨论了“部分复制”的问题。判决说,《信息社会版权指令》第2条和其他规定并没有在作品构成要件上,将作品的整体与部分区别对待。这表明,无论是作品的整体还是部分,只有在属于作者自己智力创造的意义上,才可以获得版权保护。或者说,作者可以授权或者禁止复制的“部分”,其本身应当构成作品,应当符合“作者自己智力创造”的独创性标准。就本案而言,报纸上的新闻文章,无论是从文字表达的形式来看,还是从呈现给读者的方式来看,都满足了作者自己智力创造的独创性标准,属于《信息社会版权指令》保护的文字作品。然而值得注意的是,构成作品的文字要素本身,不属于作者自己的智力创造,尽管作者运用文字创作了作品。显然,通过选择、编排、合并相关的文字,作者才表达了自己的创造性,形成了具有独创性的作品,满足了作者自己智力创造的要求。文字本身仅仅是构成作品的要素,不属于作者自己的智力创造。

欧盟法院指出,《信息社会版权指令》第2条为“复制”下了一个非常宽泛的定义,包括直接和间接的复制、永久和暂时的复制、任何形式和方式的复制、全部和部分的复制。这表明，对于作品的保护应当给予最为宽泛的解释。从这个意义上说，一些孤立的语句，或者文章中的一些片段，在符合独创性的条件下，在构成作者自己智力创造的情况下，就可以构成受保护的作品。与此相应，就本案而言，新闻文章中的 11 个字词是否属于作者自己的智力创造，是否构成作品，就是一个应当由成员国法院认定的问题。如果法院认定相关的 11 个字词构成作品，符合作者自己智力创造的标准，则未经版权所有人将其打印出来，提供给搜索服务的使用者，就属于侵权。如果法院认定相关的 11 个字词不构成作品，不符合作者自己智力创造的标准，未经许可的使用就不会有侵权的发生。显然，11 个字词构成一件受保护的作品，并且享有版权，这种可能性是很小的。

毫无疑问，欧盟法院关于"Infopaq"一案的判决，其最大的亮点就是将"作者自己智力创造"的独创性标准，推广到了所有的作品种类。这样，成员国在对于作品提供保护的时候，不仅应当针对计算机程序、数据汇编和摄影作品适用"作者自己智力创造"的独创性标准，而且应当针对音乐、舞蹈、戏剧、美术、电影、图形等作品，适用"作者自己智力创造"的独创性标准。只有这样，才可以实现《信息社会版权指令》和其他指令协调成员国版权保护标准的目标，进而有利于版权产品在欧盟共同市场上的自由流动。

在"Infopaq"一案之后，欧盟法院继续在一系列判决中，就各类作品的保护，适用了"作者自己智力创造"的独创性标准。例如，在 2011 年的"Painer"一案①中，欧盟法院具体讨论了摄影作品的独创性问题。在这个案件中，原告裴娜是一名报刊专栏的摄影师，在 17 年的摄影生涯中，拍摄了一系列幼儿园和托儿所孩子的形象。裴娜也会将自己的摄影照片转让给他人，但不会授权他人使用自己的摄影照片。在转让给他人的照片上，通常都会标注裴娜的署名。根据案情，1998 年的时候，一位名叫娜塔莎的小姑娘被绑架，而裴娜又曾经为娜塔莎拍摄过照片。在警察机关寻找娜塔莎的过程中，公务机关和报纸杂志，都使用过裴娜拍摄的照片。2006 年，娜塔莎从绑架者那里逃脱，再次成为社会舆论关注的热点。在此过程中，一些报纸杂志再次未经许可使用了裴娜拍摄的照片，但没有注明裴娜是照片的作者，甚至注明其他人是作者。此外，一些报纸杂志还依据娜塔莎原来的照片形象，运用计算机软件，制作了娜塔莎后来的模拟像(photo – fit)。针对上述行为，裴娜向维也纳法院提起诉讼，要求法院禁止被告继续使用自己的摄影作品，以及支付必要的损害赔偿。

就在维也纳法院审理案件的同时，裴娜还提起了另一个诉讼，请求法院下达诉讼中的临时性禁令，禁止被告继续使用自己的摄影作品。关于这一点，奥地利最高法院应原告的请求，下达了禁止被告继续使用裴娜摄影作品的禁令。但是奥地利最高法院又在禁令中说，根据相关的法律规定，被告以制作模拟像的方式使用原告关于娜塔莎的照片，不需要获得原告的许可，也不属于侵权。奥地利最高法院认为，原告关于娜塔莎的照片属于摄影作品，应当获得版权保护，这没有问题。然而，制作娜塔莎的模拟像，不是对于原告作品的改编，而是仅仅利用了摄影中的娜塔莎的形象，因而不需要获得原告的同意。关于这个问题，受理案件的维也纳法院也认为，被告制作娜塔莎的模拟像，究竟是对于原作的改编，还是对于原作中某些要素的

---

① Judgment of the Court (Third Chamber) of 1 December 2011, Case C – 145/10, Eva – Maria Painer v. Standard VerlagsGmbH and Others.

自由使用,取决于原作所体现的作者的创造性投入。如果作者在原作中投入的创造性劳动越大,则他人自由使用的空间越小。维也纳法院还认为,就肖像摄影而言,摄影者可以运用的创作空间非常有限,因而受版权保护的范围也相对狭窄。事实上,被告制作的模拟像,是一种新的和自动生成的作品,也可以获得版权保护。

基于模拟像的特殊问题,以及其他被告对于原告摄影作品的使用是否属于《信息社会版权指令》第5条规定的权利的限制与例外,维也纳法院决定暂停案件的审理,请求欧盟法院就相关的问题作出前置裁定。而欧盟法院也在判决中详细讨论了摄影作品的构成要件,以及权利的限制与例外。这里仅涉及摄影作品的构成要件。

欧盟法院在判决中首先讨论了摄影作品的构成问题。法院的判决说,写实的摄影,尤其是人物摄影,毫无疑问可以获得版权保护。当然其前提是,相关的作品具有独创性,体现了作者自己的智力创造。关于这一点,《保护期限指令》第6条已经作了明确的规定。而所谓的作者自己的智力创造,又是指作品反映了作者的人格。具体说来,如果作者在创造作品的时候,可以通过自由的和创造性的选择,在作品中表达自己的创造性能力,就具有了法律所要求的作者自己的智力创造。欧盟法院进一步指出,从若干个方面和角度来看,摄影者在创作摄影作品的时候,显然可以进行自由的和具有创造性的选择。例如,在摄影的准备阶段,摄影者可以选择不同的背景、不同的姿势和不同的光线。又如,在进行肖像摄影时,可以选择不同的框架和视角,包括创造拍摄所需要的气氛。再如,在选取连续拍照的影像时,可以使用不同的冲洗技巧,甚至使用计算机程序进行加工。事实上,正是通过上述各种方式和角度的选择,肖像摄影的作者将自己的人格印记(personal touch)打在了最后形成的摄影作品之上。这表明,就肖像摄影来说,作者可以表达自己创造性的空间并非很小或者不存在。与此相应,只要表达了作者自己的智力创造,人物摄影完全可以构成受到版权保护的作品。

随后,欧盟法院回答了成员国法院的另一个问题,摄影作品是否只能获得低于其他作品种类的保护。关于这一点,欧盟法院给予了否定的回答。判决书论证说,无论是哪一类作品的作者,按照《信息社会版权指令》第2条规定,都享有宽泛的复制权,包括授权或者禁止他人以各种形式复制自己的作品。相关的规定,并没有区分作品种类,也没有就摄影作品作出特别规定。而且,无论是《信息社会版权指令》还是其他有关版权保护的指令,都不支持以下的观点,即某类作品的受保护程度,应当依据创作该类作品所具有的自由程度而有所不同。与此相应,即使针对肖像摄影作品,也不能认为它所获得的保护应当低于其他作品种类。所有的作品种类,在其体现了作者自己智力创造的意义上,应当获得同等的保护。

在一开始,很多人认为,"作者自己智力创造"的独创性标准,就作者权法体系而言,降低了原有的精神、情感、人格的标准;就版权法体系而言,则是提高了劳动、技能、判断、努力的标准。与此相应,这是一个介乎作者权法体系和版权法体系之间的独创性标准。然而,欧盟法院的相关判决则表明,"作者自己智力创造"的独创性标准,仍然是一个作者权法体系的标准。例如在上述"Painer"一案中,欧盟法院认为只要摄影者将自己的个人印记打在了最后形成的摄影之上,就构成了受保护的作品。其中的"个人印记"(personal touch)显然是指作者精神、情感和人格。关于这个问题,再来看一个典型案例。

欧盟法院于2012年判决的“Dataco”,[①]是一个关于《数据库保护指令》的案件。在这个案件中,英国足球协会及其工作人员依据各个俱乐部参加赛事的规则,编排了季节性的赛事名单,包括参赛俱乐部、时间、地点、人员等。而英国雅虎等网络公司,未经许可使用了原告的赛事名单。于是,原告向英国地方法院提起诉讼,主张自己的赛事名单属于数据库,被告未经许可使用赛事名单,侵犯了自己依据《数据库保护指令》所享有的版权和特别权利,以及依据英国版权法享有的版权。一审法院经过审理,认定原告就其赛事名单,享有《数据库保护指令》规定的版权。因为,原告在编纂赛事名单的过程中,投入了实质性的创造性劳动。然而在另一方面,一审法院又认定,原告不享有《数据库保护指令》规定的特别权利。被告不服这个判决,向英国高等法院提起了上诉。英国高等法院经过审理,一方面肯定了一审法院的第二点判决,即原告不享有《数据库保护指令》规定的特别权利。然而在另一方面,又对一审法院的第一点判决,原告依据《数据库保护指令》享有版权提出了质疑。于是,英国高等法院决定暂停案件的审理,请求欧盟法院就相关的问题作出前置裁定。欧盟法院在判决中讨论了数据库、数据汇编的版权、数据库特别权利等问题。这里仅涉及其中的数据汇编版权问题。

欧盟法院说,按照《数据库保护指令》第3条第1款规定,如果对于数据内容的选择和编排,构成了作者自己的智力创造,可以作为汇编作品予以保护。首先,按照《数据库保护指令》第3条第2款的规定,数据库版权的保护,仅仅涉及数据库的结构,而不涉及具体的数据内容。其次,作品独创性的标准是作者自己的智力创造。就数据库而言,如果作者在选择、编排数据的过程中,通过自由选择和具有创造性的选择,以独创性的方式表达了自己的创造性能力,就满足了独创性标准的要求。或者说,作者在选择、编排数据的过程中,融入了自己的“人格印记”。与此相反,如果对于数据的选择和编排,受到了技术性考虑的支配,或者受到了竞赛规则的限制,不具有创造性自由选择的空间,则不能满足独创性的要求,从而不构成汇编作品。

值得注意的是,欧盟法院在关于数据汇编作品的论证中,反复使用了术语“人格印记”。这与前述“Painer”一案所使用的术语是一样的。事实上,“Dataco”一案在使用“人格印记”术语的时候,也提到了此前判决的“Painer”一案。显然,欧盟法院对于“作者自己智力创造”的独创性标准的解读,是依据作者权法体系关于精神、情感、人格的标准予以解读的。这也表明,“作者自己智力创造”的独创性标准,不同于版权法体系的劳动、技能、判断、努力的标准。事实上,总法务官就“Dataco”一案提出的意见中,就明确提到了“作者自己智力创造”的独创性标准,是作者权法体系的独创性标准。

在“Dataco”一案中,总法务官论证说,英国高等法院提出的问题在于,编纂数据库所付出的劳动、技能,是否属于《数据库保护指令》所规定的“作者自己的智力创造”,是否可以获得版权保护。总法务官明确指出,就数据库而言,版权保护基于数据库的创造性特征。显然,制作数据库所付出的劳动和技能,没有满足创造性的要求。总法务官论证说,在欧盟范围内,成员国之间在独创性问题上,采纳了不同的认定标准。其中,具有普通法传统的成员国,构成独创性的决定性要素是劳动、技能和努力。例如在英国,在《数据库保护指令》颁布以前,曾经以

---

① Judgment of the Court (Third Chamber), 1 March 2012, Case C–604/10, Football Dataco Ltd and Others v. Yahoo! UK Ltd and Others.

版权的方式保护数据库。只要数据库的制作者花费了一定的努力,运用了某些技能,由此而产生的数据库就可以获得版权保护。而在另一方面,在那些具有欧洲大陆传统的成员国中,获得版权保护的作品,必须体现创造性的因素,或者以某种方式表达了创作者的人格。至于作品的质量或者艺术性特征,则是不需要关注的。总法务官由此而得出结论说:

> 关于版权保护,《数据库保护指令》采纳了一个独创性标准,要求选择和编排数据的不仅仅是机械性的劳动。按照该指令第3条,一个数据库为了获得版权保护,应当体现编排者的智力创造。毫无疑问,作者自己的智力创造,反映了大陆法系版权保护的传统,属于大陆法系的典型公式。

大体来说,欧盟在相关的版权指令中,就计算机程序作品、数据汇编作品和摄影作品,提出了"作者自己智力创造"的独创性标准,试图弥合版权法体系和作者权法体系在独创性标准方面的差异。而欧盟法院在"Infopaq"等判决中,又将这一标准推广到了所有的作品种类上。这样,无论是版权法体系的成员国,还是作者权法体系的成员国,至少在表面上都应当统一适用"作者自己智力创造"的独创性标准。然而,按照欧盟法院在"Painer"和"Dataco"两个案件中的判决,"作者自己的智力创造",更多地反映了欧洲大陆作者权法体系的独创性标准,仍然要求相关的作品应当体现作者独特的"人格印记"。与此相应,以"作者自己智力创造"的独创性标准协调成员国的版权保护,至少是在作品的构成要件上,就呈现了向上协调,即提高独创性标准的情形。按照"作者自己智力创造"的标准,版权法体系的成员国应当提高作品的构成标准,并且将达不到这个独创性标准的表达,排除在版权保护的范围之外。这样,对于版权法体系的成员国来说,完全接受"作者自己智力创造"的独创性标准,就是一件非常痛苦的事情。①

事实上,版权法体系的成员国,在很多方面仍然坚持了传统的独创性标准,并没有因为"作者自己智力创造"的提出而有所改变。例如,欧盟委员会于2000年发布的关于成员国贯彻实施《计算机程序保护指令》情况的报告指出,英国在贯彻该指令的时候,并没有在其版权法中规定"作者自己智力创造"的标准,而是坚持了原有的"技能、判断和劳动"的标准。不过,英国在贯彻执行《数据库保护指令》时,则规定了类似的独创性标准。② 事实上,直到今天,英国版权法在计算机程序作品的构成要件上,坚持的仍然是传统的技能、判断和劳动的标准,即有关的计算机程序或者其他作品是来自作者,作者在创作作品的过程中付出了一定的劳动。由此出发,在判定一些简单的代码、程序语言是否构成作品,是否可以获得版权方面,在判定药品或者交通系统的识别代码方面,版权法体系与作者权法体系就有可能得出不同的结论。③

---

① See Guy Tritton et al., *Intellectual Property in Europe*, 5th ed., Sweet & Maxwell, 2018, p.579.

② Report from the Commission on the implementation and effects of Directive 91/250/EEC on the legal protection of computer programs, COM/2000/0199 final.

③ See Cornish, Llewelin, *Intellectual Property: Patents, Copyright, Trade Marks and Allied Rights*, 6th edtion, 2007, p.808-809.

从某种意义上说，"作者自己智力创造"的独创性标准，其最大的贡献是让作者权法体系的成员国，适当降低了原来的精神、情感、人格的独创性标准，从而将计算机程序和数据汇编纳入了版权保护的范围。至于其他的作品种类，作者权法体系的成员国，仍然坚持了原有的精神、情感、人格的独创性标准。这就是"Painer"和"Dataco"两个判决所说的"人格印记"。而在另一方面，版权法体系的成员国，例如曾经的成员国英国，仍然坚持了原有的劳动、技能、判断的独创性标准。这显然是因为，在长期的历史发展过程中，无论是作者权法体系还是版权法体系，在作品的独创性标准方面，已经形成了根深蒂固的传统，很难因为欧盟的若干个指令或者欧盟法院的若干个判决而发生根本性的变化。从这个意义上说，"作者自己智力创造"的独创性标准，对于作者权法体系和版权法体系成员国的独创性标准的弥合，是非常有限的。

第二节 欧盟版权立法

一、欧盟版权立法的背景

欧盟有关版权的立法，主要是发布了一系列协调成员国法律的指令，如《计算机程序保护指令》《版权与相关权保护期指令》《信息社会版权指令》等。这种状况，与商标和外观设计领域形成了鲜明对比。因为在后两个领域，欧盟不仅发布了协调成员国商标法和外观设计法的指令，而且制定条例创设了在欧盟范围内一体有效的商标权和外观设计权。例如，欧盟先于1988年12月通过《协调成员国商标立法一号指令》，以协调各成员国的商标立法。随后，又于1993年12月通过《欧盟商标条例》，创设了在欧盟范围内一体有效的注册商标。又如，欧盟于1998年10月通过《外观设计保护指令》，以协调成员国的外观设计立法。此后，又于2001年12月通过《共同体外观设计条例》，创设了在欧盟范围一体有效的外观设计权利。

欧盟在版权保护方面只发布协调指令，而没有创设在欧盟范围内一体有效的版权，主要有两个原因。一是在欧盟成员国的范围之内，存在根深蒂固的版权法体系与作者权法体系的差异，很难就一部统一的"版权条例"达成一致。例如，英国和爱尔兰等版权法体系的国家，与德国和法国等作者权法体系的国家，在作品的独创性标准、版权的本质、版权的归属等方面，存在着难以弥合的差异。二是版权法或者作者权法所保护的作品种类繁多，涉及的利益关系极为复杂，在目前条件下几乎没有可能制定一部在欧盟范围内一体有效的"版权条例"。例如，如何保护作者精神权利，哪些作品种类应当纳入保护范围，应当规定哪些权利内容，应当规定哪些权利的限制与例外，以及如何规定权利的归属、转让和许可，等等，各个成员国的版权法或者作者权法，都存在这样或者那样的差异。其中的任何一点更改，都会引发成员国之间或者社会公众之间的激烈争论。这样，从保障商品自由流动的目的出发，先从最容易协调的问题开始，发布相应的版权指令，缩小成员国版权法律之间的差异，就是欧盟的必然选择。事实上，从现实的角度来看，只有在充分协调成员国版权立法的基础之上，才有可能制定和发布统一的"版权条例"，创设在欧盟范围内一体有效的版权或者作者权。

说到协调成员国的版权立法，首先应当提到《伯尔尼公约》和《罗马公约》。这两个公约都是起源于欧洲大陆的公约，分别设定了版权和相关权保护的基本原则和最低要求。到目前为止,欧盟成员国都是《伯尔尼公约》和《罗马公约》的成员国。所以,当欧盟成员国缔结或者加入这两个公约,并且在国内法中贯彻实施版权和相关权保护的基本原则和最低要求的时候,就在很大程度上协调了各成员国的版权立法。与此相应,无论是在欧盟建立之前还是建立之后,欧盟成员国已经依据《伯尔尼公约》和《罗马公约》,在很大程度上协调了各自的版权立法和相关权立法。从某种意义上说,《伯尔尼公约》和《罗马公约》对于欧盟成员国版权立法的协调,其重要性不亚于欧盟发布的各项版权指令。

先来看《伯尔尼公约》的协调作用。《伯尔尼公约》规定了受保护的作品种类,如文字作品、戏剧作品、舞蹈作品、音乐作品、美术作品、实用艺术作品和建筑作品等。《伯尔尼公约》也规定了作者应当享有的精神权利和经济权利。其中的精神权利包括作者的署名权和维护作品完整权,其中的经济权利包括复制权、翻译权、演绎权和表演权等。《伯尔尼公约》还规定了版权的自动获得、版权的保护期限、版权保护的例外等内容。在《伯尔尼公约》所确定的原则之中,最重要的,同时也是对成员国版权保护影响最为深远的,应当是国民待遇原则和与之相应的最低保护原则。按照这两个原则,一方面成员国应当像保护自己国民的作品那样保护其他成员国国民的作品,另一方面成员国又必须达到公约所规定的最低保护标准,不至于降低版权保护的国际水准。① 显然,《伯尔尼公约》的上述规定,以及公约中的其他一些规定,不仅协调了伯尔尼成员国的版权立法,而且协调了欧盟成员国的版权立法。

再来看《罗马公约》。《罗马公约》是保护邻接权或者相关权的国际公约,涉及了表演活动、录音和广播节目。与此相应,《罗马公约》也规定了表演者权、录音制作者权和广播组织权。其中的表演者权包括,未经表演者同意他人不得固定、广播其表演活动,不得复制录有其表演活动的录音。其中的录音制作者权包括,许可或者禁止他人以直接或者间接的方式,复制其录音。其中的广播组织权包括,许可或禁止他人同时转播其广播节目,许可或者禁止他人录制或者固定其广播节目,许可或者禁止他人复制录有其广播节目的录音。关于上述权利的保护期限,不得低于20年。此外,《罗马公约》也规定了相关权保护方面的国民待遇原则,以及与之相应的最低保护原则。② 显然,《罗马公约》的上述规定,以及公约中的其他规定,不仅协调了《罗马公约》成员国的相关权立法,而且协调了欧盟成员国的相关权立法。

除了《伯尔尼公约》和《罗马公约》,世界贸易组织《与贸易有关的知识产权协议》(1996年1月开始对发达国家生效),世界知识产权组织的《版权条约》和《表演与录音条约》(1996年12月缔结),也在很大程度上"协调"了欧盟成员国的版权立法。当然,《与贸易有关的知识产权协议》和世界知识产权组织的两个条约,都是在欧盟开始颁布协调版权的指令以后生效的。与此相应,协议和两个条约的很多内容,也是通过协调指令而得以贯彻实施的。例如,有关计算机程序保护的指令,有关数据汇编版权保护的指令,有关出租权的指令,都是贯彻执行《与贸易有关的知识产权协议》相关规定的指令。又如,2001年发布的《信息社会版权指令》,则是具体贯彻执行世界知识产权组织《版权条约》和《表演与录音条约》的指令。

在20世纪80年代末期,尽管欧盟成员国的版权立法在《伯尔尼公约》和《罗马公约》的影响之下,差距并不很大。然而,考虑到版权保护的地域性特征,考虑到成员国版权或者作者权

---

① 参见《伯尔尼公约》的相关条款。

② 参见《罗马公约》的相关规定。

立法的不同传统,成员国之间在版权保护方面仍然存在一系列差异,进而对欧盟范围内的商品自由流动和共同市场的建立,产生了消极的影响。20 世纪 90 年代,随着计算机技术的发展和网络技术的普及,又产生了互联网络对于版权制度的挑战。随着作品、表演、录音和广播通过互联网络的广泛传播,传统的版权制度面临着新的变革。在此背景之下,欧盟亟须通过协调成员国的版权立法,加强欧盟范围内的版权保护,一方面消除成员国在版权保护上的差异,另一方面应对互联网络对于版权保护的挑战。

事实上,欧盟颁布的有关版权保护的立法,就是围绕着协调成员国版权制度的差异和应对互联网络对于版权制度的挑战而展开的。下面分别论述。

二、协调成员国版权制度差异的立法

大体是在 20 世纪 80 年代后期,欧盟开始了协调成员国版权立法的进程。在这方面,欧盟委员会于 1988 年发布了一份绿皮书,其标题是《关于版权和技术挑战——需要立即采取行动的版权问题》,①分析了协调成员国版权立法的技术背景、经济背景和国际背景。"绿皮书"认为,在工业化国家的经济从"初步产品"向高级产品转化的过程中,技术发明、技能和创新为产品增加了大量的附加值。与此相应,也应当加大对于技术发明和创新的保护力度。在这方面,协调成员国的版权立法,提高版权保护标准,有利于提高欧盟在全球范围内的经济竞争能力,应对美国等工业化国家对于欧盟的经济挑战。"绿皮书"从四个方面论述了协调成员国版权立法和应对技术挑战的必要性。

第一,确保欧盟共同市场的正常运行。无论是版权产品的创造者还是提供者,都应当将欧盟作为一个单一的内部市场,并且在单一市场上从事相关的活动。然而,成员国版权立法的分歧和不同,以及由此而产生的法律不确定性,妨碍了版权产品和服务的自由流动,扭曲了市场竞争,破坏了共同市场的正常运行。

第二,提升欧盟在版权产品和服务方面的国际竞争力。消除成员国版权立法的差异,有助于创作者和传播者依赖可靠的法律保护,从事相关的创作和产品提供活动,提升他们在国际市场上的竞争力。在这方面,欧盟应当形成一些有效的政策,既确保内部市场的正常运行,又提升欧盟市场主体在全球经济中的竞争力,尤其是在媒体和信息产业中的竞争力。

第三,提高知识产权的保护水平。具体说来,知识产权的创造,需要大量的创造性劳动和投资,而由此产生的知识产权,包括版权又很容易受到侵犯。只有协调成员国的版权立法,提升版权保护的水平,才能够确保版权产品在共同市场上和共同市场之外的公平利用。

第四,保护第三人和社会公众的利益。版权法律赋予创作者以个人权利,从而在某种程度上限制了第三人和社会公众对于相关产品和服务的自由利用。协调成员国的版权立法,划定统一的版权保护范围,既有利于第三方的竞争,也有利于社会公众对于版权产品和服务的获得。

基于以上的分析,"绿皮书"列举了欧盟范围内应当引起注意和需要加以解决的问题。这包括:防止盗版;音像资料的家庭复制;某些作品种类,尤其是录音、电影作品的发行和出租;

---

① Commission of European Communities, Green Paper on Copyright and the Challenge of Technology – Copyright Issues Requiring Immediate Action, COM /88/172 Final.

计算机程序的保护;数据库的保护;成员国权利人难以在非成员国获得足够保护;等等。“绿皮书”还提出,应当通过协调成员国法律的方式,消除成员国版权立法的差异,以及由此而产生的贸易障碍。当然,“绿皮书”也指出,对于成员国版权立法的协调,并非“一揽子”的或者全面的协调。具体说来,欧盟协调成员国版权立法的措施,应当限于影响共同市场建设和正常运行的那些方面。至于那些与共同市场的建设和运行无关的问题,则不需要予以协调。例如,成员国有关作者精神权利保护的差异,就不会影响共同体的建设和正常运行。“绿皮书”由此而提出建议,可以依据《欧盟运行条约》第 114 条的规定,发布一些协调成员国版权立法的指令。因为根据条约第 114 条规定,针对直接影响共同市场运行的事务,欧盟机构可以采取必要的行动。

正是基于以上的认识,欧盟的各个机构,尤其是欧盟委员会积极启动了各项版权指令的制定。在这方面,欧盟委员会发挥了非常重要的作用。因为,按照欧盟的立法程序,应当先由委员会提出立法动议,然后由理事会和议会审议通过。按照这个程序,理事会和议会都不会主动提出相关的立法动议。这样,欧盟委员会基于“绿皮书”中的认识,针对应当解决的版权问题,按照轻重缓急和平衡各方利益的原则,向理事会和议会提出了一系列协调成员国版权立法的指令草案。这些草案经过理事会和议会的审议、修改,大多数得以发布,并由成员国贯彻执行。

大体说来,依据 1988 年“绿皮书”所提出的问题,欧盟自 1991 年到 2001 年发布了 6 个协调成员国版权立法的指令。这些指令是:1991 年的《计算机程序保护指令》;1992 年的《出租权指令》;1993 年的《卫星广播与有线转播指令》;1993 年的《保护期指令》;1996 年的《数据库保护指令》;2001 年的《追续权指令》。显然,当欧盟委员会于 1988 年发布“绿皮书”的时候,互联网络对于版权保护带来的问题还没有提上议事日程。与此相应,依据“绿皮书”而发布的协调成员国版权立法的指令,主要涉及了传统版权保护中的一些问题,例如出租权与出借权、卫星广播与有线广播、版权与相关权保护期、追续权,以及计算机程序和数据汇编的保护等。这些指令所规定的问题,基本没有涉及网络环境中的版权和相关权保护。与此相应,上述 6 个指令也被称为欧盟关于版权保护的第一代立法。至于与互联网络相关的版权保护指令,则被称为第二代立法。①

从总体上看,欧盟的第一代版权立法有两个特点。第一个特点是,上述版权指令所涉及的问题比较零散,有些问题甚至并不重要。具体说来,有的指令仅仅针对特定的版权客体,如计算机程序、数据汇编和广播信号而制定。有的指令涉及了某一类特定的权利,如出租权、出借权和追续权。而有的指令则从某一个方面横跨了整个版权领域,如版权和相关权的保护期。从总体上看,第一代指令并没有涉及版权法领域中的那些重大问题,如作品的种类、版权的内容、权利的限制与例外、侵权的认定标准。

应当说,第一代指令仅仅涉及版权领域中的一些零散的甚至不太重要的问题,这有着多方面的原因。首先,欧盟成员国有的属于作者权法体系,有的属于版权法体系,在版权的本质、作品的构成要件和版权的内容方面存在较大的差异。如果过早地涉及版权法的某些重大

---

① See Guy Tritton et al., *Intellectual Property in Europe*, 5th ed., Sweet & Maxwell, 2008, p. 487 – 488.

的问题,则很难在成员国之间达成一致。选择两个法系成员国具有某种共识的内容,如计算机程序、数据汇编、广播信号的保护,以及出租权、出借权、追续权和权利的保护期限,一方面会在欧盟层面上易于获得通过,另一方面也会在成员国中易于贯彻实施。其次,版权法所涉及的利益关系非常复杂,不仅有版权所有人和相关权所有人的利益,而且有作品传播者和社会公众的利益。与此相应,涉及权利的限制与例外,或者涉及侵权的种类,都必然会触动不同的利益集团,从而使得相关的指令难以获得通过。因此,欧盟选择版权法领域中的一些零散的甚至不太重要的问题制定统一的规则,就会比较容易达成共识,为进一步的立法或者协调指令的制定打下必要的基础。

第二个特点是,上述版权指令的基调是提高版权保护水平的协调,而不是降低版权保护水平的协调。例如,在颁布《计算机程序保护指令》和《数据库保护指令》的时候,欧盟设定了一个较高的作品构成要件,即有关的作品应当是作者自己的智力创造,而非劳动、技能和判断的结果。这样,在独创性的标准上,有关的协调指令就采纳了较高的"作者自己智力创造"的标准,摒弃了某些成员国的劳动、技能和判断的标准。又如,在颁布《保护期指令》的时候,德国和奥地利已经规定版权的保护期为作者的有生之年加 70 年,而其他成员国则为作者的有生之年加 50 年。在这种情况下,欧盟选择了较长的版权保护期,即作者的有生之年加 70 年,而没有选择较短的作者有生之年加 50 年。与此相应,欧盟范围内的版权所有人也获得了更长时间的保护。

从协调的本意来看,可以是向上的协调,也可以是向下的协调。因为无论是提高版权保护水平的协调,还是降低版权保护水平的协调,都可以达到协调成员国版权立法,消除或者减少商品自由流动障碍的目的。但是从实际操作的角度来看,向上的协调要比向下的协调容易得多。因为向下的协调意味着将会减少权利人的利益,从而引起比较强烈的反对。例如,在颁布《保护期指令》的时候,如果选择了作者的有生之年加 50 年,那就意味着德国和奥地利的版权所有人要丧失 20 年的保护期,从而遭到他们的反对。但是,当欧盟机构选择了作者的有生之年加 70 年的保护期,则德国和奥地利的版权所有人没有丧失利益,其他成员国的版权所有人又增加了利益。这样,协调成员国版权和相关权保护期的指令就更容易获得通过。

事实上,欧盟向上协调成员国的版权立法,还在某种程度上迎合了知识经济发展的需要。在知识经济的时代,作品、表演、录音和广播等受保护客体,为相关的产品和服务增加了大量的附加值。在此背景之下,向上协调成员国的版权立法,提高版权保护的水平,将会使得作者、表演者、录音制作者和广播组织获得更多的经济利益,从而激励他们创作更多的作品,或者提供更多的表演、录音、广播。关于这一点,很多第一代指令的"重述"都有反映。例如,《卫星广播和有线转播指令》"重述"第(24)指出,协调成员国关于卫星广播和有线转播的法律,有助于提高对于作者、表演者、录音制作者和广播组织的保护。[①] 又如,《保护期指令》"重述"第(10)指出,由于版权和相关权是智力创新的基本保障,因而需要在高水平保护的基础

---

① Council Directive 93/83/EEC of 27 September 1993 on the coordination of certain rules concerning copyright and rights related to copyright applicable to satellite broadcasting and cable retransmission.

上协调成员国的版权立法。①

三、应对互联网络挑战的立法

随着计算机技术和互联网络技术的发展,20 世纪 90 年代初,作品、表演、录音和广播,已经可以在国际互联网上传播。与此相应,如何规范这些受保护客体在互联网络上的传播,也就被提上了各国政府的议事日程。与以往录音技术、留声机技术、广播技术、摄影技术、电影技术不同,作品、表演、录音和广播一旦进入互联网络,就可以在全世界范围内广泛传播,而不限于某一个国家的地域。这表明,互联网络技术对于版权制度的挑战是全球性的,应当由国际社会共同应对。

正是在这样一个背景下,在世界知识产权组织的主持下,各方代表经过一系列的讨论、磋商和谈判,于 1996 年 12 月缔结了世界知识产权组织《版权条约》和《表演与录音条约》,就互联网络对于版权、表演者权、录音制作者权的挑战,做出了相应的规定。这两个条约,也被称为互联网络条约(Internet Treaties)。关于网络环境中的版权和相关权保护,《版权条约》主要规定了作者就其作品享有"向公众传播权",《表演与录音条约》主要规定了表演者就其表演、录音制作者就其录音,享有"向公众提供权"。两个条约还规定,成员方应当承担义务,防止他人规避、破解保护版权或者相关权的技术措施,防止他人篡改和删除有关版权或者相关权的权利管理信息。根据相关的资料,"向公众传播权"和"向公众提供权",都是由欧盟代表团提出的概念。②

随着世界知识产权组织《版权条约》和《表演与录音条约》的缔结,欧盟也开始了相关的立法工作,以落实两个条约中的相关规定。在 2001 年 5 月,欧盟发布了《信息社会版权指令》,③就网络环境中的版权保护和相关权保护,作出了一系列规定,并且要求成员国在其立法中予以贯彻落实。《信息社会版权指令》主要规定了作者就其作品享有向公众传播权,表演者、录音制作者和广播组织就其表演、录音和广播享有向公众提供权,以及成员国保护技术措施和权利管理信息的义务。除此之外,《信息社会版权指令》还规定了广泛的复制权,规定了权利的限制与例外,以及一些其他内容。大体来说,《信息社会版权指令》的相关规定,基本适应了网络环境中版权和相关权保护的需要。

随着《信息社会版权指令》的贯彻实施,欧盟又在考虑与互联网络和版权、相关权保护相关的一些问题。例如,是否可以在充分保护版权和相关权的前提下,发挥互联网络在传播知识方面的作用,方便社会公众获得必要的知识,进而培育整个社会的创新和创造能力。在这方面,欧盟委员会于 2008 年 7 月 16 日发表了一份《知识经济中的版权》的绿皮书,④就网络环

① Council Directive 93/98/EEC of 29 October 1993 harmonizing the term of protection of copyright and certain related rights.

② Mihaly Ficsor, *Copyright and Related Rights at the Footstep of the 21st Century*, WIPO/NCAC Regional Workshop for Asian and the Pacific on Copyright and WIPO "Internet Treaties", Shanghai, October 12 and 13, 1998.

③ Directive 2001/29/EC of the European Parliament and of the Council of 22 May 2001 on the Harmonization of Certain Aspects of Copyright and Related Rights in the Information Society.

④ Commission of European Community: Green Paper on Copyright in Acknowledge Economy, July 17, 2008, COM (2008) 466 final.

境中的知识传播，尤其是关于科学研究和文化教育的知识传播，提出了一些问题，征求社会各界的意见。"绿皮书"首先重申了欧盟是一个单一市场，其宗旨是实现商品、服务、人员和资金的自由流动。在此基础之上，"绿皮书"提出了第五个自由流动，即知识和创新的自由流动。与此相应，"绿皮书"重点讨论了科学研究和教学资料如何传播给社会公众的问题，以及相关的知识是否可以在内部市场上自由流动的问题。在这方面，"绿皮书"强调，高水平的版权保护对于智力创新至关重要。对于版权和相关权提供有力和有效的保护，可以让作者和出版者获得必要的经济回报，可以鼓励作者和出版者投资作品的创作。同时，在鼓励进步和创新方面，版权保护也是必不可少的政策工具。

2008 年"绿皮书"共分两个部分。第一部分主要讨论《信息社会版权指令》中有关权利限制与例外的问题，同时还讨论了《数据库保护指令》中的相关内容。"绿皮书"指出，《信息社会版权指令》规定的复制权、发行权、向公众传播权和向公众提供权，已经在很大程度上协调了成员国的版权立法。在相关的司法实践中，这些权利获得了最为宽泛的解释，因而对于版权所有人和相关权所有人提供了高水平的保护。但是在权利的限制与例外方面，《信息社会版权指令》仅仅在不允许成员国创设新的限制与例外的程度上，达到了协调成员国法律的目的。而在贯彻执行《信息社会版权指令》所规定的限制与例外方面，由于给予了成员国以过多的自由，而没有达到预期的协调目标。正是由此出发，"绿皮书"提出了一些关于权利限制与例外的问题。例如，是否可以鼓励权利人和使用人通过合同落实权利的限制与例外，是否可以鼓励权利人和使用人通过合同设定其他的权利限制与例外；又如，是否应当将《信息社会版权指令》中的更多的限制与例外规定为强制性的，进而有效落实限制与例外带来的好处。

"绿皮书"的第二部分具体讨论了一些与知识传播密切相关的限制与例外，以及如何充分利用这些限制与例外传播知识和促进创新。在这方面，"绿皮书"具体讨论了图书馆和档案馆的例外问题，包括为了保存版本而数字化的问题，提供数字化作品的问题，孤儿作品的问题。除此之外，"绿皮书"还讨论了残疾人例外的问题；为了教育和研究而传播作品的问题；使用者创作的内容的问题。针对上述权利的限制与例外，"绿皮书"提出了一些问题，向社会公众征求意见。例如，图书馆、博物馆、档案馆和教育机构的例外，是否应当仅限于提供有限的复制件，为了保存版本而进行格式转换、扫描馆藏图书。又如，是否应当就孤儿作品发布一个单独的指令。再如，应当如何确保残疾人，尤其是视力障碍者获得特别格式的作品。

大体来说，2008 年"绿皮书"主要是在《信息社会版权指令》的基础上，就网络环境中的一系列权利的限制与例外进行了深入讨论，并且提出了 25 个问题，向社会公众征求意见。事实上，这些问题，例如孤儿作品的问题、视力障碍者获得特别版本的问题，也是欧盟第二代版权立法重点关注的问题。

2015 年，欧盟委员会又提出了"数字单一市场战略"（digital single market strategy）和"欧盟版权规则现代化"政策主张，试图解决作品、表演、录音和广播跨越国界传播的问题。在这方面，欧盟委员会于 2015 年提出了一份《面向现代的更为欧盟化的版权框架的通告》。[①] 通

---

① Communication from the Commission to the European Parliament, the Council, the European Economic and Social Committee and the Committee of the Regions: Towards a modern, more European copyright framework, COM (2015) 626 final.

告指出,互联网络的发展已经深刻地改变了版权内容的生产、传播和使用。在 2014 年,欧盟范围内有 49% 的互联网络使用者,通过网络获取音乐、视频和游戏。欧盟范围内的在线服务平台已经获得了充分发展,在线服务平台已经成了版权内容的主要提供者,并且与有形产品如书籍和 DVD 的提供商共存。正是由此出发,欧盟委员会认为,应当确立一个现代的更为欧盟化的版权体系,减小成员国地域性的、碎片化的和差异性的版权规则所带来的不利影响,建设一个运行良好的数字单一市场。欧盟委员会指出,建立一个现代的更为欧盟化的版权体系,其宗旨是在数字化的环境中,确保社会公众获得相关的创新内容,确保权利人得到高水平的保护,维持权利人与社会公众之间的良好平衡,鼓励教育、研究和创新,进而提升欧盟的国际竞争力。

欧盟委员会在《面向现代的更为欧盟化的版权框架的通告》中说,为了建立一个现代的更为欧盟化的版权体系,应当在更高的水平上协调成员国的版权规则,尤其是要减小成员国地域性特征所带来的不利影响。为了达到这个目的,欧盟委员会主张,应当采取措施,确保社会公众在欧盟范围内更好地选择和获得数字内容。这又包括了规范电视和广播节目跨越国界的传播,鼓励权利所有人发放跨越国界的许可,将不具有商业价值的作品予以数字化并且在欧盟范围内提供。欧盟委员会还主张,应当将权利的限制与例外适用于数字化和跨越国界流动的环境中。这主要是指,将那些与获取知识相关的例外,与教育和研究相关的例外,适用于数字化和跨越国界的环境中。其中又包括贯彻落实《马拉喀什条约》,为视力障碍者提供特殊的作品版本。欧盟委员会还提出,应当建设一个良好的版权运行市场,包括权利人发放许可和获得应有的收益。具体说来,应当让权利人在发放许可时具有讨价还价、获得公平报酬的能力,包括通过权利集体管理组织讨价还价和获得相应的报酬。最后,欧盟委员会主张,应当提供一个有效的和平衡的实施机制,包括打击商业性规模的侵权活动,发布跨越国界的临时性禁令,以及判决支付必要的损害赔偿和法律费用。显然,《面向现代的更为欧盟化的版权框架的通告》中的上述内容,涉及了作品、表演、录音和广播、电视的跨境传播,涉及了版权和相关权的跨境集体管理,以及对于视力障碍者的特别保护。这也是欧盟第二代版权立法重点关注的议题。

大体来说,为了应对互联网络对于版权制度的挑战,也为了让版权保护规则更加欧盟化,截至 2020 年年底,欧盟共发布了 6 个有关版权保护的指令。依据发布时间的顺序,这些指令分别是:2001 年 5 月的《信息社会版权指令》,2012 年 10 月的《孤儿作品指令》,2014 年 2 月的《版权和相关权集体管理指令》,2017 年 9 月的《盲人和视力障碍者使用某些作品和客体所涉及的版权和相关权指令》,2019 年 4 月的《广播电视在线传播指令》,2019 年 4 月的《数字单一市场版权和相关权指令》。除此之外,欧盟还制定了一个在成员国范围内一体有效的条例,2017 年 9 月的《盲人和视力障碍者使用某些作品和其他客体所涉及的版权和相关权条例》。

综上所述,欧盟自 1991 年以来,就版权和相关权的保护,总共发布了 12 个指令和 1 个条例。本编将在下面的章节中讨论这些版权指令和版权条例。需要说明的是,很多有关欧盟版权法的论著,都是依据指令和条例颁布的时间顺序加以讨论。这种方式虽然有助于把握版权指令颁布的时间,却没有对指令进行归纳。本书准备将 12 个指令和 1 个条例分为五组进行讨论。首先,本书将讨论《计算机程序保护指令》和《数据库保护指令》。因为,计算机程序保护指令是欧盟发布的第一个版权方面的指令,而数据库的保护又与计算机程序密切相关。其次，本书将讨论《出租权指令》和《卫星广播与有线转播指令》。因为这两个指令都涉及了“表演权”的内容，即以“表演”（而非复制）的方式利用作品、表演、录音和广播信号。最后，本书将讨论《版权与相关权保护期指令》和《追续权指令》。将这两个指令放在一起，纯粹是为了叙述的方便，很难说有什么归纳在一起的原因。大体说来，以上三组都是关于第一代版权指令的讨论。至于第二代的版权指令和条例，本书将重点讨论《信息社会版权指令》，然后再讨论其他的指令和条例。关于第二代指令，将重点讨论网络环境中的版权和相关权保护问题。至于其他的指令和条例，将放在“数字单一市场战略”的框架下予以讨论。

第六章　计算机程序与数据库保护

在欧盟发布的版权指令中,《计算机程序保护指令》发布于1991年5月,属于最早发布的一个,理应首先加以介绍。至于《数据库保护指令》,其虽然发布于1996年3月,与计算机程序保护指令相隔了五年之久,但数据库的保护又与计算机和计算机程序密切相关。例如,在欧盟委员会1988年发布的《关于版权和技术挑战——需要立即采取行动的版权问题的绿皮书》中,计算机程序和数据库保护是作为一个问题提出的。① 又如,通常所说的数据库,在绝大多数情况下是指储存在计算机之中,通过计算机程序而获取的电子数据库。关于这一点,《数据库保护指令》第1条第2款也规定,"数据库"是指以系统的方式汇集的作品、数据和其他资料,可以让人们以电子的或者其他的方式获取。② 这表明,在欧盟发布的12个版权指令中,《计算机程序保护指令》和《数据库保护指令》密切相关,因而笔者准备放在一起讨论。

第一节　计算机程序

一、《计算机程序保护指令》概述

计算机程序是由一系列编码、结构和界面所构成的程序,可以与硬件结合并在运行中产生一系列的功能。计算机程序是一个表达和技术的混合体。从编码的角度来看,它是对于某种思想观念或者技术方案的表达,可以获得版权的保护。编程人员编写计算机程序,也相当于创作文字作品。从技术功能的角度来看,它可以与计算机硬件相结合并驱动计算机产生一定的功能,又可以作为技术发明受到专利法和商业秘密法的保护。几乎所有的计算机程序,都会产生一定的功能。此外,计算机程序的使用者界面在构成有识别性的商业标识的时候,还可以获得商标法和反不正当竞争法的保护。

迄今为止,计算机程序的保护经历了三个阶段。第一个阶段是20世纪50年代中期到70年代。20世纪50年代中期开始有了计算机的商业性运用。在这个阶段,投入商业性使用的先是大型计算机,后是小型计算机,用户也主要是大公司、研究机构和政府机构。与此相应,程序通常与硬件一起销售,尚没有成为单独的销售对象。计算机厂商在将计算机销售给大公司、研究机构和政府机构时,通常都与用户签订合同,要求用户对附加在计算机中的程序保守

---

① Commission of European Communities, Green Paper on Copyright and the Challenge of Technology - Copyright Issues Requiring Immediate Action, COM /88/172 Final.

② Directive 96/9/EC of the European Parliament and of the Council of 11 March 1996 on the legal protection of databases Official Journal L 077, 27/03/1996.

秘密。显然,这个阶段对于计算机程序主要是以商业秘密的方式加以保护的。

计算机程序保护的第二个阶段是20世纪80年代到90年代。20世纪80年代,微型计算机逐步取代小型计算机,成为市场的主要产品。进入20世纪90年代,个人计算机、笔记本计算机迅速成为市场上的主导产品。与这种状况相对应,计算机程序的销售不仅与硬件的销售分离出来,而且产生了大量专门从事程序开发的企业。面对大量程序用户和通用程序充斥市场的状况,保密合同和商业秘密的方式已经不足以保护计算机程序。因为,保密合同仅仅对合同的双方当事人具有约束力,而对于合同之外的其他人不具有任何约束力。为了制止大量的非法复制行为,立法者、司法者和产业界,积极推进以版权的方式保护计算机程序。与此相应,在商业秘密保护法继续对计算机程序提供保护的基础之上,版权法成了保护计算机程序的主要方式。这种状况,一直延续到现在。

计算机程序保护的第三个阶段是20世纪90年代到现在。在计算机程序的保护方面,版权虽然成为主导的保护方式,但限于表达与思想观念的分界,版权只能保护程序的表达方面,而不能保护其中所体现的技术发明。然而在事实上,让计算机程序与硬件结合,使计算机程序在运行的过程中产生相应的功能,是编写计算机程序的最终目的。所以,早在20世纪70年代,产业界和法院就开始探讨对计算机程序,尤其是其中所体现的技术发明,提供专利权的保护。但这种探讨并不顺利。直到20世纪90年代,美国和欧洲国家才开始对计算机程序提供专利权的保护。与此相应,专利权也成了计算机程序保护的一种重要方式。

时至今日,计算机程序获得了一种叠加的保护模式。其中,版权法保护程序的表达方面,专利法保护程序中的技术发明,商业秘密法保护程序中的技术秘密并且规范着编程人员的自由流动。此外,商标法和反不正当竞争法,在保护程序使用者界面所形成的商业标识方面,也发挥着重要的作用。本节所要讨论的计算机程序保护,主要是指版权的保护方式。所以下面的讨论,仅涉及版权法对于计算机程序的保护,而不涉及专利法、商业秘密法、商标法和反不正当竞争法对于计算机程序的保护问题。

在计算机程序的保护方面,版权方式具有很多优点。例如,版权是自动获得的,计算机程序一经完成即产生版权,不需要履行任何手续。又如,获得版权的独创性标准,远远低于专利的新颖性和创造性要求,也迎合了计算机程序保护的需要。再如,版权保护的表达与思想观念的分界,即只保护对于思想观念的表达而不保护思想观念本身,从而有利于其他编程者开发功能相同的程序。此外,版权保护中的权利限制与例外的传统,也引入了计算机程序的保护之中,并由此而兼顾程序权利人的利益和社会公众的利益。

在国际上,以版权的方式保护计算机程序,具有方便快捷的特点。这是因为,世界上的绝大多数国家是《伯尔尼公约》的成员国。根据《伯尔尼公约》的规定,版权属于自动获得,计算机程序的所有人不必履行任何手续,就可以自动获得保护。又根据《伯尔尼公约》的国民待遇原则,对于起源于其他成员国的计算机程序,成员国必须依据本国法律,给予同等的保护。这样,只要是起源于《伯尔尼公约》成员国的计算机程序,都可以在所有的成员国中自动获得保护。此外,公约所规定的最低保护原则、权利的内容、权利的保护期限、权利的限制与例外等,已经在很大程度上协调了成员国的立法,也方便了成员国在计算机程序提供大体一致的保护。

尽管在20世纪80年代,以版权的方式保护计算机程序逐步成为国际上的潮流,但在欧盟成员国之间却存在着很大的差异。根据欧盟委员会的相关报告,在《计算机程序保护指令》颁布以前,当时的12个成员国中有7个成员国没有提供对于计算机程序的版权保护。即使是在提供版权保护的5个成员国中,对于计算机程序独创性的要求也不尽相同。例如德国最高法院通过判决认定,获得版权保护的计算机程序应当具有较高水平的独创性。欧盟委员会的报告认为,成员国在计算机程序保护上的种种差异,不仅影响了欧盟共同市场上计算机程序产品的自由流动,而且影响了计算机程序产业的创新,扭曲了共同市场上的竞争活动。所以,有必要在欧盟的层面上就计算机程序的保护设定一些共同原则,并据此协调成员国的版权立法。①

早在1985年,欧盟委员会在有关《建成内部市场》(Completing the Internal Market)的白皮书中,就提到了要颁布计算机程序保护指令。到了1988年的《关于版权和技术挑战——需要立即采取行动的版权问题的绿皮书》,欧盟委员会又在广泛讨论的基础之上,提出了计算机程序保护中的一些主要问题。随后,欧盟委员会于1989年4月向理事会提交了计算机程序保护指令的草案。同时,这个草案也提交给了欧盟议会征求意见。在征求意见的基础之上,欧盟委员会再次向理事会提出了计算机程序保护指令的草案。在此基础之上,欧盟理事会提出了一个"共同方案"(common position)。② 这个"共同方案"获得欧盟议会一致通过后,欧盟理事会于1991年5月14日通过了《计算机程序保护指令》。③

《计算机程序保护指令》的宗旨是协调成员国的版权立法,对计算机程序提供版权保护。一方面,该指令要求成员国在《伯尔尼公约》所规定的文字作品的意义上保护计算机程序。另一方面,就计算机程序作为文字作品保护的独创性要求,该指令确定了一个"作者自己的智力创造"的标准。同时,该指令还规定了计算机程序的权利归属、权利的内容、权利的例外,以及权利的保护期限。通过这些规定,《计算机程序保护指令》不仅保护了计算机程序权利人的利益,而且兼顾了程序使用者和其他竞争者的利益。该指令第9条还特别规定,本指令的实施不损害其他法律的规定,诸如有关专利、商标、制止不正当竞争、商业秘密、半导体芯片保护和合同法的规定。但是,与该指令所确定的"备份""反向工程"相违背的合同约定无效。

根据《计算机程序保护指令》第10条的规定,成员国应当在1993年1月1日以前通过国内的法律、法规或者行政规定,贯彻执行《计算机程序保护指令》。与此同时,成员国还应当向欧盟委员会报告相关的执行情况。然而,只有三个成员国在1993年1月之前贯彻执行了该指令。不过,根据欧盟委员会2000年提交给理事会的报告,所有的成员国在报告提交之时,都已经贯彻执行了《计算机程序保护指令》。根据报告,成员国对于《计算机程序保护指令》的贯彻执行从总体上看是令人满意的,但也存在一些不足之处。例如,英国没有在版权法中

---

① Report from the Commission to the Council, the European Parliament and the Economic and Social Committee on the implementation and effects of Directive 91/250/EEC on the legal protection of computer programs, COM/2000/0199 final.

② Report from the Commission to the Council, the European Parliament and the Economic and Social Committee on the implementation and effects of Directive 91/250/EEC on the legal protection of computer programs, COM/2000/0199 final.

③ Council Directive 91/250/EEC of 14 May 1991 on the legal protection of computer programs, Official Journal L 122, 17/05/1991.

规定"作者自己的智力创造"的标准,因为英国的传统标准是"技能和劳动"。不过,英国在贯彻执行《数据库保护指令》时,已经规定了类似的独创性标准。又如,有六个成员国没有规定《计算机程序保护指令》中关于权利限制的"三步法",这有可能影响权利所有人的利益。

此外,欧盟委员会2000年的报告还指出,《计算机程序保护指令》的实施效果令人满意,已经对计算机程序产业产生了积极的影响。这包括计算机程序的盗版率从1990年的78%降低到了1998年的36%;促进了就业的增加;协调了职务程序的权利归属。此外,《计算机程序保护指令》还对其他国家和地区的法律规范产生了积极的影响。例如,中东欧地区的很多国家,菲律宾和澳大利亚,以及中国香港地区都曾经将《计算机程序保护指令》作为确立法律规范的范本。正是由此出发,报告得出结论,目前没有修改《计算机程序保护指令》的必要。①

尽管如此,欧盟议会和欧盟理事会还是于2009年4月修订了《计算机程序保护指令》,取代了1991年的《计算机程序保护指令》。不过,2009年的《计算机程序保护指令》主要是更改了"重述"和条文的顺序,并没有对相关的规定进行实质性的修改。为了叙述的方便,下面将依据2009年4月的文本,讨论计算机程序版权保护的相关问题。

二、程序作品的权利归属

按照《计算机程序保护指令》的规定,计算机程序可以作为文字作品,获得版权保护。关于这一点,该指令第1条第1款规定:"与本指令的有关规定相一致,成员国应当以版权的方式,将计算机程序作为《保护文学和艺术作品伯尔尼公约》意义上的文字作品,予以保护。"根据该指令规定,就本指令的保护范围而言,"计算机程序"还应当包括设计该程序的准备性资料(preparatory design work)。按照《计算机程序保护指令》的"重述"第(7)的内容,正是基于这些准备性资料,才产生了后来的计算机程序。这样,计算机程序作品,就包含了源代码、目标代码和准备性资料。

无论是按照欧洲大陆的著作权法体系还是英美的版权法体系,作品都是由自然人创作的。按照著作权法体系的理念,作者创作作品,有关作品的精神权利和经济权利,都在源头上归属于作者。其中的精神权利专属于作者所有,而经济权利则可以通过合同的约定或者法律的规定而归属于他人所有。至于版权法体系,虽然也强调作者创作作品和版权归属于作者,但又规定雇主、委托人或者法人可以在一开始就成为版权所有人。正是基于两大法系关于版权归属理念的不同,《计算机程序保护指令》在这个问题上做了承认成员国现实的规定。

具体说来,《计算机程序保护指令》第2条规定:"某一计算机程序的作者,应当是创作了该程序的一个或者数个自然人。"与此相应,由创作程序而产生的版权,应当归属于作者享有,或者由数个作者共有。显然,这反映了著作权法体系在著作权归属方面的基本精神。而在另一方面,《计算机程序保护指令》第2条又规定:"如果某一成员国的法律允许,可以依据法律指定法人为权利所有人。"显然,这又是考虑了某些成员国在版权归属方面的特殊做法而做出的规定。可以看出,该指令的上述规定,不过是重申了成员国立法中的不同规定。在计算机

---

① Report from the Commission to the Council, the European Parliament and the Economic and Social Committee on the implementation and effects of Directive 91/250/EEC on the legal protection of computer programs, COM/2000/0199 final.

程序的版权归属方面,仍然是由成员国的版权立法决定。

计算机程序是一类特殊的文字作品,在绝大多数情况下都是经由法人组织,由其雇员完成。针对计算机程序的这个特点,《计算机程序保护指令》第 2 条第 3 款专门就职务程序的权利归属作了规定。根据规定:“如果某一计算机程序是雇员在执行其职责的过程中完成的,或者是听从雇主的指示而完成的,则该程序的所有的经济权利,应当由雇主排他性地享有,除非另有合同约定。”按照这样的规定,只要相关的计算机程序属于职务作品,雇主都可以依法行使其中的经济权利,而不必考虑著作权或者版权的原始归属。

综上所述,《计算机程序保护指令》第 2 条针对不同的情况,就程序作品的作者和权利归属做了不同的规定,包括自然人为作者并享有权利,法人被指定为权利人,以及职务程序作品情况下法人对于其中的经济权利的排他性享有,等等。在此基础之上,《计算机程序保护指令》又做了一个综合性的规定:无论计算机程序的版权是归属于自然人还是法人,无论计算机程序中的经济权利是由雇主享有还是由雇员享有,都应当受到保护。这就是《计算机程序保护指令》第 3 条的规定:“依据成员国版权立法中有关文字作品的规定,所有合法的自然人或者法人,都应当受到保护。”

三、程序作品与独创性

作品是表达。版权保护的一个基本原则是只保护对于思想观念的表达,而不保护思想观念本身。这就是通常所说的“表达与思想观念的分界”。其中的思想观念,不仅包括名词、概念、术语、客观事实、各种原理和规则,还包括技术方案和各种创意等。关于这一点,《计算机程序保护指令》第 1 条第 2 款规定:“依据本指令所给予的保护,应当适用于计算机程序的任何形式的表达。依据本指令,体现在计算机程序及其构成要素中的思想观念和原则,包括那些体现在计算机程序界面中的思想观念和原则,都不能获得版权保护。”在这方面,《计算机程序保护指令》的“重述”第(10)还特别指出,按照版权保护的原则,体现在计算机程序中的逻辑、算法和计算机语言,只要构成了思想观念和原则,不能获得本指令的保护。与此相应,计算机程序中的功能性要素,诸如程序与硬件的相互作用,程序与程序的相互作用,都不能获得版权保护。

作品还应当是具有独创性的表达。无论是依据英美的版权法体系,还是依据欧洲大陆的著作权法体系,受到保护的表达都应当是作者独立创造的,而非抄袭的。当然,依据版权法体系,只要作者在创作作品的过程中投入了劳动、技能和判断,就达到了独创性的标准,可以获得版权保护。而按照著作权法体系,作品不仅应当来自作者的原创,还应当体现作者的人格特征或者精神印迹。仅仅投入劳动、技能和判断创作出来的东西,不足以构成作品,也不能获得版权保护。为了调和两大法系关于作品独创性的不同要求,同时也是基于计算机程序版权保护的需要,《计算机程序保护指令》提出了一个“作者自己智力创造”的独创性标准。

《计算机程序保护指令》第 1 条第 3 款规定:“如果计算机程序是独创的,属于作者自己的智力创造,应当受到保护。”根据相关的解释,这是一个略低于著作权法独创性要求,而又远远高于版权法独创性要求的标准。或者说,“作者自己的智力创造”是一个高于技能、判断力和劳动的标准,但又略低于作者人格印迹或者精神印迹的标准。值得注意的是,《计算机程序保护指令》在规定“作者自己智力创造”标准的同时,还特别强调“在确定计算机程序受保护的合法条件时，不应当适用其他的标准”。除此之外，指令的“重述”第(8)还特别指出，在确定计算机程序是否属于独创性作品的时候，类似于质量的和美学要素的标准，都是不适用的。

关于计算机程序作品的构成要件，表达和独创性，来看几个典型案例。先来看欧盟法院于2012年判决的“SAS”一案。[①] 在这个案件中，原告是一家数据分析程序的开发商，在35年的时间里持续更新了一款计算机程序，可以让使用者进行广泛的数据处理和数据分析，尤其是统计数据的分析。这个程序的核心部分叫作“Base SAS”，可以让使用者书写自己的请求，然后由操作系统与相关的数据相连接。原告就该系统使用了一种独特的计算机语言。本案的被告也是一家计算机程序开发公司，其意识到数据处理和数据分析程序是一个具有广阔市场前景的产品，因而开发了一款名为“World Programming System”数据处理和数据分析程序，与原告展开竞争。由于原告的系统已经拥有大量的使用者，被告开发的程序也在功能上和步骤上，尽可能与原告的系统一致，从而方便熟悉原告系统的用户使用自己的程序。在开发程序的过程中，被告还使用了原告的计算机语言。于是，原告向英国地方法院提起诉讼，主张被告侵犯了自己的计算机程序版权。地方法院经过审理查明，被告在开发自己计算机程序的时候，没有接触过原告的源代码，也没有复制过原告源代码的任何部分、结构和设计。地方法院在审理中还查明，被告研究原告程序的功能，编写出自己的模仿性程序，没有侵犯原告计算机程序的版权。

原告不服一审法院的判决，向英国高等法院提起了上诉。原告在上诉中主张，被告抄袭自己公开发表的操作手册，进而编写程序，侵犯了自己手册的版权。与此相应，被告在编写程序的过程中，使用了自己程序中的构成要素，因而侵犯了这些构成要素的版权。面对原告的主张，英国高等法院决定暂停案件的审理，请求欧盟法院就《计算机程序保护指令》的相关规定作出前置裁定。具体来说，依据《计算机程序保护指令》第1条第2款规定，计算机程序的功能性要素、程序语言、数据文档的格式，是否构成计算机程序中的表达，是否可以获得版权保护。

欧盟法院在判决中论证说，按照《计算机程序保护指令》第1条第1款规定，计算机程序是作为《伯尔尼公约》意义上的文字作品予以保护的。与此相应，《计算机程序保护指令》第1条第2款规定，计算机程序受到保护的是任何形式的表达，从而将计算机程序所体现的思想观念、原则，包括那些体现在程序界面中的思想观念和原则，排除在了版权保护的范围之外。同时，《计算机程序保护指令》的“重述”第(10)还指出，构成思想观念和原则的逻辑、算法、程序语言，也不能获得版权保护。在这方面，成员国的立法和相关的国际公约都表明，受到版权保护的仅仅是思想观念和原则的表达，而非思想观念和原则本身。例如《与贸易有关的知识产权协议》第10条规定，计算机程序的源代码和目标代码可以作为《伯尔尼公约》意义上的文字作品受到保护。又如，《与贸易有关的知识产权协议》第9条和世界知识产权组织《版权条约》第10条都规定，版权保护仅仅延及于表达，而不延及于思想观念、程序、操作方法、数学概念本身。欧盟法院由此而得出结论说，计算机程序的源代码和目标代码属于表达，因而可以依据《计算机程序保护指令》第1条第2款获得版权保护。欧盟法院还顺带指出，按照《计算

① Judgment of the Court (Grand Chamber), 2 May 2012, Case C406/10, SAS Institute Inc. v. World Programming Ltd.

机程序保护指令》的“重述”第(7)的内容,计算机程序还包括前期设计(preparatory design work)。因为前期设计引导了计算机程序的编写,最终产生了相应的计算机程序。与此相应,前期设计也应当作为计算机程序获得版权保护。

在上述讨论的基础上,欧盟法院回答了成员国法院提出的问题。具体说来,无论是计算机程序的功能性要素,还是程序语言和文档格式,虽然可以用于计算机程序,但其本身都不构成《计算机程序保护指令》第 1 条第 2 款规定的程序表达,因而不能获得版权保护。欧盟法院指出,如果对于计算机程序的功能性要素提供版权保护,就有可能造成对于思想观念的垄断,进而损害技术进步和产业发展。关于这一点,制定 1991 年《计算机程序保护指令》的立法材料也明确指出,对于计算机程序提供版权保护,仅仅涉及编程者的个性化表达,从而让其他作者具有足够的空间,编写近似的甚至相同的程序。当然,前提是没有抄袭的问题。

欧盟法院进一步指出,程序语言和文档格式是适用于计算机程序的要素,可以解读用户书写的操作请求和存在于特定文档中的数据,属于用户使用计算机程序某些功能的要素或者工具。如果第三人未经许可,获得了计算机程序的目标代码和源代码,尽管这些代码中含有程序语言和文档格式,都会构成对于他人程序的部分复制。然而,就本案的具体情形来看,被告既没有获得原告的源代码,也没有分解原告的目标代码,被告仅仅是通过观察、研究、测试原告的计算机程序,使用相同的程序语言和文档格式,编写出了功能基本相同的程序。显然,被告没有侵犯原告的计算机程序版权。

欧盟法院得出结论说,根据《计算机程序保护指令》第 1 条第 2 款规定,无论是计算机程序的功能性要素,还是程序语言和数据文档的格式,都是利用计算机程序某些功能的手段,不构成计算机程序的表达,因而不属于可以获得版权保护的计算机程序。

在“SAS”一案中,欧盟法院还讨论了被告是否侵犯原告使用者手册的版权问题。判决论证说,原告的使用者手册显然属于受版权保护的作品。具体说来,只要相关的表达构成了作者自己的智力创造,就可以作为作品获得版权保护。就本案而言,关键词、语法、命令和命令的组合、选项、默认、重复、字词、图标、数学概念等,如果孤立地来看,显然不构成作者自己的智力创造,也不构成计算机程序。然而,如果作者将上述要素予以选择、连接、组合,并且构成了作者自己的智力创造,由此而形成的使用者手册,就会构成版权法所保护的作品。当然,被告对于使用者手册中相关要素的使用是否属于对于原告作品的复制,被告由此而开发的计算机程序是否属于对于原告程序的复制,应当由成员国法院具体认定。不过,成员国法院在认定是否复制和侵权的时候,应当确定被抄袭或者复制的部分,是否属于作者自己的智力创造,是否构成版权法保护的作品。显然,从这样一个侵权认定标准和相关事实来看,被告仅仅使用了原告手册中的一些文字、术语、概念、图标,既没有复制原告的作品,也没有侵犯原告的版权。

下面再来看欧盟法院于 2010 年判决的“BSA”(商业软件联盟)一案。① 在这个案件中,商业软件联盟向捷克文化部提出申请,就计算机程序的使用,尤其是使用者界面的使用,从事版权集体管理。捷克文化部驳回原告的申请,并提出了两点理由。第一,就计算机程序而言,

---

① Judgment of the Court (Third Chamber) of 22 December 2010, Case C – 393/09, Bezpe čnostní softwarová asociace – Svaz softwarové ochrany v. Ministerstvo kultury.

《捷克版权法》仅仅保护目标代码和源代码，但不保护显示在计算机屏幕上的使用者界面。计算机程序的使用者界面，可以获得反不正当竞争法的保护。第二，从理论上说，对于计算机程序的版权可以从事集体管理，但在没有强制性集体管理的前提下，自愿性的集体管理意义不大。商业软件联盟不服捷克文化部的决定，向布拉格地方法院提起诉讼，认为《捷克版权法》第2条关于计算机程序的定义，不仅包括了目标代码和源代码，而且包含了使用者界面。在布拉格地方法院驳回了原告的主张以后，原告又向捷克最高行政法院提起了上诉。

原告在上诉中再次主张，按照《捷克版权法》的规定，计算机程序包括了使用者界面。因为当计算机程序运行时，就会在屏幕上显示使用者界面。与此相应，使用者界面属于计算机程序的组成部分，应当获得版权保护。捷克最高行政法院认为，《捷克版权法》关于计算机程序的定义，来源于欧盟《计算机程序保护指令》，是否像原告主张的那样，包括了使用者界面，还应当回到《计算机程序保护指令》的相关规定。于是，捷克最高行政法院决定暂停案件的审理，提请欧盟法院就《计算机程序保护指令》中关于计算机程序的定义作出前置裁定。具体来说，“计算机程序的任何方式的表达”，是否包含了计算机程序的使用者界面。

欧盟法院在判决中说，1991年《计算机程序保护指令》并没有具体界定什么是“计算机程序的任何方式的表达”。这样，对于这个概念的理解，就应当回到《计算机程序保护指令》的具体条文，以及参考国际公约的相关规定。欧盟法院论证说，《计算机程序保护指令》第1条第1款规定，计算机程序可以在《伯尔尼公约》规定的文字作品的意义上获得版权保护。《计算机程序保护指令》第1条第2款规定，版权保护仅仅延及于计算机程序的任何方式的表达。其中的任何方式的表达，也包括了体现在硬件中的计算机程序。欧盟法院继续论证说，按照《与贸易有关的知识产权协议》第10条的规定，计算机程序，无论是以源代码的方式表达的，还是以目标代码的方式表达的，都应当作为文字作品予以保护。此外，按照《计算机程序保护指令》规定，计算机程序还包括了该程序的前期设计，同样可以获得版权保护。

欧盟法院指出，当计算机程序复制于计算机的硬件之中，并且运行和能够让计算机执行相应任务的时候，就产生了任何形式的程序表达都应当获得保护的问题。例如，当计算机工作的时候，就会发生程序的复制，这是计算机工作的一个关键性要素。然而，计算机程序的界面，仅仅提供了软件与软件之间、软件与硬件之间、硬件与硬件之间的链接，并且让计算机产生预期的功能。在任何情况下，使用计算机程序的界面，都不会发生程序复制的问题。至于使用者界面，则是使用者与计算机程序之间发生交互作用的工具，可以让使用者利用程序的一些功能，同样没有发生计算机程序的复制问题。正是从这个意义上说，计算机程序的界面，包括使用者界面，不属于《计算机程序保护指令》第1条第2款规定的计算机程序的表达，因而不能作为计算机程序而获得版权保护。

值得注意的是，在“BAS”一案中，欧盟法院还认为，显示在计算机屏幕上的使用者界面，如果属于作者自己的智力创造，有可能依据《信息社会版权指令》获得相应的版权保护。或者说，使用者界面虽然不构成计算机程序作品，但有可能构成其他作品，例如图形作品。然而，使用者界面是功能性的，即使属于作者自己的智力创造，是否能够获得版权保护，还值得进一步讨论。毕竟，版权法在保护表达的时候，不能将功能性的要素同时保护起来。

按照“BSA”一案的判决，显示在计算机屏幕上的使用者界面，不属于计算机程序，不能作为计算机程序获得版权保护。同样，经由计算机程序而显示在计算机屏幕上的电子游戏画面,也不属于计算机程序作品。例如,在 2014 年的"Nintendo"一案①中,欧盟法院就判决,电子游戏的画面,可以作为其他作品获得《信息社会版权指令》的保护。法院在判决中说,构成一件电子游戏作品是非常复杂的,不仅包括了计算机程序,而且包括了图形和音乐。图形和音乐尽管使用计算机语言而纳入了计算机程序之中,但是图形和音乐所具有的独创性,却没有因为纳入计算机程序而减少或者增加。在这种情况下,图形和音乐如果具有独创性,属于作者自己的智力创造,就可以作为作品获得《信息社会版权指令》的保护。欧盟法院还特别指出,《信息社会版权指令》是一般法,而《计算机程序保护指令》则是其下面的一个特别法,是专门针对程序作品而制定的特别法。与此相应,对于《计算机程序保护指令》相关规定的理解,应当放在《信息社会版权指令》的背景下加以理解。

四、权利的内容

按照欧洲大陆著作权法体系的宗旨,作者创作作品,就作品中所体现的作者的精神、情感和人格享有精神权利。例如,按照《法国著作权法》,作者享有的精神权利包括发表权、署名权、保护作品完整权和收回作品权。而按照英美版权法体系的宗旨,版权法主要规范作品的经济性利用,很少涉及作者精神权利的保护。例如《美国版权法》直到 1989 年才针对视觉艺术家规定了有限的精神权利。虽然在《伯尔尼公约》的协调之下,欧盟的一些版权法成员国,例如英国、爱尔兰,也在某种程度上规定了对于作者精神权利的保护,但与著作权法体系的成员国仍然存在差异。例如《英国版权法》仅仅规定,作者享有署名权和保护作品完整权。

正是由此出发,《计算机程序保护指令》刻意回避了作者的精神权利,仅仅规定了作者或者权利人的经济权利。这样,是否保护程序作者的精神权利,以及如何保护程序作者的精神权利,就留给了成员国来决定。由于程序作品主要具有经济性利用的特征,各成员国在规定程序作者的精神权利时,大多作出了不同于其他作品的规定。例如,《英国版权法》规定,有关作者署名权和维护作品完整权的规定,不适用于计算机程序和任何出自计算机的作品。又如,《法国著作权法》第 121 条之七规定,计算机程序作者不享有维护作品完整权和收回作品权。②

关于作者创作程序作品而产生的经济权利,《计算机程序保护指令》第 4 条作了具体规定。根据规定,权利人就其计算机程序享有复制权、演绎权和发行权。其中的权利人,既包括自然人作者,也包括享有权利的法人。值得注意的是,该条的标题虽然使用了"限制性行为"(restricted acts)的术语,但具体所指则是版权所有人可以从事某些行为,或者授权他人从事某些行为,仍然是指权利人享有的专有权利。下面分别讨论。

关于复制权,《计算机程序保护指令》第 4 条第 1 款第 1 项规定,计算机程序的权利人享有如下的专有权利:"以任何手段或者任何方式,对计算机程序的整体或者部分,进行永久性的或者暂时性的复制。就计算机程序的上载、展示、运行、传输和存储而言,只要有助于此种复制,相关的行为都应当获得权利人的授权。"值得注意的是,这里的"复制"具有非常广泛的

---

① Judgment of the Court (Fourth Chamber), 23 January 2014, Case C355/12, Nintendo Co. Ltd and Others v. PC Box Srl and 9Net Srl.

② 参见《英国版权法》第 79 条、第 80 条;《法国著作权法》第 121 条之七关于软件作者的特别规定。

含义，不仅包括了各种手段和各种方式的复制，以及永久性的和暂时性的复制，而且包括了“上载、展示、运行、传输和存储”过程中的复制。显然，这是针对计算机程序与硬件结合可以发挥一系列功能而做出的规定。根据这个规定，只要是对于计算机程序的上载、展示、运行、传输和存储，与计算机程序的复制相关，都属于复制的范围。

关于演绎权，《计算机程序保护指令》第 4 条第 1 款第 2 项规定，计算机程序的权利人享有如下的专有权利：“翻译、改编、编排和以其他任何方式改变计算机程序，以及复制由此而产生的结果，但不得损害更改者应当享有的权利。”这表明，对于计算机程序进行演绎的，可以是权利人，也可以是其他人。演绎者对于自己创作的部分享有权利，但在行使自己权利的时候，不得损害原作权利人的利益。同样，原作权利人在行使自己权利的时候，也不得损害演绎者的权利。

关于发行权，《计算机程序保护指令》第 4 条第 1 款第 3 项规定，计算机程序的权利人享有如下的专有权利：“以任何方式，包括出租的方式，将计算机程序的原件或者复制件提供给社会公众。”值得注意的是，《计算机程序保护指令》在界定“发行”的时候还提到了出租。出租也是将计算机程序的原件或者复制件提供给社会公众，但又不同于发行。因为在出租的条件下，有关的原件或者复制件的所有权，仍然掌握在程序所有人的手中，并没有转移到承租人的手中。承租者只是通过程序所有人的出租获得了许可，可以在一定的时间范围之内使用相关的原件或者复制件。

近年来，在计算机程序、电影和录音的利用中，出租越来越成为一种重要的方式。与此相应，很多国家的立法，包括一些国际公约，都对发行权和出租权分别做了规定。例如，《与贸易有关的知识产权协议》第 11 条规定了计算机程序和电影作品的出租权，第 14 条规定了录音的出租权。又如，世界知识产权组织《版权条约》就作品规定了发行权，又就计算机程序和电影作品规定了出租权。此外，《表演与录音条约》也在规定发行权的同时，针对录音规定了出租权。① 事实上，欧盟在 1992 年发布的《出租权指令》中，也针对作品的原件和复制件、表演和录音，规定了单独的出租权。这样，即使是在欧盟的范围之内，出租权也不再隐含在发行权之中。

关于发行权，《计算机程序保护指令》第 4 条第 2 款还特别规定：“计算机程序的复制件，由权利人或者经其同意而在欧盟范围内第一次销售以后，有关该复制件的发行权就在欧盟范围内用尽，但不包括控制该程序或者复制件进一步出租的权利。”这就是欧盟法院所确立的发行权在欧盟范围内用尽的原则。然而，传统的发行权用尽，是指承载了作品的有形物，例如书籍、报刊、画册、唱片、磁带、录音带或者 CD、DVD 一经销售，版权所有人就用尽了自己的发行权，不能再去控制该有形物的进一步销售、使用或者毁弃。然而，随着计算机技术和网络技术的发展，各类计算机程序都可以通过网络而直接下载、安装在计算机硬件中，不再需要有形物的媒介，例如 CD 或者优盘。针对这一现象，计算机程序复制件的权利用尽，似乎更多的是使用许可的用尽，而非有形物的发行权用尽。下面来看两个典型案例。

---

① 参见《与贸易有关的知识产权协议》第 11 条、第 14 条；世界知识产权组织《版权条约》第 7 条、《表演与录音条约》第 13 条。

在2012年的"Usedsoft"一案①中,原告是"甲骨文公司",系列计算机程序的开发者,同时在德国和欧盟就计算机程序拥有"甲骨文"(Oracle)的文字商标。原告的商业模式是,允许消费者在其网站上或者其指定的网站上下载计算机程序,然后与消费者签订使用许可合同,收取一定的费用。具体来说,消费者在相关网站上下载计算机程序时不需要支付费用,但只有在与原告签订许可合同之后,才可以使用下载于计算机硬件上的程序。同时,原告与消费者签订的许可合同,有单个人的许可,也有若干人的团体许可。按照许可合同,消费者在支付了一定的费用之后,可以永久性地使用原告的程序,包括必要的更新。除了下载,应某些消费者的要求,原告也通过CD-ROM和DVD提供相应的计算机程序。原告与使用者签订的格式合同包括以下内容:在支付了相关的费用之后,消费者就相关的计算机程序获得了无限期的,非专有的和不可转让的使用许可。

本案的被告是一家销售二手计算机程序的公司。其具体做法是,先向合法的计算机程序消费者购买许可证,然后将相应的许可证销售给自己的顾客。被告收购、销售的许可证,也包括了原告的许可证。2005年10月,被告还发起了一个"甲骨文特别销售"活动,并在相关的销售中说明,所有的许可证都是有效的,甚至提供了必要的公证文书。于是,甲骨文公司向慕尼黑地方法院提起诉讼,要求被告立即停止其销售许可证的活动。慕尼黑地方法院经过审理,支持了原告的主张。被告不服判决,向慕尼黑上诉法院提起上诉,但遭到驳回。于是,被告就相关的法律问题向德国最高法院提起上诉。被告主张,原告在与消费者缔结了许可合同之后,就用尽了自己的发行权。与此相应,自己收购和再次销售相关的许可证,没有侵犯原告的版权,因而不应当遭到禁止。

德国最高法院认为,被告和其用户都侵犯了原告的复制权。因为,原告的许可合同明确规定,销售给用户的许可是非专有的和非转让性的。与此相应,原告的用户转让计算机程序的使用许可,违反了合同约定。而被告购买和销售相关的许可,被告的用户下载原告的计算机程序,都属于未经许可的复制。当然,德国最高法院也承认,就本案而言,关键的问题在于,原告销售计算机程序的许可,是否用尽了自己的发行权。如果发行权用尽,则二手许可的购买者就属于程序复制件的合法获得者。鉴于此,德国最高法院决定暂停案件的审理,请求欧盟法院就发行权用尽和合法获得的问题作出前置裁定。

欧盟法院在判决中说,按照《计算机程序保护指令》第4条的规定,权利人自己或者经其同意而在欧盟市场上首次销售计算机程序的复制件以后,就在欧盟范围内用尽了自己的发行权。其中的"销售",按照通常的理解,是指某人通过约定,将自己的有形或者无形财产转让给他人,并且获得了相应的价款。在商业性转让的情况下,只要原告以获得价款的方式,将自己的程序复制件销售给了他人,就在欧盟范围内用尽了自己的发行权。在本案中,原告争辩说,消费者在相关的网站上下载计算机程序,属于免费,并没有支付相应的费用。然而欧盟法院则指出,消费者确实可以免费下载原告的软件,但只有在与原告缔结许可协议和支付相应的价款之后,才可以使用相关的计算机程序。在没有缔结许可协议和支付价款的情况下,消费者即使免费下载了原告的程序,也不能予以使用。这表明,将免费下载和缔结许可协议合二

---

① Judgment of the Court (Grand Chamber), 3 July 2012, Case C128/11, UsedSoft GmbH v. Oracle International Corp.

为一,就属于《计算机程序保护指令》第4条所说的销售,原告也就用尽了自己的发行权。与此相应,原告不能继续控制消费者对于计算机程序的使用,以及对于使用许可的转让。

在传统的版权保护条件下,发行是指对于载有作品的有形物的转让。与此相应,发行权的用尽,也是指版权所有人不得控制该有形物的进一步销售和使用。然而就本案而言,原告的计算机程序不是通过有形物的载体,例如CD-ROM或者DVD而转让,而是通过直接下载的方式而转让。正是由此出发,欧盟法院在判决中一再强调,计算机程序的转让,无论是通过有形物载体的转让,还是通过网络下载的转让,二者在本质上没有区别。在通过有形物转让的情况下,程序的购买者可以使用、转让该程序。同样,在通过网络下载转让的情况下,程序的购买者也可以使用、转让该程序。这表明,无论是通过有形载体的转让,还是通过网络下载的转让,购买者既可以使用相关的程序,也可以转让相关的程序。欧盟法院裁定,《计算机程序保护指令》第4条第2款所说的发行权用尽,既涉及有形载体上的程序复制件,也涉及无形下载的程序复制件。按照首次销售的理论,从网络下载的计算机程序,同样适用发行权用尽的规定。

欧盟法院进一步指出,从经济学的角度来看,原告通过CD-ROM或者DVD销售计算机程序,与通过网络下载的方式销售计算机程序,其效果是相似的。通过网络提供计算机程序,与通过有形载体提供计算机程序,具有相同的功能。依据“法律规定同等适用”的原则,《计算机程序保护指令》第4条第2款规定的发行权用尽,应当同等地适用于各种方式的销售,而无论相关的销售所涉及的是有形的复制件还是无形的复制件。在这方面,如果将发行权用尽的规定仅仅适用于有形媒介承载的计算机程序,就会在网络下载和网络销售的情况下,让版权所有人持续控制相关的程序复制件。例如在合法转让的情况下,仍然可以再次收取费用。显然,这是有悖于知识产权保护宗旨的。

在讨论了发行权用尽的问题之后,欧盟法院又讨论了合法获得的问题。具体说来,当原告的发行权因为第一次销售而用尽之后,被告的购买者在什么样的条件下可以成为合法的用户,拥有和使用原告的计算机程序。欧盟法院指出,当原告的发行权用尽之后,初始用户可以使用和转让合法获得的计算机程序,不需要获得原告的同意。与此相应,当被告的用户合法购买了二手计算机程序以后,也可以使用和再次转让合法获得的计算机程序,同样不需要获得原告的同意。就本案而言,原告的格式合同中规定,用户通过许可获得的计算机程序是非专有的和不可销售的。正是由此出发,原告主张被告收购二手计算机程序、被告的用户使用二手计算机程序,侵犯了自己的版权。然而,欧盟法院却引用《计算机程序保护指令》的“重述”予以了反驳。因为《计算机程序保护指令》的“重述”第(13)明确指出:“计算机程序的合法获得者,可以为了使用的目的,从事装载和运行的行为,从事修改错误的行为,并且不得因为合同而受到禁止。”这表明,原告禁止购买者转让合法获得的程序复制件的合同规定是无效的,原告不得反对合法的购买者转让其拥有的程序复制件。

欧盟法院指出,当原告的用户转让了合法获得的计算机程序复制件以后,转让者就应当停止使用相关的计算机程序。在这方面,原告提出抗辩说,有些转让者还有可能继续使用其计算机硬件中存储的程序。关于这个问题,欧盟法院建议,应当由原告采取技术措施防止和制止此类情形的发生。但无论如何,原告不能以此为由,反对购买者转让计算机程序,或者反对二手购买者拥有和使用相关的计算机程序。欧盟法院还指出,即使是二手计算机程序的购买者,也可以通过原告的网站下载相关的更新。因为,原告销售给用户的是没有期限的并且可以不断更新的许可。与此相应,不仅初始用户可以享受这样的待遇,二手购买者甚至三手、四手购买者,也可以享受这样的待遇。因为这是他们支付了相应的价金之后应当获得的待遇。

欧盟法院最后得出结论说,原告在首次销售计算机程序的复制件以后,就用尽了自己的发行权,因而不能反对合法的获得者使用和转让相关的许可。按照同样的推理,相关计算机程序的二手购买者,甚至是三手或者四手购买者,也会成为合法的获得者。而且,只要是合法的获得者,就可以下载和使用相关的计算机程序,不会有侵权的问题。

值得注意的是,欧盟法院在"Usedsoft"一案中,还讨论了"多个许可"转让和再转让的问题。如前所述,原告发放的程序使用许可,不仅有单个使用者的许可,而且有团体使用者的许可。欧盟法院认为,如果程序复制件的首次购买者,购买的是多人使用的许可,则不适用《计算机程序保护指令》第4条第2款关于权利用尽的规定,不能分割多人使用的许可,进而将相应的使用份额再次销售给他人。欧盟法院论证说,如果计算机程序的首次购买者,购买的是一个复制件,无论该复制件是通过有形物的载体购买,还是通过网络下载而购买,都可以依据发行权用尽的规定,再次销售自己的复制件。然而,在首次购买者获得了多个使用许可的情况下,即使再次销售了相关计算机程序的复制件,仍然可以继续使用安装在自己计算机中的程序,而非停止使用。欧盟法院指出,在多个使用许可的情况下,某一使用者仅仅是按照使用的份额,获得了一个使用的权利,没有发生新的安装或者新的复制。事实上,这个使用份额本来就是属于他的。显然在这种情况下,《计算机程序保护指令》第4条第2款规定的发行权用尽,不适用于按份使用的权利。新增加的按份使用,与计算机程序复制件的发行权用尽无关。事实上,这不过是团体使用许可的获得者,在份额的范围内增加了使用者的数量而已。这本身就是团体许可或者多个许可的应有之义。

按照欧盟法院的判决,不仅计算机程序的团体使用许可或者多个使用许可不适用于发行权用尽,而且单个使用者的"备份",也不适用于发行权用尽。或者说,计算机程序复制件的再次销售,不得将使用中的复制件和"备份"复制件分开销售。下面来看一个典型案例。

在2016年判决的"Aleksandrs"一案①中,原告是微软公司,就一系列系统程序和应用程序享有版权,被告则是拉脱维亚的两名自然人。根据案情,被告在2001年12月到2004年12月之间,通过在线市场销售了微软的系统程序和办公程序。据估计,被告销售了3000多件复制件,对于原告造成了大约26万欧元的损失。于是,拉脱维亚地方检察机关,向里加(Riga)地方法院提起了刑事诉讼。具体指控是:两被告以非法经营的方式,销售他人享有版权的计算机程序;两被告在销售计算机程序时,非法使用他人的商标;两被告未经商业登记而从事商业活动。法院经过审理判决被告有罪,责令支付损害赔偿。被告不服判决,向里加上诉法院提起上诉。里加上诉法院经过审理,仅仅认定两个被告非法销售了他人享有版权的计算机程序。被告仍然不服判决,再次向拉脱维亚最高法院提起上诉。最高法院经过审理,将案件发回里加上诉法院重审。在重审过程中,两个被告提出,他们销售的计算机程序中,有一些二手

---

① Judgment of the Court (Third Chamber) of 12 October 2016, Case C – 166/15, Aleksandrs Ranks and Jurijs Vasilevi č s v. Finanšu un ekonomisko noziegumu izmeklēšanas prokoratūra and Microsoft Corp.

计算机程序。由于这些二手计算机程序的发行权已经用尽，因而不应当认定自己侵犯了这些计算机程序的权利。面对被告的抗辩，里加上诉法院决定暂停案件的审理，就计算机程序的销售与发行权用尽的问题，请求欧盟法院作出前置裁定。具体来说，二手计算机程序的获得者，是否可以依据发行权用尽的规则，在以下情况下再次销售程序的备份：首次购买者是通过有形物载体而购买了计算机程序，但该有形物已经损坏或者灭失；首次购买者已经删除或者停止使用相关的计算机程序。

欧盟法院在判决指出，按照《计算机程序保护指令》的规定，计算机程序复制件的发行权用尽，应当符合两个条件。第一，相关的复制件是由权利人自己上市，或者经其同意而上市；第二，相关的复制件是在欧盟共同市场的范围内上市。其中的发行具有非常广泛的含义，既包括通过有形载体的销售，也包括通过网络下载的销售。计算机程序一经销售，合法的购买者就获得了无限期地使用相关程序的权利。同时，随着首次销售的完成，权利人也就用尽了自己的发行权，不得干预购买者对于计算机程序的使用和再次销售。即使权利人在销售合同中规定，购买者不得转让或者再次销售，也属于无效条款。

从本案的情形来看，被告销售的某些计算机程序，不是对于计算机程序复制件的再次销售，而是三次或者四次销售。而且，这些三次或者四次销售的计算机程序，储存在有形媒介之中。关于这一点，欧盟法院重申，计算机程序的复制件，无论是通过有形媒介而销售的，还是通过无形方式而销售的，只要权利人自己或者经其同意而上市，就在欧盟共同市场的范围内用尽了发行权。而且，从发行权用尽的规则来看，相关计算机程序的复制件，只要是通过首次销售合法获得的，不仅可以进行二次销售，而且可以进行三次、四次销售。

在本案的审理过程中，被告还提出了制作备份和转让备份的问题。具体说来，通过有形媒介购买计算机程序的用户，按照《计算机程序保护指令》的规定，可以制作备份。通常，这个备份储存在另一个有形媒介中。被告认为，即使原来的有形媒介损坏或者灭失，计算机程序的合法购买者，仍然可以转让储存于另一个有形媒介中的备份。因为，首次购买者已经获得了一个无限期使用计算机程序的许可，从而可以转让、再转让合法购买的程序，包括已经制作的备份。以此类推，备份的购买者，还可以通过互联网络下载相关的程序，进而予以使用。

对于被告的这个主张，欧盟法院给出了否定的回答。欧盟法院在判决书中论证说，按照《计算机程序保护指令》第5条第2项规定，计算机程序的合法使用者，可以制作相关程序的备份。即使销售合同中有相反的规定，也不影响备份的制作。根据规定，制作备份应当符合两个条件：第一，由计算机程序的合法使用者制作；第二，是为了合法使用的必要性而制作。显然，制作备份和使用备份，仅限于有权使用相关计算机程序的人。而且，制作备份的目的是使用，而不是转让。即使是在原有媒介损坏、灭失的情况下，购买者也不得转让备份中的程序。关于这一点，本案的原告微软公司和一些成员国政府也认为，计算机程序的合法购买者虽然获得了无限期使用相关程序的许可，但是不得未经权利人的许可，再次转让或者销售该程序的备份。

欧盟法院继续论证说，按照《计算机程序保护指令》第5条第1项规定，计算机程序复制件的购买者，为了使用，可以下载、复制、安装相应的计算机程序，不需要获得权利人的同意。与此相应，购买了二手计算机程序的用户，也可以不经权利人的同意，为了使用的目的，下载、复制、安装相应的计算机程序。值得注意的是，这里所说的是为了“使用”而下载、复制、安装，使用者则是合法的购买者或者二手购买者。按照同样的推理,制作备份,也应当是合法的使用者制作,而非其他人制作。在这里,购买者和合法使用者的概念是非常重要的。然而就本案的情形来看,两个被告是通过有形媒介的方式销售了原告的计算机程序。而且,涉案的有形媒介,并非初始的载有原告计算机程序的有形媒介。这样,两个被告究竟是自己复制原告的计算机程序并且存储于有形媒介之中,还是通过购买二手程序而存储于有形媒介之中,就是一个应当由成员国法院查明的问题。但无论被告是未经许可而复制了原告的程序,还是购买他人的备份而复制了原告的程序,都属于侵权行为,都应当追究法律责任。备份不得用于转让或者再次销售。

五、权利的限制

世界各国的著作权立法或者版权立法,都是先规定作者或者权利人应当享有的广泛权利,如复制权、发行权、演绎权和表演权等,然后规定权利的限制与例外。规定权利的限制与例外,是为了兼顾社会公众的利益。与此相应,世界各国的著作权法或者版权法,也总是通过规定权利的限制与例外,达到平衡权利人利益和社会公共利益的目的。正是由此出发,规定哪些权利的限制与例外,如何规定权利的限制与例外,也总是成为著作权立法或者版权立法的焦点。

在这个问题上,《计算机程序保护指令》先在第4条规定了计算机程序作者或者权利人应当享有的复制权、演绎权和发行权,然后在该指令第5条规定了权利的限制与例外。按照规定,合法购买者可以使用计算机程序,可以制作计算机程序的备份,可以观察、研究和测试计算机程序,而不必经过权利人的同意。

先来看计算机程序的正常使用。按照商业惯例,消费者购买或者以其他方式获得计算机程序,其目的就是在正常的范围内使用该程序。不过,就计算机和计算机程序的特殊性而言,购买者在使用程序时必然会发生相应的复制,以及某些情况下对于程序错误的修改。这与购买者使用书籍、录音制品的情形不同。为了避免权利人与使用者之间发生误解,《计算机程序保护指令》第5条第1款规定:"在没有明确合同约定的情形下,合法购买者按照计算机程序的既定目的使用程序,包括修改错误,可以从事第4条第1款和第2款规定的行为,不必获得权利人的同意。"其中的第4条第1款是关于复制权的规定,第2款是关于演绎权的规定。其中的修改错误,既包括使用者主动修改程序中的错误,也包括权利人提供修正错误的代码或者代码片段。

应当说,《计算机程序保护指令》第5条第1款关于复制权和演绎权的例外,是一个多少有些令人困惑的规定。因为,"在没有明确合同约定的情形下",计算机程序的合法获得者为了使用程序,可以不经许可而从事复制或者演绎的行为。这是否意味着,计算机程序的权利人可以采取合同约定的方式,剥夺合法使用者进行复制或者演绎的权利?关于这一点,《计算机程序保护指令》的"重述"第(13)给出了明确的答案。具体说来,关于权利限制的规定意味着,"就合法获得的程序复制件而言,为了使用的必要而装载和运行程序的行为,以及修改错误的行为,不能通过合同而加以禁止"。这样,将上述两个方面结合起来,意味着就计算机程序的合法获得者而言,程序的权利人不得通过合同禁止其装载、运行该软件,以及在装载和运行的过程中修改程序的错误。但是,计算机程序的权利人可以通过合同禁止其他的复制和演绎行为。在这里,关键的问题在于,相关的使用是否属于“既定目的”(intended purpose)的使用。

再来看程序的备份。按照版权保护的一般原则,未经许可而复制他人作品就属于侵权。从这个意义上说,计算机程序的合法购买者制作备份,应当属于侵权。然而,在计算机技术的条件下,计算机有可能发生意外故障或者损坏,程序也有可能出现故障或者被意外删除。针对这种情况,世界各国的著作权法或者版权法,都允许计算机程序的合法购买者,制作必要的备份,以便将来修复或者恢复之用。关于这一点,《计算机程序保护指令》第 5 条第 2 款也规定:“有权使用相关计算机程序的人,可以制作备份。在使用的必要性的范围之内,程序所有人不得通过合同防止制作备份。”值得注意的是,该指令在这里明确规定,在使用计算机程序必要性的范围之内,权利人不得通过合同的约定,防止使用者制作备份。

按照前述的“Aleksandrs”一案,[①]计算机程序的“合法使用者”,既包括首次购买相关程序的人,也包括二手程序甚至三手程序的购买者。与此相应,不仅计算机程序的首次购买者可以制作备份,而且二手程序、三手程序的购买者,也可以制作备份。当然,首次购买者或者二手、三手购买者,在转让了自己的计算机程序许可以后,就应当停止使用相关的程序,包括不得使用曾经制作的备份。无论是计算机程序的首次购买者,还是二手或者三手购买者,在“既定目的”使用的过程中,都可以制作必要的备份,而不必获得权利人的同意。与此相应,无论是针对首次购买者,还是针对二手、三手购买者,权利人都不得通过合同剥夺其制作备份的权利。同样,按照“Aleksandrs”一案的判决,合法购买者在计算机程序损坏或者灭失的情况下,不得转让自己制作的备份。

最后来看程序的观察、研究和测试。如前所述,计算机程序是一个复杂的受保护客体。从文字(数字)表达的角度来看,计算机程序可以获得版权保护。同时,任何一个计算机程序,又具有一定的功能,或者体现了某种技术方案。这种技术方案或者功能性的因素,即使可以获得保护,也属于专利法或者商业秘密法的范畴。正是针对计算机程序的这种特性,《计算机程序保护指令》第 5 条第 3 款规定:“有权使用某一计算机程序复制件的人,可以不经权利人的许可,观察、研究或者测试该程序的功能,确定程序要素中所体现的思想观念和原则。”值得注意的是,观察、研究或者测试程序的功能,本来就不在权利人控制的范围之内。因为,无论是依据版权法的一般原则,还是依据《计算机程序保护指令》的规定,体现在计算机程序中的思想观念、原则和功能性要素,都不能获得版权保护。同时,使用者观察、研究或者测试程序功能的行为,也不属于权利人可以控制的复制、演绎、发行的范围。与此相应,计算机程序的所有人无权禁止合法的使用者在使用程序的过程中从事观察、研究或者测试软件功能的行为。所以,这个规定的意义并不是很大,充其量不过是澄清了某些事实而已。

关于程序权利的限制与例外,欧盟法院于 2012 年判决的“SAS”一案,[②]是一个说明相关问题的典型案例。在这个案件中,原告开发了一款数据处理和数据分析的计算机程序,占有

---

① Judgment of the Court (Third Chamber) of 12 October 2016, Case C – 166/15, Aleksandrs Ranks and Jurijs Vasilevi č s v. Finanšu un ekonomisko noziegumu izmeklēšanas prokoratūra and Microsoft Corp.

② Judgment of the Court (Grand Chamber), 2 May 2012, Case C406/10, SAS Institute Inc. v. World Programming Ltd. 具体案情,详见本章第一节第三部分关于该案的讨论。

较大的市场份额。随后,被告也开发了一款数据处理和数据分析的计算机程序,与原告展开竞争。被告在开发计算机程序的时候,为了方便熟悉原告计算机程序的用户使用,还尽可能在功能和步骤上保持了与原告系统的一致性。这就涉及了对于原告计算机程序的观察、研究和测试,进而发现原告程序中的功能、步骤和编程的原则。然而,原告认为被告的这种做法侵犯了自己的版权,于是向英国地方法院提起诉讼,进而向英国高等法院提起了上诉。

根据案件审理过程中查明的事实,被告是涉案计算机程序的合法购买者。不过,原告的销售合同属于点击式(click through)的格式合同,被告必须点击合同,表示接受原告的合同条款,才可以完成购买手续。按照原告的格式合同,被告获得的是"学习版"(learning edition)程序,不得用于生产性目的(non - production purposes)。正是由此出发,英国法院也存有疑虑,被告使用"学习版"的程序,观察、研究和测试其功能、步骤和编程原则,似乎超越了许可合同的范围。于是,英国高等法院决定暂停案件的审理,提请欧盟法院就《计算机程序保护指令》第5条规定的观察、研究和测试的例外,作出前置裁定。

欧盟法院在判决中明确指出,计算机程序的合法购买者可以观察、研究和测试相关程序的功能,以便了解程序所体现的思想观念和原则。按照《计算机程序保护指令》第5条第3项的规定,体现在计算机程序要素中的思想观念和原则,不受版权保护。而且,计算机程序的所有人,不得通过合同约定的方式,保护这些思想观念和原则。欧盟法院认为,这个规定与《计算机程序保护指令》第1条第2款的规定是一致的。因为,按照该指令第1条第2款规定,《计算机程序保护指令》仅仅保护计算机程序的表达,包括任何形式的表达,而不保护体现在程序要素中的思想观念和原则。欧盟法院进一步指出,按照《计算机程序保护指令》第8条规定,任何合同,如果与该指令第5条第2项和第3项的规定相抵触,都是无用的和无效的。其中的第2项是关于制作备份的例外,第3项是关于观察、研究和测试计算机程序的例外。这表明,计算机程序的版权所有人,不得通过合同限制他人观察、研究和测试计算机程序的功能,以及限制他人了解体现在程序要素中的思想观念和原则。

欧盟法院继续论证说,依据《计算机程序保护指令》第5条第3项,计算机程序的合法购买者,在装载、显示、运行、传输、存储相关程序的时候,可以了解计算机程序要素所体现的思想观念和原则。对于这一点,计算机程序的版权所有人不得通过合同予以限制或者取消。欧盟法院指出,《计算机程序保护指令》第4条规定了权利人享有的复制权、演绎权和发行权,这是计算机程序所有人享有的权利。至于《计算机程序保护指令》第5条则规定了合法的使用者可以从事的行为,包括为了既定的使用目的而复制计算机程序和修改程序错误,制作备份,以及观察、研究和测试计算机程序。根据规定,合法的使用者在从事上述行为时,不仅不需要获得计算机程序所有人的同意,而且不受合同约定的限制。

欧盟法院最后得出结论说,计算机程序的版权所有人,不得通过合同约定的方式,禁止合法的使用者观察、研究和测试相关程序的功能,也不得通过合同约定的方式,禁止合法的使用者在装载、运行计算机程序的过程中了解体现在程序要素中的思想观念和原则。本案的被告仅仅是通过观察、研究和测试原告计算机程序的功能,进而独立开发出自己的计算机程序,没有侵犯原告的版权。

以上是《计算机程序保护指令》第5条所规定的三种例外,计算机程序的正常使用,程序的备份,程序的观察、研究或者测试。在此基础之上,《计算机程序保护指令》第6条又针对计算机程序之间需要相互兼容的特点,规定了分解程序的例外。这主要是考虑了中小计算机程序厂商的利益,即允许中小企业分解他人的计算机程序,了解他人程序界面的必要信息,进而开发出可以兼容的计算机程序。

根据《计算机程序保护指令》第6条规定,为了独立开发与他人计算机程序相互兼容的程序,可以不经计算机程序所有人的同意,复制或者翻译有关的程序,以获得必要的达到兼容目的的信息。这是从复制和演绎的角度,允许他人分解程序,以获取程序兼容的信息。显然,这体现了中小计算机程序厂商的利益诉求。按照规定,分解他人计算机程序必须符合以下几个条件:分解的行为人应当是相关程序的被许可人,或者有权使用相关程序复制件的人,或者可以代表该使用者的人;上述分解人此前不知道有关兼容目的的必要信息;分解的范围仅限于原有程序的部分内容(而非整个程序)。同样,按照《计算机程序保护指令》第8条的规定,计算机程序的所有人,不得以合同的方式,限制他人对于自己程序以上述方式使用。与该指令第6条规定相悖的合同,属于无用的和无效的合同。

值得注意的是,《计算机程序保护指令》第6条在考虑中小企业利益、允许分解计算机程序的基础上,又在一定程度上考虑了计算机程序所有人的利益。根据规定,通过分解计算机程序而获得的信息,不得用于超出程序兼容的目的;不得提供给其他人,除非是为了与独立开发的程序兼容;不得用于开发、生产和上市实质性相似的程序,或者用于侵权。在此基础之上,《计算机程序保护指令》第6条还引用了《伯尔尼公约》关于权利限制的"三步法",规定分解程序的有关行为,不得不合理地损害权利所有人的合法利益,也不得与权利人对相关程序的正常使用相冲突。

第二节 数 据 库

一、《数据库保护指令》概述

按照一般的说法,数据库是指储存在计算机内存、CD或者其他电子设备中的数据汇编。人们可以通过计算机和相关的程序,使用关键词、人名、数字和字母等方式,获取或者了解其中的数据内容。正是从这个意义上说,通常意义上的数据库,尤其是其中的电子数据库,是计算机技术和计算机程序的产儿。当然从法律的意义上说,数据库还可以包括传统的印刷物数据库,如电话号码簿、时刻表、诗文选集、百科全书、字典和教科书等。任何一个数据库,都包括了三个方面的内容:单个数据、数据汇编、数据内容。

先来看单个数据。单个数据,是指数据库中的一个作品、一个数据或者一条材料。显然,任何一个数据库,无论其大小,也无论其主题是什么,都是由单个数据构成的。在这方面,如果一条数据本身就是享有版权的作品,无论是否纳入数据库,都应当受到版权的保护。数据库的所有人在将这个作品纳入数据库的时候,他人通过数据库复制、传播这个作品的时候,都应当获得版权所有人的许可。这与百科全书中的一个词条、文集中的一篇文章,受到版权保护的情形相同。如果单个数据是不受保护的材料,例如已经过了保护期的作品、单纯的事实消息、股票信息等,则无论是否纳入某一数据库中,都不会受到版权的保护。换言之,一个不受版权保护的数据,不可能因为纳入了一个受保护的汇编作品之中,而改变为享有版权的数据。同样,一个享有版权的数据,也不会因为纳入了一个不受版权保护的数据汇编之中,而改变为不受版权保护的数据。单个的数据,无论是否纳入数据库,都不会改变其原有的法律性质。

再来看数据汇编。数据汇编是指,将作品、数据和其他材料汇集在一起,并且按照一定的方法编排,可以让他人获取和了解其中的内容。对于数据汇编,应当从汇编的角度加以理解。因为汇编是从选择、编排的角度,将数据汇集在一起,并且由此而形成数据库。换言之,通过选择和编排数据而形成的"汇编",更多地是指向数据库的"结构"或者"组织"。正是通过这种结构或者组织,有关的数据才得以汇集在一起,并且形成数据库。与此相应,"数据汇编"也就与"数据库"区分了开来。因为,数据库是一个更为广泛的概念,既包括数据的汇编或结构,还包括具体的数据内容。

按照版权保护的原理,对于作品、数据或者其他材料的选择、编排,如果符合独创性的标准,构成了汇编作品,就可以获得版权保护。在这方面,《伯尔尼公约》已经规定了汇编作品的保护。根据公约第 2 条:"文学艺术作品的汇编,诸如百科全书、文选,由于其内容的选择与编排而构成智力创造,在不损害构成其整体的各个作品之版权的情况下,其本身应当受到保护。"①值得注意的是,《伯尔尼公约》所说的"汇编",是对于"文学艺术作品"的汇编,而没有涉及数据或者其他材料的汇编。在这方面,《与贸易有关的知识产权协议》则更进一步,规定了对于数据汇编作品的保护。根据该协议第 10 条第 2 款规定:"对于数据或者其他材料的汇编,无论是机器可读的形式还是其他形式,只要对其内容的选择和编排构成了智力创造,其本身就应当获得保护。此种保护,不应当延及于数据或者材料本身,也不应当损害数据或者材料本身已有的版权。"②这样,《与贸易有关的知识产权协议》所定义的汇编作品,就具有了更为广泛的含义。

最后来看数据内容。数据内容(contents)是指构成数据库的作品、数据或者其他材料的汇集,而非数据库中的单个数据。单个的数据,或者可以受到版权保护,或者不能受到版权保护,已经在前面讨论过。而这里所说的数据内容,则是指作品、数据或者其他材料的汇集。例如在英文中,说到数据内容时,所使用的总是"内容"的复数,而非单数。与此相应,数据内容可以是指整个数据库的内容,也可以是指数据库中的部分内容。至少,就某一数据库而言,数据内容是指其中两个以上作品、数据或者其他材料的集合。

从数据库或者数据汇编的角度来看,数据内容很难受到版权法的保护。当数据库的构成要素是不享有版权的作品、数据或者其他材料的时候,尤其如此。一方面,如果相关的数据汇编构成了受版权保护的汇编作品,他人在复制或者抽取整体的数据库或者大量的数据内容时,就有可能同时复制汇编作品,侵犯汇编作品的版权。但是在相关的数据汇编构成汇编作品的情况下,如果他人只是复制或者抽取数据库中的少量内容,则不会同时侵犯汇编作品的版权。另一方面,如果相关的数据汇编不具有独创性,不能构成受版权保护的汇编作品,则他人复制或者抽取整体的数据库或者其中的大量内容,都不会同时侵犯数据汇编的版权。这

---

① Article 2 (5), Berne Convention.

② Article 10 (2), TRIPS Agreement.

样,无论有关的数据汇编是否构成受版权保护的汇编作品,其中的数据内容都很容易为他人复制或者抽取,或者用来制作自己的数据库,或者以商业性的方式反复使用。

事实上,欧盟于1996年发布《数据库保护指令》,①其中设定了一个全新的"特别权利",就是针对数据内容而规定的。值得注意的是,"特别权利"所保护的不是汇编者或者编纂者的智力创作,而是数据库制作者的投资。因为绝大多数数据内容,尤其是电话号码、邮件地址、股票信息、产品目录、广播节目信息和体育赛事信息等,都不是作品,都不受版权法的保护。然而,将这些数据或者信息汇集在一起,又需要数据库的制作者投入大量的金钱、人力和物力。在这种情况下,按照通常的推理,如果法律不对数据内容提供必要的保护,任由他人抽取其中的内容制作自己的数据库,任由他人反复以商业性的方式使用他人数据库中的某些内容,数据库的制作者就会丧失投资和开发数据库的动力。所以《数据库保护指令》设定特别权利,其目的就是保护数据库制作者的投资,进而鼓励人们投资和开发更多的数据库。

在欧盟发布《数据库保护指令》前,绝大多数成员国都没有提供对于数据内容的保护。不过,北欧的一些国家,如丹麦、瑞典和芬兰,已经对产品目录、表格和类似的不能获得版权保护的客体,提供了一种"特别权利"的保护。② 例如,《芬兰版权法》第49条规定,对于产品目录、表格、程序和类似的客体,如果含有大量数据内容,作者可以获得10年的保护。③ 又如,《丹麦版权法》第49条也规定,对于产品目录、表格和类似的材料,如果不构成版权保护的客体,可以获得10年的保护。④ 显然,这里所说的产品目录、表格等,就是我们正在讨论的数据内容。与此相应,欧盟对于数据内容提供特别权利的保护,也是源于丹麦、芬兰和瑞典等北欧国家的上述规定。

促使欧盟对数据内容提供特别权利保护的因素,还有1991年荷兰和美国法院关于数据汇编的判决。在这两个判决中,荷兰法院和美国法院分别探讨了汇编作品的独创性标准,明确排除了某些数据汇编的版权保护。例如在1991年的"Grote"一案中,荷兰最高法院裁定,字典词条的选择只有在体现了编纂者的观点、个性的时候,才可以获得版权保护。⑤ 显然,这是著作权法体系关于作品独创性的要求,即有关的作品体现了作者的人格印迹或者精神印迹,才可以获得著作权保护。又如,美国最高法院在1991年的"Feist"一案中也裁定,按照字母顺序编排的电话号码簿不具有独创性,不能获得版权保护。按照独创性的标准,作品不仅应当来自作者,而且应当具有最低限度的创造性,仅仅付出劳动(汗水)不足以获得版权保护。⑥ 除此之外,德国最高法院在1985年关于计算机程序的判决中也说,数据的选择、积累、

---

① Directive 96/9/EC of the European Parliament and of the Council of 11 March 1996 on the legal protection of databases.

② Commission of European Communities, First evaluation of Directive on the legal protection of databases, 12 December 2005.

③ Judgment of the Court (Grand Chamber) of 9 November 2004, case 46/02 - - Fixture Marketing v. Oy Veikkaus ab. 其中有关于芬兰和瑞典法律的引述。

④ Commission of European Communities, Green Paper on Copyright and the Challenge of Technology - Copyright Issues Requiring Immediate Action, COM /88/172 Final.

⑤ Grote Van Dale v. Romme (1991) Netherland Jur. 608. 这里仅指对于字词的"选择",不包括对于字词的"解释或者定义"。因为对于某一个字词的解释或者定义,属于作品。

⑥ Feist Publications v. Rural Telephone 499 US 340 (1991).

编排和构造,只有体现了超出一般编纂人员的特定技能时,相关的数据汇编才能够获得著作权的保护。①

以上是有关单个数据、数据汇编和数据内容的简要论述。下面来看欧盟《数据库保护指令》的制定过程。早在1988年《关于版权和技术挑战——需要立即采取行动的版权问题的绿皮书》中,欧盟就提出了数据库保护的问题。根据欧盟委员会的分析,按照当时绝大多数成员国的法律规定,如果相关的数据汇编构成了独创性的汇编作品,可以获得版权保护。在这个问题上,成员国之间的差异,主要在于汇编作品的独创性标准方面。例如,按照英国等成员国的独创性标准,只要相关的汇编作品是来自作者,而非抄袭自他人,就可以获得版权保护。这样一来,在这些成员国,几乎所有的数据汇编都可以获得版权保护。而按照德国等一些成员国的独创性标准,数据汇编只有在体现了作者人格印迹或者精神印迹的时候,甚至是体现了超出一般编纂人员的技能时,才可以获得版权保护。这导致很多数据库都不能获得著作权保护。欧盟委员会认为,这种差异的存在,显然会妨碍共同体市场上数据产品的自由流通,进而影响数据库产业的发展。

欧盟委员会在《关于版权和技术挑战——需要立即采取行动的版权问题的绿皮书》中建议,当数据库的选择和编排构成作品时,应当提供版权保护。在这方面,欧盟还应当协调成员国在汇编作品构成要件上的标准。在此基础之上,欧盟委员会在该绿皮书中向社会公众征求意见:对于不构成作品的数据内容是否提供保护,以及这种保护应当是版权的保护,还是特别权利的保护。②

1992年5月,欧盟委员会在广泛征求意见的基础上,提出了数据库保护指令的建议稿。根据这个建议稿,对于构成汇编作品的数据库应当提供版权保护,而对于不构成汇编作品的数据库内容,则应当提供特别权利的保护。这种特别权利的实质是防止他人以不正当的手段复制和抽取数据库的内容。根据立法程序,欧盟经济和社会委员会与欧盟议会也对建议稿进行讨论,并提出了修改意见。在此基础之上,欧盟委员会于1993年10月再次提出了数据库保护指令草案。最后,欧盟理事会于1996年3月通过了《数据库保护指令》,要求成员国在1998年1月1日以前,通过国内立法程序贯彻执行。③

《数据库保护指令》共有四个章节,主要规定了数据库的定义,对于数据汇编作品的版权保护,以及对于数据内容的特别权利的保护。其中,在规定数据汇编作品的版权保护方面,该指令提出了"作者自己智力创造"的独创性标准,以协调著作权法体系和版权法体系的独创性标准。而在对于数据内容的保护方面,则是具体规定了特别权利的保护。下面,我们将从数据库与版权、数据库与特别权利的角度,介绍数据库保护指令的相关内容。此外,欧盟委员会于2005年12月和2018年4月发布的有关《数据库保护指令》的评估报告,重点涉及了特别权利的问题,也值得加以介绍。

---

① Inkassaprogram—Bundesgerichtshof, May 9, 1985. See Guy Tritton et al., *Intellectual Property in Europe*, 3th ed., Sweet & Maxwell, 2008, p.523.

② Commission of European Communities, Green Paper on Copyright and the Challenge of Technology - Copyright Issues Requiring Immediate Action, COM /88/172 Final.

③ Directive 96/9/EC of the European Parliament and of the Council of 11 March 1996 on the legal protection of databases Official Journal L 077, 27/03/1996.

二、数据库与版权

（一）数据库的定义和范围

《数据库保护指令》首先界定了应当受到保护的数据库。根据该指令第 1 条规定，任何形式的数据库都可以受到保护。具体来说，“数据库是指，汇集独立存在的作品、数据或者其他材料，以系统的或者有条理的方式编排在一起，并且可以通过电子手段或者其他手段获取其中的内容”。在这里，通过电子手段获取其中内容的数据库，显然是指电子数据库。至于通过“其他手段”获取其中内容的数据库，则主要是指传统意义上的数据库，例如以印刷品方式出现的数据库。

关于这样一种广义的数据库，《数据库保护指令》的“重述”第（17）也有如下的说明：“数据库一词，应当理解为包括了文学、艺术、音乐或者其他作品的汇编，以及其他资料诸如文本、声音、形象、数字和数据的汇编。”此外，该指令的“重述”第（20）还特别提到，百科全书、字典和索引一类的数据库，也可以依据指令获得保护。正是依据以上的定义，有人曾列举了一些数据库的类别：百科全书、字典、科学技术参考书、公共登记资料、诗歌选集、菜谱汇编、街道指南、地图集、地址簿、订货清单、发票清单、时刻表、产品目录、价目表、零部件清单、索引、报纸和杂志等。①

值得注意的是，指令所说的数据库，在绝大多数情况下都是指电子数据库，需要通过计算机程序而加以编纂、储存和获取。然而，这里的计算机程序仅仅是工具，而非数据库的构成部分。与此相应，《数据库保护指令》第 1 条特别规定，用于制作和运行电子数据库的计算机程序，不受本指令的保护。

依据《数据库保护指令》的定义，数据库的内容非常广泛，不仅与计算机程序相关，还可能与其他的权利，如版权、相关权、外观设计权、商标权和商业秘密等相关。关于这一点，《数据库保护指令》第 2 条规定，对于数据库的保护，不影响欧盟有关计算机程序保护的法律，不影响有关出租权、出借权和某些相关权的法律，不影响有关版权和某些相关权保护期限的法律。② 此外，该指令第 13 条还规定，对于数据库的保护，不得影响数据库中的数据、作品、材料的版权、相关权或者其他的权利和义务，不得影响专利权、商标权、外观设计权、制止不正当竞争和商业秘密的保护，也不得影响有关国宝、安全、秘密信息、数据保护、隐私、获取公共文件的法律，以及合同法律。③

欧盟法院于 2004 年 11 月 9 日同时发布的三个“Fixtures”的判决，涉及了数据库的定义和范围。其中的“Fixtures OY”一案，④具体叙述了足球赛事节目表的生成，以及由此而产生的数据库。根据案情，英国足球联盟每年都要组织年度联赛，通常为 41 个星期，大约有 200 个场次。足球联盟在安排年度赛事活动时，要考虑一系列因素。例如，每一支球队的主场场次

---

① See Guy Tritton et al., *Intellectual Property in Europe*, 3th ed., Sweet & Maxwell, 2008, p. 523.

② Article 2, Database Directive.

③ Article 13, Database Directive.

④ Judgment of the Court (Grand Chamber) of 9 November 2004, Case C－46/02, Fixtures Marketing Ltd v. Oy Veikkaus Ab.

和客场场次,避免若干个俱乐部在同一个城市同一天进行主场比赛。又如,比赛当天是否有相关的国际赛事,是否有重大公共活动,是否有足够的警力维持秩序,等等。某一年度的赛事节目表,应当提前一年制定,由各个职业球队和足球俱乐部的代表,以及啦啦队的代表和警察机构的代表,共同商讨而确定。在制定赛事节目表的时候,还要考虑电视台和广播电台的要求,以及比赛可能因为天气原因而错后一两天举行,等等。英国足球联盟还负责订正比赛场次,查验参赛球队的许可证,以及监督和宣布比分。每年制作足球赛事节目表的费用,大概是230 万英镑。

按照三个"Fixtures"案件的案情,英国足球联盟在制作了年度赛事节目表以后,交由"足球赛事公司"(Fixtures Marketing Ltd)予以市场化运用,例如授权电台、电视台、报纸、杂志、网络公司发布,收取必要的费用。而在分别发生于意大利、芬兰、瑞典的三个案件中,都是博彩公司无偿使用了相关的赛事节目表,遭到了足球赛事公司的起诉。在相关的诉讼中,成员国的法院都认为,《数据库保护指令》中的一些规定,尤其是关于特别权利的规定,不是很清楚,因而请求欧盟法院作出相应的前置裁定。其中"Fixtures OPAP"一案还详细讨论了数据库的构成问题。①

欧盟法院在"Fixtures OPAP"一案中说,《数据库保护指令》第 1 条规定了数据库的定义。根据规定,数据库是指任何形式的数据库,包括电子的和非电子的。与此相应,对于数据库应当作出最为宽泛的理解和解释。欧盟法院说,根据《数据库保护指令》的立法资料,欧盟委员会最初提出的草案,仅仅涉及了电子数据库。而后来的立法资料则表明,该指令的规定还涉及了非电子数据库。在这方面,该指令的"重述"第(17)也指出,数据库包括文学、艺术、音乐作品的汇编,以及其他资料例如文本、声音、形象、数字、事实、数据等的汇编。正是从这个意义上说,本案所涉及的有关体育赛事活动的数据或者信息的汇编,显然属于指令所说的数据库。

在"Fixtures"案中,体育赛事信息是由英国足球联盟确定的,数据库也是由英国足球联盟汇编而成的。关于这一点,欧盟法院指出,构成数据库的数据,可以是汇编者利用了其他来源的数据,也可以是汇编者利用了自己创造的数据。关键的问题在于,数据汇编使用了大量的作品、材料和数据,而无论这些作品、材料和数据来自哪里。欧盟法院还指出,在制定指令的过程中,欧盟委员会曾经建议,数据库应当包括"大量的"作品、材料或者数据。然而在最终通过的《数据库保护指令》第 1 条,关于数据库的定义中,已经不见了这样的表述。这表明,数据库的构成,也不在于作品、材料或者数据的"大量",只要有相当数量的作品、材料或者数据纳入其中,就可以形成指令所保护的数据库。从这个意义上说,该指令所说的数据库,更多的是从"功能"的角度加以界定,而非以数量的角度加以界定。

欧盟法院在判决中还陈述了制定《数据库保护指令》的宗旨。《数据库保护指令》的"重述"指出,无论是在欧盟的范围内,还是在世界范围内,数据都是在以指数的形式增长。而制定该指令,对于数据库给予必要的保护,就是鼓励数据库的制作者,将工商业领域和其他领域中的大量数据,以系统的方式储存、汇编和展示出来,进而方便利用和促进产业的发展。从这

① Judgment of the Court (Grand Chamber) of 9 November 2004, Case C - 444/02, Fixtures Marketing Ltd v. Organismos prognostikon agonon podosfairou AE (OPAP).

样一个角度来看，理解数据库应当考虑以下两个因素。

第一，数据库是汇编独立的材料而生成。这表明，构成数据库的材料相互独立，各自具有信息的、文学的、艺术的、音乐的或者其他的价值，并且相互分离。正是从这个意义上说，《数据库保护指令》的“重述”第（17）表明，视听作品、电影作品、文学作品或者音乐作品的汇编，不属于指令所说的数据库。因为，这类汇编中的作品是相互关联的，并且因为汇编而提升了价值。

第二，数据库是以系统的方式，或者按照一定的规则，将相互独立的材料汇集在一起，并且可以以这种或者那种方式，单独获得其中的任何一条材料。按照《数据库保护指令》的“重述”第（21）的内容，以系统的或者规则的方式汇集资料，意味着相关的资料应当汇集于一个“特定的库”之中，并且采取了某种技术手段予以加工。例如，以电子的、电磁的、光学的方式，或者引得、目录、图表、分类的方式，加工了相互独立的数据，并且可以单独获取包含于其中的任何一条资料。事实上，正是这样的一种汇集和获取的方式，将数据库与资料汇编区别开来。因为在资料汇编的情况下，既不存在以电子、电磁等方式加工数据的问题，也不存在以电子、电磁等方式获取任何一条数据的问题。

基于以上关于数据库定义和特征的讨论，欧盟法院继续指出，就本案而言，每支球队比赛的时间和地点，以及客场和主场的时间和地点，都属于单独的数据，具有单独的价值。虽然足球联盟因为各个场次的最终结果而获得经济利益，但每一场比赛的时间、地点和参赛队的名称，具有独立的提供信息的价值。与此相应，将所有比赛的时间、地点、球队名称汇编成体育赛事表，以及按照系统的方式和一定的规则将相关的信息汇集在一起，并且可以让他人获取其中的任何一条单独的信息，就构成了应当获得保护的数据库。欧盟法院最后得出结论说，本案所涉及的体育赛事表，属于《数据库保护指令》第 1 条所定义的数据库。

关于数据库的定义和范围，欧盟法院于 2015 年 10 月判决的“Bayern”一案，[①]也是一个典型判决。本案的原告是德国巴伐利亚州下属的地理信息办公室出版的一部反映巴伐利亚州的地形图。本案的被告是奥地利的一家出版社，编纂出版了一部有关巴伐利亚州的地图，方便骑行者、爬山者和滑雪者使用。由于被告在编纂出版自己地图的时候，使用了原告地形图中的很多信息，原告向慕尼黑地方法院提起诉讼，主张被告未经许可大量使用自己地形图中的数据，侵犯了自己的特别权利。地方法院经过审理，认定被告侵权，并且责令被告立即停止侵权和支付损害赔偿。被告不服判决，向慕尼黑高等法院提起上诉，该法院又部分支持了地方法院的判决。不过，慕尼黑高等法院认定，原告的地形图不属于数据库。于是，被告再次向德国最高法院提起上诉。德国最高法院对于原告的地形图是否属于《数据库保护指令》所说的数据库，也存有疑虑，因而请求欧盟法院就该问题作出前置裁定。具体来说，地形图中的每一个地形点是否属于独立存在的数据，由此而生成的地形图是否属于数据库。

欧盟法院在判决中指出，《数据库保护指令》第 1 条所说的“数据库”是指任何形式的数据库，具有非常广泛的含义，不因形式、编排技巧和材料的性质而受到限制。依据该指令的“重述”第（17）内容，数据库适用于文学、艺术、音乐等作品的汇编，以及其他材料的汇编，例

---

① Judgment of the Court (Second Chamber) of 29 October 2015, Case C – 490/14, Freistaat Bayern v. Verlag Esterbauer GmbH.

如文本、声音、形象、数字、事实和数据。而且,数据库既包括以电子形式编排的,也包括以非电子形式编排的。就本案来说,被告以扫描的方式,抽取和使用了原告地形图中的数据,因而不能说原告的地形图不属于《数据库保护指令》保护的数据库。这可以从两个方面说明。

第一,按照《数据库保护指令》第1条,数据库是由独立存在的材料汇集而成。这就表明,纳入数据库的资料是相互分离的,具有独特的信息、文学、美学或者其他价值。依据这样的标准,原告地形图中对于街道、教堂、河流、山脉等的标注,都是独立的和相互分离的资料,并由此而汇集成了一个数据库。就原告的地形图来说,有一个特殊的做法,即在地形图的相关位置上标注序号,例如1、2、3、4、5,然后在地形图的下面注明相关数字指向的东西,例如以5指向教堂。被告由此而抗辩说,这里出现的是两个数据,而非单个的数据。欧盟法院则认为,不仅单个的信息属于单个的数据,而且两个信息合在一起也可以构成单个的数据。事实上,就原告的地形图而言,数字5和教堂这两个信息,就构成了一个独立的数据,向使用者指示了一个独立的客体。

第二,独立存在的材料,不会因为从数据库中拿出而减损其信息作用。这表明,独立存在的数据,具有独立的信息。就数据库而言,不断增多的单个材料或者数据,显然会增加数据库的价值。然而,如果有人将其中的某些数据抽取出来,就会减损数据库的价值。这也从另外一个方面说明,构成数据库的单个材料,具有独立的信息作用,与其他数据是相互独立和相互分离的。与此相应,由这些具有独立信息作用的材料或者数据汇集而成的,就是《数据库保护指令》予以保护的数据库。

在上述讨论的基础上,欧盟法院得出结论说,原告的地形图是由相互独立和相互分离的材料、数据构成的,属于《数据库保护指令》予以保护的数据库。被告未经许可从原告的地形图之中抽取某些数据,进而制作自己的地图,侵犯了原告的特别权利。

(二)数据库的版权保护

按照《数据库保护指令》第1条的规定和欧盟法院的相关判决,数据库具有非常广泛的含义,既包括相关作品的汇集,也包括相关文本、材料、数据的汇集,既包括电子的汇集,也包括非电子的汇集。换句话说,数据库是指任何形式的关于作品、文本、材料或者数据的汇集,甚至包括了地形图。对于如此宽泛的数据库,《数据库保护指令》提供了两个层次的保护,即版权的保护和特别权利的保护。这里先论述版权的保护。

数据库的版权保护是指,数据库的汇编者在选择和编排相关作品、数据或者其他材料的时候,付出了一定的智力创造,构成了汇编作品,因而可以获得版权保护。从这个意义上说,所谓的"数据库版权保护",就是指汇编作品的版权保护。事实上,即使没有《数据库保护指令》的规定,这类汇编作品也可以按照《信息社会版权指令》获得保护。

关于数据汇编作品的独创性,《数据库保护指令》第3条规定:"对于数据库内容的选择和编排,在构成了作者自己智力创造的时候,其本身可以获得版权保护。"这里所说的"作者自己的智力创造",是一个略低于著作权法体系独创性要求,而又远远高于版权法体系独创性要求的标准。与此相应,按照这样一个标准,英国和爱尔兰等版权法体系的国家,将会被剥夺一部分汇编作品的版权保护。因为,按照原来的独创性标准,只要作者在汇编相关作品、材料或者数据的过程中,付出了劳动、技能、判断或者努力,就可以作为汇编作者,获得版权保护。而依据“作者自己智力创造”的标准,即使汇编者付出了劳动、技能、判断或者努力,如果没有一定的精神、情感、人格的投入,仍然不能获得版权保护。当然,按照《数据库保护指令》规定,这些达不到“作者自己智力创造”标准的数据汇编,仍然可以获得特别权利的保护。正是由此出发,英国虽然没有在计算机程序的保护上接受“作者自己智力创造”的独创性标准,但是却在数据汇编的保护上,接受了这样一个独创性标准。[①] 这样,无论是在计算机程序的保护上,还是在数据汇编的保护上,英国都不会丧失一些原有的保护。

按照著作权法体系的精神,数据汇编版权应当归属于作者享有。而依据版权法体系的精神,数据汇编版权在通常情况下归属于作者享有,但在特殊的情况下,例如雇佣作品或者委托作品的情况下,也可以归属于雇主或者委托人所有。为了协调成员国之间在版权归属上的不同,《数据库保护指令》第 4 条作了一个承认成员国现实的规定:“数据库的作者应当是创作了该数据库的一个或者几个自然人。当然在成员国立法允许的情况下,法人也可以按照相关规定被指定为权利所有人。”这与上一节讨论的计算机程序权利的归属一样。

关于数据汇编版权的内容,《数据库保护指令》与《计算机程序保护指令》一样,刻意回避了作者精神权利的规定。至于汇编权利人的经济权利,《数据库保护指令》同样使用了“限制性行为”(restricted acts)的术语。[②] 不过,这里的“限制性行为”是指版权所有人可以自己行使或者授权他人行使的权利,实质上就是指版权的内容。在这方面,《数据库保护指令》第 5 条规定了复制权、演绎权、发行权和传播权。其中的复制是指对于数据库的整体或者构成部分,以任何手段或者任何方式,进行永久性的或者暂时性的复制。其中的演绎是指对数据库进行翻译、改编、编排或者其他方式的更改。其中的发行是指将数据库的原件或者复制件提供给社会公众。其中的传播是指将数据库以传播、展示和表演的方式传播给社会公众。此外,通过演绎数据库而产生的结果,在传播给社会公众时,也应当获得数据库版权所有人的同意。按照《数据库保护指令》,数据库的版权所有人既可以自己行使复制权、演绎权、发行权和传播权,也可以授权他人行使这些权利。

在涉及发行权的时候,《数据库保护指令》还依据欧盟法院以往的判例,规定了欧盟范围内的权利用尽原则。根据规定,权利人自己或者经其同意而在欧盟共同市场上第一次销售数据库复制件以后,权利人就在欧盟范围内用尽了自己的发行权。

《数据库保护指令》在规定复制权、发行权、演绎权和传播权的同时,还规定了权利的限制和例外。根据该指令第 6 条规定,数据库或者其复制件的合法使用者,为了获取数据内容和正常使用数据库,可以从事复制、演绎、发行或者传播的行为,不必获得数据汇编版权所有人的许可。当合法使用者获得授权使用的仅仅是数据库的某一个部分的时候,从事上述行为的范围也仅限于获得授权的那个部分。在此基础上,指令还允许成员国通过立法,选择性地规定某些权利限制。例如为了个人使用的目的而复制非电子数据库,为了教学和研究的目的使用数据库,为了公共安全的目的或者司法与行政的目的而使用数据库。

关于权利的限制与例外,《数据库保护指令》还特别引用了《伯尔尼公约》关于合理使用的“三步法”,规定有关数据库版权的限制和例外,不得不合理地损害权利人的合法利益,也不

---

① 参见本章第一节关于计算机程序独创性的论述。

② Article 5, Database Directive.

得与权利人对相关数据汇编作品的正常使用相冲突。①

根据《数据库保护指令》第2条规定,对于数据库版权的保护,不影响此前已经发布的《保护期指令》,即数据库版权的保护期为作者的有生之年加70年。或者在数据库版权归属于法人的情形下,为数据库公开后的70年。

三、数据库与特别权利

(一)制作者与特别权利

如前所述,《数据库保护指令》对于数据库提供了两个层次的保护,一是对于数据汇编作品提供版权保护,二是对数据内容提供特别权利的保护。根据相关的规定,对于数据库来说,无论具体的数据是否可以获得版权保护,也无论数据汇编是否可以获得版权保护,数据内容都可以获得特别权利的保护。这样就某一数据库的保护而言,如果数据汇编不构成作品,不能获得版权保护,数据库的制作者可以针对数据内容获得特别权利的保护;如果数据汇编构成了作品,可以获得版权保护,数据库的制作者仍然可以针对数据内容获得特别权利的保护。正是从这个意义上说,《数据库保护指令》对于数据库提供了一种叠加的保护。一方面,对于数据汇编作品的版权保护,不影响特别权利的保护。另一方面,对于数据内容的特别权利保护,也不影响数据汇编作品的版权保护。关于这一点,该指令第7条第4款有如下规定:特别权利的适用,不影响版权或者其他权利对数据库的保护。此外,特别权利的适用,也不影响版权或者其他权利对于数据内容的保护。而且,特别权利对于数据库的保护,不得损害数据内容已经存在的各种权利。②

值得注意的是,《数据库保护指令》在规定数据汇编作品版权的时候,使用了"作者"的术语,而在规定数据内容特别权利的保护时,则使用了"制作者"的术语。根据该指令的"重述"第(41)的内容,数据库的制作者是发起制作数据库并且承担相关风险的投资者。只有当某自然人或者法人发起制作并且投资制作数据库时,才有可能成为最后完成的数据库的制作者。至于具体的汇编人员,在选择、订正、编排数据内容的时候,无论是投入了一般性的非创造性的劳动,还是投入了创造性的智力劳动,都不可能成为数据库的制作者。

根据《数据库保护指令》的规定,只有欧盟范围内的自然人和法人,才可以享有特别权利的保护。该指令第11条规定,数据库的制作者应当是成员国国民或者在欧盟范围内有常住居所的人。在法人或者公司作为数据库制作者时,该法人或者公司应当是依据成员国的法律而成立,而且其获准注册的办公室、主要的管理场所和商业场所,都应当是在欧盟的范围之内。这就意味着,该指令所规定的特别权利的保护,仅仅适用于欧盟范围内的自然人和法人,欧盟之外的自然人和法人不享有特别权利的保护。不过,如果欧盟委员会提出建议,欧盟也可以与第三国签订协议,对制作于第三国的数据库提供特别权利的保护。当然在这种情况下,第三国也应当对制作于欧盟的数据库提供相应的保护。显然,这是一种互惠的而非国民待遇的保护。

---

① Article 6, Database Directive.

② 欧盟法院有关"Directmedia"一案的判决,也说明了这一点。详见下面对于该案的介绍。

关于数据库制作者应当享有的特别权利，见于《数据库保护指令》第 7 条，根据规定："当数据库的制作者表明，在获得、订正和展示数据内容的时候，存在着质量上和(或)数量上的实质性投资，成员国应当提供某种权利，以防止抽取和(或)反复使用该数据库内容的全部或者实质性部分。数据内容的实质性部分，是通过质量和(或)数量来评估的。"根据这个规定，制作者在制作数据库时付出了实质性的投资，才可以享有特别权利。同时，数据库的制作者，有权防止他人抽取和反复使用自己数据库中的全部或者实质性内容。此外，根据该指令第 7 条第 5 款的规定，如果对数据库的非实质性部分进行系统的抽取或者反复使用，有可能与数据库制作者正常使用数据库相冲突，或者有可能损害数据库制作者的合法利益，仍然会遭到法律的禁止。

《数据库保护指令》在规定特别权利的同时，也规定了权利的限制与例外。根据该指令第 8 条规定，数据库的合法使用者，可以为了任何目的而抽取和反复使用数据库中的全部或者部分内容。如果合法使用者获得授权的仅仅是数据库的某一个部分，则抽取和反复使用的范围也限于那个部分。对于合法使用者的抽取和反复使用，特别权利的所有人不得反对。当然，合法使用者在使用数据库时，不得与制作者对于数据库的正常利用相冲突，也不得不合理地损害数据库制作者的合法权益。此外，成员国还可以通过立法规定：数据库的合法使用者可以为了个人使用的目的而抽取或者反复使用非电子数据库的内容；可以为了教学和科研的目的而抽取或者反复使用数据库的内容；可以为了公共安全和行政、司法的目的而抽取或者反复使用数据库。

数据库特别权利的保护期限为 15 年。15 年的保护期有两种计算方式。如果某一数据库在完成后向社会公开，则 15 年的保护期自公开后次年的 1 月 1 日起算。如果某一数据库完成后没有向社会公开，则 15 年的保护期自完成后次年的 1 月 1 日起算。此外，考虑到数据库不断更新的特点，《数据库保护指令》第 10 条还针对由此而引发的保护期作了特别规定。根据规定，对于数据库内容的任何实质性更新，包括不断增加、删除或者修改，只要构成了对于数据库的新投资，都可以就更新的部分获得一个重新计算的保护期。[①] 从理论上说，一个数据库只要不断地更新下去，就可以一直获得特别权利的保护。

值得注意的是，特别权利保护的是数据库制作者的投资，而非智力成果。这与知识产权的保护，尤其是版权保护形成了鲜明的对比。正是从这个意义上说，数据库制作者的特别权利，已经偏离了对于智力活动成果的保护，而进入了对于投资的保护。与此同时，特别权利又是一项全新的权利。关于这项权利的获得要件，关于他人侵犯这项权利的要件，例如实质性投资、抽取和反复使用、质量和数量、实质性内容等，还需要理论界和司法界不断探讨。下面将结合欧盟法院的典型判决，讨论有关特别权利的一些术语，例如制作数据库的实质性投资，抽取和反复使用数据，实质性部分和非实质性部分。

(二)制作数据库的实质性投资

按照《数据库保护指令》第 7 条的规定，数据库的制作者在获取、订正和展示数据内容的时候，如果进行了质量上或者数量上的实质性投资，可以获得特别权利的保护。然而，究竟什

---

① Article 10, Database Directive.

么是"实质性投资",如何理解"获取、订正和展示数据内容",却不是一个很清楚的问题。直到2004年11月,欧盟法院同一天发布了"BHB"(英国赛马协会)等四个判决,才澄清了什么是获取、订正和展示数据内容的实质性投资,或者说什么是制作数据库的实质性投资。

先来看"BHB"一案。① 根据案情,英国赛马协会管理英国的赛马事宜,通过一定的方式确定赛马的日期、参赛的马匹、参赛的骑手、具体的赛道等信息。一方面,赛马协会在赛事发生的前一天,会在报纸上公布相关的信息。另一方面,赛马协会又将相关的信息许可给"卫星信息服务公司",后者又通过一定的方式提供给自己的用户。通过这种方式,赛马协会和"卫星信息服务公司"都可以获得一定的收益。本案的被告"威廉公司"(William Hill Organization Ltd)是一家赛马赌博公司,在网络上设立了一个博彩服务网站,提供相关的赛马信息。被告在网站上提供的赛马信息有两个来源,一个是来自赛马协会在赛事发生前一天公布的信息,另一个是来自"卫星信息服务公司"在赛事发生的当天早上提供给用户的信息。由于被告未经许可而使用了这些信息,英国赛马协会依据《数据库保护指令》和《英国版权法》(已经贯彻执行了《数据库保护指令》),向英国高等法院提起诉讼,主张被告侵犯了自己的特别权利。

英国高等法院经过审理,认定被告侵犯了原告的特别权利,做出了有利于原告的判决。被告不服,向上诉法院提起上诉。上诉法院则认为,该案涉及了《数据库保护指令》所规定的特别权利,包括制作数据库的投资,抽取和反复利用数据内容,以及实质性和非实质性的部分,有必要请求欧盟法院就特别权利的一些问题做出说明。而欧盟法院也在判决中逐一讨论了这些问题。这里仅涉及制作数据库的实质性投资问题。

欧盟法院指出,按照《数据库保护指令》第7条第1款的规定,当数据库的制作者表明,在获得、订正和展示数据内容的时候,存在质量上和数量上的实质性投资,就可以获得特别权利的保护。值得注意的是,享有特别权利的是"数据库"的"制作者"。其中的"制作者"是指制作数据库的投资者。其中的"数据库",按照该指令第1条第2款的定义,是指汇集独立存在的作品、数据或者其他材料而形成的数据汇编。又据该指令第1条第1款规定,《数据库保护指令》是对于"数据库"提供法律保护的指令。将该指令的第7条和第1条联系起来就表明,理解"特别权利"的保护,包括制作数据库的"实质性投资",应当从"数据库"的角度和"制作者"的角度加以理解。正是由此出发,欧盟法院区分了"创造数据"的投资和"制作数据库"的投资。

欧盟法院论证说,依据《数据库保护指令》的"重述"第(9)(10)(12)的规定,特别权利是保护投资的权利。特别权利所保护的投资,是"存储"和"处理"数据的投资,而不是"创造"数据的投资。与此相应,该指令第7条所说的获得、订正和展示数据的投资,都是关于"制作"数据库的投资,而非"创造"数据的投资。具体说来,"获得数据"的投资,是指用来获取已经独立存在的数据,并且将这些数据汇编在一起的投资。同样,"订正数据"的投资,也是用来确保已经包含在数据库中的数据是可靠信息的投资,或者是用来订正已经纳入数据库的材料是准确信息的投资。至于在"创造"数据阶段所付出的投资,包括在这个阶段上订正数据的投资,都属于创造数据的投资,而非制作数据库的投资。事实上,按照《数据库保护指令》的相关规

① Judgment of the Court (Grand Chamber) of 9 November 2004, case 203/02—The British Horseracing Board v. William Hill Organization.

定,设定和保护特别权利的目的,是促进对于已有的数据信息或者材料的存储和处理,而不是鼓励人们创造数据信息。

欧盟法院继续论证说,在某些情况下,创造数据的人同时也会制作数据库,也是数据库的制作者。在这种情下,数据的创造者当然可以主张数据库的权利。不过,即使在这种情况下,仍然应当把创造数据的投资与制作数据库的投资区分开来。如果数据库的制作者证明,自己在获取、订正和展示数据内容时,无论是在数量上还是在质量上付出了实质性的投资,就可以获得特别权利的保护。如果他所付出的实质性投资是创造数据的投资,则不能获得特别权利的保护。由于他所使用的数据就是他所创造的数据,因而更要将两方面的投资区别开来。无论在何种情况下,特别权利所保护的,仅限于制作数据库的实质性投资,而非创造数据的投资。

欧盟法院认为,就本案而言,原告确定赛马日期、参赛马匹、参赛骑手、具体赛道等信息的投资,是为了组织赛马比赛的投资,而不是用来制作数据库(赛事清单)的投资。尽管相关的信息最后纳入了英国赛马协会的数据库(赛事清单),但原告所付出的投资不属于制作数据库过程中"获取"数据的投资。同样,原告用于检查、确认比赛马匹、骑手、赛道、级别的投资,也属于创造数据的投资,而非对于已经存在于数据库中的信息加以订正的投资。欧盟法院由此而得出结论,原告在本案中主张的投资,主要是"创造"数据或者客观事实的投资,而不是"制作"数据库的投资。与此相应,原告在制作其数据库(赛事清单)的过程中,没有付出实质性的投资,因而不能获得特别权利的保护。

再来看三个"Fixtures"案的判决。[①] 大体说来,三个"Fixtures"案件,都涉及了英格兰和苏格兰足球协会管理的足球联赛,涉及了参赛球队、时间、地点和参赛球员等信息。足球协会同样将相关的信息许可给"足球赛事公司"(Fixture Marketing Ltd.)使用,后者又将相关的信息提供给不同的用户,并收取一定的费用。足球协会和"足球赛事公司"通过提供信息的方式,获得一定的金钱收益。三个案件分别涉及了希腊、瑞典和芬兰的一些博彩公司,未经许可使用了原告的足球赛事信息,开展博彩业务而遭到起诉。同样,希腊、瑞典和芬兰的法院认为,《数据库保护指令》第7条规定的特别权利,尤其是所涉及的实质性投资、抽取和反复使用、实质性内容等不甚清楚,因而请求欧盟法院就上述问题作出前置裁定。而欧盟法院也大体裁定,足球协会组织赛事活动的投资,主要是创造数据的投资,而非制作数据库的投资。即使足球协会在制定赛事信息表的时候进行了一定的投资,也远远达不到特别权利所要求的实质性投资。

例如,欧盟法院在"Fixtures AB"一案(涉及瑞典的博彩公司)中说,依据《数据库保护指令》第7条和第1条,数据库的制作者,应当是获取、订正已经存在的数据,然后以系统的方式加以汇集和展示。同时,制作者在制作数据库,或者在获取、订正和展示已有数据的时候,进行了无论是数量上还是质量上的实质性投资,因而可以享有特别权利的保护。按照该指令第7条规定,数据库制作者付出的实质性投资,应当是指制作数据库的投资,而非创造数据的投

---

① Judgment of the Court (Grand Chamber) of 9 November 2004, case 46/02—Fixtures Marketing v. Oy Veikaus AB (Finland); Case 338/02—Fixtures Marketing v. OPAP (Sweden); Case 444/02—Fixtures Marketing v. OPAP (Greece).

资。就本案而言,足球协会在组织赛事活动的时候,主要是付出了创造数据的投资。足球协会在制作赛事信息表的时候,并没有付出实质性的投资。由于原告的赛事信息表(数据库)没有体现实质性投资,被告使用相关的信息也没有侵犯原告的特别权利。

显然,就"BHB"一案和三个"Fixtures"案件的判决而言,其突出之处在于,欧盟法院区分了创造数据的投资和制作数据库的投资,认定不能将二者混同起来。在此基础之上,欧盟法院裁定原告的投资,主要是创造数据的投资,而非制作数据库的投资。由于原告在制作数据库时,没有进行实质性的投资,因而不享有《数据库保护指令》规定的特别权利。应当说,这种有关投资的区分与欧盟委员会的建议有一定的出入。按照欧盟委员会的建议,如果数据的创造者,同时又是数据库的制作者,在"获取"和"订正"数据的时候进行了实质性的投资,其他人在抽取数据和反复使用数据的时候,就应当获得许可。① 换句话说,按照欧盟委员会的建议,"获取"既包括创造数据,又包括寻求已有的数据;"订正"既包括创造数据时的订正,又包括已有数据内容的订正。而按照欧盟法院的判决,获取和订正仅仅涉及对于已有数据的获取和对于已经纳入数据库的数据的订正,与数据的创造和创造数据阶段的订正无关。而在事实上,数据库的制作者在获取已有数据和订正已经纳入数据库的数据时,所花费的投资通常都不是很大。正是从这个意义上说,可以获得特别权利保护的数据库,并不是很多。所以有人认为,"BHB"等四个判决,在事实上"肢解"了指令规定的特别权利,使得特别权利的存在失去了意义。②

然而,"BHB"等四个判决,将创造数据的投资与制作数据库的投资区别开来,又是符合《数据库保护指令》的基本精神的。如果人们将眼光局限于该指令第 7 条的相关规定,尤其是该指令第 7 条第 1 款的规定,就会对"获得"和"订正"数据加以宽泛的理解,认为特别权利所保护的不仅包括制作数据库的投资,而且包括创造数据的投资。但是欧盟法院在四个判决中,首先是将《数据库保护指令》第 7 条与第 1 条联系起来,从而将特别权利所保护的投资限定在了制作数据库的投资,从而排除了创造数据的投资。具体来说,该指令第 1 条第 1 款规定,本指令是对任何形式的"数据库"提供保护。显然,这里的"数据库"是指已经存在的数据的汇集,而不包括正在创造的数据。又据该指令第 1 条第 2 款规定,数据库是指"汇集"了"独立存在的"作品、数据或者其他内容。显然,这里的"汇集"数据与"创造"数据无关,"独立存在的数据"是已经独立存在的数据,而不是正在创造的数据。

应该说,"BHB"等四个判决关于数据创造与数据汇编的区别,在事实上平衡了数据库产业的利益关系,平衡了数据创造与数据传播的关系。因为,如果将特别权利的保护理解为保护创造数据的投资,就会在事实上造成对于数据信息的垄断。正如欧盟委员会《数据库保护指令第一次评估报告》所说,特别权利的保护已经接近于将数据作为财产保护。③ 显然,如果将数据本身保护起来,不仅打破了版权法表达与思想观念分界的传统,而且妨碍了数据信息的传播。因为保护数据本身,显然会妨碍其他人制作内容相同的数据库,进而损害数据库产

---

① See International Copyright Law and Practice, the European Community and Copyright, 2005, p. 84.

② See Cornish, Llewelin, *Intellectual Property*: *Patents*, *Copyright*, *Trade Marks and Allied Rights*, 6th edtion, Sweet & Maxwell 2007, p. 834 – 836.

③ Commission of European Communities, First evaluation of Directive on the legal protection of databases, 12 December 2005, p. 24.

业的良性竞争和发展。

这样,"BHB"等四个判决,将创造数据的投资排除在特别权利的范围之外,只保护搜集、订正和编排数据的投资,就在很大程度上减轻了特别权利所造成的负面影响。一方面,对于他人创造出来的数据,人人都可以用来汇编自己的数据库。另一方面,由于人人都可以获取相关的数据而制作自己的数据库,又在事实上有利于数据信息的广泛传播。

(三)抽取和反复使用数据

按照《数据库保护指令》第7条的规定,特别权利的所有人,可以防止他人未经许可而抽取和反复使用其数据库内容的全部或者实质性部分。在这方面,欧盟法院在2004年的"BHB"和"Fixtures"四个判决中,在区分创造数据的投资和制作数据库的投资之后,也讨论了抽取和反复使用的问题。这里仅以"BHB"一案为例。

在"BHB"一案①中,被告"威廉公司"使用的数据,或者来自原告公布的数据,或者来自原告的被许可人,例如"卫星信息服务公司"提供的数据。与此相应,英国法院请求欧盟法院回答,被告对于原告信息的使用,尤其是使用的信息来自被许可人,而非来自原告的数据库,是否属于《数据库保护指令》第7条规定的"抽取和反复使用"。

欧盟法院在判决中指出,抽取和反复使用数据内容,应当从特别权利的角度加以理解。具体来说,设定特别权利的目的是保护数据库制作者的投资,并且通过此种保护让数据库制作者可以收回自己的投资。从这个意义上说,特别权利是一项经济性权利,是为了确保数据库的制作者收回制作和维护数据库的投资。与此相应,在保护特别权利时,不需要考虑抽取者或者反复使用者的目的,例如是为了制作自己的数据库,或者是将有关的数据内容提供给社会公众。只要抽取者和反复使用者实质性地损害了数据库的投资,就侵犯了他人的特别权利,就应当加以禁止。

欧盟法院论证说,在制定《数据库保护指令》时,曾经考虑仅仅制止商业性使用他人数据库的行为,但最终发布的《数据库保护指令》却删除了"商业性"的术语。这表明,应当制止的抽取和反复使用的行为,既包括商业性的行为,也包括非商业性的行为。又据《数据库保护指令》第7条第2款规定,抽取是指"将他人数据库的全部或者主要部分内容,以任何手段和方式,永久性地或者临时性地转移到另外一个媒介之中"。反复使用是指,"以发行、出租、在线或者其他方式,将数据库的全部或者主要部分内容提供给社会公众"。这些规定都表明,指令规定的抽取和反复使用,具有非常宽泛的含义。与此相应,未经数据库制作者的同意,任何利用数据内容和将相关数据内容提供给社会公众的行为,只要损害了数据库制作者的投资,或者妨碍了其对于投资的回收,都属于侵犯特别权利的行为。

当然,特别权利的保护,对于数据的抽取和反复使用,不应当适用于对数据库内容的查询。因为,抽取数据内容而制作自己的数据库,或者为了向社会公众提供信息而反复使用数据内容,与社会公众查询数据内容截然不同。社会公众查询数据内容,可以通过数据库制作者的操作而实现,也可以通过被许可人的操作而实现。在这种情况下,即使发生了数据的永

---

① Judgment of the Court (Grand Chamber) of 9 November 2004, case 203/02—The British Horseracing Board v. William Hill Organization.

久性或者临时性转移,也属于查询的范围,并且获得了数据库所有人的同意。事实上,社会公众查询相关的数据内容,并且支付一定的费用,正是数据库制作者收回投资的方式之一。与此相应,即使数据库的制作者向社会公众公开了自己的数据库,即使社会公众可以查阅该数据库的内容,也不表明他人可以抽取或者反复使用数据库的全部或者实质性内容。

在“BHB”一案中,被告所使用的赛马数据,或者来自原告前一天在报纸上公布的赛事信息,或者来自“卫星信息服务公司”当天早上发布的赛事信息。但在事实上,无论是报纸上的赛事信息还是“卫星信息服务公司”的赛事信息,都是来自原告的数据库。从表面上来看,被告抽取和反复使用的是公开的信息,但在事实上仍然是在《数据库保护指令》第7条第1款的意义上,未经许可而抽取和反复使用了原告的数据内容。具体来说,被告从原告的数据库中抽取了相应的内容,转移到了另外的媒介之中,并且形成了自己的数据库。同时,被告反复使用原告的数据内容,提供给相关的社会公众,属于该指令第7条规定的抽取和反复使用他人的数据内容。当然,如果原告要想制止被告的行为,还应当证明自己就相关的数据内容享有特别权利,被告未经许可抽取和反复使用了数据库中的实质性内容。①

关于抽取和反复使用数据,欧盟法院于2008年10月判决的“Direcmedia”案和2009年3月判决的“Innoweb”案,也分别讨论了抽取和反复使用的问题。

先来看“Directmedia”一案。② 根据案情,德国弗莱堡大学的库珀教授出版了一部诗集,汇集了自1720年到1933年的德国诗歌。在汇编诗集的过程中,库珀教授还草拟了一个诗歌清单,题目为“1730年到1900年德国文学中最重要的1100首诗歌”。为了汇集这个清单,库珀参考了大量的诗歌选集和诗歌文献,从2万多首诗歌中选择、编排了自己的清单。为此,库珀教授花费了大约两年的时间,弗莱堡大学支付了34,900欧元的费用。本案的被告是一家媒体出版公司,于2002年上市了一张光盘,名为“人人都应当知道的1000首诗歌”。在汇编诗歌光盘的过程中,被告使用了库珀教授的清单作为指南,但省略了清单中的某些诗歌,又增加了一些诗歌。至于具体的诗歌文本,则来自其他的数据资源,与原告无关。

库珀教授和弗莱堡大学认为,被告侵犯了库珀教授就诗集享有的汇编版权和弗莱堡大学作为数据库制作者享有的特别权利。一审法院经过审理,作出了有利于原告的判决。被告不服判决而提起上诉。当上诉法院肯定了一审法院的判决之后,被告又就本案所涉及的法律问题向德国最高法院提起上诉。德国最高法院认为,就被告侵犯库珀教授的汇编版权来看,下级法院的判决不存在任何问题。不过,德国最高法院认为,就被告与弗莱堡大学的纠纷而言,由于涉及《数据库保护指令》第7条第2款关于“抽取”的规定,因而提请欧盟法院作出前置裁定。具体来说,被告使用诗歌清单作为指南,并由此而将一个数据库的某些要素转移到另一个数据库,是否构成了“抽取”。在这方面,德国最高法院倾向于认为,按照《数据库保护指令》关于“抽取”的规定,按照“BHB”等案件的判决,似乎应当对抽取做出狭义的解释,即只有把一个数据库的全部或者部分内容转移到另一个数据库中,才属于“抽取”。至于以查阅、信息来源和批评的方式使用数据库,甚至在此过程中将这个数据库的实质性部分复制到另一个

① 在下面的讨论中,法院认为被告所使用的数据内容不是实质性部分,因而不构成侵权。

② Judgment of the Court (Fourth Chamber) of 9 October 2008, case 304/07—Directmedia Publishing GmbH v. Albert - Ludwigs - Universität Freiburg.

数据库中,似乎都不属于“抽取”。

欧盟法院在判决中说,要想讨论被告的行为是否属于“抽取”,首先应当明确,库珀教授草拟的诗歌清单构成了《数据库保护指令》所说的数据库。同时,弗莱堡大学投入资金,汇集、订正和展示数据内容,也构成了实质性投资。欧盟法院认为,只有在确立了这两个前提之后,才可以讨论被告的行为是否构成了“抽取”。就本案而言,德国法院已经确定,原告的诗歌清单构成了数据库,原告在制作数据库时付出了实质性投资,因而享有《数据库保护指令》规定的特别权利。

欧盟法院继续论证说,《数据库保护指令》第7条第2款规定“抽取”时,使用了“以任何方式或者任何形式”的措辞,这表明应当对于“抽取”作出宽泛的解释。这个规定与该指令第7条第1款的规定是一致的。依据该指令第7条第1款规定,数据库的制作者在制作数据库的过程中,针对数据的获取、订正和展示进行了实质性的投资,因而享有特别权利,可以防止他人未经许可而抽取和反复使用数据库的实质性内容。又据该指令第7条第5款规定,数据库的所有人可以防止他人反复和系统性地使用非实质性内容。这是因为,数据库的制作者投入人力、财力和技术,获取、订正和展示数据内容,就是要获得投资的回报。而为了获得投资的回报,数据库制作者应当享有权利制止他人未经授权而利用投资的成果,包括以很少的成本使用数据库的全部或者部分内容建立自己的数据库。与此相应,任何未经许可利用数据库全部或者部分内容的行为,都属于“抽取”的范围。

欧盟法院指出,“抽取”具有广泛的含义。首先,抽取意味着他人从原有的数据库中拿走了相应的数据。至于在拿走之后,相关的数据是否仍然存在于原有的媒介之中,或者是否从原有的媒介之中消失了,则是无关紧要的。在这方面,《数据库保护指令》的“重述”第(7)和第(38)使用了“复制”的术语,只要他人“复制”了数据库的全部或者部分内容,就构成了《数据库保护指令》所说的“抽取”。其次,“抽取”与相关的行为方式或者特征无关。例如,抽取的行为可以是电子的、电磁的、电光的,也可以是手动的或者静电复印的。“抽取”也与最后的结果无关。例如,抽取者可能利用数据库中的内容,制作了不同的数据库。“抽取”还与行为的目的无关。例如,抽取者可能是制作了另一个竞争性的数据库,也可能是制作了一个不同容量的数据库。又如,抽取者的行为可能是商业性的,也可能是非商业性的。欧盟法院认为,判定“抽取”的关键在于,是否发生了将一个数据库的整体或者部分内容“转移”到另一个媒介上的行为。

被告在上诉中抗辩说,对于数据库享有特别权利,不应当意味着对于信息的专有。如果将转移数据库中所含信息的行为纳入特别权利的范围,就相当于侵犯了使用者获得信息的自由,并且会产生垄断或者数据库制作者滥用市场支配地位的情形。欧盟法院则认为,数据库特别权利仅仅涉及抽取和反复使用的行为,而不涉及对于数据库的查询。数据库制作者可能会将数据库留给自己使用,也可能让特定的人群使用,或者为使用者设定一定的条件,例如支付报酬。但是,只要制作者让第三方获得数据内容,包括在支付报酬的基础之上让他人使用数据库,他就不能依据特别权利防止第三方查询数据信息。至于将屏幕上显示的数据内容,以整体的或者部分的方式转移到另一个媒介上,则应当获得特别权利所有人的许可。

欧盟法院最后得出结论说,在屏幕上查询数据内容和逐条评估数据内容之后,将一个数据库的材料转移到另一个数据库,在如下的程度上有可能构成指令所规定的“抽取”:转移受保护之数据内容的实质性部分(通过数量或者质量来评估),或者通过反复或者系统的方式使用数据内容的非实质性部分,并且造成了重构实质性内容的结果。当然,本案是否发生了这样的情形,应当由德国法院予以认定。

再来看 2009 年的"Innoweb"一案。① 本案的原告开设了一个网站,专门搜集二手车的销售广告,供自己的用户查询。原告的网站大约汇集了 20 万个二手车销售广告,并且每天予以更新。其中的 4 万余个广告仅见于原告的网站。本案的被告是一家网络公司,针对二手车的搜索,提供了一种元语言搜索引擎。元语言搜索引擎,不同于一般的搜索引擎,例如雅虎和谷歌。被告的元语言搜索引擎,在设定了专门的搜索字词,例如二手车之后,可以让用户通过搜索引擎,直接进入他人的网站,查看相关的信息。而且,被告的元语言搜索引擎,还可以把用户的搜索请求,直接转换为原告网站的格式,进而从原告的网站上直接获得相关的二手车信息。根据案情,被告用户可以查询到的信息,包括相关二手车的型号、制造年代、已经行使的公里数、车门的数量、车身的颜色和外形,等等。随着被告元语言搜索引擎的运行,原告网站的访问量急剧下降。于是,原告向法院提起诉讼,主张被告侵犯了自己就二手车数据库所享有的特别权利。一审法院经过审理,支持了原告的主张。被告不服判决,向海牙上诉法院提起了上诉。

海牙上诉法院经过审理认定,原告在汇集二手车信息时进行了实质性投资,原告的二手车信息汇集属于数据库,享有《数据库保护指令》所规定的特别权利。二审法院还认定,被告没有抽取原告数据库的全部内容和实质性内容。这表明,《数据库保护指令》第 7 条第 1 款关于抽取他人数据库实质性内容的规定,不适用于本案。同时,被告也没有反复抽取原告数据库的非实质性内容,没有达到累加使用的效果。这表明,该指令第 7 条第 5 款规定的反复抽取他人数据库的非实质性内容的规定,也不适用于本案。与此相应,本案所要解决的唯一问题就是,被告是否反复使用了原告数据库的全部或者实质性内容。为了解决这一问题,海牙上诉法院提请欧盟法院,就《数据库保护指令》所规定的"反复使用"作出前置裁定。具体来说,被告的元语言搜索引擎,是否通过相关的服务,反复使用了原告数据库的全部或者实质性内容。

欧盟法院论证说,按照《数据库保护指令》第 7 条第 2 款的规定,反复使用是指,"以发行、出租、在线或者其他方式,将数据库的全部或者主要部分内容提供给社会公众"。而且,这里的反复使用,是指任何形式的使用,包括了发行、出租、在线提供或者其他方式的提供。这表明,指令所规定的"反复使用"具有非常广泛的含义。按照该指令第 7 条第 1 款的规定,如果未经许可反复使用了他人数据库的全部或者实质性部分,属于侵犯他人数据库特别权利的行为。欧盟法院进一步论证说,特别权利是保护数据库制作者投资的权利。关于"反复使用",也应当依据数据库的制作者在获取、订正和展示数据内容时的投资予以评估。如果制作者在获取、订正和展示数据内容时,付出了实质性的投资,就享有指令所规定的特别权利。与此相应,他人未经许可而将数据库的全部或者实质性内容,反复提供给社会公众,就会剥夺数据库制作者收回投资的机会,进而对于制作者的投资造成实质性的损害。

---

① Judgment of the Court (Fifth Chamber), 19 December 2013, Case C202/12, Innoweb BV v. Wegener ICT Media BV and Wegener Mediaventions BV.

就本案而言，被告提供的元语言搜索引擎，可以让使用者通过搜索获得原告数据库的全部或者部分内容。而且，元语言搜索引擎可以将用户的请求转换为原告网站的语言，进而适时获得相关的数据信息。在这方面，被告虽然没有抽取原告的数据内容而建立自己的数据库，但是以元语言搜索引擎的方式，允许自己的用户获得原告数据库的全部或者实质性内容，相当于是反复使用了原告数据库的全部或者实质性内容。而且，随着元语言搜索引擎的运用，二手车的搜索者不再进入原告的数据库，不再向原告支付必要的费用，进而剥夺了原告获得收益的机会。欧盟法院最后得出结论说，被告提供元语言搜索引擎服务，在事实上反复使用了原告数据库的全部或者实质性内容，侵犯了原告享有的特别权利，应当予以制止。

（四）实质性部分和非实质性部分

按照《数据库保护指令》第7条第1款的规定，特别权利的所有人，可以防止他人未经许可而抽取和反复使用其数据库内容的全部或者实质性部分。而数据内容的实质性部分，又是通过数据的质量和数量来评估的。显然，什么是数据内容的实质性部分，什么是数据内容的非实质性部分，需要在具体的判决之中予以澄清。

例如在2004年的“BHB”一案①中，欧盟法院就详细讨论了实质性内容的问题。欧盟法院在判决中指出，讨论被告是否未经许可而抽取和反复使用了数据库的实质性内容，首先要明确一个前提，即数据库的制作者只有在进行了实质性投资的时候，才可以获得特别权利的保护。按照《数据库保护指令》第7条的规定，如果特别权利的所有人在制作数据库的时候，付出了实质性的投资，就可以禁止他人抽取或者反复使用数据内容的实质性部分。因为，他人未经许可而抽取或者反复使用数据库的实质性内容，对于制作者的投资造成了实质性的损害。依据该指令第7条的规定，关于什么是数据内容的实质性部分，应当从数量和质量的角度加以评估。

具体来说，从“数量”的角度来评估数据内容的实质性部分，应当依据数据库的全部内容来评估，他人是否未经许可使用了数据内容的实质性部分。如果使用者抽取和反复使用的数据内容，在数量上是整个数据内容的主要部分，那么他所抽取和反复使用的数据，在数量上就是数据库的实质性部分。与此相应，数量上的实质性部分，也就等同于实质性的“投资”。至于从“质量”的角度来评估数据内容的实质性部分，则是指制作者在获取、订正和展示相关的数据内容的时候，进行了相当规模的投资。在这方面，他人抽取和反复使用的部分，与整个数据库内容的总体数量无关。因为从数量上来看可以忽略不计的数据内容，有可能体现了大量的人力劳动、大量的技术和资金投入。欧盟法院进一步指出，数据库内容的某一部分，如果经过数量上和质量上的评估，不符合实质性部分的定义，就是非实质性的。

基于以上关于实质性内容的讨论，欧盟法院分析了“BHB”一案的情形。具体来说，被告在网站上使用的数据内容确实来自原告的数据库，但是从数量上和质量上来看，都没有构成实质性的部分。从数量上来看，被告仅仅使用了原告数据内容的非常微小的部分，例如参赛马匹的名称、日期、时间、赛马场的名称等，显然不构成数量上的实质性部分。从质量上来说，

---

① Judgment of the Court (Grand Chamber) of 9 November 2004, case 203/02—The British Horseracing Board v. William Hill Organization.

原告主张这些内容非常重要,如果没有这些内容就不会有赛事的发生。原告还主张,这些数据体现了实质性的投资,例如使用了30个人随时订正有关的数据。欧盟法院则指出,从质量上评估这些数据内容是否构成了实质性部分,必须考虑制作者在获取、订正和展示这些数据内容时,是否付出了实质性的投资。在这里,数据本身所具有的重要价值,例如赛事是否得以举行的价值,与制作数据库的投资无关。而且,原告在这里所投入的资金是创造数据的投资,而不是制作数据库的投资。所以,被告抽取和使用参赛马匹的名称等内容,没有损害原告制作数据库的实质性投资。

最后,欧盟法院还讨论了未经许可对于非实质性部分的反复使用。根据《数据库保护指令》第7条第5款规定,未经许可使用他人数据库的非实质性部分,如果与数据库制作者正常使用数据库相冲突,或者有可能损害数据库制作者的合法利益,仍然应当加以禁止。欧盟法院认为,这一规定的目的是防止有人规避该指令第7条第1款。例如,系统地抽取非实质性的部分制作自己的数据库,反复使用非实质性的部分进行商业活动,虽然不符合该指令第7条第1款的标准,但可以依据该指令第7条第5款加以禁止。同样,适用该指令第7条第5款,也必须从是否损害数据库的实质性投资的角度加以评估。就本案而言,被告对于原告数据的使用,确实属于未经许可而系统抽取和反复使用,但是并没有实质性损害原告制作数据库的实质性投资。事实上,原告所说的投资是创造数据的投资,而不是制作数据库的投资。

关于数据内容的实质性和非实质性部分的问题,欧盟法院于2009年3月判决的“Apis”一案也有详细讨论。① 本案的原告是保加利亚的一家法律数据公司,该公司创设和运行了保加利亚法律数据库,其中有两个重要组成部分“Apis Law”和“Apis Case – Law”。原告对于数据库和两个子数据库,不断予以更新。本案的被告也是保加利亚的一家法律数据公司,其创设和运行了“Lakorda Legis”数据库。根据案情,被告的几位创始人是原告公司的前员工,离职后创设了自己的法律数据公司,并且与原告展开竞争。于是,原告向索菲亚城市法院提起诉讼,主张被告抽取和反复使用自己数据库中的实质性内容,侵犯了自己依法享有的特别权利。原告在诉讼中主张,自己创设和运行法律数据库,在汇编、订正、系统化和更新数据库方面,做出了实质性的投资。在这方面,原告的投资主要体现在数字化、格式转换、订正、技术性加工、整合法律文本,以及法律性编辑。原告还指出,虽然自己数据库的绝大多数法律文献来自公开的渠道,但仍然通过特殊关系获得了一些尚未公开的法院判决,有2500余份。而这些尚未公开的判决,绝大多数也出现在了被告的法律数据库中。面对原告的指控,被告则极力否认从原告的数据库中抽取和反复使用了相关的法律文献。被告抗辩说,自己花费大量的投资,从公开渠道获取、订正和展示相关的法律文献,没有侵犯原告的特别权利。具体来说,被告是以独特的方式汇编了自己的数据库,其中含有120多万份法律文献,并且设定了270多万个链接。被告的数据库与原告的数据库在存在大量的不同,尤其是在汇集解读相关司法判决的资料方面。至于相同的数据汇编,则是来自公有领域的人人都可以使用的数据资料。

索菲亚城市法院认为,要想解决本案的纠纷,首先应当明确《数据库保护指令》第7条第2款的规定。该指令第7条第2款第1项说,“抽取”是指“以任何手段和任何方式,将数据库

① Judgment of the Court (Fourth Chamber) of 5 March 2009, Case C – 545/07, Apis – Hristovich EOOD v. Lakorda AD.

的所有内容和实质性内容,永久性地或者临时性地转移到另一个媒介之中”。该指令第 7 条第 2 款第 2 项说,“反复使用”是指“以发行复制件、出租、在线或者其他的传播方式,将数据库的所有内容或者实质性内容,提供被社会公众”。具体来说,双方争议的焦点在于,被告是否非法抽取了原告数据库的内容,被告抽取原告数据内容的时间点,以及相关的抽取属于永久性的转移还是临时性的转移。由于保加利亚法律在落实《数据库保护指令》第 7 条第 2 款的规定时,没有具体界定“永久性”和“临时性”的含义,索非亚城市法院提请欧盟法院作出前置性裁定。

索菲亚城市法院还指出,原告拥有一个很大的法律数据库,而原告主张权利的“Apis Law”和“Apis Case – Law”,仅仅是其中的两个板块或者单元(modules)。这种情形是否影响关于数据内容的“实质性部分”的判断。关于这一点,被告也在诉讼中抗辩,自己从原告两个单元中抽取的数据内容,从数量上看,不构成自己数据库的实质性内容。索菲亚城市法院由此而请求欧盟法院明确,在确定抽取的数据内容是否具有实质性特征的时候,应当是将数量的因素与质量的因素分开来分析,还是将二者合在一起分析。具体到本案,原告数据库中含有 2500 余份尚未公开的法院判决,这个因素是否会影响到关于质量的分析。

欧盟法院指出,《数据库保护指令》第 7 条规定了数据库制作者享有特别权利,可以防止他人抽取和反复使用数据库的全部或者部分内容。对此,应当给予最为宽泛的解释。关于该指令第 7 条第 2 款中规定的“抽取”,只要发生了将某一数据库的全部或者部分内容转移到了另一个媒介之中,就满足了“抽取”的要件。至于相关的抽取,是为了建立另外一个数据库,还是仅仅储存在了另一个媒介之中,都是无关紧要的。更进一步说,即使抽取者利用原有的数据进行了汇编、加工、订正,或者进行了编辑性改变,也不会影响对于抽取的数量和质量的判断。

欧盟法院在判决中说,如果某一数据库的物理特征和技术特征也体现在了另外一个数据库中,就可以判定后一个数据库的制作者抽取了前一个数据库的数据内容,除非有相反的证据。例如在本案中,原告数据库中特有的 2500 份判决,大多数出现在了被告的数据库中,就可以初步判定被告抽取了原告数据库的内容。当然,被告也可以提出证据说明自己没有抽取原告的数据内容,而是有其他的来源。

按照《数据库保护指令》第 7 条第 2 款第 1 项规定,抽取不仅包括永久性的数据“转移”,而且包括临时性的数据“转移”。欧盟法院认为,永久性转移数据,或者临时性转移数据,可以依据数据储存时间的长度判断。如果相关的数据以永久性的方式储存在了另外一个媒介之中,就属于“永久性转移”。如果相关的数据是以有限期间的方式储存在了另一个媒介之中,诸如储存于计算机的操作性内存中,就属于“临时性转移”。至于判断永久性或者临时性的时间点,则是行为人将抽取出来的数据,储存在另一个媒介中的时间点。欧盟法院特别指出,确定永久性转移或者临时性转移,仅仅与损害他人特别权利的程度相关,而与侵权的认定无关。

在回答了数据抽取、永久性和临时性转移的问题之后,欧盟法院又从数量和质量的角度,讨论了数据内容的实质性问题。

先来看与数量有关的实质性内容。根据案情,原告的数据库由若干个板块或者单元构成,被告仅仅抽取其中两个板块的数据内容,从数量的角度来分析,是否存在实质性抽取的问题。欧盟法院论证说,他人未经许可抽取的部分,是否在“数量上”构成实质性的内容,应当依据受保护数据库的容量进行判断。如果从他人的数据库中抽取或者反复使用了大多数内容,则相关的抽取或者反复使用,从数量的角度来看,就构成了实质性的部分。欧盟法院还特别指出,判断这个问题,与数据库容量的大小无关。即使是容量很小的数据库,如果他人未经许可而抽取了其中的大多数内容,仍然属于抽取了实质性的部分。在这方面,只要相关的数据汇编符合《数据库保护指令》第1条关于"数据库"的定义,只要制作者按照该指令第7条的要求付出了实质性的投资,就可以获得特别权利的保护。

就本案而言,首先应当确定,原告数据库中的"Apis Law"和"Apis Case – Law"两个板块或者单元,其本身是否属于《数据库保护指令》第1条定义的数据库。其次应当确定,原告在制作两个板块或者单元的时候,是否付出了实质性的投资。如果认定两个板块构成了独立的数据库,认定数据库所有人在制作过程中付出了实质性的投资,则应当依据相关板块或者单元的容量,判断被告对于数据内容的抽取,是否在数量上构成了实质性抽取。如果认定两个板块不构成独立的数据库,属于一个大数据库的组成部分,则应当依据该数据库的容量,从数量的角度分析,被告未经许可的抽取是否构成了对于数据内容的实质性抽取。

再来看与质量有关的实质性内容。欧盟法院在判决中论证说,从质量的角度分析数据库的实质性内容,是依据数据库制作者的投资规模而认定的。只要数据库的制作者在获取、订正和展示相关数据的过程中,进行了实质性的投资,这些数据在整个数据库中就属于实质性的部分。与此相应,如果他人未经许可抽取和反复使用了数据库中的这一部分内容,就可以认定其抽取和反复使用了数据库的实质性内容。在这里,质量的分析与数量的分析无关。因为从质量的角度来看,他人抽取和反复使用的数据虽然数量不大,但却有可能构成数据库的实质性内容。就本案而言,如果数据库的制作者从非公开的渠道获得了相关的数据,并且花费较大的人力、物力和技能来汇集、订正和展示这些数据,就可以认定这部分数据构成了数据库的实质性部分。

欧盟法院最后指出,即使是对于公开法律文献的汇集,也应当评估制作者在制作整个数据库的过程中,在获取、订正和展示数据的过程中,是否进行了实质性投资。只有在进行了实质性投资之后,数据库的制作者才可以获得特别权利的保护。在此基础之上,在发生了他人未经许可而抽取和反复使用某些数据内容的时候,则应当具体评估这部分数据在数量上,或者在质量上,是否构成了数据库的实质性内容。当然,这应当由成员国法院在具体案件的审理中,予以评估和判断。

(五)其他方式的保护

按照欧盟法院的判决,即使没有汇编作品版权的保护和特别权利的保护,数据库的所有人也可以通过合同约定的方式,对于数据内容提供必要的保护。下面来看一个典型案例。

在2015年的"Ryanair"一案①中,原告是荷兰的瑞安航空公司,开设了瑞安航空网站,提供相应的机票信息。关于网站信息的使用,原告设定了以下的条款:"……(2)专有发行。本网站和瑞安呼叫中心是瑞安航空服务的专有发行者。瑞安网站是唯一获得授权的网站。瑞

---

① Judgment of the Court (Second Chamber) of 15 January 2015, Case C – 30/14, Ryanair Ltd v. PR Aviation BV.

安没有授权其他网站出售机票。(3)使用许可。除了以下个人使用和非商业性使用,不得使用本网站:浏览网页,预订机票,浏览和更改预定,查看起飞和到达信息,网上办理乘机手续,通过网站上的链接转入其他网站,以及使用本网站可能提供的其他设施。"原告的网站还明确规定,用户不得出于商业性目的,使用自动系统或者软件抽取网站的数据,例如航班、票价、时刻表,除非与瑞安公司缔结许可协议。

本案的被告是一家航空信息服务公司,用户可以通过其网站查询低价机票的信息,可以比较相关航空公司的信息,可以在支付服务费用后预订机票。被告为了满足用户的需求,使用自动系统获取了很多航空公司的信息,包括原告网站的信息。于是,原告向荷兰乌得勒支地方法院提起诉讼,主张被告公司违反了自己设定的网站访问条件,侵犯了自己就网站数据所享有的权利,要求被告停止侵权和支付必要的损害赔偿。乌得勒支地方法院经过审理认定,原告就其网站数据不享有特别权利,因为相关数据没有体现原告的实质性投资。然而在另一方面,地方法院又认定,被告侵犯了原告网站的汇编作品权利,应当向原告支付相应的损害赔偿。

原告和被告均不服一审判决,向阿姆斯特丹上诉法院提起了上诉。原告在上诉中主张,自己就其网站上的信息,应当依据《数据库保护指令》和荷兰法律享有特别权利。上诉法院经过审理认定,被告使用原告网站信息的行为,既没有侵犯原告的版权,也没有侵犯原告的特别权利。具体来说,即使原告网站的信息汇编具有版权,被告仅仅使用了其中的某些信息,不属于侵犯版权的行为。此外,原告虽然设定了使用网站信息的条件,但按照《数据库保护指令》第15条和荷兰法律的相关规定,也是无效的。因为,《数据库保护指令》第15条规定,任何与版权权利限制、特别权利限制相抵触的合同规定,都是无效的。阿姆斯特丹上诉法院还裁定,原告未能证明自己就其网站上的数据内容进行了实质性投资,因而不享有特别权利。

原告不服上诉法院的判决,再次向荷兰最高法院提起上诉,提出了两点理由。第一,原告就网页上的内容享有版权,上诉法院关于被告没有侵犯自己版权的判决是错误的;第二,被告违反合同约定,未经许可以商业性目的抽取了自己网站上的数据内容,而上诉法院认定被告没有侵权是错误的。关于第一点理由,荷兰最高法院认为,版权保护的唯一标准是独创性。原告网页的数据汇编,只有在体现了作者自己智力创造的时候,才可以获得版权保护。上诉法院已经明确认定,原告的数据汇编不符合作者自己智力创造的标准,因而不能获得版权保护。关于原告提出的第二点理由,荷兰最高法院认为,这涉及了一个更为宽泛的问题,即如果相关的数据库既不符合版权保护的标准,又不符合特别权利保护的标准,是否可以适用《数据库保护指令》的规定,尤其是该指令第15条关于版权限制和特别权利限制的规定。于是,荷兰最高法院决定暂停案件的审理,请求欧盟法院就相关的问题作出前置裁定。

欧盟法院在判决中说,按照《数据库保护指令》第1条第2款规定,"数据库"具有非常宽泛的含义,不受数据内容性质、汇编形式、汇编技巧的限制。然而,如此宽泛的"数据库",又是从"本指令"的意义上而言的。按照该指令第1条第1款规定,"本指令"的目的是提供对于数据库的法律保护。正是由此出发,《数据库保护指令》对于数据库设定了两个方面的法律保护。一是版权保护,见于该指令的第二章,第3条至第6条。根据规定,对于数据内容的选择和编排,在体现了作者自己智力创造的意义上,可以作为汇编作品获得版权保护。二是特别权利的保护,见于该指令的第三章,第7条至第11条。根据规定,如果数据库制作者在获取、订正和展示数据内容的时候,付出了实质性投资,可以获得特别权利的保护。而实质性的投资,又是从数量和质量的角度加以评估的。至于该指令的第四章,第 12 条至第 16 条,则是关于版权保护和特别权利保护的共同规定。这表明,并非所有的符合《数据库保护指令》第 1 条第 2 款定义的“数据库”,都属于“本指令”意义上的数据库。只有能够获得版权保护或者特别权利保护的数据库,或者说可以获得《数据库保护指令》第二章和第三章保护的数据库,才属于“本指令”意义上的数据库。

欧盟法院指出,关于成员国法院提出的问题,是否所有的数据库都适用版权限制和特别权利限制的规定,还应当进一步明确《数据库保护指令》的相关规定。例如,该指令第 5 条规定了数据汇编作品版权所有人享有的权利,而该指令第 6 条则规定了在某些特定情况下,数据库的合法使用者可以从事该指令第 5 条规定的行为,不必获得版权所有人的许可。显然,《数据库保护指令》第 6 条规定的版权限制,其前提是相关的数据库享有版权保护。如果某一数据库的选择和编排不符合独创性的要求,没有获得版权保护,则该指令第 6 条关于版权限制的规定就是不适用的。又如,《数据库保护指令》第 7 条规定了数据库制作者享有的特别权利,以及特别权利的具体内容。在此基础之上,该指令第 8 条规定在某些特定的情形之下,数据库的合法使用者可以从事该指令第 7 条规定的某些行为,并且不需要获得特别权利所有人的许可。显然,如果某一数据库没有获得特别权利的保护,该指令第 8 条关于特别权利的限制也是没有意义的。

欧盟法院继续论证说,《数据库保护指令》第三章是关于版权和特别权利的共同规定。该指令的第 15 条明确规定,与该指令第 6 条第 1 款(关于版权限制)和该指令第 8 条(关于特别权利限制)的规定冲突的合同约定,属于无效。显然,从《数据库保护指令》的结构来看,该指令第 6 条第 1 款和该指令第 8 条,以及相关的该指令第 15 条,仅仅适用于获得了版权保护或者特别权利保护的数据库,而不适用于没有获得保护的数据库。正是从这个意义上说,指令的上述规定,不妨碍不受保护的数据库的所有人,以合同约定的方式,防止他人使用自己的数据库。关于这一点,还可以从指令的结构予以说明。指令一方面规定了数据库的汇编者可以享有版权或者特别权利,另一方面又规定了权利的限制与例外,其目的是平衡权利人的利益和合法使用者的利益。为了防止权利人以合同约定的方式,剥夺合法使用者的权利,《数据库保护指令》第 15 条作出规定,与权利限制和例外相冲突的合同约定无效。这仍然是为了平衡权利人与合法使用者的利益。至于那些既没有获得版权保护,也没有获得特别权利保护的数据库,则不适用于这些规定。

欧盟法院最后得出结论说,《数据库保护指令》不适用于既没有获得版权保护也没有获得特别权利保护的数据库。同样,该指令第 6 条第 1 款关于版权限制与例外的规定,该指令第 8 条关于特别权利限制与例外的规定,以及该指令第 15 条关于合同约定的规定,也不适用于既没有获得版权保护也没有获得特别权利保护的数据库。这类数据库的所有人,可以依据成员国的法律,采取合同约定的方式保护自己的数据库。

四、数据库指令的作用

欧盟颁布《数据库保护指令》,主要是为了促进欧盟范围内数据库产业的发展。传统的数据库,如电话号码簿、股票信息表、体育赛事信息表,虽然也具有非常重要的经济价值,但并没有引起人们的充分关注。随着计算机技术和网络技术的发展,各种各样的电子数据库通过计算机和网络而呈现在社会公众面前,成了一个引人关注的重要产业。根据估计,1988 年全球电子数据库产业的产值大约是 50 亿美元,其中美国的产值大约为 40 亿美元,而欧盟的产值仅为 3 亿 5000 万美元。① 而且,在欧盟制定《数据库保护指令》期间,欧盟范围内也确实出现了一个数据库产业迅速发展的局面。例如,欧盟范围内的数据库数量,在 1992 年的时候为 1838 个,1996 年的时候为 2052 个,1997 年为 2696 个。② 正是基于这样一个现实,欧盟认为有必要制定《数据库保护指令》,促进数据库产业的发展,从而提升欧盟在全球数据库产业中的竞争力。

为了促进数据库产业的发展,欧盟《数据库保护指令》针对数据库设定了两方面保护。一方面,如果数据汇编构成了作品,可以获得版权保护。另一方面,无论有关的数据汇编是否构成作品,数据内容还可以获得特别权利的保护。就前者而言,即使没有《数据库保护指令》的规定,成员国也可以依据《伯尔尼公约》和《与贸易有关的知识产权协议》,提供汇编作品的保护。《数据库保护指令》的独特之处,是针对数据内容提供了一个"特别权利"的保护。除了汇编作品和特别权利的保护,还可以再加上某一个数据本身可以享有的权利,如版权、相关权、专利权、商标权、外观设计权、制止不正当竞争和商业秘密的保护。这样,对于某一数据库和数据内容的保护,可能就有了三重权利的保护。

欧盟设定特别权利是为了保护数据库制作者在获取、订正和展示数据内容时的投资。根据这项权利,无论相关的数据汇编是否可以获得版权保护,数据库的制作者对于数据内容都可以享有排他性的权利。然而,对于这样一个全新的特别权利,包括实质性投资,获得、订正和展示数据内容,数据库内容的实质性部分,以及通过质量或者数量的评估,等等,都难以在版权法和其他知识产权法律中找到参考的依据。正是由此出发,欧盟法院在"BHB"等一系列判决之中,对于制作数据库的实质性投资、数据内容的实质性部分和非实质性部分、抽取和反复使用、数量和质量的评估等,进行了深入的探讨。通过这些判决的讨论和分析,我们对于"特别权利"有了一定的认识。

然而,具有讽刺意味的是,《数据库保护指令》设定的特别权利,以及成员国对于特别权利的贯彻执行,并没有达到促进数据库产业发展的目的。根据欧盟委员会于 2005 年 12 月发布的《数据库保护指令第一次评估报告》,在 1998 年的时候,欧盟范围内的数据库大约有 3092 个,2001 年达到了最高峰,为 4085 个,而 2004 年,则下降为 3095 个。数据库的数量从 1998 年的 3092 个到 2004 年的 3095 个,数据库产业几乎没有什么发展。而与此形成鲜明对比的是,美国虽然没有特别权利的保护,但数据库的数量却从 1996 年的 6000 余个增加到了 2004 年的 8000 余个。而且,欧盟数据库产业在全球产业中的比例,从 2002 年的 33% 下降到了 2004 年的 24% ,而美国则从 62% 上升到了 72% 。欧美之间的数据库产业比率,在 1996 年的时候大约为 1:2,而到了 2004 年则为 1:3。③ 正是基于以上的事实,欧盟委员会的报告得出结论说:

---

① See Guy Tritton et al. , *Intellectual Property in Europe*, 3th ed. , Sweet & Maxwell, 2008, p. 522.

② DG Internal Market and Services Working Paper: First evaluation of Directive on the legal protection of databases, Brussels, 12 December 2005, p. 19.

③ First evaluation of Directive on the legal protection of databases, 12 December 2005, p. 18, 19, 20, 21.

"特别权利的规定在某种程度上与美国出版业和数据库生产的持续成功相左,而后者的繁荣则是没有特别权利一类的保护。"①

针对《数据库保护指令》设定的两个层次的权利,汇编作品版权和数据内容的特别权利,以及数据本身有可能享有的权利,欧盟委员会的《数据库保护指令第一次评估报告》也提出了质疑。该报告得出结论说:"在美国,数据库产业获得了显著的发展。而在欧盟,特别权利保护的引进似乎产生了相反的效果。就'非独创性'的数据库来说,下面的假定显然不能再坚持下去,即层次越多的知识产权保护意味着更多的创新和增长。"②

由于特别权利没有起到促进数据库产业的发展的作用,欧盟委员会在《数据库保护指令第一次评估报告》中,就《数据库保护指令》的前景提出了四个选择方案。③

第一个方案是废除整个《数据库保护指令》。但废除整个《数据库保护指令》可能带来一些负面影响。因为,《数据库保护指令》在规定数据汇编作品保护的时候,就独创性标准设定了一个作者自己智力创造的要求。如果废除这个指令,就意味着著作权法体系在汇编作品独创性的要求方面,重新提升到作者人格或者精神印迹的标准。至于版权法体系,在汇编作品独创性的要求方面,则会退回到汗水理论的标准。同时,瑞典、丹麦和芬兰等国,以及非成员国的挪威和冰岛,也会回到原来的对于产品目录的特别保护。这样一来,就会破坏已经实现的对于数据汇编作品独创性标准的协调。同时,各个成员国在数据汇编作品标准上的不同,也会妨碍欧盟范围内数据库产品的自由流动。

第二个方案是撤销特别权利,同时保留《数据库保护指令》对于独创性数据汇编的版权保护。《数据库保护指令第一次评估报告》指出,这个方案是基于"更好规范"(better regulation)的原则。按照这类原则,既然特别权利未能有效促进欧盟数据库产业,既然特别权利中含有一些未经验证的法律概念,并且造成了诉讼上的麻烦,那就应该撤销特别权利。按照这个方案,撤销特别权利以后,即使某些不符合独创性标准的数据库,其制作者虽然不能获得版权的保护,但仍然可以采取合同、技术措施和其他限制访问的方式,保护自己的数据内容。然而该报告指出,欧盟的出版商和数据库制作者们,强烈反对撤销特别权利,明确表示应当继续保留特别权利的保护。

第三个方案是修改特别权利。根据这个方案,既然《数据库保护指令》中有关特别权利的规定存在着问题,就应当做出相应的修改。例如,特别权利的保护不涉及创造数据的投资。又如,在数据创造者和数据库制作者是同一个主体的时候,明确规定在什么情况下可以获得特别权利的保护。再如,可以针对数据库制作者,以及既是数据的创造者又是数据库的制作者的情形,做出不同的规定。此外,还可以对获取、订正和展示数据内容的实质性投资,做出明确的界定。然而,欧盟委员会的《数据库保护指令第一次评估报告》指出,这一方面要重新启动复杂的立法程序,包括成员国贯彻执行相关规定的程序,另一方面可能又会进行新的冒险,创造出另外一些未经检验的法律概念,从而经不起欧盟法院的审查。

第四个方案是维持现状。按照这个方案所说,《数据库保护指令》,包括其中规定的特别

---

① First evaluation of Directive on the legal protection of databases, 12 December 2005, p. 26,

② First evaluation of Directive on the legal protection of databases, 12 December 2005, p. 24.

③ First evaluation of Directive on the legal protection of databases, 12 December 2005, p. 25 – 27.

权利，已经是一个政治上的现实。即使没有证据表明该指令促进了数据库产业的发展，撤销该指令或者撤销其中的特别权利，都不是一个好的选择。因为撤销特别权利，会让成员国在非独创性数据库的保护方面，回到以前标准不一的状态。由此而产生的代价，恐怕要大于维持现状的代价。欧盟委员会的《数据库保护指令第一次评估报告》得出结论说："维持指令不变是欧盟委员会的另一个政策选择。这个观点可以这样说明，尽管指令在促进欧盟数据库产业的增长方面效果有限，但也没有对数据库产业或者其他依赖于数据和信息的产业，带来管理上的或者规范上的显著负担。"①

以上是关于2005年《数据库保护指令第一次评估报告》的论述。2018年，欧盟委员会又发布了《数据库保护指令第二次评估报告》。② 该报告开宗明义指出，1996年发布的《数据库保护指令》具有三重目的，协调欧盟范围内关于数据库保护的法律规则，促进市场主体对于数据库产业的投资，确保数据库制作者和使用者之间的利益平衡。为了达到上述目的，《数据库保护指令》对于数据汇编提供了两类权利的保护，版权保护和特别权利保护。其中的版权保护，提供了对于数据库结构的保护。只要数据汇编者在选择、编排相关数据的过程中，付出了作者自己的智力创造，达到了独创性的要求，就可以获得汇编作品的版权保护。其中的特别权利保护，提供了对于数据内容的保护。只要数据库的制作者在获取、订正和展示数据内容的过程中，付出了实质性的投资，就可以获得关于数据内容的特别权利的保护。关于特别权利的保护，关键性的要素是实质性投资。只要制作者付出了实质性的投资，相关的数据汇编是否具有独创性，是否构成汇编作品，都是无关紧要的。

《数据库保护指令第二次评估报告》说，《数据库保护指令》在实现其三重目的方面的作用大体如下：该指令有效地协调了成员国关于数据保护的法律规则，欧盟法院的一系列判决又澄清了该指令实施中的相关问题；尽管《数据库保护指令》的实施为市场主体带来了一些好处，但该指令的实施仍然没有对于欧盟的数据库产业带来明显的影响，也没有促进数据库产业的竞争力；特别权利的有限范围，确保了数据库制作者和数据使用者之间的利益平衡。《数据库保护指令第二次评估报告》指出，关于这三个方面的结论，与2005年《数据库保护指令第一次评估报告》的结论相似。

2018年《数据库保护指令第二次评估报告》着重讨论了特别权利对于数据库产业发展的影响。该报告指出，自2005年第一份评估报告发表以来，欧盟和美国的数据库产业仍然维持在大体相同的发展水平上。例如自2005年以来，在全球数据库产业的份额中，美国占有72%左右的比例，而欧盟仍然是24%左右的比例。又如在2015年，美国登记在册的数据库数量是14,604个，而欧盟登记在册的数据库数量则是4684个。由此可以看出，美国在没有特别权利保护的背景下，数据库产业维持了较高水平的发展。至于欧盟，虽然有了《数据库保护指令》的颁布和特别权利的设定，数据库产业仍然维持在一个较低的发展水平上。正是从这个意义上说，《数据库保护指令》的发布和特别权利的设定，没有达到预期的促进欧盟数据库产业发展的目的。

---

① First evaluation of Directive on the legal protection of databases, 12 December 2005, p. 6.

② Commission Staff Working Document, Evaluation of Directive 96/9/EC on the legal protection of databases, Brussels, 25. 4. 2018 SWD(2018) 146 final.

当然在另一方面,《数据库保护指令》的发布和特别权利的设定,也在欧盟范围内产生了一些积极的作用。根据《数据库保护指令第二次评估报告》,成员国对于《数据库保护指令》的贯彻实施,尤其是对于特别权利的贯彻实施,有效协调了欧盟范围内关于数据保护的法律规则。这在在线贸易和数字单一市场的背景下,显得尤为突出。《数据库保护指令第二次评估报告》还特别指出,欧盟法院 2004 年关于"BHB" 和"Fixtures"等案件的判决,澄清了特别权利的范围,区分了创造数据的投资和制作数据库的投资。这就意味着,特别权利不适用于宽泛的数据经济,例如计算机生成的数据、物联网数据、大数据、人工智能等。在这方面,特别权利所规范的数据库,主要是出版业利用数据而生成的数据库,以及其商业化的运用。与此相应,特别权利的有限范围,一方面有效规范了这类数据库的生产和运用,另一方面也没有造成对于数据的垄断。

2018 年《数据库保护指令第二次评估报告》认为,就特别权利本身而言,仍然存在一系列不确定性。例如,依据制作数据库的"实质性投资"的标准,很多数据库的制作者都难以获得特别权利的保护。然而,对于获得了特别权利的数据库制作者来说,特别权利的保护则为他们的投资带来了一定程度的确定性。同时,特别权利的保护,以及特别权利的例外,也为数据内容的使用者带来了一定程度的确定性。最为重要的是,欧盟法院关于"BHB"和"Fixtures"等案件的判决,清晰界定了特别权利的构成要件和范围,避免了特别权利保护对于数据竞争可能产生的不利影响。显然,范围狭小的特别权利的保护,再加上合同法和反不正当竞争法的机制,有助于维护数据库市场的竞争秩序。

2018 年《数据库保护指令第二次评估报告》最后指出,现阶段没有必要修订特别权利。虽然特别权利的保护仍然存在一些问题,但相关的市场主体已经可以应对这些问题。而修订特别权利,则意味着相应的政策调整,有可能带来一些新的问题。该报告同时指出,目前阶段也没有必要废除特别权利。因为,数据库的制作者已经依赖特别权利获得了相应的利益,数据库的使用者也依赖特别权利的例外获得了相应的利益。该报告认为,维持《数据库保护指令》的现状,仍然是一个明智的选择。即便将来修订特别权利的保护规则,也应当基于数据库产业的发展需要和相关政策的调整。至少在现阶段,还需要进一步跟踪特别权利对于数据库产业的作用。

以上是关于 2018 年《数据库保护指令第二次评估报告》的论述。与 2005 年的《数据库保护指令第一次评估报告》相比,2018 年《数据库保护指令第二次评估报告》对于《数据库保护指令》,尤其是对于特别权利的保护,显然多了一些肯定的色彩。事实上,欧盟法院自 2005 年以后持续作出的一系列有关特别权利的判决,例如对于抽取和反复使用的讨论,对于实质性内容和非实质性内容的讨论,对于数量上和质量上评估数据内容的讨论,也在很大程度上增加了特别权利的确定性。当然,无论是依据 2005 年的《数据库保护指令第一次评估报告》,还是依据 2018 年的《数据库保护指令第二次评估报告》,都得出了《数据库保护指令》没有明显促进欧盟数据库产业发展的结论。然而,基于政治上的考虑,两份评估报告都认为,应当维持《数据库保护指令》和特别权利保护的现状。

第七章　出租权与卫星广播

在协调成员国版权保护的法律规则方面，欧盟理事会于 1992 年 11 月发布了《出租权指令》。[①] 这个指令涉及了出租权、出借权和相关权。1993 年 9 月，欧盟理事会又发布了《卫星广播与有线转播指令》，涉及卫星广播和有线转播的一些法律规则。[②] 大体来说，这两个指令所规范的相关权、出租权、出借权、卫星广播和有线转播，都与数字化技术和网络技术之前的作品传播技术密切相关，或者说与传统的模拟传播技术密切相关。其中的卫星广播和有线转播，又与版权和相关权密切相关。正是从这个意义上，本章将上述两个指令放在一起，讨论其中所涉及的出租权、出借权、相关权和卫星广播、有线转播。

第一节　出租权、出借权和相关权

一、《出租权指令》概述

版权制度是作品传播技术的产物。具体来说，造纸术和印刷术的发明和广泛运用使得作品可以大量而廉价地复制和发行，从而产生了版权保护的必要。版权制度产生以后，作品传播技术并没有停滞不前。进入 20 世纪，随着录音技术、留声机技术、摄像技术、广播技术和电视技术的发展，版权制度发生了一次又一次的变革，相继产生了对于表演、录音、广播的保护，产生了对于作者的表演权、广播权、出租权和出借权的保护。

首先是对于表演和录音的保护。通过演员来朗诵文字作品，或者表演戏剧作品、音乐作品、舞蹈作品，可以追溯到远古时代。例如古希腊对于戏剧作品的表演，近代欧洲对于音乐作品的表演。然而在录音技术、留声机技术、无线电广播技术产生以前，不存在保护表演活动的必要性。因为在那时，社会公众必须前往剧院或者音乐厅，观看和聆听相关的表演，甚至需要支付一定的费用。至于表演者或者表演活动的组织者，也就从中获取了必要的经济利益。然而在录音技术和留声机技术发明之后，人们不仅可以将表演的声音录制下来，而且可以通过留声机一类的播放设备欣赏，还可以通过无线电广播聆听。在很多情况下，社会公众不必前往剧院或者音乐厅，不必支付相应的费用，就可以欣赏和聆听相关的表演声音。这样，表演者

---

① Council Directive 92/100/EEC of 19 November 1992 on rental right and lending right and on certain rights related to copyright in the field of intellectual property, Official Journal L 346, 27/11/1992.

② Council Directive 93/83/EEC of 27 September 1993 on the coordination of certain rules concerning copyright and rights related to copyright applicable to satellite broadcasting and cable retransmission, Official journal No. L 248, 06/10/1993.

和表演活动组织者的经济利益就受到了严重损害。与此相应,也就产生了对于表演活动加以保护的必要性。

事实上,当表演的声音可以录制下来,并且通过留声机一类的设备播放,或者通过无线电广播的时候,也就产生了对于录音制作者保护的必要。因为,录音制作者在将表演的声音固定在物质介质上的时候,不仅要获得相关作品作者和表演者的许可,而且要投入一定的资金、人力和物力,包括录制者的智力投入。值得注意的是,录音制作者制作的录音,除了固定表演的声音,还可以固定自然界、人类社会的各种声音,例如鸟鸣、海浪、风声、城市的嘈杂声和汽车、火车的声音等。然而,当承载了表演者声音或者其他声音的唱片投放市场以后,又很容易为他人复制,进而损害录音制作者的权益。与此相应,也就产生了对于录音保护的必要。

其次是对于广播信号的保护。随着无线电广播技术和电视广播技术的产生,广播组织在作品传播中的作用日益凸显了出来。大体说来,广播组织在经营广播活动的时候,一方面要支付费用使用他人的作品、表演和录音,或者自己付出费用制作作品和录音,另一方面又要编排相关的节目,吸引听众或者观众。然而,当广播组织编排的节目播放以后,载有广播内容的信号又很容易为其他广播组织所截取,或者同时转播,或者延时重播,进而损害了广播组织的权益。与此相应,又产生了对于载有节目内容的广播信号予以保护的必要。

然而,按照欧洲大陆作者权制度较高的独创性标准,表演者在从事相关表演活动的时候,虽然投入了自己的智力劳动,但并没有达到作者权制度所要求的独创性标准,因而不能作为作品受到保护。同时,录音制作者在固定表演的声音和其他声音的时候,虽然投入了一定的智力劳动,但也远远达不到作者权制度所要求的独创性标准,不能作为作品获得保护。至于广播组织发射的广播信号,虽然也属于智力活动成果,但相关人员所投入的智力活动,同样达不到作者权制度所要求的独创性标准。一方面,表演、录音和广播不能作为作品获得保护,另一方面又存在保护表演、录音和广播的必要性。正是由此出发,欧洲大陆国家在作者权制度的框架之内,创设了邻接权或者相关权制度,提供了对于表演者权、录音制作者权和广播组织权的保护。其中的邻接权或者相关权,是指这些权利与著作权相邻或者相关。

在对于表演、录音和广播提供保护方面,英美版权法体系却沿着作品保护的逻辑,解决了相关的问题。具体说来,在作品的构成要件上,英美版权法体系对于独创性的要求相对较低,因而可以将表演、录音和广播作为作品予以保护。例如《英国版权法》第1条规定,受到版权保护的作品,不仅包括了文字、戏剧、音乐和艺术作品,而且包括了录音、电影和广播作品。① 其中的录音作品,涉及了表演者和录音制作者的权利,其中的广播作品涉及了广播组织的权利。按照这个规定,录音和广播都可以作为作品获得版权保护。又如,《美国版权法》第2条规定,受到版权保护的作品包括文字作品、音乐作品、戏剧作品、舞蹈作品、电影和视听作品、图形作品、录音作品和建筑作品。其中的录音作品,包含了表演和录音,其作者为表演者和录音制作者。至于广播信号,如果是无线电广播,可以纳入录音作品的范畴,如果是视听广播,则可以纳入电影或者视听作品的范畴。②

在欧洲大陆作者权法国家的推动之下,国际社会还于1961年缔结了《罗马公约》,要求成

① 参见《英国版权法》第1条。
② 参见《美国版权法》第102条。

员国对于表演、录音和广播信号提供邻接权的保护。《罗马公约》是《伯尔尼公约》的子公约，其第1条明确规定，成员国在保护表演、录音和广播信号的同时，不得损害《伯尔尼公约》对于文学艺术作品的保护。而且按照规定，只有《伯尔尼公约》和《世界版权公约》的成员国，才可以成为《罗马公约》的成员国。[①] 在此之后，针对录音制品非法复制日益严重的状况，国际社会又于1970年制定了《保护录音制作者防止未经授权复制其录音公约》（以下简称《日内瓦公约》），要求成员国可以采取民事的、行政的、刑事的法律手段，保护录音。与此相应，《日内瓦公约》对于表演和录音给予了更加方便的和更加强有力的保护。

版权制度随着作品传播技术的发展而不断发展。进入20世纪70年代，作品传播技术的进一步发展，尤其是录音技术、录像技术和私人播放技术的进一步发展，还催生了一个新兴的出租作品、录音制品和视听制品的市场。具体说来，随着新兴录音、录像材料的产生和发展，社会公众可以通过租借磁带、录像带、CD和DVD的方式，或者聆听相关的音乐作品，或者观看电影作品，既不必像以往那样前往电影院或者音乐厅，也不必花更多的钱购买含有音乐、电影的录音制品和视听制品。与此相应，电影制品和录音制品的出租市场迅速发展起来，出租也成了利用作品，尤其是电影作品和音乐作品的重要方式。这样，如何看待电影制品和录音制品的出租，以及如何在作者、表演者、录音制作者之间分配由出租而产生的收益，就成了版权制度必须解决的问题。

就录音制品和电影制品的出租而言，首先需要解决的是发行权用尽的问题。按照版权制度，作品的原件和复制件，以及录音和视听制品的复制品，一旦经由权利人自己或者经由权利人许可而投入市场，相关的发行权就会用尽。在此之后，合法的购买者既可以进一步销售、转卖相关的原件或者复制件，也可以使用相关的原件或者复制件。在这方面，按照欧盟法院的判决和欧盟有关版权保护的指令，版权所有人权利用尽的范围是欧盟共同市场。具体说来，作品的原件和复制件，以及录音和视听制品的复制品，由版权所有人或者经其同意而在欧盟范围内首次销售之后，版权所有人就用尽了自己的权利。在这种情况下，合法购买者可以使用相关的原件或者复制件，也可以进一步销售相关的原件或者复制件，包括销售到其他成员国。

然而，随着录音制品和电影制品出租市场的产生和发展，就产生了一个问题，即在发行权用尽的前提下，合法的购买者虽然可以进一步销售或者在私人范围内使用相关电影或者录音的原件或者复制件，但他们是否可以出租相关的电影或者录音的原件或者复制件，并获得一定的收益呢？原来，在录音制品和电影制品的出租市场产生以前，版权所有人不会介意合法的购买者如何使用相关的录音制品和电影复制件。事实上，按照发行权用尽的原则，版权所有人无权干预合法购买者的使用、转借、赠送和再销售等行为。但是在录音制品和电影制品可以出租的情况下，版权所有人对于合法购买者的出租行为，显然应当加以控制。因为在这种情况下，合法购买者对于录音制品和电影制品的使用，已经超出了原有的发行权用尽的原则。换句话说，出租者是以商业性的方式进一步使用了包含在有形物之中的作品，并由此而获得了商业性的收益。

在法律没有规定出租权的情况下，版权所有人无法干预合法购买者出租电影和录音的原

---

① 参见《罗马公约》第1条和第24条。

件或者复制件。与此相应,无论录音制品和电影制品的出租市场有多大,也无论出租者获得了多大的收益,版权所有人都无法分享。然而,要规定版权所有人享有出租权,又必须突破传统的发行权用尽的原则。这就要求立法者、司法者、版权所有人和社会公众充分认识到,合法购买者对于录音制品和电影制品的出租,已经超越了发行权用尽的含义。按照发行权用尽的原则,合法的购买者可以在私人范围内观看相关的电影、欣赏或者聆听相关的录音,但不能以商业性的方式使用相关的电影、音乐和录音。显然,出租电影制品和录音制品,是利用电影、音乐或者录音获得经济利益的新方式。按照版权保护的宗旨,这种新的利用电影作品、音乐作品和录音的方式,应当由版权所有人和相关权所有人加以控制。发行权的用尽,并不意味着版权所有人和相关权所有人不能享有出租权。

在欧盟范围内,成员国在突破传统的发行权用尽原则方面,走过了不同的道路。大体说来,德国、英国和荷兰等国,通过规定公共借阅权,在某种程度上突破了发行权用尽的原则。根据相关的资料,属于北欧的丹麦(1946 年)、瑞典(1955 年)、芬兰(1961 年)最早规定了公共借阅权。随后,荷兰于 1971 年、德国于 1972 年、英国于 1979 年也规定了公共借阅权。公共借阅权的理论基础是,当大量的社会公众从公共图书馆借阅图书而非从市场上购买图书时,必然会影响作品的销售数额,从而影响作者的收益。而规定公共借阅权,则可以让相关的作者或者版权所有人获得一定的利益补偿。① 例如英国于 1979 年通过了《公共借阅权法》(Public Lending Right Act 1979),就书籍的作者或者版权所有人规定了公共借阅权。在此基础之上,英国还制定了"公共借阅权计划"(Public Lending Right Scheme),就书籍作者的利益补偿作了具体的规定。② 显然,规定书籍作者或者版权所有人在发行权用尽之后,仍然可以因为公共借阅权而获得一定的收益,已经突破了传统的发行权用尽原则。

不过,规定公共借阅权,对于发行权用尽原则的突破是有限的。首先,公共借阅权通常是针对图书而规定的,并不包括其他形式的作品。例如在英国,借阅权的客体仅仅是印刷装订的图书,并且由一个或数个作者署名。这种图书,甚至不包括期刊、乐谱等作品。③ 这样,电影作品、美术作品和录音等,就不属于借阅权保护的对象。其次,"公共借阅权法"通常都是单独立法,而没有纳入版权法或者著作权法之中。例如在丹麦、瑞典、芬兰、荷兰、德国和英国等 6 个国家中,只有德国是在著作权法中规定了公共借阅权,其他国家都是单独制定了有关公共借阅权的法律。④ 按照这种单独立法,对于图书作者的补偿,不是来自市场,而是来自国家税收。例如在英国,通过公共借阅权向作者提供的补偿,就是来自中央政府的资金安排。⑤ 显然,公共借阅权的确立,无论是仅仅针对图书这一种作品形式而言,还是针对单独立法这一立法方式而言,对于版权法体系中的发行权用尽原则的突破,都是有限的。

---

① Commission of EU, Report on the Public Lending Right in the European Union COM (2002) final, p. 3.

② See Cornish, Llewelin, *Intellectual Property: Patents, Copyright, Trade Marks and Allied Rights*, 6th edtion, Sweet & Maxwell 2007, p. 558 – 560.

③ See Cornish, Llewelin, *Intellectual Property: Patents, Copyright, Trade Marks and Allied Rights*, 6th edtion, Sweet & Maxwell 2007, p. 558 – 560.

④ Commission of EU, Report on the Public Lending Right in the European Union COM (2002) final, p. 3.

⑤ See Cornish, Llewelin, *Intellectual Property: Patents, Copyright, Trade Marks and Allied Rights*, 6th edtion, Sweet & Maxwell 2007, p. 558 – 560.

事实上,对于正在形成的电影制品和录音制品的出租市场而言,通过借阅权而予以规范的可能性微乎其微。为了保护电影所有人和表演者、录音制作者的利益,还需要继续突破发行权用尽的原则,设立单独的出租权。不过在20世纪七八十年代,世界各国对于发行权用尽原则的突破和对于出租权的立法是非常缓慢的。在欧盟范围内,一些成员国积极采取行动,规定了版权所有人和相关权所有人的出租权。而在另一些成员国则迟迟没有规定类似的出租权。与此相应,欧盟成员国在出租权问题上的不同规定,也造成了司法上的混乱,甚至扭曲了版权服务市场上的竞争秩序。欧盟法院于1988年判决的"Warner"一案,就典型地说明了这个问题。[①]

根据案情,在当时的欧盟范围之内,《丹麦版权法》已经针对录音和电影规定了出租权的保护,而《英国版权法》尚未提供出租权的保护。本案的原告是华纳公司,在英国拍摄了一部电影,并且以录像带的方式在英国发行。本案的被告是丹麦的一家录像出租公司,从英国购买了含有原告电影的录像带,然后在哥本哈根出租。于是原告依据《丹麦版权法》,针对被告提起了侵犯出租权的诉讼。受理案件的哥本哈根城市法院经过审理,责令被告不得出租来自英国的录像带。被告不服判决,向丹麦东部高等法院提起上诉。上诉法院决定中止案件的审理,请求欧盟法院就以下问题作出前置裁定,原告在丹麦行使出租权是否影响了电影制品从英国的进口,是否违反了《欧盟运行条约》关于商品自由流动的规定。具体说来,原告的电影制品是经其同意而在英国上市的,已经用尽了发行权。按照英国的法律,原告不能阻止他人出租含有自己电影的录像带。然而依据丹麦的法律,原告又可以禁止他人出租相关的电影制品。与此相应,成员国之间法律的这种不同规定,是否会妨碍电影制品在欧盟共同市场上的自由流动。

欧盟法院在判决中指出,成员国关于出租权的规定,不同于1981年"GEMA"一案所涉及的录音制品的进口。按照"GEMA"的判决,如果权利人试图阻止在其他成员国合法上市的录音制品进口,或者试图在进口的时候收取费用,就违反了发行权在欧盟范围内用尽的原则。而在本案中,权利人则是在电影制品已经进口之后,依据丹麦的法律,针对他人的出租行为收取费用。欧盟法院指出,向公众提供录像制品,不仅包括录像制品的销售,而且包括录像制品的出租。显然,禁止他人在某一成员国出租录像制品,必然会在某种程度上影响成员国之间的录像制品贸易。从这个意义上说,成员国法律是否可以规定权利人享有出租权,可以禁止他人出租自己的作品,就要看此规定是否符合《欧盟运行条约》第36条规定的保护工商业产权的例外。

欧盟法院继续论证说,关于这个问题,应当考虑以下三个要素。第一,《丹麦版权法》规定的出租权,不仅适用于进口的录像制品,而且适用于本国销售的录像制品。这表明,丹麦法律关于出租权的规定,不存在成员国之间任意歧视的问题。第二,对于文学艺术作品的商业性利用,既包括以公开表演的方式利用,也包括以复制发行的方式利用。事实上,电影作品就是以这两种方式利用的。就《欧盟运行条约》而言,文学艺术作品的作者享有表演权和发行权,没有任何问题。第三,正如欧盟委员会指出的那样,随着录制技术的日益成熟和社会公众对

---

① Judgment of the Court of 17 May 1988, Case 158/86 - - Warner Brothers Inc. and Metronome Video ApS v. Erik Viuff Christiansen.

于租借方式的认可,目前正在形成一个独特的有关录音制品和电影制品的出租市场。以出租的方式使用相关的录音制品和电影作品,全然不同于传统的销售方式。这种出租市场,已经为社会公众广泛接受,其规模甚至超越了销售市场,为电影所有人带来了巨大的收入。显然,仅仅让电影作品的版权所有人通过销售获得收益是不够的,还应当确保版权所有人通过出租获得必要的收益。欧盟法院由此而得出结论说,某些成员国版权法律中有关出租权的规定,符合《欧盟运行条约》第36条关于保护工商业产权的例外。法院的判决说:

> 仅仅通过销售而向个人征收使用费,仅仅通过销售而向出租录像制品的那些人征收使用费,不可能保障电影制片人获得另一种报酬,即通过录像制品实际出租次数而产生的报酬。显然,这是制片人有效分享出租市场报酬的方式。正如欧盟委员会在其意见中所指出的那样,某些国家的法律在最近提供了对于录像带出租权的特别保护,也说明了这个问题。显然,这样的法律属于《欧盟运行条约》第30条所说的,对于工商业产权的保护。

在本案中,被告抗辩说,依据欧盟法院确立的发行权用尽原则,原告可以自由选择在哪个成员国上市自己的电影制品。具体说来,在成员国法律关于出租权规定不一致的情况下,原告可以依据自己的经济利益,决定在哪一个相关成员国上市自己的电影制品。如果原告在一个没有规定出租权的成员国上市了自己的电影制品,那就必须接受相应的法律后果,并且在其他成员国不再享有出租权。因为原告已经在欧盟共同市场上用尽了自己的权利。欧盟法院则指出,被告的这种说法是不能成立的。如果某一成员国的法律规定了出租权,电影所有人又不能行使自己的权利,那就意味着这项权利毫无意义。在这方面,即使电影所有人在一个没有规定出租权的成员国上市了自己的电影制品,也不影响他在另一个成员国可以享有的出租权。

"Warner"一案的判决,凸显了成员国在出租权规定上的不同,以及相应的不同的法律后果。例如,就电影作品的出租权而言,本案的原告和被告只能在英国适用英国的法律,在丹麦适用丹麦的法律。随着电影和录音出租市场的日益扩大,协调成员国关于出租权的法律规则,已经成了急需解决的问题。事实上,就在"Warner"一案判决之时,欧盟委员会于1988年6月发布了《关于版权和技术挑战——需要立即采取行动的版权问题的绿皮书》,[①]其中的第四章详细讨论了发行权、权利用尽和出租权的问题。该绿皮书具体分析了各个成员国在出租权问题上的不同规定,进而提出建议制定一个出租权指令,协调成员国关于录音和电影出租的法律规则,确保欧盟共同市场上商品和服务的自由流动。在论述出租权法律规则的时候,欧盟委员会还特别提到了欧盟法院关于"Warner"一案的判决。

在"Warner"一案判决之后不久,欧盟委员会就开始了《出租权指令》的起草工作。1991年2月,欧盟委员会向欧盟理事会提出了《出租权指令》的建议稿,涉及了出租权、出借权和相关权。正如后来发布的《出租权指令》序言所说,成员国版权法律有关出租权规定的不同,有

---

① Commission of European Communities, Green Paper on Copyright and the Challenge of Technology – Copyright Issues Requiring Immediate Action, COM /88/172 Final.

可能成为成员国之间贸易的障碍，并且扭曲共同体市场上的竞争。如果不加以协调，这种分歧可能还会因为成员国各自的立法，或者成员国法院的不同判决而加大。所以，制定出租权指令，就是为了消除成员国之间的有关出租权规定的分歧，进而消除成员国之间贸易的障碍。[①]

值得注意的是，欧盟委员会于1988年6月发布的《关于版权和技术挑战——需要立即采取行动的版权问题的绿皮书》，仅仅提到了协调出租权的问题，没有提及公共借阅权。然而在《出租权指令》制定的过程中，绝大多数人都主张，应当对出租权和公共借阅权同时加以协调。在他们看来，制定一个仅仅协调出租权的指令将是不完整的。因为，从经济利益的角度来看，公共借阅权是对于出租权的补充，甚至可以在某些情况下替代出租权。基于这样的讨论，欧盟委员会在1991年2月提出的《出租权指令》草案中，就同时包括了协调出租权公共借阅权的内容。欧盟委员会还特别指出，如果不将出租权和公共借阅权同时加以协调，那么不断增长的借阅音乐作品和电影作品活动，将对出租产业产生巨大的负面影响，甚至使得出租权的规定失去意义。[②]

除了出租权和公共借阅权，欧盟委员会提出的《出租权指令》草案，还涉及了相关权的内容。将相关权规定在《出租权指令》中，显然是因为音乐作品、电影作品的出租和出借，与表演者、录音制作者和电影制片人密切相关。例如，后来颁布的《出租权指令》的序言说，成员国在有关作品的出租、出借上，在有关相关权客体的出租、出借上，存在很大的差异，影响了共同体市场上商品的自由流动。序言还指出，通过出租权和公共借阅权的规定，可以对版权作品和相关权客体提供足够的保护，可以保障作者、表演者、录音制作者和电影制片人的合法权益。同时，对相关权的客体提供固定权、复制权、发行权、广播权和向公众传播权的保护，对于促进共同体经济和文化的发展具有非常重要的意义。[③]

正是基于以上的原因，欧盟委员会于1991年2月提出的《出租权指令》草案，不仅包括了出租权，还包括了出借权和某些相关权。相关的草案经由欧盟议会讨论，同时听取了欧盟经济社会委员会的意见，并做了必要的修改。1992年11月，欧盟理事会通过了《关于知识产权领域中出租权、出借权和某些相关权的指令》。[④] 为了叙述的方便，这个指令通常简称为《出租权指令》。根据该指令第13条，成员国应当在1994年7月1日以前，通过国内的立法程序贯彻执行指令的相关规定。到了2006年12月，欧盟议会和欧盟理事会又重新发布了《出租权指令》，并且废止了原有的指令。[⑤] 不过，重新发布的《出租权指令》主要是删除了有关保护期的规定。因为欧盟理事会于1993年10月发布的《版权与相关权保护期指令》，已经对于版权和相关权的保护期限，包括出租权和出借权的保护期限，作了统一规定。在此基础之上，重

① Directive on rental right and lending right and on certain rights related to copyright in the field of intellectual property.

② Commission of EU, Report on the Public Lending Right in the European Union COM (2002) 502 final, p. 4.

③ Directive on rental right and lending right and on certain rights related to copyright in the field of intellectual property.

④ Council Directive 92/100/EEC of 19 November 1992 on rental right and lending right and on certain rights related to copyright in the field of intellectual property, Official Journal L 346, 27/11/1992.

⑤ Directive 2006/115/EC of the European Parliament and of the Council of 12 December 2006 on rental right and lending right and on certain rights related to copyright in the field of intellectual property (codified version).

新发布的《出租权指令》相应变更了"重述"和条文的顺序,但没有改变关于出租权、出借权和相关权的实质性规定。本书有关《出租权指令》的讨论,将以2006年12月重新发布的版本为准。

《出租权指令》共有三章16条。其中,第一章规定了出租权和出借权,第二章规定了相关权,第三章是共同条款,主要规定了版权与相关权的关系,该指令适用的时间,以及成员国贯彻实施该指令的期限。下面分别讨论出租权、出借权和相关权。

二、出租权和出借权

《出租权指令》第一章共有6条,主要规定了出租权和出借权的客体、权利所有人,电影的出租和出借权,以及强制性的出借权。下面分别叙述。

(一)出租权和出借权的客体与权利所有人

《出租权指令》第1条第1款规定,就作品和其他受保护客体的原件和复制件,成员国应当赋予权利人许可或者禁止他人出租、出借的权利。其中的"其他受保护客体",是指相关权的保护客体,如表演和录音等。其中的"出租"是指,为了直接或者间接的经济或者商业利益,提供他人在有限的时间内使用作品或者其他受保护客体的原件或者复制件。其中的"出借"是指,不是为了直接或者间接的经济或者商业利益,通过社会公众可以使用的设施,提供他人在有限的时间内使用作品或者其他受保护客体的原件或者复制件。这里所说的"设施",通常是指图书馆一类的设施。由出租和出借的定义可以看出,二者的区别主要在于是否为了直接或者间接的商业利益。

《出租权指令》第1条第2款还特别规定,作品或者其他受保护客体的原件或者复制件的销售或者其他发行,并不意味着出租权和出借权的用尽。显然,这是在原有的发行权用尽的基础之上,对于出租权和出借权的进一步规定。这个规定表明,即使是合法获得了作品或者其他受保护客体原件或者复制件的人,在出租或者出借相关原件或者复制件的时候,仍然应当获得权利人的许可。版权所有人或者相关权所有人在销售了自己作品或者其他受保护客体的原件或者复制件以后,仍然有权利控制自己作品或者其他受保护客体的出租和出借。

值得注意的是,《出租权指令》所说的"作品",从字面上理解是指所有的作品,并不局限于电影和包含在录音中的音乐作品。然而就该指令的相关规定来看,这里的"作品"主要是指电影作品和包含在录音中的音乐作品。事实上,《出租权指令》在规定出租权和出借权客体的时候,还明确排除了一些客体。例如,该指令第2条第3款规定,就建筑物和实用艺术作品而言,其所有人不享有本指令所规定的出租权和出借权。又如,根据该指令序言所说,某些向公众传播的客体不属于本指令所说的出租和出借的范围。这类向公众传播的客体,包括公开表演或者广播的录音和电影(无论是否构成作品,也无论是否有伴音),包括展览的客体,以及为了现场演示而使用的客体。此外,《出租权指令》序言还说,图书馆之间传递的客体,不属于出借的范围。

《出租权指令》第3条规定了出租权和出借权的权利所有人。根据规定,作者就其作品的原件或者复制件,表演者就其已经固定的表演活动,录音制作者就其录音,电影制片人就其电影的原件或者复制件,享有出租权和出借权。与此相应,作者、表演者、录音制作者和电影制片人，就是出租权和出借权的享有者，属于权利的主体。根据规定，作者和相关权人所享有的出租权，可以通过合同的方式转让或者许可给他人行使。

按照世界贸易组织的《与贸易有关的知识产权协议》，成员应当对于计算机程序、电影作品和录音提供出租权的保护。[①] 在这方面，《出租权指令》第 4 条特别规定，本指令的有关规定不得损害《计算机程序保护指令》的相关规定，包括其中有关出租权的规定。这样，将《出租权指令》和《计算机程序保护指令》结合起来，欧盟就提供了对于计算机程序、电影和录音的出租权保护，达到了《与贸易有关的知识产权协议》的要求。当然，欧盟《出租权指令》提供的出租权保护，不仅包括了计算机程序、电影和录音，还涉及了其他一些作品种类，其保护水平显然高于《与贸易有关的知识产权协议》的要求。

出租权和出借权的保护期限，与相关作品或者其他受保护客体的保护期限一样。依据 1993 年 10 月发布的《版权和相关权保护期限指令》规定，作者所享有的出租权和出借权的保护期限，为作者的有生之年加 70 年；其他受保护客体的出租权和出借权，包括电影制片人所享有的出租权和出借权，其保护期限为 50 年。[②] 值得注意的是，在电影作品的情况下，虽然电影制片人享有的出租权和出借权的保护期限为 50 年，但作者如导演、剧本作者、音乐作者等人所享有的出租权和出借权，其保护期限则为最后死亡之作者的有生之年加 70 年。

如前所述，出租权和出借权是对于传统的发行权用尽原则的突破，是针对某些作品、表演、录音的出租、出借市场而做出的规定。与此相应，让市场主体和社会公众充分理解出租权和出借权，尤其是充分理解出租权，还需要一定的时日。在这方面，有人甚至提出了应当废止《出租权指令》的主张。下面来看一个案例。

在 1998 年的"Hokamp"一案[③]中，原告是一家录音制品制作者，被告是一家录音制品的出租公司。按照原来的《德国著作权法》，出租权规定在发行权之下。根据规定，作品的原件或者复制件经由权利人上市之后，权利人不得禁止他人出租，但可以要求一定的报酬，这叫作"后续发行"（subsequent distribution）。1995 年 6 月，德国为贯彻执行《出租权指令》而修改其著作权法，将出租权规定为一项专有权利，并且独立于发行权而存在。这样，出租权就成了一项专有权利，权利人可以许可或者禁止他人出租作品的原件或者复制件。

《德国著作权法》修改后不久，原告就在科隆法院提起诉讼，请求禁止被告出租自己的录音。法院经过审理，下达了针对被告的临时性禁令，禁止被告在德国出租原告的录音。然而被告则提出抗辩说，《出租权指令》和德国贯彻执行该指令的法律，违反了欧盟法律和德国宪法保障公民基本权利的精神，尤其是违反了从事贸易或商业活动的自由。审理案件的科隆法院也有疑虑，引入专有的出租权是否违反了发行权用尽的原则，是否违反了欧盟保障公民基本权利的法律。于是，科隆法院请求欧盟法院就上述问题做出前置裁定。

在案件审理的过程中，原告，德国、法国、意大利和英国政府，以及欧盟理事会和欧盟委员会都认为，将出租权规定为专有权利，反映了保护知识产权所有人利益的一般宗旨，并未影响

---

① 参见《与贸易有关的知识产权协议》第 11 条，第 14 条第 4 项。

② Council Directive 93/98/EEC of 29 October 1993 harmonizing the term of protection of copyright and certain related rights Official journal NO. L 290, 24/11/1993.

③ Judgment of the Court of 28 April 1998, Case C－200/96－－Metronome Musik GmbH v. Music Point Hokamp GmbH.

从事贸易和选择职业的自由。而且,欧盟及其成员国参加的相关国际公约,已经规定了专有的出租权。被告则认为,将出租权规定为专有权利,侵蚀了企业从事出租业务的基本权利,扭曲了欧盟共同市场上的竞争秩序,应当归于无效。具体说来,从事录音制品出租业务的企业,是独立于录音制作者而从事相关的出租活动,不应当受制于录音制作者。

欧盟法院在判决中论证说,按照知识产权用尽的原则,作品的原件和复制件,由权利人自己或者经由权利人同意而上市之后,发行权即告用尽,权利人不得干预相关原件和复制件的进一步销售和使用。然而,文学艺术作品的原件和复制件,除了以销售的方式利用,还可以采用其他的方式予以商业性的利用。例如录像带的出租,就是以不同于销售的方式将作品提供给社会公众,而且可以为电影制片人带来可观的收益。如果权利人仅限于通过销售而获得收益,就不能获得因为出租而带来的收益。这表明,让权利人享有出租权,符合《欧盟运行条约》第36条关于保护工商业产权的规定。在这方面,将录音制品投入市场流通,并不表明其他的利用录音制品的行为,例如出租的行为就是合法的。就像作品可以通过公开表演而得以利用一样,尽管发生了有形的录音制品的销售,作者和录音制作者仍然保有出租的权利。

欧盟法院继续论证说,正是基于这样的思路,《出租权指令》对于发行权和出租出借权做了区别。一方面,按照该指令第9条关于"发行权"的规定,作品和其他受保护客体的原件和复制件,由权利人自己或者经其同意而上市,作者、表演者、录音制作者和电影制片人就用尽了自己的发行权。而在另一方面,该指令第1条第1款规定了权利人就其作品和其他受保护客体的原件和复制件,享有专有的出租权和出借权。这表明,出租权和出借权是独立于发行权而存在的权利。在这方面,《出租权指令》第1条第2款还明确规定,权利人所享有的出租权和出借权,不得因为相关原件和复制件的销售而用尽。欧盟法院由此而得出结论说,《出租权指令》规定出租权和出借权,没有违反发行权用尽的原则,因为二者的宗旨和范围都是不同的。

在此基础之上,欧盟法院还论述了一般的从事贸易和商业的权利。判决指出,从事贸易或商业活动的自由,以及对于财产权的保护,都是欧盟法律的基本原则。然而这些原则不是绝对的,应当从社会功能的角度加以审视。所以,财产权的行使和从事贸易的自由,应当受到欧盟所追求的目标的限制。欧盟法院指出,制定《出租权指令》的目的是消除成员国在出租权、出借权和某些相关权保护方面的差异,因为这些差异构成了贸易的障碍,扭曲了竞争秩序,损害了共同体市场正常运行。而且,出租权在欧盟经济和文化发展的进程中具有越来越重要的作用,可以保障作者、表演者、录音制作者和电影制片人获得相应的收益,以补偿他们的相关投资。在这方面,鼓励文学艺术作品的创作和发展文化产业,同样是《欧盟运行条约》追求的目标之一。

欧盟法院还回应了被告关于录音制作者享有出租权,有可能扭曲市场竞争的担忧。判决说,《出租权指令》规定专有的出租权,并不是要消灭出租行业,从事出租业务的企业,完全可以与权利人商谈价格,签订双方都可以接受的出租合同。而且,录音所有人享有专有的出租权,并不必然造成市场竞争的扭曲。因为让录音所有人享有出租权,目的不是鼓励他们有计划地排除他人的出租业务。事实上,录音所有人通常都会许可他人出租自己的录音,以获取相应的经济利益。在这方面,即使发生了极端的某些人不同意他人出租其录音的现象,也一定是因为其他的原因,而非规定了专有出租权的结果。赋予录音制作者享有专有的出租权,绝对不是鼓励录音制作者系统性地排斥他人出租自己的录音制品，也绝对不是鼓励他们消灭录音制品的出租市场。

欧盟法院在判决中特别指出，对录音制作者和其他权利人提供专有的出租权保护，是世界贸易组织《与贸易有关的知识产权协议》第 11 和 14 条的要求。在这方面，欧盟理事会已经批准了《与贸易有关的知识产权协议》，欧盟成员国也都是协议的缔约方，理应履行其国际义务。与此相应，无论是从保护知识产权的一般原则出发，还是从欧盟及其成员国履行相关的国际义务来说，都不能孤立地讨论贸易和商业的自由原则。事实上，脱离了知识产权保护的一般原则和相应的国际义务，也就没有了从事贸易和商业的自由原则。欧盟法院最后得出结论说，将出租权规定为专有权利，没有扭曲市场竞争，也没有造成不可容忍的后果。因此《出租权指令》应当维持有效。

知识产权是地域性的权利。就欧盟而言，在没有制定统一有效的版权法律之前，《出租权指令》所规定的出租权、出借权和相关权，都是具有成员国地域性的权利。下面来看一个典型案例。

在欧盟法院于 1998 年判决的"FDV"一案①中，原告是丹麦电影发行协会，被告是一家发行和出租电影制品的公司。根据案情，被告一直从英国进口电影制品，并在丹麦销售和出租。在这方面，英国和丹麦的版权法律都规定，电影制片人享有专有权利，许可或者禁止他人出租自己的电影。根据相关的资料，权利人在英国上市电影制品时，已经默许了相关的电影制品可以在英国出租。然而，当被告在英国购买了电影制品，进口到丹麦并且出租时，原告代表权利人提起了侵犯出租权的诉讼。因为，权利人并没有授权在丹麦和其他成员国出租电影制品。受理案件的法院依据《丹麦版权法》的相关规定，下达了诉讼之中的禁令。在被告不服判决而提起的上诉中，丹麦东区法院肯定了一审法院的判决。

不过，受理案件的丹麦法院认为，双方当事人纠纷的解决和禁令的下达，还有赖于欧盟法律的解释，尤其是对于《出租权指令》的解释。具体说来，如果权利人在一个成员国上市电影制品，隐含了购买者可以在这个成员国出租电影制品时，有人将该电影制品出口到另一个成员国，权利人是否可以依据另一个成员国的法律禁止出租该电影制品。同时，权利人依据另一个成员国法律禁止出租的行为，是否符合《出租权指令》的规定，是否符合《欧盟运行条约》关于商品自由流动的规定。丹麦法院请求欧盟法院就上述问题作出前置裁定。

在案件审理的过程中，原告和丹麦、法国、芬兰、英国政府，以及欧盟委员会都认为，根据《出租权指令》的相关规定，许可或者禁止出租电影的权利，类似于表演权而不同于发行权，不可能因为第一次行使而用尽。而被告则认为，就电影制品而言，原告同意出租就意味着用尽了自己的出租权。如果在本案的情形下，仍然允许原告在丹麦行使出租权，就违反了《欧盟运行条约》有关商品自由流动的规定，也违背了《出租权指令》在欧盟范围内统一设定出租权的宗旨。

在这个问题上，欧盟法院支持了原告一方的观点。判决书论证说，按照《欧盟运行条约》第 36 条的规定，为了保护工商业产权的需要，可以禁止或者限制商品的自由流动。然而，体

① Judgment of the Court of 22 September 1998, Case C－61/97－－Foreningen af Danske Videogramdistributører v. Laserdisken.

现了知识产权的产品,包括作品的原件和复制件,由权利人自己或者经其同意而在共同市场上提供以后,权利人就在欧盟范围内用尽了自己的权利。就作品和其他受保护客体的原件和复制件来说,这就是发行权用尽的原则。欧盟法院继续论证说,正如本院在"Warner"一案中所指出的那样,对于文学艺术作品的商业性利用,除了发行原件和复制件的方式,还可以有表演的方式。显然,这也适用于电影制品的情形。因为出租电影制品所涉及的社会公众,不同于销售电影制品所涉及的社会公众。事实上,在现有的市场模式之下,出租电影制品已经成了利用电影作品的重要方式,已经成了电影制片人获得收益的重要途径。让电影制片人享有专有的出租权,符合《欧盟运行条约》第36条关于保护工商业产权的规定。

欧盟法院指出,权利人将电影制品和录音制品上市,绝不意味着权利人以外的人以出租的方式利用相关的作品和录音就是合法的。就像作品的原件和复制件上市以后,权利人仍然保留了表演权一样,权利人也保留了出租的权利。就像作品可以重复表演一样,录音制品和电影制品也可以重复出租,并且在每一次出租之后为权利人带来一定的收益。如果认定电影制品在第一次许可出租之后就用尽了出租权,那么出租权的存在也就失去了意义。与此相应,权利人在一个成员国行使出租权,绝不意味着权利人就在整个欧盟范围内用尽了自己的出租权。欧盟法院最后得出结论说,依据《欧盟运行条约》关于保护工商业产权的规定,依据《出租权指令》的相关规定,当电影作品的权利人在一个成员国行使了出租权以后,并不意味着他在其他成员国也用尽了自己的出租权。

大体来说,关于出租权的成员国地域性特征,"FDV"是"Warner"的逻辑发展。根据"Warner"一案,相关的录音制品虽然在一个没有规定出租权的成员国首次上市,但并不妨碍权利人在另一个规定了出租权的成员国中,行使自己的出租权。而根据"FDV"一案,权利人虽然在一个成员国用尽了自己的出租权,但并不妨碍他在另一个成员国行使自己的出租权。从这个意义上说,权利人在英国享有的出租权,不同于在丹麦享有的出租权。根据这样的推理,就相同的作品或者受保护客体,权利人在一个成员国许可他人出租之后,还可以在另一个成员国许可或者禁止他人出租。

(二)电影的出租和出借

相对于文字、音乐、美术等作品而言,电影是一类比较特殊的作品,既包含了剧本、对白、音乐和美术,还包括了导演、演员、摄像和后期剪辑者的创作活动。为了制作电影,还需要制片人付出大量的投资。这样,电影的作者是谁,由电影的创作而产生的权利归谁所有,就成了相对复杂的问题。事实上,就出租权和出借权的客体而言,电影作品无疑是最重要的客体之一。正是由此出发,《出租权指令》就电影版权的归属和行使,作出了一些特别的规定。

《出租权指令》首先在第2条第1款规定了电影的定义,根据该款规定,"电影"是指电影作品或者视听作品,或者活动的形象,无论是有伴音还是无伴音。《出租权指令》第2条第2款规定,关于电影作品或者视听作品,其主要导演应当作为作者或者作者之一。在此基础之上,成员国还可以规定其他人作为电影作品的共同作者。按照这个规定,欧盟成员国都必须明确,主要导演是电影的作者,或者作者之一。当然,这里所说的电影及其作者,是指电影作为一部整体的作品,主要导演为作者或者作者之一。这个规定并不排斥剧本作者、音乐作者、美术作者、对白作者等,就其各自创作的部分,成为单独的作者。

显然,《出租权指令》将主要导演规定为电影作者或者作者之一,具有非常重要的意义。按照版权保护的基本原理,谁创作谁是作者,谁就享有经由作品创作而产生的权利。与此相应,主要导演作为电影作品的作者,也就享有了有关电影的一切权利,例如复制权、发行权、向公众传播权,以及出租权和出借权等。当然,按照《出租权指令》第3条的规定,主要导演所享有的权利,包括出租权和出借权,可以通过合同约定转让给制片人所有。按照《出租权指令》第3条的规定,只要导演与制片人缔结了雇佣合同,就可以推定导演将电影的版权转让给了制片人,由制片人统一行使出租和出借的权利。正是由此出发,《出租权指令》第3条既规定了作者享有出租权和出借权,又规定了电影制片人享有出租权和出借权。

值得注意的是,无论是在《出租权指令》中,还是在欧盟发布的其他版权指令,例如《保护期指令》《信息社会版权指令》中,制片人都是作为相关权人,而非作者享有权利。这是因为在电影作品的创作中,制片人仅仅是资金的提供者和电影拍摄的组织者,而非电影作品的创作者。电影作品的创作者,既包括剧本作者、对白作者、美术作者、音乐作者,也包括导演、演员、摄像、后期剪辑者。因为正是这些人创作了"有伴音或者无伴音滚动画面"的表达,即电影作品。按照《出租权指令》第2条规定,主要导演为整部电影的作者,其他人则分别就各自创作的部分享有权利。至于电影制片人,则是因为提供资金和组织拍摄而成为版权所有人,可以享有复制权、向公众传播权、发行权、出租权和出借权等。与此相应,在欧盟有关版权的指令中,制片人就成为了相关权人。或者说,电影制片人享有的是与电影作品相关的权利,或者与电影作品邻接的权利。同样也是因为这个原因,在欧盟有关版权的指令中,相关权的所有人就不仅包括了表演者、录音制作者和广播组织,而且包括了电影制片人。

正是从这个意义上说,《出租权指令》仍然坚持了欧洲大陆著作权法体系的基本精神。就电影作品而言,脚本、音乐、美术等作者和导演创作了作品,因而享有著作权。尤其是导演或者主要导演,是整部电影的创作者,就整部电影作品享有源头上的著作权。至于制片人,则是因为投资和组织电影拍摄,从而依据法律规定或者合同约定,受让了有关电影作品的版权或者经济权利。在这里,制片人没有具体参与电影作品(表达)的创作,因而不是作者。虽然按照法律的规定和合同的约定,制片人享有了整体电影的版权或者经济权利,但制片人的法律地位截然不同于脚本、音乐、美术和导演等作者。在欧洲大陆的作者权法体系中,包括在欧盟有关版权保护的指令中,制片人属于邻接权或者相关权的享有者。

根据《出租权指令》第5条的规定,如果电影作品的作者将自己的出租权转让给了电影制片人,就电影原件或者复制件的出租而言,他们仍然保留了获得报酬的权利。显然,这是出于对电影作者利益的考虑。《出租权指令》第5条同时还规定,电影作者就出租获得报酬的权利,是不可放弃的。这是防止制片人通过合同剥夺电影作者获得报酬的权利。因为,相对于强势的电影制片人,主要导演有可能处于弱势地位,有可能通过合同放弃自己的权利。而在事实上,随着电影出租频率的增大,作者获得报酬的数额有可能是很大的。

为了加强电影作者获得出租报酬的地位,《出租权指令》第5条还规定,他们可以通过集体管理来行使获得报酬的权利。显然,由集体管理组织代表电影作者,行使获得报酬的权利,将有利于加强电影作者在相关谈判中的地位。根据《出租权指令》第5条规定,成员国可以就集体管理组织是否管理电影作者的获得报酬权,在何种程度上管理获得报酬权,以及向谁主张或者收取报酬,做出必要的规定。这样,通过成员国的具体立法,又可以把电影作者因为出租而获得报酬的权利,进一步落实下来。

欧盟法院于2012年判决的“Luksan”一案,①具体解读了电影作品的权利归属,以及作者的获得报酬权。这个案件涉及了一部文献电影《来自前线的照片》,描述了第二次世界大战期间有关德国的摄影。本案的原告是电影的剧本作者和主要导演,被告是电影制片人。2008年3月,双方当事人缔结了一份电影制作协议,其中约定原告为剧本作者和主要导演,被告为制片人。协议还约定,原告将所有的版权和相关权转让给被告,由被告负责电影市场的开发。不过,协议也排除了一些商业性利用电影的方式,例如不得通过互联网络提供数字化的电影,不得通过付费的闭路电视系统播放电影。对于作者的获得报酬权,协议未做明确约定。

依据案情,制片人违反合同约定,通过互联网络提供了涉案电影,并且将网络传播权利转让给了一家网络公司。随后,制片人又与一家北欧电视公司缔结合同,转让了付费播放的权利。于是,原告在维也纳法院提起诉讼,主张制片人违反约定,侵犯了自己的版权。而被告则辩称,按照《奥地利著作权法》关于“法定转让”的规定,自己作为制片人就涉案电影享有专有权利,所有违反这个规定的协议和具有同等性质的权利保留,都是无效的。被告继续辩称,《奥地利著作权法》确实规定了法定的获得报酬权,但原告已经将利用电影的所有权利,包括获得报酬权转让给了自己。按照奥地利的法定获得报酬权,利用电影的收益应当由电影作者和制片人共享。被告也由此而主张,自己有权利获得1/2的收益。同时,原告将所有的版权都转让给了制片人,自己也有权利获得另外的1/2。

被告所说的“法定转让”和“获得报酬权”,见于《奥地利著作权法》第38条第1款,根据该款规定,商业性利用电影作品的权利,应当归属于电影制片人;作者所享有的获得报酬权,应当由电影制片人和电影作者平均分配,但前提是他们没有弃权,也没有其他的相反约定。而依据欧盟《出租权指令》第5条规定,商业性利用电影作品的权利可以归属于制片人,除非有相反的约定;依据该指令第6条,导演通过电影出租而获得报酬的权利,是不可放弃的。显然,《奥地利著作权法》的上述规定,与《出租权指令》的上述规定,存在着不同。于是,奥地利法院提请欧盟法院就以下问题作出前置裁定,以法定转让的方式将电影作品的版权归属于制片人所有,同时又允许电影作者放弃报酬,是否违反了欧盟法律。

欧盟法院在判决中,结合《出租权指令》和《信息社会版权指令》,主要讨论了三个问题:电影作品的版权在源头上归属于作者享有,电影作者可以通过合同将版权转让给制片人,电影作者享有不可放弃的获得报酬权。下面分别论述。

先来看电影作品的版权归属。欧盟法院指出,依据《出租权指令》和《信息社会版权指令》的规定,电影作品的版权在源头上归属于主要导演。与此相应,成员国不得作出相反的立法,即不得规定电影作品的版权在源头上归属于制片人。欧盟法院论证说,关于利用电影作品的权利,见于若干个版权指令。例如,《出租权指令》规定了出租权和出借权,《卫星广播和有线转播指令》规定了卫星广播权和有线转播权,《信息社会版权指令》规定了复制权、发行权和向公众传播权。在电影作品的版权归属方面,《出租权指令》还特别规定,电影或者视听作品的主要导演,应当被认定为作者或者作者之一。按照这个规定,上述指令所规定的有关

① Judgment of the Court (Third Chamber), 9 February 2012, Case C-277/10, Martin Luksan v. Petrus van der Let.

电影作品的权利，都应当归属于主要导演所有。

欧盟法院指出，《奥地利著作权法》关于电影版权归属的规定，显然来自《伯尔尼公约》的相关规定。根据该公约第 14 条之二第 2 款规定，电影作品的版权归属应当由成员国的立法决定。在此基础之上，《伯尔尼公约》第 14 条之二第 3 款又规定，除非成员国的立法有相反的规定，应当认定电影作品的版权归属于制片人所有，而非剧本、音乐、对白的作者和主要导演。这是一种降低标准的规定，允许成员国的立法否定主要导演享有复制、发行和向公众传播的权利。显然，《奥地利著作权法》关于电影作品版权归属于制片人的规定，与《伯尔尼公约》的这个规定是一致的。

欧盟法院论证说，欧盟成员国都是《伯尔尼公约》的成员国。欧盟虽然不是《伯尔尼公约》的成员国，但是加入了世界知识产权组织的《版权条约》。而依据《版权条约》，全体成员应当遵循《伯尔尼公约》的相关规定。从这个意义上说，欧盟成员国和欧盟都应当遵循《伯尔尼公约》的规定，包括该公约第 14 条之二的规定，履行相关的义务。在这方面，《欧盟运行条约》第 351 条也规定，本条约不影响成员国依据已经加入的国际条约，享有相关的权利和承担相关的义务。然而，如果相关的国际条约不要求成员国必须采取违反欧盟法律的措施，或者允许成员国采取不违反欧盟法律的措施，则成员国不应当采取违反欧盟法律的措施。在这方面，不违反欧盟法律的措施，也包括不违反欧盟判例法的措施。欧盟法院由此而得出结论说，欧盟的法律已经规定，电影的主要导演为电影作品的作者或者作者之一，享有由此而产生的权利。在这种情况之下，成员国就不能再依据《伯尔尼公约》第 14 条之二，作出不符合欧盟法律的规定。

欧盟法院继续论证说，按照《欧盟基本人权宪章》规定，每个人都享有拥有、使用、处分、遗赠其合法获得的财产的权利。任何人都不能剥夺公民所享有的财产权，除非是法律明确规定的为了公共利益的情形。而且，即使是在这种情况下，也应当给予公民以合理和公平的补偿。在这方面，《欧盟基本人权宪章》第 17 条第 2 款规定，知识产权应当获得保护。这表明，公民的知识产权不得任意剥夺。欧盟法院指出，按照《出租权指令》和《信息社会版权指令》的相关规定，电影的主要导演是电影作品的作者，享有由此而产生的财产权。与此相应，成员国以立法的形式否定电影的主要导演享有利用电影的权利，就相当于是通过立法剥夺了他的财产权。欧盟法院由此而得出结论说，无论是依据《出租权指令》和《信息社会版权指令》的规定，还是依据《欧盟基本人权宪章》的规定，有关电影作品的财产权，都应当在源头上直接归属于主要导演所有，成员国不得以立法的形式，将利用电影作品的权利直接赋予电影制片人。

再来看电影作者通过合同将版权转让给制片人。欧盟法院指出，按照《出租权指令》和《信息社会版权指令》规定，可以推定导演与制片人缔结电影制作协议时，已经将自己的版权转让给了制片人。具体说来，《出租权指令》第 3 条第 4 款规定，当电影演员与制片人缔结制作电影的合同时，就可以推定电影演员将出租权转让给了制片人，除非合同有相反的约定。在此基础之上，《出租权指令》第 3 条第 5 款规定，成员国可以就电影作者作出同样的规定。按照《出租权指令》的序言所说，一方面要保护文学艺术作品作者的权利，确保他们获得足够的收益，以便从事进一步的创作；另一方面也要考虑录音和电影制作者的投入，以及这种投入所面临的风险。这就要求，法律应当在作者利益和投资者利益之间寻求一个平衡。就电影而言，不同的自然人付出智力贡献而创作了电影作品，至于制片人则发起和负责电影的制作，承担了投资上的风险。于是,《出租权指令》设定了一个机制。一方面规定主要导演是电影作品的作者,应当享有出租权和出借权。另一方面又推定,只要导演与制片人缔结了制作电影的合同,就把自己的版权转让给了制片人,除非双方有相反的约定。这样,就有利于制片人行使商业性利用电影的权利,进而回收相关的投资。

在保护出租权和出借权的框架之下,确保制片人收回制作电影的投资,不仅仅见于《出租权指令》。事实上,欧盟的其他版权指令也具有相同的精神。例如,《信息社会版权指令》的"重述"第(10)指出,制作电影和多媒体产品的投资是巨大的,应当充分保护相关的知识产权,以确保投资的回收。显然,这个"重述"与《出租权指令》的精神是一致的。欧盟法院论证说,2001 年发布的《信息社会版权指令》确实没有像《出租权指令》那样,规定电影作品的版权可以通过合同转让给制片人,但又规定了制片人享有复制权、发行权、向公众传播权。显然,《信息社会版权指令》没有做出相反的规定,并未否定电影版权可以通过合同转让给制片人。在这方面,1993 年发布的《卫星广播和有线转播指令》,同样没有否定电影版权可以通过合同转让给制片人。如果把欧盟立法机构发布的版权指令作为一个整体来看,可以认定在后发布的《卫星广播和有线转播指令》和《信息社会版权指令》,肯定了《出租权指令》关于"推定转让"的规则。与此相应,一方面是电影的主要导演享有出租、出借、卫星广播和有线转播,以及复制、发行、向公众传播等权利,另一方面又可以推定,当主要导演与电影制片人缔结制作电影的合同时,已经将相关的权利转让给了制片人,除非有相反的约定。这是一个有利于制片人的规则。

最后来看获得报酬的权利。欧盟法院在判决中指出,按照《出租权指令》第 5 条第 2 款规定,作者和表演者获得公平报酬的权利,是不可放弃的。在这方面,《信息社会版权指令》第 5 条第 2 款第 2 项也规定,在私人复制的情况下,作者应当获得合理的补偿。这是因为,法律允许的私人复制,在某种程度上损害了作者的利益,因而应当予以补偿。《信息社会版权指令》的宗旨是,不希望作者放弃获得合理报酬的权利。这个推理同样适用于出租权和出借权的情形。在这里,是作者或者电影的主要导演,因为私人复制和出租、出借而利益受到了损害。与此相应,允许作者或者主要导演放弃应当获得的报酬,就不在相关立法考虑的范围之内。

欧盟法院论证说,尽管按照"推定转让"的规则,电影作品的主要导演将自己的版权转让给了制片人,但这样的"推定转让"绝不意味着允许作者放弃自己的获得报酬权。无论是依据《出租权指令》还是《信息社会版权指令》,作者获得报酬或者补偿的权利,都是不可放弃的。与此相应,成员国允许作者放弃获得报酬权的规则,就是与欧盟法律不一致。

(三)强制性的出借权

按照《出租权指令》的相关规定,出借权可以是一种获得报酬权,而非专有权利。在这方面,该指令第 6 条第 1 款规定,成员国可以降低保护标准,不把出借权规定为一种专有权利,但其前提条件是作者应当就作品的出借获得一定的报酬。又据该指令第 6 条第 2 款规定,如果成员国没有将出借权规定为专有权利,就录音、电影和计算机程序而言,相关的作者应当获得一定得报酬。上述规定有两点值得注意。第一,出借权可以降格为一项非专有权利。与此相应,图书馆一类的机构可以不经作者许可,出借相关作品、录音、电影和计算机程序,但应当向作者支付一定的报酬。这样,出借权就成了一项获得报酬权。第二,可以获得报酬的仅限于作者，而不包括表演者、录音制作者和电影制片人。这就在事实上取消了相关权人的出借权。在此基础之上，《出租权指令》第6条第3款又进一步规定，就作者的获得报酬权而言，成员国还可以免除某些机构向作者支付报酬的责任。这样一来，即使是作者所享有的获得报酬权，其适用的范围又进一步缩小了。在这方面，该指令第6条第1款还明确规定，成员国可以依据本国文化发展的目的，自由决定作者的报酬数额。如果将《出租权指令》第6条的规定综合起来就会发现，在出借权的保护方面，该指令为成员国留下了很大的选择空间。

《出租权指令》关于出借权的规定，似乎主要是为了让文学艺术作品的作者获得一定数量的报酬。因为按照该指令的规定，成员国虽然可以取消相关权人的出借权，可以不把作者享有的出借权规定为专有权利，但无论如何都必须向作者支付报酬。这样的规定，似乎与原来某些成员国规定的公共借阅权相吻合。不同之处在于，原来的公共借阅权主要是针对书籍，而现在的出借权则包括了书籍、电影和体现在录音中的词曲等。

关于作者因为出借而获得的报酬，欧盟法院在2011年判决的"WEVA"一案中有详细的讨论。① 在这个案件中，原告教育与科学作者协会是比利时的一家版权管理机构，被告是比利时政府。当时的《比利时版权法》第62条规定，关于文字作品、数据汇编、图形作品、音乐作品的出借，其作者应当获得报酬；关于录音、视听作品的出借，作者、表演者、录音制作者、制片人应当获得报酬。为了落实这一规定，比利时政府于2004年4月发布了一项命令，规定了一个固定费率。其计算方式是，就某一个出借机构例如图书馆登记在册的读者而言，如果其中的成人读者每一年至少借阅了一次，则按照每一年每一借阅者1欧元的标准计算；如果其中的未成年人读者每一年至少借阅了一次，则按照每一年每一借阅者0.5欧元的标准计算。如果某一读者在若干个出借机构都有注册登记，则仅按照一个借阅者计算。按照相关的做法，由此而产生的借阅报酬，由版权集体管理机构，包括本案的原告教育与科学作者协会，收取后予以分配。

比利时政府的这项命令发布于2004年4月。随后，教育与科学作者协会就向比利时国务委员会(Belgian Council of Sate)提起复议，要求撤销这项政府令。原告认为，政府令规定的"每年每一借阅者1欧元"的固定报酬费率，不符合欧盟《出租权指令》关于出借权的规定，包括因为出借而获得"公平报酬"的规定。国务委员会注意到，《出租权指令》第5条在涉及"出租权"时，使用了"合理报酬"(equitable remuneration)的术语，而该指令第6条在涉及"出借权"时，则使用了"报酬"的术语。于是，国务委员会决定暂停案件的审理，请求欧盟法院就出借权所涉及的"报酬"作出解释。具体说来，比利时政府令规定"每年每一成人借阅者1欧元"和"每年每一未成年借阅者0.5欧元"的固定报酬比率，是否符合《出租权指令》第6条的规定。

欧盟法院在判决中首先指出，按照《出租权指令》第1条的规定，作者享有许可和禁止他人出租自己作品的专有权利。然而按照该指令第6条，成员国又可以降低保护标准，将出借权规定为一项获得报酬权。显然，将出借权规定为获得报酬权，影响了作者原本享有的专有权利，使得他们不能通过许可或者禁止的方式，获得必要的收益。按照"出借权"的定义，图书

① Judgment of the Court (Third Chamber) of 30 June 2011, Case C - 271/10, Vereniging van Educatieve en Wetenschappelijke Auteurs (VEWA) v. Belgische Staat.

馆一类的机构可以将作品、录音、电影提供给社会公众,但不是为了直接的或者间接的经济利益。由此可见,承担支付报酬义务的也是图书馆一类的机构。

欧盟法院其次论证说,有关出借权的“报酬”,应当是一个在欧盟范围内具有统一含义的术语。而且,“报酬”一词不仅出现在《出租权指令》中,而且出现在其他有关版权的指令中。与此相应,理解“报酬”的含义,还应当结合其他指令,例如《信息社会版权指令》的相关规定。按照《信息社会版权指令》关于私人复制例外的规定,“公平补偿”的含义是指,在社会公众未经作者许可而复制其作品的情形下,作者应当获得足够的补偿。在《出租权指令》中,关于出借权却使用了“报酬”而非“补偿”。尽管如此,其含义仍然是说,由于未经作者许可而发生了公共借阅,作者的利益由此而受到了损害,因而应当给予一定的补偿。

欧盟法院继续论证说,按照《出租权指令》第 11 条第 3 款规定,无论是关于出租还是出借,权利人都应当获得“足够的报酬”(adequate remuneration)。这表明,如果是以固定性的比率安排出借权的报酬,则应当让作者获得足够的收入,而非象征性的数额。在这方面,《出租权指令》并没有给出具体的标准和应当采纳的方法。与此相应,关于权利人因为出借而获得的“足够报酬”,就是一个由成员国依据本国的具体情况予以确立的事情。在这方面,成员国具有很大的选择空间,可以依据促进文化发展的目标,采纳必要的标准和支付方式。当然,成员国的报酬标准和支付方式,还应当符合欧盟相关版权指令,例如《出租权指令》《信息社会版权指令》的规定。

就本案而言,欧盟法院还是提出了一些应当考虑的因素。判决指出,按照《出租权指令》关于出借权的规定,可以不经权利人许可而向公众提供相关的作品、录音和电影,因而损害了权利人的利益。与此相应,确定“足够报酬”,就应当考虑权利人因为出借而遭受的损失。例如,某一图书馆拥有的受保护作品的数量越多,就越有可能损害版权所有人的利益。事实上,那些大图书馆对于作者权利的损害,远远大于小图书馆的损害。又如,某一图书馆登记在册的读者数量越大,对于权利人利益的损害也就越大。显然,在确定报酬数额的时候,应当考虑登记在册的读者数量。

欧盟法院认为,就本案而言,比利时的政府固定费率命令虽然考虑了某一图书馆登记在册的读者数量,但没有考虑相关图书馆可以向公众出借的作品数量。与此相应,比利时的政府令没有充分反映作者因为出借而受到的损害,因而难以让作者获得足够的报酬。此外,按照比利时的政府固定费率命令规定,即使一个读者在若干个图书馆都有注册,也只能按照一个读者的标准支付报酬。事实上,大约 80% 的图书馆表示,大量读者不仅在它们那里有注册登记,而且在其他图书馆有注册记录。这样,比利时政府令按照“一个读者”的标准支付报酬,就在事实上免除了很多图书馆向权利人支付报酬的义务。显然,这与《出租权指令》让权利人获得足够报酬的规定不符。基于以上的讨论,欧盟法院最后得出结论说,比利时政府令所确定的出借权报酬支付办法,不符合《出租权指令》的规定。

欧盟的《出租权指令》发布于 1992 年,并且在 2006 年重新发布。无论是在当时还是现在,出借权主要针对的是以有形物承载的作品、录音和电影的出借,例如书籍、录音带、录像带和 CD、DVD 等。然而,随着数字化时代的到来,一些图书馆也开始出借数字化的作品、录音和电影。其具体做法是,图书馆向借阅者提供数字化的版本,每次只提供一份,而且在约定的期限之后自动销毁。对于这样的借阅方式,人们在一开始就有很多争议。有人认为这属于借阅权的范围,有人认为这属于向公众提供权的范围。2016 年,欧盟法院在"VOB"一案中作出判决,图书馆以上述方式向社会公众提供作品,属于借阅权的范畴。

在"VOB"一案①中,原告是荷兰的公共图书馆协会,其成员出借有形物的图书,并且支付相应的报酬。本案的被告是荷兰的出借权基金组织,在收取了图书馆支付的报酬之后,以集体管理的方式分配给相关的作者。随着电子图书出借的兴起,出现了数字化版本的出借是否属于"出借权"的问题。2010 年 4 月,出借权基金组织提出报告,图书馆提供电子图书不属于出借。随后,阿姆斯特丹大学的信息法研究中心也提出报告,图书馆提供数字化的电子图书,不属于出借。按照《荷兰版权法》,图书馆向社会公众提供借阅不需要经过权利人的许可,但应当支付报酬。在此基础之上,荷兰政府起草了一份有关数字图书馆的立法建议,其前提是图书馆提供数字化的电子图书,不属于法律规定的出借。按照这个建议,图书馆向社会公众提供数字化的电子图书,不能再援引出借权的例外,应当获得作者的许可。于是,公共图书馆协会向海牙地方法院提起诉讼,主张现有法律规定的出借权,已经包含了数字化图书的出借。

海牙地方法院经过审理认为,本案的争执涉及《出租权指令》中有关出借权的规定,因而提请欧盟法院就相关的问题作出前置裁定。具体说来,图书馆出借的数字化图书,是让借阅者通过图书馆的服务器下载一份复制件到自己的计算机,并且在借阅期限届满之后不能继续使用,这种方式是否属于指令所规定的"出借"。

欧盟法院论证说,《出租权指令》第 1 条第 1 款规定,权利人享有专有权利,允许或者禁止出借其作品或者其他受保护客体的原件和复制件,但是没有界定"复制件"是否包括电子化的复制件。又据《出租权指令》第 2 条规定,"出借"是指,不是为了直接或者间接的经济或者商业利益,通过社会公众可以使用的设施,提供他人在有限的时间内使用作品或者其他受保护客体的原件或者复制件。其中也看不出是否包括了数字化的作品或者其他受保护客体。这就要求法院进一步审查,《出租权指令》是否排除了对于数字化复制件或者无形客体的出借。

首先,按照《出租权指令》的"重述"所说,发布这个指令的宗旨之一是协调成员国有关出租权、出借权和某些相关权的立法,并且不与成员国参加的国际条约相抵触。在这方面,欧盟及其成员国都加入了世界知识产权组织的《版权条约》。根据《版权条约》第 7 条规定,出租权所涉及的"原件"和"复制件",是指体现在可以流通的有形物上的原件或者复制件。这表明,就出租权而言,不包括无形的、没有固定的复制件,例如数字化的复制件。与此相应,就《出租权指令》而言,关于"出租"的作品和其他受保护客体的原件或者复制件,都不涉及数字化的原件或者复制件。

其次,在《出租权指令》中,出租权和出借权是分别规定的。例如该指令第 2 条分别界定了"出租"和"出借"。这表明,就"原件"和"复制件"而言,在涉及出租权和出借权时,不必具有相同的含义。关于"出租权",无论是按照世界知识产权组织的《版权条约》,还是按照欧盟的《出租权指令》,仅仅涉及了体现在有形物上的原件或者复制件。然而,《版权条约》并没有涉及"出借权",《出租权指令》也没有明确将数字化复制件排除在"出借"的范围之外。显然,在 1992 年制定《出租权指令》的时候,尚不存在作品和其他受保护客体的数字化问题。然而,

---

① Judgment of the Court (Third Chamber) of 10 November 2016, Case C – 174/15, Vereniging Openbare Bibliotheken v. Stichting Leenrecht.

该指令的“重述”指出,版权保护应当适应新的经济形态,适应新的作品利用方式。显然,出借数字化的作品和其他受保护客体,就是一种新的对于作品和其他受保护客体的利用方式。与此相应,包括出借权在内的版权保护,也应当适应新的经济发展形态。

欧盟法院在判决中说,《出租权指令》第 2 条规定了“出借”的定义,该指令第 6 条规定可以将专有的“出借权”降低为获得报酬权。解释这两个规定,应当考虑将出借权规定为获得报酬权的立法目的和有效性。根据该指令第 6 条第 1 款,将“出借权”降低为获得报酬权,是为了让社会公众有效地获得相关的受保护客体,有利于促进文化的发展。至于本案所涉及的数字化作品和其他受保护客体的出借,完全符合《出租权指令》第 2 条关于“出借”的定义。具体说来,图书馆通过其服务器向借阅者提供数字化的作品,而读者则将相关的作品下载于自己的计算机上,并且仅仅在借阅的期限内使用。而在借阅期限届满之后,借阅者就不能继续使用下载于计算机中的作品。显然,这与图书馆出借印刷类的图书基本相似。因为,借阅者一次只能下载一个复制件,与借阅者一次借阅一本图书相似。借阅者只能在有限的期间里使用数字化作品,与借阅者在一定的期限内阅读图书相似。

欧盟法院最后得出结论说,按照《出租权指令》第 1 条第 1 款、第 2 条第 1 款和第 6 条第 1 款的规定,该指令所规定的“出借”,包括了将数字化的图书复制件通过图书馆的服务器提供给社会公众,而社会公众将其下载于自己的计算机上予以使用,并且在借阅期限届满之后不能继续使用相关的复制件。

三、相关权

如前所述,欧盟在制定《出租权指令》中有一系列变化。在一开始,欧盟委员会提出的草案仅仅涉及了出租权。但在后来又依据社会公众的意见,增加了出借权。与此同时,考虑到表演者权、录音制作者权、广播组织权和电影制片人权与出租和出借密切相关,又在指令中增加了相关权的保护。虽然欧盟基于出租、出借和相关权密切相关,将三方面的内容纳入了一个指令中,但是《出租权指令》本身带有内容混杂的特征,应当称为《出租权、出借权和相关权指令》。上一部分已经讨论了出租权和出借权,下面讨论相关权的内容,包括相关权的范围、使用录音的公平报酬和广播组织的入门费。

(一)相关权的范围

按照《罗马公约》的规定,相关权保护表演者就其表演活动享有的权利,录音制作者就其录音享有的权利,以及广播组织就其广播享有的权利。这也是国际社会公认的三种相关权。然而,欧盟《出租权指令》在“相关权”一章中,不仅规定了表演者权、录音制作者权和广播组织权,而且规定了一个制片人权。如前所述,这是电影制片人基于投资而享有的经济性利用电影的权利,不同于主要导演因为电影的创作而享有的版权,在欧洲大陆著作权法体系中,制片人所享有的这种权利,属于相关权的范畴。这样,《出租权指令》就有了四种相关权。对于这四种相关权人,《出租权指令》分别规定了固定权、复制权、发行权、广播与传播权。

“固定权”见于《出租权指令》第 7 条。根据该条规定,表演者享有许可或者禁止他人固定其表演活动的权利;广播组织享有许可或者禁止他人固定其广播节目的权利,不论这些广播是通过有线还是无线方式传播的,或是通过电缆还是卫星传播的。如果有线转播者仅仅是转播他人的节目,则不享有固定广播节目的权利。值得注意的是,“固定权”是表演者和广播组织享有的权利,不包括录音制作者和制片人。

“广播与传播权”见于《出租权指令》第 8 条。根据该条规定,表演者就其表演活动享有许可或者禁止他人无线广播和公开传播的权利,除非有关的表演是广播或者播放固定有表演活动的物品。广播组织就其广播节目享有许可或者禁止他人无线转播的权利。如果广播节目公开传播的地方要求公众支付入门费,广播组织也享有禁止或者许可公开传播的权利。根据这个规定可以看出,只有表演者和广播组织享有广播与传播权,而录音制作者和制片人则不享有广播与传播权。

“发行权”见于《出租权指令》第 9 条。根据该条规定,表演者就其已经固定的表演活动、录音制作者就其录音、制片人就其已经固定的电影、广播组织就其已经固定的广播节目,享有公开销售或者以他方式向公众提供固定物和复制件的权利。这种权利称为发行权。同样,《出租权指令》依据欧盟法院以往的判决,规定相关的固定物或者复制品由权利人自己或者经其同意而在共同体市场上首次销售之后,权利人就用尽了自己的发行权。当然,发行权用尽,仅限于欧盟或者欧洲经济区域的范围,不包括来自欧盟之外国家的固定物或者复制品。同时,发行权用尽并不意味着出租权、出借权和表演权的用尽。

此外,1992 年发布的《出租权指令》还规定了“复制权”。根据该指令规定,表演者就其已经固定的表演活动、录音制作者就其录音、制片人就其已经固定的电影、广播组织就其已经固定的广播节目,享有许可或者禁止他人直接或者间接复制的权利。然而,《出租权指令》于 2006 年重新发布时,却删除了有关“复制权”的规定。这是因为,2001 年发布的《信息社会版权指令》已经针对作者、表演者、录音制作者、制片人和广播组织,规定了宽泛的复制权,因而没有必要在《出租权指令》中继续保留。

以上的讨论是就具体的权利内容而言的,如固定权、复制权、发行权、广播与传播权。如果从权利的主体来看,则可以做如下的归纳:表演者享有固定权、复制权、发行权、广播与传播权,以及获得一次性报酬的权利;录音制作者享有复制权、发行权,以及因为录音制品的广播而获得一次性报酬的权利;广播组织享有固定权、复制权、发行权和广播与传播权;制片人享有复制权和发行权。

《出租权指令》在规定了相关权人享有的权利之外,还规定了这些权利的限制与例外。这包括:个人使用;为了相关的时事报道而使用某些片段;广播组织为了广播通过其设施进行暂时固定以及为了教学和科学研究的使用。此外,成员国可以将有关版权的限制与例外,适用于相关权,或者表演活动、录音、电影和广播节目。但是只有在符合《罗马公约》的意义上,才可以发布强制许可。

(二)使用录音的公平报酬

关于相关权人可以享有的权利,《出租权指令》的一个特殊之处是规定了表演者和录音制作者的一次性获得报酬权利。根据该指令第 8 条第 2 款规定,已经公开出版的录音及其复制件,如果被用来无线广播或者公开传播,使用者应当向录音制作者支付一次性公平报酬。不过,这个报酬应当由表演者和录音制作者分配。如果表演者和录音制作者没有签订分配一次性报酬的协议,则可以由成员国规定分配的条件。

表演者和录音制作者获得一次性报酬的权利,来自《罗马公约》第 12 条。根据规定,为了商业性目的而出版的录音或者录音复制件,如果被用来广播或者向公众传播,使用者应当向表演者或者录音制作者,或者向二者支付一次性报酬。如果表演者和录音制作者没有协议,则应当由成员国立法确定分配的条件。这个条文的标题就是"录音的二次使用"。[①] 后来,这个规定又纳入了世界知识产权组织的《表演与录音条约》第 15 条,其标题是"因广播和向公众传播而获得报酬的权利"。不过,《罗马公约》和《表演与录音条约》规定的"一次性报酬权",是一项起源于欧洲大陆作者权法体系的权利,并未得到国际社会的广泛认可。所以,《表演与录音条约》第 15 条又规定,成员国在加入条约的时候可以针对此项权利声明保留,或者在某种程度上限制此项权利的适用。[②]

关于《出租权指令》第 8 条第 2 款所规定的"一次性公平报酬",欧盟法院在 2003 年的"SENA"一案中有详细讨论。[③] 根据案情,早在 1986 年 12 月,当时的荷兰广播协会与荷兰音像制作者协会就达成了一次性报酬的协议。根据协议,因为对于表演者权和录音制作者权的利用,前者将以 1984 年支付的报酬为基数,每年向后者支付一定的报酬。其中,1984 年支付的报酬为 60 万 5000 荷兰盾,1994 年为 70 万荷兰盾。

为了贯彻《出租权指令》,荷兰于 1993 年修订《荷兰著作权法》,其中的第 7 条规定,如果录音使用者与录音制作者和表演者未能就"一次性公平报酬"达成协议,海牙地方法院可以作为一审法院,根据当事人的请求确定报酬的数额。修订后的《荷兰著作权法》第 17 条还规定,由荷兰司法部指定一个法人组织,负责收集和分配一次性公平报酬。[④] 基于这个规定,就产生了本案的原告相关权利用者协会。在随后的谈判中,原告要求"荷兰广播协会"每年支付 750 万荷兰盾的报酬,而荷兰广播协会则认为应当支付 70 万荷兰盾。于是,原告依据《荷兰著作权法》的规定,请求海牙地方法院确定被告应当支付的费用。法院在考虑了相关的因素之后,确定被告 1995 年应当支付的报酬是 200 万荷兰盾。同时,这个数额还应当在以后依据录音制品使用的情况有所增加。被告不服地方法院的裁定,向海牙上诉法院提起上诉。

海牙上诉法院认为,本案的关键在于如何确定"公平的报酬"。不过,《荷兰著作权法》和《出租权指令》都没有就如何计算"公平的报酬"作出规定。海牙上诉法院还认为,"公平报酬"的计算方式应当考虑以下因素,如录音制品广播的小时数量,广播公司可以覆盖的收视地域,表演者和广播组织就音乐作品支付的费用,临近荷兰的其他成员国因为公开广播而支付的费用,以及商业性广播电台支付的费用。但是相关权利用者协会认为,《出租权指令》规定的"公平报酬"是一个欧盟法律意义上的概念,应当在所有成员国中进行一体解释,而上诉法院的推理则会导致成员国做出不同的解释。于是,海牙上诉法院决定暂停案件的审理,请求欧盟法院就《出租权指令》中的"公平报酬"作出解释。

欧盟法院在判决中首先认定,《出租权指令》第 8 条第 2 款规定的"公平报酬",是一个欧盟法律的概念,应当在欧盟范围内一体解释和适用。然而该指令仅仅规定,成员国可以在某

① Rome Convention, article 12.

② Article 15, WPPT.

③ Judgment of the Court of 6 February 2003, case 245/00. - - Stichting ter Exploitatie van Naburige Rechten (SENA) v. Nederlandse Omroep Stichting (NOS).

④ 关于《荷兰著作权法》的具体内容,见 SENA 判决书的引述。

些情况下确定表演者和录音制作者之间对于公平报酬的分配,但并没有规定公平报酬的确认标准。这表明,该指令并没有规定一个统一适用的公平报酬的标准,而是让成员国政府在其地域范围内确定什么是公平报酬。事实上,依据《出租权指令》的规定,首先是录音的使用者与表演者和录音制作者通过协议确定公平报酬。只有当二者没有协议时,才要求成员国确定分配的条件。

欧盟法院论证说,关于《出租权指令》规定的公平报酬,本院的任务既不是确定相关的标准,也不是提出有关认定标准的限制性因素。在这方面,欧盟法院的任务仅仅是提供信息,让成员国法院评估本国的公平报酬标准是否恰当,是否符欧盟法律的宗旨。就本案而言,由于原告与被告没有达成关于公平报酬的协议,荷兰法院就可以依据《荷兰著作权法》的规定,确定公平报酬的数额。在这方面,海牙上诉法院还认为,确定公平报酬的计算模式,应当考虑以下的因素:录音制品被广播的小时数量,广播电视公司可以覆盖的收听、收视人群,表演者和广播组织使用他人音乐作品支付的费用,相邻的其他成员国因为公开广播而支付的费用,以及商业性电台支付的费用。

欧盟法院最后裁定,在原告与被告没有就公平报酬达成协议的情况下,荷兰法院可以依据《荷兰著作权法》的相关规定,提出确定公平报酬的标准和应当考虑的因素。这种做法符合欧盟法律的基本原则和规定。

值得注意的是,按照《出租权指令》第 8 条第 2 款规定,只有当使用者向公众传播了已经出版的录音之后,才负有向表演者和录音制作者支付"一次性公平报酬"的义务。关于其中的"公众",欧盟法院在 2012 年 3 月同一天公布的两个判决中,进行了详细的讨论。

先来看"SCF"一案。① 在这个案件中,原告是意大利的一家集体管理组织录音制作者协会,代表录音制作者收取和分配相关的费用。根据案情,原告认为在很多牙科诊所中,经营者常常向等候治疗的患者播放录音制品,将其作为等候区域的背景音乐,因而应当支付"一次性公平报酬"。然而,当原告寻求与意大利牙医协会谈判使用费时,却遭到了拒绝。于是,原告针对一位牙科医生,在图灵地方法院提起诉讼,主张他在诊所中使用了受到保护的录音,构成了《意大利著作权法》和欧盟《出租权指令》中所规定的"向公众传播",应当支付一次性公平报酬。被告则提出抗辩说,自己在诊所中的背景音乐是由广播电台播放,原告应当向广播电台或者电视台要求费用。如果是自己在诊所中播放了原告管理的录音制品,才会发生支付费用的问题。被告还认为,即使是收听背景音乐,也发生在自己的私人诊所中,不属于"向公众传播"。

2008 年 5 月,图灵地方法院作出判决,驳回了原告的诉讼请求。图灵地方法院认为,被告对于背景音乐的使用不是为了盈利,也没有影响患者对于诊所的选择。图灵地方法院还认为,牙医诊所针对的患者相对固定,因而也不属于向公众传播了相关的音乐。原告不服判决而提起了上诉。受理上诉案件的图灵上诉法院认为,本案涉及《出租权指令》中的"向公众传播",因而请求欧盟法院就相关的问题作出前置裁定。

欧盟法院首先指出,《出租权指令》所说的"向公众传播",不同于《信息社会版权指令》所

---

① Judgment of the Court (Third Chamber), 15 March 2012, Case C – 135/10, Società Consortile Fonografici (SCF) v. Marco Del Corso.

说的“向公众传播”和“向公众提供”。因为就《出租权指令》而言,是广播组织的单向式播放;而就《信息社会版权指令》来说则是交互式的,即公众在自己选定的时间和地点获得相关的作品或者其他受保护客体。关于本案,一个牙科诊所通过收听广播的方式使用录音制品,显然不是交互式的使用。在本案中,被告还提出,自己仅仅是使用收音设备收听广播电台播放的录音,不属于《出租权指令》第 8 条第 2 款所说的“使用”已经出版的录音制品。然而在这方面,意大利法院已经作出判决,被告的行为属于“使用”或者“播放”他人已经出版的录音制品。对此,欧盟法院予以认可,并在此基础上讨论了其他相关的问题。

欧盟法院论证说,《出租权指令》第 8 条第 2 款规定,在他人使用录音而向公众传播的情况下,表演者和录音制作者享有一个获得报酬权。这表明,获得报酬权是一项经济性权利。与此相应,为了评估对于录音的某一使用是否属于“向公众传播”,就应当综合考虑如下的一些要素。第一,确定使用者是否使用了相关的录音,或者说如果没有使用者的行为,公众就不可能听到音乐。第二,确定公众的含义。在这方面,公众是指不特定的人群或者听众,而且具有一定的规模。如果是特定的人,数量很少的人,则不属于公众。第三,使用者向公众传播录音具有盈利的性质,因而表演者和录音制作者应当获得报酬。这表明,使用录音是指向特定的公众,而非偶尔路过的公众。

依据以上确定的几个要素,欧盟法院具体分析了本案的情形。首先,由于牙医诊所的行为,在等候区的患者才可以听到通过广播而播放的录音。或者说,牙医诊所有意识地提供收听设备,让患者听到了录音,构成了对于录音的使用。其次,牙医诊所的患者通常是一个固定的群体,属于可以确定的听众,因而不属于《出租权指令》所说的“公众”。在这方面,如果从不断进入等候区的角度来看,牙医诊所的患者可能有较大的数量。然而就某一个特定的时间点来说,等候区的患者数量则是非常有限的,听到的录音也是不同的。最后,牙医诊所在患者等候区播放录音,既没有期望通过背景音乐增加患者的数量,也没有因为播放了背景音乐而提高治疗费用。换句话说,通过收听广播的方式播放录音,没有影响牙医诊所的收入。在这方面,患者前往牙医诊所的唯一目的是接受治疗。至于背景音乐,显然不是牙医治疗的一个组成部分。出现在等候区域的患者,仅仅是在等待的时间段里偶然听到了相关的录音,因而不属于播放录音所指向的特定人群。这表明,牙医诊所播放录音作为背景音乐,属于非盈利的性质。

欧盟法院最后得出结论说,牙医诊所向等候区的患者播放已经出版的录音,不收取任何费用,而且等候区的患者也没有选择的自由,不属于《出租权指令》第 8 条第 2 款规定的“向公众传播”。与此相应,牙医诊所从事这样的传播行为,不需要向录音制作者和表演者支付任何费用。

再来看“PPL”一案。① 在这个案件中,原告是爱尔兰的一家集体管理组织录音表演公司,就录音的播放或者公开传播收取和分配费用。被告是爱尔兰政府。根据当时的《爱尔兰版权法》第 97 条第 1 款规定,在住宿设施中让住宿者聆听音乐和观看电视,不属于侵犯录音和节目的版权。原告认为,这个规定免除了旅馆类经营者支付公平报酬的义务,违反了《出租权指

---

① Judgment of the Court (Third Chamber), 15 March 2012, Case C – 162/10, Phonographic Performance (Ireland) Limited v. Ireland and Attorney General.

令》第 8 条第 2 款的规定。在原告提起的诉讼中，爱尔兰高等法院认定，原告的诉讼仅仅涉及旅馆客人听取录音，既不涉及其他的住宿设施，也不涉及交互式的获取录音。爱尔兰高等法院还认定，如果旅馆的经营者在客房里提供了电视和收音设备，按照《爱尔兰版权法》第 97 条第 1 款规定，可以不向录音的表演者和制作者支付公平报酬。爱尔兰高等法院认为，这个规定和原告的诉讼主张，涉及了《出租权指令》第 8 条第 2 款的规定，尤其是“向公众传播”的含义，因而请求欧盟法院就此作出前置裁定。

欧盟法院首先指出，旅馆经营者为客人房间提供了电视和收音设备，使得来自广播电台和电视台的信号得以传播，属于相关录音的使用者。在这方面，旅馆经营者是以未经干预的方式，将他人广播的录音传播给了房客。在这里，如果没有旅馆经营者的行为，就不会有录音的传播。其次，关于“公众”，应当综合考虑一系列因素而加以判断。例如公众是指不特定的人群，而非特定的属于私人范围的个体人员。又如，公众是指一定数量的人员，而非微不足道的人员。就本案而言，旅馆的客人显然属于不特定的人群，并且具有相当的数量规模，属于“公众”的范畴。最后，使用者向不特定的人群传播录音，具有盈利的性质。就本案而言，旅馆经营者为客人房间提供电视和收音设备，不仅可以营造良好的住宿氛围，而且可以提高房间的价格，显然具有盈利的性质。

在本案中，欧盟法院还讨论了《出租权指令》第 10 条第 1 款规定的“私人使用”。根据规定，如果对于作品、录音和电影的使用是私人使用，则可以免除向作者、表演者、录音制作者和制片人支付费用的义务。欧盟法院的判决说，“私人使用”是一个与“公众传播”相对应的概念，“私人”是一个与“公众”相对应的概念。如果某种对于录音的传播属于“向公众传播”，就不再属于“私人使用”的范畴。就本案的情形来看，旅馆经营者提供电视和收音设备，为了盈利的目的而向不特定的房客传播录音，显然不属于“私人使用”。

（三）广播组织的入门费

广播组织的入门费，是欧盟《出租权指令》中的一个特殊规定。在欧美国家，当有体育赛事和一些重大的社会活动时，很多人会聚集在酒吧、餐馆或者饭店，通过共同收听或者共同观看而形成一种热烈的气氛。为了控制人数，相关的酒吧、餐馆或者饭店，还会向收听者或者观看者收取一定的入门费。与此相应，一些国家的立法规定，广播组织享有权利，许可或者禁止此类对于其广播的使用，进而获得相应的收益。

早在 1961 年缔结的《罗马公约》中，就有了关于广播组织入门费的规定。该公约第 13 条第 4 款规定，广播组织享有权利，许可或者禁止向公众传播其电视节目，前提是公众进入传播其电视节目的地点时支付了入门费。由于欧盟成员国都是《罗马公约》的成员国，1992 年发布的《出租权指令》也规定了广播组织享有的入门费权利。根据该指令第 8 条第 3 款规定，广播组织享有专有权利，许可或者禁止他人转播其广播，以及许可或者禁止向公众传播其广播，前提条件是公众需要支付入门费才可以进入传播其广播的地点。值得注意的是，《罗马公约》的规定仅仅涉及了“电视节目”，而《出租权指令》则使用了宽泛的“广播”，不仅包括了电视节目，也包括了无线电广播节目。

关于广播组织的入门费，欧盟法院于 2017 年判决的“Hotel Edelweiss”一案具体讨论了相关的问题。[①] 在这个案件中,原告是奥地利的一家集体管理组织,代表广播组织和其他权利人收取和分配相关的版权使用费。被告是奥地利的一家旅馆,通过电缆将接收到的电视信号和无线电广播信号传输到客房。该传播属于同时传播,没有做任何更改。于是,原告向维也纳商业法院提起诉讼,主张被告的行为属于向公众传播电视和无线电广播,违反了《出租权指令》第8条第3款规定,应当支付相应的损害赔偿。原告认为,房客可以在房间中使用电视机和收音设施,接收被告通过电缆传播的电视节目和无线电广播节目,这属于向公众传播。原告还认为,被告收取的住房费用,相当于"入门费",因而应当获得原告的许可,并且支付相应的费用。而被告则认为,自己向房客收取的费用是住房的费用,而非观看和收听广播节目的"入门费"。受理案件的维也纳商业法院认为,双方当事人的争执涉及了《出租权指令》第8条第3款的规定,尤其是其中规定的"入门费",因而请求欧盟法院就"入门费"的含义作出前置裁定。

欧盟法院首先指出,无论是依据《信息社会版权指令》第3条规定,还是依据《出租权指令》第8条第3款规定,旅店经营者通过电缆将电视信号和无线电广播信号传输到客房中,都属于向公众传播。然而,就《出租权指令》第8条而言,该条第1款和第2款规定的表演者和录音制作者享有的权利,与该条第3款规定的广播组织享有的权利是不同的。因为,该条第3款规定的广播组织享有的向公众传播权,范围相对狭窄,仅限于社会公众支付"入门费"的情形。欧盟法院认为,《出租权指令》第8条第3款的规定,是为了与《罗马公约》第13条第4款保持一致。依据世界知识产权组织解释《罗马公约》的文件,入门费特指为了向公众传播电视节目而收取的费用。至于在餐馆、酒吧中购买餐食、饮料的费用,则不属于入门费,尽管在相关的餐馆或者酒吧中有电视节目的播放。

欧盟法院由此而认为,旅馆的房间价格,就像餐馆的服务价格一样,不属于为了传播电视而特别要求的入门费。旅馆的房间价格,主要由住宿的服务费用构成。按照旅店指南,某些额外增加的服务,例如提供电视和收音设备,通常包括在了住宿费用之中。毫无疑问,提供电视和收音设备,提升了旅馆的服务质量,影响了房间的价格。但无论如何,都不能将由此而增加的服务费用,与《出租权指令》第8条第3款规定的入门费等同起来。

欧盟法院最后得出结论说,在旅馆房间里安装电视和收音设施,传播电视和广播节目,属于《出租权指令》第8条第3款规定的"向公众传播"。然而,这种传播不构成公众支付入门费的传播。

第二节 卫星广播和有线转播

一、卫星广播和有线转播概述

作品传播技术的不断革新,一方面为作品的广泛传播带来了可能性,另一方面也对版权

① Judgment of the Court (Second Chamber) of 16 February 2017, Case C-641/15, Verwertungsgesellschaft Rundfunk GmbH v. Hettegger Hotel Edelweiss GmbH.

制度提出了挑战。就广播技术而言,无线电广播技术的产生,使得作品和对于作品的表演,例如朗读、演唱、演奏等,得以在广大听众中广泛传播。随后,电视广播技术的产生,又使电影和视听产品得以广泛传播。其中的电影和视听产品,既包括构成作品的电影和视听产品,也包括不构成作品的电影和视听产品。

版权或者说著作权与广播活动相关的权利关系是非常清楚的。首先,广播组织广播他人的作品和录音,无论是无线电广播还是电视广播,都应当获得授权。否则就会构成侵权。其次,随着广播组织的呼吁,以及版权制度的发展,广播信号本身也纳入了受保护的范围。在这方面,英国在1956年就提供了对于广播信号的版权保护。而在著作权法体系国家,则逐渐提供了相关权的保护。《罗马公约》中的广播组织权,就是由此而产生。

早期的无线电广播和电视广播,限于技术的原因,如信号发射的功率、信号中转站的设立,相关节目的广播通常都是在一国的范围之内。这样,广播组织权利的保护范围,获得他人作品和录音授权的范围,都与地域性的国家范围相吻合,也与版权或者著作权的地域范围相吻合。然而,随着广播技术的进一步发展,尤其是卫星广播技术的发展,广播信号的覆盖范围就超出了地域性的国家范围,甚至可以传达到全世界的每一个角落。这样,如何解决版权和相关权的授权问题,就成了广播组织必须面对的问题。

20世纪70年代,卫星广播技术和有线转播技术逐渐成熟起来,并在广播电视节目的广播和转播方面广泛运用。其中的卫星广播,是指通过技术手段将广播信号上传,然后通过卫星传播到预定的区域。其中的有线转播,是指地面接收设备通过技术手段,将本区域内覆盖的卫星信号传输给特定的用户,让用户得以观看或者聆听有关的节目。与传统的无线广播和有线广播相比,卫星广播和有线转播的突出特征是广播活动的跨国性。例如,从一个国家发射的节目信号通过卫星传输以后,不仅可以覆盖到这个国家,还可以覆盖到其他国家。又如,从事有线转播的广播组织,不仅可以转播来自本国的卫星节目,而且可以转播来自其他国家的卫星节目。这样,从版权和相关权的地域性特征来看,卫星广播和有线转播所要解决的版权许可问题,就要比传统的无线广播和有线广播复杂得多。

事实上,早在欧盟法院于1980年判决的"Coditel"一案①中,就涉及电视节目跨境转播的问题。在这个案件中,一家法国电影公司拍摄了一部电影,依据地域性的原则而在不同的成员国进行了不同的授权。具体说来,电影公司与比利时的一家放映公司(原告)签订合同,约定该公司在比利时独家放映电影,并且在40个月之后才可以通过电视播放。与此同时,法国电影公司还与一家德国电视台签订合同,授权播放自己的电影。由于比利时与德国比邻,电视信号也在同时覆盖到了比利时的某些区域。比利时的一家有线电视转播公司(被告),截取了德国电视台发射的信号,通过有线电视网络向自己的用户转播了原告的电影。其具体做法是,在比利时设立了若干个广播信号处理中心,其可以接受、传输和改进电视信号。散落于比利时的电视用户,则通过电缆线路将电视机与信号处理中心链接起来,进而观看相关的电视节目。为了观看电视节目,用户支付了相应的费用。

于是,获得了独家授权的电影放映公司,针对有线电视公司在布鲁塞尔地方法院提起诉

① Judgment of the Court of 18 March 1980, case 62/79, SA Compagnie générale pour la diffusion de la télévision, Coditel, and others v. Ciné Vog Films and others.

讼,主张被告的有线转播行为损害了自己的独家放映权,应当支付相应的损害赔偿。地方法院经过审理,判定被告侵权。被告不服判决,向布鲁塞尔上诉法院提起了上诉。布鲁塞尔上诉法院认为,电影公司在德国享有的和在比利时享有的是两个不同的版权。与此相应,德国电视台播放涉案的电影,并不意味着被告可以在比利时通过有线网络予以转播。如果被告在比利时转播涉案电影,则应当获得原告的同意和支付相应的费用。由此出发,上诉法院维持了地方法院的判决。然而被告在上诉中提出,原告禁止自己在比利时转播德国电视台播放的电影,妨碍了服务的自由流动,违反了《欧盟运行条约》的相关规定。由于被告的这个主张涉及了欧盟法律,布鲁塞尔上诉法院暂停案件的审理,提请欧盟法院就相关的法律问题作出前置裁定。具体说来,法国电影公司将电影版权在不同的成员国分开转让和利用,进而分割了欧盟共同市场,是否限制了服务的自由流动。

欧盟法院在判决中说,电影属于文学艺术作品,可以通过无数次重复表演的方式传达给社会公众。这与书籍和录音制品的销售不同。与此相应,电影的版权所有人和受让人,可以通过影院放映而获得收益,也可以通过电视台播放而获得收益。在本案中,涉案电影的版权所有人,就是在比利时授权原告独家放映电影,而在德国授权电视台播放电影。这是依据成员国的地域性特征而做出的安排,符合版权的本质属性。欧盟法院论证说,尽管《欧盟运行条约》规定,不得限制成员国之间服务的自由流动。然而,在依据成员国法律保护知识产权的时候,又可以限制某些经济活动。关键的问题在于,就成员国之间的贸易来说,对于知识产权的保护,是否构成了任意的歧视或者掩盖性的限制。在这方面,原告依据其在某一个成员国所享有的独家表演权,禁止被告截取来自另一个成员国的电视信号,并以有线转播的方式向公众传播同一部电影,既没有妨碍成员国之间的服务自由流动,也没有违反《欧盟运行条约》的相关规定。

除了版权和相关权的地域性特征,成员国法律规则的不同,也妨碍了欧盟范围内的卫星广播和有线转播。例如,在当时德国、奥地利等国的版权保护期限是作者的有生之年加70年,而其他成员国为作者的有生之年加50年。又如,有的成员国规定,已经出版的录音制品,他人可以广播或者公开传播,但应当向作者和录音制作者支付一次性报酬。但有的成员国规定,他人在广播或者公开传播已经出版的录音制品时,应当获得作者和录音制作者的授权。当然在这方面,欧盟颁布的一系列有关版权和相关权的指令,尤其是《出租权指令》(涉及相关权的协调)、《版权和相关权保护期指令》,已经就相关的问题做了协调,从而扫清了卫星广播和有线转播中的很多障碍。这样,就欧盟范围内的卫星广播和有线转播而言,剩下的主要就是法律选择和如何获得授权的问题。例如,卫星广播是否需要适用信号目的国的法律,有线转播如何获得版权和相关权许可,等等。

早在20世纪50年代,欧共体范围内就出现了跨国转播电视节目的市场。按照当时的技术条件,电视台在发射电视节目之后,其他广播组织可以接收节目信号而直接转播,或者通过电缆转播。这样,不仅同一成员国之内的有线转播组织可以通过电缆转播电视节目,其他成员国的转播组织也可以通过电缆转播电视节目。为了防止他人未经授权而接收和转播电视节目,欧盟理事会于1960年通过了《欧洲电视协议》(European Television Agreement),就相关的转播问题作了规定。包括英国在内的很多国家,都是这个协议的成员国。①

欧盟法院于1980年判决的"Coditel"一案,凸显了欧盟电视市场的存在,以及版权许可问题所造成的问题。1984年,欧盟委员会发表了一份关于建立共同体广播市场的报告,其标题是《没有边界的电视:关于建立广播,尤其是卫星和电缆广播共同市场的绿皮书》。② 该绿皮书不仅讨论了电视市场的一般性问题,如电视广播应当适用的法律,电视广告和电视购物等,而且从促进欧盟电视市场发展的角度出发,讨论了跨越国界的版权许可问题。在这方面,该绿皮书提出了一个法定许可的建议。按照这个建议,版权所有人不得禁止有线转播其作品,但可以通过集体管理获得一定的报酬。显然,这是将作者的专有权利变成了获得报酬的权利。关于建立共同体广播市场的报告一发表,有关版权的这个建议立刻遭到了权利人和各方面的激烈反对。

1989年10月,欧盟理事会又通过了一个关于电视广播的指令,即《没有边界的电视指令》,以协调成员国有关电视广播的法律规定。③ 这个指令以"欧洲视听区域"(European Audiovisual Area)的概念为基础,确立了在欧盟范围内自由提供电视服务的法律框架。为了达到培育电视市场的目的,《没有边界的电视指令》在欧盟层面上协调了成员国有关电视广播的某些法律规定。例如广播组织可以适用的法律,促进作品的创作和发行,了解重大事件,电视广告,广告出资者,电视购物,保护儿童和公共秩序,等等。④ 由于版权问题过于复杂,再加上争议很大,《没有边界的电视指令》刻意回避了版权许可的问题。然而,如果不能有效解决版权许可的问题,包括有效保护版权和相关权,"欧洲视听区域"的计划就难以完成。

就卫星广播和有线转播而言,有关版权的问题涉及了两方面的利益。一方面,卫星广播和有线转播组织希望简化版权许可的问题,甚至主张强制许可,从而把尽可能多的作品传播给社会公众。另一方面,版权所有人不希望在卫星广播和有线转播的问题上削弱自己的权利,丧失自己的利益。如果将专有权利改变为获得报酬的权利,就会使得版权所有人丧失市场谈判的机会,在某种程度上损害他们的利益。有关卫星广播和有线转播的指令,必须平衡二者的利益,尽可能将广播组织和版权所有人的诉求容纳在一起。在这方面,欧盟委员会就视听广播市场上的版权问题,于1990年11月公布了一份讨论文件。该文件特别强调,就卫星广播和有线转播而言,应当充分保护版权,不应采取强制许可的措施。同时,针对有线转播的特殊性,文件建议采取集体管理的许可方式,防止个别权利人提出滥用权利的要求或者条

---

① See Cornish, Llewelin, *Intellectual Property*: *Patents*, *Copyright*, *Trade Marks and Allied Rights*, 6th edtion, Sweet & Maxwell 2007, p.549.

② Television without Frontiers: Green Paper on the Establishment of the Common Market for Broadcasting, especially by Satellite and Cable, COM(84) 300 final.

③ Council Directive 89/552/EEC of 3 October 1989 on the coordination of certain provisions laid down by law, regulation or administrative action in Member States concerning the pursuit of television broadcasting activities, as amended by Directive 97/63/EC of the European Parliament and of the Council of 30 June 1997.

④ Report from the European Commission on the Application of Council Directive 93/83/EEC of 27 September 1993 on the coordination of certain rules concerning copyright and rights related to copyright applicable to satellite broadcasting and cable retransmission, July 26, 2002 COM(2002) 430 final.

件,阻碍授权谈判的实现。①

1992 年 7 月,经过多年讨论,欧盟委员会终于向理事会提出了“卫星广播与有线转播指令”的建议稿。经过欧盟议会的讨论修改,欧盟理事会于 1993 年 9 月通过了《卫星广播与有线转播指令》。② 该指令共有四章 15 条,包括了“定义”“卫星广播”“有线转播”“一般规定”。该指令主要规定了版权法律的适用或者选择。根据该指令规定,卫星广播应当适用节目发射地的版权和相关权法律,有线转播应当适用转播地的版权和相关权法律。《卫星广播与有线转播指令》特别要求,成员国应当就卫星广播和有线转播赋予版权所有人和相关权所有人以专有权利。同时,为了方便许可,《卫星广播与有线转播指令》规定了卫星广播和有线转播组织可以通过集体管理组织获得授权。其中,有关有线转播的授权属于法定集体授权。做出这些规定的目的是消除成员国在卫星广播和有线转播方面的法律障碍,增加法律适用和版权许可的确定性,从而使得跨越国界的卫星广播和有线转播得以顺利进行。按照规定,成员国应当在 1995 年 1 月 1 日以前,通过国内的立法程序贯彻执行《卫星广播与有线转播指令》的相关规定,并且将有关情况报告欧盟委员会。

应该说,《卫星广播与有线转播指令》是一个适用范围非常狭窄的指令。从技术的角度看,这个指令主要适用于卫星广播和有线转播,反映了 20 世纪 90 年代前后的作品传播技术。随着作品传播技术的向前发展,尤其是互联网络技术的发展,卫星广播和有线转播在作品传播中的作用逐步下降,甚至有可能为互联网络传播所替代。从法律的角度来看,这个指令主要解决了卫星广播和有线转播中的法律适用问题,即卫星广播适用节目发射地成员国的法律,有线转播适用节目转播地成员国的法律。按照欧盟委员会最初的设想,制定《卫星广播与有线转播指令》的宗旨是把欧盟建立成一个“没有边界的视听区域”。然而,由于该指令没有突破版权和相关权的成员国特征,再加上卫星广播组织和有线转播组织对于加密措施的广泛使用,最终所形成的仍然是“成员国的视听区域”,甚至是成员国之内某一区域的、只有某些人可以接收的视听区域。所以,欧盟委员会于 2002 年 7 月发布的关于《卫星广播与有线转播指令》的评估报告认为,《卫星广播与有线转播指令》的贯彻实施,并没有实现预期的建立欧盟统一的、没有边界的视听区域的目标。③

下面,我们将从卫星广播、有线转播和集体授权三个方面,讨论《卫星广播与有线转播指令》的具体内容。

二、卫星广播

根据《卫星广播与有线转播指令》第 1 条第 1 款规定,“卫星”是指使用一定频率波段的所

---

① Discussion Paper prepared by the Commission of European Community on Copyright Questions concerning Cable and Satellite Broadcasts. III/F/5263/80 – EN (November 1990), 4 – 5. See Catherine Seville, *EU Intellectual Property Law and Policy*, Edward Elgar, 2009, p. 35.

② Council Directive 93/83/EEC of 27 September 1993 on the coordination of certain rules concerning copyright and rights related to copyright applicable to satellite broadcasting and cable retransmission.

③ Report on the Application of Council Directive 93/83/EEC of 27 September 1993 on the coordination of certain rules concerning copyright and rights related to copyright applicable to satellite broadcasting and cable retransmission, July 26, 2002, COM(2002) 430 final.

有卫星。其中的频率波段是用来传播可以让公众接收的信号,或者用来进行点对点的信号传播。至于卫星广播,则是将载有节目的信号上传到卫星和下传到地面,使社会公众可以接收,进而观看和聆听相关的节目。

关于卫星广播,《卫星广播与有线转播指令》的突出特征是明确了法律适用的问题。大体说来,卫星广播组织发射的节目信号,不仅可以覆盖发射节目的成员国,而且可以覆盖其他成员国,甚至覆盖全世界。这样,卫星广播组织在什么样的范围内寻求授权,就是一个首先应当解决的问题。在《卫星广播与有线转播指令》制定的过程中,曾经就这个问题进行过广泛的讨论。根据有关的论著,关于卫星广播组织应当获得的版权许可,可以有三个方案,即发射国和所有目的国的授权,发射国的授权,以及广播组织所在国的授权。① 下面分别讨论。

第一种方案是要求卫星广播组织获得发射成员国和所有目的成员国的版权授权。因为卫星广播组织在某一成员国发射卫星节目,使用了他人的作品,应当获得授权。同时,将卫星节目信号发射到其他成员国家,相当于在那些国家的地域内使用了他人的作品,也应当获得授权。显然,这是一个有利于版权所有人的方案,可以让版权所有人因为卫星广播而在很多成员国发放授权,获得收益。但是,如果真的按照这个方案执行,一方面卫星广播组织为了发射节目信号,不仅要获得发射国的版权许可,而且要获得很多成员国的版权许可。另一方面,这样一种方案也会促使世界各国的版权所有人、代理人或者集体管理组织,云集到欧盟成员国中要求权利金。② 与此相应,卫星广播组织将承担起繁重的寻求版权授权的任务,不仅使得卫星节目难以发射,也将使得卫星广播组织难以生存。

第二种方案是要求卫星广播组织获得节目发射成员国的授权,而不考虑发射目的成员国的授权。这样,卫星广播组织在某一个成员国发射卫星节目信号,就属于在这个成员国使用了他人的作品,必须获得版权所有人在这个成员国的许可。与这个方案相对应的,则是处于其他成员国的有线转播组织在转播相关的卫星节目时,再去获得版权所有人在转播国家的授权。这样,卫星广播组织获得发射成员国的授权,有线转播组织获得转播成员国的许可,一方面使卫星广播和有线转播得以实现,另一方面也便于版权所有人发放许可。

第三种方案是要求获得广播组织所在成员国的授权。按照这个方案,广播组织处于哪一个成员国,就应当获得哪一个成员国的授权。不过,这个方案似乎与卫星广播所涉及的版权问题相距较远。因为卫星广播组织可能设立在一个成员国,而卫星节目的发射则发生在另一个成员国。从卫星广播的角度来看,只有卫星节目的发射才会涉及版权授权的问题。此外,如果采取这个方案,还会鼓励卫星广播组织迁往版权保护水准较低的国家,例如欧盟之外的国家。

显然,在卫星广播节目获得版权许可的问题上,比较合理的方案应当是第二个,即卫星广播组织应当获得卫星节目发射国的版权授权。同时,再要求有线传播组织获得转播国家的版权授权,从而解决转播授权的问题。事实上,《卫星广播与有线转播指令》所采取的就是这个方案。

---

① See Guy Tritton et al., *Intellectual Property in Europe*, 5th ed., Sweet & Maxwell, 2018, p. 607.

② See Cornish, Llewelin, *Intellectual Property: Patents, Copyright, Trade Marks and Allied Rights*, 6th edtion, Sweet & Maxwell 2007, p. 551.

根据《卫星广播与有线转播指令》第1条第2款第1项规定,“卫星公开传播”是指在广播组织控制并承担责任的条件下,将载有节目的信号导入不间断的通讯网络,使之上传到卫星并且下传到地面,进而为公众所接收。根据该指令第2款第2项规定,卫星公开传播行为是在广播组织控制并承担责任的条件下,发生在某一成员国之内的行为。这就意味着,只有这个国家的版权法律与卫星公开传播行为相关。或者说,就卫星广播而言,适用的是行为发生地的法律,而不是广播组织所在地或者信号接收地的法律。与此相应,卫星广播组织在发射卫星节目时,只要获得发射地成员国的版权许可就可以了。关于这一点,《卫星广播与有线转播指令》的“重述”第(14)也说,有关卫星公开传播和传播行为发生地的定义,避免了同时适用几个成员国法律的情形。

卫星广播适用节目发射成员国的法律,这是一般原则。在此基础上,《卫星广播与有线转播指令》第1条第2款还就特殊情况下适用成员国法律的情形做了规定。根据该款规定,如果卫星公开传播行为发生在一个非成员国,而且该国提供的保护水平低于欧盟的保护水平,同时相关的节目信号又是从位于某一个成员国的上传站点(uplink station)传输到卫星,那么上传站点所在的成员国应当被认定为是传播行为发生地。与此相应,版权所有人可以针对上传站点的所有人,主张自己的权利。又据该款规定,如果卫星节目的发射行为和上传站点都发生在非成员国,但位于成员国内的广播组织委托了发射行为,则该成员国应当被认定为是传播行为发生地。与此相应,版权所有人可以针对该广播组织主张自己的权利。

此外,如果卫星广播节目的发射、上传站点的位置和委托发射的广播组织都不在成员国之内,当有关的节目在成员国之内进行有线转播时,则适用有线转播发生地的法律。根据《卫星广播与有线转播指令》有关有线转播的规定,版权所有人可以针对有线转播组织主张自己的权利。如果卫星节目的发射、上传站点和委托发射的广播组织都不在成员国之内,同时也没有成员国的有线转播,就不会有任何成员国法律的适用。因为在这种情况下,例如从美国发射的卫星广播节目,只有信号在成员国上空的存在,而没有在成员国内发生对于作品的使用。

下面来看一个有关法律适用的典型案例。在2005年的“Lagardere”一案①中,原告是法国和德国的录音制品集体管理组织,被告是法国的一家广播公司,又称欧洲1台。根据案情,欧洲1台在法国巴黎的演播室制作广播节目,相关的广播信号先是上传到卫星,然后下传到一系列中继站,通过调频频道将广播节目提供给法国的社会公众。由于地形,调频频道的广播节目无法全面覆盖法国。于是,欧洲1台在德国萨尔地区的费尔斯堡设立了一个发射台,先是接受来自卫星的广播信号,然后使用长波波段,将广播节目传输到相关的法国区域。欧洲1台的广播节目是法语节目,并不针对德国听众。不过,由于技术的问题,德国的个别区域也能接受到欧洲1台的法语节目。

由于广播节目使用的录音制品含有受到版权和相关权保护的客体,欧洲1台向相关的权利人,包括表演者和录音制作者支付了费用,这叫作录音使用费。相关的费用由法国和德国

---

① Judgment of the Court (Third Chamber) of 14 July 2005, Case C – 192/04, Lagardère Active Broadcast v. Société pour la perception de la rémunération équitable (SPRE) and Gesellschaft zur Verwertung von Leistungsschutzrechten mbH (GVL).

的录音制品集体管理组织收取，然后分配给相关的表演者和录音制作者。为了避免双重付费，欧洲 1 台与法国的集体管理组织达成协议，按照一个国家的标准，分别向法国和德国的集体管理组织支付费用。其具体做法是，在应当支付给法国集体管理组织的费用中，减去支付给德国集体管理组织的费用。双方当事人达成的费用支付协议，截至 1993 年年底。协议届满之后，尽管双方没有签订新的协议，欧洲 1 台仍然按照原有的协议支付费用。此时，法国的录音制品集体管理组织认为，欧洲 1 台按照一个国家的标准支付使用费用，同时在支付给自己的费用中，减去了支付给德国的费用，这是不公平的。于是，法国录音制品集体管理组织在巴黎地方法院提起诉讼，要求欧洲 1 台按照两个国家的标准支付费用。巴黎地方法院支持了原告的主张，被告不服判决而提起上诉。巴黎上诉法院认为，本案的纠纷涉及了《卫星广播与有线转播指令》中的一些规定，尤其是如何适用成员国法律的问题，因而请求欧盟法院就相关的问题作出前置裁定。

在本案的审理过程中，被告和法国政府认为，按照《卫星广播与有线转播指令》第 1 条第 2 款规定，通过卫星向公众传输节目，应当适用信号发射成员国的法律。在本案中，就是适用法国法律。而且，《卫星广播与有线转播指令》的宗旨是，不在同一时间适用两个以上成员国的法律。而德国录音制品集体管理组织、德国政府和欧盟委员会则认为，本案所涉及的情形，不属于《卫星广播与有线转播指令》第 1 条第 2 款规定的情形，因而可以在同一时间适用两个成员国的法律。欧盟法院在判决中支持了后一种意见，认为可以同时适用两个成员国的法律。

欧盟法院在判决中说，按照《卫星广播与有线转播指令》第 1 条第 2 款规定，“卫星公开传播”是指在广播组织控制并承担责任的条件下，将载有节目的信号导入不间断的通讯网络，使之上传到卫星并且下传到地面，进而为公众所接收。欧盟法院认为，本案所涉及的传播情形，不属于“卫星公开传播”的范围。例如，卫星广播通常是指使用通讯频道传播广播节目。而在本案中，被告使用的是调频广播和长波广播，将相关的节目传播给社会公众。又如，按照“卫星公开传播”的定义，是卫星将相关的节目信号传播给社会公众，使之得以接收。然而，被告通过卫星所发射的广播信号，都是经过加密的信号，只能为地面中继站或者发射器所接收，然后以调频广播或者长波广播的方式，传播给社会公众。再如，按照“卫星公开传播”的定义，相关的广播信号应当是公开的和面向社会公众的。而在本案中，被告上传到卫星、下传到中继站或者发射器的加密信号，是在一个封闭的系统中传输，没有面向社会大众。

在认定被告的行为不属于“卫星公开传播”之后，欧盟法院得出结论认为，被告在法国是以调频广播的方式使用了原告的录音制品，在德国是以长波广播的方式使用了原告的录音制品，因而应当适用两个国家的法律，分别向两个国家的集体管理组织支付费用。

大体说来，“Lagardere”一案的判决，有些过于技术化。欧盟法院紧扣“卫星公开传播”的定义，从“通讯频道”“调频广播”“长波广播”“加密”“封闭系统”等专业术语出发，否定被告的行为属于“卫星公开传播”，进而要求被告的行为适用两个成员国的法律，支付两份录音制品使用费，也让人有牵强附会的感觉。不过，《卫星广播与有线转播指令》所规定的“卫星公开传播”的定义，也确实过于技术化，进而限定了卫星公开传播的范围。与此相应，相关的法院不得不从技术的角度，不得不从狭小的适用范围，审理相关的案件。下面来看两个典型案例。

在2000年的“Egeda”一案[①]中,原告是西班牙视听制片人集体管理组织,被告是一家旅馆连锁店。根据案情,被告在其经营的旅馆房间中安装了电视机,可以让住宿的客人收看地面传播或者卫星传播的电视节目。原告认为,被告通过旅馆房间的电视机传播视听作品和其他作品,侵犯了自己管理的知识产权,因此向西班牙奥维耶多初级法院提起诉讼,要求被告停止转播电视节目和支付损害赔偿。原告还主张,被告只有在获得了自己许可的情况下,才可以恢复电视节目转播活动。原告提起诉讼的依据是《卫星广播与有线转播指令》和西班牙为落实该指令而修改的法律。而被告则提出抗辩说,自己没有从事《卫星广播与有线转播指令》第1条规定的“向公众传播”和“有线转播”的行为。受理案件的初级法院认为,本案的争执涉及了《卫星广播与有线转播指令》第1条规定的“卫星公开传播”“向公众传播”或者“公众接收”,因而提请欧盟法院就相关问题作出前置裁定。

在本案审理的过程中,原告和德国、法国、英国政府认为,《卫星广播与有线转播指令》本身的规定不足以让欧盟法院解释“向公众传播”,进而为成员国法院提供参考。与此相应,这个问题应当由成员国法院依据成员国的法律作出判断。而被告和西班牙政府则认为,旅馆经营者接收卫星信号或者地面信号,然后使用电缆传播到客人房间,不属于《卫星广播与有线转播指令》第1条规定的向公众传播或者有线转播。欧盟委员会也认为,制定该指令第1条第2款和第3款,并不是用于确定什么是“向公众传播”,什么是“公众”。在这方面,《卫星广播与有线转播指令》并没有打算协调成员国关于版权和相关权的所有法律规定。欧盟委员会还指出,西班牙是《伯尔尼公约》的成员国,可以依据该公约第11条和第11条之二的规定,认定被告将电视节目通过电缆传播到客人房间,属于向公众传播,需要获得权利人的许可。

欧盟法院在判决中说,关于跨越成员国边境的卫星广播和有线转播,由于成员国在版权和相关权保护规则上的不同,造成了一定程度上的不确定性。然而,根据《卫星广播与有线转播指令》的“重述”第(32)(33)的规定,《卫星广播与有线转播指令》对于成员国的版权和相关权规则,仅仅提供了最低限度的协调。“重述”第(34)还指出,不排除在未来发布指令,全面协调成员国关于版权和相关权保护的法律规则。与此相应,理解《卫星广播与有线转播指令》的相关规定,不能忘了其立法背景。欧盟法院指出,《卫星广播与有线转播指令》第1条第2款规定的“卫星公开传播”,或者通过卫星向公众传播,其宗旨是解决法律适用的问题。或者说,卫星广播应当适用信号发射地成员国的法律,避免适用两个以上成员国的法律。在这方面,《卫星广播与有线转播指令》第1条第3款规定的“有线转播”,也是为了解决法律适用的问题,避免适用两个以上成员国的法律。

欧盟法院最后得出结论说,《卫星广播与有线转播指令》第1条第2款和第3款没有提供足够的信息,让本院回答本案所涉及的问题,即旅馆经营者接收卫星广播或者地面广播的电视节目,然后传输到客人房间,是否构成了“向公众传播”或者“公众接收”。欧盟法院还指出,当时正在制定的《信息社会版权指令》,将针对成员国关于版权和相关权保护的法律规则,包括向公众传播和公众接收,作出全面的协调。

显然,《卫星广播与有线转播指令》仅仅针对范围狭小的卫星广播和有线转播,协调了成

① Judgment of the Court (Sixth Chamber) of 3 February 2000, Case C-293/98, Entidad de Gestión de Derechos de los Productores Audiovisuales (Egeda) v. Hostelería Asturiana SA (Hoasa).

员国法律适用的问题。而2001年发布的《信息社会版权指令》,则在以前发布的一系列指令的基础上,较为全面地协调了成员国关于版权和相关权保护的规则,包括明确了向公众传播和公众接收的概念。在此之后,欧盟法院在解释相关法律规则和术语的时候,不仅会引用《出租权指令》《卫星广播与有线转播指令》《数据库保护指令》,而且更多地引用《信息社会版权指令》,为成员国法院提供了欧盟法律的适用指南。下面来看一个既引用《卫星广播与有线转播指令》的规定,又引用《信息社会版权指令》的规定,解释"卫星广播"的典型案例。

2011年的"Airfield"案件,是关于《卫星广播与有线转播指令》的两个案件。由于两个案件所涉及的都是卫星广播中的"向公众传播"问题,欧盟法院将两个案件放在一起进行判决,并讨论了相关的问题。① 在案件中,原告之一是比利时词曲作者和出版者协会,代表词曲作者从事集体管理活动;原告之二是比利时视听作品集体管理组织,代表视听作品的权利人从事集体管理活动。在两个案件中,被告都是比利时的一家卫星广播组织"Airfield",其与一系列电视台和广播电台缔结协议,将相关的电视和广播节目通过卫星广播的方式,传播给社会公众。被告传播节目的方式有两种,一种是免费传播,另一种是收费传播。在后一种传播方式的情况下,被告会对相关的节目进行加密和技术处理。如果社会公众要想观看或者收听加密的卫星节目,则要购买被告提供的解密卡,并且支付相应的费用。在这方面,被告还与一家技术公司合作,由后者对相关的电视和广播节目进行处理,包括卫星上传、多路传输、压缩、变形、数据传输等。通过这种技术合作,被告的卫星节目得以在比利时和卢森堡为公众所接收,包括免费接收和付费接收。

两家集体管理组织认为,被告的卫星传输行为属于再次播放相关的电视节目,按照《伯尔尼公约》和《比利时版权法》应当获得许可和支付费用。而被告则认为,自己没有转播相关的电视节目,仅仅是代表相关的广播公司,通过卫星将电视节目提供给了社会公众。具体来说,是相关的广播公司发起了电视节目的卫星广播,自己仅仅是提供了必要的技术手段。由于双方无法达成协议,原告向布鲁塞尔初审法院提起诉讼,法院裁定被告侵犯了原告管理的版权。在被告提起的上诉中,布鲁塞尔上诉法院认为,双方当事人的争执涉及了《卫星广播与有线转播指令》的相关规定,包括"通过卫星向公众传播"的含义,因而决定中止案件的审理,提请欧盟法院就相关问题作出前置裁定。

欧盟法院在判决中首先澄清了本案的一些事实。第一,关于本案所涉及的向公众传播电视节目,并非只有被告的卫星广播。因为,相关的电视组织还以地面传播的方式向公众传播了电视节目。第二,被告的卫星广播主要是扩大了收看的范围,并没有改变电视节目的内容。这表明,卫星广播与地面传播是同时进行的,同时为相关的公众所接收。第三,相关的电视广播组织获得了版权所有人的许可,而被告的卫星传输则没有获得权利人的许可。针对这些事实,被告认为自己的卫星广播属于《卫星广播与有线转播指令》第1条第2款规定的"通过卫星向公众传播",也即属于相关电视组织向公众传播节目的不可分割的一个组成部分。与此相应,自己的卫星传播行为,不是独立于其他广播组织地向公众传播,因而不需要获得权利人

① Judgment of the Court (Third Chamber) of 13 October 2011, Airfield NV and Canal Digitaal BV v. Belgische Vereniging van Auteurs, Componisten en Uitgevers CVBA (Sabam) (C-431/09) and Airfield NV v. Agicoa Belgium BVBA (C-432/09).

的许可。

关于本案所涉及的向公众传播，欧盟法院明确指出，在版权和相关权领域，《卫星广播与有线转播指令》并非唯一的欧盟立法。欧盟的法律是一个统一而具有内在联系的体系。与此相应，理解本案所涉及的法律问题，包括"向公众传播"的含义，不仅要考虑《卫星广播与有线转播指令》，而且应当考虑其他的版权指令，尤其是 2001 年发布的《信息社会版权指令》。当然，就本案所涉及的相关问题来说，欧盟法院还是以《卫星广播与有线转播指令》的相关规定为起点，分析了"通过卫星向公众传播"的问题。

按照《卫星广播与有线转播指令》第 1 条第 2 款规定，"卫星公开传播"是指在广播组织控制并承担责任的条件下，将载有节目的信号导入不间断的通讯网络，使之上传到卫星并且下传到地面，进而为公众所接收。根据这个规定，通过卫星向公众传播包括以下要素：在广播组织控制和承担责任的情形下，导入载有节目的信号；将信号导入不间断的通讯渠道，先传输到卫星然后再传输到地面；传输载有节目的信号是为了让公众接收；由于本案中的节目信号是加密的，解密的工具是由被告提供或者经其同意而提供。欧盟法院认为，就本案而言，从表面上看是其他的广播组织通过卫星传播了电视节目，并且让社会公众得以接收。然而在事实上，则是被告整合了一系列广播组织的电视节目，然后将其作为一个整体传播给了社会公众。

具体说来，被告与一系列广播组织达成协议，将相关的电视节目组合成一个套装或者节目包，然后将这个节目包通过卫星传播给公众。这个电视节目包作为一个整体，已经不同于一系列广播组织传播的分散的电视节目。而且，被告通过卫星传播的方式，独立广播了这个电视节目包，进而让社会公众得以接收。在这方面，被告还将某些电视节目加密，以提供解密卡的方式传播给特定的社会公众。为了说明被告独立播放了电视节目包，欧盟法院在判决中引入了一个新公众（new public）术语。按照这个术语的含义，一系列广播组织所针对的公众，不同于被告电视节目包所针对的公众。一方面，被告通过卫星传播的电视节目包，扩大了收视公众的范围，不同于单个电视组织所针对的收视公众。另一方面，被告通过加密和解密程序，将相关的电视节目提供给了特定的收视公众，也不同于单个电视组织所针对的收视公众。欧盟法院由此而认为，被告在自己控制和承担责任的情形下，将载有电视节目的信号，通过不间断的通讯渠道上传到卫星，然后下传到地面，让社会公众得以接收，符合《卫星广播与有线转播指令》第 1 条第 2 款规定的"通过卫星向公众传播"。

欧盟法院进一步论证说，与被告合作的一系列广播组织，在传播相关电视节目的时候获得了版权和相关权的许可。与此相应，被告将一系列广播组织的电视节目打包，通过卫星传播给新公众，也应当获得权利人的许可。在这方面，权利人许可一系列广播组织播放相关的电视节目，是指向一定范围的社会公众。当被告将相关的电视节目整合成为一个节目包传播给新公众的时候，也应当获得权利人的许可，并且支付必要的费用。欧盟法院最后得出结论说，卫星电视节目包的提供者，由于向不同的新公众传播了相关的电视节目，因而应当获得权利人的许可，除非权利人在向一系列广播组织发放许可的时候，已经允许将电视节目传播给相关的新公众。

三、有线转播

《卫星广播与有线转播指令》第 1 条第 3 款规定了"有线转播"的定义。根据规定，有线转播是指，使用电缆或者微波系统转播来自其他成员国的原始传输信号，其目的是让社会公众得以接收。其中，来自其他成员国的原始传输信号，是指通过有线、无线广播的电视节目或者无线电广播节目，也包括卫星广播的电视或者广播节目，其目的是让社会公众得以接收。其中的转播，是指同时的、未加任何改变和节略的再次播放。

关于有线转播，《卫星广播与有线转播指令》的突出之处也是明确了应当适用的法律。根据《卫星广播与有线转播指令》第 8 条规定，成员国应当确定，当来自其他成员国的广播节目在本国以有线方式转播时，在本国有效的版权和相关权应当得到尊重。这就意味着，有线转播组织在转播卫星节目时，必须获得本国版权所有人和相关权所有人的授权。按照《卫星广播与有线转播指令》颁布时的技术条件，无论卫星广播信号来自哪里，有线转播通常都发生在某个成员国之内。从版权和相关权的角度来说，通过有线方式转播卫星节目，就是在这个成员国的地域内使用了相关的作品或者相关权的客体，所以应当获得版权和相关权的许可。①

值得注意的是，无论是《卫星广播与有线转播指令》第 1 条关于“有线转播”的定义，还是该指令第 8 条关于“有线转播”法律适用的规定，所说的都是“来自其他成员国的电视或者广播节目”，或者“来自其他成员国的节目”。这似乎意味着，有线转播的卫星节目，不包括在本国发射又在本国转播的节目。大体说来，卫星广播组织在本国发射节目，有线转播组织转播本国发射的节目，都是在本国范围内对于作品和相关权客体的使用。这样，无论是卫星广播，还是有线转播，都应当适用同一个成员国的版权法律，因而不必特别规定。事实上，卫星广播组织获得授权发射电视和广播节目，目的之一就是让本国的社会公众得以收看或者收听。否则，卫星广播组织获得授权发射卫星节目就失去了意义。所以，卫星广播组织获得授权发射节目，也会在同时获得有线转播的授权。

欧盟法院于 2011 年判决的“FAPL”案件，②是两个关于有线转播的法律适用案例。由于这两个案件的原告都是英国的足球联赛协会（Football Association Premier League），涉及的都是关于有线转播的法律适用问题，欧盟法院将两个案件合并审理，在同一份判决书中讨论了相关的法律问题。根据案情，原告是英国足球联赛的组织者，同时还负责将相关的足球赛事予以录像并通过电视传播录像。与此相应，原告就相关的赛事录像享有版权，并通过发放许可的方式，让国内外的一系列电视台予以转播。关于电视转播的许可，原告采取了招投标的方式，要求国内外的电视台前来竞标，然后向中标的电视台发放转播足球赛事录像的许可。原告的招标虽然也有全球性或者区域性的，但最终发放的许可都是主权国家地域范围内的，包括几个毗邻小国组成的区域。

原告的足球赛事节目，通常都是通过卫星技术向全球传播，而获得了许可的电视台可以接收来自卫星的广播信号，然后在相关国家的地域内播放。就欧盟成员国来说，这属于《卫星广播与有线转播指令》规范的范畴。在这方面，获得了许可的成员国电视台，通常都会对自己转播的赛事节目进行加密，以确保其仅仅在合同约定的范围内为相关的社会公众所收看。而

---

① 例如，就“Coditel”一案而言，尽管广播信号来自德国，但被告为了在比利时合法转播，就应当获得电影版权所有人在比利时的授权。

② Judgment of the Court (Grand Chamber) of 4 October 2011, Football Association Premier League Ltd and Others v. QC Leisure and Others (C-403/08) and Karen Murphy v. Media Protection Services Ltd (C-429/08).

社会公众为了观看足球赛事节目,又必须获得电视台提供的解码器和解密卡,并且支付一定的费用。这样,某一电视台的转播信号虽然可以覆盖多个成员国,但只有特定成员国的公众才可以收看相关的足球赛事节目。这个做法,也防止了对于其他成员国足球赛事收看市场造成影响。

根据案情,原告将英国的赛事转播权利授予了英国的天空广播公司,将希腊的赛事转播权利授予了希腊电视台。希腊电视台将赛事节目加密,然后向观看的用户发放解码器和解密卡,收取一定的费用。然而,考虑到希腊的经济发展水平相对较低、观看英国足球赛事节目的观众相对较少的因素,原告收取的授权费用较低。正是因为原告在不同的成员国收取不同的授权费用,引发了本案的纠纷。具体说来,获得了授权的希腊电视台以收费的方式向用户提供了解密卡,包括在市场上销售了一部分解密卡。然而,由希腊电视台所提供的一些解密卡,因为价格便宜而流通到了其他成员国,包括英国。英国一些酒吧、餐馆、公寓、看护中心,购买了来自希腊的较为便宜的解密卡,让自己的客人或者住宿者观看足球赛事节目。原告认为,如果允许此种情形发展,以成员国地域性为特征的授权区域,就将失去意义。来自希腊等南部成员国的解密卡,因为相对便宜,就会涌入英国和北欧等授权费用较高的成员国。于是,原告针对一些使用了希腊解密卡的用户和个人,提起了诉讼。

在编号为 403 - 08 的案件中,原告针对一家看护中心及其负责人,向英国高等法院提起诉讼,主张被告使用来自希腊的解密卡观看足球赛事节目,侵犯了自己的版权。然而英国高等法院经过审理认定,被告没有侵权。因为被告使用的解密卡,都是经过原告同意而由相关的广播公司在希腊上市的。在编号 429 - 08 的案件中,原告针对一家公寓的管理人,向朴次茅斯法院提起诉讼,主张被告使用来自希腊的解密卡,侵犯了自己的版权。朴次茅斯法院经过审理,认定被告侵犯版权,以及以欺诈的手段规避支付相对较高的赛事节目使用费。被告援引 403 - 08 案件的判决,向英国高等法院提起上诉。英国高等法院面对自己此前的判决和来自朴茨茅斯法院的上诉案件,决定暂停案件的审理,提请欧盟法院就相关的法律问题作出前置裁定。

欧盟法院在判决中首先明确了几个事实。第一,根据本案的事实,原告向成员国的广播组织,例如希腊电视台,通过卫星技术或者其他技术上传了含有足球赛事的视听数据。然而就本案而言,仅仅涉及例如希腊电视台将相关的赛事节目,通过卫星传播给社会公众。希腊电视台的传播行为,属于《卫星广播与有线转播指令》所说的卫星广播和有线转播。第二,依据原告与成员国广播组织的授权协议,某一广播组织对于足球赛事节目的卫星广播和有线转播,应当局限于特定的成员国之内。为了达到这一目的,相关赛事节目的传播必须加密,以防止其他成员国的公众获得。第三,在特定的成员国范围之外,公寓所有人或者管理人使用解密卡,显然违背了广播组织的意愿。正是在这样的事实背景之下,欧盟法院讨论了加密是否违法的问题,原告的授权模式是否妨碍了商品和服务在欧盟共同市场上自由流动的问题,原告与一系列广播组织的授权协议是否违反了欧盟反垄断规则的问题,以及被告使用解密卡是否侵犯了原告版权的问题。

欧盟法院认为,依据欧盟 1998 年发布的《有条件获得服务指令》(Conditional Access Directive),市场主体可以就服务的提供设置条件。这里的有条件获得显然包括了加密和解密的设施。欧盟法院认为,原告与一系列广播组织按照成员国的地域范围,授权传播赛事节目,禁止他人超越成员国地域而使用解密卡,没有妨碍商品和服务的自由流动。欧盟法院认为,原告以成员国的地域范围为准,授权传播足球赛事节目,也没有违反欧盟的反垄断规则。欧盟法院最后认为,两个案件的被告,看护中心及其负责人和公寓管理人,在希腊的范围之外使用解密卡,让希腊之外的公众得以观看足球赛事节目,侵犯了原告的版权。由于本书的主题是卫星广播和有线转播,以及相关的版权保护问题,所以下面的讨论不涉及前面三个问题。[①]同时,为了叙述的方便,将看护中心和公寓统称为公寓。

就本案的卫星广播和有线转播而言,涉及被告对于原告赛事节目的复制和向公众传播。英国高等法院提出,《卫星广播与有线转播指令》的相关规定,是否可以说明复制和向观众传播的问题。欧盟法院指出,就协调成员国版权和相关权的保护来说,这个指令仅仅涉及了卫星广播和有线转播,以及成员国法律适用的问题,属于一个最低限度的协调性指令。与此相应,依据这个指令的相关规定,不足以解决本案所涉及的复制和向公众传播的问题。这方面,成员国法院可以依据《出租权指令》(涉及了相关权的问题)和《信息社会版权指令》的规定,解决版权和相关权保护中的问题,尤其是复制和向公众传播的问题。在这方面,欧盟法院主要依据《信息社会版权指令》的相关规定,讨论了复制和向公众传播的问题。

先来看复制的问题。根据案情,公寓所有人或者管理人在使用解密卡的过程中,通过解码器复制了原告的足球赛事节目,然后通过电视屏幕进行了传播。与此相应,原告主张被告未经许可而复制了自己的作品。欧盟法院在判决中指出,足球赛事的连续画面是否构成作品,应当依据"作者自己智力创造"的标准加以判断。如果构成作品,则应当分析被告解码器对于原告赛事画面的复制,是否属于《信息社会版权指令》第 5 条第 1 款规定的暂时复制。根据规定,暂时复制是指临时的或者偶然的复制,是某种技术过程不可分割的和基本的组成部分,其唯一的目的是作为中介向第三方传输作品,并且没有独立的经济利益。按照规定,暂时复制不构成对于复制权的侵犯。欧盟法院认为,被告使用解码器复制原告的赛事画面,属于《信息社会版权指令》第 5 条第 1 款规定的暂时复制,不构成对于原告复制权的侵犯。

再来看向公众传播。根据案情,公寓所有人或者管理人使用解码器和解密卡,将原告的赛事画面复制,然后通过电视屏幕传播,使得相关的社会公众可以观看。原告主张,被告通过电视屏幕传播了自己的赛事节目画面及其伴随的声音,侵犯了自己的向公众传播权。按照《信息社会版权指令》第 3 条第 1 款规定,作者享有专有权利,有权授权或者禁止他人以无线或者有线的方式向公众传播其作品,包括将其作品提供给社会公众,使公众中的成员可以在其选定的地点和时间获得作品。又据《出租权指令》第 8 条第 3 款规定,向公众传播的概念,包括将录音中的声音或者声音的表达传播给公众,使得公众可以聆听。另据《伯尔尼公约》第 11 条之二第 1 款规定,向公众传播作品,包括使用扩音器或者其他传播工具,通过符号、声音、形象广播作品。欧盟法院指出,按照《信息社会版权指令》、《出租权指令》和《伯尔尼公约》的上述规定,公寓的所有人或者管理人,通过使用解码器和解密卡,让公寓内的住户通过电视屏幕和电视扩音器获得受保护的作品。显然,如果没有所有人或者管理人的介入行为,公寓内的住户就不可能看到足球赛事画面。换句话说,公寓所有人或者管理人故意向住户传播了受保护的作品。

---

① 关于有条件获得服务、商品和服务自由流动、反垄断的问题,有兴趣的读者可以参阅欧盟法院的判决书。

欧盟法院在判决中进一步指出,按照原告的授权,希腊电视台通过卫星广播和有线传播的方式传播赛事节目,针对的是希腊境内的观众。而公寓所有人或者管理人使用解码器和解密卡,将赛事节目传播给了英国的新公众,超越了原告对希腊电视台的授权范围,应当获得原告的授权。欧盟法院还指出,公寓所有人或者管理人将来自希腊电视台的赛事节目传播给住户,或者收取了相关的费用,或者提升了住宿的环境,属于盈利性的使用。被告没有获得原告或者希腊电视台的许可,没有支付相应的费用,显然损害了原告的经济利益。欧盟法院最后得出结论说,被告未经原告许可,通过电视屏幕和电视扩音器,向公寓住户传播了原告的足球赛事节目,侵犯了原告的向公众传播权,应当承担相应的法律责任。

四、专有权利与集体授权

《卫星广播与有线转播指令》规定,就卫星广播和有线转播而言,作者和相关权人都享有专有权利,许可或者禁止他人使用自己的作品、表演、录音和广播。例如,该指令第2条规定,作者享有专有权利,授权卫星广播组织公开传播自己的作品。又如,该指令第4条第1款规定,就卫星广播而言,表演者、录音制作者和广播组织依据《出租权指令》享有的权利,如固定权、复制权、广播与传播权、发行权,应当受到保护。再如,该指令第8条规定,有线转播组织应当遵守所在成员国的版权和相关权法律,与版权所有人和相关权所有人签订许可协议。

值得注意的是,《卫星广播与有线转播指令》将版权和相关权规定为专有权利,就意味着这些权利不是获得报酬权。与此相应,无论是卫星广播组织使用相关的作品和相关权客体,还是有线转播组织使用相关的作品和相关权客体,都应当与权利人缔结许可协议。例如,《卫星广播与有线转播指令》第3条第1款规定,就卫星广播而言,作者和相关权人的授权,只能通过协议获得。又如,《卫星广播与有线转播指令》第8条规定,就有线转播而言,版权所有人和相关权所有人的授权,只能通过单独的或者集体的协议获得。显然,将版权和相关权规定为专有权利,要求卫星广播组织和有线转播组织通过协议谈判获得授权,是一个有利于权利人的规定。

然而,将版权和相关权规定为专有权利,并不意味着卫星广播组织和有线转播组织要与一个又一个权利人分别签订许可协议。如果真的是这样,无论是对于卫星广播组织和有线转播组织而言,还是对于权利人而言,都会是耗时耗力和成本很高的授权方式。在这方面,欧盟各个成员国中都存在发达的集体管理组织和成熟的集体授权方式,版权所有人和相关权所有人通常都是通过集体管理的方式,完成相应的授权。基于这样的事实,《卫星广播与有线转播指令》针对卫星广播和有线转播的特点,分别规定了集体授权的机制。

先来看有关卫星广播的集体授权。《卫星广播与有线转播指令》第3条第2款规定,集体管理组织就其管理的作品和相关权客体,可以与卫星广播组织签订集体授权协议。按照集体管理的做法,通常都是权利人委托集体组织管理自己的权利,而集体管理组织则基于版权所有人的委托,从事授权、维权、收取和分配费用的活动。如果有些权利人不愿意委托集体管理组织,也可以自行或者通过经纪人与卫星广播组织谈判许可事宜,并获得相应的报酬。但是这样一来,就卫星广播节目的授权而言,可能就会出现问题。例如,有些权利人可能既没有委托集体管理组织管理自己的权利,又没有自行或者委托经纪人与卫星广播组织谈判许可事宜。与此相应,就有可能出现卫星广播组织获得授权的漏洞。针对这种状况,《卫星广播与有线转播指令》第3条第2款规定,集体管理组织与卫星广播组织签订的作品使用许可合同,就该组织所管理的同一类权利来说,可以延伸到那些没有参加集体管理组织的作者。这表明,集体管理组织可以代表没有加入该组织的版权所有人,就同一类作品签订许可协议。

在版权集体管理方面,《卫星广播与有线转播指令》还就电影作品的许可作了特殊的规定。根据《卫星广播与有线转播指令》第3条第3款规定,有关电影作品的授权,不适用集体管理的方式。这表明,如果卫星广播组织要使用某一电影作品,应当直接与电影作品的版权所有人签订授权合同。同时,任何集体管理组织也不得自动代理电影作品的版权所有人与卫星广播组织签订许可合同。这样,电影作品的版权所有人,就可以依据电影的特点、投资数额和市场价值等要素,与卫星广播组织谈判许可费用,从而获得最大的利益。

再来看关于有线转播的集体授权。有线转播在获得许可的问题上,与卫星广播具有很大的不同。例如在卫星广播的情况下,卫星广播组织可以选择作品或者相关权的客体。如果就某一作品或者相关权客体不能获得授权,也可以不广播该作品或者相关权的客体。但是在有线转播的情况下,有线转播组织则没有这样的选择空间。无论是否获得了所有卫星节目的许可,有线转播组织都必须同时转播某一卫星广播组织发射的所有节目。如果因为某一个作品或者某一个相关权客体没有获得许可,而要放弃转播这个作品或者相关权的客体,其结果则是有可能放弃所有节目的转播。事实上,欧盟委员会曾经建议有线转播采取强制许可的方式,原因就在于有线转播的特殊性。①

在这方面,为了解决有线转播组织无法获得许可,从而导致有线转播难以实现的问题,《卫星广播与有线转播指令》采取了一个"法定集体许可"的方案。根据《卫星广播与有线转播指令》第9条第1款规定,成员国应当确保,版权所有人和相关权所有人只能通过集体管理的方式,行使许可或者拒绝有线转播的权利。这就意味着,权利人不能自行或者单独行使许可或者拒绝有线转播的权利。《卫星广播与有线转播指令》第9条第2款进一步规定,即使某些版权所有人或者相关权所有人没有加入集体管理组织,或者没有委托集体管理组织管理自己的权利,仍然可以推定管理同类权利的集体管理组织已经获得委托,管理相应的权利。这样,相关的集体管理组织在与有线转播组织商谈许可时,就可以代表所有的权利人决定是否授权。此外,《卫星广播与有线转播指令》第9条第3款还规定,当权利人在某一成员国授权卫星广播组织使用自己作品或者其他受保护客体时,就意味着他已经同意,通过集体管理组织行使自己的有线转播权,而不是单独行使有线转播权。这是从授权卫星广播的角度,确保有线转播组织可以获得授权。

应该说,就卫星节目的有线转播而言,《卫星广播与有线转播指令》采取"法定集体许可"的方案,是一个务实的做法。从有线转播的特殊性来看,必须获得所有卫星节目权利人的许可,才有可能合法转播相关的节目。这样,在放弃了强制许可的方案以后,采取"法定集体许可"的方案,尤其是将"外在"的权利人纳入集体管理之中,仍然可以让有线转播组织获得必要的许可。与此相应,"法定集体许可"的方案,一方面保障了有线转播所需要的版权和相关权的确定性,另一方面也保障了版权所有人和相关权所有人,无论是否加入了相关的集体管

---

① Television without Frontiers: Green Paper on the Establishment of the Common Market for Broadcasting, especially by Satellite and Cable, COM(84) 300 final.

理组织,都可以获得一定的收益。

下面来看一个关于法定集体许可的典型案例。在2006年的“RTD”一案[①]中,原告是比利时的一家表演者权利集体管理组织,被告是广播电视协会及其下属的一家广播组织。原告在布鲁塞尔地方法院提起的诉讼中,主张被告未经授权,以有线转播的方式使用了自己管理的表演曲目,因而侵犯了自己相关的权利。当地方法院做出有利于被告的判决之后,原告提起了上诉。布鲁塞尔上诉法院认为,虽然原告可以许可或者拒绝有线转播组织使用相关的表演活动,但是仅限于权利人委托原告管理的权利。具体说来,根据《比利时版权法》第53条第2款(贯彻实施《卫星广播与有线转播指令》第9条第2款关于法定集体许可的规定):如果权利人委托了集体管理,集体管理组织可以行使许可或者拒绝有线转播的权利;如果权利人没有委托集体管理,则不得行使许可或者拒绝有线转播的权利。在没有获得委托的情况下,集体管理组织的作用仅仅是向有线转播组织收取使用费,并且将费用转送给权利人。按照这个理解,对于那些没有加入集体管理的表演者而言,原告仅仅就相关的表演曲目享有获得报酬权,而非许可或者拒绝许可的专有权利。

原告再次向比利时最高法院提起上诉,认为根据《比利时版权法》第53条和《卫星广播与有线转播指令》第9条规定,自己可以管理那些没有加入集体管理组织的表演者的权利。在这方面,集体管理组织的法定管理范围,不仅包括了收取和分配费用的管理,而且包括了对于有线转播权利的管理,例如许可或者拒绝许可。基于这些不同的理解,比利时最高法院决定暂停案件的审理,请求欧盟法院就相关的法律问题做出前置裁定。具体来说,《卫星广播与有线转播指令》第9条第2款是否意味着,当某些版权所有人或者相关权人没有将自己的权利委托给集体管理组织时,集体管理组织也应当管理这些权利? 该指令第9条第2款是否意味着,集体管理组织不得行使许可或者拒绝有线转播的权利,因为法定集体许可只涉及了权利金的问题?

欧盟法院在判决中指出,按照《卫星广播与有线转播指令》第8条第1款的规定,有线转播组织只有在获得了所有权利人的许可之后,才可以转播相关的节目。这既包括已经参加集体管理的权利许可,也包括未参加集体管理的权利许可。与此相应,随着权利许可的发放,权利人也获得了相应的收益。在这方面,为了保障有线转播组织获得所有权利人的授权,尤其是为了防止“外在”的权利人挑战正常的授权,《卫星广播与有线转播指令》第9条第1款规定,权利人只能通过集体管理组织行使有线转播权利。同时,《卫星广播与有线转播指令》第9条第2款规定,如果某一权利人没有将自己的权利委托给集体管理组织,则管理同类权利的集体管理组织可以管理该权利。采用这种授权方式,一方面限定了参与授权谈判的当事人数量,有利于有线转播组织获得授权。另一方面,也尊重了当事人所享有的版权和相关权。

欧盟法院继续论证说,按照《卫星广播与有线转播指令》第9条第2款规定,对于那些没有将自己的权利转移给集体组织管理的权利人,应当认定管理同类权利的集体组织已经获得委托,可以管理他们的权利。将该指令第9条第1款和第2款合起来就意味着,无论是委托

① Judgment of the Court (Third Chamber) of 1 June 2006, Case C – 169/05, – – Uradex SCRL v. Union Professionnelle de la Radio et de la Télédistribution (RTD), Société Intercommunale pour la Diffusion de la Télévision (BRUTELE).

了集体管理的权利人（第 1 款），还是没有委托集体管理的权利人（第 2 款），管理同类权利的集体组织都可以管理他们的权利。在这方面，该指令第 2 款并没有限定集体管理组织可以管理的权利范围，例如仅限于管理有线转播权利的经济利益方面。事实上，《卫星广播与有线转播指令》第 9 条的标题就是“有线转播权的行使”，也意味着这一条的所有规定都与权利的行使有关。

欧盟法院最后得出结论说，《卫星广播与有线转播指令》第 9 条第 2 款意味着，当某一版权所有人或者相关权所有人没有将自己的权利委托给集体管理组织，应当推定管理同类权利的集体管理组织，可以管理这些权利。同时，集体管理组织可以行使权利人的权利，许可或者拒绝许可有线转播组织的转播。与此相应，法定集体许可没有局限于仅仅管理这些权利的经济利益方面。

第八章　版权保护期与追续权

将版权保护期与追续权放在一起讨论，完全是为了章节安排上的方便。在前面的两章中，将计算机程序和数据库放在一起讨论，是因为数字技术条件下的数据库与计算机和计算机程序密切相关。将出租权与卫星广播和有线转播放在一起讨论，是因为以这些方式利用作品属于传播权的范畴，不同于以复制发行的方式利用作品。在版权保护期与追续权之间，则不存在类似的逻辑联系。事实上，追续权从严格的意义上说甚至超出了版权的范围。因为《追续权指令》针对的是艺术品原件的交易，以及相关利益的分享，而非作品复制的权利和公开传播的权利。

第一节　版权与相关权保护期

一、《保护期指令》概述

版权的保护期相对较长，大多为作者的有生之年加50年。这与专利权、外观设计权和植物新品种权的保护期限形成了鲜明的对比。这是因为，版权制度仅仅保护作者的“表达”，而不保护作品中所体现的思想观念，包括名词、术语、概念、科学发现、客观事实、技术方案和工艺流程等。[①] 与此相应，对于作品提供较长时间的保护，不会影响其他人按照同样的主题或者思想观念，创作不同表达的作品。这与专利权、外观设计权和植物新品种权的保护不同。

尽管如此，版权的保护期限究竟应该是多少年，并没有一个具有说服力的理论依据。在这一点上，商标和商业秘密的保护期限似乎更具有理论依据。因为，就商标而言，只要有关的商标持续使用，可以指示商品或者服务的来源，就应当受到商标法或者反不正当竞争法的保护。同样，就商业秘密而言，只要有关的信息处于秘密状态，就应当获得法律的保护。至于版权的保护期限，以及专利权、外观设计权和植物新品种权的保护期限，似乎更多的是基于长期以来所形成的惯例。例如作者的有生之年加50年，自专利申请之日起算的20年，等等。在保护期限内，无论有关的作品是否早已不具有利用的价值，都处于受保护的状态。保护期限过后，即使有关的作品仍然具有很大的利用价值，也会进入公有领域。

根据英国《安娜法》的规定，作品的保护期为作品出版之后的14年。如果保护期届满而作者尚未去世，可以续展14年。显然，28年的保护期限，既有保护作者利益的含义，又有保护

① 例如，《与贸易有关的知识产权协议》第9条规定，版权保护仅涉及表达，而不延及于思想观念、程序、操作方法和数学概念本身。

出版者利益的含义。这从《安娜法》的全称就可以看出,“为鼓励创作而授予作者及购买者就其已经印刷成册的图书在一定时期之内享有权利的法”。此后,美国颁布的版权法,法国和德国等国颁布的著作权法,也对作品提供了不尽相同的保护期限。正是基于这样的事实,《伯尔尼公约》缔结后的相当长的时间之内,并没有对版权的保护期限做出规定。直到1948年《伯尔尼公约》“布鲁塞尔文本”,才依据大多数成员国的保护期限,规定了至少为作者有生之年加50年的保护期限。当然,这是一个最低的保护期限,成员国可以在此基础之上提供更长的版权保护期限。

德国在1965年修订著作权法之前,著作权的保护期限也是作者的有生之年加50年。但在这次修订法律的过程中,作者群体提出了一个“支付公有领域”(domaine public payment)的理论。他们认为,一些作品进入公有领域之后,仍然具有很大的市场利用价值,出版商、广播组织和表演团体等因为利用这些作品而赚了很多钱,应当拿出一部分作为公共基金,支持和鼓励当代作者对于文学艺术作品的创作。但这一论点遭到了出版商、广播组织和表演团体等作品使用者的激烈反对。最后,作为一种折中方案,德国1965年著作权法将著作权的保护期限增加了20年,例如作品的保护期为作者的有生之年加70年,同时拒绝了“支付公有领域”的理论。① 随着作者群体获得了一个新的20年保护期限,“支付公有领域”的理论也暂时销声匿迹了。

德国将著作权保护期延长为作者的有生之年加70年的做法,对其他欧洲国家产生了积极的影响。此后,奥地利、西班牙等国,也将著作权保护期延长到了作者有生之年加70年。与这种延长保护期限的做法相对应,还出现了一系列理论上的论证或者解释。其中有一种解释认为,由于欧洲连续发生两次世界大战,减少了对于作品的市场利用,所以应当增加保护期限,以实现作者的利益。例如,欧盟《保护期指令》的“重述”第(6)指出,某些成员国提供长于作者有生之年加50年的保护期限,就是为了弥补两次世界大战对于作品利用的不利影响。其中的另一种解释则认为,《伯尔尼公约》提供作者有生之年加50年的保护,是为了惠及作者以及作者的子孙两代人。由于欧洲人的平均寿命已经延长,所以作者有生之年加50年的保护期限,已经不足以惠及作者的子孙两代人,应当加以延长。②

大体说来,在欧盟颁布《保护期指令》以前,成员国在版权和相关权的保护期限方面,存在着很大的差异。例如,在版权保护期限上,大多数成员国与《伯尔尼公约》的规定一致,为作者的有生之年加50年。而在德国、奥地利和西班牙,版权保护期是作者的有生之年加70年。又如,在相关权的保护期限上,大多数成员国为《罗马公约》规定的20年,但另外一些成员国则分别为25年、30年和40年。而比利时和荷兰,则没有具体规定对于相关权的保护。③ 此外,成员国之间不仅存在着版权和相关权保护期限的不同,而且还存在计算方式的不同。例如在录音的保护期限上,究竟是以录制的时间为计算起点,还是以公开发行的时间为计算起点,在一些成员国就有不同的规定。

---

① See Cornish, Llewelin, *Intellectual Property: Patents, Copyright, Trade Marks and Allied Rights*, 6th edtion, Sweet & Maxwell 2007, p. 410.

② Council Directive 93/98/EEC of 29 October 1993 harmonizing the term of protection of copyright and certain related rights, Official journal NO. L 290, 24/11/1993.

③ See Catherine Seville, *EU Intellectual Property Law and Policy*, Edward Elgar, 2009, p. 38 – 39.

显然,成员国之间在版权和相关权保护期限方面的差异,以及在版权和相关权保护期限计算方式上的差异,不仅影响了商品的自由流动和服务的自由提供,而且扭曲了欧盟共同体市场的竞争秩序。欧盟法院于1989年判决的"EMI"一案,[①]典型地说明了成员国在版权和相关权保护期上的差异对于商品自由流动的影响,以及由此而产生的协调成员国版权和相关权保护期的必要性。

根据案情,英国的一家录音公司录制了一件录音,并将该录音在德国的独家发行权转让给了本案的原告"EMI"。本案的被告是另外两家德国公司,其从丹麦进口了相同的录音制品在德国销售。不过,由于丹麦与德国的版权和表演者权的保护期限不同,英国公司在丹麦的版权保护期已经届满。所以有关的录音制品在丹麦属于合法上市,不涉及版权和表演者权的问题。但被告将这些录音制品进口到德国销售,侵犯了原告在德国仍然有效的独家发行权。于是原告向汉堡地方法院提起诉讼,主张被告侵犯了自己的独家发行权,要求法院禁止被告销售和进口相关的录音制品,以及赔偿损失。被告则辩解说,自己进口到德国的录音制品是在丹麦合法上市的,原告不允许自己进口和销售这些唱片,妨碍了成员国之间的商品自由流动,违反了《欧盟运行条约》第34条和第36条的规定。受理案件的汉堡地方法院认为,原告的主张虽然可以获得《德国著作权法》的支持,但却有可能与《欧盟运行条约》第34条和第36条的规定相冲突,因而请求欧盟法院就此作出前置裁定。

欧盟法院在判决中说,按照《欧盟运行条约》第34条规定,成员国不得采取任何措施,妨碍商品在成员国之间的自由流动。然而该条约第36条又规定,为了保护工商业产权,包括版权和相关权,可以在一定的程度上禁止或者限制商品的自由流动。其中的版权和相关权,也包括了本案所涉及的录音的复制权和发行权。欧盟法院继续论证说,按照发行权用尽的原则,相关的录音制品,由权利人自己或者被许可人上市以后,就在欧盟共同市场的范围内用尽了权利,不得禁止或者限制录音制品在其他成员国的销售。然而,本案所涉及的情形不同于权利用尽的问题。事实上,在成员国丹麦合法上市的录音制品,不是因为权利人或者被许可人的同意,而是因为该成员国规定的版权和相关权保护期限已经届满。与此相应,问题的关键不在于权利用尽,而在于成员国之间有关版权和相关权保护期限的不同,以及保护期限起算方式的不同。

欧盟法院进一步指出,在缺乏对于成员国版权保护期限进行协调的情况下,应当由成员国的立法来决定版权保护的期限和具体的起算方式。与此相应,如果成员国对于版权保护期限的规定不同,保护期限的起算方式不同,就可以依据相关成员国的法律规定,限制录音制品的自由流动。显然,这种限制是为了保护仍然有效的版权和相关权,并不违反《欧盟运行条约》第36条的规定。这样,原告依据德国关于版权和相关权保护期限的规定,禁止被告从丹麦进口涉案的录音制品,就是没有问题的。

然而就"EMI"一案而言,成员国有关版权和相关权保护期限的不同,又确实影响了录音制品,包括版权产品在欧盟共同体市场上的自由流动。这样,从商品自由流动的角度而言,协调成员国关于版权和相关权保护期限的立法,就成了欧盟必须面对的一个问题。事实上,正

① Judgment of the Court (Sixth Chamber) of 24 January 1989, Case 341/87 – EMI Electrola GmbH v. Patricia Im – und Export and others.

是在“EMI”一案的推动之下,欧盟委员会很快开始了相关指令的起草工作,以协调成员国版权和相关权的保护期限。

在起草指令的过程中,一个引起广泛争论的问题是,对于版权和相关权保护期限的协调,应当是向上协调,例如规定作品的保护期为作者有生之年加70年,还是向下协调,例如规定作品的保护期为作者的有生之年加50年。因为单纯从协调成员国版权和相关权保护期限的角度来说,可以是向上协调,比照德国、奥地利和西班牙的做法,规定为作者的有生之年加70年;也可以是向下协调,比照法国等大多数成员国的立法,规定为作者的有生之年加50年。至少,《伯尔尼公约》要求的最低保护期限就是作者的有生之年加50年。然而,欧盟委员会最终还是选择了向上协调。主要有两个理由。

一是尊重财产权。在制定《保护期指令》以前,德国、奥地利和西班牙三个成员国已经提供了作者有生之年加70年的保护。如果向下协调,按照法国、英国等成员国规定的作者有生之年加50年,就意味着德国、奥地利和西班牙的版权所有人会被剥夺20年的版权保护期。显然,这与《欧盟运行条约》的相关规定和欧盟法院的相关判决相悖。例如,《欧盟运行条约》第345条规定,本条约不得损害成员国关于财产权的法律制度。这同样意味着,依据《欧盟运行条约》而制定的各项指令和条例,不得损害成员国关于财产权的法律制度,以及个人依据相关法律享有的财产权。又如,欧盟法院也在相关的判例中一再指出,欧盟机构不得溯及既往地剥夺个人的权利和类似的利益。① 所以,在版权和相关权的保护期限方面,只有向上协调才不至于影响成员国有关财产权的法律,不至于剥夺个人已经享有的财产权。关于这一点,《版权与相关权保护期指令》的“重述”第(9)指出,由于尊重已有权利是欧盟的一项基本法律原则,所以协调成员国版权和相关权的保护期限,不得减少权利人已经享有的保护。

还有观点指出,在协调版权的保护期限方面,如果既坚持尊重财产权的原则,又坚持向下协调的方式,那就意味着要等待50年或者更长的时间,才能达到欧盟范围内统一的版权保护期限。例如,德国等国的作者已经获得的有生之年加70年的保护期限不被剥夺,同时德国等国对于新产生的作品提供作者有生之年加50年的保护,那就意味着只有原有的那些作品进入公有领域之后,欧盟才可能在版权保护期限的问题上统一起来。显然,这仍然意味着在相当长的时间之内,欧盟共同市场上的版权保护期限不同,并且影响版权产品的自由流动。从这个意义上说,只有向上协调才有可能在短时间内确定一个统一的保护期限,从而消除版权产品自由流动的障碍。②

二是为了鼓励文学艺术作品的创作。版权保护的目的是促进文学艺术作品的创作。与此相应,对于版权和相关权提供更高水平的保护,不仅符合版权制度的目的,而且能够推动创新,符合作者、产业界、消费者和整个社会的利益。根据相关的说法,《伯尔尼公约》将版权保护的最低期限规定为作者的有生之年加50年,是为了让版权保护惠及作者和作者的子孙两代人,从而达到鼓励作者创作文学艺术作品的目的。同时,随着第二次世界大战之后欧洲人寿命的延长,作者有生之年加50年的版权保护期已经不足以惠及作者的子孙两代人。因而,

---

① Judgment of the court of 22 September 1983, Case 159/82, Verll – Wallace v. Commission.

② See Cornish, Llewelin, *Intellectual Property: Patents, Copyright, Trade Marks and Allied Rights*, 6th edtion, Sweet & Maxwell 2007, p. 410.

有些成员国已经依据欧洲人寿命延长的事实,将版权保护期延长为作者的有生之年加70年。与此相应,欧盟在协调成员国版权和相关权保护期限的时候,也应当做相应的延长。①

不过,对于版权保护期为什么要惠及作者的子孙两代人,而不是仅仅惠及作者本人或者惠及作者及其下一代人,相关的文件并没有给出令人信服的说明。关于这一点,有人指出,较长的版权保护期,实际上更有利于产业界和投资者,而非鼓励作者创作。因为从历史上看,绝大多数作者是在获得了一个一次性收入之后,就将自己的作品转让给了产业界或者投资者。而较长的版权保护期限,则可以让产业界和投资者有一个较长的可以获得经济利益回报的期间。毕竟无论是作者在创作作品的时候,还是产业界在利用作品的时候,都不可能考虑自己之后的子孙两代的获益。②

1993年10月,欧盟理事会通过了《保护期指令》,③要求成员国在1995年7月1日以前通过国内立法贯彻执行。该指令主要规定,成员国应当对版权提供作者有生之年加70年的保护,对相关权提供50年的保护。同时,该指令对于版权保护期限和相关权保护期限的计算方式也做了统一的规定。这样,随着成员国对于该指令的贯彻实施,在版权和相关权的保护期方面,有关商品自由流动的障碍也就消除了。

《保护期指令》发布之后,欧盟理事会于2001年4月通过的《信息社会版权指令》,又对录音的保护期限做了修改。随后,欧盟理事会于2006年12月重新发布了《保护期指令》。④2011年9月,欧盟理事会再次修订《保护期指令》,主要是将相关权的保护期限由原来的50年延长为70年。⑤ 下面将依据2011年修订以后的指令,介绍版权和相关权保护期限方面的规定。

二、版权保护期

在版权保护期方面,《保护期指令》主要是在作者有生之年加70年的基础上,针对各种不同的作品规定了以70年为计算基点的版权保护期。例如,根据该指令第1条规定,文学艺术作品作者所享有的权利,其保护期为作者的有生之年加70年,而且与作品提供给社会公众的事件无关。又如,在合作作品的情况下,作者有生之年加70年的保护期,按照最后一位死亡作者的时间计算有生之年加70年的期间。再如,在匿名作品和假名作品的情形下,版权保护期为作品公开发表后的70年。在70年的期间之内,如果作者的真实身份得以确认,则保护期为作者的有生之年加70年。

有关匿名作品和假名作品的保护期规定,同样适用于集体作品。根据《保护期指令》规

---

① Recitals10, 5, 6, 7, Directive harmonizing the term of protection of copyright and certain related rights.

② See Cornish, Llewelin, *Intellectual Property: Patents, Copyright, Trade Marks and Allied Rights*, 6th edtion, Sweet & Maxwell 2007, p. 409 – 410.

③ Council Directive 93/98/EEC of 29 October 1993 harmonizing the term of protection of copyright and certain related rights, Official journal NO. L 290, 24/11/1993.

④ Directive 2006/116/EC of the European Parliament and of the Council of 12 December 2006 on the term of protection of copyright and certain related rights (codified version), Official Journal L 372, 27/12/2006.

⑤ Directive 2011/77/EU of the European Parliament and of the Council of 27 September 2011 amending Directive 2006/116/EC on the term of protection of copyright and certain related rights.

定,如果成员国的法律特别规定了集体作品(collective work),[①]或者规定法人作为版权所有人的作品,其保护期限为作品公开发表后的70年。如果作者的身份得以确认,就该作者所创作的部分,保护期为作者的有生之年加70年。又据规定,如果有关的作品完成后一直没有公开发表,同时版权保护期的计算方式也不是以作者的死亡为准,则保护期为作品完成后的70年。这主要是指没有公开发表过的集体作品。此外,如果某一作品是以分卷、部分、分期、分批连载或者插曲的方式公开发表,版权保护期也应当按照每个部分分别计算。

关于上述规定,有两点值得说明。第一,根据《保护期指令》第1条规定,这里所说的文学艺术作品,是指《伯尔尼公约》第2条意义上的文学艺术作品。因此,只要是《伯尔尼公约》第2条意义上的文学艺术作品,成员国都应当提供作者有生之年加70年的保护。根据《伯尔尼公约》第2条第1款规定,文学艺术作品是指文学、科学和艺术领域内的一切作品,而不论其表达形式或方式如何。在此基础上,公约列举了一些可以受到保护的作品,诸如图书、小册子和其他文字作品;讲课、讲演、布道和其他同类性质的作品;戏剧或戏剧音乐作品、舞蹈作品、哑剧作品;配词或未配词的乐曲;电影作品及使用与拍摄电影类似的方法创作的作品;图画、绘画、建筑、雕塑、雕刻及版画作品;摄影作品及使用类似方法创作的作品;实用艺术作品;文字或插图说明、地图、设计图、草图,以及立体造型作品。此外,《伯尔尼公约》在列举上述作品时,使用了"诸如"的字样,因而条约规定的作品种类是非穷尽的。这样,一旦出现了新的作品种类,仍然可以纳入受保护的范围。[②]

第二,作者有生之年加70年的保护期限,与作品何时发表或者公开无关。就某一个特定的作者来说,如果相关的作品在20岁左右创作完成,则有关的保护期间有可能达到150年或者更长(取决于该作者在多大岁数时死亡)。但如果相关的作品在作者去世之前创作完成,则有关的保护期间可能只有70年多一点。当然在这方面上,集体作品或者法人所有的作品,保护期限与作品发表的时间密切相关。根据《保护期指令》规定,这类作品的保护期限为作品公开发表后的70年,或者作品完成后的70年。

在版权保护期方面,《保护期指令》还特别规定了电影作品和摄影作品的保护期。就电影作品而言,《保护期指令》一方面协调了成员国关于电影作者的规定,另一方面则统一了电影作品的保护期限。根据《保护期指令》第2条规定,成员国应当将电影作品或者视听作品的主要导演规定为作者或者作者之一。在此基础之上,成员国还可以将其他人规定为合作作者。这属于协调成员国版权法有关电影作者的一个特别规定。事实上,这在《出租权指令》的第2条已经作了规定,《保护期指令》不过是对此加以重申而已。关于电影作品的保护期限,《保护期指令》规定电影作品或者视听作品的版权保护期为作者的有生之年加70年。根据规定,无论成员国是否将主要导演、脚本作者、对白作者和音乐作者规定为电影作品或者视听作品的作者,作者有生之年加70年的保护期限,都是从上述四类人员中最后一位死亡的时间计算70年的期间。显然,这样一个规定又在事实上进一步协调了成员国有关电影作者的规定,即

---

① 集体作品是指类似于计算机程序一类的作品,有很多人参与创作,版权归属于雇主或者其他人。集体作品,与中国《著作权法》规定的法人作品,有相似之处。

② Article 2, Berne Convention.

电影的作者应当包括主要导演、脚本作者、对白作者和音乐作者。①

关于电影,《保护期指令》不仅提到了电影作品,而且提到了视听作品。应该说,这里所说的视听作品与电影作品具有同等的含义。因为电影是指摄制在一定介质上,由一系列有伴音或者无伴音的画面组成,并且借助适当装置放映或者以其他方式传播的作品。英文中的“motion picture”就反映了这类作品的特征,即电影是由一系列滚动的画面组成的,可以有伴音,也可以没有伴音。所谓视听作品则是更多地强调这种作品是由“可视”的画面和“可听”的伴音所构成,仍然属于电影作品。关于这一点,《保护期指令》第 3 条第 4 款也规定:“电影一词,是指电影作品或者视听作品,或者移动图像,无论是否伴有声音。”②

再来看摄影作品。《伯尔尼公约》第 7 条虽然规定版权的保护期为作者的有生之年加 50 年,但又规定成员国可以自由决定摄影作品的保护期限,保护期至少为作品完成后的 25 年。这表明,《伯尔尼公约》成员国对于摄影作品保护期的规定不尽一致。同样,在《保护期指令》颁布以前,欧盟成员国对于摄影作品保护期的规定也存在着较大的差异。这种差异,显然也会影响相关产品的自由流动。由此出发,《保护期指令》第 6 条对于摄影作品的保护期限进行了统一,即摄影作品在符合独创性要求的时候,可以获得作者有生之年加 70 年的保护。值得说明的是,1996 年的世界知识产权组织《版权条约》第 9 条已经规定,成员国不得适用《伯尔尼公约》第 7 条关于摄影作品保护期限的规定。③ 这就意味着,摄影作品的保护期限应当与其他作品的保护期限一样,都是作者的有生之年加 50 年。当然,欧盟《保护期指令》所规定的保护期限更长,为作者的有生之年加 70 年。

关于摄影是否构成作品,这个问题涉及版权法体系和著作权法体系的不同标准。大体说来,版权法体系有关作品(包括摄影作品)的独创性要求较低,只要是来源于作者就可以构成作品。而依据著作权法体系的标准,有关的作品(包括摄影作品)不仅应当来自作者,而且应当体现作者的精神状态或者人格印迹。在这一点上,《保护期指令》再次对摄影作品的构成要件作了规定。根据该指令第 6 条规定,具有“独创性”的摄影作品,应当适用该指令第 1 条关于保护期的规定,例如作者有生之年加 70 年的保护期限。至于其中的“独创性”,仍然是指“作者自己的智力创造”,即有关的作品不仅应当来自作者,而且应当体现作者的智力创造。值得注意的是,《保护期指令》的“重述”第(17)在提到“作者自己的智力创造”的时候,还特别提到了“作者的人格”,即当摄影作品是作者自己的智力创造并且反映了作者人格的时候,就达到了独创性的标准。这表明,这里所说的“作者自己的智力创造”,仍然是著作权法体系的独创性标准,而非版权法体系的独创性标准。根据《保护期指令》第 6 条的规定,对于那些达不到独创性标准的摄影,例如一般的快照,成员国可以给予其他权利。这是一个选择性的规定,成员国可以给予其他权利的保护,也可以不给予其他权利的保护。在德国,这种不构成作品的摄影可以获得相关权的保护,称为摄影者权。④

---

① 值得注意的是,这种保护期限不同于中国对于视听作品的保护期限。按照中国《著作权法》第 23 条规定,视听作品的保护期限为 50 年,自视听作品首次发表或者完成之日起算,与导演等作者的死亡无关。

② 另外,《出租权指令》第 2 条也有类似规定:“本指令所说的电影,是指电影作品或者视听作品,或者移动图像,无论是否伴有声音。”

③ Article 9, WPPT.

④ 参见《德国著作权法》第 72 条关于“摄影”的规定。

此外,2011 年修订后的《保护期指令》第 1 条还增加了一个关于词曲音乐作品的特殊保护期限。“词曲音乐作品”是指歌词和音乐合并在一起的作品。关于这类音乐作品,成员国计算保护期限的方式不尽一致。有的成员国规定,词、曲的保护期限分别计算。按照这种计算方式,无论是词作者先死亡还是曲作者先死亡,都会导致词、曲以不同的时间点进入公有领域,不便于相关的市场主体利用整体的词曲音乐作品。而在另一些成员国,词曲音乐作品作为一个整体计算保护期限。按照这种计算方式,无论是词作者先死亡还是曲作者先死亡,以最后一位死亡作者再加 70 年计算保护期限。显然,“词曲音乐作品”保护期限计算方式的不同,有可能成为版权产品在欧盟共同市场上自由流动的障碍。于是,2011 年修订的《保护期指令》,以后一种方式规定了“词曲音乐作品”的保护期限。

《保护期指令》第 1 条第 7 项规定,如果词曲作者的创作是为了将各自分离的词和曲合为“词曲音乐作品”,无论他们是否被认定为合作作者,其保护期限都是最后一位死亡作者再加 70 年。关于这一点,2011 年修订《保护期指令》的“重述”第(18)特别指出,绝大多数音乐的创作和歌词的创作,都是为了合成一件作品。例如歌剧的创作,通常都是由歌词作者和音乐作者完成。又如爵士、摇滚、流行音乐的创作,也是由歌词作者和音乐作者合作完成。与此相应,成员国应当将词曲音乐作品作为一个整体,以最后一位死亡作者加 70 年计算保护期限,进而消除商品和服务在欧盟共同市场上自由流动的障碍。

最后要说明的是,《保护期指令》对于版权保护期限的规定,仅仅涉及了版权中的经济权利,而没有涉及作者的精神权利。这是因为,成员国法律对于作者精神权利的内容,以及作者精神权利保护期限的规定不尽一致。例如按照《法国著作权法》的规定,作者精神权利的保护没有时间的限制,应当永远保护下去。而依据《德国著作权法》的规定,作者精神权利的保护期限与经济权利的保护期限相同。事实上,成员国关于作者精神权利保护期限的不同,不会影响版权产品在欧盟共同市场上的自由流动,因而不需要在欧盟的层面上加以协调。所以《保护期指令》第 9 条规定,本指令有关版权保护期限的规定,不影响成员国关于作者精神权利保护的规定。

三、相关权保护期

在相关权的保护期方面,1993 年发布的《保护期指令》,主要是在 50 年保护期限的基础上,针对不同的相关权客体规定了保护期限。而到了 2011 年修订的《保护期指令》,则对于录音和体现在录音中的表演,提供了 70 年的保护期限。下面分别叙述。

关于表演活动的保护期限,1993 年《保护期指令》的规定是表演活动发生后的 50 年。但如果固定有表演活动的录音制品,在此期间公开出版或者公开传播,则保护期为首次出版或者公开传播后的 50 年。如果既有公开出版又有公开传播,以二者之中发生较早的时间计算。

依据 2011 年修订的《保护期指令》,如果表演活动在没有固定为录音制品的情况下,发生了公开出版或者向公众传播的情形,保护期限为发表之日或者传播之日起算的 50 年。如果既有公开出版又有向公众传播,以二者之中发生较早的日期计算。又据规定,如果表演活动固定于录音制品之中,则表演活动的保护期限为录音的保护期限,即相关的录音首次公开出版或者首次向公众传播之日起算的 70 年,二者取其早者。

关于录音的保护期限,1993 年《保护期指令》的规定是相关录音固定后的 50 年。如果在此期间公开出版,以公开出版为准计算50年的保护期。如果在此期间没有公开出版,而是以合法的方式传播给公众,则50年的保护期以首次公开传播为准计算。在这里,50年的保护期以首次出版或者首次传播计算,二者取其早者。

到了2001年的《信息社会版权指令》,对录音保护期限的这一计算方法做了修改。根据《信息社会版权指令》第11条第2款规定,录音制作者权的保护期限为录音固定后的50年。如果在此期间公开出版,以公开出版为准计算50年的保护期。如果在此期间没有公开出版,而是以合法的方式传播给公众,则50年的保护期以首次公开传播为准计算。这样,《信息社会版权指令》的保护期限计算方式,就把"以合法的方式传播给社会公众"突出了出来,而不再将之与公开出版并列。① 显然,这是适应网络环境中版权和相关权保护需要的一个做法。因为,在网络传播的条件下,已经固定的录音,可能更多地通过网络直接传播给社会公众,而不必再经过传统的出版。到了2011年修订的《保护期指令》,又将录音制作者权的保护期限延长为70年,即经过固定的录音,无论是以公开出版为准计算保护期限,还是以公开传播为准计算保护期限,都是70年。

关于广播信号的保护期限,1993年《保护期指令》第3条规定,广播组织权利的保护期限是广播节目首次发射后的50年,而无论相关的广播是以有线还是无线的方式传播,是以卫星广播还是有线转播的方式传播。关于这一点,2011年修订的《保护期指令》未做更改。这表明,对于广播信号的保护,一直是相关节目发射之后的50年。

值得注意的是,《保护期指令》关于相关权保护期限的规定,不仅协调或者统一了成员国对于相关权的保护期限,而且协调或者统一了相关权保护期限的计算方式。在此之前,已经对相关权提供保护的成员国,在保护期限的计算方式上不尽相同。例如,就录音而言,有的成员国按照录音的固定计算保护期限,有的成员国按照录音的公开出版计算保护期限。据说,在1989年的"EMI"一案中,纠纷的起因之一就是丹麦和德国在录音保护期限的计算方式上有所不同。在丹麦,保护期限按照录音的固定之日起算。而在德国,对于原有录音的保护期限,则是自法律颁布之日起算。② 显然,这种起算方式的不同,也会在某些情况下引起不必要的纠纷,甚至影响录音制品在共同体市场上的自由流动。由此出发,《保护期指令》在录音保护期限的计算方式上作了统一规定。根据该指令规定,录音的保护期限为固定之日起的70年;如果在此期间公开出版,为公开出版后的70年;如果在此期间没有公开出版,而是以合法的方式公开传播给社会公众,则保护期限为公开传播后的70年。此外,《保护期指令》对于表演活动保护期限的起算方式,对于广播节目保护期限的起算方式,也做了统一的规定。

根据相关的立法资料,欧盟于2011年修订《保护期指令》,该指令延长了录音和体现在录音中的表演活动的保护期限,其宗旨是进一步保护表演者的利益,提高表演者的社会地位。欧盟委员会认为,按照1993年的《保护期指令》和成员国法律,表演活动可以获得50年的保护。然而,很多表演活动发生在表演者的青春时期。这样,很多表演活动的保护期限虽然届满,但相关的表演者依然存活。尽管他人可以利用相关的录音和表演活动,获得可观的经济利益,但表演者却丧失了权利金的收入。同时,在这些失去收入的表演者中,很多人都是无名

---

① Article 11(2), Information Society Directive.

② See Guy Tritton et al., *Intellectual Property in Europe*, 3th ed., Sweet & Maxwell, 2008, p. 515.

或者名声不高的表演者,权利金的收入也基本上是通过法定补偿金的方式获得。所以,延长录音和体现在录音中的表演活动的保护期限,将有助于表演者继续获得法定补偿金,进而提高他们的社会地位。①

然而学术界和表演者群体则认为,将录音和体现在录音中的表演活动的保护期限延长20年,从表面上看是为了保障表演者的利益,但在事实上,由此而产生的利益将主要归于录音制作者,而不是表演者。因为,按照普遍盛行的一次性付酬合同,表演者已经在制作相关录音制品的时候,将自己的权利转让给了制作者。这样,只有那些由集体管理组织管理的,表演者不可转让的"获得报酬权",才可以在保护期限延长之后的时间里,为表演者带来数量不多的收益。从这个意义上说,延长录音和体现在录音中的表演活动的保护期限,与其说是为表演者着想,不如说是为录音制作者着想。正是基于以上的担忧,2011 年修订的《保护期指令》,就如何落实表演者在延长后的20年保护期限里的权利和利益做出了一些特殊规定。

第一,表演者将相关表演活动的权利转让给录音制作者50年以后,如果录音制作者没有向市场提供足够数量的录音制品,或者没有以有线或者无线的方式向公众传播相关的表演,表演者可以终止转让合同。其具体做法是,先由表演者向录音制作者发出通知,表明自己终止转让合同的意向。如果录音制作者在收到通知后的一年里,仍然没有向市场提供足够的录音制品,或者没有向公众传播相关的表演,则有关表演活动的权利回归表演者,录音制作者丧失相关的权利。而且,表演者所享有的上述终止权,是不可放弃的。显然,这个规定保障了表演者可以在增加的20年保护期里,以撤回权利的方式维护自己的权利和利益。

第二,表演者将相关表演活动的权利转让给录音制作者50年以后,表演者应当就录音制品的发行或者公开传播,获得按年度计算的补充性收入。这是表演者在原有的一次性转让费用基础上的收入,适用于新增加的20年保护期限。根据规定,年度性补充收入的标准是,录音制品因为年度复制、发行收益的20%,或者向公众传播收益的20%。在这方面,录音制作者不得通过合同,扣除以前已经支付的一次性费用,或者提前支付年度补充性费用。按照这个规定,如果相关的录音在固定50年以后,仍然有复制、发行的利用,或者向公众传播的利用,则表演者就可以按照年度20%的收益,获得相关的补充性费用。此外,表演者享有的年度性收入权利,应当由集体管理组织行使,从而强化了表演者的谈判地位。

国际上通常所说的相关权,是指表演者权、录音制作者权和广播组织权。例如,保护相关权的《罗马公约》就规定了上述三种相关权。但在欧盟范围之内,除了表演者权、录音制作者权和广播组织权,还存在一些其他的相关权,如制片者权、出版者权、摄影者权。事实上,一些论著将数据库制作者的特别权利,也纳入了相关权的范围。在这方面,《保护期指令》对于其中的制片者权(rights of producers of the first fixation of a film)和出版者权(publisher's right),也做了保护期限的规定。

制片者权是指电影制片人就其固定的电影所享有的权利。按照欧盟很多成员国的著作权法或者版权法,电影作品的作者是导演、脚本作者、对白作者和音乐作者,而不包括制片人。然而,按照大多数成员国的法律,制片人因为投资和组织电影的拍摄,有关电影的经济权利,或者依据法律规定,或者依据合同约定,归属于制片人。按照欧盟相关指令的规定,制片人所

① Press Release IP/09/627 Commission welcomes Parliament vote on copyright term of 23 April 2009.

享有的这种经济权利,属于相关权的范畴。根据《保护期指令》第 3 条第 3 款规定,制片人就其电影所享有的权利,为相关电影首次固定之后的 50 年。如果相关的电影予以发表,或者向公众传播,则保护期限为出版或者公开传播之日起的 50 年,二者取其早者。其中的电影,是指电影作品或者视听作品,无论是否有伴音。

出版者权包括两种情形。第一种情形是,一些从未发表过的作品虽然已经进入公有领域,但如果某一出版者投入力量加以编辑出版,或者以其他方式传播给社会公众,可以获得一定期限的保护。在此期间,出版者享有与作者同等的经济权利,如复制、发行、公开传播等。他人未经该出版者的许可,不得出版、传播同一作品。根据《保护期指令》第 4 条规定,对于这种权利的保护,为相关作品首次出版或者首次传播给社会公众后的 25 年。这叫作对于未出版作品的保护(Protection of previously unpublished works)。

第二种情形是,某些作品或文本已经超过了版权保护期限或者从来没有受到过版权法的保护,但重新出版这类作品的版本又体现了某种学术性或科学性的分析,从而显著不同于以前的版本,则出版者对这类版本享有权利。在德国,这叫作语言文献权利(philogical right),主要涉及原有的文字、音乐作品的重构性或批评性版本。在《保护期指令》中,这叫作批评性和科学研究性出版(Critical and scientific publications)。根据该指令第 5 条的规定,对于这种权利的保护期限,为相关作品合法出版后的 30 年。

关于版权和相关权保护期限的计算起点,《保护期指令》第 8 条也做了统一规定。根据规定,相关的保护期限自有关的事实发生后的次年的 1 月 1 日起算。例如,版权的保护期限为作者的有生之年加 70 年,则从作者死亡后的次年的 1 月 1 日开始,计算 70 年的保护期限。又如,在集体作品或者作品归法人所有的情况下,作品发表或传播后的 70 年期限,也自作品首次发表或者首次传播发生后的次年的 1 月 1 日起计算。再如,录音的固定、出版、公开传播,表演活动的发生或者广播节目的首次发射,都是自相关事实发生后的次年 1 月 1 日起,计算 50 年的保护期限。这样,此前成员国在版权和相关权保护期限上的不同计算起点,也因为指令的贯彻执行而统一起来。

四、国际互惠与过渡期

在版权和相关权保护期限的问题上,《保护期指令》第 7 条规定了国际互惠的原则,该指令第 10 条规定了版权保护期和相关权保护期的过渡规则。下面分别论述国际互惠、版权保护期限的过渡和相关权保护期限的过渡。

(一)国际互惠

在文学艺术作品的保护上,《伯尔尼公约》虽然规定了国民待遇的原则,但又规定了这个原则的三个例外,即版权保护期上的例外,实用艺术品保护上的例外,以及加入公约时是否给予追溯保护的例外。就其中的版权保护期而言,如果甲成员国提供了高于作者有生之年加 50 年的保护,乙成员国仅提供了作者有生之年加 50 年的保护,则甲成员国对于来源于乙成员国的作品,仅仅提供乙成员国规定的作者有生之年加 50 年的保护,而不提供本国法律规定的高于作者有生之年加50年的保护。[①] 在版权保护期上实行互惠原则而非国民待遇原则，是为了鼓励成员国提供更长的保护期限。因为那些来源于版权保护期限较短的成员国的作品，在保护期限较长的成员国中只能获得来源国规定的保护期限，而不能获得较长的保护期限。这样，版权保护期限较短的成员国，为了让起源于本国的作品在其他成员国获得较长的保护期限，就不得不增加版权的保护期限，使之与其他国家的版权保护期限一致起来，甚至提供更长的保护期限。

显然，欧盟《保护期指令》规定的版权保护期限为作者的有生之年加70年，不仅高于《伯尔尼公约》规定的版权保护期限，而且高于很多国家规定的版权保护期限。同样是为了鼓励欧盟之外的国家规定更长的版权保护期限，《保护期指令》第7条也规定了对于欧盟之外的国家的互惠待遇原则。根据该指令规定，来源于欧盟之外的国家的作品，其作者又不是欧盟成员国的国民，则相关的保护期限为作品来源国的保护期限。这与《伯尔尼公约》在版权保护期上采取互惠原则的宗旨相同。然而，在《伯尔尼公约》成员国中，确实又有个别国家规定了超过作者有生之年加70年的保护期限，如巴西的规定是作者有生之年加80年。如果欧盟成员国以互惠的原则提供超过作者有生之年加70年的保护，同样会造成版权保护期限上的不同，影响版权产品的自由流动。所以，《保护期指令》第7条又规定，对于来源于欧盟之外的国家的作品，不得提供超过该指令第1条规定的版权保护期限，即作者的有生之年加70年。

在相关权保护上，《保护期指令》也规定了同样的互惠原则。首先，《罗马公约》仅仅规定了表演者权、录音制作者权和广播组织权，而没有规定制片者权和出版者权。与此相应，很多国家都没有提供对于制片者权和出版者权的保护。版权法体系的一些国家，甚至没有提供对于广播组织权的保护。为了鼓励第三国保护更多的相关权，《保护期指令》第7条第2款首先规定，本指令规定的所有的相关权保护期限，也应当适用于欧盟之外的国家的相关权人，但前提条件是该国也规定了同样的相关权保护。这就意味着，如果某一欧盟之外的国家没有提供对于制片者权和出版者权的保护，则欧盟成员国对于这个国家的国民，也不提供制片者权和出版者权的保护。

其次，根据《罗马公约》第14条规定，表演者权、录音制作者权和广播组织权的保护期限，至少应当达到20年。至少20年的保护期限自表演活动发生、录音固定和广播节目发射的当年年底起算。[②] 与此相应，很多国家对于相关权的保护期限，也是20年。《保护期指令》规定表演者权、录音制作者权的保护期限为70年，广播组织权的保护期限为50年，不仅高于《罗马公约》规定的相关权保护期限，而且高于很多国家规定的相关权保护期限。同样，为了鼓励其他国家规定更长的相关权保护期限，《保护期指令》第7条第2款规定，在相关权所有人是非欧盟成员国国民的情形下，成员国给予的相关权保护期限，不得超过非欧盟成员国给予其国民的相关权保护期限。这是针对非欧盟成员国规定的相关权保护期限低于70年或者50年的情形。但如果非欧盟成员国规定的相关权保护期限长于70年或者50年，则成员国只能提供70年或者50年的保护期。否则，不同的相关权保护期限，同样会影响版权产品在共同体市场上的自由流动。

---

① Article 7, Berne Convention.

② Article 14, Rome Convention.

在《保护期指令》发布以前，个别成员国可能依据与非欧盟成员国缔结的双边协议，提供了高于指令规定的版权和相关权保护期限。对于这种情形，《保护期指令》第7条第3款做出了规定。根据规定，在1993年10月29日（《保护期指令》发布日）之前，如果有的成员国依据其国际义务，提供了更长的保护期限，则其应当与非欧盟成员国缔结相应的协议，使版权和相关权的保护期限与《保护期指令》的规定相一致。在新的协议缔结以前，可以维持较长的保护期限。

（二）版权保护期限的过渡

《保护期指令》第10条是关于保护期限的过渡规定，主要涉及了保护期的实施日期、某些进入公有领域的作品、相关权客体的复活，以及电影作品作者的适用时间。其中，1993年《保护期指令》针对版权和相关权的保护期限，做出了过渡性规定。2011年《保护期指令》又针对录音和固定在录音中的表演，增加了20年的保护期限，并重新做出了相应的过渡性规定。这里先讨论版权保护期限的过渡，下一部分再讨论相关权保护期限的过渡。

1993年《保护期指令》将版权的保护期限延长为作者的有生之年加70年，或者在匿名作品、集体作品、作品归属于法人的情形下为70年的保护期限。根据《保护期指令》第13条规定，成员国应当在1995年7月1日以前，通过国内立法贯彻实施上述保护期限。与此相应，《保护期指令》第10条依据这个时间节点，规定了版权保护期限的过渡。

根据该规定，新的版权保护期限适用于1995年7月1日仍然受到保护的作品。按照《保护期指令》第10条第1款的规定，如果某一成员国法律规定的版权保护期限长于本指令规定的保护期限，并且相关作品的权利在1995年7月1日仍然没有届满，本指令不应当缩短其保护期限。这就意味着，对于1995年7月1日以前产生的作品，《保护期指令》允许成员国提供更长的保护期限。但是自1995年7月1日以后产生的作品，则一律执行《保护期指令》规定的保护期限。

在《保护期指令》颁布之前，成员国不仅存在着较长的保护期限，而且存在较短的保护期限，例如作者的有生之年加50年。这就涉及了某些已经进入公有领域的作品，有可能依据《保护期指令》的规定而重新进入专有领域的问题。根据《保护期指令》第10条第2款规定，如果在1995年7月1日，某一作品至少还在一个成员国中受到保护，而在其他成员国中进入了公有领域，则该作品应当重新获得保护，直到《保护期指令》规定的保护期限届满。这可以叫作"版权的复活"，即某些作品已经进入了公有领域，但因为保护期的延长而重新进入了专有领域，获得了版权的保护。这有两种情形。

第一种情形是关于德国、奥地利和西班牙等成员国的作品。在1995年7月1日以前，这些成员国的著作权法已经规定了作者有生之年加70年的保护期限。这样，来源于这些成员国的某些作品，虽然在其他成员国因为较短的保护期限已经进入了公有领域，但在德国、奥地利和西班牙仍然受到版权保护。根据《保护期指令》第10条规定，这些作品在1995年7月1日以后，就会在其他成员国"复活"，重新进入专有领域，获得版权保护。

第二种情形，关于其他成员国已经进入公有领域的作品。在1995年7月1日以前，除了德国、奥地利和西班牙，其他成员国在版权保护期限方面，基本都是规定作者的有生之年加50年。这样，其他成员国的某些作品虽然已经过了作者有生之年加50年的保护期限，但还没有超过作者有生之年加70年的保护期限。这些作品虽然在其他成员国已经进入了公有领域，但依据《欧盟运行条约》的相关规定和欧盟法院的相关判例，在德国、奥地利和西班牙却没有进入公有领域。按照《保护期指令》第10条规定，这些作品在1995年7月1日以后，也应当在其他成员国中"复活"，重新进入专有领域，获得版权保护。

上面所说的《欧盟运行条约》的相关规定，是指该条约第18条的规定："就本条约的适用范围而言，并且在不损害其中的特别规定的前提下，禁止任何基于国籍的歧视。"这就意味着，在欧盟成员国的范围之内，德国、奥地利和西班牙，不得因为有些作品是起源于其他成员国的作品，就对这些作品进行歧视，仅仅提供作者有生之年加50年的保护。或者说，按照禁止国籍歧视的原则，德国、奥地利和西班牙不仅对于起源于本国的作品提供作者有生之年加70年的保护，对起源于其他成员国的作品也应当提供作者有生之年加70年的保护。这与《伯尔尼公约》在版权保护期上采纳的互惠原则不同。上面所说的欧盟法院的相关判例，主要是指1993年的"Collins"一案。① 在该案中，英国摇滚乐表演者克林斯曾经在美国举办了一场表演活动，有人未经许可而制作了录音制品，并在德国销售。但由于美国不是《罗马公约》的成员国，依据《德国著作权法》，克林斯的表演活动不能在德国获得保护。欧盟法院在判决中指出，《欧盟运行条约》第18条关于禁止国籍歧视的原则，同样适用于版权和相关权的保护。与此相应，按照这个原则，成员国的立法在赋予某一专有权利的时候，不得要求相关的个人必须是本国的国民。同样，成员国立法在赋予本国国民某些权利的时候，不得拒绝来自其他成员国的作者和表演者，享有相同的权利，例如禁止和许可他人上市录音制品。显然，这一推论也适用于某些成员国较长的版权保护期和相关权保护期。

这样，按照以上两种情形，我们可以得出结论说，当1995年7月1日来临之际，只要某一作品仍然在某一个成员国中处于受保护的状态，或者相关的版权尚未届满，就可以在所有的成员国之中，获得《保护期指令》规定的较长的保护期限，如作者有生之年加70年。当然，相关的作品重新进入专有领域，或者发生权利的"复活"，都应当符合欧盟相关指令设定的版权获得标准，如作者自己的智力创造。

关于电影作品作者的适用时间。《保护期指令》第2条第1款规定，成员国应当将电影作品的主要导演视为作者或者作者之一，并且可以规定其他人为共同作者。《保护期指令》第10条第4款则规定，成员国就1994年7月1日以前创作的电影作品或者视听作品，可以不适用该指令第2条第1款的规定。但是对于在此之后创作的电影作品或者视听作品，则应当适用该指令第2条第1款的规定。

关于版权的"复活"与否，欧盟法院于2016年判决的"Montis"是一个可以说明相关问题的典型案例。② 这是一个来自荷兰和比荷卢法院的案件。为了说明相关的案情，首先有必要说明1975年生效的《比荷卢统一外观设计和模型法》。根据该法第21条的规定，具有显著艺术特征的外观设计和模型，可以同时获得外观设计（模型）权利和版权的保护。其中，外观设

---

① Judgment of the Court of 20 October 1993, Joined cases C－92/92 and C－326/92. Phil Collins v. Imtrat Handelsgesellschaft mbH and Patricia Im－ und Export Verwaltungsgesellschaft mbH and Leif Emanuel Kraul v. EMI Electrola GmbH. 参见本书第二章第二节有关该案的论述。

② Judgment of the Court (Third Chamber) of 20 October 2016, Case C－169/15, Montis Design BV v. Goossens Meubelen BV.

计(模型)权利的获得,应当提交申请和获得注册,其保护期限为5年。如果在外观设计(模型)权利届满之时,外观设计(模型)的所有人想延续版权的保护,应当提出声明和支付相应的费用,而且前提条件是外观设计(模型)权利和版权的所有人为同一人。提出声明和支付费用的时间,应当是外观设计(模型)权利届满之前的1年,否则外观设计(模型)权利届满之时,相关的版权也归于届满。这部法律的第24条,还就权利人提出声明和支付费用的具体要求,作了详细规定。显然,这是一个比荷卢三国独特的规定,不同于大多数成员国关于外观设计和版权保护的做法。所以,根据比荷卢立法机关对于《统一外观设计和模型法》进行修订,上述第21条和第24条的规定于2003年12月失效。①

在"Montis"一案中,原告是荷兰的一家家具公司,其合伙人之一的杰拉德先生设计了两款椅子,分别称为"查理扶手椅"和"卓别林椅子",于1988年4月获准比荷卢的外观设计(模型)注册。获准注册后,外观设计或者模型权利归属于公司所有,版权归属于杰拉德先生所有。1990年,杰拉德先生将版权转让给了公司。这样,两款椅子的外观设计(模型)权利和版权就归属于同一人,符合《比荷卢统一外观设计和模型法》第21条的规定。然而,当1993年4月相关的外观设计(模型)权利的5年保护期限届满时,家具公司并没有提出版权保护延续的声明,也没有支付相应的费用。这表明,有关两款椅子的外观设计权利和版权,于1993年4月终止。

本案的被告也是一家家具公司,于原告的外观设计权利和版权届满之后,生产和销售了相似的椅子。于是,原告向荷兰地方法院提起诉讼,主张被告侵犯了自己的版权。被告则主张,原告的版权已经于1993年4月届满,相关的椅子设计也随之而进入了公有领域,因而自己没有侵权。关于这个问题,原告认为,《比荷卢统一外观设计和模型法》第21条和第24条于2003年12月失效,但不具有溯及既往的效力,因而自己可以就两款椅子设计享有版权。原告还认为,依据《伯尔尼公约》的相关规定,版权系自动获得,不需要履行提出声明和支付费用的手续。原告最后认为,依据《保护期指令》的相关规定和落实该指令的《荷兰版权法》,自己已经失效的版权应当"复活",两款椅子的设计应当重新回到专有领域。

荷兰地方法院经过审理,作出了驳回原告诉讼请求的判决。在原告提起的上诉中,上诉法院再次驳回了原告的诉讼请求。于是,原告仅就该案所涉及的法律问题,向荷兰最高法院提起上诉。荷兰最高法院裁定,当1995年7月1日到来之时,原告在荷兰的版权已经失效,同时也没有在其他任何成员国享有版权,因而无论是依据《保护期指令》的过渡性规定,还是依据《荷兰版权法》,都不存在恢复版权保护的问题。然而,荷兰最高法院对于《比荷卢统一外观设计和模型法》第21条和第24条的效力,又存有一定的疑问。因为,原告按照原来的法律获得了版权,但因为没有及时提出声明和支付费用而丧失了版权。这种结果,与两个条文于2013年删除和失效,是否具有一定的关系。于是,荷兰最高法院决定暂停案件的审理,请荷比卢法院(Benelux Court of Justice)就第21条和第24条的效力作出回答。荷比卢法院又认为,原告依据《比荷卢统一外观设计和模型法》第21条获得的版权是否丧失效力,与《保护期指令》的过渡性规定有关,因而提请欧盟法院就相关的问题作出前置裁定。具体说来,按照《保

---

① 大体说来,在20世纪70年代至90年代,英国等一些西欧国家曾经尝试以版权的方式,保护工业品外观设计,最终以失败而终结。

护期指令》第13条的规定,如果某一版权在1995年7月1日以前,因为未能满足法定的形式要件而丧失,是否可以恢复。

欧盟法院在判决中说,《保护期指令》第10条明确规定,在1995年7月1日以前,如果某一作品或者相关权客体,仍然在一个成员国中受到保护,或者符合《出租权指令》的保护标准,则相关的保护期限应当予以延长。然而就本案而言,本案所涉及的作品(椅子设计),曾经在某一个成员国受到过保护,但在后来却因为程序的原因而不再受到保护。到了1995年7月1日的关键日期,也没有在其他成员国受到保护。同时,《出租权指令》第3条第2款明确规定,本指令关于出租权和出借权的规定,不适用于建筑作品和实用艺术作品。显然,本案所涉及的椅子设计属于实用艺术作品,也不符合《出租权指令》所设定的保护标准。欧盟法院由此而得出结论说,无论是依据1995年7月1日的关键日期,还是依据《出租权指令》不适用于实用艺术作品的规定,原告的椅子设计都不符合版权保护期限延长的要件。

在本案的审理中,原告还提出了获得版权的形式要件问题,认为这与《伯尔尼公约》规定的版权自动获得相悖。欧盟法院在判决中指出,原告关于椅子设计的版权在1995年7月1日以前灭失,确实与《伯尔尼公约》规定的版权自动获得原则不一致。因为,原告版权的灭失,是因为没有满足《比荷卢统一外观设计和模型法》规定的程序性要件,例如提出声明和缴纳费用。然而欧盟法院却认为,在欧盟的法律体系中,这种程序性的要求不会成为问题。

首先,依据《保护期指令》第10条第2款的规定,相关的作品和相关权客体是依据成员国版权法和相关权法而受到保护。这就意味着,相关的作品或者相关权客体是否在1995年7月1日以前仍然受到保护,是由成员国的法律而非《保护期指令》决定的。就本案而言,原告的椅子设计在1995年7月1日以前丧失版权,是由成员国法律设定的条件决定的。其次,《与贸易有关的知识产权协议》第9条要求成员国应当遵守《伯尔尼公约》的实体性条文,其中也包括版权自动获得的条文。在这方面,欧盟已经加入《与贸易有关的知识产权协议》,显然应当遵守版权自动获得的规定。然而,协议于1995年1月生效,从1996年1月适用于欧盟等发达国家,而欧盟的《保护期指令》发布于1993年10月,生效于1993年11月。这表明,当1993年11月的时候,欧盟尚未承担起遵守《伯尔尼公约》版权自动获得的义务。与此相应,原告没有遵守成员国法律的程序性要求而丧失版权的事实,既发生于1995年7月1日以前,也发生于1996年1月1日以前,因而不与《与贸易有关的知识产权协议》和《伯尔尼公约》的相关规定冲突。

欧盟法院最后得出结论说,《保护期指令》既不妨碍成员国规定版权灭失的条件,也不妨碍成员国依据其立法程序删除这样的条件。在1996年1月1日《与贸易有关的知识产权协议》对于欧盟及其成员国生效以前,欧盟可以不遵守《伯尔尼公约》版权自动获得的规定。同样,欧盟成员国在那个时间点之前,也可以设定版权灭失的程序性条件。与此相应,按照《保护期指令》的相关规定,在1995年7月1日以前,原告关于椅子设计的版权已经在相关的成员国灭失,而且也没有在其他成员国处于受保护的状态,因而不能重新获得版权保护。

(三)相关权保护期限的过渡

根据1993年《保护期指令》规定,相关权的客体,例如表演活动、录音和广播信号,其保护期为50年。按照1993年《保护期指令》第10条第1款的规定,如果某一成员国法律规定的相关权保护期限,长于本指令规定的保护期限,并且相关的权利在 1995 年 7 月 1 日仍然没有届满,本指令不应当缩短其保护期限。这就意味着,对于 1995 年 7 月 1 日以前产生的相关权客体,《保护期指令》允许成员国提供更长的保护期限。但是自 1995 年 7 月 1 日以后产生的表演、录音和广播,则一律执行《保护期指令》规定的保护期限。

在 1993 年《保护期指令》颁布之前,成员国在相关权的保护上,不仅存在较长的保护期限,而且存在较短的保护期限,例如 20 年或者 30 年。这就涉及某些已经进入公有领域的表演、录音和广播,有可能依据《保护期指令》的规定而"复活",重新进入专有领域。根据《保护期指令》第 10 条第 2 款规定,如果在 1995 年 7 月 1 日,某一相关权客体至少还在一个成员国中受到保护,而在其他成员国中进入了公有领域,则该表演、录音和广播应当重新获得保护,直到《保护期指令》规定的保护期限届满。这可以叫作"相关权的复活",即某些表演、录音和广播已经进入了公有领域,但因为保护期的延长而重新进入了专有领域,获得了相关权的保护。

2011 年修订的《保护期指令》,主要是将录音和固定在录音中的表演活动的保护期限,从原来的 50 年延长为 70 年。至于没有固定在录音中的表演,其保护期限还是表演活动发生后的 50 年。与此相应,2011 年的《保护期指令》又针对录音和体现在录音制品中的表演活动,做出了过渡性规定。根据 2011 年修订的《保护期指令》规定,成员国应当在 2013 年 11 月 1 日以前,通过国内立法的方式,对录音和体现在录音中的表演活动,提供 70 年的保护期限。这表明,在 2013 年 11 月 1 日之时,如果相关的录音和固定在录音中的表演活动,仍然处于受保护的状态,则可以获得自固定之日起算或者公开出版之日起算的 70 年保护期限。

版权和相关权的"复活",可能对第三人的利益造成影响。例如,某一出版商已经依据相关作品或者相关权客体进入公有领域的事实,投资出版了书籍或者录音制品,则有关的作品或者相关权客体重新进入专有领域,就会影响出版商的利益。关于这一点,1993 年《保护期指令》第 10 条第 3 款规定,本指令的实施不影响 1995 年 7 月 1 日以前对于作品或者相关权客体的使用。同时,成员国还应当必要的采取措施,保护第三方由于利用公有领域中作品或者相关权客体而产生的利益。

欧盟法院于 1999 年判决的"Butterfly"一案,①就涉及了如何保护第三人利益的问题。根据案情,意大利原来的著作权法规定,对于表演和录音的保护期限为 30 年。为了贯彻执行《保护期指令》,意大利修订著作权法,将表演和录音的保护期限从 30 年延长到了 50 年。同时,意大利也依据《保护期指令》第 10 条第 3 款的规定,发布了保护第三人合法利益的法令。根据该指令第 10 条第 3 款规定,对于曾经进入公有领域的作品或者相关权客体,他人在 1995 年 6 月 29 日以前的利用属于合法。法律生效之前发生的复制和发行行为,不受保护期限延长的影响。意大利发布的保护第三人合法利益的法令还特别规定,就已经制作完成的录音制品而言,第三方可以在法律生效后的三个月内继续销售。

在本案中,意大利的"卡斯罗音乐"公司,依据著名演唱家米娜于 1958 年到 1962 年演唱的歌曲,制作了自己的录音制品,并且予以复制发行。"卡斯罗音乐"在制作米娜演唱的录音制品时,还获得了意大利音乐著作权协会的许可。1992 年年底,相关的录音和体现在录音中

---

① Judgment of the Court of 29 June 1999, case 60/98—Butterfly Music Srl v. CEMED and FIMI.

的表演活动，因为30年的保护期限届满而进入了公有领域。随后，意大利的“蝴蝶音乐”公司复制和发行了含有米娜演唱的录音制品。这在当时属于合法行为。不过，随着《保护期指令》的颁布和意大利对于该指令的贯彻实施，米娜的表演活动和相关的录音又回到了专有领域之中。1995年年底，“卡斯罗音乐”依据已经“复活”的权利，要求“蝴蝶音乐”停止复制和发行相关录音制品的行为。于是，“蝴蝶音乐”于1996年5月向米兰地方法院提起诉讼，主张自己可以继续制作和发行涉案的录音制品。

“蝴蝶音乐”在诉讼中认为，根据《保护期指令》的相关规定，已经进入公有领域的作品和相关权客体，不应当重新获得权利。“蝴蝶音乐”还认为，意大利法律规定的，录音制作者依据已经进入公有领域的事实而制作的录音制品，只能在法律生效后继续发行3个月，不符合《保护期指令》关于保护第三方合法利益的规定。关于前一个问题，审理案件的米兰法院认为，《保护期指令》的第10条第2款表明，只要相关的作品或者相关权客体仍然在某一个成员国受到保护，就应当在其他成员国中获得保护，重新获得版权和相关权。关于后一个问题，“蝴蝶音乐”可以在法律生效后的三个月内继续发行已经制作完成的录音制品，米兰法院不太确定是否符合《保护期指令》规定的“保护第三方利益”，因而请求欧盟法院做出前置裁定。

欧盟法院在判决中指出，制定《保护期指令》的目的是统一成员国的法律规则，消除成员国在版权和相关权保护期限方面的差异，保障版权产品和相关权产品在欧盟共同市场上的自由流动。与此相应，《保护期指令》规定表演者权和录音制作者权的保护期限为50年。按照《保护期指令》第10条第2款规定，当1995年7月1日的关键日期到来之时，某一作品或者相关权客体只要还在一个成员国受到保护，就应当在欧盟的范围内适用《保护期指令》规定的保护期限。按照这样的规定，在一些提供了较短保护期限的成员国中，就会发生重新保护某些已经进入公有领域作品和相关权客体的问题。欧盟法院认为，贯彻落实《保护期指令》第10条第2款的规定，可以在尽可能短的时间里统一成员国关于版权和相关权保护期限的法律规则，避免相关作品和相关权客体在某些成员国已经进入公有领域，而在另一些成员国仍然受到保护。

当然在另一方面，《保护期指令》第10条第3款又规定，某些版权和相关权的“复活”，不影响在1995年7月1日以前对于相关作品、表演、录音和广播的利用行为。该指令第10条第3款还特别规定，成员国应当采取必要的措施，保护第三方因为利用曾经进入公有领域作品和相关权客体而获得的利益。依据《保护期指令》的“重述”第(26)所说，成员国可以自由采取必要的措施，对于利用曾经进入公有领域作品和相关权客体的问题，作出妥善解决。《保护期指令》的“重述”第(27)还特别强调，尊重已经获得的权利和法律的可预期性，是欧盟法律体系的一个组成部分。如果第三人基于善意，商业性地使用了曾经进入公有领域的作品和相关权客体，版权和相关权的“复活”，不应当导致他们的利益受损。欧盟法院的判决说：

> 根据这些规定可以看出，成员国应当承担义务，采取保护第三人利益的措施。然而，这类措施的细节，则由成员国自由裁量而决定。当然其前提是，没有在总体上影响指令所确定的实施新的保护期限的日期。

欧盟法院继续论证说，对于曾经处于公有领域中的作品和相关权客体的商业性使用，也可能会对 1995 年 7 月 1 日以后的结果产生影响。例如,版权和相关权于 1995 年 7 月 1 日的复活对此前复制、发行和表演相关作品、表演、录音和广播的行为,不会产生溯及既往的效力。然而,版权和相关权的复活是否对未来产生完全的效力则是不甚明确的。例如第三方利用曾经处于公有领域中的录音制作了录音制品,但在 1995 年 7 月 1 日到来之时尚未完成销售。与此相应,成员国制定的保护第三人利益的措施,也可以适用于尚未上市和销售的录音制品,除非相关的法律有相反的规定。

欧盟法院认为,意大利制定的保护第三方利益的法令,符合《保护期指令》第 10 条第 3 款的规定。因为按照规定,如果某人在相关表演和录音进入公有领域的时候,复制和发行了录音制品,那么在表演权和录音制作者权复活以后的有限时间里,可以继续发行已经制作的录音制品。一方面,意大利的立法满足了《保护期指令》关于保护第三方合法利益的要求。另一方面,允许第三人在合理的期限内发行库存的录音制品,也没有无限期地推迟新的保护期规则的实施。欧盟法院还特别指出,意大利法律所设定的发行期限是合理的。因为,保护第三人合法利益的法律颁布于 1994 年,再加上法律生效后的 3 个月期间,有将近一年的时间让合法使用录音的第三人,发行已经制作的录音制品。

第二节 追 续 权

一、《追续权指令》概述

(一)追续权的概念

追续权源于法文的"droit de suite",其含义是跟随作品的权利(the right of following works)。追续权在英文中是"resale right",即艺术家就其作品原件的再次销售所享有的受益权。中文的"追续权"系依据法文的原意而来。

追续权是一项非常独特的权利。根据前面的定义,追续权是艺术品的作者就其作品"原件"的再销售所享有的受益权。或者说,追续权的客体是作品得以体现的有形媒介,如纸张、画布等。从这个意义上说,追续权似乎不在"版权"的范畴内。因为,版权是作者就"作品"所享有的权利,如复制、发行、演绎、表演和展览等等。而追续权则是作者就作品"原件"的转让,或者说有形物品的转让所享有的获得收益的权利。显然,从版权法或者著作权法的角度来看,艺术品"原件"的转让,绝不意味着版权或者著作权的转让。正是基于这样的原因,美国于 1990 年制定《视觉艺术家权利法》时,虽然在最初的草案中有"追续权"的规定,但在经过美国国会的讨论后,还是把视觉艺术家的"追续权"排除在了《视觉艺术家权利法》之外。因为,追续权不在"版权"的范畴内。①

然而,追续权又与"作品"有着密切的关系,至少追续权是艺术品的作者就其作品"原件"

---

① See Paul Goldstein, *Copyright*, *Patent*, *Trademark and Related State Doctrines*, The Foundation Press, 1997, p. 801.

的再次销售所享有的受益权。显然,他人再次购买艺术品原件,主要与原件上的"作品"密切相关,而非仅仅为了购买画布、纸张等有形物品。与此相应,艺术品作者享有追续权,可以从"作品原件"的再次销售中获得一定的利益,也是因为自己创作了相关的"作品"。由此可见,追续权是一项与"作品"密切相关的权利。正如欧盟《追续权指令》的"重述"所说:"追续权构成了版权的不可分割的部分,属于作者的一项特权。"①

从艺术品"原件"和"作品"的角度来看,追续权甚至既具有著作权中的精神权利的特征,又具有著作权中的经济权利的特征。例如,根据《伯尔尼公约》第 14 条之三的规定,追续权属于艺术品的作者,是一项不可转让、不可放弃的权利。② 欧盟《追续权指令》第 1 条也有基本相同的规定。显然,这与作者的精神权利类似。又如,追续权是艺术品的作者就作品原件的再次销售所享有的受益权,这又与著作权中的经济权利类似。根据《伯尔尼公约》第 7 条的规定,追续权的保护期限至少为作者的有生之年加 50 年。③ 根据欧盟《追续权指令》第 8 条的规定,追续权的保护期限为作者的有生之年加 70 年。④ 这也表明,追续权与版权中的经济权利密切相关。

根据相关的立法实践,追续权主要涉及艺术品原件,以及文字作品和音乐作品的手稿。其中,《伯尔尼公约》规定的追续权涉及艺术品原件,以及文字作品和音乐作品的手稿;欧盟的《追续权指令》规定的追续权则仅仅涉及艺术品原件。按照相关的论证⑤,文字作品的作者主要通过作品的大量复制和发行而获得相应的收益,音乐作品的作者主要通过作品的反复表演而获得相应的收益。与此形成鲜明对比的是,艺术作品的作者,尤其是绘画、雕塑作品的作者,既不能通过反复表演利用自己的作品,也很难通过大量复制和发行利用自己的作品。与文字作品和音乐作品的作者相比,艺术品的作者往往是通过出卖作品的原件获得一定的收益。对于那些初出茅庐的艺术家来说,面对强势的艺术品画廊、艺术品收藏者,他们总是以较低的价格将自己的作品原件卖出。然而,随着相关艺术家名望的提高,甚至是在相关的艺术家去世以后,很多艺术品原件的价格又在不断飙升。如果不让艺术品作者或者其继承人分得一定的利益,显然是不公平的。从这个意义上说,让艺术品作者享有追续权,从艺术品原件的再次销售中不断获得收益,就像文字作品的作者授权他人反复复制发行自己的作品并获得收益一样,或者像音乐作品的作者授权他人反复表演自己的作品并获得收益一样。

(二)《追续权指令》的制定

追续权产生于 19 世纪末期的法国。在 19 世纪末期之前,艺术家曾经依赖私人的资助而创作作品。随着私人资助的衰落,又兴起了国家沙龙艺术资助体系(the salon system of state arts patronage)。到了 19 世纪末期,国家沙龙艺术资助体系衰落,艺术家们不得不在公开的市场上寻求买主,获得相应的收益。通常,艺术家们都是把自己作品的原件出卖给艺术品画廊、

---

① Recitals 9, Resale Right Directive.

② Article 14ter, Berne Convention.

③ Article 7, Berne Convention.

④ Article 8, Resale Right Directive.

⑤ See Cornish & Llewelin, *Intellectual Property: Patents, Copyright, Trade Marks and Allied Rights*, 6th edtion, Sweet & Maxwell 2007, p. 561; Catherine Seville, *EU Intellectual Property Law and Policy*, Edward Elgar, 2009, p. 57.

收藏者或者中间人,以获得一定的收益,维持自己的生活。与此同时,人们很快发现在艺术家们于饥饿和贫穷中挣扎时,艺术品市场上的销售商们却获得了巨额的利益。为了平衡二者的利益,法国于1920年引入了追续权的制度,让艺术家们在自己的艺术品再次销售之后,可以从销售的价款中分得一定的利益。①

此后,德国、意大利、西班牙等一些欧洲国家也相继建立了追续权的制度。同时,在建立了追续权制度的那些国家的推动之下,1948年产生的《伯尔尼公约》布鲁塞尔文本也规定了追续权的制度。不过,《伯尔尼公约》规定的追续权是选择性的,而非强制性的,成员国可以规定追续权,也可以不规定追续权。根据该公约现行文本第14条之三的规定,就艺术品原件、作者和作曲者的手稿,有关的作者(或其死后由国家法律授权的人或者机构)对于作品原件或者手稿第一次转手后的每一次转售,有权从中获得收益。这项权利属于作者,不可让渡。但是,追续权的保护是互惠的。只有作者所在国的法律承认追续权,作者才能在本联盟其他成员国获得同等的保护。此外,作者获取再销售收益的程序和数额,均由成员国的法律确定。②

在欧盟颁布《追续权指令》以前,法国、德国、比利时、意大利、西班牙、葡萄牙、丹麦、瑞典和卢森堡等成员国提供了追续权的保护,而奥地利、爱尔兰、英国、荷兰等成员国则没有提供追续权的保护。③ 即使是在提供了追续权保护的成员国中,它们在保护的作品种类、有权获得权利金的主体、权利金的比率,以及权利金的计算方式上,也存在种种的差异。④ 例如,有的成员国规定的追续权,仅仅涉及以拍卖方式进行的再次销售,而有的成员国还涉及以非拍卖方式进行的再次销售。又如,有的成员国以艺术品再次销售的总价金计算权利金,有的则以再次销售的增长部分金额计算权利金。至于权利金的比率,更是五花八门。显然,成员国之间在追续权方面的种种差异,不仅影响了单一市场的建设和运行,还造成了艺术品市场的不平衡。例如,欧洲最大的艺术品原件市场位于英国伦敦,就与英国没有提供追续权的保护密切相关。这凸显了协调成员国有关追续权法律制度的必要性。

欧盟委员会早在1996年6月就向欧盟理事会提出了关于协调成员国追续权指令的建议。随后,经过欧盟理事会与欧盟议会之间的激烈讨论,欧盟理事会最终于2001年9月27日通过了《追续权指令》。⑤尽管追续权涉及的作品种类和权利的范围都非常有限,但在指令指定的过程中,还是出现了广泛的争论。支持者认为,艺术品作者的收益主要来自作品原件的首次出售。由于作者与画廊、收藏者的地位悬殊,作品原件售价往往很低。这样,随着艺术品原件市场价值的不断上升,艺术品的作者应当享有权利,从艺术品原件的再次销售中获得一定的收益。从公平正义的角度来看,他们应当无可争议地享有追续权。而反对者则认为,现在的时代特点已经不同于19世纪末期。当艺术品作者可以从艺术品原件的再次销售中获得收益的时候,他们(假如还活着的话)已经可以以较高的价格来出售自己新的作品原件。追续权带来的收益已经不甚重要。反对者还认为,如果说艺术品作者首次出售自己的作品原件

① See Guy Tritton et al., *Intellectual Property in Europe*, 3th ed., Sweet & Maxwell, 2008, p.541.

② See Article 14ter, Berne Convention.

③ See Guy Tritton et al., *Intellectual Property in Europe*, 3th ed., Sweet & Maxwell, 2008, p.542.

④ Recitals 9, Resale Right Directive.

⑤ Directive 2001/84/EC of the European Parliament and of the Council of 27 September 2001 on the resale right for the benefit of the author of an original work of art.

时,与画廊或者收藏者相比处于劣势地位,那么这种情形也会发生在文字作品和音乐作品的作者的身上。所以,不应当针对艺术品作者单独规定追续权。①

除了以上的理论性争论,《追续权指令》的制定还遭到了来自英国的强烈反对。英国伦敦具有世界上最发达的艺术品销售市场,与瑞士日内瓦、美国纽约的艺术品销售市场齐名。同时,英国、瑞士和美国纽约州也都没有规定追续权。很多英国人担心,随着欧盟《追续权指令》的颁布,在英国贯彻执行《追续权指令》而规定艺术品作者的追续权后,伦敦的艺术品市场会因为成本上升而萎缩。或者说,随着《追续权指令》的实施,相关的艺术品市场会转移到没有追续权制度的日内瓦或者纽约。一些人甚至举出了事例:美国加州原来有一个繁荣的艺术品拍卖行,但是由于 1967 年加州规定了艺术品作者的追续权,这个拍卖行很快就消失了。②

在欧盟制定《追续权指令》的过程中,尽管有各种理论上的反对意见,还有来自英国的强烈反对,但是与建立欧盟单一市场和消除贸易障碍的目标相比,各种理论上的反对意见和某些成员国的反对都处在次要地位。显然,在欧盟的层面上,建立单一市场,消除成员国法律中的相关障碍,促进商品、服务、人员和资金的自由流动,是一个压倒性的目标。当然,按照建立单一市场和消除贸易障碍的要求,对于成员国有关追续权法律的协调,可以是向上的协调,也可以是向下的协调。不过,按照《欧盟运行条约》的相关规定和欧盟法院的相关判例,欧盟在协调成员国有关财产权的法律时,不可能降低相关的保护水平。③ 因此,协调成员国有关追续权的法律规定,就只能是要求那些没有规定追续权的成员国增加相关的规定,而不可能要求那些已经规定了追续权的成员国取消相关的规定。

欧盟的《追续权指令》,在国际公约的层面上来源于《伯尔尼公约》的规定。如前所述,《伯尔尼公约》规定的追续权是选择性的,成员国可以自由决定是否提供追续权的保护。与此相应,《伯尔尼公约》规定的追续权是一项互惠的权利,只有艺术家所在的成员国提供了追续权的保护,才能够在其他成员国获得追续权的保护。正是基于《伯尔尼公约》的上述规定,欧盟制定《追续权指令》,还具有推动相关国际立法的意义。例如《追续权指令》"重述"第(7)指出,欧盟有关近现代艺术品原件的市场,已经处于国际化的状态。但是在欧盟的范围之外,只有很少的国家承认追续权。因此,欧盟有必要敞开谈判的大门,使《伯尔尼公约》第 14 条之三所规定的追续权,成为一个强制性的规定。④

尽管如此,欧盟《追续权指令》所规定的追续权,仍然与《伯尔尼公约》规定的追续权有着很大的差异。例如,《伯尔尼公约》规定的追续权,系针对艺术品原件以及作者和作曲者的原稿;《追续权指令》所说的追续权,则仅仅针对艺术品的原件,不包括作者和作曲者的原稿。又如,《伯尔尼公约》所规定的追续权,针对作品原件从作者手中第一次转让后的每一次转售,既包括艺术品市场上的转售,也包括私人的转售;《追续权指令》规定的追续权,则仅仅针对艺术品市场上的转售,而不包括私人的转售。再如,按照《伯尔尼公约》的规定,作者获取再销售收

---

① See Guy Tritton et al. , *Intellectual Property in Europe*, 3th *ed.* , Sweet & Maxwell, 2008, p. 542.

② See Cornish & Llewelin, *Intellectual Property: Patents, Copyright, Trade Marks and Allied Rights*, 6th edtion, Sweet & Maxwell 2007, p. 562; Guy Tritton et al. , *Intellectual Property in Europe*, 3th *ed.* , Sweet & Maxwell, 2008, p. 543.

③ 参见本书第八章第一节有关版权和相关权保护期限"向上"协调的论证。

④ Recitals 7, Resale Right Directive.

益的程序和数额,由成员国的法律确定。《追续权指令》却规定了一个获取再销售收益的比率表,而没有像《伯尔尼公约》那样规定收益的数额。①

《追续权指令》包括30个"重述"和14个条文。条文的第一章规定了追续权及其例外,以及追续权的客体。第二章规定了艺术品作者及其继承人获取收益的最低标准,以及权利金的比率表、追续权的保护期限、追续权的集体管理等内容。第三章是有关《追续权指令》实施的行政规定。下面从追续权的客体与权利内容、权利金与过渡期两个方面,对《追续权指令》的相关内容作出介绍。

二、追续权的客体与权利内容

追续权的客体,是指艺术作品的有形载体,例如承载艺术品的纸张、画布、木材、塑料、玻璃等。根据《追续权指令》第2条的规定,艺术品原件是指各类图形和立体艺术作品的原件,包括图画、拼贴画、绘画、素描、雕刻、版画、平板画、雕塑、挂毯、陶瓷制品、玻璃器皿和照片等。艺术品的原件应当是艺术家本人创作,或者可以视为艺术家本人创作的制品。此外,由艺术家本人或者授权他人编写序号的数量有限的复制品,也可以视为《追续权指令》所规定的艺术品原件。通常,这些复制品应当具有艺术家本人的签名,或者艺术家授权的签名。

如前所述,《伯尔尼公约》第14条之三规定的追续权的客体,不仅包括艺术品的原件,而且包括作者和作曲者的手稿。而依据《追续权指令》的上述规定,作者和作曲者的手稿不在追续权保护的范围之内。这样一来,《追续权指令》所规定的追续权的客体范围,就要小于《伯尔尼公约》规定的客体范围。与此相应,某些作者或者作曲者的手稿,尽管对于某些人来说非常珍贵,甚至可以在艺术品市场上卖出很高的价钱,但不属于《追续权指令》规范的范围。

追续权的定义和性质,见于《追续权指令》第1条的规定。根据该条的规定,追续权是指艺术品作者基于艺术品原件再次销售的价格而获得收益的权利。其中,"再次销售",是指艺术品原件首次从作者手中转让之后发生的所有的再销售活动;"获得收益",是指对于艺术品原件首次转让之后发生的每一次再销售活动,艺术品作者都可以获得相应的收益。根据这项规定,追续权只涉及艺术品原件的再次销售,而不涉及艺术品原件的首次销售。通常,艺术品原件的首次销售都是经由作者的行为而完成。

根据《追续权指令》第1条的规定,追续权属于艺术品的作者,是一项不可转让、不可放弃的权利。即使预先转让或者放弃,也是法律所不允许的。关于这一点,《追续权指令》"重述"第(4)指出,追续权是版权不可分割的组成部分,是艺术品作者的基本权利。要求所有的成员国保护追续权,是为了对创作者提供足够且一致的保护。显然,《追续权指令》将追续权定义为不可转让、不可放弃的权利,对于艺术品作者来说非常重要。如果允许追续权的预先转让或者放弃,画廊一类的艺术品收藏者,就会通过合同剥夺艺术品作者的追续权,使追续权的规定失去意义。

从以上的讨论可以看出,一方面,追续权具有作者经济权利的性质。因为,追续权是艺术品作者就艺术品原件再次销售而获得经济利益的权利。另一方面,追续权又具有作者精神权

---

① See Guy Tritton et al., *Intellectual Property in Europe*, 3th ed., Sweet & Maxwell, 2008, p. 541.

利的性质。因为,追续权属于作者所有,是一项不可转让、不可放弃的权利。由此可见,追续权与著作权或者作品有着密切的关系,不同于单纯的物权。

《追续权指令》第1条在规定追续权的同时,还对追续权的范围作出了一定的限定,这可以看作追续权的限制和例外。

首先,追续权所针对的艺术品原件的再次销售活动,仅限于艺术品市场上发生的公开销售活动。在这类公开销售活动中,通常都有艺术品市场上的专业中介作为出卖者或者购买者参与。其中的专业中介包括拍卖商、艺术品画廊和其他的艺术品销售商。这就意味着,只有针对专业的艺术品市场上的再次销售活动,作者才可以要求必要的收益。与此相应,发生于私人之间的艺术品原件的再次销售,不属于《追续权指令》规范的范围。这是因为,私人之间的再次销售是不公开的,也没有专业中介的参与,权利人很难确定是否发生了艺术品原件的再次销售,以及销售的价金是多少。此外,如果个人将相关的艺术品原件卖给非盈利的和向社会公众开放的博物馆,也不属于追续权规范的范围。① 显然,相关的艺术品原件从个人的手中转到非盈利的和向公众开放的博物馆,是一件有利于社会公众的事情。

其次,即使是在艺术品市场公开销售的情形下,如果相关的艺术品从作者手中转让到出卖者手中不足3年,而且再次销售的价格又低于1万欧元,成员国也可以不适用追续权。这是针对艺术品第二次转售的特殊规定。这项规定涉及艺术品市场上推介新人新作的惯常做法。根据这种做法,艺术品销售商或者画廊会经常收购艺术新人的作品原件,然后向社会公众推介,让相关的收藏者了解作品的价值。显然,这是一种有利于艺术新人成长、有利于艺术品市场发展的做法。所以,规定相关的艺术品原件从作者手中转移到出卖者手中不足3年,而且再次销售的价格又低于1万欧元,可以不适用追续权,是对于艺术品市场上的这种惯常做法的肯定。这叫作"库存购买例外"(bought as stock exemption)。② 当然,如果再次销售的价格超过了1万欧元,艺术品的作者仍然可以主张追续权和相关的利益分享。

追续权的保护期限与版权中的经济权利的保护期限相同,为作者的有生之年加70年。合作作品、匿名作品和假名作品均适用《保护期指令》的相关规定。例如,合作作品的保护期限为作者有生之年加70年,作者死后的70年保护期限应当自最后一位作者死亡时起算。又如,匿名作品和假名作品的追续权的保护期限为艺术作品公开发表后的70年。如果作者的真实身份得以确认,则追续权的保护期限为作者的有生之年加70年。这就意味着,只要有关艺术品的版权仍然在保护期之内,随着《追续权指令》的生效或者成员国对于《追续权指令》的贯彻实施,作者或者继承人就应当享有追续权,以及《追续权指令》提供的相应保护。

《追续权指令》所规定的追续权,适用于欧盟所有成员国的国民。当然,依据《欧洲经济区域协议》的相关规定,有关追续权的规定也适用于欧洲经济区域成员国的国民。③ 同时,按照《欧盟运行条约》的相关规定和欧盟法院的相关判决,在追续权的保护方面,任何成员国不得歧视来自其他成员国的国民。此外,依据《追续权指令》第7条的规定,对于在成员国之内有常住居所的第三国艺术家,成员国应当给予国民待遇,赋予其追续权的保护。

---

① Recital 18, Resale Right Directive.

② See Catherine Seville, *EU Intellectual Property Law and Policy*, Edward Elgar, 2009, p. 59.

③ 参见本书第一章第三节。

根据《伯尔尼公约》第 14 条之三的规定,追续权是一项互惠权利,不适用国民待遇原则。尽管欧盟颁布《追续权指令》,带有推广追续权的含义,但在目前的情形下,《追续权指令》仍然规定了互惠的要求。根据《追续权指令》第 7 条的规定,如果某一第三国规定了追续权,并且允许欧盟成员国的作者或其继承人获得追续权的保护,则来自该第三国的作者或其继承人,可以获得《追续权指令》和相应的成员国立法规定的追续权的保护。根据成员国提供的信息,欧盟委员会将定期公布那些提供了追续权保护的第三国名单。

下面来看一个有关追续权和权利金的典型案例。在 2010 年的"Dali"一案中①,涉及西班牙著名画家达利的绘画原件。达利于 1989 年 1 月 23 日逝世于西班牙,留下了 5 个继承人。早在 1982 年 9 月,达利就立下遗嘱,委托西班牙政府作为唯一的继承人,继承其作为遗产的知识产权。达利逝世以后,西班牙政府设立了"达利基金会"管理达利的知识产权,并委托了一家集体管理组织"西班牙视觉艺术家协会"管理达利的绘画作品和相关的版权。西班牙视觉艺术家协会又委托了其他国家的相关集体组织,如法国视觉艺术家协会,管理达利的作品在那些国家的版权事务。这种管理方式类似于音乐作品的集体管理。

根据案情,法国视觉艺术家协会收取达利绘画作品的版权费用,并将相关的费用转交给了达利基金会。然而,就达利绘画原件再次销售的权利金,即追续权的权利金,法国视觉艺术家协会则依据《追续权指令》和《法国著作权法》的相关规定,转付给了达利的继承人。于是,达利基金会针对法国视觉艺术家协会,向巴黎地方法院提起诉讼,主张被告应当将追续权的权利金转交给自己,而非达利的继承人。因为达利已经订立遗嘱,由西班牙政府继承其作为遗产的知识产权。而被告法国视觉艺术家协会则认为,按照《追续权指令》和《法国著作权法》的相关规定,追续权的权利金应当归属于达利的继承人。为此,被告还要求将达利的 5 个继承人追加为共同被告。

为了理解双方当事人的争执,我们有必要先明确一下相关的法律规定。根据《追续权指令》第 6 条第 1 款的规定,权利金应当支付给艺术品的作者,而在作者死亡后则应当支付给有资格的继承人(to those entitled under him/her)。正是基于这个规定,达利基金会认为自己是有资格的继承人,应当享有追续权和获得相应的权利金。然而,法国在落实《追续权指令》第 6 条第 1 款的规定时,先在《法国著作权法》第 122 条之八中规定,追续权归属于作者,然后又在《法国著作权法》第 123 条之七中规定,在作者死亡后的 70 年保护期限里,追续权应当归属于其继承人,收益权归属于其配偶。正是依据这个规定,法国视觉艺术家协会认为,追续权的权利金应当支付给达利的继承人,而非原告达利基金会。由于双方的争执涉及《追续权指令》的规定,巴黎地方法院决定暂停案件的审理,请求欧盟法院就《追续权指令》的相关问题作出前置裁定,即《追续权指令》是否允许法国通过立法,仅仅让继承人享有追续权,并且排除遗产继承者享有追续权?

欧盟法院在判决中指出,解释欧盟的法律,例如指令和条例,不仅要关注相关条文的文字,还要关注相关的立法宗旨。从文字的角度来看,《追续权指令》第 6 条第 1 款仅仅规定,作

---

① Judgment of the Court (Third Chamber) of 15 April 2010, Case C-518/08, Fundación Gala-Salvador Dali and Visual Entidad de Gestión de Artistas Plásticos (VEGAP) v. Société des auteurs dans les arts graphiques et plastiques (ADAGP) and Others.

者死亡之后由那些有资格的继承人获得权利金,但没有明确“有资格的继承人”是指哪些人。因此,关于“有资格的继承人”,就应当从立法宗旨的角度加以理解。欧盟法院认为,《追续权指令》有两个立法宗旨:一是赋予艺术品的作者以追续权,使其可以因为作品原件的再次销售而获得相应的收益;二是协调成员国关于追续权和相关收益的法律,以防止扭曲共同市场上的竞争秩序。《追续权指令》第1条第1款规定,作者所享有的追续权是一项与作者的人身不可分离的权利,是一项不可放弃的权利。从第一个宗旨的角度来看,将追续权转让给某些人,并且在作者死后排除继承人享有相关的收益,是违反这个宗旨的。追续权的转让,应当符合设定追续权的宗旨。从第二个宗旨的角度来看,《追续权指令》允许成员国的具体法律规定存在差异,但前提条件是这些差异不会影响共同市场的正常运行。在这方面,《追续权指令》仅仅要求成员国赋予艺术品作者追续权,一方面让作者在其活着的时候获得相应的收益,另一方面让有资格的继承人在作者死后获得相应的收益。但是,《追续权指令》没有协调成员国继承法的意图。与此相应,究竟哪些人在作者死亡之后有资格获得追续权的收益,是一个由成员国法律决定的问题。

欧盟法院最后得出结论:从立法宗旨来看,《追续权指令》允许成员国采取立法措施,自由决定艺术品作者死后可以获得追续权收益的人员。而且,即使成员国之间存在着继承法规则上的差异,《追续权指令》也没有打算予以协调。与此相应,究竟遵循哪个成员国的继承法而确定追续权收益的获得者,属于国际私法冲突问题。显然,国际私法冲突中的准据法的选择,是由成员国法院决定的。

三、权利金与过渡期

在权利金的计算方面,成员国曾经采取不同的方式作为计算的基点。例如,有的以艺术品原件再销售的总价格为基点,计算追续权的权利金。有的则以再次销售时增值的数额为基点,计算追续权的权利金。在这方面,《追续权指令》统一了权利金的计算方式,即以艺术品原件的再次销售价格为基点,而不是以再次销售时增值数额为基点,计算权利金的数额。显然,计算再次销售时增值的部分,相对来说比较困难,也会引起不必要的争议。而依据再次销售时的价格,则比较容易了解和掌握。依据《追续权指令》第5条的规定,艺术品原件的再次销售价格是税后价格。

在权利金的计算方面,《追续权指令》设定了一个最低的征收起点。按照《追续权指令》第4条的规定,当艺术品原件的再次销售价格达到3000欧元或者超过3000欧元时,追续权人就可以主张权利金。与此相应,如果相关艺术品原件的再次销售价格低于3000欧元,则可以不向权利人支付权利金。显然,设定最低销售金额的门槛,是为了避免出现管理费用与艺术家所获金额不相称,甚至管理费用高于艺术家所获金额的情形。值得注意的是,3000欧元的再次销售价格是《追续权指令》设定的一个最低门槛。在此基础之上,成员国还可以规定更低的门槛,但不得规定高于3000欧元的门槛。例如,英国为了贯彻执行《追续权指令》,于2006年颁布了一个《艺术家追续权条例》(Artists Resale Right Regulation 2006)。其中规定,权利金的征收起点是 1000 欧元。①

在权利金的计算方面,《追续权指令》还精心设计了一个阶梯式的征收比率,以防止艺术品原件交易市场转移到美国和瑞士。如前所述,追续权的保护期限是作者的有生之年加 70 年。在《追续权指令》制定的前后时间,处于这个保护期限之内的主要是近现代的艺术品。在收集、销售近现代艺术品方面,与欧盟竞争的是美国的纽约和瑞士的日内瓦。美国没有联邦一级的追续权保护,瑞士也没有追续权的保护。因此,很多艺术品市场的经营者担心,制定《追续权指令》,征收过高的权利金,有可能促使很多近现代艺术品离开欧盟市场,进入美国和瑞士进行交易。针对这种担忧,《追续权指令》设定了一个权利金的计算比率,就不同的再次销售价格规定了不同的权利金的百分比。其基本思路是,艺术品再次销售的价格越高,权利人获得权利金的比率越低。根据《追续权指令》第 4 条的规定:

销售价格为 3000 欧元至 5 万欧元时,权利金的计算比率是 4% 。当然,成员国可以规定低于 3000 欧元的门槛,也可以规定 5% 的计算比率。

销售价格为 5 万欧元以上至 20 万欧元时,权利金的计算比率是 3% 。

销售价格为 20 万欧元以上到 35 万欧元时,权利金的计算比率是 1% 。

销售价格为 35 万欧元以上到 50 万欧元时,权利金的计算比率是 0.5% 。

销售价格为 50 万欧元以上时,权利金的计算比率是 0.25% 。

在上述计算比率的基础之上,《追续权指令》第 4 条还特别规定,无论艺术品原件再次销售的价格有多高,权利人所获收益的总额不得超过 12,500 欧元。显然,《追续权指令》试图通过精心设计的权利金的征收比率,以及最高 12,500 欧元的限额,防止相关艺术品的交易因为权利金的征收而转移到其他国家。

根据《追续权指令》第 1 条的规定,艺术品再销售的权利金,应当由艺术品的出售方支付。同时,成员国也可以要求出售者、购买者和专业中介(如画廊、拍卖行)单独或者共同支付权利金。根据《追续权指令》第 6 条的规定,可以获得权利金的是艺术品的作者或者作者的继承人。在权利金的获得方面,成员国可以规定强制性的或者选择性的集体管理,帮助权利人获得相应的再销售收益。显然,追续权的集体管理,无论是强制性的还是选择性的,都有利于权利人获得必要的收益,也便于集体管理组织在必要的时候代表权利人主张利益。在这方面,英国 2006 年颁布的《艺术家追续权条例》就规定了强制性的集体管理,即有关追续权权利金的收取只能通过集体管理组织进行。②

与权利金的支付相关,艺术品的作者或者作者的继承人还享有一个"信息获得权"(right to obtain information)。根据《追续权指令》第 9 条的规定,在艺术品再销售发生之后的 3 年以内,作者、继承人或者集体管理组织可以要求出售者、购买者或者艺术品市场的专业中介提供相应的信息,以便获取再销售的权利金。与此相应,只要作者、继承人或者集体管理组织要求提供这类信息,出售者、购买者或者艺术品市场的专业中介就有义务提供相关的信息。

---

① See Cornish & Llewelin, *Intellectual Property: Patents, Copyright, Trade Marks and Allied Rights*, 6th edtion, Sweet & Maxwell 2007, p. 563.

② See Cornish & Llewelin, *Intellectual Property: Patents, Copyright, Trade Marks and Allied Rights*, 6th edtion, Sweet & Maxwell 2007, p. 563.

在制定《追续权指令》的过程中，一个引起激烈争论的问题是成员国贯彻实施《追续权指令》的最后期限。在这方面，欧盟委员会希望规定一个较短的过渡期，而欧盟理事会则希望规定一个较长的过渡期，如 15 年。① 显然，欧盟理事会的建议主要是受了那些尚未提供追续权保护的成员国的影响，如奥地利、爱尔兰、英国和荷兰等。经过各方面的磋商和协调，最后形成的《追续权指令》第 12 条规定，成员国应当在 2006 年 1 月 1 日之前通过国内立法的方式，贯彻执行《追续权指令》的规定。这就意味着，自《追续权指令》公布之日（2001 年 10 月 13 日）起，那些没有提供追续权保护的成员国，可以有 4 年多的过渡期。

然而，《追续权指令》第 12 条所规定的 2006 年 1 月 1 日，并不是成员国"完全"落实追续权的最后期限。因为，按照《追续权指令》第 8 条的规定，那些在《追续权指令》公布之前尚未提供追续权保护的成员国，如奥地利、爱尔兰、英国和荷兰等，可以在 2006 年 1 月 1 日到 2010 年 1 月 1 日之间，仅仅为活着的艺术家提供追续权的保护，而不为已经死亡艺术家的继承人提供追续权的保护。此外，如果为了让艺术品市场的主体逐步适应追续权制度，同时又不至于损害艺术品市场的活力，这些成员国在必要的时候还可以再推迟两年，直到 2012 年 1 月 1 日才开始为已经死亡艺术家的继承人提供追续权的保护。不过，再次推迟为艺术家继承人提供追续权保护，具有严格的程序。例如，成员国应当提前 12 个月通知欧盟委员会，并且说明理由。而欧盟委员会也应当与相关的成员国磋商，在收到通知后的 3 个月内提出具体意见。成员国的通知和理由，以及欧盟委员会的意见，都应当发表于欧盟的官方公报上，并且转发给欧盟议会。

关于《追续权指令》规定的过渡情形，我们可以以英国为例予以说明。按照《追续权指令》规定的期限，英国于 2006 年颁布了《艺术家追续权条例》，规定了艺术家的追续权。由于英国在《追续权指令》公布之时尚未提供追续权的保护，所以《艺术家追续权条例》规定，自 2006 年 2 月 15 日开始，仍然活着的艺术家可以获得追续权的保护。而对于在此之前已经死亡的艺术家来说，其继承人要等到 2012 年才可以获得追续权的保护。② 这就意味着，对于已经死亡的艺术家来说，其继承人在 2006 年 2 月 15 日到 2012 年 1 月 1 日不能获得追续权的保护。

根据《追续权指令》第 11 条的规定，欧盟委员会应当在 2009 年 1 月 1 日以前向欧盟理事会和欧盟议会提交报告，就《追续权指令》的执行情况及其产生的影响作出说明。根据规定，报告应当关注欧盟近现代艺术品市场的国际竞争力，尤其是与那些没有追续权保护的国家相比，欧盟是否具有竞争力。报告还应当特别关注那些原来没有提供追续权保护的成员国，在贯彻执行《追续权指令》之后发生了什么变化。在此基础之上，报告应当就《追续权指令》是否需要修订，尤其是权利金的征收比率和最低起征数额是否需要修订，提出具体建议。

不过，直到 2011 年 12 月，欧盟委员会才发布了关于《追续权指令》实施的第一份评估报

---

① See Guy Tritton et al., *Intellectual Property in Europe*, 3th ed, Sweet & Maxwell, 2008, p.546.

② See Cornish & Llewelin, *Intellectual Property: Patents, Copyright, Trade Marks and Allied Rights*, 6th edtion, Sweet & Maxwell 2007, p.562 – 563.

告。[①] 报告首先回顾了《追续权指令》的宗旨,即一方面确保作者可以从其艺术品原件的再次销售中获得一定的经济利益,另一方面协调成员国关于追续权的法律制度。报告指出,《追续权指令》在以下几个方面协调了成员国的相关法律规则:确立追续权及其保护期限;适用于追续权的艺术作品种类;艺术品再次销售的范围;权利金与再销售金额的比率;支付权利金的最低再次销售金额;以及第三国可以获得权利金的条件。报告指出,《追续权指令》颁布之时尚未提供追续权保护的4个成员国,即英国、荷兰、奥地利和爱尔兰,充分利用了《追续权指令》所规定的特别过渡期,即《追续权指令》规定的10年过渡期和另外的2年延伸期,直到2012年1月才完全落实了《追续权指令》的相关规定。这表明,到了2012年1月,欧盟所有的成员国都会落实有关追续权保护的要求。

为了说明《追续权指令》的效果,报告还着力描绘了全球艺术品市场的概况。具体说来,2010年全球的艺术品交易市场总值为430亿欧元,其中欧盟占37%,美国占34%,中国占23%。报告特别指出,中国的艺术品交易值在2006年的时候仅占全球艺术品交易总值的5%,而在随后的几年里大幅增长,从而使欧盟和美国的市场占有率持续下降。当然从总体上看,全球艺术品交易市场的规模和成交金额则是持续上升。报告还指出,艺术品市场对于全球经济的发展具有非常重要的意义。一方面,艺术品市场的交易数额,提升了全球经济的发展规模。另一方面,艺术品交易市场的发展,为就业和企业的发展做出了贡献。根据统计,2010年全球大约有40万家从事艺术品交易的企业,包括拍卖行和销售画廊。具体到欧盟,则有59,000家从事艺术品交易的企业,包括4000家拍卖行和55,000家销售画廊,直接从业人员大约27万人,辅助人员大约11万人。

根据报告,艺术品的交易主要有两种方式,拍卖和画廊销售。全球2010年艺术品的交易量为3500万次,其中拍卖约占49%,画廊销售约占51%,主要涉及近现代艺术品的交易。报告指出,全球2010年与追续权相关的艺术品拍卖和画廊销售数额约为21亿欧元,其中欧盟占50%,美国占25%,瑞士占3%。就欧盟而言,与追续权相关的艺术品交易,既涉及仍然存活作者的作品原件,又涉及已经去世作者的作品原件,即作者死后70年以内的作品原件。正是由此出发,报告分别从拍卖和画廊销售的角度,详细讨论了《追续权指令》于2006年生效以后,对于欧盟艺术品交易市场的影响。

报告最后得出结论说,相关的证据显示,自2006年《追续权指令》实施以来,没有发生在全球近现代艺术品交易市场上,欧盟丧失市场份额的问题。同时,《追续权指令》的实施,也没有引发艺术品交易从一个成员国转移到另一个成员国的问题。这表明,赋予艺术家以追续权,既没有对欧盟的艺术品交易市场,也没有对于成员国的艺术品交易市场产生负面影响。然而,就欧盟艺术品交易市场来看,无论是通过拍卖交易,还是通过画廊销售交易,最大的问题是艺术品交易的管理质量不高,因而造成交易成本,包括管理成本过高。与此相应,欧盟委员会打算设立一个艺术品交易企业的对话机制,探索降低交易成本和管理成本的途径,改善欧盟范围内的权利金收取和分配机制。报告还指出,在权利金的收取和分配方面,应当充分发挥集体管理组织的作用。在这方面,欧盟委员会已经在起草一个关于集体管理的指令,提升集体管理组织收取和分配版权费用,包括收取和分配追续权费用的能力。

---

① European Commission, *Report on the Implementation and Effect of the Resale Right Directive* (2001/84/*EC*), Brussels, 14.12.2011, COM(2011) 878 final.

第九章 信息社会与版权保护

2001年5月,欧盟议会和理事会通过了《信息社会版权指令》[①](欧盟法院的判决通常将这一指令称为《版权指令》),随后予以公布。其中的"信息社会",在欧盟的语境中具体是指互联网络。[②] 与此相应,《版权指令》针对网络环境中的版权和相关权保护,做出了一系列协调成员国相关立法的规定,例如向公众传播权和向公众提供权,以及技术措施和权利管理信息的保护。然而,《版权指令》的规定并没有局限于互联网络,同时还涉及更为广泛的版权保护问题。例如,《版权指令》规定了广泛的复制权,不仅涉及网络领域,还涉及其他技术领域。又如,《版权指令》规定了发行权在欧盟范围内的用尽,与作品或其他受保护客体在网络上的传输基本无关。再如,《版权指令》就权利的限制与例外规定了一个广泛的清单,也远远超出了网络的范围。正是由此出发,欧盟法院认为在此之前和在此之后发布的一系列版权保护指令,例如《计算机程序保护指令》《出租权指令》《保护期指令》《孤儿作品指令》《版权和相关权集体管理指令》等,都是附属于《版权指令》的指令。这表明,《版权指令》在欧盟的版权和相关权法律体系中,居于核心的和统领的地位。

本章主要讨论《版权指令》的制定,复制权与发行权,向公众传播权和向公众提供权,网络服务商的责任,权利的限制与例外,以及技术措施和权利管理信息的保护。

第一节 《版权指令》的制定

一、网络传播与版权保护

计算机技术、数字技术和网络技术的迅速发展,为作品和表演、录音、广播的广泛传播带来了空前的可能性。各种文学艺术作品,例如文字、美术、电影、音乐、戏剧和摄影作品,以及相关权的客体,例如表演、录音和广播,都可以以数字化的形式被存储在计算机系统和计算机网络中,并且通过互联网络被传播给广泛的社会公众。与这种广泛的存储和传播相对应,版权制度中"复制"的内涵和"表演"(或者传播)的内涵,也发生了很大的变化。与传统的作品和相关权客体的传播方式相对比,互联网络还具有显著的互动特征和用户主导特征。

在传统的传播技术条件下,传播作品的主要是出版者、表演者、录音制作者和广播组织。

---

① Directive 2001/29/EC of the European Parliament and of the Council of 22 May 2001 on the Harmonization of Certain Aspects of Copyright and Related Rights in the Information Society.

② See Bernt Hugenholtz, *Why the Copyright Directive is Unimportant, and Possibly Invalid*, EIPR, Vol. 11, (2000).

而在互联网络的环境中,各种网络服务商,例如传输服务提供者、存储空间服务提供者、搜索服务提供者、链接服务提供者,也参与了对作品和相关权客体的传播。这样,在数字技术和网络技术的条件下,有关作品创作和传播的利益关系,也发生了深刻的变化。其中不仅包含了作品的创作者、表演者、录音制作者和广播组织,还包含了各种网络服务提供者。他们或者依赖作品的创作而生存,或者依赖作品的传播而生存,或者通过提供各种服务而获得相应的经济利益,相互之间不免会有各种各样的利益冲突。

随着数字技术和网络传播技术的发展,侵犯版权和相关权的方式也发生了很大的变化。在传统的复制技术条件下,侵权行为往往发生在复制、发行、出租和公开使用的环节上。相对而言,权利人比较容易发现侵权行为和获得侵权的证据。而在数字技术和互联网络的条件下,以数字化形式存在的作品或者相关权客体,很容易为他人所复制和传播。具体说来,在将作品或者相关权客体传播给特定用户的过程中,随时都可能发生未经授权的复制或者传播。在这个过程中,权利人不仅很难掌控自己作品、表演、录音、广播的去向,还很难获得他人侵权的证据。同时,与数字技术的特点相对应,相关的作品或者相关权的客体,无论经过了多少次非法的复制,都不会发生质量退化的问题。这与传统的印刷复制、磁带复制等技术形成了鲜明的对比。

此外,由计算机技术、数字技术和网络技术所造就的互联网络,还具有显著的跨越国界的特点。"国际互联网络"(Internet)这个被人为制造的字词,已经直观地反映了网络的这种特征。在传统的作品传播技术条件下,作品的出版发行、录音制品的出版发行,以及广播节目的发射,都可以被局限在一国甚至一国的某一个区域之内。然而在国际互联网络的条件下,各类作品和相关权客体在网络传播的过程中,却可以轻松跨越国界,传输到很多国家的很多用户那里。这样,不仅作品和相关权客体的使用具有了跨越国境的特点,权利的行使和许可合同的范围也具有了跨越国界的特点。与互联网络跨越国界的特点相对应,在侵权或者未经许可传输他人作品或者相关权客体的情形下,相关的作品、表演、录音和广播也会同时出现在很多个国家的互联网络上。显然,在互联网络的条件下,对于版权和相关权的保护,已经不再局限于地域性的国家之中。正是由此出发,在世界知识产权组织的主持下,国际社会于 1996 年 12 月缔结了《版权条约》和《表演与录音条约》,就网络环境中的作品、表演和录音的保护做出了规定。①

二、网络传播与《版权指令》

面对网络传播技术对于版权和相关权保护的挑战,欧盟从地域性的经济共同体的角度出发,制定了《版权指令》。早在 1995 年 7 月,欧盟委员会就发表了《关于信息社会版权和相关权的绿皮书》,就网络环境中的版权和相关权保护提出了一些立法建议。根据该绿皮书,对信息社会的版权和相关权保护进行欧盟层面上的立法,主要有两个原因。第一,提供一个与国际社会一致的规范体系,确保互联网络上的服务提供者和产品提供者都能得到应有的利益,从而促进信息社会的发展。在这方面,对作品和相关权客体提供有效的保护,尤为重要。第二,就网络环境中的版权和相关权保护,协调成员国的相关法律。在这方面,协调成员国的相

① World Intellectual Property Organization Copyright Treaty (WCT), Performances and Phonograms Treaty (WPPT).

关立法,可以消除建立信息社会的障碍。同时,依据地域性原则获得的版权和相关权,只有在一个协调一致的法律规范体系中,才能让权利人获得最大的利益。在此基础之上,该绿皮书提出了9个应当重点加以协调的问题。例如,一般性的法律适用的问题,某些权利用尽的问题。又如,复制权的内容问题,向公众传播权的问题,作者精神权利的问题。再如,数字化传输的问题,数字化广播的问题,以及识别和保护的技术系统(相当于权利管理信息和技术措施)问题,等等。①

该绿皮书的发表引发了社会各界,包括相关利益方的广泛讨论。版权所有人,相关权所有人,作品和表演、录音、广播的使用者,互联网络企业,以及成员国政府和欧盟其他机构,纷纷发表意见和提出建议。在此基础之上,欧盟委员会于1996年11月又发表了"续绿皮书",提出了较为具体的立法建议,并且阐释了相关的理由。根据"续绿皮书",欧盟层面上有关信息社会版权和相关权保护的立法,应当包含复制权,向公众传播权,发行权及其权利用尽,以及识别信息完整性的保护,技术措施完整性的保护。至于广播权的问题、法律适用和法律实施的问题、作者精神权利的问题和版权集体管理的问题,则需要做进一步的研究,或者留待其他立法处理。② 尽管"续绿皮书"提出的立法建议又经历了激烈的争论,但最后形成的《版权指令》基本上沿袭了"续绿皮书"所提出的框架。

基于"绿皮书"和"续绿皮书"的意见、建议,以及相关利益方的讨论和争论,欧盟委员会于1997年12月向欧盟议会和欧盟理事会提出了"信息社会版权指令建议"。随后,在欧盟议会和理事会所提出的修改意见的基础上,欧盟委员会于1999年5月又提出了一个新的信息社会版权指令草案。这个草案经过欧盟议会和理事会的再次修改,最终于2001年5月获得通过。随后,欧盟于2001年6月公布了《版权指令》,要求成员国于2002年12月贯彻实施。③

《版权指令》共有61个"重述"和四章15个条文。其中,第一章是"宗旨与范围",规定了《版权指令》的宗旨,以及《版权指令》与此前颁布的其他有关版权和相关权保护的指令的关系。第二章是"权利与例外",具体规定了复制权、发行权、向公众传播权和向公众提供权,以及权利的限制与例外。第三章是"技术措施的保护和权利管理信息的保护"。第四章是"共同条款",规定了侵权的救济措施、对于《出租权指令》和《保护期指令》的修改,以及成员国应当贯彻执行《版权指令》的最后期限。《版权指令》的61个"重述"主要说明制定《版权指令》的立法依据、立法过程和立法目的,以及《版权指令》部分条文的基本含义等。在理解《版权指令》的有关条文时,可以参照与之相对应的"重述"。

在版权和相关权保护方面,《版权指令》是欧盟颁布的第5个指令。如何处理与此前颁布的4个指令的关系,是一个《版权指令》必须面对的问题。在这方面,《版权指令》第1条第2款规定,除第11条所做的修改外,该指令不影响《计算机程序保护指令》《出租权指令》《卫星广播与有线转播指令》《保护期指令》《数据库保护指令》的规定。在此基础之上,《版权指令》第11条对《出租权指令》《保护期指令》做了必要的修改。就前者而言,鉴于《版权指令》第2

① Green Paper on Copyright and Related Rights in the Information Society, COM (95) 382 final.

② Follow – up Green Paper on Copyright and Related Rights in the Information Society, COM (96) 586 final.

③ Directive 2001/29/EC of the European Parliament and of the Council of 22 May 2001 on the Harmonization of Certain Aspects of Copyright and Related Rights in the Information Society.

条规定了非常广泛的复制权,而《出租权指令》第7条有关表演、录音、广播、电影的复制的规定相对狭小,因而不再有存在的必要。所以,根据《版权指令》第11条的规定,应当删除《出租权指令》第7条。就后者而言,《保护期指令》第3条第2款规定录音制作者权的保护期限为50年,自相关的录音固定起算。如果在此期间公开出版或者公开传播,自首次出版或者公开传播之日起计算50年的保护期限,二者取其早者。而《版权指令》第11条则对录音的公开出版和公开传播分别做了规定。根据规定,在录音固定后的50年内,如果公开出版则保护期自公开出版之日起计算。如果没有公开出版但公开传播,则50年的保护期自公开传播之日起计算。① 应该说,这两个修改都不算重大的修改。

《版权指令》的另一个突出之处,是就侵犯版权和相关权的行为规定了救济措施。根据《版权指令》第8条的规定,针对侵权和违法的行为,成员国应当提供必要的制裁和救济措施。这些措施包括损害赔偿、禁令,以及在必要的情况下扣押用于侵权的材料、设备、产品和零部件。又据规定,在网络服务商的服务被第三方用来侵犯版权和相关权的时候,成员国为了维护权利人的利益,可以针对网络服务商下达禁令。此外,《版权指令》要求成员国提供的制裁措施应当是有效的和适当的,并且具有劝阻作用。至于具体的制裁措施和救济措施,则应当参考欧盟于2004年4月发布的《实施指令》。②

按照《版权指令》第10条的规定,成员国应当在2002年12月22日以前,通过国内立法贯彻执行《版权指令》的相关规定。《版权指令》于2001年6月22日公布,要求成员国在一年半以后贯彻执行,确实非常紧张。关于这一点,《版权指令》"重述"第(16)指出,欧盟于2000年6月发布的《电子商务指令》澄清了信息社会中的一系列法律问题,如商业诋毁、虚假广告和商标侵权等,以及与电子商务相关的法律问题。由于《电子商务指令》确定的法律原则,以及对于成员国相关法律的协调,与《版权指令》的很多部分密切相关,让两个指令在大体相同的时间被贯彻执行,就是非常必要的。根据相关的要求,成员国应当在2002年1月17日以前贯彻执行《电子商务指令》。③ 所以,要求成员国在2002年12月22日以前贯彻执行《版权指令》,已经是一个比较滞后的时间了。

然而,成员国贯彻执行《版权指令》的时间确实非常短促。所以,当最后期限到来时只有希腊(2002年10月10日)和丹麦(2002年12月22日)通过修改国内立法,贯彻执行了《版权指令》的规定。其他的大多数成员国,例如英国、德国、荷兰、意大利和挪威等,都是在2003年到2005年通过国内立法贯彻执行了《版权指令》的规定。至于西班牙和法国则是分别在2006年7月7日和2006年8月1日,通过修改著作权法而贯彻执行了《版权指令》的规定。④

---

① 欧盟于2011年修订《保护期指令》,为录音和体现在录音制品中的表演活动,提供了70年的保护期限。参见本书第八章第一节第三小节。

② Directive 2004/48/EC of the European Parliament and of the Council of 29 April 2004 on the enforcement of intellectual property rights. 参见本书第四章第二节关于《实施指令》的论述。

③ Article 22, Electronic Commerce Directive.

④ See *Study on the Implementation and Effect on the Member States' Laws of Directive* 2001/29/*EC on the Harmonization of Certain Aspects of Copyright and Related Rights in the Information Society*, Final Report by Institute of Information Law, Amsterdam University, February 2007, part Ⅱ, p. 79 – 81.

第二节　复制权与发行权

针对作品、表演、录音和广播,《版权指令》第 2 条规定了复制权,第 3 条规定了向公众传播权和向公众提供权,第 4 条规定了发行权。这里先讨论复制权和发行权,向公众传播权和向公众提供权则留待下一节讨论。

一、复制权

版权制度产生的技术基础是造纸术和印刷术。与此相应,早期的"版权"就是指以印刷的方式复制作品,然后予以发行。英文中的版权(copyright),其基本含义就是"复制"(copy)的权利(right)。当然,随着作品传播技术的发展,"复制"不再局限于印刷复制,有了照相复制、数字复制等。不过,从版权法的角度来说,利用作品、表演、录音和广播的基本方式,仍然是复制。关于复制,《伯尔尼公约》第 9 条第 1 款规定,受该公约保护的文学艺术作品的作者,享有授权他人以任何方式或形式复制其作品的专有权。① 依据这一规定,作品的复制包括"任何方式"和"任何形式"的复制。显然,这是一个非常广泛的定义,可以解释到数字化和互联网络的环境中,使之包括各种直接的和间接的、永久的和暂时的复制。正是在这个意义上,世界知识产权组织《版权条约》和《表演与录音条约》都在"议定声明"中表示,应当将《伯尔尼公约》关于复制的概念,延伸到数字网络的环境之中。例如,《版权条约》第 1 条第 4 款的议定声明规定,《伯尔尼公约》第 9 条所规定的复制权及其所允许的例外,完全适用于数字环境,尤其是以数字形式使用作品的情况。不言而喻,在电子媒体中以数字形式存储受保护的作品,构成《伯尔尼公约》第 9 条意义下的复制。《表演与录音条约》第 7、11、16 条,也有内容相似的针对表演和录音的议定声明。②

在这方面,欧盟《版权指令》同样对"复制"赋予了极为广泛的含义。根据《版权指令》第 2 条的规定,作者和相关权人就其作品、表演、录音、电影、广播,享有允许或者禁止他人以任何方式或者任何形式,进行直接或者间接、暂时或者永久、整体或者部分复制的专有权利。显然,这样一个广泛的复制定义,不仅包括了作品和相关权客体在纸张、画布、磁带、CD 和 DVD 上的复制,还包括了作品和相关权客体在网络传播中的上传和下载的复制,以及传播过程中在一系列服务器中形成的各种自动复制。虽然从逻辑上说,这个定义没有超出《伯尔尼公约》所说的"任何方式"和"任何形式"的复制,但在具体的措辞上,例如直接的或间接的复制,永久的或暂时的复制,又突出了数字技术和互联网络的特点。

显然,从权利行使的角度而言,将"任何方式"和"任何形式"的复制适用于印刷复制、电磁复制,以及 CD 和 DVD 的复制,不会产生太大的问题。然而,如果将"任何方式"和"任何形式"的复制适用于所有的数字复制,让权利人随意控制作品或者相关权客体传输过程中所产生的各种暂时复制,又会影响网络服务商的正常业务,并且最终影响权利人的利益。为了防

---

① Article 9, Berne Convention.

② Article 1, WCT, articles 7, 11, 16, agreed statements, WPPT.

止这种情形的发生,《版权指令》第5条第1款针对复制权做出了免责的规定。具体说来,如果有关的复制是临时的或偶然的,是某种技术过程中不可分割的和基本的组成部分,其唯一的目的是由作为中介的第三方在互联网上传送作品或相关权客体,或者是为了他人能够合法地使用作品或相关权客体,并且没有独立的经济意义,则应当被排除在《版权指令》第2条规定的复制权的范围之外。根据这个规定,排除在权利人复制权之外的"复制"行为,主要是指网络服务商在传输作品、表演、录音、广播的过程中所发生的"复制"行为。而且,这种免责的"复制"行为是临时的和偶然的,是某种技术过程中不可分割的组成部分,并且没有独立的经济意义。下面来看两个有关复制权免责的典型案例。

欧盟法院于2012年判决的"Infopaq Ⅱ"[①],是一个关于"搜索关键词"临时复制的典型案例。"Infopaq Ⅱ"是前面论述过的"Infopaq"一案的延续。[②] 在这个案件中,"Infopaq International"是一家网络公司,提供搜索关键词的服务,其具体做法分为以下几个步骤:扫描报纸上的新闻文章;将扫描件转换为数字化的文档,同时销毁扫描件;在数字化的文档中找出某一关键词,并且在关键词的前后各保留5个字词,同时销毁数字化文档;将关键词和前后的5个字词,共计11个字词,予以打印并提供给搜索使用者。

在第1个"Infopaq"中,欧盟法院讨论了两个问题,网络公司复制的11个字词是否构成作品,网络公司在制作关键词的过程中是否侵犯了他人的复制权。关于前者,欧盟法院认为,新闻文章中的11个字词,如果其本身具有独创性,属于作者自己的智力创作,可以被认定为作品。关于后者,如果新闻文章中的11个字词构成了作品,网络公司未经许可的复制就属于侵权。但如果不具有独创性,不属于作者自己的智力创作,则网络公司未经许可的复制就不构成侵权。就整个新闻文章而言,对于11个字词的复制属于《版权指令》第2条第1款所说的"部分复制"。部分复制是否构成侵权,关键在于这个部分是否构成作品,是否属于作者自己的智力创作。

在第1个"Infopaq"中,关于网络公司复制他人新闻文章的行为,是否属于《版权指令》第5条第1款规定的免责行为,欧盟法院也给出了一些初步答案。欧盟法院认为,网络公司将他人的新闻文章扫描和转换成数字化的文档,并且在随后予以删除,属于技术过程中不可分割的部分,属于暂时的和附属的复制。欧盟法院又认为,网络公司最终打印出来的11个字词,是在永久性的纸张上面,而且不能自动删除,显然不属于暂时的和附属的复制。然而,这是否属于技术过程中不可分割的部分,则有待于成员国法院进一步确认。第一个"Infopaq"判决之后,丹麦最高法院在进一步的审理中认为,关于11个字词的抽取和打印,相对来说清楚了。然而,对于网络公司的前3个行为(扫描新闻文章,转换为数字化文档,抽取11个字词),是否可以依据《版权指令》第5条第1款的规定免除责任,仍然不是很清楚。于是,丹麦最高法院再次暂停案件的审理,提请欧盟法院就相关的问题作出前置裁定。随着欧盟法院作出新的判决,也就有了第二个"Infopaq"的判决。

欧盟法院在第2个"Infopaq"判决中指出,《版权指令》第5条第1款对于免责的复制行为

---

① Order of the Court (Third Chamber), 17 January 2012, Case C302/10, Infopaq International A/S v Danske Dagblades Forening.

② 参见本书第五章第一节第三小节关于"Infopaq"一案的论述。

设定了5个要件。即相关的复制:是临时的;是暂时的和附属的;是技术过程中不可分割的组成部分;唯一的目的是在作为第三人的中介之间传输,或者为了合法使用作品和受保护客体;没有独立的经济意义。根据规定,上述5个要素是累积性的,相关的复制行为即使不具备其中的一个或者两个要素,也不表明该行为可以免责。就本案而言,欧盟法院在第1个判决中已经阐明,网络公司扫描新闻文章和转换为数字化文档的复制行为,具备了第1个和第2个要件。因为网络公司在将新闻文章转换为数字化文档的同时,就删除了扫描件,在提取了11个字词的同时就删除了数字化文档,从而表明这些复制是临时的,是暂时的和附属的。这样,按照成员国法院的请求,需要讨论的就是网络公司的复制行为是否具备第3、4、5个要件。

先来看第3个要件,相关的复制是某一技术过程不可分割的组成部分。欧盟法院说,按照这个规定,相关的临时复制行为是为了完成某种技术过程,而非在该技术过程之外。或者说,如果没有特定的临时复制行为,相关的技术过程就难以准确和有效地实现。欧盟法院指出,《版权指令》第5条第1款并没有表明,临时复制应当在技术过程的哪个阶段进行,也没有规定不得经由人工发起临时复制。就本案而言,扫描新闻文章、创设数字化文档、抽取11个字词,都涉及临时复制的问题。毫无疑问,这些复制都是相关技术过程不可分割的一个部分。至于以人工的方式,将新闻文章放置于扫描仪器中,不过是开启了这个技术过程。就案件的事实来看,如果没有扫描仪器的复制,没有数字化文档的复制和抽取关键词的复制,就不可能准确而有效地实现相关的技术过程,甚至不可能有相关技术过程的实现。与此相应,本案所涉及的临时复制行为,属于某一技术过程中不可分割的组成部分。

再来看第4个要件,临时复制的唯一的目的,是在作为第三人的中介之间传输,或者是合法使用作品和受保护客体。欧盟法院说,就本案而言,相关的临时复制不是为了第三人之间的传输,而是为了合法使用作品和受保护客体。按照《版权指令》的相关规定,对他人作品的使用应当获得权利人的许可,这是一个基本原则。如果未经许可使用了他人作品,只有在法律规定的权利限制与例外的情形下,才可以免除责任。就本案而言,扫描复制的行为、制作数字化文档的行为、提取11个字词的行为,都是为了最终可以向用户提供摘要服务。显然,网络公司从事上述复制行为,没有获得权利人的许可。然而,无论是依据《版权指令》第5条第1款的相关规定,还是依据《丹麦版权法》的相关规定,网络公司的临时复制行为,又属于权利的限制与例外。与此相应,网络公司的临时复制行为,是为了合法使用作品和受保护客体。

最后来看第5个要件,相关的复制没有独立的经济意义。欧盟法院指出,《版权指令》第5条第1款所说的临时复制,其目的是让社会公众获取和使用受保护的作品。作品具有特定的价值,社会公众获得和使用作品,具有独立的经济意义。至于临时复制的行为,就像浏览复制、缓存复制一样,目的是让公众有效地获得和使用作品。这表明,获得和使用作品具有一定的经济意义,但临时复制的行为不具有独立的经济意义。事实上,就社会公众获得和使用作品而言,临时复制并没有增加额外的经济意义。在本案中,网络公司最后提供给社会公众的11个字词,毫无疑问具有独立的经济意义。至于在制作11个字词摘要过程中的扫描复制、文档转化复制和抽取复制,则不具有独立的经济意义。

将“Infopaq”和“Infopaq Ⅱ”两个判决结合起来可以看出,以临时复制的方式使用他人作品,抽取关键词或者制作摘要,不需要获得权利人的许可,也不属于侵犯版权的行为。因为,相关的临时复制仅仅是某一技术过程不可分割的一个部分,不具有独立的经济意义。至于将抽取出来的 11 个字词提供给社会公众,则具有独立的经济意义。不过,认定 11 个字词构成具有独创性的作品,其可能性是微乎其微的。这样,未经许可而制作关键词摘要,基本上不会出现侵犯著作权的问题。

再来看一个关于"浏览和缓存"临时复制的典型案例。在欧盟法院于 2014 年判决的"PRCA"一案中①,被告是"公共关系职业协会",其成员通过某网络公司提供的媒体监控服务,可以在线获得新闻文章的监控报告,进而浏览相应的新闻文章。这些新闻文章已经获得作者许可,在网络上合法发表。本案的原告是"新闻报道许可公司",由英国的一些报纸出版商组成,属于新闻内容的集体许可组织。关于公关从业人员在电脑屏幕上浏览新闻文章的行为,"新闻报道许可公司"认为,提供媒体监控服务的网络公司,以及公关从业人员都应当获得自己的许可。对于原告的这个主张,媒体监控服务公司同意与原告达成协议,支付相关的费用。而被告"公共关系职业协会"则认为,自己的成员或者媒体监控服务公司的用户获得相关的媒体监控报告,以及在线浏览新闻文章,不需要获得原告的许可。

在该案中,英国高等法院和上诉法院都认为,被告的公关成员应当获得原告的许可,才可以使用媒体监控公司的服务。被告不服判决,再次向英国最高法院提起上诉,认为自己的成员仅仅浏览媒体监控公司提供的网页文章,无须获得许可,而原告"新闻报道许可公司"则认为应当获得许可。原告认为,被告成员使用计算机浏览新闻文章,在计算机屏幕上复制了相关的文章,在计算机硬盘上"缓存"了相关的文章,制作屏幕复制件和缓存复制件属于《版权指令》第 2 条规定的"复制",并且不属于《版权指令》第 5 条第 1 款规定的临时复制的免责行为。与此相应,被告的公关成员浏览新闻文章应当获得自己的许可。

英国最高法院初步认为,网络用户仅仅在计算机上浏览某一网页,尽管没有下载该网页,相关的技术过程也会产生屏幕复制件和缓存复制件。显然,这些复制件是网络浏览过程中自动产生的,而非人为介入产生的。而且,屏幕复制件和缓存复制件仅仅与网络使用相关联,其存在的时间也与网络使用相关联。在通常情况下,这些复制件不需要人为介入而予以删除。随着网络使用者的持续浏览,原有的屏幕复制自动消失,原有的缓存复制也会在一定的期间之后自动删除。英国最高法院还指出,屏幕复制是相关技术过程的基本组成部分。如果没有屏幕复制,就不会有网络使用者对于网页的浏览。缓存复制也是现有网页浏览技术条件的必然产物。如果没有缓存复制,互联网络就难以应对海量的数据传输,也难以让浏览者有效使用互联网络。与此相应,屏幕复制和缓存复制都是互联网络浏览技术不可分割的组成部分,其结果是让浏览技术过程得以准确而有效地运行。英国最高法院最后指出,网络使用者在浏览网页时,不会制作相关的复制件,除非使用者下载或者打印了相关的网页。在这里,网络使用者的目的是浏览网页内容,屏幕复制和缓存复制仅仅是使用计算机浏览网页时产生的暂时的和附属的结果。

尽管英国最高法院已经有了上述看法,但还是认为有必要把相关的问题提交给欧盟法院,通过欧盟法院的判决,在整个欧盟的范围内确立相关的法律规则,即浏览网页所产生的屏幕复制和缓存复制,属于《版权指令》第 5 条第 1 款规定的免责行为。于是,英国最高法院暂

---

① Judgment of the Court (Fourth Chamber), 5 June 2014, Case C360/13, Public Relations Consultants Association Ltd v Newspaper Licensing Agency Ltd and Others.

停对案件的审理，提请欧盟法院就网页浏览所涉及的临时复制行为作出判决。由于英国最高法院已经认定，网页浏览过程中所产生的屏幕复制和缓存复制符合《版权指令》第 5 条第 1 款确定的第 4 个和第 5 个要件，因而仅仅提请欧盟法院就是否符合第 1、2、3 个要件作出裁决。其中的第 4 个要件是，临时复制的唯一的目的，是在作为第三人的中介之间传输，或者是合法使用作品和受保护客体；第 5 个要件是，相关的复制没有独立的经济意义。

欧盟法院在判决中首先指出，成员国法院请求确定的 3 个要件是，相关的复制是临时的，是暂时的和附属的，是某一技术过程不可分割的组成部分。欧盟法院论述说，依据已经确立的判例法，对于相关的复制是否符合上述条件，应当给予严格的解释。因为，《版权指令》规定了作者享有宽泛的复制权，他人复制作品应当获得作者的许可。至于《版权指令》第 5 条第 1 款规定的复制免责，则属于复制权的例外。按照版权保护的基本原则，对于权利的限制和例外，应当作出严格的解释，以保障作者享有的复制权得以实现。当然在另一方面，同样是依据已经确立的判例法，对于权利限制和例外的适用，应当允许和保障新技术的发展和运行，应当寻求权利人与作品使用人在某一技术过程中的利益平衡。在以上论述的基础上，欧盟法院讨论了屏幕复制和缓存复制是否符合《版权指令》第 5 条第 1 款和第 5 款的规定问题。

先来看关于《版权指令》第 5 条第 1 款的讨论。依据英国最高法院的请求，欧盟法院仅仅讨论了 5 个要件中的前 3 个。关于第 1 个要件，相关的复制是临时的。显然，就屏幕复制而言，随着网络使用者的继续浏览，屏幕复制件就会随之而被删除。就缓存复制而言，随着网络使用者的持续浏览，缓存复制件也会在一定的期间之后自动删除。当然，缓存复制存续的时间，还取决于计算机缓存的容量和网络使用的频率。不过，这仍然符合临时复制的特性。在讨论了第 1 个要件之后，欧盟法院认为有必要先讨论第 3 个要件，再讨论第 2 个要件。

关于第 3 个要件，相关的复制是某一技术过程不可分割的组成部分。欧盟法院指出，这要求相关的复制满足两个标准：相关的复制是在实现某一技术过程中产生的，某一技术过程如果没有相关的复制就难以准确而有效地运行。就本案而言，屏幕复制件和缓存复制件，都是在网页浏览过程中产生或者被删除，没有超出相关的技术过程。而且，如果没有屏幕复制和缓存复制，网页浏览的技术过程就不可能准确而有效地运行。与此相应，本案所涉及的屏幕复制和缓存复制，都是网页浏览技术过程中不可分割的组成部分。

关于第 2 个要件，相关的复制是暂时的和附属的。欧盟法院指出，按照这个要件，相关的复制或者属于暂时的，或者属于附属的。其中的“暂时复制”，是依据特定的技术过程而言的。如果复制件存续的时间，仅限于该技术过程正常运行的需要，就属于暂时复制。而且在通常情况下，只要相关的技术过程终止，暂时存在的复制件也会随之而自动删除。当然，这里所说的自动删除，并不排除人为启动和人为终止相关的技术过程。与此相应，即使是人为终止了相关的技术过程，也不妨碍相关的复制具有“暂时复制”的性质。只要相关的复制没有独立于特定的技术过程而存在，该复制件就是“暂时的”。欧盟法院认为，就本案而言，“屏幕复制”就属于暂时复制。因为，网络使用者持续浏览其他网页，原有的屏幕复制件就会随着技术过程的终止而被删除。

欧盟法院继续论证说，“缓存复制”显然不同于屏幕复制。因为，网络使用者持续浏览其他网页，或者说终止相关的技术过程，相关的复制件仍然存在于计算机的内存之中，并没有被立即删除。留在计算机内存中的“缓存复制”，是为了方便网络使用者再次浏览该网页。然而,缓存复制虽然不具有"暂时"的特性,但并不表明其不具有"附属"的性质。因为,缓存复制件的产生和使用,都是由特定的技术过程所决定的。而且,如果没有缓存复制件的存在,网络浏览的技术过程就难以有效地运行。同时,相关的缓存复制件是网络浏览技术的产物,网络使用者并没有在浏览技术过程之外创设独立存在的缓存复制件。由此可见,缓存复制附属于网络浏览技术过程而存在,属于"附属"的复制。

在论述了《版权指令》第5条第1款关于复制免责的5个要件之后,欧盟法院还论述了《版权指令》第5条第5款规定的"三步检验法"。首先,按照《版权指令》第5条的结构,第1款规定了关于临时复制的例外,第2款规定了5种复制权的例外,第3款规定了关于发行权、向公众传播权和向公众提供权的15种例外。而依据第5款的规定,所有的上述21种权利的限制与例外,还应当符合《伯尔尼公约》所确定的三步检验法,即有关的例外是针对特定的情形,不与作品或者相关权客体的正常使用相冲突,也没有不合理地损害权利人的合法利益。欧盟法院论证说,就本案而言,无论是屏幕复制还是缓存复制,都是基于网页浏览而产生的,毫无疑问是针对特定情形而产生的。其次,屏幕复制和缓存复制,是为了让网络使用者能够获得相关的网页或者作品,没有不合理地损害权利人的合法利益。在这方面,按照《版权指令》的相关规定,网络服务商应当是在获得了权利人的许可之后,才在网络上传播了相关的作品。这表明,作者的合法权益已经得到了保障。在此情况之下,网络使用者没有必要再去获得许可,然后才浏览相关的网页或者作品。因为,这属于版权所有人发放许可的同意向公众传播。最后,浏览过程中所产生的屏幕复制和缓存复制,也没有与权利人正常利用作品相冲突。事实上,网络服务商经过作者许可,在网络上传播网页或者作品,让网络使用者通过技术手段浏览网页或者作品,就是对作品的正常使用。至于屏幕复制和缓存复制就是产生于这个过程之中,因而不可能与作品的正常使用相冲突。欧盟法院最后得出结论说,本案所涉及的屏幕复制和缓存复制,完全满足了《版权指令》第5条第5款规定的"三步检验法"。

二、发行权

《伯尔尼公约》在规定作者权利的时候,没有提及发行权。这是因为,在传统的复制条件下,作者授权他人将自己的作品复制在纸张、胶片、磁带等媒介上,本身就具有了授权发行的意味。否则,仅仅获得了复制权的作品使用者,如出版商,将无法把复制品推向市场。事实上,《伯尔尼公约》第3条在界定"出版"时,就暗示了复制与发行的依存关系。根据规定,出版是以复制件的方式复制作品,而且作品复制件的发行方式能够满足社会公众的合理需要。①由此出发,很多国家都没有明确规定发行权,而是将发行权隐含在了复制权之中。

近年来,随着数字技术和网络技术的产生和发展,作品已经更多地以数字化的形式被固定在CD、DVD、计算机内存和其他数字存储设备中,并且可以通过互联网络以无形的方式传输给社会公众。这样,复制的含义就发生了很大的变化,不仅包括了传统的在有形媒介上的复制,还包括了作品在互联网络传输过程中的一系列复制。与此相应,与传统的复制概念密切相关的"发行",已经很难继续隐含在复制的概念之中。同时,就"发行"是否包含互联网络上对于复制品的传输,也出现了不同的理解。有些国家将作品在互联网络上传输并且供他人

---

① Article 3, Berne Convention.

下载的行为,也称为作品的发行。而很多国家则仍然坚持,“发行”应当局限于作品原件或者复制件的发行,不包括作品在网络上的传输和下载。

基于以上的情形,世界知识产权组织的《版权条约》首次在国际公约的层面上单独规定了发行权,并且将“发行”定义为是对于作品原件或者复制件的提供,不包括作品在网络上的传输和下载。具体说来,《版权条约》第 6 条规定,文学艺术作品的作者应当享有专有权利,通过销售或其他转让所有权的形式,向公众提供其作品的原件和复制品。根据《版权条约》关于第 6 条的议定声明的规定,这里所说的原件和复制品,专指可以被作为有形物品而投放流通的复制品。同时,依据《版权条约》第 6 条第 2 项的规定,成员国可以依据具体情形,规定发行权的用尽。与《版权条约》同时缔结的《表演与录音条约》第 12 条就录音制品的发行权和权利用尽也有相同的规定。①

在这方面,欧盟《版权指令》第 4 条也对发行权作了单独的规定。根据规定,成员国应当规定,作者就其就作品的原件和复制件,享有许可或者禁止他人通过销售或者其他方式向公众发行的权利。值得注意的是,这个规定仅仅针对作品,而没有涉及录音,似乎与《表演与录音条约》的规定存在差距。不过,早在 1992 年的《出租权指令》中,欧盟就规定了相关权人的发行权。根据《出租权指令》第 9 条的规定,表演者就其已经固定的表演活动、录音制作者就其录音制品、制片人就其已经固定的电影、广播组织就其已经固定的广播,享有以销售或者其他方式向公众发行的权利。② 这样,将《版权指令》与《出租权指令》的相关规定结合起来,欧盟不仅满足了《版权条约》和《表演与录音条约》有关发行权的要求,还协调了成员国关于发行权的法律规则。

除此之外,《版权指令》第 4 条还依据欧盟法院确立的原则,明确了发行权在欧盟范围内的用尽。具体说来,如果作品的原件或者复制件,是由作者自己或者经其同意而在欧盟范围内首次销售,或者以其他方式转移了所有权,则权利人就用尽了自己的发行权。与此相应,权利人在用尽了自己的发行权以后,不得再干预作品原件或者复制件的进一步销售或流动。在这方面,《出租权指令》第 9 条针对已经固定的表演活动、录音制品,已经固定的电影和已经固定的广播,也规定了发行权在欧盟范围内用尽的原则。③ 当然,无论是依据《版权指令》第 4 条的规定还是依据《出租权指令》第 9 条的规定,对于权利人在欧盟之外上市的作品原件和复制件,以及已经固定的表演、录音制品,已经固定的电影和已经固定的广播的原件或者复制件,不适用权利用尽的原则。

在 2008 年 4 月的“Peek”一案中④,欧盟法院讨论了“发行权”的含义。根据案情,某一著名艺术家设计了若干种椅子和沙发,包括带有某种特殊扶手的椅子。按照当时的《德国著作权法》,这些椅子、沙发的独特设计,可以作为作品获得保护。然而,按照其他一些成员国的法律,这些椅子、沙发的独特设计,却不能获得著作权的保护。本案的原告是一家德国的椅子制造商,从艺术家那里获得了制造相关椅子、沙发的独家许可,属于在德国的著作权人。本案的

① Article 6, WCT, article 12, WPPT.

② Article 9, Rental and Lending Directive.

③ Article 9, Rental and Lending Directive.

④ Judgment of the Court (Fourth Chamber) of 17 April 2008, Case C – 456/06, Peek & Cloppenburg KG v. Cassina SpA.

被告是一家德国的服装销售商,在其经营的某些销售商场,摆放了原告设计的椅子,供顾客休息。同时,被告还在某一橱窗中摆了一把原告设计的椅子,与其他物品一起作为装饰。不过,被告的椅子购买于意大利,而《意大利著作权法》又不保护椅子一类的设计。这就意味着,意大利的制造商可以不经设计师的许可而制造相关的椅子并且在意大利合法上市。与此相应,本案的被告在意大利合法购买椅子之后,也可以在欧盟范围内使用相关的椅子。当然,被告不能在德国制造和销售(发行)涉案的椅子。

当原告发现被告在其商场中使用相关的椅子之后,向法兰克福地方法院提起诉讼,要求被告停止使用相关的椅子,并且披露家具的发行渠道。地方法院依据《德国著作权法》做出了有利于原告的判决,上诉法院又肯定了地方法院的认定。于是被告再次提起上诉。德国最高法院认为,原告依据《德国著作权法》就相关的椅子和沙发享有发行权。就本案而言,所要解决的问题是,被告在商场中使用相关的椅子和沙发,在橱窗中展示相关的椅子,是否侵犯了原告的发行权,这又涉及《版权指令》的相关规定。于是,德国最高法院决定暂停案件的审理,请求欧盟法院就《版权指令》所规定的"发行权"作出前置裁定。具体说来,被告让第三人(社会公众)使用体现作品的物品,但又没有把这个物品交由第三人处置,是否属于《版权指令》第4条第1款规定的发行。同时,将体现作品的物品公开展示,但又不可能让第三人使用该物品,是否属于《版权指令》规定的发行。

欧盟法院指出,《版权指令》第4条第1款虽然规定了作者享有"发行权",但是并没有充分解释向公众发行版权作品的概念。不过在这方面,世界知识产权组织的《版权条约》和《表演与录音条约》,则有比较清楚的界定。根据已经确定的法律解释原则,对于欧盟的相关立法,可以依据欧盟加入的国际条约,例如世界知识产权组织的两个条约,予以解释。欧盟法院论证说,《版权条约》第6条第1款规定,作者享有专有权利,通过"销售或者其他转让所有权的方式",向公众提供其作品的原件或者复制件。《表演与录音条约》第8条和第12条就表演者和录音制作者,也规定了同样的发行权。按照其中的"转让所有权的方式",一定是将体现作品的"原件或者复制件"的所有权转让给了他人。这表明,发行与所有权的转移相关。欧盟法院指出,欧盟《版权指令》第4条第1款的规定,与上述《版权条约》和《表演与录音条约》的规定基本一致,使用了"以销售或其他方式发行"的术语。显然,这里所指的也是转让了所有权的,作品原件或者复制件的发行。

欧盟法院论证说,上述解释还可以从关于发行权用尽的规定得到证明。具体说来,世界知识产权组织《版权条约》第6条第2款规定,在作品的原件或者复制件通过首次销售或者其他方式转移了所有权之后,发行权用尽的问题由缔约方规定。在这方面,欧盟《版权指令》第4条第2款针对作品原件或者复制件的首次销售或者其他方式的所有权转移,规定了欧盟范围内的权利用尽。显然,《版权指令》的这个规定是对于世界知识产权组织《版权条约》关于发行权用尽规定的落实。这也再次表明,《版权指令》规定的发行权,包括以销售或者其他方式发行作品的原件或者复制件,都应当是发生了物品的所有权的转移。

原告在上诉中说,《版权指令》的"重述"第(9)到第(11)都强调,协调成员国的版权立法必须建立在高标准保护的基点之上,必须让作者通过作品的使用获得适当的收益。与此相应,就建立一个有力和有效的版权保护体系而言,应当对"发行权"做出宽泛的解释。欧盟法院则指出,版权应当在欧盟确立的法律框架中被保护。在这方面,法院既不能为了作者的利益而创设《版权指令》没有规定的权利,也不能超出《版权指令》的规定而对发行权做出宽泛的解释。

欧盟法院最后得出结论说,《版权指令》第4条第1款规定的通过销售或者其他方式,向公众发行作品的原件或者复制件,必须是发生了物品的所有权的转移。就本案而言,无论是在商场中让公众使用体现版权作品的椅子,还是在橱窗中展示体现版权作品的椅子,都不属于作品原件或者复制件的发行。

在2015年的"All Posters"一案中①,欧盟法院再次讨论了"发行权"及其相关的权利用尽问题。在这个案件中,原告是荷兰美术作品版权集体管理组织,接受权利人的委托行使集体许可和在必要时发起诉讼的权利。原告还与其他国家的美术作品版权集体管理组织合作,管理外国美术作品在荷兰的权利。本案的被告"All Posters"是一家招贴画制作公司,制作体现在木制品、画布、纸张上的招贴画,以及加了木框的招贴画。被告制作这些招贴画,使用他人的美术作品,都获得了作者或者权利人的许可,并且支付了必要的报酬。然而,被告在制作招贴画的过程中,推出了一项将招贴画上的美术作品平移到画布上的业务。其具体工艺是,使用化学方法,将美术作品从纸张上分离出来,然后平移到画布之上,在此之后,再给体现美术作品的画布增加木质外框,在市场上销售。

原告发现被告的这种做法之后,要求被告立即停止相关的制作和销售行为。被告则认为,自己制作招贴画的行为已经获得了许可,权利人也随之而用尽了发行权。与此相应,自己将纸张上的美术作品平移到画布上,然后再在市场上销售,没有侵犯原告的发行权。随后,原告在鲁尔蒙德地方法院提起诉讼,要求被告停止直接的和间接的侵犯版权的行为。然而,地方法院却驳回了原告的诉讼请求。原告不服判决而提起上诉。上诉法院认为,销售平移到画布上的美术作品,构成了《荷兰著作权法》规定的"出版",也即复制和发行。具体说来,按照《荷兰著作权法》的规定,将招贴画上的美术作品平移到画布之上,然后予以销售,构成了一个新的"出版",应当获得版权所有人的许可。上诉法院还指出,被告制作和上市招贴画,确实获得了权利人的许可。但是,将招贴画上的美术作品平移到画布上,却属于改编美术作品的行为。这是对美术作品的再次使用,应当获得权利人的许可,并且支付相应的报酬。由此出发,上诉法院驳回了被告发行权用尽的主张。

被告不服判决,向荷兰最高法院提起上诉。被告认为上诉法院关于"权利用尽"和"出版"的理解是错误的,这违反了欧盟《版权指令》关于发行权和发行权用尽的规定。因为,按照《版权指令》第4条第1款的规定,体现作品的有形物品,由权利人自己或者经其同意而上市之后,权利人的发行权即用尽。在此之后对于相关物品的任何改变,都不影响发行权用尽的事实。而原告则认为,在欧盟没有协调成员国改编权的前提下,《荷兰著作权法》关于重新出版的规定,应当得到尊重。由于双方当事人的争议涉及《版权指令》关于发行权用尽的规定,荷兰最高法院决定暂停案件的审理,提请欧盟法院就相关的问题作出前置裁定。

欧盟法院在判决中首先指出,依据《伯尔尼公约》第12条的规定,文学艺术作品的作者享有改编权,可以授权或者禁止他人重新编排或者改变自己的作品。在这方面,欧盟《版权指

① Judgment of the Court (Fourth Chamber) of 22 January 2015, Case C-419/13, Art & All posters International BV v. Stichting Pictoright.

令》中确实没有相应的规定。然而就本案而言,即使不考虑改编权的问题,也可以解决双方当事人之间的纠纷。因为,无论是承载了美术作品的招贴画还是画布上的美术作品,在将其向公众销售的时候,都属于《版权指令》第4条规定的发行。根据规定,作者就其作品的原件和复制件,享有许可或者禁止他人通过销售或者其他方式向公众发行的权利。欧盟法院认为,适用《版权指令》规定的发行权用尽,应当满足两个条件。第一,相关的作品原件或者复制件由权利人自己上市或者经其同意上市;第二,相关的作品原件或者复制件在欧盟共同市场上市。这表明,发行权用尽的范围是欧盟共同市场。就本案而言,双方当事人都没有争议,招贴画上所承载的美术作品,是经由权利人许可而在欧盟共同市场上市的。然而,双方当事人的争议在于,将美术作品从招贴画上平移到画布上,是否影响发行权用尽的事实。

欧盟法院论证说,为了解决这个问题,有必要说明两个术语,物品和有形物。具体说来,《版权指令》第4条第2款在规定发行权用尽的时候,使用了"物品"(the object)这一术语,指作品的原件或者复制件。即权利人自己同意或者经其同意,在欧盟范围内销售或者转让了"物品"的所有权。又据《版权指令》的"重述"第(28)的规定,作者享有专有权利,控制体现作品的"有形物"(tangible article)的发行。由此可见,《版权指令》使用"物品"和"有形物"两个术语,就是要让作者享有权利,控制承载作品的有形物品的首次上市。欧盟法院指出,《版权指令》关于作品原件或者复制件的解释,或者关于体现作品的有形物品的解释,与世界知识产权组织《版权条约》的规定也是一致的。依据《版权条约》第6条的规定,作者享有专有权利,可以发行作品的原件或者复制件。根据缔约方达成的"共同声明",作品的"原件或者复制件",是指固定在有形物上的可以流通的原件或者复制件。与此相应,无论是依据欧盟《版权指令》的规定还是依据世界知识产权组织《版权条约》的规定,仅仅是固定有作品的有形物品才有权利用尽的问题。

欧盟法院继续论证说,在明确了"有形物"的概念之后,就应当评估,在被告改变了美术作品所体现的物理形态之后,是否对于发行权用尽具有影响。具体说来,被告使用化学分离方法,将美术作品从纸质的招贴画上平移到了画布上。由此而产生的复制品,不仅增加了复制品能够存续的期间,还改善了复制品的质量。欧盟法院认为,更换作品所体现的物品或者有形物,相当于是重新复制了美术作品。按照《版权指令》第2条的规定,这种新的复制应当获得权利人的许可。

被告在案件的审理中则抗辩说,这种平移不属于复制。因为,随着美术作品从纸质招贴上被平移到画布上,原来存在于纸质招贴上的美术作品也就不存在了。将美术作品平移到画布上的行为并没有改变构成作品的墨迹和颜色。然而欧盟法院指出,被告在平移美术作品的过程中,虽然保留了原有的墨迹和颜料,但并没有改变将美术作品从一个有形物上转移到另一个有形物上的事实。在这里,关键的问题在于前一个有形物不同于后一个有形物,前一个有形物上承载的美术作品获得了权利人的许可,而后一个有形物上承载的美术作品没有获得权利人的许可。从后一个有形物承载美术作品并且构成了一个新的复制的事实来看,被告应当获得权利人的许可。如果在这种情况下仍然适用发行权用尽原则,就会剥夺权利人享有的许可他人复制和发行作品的权利,就会剥夺权利人获得报酬的权利。

欧盟法院最后得出结论说,尽管在欧盟范围内发行美术作品的复制件获得了权利人的许可,但在此之后改变作品存在的有形媒介相当于是一个新的复制。对于这样一个新的复制品，不能适用《版权指令》第4条第2款规定的发行权用尽原则。

第三节　向公众传播权和向公众提供权

一、向公众传播权和向公众提供权的由来

随着数字技术和网络技术的产生与发展，作品和相关权客体可以通过互联网络被传播给广泛的社会公众。同时，社会公众也可以在自己选定的时间和地点，通过互联网络获得有关的作品或相关权客体。在传统的复制技术和传播技术条件下，作品或者相关权客体通常是被复制在有形的媒介之上，然后发行给社会公众。而在互联网络的条件下，作品或者相关权的客体则是通过网络被直接传输给社会公众。事实上，随着数字技术和网络技术的进一步发展，制作和发行有形复制品的传统方式，已经逐步让位于网络的直接传输。这样，通过网络传输和接受作品或相关权客体，已经成为利用作品或相关权客体的重要方式。与此相应，版权制度也应当赋予权利人一种新的使其享有允许或禁止他人通过互联网络传输自己作品或者相关权客体的权利。否则，版权所有人和其他权利人的利益将无法得到保障，有关的文化产业也会遭受损害。正如《版权指令》的"重述"所说，如果不能有效地保护各种权利，如果容忍各种形式的对于作品的非法传播，就不能达到传播文化的目的。①

作品和相关权客体在互联网络上的传播有很多种方式。例如，可以通过网络广播有关的作品或者相关权客体，可以通过电子邮件传送有关的作品或者相关权客体，可以通过P2P软件共享作品或者相关权客体。当然，在网络上最常见的还是以互动的方式让使用者在自己选定的地点和时间，从相关的网页或者网站上获得自己需要的作品或者相关权客体。在这方面，世界知识产权组织的两个条约和欧盟的《版权指令》，针对作者和相关权所有人分别规定了"向公众传播权"和"向公众提供权"。为了方便理解，下面分别讨论。

先来看作者享有的"向公众传播权"。在国际公约的层面上，就作品的使用而言，并没有出现一个包揽一切的"向公众传播权"或者"公开表演权"。在作者所享有的传播权方面，《伯尔尼公约》依据无线传播技术和有线传播技术的发展，做了一些零散的规定。例如，《伯尔尼公约》第11条规定戏剧作品和音乐作品的作者享有公开表演其作品的权利，可以向公众传播作品的公开表演，但该权利没有涉及其他作品种类。又如，《伯尔尼公约》第11条之二虽然规定了作者享有广播权，但该权利仅及于无线广播和有线转播。再如，《伯尔尼公约》第11条之三规定作者享有朗诵权，以及向公众传播作品的朗诵。此外，《伯尔尼公约》第14条规定，文学艺术作品的作者可以授权公开表演和以有线方式向公众传播经过改编或复制的作品。② 这样，《伯尔尼公约》针对不同的作品和不同的权利人，以零散的方式规定了"传播权"的某些内容。

1996年缔结的世界知识产权组织《版权条约》则针对文学艺术作品的作者规定了比较广

---

① Recital 22, Information Society Directive.

② Article 11, article 11 bis, article 11 ter, article 14, Berne Convention.

泛的"向公众传播权"。根据《版权条约》第 8 条的规定,在不损害《伯尔尼公约》有关传播权的前提下,"文学艺术作品的作者应当享有专有权利,授权将其作品以有线和无线方式向公众传播,包括将其作品提供给公众,使公众中的成员可以在其个人选定的地点和时间获得这些作品"[①]。具体说来,这个定义有两个部分。前一个部分是通过有线或者无线的方式向公众传播作品,属于广泛的传播权。其中既涉及有线传播,又涉及无线传播,但是不包括现场的公开表演。后一个部分是向公众提供权,即将作品提供给公众,让公众中的成员在其选定的地点和时间获得相关的作品。这也就是通常所说的在网络环境中以互动的方式传播作品的权利。这样,《版权条约》第 8 条规定的向公众传播权就包括了以无线、有线和互动方式传播作品的权利,而没有包括现场的公开表演。显然,这仍然不是一个包揽一切的向公众传播权或者公开表演权。

欧盟《版权指令》在规定作者所享有的"向公众传播权"的时候,几乎照搬了《版权条约》第 8 条的规定。根据《版权指令》第 3 条第 1 款的规定,成员国应当向作者提供专有权利,使他们可以授权或禁止他人以无线或有线的方式向公众传播其作品,包括将其作品提供给公众,使公众中的成员在其个人选定的地点和时间获得这些作品。关于这个规定,《版权指令》的"重述"第(23)规定:"指令应当进一步协调作者的向公众传播权。这个权利应当在广泛的意义上加以理解,包括了向不在传播发起地点的公众所进行的所有传播。这个权利应当包括所有的通过有线或者无线方式,包括通过广播的方式,向公众传播或者再传播作品。这个权利不应涉及任何其他的行为。"由此可以看出,《版权指令》所规定的"向公众传播权"具有非常广泛的含义,包括以有线、无线、广播、互动的方式,将作品传播给社会公众。唯一没有被纳入其中的传播方式,也是现场的公开传播。或者说,定义中的公众成员,不包括那些出现在传播发起地点的公众成员。

再来看相关权所有人享有的"向公众提供权"。针对表演、录音和广播,《罗马公约》已经规定了不同的"传播权"或者"向公众传播权"。例如,《罗马公约》第 13 条规定,广播组织可以允许或者禁止他人转播其广播,就属于"传播权"的内容。又如,《罗马公约》第 12 条规定,如果有关的录音直接用于广播,或者以任何方式直接传播给社会公众,表演者和录音制作者可以享有一次性获得报酬的权利。这也属于表演者和录音制作者享有的"传播权"。[②] 不过,与《伯尔尼公约》一样,《罗马公约》也没有规定一个包揽一切的向公众传播权或者公开表演权。

1996 年的世界知识产权组织《表演与录音条约》,针对表演和录音规定了"向公众提供权"。根据该条约第 10 条的规定,表演者应当享有专有权利,授权以有线或者无线的方式向公众提供其录制在录音中的表演活动,使公众中的成员可以在其个人选定的地点和时间获得这些表演。该条约第 14 条针对录音也有基本相同的规定。[③] 值得注意的是,与《版权条约》有关"向公众传播权"的规定相对比,《表演与录音条约》仅仅规定了"向公众提供权",而没有规定广泛的"向公众传播权"。而且,这里所规定的"向公众提供权",仅仅涉及表演和录音,

---

① Article 8, WCT.

② Articles 13, 12, Rome Convention.

③ Articles 10, 14, WPPT.

而不包括广播。

欧盟《版权指令》延续了《表演与录音条约》的做法，针对相关权的客体，规定了"向公众提供权"。根据《版权指令》第3条第2款的规定，相关权人就其受保护客体享有专有权利，授权或者禁止以有线或者无线的方式向公众提供受保护的客体，使公众中的成员可以在其个人选定的地点和时间获得这些受保护的客体。当然，与《表演与录音条约》相比，《版权指令》不仅赋予了表演者和录音制作者向公众提供权，而且将这项权利的享有者延伸到了电影制片人和广播组织。具体说来，表演者就其已经固定的表演，录音制作者就其录音，电影制片人就其电影的原件和复制件，广播组织就其已经固定的广播，都享有互动式的"向公众提供权"。

关于互动式的"向公众提供权"，《版权指令》的"重述"第(24)规定："向公众提供第3条第2款所说受保护客体的权利，应当理解为向公众中的成员提供此类受保护客体的所有行为，但不包括出现在提供行为发生地的公众成员，也不涉及其他的行为。"将这个解说与该指令第3条第2款的规定结合起来可以看出，互动式的"向公众提供权"涉及通过以有线或者无线方式向社会公众提供相关权客体的所有行为，其目的是让社会公众中的成员可以在自己选定的地点和时间获得相关权客体，但不包括现场的表演。

二、向公众传播权的含义

欧盟《版权指令》所规定的向公众传播权和向公众提供权，具有非常丰富的含义，包括"公众""传播""提供"等概念，以及作品、表演、录音、广播等。下面来看几个典型案例。

欧盟法院最早讨论"向公众传播权"的典型案例，是2006年12月的"SGAE"一案。[①] 在这个案件中，原告是"西班牙音乐著作权集体管理组织"，被告是西班牙的一家连锁旅馆。原告认为，被告未经授权，通过电视系统将音乐作品传播到旅馆的各个房间，侵犯了自己管理的著作权。于是，原告向巴塞罗那地方法院提起诉讼，主张被告侵权，要求支付损害赔偿。巴塞罗那地方法院经过审理认为，通过电视系统向旅馆房间传播作品的行为不属于向公众传播，但把作品传播到旅馆共用区域的电视系统的行为则属于向公众传播，构成侵权。原告和被告均不服判决而提起上诉。由于双方当事人的争执涉及《版权指令》规定的向公众传播权，上诉法院决定暂停案件的审理，提请欧盟法院做出前置裁定。具体说来，被告通过电视系统将音乐作品传播到旅馆房间，是否属于向公众传播。

被告在上诉中提出抗辩说，本案应当适用《卫星广播与有线转播指令》，而不应当适用《版权指令》所规定的"向公众传播权"。而欧盟法院则认为，本案应当适用《版权指令》。因为，《卫星广播与有线转播指令》仅仅涉及狭窄的通过卫星广播和有线转播的方式传播作品和相关权客体的权利。至于《版权指令》则规定了宽泛的"向公众传播权"，完全可以解决本案所涉及的问题。事实上，本案所涉及的通过电视系统向旅馆房间传播作品的行为，不属于前者所规定的卫星广播和有线转播，而属于后者所规定的向公众传播。在此基础之上，欧盟法院结合案情讨论了向公众传播的含义。

欧盟法院指出，《版权指令》第4条仅仅规定了"向公众传播权"，但没有给出具体的定

---

① Judgment of the Court (Third Chamber) of 7 December 2006, Case C－306/05－－Sociedad General de Autores y Editores de España (SGAE) v. Rafael Hoteles SA. SGAE是西班牙版权集体管理组织的首字母缩写。

义。根据以往的判例法,解释欧盟法律规定应当注意两个问题。一是不仅要看法律规定的字词,还要看相关规定的上下文;二是不仅要看法律条文,还要看制定相关法律的宗旨。从上下文的角度来看,《版权指令》的"重述"第(23)指出,应当给予"向公众传播权"最宽泛的解释,以保障作者享有的权利。从立法宗旨来看,制定《版权指令》的目的之一是提高对于作者权利保护的水平,保障作者可以因为作品的使用而获得必要的收益。

欧盟法院论证说,根据以往的判决,《版权指令》所说的"公众",是指数量难以确定的潜在人群。就本案而言,确定公众的数量,不仅要考虑已经入住旅馆的顾客,还要考虑出现在旅馆其他地方的人群,因为这些人群也有可能看到电视。此外,就旅馆的特性来看,还要考虑不断有顾客入住的事实。这样,本案所涉及的"公众",就包括了数量相当的人群。与此相应,将作品传播给数量如此之多的人群,显然属于向公众传播。在这方面,声称只有现在入住的顾客可以收看电视转播,并且很多入住的顾客并没有打开电视,都没有太大的意义。因为根据《版权指令》第 3 条第 1 款的规定,只要作品提供给了公众,让公众成员有可能获得作品,就构成了向公众传播。

欧盟法院继续论证说,把广播作品传播给旅馆中的顾客,事实上也属于将作品传播给一个新的受众群体。显然,版权所有人在许可传播音乐作品的时候,并没有考虑旅馆的顾客。与此相应,旅馆经营者将音乐作品通过电视系统转播,让顾客可以在房间或者其他区域看到、听到音乐作品,该行为应当获得权利人的许可。具体说来,权利人授权广播公司广播相关的音乐作品,并没有考虑特定的旅馆顾客。然而,通过旅馆经营者的干预行为,例如在房间里或者其他区域放置电视设备,相关的广播传输到了旅馆的房间或者其他区域。而且,让顾客可以在房间里观看电视节目,又属于为顾客提供了额外服务,提高了服务的质量和相关的住房价格。这样,旅馆经营者将广播节目提供给自己的顾客的行为,就具有了盈利的性质。

当然,欧盟法院也指出,在旅馆的各个房间安装电视机,属于有形物品的安装,从技术上使得公众可以接受作品。依据世界知识产权组织《版权条约》的议定声明以及欧盟《版权指令》的"重述"第(27),仅仅提供有形的传播设备,不构成《版权条约》或者《版权指令》所说的"传播"。① 事实上,就旅馆经营者安装电视设备而言,可能涉及电视设备的制造者、销售者、安装者。这些公司或者市场主体所从事的行为,都是与硬件设备相关的行为,而非传播广播节目的行为。在这方面,只有通过电视等设备将相关的作品传播给社会公众,才构成法律所说的"向公众传播"。

在本案的审理过程中,成员国法院提出的另一个问题是,由于旅馆房间具有私密的性质,通过电视机向这些房间传播作品,是否不属于向"公众"传播。欧盟法院认为,依据《版权指令》第 3 条第 1 款关于向公众传播权的规定,传播发生地点的私密或者公开性质是不重要的。因为,《版权指令》所规定的是作者享有专有权利,可以许可或者禁止向公众传播作品,并没有提及是向公开的地点还是私密的地点传播作品。事实上,《版权指令》规定的向公众传播作品,包括了"向公众提供作品",让公众成员可以在其个人选定的地点和时间获取作品。公众选定的地点,显然包括了在私密的地点获得作品。如果将所有的私密地点排除在外,"向公众提供权"和更为广泛的"向公众传播权"就会在很大的程度上失去意义。

---

① Joint Declaration concerning article 8, WCT; Recital 27, Information Society Copyright Directive.

关于以上两个问题,欧盟法院最后得出结论说:尽管仅仅提供设备不构成《版权指令》所说的传播,但是旅馆通过电视系统向住在旅馆的顾客提供信号,无论使用了何种技术传输信号,都构成了《版权指令》所规定的向公众传播。同时,尽管旅馆房间具有私密的性质,但通过电视手段向旅馆房间传播作品,仍然构成了《版权指令》规定的向公众传播。

自"SGAE"一案以后,欧盟法院又在一系列判决中详细讨论了向公众传播权和向公众提供权的含义,包括"传播""提供""公众"等术语的具体含义,从而为成员国法院解决相关纠纷提供了指导。其中最重要的是2013年的"ITV Broadcasting"一案和2016年的"Reha"一案。

先来看2013年的"ITV Broadcasting"一案。[①] 在这个案件中,原告是英国的若干个商业广播电视台,就其广播的电视内容拥有版权。原告主要通过发布电视广告获得收益。被告"TVC"是一家英国的网络广播公司,为其用户提供网络电视服务,未经许可提供了原告播放的电视节目。被告与其用户签订合同,要求用户已经获得了在英国收看地面电视的许可并且仅在英国收看网络电视广播。被告还利用技术手段,确保收看网络电视的用户符合上述条件,而对于不符合条件的用户则拒绝提供服务。对于原告提供的地面电视节目,被告未进行任何改动,包括原告电视节目中的广告。然而,被告也是通过广告获得收益。具体做法是在用户接入其电视广播之前播放广告,以及在用户收看网络电视的过程中发布"皮肤"(in-skin)广告,将其显示在用户的计算机终端上。于是,原告向英国高等法院提起诉讼,认为被告未经许可使用自己的电视广播节目并通过互联网络向用户提供,侵犯了自己享有的版权。英国高等法院认为,被告的行为有可能侵犯了原告的"向公众传播权",但又不太确定,因而提请欧盟法院作出前置裁定。具体说来,被告的行为是否属于《版权指令》规定的"向公众传播",以及是否侵犯了原告的版权。

欧盟法院在判决中指出,2001年发布的《版权指令》,其宗旨之一是提供高水平保护保障作者通过作品的使用,包括通过"向公众传播"来获得适当的报酬。与此相应,对于其中规定的"向公众传播权",应当做出最为宽泛的解释。在此基础之上,欧盟法院讨论了"传播"和"公众"的概念。

欧盟法院说,《版权指令》对于"传播"并没有做出限定性的界定。这表明,"传播"的具体含义,应当在具体的案情中加以理解。在这方面,《版权指令》的"重述"第(23)指出,作者享有的向公众传播权是指以包括有线和无线的方式,以及广播的方式,将其作品传播或者再次传播给社会公众的权利。又据《版权指令》第3条的规定,当作者授权他人可以向公众传播作品之后,仍然享有权利允许或者禁止他人以其他方式传播其作品。与此相应,当某一作品可以通过多种方式使用的时候,无论是首次传播还是再次传播该作品,包括使用不同的技术手段予以传播,都应当获得作者的授权。欧盟法院进一步论证说,上述看法也可以从《卫星广播与有线转播指令》的相关规定获得支持。因为按照该指令的规定,通过卫星发射相关的广播节目应当获得授权,通过有线方式转播卫星广播节目同样应当获得授权,尽管卫星发射地和有线转播地可能都在同一个成员国。欧盟法院由此而得出结论说,本案的原告通过地面电视广播的方式使用作品,属于《版权指令》规定的向公众传播作品,被告通过网络传播的方式再

---

① Judgment of the Court (Fourth Chamber) of 7 March 2013, Case C607/11, ITV Broadcasting Ltd and Others v. TVCatchUp Ltd.

次传播电视节目,同样属于“向公众传播”作品。与此相应,原告获得许可而使用相关的作品的事实并没有免除被告应当获得许可的义务。

在本案的审理中过程,被告提出抗辩说自己仅仅是使用了互联网络的技术手段来确保相关的电视节目传输给合法获得许可的电视观众。欧盟法院说,仅仅使用技术手段确保和改进原有区域内的公众接受原始传输的作品或者电视节目确实不构成《版权指令》规定的“传播”。对于相关技术手段的干预,如果仅限于保障和改善原有传输的接受质量,也不会构成“传播”。然而就本案而言,被告使用互联网络传播原告的电视节目不同于原告的地面电视广播。而且,被告的技术干预行为也不是为了保障和改善原告电视广播的接受质量。与此相应,被告的行为绝对不是使用了单纯的技术手段的行为。

在讨论了“传播”的含义之后,欧盟法院又讨论了“公众”的含义。具体说来,《版权指令》规定的“向公众传播”意味着被告的行为不仅构成了“传播”,而且还将相关的作品传播给了“公众”。欧盟法院说,依据以往的判例法,“公众”是指数量不确定的潜在接受者,并且意味着相当数量的人群。按照这个标准,法院应当考虑先后可以获得作品的潜在人群,或者说不仅要计算某一时间接受作品的人群,还要计算在不同时间先后接受作品的人群。至于潜在的接受者是否真的通过互联网络获得了作品则是无关紧要的。就本案而言,被告通过互联网络再次传输作品,针对的是英国所有获得了电视收看许可并且可以接入互联网络的人群,这些人群有可能通过互联网络同时收看电视节目。这表明,被告对于相关作品的再次传输,针对的是数量不确定的潜在接受者,属于相当数量的人群,因而构成了向公众传播中的“公众”。

在本案的审理过程中,被告提出了不构成“新公众”的抗辩。具体说来,被告通过互联网络传输原告的电视节目,针对的是在英国的并且获得了电视收看许可的人群,而非“新公众”。欧盟法院论证说,本院在此前的一些判决中确实提出过将作品传播给“新公众”的说法。其具体含义是说,权利人在发放许可的时候仅仅针对了某些特定的社会公众,而被告的介入行为则使得相关的作品被传播给了其他的一些公众。这些其他公众是权利人发放许可时没有考虑的,因而属于“新公众”。然而在本案中,原告是通过电视广播的方式传播作品,而被告是通过互联网络的方式传播作品。显然,这是两种不同的传播方式,应当分别获得相关作者的授权并且依据不同的技术条件设定作品使用的条件。正是由此出发,法院没有必要再去考虑是否有“新公众”的问题。

再来看 2016 年的“Reha”一案对于“向公众传播”的讨论。① 在这个案件中,原告是德国音乐著作权集体管理组织“GEMA”,被告是一家康复训练机构,为某些事故中的受害人提供治疗和训练服务,帮助他们康复或者恢复机能。根据案情,被告在其候诊房间和康复训练房间里安装了电视机,可以让候诊者和接受训练者观看电视节目。原告认为,候诊者和接受训练者观看的电视节目中涉及由其管理的音乐作品,因而向被告寄送了账单,要求支付音乐作品的使用费。当被告拒绝支付费用后,原告向科隆地方法院(local court)提起诉讼,主张被告侵犯了相关音乐作品的著作权,请求法院判决支付损害赔偿和相应的利息。在地方法院做出了有利于原告的判决后,被告向科隆地区法院(regional court)提起上诉。上诉法院认为,被告

---

① Judgment of the Court (Grand Chamber) of 31 May 2016, Case C – 117/15, Reha Training Gesellschaft für Sport v. GEMA.

提供电视广播的行为构成了“向公众传播”，进而请求欧盟法院就如何确定向公众传播的标准做出前置裁定。

在此之前，欧盟法院曾经在一系列判决中对“向公众传播”的含义做出了一些零散的解读。其中的有些解读还存在逻辑上的不一致。一些成员国政府认为，欧盟法院应当借“Reha”一案，就“向公众传播”做出统一解释，为成员国法院审理类似案件提供指南。于是，欧盟法院以大法庭的方式，即13名法官参与的方式，做出了“Reha”一案的判决。从这个意义上说，“Reha”一案对于“向公众传播”的解释具有更高的权威性。

欧盟法院首先指出，对于《版权指令》第3条规定的“向公众传播”和《出租权指令》第8条规定的“向公众传播”，应当做出一致的理解。科隆地区法院在上诉中说，本案被告在其康复中心播放的电视节目涉及一系列权利主体的利益，不仅包括了词曲作者、音乐出版商，还包括了表演者、录音制作者、文学艺术作品的作者及其出版商。与此相应，相关的问题就是究竟是依据《版权指令》第3条的规定还是依据《出租权指令》第8条的规定来确定“向公众转播”的含义。因为，《版权指令》第3条第1款规定，作者享有专有权利，可以授权或禁止他人以无线或有线的方式向公众传播其作品，包括将其作品提供给公众，使公众中的成员在其个人选定的地点和时间获得这些作品。而《出租权指令》第8条第2款规定，已经公开出版的录音及其复制件，如果被用来无线广播或者公开传播，使用者应当向录音制作者支付一次性公平报酬。显然，前者规定的“向公众传播”是针对作品和版权而言的，后者规定的“向公众传播”是针对表演、录音和相关权而言的。

欧盟法院在判决中说，《版权指令》的“重述”第(20)明确指出，该指令是在此前发布的有关版权保护指令的基础上制定的，如果没有相反的规定，该指令不影响此前发布指令的规定。此前发布的指令包括了《出租权指令》。显然，《版权指令》中没有任何影响《出租权指令》第8条第2款的规定。从欧盟的法律秩序应当统一的角度来看，《版权指令》和《出租权指令》规定的“向公众传播”，应当具有相同的含义。欧盟法院继续论证说，确实《版权指令》第3条第1款规定的“向公众传播”和《出租权指令》第8条第2款规定的“向公众传播”，是基于不同的立法目的而规定的，因而具有一些不同之处。例如，前者是针对作品和作者享有的权利而规定的，后者是针对表演、录音和相关权而规定的。尽管如此，也没有任何证据表明，两个指令中规定的“向公众传播”具有不同的含义。事实上，无论是《版权指令》规定的向公众传播，还是《出租权指令》规定的向公众传播，都涉及将作品，包括音乐作品传播给公众。

在得出了《版权指令》第3条第1款和《出租权指令》第8条第2款规定的“向公众传播”具有相同的含义之后，欧盟法院又以分解的方式讨论了这个术语的具体含义。具体说来，“向公众传播”包括两个相互关联的要素，一是关于作品的“传播”，二是将作品传播给了“公众”。其中的“传播”是指任何传输受保护作品的行为，而无论所使用的技术手段是什么。而且，使用不同的技术手段传输或者再传输作品，还应当分别获得作者的授权。其中的“公众”是指，数量不确定的潜在接受者和相当数量的人群。所谓“数量不确定”的公众，又是指能够以适当方式接受作品的“一般性人群”，而非属于私人群体的特定个人。所谓“相当数量的人群”又表明，“公众”具有一个最低限度的门槛，进而排除了数量太小或者微不足道的人群。为了确定公众的数量，应当以累积的方式计算潜在的可以获得作品的人数，而非仅仅计算同一时间里获得了同一作品的人数。

在一般性地讨论了“传播”和“公众”的概念之后,欧盟法院又总结以往的判决,讨论了“向公众传播”中的“新公众”和“盈利”的要素。欧盟法院指出,将作品传输给新的公众,属于向公众传播。所谓“新公众”,是指作者授权他人传播自己作品时没有考虑到的人群。在“新公众”的背景中,作品传播者的角色是非常重要的。例如在电视广播的情况下,正是由于再次传播者的行为,相关的作品才传播给了新公众。显然,如果没有传播者的再次传播行为,新公众就不可能看到电视广播的作品。正是由此出发,欧盟法院已经裁定,咖啡馆和旅馆的经营者通过设置在营业场所的电视或者收音机有意识地向他们的顾客传播电视或者广播节目,使得新公众收看或者收听了相关的作品,这些经营者就是作品的再次传播者。如果没有他们的再次传播行为,就不会有新公众收看或者收听的问题。欧盟法院继续论证说,在认定相关的传输是否构成“向公众传播”的时候,作品传播的盈利性质不是关键要素。然而,在确定作者应当获得的收益方面,作品传播的盈利性质就是非常重要的。正是从这个意义上说,当咖啡馆和旅店的经营者因为再次传播广播、电视节目而吸引顾客时,他们对于相关作品的再次传播就是盈利性的。

欧盟法院最后说,在认定相关的作品传输是否属于“向公众传播”时,应当综合考虑上述各个要素,例如传播、公众、新公众、盈利等。就本案而言,被告康复中心确实通过电视机再次传播了电视节目以及电视节目中的作品,实施了“传播”的行为。同时,前来康复中心的病人群体,具有人数不确定的特性,显然属于一般性的人群,而非私人群体中的特定人员或者数量太少微不足道的人员。这表明,被告是将电视节目中的作品传播给了“公众”。而且,这里的公众属于“新公众”,是作者授权广播其作品时没有考虑的公众。此外,被告向“新公众”传播电视节目和相关作品,其目的是吸引更多的患者,因而具有盈利的性质。由此可见,被告再次传播电视节目和电视节目中的作品,构成了《版权指令》第3条第1款和《出租权指令》第8条第2款规定的“向公众传播”。被告未经许可再次传播电视节目和相关的作品,侵犯了权利人的“向公众传播权”。

三、向公众传播权与现场表演

以上是欧盟法院关于“向公众传播权”的讨论。值得注意的是,《版权指令》和《出租权指令》所规定的“向公众传播”虽然具有宽泛的含义,但是不包括对于作品的现场表演。关于这一点,《版权指令》的第3条第1款规定,作者享有“向公众传播权”,可以授权或者禁止他人以无线或者有线方式向公众传播其作品,包括将其作品提供给公众,使公众成员可以在其个人选择的时间和地点获得作品。但是,这个规定有意忽略了现场表演。《版权指令》的“重述”第(23)解释说,向公众传播权“包括了所有的向不在传播发起地点的公众所进行的传播”。显然,如果是向传播发起地点的公众传播作品,例如现场表演,则不属于“向公众传播”。下面来看一个典型案例。

在欧盟法院于2011年判决的“Circle”一案中①,原告是罗马尼亚的音乐作品集体管理组织,被告是一家马戏表演团体。自2004年5月至2007年9月,被告在其组织的马戏表演活动

---

① Judgment of the Court (Third Chamber) of 24 November 2011, Case C-283/10, Circul Globus v. UCMR-ADA.

中未经许可使用了原告管理的音乐作品。于是,原告向布加勒斯特地方法院提起诉讼,要求被告支付音乐作品使用费,并且支付相应的利息。而被告则抗辩说,自己在马戏表演中使用的音乐作品,已经获得相关作者许可并支付了费用。当地方法院做出了有利于原告的判决后,被告向布加勒斯特上诉法院提起上诉。上诉法院经过审理,维持了地方法院的判决。在这方面,一审和二审法院都是依据《罗马尼亚版权法》第123条的规定作出了有利于原告的判决。因为根据规定,音乐作品的集体授权是具有强制性的和延伸性的。就"强制性"而言,任何人公开使用音乐作品,都应当获得集体授权组织的许可。就"延伸性"而言,即使某些词曲作者没有加入集体授权组织,其音乐作品的表演权也可以由集体授权组织管理。

被告再次向罗马尼亚最高法院提起上诉,认为《罗马尼亚版权法》第123条没有准确落实欧盟《版权指令》第3条规定的"向公众传播权"。因为,按照《版权指令》第3条的规定,作者、表演者、录音制作者和广播组织享有专有权利,可以授权或者禁止他人使用自己的作品、表演、录音和广播。按照这个规定,被告只要获得作者的许可就可以使用相关的音乐作品。而按照《罗马尼亚版权法》第123条的规定,音乐作品的表演权只能由集体授权组织管理。按照这个规定,被告使用音乐作品又必须获得集体管理组织的许可并支付相关的费用。这样,集体管理组织就夹在了作者和使用者之间。罗马尼亚最高法院也认为,要求音乐作品的使用者既获得作者的许可并支付费用,又获得集体管理组织的许可并支付费用显然是不公平的。由于被告在上诉中提到了欧盟《版权指令》第3条的规定,罗马尼亚最高法院决定暂停案件的审理,请求欧盟法院对"向公众传播权"的具体含义做出前置裁定。具体说来,"向公众传播权"是否包括了被告在马戏表演中使用相关的音乐作品。

欧盟法院在判决中说,《版权指令》第3条第1款虽然规定作者就其作品享有"向公众传播权",但并没有具体界定"向公众传播"的含义,其他条文也没有具体界定。在这种情况下,从法律适用的角度来看,就应当综合考虑法律规定的文字表达和相关的立法目的,从而理解"向公众传播"的具体含义。欧盟法院继续论证说,按照《版权指令》的"重述"第(23),向公众传播具有非常广泛的含义,涉及所有的"向不在现场公众的传播"。根据《版权指令》的立法资料,"向公众传播"不包括对于作品的直接呈现和表演。而且,这是来自《伯尔尼公约》第11条第1款的规定,一是公开表演音乐作品,二是将相关的表演传播给公众。正是从这个意义上说,《版权指令》第3条第1款刻意将直接的公开呈现和公开表演排除在了"向公众传播"的范围之外。与此相应,《版权指令》的"重述"第(23)解释说"向公众传播"涉及所有的不在现场的公众,但不包括出现在传播现场的公众。欧盟法院说,本案被告在其马戏表演的过程中使用音乐作品的行为属于现场表演,属于向出现在表演现场的公众传播音乐作品,因而不属于《版权指令》第3条第1款规定的"向公众传播"。

欧盟法院还指出,制定《版权指令》的宗旨是在欧盟范围内确立一个统一的和灵活的法律框架,改善和补充现有的版权和相关权法律,应对技术挑战,创设保护作品的新方式,进而促进信息社会的发展。正是从这个意义上说,《版权指令》第3条第1款创设的"向公众传播",不包括传统的向公众传播作品的方式,例如现场呈现或者表演作品。在这方面,《版权指令》的"重述"第(23)规定,"向公众传播"涉及以无线或者有线的方式的传播,包括通过广播向公众传播其作品,但不涉及其他方式的传播。与此相应,作者享有的"向公众传播权",不包括以现场呈现或者表演的方式传播或者再次传播作品的情形。

第四节　网络服务商的责任

一、网络服务商责任概述

在互联网络的环境下,作品、表演、录音和广播,都是通过一系列网络服务提供者而传播的。这包括接入服务和传输服务提供者、存储服务提供者、搜索服务提供者、链接服务提供者,以及各种内容存储软件、内容交换软件、内容共享软件的提供者。从《版权指令》第3条规定的"向公众传播"和"向公众提供"来看,这些网络服务提供者也参与了作品、表演、录音、广播的传播或者提供,应当获得授权以及承担相应的法律责任。然而,如果要求这些网络服务提供者像一般的网络用户一样,在提供相关服务的过程中,也去寻求版权所有人和相关权所有人的授权,或者在没有获得授权的情况下承担停止侵权和损害赔偿的责任,则作品、表演、录音和广播在网络上的传播也将成为不可能。毕竟,有些网络服务商仅仅提供了传输通道的服务、内容存储的服务,有些网络服务商仅仅提供了软件产品,提供了便利网络用户获得作品、表演、录音、广播的服务。这些服务和产品,在很多情况下带有单纯技术的特征,应当予以免责。

在网络服务提供者的免责方面,欧盟首先是在2000年7月发布的《电子商务指令》中做出了一系列规定。例如,网络服务商仅仅提供传输的通道(而非发起传输),同时也没有选择接受者,没有选择或修改传输的内容,可以不承担侵权责任。又如,网络服务商仅仅提供缓存服务,在符合一些法定条件的情形下,诸如没有修改信息的内容,没有改变信息获取的条件,没有改变信息更新的规则,没有干预获取信息的技术手段,并且在知道相关内容侵权后采取了移除等必要的措施,也可以不承担侵权责任。再如,网络服务商仅仅提供储存空间服务,不知侵权行为或者侵权信息的存在,并且在知晓侵权行为或者侵权信息之后迅速采取了移除等必要的措施,可以不承担侵权责任。此外,在电子商务活动中,网络服务商不承担一般性的监控侵权与否、合法与否的责任。①

随后,欧盟于2001年6月发布《版权指令》,也在该指令第5条第1款针对"复制权"做出了免责的规定。根据规定,如果有关的暂时复制是临时的或偶然的,是某种技术过程不可分割的和基本的组成部分,其唯一的目的是由作为中介的第三方在互联网上传送作品或相关权客体,或者是为了他人能够合法地使用作品或相关权客体,并且没有独立的经济意义,则应当排除在复制权的范围之外。又据《版权指令》的"重述"第(33),在符合相关条件的情况下,复制权的例外也适用于搜索、缓存和自动传输等情形。

将《电子商务指令》和《版权指令》的上述规定结合起来,大体可以得出结论,在网络服务商仅仅提供传输通道服务的情况下,不会产生侵犯他人版权和相关权的问题;在提供缓存服务和存储空间服务的情况下,如果不知相关的信息为侵权信息,也可以免除侵权的责任。而

---

① Directive 2000/31/EC of the European Parliament and of the Council of 8 June 2000 on certain legal aspects of information society services, in particular electronic commerce, in the Internal Market (Directive on electronic commerce), Articles 12, 13, 14, and 15.

且，网络服务商不承担一般性的监控相关信息是否侵犯了版权或者相关权的责任。显然，这样的规定不仅有利于网络服务商提供相关的传输、存储、链接等服务，而且有利于作品、表演、录音和广播的传播，最终有利于实现权利人的利益。

自《版权指令》于 2001 年发布以来，欧盟法院也在一系列涉及“向公众传播权”的案件中，讨论了网络服务商是否侵权的问题。其中包括网络接入服务和传输服务，搜索和链接服务，以及提供软件产品和相关服务等问题。下面分别讨论这三个方面的问题。

二、接入服务和传输服务

互联网络的存在和运行，包括作品、表演、录音和广播在互联网络上的传播，首先需要接入服务和传输服务。其中的接入服务，是可以让一系列网络服务商进入互联网络，进而从事传输、存储、链接和提供产品的服务；也可以让一系列个人、法人、非法人用户进入互联网络，上传、下载、浏览或者获取相关的信息。其中的传输服务，是可以让一系列网络服务商通过各种技术手段，在互联网络上传输各种信息，包括作品、表演、录音和广播，让社会公众在个人选择的地点和时间获得相关的信息的服务。在通常情况下，接入服务者和传输服务者不会产生侵犯版权和相关权的问题。然而在某些特殊的情况下，为了保障版权所有人和相关权所有人的利益，也有可能追究接入服务者和传输服务者的责任。

先来看一个提供传输服务不构成侵权的典型案例。在欧盟法院于 2015 年判决的“SBS Belgium”一案中①，原告是比利时的一家版权集体管理组织，被告是比利时的一家商业广播组织。根据案情，被告在比利时经营了若干个电视节目传输设备，向一系列地面电视台、卫星广播和有线转播组织以及网络广播组织提供电视节目。被告提供的电视节目，既包括自己制作的节目，也包括购买来的国内外电视节目。然而，被告使用其电视传输设备，仅仅是将电视节目传输给了电视台、卫星广播组织和网络广播组织，而没有传播给社会公众。这叫作“直接投射”(direct injection)。将被告直接投射的电视节目传播给社会公众的则是获得了直接投射的电视台、卫星广播组织和有线转播组织，以及网络广播组织。这样，从被告传输电视节目到社会公众获得电视节目就有了两个步骤，直接投射和传播给社会公众。根据案情，电视台、卫星广播组织和有线转播组织，以及网络广播组织，在将电视节目传播给社会公众时，都获得了合法的许可。尽管如此，原告向布鲁塞尔商业法院提起诉讼，主张被告未经许可向公众传播了自己管理的作品应当支付相应的版权费用。而被告则认为，只有发行者和类似于发行者的广播组织，才会有将版权作品传播给公众的问题。自己没有将电视节目传播给公众，因而不存在侵犯版权的问题。

一审法院经过审理，支持了原告的主张，认为被告侵犯了原告的向公众传播权。被告不服判决，向布鲁塞尔上诉法院提起上诉。上诉法院经过审理指出，在涉案电视节目的“两步传输”中，被告仅仅从事了“直接投射”的行为，该行为是否属于《版权指令》规定的“向公众传播”尚难以确定。于是，上诉法院决定暂停案件的审理，请求欧盟法院就此问题做出前置裁定。

欧盟法院指出，2001 年 6 月发布的《版权指令》，其宗旨是确立一个高水平的版权保护体

---

① Judgment of the Court (Ninth Chamber) of 19 November 2015, Case C – 325/14, SBS Belgium NV v. SABAM.

系,让作者可以获得适当的收益。与此相应,对于该指令第3条规定的“向公众传播权”应当做出宽泛的解释。欧盟法院论证说,“向公众传播”具有两个要素,一是实行了传播作品的行为,二是将作品传播给了公众。其中的“传播”是指任何方式的传播,无论使用了什么样的技术手段。而且,传播者使用不同的技术手段传播作品,就每一种技术手段而言都应当分别获得作者许可。关于本案,被告将载有电视节目的信号传输给电视台、卫星广播组织、有线转播组织和网络广播组织,显然使用了不同的技术手段,是以不同的方式实行了“传播”行为。与此相应,被告的行为属于“向公众传播”中的“传播”。

欧盟法院继续论证说,“向公众传播”的第二个要素是将作品传播给了公众。在这方面,“公众”是指人数不确定的接收者、电视观众等,意味着相当数量的人群。然而就本案而言,被告是将载有电视节目的信号传输给了特定的发行者,例如电视台、网络广播组织等,而没有传输给潜在的电视观众。显然,这里没有人数不确定的电视观众,也没有相当数量的人群。与此相应,被告没有将电视节目传播给“公众”。欧盟法院由此而得出结论,被告没有从事“向公众传播”的行为,因而没有侵犯原告的“向公众传播权”。

再来看一个提供网络接入服务,有可能承担一定法律责任的典型案例。在欧盟法院于2017年判决的“Ziggo”一案中①,原告是荷兰的一家版权集体管理组织,代表版权所有人的利益。被告是一家互联网络接入服务提供者。根据案情,被告的大量用户使用名为“BitTorrent”的软件,在一个名为“TPB”的共享平台上交换文档。网络用户交换的文档绝大多数没有经过版权所有人和相关权所有人的许可,其中包括了原告管理的作品、表演、录音和广播。于是,原告向法院提起诉讼,要求被告堵塞文档交换网站“TPB”的域名和网址,进而防止网络用户交换侵权文档。值得注意的是,原告仅仅要求被告堵塞“TPB”的域名和网址,而非广大的个人用户。一审法院经过审理,支持了原告的主张,但上诉法院又推翻了一审法院的判决。原告不服二审判决,向荷兰最高法院提起上诉。显然,就本案而言,要想让被告堵塞“TPB”的域名和网址,一个前提是“TPB”通过提供文档交换服务向公众传播了涉案的作品。然而,荷兰最高法院不太确定,“TPB”网站的行为是否属于《版权指令》第3条第1款规定的“向公众传播”,因而请求欧盟法院就相关的问题做出前置裁定。

欧盟法院在判决中说,《版权指令》第3条第1款规定,作者享有向公众传播的专有权利,可以许可或者禁止他人以有线或者无线的方式传播其作品,包括让公众成员在其个人选定的地点和时间获取相关的作品。《版权指令》的宗旨之一是为作者提供高水平的保护,使他们可以通过作品的使用获得必要的收益。从这个意义上说,对于《版权指令》规定的“向公众传播”,应当给予宽泛的解释。当然,对于“向公众传播”的含义,还应当在个案中结合一系列因素予以解释。欧盟法院指出,按照以往的判例法,向公众传播由两个叠加的因素构成:向公众“传播”的行为,将作品传播给了“公众”。在评估“传播”和“公众”两个要素时,还要考虑一些补充性的要素。例如,作品的传播者是否有意干预了作品的传播,并且其知道自己的干预行为将会使得更多的社会公众获得相关的作品。又如,公众是指数量不确定的潜在接受者,意味着相当数量的人群。再如,由于传播者的刻意干预,作品是否传播给了“新公众”,即版权所

① Judgment of the Court (Second Chamber) of 14 June 2017, Case C-610/15, Stichting Brein v. Ziggo BV and XS4All Internet BV.

有人在授权传播自己作品时没有考虑到的人群。此外,作品传播者的行为是否具有赢利的性质也与评估"向公众传播"密切相关。

在论述了"向公众传播"时应当考虑的要素之后,欧盟法院分析了涉案的文档分享网站"TPB"的行为。首先,"TPB"的行为属于"传播"。具体说来,大量的版权作品被通过"TPB"的文档分享功能传播给了社会公众,使公众成员可以在其选定的地点和时间获得作品。从表面上看,是用户在"TPB"平台上分享了文档,而非平台的管理者。然而在事实上,"TPB"平台管理者提供了索引服务和元数据服务等,进而干预了作品数据的分享和合成,并且其知道自己干预的结果是让更多的公众成员获得未经许可而被传播的作品。显然,"TPB"平台并非仅仅提供了网络传输的工具,而是参与了作品在网络上的传播,属于向公众的"传播"行为。其次,"TPB"平台将作品传播给了"公众"。按照此前的判决,"公众"是指最低限度的人群,而非微不足道的公众成员。确定"公众"的数量,还应当考虑不同时间、前后使用文档分享平台的人群。在这方面,前后使用"TPB"平台分享文档的公众成员,包括上传、下载版权作品的公众成员,以数百万计,显然属于"向公众传播"中的"公众"。此外,"TPB"管理者提供文档分享平台的行为,包括提供索引和元数据服务的行为,具有盈利的性质。这也从一个侧面说明,"TPB"文档分享平台的服务属于《版权指令》第3条第1款规定的"向公众传播",侵犯了版权所有人享有的"向公众传播权"。

按照欧盟法院的判决,在"TPB"平台的行为构成侵犯他人向公众传播权的前提下,本案的被告显然应当堵塞平台的域名和网址,或者中断平台的接入服务。当然,这仅仅是针对"TPB"一个服务商,如果针对成千上万的个人用户,则难以适用中断接入服务的措施。正是由此出发,法院一般不追究个人用户的侵权责任,而将追责的重点放在了网络服务商上,例如"TPB"平台。

三、搜索服务和链接服务

互联网络上传播的信息,包括相关的作品、表演、录音和广播,具有"海量"的特点。互联网络的到来,确实方便了社会公众和相关的服务提供者来提供和获得海量的信息。然而,如果没有相关的索引或者链接服务,社会公众在搜寻特定信息时,可能就像大海捞针一样,或者望洋兴叹,或者败兴而归。与此相应,搜索服务和链接服务的存在使得社会公众可以快速而准确地获取自己需要的信息,包括自己需要的作品、表演、录音和广播。在通常情况下,链接服务提供者不会侵犯他人的版权和相关权,因为他们主要是提供了一种服务。然而在某些特定的情况下,例如在链接了侵权作品的情况下,链接服务提供者的行为也有可能构成侵权。

先来看一个提供链接服务而不构成侵权的典型案例。在欧盟法院于2014年判决的"Svensson"一案中①,原告是一些通讯社记者,其撰写的文章被发表在"哥德堡邮报"和哥德堡邮报的网站上。本案的被告是一家网络公司,向用户提供搜索和链接服务,包括原告在网站上发表文章的链接。双方当事人都确定,原告出现在网站上的文章,属于人人都可以自由获

---

① Judgment of the Court (Fourth Chamber), 13 February 2014, Case C466/12, Nils Svensson and Others v. Retriever Sverige AB.

取、阅读的文章。不过原告认为,当被告的用户点击了链接之后,用户并不清楚通过链接进入了哥德堡邮报的网站。而被告则认为,用户点击了相关的链接之后,很清楚自己进入了另外一个网站。于是,原告向斯德哥尔摩地方法院提起诉讼,主张被告未经许可使用自己的作品,将作品传播给了被告的用户的行为,侵犯了自己的向公众传播权,应当支付损害赔偿。地方法院经过审理,认为被告没有侵权,驳回了原告的诉讼主张。

原告不服判决,向斯维尔上诉法院提起上诉,主张被告通过提供链接服务,向公众传播了自己的作品的行为侵犯了自己的向公众传播权。而被告则抗辩说,原告的作品是由其他网站传播的,自己仅仅提供了链接服务,不构成侵犯原告的版权。被告还抗辩说,自己没有实行任何传输作品的行为,相关的服务仅限于向用户指示可以在哪里发现他们感兴趣的作品。上诉法院也不太确定,被告提供链接服务的行为是否侵犯了原告的向公众传播权,因而决定暂停案件的审理,提请欧盟法院对于相关问题做出前置裁定。

欧盟法院指出,按照《版权指令》第 3 条第 1 款的规定,作者就其作品享有向公众传播权,任何传播他人作品的行为都应当获得版权所有人的许可。按照以往的判例法,"向公众传播"包括两个要素,一是从事了传播作品的行为,二是将作品传播给了公众。首先,关于其中的"传播",从提供高水平的版权保护的宗旨而言,应当给予其宽泛的解释。只要将作品提供给了社会公众,使得公众成员可以获取作品,就属于传播。至于有多少公众成员利用了这个机会,获取了相关的作品,则是无关紧要的。就本案而言,被告提供链接服务,让公众可以获取其他网站的文章,毫无疑问属于"传播"行为。其次,关于其中的"公众",是指人数不确定的潜在获得者,意味着相当数量的人群。就本案而言,被告经营网站和提供链接服务,其目的是让数量不确定的或者数量相当的公众获得其他网站已经发表的作品。与此相应,被告的行为属于将作品传播给了社会公众。

欧盟法院继续论证说,本案的原告是通过网站或者网络向公众传播了作品,而被告也是通过网络链接和网络向公众传播了涉案作品。按照《版权指令》第 3 条第 1 款的规定和以往的判例法,如果原告和被告是以相同的方式传播相同的作品,只有当被告的传播指向了"新公众"的时候,才属于"向公众传播"。因为版权所有人授权原告传播自己作品的时候,没有考虑传播给"新公众"。然而就本案而言,原告网站上的文章是向所有的社会公众开放,没有设定任何限制。显然,这里所说的所有的社会公众,或者说所有潜在的访问者,也包括了使用被告链接服务的公众成员。正是从这个意义上说,被告提供链接服务让其用户获得原告网站上的文章不需要获得版权所有人的许可。因为,被告的这些用户不属于"新公众"。

在本案的审理过程中,原告曾经主张,当被告的用户点击了链接之后,会误以为相关的文章是从被告的网站获取的。欧盟法院认为,即使用户误以为相关的文章来自被告的网站,也不会改变被告的用户不属于"新公众"的事实和被告没有实行"向公众传播"的行为的结论。因为在事实上,涉案的文章来自原告的网站而非被告的网站,涉案的文章是向所有的社会公众,包括被告的用户开放的。在这方面,如果原告的网站设定了限制访问的技术措施,被告提供的链接规避了该技术措施,从而使被告的用户获得了原告网站的文章,则被告的用户有可能属于"新公众",被告的行为有可能属于未经许可向新公众传播了原告的作品的情形。然而在本案中并没有发生这样的情形。

再来看一个提供链接服务构成侵权的典型案例。按照上述"Svesson"一案的判决,网络服务商仅仅提供链接服务，例如没有改变公众的范围，没有规避相关的技术措施，通常不会产生侵权的问题。但如果网络服务商提供的链接服务将互联网络上出现的作品传播给了“新公众”，或者传播了未经权利人许可而发表的作品，则会产生侵权的问题。欧盟法院于 2016 年判决的“GS Media”一案①，就涉及提供链接而构成侵权的问题。

在“GS Media”一案中，原告是“花花公子”杂志出版社，其于 2011 年 10 月获得了某位摄影师的授权，计划在当年 12 月出版的刊物上发表相关的摄影作品，属于版权所有人。被告是一家网站的经营者，提供新闻、丑闻和各种花边新闻，属于荷兰访问量前 10 位的网站。2011 年 10 月的某一天，被告收到了一封匿名的电子邮件，说原告即将发表的摄影作品可以在一个名为“文档工厂”的网站上获得，并提供了相关摄影作品的电子文档和“文档工厂”网站的超级链接。当原告得知相关的情形后，要求被告不得发表相关的摄影作品，不得向社会公众提供“文档工厂”网站的超级链接。尽管如此，被告网站上发表的若干篇文章，不仅引用了原告的摄影作品，还提供了相关的超级链接。到了 2011 年 12 月，原告的“花花公子”杂志如期出版，并发表了涉案的摄影作品。随后，原告向阿姆斯特丹地方法院提起诉讼，主张被告未经其许可在文章中使用其摄影作品并且提供超级链接的行为侵犯了其版权。地方法院经过审理，支持了原告的主张。被告不服判决而提起上诉。

阿姆斯特丹上诉法院认为，被告未经许可在文章中使用原告的摄影作品的行为构成侵权。但是对于提供超级链接的行为，上诉法院一方面认为被告提供超级链接的行为没有侵犯摄影师的版权。因为，摄影师的作品已经出现在一系列网站上，包括“文档工厂”的网站上。但在另一方面，上诉法院又认为被告提供超级链接的行为损害了原告的利益。因为，正是由于被告网站提供的超级链接使得公众获取了其他网站出现的摄影作品。与此相应，被告提供超级链接的行为，侵犯了原告的版权。对于这样一个判决，被告和原告都向荷兰最高法院提起了上诉。原告在上诉中说，按照“Svesson”一案的判决，提供链接服务属于“向公众传播”相关的作品，只有在没有改变传播方式和公众范围的前提下，才不构成侵权。然而在本案中，发表在“文档工厂”等一系列网站上的摄影作品，没有获得作者的许可；“文档工厂”网站对于涉案作品的获取采取了限制性措施，而被告提供的超级链接则规避了限制性措施，使涉案作品被传播给了范围更为广泛的社会公众。

荷兰最高法院认为，涉案的摄影作品确实未经许可而被发表在“文档工厂”上，但其同时还出现在其他许多网站上。在这种情况下，法院不太确定被告提供超级链接的行为是否属于“向公众传播”，是否侵犯了原告的版权；在有关侵权与否的认定中，是否应当考虑被告知道或者应当知道其链接用于侵权作品的主观状态。于是，荷兰最高法院决定暂停案件的审理，请求欧盟法院就上述两个问题做出前置裁定。

欧盟法院指出，《版权指令》第 3 条第 1 款规定，作者就其作品享有向公众传播的专有权利，可以许可或者禁止他人将其作品以有线或者无线的方式传播给公众，包括让公众成员在其选定的地点和时间获得作品。根据这个规定，作者享有的向公众传播权具有防御的性质，可以介入作品的传播者与获取作品的公众，禁止作品的使用和传播。然而，《版权指令》第 3

① Judgment of the Court (Second Chamber) of 8 September 2016, Case C－160/15, GS Media BV v. Sanoma Media Netherlands BV and Others.

条第1款没有具体界定"向公众传播"的含义和范围。与此相应,"向公众传播"的含义和范围,应当依据《版权指令》被制定的宗旨和具体的案件情况予以解释。在这方面,制定《版权指令》的宗旨之一是确立一个高水平的版权保护体系,让作者可以通过作品的使用,包括通过向公众传播来获得必要的收益。从这个意义上说,对于《版权指令》规定的"向公众传播",应当给予宽泛的解释。当然,依据《版权指令》的"重述"第(3)和第(23),《版权指令》的制定和实施,还应当协调成员国的版权立法,包括在电子环境下平衡权利人与社会公众的利益。《版权指令》一方面应当保障版权所有人和相关权所有人的利益,另一方面则应当保障社会公众的基本权利和利益,尤其是言论自由和获取信息的自由。

欧盟法院继续论证说,按照既有的判例法,"向公众传播"包括两个叠加的要素,一是"传播"了作品,二是将作品传播给了"公众"。同时,向公众传播的含义应当在具体的案件中依据作品传播中的一系列要素加以认定。例如,作品的传播者发挥着不可替代的作用,因而应当考虑传播者干预作品传播的行为,以及传播者是否知道传播结果的主观状态。显然,如果没有传播者的干预行为,用户就不可能获得相关的作品。又如,"公众"的要素也非常重要,他们是作品的获得者。"公众"是指数量不确定的潜在的接受者,意味着相当数量的人群。在这方面,还应当考虑"新公众"的要素,即作者在授权传播作品的时候,如果没有指向某些特定的人群,则这些人群属于"新公众"。再如,传播行为的盈利性质也是一个重要的因素,即传播者传播他人作品是否具有盈利的目的。就本案而言,应当综合考虑上述要素,进而评估被告提供超级链接,让公众从其他网站获得未经授权发表的作品的行为,是否属于《版权指令》规定的"向公众传播"。

欧盟法院说,2014年的"Svesson"一案确实说,针对网络上任何人都可以自由获得的作品设置链接,不属于《版权指令》第3条规定的"向公众传播"。然而在那个判决中,发表在网站上的作品获得了作者的授权,因而人人可以自由获得。针对这样的作品提供链接,没有将作品传播给"新公众"。然而在本案中,发表在很多网站上的摄影作品,并没有获得作者的授权。与此相应,被告就这样的作品提供链接,进而将作品传播给广泛的公众,属于向公众传播,侵犯了权利人享有的向公众传播权。在这里,关键的问题在于,已经出现在互联网络上的作品,是否获得了版权所有人的许可。

在本案的审理过程中,被告以及德国政府、葡萄牙政府、斯洛伐克政府和欧盟委员会都强调,就所有的非法上传的作品而言,如果将相关的链接都纳入"向公众传播"的范畴,可能会极大地影响言论自由和信息自由。毕竟《版权指令》的立法宗旨之一是在以下两方面寻求平衡,一是确保言论自由、信息自由和公众利益,二是有效保护版权所有人的利益和知识产权。关于这一点,欧盟法院评论说,互联网络对于言论自由和信息自由而言确实是非常重要的。由于互联网络上存在海量信息,超级链接对于寻找相关的信息而言更是不可或缺,并且为互联网络上的信息交流和意见交流做出了巨大贡献。此外,要求设置链接者确认相关的作品是否获得了版权所有人的授权而出现在互联网络上也是非常困难的。事实上,当相关的链接被设置以后,出现在网络上的内容或者作品也可能发生了变化,并且不为设置链接者所知。

欧盟法院继续论证说,按照《版权指令》第3条第1款的规定,为了在个案中评估是否构成了"向公众传播",还应当考虑设置链接者是否具有盈利的目的,是否知道或者是否能够知道相关的作品未经许可而出现在了互联网络上。同时,设置链接者也没有干预作品的传播,没有将作品传播给“新公众”。然而,如果设置链接者知道或者应当知道相关作品是在互联网络上被非法传播的,尤其是在获得了版权所有人通知的情况下,那么设置链接的行为就构成了“向公众传播”,就侵犯了他人的向公众传播权。同样,如果原有的网站就相关的作品设置了限制性措施,而设置的链接可以规避特定的限制性措施,让更多的公众成员获得相关的作品,则属于故意干预,构成“向公众传播”。此外,如果链接的设置具有盈利的性质,则应当假定设置链接者做了必要的检索工作,以确保相关的作品是合法上传。与此相应,如果设置链接者就非法上传的作品,或者没有经过授权的作品设置了链接,就可以假定设置链接的行为构成了“向公众传播”,侵犯了他人的向公众传播权,除非有相反的证据推翻上述假定。

欧盟法院最后得出结论说,上述对于“向公众传播”的解释,符合《版权指令》给予作者高水平保护的宗旨。事实上,依据《版权指令》第 3 条规定的向公众传播权,版权所有人不仅可以反对他人在网站上首次传播自己的作品,还可以反对他人以盈利的目的或者以非盈利的目的设置链接而将非法上传的作品传播给公众。当然在这方面,权利人也可以通知设置链接者,出现在互联网上的作品是非法的,是没有获得权利人的许可的。如果设置链接者没有在接到通知后移除链接,则构成了“向公众传播”,并且不得依据《版权指令》第 5 条第 3 款规定的言论自由和信息自由提出抗辩。

四、软件产品和相关服务

除了互联网络的接入服务、传输服务、存储服务、搜索和链接服务,作品、表演、录音、广播在互联网络上的传播,还会涉及一系列软件产品,例如收发邮件的软件、播放音乐的软件、显示图像的软件、收看视听作品的软件等。在通常情况下,提供这类软件,就像提供收音机、电视机、电话机等产品一样,不会侵犯版权和相关权。然而在某些特定的情况下,提供软件产品,尤其是与软件产品相关的服务,也有可能构成侵权。下面来看一个典型案例。

在欧盟法院于 2017 年判决的“Wullems”一案中①,原告是一家荷兰的版权集体管理组织,被告是乌乐姆斯先生。根据案情,乌乐姆斯先生通过网站和其他途径,销售了一款名为“filmspeler”的多媒体播放器,该多媒体播放器可以接收、处理各种视听数据,并且在屏幕上播放相关的视听图像。显然,这属于常见的视听作品接收和播放产品,就像电视机一样具有技术和产品上的中立性。然而就本案而言,乌乐姆斯先生还在播放器上附加了一个软件,其中设定了一系列超级链接,可以从一些非法视听网站获得视听作品。乌乐姆斯先生还在广告中说,使用他的多媒体播放器,可以免费收看大量的视听资料。于是,原告于 2014 年 7 月向荷兰中部地方法院提起诉讼,主张乌乐姆斯先生销售“filmspeler”多媒体播放器的行为侵犯了自己就某些视听作品享有的向公众传播权,请求法院责令被告停止销售其多媒体播放器。受理案件的法院不太确定,被告销售“filmspeler”多媒体播放器,使得购买者可以收看未经权利人许可的视听作品,是否属于“向公众传播”,因而请求欧盟法院做出前置裁定。

欧盟法院在判决中说,根据《版权指令》第 3 条第 1 款的规定,作者享有向公众传播权,可以许可或者禁止他人将其作品以有线或者无线的方式传播给公众,包括让公众成员在其选定

① Judgment of the Court (Second Chamber) of 26 April 2017, Case C-527/15, Stichting Brein v. Jack Frederik Wullems.

的时间和地点获得作品。作者享有的向公众传播权具有防御的性质,可以介入作品的传播者与获取作品的公众,禁止作品的使用和传播。按照以往的判例法,"向公众传播"由两个叠加的要素构成,被告从事了"传播"的行为,并且将作品传播给了"公众"。此外,还要考虑其他一些补充性要素,例如被告是否干预了作品的传播,被告从事传播行为时的主观状态,潜在的可以获得作品的公众成员数量,以及传播者是否具有盈利的目的。欧盟法院还特别指出,就本案的审理而言,还要注意向公众传播中的"传播",既包括对于作品的首次传播,也包括对于作品的再次传播。

欧盟法院论证说,《版权指令》的"重述"第(27)确实说过,仅仅提供传播设备不构成"向公众传播"。例如旅店在客房里安装电视机不构成侵权,但如果在未经许可的情况下通过电视机传播作品,仍然会构成侵权。在本案中,被告并非"仅仅"提供了传播设备,而是在传播设备中附加了相关的软件和链接,并且知道播放器的购买者可以链接到非法网站获取和收看未经作者授权的视听作品。被告所做的广告显示使用其设备可以收看免费视听作品,反映了被告完全知道其行为的后果。显然,如果没有被告提供的多媒体播放器,尤其是如果没有被告预装在播放器中的软件和超级链接,公众成员就难以获得相关的未经许可的视听作品。这表明,被告的行为已经构成了"传播"。关于"公众"的要素,欧盟法院继续论证说,可以通过被告多媒体播放器接收和观看未经许可而传播的视听作品的公众成员具有相当的数量,绝非微不足道。即使是对于那些合法获得授权而传播的视听作品而言,多媒体购买者的很多公众成员也属于"新公众",即版权所有人在授权时没有考虑到的人群。最后,被告销售多媒体播放器,让购买者收看视听作品,显然具有盈利的性质。

欧盟法院最后得出结论说,被告销售带有超级链接的"filmspeler"多媒体播放器,使购买者可以收看未经权利人许可的视听作品,属于《版权指令》第3条第1款规定的"向公众传播",侵犯了相关视听作品的版权。

第五节　权利的限制与例外

一、限制与例外概述

权利的限制与例外一直是版权法中的一个核心问题。因为如何规定权利的限制与例外,既涉及权利人的利益,又涉及社会公众的利益。如果权利的限制与例外过于宽泛,就会损害作者或者权利人的利益。如果权利的限制与例外过于狭窄,又会损害社会公众的利益,妨碍社会公众合理使用作品或者相关权客体。所以,在版权法律制定或者修订的过程中,权利的限制与例外一直是一个各方激烈争论的问题。事实上,欧盟在制定《版权指令》的过程中,耗费时间和精力最多的也是如何规定权利的限制与例外,以及某些限制与例外是否应当纳入《版权指令》之中。[1]

---

[1] See Bernt Hugenholtz, *Why the Copyright Directive is Unimportant, and Possibly Invalid*, EIPR, Vol. 11, (2000).

按照大陆法系的传统,作者享有的著作权,表演者、录音制作者和广播组织享有的相关权属于民事权利,不得随意剥夺。当然,国家和社会为了保护公共利益,可以在某些情况下允许公众使用相关的作品、表演、录音和广播并且不构成侵权。这叫作权利的限制与例外。同样是按照大陆法系的传统,对于权利的限制与例外应当明确规定,不应当由司法做出扩张性解释。正是由此出发,《版权指令》第5条针对复制权、向公众传播权和向公众提供权,规定了21项权利的限制与例外。按照这条规定,至少是就信息社会中的版权和相关权保护而言,成员国在其相关的立法中,可以基于自己的文化历史传统,自由选择《版权指令》所列举的权利的限制与例外,但不能超出《版权指令》所列举的限制与例外的范围。或者说,成员国可以规定少于《版权指令》列举的限制与例外,但不得规定超出《版权指令》列举的限制与例外。显然,这多少有些僵硬。正是基于这样的规定,许多人批评《版权指令》冻结了新的限制与例外产生的可能性,不符合一个技术飞速发展时代的要求。①

《版权指令》以穷尽式的方式列举权利的限制与例外,主要基于两个方面的考虑。首先是为了协调成员国版权法律有关权利限制与例外的规定。由于历史文化传统的不同,成员国在规定权利的限制与例外方面,存在一定的差异。这种差异,对于欧盟共同体市场的正常运行产生了一些不利的影响。同时,成员国法律有关权利限制与例外的差异,还会随着数字技术和网络技术的发展,随着跨越国境的版权产品或者相关权产品的贸易而不断增大。所以,为了确保共同体市场的正常运行,必须对成员国法律中有关权利限制与例外的规定加以协调。②其次是为了应对权利人和版权产业的压力。随着数字技术和网络技术的迅速发展,传统的版权产业受到了极大的冲击,权利人的利益也受到了一定的影响。为了维护自己的利益,权利人和版权产业界都希望《版权指令》能够固定权利的限制与例外,不至于为法院或者其他产业留下过多的解释空间,从而影响自己的利益。他们担心,网络环境中的个人使用,将有可能成为他们丧失利益的起点。③

在一开始,欧盟委员会并没有打算规定太多的权利的限制与例外。但是,各成员国纷纷坚持应当把他们自己法律体系中的权利的限制与例外,或者他们所熟悉的权利的限制与例外,纳入《版权指令》的规定范围之中。迫于来自成员国的压力,《版权指令》的制定者也只能把成员国中已经存在的权利的限制与例外,尽可能地纳入穷尽式的规定范围之中。④ 与此相应,不同的成员国也可以在《版权指令》的规定范围中,寻找自己已有的和可以接受的权利的限制与例外,在国内立法中加以贯彻执行。

关于权利的行使与权利的限制,以及穷尽式的权利的限制与例外,欧盟法院于2016年判决的"Soulier"一案⑤,有过深入的讨论。根据案情,法国于2012年3月通过了一个立法,即

---

① See Thomas C. Vinje, *Should We Begin Digging Copyright's Grave?*, EIPR, Vol. 12, (2000); Bernt Hugenholtz, *Why the Copyright Directive is Unimportant, and Possibly Invalid*, EIPR, Vol. 11, (2000).

② Recital 31, Information Society Copyright Directive.

③ See Cornish & Llewelin, *Intellectual Property: Patents, Copyright, Trade Marks and Allied Rights*, 6th edtion, Sweet & Maxwell 2007, p. 473, 854.

④ See Cornish & Llewelin, *Intellectual Property: Patents, Copyright, Trade Marks and Allied Rights*, 6th edtion, Sweet & Maxwell 2007, p. 474.

⑤ Judgment of the Court (Third Chamber) of 16 November 2016, Case C-301/15, Marc Soulier and Sara Doke v. Premier ministre and Ministre de la Culture.

“关于电子化利用20世纪不再印刷书籍的法律”。按照这个法律,对于20世纪出版发行的书籍,如果在2001年1月1日以后不再印刷发行,可以由版权集体管理组织授权其他机构予以数字化和在互联网络上传播。这涉及作者的复制权和向公众传播权。对于这类书籍,版权集体管理组织可以制作目录并予以公示,如果作者在6个月内没有表示反对,则视为同意将其书籍数字化和向公众传播。显然,这个法律的目的是让那些仍然在版权保护期限内但又不再印刷发行的书籍,可以以数字化的方式在互联网络上传播。虽然制定这个法律的初衷是好的,但在没有明确获得作者授权的前提下,或者仅仅在推定作者不反对的前提下,进行数字化复制和向公众传播相关的书籍,仍然是有问题的。

2013年3月,两位文字作品的作者苏利尔先生(Mr. Soulier)和德克女士(Ms. Doke)向法国政府提起诉求,要求撤销上述立法。两位作者认为,法国2012年的立法显然是针对作者享有的复制权和向公众传播权规定了一个不见于《版权指令》第5条的权利的限制与例外。因为,《版权指令》第5条规定的21项权利的限制与例外是封闭式的,不允许成员国另行设立新的权利的限制与例外。两位作者提出废除立法的申请后,法国作家联合会和一系列作家纷纷表示支持,并参与到了申请之中。而法国文化部和版权集体管理组织则认为应当驳回两位作者的诉求。受理两位作者申请的法国政府认为,2012年“关于电子化利用20世纪不再印刷书籍的法律”涉及《版权指令》第2条规定的复制权,第3条规定的向公众传播权,第5条规定的权利的限制与例外,因而请求欧盟法院作出前置裁定。具体说来,《版权指令》第2条、第3条和第5条的规定,是否允许法国采取涉案的立法。

欧盟法院在判决中说,本案所争议的法国立法规定集体管理组织可以授权将不再出版发行的书籍予以数字化和在互联网络上传播,不仅涉及《版权指令》第2条规定的复制权,而且涉及第3条第1款规定的向公众传播权。在这方面,《版权指令》第5条针对复制权和向公众传播权规定了一系列权利的限制与例外,供成员国立法做出选择。按照规定,权利的限制与例外是穷尽式的或者封闭式的,成员国不得规定除此之外的权利的限制与例外。正如《版权指令》“重述”第(32)所指出的,这个规定一方面充分考虑了成员国不同的法律传统,另一方面则是为了确保共同市场平稳运行。由此出发,成员国可以在其版权法律中做出选择,以内在一致的方式规定权利的限制与例外。显然,本案所涉及的法国立法,不属于《版权指令》第5条中的任何一项限制与例外,因而与《版权指令》第5条无关。

欧盟法院继续论证说,《版权指令》第2条规定的复制权和第3条第1款规定的向公众传播权赋予作者权利,可以许可或者禁止他人以任何方式复制其作品,以任何方式传播其作品,具有非常广泛的含义。在这里,作者的许可是一个关键要素。如果没有作者的许可,任何人都不得复制和传播其作品,除非属于《版权指令》第5条规定的限制与例外。在本案中,法国“关于电子化利用20世纪不再印刷书籍的法律”,规定了一个6个月的公示期,只要权利人在公示期内没有反对就视为发放了许可。欧盟法院论证说,版权的许可,确实可以有默示许可。然而,即使是作者的默示许可,也应当建立在作者事先同意或者许可的基础之上。按照事先同意或者许可的原则,对于默示许可应当做出严格的解释,除非有强有力的证据证明作者做出了默示同意或者许可。从这个意义上说,作品的使用者在使用相关作品的时候,应当事先通知作者并且征得作者同意,而不能诉诸默示同意或者许可。

欧盟法院最后得出结论说,按照本案争议的法国立法,集体管理组织将不再出版发行的书籍予以公示，只要权利人在6个月之内没有提出反对意见，就视为默示同意或者许可将其作品予以数字化和向公众传播，显然是有问题的。按照《版权指令》第2条关于复制权和第3条第1款关于向公众传播权的规定，法国不应当采取这样的立法。

如前所述，《版权指令》第5条规定了21项权利的限制与例外。这些限制与例外大体可以分为三类。第一类是第5条第1款的规定，涉及作品、表演、录音和广播在网络传输过程中的临时复制。这属于强制性的免责规定，成员国必须贯彻执行。第二类是《版权指令》第5条第2款规定的5项限制与例外，仅仅适用于复制权。第三类是《版权指令》第5条第3款规定的15项限制与例外，既涉及复制权，又涉及向公众传播权和向公众提供权。此外，依据《版权指令》第5条第5款的规定，所有的限制与例外在具体适用的时候，还要受到"三步检验法"的限定，即有关的限制与例外仅仅适用于特定的情形，没有与作品或者相关客体的正常使用相冲突，也没有不合理地损害权利人的合法利益。

值得注意的是，《版权指令》在运用"三步检验法"限定权利的限制与例外的时候，还特别关注了数字技术和网络技术对于版权和相关权的影响。根据"重述"第(44)规定："成员国在规定权利的限制与例外时，尤其应当注意在新的电子环境中，这些限制与例外所具有的日益增加的经济影响力。所以，就版权作品和相关权客体的某些新的用途而言，某些限制与例外的范围有可能受到进一步的限制。"这样一来，成员国在适用权利的限制与例外的时候，不仅要考虑《伯尔尼公约》的"三步检验法"，还要考虑新的电子环境对于版权和相关权的不利影响。与此相应，《版权指令》所规定的权利限制与例外的适用，就会受到进一步限定。显然，这反映了权利人对于自己利益有可能在网络环境中受到损害的疑虑。

关于《版权指令》第5条规定的限制与例外，第一类关于临时复制的例外已经在前面有关复制权的部分进行了讨论。① 下面将结合相关的典型案例，讨论第二类和第三类限制与例外。

二、关于复制权的限制与例外

《版权指令》第5条第2款规定，关于《版权指令》第2条规定的复制权，成员国可以规定以下5种限制或者例外：

(1)使用复印技术或者其他类似方法在纸张或其他介质上复制作品，但其前提条件是有关的权利人获得了合理补偿。但是，这一例外不涉及乐谱的复制。

(2)自然人(不包括法人)为了个人使用和其他没有直接或间接商业目的而进行的复制，其前提条件是相关的权利人获得了合理补偿。这主要是指对听觉、视觉制品和视听制品的复制，而且不仅涉及以有形物为介质的复制，还涉及数字化的复制。②

(3)公共图书馆、教育机构、博物馆和档案馆所从事的某些复制行为，其前提条件是没有任何直接的或者间接的经济性或者商业性的利益。

(4)广播组织为了自己播放节目的目的，通过自己的广播设施对作品所制作的暂时的录音制品。依据文献例外的规则，也可以将这些录音制品作为文献保存。

(5)一些非商业性的社会机构例如医院、监狱所从事的，对于广播节目的复制，其前提也

---

① 参见本章第二节第一节。

② Recital 38, Information Society Copyright Directive.

是权利人获得了合理的报酬。

值得注意的是,在以上第1、2、5种例外中,都提到他人可以复制相关的作品和相关权客体,但权利人应当获得"合理补偿"。关于合理补偿,《版权指令》的"重述"第(35)有具体的说明,即在某些复制权的例外或者限制的情形下,权利人应当获得合理补偿,以补偿他们因为作品或者相关权客体被他人使用而造成的损失。正是由此出发,有人认为《版权指令》在事实上提出了一个就个人复制而言的"合理补偿权"。①

自《版权指令》颁布实施以来,欧盟法院关于复制权例外的判决,主要集中在第2种例外,即个人复制及其合理补偿的问题上。在这方面,从欧盟法院于2014年判决的"ACI Adam"一案来看,个人复制是指对于合法来源作品的复制,即获得了作者许可而出版、发行、传播作品的复制。由此而产生的合理补偿,也是指对于合法来源作品的复制而产生的补偿。至于非法来源的作品,则不可能适用个人复制的例外,更不可能有合理补偿的问题。

在"ACI Adam"一案中②,原告是制造和销售空白存储设备的厂商,诸如CD和CD－R等。被告是荷兰的版权集体管理组织,负责收取空白存储设备的版权使用费。按照欧美国家的理念,空白存储设备,例如磁带、录像带、CD等,主要用于复制或者存储版权作品,因而应当预先征收版权使用费。按照相关的商业惯例,空白存储设备的销售商会在销售价格中增加少许费用,然后将这个费用作为版权使用费支付给相应的集体管理组织。在荷兰,征收空白存储设备版权使用费的数量和标准,由版权集体管理组织依据相关的法律规定确定。就本案而言,被告计算版权使用费的方式是有问题的,其计算方式既涉及合法来源的作品,也涉及非法来源的作品。

原告于2008年向海牙地方法院提起诉讼,认为依据荷兰版权法和《版权指令》第5条第2款第2项的规定,就个人复制而征收的版权使用费,是为了补偿版权所有人的损失,因而应当仅考虑合法来源的作品,而不应当考虑非法来源的作品。然而,海牙地方法院经过审理,驳回了原告的诉讼主张。随后,海牙上诉法院又维持了地方法院的判决。原告不服一审、二审法院的判决,再次向荷兰最高法院提起上诉。荷兰最高法院在案件审理中认为,就个人复制而征收版权补偿费用,无论是荷兰版权法的相关条文,还是《版权指令》第5条第2款第2项,都没有明确规定应当考虑非法来源的作品。于是,荷兰最高法院决定暂停案件的审理,提请欧盟法院就此问题作出前置裁定。

欧盟法院在判决中指出,按照《版权指令》第2条的规定,作者就其作品享有复制权,可以许可或者禁止他人以直接、间接的方式,或者暂时、永久的方式,复制其作品的全部或者部分。正是在这样一个宽泛的复制权的基础上,《版权指令》第5条第2款规定了一系列复制权的限制与例外。由于权利的限制与例外是对于作者权利的贬损,因而应当做出严格的解释。按照《版权指令》第5条第2款第2项的规定,自然人为了个人使用,可以不经作者许可而复制其作品,其前提条件是相关的权利人获得了合理补偿。显然,这个规定没有明确提出合法来源

① Silke von Lewinski, *Proposed EC Directive on Copyright and Related Rights in the Information Society as It Porgress*, IIC No.7, 1999.

② Judgment of the Court (Fourth Chamber) of 10 April 2014, Case C435/12, ACI Adam BV and Others v. Stichting de Thuiskopie and Stichting Onderhandelingen Thuiskopie vergoeding.

和非法来源的问题。

欧盟法院认为,按照严格解释的原则,《版权指令》第 5 条第 2 款第 2 项规定的个人复制的例外,应当是仅仅指向合法来源的作品,即获得了作者许可而出版发行或者传播的作品。个人复制的例外,绝不意味着权利人应当容忍侵权作品的传播,进而获得合理的补偿。首先,《版权指令》第 5 条的立法宗旨是平衡成员国不同的法律传统和确保共同市场的良好运行。如果某一成员国的立法允许非法作品的存在,进而收取个人复制的补偿费,不仅有违版权保护的法律传统,还会危害共同市场的正常运行。其次,版权保护的另一个目的是促进文化的传播和发展。显然,这个目的不可能通过容忍盗版和牺牲版权保护而达成。

欧盟法院指出,《版权指令》第 5 条第 5 款的规定也表明,个人复制的例外仅仅指向合法来源的作品。《版权指令》第 5 条第 5 款源于《伯尔尼公约》的"三步检验法",即权利的限制与例外是针对特定的情形,没有与作者对于作品的正常使用相冲突,也没有不合理地损害作者的合法利益。欧盟法院的判决说,如果接受个人复制的例外可以适用于非法来源的作品,就会鼓励假冒或者盗版作品的流通,进而降低合法作品的销售数量,不仅影响作者对于作品的"正常使用",还不合理地损害了作者的合法利益。

欧盟法院最后得出结论说,无论是从平衡成员国法律传统和确保共同市场的良好运行来说,还是从《伯尔尼公约》的"三步检验法"来说,个人复制的例外,只能是基于合法来源的作品,而与非法来源的作品无关。

关于《版权指令》规定的"个人复制"例外,还有一个与之相关的"合理补偿"问题。事实上,该指令不仅第 5 条第 2 款第 2 项规定的个人复制例外提到了合理补偿,而且第 1 项规定的复印例外和第 5 项规定的非商业性机构对于广播节目的复制,也提到了合理补偿的问题。然而,"合理补偿"是一个抽象概念,尤其是"合理"的含义,还需要在具体的操作中予以落实。在这方面,欧盟法院于 2015 年判决的"Copydan"一案是一个说明相关问题的典型案例。

在"Copydan"一案中①,原告是丹麦的一家视听作品集体管理组织,就视听作品的使用收取和分配版权费用。被告是诺基亚公司,制造和销售手机产品。被告销售的手机产品,含有一个"SIM"卡,可以储存电话号码、姓名和一些图片。被告销售的绝大多数手机,还带有一个储存卡,可以联网下载视听作品,或者与计算机终端连接而存储和播放视听作品。原告认为,按照《版权指令》第 5 条第 2 款第 2 项规定的个人复制例外,被告应当支付一定数量的合理补偿。因为,被告的储存卡可以用于复制自己管理的视听作品。而被告则抗辩说,复制视听作品的是手机的用户。手机用户复制视听作品又分为两种情形,一种是复制了非法传播的视听作品,不应当支付合理补偿;另一种是复制了合法传播的视听作品,因为已经获得了作者的许可,所以不需要支付费用。于是,原告向丹麦东区法院提起诉讼,要求被告就手机中的存储设备支付合理补偿金。然而,受理案件的丹麦东区法院认为,《版权指令》规定的个人复制例外是否可以适用于被告,以及如果适用于被告,"合理补偿"究竟应该如何计算的问题都不甚清楚。因而决定暂停案件的审理,提请欧盟法院就相关问题做出前置裁定。

欧盟法院在判决中说,按照《版权指令》第 5 条的规定,成员国一旦采纳了该指令第 2 款

---

① Judgment of the Court (Fourth Chamber) of 5 March 2015, Case C – 463/12, Copydan Båndkopi v. Nokia Danmark A/S.

第2项规定的个人复制例外,就应当确保权利人能够获得合理补偿。然而,《版权指令》并没有对于合理补偿的细节和构成要素做出具体规定。与此相应,成员国可以自行确定合理补偿的制度,包括谁来支付,以何种方式支付,支付的水平,以及如何收取和分配。在这方面,合理补偿应当包括至少两个要素。一是合理补偿应当支付给版权所有人,他们因为未经许可的个人复制而遭受了经济上的损害。二是合理补偿应当由自然人复制者支出,他们因为自己的复制行为而给权利人造成了损害。当然,考虑到确认个人复制者的困难性,成员国可以设定符合实际需要的补偿机制,例如不是要求实际的复制者个人支付补偿金,而是向他们使用的复制设备、工具、媒介征收。按照这样的机制,实际支付个人复制补偿金的,就是复制设备、工具、媒介的制造者和销售者。在这方面,查明具体的自然人是否使用相关的设备、工具、媒介复制了他人的作品,或者有多少人复制了他人的作品,是没有必要的。从法律上说,有可能使用相关复制设备、工具和媒介的自然人,都应当假定为从事了个人复制行为,因而应当支付补偿金。或者说,相关的复制设备、工具和媒介具有复制他人作品的功能,已经表明了支付补偿金的必要性。

在本案的审理过程中,欧盟法院还讨论了手机制造商和零部件提供商谁应该支付合理补偿金的问题。根据案情,被告制造和销售手机,使用了大量的由其他厂商提供的零部件,例如内存卡等。而这些零部件,有些是在丹麦制造的,有些是从欧盟以外进口的。与此相关的问题就是,究竟是手机的制造商和销售商还是零部件的制造商或者进口商,应当基于个人复制的例外,向版权所有人支付合理补偿。欧盟法院指出,按照《版权指令》第5条第2款第2项的规定,当自然人未经许可复制他人作品之后,应当支付合理的补偿。从这个规定来看,从事复制行为的"自然人"是一个关键要素。如果储存卡一类的设备、工具、媒介销售给了个人,则应当由此类设备、工具、媒介的制造商和销售商承担责任,支付合理的补偿金。但如果储存卡一类的设备、工具、媒介销售给了手机的制造商,则应当由手机的制造商和销售商承担责任,支付合理的补偿金。因为是手机制造商和销售商将手机提供给了"自然人",使自然人可以进行未经许可的复制。

在上述讨论的基础之上,欧盟法院还讨论了对于版权所有人"很小损害"的问题。具体说来,《版权指令》第5条第2款第2项规定了个人复制的例外和合理补偿,但又在"重述"第(35)指出,在某些情形下,如果对于版权所有人造成的损害很小,则不会有支付补偿金的义务。欧盟法院认为,《版权指令》仅仅是协调成员国版权和相关权保护法律的某些方面,而非全部。正是从这个意义上说,《版权指令》第5条规定了一系列权利的限制与例外,由成员国选择落实。这表明成员国具有一定的自由裁量权。按照相关的规定,成员国一旦选择了《版权指令》第5条第2款第2项规定的复制权例外,则应当确立一个机制,向版权所有人支付合理补偿。但是,按照《版权指令》"重述"第(35),如果个人复制对于版权所有人造成的损害很小,则可以不支付由此而产生的补偿。至于什么情况属于损害很小,也是一个由成员国依据公平原则和无歧视原则自由确定的问题。

按照欧盟法院的相关判决,《版权指令》规定的"个人复制"例外,是指自然人未经许可复制了版权作品。与此相应,版权所有人应当获得的合理补偿,该补偿也应当由从事了复制行为的自然人支付,而不应当由法人或者其他机构支付。上述"Copydan"一案所说的由复制设备、工具、媒介的制造者和销售者支付,在事实上还是由从事复制行为的自然人支付的。因为,复制设备、工具、媒介的制造者和销售者会在销售价格中增加一定的数额作为合理补偿支付给版权所有人。从这个意义上说,最终承担合理补偿费用的,仍然是从事了或者有可能从事个人复制行为的,购买了复制设备、工具、媒介的自然人。关于这一点,欧盟法院于 2016 年判决的"EGENDA"一案明确裁定政府机构不得以税收来支付"合理补偿"。

在"EGEDA"一案中①,原告是一家版权集体管理组织,被告是西班牙政府。根据案情,西班牙政府在其知识产权法律中规定了个人复制的例外和合理补偿制度,落实了欧盟《版权指令》第 5 条第 2 款第 2 项的规定。在相当长的时间里,因为个人复制而产生的合理补偿金,都是由相关的版权集体管理组织依据市场规则收取和分配。然而到了 2011 年 12 月,西班牙国会通过了一项修正案,规定合理补偿金应当由国家财政预算支出。为此,西班牙政府还发布了命令,规定由"教育、文化和体育部"依据相关程序,每年确定应当支付的数额。显然,这个立法的初衷是将因为个人复制而产生的"合理补偿"纳入财政计划,由政府从税收中支付。但是,收取和分配合理补偿金的版权集体管理组织则认为,西班牙的这个立法和行政命令,违反了《版权指令》第 5 条第 2 款第 2 项的规定。第一,按照《版权指令》第 5 条第 2 款第 2 项的规定,应当是从事了复制行为的自然人向版权所有人支付合理补偿,因为他们的复制行为造成了对权利人的损害。而依据西班牙的立法,则相当于所有的纳税人向版权所有人支付补偿。第二,由行政部门每年确定补偿金的数额显然达不到"合理"的要求。而西班牙政府提出抗辩说,《版权指令》第 5 条第 2 款第 2 项没有排除西班牙的类似立法,因而没有违反《版权指令》的相关规定。

于是,原告向西班牙最高法院提起诉讼,要求废除西班牙关于合理补偿的立法和政府发布的命令。西班牙最高法院回顾了 2011 年以前的合理补偿机制以及 2011 年以后经由财政预算支付合理补偿的做法,认为后者是有问题的。因为,按照新的支付做法,不是从事复制行为的自然人,而是所有的纳税人,支付了版权所有人的损失。无论纳税人是否从事了个人复制的行为,都应当支付补偿金。不过,西班牙最高法院不太确定,《版权指令》第 5 条第 2 款第 2 项是否允许西班牙政府的这种做法,尤其是以财政年度的方式确定合理补偿金的做法,因而提请欧盟法院做出前置裁定。

欧盟法院在判决中说,《版权指令》第 5 条第 2 款第 2 项针对复制权规定了允许自然人复制的例外,同时规定应当合理补偿版权所有人的损失。按照《版权指令》的规定,成员国一旦选择了个人复制的例外,就应当设定机制,合理补偿版权所有人的损失。在这里,应当获得合理补偿的是版权所有人,他们因为未经许可的复制而遭受了损失。在这里,应当支付合理补偿的是实行了复制行为的自然人,他们因为未经许可的复制行为而造成了版权所有人的损害。与此相应,确定合理补偿数额的一个要素就是,版权所有人究竟遭受了什么样的损害。或者说,他人未经许可的复制究竟对于版权所有人造成了什么样的损害。然而,《版权指令》第 5 条第 2 款第 2 项并没有就合理补偿做出具体规定,也没有提出应当考虑的参考要素。这就意味着,成员国享有宽泛的自由裁量权来设定适当的补偿机制以及应当考虑的参考要素。所以,成员国可以自由确定,由什么人来支付合理补偿金,以什么样的方式支付,以及支付的具体细节和计算方式。

---

① Judgment of the Court (Fourth Chamber) of 9 June 2016, Case C－470/14, EGEDA and Others v. AMETIC.

欧盟法院指出,按照目前很多成员国的做法,通常是由制造和销售复制设备、工具、媒介的市场主体支付补偿金。一方面,当制造商和销售商提供了复制设备、工具、媒介后,相关的自然人就有可能从事未经许可的复制。在这里,可以假定所有有可能使用相关复制设备、工具、媒介的自然人都从事了未经许可的复制行为,而无论他们在事实上是否从事了复制行为。另一方面,由权利人确认究竟是那些自然人未经许可从事了复制的行为,以及复制了哪些作品,都是非常困难的。因而,由复制设备、工具、媒介的制造商和销售商代为支付合理的补偿金就是一个可行的方式。值得注意的是,这里所说的是"代为支付"。因为,复制设备、工具、媒介的制造商和销售商,会将合理补偿金附加在销售价格中,补偿金最终还是由从事了复制行为或者有可能从事复制行为的自然人承担。

欧盟法院继续论证说,《版权指令》第 5 条第 2 款第 2 项规定的是个人复制的例外。按照这个规定,一个关键要素是自然人进行了未经许可的复制,因而应当向权利人支付合理的补偿。这表明,这个规定仅仅适用于自然人而非法人。如果法人实行了未经许可的复制行为,则不能适用该指令第 5 条第 2 款第 2 项规定的个人复制例外,也不会有法人支付合理补偿的问题。同时,合理补偿金的数额由市场规则决定,应当考虑权利人受到的损害程度以及未经许可复制行为的有害程度并予以综合评估。事实上,通过合理补偿金的支付,法律寻求的是版权所有人与复制者之间的利益平衡。

然而就本案而言,西班牙政府通过财政年度预算的方式支付因个人复制而产生的合理补偿金显然是不恰当的。因为,财政支出来自于税收,而纳税人则是既包括自然人,也包括大量的法人。同时,按照财政年度支付的补偿金数额,又是通过行政部门测算的,也违反了市场规则。欧盟法院最后得出结论说,西班牙政府通过财政年度预算支付合理补偿金的做法,违反了《版权指令》第 5 条第 2 款第 2 项的规定。

三、关于复制权和向公众传播权共同适用的限制与例外

《版权指令》第 5 条第 3 款针对复制权、向公众传播权和向公众提供权,规定了以下 15 项权利的限制与例外:

(1)为了教学演示和科学研究而使用作品或者相关权客体,但应当指明作品的来源,包括作者的姓名,除非不可能指明来源。而且,相关的使用应当符合非商业的目的。

(2)为了残疾人福利而使用作品或者相关权客体。而且,相关的使用是直接针对残疾人的,具有非商业性的特征,与某种特定的残疾需求相对应。

(3)为了进行新闻报道,对已经发表的有关时事经济、政治和宗教的文章、广播稿及其他受保护客体进行复制、向公众传播或向公众提供,除非作者明确表示保留权利,但应当指明来源和作者姓名。

(4)为了进行批评或评论,引用已经合法发表的作品或其他受保护客体,应当指明来源和作者姓名。

(5)为了公共安全,或者为了行政、立法和司法的程序的正常进行,或者为了报道行政、立法和司法,使用作品或者相关权客体。

(6)为了进行报道使用政治演讲,以及使用公开讲课或者类似作品或者相关权客体的片段,但应当指明来源和作者姓名。

(7)在宗教仪式或者官方庆典活动上使用作品或者相关权客体。

(8)使用永久性地设置于公共场所的作品,例如建筑作品或雕塑作品。

(9)为了推介相关的展览和销售活动,在广告中使用公开展览或者销售的艺术作品,但不包括其他商业性的使用。

(10)在其他材料中偶然含有某一作品或者相关权客体。

(11)为了讽刺、滑稽模仿或者戏仿,使用相关的作品或者相关权客体。

(12)与展示设备或者修理设备相关的使用。

(13)为了重建相关的建筑物,使用以建筑形式体现的艺术作品,或者建筑物的草图或者图纸。

(14)为了研究或个人学习,通过设在图书馆、教育机构、博物馆和档案馆的终端,向公众中的个人传播或提供其收藏的作品和其他受保护客体,前提条件是相关作品和受保护客体不受购买或者许可条件的限制。

(15)在其他某些不太重要的情形下使用作品或者相关权客体,但前提条件是这些限制与例外已经存在于成员国的法律之中,而且仅仅适用于模拟(非数字化)的使用,也没有影响共同体之内商品和服务的自由流动,没有损害本条所规定的其他的限制与例外。

上述限制与例外中的第 15 项,属于"救赎"(saving)条款。具体说来,欧盟在制定《版权指令》的过程中,已经将成员国法律中有关权利的限制与例外的规定,尽可能地纳入了该指令第 5 条中。然而,毕竟还有一些成员国法律中的个别的权利的限制与例外难以被纳入该指令之中。在这种情形下,如果要求成员国废除这些没有被纳入《版权指令》的限制与例外,必然引起不必要的麻烦。所以,《版权指令》第 5 条第 3 款第 15 项作了一个允许存在的规定。① 当然,按照规定,这些允许存在的限制与例外,仅仅适用于传统的非数字化环境,而不适用于数字化和网络化的环境。

自《版权指令》于 2001 年颁布以来,欧盟法院已经针对该指令第 5 条第 3 款规定的限制与例外做出了一系列解释其具体含义的判决。这里仅选择其中的两个判决予以说明。

先来看一个关于戏仿的典型案例。在 2014 年的"Deckmyn"一案中②,原告是万德斯汀先生,曾经于 1961 年创作了一幅漫画,这幅漫画被作为一部漫画书的封面而发表。漫画中的主要人物是一位穿着束腰外衣的绅士,正在将一些硬币投撒给人群,而人群则在捡起散落的硬币。本案的被告是戴克曼先生,为比利时某一政治团体的成员,其宗旨是排除政治上的赢利行为。2011 年 1 月初,在该政治团体举行的新年大会上,戴克曼先生散发了由其汇编的年历,其中收录了一些漫画。年历中的第一幅漫画就是本案争议的作品,取自万德斯汀先生 1961 年的漫画。但是有所改变的是,前一幅漫画中的穿着束腰外衣的绅士变成了比利时根特市的市长,而捡起硬币的人群则变成了戴着面纱的人和有色人种。于是,原告向布鲁塞尔初审法院提起诉讼,主张被告侵犯了自己的版权。当一审法院做出了有利于原告的判决后,被告向

---

① *Study on the Implementation and Effect on the Member States' Laws of Directive* 2001/29/*EC on the Harmonization of Certain Aspects of Copyright and Related Rights in the Information Society*, Final Report by Institute of Information Law, Amsterdam University, February 2007, p. 44 – 45.

② Judgment of the Court (Grand Chamber) of 3 September 2014, Case C201/13, Johan Deckmyn and Vrijheidsfonds VZW v. Helena Vandersteen and Others.

布鲁塞尔上诉法院提起上诉。

被告在上诉中主张,自己的漫画是一幅政治性的讽刺画,属于《版权指令》第5条第3款第11项规定的例外,以戏仿的目的使用他人的作品,自己没有侵犯原告的版权。而原告则认为,戏仿应当符合一些标准,例如以批评为目的;本身具有独创性;显示了幽默的特性;嘲讽原有作品;借用他人作品的要素,仅限于产生戏仿的必要性,而不能借用过多的表达要素。原告认为,被告的漫画作品显然不符合上述标准。原告还认为,被告未经许可改变自己的作品,将正在捡起硬币的人群,变成了戴着面纱的人和有色人种,传达了种族歧视的信息。面对双方当事人的争执,布鲁塞尔上诉法院决定暂停案件的审理,提请欧盟法院就《版权指令》第5条第3款第11项规定的例外,包括戏仿的含义和戏仿的构成要素,做出前置裁定。

欧盟法院在判决中首先指出,"戏仿"是一个欧盟法律上的术语,应当在欧盟范围内统一适用和统一解释。欧盟法院论证说,按照欧盟法律统一适用和统一解释的原则,对于欧盟法律条文的范围和术语的含义,应当依据相关法律的立法宗旨和上下文,予以统一适用和统一解释,除非相关的条文和术语提到了具体成员国的法律。就本案所涉及的"戏仿"来看,《版权指令》第5条第3款第11项并没有提及任何成员国的法律。与此相应,对"戏仿"应当做出统一适用和统一解释。欧盟法院继续论证说,《版权指令》第5条第3款规定的限制与例外确实是选择性的,但这不能否定"戏仿"是欧盟法律上的术语。因为,成员国一旦选择在其法律中落实《版权指令》第5条第3款第11项的规定,选择落实"戏仿"的限制与例外,就意味着应当在欧盟法律的意义上统一适用和解释。

其次,欧盟法院在判决中解释了"戏仿"的含义以及应当考虑的因素。欧盟法院指出,《版权指令》没有具体界定"戏仿"。这就意味着,"戏仿"的含义和范围应当从日常语言的角度,再加上法律条文的上下文和《版权指令》的立法宗旨予以理解。从日常语言的角度来看,"戏仿"至少具有两个基本特征,一是使一件既有的作品产生了显著不同的含义,二是构成了幽默或者嘲讽的表达。在本案的审理过程中,原告曾经提出,"戏仿"的构成应当符合一系列条件,例如戏仿作品应当显示自身的独创性,相关的表达来自戏仿者而非原有作品的作者,应当提及原有作品的来源,等等。然而,无论是依据"戏仿"在日常语言中的含义和范围,还是依据《版权指令》第5条第3款第11项的上下文规定,都看不出"戏仿"的构成应当符合上述这些要素。欧盟法院继续论证说,"戏仿"的限制与例外是针对复制权和向公众传播权而规定的。与此相应,对于"戏仿"的解释不能离开《版权指令》第2条规定的复制权和第3条规定的向公众传播权,应当在复制权和向公众传播权的基础之上严格解释"戏仿"。显然,从关于"戏仿"限制与例外的上下文本来看,也难以得出"戏仿"应当符合原告提出的那些要素。

再次,欧盟法院从《版权指令》立法宗旨的角度出发,认为"戏仿"的限制与例外是为了平衡版权所有人和社会公众之间的利益。欧盟法院指出,制定《版权指令》的宗旨是协调成员国的版权立法,保护知识产权,遵守言论自由和公共利益的原则。显然,"戏仿"是表达意见的方式之一。同时,规定权利的限制与例外,也是为了在作者的权利和利益与作品使用者的利益之间寻求平衡。所以,在适用"戏仿"例外的时候,应当考虑平衡二者利益的所有情形。例如,本案的原告主张被告将漫画中正在捡起硬币的人群更换为戴着面纱的人和有色人种,传达了种族歧视的信息。在这种情形下,成员国法院就应当确定,被告的漫画是否具有这样的含义,是否违反了不得歧视种族、人种、民族的基本原则。

最后，欧盟法院得出结论说，《版权指令》第 5 条第 3 款第 11 项规定的“戏仿”例外，其基本构成要素有两个，一是使一件既有的作品产生了显著不同的含义，二是构成了幽默或者嘲讽的表达。除此之外的其他因素，例如具有独创性、指明出处等，都是没有必要考虑的。此外，在适用“戏仿”例外的时候，还应当关注版权所有人与作品使用人之间的利益平衡，充分考虑与利益平衡相关的所有情形。

再来看一个关于图书馆向公众传播作品的典型案例。在 2014 年的“Ulmer”一案中①，原告是一家科学文献出版社，位于德国的斯图加特。被告是德国的一家学术型图书馆，在其馆舍内设置电子阅读终端，供读者阅读馆藏的图书。就本案而言，主要涉及一部由原告出版的科技图书。根据案情，涉案图书先以纸质版的方式出版发行，被告图书馆购买并予以馆藏。随着电子阅读时代的到来，原告又出版了涉案图书的电子版，并邀约被告图书馆购买。然而被告拒绝邀约，并将纸质版的图书予以数字化，然后提供读者阅读。根据案情，读者不仅可以在电子终端上阅读图书，而且可以通过纸件复印的方式，或者存储于优盘的方式，将图书带出图书馆阅读。于是，原告向法兰克福地方法院提起诉讼，主张按照《德国著作权法》的规定，被告在图书馆中使用电子版的图书，应当与自己缔结合同。原告还主张，被告允许读者通过纸件复印和优盘存储的方式将电子版图书带出馆舍阅读的行为，属于未经许可的复制。一审法院经过审理，驳回了前一个主张，支持了后一个主张。被告不服判决而提起了上诉。

法兰克福上诉法院认为，双方当事人的主张涉及一系列法律问题。例如，《版权指令》第 5 条第 3 款第 14 项规定，为了个人学习和研究，图书馆可以向公众传播或提供其收藏的作品和其他受保护客体，但是前提条件是这些作品不受购买或者许可条件的限制。可是其中的购买或者许可条件究竟是指以前缔结的协议，还是指重新缔结的协议，该问题则不明确。又如，按照《版权指令》第 5 条第 3 款第 14 项的规定，是否允许图书馆将其馆藏的作品予以数字化。如果这个规定不允许，是否可以适用该指令第 5 条第 2 款第 3 项关于图书馆例外的规定，将其馆藏的图书予以数字化。再如，按照《版权指令》第 5 条第 3 款第 14 项关于图书馆例外的规定，是否允许个人读者将作品的纸质复印件或者存储于优盘内的作品的电子版带出图书馆阅读。于是，法兰克福上诉法院决定暂停案件的审理，提请欧盟法院就上述 3 个问题做出前置裁定。

欧盟法院在判决中解释了“购买或者许可条件”的含义。在本案的诉讼中，被告认为《版权指令》第 5 条第 3 款第 14 项规定中的“购买或者许可条件”是指版权所有人与图书馆一类的机构已经缔结的协议，该协议允许图书馆使用相关的作品。而原告则认为，其中的“购买或者许可条件”是指新的购买或者许可协议。在这方面，只要版权所有人提出要约，与图书馆缔结新的许可协议，就应当不再适用《版权指令》第 5 条第 3 款第 14 项的规定。欧盟法院指出，《版权指令》第 5 条第 3 款第 14 项所说的购买或者许可“条件”(terms)，是指合同或者协议中的“条件”或者“规定”，是指双方当事人已经同意的合同或者协议的条文，而非合同的要约。欧盟法院继续论证说，《版权指令》第 5 条第 3 款第 14 项规定的图书馆例外，其宗旨是鼓励研究和个人学习，进而提升公共利益。而图书馆的核心价值就是向公众传播知识。如果按照原

---

① Judgment of the Court (Fourth Chamber) of 11 September 2014, Case C117/13, Technische Universität Darmstadt v. Eugen Ulmer KG.

告的解释,针对所有的电子化的图书,版权所有人都可以重新缔结许可协议,就会在很大程度上损害图书馆向公众传播知识的核心价值。在进行了上述论述以后,欧盟法院得出结论说,《版权指令》第5条第3款第14项所说的“购买或者许可条件”指向现有的合同关系和现有的合同协议,而非指向预期的合同或者协议。

欧盟法院在判决中还讨论了是否允许图书馆将其馆藏的图书电子化的问题。欧盟法院指出,将纸质版的图书电子化而形成数字化的版本显然属于复制。与此相应,相关的问题是《版权指令》第5条第3款第14项虽然允许图书馆将其馆藏的作品传播给读者,但是并未提及必要的电子化或者复制。值得注意的是,《版权指令》第5条第3款的第一句说,本款所规定的限制与例外,既适用于复制权,又适用于向公众传播权。不过,该款第14项关于图书馆的例外,却仅仅提到向公众传播馆藏的作品,并没有提及复制的问题。在这方面,图书馆设置阅读终端,让不特定的公众成员可以获得馆藏的作品,显然属于“向公众传播”的范围。根据《版权指令》第5条第3款第14项的规定,这属于图书馆可以向公众传播的例外。欧盟法院继续论证说,图书馆一类的机构虽然不能依据《版权指令》第5条第3款第14项的规定,将其馆藏的作品数字化,但是却可以依据该指令第5条第2款第3项的规定而从事相关的复制行为。因为,该指令第5条第2款第3项规定,公共图书馆、教育机构、博物馆和档案馆可以从事某些复制行为,其前提条件是没有任何直接的或者间接的经济性或者商业性的利益。这表明,根据该指令第5条第3款第14项的规定,以研究或个人学习为目的,可以通过设在图书馆、教育机构、博物馆和档案馆的终端,向公众中的个人传播或提供其收藏的作品。而根据该指令第5条第2款第3项的规定,图书馆、博物馆和档案馆,又可以为此复制、数字化馆藏的作品。在这方面,《德国著作权法》已经具体规定了数字化馆藏作品的条件。具体说来,在馆藏作品被数字化以后,图书馆可以向阅读终端提供的作品数量不得超过馆藏的作品数量。欧盟法院得出结论说,将《版权指令》第5条第2款第3项的规定(关于复制馆藏作品)与第5条第3款第14项的规定(关于向公众传播馆藏作品)结合起来,图书馆可以将其馆藏作品予以数字化,并且通过阅读终端传播给社会公众。

欧盟法院在判决中还讨论了读者是否可以将复印的作品纸质件或者电子件带出图书馆阅读的问题。欧盟法院指出,《版权指令》第5条第3款第14项的规定仅仅允许图书馆将其馆藏的作品提供给社会公众,社会公众可在图书馆设置的电子终端上予以阅读。而读者将馆藏作品以纸件的方式复印或者以电子的方式复制在优盘中的行为,显然属于复制的范围,而非向公众传播的范围。与此相应,《版权指令》第5条第3款第14项规定的图书馆向公众传播作品的例外,不适用于读者的复制行为。欧盟法院继续论证说,《版权指令》第5条第2款第3项规定的复制馆藏作品的例外,也不适用于本案所涉及的读者复制行为。因为,复制馆藏作品的例外,包括将馆藏作品予以数字化的复制,是图书馆可以实行的行为。同时,图书馆以电子的方式复制馆藏作品,其目的是通过设置在馆内的电子终端,供社会公众研究和个人学习而使用。这是将图书馆向公众传播作品的例外与图书馆复制馆藏作品的例外结合在一起考虑而得出的结论。

不过,欧盟法院转而指出,读者以纸件的方式复印作品,或者以电子的方式存储作品,并且将作品带出图书馆使用,可以参考《版权指令》第5条第2款第1项和第2项的规定。其中第1项的规定是,使用复印技术或者其他类似方法在纸张或其他介质上复制作品,但其前提条件是有关的权利人获得了合理补偿;第2项的规定是,自然人为了个人使用和其他没有直接或间接商业目的而进行的复制,其前提条件也是相关的权利人获得了合理补偿。显然,读者利用图书馆的复印设备或者电子终端复制作品,为了个人使用而带出图书馆,符合上述两项的规定。当然按照规定,版权所有人也应当获得合理的补偿。

第六节 技术措施和权利管理信息

保护技术措施和权利管理信息,是版权制度发展到数字技术和网络技术时代的产物。技术措施是保护作品的措施,不属于版权。因为,版权是通过作品的创作而产生的权利。技术措施虽然可以有效保护作品或者版权,但不是通过作品的创作而产生的。同样,权利管理信息是有助于作品传播的信息,但不是通过作品的创作而产生的,也不属于版权。与此相应,侵犯版权和相关权,可以称为"侵权"(infringement),而破解技术措施、删除和篡改权利管理信息,则称为"违法"(violation),属于侵权责任法(tort)规制的范围。

在世界知识产权组织于1996年缔结的《版权条约》和《表演与录音条约》中,复制权、发行权、向公众传播权或向公众提供权是作为版权人、相关权人的权利来规定的,而对于技术措施和权利管理信息的保护,则是作为成员国的义务来规定的。例如,《版权条约》第11条和《表演与录音条约》第18条,规定了关于技术措施的义务(obligations concerning technological measures)。又如,《版权条约》第12条和《表演与录音条约》第19条规定了关于权利管理信息的义务(obligations concerning rights management information)。[①] 在这方面,欧盟《版权指令》关于技术措施和权利管理信息的保护,也是作为成员国的义务而规定的。其中该指令第6条的标题是"关于技术措施的义务"(obligations as to technological measures),第7条是"关于权利管理信息的义务"(obligations concerning rights management information)。[②] 与此相应,将技术措施和权利管理信息称为作者或相关权人享有的"权利"就是错误的。

一、技术措施的保护

在传统上,作品和其他受保护客体是通过设定版权或相关权而被保护的。人类社会在相当长的历史时期中,没有提供对作品的保护。作品一旦被创作出来以后,任何人都可以自由加以利用,例如传抄或者讲读。随着造纸术和印刷术的产生,作品不仅可以大量被复制和发行,而且可以产生巨大的经济利益。于是,主权国家制定版权法律,在作品之上设定版权,规定版权由作者或者其他权利人享有。依据版权制度,如果有人未经许可而使用了相关的作品,作者就可以主张自己的权利,通过司法机关或其他机构维护自己的利益。同样,随着作品传播技术的发展,欧洲大陆著作权法体系之中出现了相关权的概念,将表演、录音和广播纳入其中。与此相应,如果有人未经许可而使用了他人的表演、录音和广播,相关权人也可以主张自己的权利,并且通过司法机关或者其他机构维护自己的权利。可以说在绝大多数情况下,

---

① Articles 11, 12, WCT; articles 18,19,WPPT.

② Articles 6, 7, Information Society Copyright Directive.

作品、表演、录音和广播,都是通过设定和主张版权、相关权而获得保护的。

然而,随着数字技术和网络技术的飞速发展,仅仅在作品上设定版权,在表演、录音和广播上设定相关权,已经不足以保护相关的作品和相关权客体。这是因为,数字技术使作品和相关权客体非常容易被复制,并且经过复制后的作品和相关权客体几乎没有任何质量上的退化。同时,网络技术也使得数字化的作品和相关权客体可以非常容易地被传播给广泛的社会公众。而且,当数字化的作品或者相关权客体在网络上传播时,又可以轻松地为他人所复制,甚至再次通过网络被传播。与传统的印刷复制技术和其他传播技术相比,对于已经公开的作品或者相关权客体,权利人更加难以掌控,甚至难以发现他人的侵权事实。面对数字技术和网络技术的飞速发展,权利人似乎陷入了一种无助的状态,难以维护自己的利益。

但是在事实上,数字技术和网络技术的发展也为权利人维护自己的利益带来了新的可能性,这就是设置技术措施保护自己的作品或者相关权客体。大体说来,权利人所设置的技术措施,主要有两种。① 一种是控制访问或者获得作品、表演、录音和广播的技术措施。例如,在相关的网站或者数据库上设置"门禁",要求访问者使用口令和身份代码从而防止未经授权者访问或者获得相关的作品或者相关权客体。又如,在自己的作品或者相关权客体上加密或者采取变形措施,只有合法获得许可者才可以获得解密钥匙,进而访问或者获得相关的作品或者相关权客体。另一种是控制和跟踪作品或者相关权客体的技术措施。例如,在作品或者相关权客体中设置控制措施,防止或者限制他人的再次复制,限制他人观看、聆听或者播放的次数或者在计算机内存中存留的时间。这样,合法获得了作品或者相关权客体的使用者,或者不能制作复制件,或者在复制了若干次数、播放了若干次数以后,相关的复制件就可能自动销毁或者无法使用。又如,在作品或者相关权客体中嵌入水印或者指纹或者其他的识别代码。这样,权利人就可以通过互联网络跟踪相关的作品或者相关权客体知晓下载者在进一步的使用中是否未经许可再次传播了作品或者相关权客体,或者再次制作了复制品。

从上面的叙述可以看出,在对作品、表演、录音和广播提供保护方面,除了权利人可以享有的版权或者相关权,现在又多了一道技术措施的保护。事实上,无论是限制访问或者获得作品或者相关权客体的技术措施,还是跟踪作品或者相关权客体的技术措施,都是数字技术和网络技术的产物。与此相应,权利人不仅可以通过行使版权或者相关权保护自己的作品、表演、录音和广播,还可以通过使用技术措施保护自己的作品或者表演、录音、广播。也正是从这个意义上说,技术措施是为了保护作品、表演、录音和广播而产生的,是为了实现版权或者相关权而产生的。

具有讽刺意味的是,就在权利人设置技术措施保护自己作品和相关权客体的同时,也出现了反技术措施的措施或者行为。例如,规避网页或者数据库"门禁"的措施或者行为。又如,解密、移除水印或者指纹的措施或行为。更有甚者,一些人还在市场上提供规避技术措施的设备、部件、技术或者服务,从而获得一定的商业利益。显然,如果不能有效地制止反技术措施的措施或者行为,就不能有效地保护权利人所设置的技术措施,享有版权的作品或者享有相关权的表演、录音和广播就难以得到切实保护。为了切实而有效地保护作品、表演、录音

---

① See Cornish & Llewelin, *Intellectual Property: Patents, Copyright, Trade Marks and Allied Rights*, 6th edtion, Sweet & Maxwell 2007, p. 855.

和广播，保护相关的版权或者相关权，版权制度不得不开始保护那些保护着作品和相关权客体的技术措施。与此相应，对于技术措施的保护也就被纳入版权制度之中。

早在1996年以前，一些国家已经通过零散的立法或者判例对保护作品或者相关权客体的技术措施提供了某种程度的保护。例如，英国于1988年制定《版权、外观设计和专利法》时已经规定，作者可以就作品的复制品设置保护措施，他人不得故意制作、进口和上市规避版权保护措施的设备。① 又如，欧盟于1991年5月发布的《计算机程序保护指令》的第7条也规定了对于技术措施的保护。根据规定，如果有关的技术措施是为了保护计算机程序而设定的，他人不得未经授权而去除或者规避。与此相应，如果有关的手段或者工具的唯一目的是去除或者规避此类技术措施，任何人不得将该手段或者工具投入流通，也不得为了商业性的目的而拥有该手段或者工具。②

1996年12月，世界知识产权组织主持缔结的《版权条约》和《表演与录音条约》，则系统规定了对于技术措施的保护。《版权条约》第11条的标题为"关于技术措施的义务"，要求缔约各方规定适当的法律保护和有效的法律救济，制止对作者为行使该条约或《伯尔尼公约》所规定各项权利而使用的，就其作品限制未经作者授权或法律许可的行为的技术措施加以规避的行为。《表演与录音条约》第18条的标题也是"关于技术措施的义务"，就表演和录音的技术措施的保护，做出了相似的规定。③ 在缔结两个条约的过程中，美国和欧盟曾经主张对于规避技术措施的设备或者零件也加以禁止，但遭到了很多发展中国家的反对。所以，两个条约只要求缔约方禁止规避的行为，而没有要求禁止制造和提供用以规避的设备或零件。④

在这方面，欧盟《版权指令》详细规定了对于技术措施的保护。根据该指令第6条第3款的规定，"技术措施"是指任何技术、设备或零件，在其正常的操作中可以被用来防止或限制就作品或其他受保护客体来说的未经权利人授权的行为。其中的权利人包括版权所有人、相关权所有人和数据库特别权利所有人。权利人可以通过控制访问的措施、保护程序的措施来控制对作品或其他受保护客体的使用。这可以是加密，也可以是对作品或其他受保护客体进行"倒频"或其他变形，还可以是控制复制的机制。而且，只要这些措施能够达到控制作品或者其他受保护客体使用的目的，就是"有效"的。

与世界知识产权组织的两个条约相比，《版权指令》有两个显著的不同。首先，《版权条约》和《表演与录音条约》只保护关于作品、表演和录音的技术措施。其中的表演，又主要是指固定在录音中的表演活动。与此相应，技术措施所涉及的权利人仅限于作者、表演者和录音制作者。而《版权指令》所保护的技术措施，不仅包括了关于作品、表演和录音的技术措施，还包括了关于广播、电影和数据库的技术措施。这是因为，《版权指令》第6条第3款在定义技术措施时，提到了作品、其他权利客体和数据库的特别权利。如前所述，欧盟语境中的其他权利客体，包括了表演、录音、电影和广播。这样，技术措施所涉及的权利人就包括了作者、表演者、录音制作者、制片人、广播组织和数据库特别权利的所有人。

---

① Article 296, Copyright, Design, and Patent Act of 1988; See Cornish & Llewelin, *Intellectual Property: Patents, Copyright, Trade Marks and Allied Rights*, 6th edtion, Sweet & Maxwell 2007, p. 548 – 549, 857.

② Article 7(1)(c), Computer Program Directive.

③ Article 11, WCT; Article 18, WPPT.

④ 参见[匈]米哈伊·菲彻尔：《版权法与因特网》，郭寿康等译，中国法百科全书出版社2009年版，第522～591页。

其次,世界知识产权组织两个条约只要求缔约方禁止规避技术措施的行为,《版权指令》则不仅禁止规避行为,而且禁止制造和销售用以规避的设备、零件。该指令第6条第1款要求成员国提供适当的法律保护,禁止对任何有效的技术措施的规避,这是禁止规避行为。在这里,加以惩治的前提是行为人知道或应当知道其行为是在规避他人的技术措施。该指令第6条第2款则进一步要求成员国提供适当的法律保护,禁止制造、进口、发行、销售、出租,做广告以销售或出租,或以商业性目的而拥有设备、产品或零件,或提供服务,只要它们是为了规避有效的技术措施而被促销、做广告或上市;除了规避有效的技术措施,它们只有有限的商业意义或用途;其设计、生产、改装和操作的主要目的是用于规避有效的技术措施。这是禁止制造和销售用以规避的设备或设计以及提供规避的服务。

大体说来,在世界知识产权组织的两个条约缔结以后,很多国家在修订版权法或者著作权法的时候,都从禁止规避行为、禁止制造和提供用以规避的设备或零件等两个方面规定了对权利人所设置的技术措施的保护。例如,美国1998年10月颁布的《数字化时代版权法》第1201条第1款从规避行为的角度做了禁止性的规定,第1201条第2款从设备、零件的角度做了禁止性的规定。[①] 又如,日本于1999年6月对著作权法的修订中,也从行为和设备两个方面规定了对于技术措施的保护。[②] 此外,中国于2006年7月颁布实施的《信息网络传播权保护条例》,也在第4条中从行为和设备两个方面,规定了对技术措施的保护。

在欧盟制定《版权指令》的过程中,对技术措施的保护一直是一个激烈争论的问题。[③] 从权利人的角度来说,其希望对自己所设定的技术措施给予充分的保护,进而保护自己的利益。面对数字技术和网络技术对于版权制度的挑战,权利人和作品的使用者甚至认为,设定技术措施,充分保护技术措施,是他们捍卫自己利益的最后希望。如果对技术措施提供了彻底的保护,尤其是对控制作品访问或者作品获得的技术措施提供了彻底的保护,则版权制度规定的"合理使用"或者权利的限制与例外就会失去意义。例如在传统的作品传播技术条件下,一个人只要能够从图书馆或者其他渠道获得作品或者相关权客体,就可以进行合理使用,或者依据权利的限制与例外而使用相关的作品或者相关权客体。然而在数字技术和网络传播技术的条件下,如果权利人将自己的作品或者相关权客体置于技术措施的保护之下,社会公众甚至无法访问或者获得该作品或者相关权客体,相关的合理使用或者权利的限制与例外也就无从谈起了。在这方面,一件处于公有领域的作品或者相关权客体,如果被置于了某种技术措施的保护之下,社会公众也有可能无从使用该作品或者相关权的客体。

显然,权利人就自己的作品或者相关权客体设置技术措施,防止他人访问或者获得相关的作品或者相关权客体的行为,已经打破了传统的权利人与社会公众之间的利益平衡。事实上,这种利益天平的倾斜,还会因为对于技术措施的彻底保护而进一步加剧。当然,如果允许在某种程度上规避技术措施,社会公众中的某些人还可以想办法访问或者获得作品或者相关权客体,进而合理使用或者依据权利的限制与例外而加以使用。正是由此出发,很多版权制

---

① Article 1201, US Copyright Act.

② 《日本著作权法》第120条之二。

③ Cornish & Llewelin, *Intellectual Property: Patents, Copyright, Trade Marks and Allied Rights*, 6th edition, Sweet & Maxwell 2007, p. 855 – 857.

度的批评者，尤其是社会公众利益的代表者，主张对于权利人所设定的技术措施也应当加以限制。至少，对于技术措施的保护，不应当损害版权制度中的合理使用制度或者权利的限制与例外。

应该说，在对于技术措施的保护方面，权利人的主张和技术措施批评者的主张都反映在了《版权指令》第6条中。一方面，该指令从禁止规避行为和禁止规避设备的角度规定了对于技术措施的保护。另一方面，该指令又在某种程度上限制了技术措施，以便社会公众可以合理使用作品和相关权客体，或者可以按照权利限制与例外的规定使用相关的作品或者相关权客体。就后者而言，《版权指令》第6条提出了一个限制技术措施的"两步法"。首先，该指令要求成员国推动权利人为了实现权利的限制和例外所要达到的目的采取"自愿措施"让社会公众得以享受相关的好处。其中的自愿措施，包括权利人与其他利益集团达成的协议。其次，如果权利人没有采取这样的"自愿措施"，或者权利人与其他利益集团在合理的期间内没有达成这样的协议，成员国就应当介入并采取适当的措施，以确保权利人提供权利限制和例外所带来的好处，或者说让社会公众真正享受到这样的好处。这可以是修改有关的技术措施的方法，也可以是其他的方法。《版权指令》的制定者相信，通过这样一个"两步法"，对技术措施的保护就不会损害该相关的公共政策，包括不会损害该指令所确定的权利的限制和例外。①

根据《版权指令》第6条第4款的规定，"两步法"应当适用于7种限制和例外。在针对复制权所规定的例外方面，包括复印，但权利人获得了合理补偿（该指令第5条第2款第1项）；图书馆、公共教育机构、博物馆和档案馆所从事的某些复制（该指令第5条第2款第3项）；广播组织所制作的某些临时录制和存档副本（该指令第5条第2款第4项）；某些社会组织所复制的广播，但权利人获得了合理补偿（该指令第5条第2款第5项）。在针对复制权和向公众传播权共同适用的例外方面，包括为了教学和科学研究的某些使用（该指令第5条第3款第1项）；为了残疾人的某些使用（该指令第5条第3款第4项）；为了公共安全和立法、行政、司法程序的使用（该指令第5条第3款第5项）。此外，关于该指令第5条第2款第3项规定的"个人复制"的例外，也适用上述的"两步法"。不过，权利人在采取自愿措施时，可以通过技术手段限制他人为了私人目的而复制的数量。

应该说，《版权指令》第6条有关技术措施保护的规定是权利人和作品传播者与技术措施批评者相互角力的结果。从最后形成的规定来看，显然是权利人和作品传播者一方占了上风。因为，该指令有关"两步法"的规定具有很多的模糊之处。例如，该指令虽然要求权利人采取自愿措施，但什么样的措施才可以让使用者获得权利限制与例外的好处，什么样的措施才可以满足法律的要求，并没有具体的规定。又如，使用者怎样才能表明，自己的使用是为了个人目的，或者符合权利限制与例外的规定。再如，政府介入而采取的措施，又如何才能满足使用者获得相关好处的目的，或者说如何才能替代本来应当由权利人自愿采取的措施，等等。正是由此出发，有人认为该指令所规定的限制技术措施的"两步法"，更多地具有安慰的性质，缺乏必要的可操作性。②

---

① Recital 51, article 6 (4), Information Society Copyright Directive.

② See Cornish & Llewelin, *Intellectual Property: Patents, Copyright, Trade Marks and Allied Rights*, 6th edition, Sweet & Maxwell 2007, p. 859 - 860.

下面来看一个有关技术措施与权利限制关系的典型案例。在欧盟法院于 2013 年判决的"VG Wort"一案中[①],原告是德国文字著作权集体管理组织,代表作者和出版者收取和分配版权使用费。本案的被告是一些打印设备的制造和销售者,包括爱普森、施乐等。由于原告分别起诉了若干家打印设备的制造和销售商,无论是受理案件的德国法院还是欧盟法院,均将几个案件合并审理。根据案情,原告要求被告披露自 2001 年至 2007 年在市场上销售的打印设备的信息,并要求他们支付在此期间发生的合理补偿费用。如前所述,尽管从事未经许可打印行为的是自然人,但支付合理补偿金的则是打印设备的制造商和销售商。由于被告不愿意披露相关的信息,原告向德国杜塞尔多夫地方法院提起诉讼。一审法院经过审理,支持了原告的信息披露主张,并判决被告支付相应的合理补偿金。被告不服判决,向杜塞尔多夫上诉法院提起上诉。与此同时,原告还就《版权指令》实施以前自己应当获得的合理补偿提起了有关诉讼。具体说来,《版权指令》发布于 2001 年 6 月,成员国应当在 2002 年 12 月以前在其立法中落实。尽管如此,原告认为自己应当自 2001 年 1 月开始获得合理补偿。

于是,受理上诉案件的德国法院决定暂停案件的审理,提请欧盟法院就相关的法律问题做出前置裁定。欧盟法院认为,尽管《版权指令》于 2002 年 12 月生效,但依据欧盟既有的法律规则,该指令的颁布实施不应当影响已经存在的权利和利益。或者说,《版权指令》的颁布实施,只能延续已有的权利和利益,不能废除原有的权利和利益。由于成员国法律原来就有合理补偿的规定,因而原告可以收取自 2001 年 1 月以来的合理补偿金。在欧盟法院审理的过程中,还涉及权利的限制和技术措施保护的问题,这里予以重点介绍。

在本案的上诉阶段,德国法院提出的一个问题是,如果全面保护《版权指令》第 6 条规定的技术措施,是否有可能使得《版权指令》第 5 条第 2 款第 2 项规定的个人复制成为不可能,进而失去了支付合理补偿的条件。欧盟法院指出,按照《版权指令》第 5 条第 2 款第 2 项的规定,未经许可的个人复制造成了对于版权所有人的损害,因而应当由复制者支付合理补偿的费用。该指令第 5 条第 2 款第 2 项同时规定,在确定合理补偿金数额的时候,应当考虑版权所有人是否就相关的作品或者其他受保护客体采取了技术措施。这样,技术措施的使用与否,就与版权所有人应当获得的合理补偿密切相关。欧盟法院进一步论证说,按照《版权指令》第 6 条第 3 款的规定,"技术措施"是指对于作品或者其他受保护客体所设置的任何技术、设备或者零部件,其目的是防止或者限制他人从事未经权利人授权的行为。与此相应,《版权指令》第 5 条第 2 款第 2 项所说的"技术措施",也应当是指对于作品或者其他受保护客体所设置的任何技术、设备或者零部件,其目的同样是防止或者限制他人从事未经权利人授权的复制行为。欧盟法院认为,《版权指令》第 5 条第 2 款第 2 项规定的个人复制的例外,是法律规定的合法的例外,是应当予以权利人保障的例外。从这个意义上说,权利人就其作品或者其他受保护客体设置技术措施,其目的应当是防止没有被纳入《版权指令》第 5 条第 2 款第 2 项的行为。

欧盟法院在判决中说,按照《版权指令》第 5 条第 2 款第 2 项的规定,应当是由成员国在其法律中规定个人复制的例外,而非权利人授予他人个人复制的例外。与此相应,成员国应

---

① Judgment of the Court (Fourth Chamber) of 27 June 2013, Joined Cases C457/11 to C460/11, Verwertungsgesellschaft Wort (VG Wort) v. Kyocera and Others.

当采取必要的措施确保个人复制的例外得以实现，同时限制未经权利人授权的行为。在这方面，《版权指令》的“重述”第(52)也强调，权利人可以自愿设定技术措施，既保护自己的权利和利益，又与个人复制的例外相融合，能够实现个人复制的例外。按照规定，成员国应当鼓励设定这样的技术措施。

欧盟法院最后指出，即使权利人没有设定能够实现个人复制例外的技术措施，也不应当剥夺权利人获得合理补偿的权利。按照《版权指令》第2条的规定，权利人享有宽泛的复制权以确保自己得到合理的利益。与此相应，《版权指令》第5条第2款第2项虽然规定了个人复制的例外，但又规定了权利人应当获得合理的补偿。事实上，权利人因为未经许可的个人复制而受到的损害是多方面的，即使某一成员国没有采取合理的措施和保障个人复制例外的完全实现，也不应当剥夺权利人获得合理补偿的可能性。在这方面，即使权利人没有自愿采取技术措施和确保个人复制例外的实现，也不能成为不能获得合理补偿的理由。当然，成员国在评估权利人因为个人复制例外而遭受的损失时，可以考虑权利人是否采取了确保个人复制例外实现的技术措施，进而确定其应当获得的补偿金数额。显然，这种考虑可以起到鼓励权利人采取技术措施确保个人复制例外恰当实现的目的。

二、权利管理信息的保护

权利管理信息是指表明作品或相关权客体、作者或其他权利人以及他人使用该作品或相关权客体的条件的信息，包括代表这些信息的数字或代码。在数字技术和网络技术的条件下，权利管理信息都是以数字化的形式出现，并且随着作品或者相关权客体在网络传播的过程中显示出来。

权利管理信息并非数字化和网络时代的特有产物。事实上，在传统的印刷复制的技术条件下，已经产生了今天所说的权利管理信息。例如出现在书籍、报纸、杂志上的有关作者姓名、作品名称、出版者、出版年月和售价的信息，出现在电影作品之前或者之后的有关脚本作者、美工、演员、导演和制片人的信息，出现在录音制品上的有关表演者、录制者、出版年月和售价的信息，都属于权利管理信息。与此相应，作品或者录音的使用者，也可以依据相关的信息购买自己需要的作品或者录音。显然，这类信息附着于作品或者录音的复制品上，有助于作品或者录音的传播。

在传统的印刷复制的条件下，权利管理信息的重要性似乎并不突出。因为体现在纸张、画布、胶片、包装盒等媒介上的权利管理信息很难被人删除或者篡改。即使有人删除、篡改有关的信息，该行为不仅费时费力，而且会留下明显的痕迹。然而在数字技术和网络传播的条件下，权利管理信息的重要性却突出地摆在了人们面前。首先，权利人主要通过权利管理信息，尤其是作品或者相关权客体的使用条件，来授权他人使用自己的作品或者相关权客体。在这方面，权利管理信息还起到了授权要约的作用。其次，以数字化形式出现的权利管理信息，很容易在作品或者相关权客体传播的过程中，为他人所删除或者篡改，并且不留痕迹。因此，为了保障授权使用作品或者相关权客体的可靠性，保障权利人和使用者的合法利益，对于权利管理信息提供有效的保护是非常重要的。

关于权利管理信息的重要性，美国于1995年9月发布的《知识产权与国家信息基础设施》白皮书曾经指出：“在信息高速公路上，版权管理信息将成为关于某一作品的某种形式的授权盘,使用者通过它可以获得有关作品的重要信息。在国家信息基础设施上,对于消费者能够发现并获得授权从而使用版权作品来说,这类信息的准确性就是至关重要的。可靠的信息将促成有效的授权,并降低版权作品的授权使用的管理费。"①

在世界知识产权组织缔结《版权条约》和《表演与录音条约》的过程中,缔约各方就权利管理信息的保护进行了充分的讨论。最后,两个条约就作品、表演和录音的权利管理信息保护做出了规定。《版权条约》第12条规定,缔约各方应规定适当和有效的法律救济办法,制止任何人明知、或就民事救济而言有合理根据知道其行为会诱使、促成、便利或包庇对本条约或《伯尔尼公约》所涵盖的任何权利的侵犯而故意从事以下行为:(1)未经许可除去或改变任何权利管理的电子信息;(2)未经许可传播、为传播而进口、广播、或向公众传播明知已被未经许可除去或改变权利管理电子信息的作品或作品的复制品。《表演与录音条约》第19条就表演和录音也做出了相同的规定。② 这样,世界知识产权组织的两个条约,就从删除、篡改权利管理信息的角度,传播已被删除、篡改了权利管理信息的作品或者相关权客体的角度,规定了对于权利管理信息的保护。

除此之外,世界知识产权组织两个条约还对权利管理信息的内容作了具体的界定。《版权条约》第12条规定,权利管理信息是指,识别作品、作品的作者、对作品拥有任何权利的所有人的信息,或有关作品使用的条款和条件的信息,和代表此种信息的任何数字或代码,各种信息均附于作品的每件复制品上或在作品向公众进行传播时出现。《表演与录音条约》第19条就表演和录音也有相同的界定。③

依据《版权条约》和《表演与录音条约》的要求,欧盟《版权指令》也规定了对于权利管理信息的保护。在这方面,《版权指令》的规定与上述两个条约的规定大体相同。例如该指令第7条规定,成员国应当禁止任何人未经授权从事两种行为,第一种是未经授权而故意删除或篡改电子权利管理信息;第二种是传播、为传播而进口、广播、或向公众传播其电子权利管理信息已被未经授权而删除或篡改的作品或其他受保护客体。两种行为受禁止的前提条件是行为人知道或有理由知道他们的行为会诱使、促成、便利或包庇对版权、相关权和数据库权利的侵犯。又如,该指令第7条规定,权利管理信息是指权利人所提供的识别作品、相关权客体、数据库,有关作者或者其他权利人,有关使用作品或者相关权客体的条件的信息以及代表这类信息的数字或者代码。当这些信息与作品、相关权客体和数据库的复制品相关联,或者出现在作品、相关权客体或者数据库向公众传播的过程中,都属于该条所规定的权利管理信息。

当然在另一方面,《版权指令》有关权利管理信息的规定,又与世界知识产权组织的两个条约存在着一定的不同。例如,两个条约仅仅涉及关于作品、表演和录音的权利管理信息,而《版权指令》所说的权利管理信息,还包括关于广播和电影制片人的权利管理信息。因为在欧盟的语境中,相关权客体不仅包括表演和录音,还包括广播和电影。又如,该指令在规定权利

---

① Information Infrastructure Task Force: Intellectual Property and the National Information Infrastructure, September 1995, at 235.

② Article 12, WCT; article 19, WPPT.

③ Article 12, WCT; article 19, WPPT.

管理信息保护的时候，还提到了数据库的特别权利。这表明，与数据库相关的权利管理信息也应当受到保护。这样，《版权指令》所说的权利管理信息的范围，就比两个条约所说的权利管理信息的范围更为广泛。

与有关技术措施的保护相对比，在欧盟制定《版权指令》的过程中，有关权利管理信息的保护没有引起什么争议。显然，技术措施的保护不仅涉及权利人的利益，还涉及社会公众的利益，尤其是涉及权利限制与例外的问题。而权利管理信息则似乎更具有中立的特点，仅仅表明有关作品、作者、出版者、表演者、录音制作者、广播组织、数据库制作者，以及有关作品、表演、录音、广播、数据库使用的条件等信息。这类信息的删除或者篡改不仅会影响权利人的利益，还会影响社会公众对于作品或者相关权客体的获得或者使用，甚至造成带有虚假信息的作品或者相关权客体的传播。

从表面上看，权利管理信息与技术措施似乎是并列的关系。至少，在世界知识产权组织《版权条约》和《表演与录音条约》中，在欧盟《版权指令》中，以及在美国、日本和中国的相关立法中，对于技术措施和权利管理信息的保护，都是分别规定的。然而在数字技术和网络传播技术的条件下，权利管理信息与技术措施又是密不可分的。首先，当使用者希望访问或者获得特定的作品或者相关权客体时，不仅会遇到"门禁"一类的技术措施，同时会遇到相关作品或者相关权客体的信息，例如作者和作品的名称，表演者和录音制作者的名称，以及下载时应当支付的费用和支付的方式，等等。在这种情况下，技术措施与权利管理信息相结合，可以保障权利人获得必要的经济利益。当他人不接受作品或者相关权客体的使用条件时，又会因为技术措施的设置而不能访问或者获得相关的作品或者相关权客体。其次，当权利人在自己的作品或者相关权客体上附加权利管理信息时，通常会在其中设置一定的识别代码或者数字符号以及水印或者指纹。这种识别代码或者数字符号，水印或者指纹，既属于权利管理信息，又属于技术措施。一方面，无论是识别代码或者数字符号，还是水印或者指纹，都是权利人设置的识别信息，可以用来管理自己的作品或者相关权客体。另一方面，权利人又可以在他人获得自己的作品或者相关权客体之后，依靠相关的识别代码、数字符号、水印或者指纹，使用飞蝇（bots）或者蠕虫（crawlers）在互联网络上巡游，跟踪并查看他人是否非法使用了合法下载的作品或者相关权客体，进而采取必要的措施。① 与此相应，识别代码一类的权利管理信息又变成了技术措施的一部分。

权利管理信息，尤其是其中的作品或者相关权客体使用的条件，与使用者的接受行为相结合，还会形成一定的合同关系。例如，使用者在访问、获得作品或者相关权客体之前，要阅读格式化的合同，点击"接受"之后才可以从事访问、获得或者下载的行为。又如，相关的合同要约可能会就阅读、下载、是否允许复制或者再次传播等设定条件，要求支付不同的费用。同时，在数字化和网络传播的条件下，这种合同关系还受到了技术措施的支持。例如，使用者在访问或者获得作品或者相关权客体之前，如果不接受合同要约的条件，将不能从事访问、下载的行为。又如，他人获得作品或者相关权客体之后，如果超出合同范围使用，会受到技术措施的限制，如自动销毁或者被跟踪。再进一步，为了防止对技术措施的规避、对权利管理信息的

---

① See Cornish & Llewelin, *Intellectual Property: Patents, Copyright, Trade Marks and Allied Rights*, 6th edition, Sweet & Maxwell 2007, p. 858.

删除或者篡改,版权法律又规定了禁止性措施,从而保障相关合同关系的可靠性。显然,美国《知识产权与国家信息基础设施》白皮书中所说的"授权盘"、促成有效的授权、保障授权的可靠性,以及降低授权的费用等,都是从这个意义上说的。①

事实上,所谓的"数字权利管理系统"(digital rights management system),就是由技术措施、权利管理信息和一些其他要素,如作品或者相关权客体使用记载、费用计算等构成。② 通过这类技术系统,权利人一方面可以通过技术措施控制他人对于自己作品或者相关权客体的访问、获得的行为,或者他人合法下载后的复制、播放、传播等再次使用的行为;另一方面,权利人还可以通过权利管理信息,尤其是其中的合同要约条款,要求他人就访问、下载、复制和播放等使用行为支付一定的费用。同时,通过"数字权利管理系统"的自动记载和计算,权利人可以就他人对于自己作品或者相关权客体的每一次使用,获得一定的报酬。这样,所有的对于作品或者相关权客体的使用,从理论上说都可以纳入精确的合同关系。当然,前提条件仍然是数字权利管理系统或者技术措施和权利管理信息能够得到有效保护。

大体说来,世界知识产权组织在1996年缔结《版权条约》和《表演与录音条约》的时候,曾经认为网络环境中对作品、表演、录音和广播予以保护的核心问题在于技术措施和权利管理信息的保护。③ 因为,将版权和相关权的保护延伸到数字化和互联网络的环境,不存在太大的法律上的和认识上的障碍。毕竟,将作品、表演、录音和广播数字化,在互联网络上传播,是对于这些受保护客体的新的利用方式,理应由版权人和相关权人予以控制。然而,将技术措施和权利管理信息的保护引入版权制度,则是一个全新的问题。按照当时的认识,如果不能有效和有力地保护技术措施和权利管理信息,则有关作品、表演、录音和广播在互联网络上的传播就会陷入无序的状态,权利人所享有的版权和相关权也将在很大程度上失去意义。正是基于这样的认识,《版权条约》和《表演与录音条约》在国际公约的层面上引入了对于技术措施和权利管理信息的保护,并且将其作为成员国的义务予以规定。

然而自1996年世界知识产权组织的两个条约缔结以来,纵观世界各国,却很少有涉及技术措施和权利管理信息保护的案件发生。显然,这与1996年前后国际社会的认识形成了巨大的差距。究其原因,显然是因为作品、表演、录音和广播在互联网络上传播的途径有很多,使用者不去规避技术措施,不去删除或者篡改权利管理信息,也可以从不同的途径获得自己所需要的作品、表演、录音和广播。在这方面,很多互联网络公司采用的传播加广告的方式,既保障了权利人的利益,又向社会公众传播了相关的受保护客体,也使规避技术措施和删除、篡改权利管理信息的行为失去了意义。而且,随着互联网络传播的普及,很多用户也逐渐适应了付费获得相关作品、表演和录音的商业模式,同样也使得规避技术措施、删除或者篡改权利管理信息的行为失去了意义。

---

① Information Infrastructure Task Force: Intellectual Property and the National Information Infrastructure, September 1995, at 235.

② 参见 Cornish & Llewelin, *Intellectual Property: Patents, Copyright, Trade Marks and Allied Rights*, 6th edition, Sweet & Maxwell 2007, p. 844;吴伟光:《数字技术环境下的版权法》,知识产权出版社2008年版,第149页。

③ 曾经主持起草两个条约的世界知识产权组织助理总干事米哈伊·菲彻尔,曾经于1998年在北京举行的一次国际会议上,做过这样的说明。参见[匈]米哈伊·菲彻尔:《版权法与因特网》,郭寿康等译,中国法百科全书出版社2009年版,第522~591页。

第十章　数字单一市场战略:指令与条例

计算机技术和网络技术的产生与发展,为作品、表演、录音和广播的广泛传播带来了空前的可能性。为了应对互联网络对于版权和相关权保护所带来的挑战,国际社会于 1996 年缔结了世界知识产权组织《版权条约》和《表演与录音条约》。在这方面,欧盟也于 2001 年 6 月发布《版权指令》,在其中规定了广泛的复制权、向公众传播权和权利的限制与例外,以及对于技术措施和权利管理信息的保护。随着《版权指令》的颁布实施,再加上此前发布的《保护期指令》《出租权指令》《卫星广播与有线转播指令》《计算机程序保护指令》《数据库保护指令》《追续权指令》,欧盟极大地提升了版权和相关权保护的水准。

随着《版权指令》的贯彻实施,欧盟将版权和相关权保护的重点,转移到了社会公共利益和版权体系欧盟化等问题上。在这方面,欧盟委员会于 2008 年发表《知识经济中的版权》绿皮书[①],就网络环境中的知识传播,尤其是关于科学研究和文化教育的知识传播,提出了一系列建议。值得注意的是,这份文件还在传统的商品、服务、人员和资金 4 个自由流动的基础上,提出了第 5 个自由流动,即知识和创新成果的自由流动。基于第 5 个自由流动,欧盟委员会讨论了图书馆、档案馆和教育机构在知识传播中的作用,孤儿作品利用的问题,以及视力障碍者获得作品的问题。

2010 年,欧盟委员会又提出了一个"欧盟 2020 战略"。在一份题为《欧盟 2020:关于智能,可持续和包容性的发展战略》的文件中,罗列了创新、教育、数字社会(涉及智能发展)、气候、能源、竞争(涉及可持续发展)、就业、技能、消除贫困(涉及包容性发展)等问题,进而提出了一系列立法和政策建议。[②] 在这个大的战略之下,关于其中的智能发展与数字社会,欧盟委员会又提出了一个单独的"欧盟数字化议程",就数字社会建设中的一系列问题,包括版权和相关权的问题,提出了相应的政策和立法建议。在这方面,特别提到了关于版权和相关权跨境集体管理的问题,以及关于孤儿作品的利用问题。[③]

2015 年,在智能发展和数字社会的框架之下,欧盟委员会进一步提出了"数字单一市场战略"(digital single market strategy)和"欧盟版权规则现代化"的政策主张,试图解决作品、表演、录音和广播在欧盟范围内跨越成员国边境传播的问题。[④] 在"数字单一市场战略"的背景

---

① Commission of European Community: Green Paper on Copyright in Acknowledge Economy, July 17, 2008, COM (2008) 466 final. 参见本书第五章第二节第三小节的相关论述。

② Communication from the Commission: EUROPE 2020: A strategy for smart, sustainable and inclusive growth, COM(2010) 2020 final.

③ Communication from the Commission: A digital Agenda for Europe, COM (2010) 245 final.

④ Communication from the Commission: Towards a modern, more European copyright framework, COM(2015) 626 final. 参见本书第五章第二节第三小节的相关论述。

之下,欧盟委员会提出了版权和相关权保护中应当解决的一系列问题,包括电视和广播节目跨越国界传播,权利所有人发放跨越国界许可,版权和相关权跨越国界集体管理,将不具有商业价值的作品予以数字化并且在欧盟范围内予以提供,跨越国界地适用有关教育、研究的限制与例外,等等。

正是在"欧盟2020战略"和"数字单一市场战略"的背景之下,欧盟于2012年10月发布《孤儿作品指令》,2014年2月发布《版权和相关权集体管理指令》,2017年9月发布《盲人和视力障碍者使用某些作品和客体所涉及的版权和相关权指令》,2019年4月发布《广播电视在线传播指令》,2019年4月发布《数字单一市场版权和相关权指令》,2017年9月制定《盲人和视力障碍者使用某些作品和其他客体所涉及的版权和相关权条例》。通过这些指令、条例的颁布实施,欧盟回应了作品、表演、录音和广播在欧盟范围内无障碍传播的要求,回应了版权和相关权保护应当促进社会公共利益实现的要求,以及提升欧盟国际竞争力的要求。

欧盟的上述指令和条例,大体可以分为三类。第一类是《孤儿作品指令》和《盲人和视力障碍者使用某些作品和客体所涉及的版权和相关权指令》与《盲人和视力障碍者使用某些作品和其他客体所涉及的版权和相关权条例》,主要涉及特定领域的权利限制与例外;第二类是《版权和相关权集体管理指令》和《广播电视在线传播指令》,主要涉及权利的许可、作品和相关权客体的跨境使用;第三类是《数字单一市场版权和相关权指令》,综合性地涉及权利的限制与例外、权利集体管理、作品和相关权客体的跨境使用;下面分别讨论。

第一节　孤 儿 作 品

一、《孤儿作品指令》的制定

孤儿作品是指那些仍然处于保护期之内但其作者不明或者难以找到作者的作品。由于其作者不明,或者虽然知道作者但又无法找到,故而难以获得作者的许可来使用相关的作品。严格说来,"孤儿作品"的问题早已存在,只是在传统的纸张、画布、唱片作为复制媒介的条件下,没有引起人们的注意而已。随着数字技术和网络技术的发展,将各类作品予以数字化复制更为简单和经济,各类作品在网络上的传播也更为便捷。这样,将存在于传统媒介上的,作者不明或者难以找到作者的作品予以数字化复制,然后通过互联网络提供给社会公众,不仅会增加人类知识的总量,还会在某种程度上促进文化和经济的发展。当然,利用孤儿作品,也需要解决其中的一些法律问题。例如,是否可以在作者不明或者难以找到作者的情况下,未经作者授权而将孤儿作品予以数字化复制和提供给社会公众。又如,哪些机构可以从事数字化复制并且将孤儿作品提供给社会公众。再如,是否仅限于以社会公益为目的而提供数字化的孤儿作品,从而将商业性利用的目的排除出去。

关于孤儿作品的立法建议,最早见于欧盟委员会于2010年提出的"欧盟数字化议程"之中。[①] 其中提到,欧盟委员会将在与市场主体充分对话的基础上,针对不再印刷发行的作品,

① Communication from the Commission: A digital Agenda for Europe, COM (2010) 245 final.

提出一个关于孤儿作品的指令,创设一个法律框架,加速孤儿作品的数字化并向公众传播。随后,欧盟委员会起草了《孤儿作品指令》,经过欧盟议会的讨论和修改,又经过欧盟理事会的批准,于 2012 年 10 月发布。

《孤儿作品指令》的"重述"开宗明义地指出,成员国境内的图书馆、教育机构、博物馆、档案馆、视听遗产机构和公共广播组织,正在将其收藏的作品、录音予以数字化复制,进而建立各种类型的数字图书馆。图书馆、博物馆等公益机构,在保存和传播欧洲文化遗产的过程中发挥着巨大的作用。创建大量的在线数字图书馆,便于社会公众查询和阅读相关的文献,有助于文化和创新的发展。《孤儿作品指令》"重述"还特别强调,欧盟已经确立了关于智能、可持续和包容性发展的"欧盟 2020 战略",数字化议程是其中一个非常重要的组成部分。促进知识和创新成果的自由流动,对于欧盟共同市场的发展和"欧盟 2020 战略"的实施具有非常重要的意义。与此相应,应当确立一个法律框架,促进孤儿作品的数字化复制和广泛传播。[①]《孤儿作品指令》的"重述"还特别强调,孤儿作品是欧洲文化遗产的一个重要组成部分。让欧盟公民和相关机构充分利用孤儿作品,有利于文化发展和进一步创新。

按照《孤儿作品指令》设定的法律框架,一旦某一作品或者录音在一个成员国被确定为孤儿作品,则其在所有的成员国都具有孤儿作品的身份。在此基础之上,欧盟范围内所有的公共图书馆、教育机构、博物馆、档案馆、视听遗产机构和公共广播组织,都可以通过复制和传播的方式使用相关的作品和录音。而且,无论是哪一个成员国中的哪一个图书馆、教育机构、博物馆、档案馆、视听遗产机构、公共广播组织等公益机构,一旦以复制、传播的方式使用了孤儿作品,都应当将相关的作品或者录音提供给欧盟范围内的所有公众,让他们可以查询和利用。

《孤儿作品指令》共有 25 个"重述"和 11 个条文。其中的条文规定了孤儿作品的定义和范围,可以利用孤儿作品的公益机构,利用孤儿作品之前的勤勉查询义务,以及利用孤儿作品的方式,例如数字化复制和向公众传播,等等。其中的"重述"则阐释了制定该指令的宗旨,相关规定的意义和含义。按照规定,成员国应当于 2014 年 10 月 29 日以前,在其国内法中贯彻《孤儿作品指令》的相关规定,并且通报给欧盟委员会。又据规定,欧盟委员会应当于 2015 年 10 月以前,向欧盟议会、欧盟理事会与欧盟经济和社会委员会提交《孤儿作品指令》贯彻执行的报告,并在此后按照年度提交执行报告,包括提出必要的法律修订意见。

二、《孤儿作品指令》的主要内容

《孤儿作品指令》首先规定了"孤儿作品"的范围。根据该指令第 1 条的规定,有可能纳入孤儿作品范围的,包括以下几种:(1)收藏于公共图书馆、教育机构、博物馆、档案馆、视听遗产机构的,以书籍、期刊、报纸、杂志和其他文字方式发表的作品;(2)收藏于公共图书馆、教育机构、博物馆、档案馆、视听遗产机构的电影或者视听作品,以及录音;(3)自 2002 年 12 月 31 日以来,由公共广播组织制作和收藏的电影或者视听作品,以及录音;(4)尚未发表的,但公众经由公共图书馆、教育机构、博物馆、档案馆、视听遗产机构、公共广播组织,可以获取的文字作品、电影作品和录音;(5)体现在或者被纳入了某一作品或者录音中的作品或者其他受保护客体。

① Recitals 1, 2, 3, Directive on certain permitted uses of orphan works.

根据上述规定,可以纳入“孤儿作品”范围的主要是指文字作品、视听作品、视觉艺术作品(包括美术、摄影、图形等),以及录音。不过,上述种类的作品或者录音,还要符合两个条件,才可以被称为“孤儿作品”。第一,相关的文字作品、视听作品和录音,仍然处于版权或者相关权的保护期限之内。根据《孤儿作品指令》第8条的规定,只有在2014年10月29日及以后仍然处于保护期限的作品或者录音才可以被纳入孤儿作品的范围。而且,随着作品、录音的保护期限届满,曾经的孤儿作品也会因为保护期限届满而不再属于孤儿作品,进入公有领域而成为人人可得以自由利用的作品。第二,相关作品的作者,相关录音的表演者和录音制作者,或者身份不明,或者难以被找到,因而不能获得授权,则相关作品需要被纳入孤儿作品的范围。如果某一作品、录音具有不止一个权利人,即使身份明确的权利人发放许可,或者被找到的权利人发放许可,该作品或者录音也可以被纳入孤儿作品的范围。因为在这种情况下,仍然有身份不明的权利人,或者没有找到的权利人。

其次,《孤儿作品指令》规定了可以利用“孤儿作品”的机构和条件。根据该指令第1条第1款的规定,可以通过某些方式使用孤儿作品的,是那些设立于成员国境内的具有公益性质的机构,包括公共图书馆、教育机构、博物馆、档案馆、视听遗产机构和公共广播组织。而且,使用孤儿作品应当符合其为了社会公共利益的宗旨。根据该指令第2条和第3条的规定,上述机构在使用孤儿作品之前,应当进行勤勉的权利人查询工作。只有在进行了勤勉查询之后,才可以依据查询的结果,例如权利人不明或者难以被找到,将相关的作品或者录音纳入“孤儿作品”的范围。

根据《孤儿作品指令》第3条的规定,勤勉查询是指上述机构针对相关的作品、录音,就其适当的来源进行了真诚查询。例如,如果相关的作品或者录音已经出版,或者已经广播,应当在该作品或者录音首次出版的成员国,或者首次广播的成员国,进行真诚查询。又如,如果相关的作品或者录音没有出版、广播,但被收藏于公共图书馆、教育机构、博物馆、档案馆、视听遗产机构和公共广播组织之中,则应当在上述机构所在的成员国进行真诚查询。再如,对于电影或者视听作品,应当在制片人总部或者常住地所在的成员国进行真诚查询。此外,如果有证据表明,有关权利人或者作品、录音来源的信息可以在其他国家(不限于欧盟成员国)获得,则应当使用其他国家的信息来源进行真诚查询。

关于勤勉查询,关键是对相关作品、录音的适当信息来源进行查询。在这方面,《孤儿作品指令》没有具体规定什么是适当的信息来源,而是将其交由成员国具体规定。尽管如此,《孤独作品指令》的附录还是列举了4类作品以及每一类作品应当查询的信息来源。(1)关于已经出版的书籍,应当查询的信息来源包括:版权登记册、图书馆目录、图书馆和其他机构的藏书档案;相关国家的出版者协会和作者协会;数据库、书籍登记册、WATCH(作家、艺术家及其版权所有人协会)、ISBN(国际标准书号)、以印刷方式出现的书籍目录库;版权集体管理组织的数据库,尤其是复制权集体管理组织的数据库;综合多种数据和版权登记目录的来源,包括VIAF(国际权威认证档案)和ARROW(可获取的权利信息和孤儿作品登记册)。(2)关于报纸、杂志、刊物,应当查询的信息来源包括:关于期刊出版的ISBN(国际标准书号);图书馆馆藏的索引和目录;版权登记册;相关国家的出版者协会、作者协会和期刊协会;相关集体管理组织的数据库,包括复制权集体管理组织的数据库。(3)关于视觉作品,包括美术、摄影、示意图、设计图、建筑、建筑草图,以及包含在书籍、期刊、报纸或者其他作品中的上述视觉作品,应当查询的信息来源包括:上述(1)(2)应当查询的信息来源;相关集体管理组织的数据库,尤其是复制权集体管理组织的数据库;绘图机构的数据库。(4)关于视听作品和录音,应当查询的信息来源包括:版权登记册;相关国家的制片人或者制作人协会;电影或者录音遗产机构的数据库,以及国家图书馆的数据库;相关的标准和身份数据库,例如ISAN(国际标准视听作品号)、ISWC(国际标准音乐作品号)、ISRC(国际标准录音制品号);相关版权集体管理组织的数据库,尤其是关于作者、表演者、录音制作者和视听制作者的集体管理组织数据库;出现在作品封面上的编辑信息和其他信息;特定类别的权利人协会数据库。

从《孤儿作品指令》的附录可以看出,图书馆、博物馆等公益机构为了确定相关的作品、录音是否属于孤儿作品,应当查询的信息来源是非常宽泛的。按照该指令第5条的规定,图书馆、博物馆等公益机构在查询了相关的信息之后,应当保存查询记录,并将有关的信息提交给成员国政府的相关部门,包括勤勉查询的结果,以及由此而得出的相关作品或者录音属于孤儿作品的结论。除此之外,图书馆、博物馆等公益机构,还应当向成员国主管部门提交一些其他的信息,例如依据该指令使用孤儿作品的信息;相关的作品、录音不再属于孤儿作品的信息;图书馆、博物馆等公益机构的联系方式。《孤儿作品指令》第5条还要求,成员国政府的主管部门在获得了上述信息之后,应当立即将信息转送位于西班牙的"欧盟知识产权局"。正是基于这个要求,欧盟知识产权局设立了一个关于孤儿作品的在线数据库,并且从事必要的管理和维护工作,以便社会公众随时查询。① 根据规定,这是一个在欧盟范围内独立设立的孤儿作品数据库,所有的公民和机构都可以自由查询和使用。

从《孤儿作品指令》的要求和附录的列举来看,图书馆、博物馆等公益机构应当查询的信息来源不仅非常广泛,而且还必须符合"勤勉查询"的要求。显然,这是一件费时耗力的工作。为了避免重复查询和重复劳动,《孤儿作品指令》第4条规定,如果某一作品或者录音,经过图书馆、博物馆等公益机构的勤勉查询而被确定为"孤儿作品",则其在所有的成员国都具有孤儿作品的身份。与此相应,所有成员国的图书馆、博物馆等公益机构,都可以依据该指令的规定使用该作品或者录音。当然,在图书馆、博物馆等公益机构使用"孤儿作品"的过程中,如果作者或者权利人发出声明,称自己是相关作品、录音的作者或者权利人,则"孤儿作品"的身份立即终止。在这方面,《孤儿作品指令》第5条要求,成员国应当确立一个机制,让相关的作者或者权利人可以随时发出声明,终止相关作品的"孤儿"身份。一旦"孤儿作品"的身份终止,不但图书馆、博物馆一类的公益机构应当予以记载,而且成员国政府的主管机关还应当将有关信息立即转送欧盟知识产权局,让社会公众知晓。

最后,《孤儿作品指令》规定了孤儿作品的使用方式。根据该指令第6条的规定,成员国应当针对孤儿作品设立权利的限制与例外,让图书馆、博物馆等公益机构将孤儿作品予以数字化复制并传播给社会公众。根据规定,这个限制与例外是《版权指令》第5条规定的21个限制与例外之外的,或许可以称为第22个限制与例外。而且,这个新的限制与例外,既适用于复制权,又适用于向公众传播权。具体说来,图书馆、博物馆等公益机构,可以在《版权指令》第3条规定的向公众传播的意义上将孤儿作品提供给社会公众;可以在《版权指令》第2条规定的复制的意义上,为了数字化、向公众提供、制作索引、制作目录、保存作品或者恢复作

---

① 参见欧盟知识产权局(EUIPO)网站(https://europa.eu/european-union/about-eu/agencies/euipo_en)。

品,将孤儿作品予以复制。

值得注意的是,可以使用孤儿作品的,仅限于《孤儿作品指令》所提到的那些公益机构,例如图书馆、教育机构、博物馆、档案馆、视听遗产机构和公共广播组织。而且,使用孤儿作品的目的是为了实现这些机构的社会公益宗旨,尤其是保存、恢复其收藏的作品和录音,包括为了文化发展和教育而向社会公众提供相关的作品、录音。根据规定,图书馆、博物馆等公益机构在使用孤儿作品时,应当指明作者或者权利人的姓名,前提是如果已经查明的话。又据规定,如果作者或者权利人发出声明,终止相关作品、录音的"孤儿"身份,图书馆、博物馆等公益机构应当依据已经使用的期间向作者或者权利人支付合理的补偿金。根据规定,合理的补偿金应当在欧盟和成员国法律规定的框架之内,通过考虑作品或者录音的类别、作为孤儿作品使用的期间等要素予以确定。通常说来,合理补偿金的数额不是很大。

此外,根据《孤儿作品指令》第6条和第7条的规定,《孤儿作品指令》的贯彻执行,不影响图书馆、博物馆等公益机构缔结合同的自由,不影响有关专利、商标、外观设计、实用新型、集成电路布图设计、印刷字体的权利,不影响有关有线转播、国宝保护、制止不正当竞争、商业秘密保护、秘密信息保护、数据保护、隐私保护、公开文件获取的法律,也不影响合同自由、新闻自由、表达自由的法律。

第二节 视力障碍者指令和条例

一、指令和条例的制定

在全世界的人口中,残疾人,包括视力障碍者,占有相当的比例。正是由此出发,联合国大会于2004年12月通过了一个《残疾人权利公约》①,其宗旨是维护残疾人的固有尊严,确保残疾人享有基本人权和基本自由。按照该公约的规定,残疾人享有平等、不受歧视和在法律面前平等的权利;享有健康、就业、受教育和无障碍环境的权利;享有参与政治和文化生活的权利等。该公约第2条是关于相关术语的定义,其中特别提到了"语言"和"交流"。根据其规定,"语言"是指包括口语、手语和其他形式的非语音语言;"交流"是指通过语言、字幕、盲文、触觉交流、大字本、无障碍多媒体以及书面语言、听力语言、浅白语言、朗读辅助或替代性交流方式、手段和模式,包括无障碍信息和通信技术,交换或者获得相关的信息。此外,该公约遵行的"无障碍"原则,还包括了向残疾人提供无障碍的信息,以及残疾人可通过互联网络获得相应的信息。

正是基于《残疾人权利公约》所确定的公平、自由、非歧视和无障碍等原则,在世界知识产权组织的主持下,国际社会针对特定的视力障碍者,于2013年6月缔结了一个《关于为盲人、视力障碍者或其他印刷品阅读障碍者获得已出版作品提供便利的马拉喀什条约》②(以下简称《马拉喀什条约》)。该条约针对盲人、视力障碍者和其他印刷品阅读障碍者,规定了获得

---

① United Nations: Convention of the Right of the Persons with Disability, December, 2004.

② WIPO: Marrakesh Treaty to Facilitate Access to Published Works for Persons Who Are Blind, Visually Impaired, or Otherwise Print Disabled, June 2013.

已经出版作品的一系列便利,包括相关格式作品的国际交流。《马拉喀什条约》指出,对于盲人、视力障碍者和其他印刷品阅读障碍者,阅读和获得信息方面的不利因素限制了他们的言论自由和信息获得自由,限制了他们受教育的权利和从事各种创新研究的机会。由此出发,成员国应当采取措施,方便他们获得已经出版的作品。该条约还指出,很多盲人、视力障碍者和印刷品阅读障碍者生活在发展中国家和最不发达国家,因而有必要扩大国际合作,建立特定格式作品的国际交流机制,例如出口和进口相关格式的作品。《马拉喀什条约》强调,应当在尊重版权的基础上,调整权利的限制与例外,为盲人、视力障碍者和印刷品阅读障碍者获得作品提供便利。

欧盟是《马拉喀什条约》的缔结者,并且代表成员国签署了该条约。在这方面,欧盟委员会曾经向欧盟法院征询意见,是否可以代表成员国缔结《马拉喀什条约》,进而在欧盟的层面上落实该条约。因为有些成员国,例如法国、英国、捷克、芬兰、罗马尼亚、匈牙利、立陶宛认为,缔结和落实《马拉喀什条约》属于成员国层面的事情。而欧盟委员会和欧盟议会则认为,缔结和落实这个条约属于欧盟层面上的事情。欧盟法院经过审理认为,按照《欧盟运行条约》的相关规定,缔结和落实《马拉喀什条约》属于欧盟层面而非成员国层面的事情,欧盟委员会可以代表成员国签署《马拉喀什条约》。①

欧盟缔结《马拉喀什条约》之后,很快启动了落实该条约相关规定的立法工作。在这方面,欧盟委员会提出了两个立法草案,一个指令和一个条例。经过欧盟议会的讨论和欧盟理事会的批准,于 2017 年 9 月 13 日同时公布了指令和条例。其中的指令名称为《盲人和视力障碍者使用某些作品和客体所涉及的版权和相关权指令》②,其中的条例名称为《盲人和视力障碍者使用某些作品和其他客体所涉及的版权和相关权条例》。③ 具体说来,《盲人和视力障碍者使用某些作品和客体所涉及的版权和相关权指令》是为了协调成员国的版权立法,尤其是有关权利限制与例外的规定,从而为盲人、视力障碍者和其他印刷品阅读障碍者获得相关格式的作品、相关权客体扫清障碍。至于《盲人和视力障碍者使用某些作品和其他客体所涉及的版权和相关权条例》,则是为了规范欧盟共同市场与第三国交换相关格式的作品和相关权客体,进而不与《版权指令》相冲突的法律。由此可见,《盲人和视力障碍者使用某些作品和客体所涉及的版权和相关权指令》是一个针对成员国的法律文件,而《盲人和视力障碍者使用某些作品和其他客体所涉及的版权和相关权条例》则是针对所有欧盟公民和法人,并且在欧盟共同市场内具有直接法律效力的文件。

按照《盲人和视力障碍者使用某些作品和客体所涉及的版权和相关权指令》的要求,成员

---

① Opinion of the Court (Grand Chamber) of 14 February 2017, Case Avis 3/15, Opinion pursuant to Article 218 (11) TFEU.

② Directive (EU) 2017/1564 of the European Parliament and of the Council of 13 September 2017 on certain permitted uses of certain works and other subject matter protected by copyright and related rights for the benefit of persons who are blind, visually impaired or otherwise print – disabled and amending Directive 2001/29/EC on the harmonisation of certain aspects of copyright and related rights in the information society.

③ Regulation (EU) 2017/1563 of the European Parliament and of the Council of 13 September 2017 on the cross – border exchange between the Union and third countries of accessible format copies of certain works and other subject matter protected by copyright and related rights for the benefit of persons who are blind, visually impaired or otherwise print – disabled.

国应当在2018年10月11日以前贯彻落实该指令的相关规定,并且将相关的立法通报给欧盟委员会。为了与成员国落实《盲人和视力障碍者使用某些作品和客体所涉及的版权和相关权指令》的最后期限相对应,《盲人和视力障碍者使用某些作品和其他客体所涉及的版权和相关权条例》错后一天于2018年10月12日生效。又据规定,在2023年10月以前,欧盟委员会应当向欧盟议会、欧盟理事会、欧盟经济和社会委员会提交实施情况的评估报告,包括提出必要的法律修订意见。

二、指令和条例的主要内容

虽然《盲人和视力障碍者使用某些作品和客体所涉及的版权和相关权指令》是针对成员国而制定的,《盲人和视力障碍者使用某些作品和其他客体所涉及的版权和相关权条例》是针对所有的欧盟公民和法人制定的,但二者都是为了落实《马拉喀什条约》的相关要求,因而很多条文或者规定都是相同的。下面将以《盲人和视力障碍者使用某些作品和客体所涉及的版权和相关权指令》为准,讨论两个法律文件的主要内容。

依据《盲人和视力障碍者使用某些作品和客体所涉及的版权和相关权指令》的"重述",欧盟自1991年以来发布一系列指令,不仅协调了成员国的版权和相关权立法,还大大提升了版权和相关权的保护水平,增强了保护的确定性。当然,这些指令在提升版权和相关权保护水准的同时,也考虑了社会公众获取作品和相关权客体的需要,规定了权利的限制与例外。尤其是2001年发布的《版权指令》,规定了一个穷尽式的权利限制与例外的清单,允许社会公众在某些情况下自由使用版权作品和相关权客体,不必获得权利人的同意。这有利于社会公众获得知识和文化,进而推动创新和促进公共利益的发展。

《盲人和视力障碍者使用某些作品和客体所涉及的版权和相关权指令》的"重述"指出,盲人、视力障碍者和其他印刷品阅读障碍者,在获取作品和相关权客体方面存在着一系列困难。依据《欧盟基本权利宪章》和联合国《残疾人权利公约》的相关规定,有必要在欧盟层面上制定立法,落实《马拉喀什条约》的相关规定。关于这个问题,欧盟法院已经提出建议,依据一系列版权和相关权方面的指令,在权利限制与例外的框架之内,落实《马拉喀什条约》的相关规定。① 正是由此出发,《盲人和视力障碍者使用某些作品和客体所涉及的版权和相关权指令》修订了2001年《版权指令》第5条第3款第2项关于残疾人例外的规定。

《版权指令》第5条第3款是关于复制权和向公众传播权的限制与例外。其中的第2项"为了残疾人的福利而使用,而且该使用是在特定残疾需要的程度上,与特定的残疾直接相关,并且具有非商业的性质"的规定属于权利的限制与例外。修改后的第2项增加了一句"以及不损害成员国依据2017年1564号《指令》所承担的义务"。其中的"2017年1564号《指令》",就是《盲人和视力障碍者使用某些作品和客体所涉及的版权和相关权指令》。这样,有关盲人、视力障碍者和其他印刷品阅读障碍者使用作品和相关权客体的例外,就被纳入关于残疾人使用的例外中。

《盲人和视力障碍者使用某些作品和客体所涉及的版权和相关权指令》第2条定义了受

---

① Opinion of the Court (Grand Chamber) of 14 February 2017, Case Avis 3/15, Opinion pursuant to Article 218 (11) TFEU.

益人和为受益人服务的授权实体。其中的“受益人”是指盲人;视力受损而不能恢复,因而不能像正常人那样发挥视力功能,不能像正常人那样阅读印刷物的人;感知或者阅读残疾,因而不能像正常人那样阅读印刷物的人;或者因为物理性残疾而不能像正常人那样举起或者操作书籍,或者不能像正常人那样为了阅读而聚焦于书籍、移动自己的眼睛的人。其中的“获得授权的实体”是指成员国授权或者承认的向受益人提供教育、培训、改变性阅读资料或者信息的非盈利性组织。获得授权的实体也包括为受益人提供同类服务的公共机构和非盈利性组织,只要其主要活动之一、机构职责之一或者其公益宗旨之一,是为受益人提供同类服务。

《盲人和视力障碍者使用某些作品和客体所涉及的版权和相关权指令》第 2 条还定义了作品或者其他受保护客体以及可以获得的复制品格式。其中的“作品或者其他受保护客体”是指以书籍、报纸、杂志等形式呈现的作品,或者以其他书写、符号、乐谱等形式呈现的作品,以及以任何形式出现的图解资料,包括声音书籍、数字化格式的图解资料。而且,“作品或者其他受保护客体”仅限于仍然受到版权和相关权保护的内容。其中的“可以获得的复制品格式”是指经过了某种方式或者格式转化的作品或者其他受保护客体的复制件,可以使得受益人以可能的或者适当的方式获得相关的作品或者其他受保护客体。

按照《盲人和视力障碍者使用某些作品和客体所涉及的版权和相关权指令》第 3 条的规定,在两种情况下使用作品和相关权客体不需要获得作者或者相关权人的许可,这属于权利的限制与例外。第一种情况是,受益人或者受益人的代表制作作品或者相关权客体的可及性格式的复制件,并且仅限于受益人的合法使用。第二种情况是,获得授权的实体为了受益人而制作、传播、提供、发行、出借可及性的作品或者相关权客体的复制件,并且仅限于受益人的合法使用。第二种情况还包括,获得授权的实体将受益人可及性的复制品提供给其他的非赢利性授权实体,并且仅限于受益人使用。《盲人和视力障碍者使用某些作品和客体所涉及的版权和相关权指令》第 3 条要求,受益人或者授权实体制作和提供上述复制件,虽然可以改变为受益人可及性的格式,但应当尊重作品或者相关权客体的完整性,即作者享有的保护作品完整权、表演者享有的保护表演活动的完整权。根据规定,对于所规定的有关盲人、视力障碍者和其他印刷品阅读障碍者的例外,不得以合同约定的方式予以规避。

按照《盲人和视力障碍者使用某些作品和客体所涉及的版权和相关权指令》的规定,为了盲人、视力障碍者和其他阅读障碍者使用相关的作品或者相关权客体的行为可以不经权利人许可,但并没有明确规定不支付报酬。事实上,《盲人和视力障碍者使用某些作品和客体所涉及的版权和相关权指令》第 3 条第 6 款规定,成员国可以给予权利人以有限的报酬。这表明,成员国可以规定给予权利人以有限的报酬,也可以不规定给予权利人以有限的报酬。关于这一点,该指令“重述”第(14)指出,如果某一成员国规定了向权利人支付有限的报酬,这个报酬只能由设立于该成员国的授权机构支付。该指令“重述”第(14)特别强调,有限的报酬不得由受益人支付,也不得由设立于其他成员国或者第三国的授权机构支付。显然,如果要求受益人,例如盲人、视力障碍者和其他阅读障碍者支付有限报酬,就失去了照顾这些人利益的意义。如果要求设立于其他成员国或者第三国的授权机构支付有限报酬,又有可能妨碍特定格式的复制品在成员国之间或者在《马拉喀什条约》成员国之间流动。此外,该指令“重述”第(14)还指出,在确定有限报酬的标准时,应当考虑授权机构的非盈利性质、《盲人和视力障碍者使用某些作品和客体所涉及的版权和相关权指令》所追求的公共利益、受益人的利益、对于权利人有可能造成的损害,以及跨境传播特定格式复制品的必要性等因素。如果对于权利人造成的损害很小,则没有必要支付有限的报酬。

从实际操作的角度来看,为了受益人而制作、提供特定格式作品和相关权复制品的,主要是那些获得授权的机构,例如教育机构、培训机构、图书馆等。正是由此出发,《盲人和视力障碍者使用某些作品和客体所涉及的版权和相关权指令》对于这些机构提出了一些特别的要求。例如,授权机构应当承担起仅仅将特殊格式的复制品发行、传播、提供给法定的受益人或者其他授权机构的义务;应当采取适当的措施,避免未经法律授权的复制、发行、传播和提供特殊格式复制品的行为;应当保留有关特殊格式复制品的记录,以显示尽到了适当注意的义务;应当随时在其网站上公开和更新有关制作、发行、传播、提供特殊格式复制品的信息。又如,授权机构应当向受益人、权利人、其他授权机构提供以下信息:使用了可及性格式的作品、相关权客体的清单以及可以提供的特别格式的清单;本机构的名称和联络信息。

值得注意的是,按照欧盟法院确立的发行权在欧盟共同市场范围内用尽的原则,无论是受益人自己还是授权机构制作的特殊格式复制品,都可以在欧盟共同市场上自由流动,包括某一成员国的受益人提供给另一成员国的受益人,某一成员国的获得授权机构提供给另一成员国的受益人或者授权机构的情形。关于这一点,《盲人和视力障碍者使用某些作品和客体所涉及的版权和相关权指令》第 4 条规定,成员国应当确保设立于其境内的授权机构可以向其他成员国的受益人、授权机构发行、传播、提供特殊格式的复制品。成员国还应当确保本国的受益人和授权机构也可以获取来自其他成员国的特殊格式复制品。当然,无论是向其他成员国的提供,还是本成员国的获取,其前提条件都是为了受益人的合法使用。

如果说《盲人和视力障碍者使用某些作品和客体所涉及的版权和相关权指令》就欧盟共同市场上的特殊格式复制品的自由流动作了规定,那么在欧盟范围内一体有效的《盲人和视力障碍者使用某些作品和其他客体所涉及的版权和相关权条例》则针对欧盟共同市场与其他国家之间的贸易关系进行了特别规定。根据该条例第 3 条的规定,欧盟成员国的授权机构可以向第三国的受益人、授权机构发行、传播、提供特定格式的作品和相关权客体的复制品。这叫作"向第三国出口可及性格式的复制品"。又据该条例第 4 条的规定,欧盟成员国的受益人和授权机构,也可以从第三国进口或者以其他方式获得和使用特定格式的复制品,这叫作"从第三国进口可及性格式的复制品"。当然,无论是关于出口还是进口,所涉及的第三国都是指《马拉喀什条约》的成员国,而非其他国家。《盲人和视力障碍者使用某些作品和其他客体所涉及的版权和相关权条例》关于特定格式复制品进出口的规定,就是为了落实《马拉喀什条约》关于成员国义务的要求。

事实上,欧盟关于盲人、视力障碍者或者其他阅读障碍者的两个法律文件,在关于受益人、授权机构、作品和相关权客体、权利的限制与例外方面规定的内容基本相同。不同之处在于,《盲人和视力障碍者使用某些作品和客体所涉及的版权和相关权指令》规定了协调成员国的限制与例外,而《盲人和视力障碍者使用某些作品和其他客体所涉及的版权和相关权条例》则规定了欧盟共同市场与《马拉喀什条约》其他成员国的关系,尤其是关于特殊格式复制品的制作、发行、传播和提供。

第三节　跨境集体管理

一、《版权和相关权集体管理指令》的制定

按照欧洲大陆作者权法体系的框架，著作权法可以分为 5 个部分，即关于作者权的规定，关于相关权的规定，关于权利转让或者许可的合同规定，关于著作权和相关权集体管理的规定，以及关于权利实施的规定。[①] 如果再加以归纳，又可以分为 3 个部分：一是关于权利的规定，包括作者权和相关权；二是关于著作权和相关权转让、许可的规定，包括著作权和相关权的集体管理；三是关于权利实施的规定。因为，著作权和相关权的集体管理，严格说来是权利的集体许可，仍然属于合同的范围。

关于著作权制度，欧盟自 1991 年以来着力就版权和相关权的保护发布了一系列指令，以协调成员国的相关法律规则。这包括《计算机程序保护指令》《出租权指令》《卫星广播与有线转播指令》《保护期指令》《数据库保护指令》《追续权指令》《信息社会版权指令》。此外，2004 年发布的《实施指令》也涉及版权和相关权的保护问题。这样，就著作权法的 3 个部分而言，欧盟于 2004 年以前发布的指令，就涉及版权和相关权规则的协调以及版权和相关权实施规则的协调。

然而，在相当长的时间里，欧盟既没有发布有关版权和相关权合同的指令，也没有发布有关版权和相关权集体管理的指令。事实上，无论是关于版权和相关权合同的规则，还是关于版权和相关权集体管理的规则，成员国之间都存在着很大的差异，进而影响着作品、表演、录音和广播在欧盟共同市场上的自由流动。当然，权利的转让和许可合同属于各个成员国合同法的范围，即使予以协调和调整，也应当通过民事法律的协调而达成。至于著作权和相关权的集体管理，虽然也属于合同的范围，但是却可以在版权法的体系中予以规定。

2005 年，欧盟终于将协调成员国版权和相关权立法的注意力转向了集体管理的领域。在这一年的 4 月，欧盟委员会发布了一个"通告"，就集体管理组织跨越边境进行管理的问题征求成员国和相关市场主体的意见。在征求意见的基础之上，欧盟委员会于 2005 年 10 月发布了一个"关于合法在线音乐服务之版权和相关权跨越边境集体管理的建议"[②]，针对网络环境下的音乐作品集体管理，尤其是欧盟范围内跨越成员国边境的集体管理，提出了一些原则性的建议。该"建议"不同于前面所述的各项指令，对于成员国不具有约束力。但是该"建议"具有引导性或者指导性的作用，要求成员国的有关法律或者法规朝向该"建议"的目标发展。

"关于合法在线音乐服务之版权和相关权跨越边境集体管理的建议"在"重述"部分强调了音乐作品在网络环境中使用的特点。随着互联网络时代的到来，音乐作品的使用者必须获得广泛的授权，才可以应对互联网络没有国界特征的问题。同时，在音乐作品得以更为广泛

---

① 参见《迪茨教授关于修改中国著作权法的报告草案》，载郑成思主编：《知识产权研究》第 10 卷，方正出版社 2002 年版。

② Commission Recommendation of 18 October 2005 on collective cross – border management of copyright and related rights for legitimate online music services, Official Journal L 276, 21/10/2005.

使用的过程中,版权人和相关权人也会极大地增加自己的收入。与此相应,一方面要方便权利人授权,另一方面也要加大集体管理组织的透明度,让权利人得到应有的利益。针对这两个方面,该“建议”做出了一些规定。例如,权利所有人可以委托任何集体管理组织管理自己的“在线权利”,而无论权利人是哪一个成员国的国民或者居民,也无论选定的集体管理组织处于哪一个成员国中,权利人还可以从某一个集体管理组织转移到另一个集体管理组织。又如,版权和相关权集体管理组织应当透明管理相关的权利,应当平等对待所有的权利人。集体管理组织应当定期向权利人报告自己的管理活动,包括扣除的行政费用和分配的权利金的相关情况。

在此之后,欧盟委员会继续征求权利人、集体管理组织、音乐出版商、录音制作者的意见,提出了一个版权和相关权集体管理的指令草案。经过欧盟议会的讨论和欧盟理事会的批准,于2014年2月发布了《版权和相关权集体管理指令》。[①] 欧盟发布《版权和相关权集体管理指令》,协调成员国有关版权和相关权集体管理的规则,主要有两个原因。

第一,建立欧盟共同市场的需要。按照建立欧盟共同市场的宗旨,应当实现5个自由流动,即货物、服务、人员、资金的自由流动,以及知识和创新成果的自由流动。其中的知识和创新成果的自由流动,包括作品、表演、录音和广播的自由流动。然而在版权和相关权获得的成员国地域性原则支配之下,版权和相关权的集体管理也是由成员国地域性的机构依据成员国的法律在成员国的范围内进行的。例如就音乐版权和相关的表演者权、录音制作者权而言,一方面存在各个成员国设立的集体管理组织,并且仅在本成员国的范围内从事集体管理的活动,例如发放许可、收取和分配费用等。另一方面,设立在各个成员国的集体管理组织又是依据所在国的合同法或者版权法从事集体管理的活动。这样,在欧盟的范围内,即使是针对同一类作品或者同一种权利,也存在着若干个适用不同规则的集体管理组织。显然,这种分散性的集体管理,不利于知识和创新成果的自由流动,不利于欧盟共同市场的良好运行。

第二,在线许可和跨境许可的需要。传统的版权和相关权集体管理基于有形媒介的载体,例如书籍、报纸、杂志、画册、磁带、录像带、CD、DVD等,即使局限于某一个成员国的范围,也不会发生太大的问题。即使存在跨越边境传播的问题,也可以通过成员国集体管理组织之间的合作而解决,例如代为收取许可费用。然而,随着数字技术和网络技术的发展,作品、表演、录音、广播可以通过互联网络被直接传播给社会公众,在很多情况下不再需要有形媒介的载体。这在音乐作品传播的情况下,包括相关的表演和录音传播的情况下尤其如此。因为,社会公众可以通过在线流量的方式直接聆听音乐作品和相关的表演声音。事实上,无论是在欧盟委员会于2005年发布的“关于合法在线音乐服务之版权和相关权跨越边境集体管理的建议”中,还是在2014年发布的《版权和相关权集体管理指令》中,在线音乐许可都是一个重要内容,甚至体现在了相关文件的题目上。

正是基于建立欧盟共同市场、适应互联网络跨境传播作品和相关权客体的需要,欧洲大

---

① Directive 2014/26/EU of the European Parliament and of the Council of 26 February 2014 on collective management of copyright and related rights and multi – territorial licensing of rights in musical works for online use in the internal market.

陆传统的集体管理模式也发生了深刻的变化。欧洲大陆传统的集体管理模式有两个显著特征。第一，依据权利产生的地域性原则，版权和相关权都是依据各个成员国的法律而产生的。与此相应，版权和相关权的集体管理，也是依据成员国的地域性原则而进行的。这样，即使是关于某一项权利的管理，例如音乐作品表演权的管理，就会存在二十多个成员国的集体管理。第二，权利管理是垄断性的和延伸性的。具体说来，依据版权和相关权行使的特点，集体管理组织通常进行分门别类的和专业化的管理。例如，有关音乐作品表演权的集体管理，有关文字作品复制权的集体管理，有关摄影作品的集体管理，等等。而且在通常情况下，关于一种作品的管理或者一种权利的行使，一个成员国仅仅设立一个集体管理组织。这种垄断性的集体管理组织，不仅管理成员的相关作品或者权利，还可以延伸管理非成员的相关作品或者权利。

在这方面，“关于合法在线音乐服务之版权和相关权跨越边境集体管理的建议”和《版权和相关权集体管理指令》，对于传统的权利集体管理进行了深刻的变革。根据规定，尽管在欧盟范围内有许多个集体管理组织，但权利人可以选择加入其中的任何一个，无论该集体管理组织设立于哪一个成员国。与此相应，为了选择加入新的集体管理组织，权利人还可以自由退出原来的集体管理组织。这样，某一个成员国的权利所有人，就可以依据利益最大、获得服务最优的原则，退出原先国的集体管理组织而加入另一个成员国的集体管理组织。显然，这种做法已经摒弃了传统的地域性、垄断性的集体管理模式，改而采用了欧盟范围内的竞争性集体管理模式。同时，随着数字技术和网络传播技术的发展，设立于不同成员国的集体管理组织也可以适时向欧盟范围内的使用者发放许可、收取权利金，进而向权利人分配和支付权利金。毫无疑问，正是建设欧盟共同市场的需要以及计算机技术、网络技术、数字技术的飞速发展，导致欧盟摈弃传统的集体管理模式，改而采用竞争性的集体管理模式。

《版权和相关权集体管理指令》共有 58 个“重述”和五编 43 个条文。其中的第一编是“一般规定”，就《版权和相关权集体管理指令》的适用和相关的术语进行了界定。第二编是“集体管理组织”，就集体管理组织的范围、权利人的范围、集体管理组织的结构和运行，以及权利金的收取、分配等问题进行了详细规定，目的是协调成员国版权和相关权集体管理的法律规则。第三编是“音乐作品多地域在线许可的集体管理组织”，针对音乐作品及其相关的表演、录音的跨境许可的集体管理做了详细规定，包括成员国集体管理组织之间的相互代理、许可的准确性和透明性，以及费用的收取和分配等内容。这是针对音乐作品在线集体管理，以及相关的法律规则做出的特殊规定。第四编是“实施机制”，规定了集体管理组织的诉讼地位、多元纠纷解决机制。其中的权利主张诉讼，可以适用 2004 年欧盟的《知识产权实施指令》予以解决。第五编是“报告和最终规定”，要求欧盟委员会就该指令的实施提交报告，发现问题并提出解决问题的立法建议。按照规定，成员国应当在 2016 年 4 月以前，在其国内法中贯彻落实《版权和相关权集体管理指令》的相关规定，并且通报给欧盟委员会。

《版权和相关权集体管理指令》第 1 条明确规定，该指令所确立的规则，是为了确保版权和相关权集体管理组织的良好运行，以及确保集体管理组织关于音乐作品在线跨境许可的良好运行。这样，除了关于实施机制、评估报告等简单规定，《版权和相关权集体管理指令》主要规定了两方面的内容，即一般性的集体管理规则和特殊的音乐作品在线集体管理规则，下面分别讨论。

二、集体管理的一般规则

《版权和相关权集体管理指令》第 3 条对于“集体管理组织”“权利人”等术语进行了界定。根据规定,集体管理组织是指经由法律授权而成立的,或者基于转让、许可或者其他合同安排而成立的,代表一个以上的权利人管理版权和相关权的组织。集体管理组织的宗旨是保护权利人的集体利益,其唯一的目的或者主要的目的应当符合如下的一个或者两个标准:由其成员所有或者控制;基于非盈利的性质而成立。按照这个定义,集体管理组织可以经由法律授权而成立,也可以基于权利人的意愿而成立。而且,只要其管理了一个以上权利人的版权或者相关权,就可以称为集体管理组织。

《版权和相关权集体管理指令》第 3 条在界定了集体管理组织之后,又界定了“独立管理实体”。按照该指令的相关规定,这种“独立管理实体”也属于版权和相关权的集体管理组织。根据规定,独立管理实体是指经由法律授权而成立的,或者基于转让、许可或者其他合同安排而成立的,代表一个以上的权利人管理版权和相关权的组织。独立管理实体的宗旨是保护权利人的集体利益,其唯一的目的或者主要的目的应当符合如下的一个或者两个标准:权利人既不拥有也不控制独立管理实体,无论是直接的或者间接的,也无论是全部的或者部分的;基于非赢利的性质而成立。按照这个定义,“集体管理组织”与“独立管理实体”的唯一区别在于,前者是由权利人拥有或者控制,后者则不由权利人拥有或者控制。在这方面,某些成员国存在的代表权利人管理版权和相关权的基金会一类的组织或者社会团体,就属于“独立管理实体”。

根据《版权和相关权集体管理指令》第 3 条的规定,“权利人”是指拥有版权或者相关权的任何个人或者集体管理组织之外的实体,可依据协议或者法律允许他人行使其权利,并且获得权利收入的分成。根据这个定义,权利人不仅包括拥有版权和相关权的个人,如作者和表演者,以及版权和表演者权的继承人、受让人,还包括拥有版权和相关权的表演者团体、录音组织、广播组织,以及受让或者获得了版权和相关权的组织。这些组织包括权利人协会、基金会、作为成员而加入某一集体管理组织的其他集体管理组织。其他集体管理组织加入某一集体管理组织,通常是在相互代理的情况下,例如德国的音乐集体管理组织代表法国、意大利的音乐集体管理组织。与此相应,对于集体管理组织框架下的“权利人”或者“成员”,应当做出最为宽泛的解释。

除了关于集体管理组织和独立管理实体的定义,还有一些术语值得关注。例如,“权利收入”是指集体管理组织代表权利人获得的收益,无论该收益是来自专有权利,还是来自权利的补偿或者赔偿。又如,“管理费用”是指集体管理组织从权利收益或者从权利收益之投资收益中收取的、扣减的或者补偿的管理版权和相关权的费用。再如,“跨境许可”是指相关的许可涉及一个以上的成员国。至于“音乐作品的在线权利”则是指音乐作品的作者依据《版权指令》第 2 条和第 3 条的规定享有的,因为在线提供音乐作品而需要行使的复制权和向公众传播权。显然,充分了解这些术语有助于理解版权和相关权的集体管理。

关于集体管理组织的运行,《版权和相关权集体管理指令》提出的总体要求是,有效管理版权和相关权,最大限度地实现权利人的利益。由此出发,《版权和相关权集体管理指令》分别从权利人和集体管理组织的角度做出了一系列规定。

先来看关于权利人的规定。《版权和相关权集体管理指令》第 5 条要求，集体管理组织在其章程或者入会条件中至少应当规定权利人享有 7 项权利。例如，权利人有权许可集体管理组织管理其版权和相关权。在这方面，权利人可以选择自己心仪的集体管理组织，可以授权集体管理组织管理其享有的某一项权利或者某一类权利。权利人可以自由选择集体管理组织，无论权利人拥有哪个成员国的国籍或者居住在哪个成员国，也无论集体管理组织设立于哪个成员国。而且，相关的集体管理组织在其业务范围内不得拒绝权利人的选择以及权利人许可管理的权利种类。又如，权利人可以中止集体管理组织的权利管理，可以撤回曾经授予管理的权利或者权利种类，可以退出相关的集体管理组织。当然，权利人在做出中止授权、撤回授权和退出决定后，应当在合理的时间里，例如 6 个月之前通知相关的集体管理组织。集体管理组织也可以做出决定，权利管理的中止、撤回或者权利人的退出，应当在当年年底发生效力。再如，权利人即使是在加入了某一集体管理组织、授权管理自己的某一项或者某一类权利的情况下，仍然可以发放非商业性使用的许可，授权他人以某种方式使用其相关的作品和相关权客体。

除此之外，权利人还享有获得报酬的权利、知晓相关信息的权利。关于获得报酬，即使是在中止授权、撤回授权或者退出集体管理组织的情况下，权利人也应当获得在此之前因为利用作品或者相关权客体而产生的报酬。集体管理组织不得因为某一成员做出了中止授权、撤回授权或者退出集体管理组织的决定，就停止承担集体管理的职责，不再就相关作品、相关权客体的利用而发放许可和收取费用。关于知晓信息，集体管理组织应当及时通告权利人是否接纳为成员的信息、可以管理的权利的信息、获得报酬的信息等。

再来看关于集体管理组织的规定。根据规定，如果相关的权利人申请加入某一集体管理组织，只要符合有关成员资格的要求，该集体管理组织就应当接纳申请者成为成员。这里所说的权利人，既包括作为自然人的权利人，也包括代表权利人的实体组织，例如其他集体管理组织、权利人协会等。按照规定，集体管理组织应当以客观、透明、无歧视的原则审查和接纳成员。在这方面，集体管理组织应当在其章程中明确规定接纳成员的资格条件，并且公之于众。关于接纳成员的审查机制，应当是恰当的和有效的。如果集体管理组织作出决定不接纳某一成员，也应当向权利人做出解释，说明不接纳的理由。集体管理组织应当保存其成员的名录，记载相关的事宜，并且定期更新和公布。

此外，《版权和相关权集体管理指令》还就延伸性的集体管理做了规定。如果某些权利人基于法律的规定，或者基于权利的转让、许可或者合同安排，与某一集体管理组织存在法律关系，但又没有成为该集体管理组织的成员，则相关的集体管理组织也应当为其提供权利管理服务。而且，无论是作为集体管理组织成员的权利人，还是因为延伸性集体管理所涉及的权利人，都可以随时通过电子的或者其他方式，就权利的行使和其他事宜与集体管理组织联系。

三、集体管理组织的结构和运行

《版权和相关权集体管理指令》第 8 条至第 22 条规定了集体管理组织的结构、权利金的管理、集体管理组织与使用者，以及集体管理的透明和报告，下面分别论述。

集体管理组织的结构包括成员大会、监事会和董事会。其中的成员大会是集体管理组织的权力机构，由全体成员参加，每年至少召开一次。成员大会可以作出修订章程和成员资格的决定;可以任命和罢免董事,批准董事的报酬和其他收益。除此之外,成员大会还可以决定以下事项:向权利人分配收益的一般性规则;使用不分配之收益的一般性规则;管理费用扣减的一般性规则;对于权利金进行风险性管理的规则;批准关于合并、联合、补贴、购买的其他实体的事宜;批准借款、贷款和为贷借款提供担保的事宜。成员大会还可以通过任命和罢免审计人员的方式,通过批准年度报告的方式,促使董事会从事透明、有效的管理活动。

根据《版权和相关权集体管理指令》的规定,所有的成员,包括个人成员和集体成员,都有权利参加成员大会,并就相关的事宜投票表决。当然,成员国的法律也可以规定,无论是个人成员还是集体成员,都可以委托他人代理自己参加成员大会和投票表决。此外,成员国的法律还可以限制集体成员的表决权,以防止集体成员通过优势表决票数支配集体管理的事宜。

集体管理组织中的监事会,是监督集体管理活动和董事会成员工作的机构或者人员。监事会的成员应当依据公平和平衡的原则任命,代表不同种类的权利人从事监督事宜。监事会成员应当每年就利益冲突的问题作出声明,包括自己在集体管理组织中的利益所在,来自集体管理组织的年度收益,以及有可能存在的利益冲突等问题。监事会应当监督董事会成员的管理工作,包括董事会对于成员大会所做决定的贯彻执行情况,并且按照年度向成员大会提供监事会的工作报告。

集体管理组织的董事会,是集体管理组织的执行机构,由董事会成员组成。《版权和相关权集体管理指令》规定,董事会成员应当以良好、谨慎和适当的方式从事集体管理工作,董事会应当建立良好的管理、会计和内部管理机制。《版权和相关权集体管理指令》还要求,成员国的法律应当确保集体管理组织建立适当的机制,防止利益冲突对于集体管理带来的不利后果。如果相关的利益冲突不可避免,则应当说明、管理、监督和披露相关的利益冲突,进而防止利益冲突带来集体管理方面的负面影响。在这方面,董事会成员应当每年就利益冲突的问题作出声明,包括自己在集体管理组织中的利益所在,来自集体管理组织的年度收益,以及有可能存在的利益冲突等问题。

以上是关于集体管理组织结构的讨论。下面来看有关权利金管理的问题。《版权和相关权集体管理指令》要求,集体管理组织应当勤勉收集和管理权利金。收集来的权利金以及权利金因为投资而获得的收益应当单独立账,不得与其他收入混同。集体管理组织可以从权利金中扣除必要的管理费用和服务费用。集体管理组织可以扣除的管理费用和服务费用应当公开透明,应当让权利人在成为会员之前就了解扣除的项目和标准。《版权和相关权集体管理指令》要求,集体管理组织应当以经常性的和准确的方式,将权利金分配给相关的权利人,包括个人会员和集体会员。集体管理组织应当尽快将权利金分配和支付给相关的权利人,支付的期间通常应当是在财政年度结束后的 9 个月之内。集体管理组织应当辛勤收集权利人的身份信息、地址信息,进而支付相关的权利金。如果在财政年度结束后的 9 个月内无法支付,则应当将权利金存入一个专门账户中,并在获得权利人的准确信息后支付。如果在财政年度结束后的 3 年之内仍然无法支付,则相关的权利金为不能支付的权利金,可以由成员大会就其用途做出决定,例如作为文化发展和教育发展的基金。

《版权和相关权集体管理指令》在规定权利金管理的条文中还特别提到了集体成员的权利金分配问题。根据规定,集体管理组织在分配和支付权利金的过程中应当同等对待个人会员和集体会员,不得歧视集体会员所代表的权利人。《版权和相关权集体管理指令》规定,对于其他实体代表的权利人,集体管理组织只能收取管理费用,而不能有其他的费用扣减。同样,集体管理组织应当以经常性的和准确的方式,将权利金分配给其他集体会员,并且不晚于财政年度结束后的9个月。至于集体会员,应当在收到集体管理组织权利金之后的6个月以内,将权利金分配和支付给具体的权利人。

再来看集体管理组织与使用者的关系。根据《版权和相关权集体管理指令》第3条,“使用者”是指获得权利人许可而使用作品和相关权客体,并且向权利人支付许可费用或者权利金的个人和实体,但不包括使用作品或者相关权客体的消费者。按照这个定义,使用者就是将作品或者相关权客体传播给社会公众的个人或者实体,例如出版组织、广播组织、网络服务提供者等。

按照《版权和相关权集体管理指令》第16条的要求,使用者应当与集体管理组织,真诚谈判而获得许可,进而使用相关的作品和相关权客体。在此过程中,集体管理组织和使用者应当向对方提供必要的信息,以便谈判得以完成。集体管理组织应当依据客观的和非歧视的标准发放许可,收取合理的费用。合理的费用,应当基于权利的市场交易价值、相关作品或者相关权客体的性质、可以使用的范围,以及集体管理组织提供之服务的经济价值予以确定。集体管理组织应当向使用者通报相关的收费标准以及其他的必要信息。使用者也应当就自己意图使用的作品、相关权客体,向集体管理组织提供必要的信息。而集体管理组织在收到使用者的相关信息之后,应当迅速做出是否授权的决定。如果决定不授权,则应当向使用者做出合理的说明。至于使用者,在获得使用相关作品和相关权客体的许可之后,也应当定期或者不定期地向集体管理组织提供关于使用情况的信息,以便集体管理组织收取、分配和支付权利金。使用者提供相关信息的期间和方式可以参照行业的惯例和标准执行。

此外,《版权和相关权集体管理指令》还规定了集体管理组织的信息透明制度和年度报告制度。根据规定,集体管理组织应当向权利人提供权利金收取、分配和支付的信息。这些信息包括:权利人联系信息,分配给权利人的收益,每一种权利或者每一种使用的支付金额,支付权利金的期间,管理费用的扣减,其他费用的扣减(如为了发展文化和教育事业的扣减)。集体管理组织还应当提供与其他集体管理组织合作的信息,例如在代为管理的情况下收取、分配和支付费用的信息。此外,集体管理组织应当向社会公众公布其章程、入会条件、标准许可合同、权利金标准、分配权利金的规则、扣减管理费的规则、扣减其他费用的规则、与其他集体管理组织合作的协议、处理不分配权利金的规则,以及纠纷处理规则。

以上是关于信息透明制度的论述。关于年度报告制度,《版权和相关权集体管理指令》要求,无论集体管理组织的设立形式或者依据的法律是什么,每年都应当撰写和发表年度报告。年度报告应当在财政年度结束后的8个月内发表,应当记载集体管理组织当年度的活动信息,包括会员概况、权利金收入、权利金分配、权利金支付、行政费用扣减、其他扣减,以及与其他集体管理组织的协议等信息。关于年度报告,《版权和相关权集体管理指令》还有一个附录,详细列举了报告中应当包含的内容。此外,《版权和相关权集体管理指令》还要求集体管理组织提供两个独立的报告作为年度报告的一个组成部分。这两个报告分别是当年度的财务审计报告以及用于社会文化和教育发展的扣减金额的使用报告。《版权和相关权集体管理指令》要求,年度报告应当发表于集体管理组织的网站上,并且至少保留5年,以供社会公众查阅。

四、音乐作品在线集体管理

《版权和相关权集体管理指令》第三编针对在线音乐作品的使用及其相关的集体管理做了专门规定。事实上,欧盟制定《版权和相关权集体管理指令》,原因之一就是数字技术和网络技术的发展对于作品、相关权客体跨越国界的使用,以及相关的集体管理带来了一系列挑战。其中,对于音乐作品集体管理的挑战是最大的。因为音乐作品本来就是使用广泛和传播频繁的作品,而早期的版权集体管理就是起源于音乐作品的使用。进入 21 世纪以后,数字技术和网络技术的飞速发展,使音乐作品得以在更大的范围之内跨越国界地传播。与此相应,对于音乐作品的集体管理也需要做出调整。

关于音乐作品的在线传播和跨境许可,《版权和相关权集体管理指令》主要是从跨境集体管理、在线传播、跨境集体管理合作的角度做了相应的规定。其中的在线使用音乐作品的权利,是指为了传播音乐作品而从事的复制和传播行为涉及的音乐作品权利人所享有的复制权和向公众传播权。其中的跨境许可,是指跨越成员国国界的许可。

按照《版权和相关权集体管理指令》的要求,从事音乐作品跨境许可业务的集体管理组织,应当具备在线许可或者电子许可的能力。具体说来,集体管理组织应当具有足够的能力,以电子的方式准确识别其管理的音乐作品,准确识别使用音乐作品的成员国地域,准确识别音乐作品的权利人,以及准确而及时地处理账单、收取权利金、分配和支付权利金。从事跨境许可业务的集体管理组织,还应当利用各种手段,及时和有效地修改有关权利人、音乐作品、许可条件的信息,以便准确而有效地从事跨境许可业务的业务。在此基础之上,从事跨境许可业务的集体管理组织,应当以电子的方式向在线作品的使用者、权利人和社会公众提供有关音乐作品、许可条件、使用地域的信息。

按照《版权和相关权集体管理指令》的要求,音乐作品的在线使用者,诸如网络服务商,应当在获得集体管理组织的许可之后传播相关的音乐作品。从事跨境许可业务的集体管理组织,应当以透明而有效的方式,将有关的电子信息提供给音乐作品的在线使用者。这些电子信息包括:该集体管理组织管理的音乐作品的信息,音乐作品在线传播的权利信息,可以使用作品的地域的信息。至于在线使用者,在获得许可并使用了音乐作品之后,应当及时以电子的方式向集体管理组织报告具体的使用情形,包括作品的名称、使用的地域范围、使用的频次等。而集体管理组织在获得了这些信息之后,也应当及时向在线使用者提供账单,指明音乐作品的名称、权利人的姓名、使用作品的地域范围,以及应当收取的费用等。

关于音乐作品的在线使用和跨境许可,《版权和相关权集体管理指令》的规定有两个特点。一是音乐作品的权利人在委托集体管理的时候,只能发放非独占性许可;二是此集体管理组织委托彼集体管理组织的时候,只能进行非独占性的委托。关于后一点,《版权和相关权集体管理指令》第 29 条规定,关于音乐作品的在线使用和跨境许可,成员国的集体管理组织可以相互合作和委托,但是委托另一方代为管理的应当是非独占性的。获得委托的集体管理组织,应当依据非歧视的原则,管理所有在线音乐作品包括受委托音乐作品的在线许可,管理内容包括以相同的条件发放许可、收取权利金和转付权利金。针对个别音乐作品集体管理组织没有能力从事在线许可业务,甚至不愿意从事在线许可业务的情形,《版权和相关权集体管理指令》第 31 条还特别要求,这种集体管理组织应当委托有能力从事在线许可业务的集体管理组织管理相关的音乐作品。显然,这只是一个兜底性的规定,因为相关的集体管理组织为了生存和发展,必须适应在线许可和跨境许可的现实要求。

《版权和相关权集体管理指令》要求,从事音乐作品在线许可业务的集体管理组织,在收取了相关的权利金之后,应当将权利金准确、及时地分配和支付给音乐作品的权利人。当然,集体管理组织可以进行必要费用的扣除,例如管理费用、用于文化和教育发展的费用等。集体管理组织在向权利人支付费用的时候,应当说明相关音乐作品的使用期间、地域范围,以及必要的扣除数额。在这方面,对音乐作品在线许可集体管理组织的要求与一般性集体管理组织的要求基本相同。

最后,《版权和相关权集体管理指令》第 32 条还对广播组织播放之音乐作品的在线传播做出了专门规定。根据规定,广播电台、电视台等广播组织在获得播放音乐作品的许可之后,包括获得音乐作品集体管理组织的许可之后,可以将其播放的音乐作品进行在线传播,不必再次获得音乐作品在线传播的许可。或者说,有关音乐作品在线传播集体许可的集体管理规定不适用于广播电台、电视台将其播放的音乐作品进行在线传播的情况,包括同时广播、事后广播,这被称为“在线音乐权利的减损”。

第四节 广播电视在线传播

一、《广播电视在线传播指令》的制定

从作品传播技术的发展来看,录音技术和无线电广播技术的产生,催生了无线电广播产业。随着录音技术和无线电广播产业的发展,作品可以通过录音和广播的方式传播的同时,产生了保护表演者权利、录音制作者权利和广播组织权利的必要性。录像技术、电影技术和电视广播技术的发展,也促进了电视广播产业的发展。随着录像技术、电影技术和电视广播技术的发展,不仅产生了一种新的作品种类——电影,还产生了保护录像(不构成电影作品)制作者和广播组织权利的必要性。事实上,广播组织权的客体就是载有节目的无线电广播信号和电视信号。

从无线电广播技术和电视广播技术的发展来看,由于信号传播的有限性,早期广播节目和电视节目的传播范围通常都在一个国家的地域之内。这样,无论是关于作品、表演、录音的授权,还是广播组织制作节目所产生的版权和相关权,其效力范围也在一个国家的地域之内。就欧盟而言,尽管在一些成员国的边境地区的公众,例如比利时的观众收听到了来自德国的广播或者收看到了来自德国的电视节目,但这种情况的发生对于权利和授权的成员国的地域性没有太大的影响。然而,随着卫星广播技术和有线转播技术的发展,无线电广播节目和电视节目的传播范围就不再被局限于某一成员国的范围之内。在版权和相关权的效力仍然仅限于某一成员国范围的前提下,卫星广播组织和有线转播组织必须获得若干个成员国的授权,才有可能传播其卫星广播节目和有线转播节目。

通常说来,就无线电广播和电视广播而言,在一个国家获得相关作品、表演、录音和广播的授权相对比较容易。如果涉及若干个国家的授权,就可能遇到各个国家版权和相关权法律

规则不同的情况。例如在欧盟成员国内,有些成员国没有相关权保护的规则,而是把表演和录音当作录音作品予以保护,把电视广播的内容当作电影作品予以保护。又如,有些成员国版权保护的期限为作者有生之年加50年,而有些国家版权保护的期限则为作者的有生之年加70年。正是由此出发,欧盟于1992年发布了《出租权指令》(其中协调了相关权保护的规则),于1993年发布了《保护期指令》,协调了成员国关于相关权保护期的规则。在此基础之上,欧盟于1993年9月发布了《卫星广播与有线转播指令》,就卫星广播和有线转播所涉及的版权、相关权授权问题做了规定。其中最突出的特点就是,卫星广播和有线转播所涉及的授权问题应当通过集体管理的方式解决。而且有线转播所涉及的版权和相关权问题只能通过集体管理的方式予以解决。

然而,随着数字技术和网络技术的飞速发展,无论是无线电广播节目还是电视广播节目,都可以在互联网络上传播。这种传播,可以是同时的传播,也可以是后续的传播;可以是社会公众被动接受,就像收听广播、收看电视一样,也可以是按照自己选定的时间和地点而主动收听、收看。同样,无线电广播节目和电视广播节目在互联网络上的传播是一种跨越国境的甚至是在全球范围内的传播。与此相应,无线电广播节目和电视广播节目在互联网络上的传播就像其他作品在互联网络上传播一样,需要获得多个国家的版权和相关权许可。

正是在这样一个背景之下,欧盟自2001年发布《信息社会版权指令》之后,就开始考虑互联网络环境下的版权和相关权的许可问题。在这方面,欧盟委员会于2008年7月16日发表了《知识经济中的版权》绿皮书[①],就网络环境中的知识传播提出了一些问题和解决问题的建议。这些问题包括权利的限制与例外以及版权和相关权授权。2015年,欧盟委员会又提出了"数字单一市场战略"政策主张,试图解决作品、表演、录音和广播跨越国界传播的问题。在《面向现代的更为欧盟化的版权框架》通告中[②],欧盟委员会认为应当重新审视此前发布的《卫星广播与有线转播指令》,并在此基础之上提出一个关于跨境在线传播电视节目和无线电广播节目的立法建议。按照计划,欧盟委员会于2016年开始起草《广播电视在线传播指令》,并向社会各界征求意见,随后,经过欧盟议会讨论和欧盟理事会的通过,于2019年4月发布了《关于广播组织某些在线传播和电视广播节目在线再传播的指令》[③](以下简称《广播电视在线传播指令》)。

《广播电视在线传播指令》第1条开宗明义地指出,该指令所确定的规则,是为了解决在线服务提供者的授权问题,促进电视广播节目的跨境传播,以及广播组织直接通过互联网络传播其电视广播节目。由此可见,《广播电视在线传播指令》的宗旨是解决广播电视节目在线传播中的授权问题。为了解决这个问题,《广播电视在线传播指令》对广播组织的在线传播,

---

① Commission of European Community: Green Paper on Copyright in Acknowledge Economy, July 17, 2008, COM (2008) 466 final.

② Communication from the Commission to the European Parliament, the Council, the European Economic and Social Committee and the Committee of the Regions: Towards a modern, more European copyright framework, COM (2015) 626 final.

③ Directive (EU) 2019/789 of the European Parliament and of the Council of 17 April 2019 laying down rules on the exercise of copyright and related rights applicable to certain online transmissions of broadcasting organisations and retransmissions of television and radio programmes, and amending Council Directive 93/83/EEC.

电视节目和无线电广播节目的在线再传播,在线再传播中的权利行使,以及电视广播组织的直接在线传播等问题进行了规定。按照要求,成员国应当于2021年6月7日以前在国内法中贯彻落实《广播电视在线传播指令》的要求,为电视节目和无线电广播节目在整个欧盟范围内的传播或者再传播扫清版权和相关权保护上的障碍。此外,《广播电视在线传播指令》还要求欧盟委员会于2025年6月7日以前,向欧盟议会和欧盟理事会提交《广播电视在线传播指令》实施的评估报告,并且提出必要的法律修订建议。

二、《广播电视在线传播指令》的主要内容

《广播电视在线传播指令》的"重述"第(2)指出,数字技术和网络技术的发展,极大地改变了电视节目和无线电广播节目的传播方式,也改变了社会公众获得电视节目和无线电广播节目的方式。很多公众成员不仅通过传统的频道、卫星、有线广播的方式收看电视节目、收听广播节目,还通过在线方式收看电视节目、收听广播节目。一方面,基于网络传播技术的发展,广播组织可以在进行传统广播的同时,将自己的电视节目和广播节目通过在线的方式传播给社会公众。另一方面,一些网络服务商也汇集了一些电视节目和无线电广播节目,进而通过在线方式提供给社会公众。而且,无论是广播组织在线传播自己的电视节目和广播节目,还是专业的网络服务商在线传播相关的电视节目和广播节目,又都涉及从一个成员国传播到其他成员国的问题,涉及有关作品、相关权客体的授权问题。

《广播电视在线传播指令》将电视节目和无线电广播节目的在线传播分成了三个类别,即广播组织在线传播其电视节目和无线电广播节目,网络服务商汇集相关的电视、广播节目而进行在线传播,以及广播组织通过在线的方式,将其电视节目和广播节目直接传播给网络服务商,再由后者传播给社会公众。《广播电视在线传播指令》针对这三类在线传播,分别规定了获得作品和相关权客体的授权问题。

先来看第一类广播组织的在线传播。在这方面,《广播电视在线传播指令》使用了一个术语——"附属在线服务"。广播组织的主业是实行直接的广播行为,将自己的电视节目和广播节目以"广播"的方式传播给社会公众。然而,由于网络技术的发展,广播组织又可以在从事"主业"的同时,以"附属在线服务"的方式将自己的电视节目和广播节目传播给社会公众。不过,《广播电视在线传播指令》对于广播组织可以传播的电视节目做了限缩性的规定。按照《广播电视在线传播指令》的规定,广播组织可以将自己的无线电广播节目通过在线的方式传播给社会公众。然而,广播组织可以通过在线方式"附属"传播的电视节目仅限于关于新闻和实时报道的电视节目,以及完全由其自己制作的电视节目。

《广播电视在线传播指令》第3条第1款对广播组织可以在线传播的电视节目加以限缩,是基于"电视节目"的特殊性。通过电视广播的很多"电视节目"在性质上属于电影作品或者视听作品,版权属于相关的电影公司或者商业摄制者。这些电影或者视听作品的所有人,除了会授权电视组织播放,还会授权网络服务商进行在线传播。所以,《广播电视在线传播指令》所说的电视广播组织可以在线传播的电视节目仅限于新闻和实时报道节目,以及自己制作的电视节目。在这种情况下,即使广播组织想要在线传播含有他人电影或者视听作品的电视节目,也应当获得相关电影或者视听作品版权所有人的许可。此外,《广播电视在线传播指令》第3条第1款还规定,广播组织可以在线传播的电视节目也不包括体育赛事的电视广播。

显然,这也是因为相关体育赛事的组织者不仅可以授权广播组织以电视广播的方式播放体育赛事活动,还可以授权网络服务商在线广播体育赛事活动。

按照《广播电视在线传播指令》第3条第1款的规定,广播组织可以传播的由其自己制作的电视节目,是指广播组织以自己的财力组织制作的电影或者视听作品,但不包括委托独立的电影或者视听制作者制作的节目。当然,就电视广播的在线传播而言,广播组织除了可以传播新闻和实时报道节目以及自己制作的电影或者视听作品,还可以通过获得转让或者许可的方式,在线传播他人的电影或者视听作品。其中自己制作的、获得转让的电影或者视听作品,其版权属于电视广播组织,电视广播组织自然可以通过各种方式,包括广播和在线传播的方式予以运用。至于获得许可的在线传播,不仅涉及复杂的合同许可关系,而且涉及跨越成员国国界的许可问题。因此,《广播电视在线传播指令》创设了一个"起源国原则"(the country of origin principle)。

"起源国原则"的创设,是为了解决广播电视节目在线跨境传播中的权利许可问题,该原则既适用于无线电广播节目,也适用于电视广播节目。其中的"起源国"是指广播组织所在的成员国,或者广播电视节目最初播放的成员国。根据"起源国原则",广播组织在其播放电视节目或者无线电广播节目的时候,不仅应当获得所在国权利人的授权,还应当在"附属在线服务"的意义上,或者在网络跨境传播的意义上,获得权利人的授权。当然,这里的跨境在线传播许可,仅仅是在广播组织提供附属在线服务意义上的许可,而不涉及相关作品和相关权客体的单独传播。值得注意的是,"起源国原则"仅仅是为"附属在线服务"提供了一种便利,并不要求广播组织必须通过互联网络向社会公众提供自己的广播电视节目。

根据《广播电视在线传播指令》"重述"第(9)的规定,"起源国原则"涉及权利人与广播组织的许可与被许可关系。其中的权利人,可以是权利人自己,也可以是代表权利人的组织,例如集体管理组织。无论是权利人自己还是集体管理组织,在与广播组织商讨附属在线传播的许可事宜时,都应当遵循合同自由的原则,在欧盟的法律框架内商谈许可事宜。事实上,当广播组织播放相关的电视节目或者无线电广播节目时,已经获得了权利人的许可。与此相应,关于后续的在线传播,更多的是有关许可费用的商讨。正是在这个意义上,《广播电视在线传播指令》第3条第2款规定,关于附属在线传播的许可费用,应当结合在线附属服务的所有方面予以确定,例如在线提供相关广播电视节目的期间,可以在线获取的公众人数,以及语言的版本,等等。

再来看第二类,网络服务商的在线传播。广播组织播放的大量电视节目和无线电广播节目,还可以由专业的网络服务商予以在线传播。专业的网络服务商可以汇集很多个广播组织播放的广播电视节目,也可以汇集很多个成员国初始播放的广播电视节目,然后将这些节目以不同的方式提供给社会公众。例如,以卫星广播的方式,有线转播的方式,数字广播的方式,手机广播的方式,传播给不同的社会公众。又如,可以将相关的电视节目和无线电广播节目,在线传播给相对封闭的公众群体或者类似的付费公众网络。显然,网络服务商以在线方式传播电视节目和无线电广播节目,具有更加丰富多彩和更加宽泛的特点。

专业的网络服务商进行在线的广播电视节目的再传播,是对相关作品和相关权客体的再次使用,应当获得版权所有人和相关权所有人的许可,并且支付必要的费用。在线转播大量的广播电视节目,需要获得两方面的许可。一是获得首次播出广播电视节目的广播组织的许可,因为这些组织就其播放的新闻和实时报道节目以及自己制作的广播电视节目享有版权。二是获得其他作品和相关权客体的许可,因为这些作品和相关权客体包含在广播电视节目之中,并且是整体的广播电视节目的一个不可分割的部分。显然,专业的网络服务商只有在获得了上述两个方面的许可之后,才可以进行相关广播电视节目的在线传播。

关于其他作品和相关权客体的许可,《广播电视在线传播指令》规定了一个强制性的集体许可机制。关于强制性的集体许可,已经见于欧盟 1993 年的《卫星广播与有线转播指令》。① 根据该指令,卫星广播节目的有线转播只能通过集体管理组织获得许可,而不可只通过单个权利人获得许可。因为,有线转播的节目是一个整体,假如有一个权利人不同意,则整体的节目就无法转播。而且,按照该指令,即使某些权利人没有加入集体管理组织,管理某一种权利的集体组织也可以代表未加入集体组织的权利人行使其权利。事实上,专业网络服务商在线传播广播电视节目与有线转播类似,也需要获得整体的许可。正是基于这种情形,《广播电视在线传播指令》第 4 条第 1 款规定,网络服务商在线传播他人的广播电视节目,应当获得权利人的许可。而且,这种许可只能通过集体管理组织来获得。

《广播电视在线传播指令》第 4 条第 2 款还规定,如果某些权利人没有加入相关的集体管理组织,则代表权利人行使某一权利的集体管理组织可以代表未加入者行使授予许可或者拒绝授予许可的权利。如果某一成员国内有两个以上行使相同权利的集体管理组织,则由该成员国通过立法决定哪一个集体管理组织行使授予许可的权利。当然,按照欧盟 2014 年发布的《版权和相关权集体管理指令》的规定②,集体管理组织应当同等对待尚未加入其组织的权利人,包括同等分配许可费用。

广播组织的许可相对来说比较容易获得。因为专业的网络服务商在传播相关的电视节目和无线电广播节目的时候,很容易与相关的广播组织对接,商谈许可和支付费用等事宜。在通常情况下,专业的网络服务商与相关的广播组织都会存在着持续的合作关系。所以,《广播电视在线传播指令》第 5 条明确规定,关于广播电视节目的集体管理许可,不适用于广播组织。当然,网络服务商需要从广播组织那里获得许可的内容,仅限于广播组织享有权利的内容。这样,专业的网络服务商在获得了广播组织的许可和其他权利人的许可之后,就可以在线传播相关的电视节目和无线电广播节目了。

就专业网络服务商的传播而言,相关的许可主要是费用的问题。因为,集体管理组织的宗旨之一就是在许可费用相当的条件下发放许可,而广播组织在与专业的网络服务商合作的过程中,也会在许可费用相当的条件下发放许可。正是由此出发,《广播电视在线传播指令》的"重述"第(15)规定,许可费用的计算,应当考虑版权和相关权的经济价值以及网络服务商经由传播而获得的利益等因素。为了确保双方当事人达成许可协议,《广播电视在线传播指令》还要求广播组织和集体管理组织与专业的网络服务商进行真诚的许可商讨,并且在必要

---

① Council Directive 93/83/EEC of 27 September 1993 on the coordination of certain rules concerning copyright and rights related to copyright applicable to satellite broadcasting and cable retransmission, Official journal NO. L 248, 06/10/1993.

② Directive 2014/26/EU of the European Parliament and of the Council of 26 February 2014 on collective management of copyright and related rights and multi – territorial licensing of rights in musical works for online use in the internal market.

的时候引入调解组织,在调解人员的协助下达成许可。

再来看第三类,广播组织将其电视节目和广播节目直接传播给网络服务商,再由后者在线传播给社会公众。事实上,专业的网络服务商为了将汇集起来的电视节目和无线电广播节目传播给社会公众,必然要从广播组织那里获得相关的电视节目和广播节目。《广播电视在线传播指令》专门对此作出规定,其含义是说广播组织将自己的电视节目和广播节目传播给网络服务商的时候,没有发生向公众传播的问题,因而不需要获得相关作品和相关权客体的许可。只有在网络服务商获得了相关的电视节目和广播节目之后,才会发生向公众传播的问题,才会涉及版权所有人和相关权所有人许可的问题。显然,这是为了防止权利人重复性地发放许可和收取许可费用。关于广播组织将自己的电视节目和广播节目传输给网络服务商的行为,《广播电视在线传播指令》还使用了一个专门的术语——"直接投射"。根据《广播电视在线传播指令》第 8 条的规定,广播组织以直接投射的方式将其电视节目或者广播节目传播给广播信号的发行者,再由后者传播给社会公众,应当认为在这个过程中只有一次向公众传播的行为。或者说,广播组织和广播信号的发行者(在线网络服务商),参与了同一个向公众传播的行为。在这种情况下,只需要获得权利人的一次许可。

第五节 《数字单一市场版权和相关权指令》

一、《数字单一市场版权和相关权指令》的制定

欧盟自 1991 年开始,发布了《计算机程序保护指令》《出租权指令》《卫星广播与有线转播指令》《数据库保护指令》《保护期指令》《追续权指令》《信息社会版权指令》,一方面协调了成员国的版权和相关权立法,另一方面大力提升了版权和相关权的保护水平。协调成员国的立法,有助于商品、服务、人员和资金在欧盟范围内的自由流动,促进欧盟共同市场的建立。而提升版权和相关权的保护水平,又鼓励了作者、表演者、录音制作者和广播组织的创新活动以及对于作品、表演、录音和广播的创新投资。

随着数字技术和网络技术的飞速发展,欧盟又面临另一个挑战,如何让社会公众迅速而便捷地获得作品、表演、录音和广播以及文学艺术和科学技术知识,进而从事新的创新活动。由此出发,欧盟于 2008 年发表了《知识经济中的版权》绿皮书①,在商品、服务、人员和资金 4 个自由流动的基础上,又提出了第 5 个自由流动,即知识和创新成果的自由流动。按照该绿皮书的规定,知识和创新成果的自由流动,至少涉及两个方面的问题。一是让社会公众充分利用版权和相关权的限制与例外,例如个人使用的例外、图书馆的例外、教育机构的例外、残疾人的例外,从而获得版权作品和相关权客体。在必要的时候,还应当创设新的例外,例如关于孤儿作品的例外,关于视力障碍者获得作品和相关权客体的例外。二是为了促进知识和创新成果在共同市场上的自由流动,鼓励版权和相关权的跨境许可,包括集体管理的跨境管理

---

① Commission of European Community: Green Paper on Copyright in Acknowledge Economy, July 17, 2008, COM (2008) 466 final.

和跨境许可。这主要涉及作品和相关权客体在互联网络上的传播以及知识和创新成果在成员国之间的自由流动等问题。正是在这样一个背景下,欧盟委员会又于2015年提出了“数字单一市场战略”和“欧盟版权规则现代化”政策主张,试图解决作品、表演、录音和广播跨越国界传播的问题。[①] 与此同时,欧盟委员会也再次强调了权利的限制与例外,社会公众跨越国界地利用权利的限制与例外,例如图书馆例外、教育机构例外,以及这些例外对于公众获取知识和创新成果的重要意义。

大体说来,在“数字单一市场”和“版权规则现代化”的背景之下,欧盟颁布了5个指令和1个条例。其中关于孤儿作品和视力障碍者的指令和条例,创设了利用孤儿作品的例外、视力障碍者获得某些作品和相关权客体的例外。其中关于权利集体管理和广播电视在线传播的指令,涉及跨境集体管理和许可的问题。至于2019年4月发布的《数字单一市场版权和相关权指令》[②],则属于一个综合性的指令,既涉及权利的限制与例外,又涉及跨境集体管理和许可的问题。

从名称上看,《数字单一市场版权和相关权指令》似乎是要提高版权和相关权保护的水平,或者要强调对于版权和相关权的保护。然而在事实上,该指令更多的是强调了权利的限制与例外,甚至创设了一些新的限制与例外。同时,针对版权和相关权跨境集体管理和跨境许可中的一系列问题,该指令也做了相应的规定。关于这一点,该指令第1条开宗明义地规定,该指令所确定的规则,其宗旨是在内部市场的框架之下,协调欧盟有关版权和相关权的法律,尤其是涉及受保护内容的数字化和跨境使用。该指令也确定了有关版权和相关权限制与例外的规则,其宗旨是促进许可,确保市场对于作品和其他受保护客体的充分运用。显然,该指令强调权利的限制与例外,强调版权和相关权的跨境集体管理和许可,其目的就是让欧盟范围内的社会公众充分利用互联网络更加便捷地获得作品、表演、录音和广播以及相关的知识和创新成果。

《数字单一市场版权和相关权指令》由欧盟委员会起草,经过欧盟议会和欧盟理事会的批准,于2019年4月17日发布。按照要求,成员国应当于2021年6月7日以前,通过国内立法贯彻执行该指令的相关规定,并且通报欧盟委员会。又据要求,欧盟委员会应当在2026年6月7日以前,向欧盟议会、欧盟理事会和欧盟经济社会委员会提交有关该指令实施情况的报告。

下面将从两个方面,权利的限制与例外及集体管理与新闻传播,讨论《数字单一市场版权和相关权指令》的主要内容。

二、权利的限制与例外

《数字单一市场版权和相关权指令》的“重述”第(2)指出,技术的飞速发展持续改变着作

---

① Communication from the Commission to the European Parliament, the Council, the European Economic and Social Committee and the Committee of the Regions: Towards a modern, more European copyright framework, COM (2015) 626 final.

② DIRECTIVE (EU) 2019/790 OF THE EUROPEAN PARLIAMENT AND OF THE COUNCIL of 17 April 2019 on copyright and related rights in the Digital Single Market and amending Directives 96/9/EC and 2001/29/EC (Text with EEA relevance).

品创作、相关权客体制作的方式,改变着作品和相关权客体传播和利用的模式。在这方面,欧盟发布的《计算机程序保护指令》《数据库保护指令》《保护期指令》《信息社会版权指令》等,已经大大提升了版权和相关权保护的水平。然而,随着作品传播技术的发展,尤其是数字技术和互联网络技术的发展,也为作品和相关权客体的许可和使用带来了一些不确定的因素,这主要是指作品、表演、录音和广播跨越成员国国界的传播和使用。正如欧盟委员会于2015年发布的欧盟版权规则现代化的政策主张所说的那样,需要在数字技术和跨境使用的背景下,调整和补充有关权利限制与例外的规则,包括调整某些许可规则,以促使不具有商业价值作品和相关权客体的传播,促进视听作品的在线获取。《数字单一市场版权和相关权指令》的"重述"第(3)指出,调整和补充这些规则,其宗旨就是让更为广泛的社会公众获得作品、表演、录音和广播的内容,进而促进知识和创新成果的传播。在这方面,充分利用已经进入公有领域的作品和相关权客体具有同等重要的意义。

正是在这样的认识背景之下,《数字单一市场版权和相关权指令》的第二个部分,"数字化和跨境环境下调整某些限制与例外的措施"具体规定了数据挖掘、跨境教育、文化遗产保存3个方面的内容。关于这个问题,《数字单一市场版权和相关权指令》的"重述"第(5)指出,在研究、创新、教育和文化遗产保存方面,数字技术的发展带来了一些对于作品和相关权客体的新的使用方式。然而,原有的权利限制与例外,并没有涉及这些新的使用,因而有必要在数字技术的背景之下,重新评估与研究、创新、教育和文化遗产保存相关的权利限制与例外,并作出进一步的澄清。例如,修改《版权指令》所规定的权利限制与例外,引入有关数据挖掘、跨境教育和文化遗产保存的例外,下面分别叙述。

先来看数据挖掘的例外。按照《数字单一市场版权和相关权指令》的规定,与研究和创新相关的权利限制与例外,是为了研究和创新而使用相关的作品和相关权客体。在数字技术的背景下,这就涉及文本和数据的挖掘和利用。《数字单一市场版权和相关权指令》的"重述"第(8)指出,数字技术的发展,产生了对于数字信息,例如文本、声音、形象和数据的自动计算和分析,通常称之为"文本和数据的挖掘"或者数据挖掘。数据挖掘可以让人们处理大量的信息,包括获得新知识和找出新发展途径,这对于信息社会和数字经济的发展是非常重要的。《数字单一市场版权和相关权指令》规定的数据挖掘,包括科学研究的数据挖掘和商业性的数据挖掘。

关于科学研究的数据挖掘,是指大学、研究机构和文化遗产等机构,为了科学研究而从事的数据挖掘活动。其中的科学研究,既包括对于自然科学的研究,也包括对于人文科学的研究。其中的大学,包括各类大学和高等教育机构。其中的研究机构,具有非常广泛的含义,包括大学和各类高等教育机构下属的研究所、医院、实验室等。其中的文化遗产机构,包括公共图书馆、博物馆、档案馆和视听遗产机构等。一句话,只要上述机构的性质是非盈利的,或者其宗旨是实现社会公益,就属于从事科学研究的机构。《数字单一市场版权和相关权指令》的"重述"第(10)指出,此前发布的指令,尤其是《版权指令》,虽然规定了关于科学研究的限制与例外,但是并未明确延伸到数据挖掘,因而具有很大程度的不确定性。与此相应,应当在数据挖掘的背景之下,针对大学、研究机构和文化遗产机构的科学研究,明确规定一个权利的限制与例外。

正是由此出发,《数字单一市场版权和相关权指令》第2条规定,针对《数据库保护指令》

规定的复制权和特别权利,针对《版权指令》规定的复制权,以及《数字单一市场版权和相关权指令》第 15 条第 1 款规定的新闻出版权,成员国应当规定一个权利的例外,让大学、研究机构和文化遗产机构在从事科学研究的过程中,可以为了数据挖掘而复制相关的作品和相关权客体,可以抽取相关数据库中的数据内容。由此而复制的作品和相关权客体,由此而抽取的数据内容,可以在科学研究的意义上予以保留。通常说来,某些研究机构和文化遗产机构,限于技术和人员的原因,不得不与私人机构合作,形成“公私合作”的研究框架。关于这一点,《数字单一市场版权和相关权指令》的“重述”第(11)明确指出,研究机构在从事数据挖掘的工作时,可以与私人机构合作,利用私人机构的技术和人员,同时享有数据挖掘的权利例外。

关于商业性的数据挖掘,是指其他的公私机构在不同的领域对于数据的挖掘或者分析。这种数据发掘目的多样,包括为了政府服务的使用、为了商业决策的使用,以及为了确定新的技术发展方向或者运用方向的使用。这里主要涉及私人机构,按照目前的版权和相关权保护体系,私人机构在通常情况下都应当先获得权利人的许可,然后才可以使用相关的作品和相关权客体进行数据挖掘或者分析。当然,私人机构也可以在法定的权利限制与例外的框架之下,使用相关的作品和相关权客体进行数据挖掘的工作。然而,这就使得私人机构在进行数据挖掘时处于不确定的法律状态之中。例如,他们对于某些文本和数据的使用,可能会超出权利的限制与例外。又如,面对海量的作品和相关权客体,他们可能无法全面、及时地获得权利人的许可。

正是由此出发,《数字单一市场版权和相关权指令》针对私人机构的数据挖掘,规定了一个权利的限制与例外,以提高法律状态的确定性,进而保障相关的研究和创新。《数字单一市场版权和相关权指令》第 4 条规定,针对《数据库保护指令》规定的复制权和特别权利,针对《版权指令》规定的复制权,以及《数字单一市场版权和相关权指令》第 15 条第 1 款规定的新闻出版权,为了数据挖掘,成员国应当规定一个权利的例外。值得注意的是,这里规定的特别权利、复制权和新闻出版权的例外,没有像《数字单一市场版权和相关权指令》第 3 条那样指向特定的大学、研究机构和文化遗产机构,而是泛泛指向除此之外的一切公私机构。当然,这些机构为了数据挖掘而使用的作品和相关权客体,应当是通过公开渠道获得的,而且权利人也没有采取必要的技术措施防止他人用于数据挖掘。

再来看跨境教育的例外。随着数字技术和网络技术的发展,在线的远程教育和跨越国界的教育成为一种常见的教育方式。这种远程教育,不仅包括高等院校的教育,也包括小学、中学的教育。关于这个问题,《数字单一市场版权和相关权指令》的“重述”第(19)指出,尽管《版权指令》针对复制权和向公众传播权规定了教学使用的例外,《数据库保护指令》针对复制权和特别权利规定了教学使用的例外,但并未明确将其延伸到在线的远程教育。除此之外,这两个指令中所规定的教学使用的例外,也不具有跨越成员国国界的效力。由此出发,应当规定一个有关在线远程教育的例外,确保在在线教育和跨越国界在线教育活动中使用相关作品和相关权客体的法律确定性。

在这方面,《数字单一市场版权和相关权指令》第 5 条第 1 款规定,针对《数据库保护指令》规定的复制权和特别权利,针对《版权指令》规定的复制权,针对《计算机程序保护指令》规定的复制权,以及《数字单一市场版权和相关权指令》第 15 条第 1 款规定的新闻出版权,成员国应当规定一个权利的例外,使教育机构可以为了教学而使用数字化的作品和相关权客体。根据规定,这个权利的例外又有几个前提条件,包括相关的使用是非盈利目的的使用,是由教育机构承担责任的使用,以及要尽可能指明作品和表演、录音、广播的来源,例如作者和表演者的姓名。其中的由教育机构承担责任的使用,可以是在教育机构之内的使用,也可以是在教育机构之外通过其他途径的使用。"其他途径的使用"主要是指通过网络系统的使用,例如只有学生、学员和教职人员可以通过密码进入的网络系统。而且,使用网络系统的学生、学员和教职人员,可以是在教育机构之内,也可以是在教育机构之外,可以是在教育机构所在的成员国,也可以是在其他成员国。

传统的教育使用例外是向学生或者学员提供作品、相关权客体的某一个部分,而非作品和相关权客体的全部。以教学活动为目的的使用,不应当替代学生、学员必须购买的教材和其他资料。关于这一点,《数字单一市场版权和相关权指令》第 5 条第 2 款规定,关于教学使用的限制与例外,不应当适用于某些特定的作品和相关权客体,例如被主要用于教育市场的资料和音乐作品。因为,这些资料和音乐作品应当通过权利人许可并向其付费的方式而获得。此外,《数字单一市场版权和相关权指令》第 5 条第 4 款还规定,关于为了教学而使用作品和相关权客体的例外,成员国可以规定使用者需要向权利人支付必要的补偿。

最后来看关于文化遗产机构的例外。根据《数字单一市场版权和相关权指令》的"重述"第(24)(25),文化遗产机构是为了子孙后代而保存作品和相关权客体。保存作品和相关权客体的行为必然会涉及复制。在传统的复制条件下,文化遗产机构可以通过购买或者通过权利人的授权而获得作品和相关权客体。数字技术的产生和发展,既为文化遗产机构保存其收藏提供了便利,又为文化遗产机构的收藏活动带来了一些挑战。此外,成员国之间关于文化遗产机构收藏作品和相关权客体的法律制度也存在一定的差异,这在某种程度上妨碍了文化遗产机构之间的合作,包括交流藏品和建立跨越国界的文化遗产网络,对于文化遗产的保存产生了一定的负面影响。

为了解决文化遗产保存中存在的上述问题,《数字单一市场版权和相关权指令》第 6 条规定,针对《数据库保护指令》规定的复制权和特别权利,针对《版权指令》规定的复制权,针对《计算机程序保护指令》规定的复制权,以及《数字单一市场版权和相关权指令》第 15 条第 1 款规定的新闻出版权,成员国应当规定一个权利的限制与例外,使文化遗产机构可以就其永久性的收藏品制作作品和相关权客体的复制品。当然,这里所说的复制,是在保存作品和相关权客体意义上的复制,而且包括了各种形式的复制和各种媒介的复制。根据《数字单一市场版权和相关权指令》的"重述"第(27),对于作品和相关权客体的复制,可以是基于新技术的复制,可以是基于原有版本退化的复制,也可以是基于保存作品和相关权客体需要的复制。

《数字单一市场版权和相关权指令》的"重述"第(28)还特别指出,关于文化遗产保存意义上的复制,有些文化遗产机构可能不具有相关的技术手段和能力,因而需要与其他的文化遗产机构甚至第三方机构合作。在这方面,相关的文化遗产机构可以委托其他的文化遗产机构和第三方机构,包括位于其他成员国的文化遗产机构和第三方机构,在保存文化遗产的意义上进行作品和相关权客体的复制。

三、集体管理与新闻出版

《数字单一市场版权和相关权指令》的第二编规定了跨境集体管理和许可，其标题是“完善许可措施和保障内容之广泛获得”。显然，在保护版权和相关权的法律框架之下，让传播者可以便捷地获得权利人的许可，进而把相关的作品和相关权客体提供给社会公众具有非常重要的意义。其中的权利集体管理是一个重要环节。在这方面，欧盟已经于 2014 年发布了一个《版权和相关权集体管理指令》，就版权和相关权的许可，尤其是音乐作品的跨境许可，做出了一系列规定。

在这方面，《数字单一市场版权和相关权指令》主要是在《版权和相关权集体管理指令》的框架之内，强调了延伸性的集体管理。根据《数字单一市场版权和相关权指令》第 12 条的规定，成员国应当规定，从事权利集体管理的组织，不仅可以代表加入其组织的权利人发放许可，而且可以代表尚未加入其组织的权利人发放许可。当然，这又有一些前提条件。例如，集体管理组织是在其管理的作品种类或者权利内容的意义上，代表未加入其组织的权利人发放许可。又如，集体管理组织应当同等对待尚未加入其组织的权利人，包括同等分配相关的许可费用。再如，尚未加入集体管理组织的权利人，可以随时收回自己的权利和发放许可。显然，关于延伸性的集体管理，《数字单一市场版权和相关权指令》的规定，没有超出《版权和相关权集体管理指令》的规定。

当然，《数字单一市场版权和相关权指令》关于集体管理的规定，也有其独特的地方。那就是针对不具有商业性价值的作品和相关权客体规定了文化遗产机构的利用和必要的集体管理。根据《数字单一市场版权和相关权指令》第 8 条的规定，集体管理组织可以与文化遗产机构缔结许可协议，允许后者以复制、发行、向公众传播或者向公众提供的方式使用不具有商业价值的作品和相关权客体。而且，集体管理组织发放的许可仍然是延伸性的许可，即无论权利人是否加入了相关的集体管理组织，该组织都可以向文化遗产机构发放上述许可。当然，这种许可仍然应当符合一些前提条件。例如，按照法律规定管理了某一类作品或者某一项权利，因而可以就同类作品或者权利发放许可。又如，集体管理组织应当同等对待尚未加入其组织的权利人。

值得注意的是，按照《数字单一市场版权和相关权指令》第二编规定的权利限制与例外，文化遗产机构可以不经权利人的许可，在保护文化遗产的意义上复制其藏品。而依据《数字单一市场版权和相关权指令》第三编关于集体管理的许可的规定，文化遗产机构在获得了集体管理组织的许可之后，不仅可以复制其藏品，还可以实行进一步的复制、发行、向公众传播和向公众提供的行为。这样，通过集体管理，包括延伸性的集体管理，文化遗产机构就可以把自己的藏品提供给社会公众，使更为广泛的公众获得相关的内容。而且，按照《数字单一市场版权和相关权指令》第 9 条的规定，集体管理组织发放的此类许可，其效力不仅及于相关文化遗产机构所在的成员国，还及于其他的成员国。这就意味着，文化遗产机构可以在所有的成员国中实行复制、发行、向公众传播和向公众提供的行为。

当然，集体管理组织可以许可的，文化遗产机构可以向公众提供的，仅限于“不具有商业价值的作品和相关权客体”。这样，如何认定相关的作品和相关权客体“不具有商业价值”就成了一个应当首先解决的问题。关于这一点，《数字单一市场版权和相关权指令》的第 8 条第

5 款规定,如果一件作品或者相关权客体,通过合理的努力不能从通常的商业渠道获得,就可以认为其是不具有商业价值的作品和相关权客体。成员国可以针对不同的作品或者相关权客体种类,例如摄影、计算机程序、录音、视听作品、美术作品,规定一个日期节点,以确定相关的作品或者相关权客体是否不再具有商业价值。根据《数字单一市场版权和相关权指令》的"重述"第(37)的规定,不具有商业价值的作品和相关权客体还包括"从来没有商业价值的作品和相关权客体",例如从来没有进入过商业性利用渠道的海报、传单、商品目录、业余创作的视听作品,以及从来没有被发表过的作品和相关权客体。

关于跨境集体管理和许可,《数字单一市场版权和相关权指令》第 14 条还特别提到了视听作品的获取平台。这显然是因为在互联网络的环境下,视听作品的在线传播就像音乐作品的传播一样,既具有广泛性,又因为数量巨大而难以逐一获得许可。不过,关于视听作品的许可,《数字单一市场版权和相关权指令》并没有规定宽泛的许可机制,而是要求使用者与权利人通过谈判解决许可的问题。如果相关的许可谈判难以达成协议,则可以通过调解人员的介入而达成协议。

以上是《数字单一市场版权和相关权指令》第三编关于集体管理和许可的主要内容。《数字单一市场版权和相关权指令》第四编规定了一个出版者的新闻出版权(right of press publications),以及与此相关的在线内容分享服务提供者(online content – sharing service providers)。

先来看新闻出版权。根据《数字单一市场版权和相关权指令》第 15 条第 1 款的规定,针对新闻出版内容的在线使用,成员国应当规定一个新闻出版权利。与此相应,该指令第 15 条的标题也是"关于新闻出版在线使用的保护"。根据《数字单一市场版权和相关权指令》第 2 条的定义,"新闻出版"是指由文字性新闻报道作品所构成的内容集合,也包括其他作品和相关权客体。具体说来,新闻出版由期刊、定期出版物,例如报纸、杂志中的单个内容所构成,其目的是向社会公众提供新闻或者特定主体的信息,通常由某一新闻服务者发起、编辑、控制和提供。科学研究类和学术类的期刊,不属于该指令所说的新闻出版。

根据《数字单一市场版权和相关权指令》的相关规定,新闻出版是指相关新闻内容的集合,包括了单个的文字作品和其他作品。然而,出版者所享有的新闻出版权则仅仅指向新闻内容的集合,而不指向单个文字作品和其他作品。或者说,出现于某一新闻内容集合中的作品或者相关权客体仍然有其独立的权利。出版者不得依据自己享有的新闻出版权,剥夺具体作品或者相关权客体的权利。又据规定,出版者享有的新闻出版权,其保护期限为两年,自相关新闻内容出版后次年的 1 月 1 日起算。

《数字单一市场版权和相关权指令》规定出版者的新闻出版权,是基于新闻内容在互联网络上的广泛传播以及由此而产生的经济价值。具体说来,一些网络服务商汇集各个新闻社、报纸、杂志的新闻内容,以在线分享的方式提供给社会公众,获得了巨额的利益。在原有的法律框架之下,在线内容分享服务提供者使用相关的新闻内容,虽然应当获得单个作品、相关权客体权利人的许可,却不需要获得新闻出版者的许可。与此相应,在规定了新闻出版权之后,网络服务商使用他人的新闻内容,不仅需要获得单个作品、相关权客体权利人的许可,还应当获得新闻出版者的许可,并支付必要的费用。而且,新闻出版权是专门针对在线内容分享而创设的,其内容仅仅包括《版权指令》规定的复制权和向公众提供权,而不包括发行权和宽泛的向公众传播权。

《数字单一市场版权和相关权指令》创设“新闻出版权”,再一次显示了欧洲大陆作者权法体系的烦琐。例如,面对表演、录音和广播的保护,英美法系通过录音作品保护了表演、录音和无线电广播,通过电影或者视听作品保护了电视广播,而欧洲大陆的作者权法体系,则创设了表演者权、录音制作者权和广播组织权。又如,1996 年的《数据库保护指令》就构成作品的数据内容规定了版权,就构成汇编作品的数据汇编规定了版权,又就数据库的内容规定了特别权利。再如,2001 年的《版权指令》就电影或者视听作品不仅规定了制片人享有的版权,还规定了制片人享有的相关权。而在英美法系国家,既不存在有关数据汇编的特别权利,也不存在电影作品版权之外的制片人权。同样,依据《数字单一市场版权和相关权指令》创设的新闻出版权,一家新闻社、报纸、杂志所提供的新闻信息,至少又有了两个层次的权利。一是单个的文字、摄影、视听作品以及有关表演、录音的权利。二是有关新闻内容集合的权利,其内容仅限于复制和向公众提供,保护期限为 2 年。与此相应,在线内容分享服务商为了提供相关的新闻信息,不仅要获得作品和相关权所有人的许可,还要获得新闻出版权所有人的许可。

如前所述,《数字单一市场版权和相关权指令》规定的“新闻出版权”,主要是针对在线内容分享服务提供者而设立。由此出发,《数字单一市场版权和相关权指令》第四编还针对在线内容服务提供者做了一系列规定。例如,在线内容服务提供者使用相关的新闻出版内容,应当获得单个作品或者相关权客体权利人的许可以及新闻出版权所有人的许可。又如,在线内容分享服务提供者,可以通过权利人或者集体管理组织获得使用相关新闻内容的许可,包括存在于新闻内容中的作品、相关权客体的许可。再如,在线内容分享服务提供者应当向权利人支付合理的报酬,并提供相关作品、相关权客体使用的信息。显然,这些规定似乎都没有超出此前发布的一系列指令的范围,例如《数据库保护指令》《版权指令》《版权和相关权集体管理指令》等。

第三编

专利、外观设计、植物新品种和商业秘密

欧盟专利和外观设计制度(以下统称为专利制度)可以从以下几个层面去认识:

第一个层面是有关的国际公约。涉及专利的国际公约主要包括《巴黎公约》、《与贸易有关的知识产权协议》、《专利合作条约》(PCT)等。因为所有欧盟成员国都是《巴黎公约》和《专利合作条约》的成员,也都是世界贸易组织(WTO)的成员,所以实际上《巴黎公约》《与贸易有关的知识产权协议》《专利合作条约》对所有欧盟成员国都具有约束力。欧盟专利制度是在上述国际公约的基础上协调和发展的。

第二个层面是区域性的《欧洲专利公约》。欧盟的成员国都是《欧洲专利公约》的成员国,也就是说《欧洲专利公约》对全体欧盟成员国有效。虽然《欧洲专利公约》并没有关于协调成员国专利法的规定,但由于欧洲专利法与各成员国专利法在欧盟成员国中并存,为了保持两者的一致性,成员国被迫将其实体专利法与《欧洲专利公约》保持一致,从而实现各成员国专利法的协调。①

第三个层面是欧盟(包括欧洲共同体②时期)的有关法律文件。欧盟成立以来,一直在进行着统一和协调欧盟专利法的工作。统一欧盟专利法和单一欧洲专利的工作尚未取得实质性进展,但在生物技术、外观设计等方面的指令已经起着协调成员国相关法律的作用。

第四个层面是各成员国的专利制度。经过前三个层面的协调,欧盟成员国的国内专利制度已经达到了高度协调化的程度,其差异主要体现在两个方面:一是国家专利局依职权检索和审查方面,二是在侵权和无效程序中国内法院解释权利要求的方法方面。③

本编主要从第二个层面和第三个层面介绍欧盟专利制度。鉴于植物新品种保护、商业秘密保护与专利制度有着密切的关系,本编将欧盟关于植物新品种保护、商业秘密保护的法律制度作为第十四章、第十五章的内容,一并介绍。

---

① 有关理由和现状,详见本书第十一章的内容。

② 欧洲共同体是欧盟的前身。2009 年 12 月生效的《里斯本条约》废止了欧洲共同体,其地位和职权由欧盟承接。出于内容需要,本书中的不同部分分别使用欧洲共同体(以下简称欧共体)或欧盟的提法。

③ See Guy Tritton et al., *Intellectual Property in Europe*, 3th ed., Sweet & Maxwell, 2008, p. 61 - 62.

第十一章 《欧洲专利公约》

第一节 《欧洲专利公约》和欧洲专利局的基本情况

一、《欧洲专利公约》

《欧洲专利公约》的订立与欧共体有着密切的关系。20世纪60年代，因担心知识产权保护的差异会限制欧共体内的自由贸易，欧共体委员会呼吁6个最初成员国寻求协调专利、商标和外观设计方面法律保护的解决方法。1965年，欧共体委员会起草了一部完整的欧共体专利法。该专利法不只是提供了集中的单一专利授权程序，而且是一部在欧共体范围内具有统一效力的专利法。但是，因英国要求加入欧共体等政治原因，导致与该草案有关的工作中断4年。1969年，该草案被分为两个条约。第一个条约最终形成了《欧洲专利公约》，其目的是建立欧洲范围内集中的专利程序，但不要求参加国必须是欧共体成员，根据该条约获得授权的专利在指定成员国有效。第二个条约最终形成了1975年的《共同体专利公约》，其目的是在欧共体范围内创立统一的专利制度，使成员国受单一专利法律的规制；该公约于1982年12月进行过一次修改，但是因荷兰、爱尔兰和丹麦三国没有批准而未能生效。

《欧洲专利公约》的发展经历了如下的过程。

在前述1965年草案的基础上，1973年10月5日，欧共体政府间外交会议签订了《欧洲专利公约》，并于1977年10月生效。该公约旨在建立缔约国间共同的授予发明专利的法律制度。《欧洲专利公约》成员国的国民只要向欧洲专利局（European Patent Office）提出一个专利申请，指定要求得到保护的国家，在授权后就可以在指定的国家得到专利保护。根据该公约授予的专利被称为欧洲专利。同时《欧洲专利公约》对欧共体范围外的国家开放，因此，其成员国除欧共体成员外，还有其他欧洲国家。阿尔巴尼亚和塞尔维亚分别于2010年5月1日和2010年10月1日起成为《欧洲专利公约》的成员国，使《欧洲专利公约》的成员国数量达到38个，截至2021年6月仍然维持这一数字。38个成员国中，包括27个欧盟成员国，4个欧盟候选成员国（阿尔巴尼亚、塞尔维亚、北马其顿、土尔其），还包括克罗地亚、冰岛、列支敦士登、摩纳哥、挪威、瑞士、圣马力诺。除上述成员国外，还有波斯尼亚和黑塞哥维那、黑山2个观察国，这2个观察国承认欧洲专利在其国内的效力。2010年之后，欧洲专利组织（European Patent Organization）还与摩洛哥、摩尔多瓦、突尼斯、柬埔寨和格鲁吉亚签订了关于《欧洲专利公约》的互认协议，截至2021年6月，除格鲁吉亚外，与其他4个国家的协议都处于有效状态。

这样,欧洲专利的效力实际上可以覆盖44个国家。[①]

2000年11月,《欧洲专利公约》成员国外交会议在德国慕尼黑召开。该次会议对《欧洲专利公约》进行了修订,修订主要对程序方面作出修改,对实体法的修改非常少。新修改的《欧洲专利公约》于2007年12月13日正式生效。[②]《欧洲专利公约》包括《欧洲专利公约实施细则》(The Implementing Regulations)、《承认议定书》(the Protocol on Recognition)、《特权和豁免权议定书》(the Protocol on Privileges and Immunities)、《集中化议定书》(the Protocol on Centralisation)及《欧洲专利公约第69条解释议定书》(the Protocol on the Interpretation of Article 69)。当《欧洲专利公约》条款与《欧洲专利公约实施细则》条款规定发生抵触时,以《欧洲专利公约》条款规定为准。[③] 伴随着《欧洲专利公约》的修改,《欧洲专利公约实施细则》、欧洲专利局《审查指南》也作了相应的修改,并与2000年修订的《欧洲专利公约》同日生效。该版本的欧洲专利局《审查指南》被称为2007年版《审查指南》。此后,欧洲专利局对《审查指南》进行了多转修改,几乎每年都会发布新版本,截至2021年6月,正在执行的是2021年版的《审查指南》。

二、欧洲专利局

根据《欧洲专利公约》[④]的规定,成员国成立欧洲专利组织。欧洲专利组织下设有欧洲专利局和行政理事会(Adiministrative Council)。欧洲专利局受行政理事会的监督,负责完成授予专利的任务。

作为欧洲专利组织的机构,欧洲专利局负责落实所有《欧洲专利公约》所规定的程序。为实施这些程序,《欧洲专利公约》第15条[⑤]专门规定了欧洲专利局需要设立的负责各项特殊程序的相应部门,主要包括:(1)受理处。受理处负责专利申请的受理,以及在申请人提出申请之后就每项欧洲专利申请的形式要件进行审查。此外,受理处还负责欧洲专利申请和欧洲专利检索报告的公告。(2)检索部。检索部主要设在欧洲专利局的海牙分局,负责为每项欧洲专利申请撰写专利检索报告。(3)审查部。审查部负责对每项欧洲专利申请进行实质审查。欧洲专利局设有不同的审查部门,分别负责审查不同技术领域的专利申请。(4)异议部。异议部负责审查对欧洲专利提出的异议。(5)法律部。法律部负责欧洲专利的登记以及欧洲专利代理人(或者欧洲专利律师)的登记和注销工作。(6)申诉委员会。申诉委员会负责审查因不服受理处、审查部、异议部或法律部等部门作出的决定而提出的申诉。申诉委员会包括24个技术申诉委员会(负责处理针对驳回或授权决定或异议决定的申诉)、法律申诉委员会(只负责仅涉及法律问题而不涉及技术问题的少数申诉)。(7)扩大申诉委员会。扩大申诉委员会负责处理对申诉委员会的决定提起申诉的案件,为申诉委员会和欧洲专利局局长就

---

① 有关内容参见欧洲专利局网站:https://www.epo.org.

② 根据规定,2000年修订的《欧洲专利公约》将于第15个成员国批准后的两年后生效,或最后一个成员国批准后3个月后生效。2005年12月13日,希腊成为批准2000年修订的《欧洲专利公约》的第15个成员国。因此,2000年修订的《欧洲专利公约》于2007年12月13日生效。

③ 参见《欧洲专利公约》第164条的规定。

④ 本书引用的《欧洲专利公约》的规定,如没有特别说明,指的是2000年修改后的版本。

⑤ 参见《欧洲专利公约》第15条的规定。

《欧洲专利公约》第 112 条的规定提供解释意见。①

经过欧洲专利局授权的专利被称为欧洲专利。欧洲专利实质上是在若干个指定国有效的国内专利。一旦授权后,欧洲专利的保护由各国法院和其他专利保护机构根据其国内法提供。欧洲专利的保护期限是 20 年,自申请日起算。1997 年修订的《欧洲专利公约》允许成员国延长专利保护期限或者在专利到期时再给予延长保护。这一修订与欧盟理事会的《药品补充保护证书条例》的规定是相对应的。

根据欧洲专利局在其网站上公布的《专利指数 2020》(Patent Index 2020)②,2020 年全年,欧洲专利局共受理 180,250 件专利申请(包括欧洲专利申请和进入欧洲地区阶段的 PCT 专利申请),较上年减少 0.7%;共授权专利 133,715 件,较上年减少 3%。

三、《欧洲专利公约》与欧盟专利制度的关系

《欧洲专利公约》与《欧共体条约》在法律上是没有联系的。在 Philips/Publication of Patent Specification 案③中,申请人对将专利申请译为多国语言表示不满,认为这种花费违反了《欧共体条约》第 28 ~ 30 条的规定;另外,德国专利法要求将欧洲专利翻译为德语才能在德国得到保护的规定也与《欧共体条约》冲突。欧洲专利局认为,非欧共体的法院或法庭,无权请求欧盟初审法院启动先决裁决(preliminary reference)。④ 后来申请人又在德国法院提出这一问题,德国法院向欧盟初审法院提出请求后,欧盟初审法院认为,德国根据《欧洲专利公约》制定的专利法不违反《欧共体条约》第 28 条的规定。⑤

尽管《欧洲专利公约》和欧洲专利局均不隶属于"欧盟"这一机构,但《欧洲专利公约》与欧盟专利制度仍有着密切的关系,目前在"欧盟"地域范围内各成员国专利法的协调化方面发挥着最重要的作用。

《欧洲专利公约》对于欧洲专利申请不仅仅是准据法,还在实体法方面协调各国专利法,起到使其与《欧洲专利公约》保持一致的作用。这主要是因为以下 5 个条款 ⑥:

1. 在授权欧洲专利有效的缔约国中,欧洲专利与该缔约国授予的本国专利具有同样的效力并受到同样的约束。⑦

2. 自公布授予专利权之日起,在对其授予专利的每一缔约国内,欧洲专利的专利权人享有的权利与该国本国专利的专利权人享有的权利相同。⑧

---

① 参见[德]汉斯·高德、[德]克里斯·阿贝尔特、王志伟:《欧洲专利公约手册》,知识产权出版社 2008 年版,第 6 ~ 10 页。

② https://www.epo.org/about-us/annual-reports-statistics/statistics/2020.html.

③ Case T-276/99 Philips/Publication of Patent Specification, [2004] E.P.O.R. 3.

④ 根据《欧共体条约》第 234 条的规定,先决裁决是指,如果成员国的国内法院在审理案件中对欧共体法的效力和解释等问题产生疑问,并认为对此疑问作一决断是其做出裁决所必需,它可以提出申请,要求欧盟初审法院做出关于解释或有效性的裁决,提出申请的成员国法院将根据该裁决将有关法律适用于当前的案件并作出判决的一种制度。

⑤ Case C-44/98 BASF v. Prasident des Deutsche Patentamt.

⑥ See Guy Tritton et al., *Intellectual Property in Europe*, 3th ed., Sweet & Maxwell, 2008, p. 86.

⑦ 参见《欧洲专利公约》第 2 条。

⑧ 参见《欧洲专利公约》第 64 条。

3. 对于已公布欧洲专利申请的保护,不得低于有关国家法律对未审查但已强制公开的国内专利申请所给予的保护。①

4. 欧洲专利只能因《欧洲专利公约》列明的理由被撤销。② 包括:该欧洲专利的主题不符合《欧洲专利公约》第 52 ~ 57 条规定的专利条件;该欧洲专利对发明未作出足够清楚、完整的说明,致使本技术领域的技术人员不能实现;该欧洲专利主题超出了该专利申请时提交的内容,或该专利在分案申请或者根据《欧洲专利公约》第 61 条规定提出的一件新的申请被授予专利权时,其内容超出了在先申请的范围;欧洲专利赋予的保护范围扩大;欧洲专利权所有人按《欧洲专利公约》第 60(1)条规定无权获得该专利。

5. 在任何指定缔约国中,欧洲专利申请或欧洲专利如果先于国家专利申请或国家专利,则享有同国内专利申请或国内专利一样的优先权。③

上述规定使成员国被迫将其实体专利法与《欧洲专利公约》的规定保持一致,从而实现各国专利法的协调。但是,在专利侵权的构成条件、认定侵权后的救济措施以及侵权诉讼的管辖方面,各国法律协调化的程度还比较低。

欧洲专利局与欧盟通过一系列的双边计划建立了有效的合作关系。由于《欧洲专利公约》包括欧盟的全部成员,因此自然地,在知识产权方面,二者的政策是一致的。从后面的介绍可以看出,《欧洲专利公约》和欧盟有关指令、条例中的规定是非常一致的。④ 另外,在有关活动中,欧洲专利局与欧盟也有密切的合作。一旦欧盟与其他国家签订了贸易协议,欧洲专利局将在知识产权政策方面提供支持。例如,与中国有关的欧盟知识产权二期项目(IPR2)的欧方实施单位就是欧洲专利局。⑤

第二节 欧洲专利授权的实质条件

根据《欧洲专利公约》第 52(1)条的规定,对于任何技术领域的所有发明,只要是新的、有创造性步骤的并能在工业中应用的,授予欧洲专利。⑥ 因此,欧洲专利授权的实质条件有 4 项:属于某一技术领域的发明;具有新颖性;包含创造性步骤;适于工业应用。⑦

一、专利保护的客体

专利申请获得授权的实质条件之一是它是属于某一技术领域的发明。但对于什么是技术领域的发明,《欧洲专利公约》及相关规定都没有明确界定,而是采用了“排除式规定”的方

① 参见《欧洲专利公约》第 67 条。

② 参见《欧洲专利公约》第 138 条。

③ 参见《欧洲专利公约》第 139(1)条。

④ 例如,欧共体《生物技术专利指令》实施后,《欧洲专利公约实施细则》做了相应的修改,并在第 26(1)条中规定,“对于生物技术的专利保护,欧共体生物技术专利指令可以作为公约的补充解释手段”。

⑤ 参见欧洲专利局网站:https://www.epo.org.

⑥ 参见《欧洲专利公约》第 52(1)条。

⑦ 参见欧洲专利局《审查指南》(2021 年版)第 G 部分第一章第 1 条。

法列举了哪些不属于发明。

(一)《欧洲专利公约》的规定

《欧洲专利公约》第52(2)条特别界定了以下各项不属于《欧洲专利公约》中的发明：

(a)发现、科学理论和数学方法；

(b)美学创作；

(c)进行智力行为、进行比赛游戏或经营业务的计划、规则和方法，以及计算机程序；

(d)信息的提供。

《欧洲专利公约》第52(3)条规定：

第2款的规定，只有在欧洲专利申请或者欧洲专利涉及该规定所述的主题或者活动本身的限度内，才排除该主题或活动的可享专利性。

《欧洲专利公约》第53条规定不授予专利权的情形包括：

(a)凡是其商业实施会违反公共秩序或者道德的发明，但条件是，不能仅仅因为这种实施被某些或者全部缔约国的法律或者条例所禁止而即认为其实施违反公共秩序或者道德。

(b)植物、动物品种或者生产植物、动物的主要是生物学的方法；本规定不适用于微生物学方法或者该方法的产品。

(c)对人体或者动物体的外科或者疗法的治疗方法，以及在人体或者动物体上施行的诊断方法；本规定不适用于在这些方法中所使用的产品，尤其是物质或者组合物。

(二)技术效果及认定

1. 技术效果的要求

《欧洲专利公约》第52(2)条对不属于"发明"的内容作了非穷尽式的列举，所列举的内容主要是抽象的或非技术性的，可以认为其目的在于排除非技术性的发明。因此，发明必须具有"技术特征"，必须与一定的技术领域有关，必须关注技术问题，寻求专利保护的客体必须具有技术特征。[①] 技术申诉委员会曾指出，《欧洲专利公约》第52(3)条的意思是，没有技术含义的纯抽象的概念被排除在专利保护之外。[②] 但是，即使商业方法发明具有实际作用，可以通过不特定的技术方式实现，并不意味着它可以不被《欧洲专利公约》第52(2)条排除在专利保护之外。[③] 技术与非技术特征的结合可以避免被《欧洲专利公约》第52(2)条排除在专利保护之外。因此，如果使用技术手段执行本身是被排除在专利之外的方法，是符合《欧洲专利公约》第52(1)条的规定的。当权利要求包括非技术要素以及已知的技术要素时，只有二者结合产生技术效果时，才是可被授予专利的。[④]

2. 技术效果的认定标准

为了确定要求保护的客体是否属于《欧洲专利公约》中所说的发明，技术申诉委员会曾使

---

① 参见《欧洲专利公约》第52(3)条，欧洲专利局《审查指南》第C－IV 2.1。

② Case T－258/03 Hitachi /Auction Method [2004] E. P. . O. R 55.

③ Case T－388/04 Pitney Bowes. Undeliverable mail [2007] E. P. . O. R 31.

④ Case T－26/086 KOCH & STERZEL [1988] E. P. . O. R 72.

用所谓的“贡献”标准,如果该客体对某一技术领域的现有技术作出技术贡献,则认为该客体具有技术效果。[①] 但是,后来技术申诉委员会否定了这种标准,认为《欧洲专利公约》并没有为这种标准提供依据,并且这一标准混淆了“发明”与“新颖性”“创造性”几个概念的区别,一项发明是否具有技术效果与是否具有创造性是两个问题,应当分别进行判断。[②] 欧洲专利局《审查指南》也指出,必须牢记,是否属于《欧洲专利公约》第52(1)条所述的发明的问题是与保护的客体是否具有实用性、新颖性、创造性不同的问题,应当区别对待。[③]

(三)单纯发现

发现是不能被授予专利的,欧洲专利局《审查指南》指出:

> 如果一个已知物质或物品的新特性被发现,那只是发现,是不能授予专利权的,因为它没有技术效果,不是《欧洲专利公约》第52(1)条所说的发明。但是,如果将这种特性投入实际应用,就成为一种发明,可以授予专利……发现一种在自然界中存在但未被确认的物质也只是一种发现,不能授予专利。但是,如果发现自然界中存在的物质具有某种技术效果,是可以授予专利的。例如,发现自然界中存在的某种物质具有抗生素效果,是可以授予专利的,或者发现一种微生物可以产生抗生素,这一微生物本身是可以授予专利的。同样,发现自然界中存在的基因具有技术效果,该基因也是可以授予专利的。[④]

从欧洲专利局《审查指南》的规定可以看出,专利性存在于权利要求的措词中,权利要求必须对发现的应用要求获得专利保护,或者以特定的方式对其加以应用,或者将其置于装置之中。

而对于生物技术发明,《欧洲专利公约》有特殊的规则,这种规则受到欧共体《生物技术专利指令》的影响。《欧洲专利公约实施细则》第27(a)条指出,从自然环境中提取出来的生物物质,或者用科技手段得到的生物物质,即使以前在自然界中存在,也是可授予专利的。因此,一个针对已经存在的生物物质的权利要求是可以被授予专利的,因为该权利要求保护的是被提取的物质,不是自然存在的任何物质。

(四)与计算机有关的发明

《欧洲专利公约》第52(2)(c)条规定对计算机程序不授予专利,第52(3)条规定,上述的规定只有在欧洲专利申请或欧洲专利涉及该项规定所述的主题或活动的限度内,才排除上述主题或活动取得专利的条件。

欧洲专利局《审查指南》使用了“计算机实施的发明”(computer - implemented Inven-

---

① T 121/85, T 38/86, OJ 1990, 384.

② T 388/04, OJ 2007, 21.

③ 参见欧洲专利局《审查指南》(2021年3月)第G部分第二章第2条。

④ 参见欧洲专利局《审查指南》(2021年3月)第G部分第二章第3.1条。

tions)这一术语。"计算机实施的发明"是旨在覆盖涉及计算机、计算机网络或其他可编程装置的权利要求的一种表达,其中至少一个技术特征是借助计算机程序实现的。[①] 根据欧洲专利局《审查指南》的规定,虽然计算机程序被排除在专利的保护范围之外,但根据《欧洲专利公约》第52(3)条的规定,如果这种发明具有技术效果,仍可以获得专利保护。[②] 计算机程序运行所产生的常规物理效果(如电流)不属于技术效果,不足以使计算机程序被授予专利。但是,如果计算机程序在运行时可以产生除这些通常物理效果之外的技术效果,则其不被排除在可享专利性的范围之外。这种进一步的技术效果包括:控制工业程序,处理数据,实现计算机的内部或界面功能,并且能够影响处理过程的效率和安全以及对计算机资源的管理等。[③] 因此,一个计算机程序如果在计算机上运行时产生了除基本的物理反应外的技术效果,则有可能属于《欧洲专利公约》第52(1)条所述的发明。[④]

在T 0125/01[⑤] 案中,申诉委员会认为,一个不涉及硬件的软件改进能否构成发明,在于该软件对于发明是否具有技术贡献,且该贡献是不可分离的,满足该条件则属于可授予专利的发明。案中的发明涉及控制如汽车收音机之类的交流装置的模块,与现有技术的主要区别点在于其中的程序,它使控制模块更容易使用,可以容易地加上其他数字装置,申诉委员会认为这是具有技术效果的。

在20世纪90年代中期的IBM/Computer Programs案[⑥]中,技术申诉委员会在审查计算机程序的技术效果时,使用了"贡献"标准。在该案中,审查部驳回了针对权利要求7的申请,认为它属于计算机软件。上诉人认为欧洲专利局应当按照《与贸易有关的知识产权协议》第27(1)条的规定解释《欧洲专利公约》。[⑦] 技术申诉委员会认为,《与贸易有关的知识产权协议》的明确意思是不排除关于计算机软件发明的专利性。但技术申诉委员会还认为,欧洲专利局并不是《与贸易有关的知识产权协议》的成员,不应当适用《与贸易有关的知识产权协议》的规定。相应地,技术申诉委员会继续根据《欧洲专利公约》第52条的含义,对计算机软件与"技术特征"的关系进行仔细考虑。最后,技术申诉委员会认为,软件是为计算机所使用的,不能认为它具有技术特征。执行计算机程序指令所导致的硬件变化对于所有计算机程序都是普遍的,并不能以此作为计算机程序是否具有技术效果的判断标准。按照上述认识,必须从其他地方寻找技术特征,例如,从执行计算机程序指令产生的后续影响来考察是否存在技术特征。如果后续影响具有技术特征,或者它能表明软件解决了一个技术问题,那么带来这种

---

① Case Law of the Boards of Appeal of the European Patent Office(ninth edition). 有关内容参见欧洲专利局网站:https://www. epo. org/law – practice/case – law – appeals/case – law. html.

② 参见欧洲专利局《审查指南》(2021年3月)第G部分第二章第3.6条。

③ 参见欧洲专利局《审查指南》(2021年3月)第G部分第二章第3.6条。

④ 参见欧洲专利局《审查指南》(2021年3月)第G部分第二章第3.6条。

⑤ 有关内容参见欧洲专利局网站: https://www. epo. org/law – practice/case – law – appeals/recent/t010125du1. html.

⑥ Case T – 935/97 [1999] E. P. . O. R 301.

⑦ 《与贸易有关的知识产权协议》第27(1)条规定:"在遵守第二款和第三款规定的前提下,专利可授予所有技术领域的任何发明,无论是产品还是方法,只要它们具有新颖性、包含发明性步骤,并可供工业应用。在遵守第六十五条第四款、第七十条第八款和本条第三款规定的前提下,对于专利的获得和专利权的享受不因发明地点、技术领域、产品是进口的还是当地生产的而受到歧视。"

变化的发明可以被视为原则上属于可获得专利的发明客体。

但在 Hitachi/Auction method[①] 案中,技术上诉委员会否定了"贡献"标准。该案涉及对《欧洲专利公约》第 52 条规定的计算机程序进行解释的问题。技术上诉委员会认为,根据《欧洲专利公约》的结构,在考虑新颖性和创造性之前,应当先考虑申请的客体是否属于该公约第 52(1)条界定的"发明"。也就是说,在考虑是否属于该公约第 52(2)条排除的不授予专利权的客体时,不需要考虑现有技术(包括公知常识)。[②] 该案中的方法体现了欧洲专利局关于涉及计算机程序的发明能否被授予专利的认定方法。该案中,技术上诉委员会认为,一个涉及技术手段的方法属于《欧洲专利公约》第 52(1)条所说的发明。就该条所说的发明而言,最重要的在于发明是否具有技术特点,这可以从一个物体的物理属性或一个活动的性质进行推断,也可以通过使用该技术手段的非技术活动而得知。案中的权利要求 1 是一个在计算机服务器上运行的自动拍卖方法,权利要求 3 是包括计算机在内的"计算机化的自动拍卖装置",权利要求 4 是执行拍卖的计算机程序。技术上诉委员会认为,权利要求 1 属于既有技术手段又有非技术手段的方法,属于《欧洲专利公约》第 52(1)条所说的发明,由于权利要求 3 明显包含"服务器计算机""客户计算机"等技术特点,显然属于该公约第 52(1)条所说的发明。

虽然上述意见没有完全被扩大上诉委员会采纳。但在 Pitney Bowes/Undeliverable mail[③] 案中,技术上诉委员会再次明确,《欧洲专利公约》第 52 条规定的不受保护的客体,是独立于创造性的。即使一个客体或活动暗示了使用不特定技术手段的可能性或者具有实用性,其仍可能属于《欧洲专利公约》第 52(2)条规定的不受专利保护的范围。

在 Microsoft/Clipboard formats[④] 案中,权利要求 1 是一个在计算机系统中运行的方法。技术申诉委员会认为,一个包括存储装置的计算机是一种技术手段,因此,权利要求 1 中的方法具有技术特点。一个在计算机系统中运行的方法代表了一系列步骤,实现了技术效果,而不是像计算机程序那样的程序化指令在运行时有可能实现技术效果。一个在计算机系统中运行的方法与计算机程序是不同的。虽然一种方法,特别是在计算机上运行的方法,是借助于软件实现的,但是一个关于这种方法的权利要求并不是关于计算机程序的权利要求。该案中的权利要求 5 是载有计算机可执行指令的机读介质,可以使计算机系统实现权利要求 1 所述的方法。技术申诉委员会认为它具有技术特点,因为它涉及机读介质。因此,记录在一定介质上的计算机程序不应被认为是《欧洲专利公约》第 52(2)条所排除的计算机程序,因为其使得该请求的客体具有了技术特点。

在 G 3/08 号案中,扩大申诉委员会表示,计算机程序领域中的权利要求可以仅通过明确提到使用计算机或计算机可读存储介质来避免被《欧洲专利公约》第 52(2)(c)条和第 52(3)条排除。

总结上述可以看出,在涉及计算机软件的发明能否获得专利保护方面,欧洲专利局的观点发生了变化:在 20 世纪 90 年代中期以 IBM/Computer Programs 案为代表的案件中,欧洲专

---

① Case T – 258/03.

② Case T – 258/03 [2004] E. P. . O. R 55/.

③ Case T – 388/04 Pitney Bowes/Undeliverable mail [2007] E. P. . O. R 31.

④ Case T – 424/03 Microsoft/Clipboard formats [2006] E. P. O. R 39.

利局对涉及计算机软件的发明是否给予专利保护设定了较高的标准;从 21 世纪初的 Hitachi/Auction method 案开始,欧洲专利局对涉及计算机软件的发明是否给以专利保护则设定了较低的起点,这使任何有合理能力的撰写者都可以绕过《欧洲专利公约》第 52(2)条的规定。①

(五)人或动物体治疗和诊断方法

《欧洲专利公约》第 53(c)条将人或动物体治疗和诊断方法排除在专利保护的范围之外。这样规定是出于政策上的考虑,其目的在于:通过从可享专利性的范围中排除这些活动来保护医疗和兽医专业人员为了其患者的利益使用可以得到的最佳治疗的自由,而不受一些治疗可能被专利保护的任何担忧的阻碍。② 实际上,在《欧洲专利公约》被制定前,很多欧洲国家的专利法就已将这种方法排除在专利保护的范围之外。扩大申诉委员会曾指出,这一规定的目的只是使非商业和非产业的人或动物治疗行为不受约束。欧洲专利局则认为《欧洲专利公约》第 53(c)条规定的专利例外必须被严格限制,它不适用于非治疗行为。③

但是,在起博器上控制能量刺激的方法不属于《欧洲专利公约》第 53(c)条规定的范围,因为它是一种改进,不具有阻止或治疗疾病的作用。"治疗"指的是疾病或身体不适的恢复,包括预防性治疗,例如免疫行为。申诉委员会认为,立法者的本意是只有治疗或外科手术,即"适用于或潜在适用于维持或恢复健康、身体的完整、人或动物身体状况的良好以及阻止疾病"才被排除在专利保护的范围之外。④ 因此,对于美容治疗来说,如果权利要求仅包括使用一种化学物质进行美容治疗,则是可以授予其专利的。但是,如果美容涉及外科手术或治疗,则是不能被授予专利的。⑤

治疗和诊断必须是实施在活的人体或动物体上的才能被排除在专利保护的范围之外,在尸体上的治疗和诊断则是可以被授予专利的。对脱离人体或动物体的人体组织或体液进行的治疗和诊断,只要这些组织或体液不再返回原来的同一个人体或动物体,则该种治疗和诊断是可以被授予专利的。反之,如果这些组织或体液仍返回原来的同一个人体或动物体,则该种治疗和诊断不能被授予专利,例如血析治疗。⑥

对于什么是不能被授予专利的"诊断方法",欧洲专利局在很长一段时间内对这种排除的解释都较为狭窄,以致应被排除在专利保护的范围之外的诊断方法仅限于其结果能立即使行医者决定一种特定行动过程的诊断方法。但是,技术申诉委员会在 2002 年的一个决定中对《欧洲专利公约》第 53(c)条中的"诊断方法"作了比较广泛的解释,并进一步说明采用诊断方法从人体或动物身体上取样的步骤是一项治疗人或动物的疾病所使用的诊断措施,根据《欧洲专利公约》第 52(4)条的规定,包括这种步骤的方法应被排除在专利保护的范围之外。

---

① See Guy Tritton et al., *Intellectual Property in Europe*, 3th ed., Sweet & Maxwell, 2008, p. 115.

② Case Law of the Boards of Appeal of the European Patent Office(ninth edition). 参见欧洲专利局网站:https://www.epo.org/law-practice/case-law-appeals/case-law.html.

③ Case T-245/87 Siemens/ Flow MEasurement [1989] E. P.. O. R 241.

④ Case T-383/90General Hospital Corp/Hair removal method [2005] E. P.. O. R 33.

⑤ 参见欧洲专利局《审查指南》(2021 年 3 月)第 G 部分第二章第 4.2 条。

⑥ 参见欧洲专利局《审查指南》(2021 年 3 月)第 G 部分第二章第 4.2 条。

为了澄清这种情况,欧洲专利局局长已将有关“人体或动物身体上使用的诊断方法”的解释提交给了扩大申诉委员会,由该委员会提出法律意见。2006 年,该委员会作出了决定[①],并在决定中指出:根据欧洲专利局确立的原则,以治疗为目的的诊断一般包括以下步骤:检查阶段,包括收集数据;将得到的数据与某一标准进行对比;发现区别点,例如在比较时发现病症;根据区别点作出诊断决定。对于被《欧洲专利公约》第 53(c)条排除在专利保护之外的“诊断方法”,扩大申诉委员会认为:(1)关于诊断的严格标准。《欧洲专利公约》第 53(c)条所述的诊断方法包括上述最后一个步骤,即作出诊断决定的步骤,也就是严格意义上的诊断步骤。在诊断阶段,诊断方法是智力活动时,这种方法是不能被授予专利的。在诊断阶段,诊断方法是纯粹智力活动时,这种方法可以获得专利保护,并且在之前的步骤中必须包括技术性因素。(2)专利排除的范围。对于被排除在专利保护范围之外的诊断方法,应当严格解释。《欧洲专利公约》第 53(c)条所排除的专利,必须是包括以治疗为目的作为纯粹智力活动的诊断过程。另外,该方法还必须包括在作出诊断决定之前的 3 个步骤,并且前 3 个步骤必须是在人或动物体上实施的。(3)中间发现。如果只是从有生命的人或动物体上得到信息的方法,而得到的信息只是提供中间结果,不能据此作出必要的治疗决定,则这种方法不被《欧洲专利公约》第 53(c)条排除在专利保护的范围之外。(4)诊断方法与从事的主体。《欧洲专利公约》第 53(c)条的规定明确说明,其排除的内容仅涉及方法,而不涉及实施这些方法的人。判断一个方法是不是诊断方法,与医疗人员是否参与没有关系,也与是否只是由医疗人员从事、患者自己从事或者自动进行等没有关系。

《欧洲专利公约》第 53(c)条的最后一句话说明,在治疗或诊断方法中使用的产品仍可以获得专利。但是,物质用途的权利要求,以及为人或动物体治疗所使用的组合物,仍可能会落入被禁止的范围。[②] 这样,医生在治疗、手术或诊断时使用物质 X,虽不必考虑关于 X 的专利,但只有专利权人可以制造 X。

《欧洲专利公约》第 53(c)条的内容,在 2000 年被修改前为第 52(4)条,这种修改从形式上看只是位置的调整,但说明该例外的设立是基于公共健康的考虑,而不是基于产业应用的考虑。[③]

(六)违反公共道德的发明

《欧洲专利公约》第 53(a)条规定,发明的公布和利用违反“公共秩序”或道德的,不授予其专利,除非发明的利用仅仅因为被某些缔约国的法律或法规禁止利用而被认为违反公共秩序或道德。这样规定是为了避免可能导致暴乱或扰乱公共秩序的,或导致犯罪的,或通常引起侵犯性行为的发明受专利保护。一个经常发生的例子是邮件炸弹。这一规定只会在极少见的个别情况下被适用。

适用这一条规定的一个公平的标准是:一般公众是否认为该发明是非常令人反感的,授

---

① G 1/04, OJ 2006, 334.

② Case G – 05/83 [1979 – 85] E. P. . O. R 241.

③ Case G – 1/04 [2006] E. P. . O. R 161.

予其专利是不可想象的。[①] 当发明涉及侵犯性行为,但也可用于非侵犯性行为时,可以不根据《欧洲专利公约》第53(a)条的规定驳回其专利申请,但如果专利申请包含明确指向违反公共道德的用途,应根据《欧洲专利公约实施细则》第48条的规定,要求申请人删除这种内容。

在一起涉及植物基因技术的专利审查的过程中,异议人以专利申请违反《欧洲专利公约》第53(a)条的规定为由提出异议,认为该专利申请如果被授予专利将会严重损害环境。欧洲专利局技术申诉委员会指出,虽然判断一个标的物是否违反公共秩序或道德是非常困难的,但不能因此对《欧洲专利公约》第53(a)条的规定置之不理,而是要根据每个案件的具体情况进行判断。该委员会认为,公共秩序的概念除应包括保护公共安全、个人身体完整两方面,还应包括环境保护等方面。道德的概念基于这样一种信念:有些行为是正确的可以被接受,而有些行为是错误的。这一信念与根植于特定文化中的被人们普遍接受的观念的总和有关。就《欧洲专利公约》而言,这一文化就是内在于欧洲社会和文明中的文化。如果一项发明的使用与这一文化中习惯上接受的标准不相符,则其应被排除在专利保护的范围之外。[②]

二、新颖性

《欧洲专利公约》规定的授予欧洲专利的实质要件之一是新颖性。

对新颖性进行判断首先需要认定现有技术,其次将现有技术与专利申请进行对比,判断专利申请是否属于现有技术。

(一)现有技术的认定

如果一件发明不属于现有技术,则它就具有新颖性。[③] 现有技术应包括:在欧洲专利申请日前,公众通过书面或口头叙述的方式,以及使用或通过任何其他方法能够了解或获得的东西。[④]

1.现有技术的时间标准

《欧洲专利公约》第54(2)、54(3)条中所说的"申请日",在某些情况下包括优先权日。不同的权利要求,或者同一权利要求中的不同技术方案,因为优先权日的不同,所以判断现有技术可以有不同的时间点。[⑤] 现有技术包括在申请日之前提出并且在申请日当天或之后公布的欧洲专利申请的内容[⑥]。但是,与待审查的专利具有相同申请日或优先权日的申请,不被认为是现有技术。

一份将欧洲专利局作为指定局的PCT国际申请在没有被公布前,如果以正式语言进入欧洲专利局并且交纳了国家费,就可以以其申请日或优先权日为准,将其作为现有技术的内容。

---

① 参见欧洲专利局《审查指南》(2021年3月)第G部分第二章第4.1条。

② T 356/93, OJ 1995.

③ 参见《欧洲专利公约》第54(1)条。

④ 参见《欧洲专利公约》第54(2)条。

⑤ 参见欧洲专利局《审查指南》(2021年3月)第G部分第四章第3条。

⑥ 参见《欧洲专利公约》第54(3)条。《欧洲专利公约》这里所说的现有技术与中国专利法中的现有技术的含义不完全相同,像《欧洲专利公约》第54(3)条所说的这种情况,在中国不被称为现有技术,而被称为抵触申请。

2. 公知常识作为现有技术

在欧洲专利局进行专利审查的过程中,现有技术主要是指检索报告中所列的文献。进行新颖性审查将审查现有技术和一般知识(general knowledge)。审查员不被允许使用自己的一般知识,除非这些知识可以被证明是一般知识。①

公知常识也是现有技术的一部分。公知常识被认为是特定技术领域技术人员的背景知识,即便本领域技术人员(man skilled in the art)实际上未必了解该知识。技术申诉委员会指出,本领域技术人员的公知常识一般体现在百科全书、教材、辞典和手册中。在个别案件中,专利说明书以及科技出版物也属于公知常识。特别是当一个技术领域特别新,还没有被教科书涉及时更是如此。在这些所有的案件中,本领域技术人员不需要知道可以得到的全部技术,认定公知常识的依据主要有三点:第一,本领域技术人员不仅知道特定的现有技术,而且知道到哪里去找到它,例如在论文集、科技出版物或专利说明书中;第二,可以指望,为了确定这一公知常识,本领域技术人员需要在本领域的整个技术领域进行广泛搜索,而这种搜索并不需要付出过分的努力;第三,这种信息必须是无歧义的,并且不需要本领域技术人员怀疑和进一步调查就能够被直接适用。在每一个案件中,某一特定领域的技术人员的公知常识必须基于该案中的事实和证据来认定。②

《欧洲专利公约》并未将现有技术局限于具体文件的书面公开的内容。相反,其将现有技术定义为包括使技术主题能被公众获得的任何其他的方式,因此没有具体参考的文件并不意味着不存在现有技术,这是因为现有技术可完全存在于相关公知常识之中。因此,公知常识可能是书面的,也可能仅仅是抽象的本领域技术人员非书面见闻的一部分。③ 对公知常识的证明不依赖于具体文件在具体日期公开的证据。④

在 T 890/02 案中,申请人认为在 EMBL 数据库中检索等同于在化学文摘数据库中检索。申诉委员会认为,化学文摘数据库实质上包括全部现有技术,其内容远远多于本领域技术人员作为公知常识所应当掌握的内容。从 EMBL 数据库中的内容可以看出,对于脱氧核糖核酸(DNA)序列而言,这一数据库是与化学文摘数据库不同的,也与生物文摘数据库等有书目的数据库不同。这些有书目的数据库的目的在于对科技出版物、会议等披露的内容进行概括。受其提供信息的数量和质量等方面的影响,检索者通常需要熟练的检索技巧才能找到或想到数据。只用一个酶的名字或欧洲化学品登记号在书目数据库中进行查询是远远不够的,检索者会因为得到的结果特别多而无法一一阅读,不进行进一步限定查询不可能得到有用的信息。另外,对于摘录的信息即摘要的内容,检索者在实际检索前是想不到的。并且摘要是不完整的,检索者还需要借助于原文。在 EMBL 数据库中查询时,直接查询(使用酶的名字或欧洲化学品登记号)通常就会得到明确的结果,而书目式数据库的查询技巧与结果都是不清楚、不直接的。因此,该委员会认为,从不太严格的意义上来说,符合下列条件的百科全书或手册、数据库才属于判例法中的公知常识:(1)本领域技术人员知道它是用来获得所需信息的

---

① Case – T 157/87 Kubat [1998] E. P. O. R. 221.

② T 890/02, OJ 2005.

③ T 939/92, OJ 1996.

④ T 766/91 案。

正确渠道;(2)不付出过分的劳动就可以从中找到该信息;(3)它提供的信息是直接的、无歧义的,不需要对其进行进一步调查就可以使用。

3. 公众能够获得的含义

现有技术的核心是"公众能够获得"。"公众能够获得"的含义为:"请求保护的发明中的所有技术特征已经传达给公众,或者已经公开可以使公众审阅。"[①]如果公众可以得到有关知识,同时没有保密的义务,则满足公众能够获得的要求。[②] 不必证明公众已经实际得到了该技术。[③] 即使产品只出售了一件,如果购买者没有保密的义务,也可以认为是公众能够获得。[④]

关于公众,技术申诉委员会曾将其解释为"技术人员"(skilled person)。在一个集会上向不懂技术的人口头披露不构成"公众能够获得",因为他们不能向技术人员再现这些信息。[⑤]相反,讲演者在一个国际会议上所进行的口头披露,包括摘要、论文、幻灯演示以及小组讨论,则属于现有技术,会破坏在后专利申请的新颖性。[⑥] 一件产品通过非秘密方式销售和发货后,如果一个本领域技术人员通过正常的检测就可以得到该产品的结构,也将导致该产品的结构能够被公众获得。[⑦]

4. 互联网公开

在互联网上的公开信息一般被认为是现有技术的一部分,在互联网或在线数据库中公开的信息被认为从公开公布日起可为公众所获得。如果某文件在专利或专利申请的申请日或优先权日前在互联网上被存储且可通过网址被访问,或可借助于公共网络搜索引擎被找到,并且在网址上被保持足够的时间段,可以被公众直接且毫无异议地访问,那么所述文件被视为公众能够获得。但是如果所述内容是电子邮件的内容,则不能仅因为所述电子邮件在申请日前通过互联网被传递就变成公众能够获得的内容。[⑧]

(二)确定相关现有技术的内容

根据欧洲专利局的判例,一件发明只有在可以从现有技术中明确、直接地得到的情况下,才可以被认定为缺乏新颖性。[⑨] 发明的所有技术特征(不只是本质部分)必须可以从现有技术中得知。确定这种披露时,应根据可以指望本领域普通技术人员得到的知识和理解的内容来进行判断。

确定信息的内容,也就是解释现有技术包括什么。技术申诉委员会指出,解释一份文件技术披露的内容,通常不取决于使用该文件的目的。[⑩] 在解释一份文件特别是专利文件所披露的内容时,为了弄清其真实含义以及其披露的内容,不应对文件中的部分内容进行解释,而

---

① G02/88 MOBIL/Friction reducing additive [1990] E. P. O. R. 73.

② 参见欧洲专利局《审查指南》(2021 年 3 月)第 G 部分第四章第 1 条。

③ Case – T 444/88 Japan Styrene Paper [1991] E. P. O. R. 94.

④ T 482/89, OJ 1992.

⑤ Case – T 877/90 [1993] E. P. O. R. 6, TBA.

⑥ Case – T 455/91 GENENTECH/Expression in yeast [1996] E. P. O. R. 87.

⑦ Case – T 953/91 THOMSON/Electron Tube [1998] E. P. O. R. 415.

⑧ T 2399/09, T1553/06, T2/09.

⑨ T 465/92, OJ 1996.

⑩ T 600/95 案。

应结合其全部内容来确定。①

如果对于本领域技术人员来说,立刻就能明显发现一个装置中的某一个功能特征,则该特征可以作为现有技术的内容。② 如果申请专利保护的客体可以从现有技术的披露中直接、毫无疑义地得出,则该现有技术会损害专利申请的新颖性。③ 这被称为“暗含的现有技术描述”。同时,技术申诉委员会也曾告诫,使用“暗含的现有技术描述”不能将创造性判断转化为新颖性判断。④

一个已经公开出售的产品,其本身并没有暗含或公开除组成部分和内部结构之外的内容,那么为了获得某一特定结果而将产品分解并在特定外部条件下分析其作用机制而得到的内容,就不能被认为是已为公众所知的内容。⑤ 同样,一个公开的产品,如果不能被原样复制,也不能被认为是现有技术。⑥

从申诉委员会的判例来看,新颖性的含义受到严格限制。在先文献中的披露内容并不包括明示或暗示的等同物,只有在判断创造性时等同物才被考虑。⑦

对于仅仅通过附图披露的技术特征,只有在该技术特征的结构可以充分清楚地在附图中体现出来,并且也可以看出其技术功能时,才能认定该技术特征已经被披露。⑧

如果将专利权利要求书的内容作为判断新颖性和创造性时的现有技术,而权利要求书要求保护的内容过宽,除了用说明书来解释权利要求中用语的含义,不能通过说明书对权利要求作出限制性解释。⑨

(三)确认专利申请与现有技术的区别

在确认了现有技术的内容后,最后一个步骤是确认专利申请与现有技术的区别。

1. 将专利申请与现有技术进行单独对比

欧洲专利局的《审查指南》指出,在判断新颖性时,不能将两项现有技术结合在一起。对于在一份文献或相似文献中的两个实施例,也不能把其中的内容结合在一起评价新颖性,除非这种结合有具体的启示。在一份文献中明确提及的材料,可以认为其已经结合进该文献。⑩ 在同一文献中的不同段落,如果没有理由认为本领域技术人员不会作出这种判断,则可以将其结合在一起。⑪ 一份已经公开的专利说明书,只有在本领域技术人员无争议地将其中的内容作为一个整体时,才可以作为一件现有技术。⑫

---

① T 312/94 案。

② T 6/80,OJ 1981.

③ T 677/91 案。

④ T 763/89 案。

⑤ G 1/92,OJ 1993.

⑥ T 977/93,OJ 2001.

⑦ T 517/90 案。

⑧ T 896/92 案。

⑨ T 607/93 案。

⑩ 参见欧洲专利局《审查指南》(2021 年 3 月)第 G 部分第六章第 1 条, Case – T153/85 Amoco 1990 [1998] E. P. O. R116。

⑪ T – 332/87 案。

⑫ T 42/92 案。

2. 确定区别技术特征

在进行新颖性对比时，应当考虑专利说明书给本领域技术人员教导的所有信息。[①] 只是措辞的不同并不足以使专利申请具有新颖性。[②] 在现有技术的基础上增加一个多余的技术特征，也不能使专利申请具有新颖性。[③] 在判断新颖性时，专利权利要求中的表达应按其最广义的技术含义来对比。[④]

在 ALLIED SIGNAL/Polyolefin fiber [⑤]案中，技术申诉委员会面临如下问题：按照某一文献的明确教导所得出的必然结果是否会破坏专利的新颖性。技术申诉委员会认为，"公众能够得知"清楚地表明，它不限于文字或概略的说明，而是包括明示或暗示的或通过其他手段传送的技术信息。当一个文献没有明确地披露权利要求中的内容时，如果文献中文字上明示或暗示的必然结果在权利要求的范围之内，则该文献也可以构成现有技术。在确定一个明示的文字披露的必然结果时，证据标准是"排除一切合理怀疑"。如果对结果存在怀疑，则不导致可以预见，不会破坏新颖性。

如果现有技术中披露了某一产品，而申请专利的权利要求既包括产品特征又包括制造方法特征，只有在该制造方法导致产品与现有技术中的产品具有不同之处时，使用该方法制造的产品才具有新颖性。[⑥]

(四)化学物质和选择发明的新颖性

1. 化学物质的新颖性

对于化学物质而言，仅仅因为该物质在申请日前存在并不足以否定其专利申请的新颖性。仅仅知道其化学式不足以说明该化学物质就属于现有技术。要认定其是否为现有技术，必须知道如何制造它，包括知道如何得到制造它所必需的物质。

技术申诉委员会指出："在委员会看来，即使一份文献披露了某一化学物质的结构以及制造步骤，如果技术人员不能从文献和公知常识中发现如何得到起始物质或中间物质的方法，也不能认为该文献披露了这一化学物质。在只有经过复杂的检索后才能得到的信息，也不能认为是公知常识的一部分。"[⑦]

另外，扩大申诉委员会还认为，对于一个技术人员来说，不用承担不适当的负担就可以发现这种物质或其结构并可以制造它就可以了，不要求有什么理由促使技术人员来这样做。[⑧] 如果一份文献披露了低分子化合物及其制造方法，这将使本领域技术人员想得到的不同纯度的该化合物都成为现有技术。但是，如果证据证明，使用传统方法得到纯度更高的化合物的尝试都失败了，则纯度高的化合物仍可能具有新颖性。[⑨]

---

① T 4/83, OJ 1983.

② T 114/86 案。

③ T 917/94 案。

④ T 79/96 案。

⑤ Case – T 793/93 ALLIED SIGNAL/Polyolefin fiber [1998] E. P. O. R104.

⑥ T 815/93 案，T 414/93 案。

⑦ Case – T 206/83 Herbicides/CI [1997] 0. J EPO 5; [1986] E. P. O. R. 232.

⑧ Case – T 93/89 HOEGHST/Polyvinylester dispension [1992] 0. J EPO 5; [1986] E. P. O. R. 115.

⑨ T 728/98, OJ 2001.

2. 选择发明的新颖性

欧洲专利局《审查指南》认为,一个大的范围的公开并不使其中一个特定情形失去新颖性,而特定情形的披露会使包括该情形的一般权利要求失去新颖性。在选择发明中,存在争议的问题通常是选取的小的范围的产品是否有意想不到的效果。因此,新颖性常在于意想不到的效果,而不在于这种被选择的物质本身。

如果一种物质是由已知的大的范围的成分经过反应而形成,一个专利权利要求申请一个小的范围,如果这一小的范围并不是从大的范围中任意选择的,并且有一些技术特点,即使通过这一范围之外的不同组分反应也能产生这些特点,这一选择也是新颖的。①

如果现有技术中的说明书披露了两种起始物质形成一种化合物,而说明书中给出的例子是每一种类中的单个物体,从这两类中选择特定的两种进行反应而形成的物质,可以被认为是新颖的。也就是说,欧洲专利局并不认为在先文献已经披露了两种起始物的所有组合。②

从大组中选择一小组化合物,小组的技术效果与大组不同并不意味着小组化合物就是新颖的、有创造性的。在一个案件中,权利要求的内容是含 C_6-C_{12} 组的漂白剂,而现有技术中披露的是含 C_6-C_{15} 组的漂白剂。技术申诉委员会认为含 C_6-C_{12} 的漂白剂是没有新颖性的,因为本领域技术人员应该可以想到这些低烷基组的化合物是优选的,因为它们在水中更易于溶解。③

专利申请人必须证明,小组中所有的化学物质都具有意想不到的且有益的技术效果。在 AGTEVGO/ Triazole sulphonaimdes④ 案中,技术申诉委员会认为,一个被选择的组合物要想获得专利,必须是非任意性的,必须有非公知的技术效果作为正当理由,而这种技术效果是由于被选择的化合物与其他未被选择部分的结构特征的不同造成的。

另外,对于技术效果的评价要考虑技术效果产生的原因,使其与大组中的其他物质不同,从而理论上可能改变化合物。如果请求保护的一组化合物从本质上与所有的或大部分物质不同,说明其有宣称的效果,而证明责任在于宣称该化合物有效果的人。AGTEVGO 案中,申请人的试验报告只证明了要求保护的物质中的一部分,还不足以说明实质上所有的物质都有某种效果,因此其申请被驳回。

(五)不损害新颖性的披露

某些披露如果发生在专利申请日前 6 个月内,有可能被认为是不损害新颖性的披露,包括:申请人或其法律上前手已经在"国际展览会公约"所规定的官方或官方承认的国际展览会上展出其发明;他人明显滥用与申请人或申请人法律上前手之间的关系。⑤ 但是,要证明他人与申请人之间的关系是非常困难的。例如,在 UNILEVER/Deodorant detergent ⑥案中,技术申

---

① Case - F 98/84 HOEGHST [1985] 0. J EPO 209; [1997] E. P. . O. R. C987; AGREVO/Triazole sulphonaimdes [1986] E. P. . O. R. C171.

② Case - T 7/86 DRACO/Xantbenes [1989] E. P. O. R. 65.

③ See Guy Tritton et al. , *Intellectual Property in Europe*, 3th ed. , Sweet & Maxwell, 2008, p. 95 - 96.

④ AGTEVGO/ Triazole sulphonaimdes [1986] E. P. . O. R. C171.

⑤ 参见《欧洲专利公约》第 55 条的规定。

⑥ Case - T 385/92 UNILEVER/Deodorant Detergent [1996] E. P. O. R. 579.

诉委员会认为,巴西专利局在申请日前披露了一件非常近似的技术,虽然对申请人的损害较大,但由于无法证明其与巴西专利局的关系,以及巴西专利局的披露只是一个错误,认为仍破坏新颖性。

三、创造性

(一)创造性的含义

关于创造性,《欧洲专利公约》使用了"创造性步骤"(inventive step)一词。如果考虑到现有技术,一项发明对于本领域技术人员不是显而易见的,应认为其是具有创造性步骤的发明。[①]《欧洲专利公约》中的"现有技术"一词也包括抵触申请,即该公约第54(3)条中所称的文献。但是,这些文献只用于评定新颖性,在评定申请有无创造性时不应予以考虑。[②] 这与我国的标准是相同的。

欧洲专利局的《审查指南》指出:

> 在界定发明的任何权利要求是否具有创造性时,要求考虑的问题是,就申请日或有效优先权日之前的已知技术而言,本领域技术人员实现权利要求中的某些内容是否是显而易见的。如果是这样,则这一权利要求不具有创造性步骤,不能被授权。"显而易见"一词意味着,没有突破正常的技术进步,只是通常地、逻辑性地按现有技术发展。例如,不涉及任何超过本领域技术人员的技术或能力而得到的东西。在比较创造性步骤时,与新颖性不同……根据其后的知识来解释已经出版的文献,并考虑到本领域技术人员在专利申请日或有效的优先权日之前通常得到的知识,这样做是合理的。[③]

《欧洲专利公约》并没有将"技术进步"作为授予专利的实质要件,但是与市场上商品相比所具有的技术进步可以作为支持创造性的理由,但不能代替与最接近的现有技术相比具有创造性的证明。[④]

专利独占的范围应与其技术贡献相当,因此一个符合法律规定的权利要求应当是有创造性的。如果申请专利的权利要求包括了显而易见的内容,该权利要求就应当被修改,删除其中显而易见的内容,只保留有创造性的内容,使授予其独占权有正当的理由。[⑤]

(二)创造性的判断方法

与新颖性一样,创造性也是一个客观的概念,因此,在审查创造性时,不考虑发明的过程。

---

① 参见《欧洲专利公约》第56条。《欧洲专利公约》第54(3)条中所说的文献相当于我国专利法中的抵触申请。可见,虽然在现有技术的范围上《欧洲专利公约》与我国专利法不同,但在判断新颖性和创造性时所使用的文献与我国是相同的。

② 参见《欧洲专利公约》第54(3)、56条。

③ 参见欧洲专利局《审查指南》(2021年3月)第G部分第七章第4条。

④ T 181/82, OJ 1984.

⑤ T 939/92, OJ 1996.

技术申诉委员会指出,与新颖性的情况一样,创造性是一个客观的概念。在评价创造性时的客观性体现在判断现有技术的客观性上。根据发明所要解决的技术问题,客观地评价创造性在于一个本领域技术人员能否从现有技术中客观地得出解决问题的方案。①

1."问题—解决方案"的判断方法

一般来说,欧洲专利局用"问题—解决方案"的判断方法来评价创造性。欧洲专利局《审查指南》中的描述是:在实践中,为了客观地和可预见地评价创造性,审查员通常应当采取"问题—解决方案"的方法,这种方法主要有三个步骤:(1)确定最接近的现有技术;(2)确定要解决的客观技术问题;(3)从最接近的现有技术和要解决的客观技术问题出发,看申请专利的发明对于本领域技术人员而言是否是显而易见的。②

这一方法在很多案件中被使用。使用这一方法是为了克服"事后诸葛亮"的做法,也就是从发明出发而不是从现有技术出发来考虑创造性的做法。例如,一个专利申请涉及在金属上使用的钝化剂,该钝化剂是锑和锡的化合物,而锑和锡可单独作为抑制剂都是为人所知的。技术申诉委员会认为,尝试将锑和锡化合作为抑制剂是不是显而易见的并不是判断这一发明是否具有创造性的根本问题。根本问题应当在于本领域技术人员是否有可能这样做并预期可以解决本案专利中有挑战性的技术问题。技术申诉委员会认为,技术人员不可能预见到化合物可以解决这一问题。另外,在催化剂的领域中有无数的未被探索的化合物,而锑和锡的化合物并不是第一选择。③

(1)最接近的现有技术的确定

使用"问题—解决方案"方法的第一个步骤是确定最接近的现有技术。最接近的现有技术应当与发明指向相同的目的或效果,或者二者至少属于相同或相近的技术领域。现有技术通常是一篇现有技术文件,其具有与被请求保护发明相同的目的而构想出的主题或与该发明指向相同目标的主题,且具有最多的与该发明共同的相关技术特征,即最低程度要求的结构性修改。实践中,与发明最接近的现有技术通常被使用于相同场合,并且其经过结构或功能上的少量改进就可以与申请专利的发明相同。④ 对最接近的现有技术的判断是一个客观的过程,要基于本领域技术人员在专利申请日(优先权日)的判断来进行。⑤

当几份被引用的文件都与专利申请属于相同技术领域时,最接近的现有技术是在专利申请日最易使本领域技术人员作出发明的技术。⑥

(2)解决技术问题的确定

使用"问题—解决方案"方法的第二个步骤是确定发明所解决的技术问题。与最接近的现有技术相比的客观问题在第一个文献(记载最接近现有技术的文献)中没有被披露,从而形成一个单独问题时,就可以指望本领域技术人员考虑相同或相近领域中的第二份文献的教导

---

① Case - T 24/81 BASF A. G. [1983] O. J. EPO 133;IOP. D. 6020, April 1982.

② 参见欧洲专利局《审查指南》(2021 年 3 月)第 G 部分第七章第 5 条。

③ Case - T 274/87 PHILIPS [1989] E. P. . O. R 207;I. P. D. 11054, October 1988.

④ 参见欧洲专利局《审查指南》(2021 年 3 月)第 G 部分第七章第 5.1 条。

⑤ T 24/81, OJ 1983.

⑥ T 656/90 案。

来寻求解决方案。[①] 在“问题—解决方案”的判断方式中,问题必须是技术问题,它必须能被权利要求中的方案所解决。权利要求中的所有技术特征都应是方案的组成要素,而问题必须是在优先权日本领域技术人员可能需要解决的问题。[②] 这就要求方案的贡献必须是技术贡献。在确定技术问题时,不允许使用专利申请日之后或优先权日之后的知识。[③] 专利申请人所宣称的技术优势,在没有充分证据支持的情况下,不能被用于确定该专利申请所解决的技术问题。[④]

一般情况下,一件发明申请中不包含技术特征的情况是少见的,但一件申请既包含技术特征也包含非技术特征的情况也是存在的。在这种情况下,适用“问题—解决方案”的判断方法,必须小心界定以下问题:发明所属的技术领域;本领域技术人员所适用的专门技术和技巧的范围;实际解决技术问题的正确方式。[⑤] 这就是说,在考虑创造性时,欧洲专利局将技术特征分离出来,即使它们混合在技术/非技术权利要求中。适用这种方法的后果是,关注的重点是专利所披露的技术贡献,而不是权利要求起草人的个人能力。

解决方案必须是技术方案,还要求发明的贡献不能是被排除在可享专利性之外的客体。[⑥] 虽然欧洲专利局也会考虑专利申请是否为《欧洲专利公约》第52(1)条所排除,但一般情况下,被该款规定排除的专利申请较少。在与计算机有关的发明,以及与其他被排除的客体有关的发明中,只要包括一个技术特征(如对一个计算机程序的运行)通常就可以克服《欧洲专利公约》第52(1)条的规定。

在 Hitachi /Auction Method 案中,专利申请人申请了一项“在一个服务器计算机中运行的自动拍卖程序”,一个权利要求包括实质上描述荷兰式拍卖的程序,另一个权利要求包括一个“用于在网络上进行自动拍卖的计算机化的拍卖装置”,还有一个权利要求是“一个在包括客户端和服务器的网络上运行的计算机程序”,用来执行荷兰式拍卖的方法。对现有技术而言,本发明的贡献在于它提供了一种已知的荷兰式拍卖的变换方式,并且使荷兰式拍卖能够在计算机上运行。该发明的核心在于对荷兰式拍卖程序的变化。但是,正如技术申诉委员会所说的,这些因素是可以与计算机执行拍卖独立的,没有计算机的支持照样可以进行荷兰式拍卖。因此,技术申诉委员会认为,发明可以被看作对非技术活动的自动操作。发展这种拍卖的规则不需要创造性步骤。相反,在计算机系统中有一个可以将数据转换为写字板格式的写字板的方法,被认为是可以授予专利的。[⑦]

但是,过分依赖于“问题—解决方案”方法可能会导致创造性问题上的人为的判断。在 ALCAN/Aluminium alloys 案中,[⑧]技术申诉委员会再次评述了这一方法,指出其弱点是依赖于对现有技术检索的结果,而现有技术是在实际知道了发明的内容后才可以被检索的,因此

---

① Case – T 552/89 Tetra Pak/ Cathode replenishment [2003] E. P. . O. R 23.

② Case – T 641/00 Two identieies/COMVIK [2004] E. P. . O. R 10.

③ T 268/89, OJ 1994.

④ T 20/81, OJ 1982.

⑤ T – 1177/97 SYSTRAN/Translating natural languages [2005] E. P. . O. R 13.

⑥ Case T – 258/03 Hitachi /Auction Method [2004] E. P. . O. R 55.

⑦ Case T – 424/03 Microsoft/Clipboard formats I[2006] E. P. . O. R 39.

⑧ Case T – 456/92 ALCAN/Aluminium alloys [1995] E. P. . O. R 501.

从本质上说是事后得知的,在适用时必须注意。技术申诉委员会还指出,当事实清楚时,支持还是反对创造性都可有多个复杂的步骤的推理。“当发明是开拓性的时,可以说没有接近的现有技术,而不是根据勉强认定的最接近的现有技术解释一个问题。”技术申诉委员会提到,一些未报告的决定强调了在认定创造性时,避免创造人为的、非真实的技术问题,而应当从专利中确定的技术问题出发,这是一个值得高兴的趋势。①

2.“能够—会”(Could/would)的判断方法

在确定了最接近现有技术和需要解决的技术问题后,最后一个步骤是判断申请专利的发明对于本领域技术人员而言是否是显而易见的。对此,为了避免“事后诸葛亮”式的分析,欧洲专利局提出了“能够—会”的判断方法。欧洲专利局认为在判断时应当考虑:(1)一个熟练但不具有创造能力的人能够(could)想到发明,这实质上是在考虑发明的“聪明”程度;(2)一个熟练但不具有创造能力的人会(would)想到发明。这实质上是在考虑本领域技术人员为了更好的效果而得到改进现有技术的启示。②

这种方法最早被使用在RIDER/Simethicone tablet案中③。在这个案件中,考虑的是在一个分层片释药中增加一个分隔物,申诉委员会认为,现有技术对于解决不必要的混合这一问题已有了一个满意的答案,增加一个分隔物是多余的、浪费的、缺乏技术效果的。因此,本领域的技术人员不会开始从事做出该发明的工作。根据技术申诉委员会的判例,主要的问题不是本领域技术人员是否可以做出该发明,而是他为了解决技术问题是否会这样做。判断本领域技术人员是否会做出该发明,主要看他为了达到既定的技术结果而采取的措施。也就是说,应当假定该技术人员不是因为好奇,而是因为心中有特定的技术目的。④

如果权利要求的贡献只是从技术角度来看并没有积极的贡献,在适用“能够—会”的判断方法时必须要注意。正如申诉委员会所指出的,“能够—会”的判断方法只适用于“会”部分涉及技术因素的情况,否则,发明能够实现这一事实足以说明它是显而易见的。⑤

(三)本领域技术人员

创造性评价中的一个重要因素是本领域技术人员。本领域技术人员被假定为一个普通的从业人员,他知道在相关日期之前的本领域的公知常识。欧洲专利局《审查指南》对其做出了这样的界定:

> 本领域技术人员被假定为一个普通的从业人员,他知道在相关日期前的本领域的公知常识。假定他了解技术状况的全部,尤其了解检索报告中引用的文献,能够熟练地使用各种工具并且有能力进行常规的工作和实验。如果问题本身促使本领域技术人员去其他领域寻求解决方案,其他领域的专家是有能力解决这个问题的人。评价解决方案是否涉及创造性步骤时,必须基于专家的知识和能力。有时,从

---

① Case T-495/91 Pengulan. Surface finish [1995] E. P. . O. R 516.

② See Guy Tritton et al., *Intellectual Property in Europe*, 3th ed., Sweet & Maxwell, 2008, p. 103.

③ Case T-2/83 RIDER/Simethicone tablet [1979-1985] E. P. . O. R. Vol. C, 715.

④ T 939/92, OJ 1996.

⑤ Case T-273/02 Toshiba/ I G Card [2005] E. P. . O. R. 52.

一组人的角度考虑比从一个人的角度考虑更恰当，比如一个研究和生产的团队。这可能适用于某些尖端技术（如计算机和通信系统）或者高度专业化的程序（如集成电路或复杂的化合物的商业生产等）。①

本领域技术人员被假定接触到了申请日前的现有技术，而不管现有技术文献的阅读对象是谁。本领域技术人员还被认为熟悉相近的技术领域而不是特别远的技术领域。② 当两个技术领域存在接触点时，它们是相近的。接触点应根据一个领域的技术人员是否可以想到另一领域特定问题的解决方案来确定。③ 在判断显而易见性时，不一定所有的方面都基于同一个本领域技术人员。因此，如果一个特定领域的技术人员去请教相近领域的专家是显而易见的，这个专家就成为本领域技术人员。因此，当考虑是否用玻璃纤维替换运输带清洁装置中的一个部件时，本领域技术人员是材料专家，而不是运输带专家。④

有时，"本领域技术人员"可能是一群人，例如研究和生产团队。技术申诉委员会指出，当一项新技术即将被应用到传统领域时，通常的做法是将两个技术领域的人员组成一个开发团队。⑤在另一个案件中，技术申诉委员会认为一个专利的权利要求 1 并不具有创造性，因为其权利要求 1 将 3 个要素组合在一起并没有相互配合的协同效果，由一个住宅专家（housing specialist）和一个插接专家（plugged connections specialist）组成的团队是可以解决这个问题的。⑥

在生物技术领域，本领域普通技术人员被认为是一个保守的人，他从不违背已有的偏见，也不会尝试探索不可预知的领域，也不会承担不可预测的风险。他可以将相近技术领域的技术转用于他感兴趣的特定领域，前提是这种转用只涉及通常的试验，包括常规的尝试。⑦ 当技术问题涉及商业、保险精算、会计等领域的计算机应用时，本领域的技术人员应当在数据处理方面有丰富的经验，而不能仅仅是商人、精算师或会计师。⑧

（四）创造性的具体判断

1. 技术特征和非技术特征的区分

《欧洲专利公约》允许权利要求中既有"技术"特征，又有"非技术"特征。在适用"问题—解决方案"的判断方法时，主要分析解决技术问题的技术方案。当权利要求中既有技术特征又有非技术特征时，必须要界定发明所属的技术领域、本领域技术人员在特定技术领域的知识和技能的范围，以及实际解决的技术问题的正确表达。在判断创造性时，应将对技术特点有贡献的所有内容作为整体进行考虑，不属于解决技术问题的技术方案的内容则不予考虑。⑨

---

① 参见欧洲专利局《审查指南》（2021 年 3 月）第 G 部分第七章第 3 条。
② Case T－176/84 MOBIUS［1989］E. P. . O. R. 377.
③ Case T－01/85 HOECHST/Pharmaceutical preparation［1999］E. P. . O. R. 57.
④ Case T－32/81 Five－Cail Babcock SA［1982］O. J. EPO 225.
⑤ T 15/15 案。
⑥ Case T－141/87 BOSCH/Diagnostic test system for motor vehicles［1996］E. P. . O. R. 570.
⑦ T 455/91，OJ 1995.
⑧ T 641/00，OJ 2003.
⑨ T 641/00，OJ 2003.

2. 结合发明(combining invention)

在评价涉及技术特征的组合的发明时,应当将发明作为一个整体,看现有技术中是否存在使本领域技术人员进行这种组合的启示。不能说所有的技术特征都是已知的或显而易见的,因而专利权利要求保护的对象是显而易见的。① 需要考虑的问题不是本领域技术人员面对所有现有技术,是否能够作出发明中的组合,而是他是否在希望进行改进时就会这样做。关键的标准不是每个要素是已知的,而是现有技术是否引导本领域技术人员将所有要素进行组合。②

但是,当发明仅是技术特征的"聚合或叠加"(aggregation or juxtaposition)而不是技术特征的结合时,只要说明每个技术特征是显而易见的,就足以说明这种技术特征的聚合没有创造性。如果多个技术特征相互支持实现的技术效果不同于单个技术特征的技术效果的总和(如比单个技术特征的技术效果的总和更强),则认为这些技术特征是结合的。换句话说,技术特征的组合必须产生"协同效果"(synergistic effect),如果没有协同效果,则说明其是技术特征的聚合。③ 另外,本领域技术人员被认为能够区分现有技术中哪些是与解决问题相关的因素,哪些是与解决问题无关的因素。④ 如果两个文献教导的方法指向不同,特别是其中一个文献指向的是50年前的技术,则本领域技术人员可能不会将两者结合起来。⑤

3. 同一现有技术文献所披露的内容的使用

在进行创造性判断时,对于同一现有技术文献所披露的内容,应将其作为一个整体看待。对同一文献中的不同部分可以合并使用,只要没有可以阻止本领域技术人员这样做的理由。⑥

4. 无助于解决技术问题的特征

对于无助于解决说明书中所述技术问题的技术特征,在判断技术特征的组合是否具有创造性时不予考虑。⑦ 申请人需要提供证据证明,某一技术特征单独或与其他技术特征结合,对于解决说明书中的技术问题有帮助,才可以将其作为进行创造性判断时考虑的因素。⑧

5. 可预见的改劣(predictable disadvantage)或非技术改进

如果专利申请只是对最接近的现有技术的改劣,而本领域技术人员可以清楚地预见其技术劣势,这种技术劣势也没有被预想不到的技术优势补偿,则其不具有创造性。⑨ 如果专利申请只是在已知设备上增加一个特征,而这个特征没有技术功能,即使本领域技术人员从来不会想到这种改进,这种改进也不具有创造性。⑩

6. 材料替换

如果某一物品是由具有特定功能的部件组合而成的,创造一个具有相同目的的新的部件

---

① T 37/85, OJ 1988.
② T 388/89, T717/90.
③ 参见欧洲专利局《审查指南》(2021年3月)第G部分第七章第7条。
④ Case T-239/85 Discovision/Optical recording [1997] E. P. . O. R. 171.
⑤ Case T-366/89 CORNING GLASS/Moulding [1993] E. P. . O. R. 266.
⑥ T 95/90 案。
⑦ T 37/82, OJ 1984.
⑧ T 442/02 案。
⑨ T 119/82, OJ 1984.
⑩ T 72/95 案。

并申请专利,该部件以及载有该部件的物品都有可能获得专利。但是,如果该部件是已经存在的,其特性也是已知的,将该部件组合到物品中则是显而易见的。① 但是,在特殊情况下,例如带来意想不到的技术效果、克服了技术偏见或预想不到的困难等,该部件也有可能获得专利。②

7. 化学发明

一个新的化合物,如果其结构与已知化合物相似,并足以使本领域技术人员认识到二者相同或相似的功能,认识到新化合物可以作为解决专利说明书中所述技术问题的手段,则该新化合物具有创造性。③ 在制备已知的最终产品时,如果某一方法具有出人意料的技术优势,则在使用该方法的过程中制备的新的中间物也是可以获得专利的。④

8. 防止"事后诸葛亮"

欧洲专利局《审查指南》特别提醒审查员注意防止"事后诸葛亮":

> 一个乍看起来显而易见的发明可能事实上涉及创造性步骤。一旦一个观念被表述出来,通常从已知的事物出发,通过一系列明显简单的步骤,就可以从理论上看出它是如何实现的。审查员应当注意这种"事后诸葛亮"式的分析。他应当牢记,从检索中得到的文献,一定是在得知了发明的内容是什么后才得到的。在所有的案件中,他应当试图想像在没有借助申请人启示的情况下,本领域技术人员所面对的总体技术状况,并在考虑到相关因素后进行"真实生活"的评价。他应当考虑到所有关于发明背景的已知的内容,并对申请人提出的相关争议和证据给予同等考虑。例如,如果一个发明被认为有相当的技术价值,特别是它提供了一个新的或意想不到的技术优势,并且这种技术优势不是通过"单行线"状态所得到的附随效果,这种技术优势使人相信其与界定发明的权利要求的一个或几个技术特征有关,审查员则不能毫不犹豫地认为这种发明不具有创造性步骤。⑤

技术申诉委员会曾指出,在事后分析一个本领域技术人员可能可以通过两个心理步骤得到发明的概念时,申诉人采用了"事后诸葛亮"的方式,没有公平地适用创造性步骤的判断标准。申诉委员会一贯的判例法要求对显而易见性问题的判断要从现存技术问题入手。⑥

9. 技术效果的认定

一个仅仅被宣称的技术效果不足以使发明符合《欧洲专利公约》第 56 条规定的创造性步骤。它必须从事实上证明这种技术效果是实际上实现了的。因此,当专利申请为某一特定药品对免疫系统具有积极效果但没有提供数据时,技术申诉委员会认为,虽然不必解释原理,但

---

① T 192/82, OJ 1984.

② T 130/89, OJ 1991.

③ T 852/91 案。

④ T 22/82, OJ 1982.

⑤ 参见欧洲专利局《审查指南》(2021 年 3 月)第 G 部分第七章第 8 条。

⑥ Case T-2/85 DUT Pty I. P. D. 9098, November 1986, TBA.

证明这种效果的“确凿的证据”是需要的。①

(五)创造性判断的特殊情形

1. 未知问题的认知

在一些案件中,创造性在于对未知问题的确认,而不在于提供的解决方案本身。欧洲专利局引用了一个案例,申请人揭示了一种已知化学药品在经过长时间储存后药效减退的事实,而要求保护的方案从事后看来是很简单的,其本身是显而易见的,但其仍然符合创造性的标准。②

2. 特定现象的认知

深入分析某现象(使用这种现象是显而易见的)的成因有可能是有创造性的,即使找到成因后,该现象的解决方案是显而易见的。欧洲专利局《审查指南》引用了一个案例,一个发明人发现某种物质的细小成分可以发出黄油的宜人气味,发现这一点后,该发明人立即把这种物质加入人造黄油的技术应用中。尽管发明人提出的关于这种现象的解决方案是显而易见的,但这一解决方案仍是有创造性的。③

3. 普遍化

通常,一个创造性步骤在于发明人将一个问题转化为更普遍的问题,然后引用普遍的现有技术,解决特定的技术问题。在这些案件中,技术申诉委员会提醒审查部门防止过度普遍化:

> 在多数案件中,通过提高普遍化的层次来界定一个现有技术中某种情形下相同的问题,是可能具有创造性的。但是,将申请中描述的实际问题转化为一个更普遍的问题,可能是创造性步骤的特点之一。本领域技术人员没有被赋予这种普遍化的能力。因此,文献的教导可能对本领域技术人员而言具有更窄的启示,而对发现问题并作出解决问题方法的潜在发明人具有更宽的启示。评判创造性步骤必须单独从本领域技术人员的实用观点来看当时状况。④

4. 长期需要解决的问题

权利要求中的技术特征在事后看起来可能是微不足道的,是具有显而易见性的,但如果将这种特征与长期需要解决的问题结合起来看,它可能是有创造性的。⑤ 但是,如果申请人将商业成功作为克服显而易见性的反驳理由,难免他必须证明这种成功来自发明本身而不是来自宣传技巧、缺乏发明经济动力等其他因素。⑥ 当异议人提出某发明只是代表被包含在两种现有技术文献中的技术的结合的异议时,如果异议人自己在优先权日多年之前就认识到所有

---

① [2005] E. P. O. R. 18.

② Case T-2/83 [1984] O. J. EPO 165.

③ 参见欧洲专利局《审查指南》(2021 年 3 月)第 G 部分第七章第 9 条。

④ Case T-124/82 UNION CARBIDE CORP [1979-85] E. P. . O. R. B586.

⑤ Case T-106/84 MICHAELSEN/Packing Machine [1979-85] E. P. . O. R. C959.

⑥ Case T-24/84 BASF [1983] O. J. EPO 133.

现有技术,但并没有将其结合起来,则说明该发明并不是显而易见的。[①]

5. 未预想到的附随效果

在 GKN SANKEY/Tractor Wheels[②] 案中,技术申诉委员会认为,如果专利申请中所列的问题解决方案是显而易见的,则不能因为具有未想到的附随效果而使之可以被授予专利。在 Buckman Laboratories International/Synergistic combination[③] 案中,申诉委员会宣告了专利无效,认为专利需要解决的问题是提高生物杀虫剂的效果,找到一种更有效的特定生物杀虫剂作为解决方案是显而易见的,该杀虫剂还具有其他效果不足以使其具有创造性。欧洲专利局认为:

> 意想不到的效果的存在,看起来是创造性步骤的基本条件之一,但从另一个方面看,这并不一定能克服显而易见性的结论,特别是如果本领域技术人员有强有力的理由认为同样的方案是这个或其他未知问题的不可避免的或唯一的解决方式时,更是如此。[④]

如果说明书没有披露未预想到的附随效果,或者其仅仅描述了通过未预想到的附随效果解决的问题,因为这不是通过最初申请时的说明书可以推导出的,所以在评价创造性时就不能考虑。但是,在考虑效果只是附随效果还是对一个复杂问题的重要方面的真正解决方案时,必须要注意意想不到的问题。[⑤]

6. 古老的现有技术

有时,现有技术的存在时间和发明的产生时间存在很长的时间间隔,但这本身并不说明发明具有创造性,但如果专利申请人能证明在那段时间存在长期没有被解决的问题,则对创造性的证明有帮助。[⑥] 因此,如果旧的现有技术的存在时间与某发明的产生时间接近,而旧的现有技术的发展方向偏离了发明的发展方向,走向一个完全相反的方向,则说明该发明有创造性效果。

7. 发明的劣处

有时,申请人申请专利的发明与其他技术方案相比并不是一个非常好的技术方案,存在一定的劣处,但这并不说明该发明不具有创造性。L' AIR LIQUIDE/Gas separation[⑦] 案中涉及关于气体分离的发明,异议部门驳回了该发明的专利申请,因为它发现有一种比发明更有效的方式。但技术申诉委员会认为仅仅凭借这一事实并不能使发明不具有可享专利性,指出“通过专利的方法所取得的结果明显无益并不能说是显而易见,其实从这种明显无益看,可以说它完全是非显而易见的”。因此,有时一个明显笨拙的发明,通常是可以被授予专利的。

---

① Case T-271/84 AIR PRODUCTS & CHEMICALS INC [1987] E. P. . O. R. 23.

② Case T-386/89 GKN SANKEY/Tractor Wheels [1996] E. P. . O. R. 37.

③ Case T-393/01 Buckman Laboratories International/Synergistic combination [2005] E. P. . O. R. 8, TBA.

④ Case T-102/82 MOLYNYCKE AB [1979-1985] E. P. . O. R. B530.

⑤ Case T-155/88 NGK/Insulators [1998] E. P. O. R. 161.

⑥ Case T-102/82 VDO ADOLF SCHINDLING /Illluninating Device [1997] E. P. . O. R. B201.

⑦ Case T-102/82 L' AIR LIQUIDE/Gas separation [1996] E. P. O. R. 188.

8. 无真实可期待的成功

在很多案件中,特别是在涉及基因分离的生物科技发明的案件中,现有技术指出了研究方式,但使用这种方式可以被预见是具有真正困难的,并且需要复杂的劳动、长期的工作。在这种情况下,即使存在指向发明的"路标",本领域技术人员也可能不愿意尝试这种方式,因为没有真实可期待的成功。这种情况下产生的发明往往具有创造性。通常说来,某一技术领域越是未被深入探索,本领域技术人员对成功的预期越低,产生的发明越容易有创造性。相反,如果对本领域技术人员而言通过通常的工作就可以成功得到发明的合理预期,则产生的发明没有创造性步骤。①

9. 技术偏见

如果某一发明克服了技术偏见,就有可能说明其有创造性。技术偏见通常需要专利申请人通过申请日(或优先权日)前出版的文献或百科全书来证明。也就是说,技术偏见须是在申请日前就存在的,申请日后出现的技术偏见与发明的创造性无关。② 根据欧洲专利局申诉委员会的判例,技术偏见的认定标准是非常严格的,一个克服技术偏见的方案必须与本领域主流专家的观点冲突,而不可以仅仅是受到某一个专家的反对。③

10. 商业成功

原则上,商业成功不能被单独作为发明具有创造性的证明。只有存在长期需要解决的问题,以及商业成功源于技术特征而不是其他因素(如销售技巧或广告等)时,商业成功才可以被作为发明具有创造性的证明。T 121/01 案涉及"伟哥"的创造性,专利申请人称其产品获得了大量的荣誉和奖励,以此来证明该产品具有创造性。技术申诉委员会指出,如果授予该产品荣誉和奖励的人了解专利法,是因为该发明对现有技术作出了非显而易见的技术贡献而授予其的,那么这些荣誉和奖励对创造性判断有重要意义。但是,如果这些荣誉和奖励是因为该产品对身体状况的改善,或对申请人高水平的研究,或对其高水平的销售而作出的,则对创造性判断不起作用。因此,技术申诉委员会得出结论,"伟哥"所获得的荣誉和奖励对其创造性判断不起作用。

四、实用性

(一)实用性的含义

根据《欧洲专利公约》的规定,一项发明要得到专利授权,必须可以在产业上应用。如果一项发明可以在任何一种产业上应用,包括在农业上应用,就符合这一条件。④ 这一条款被解释得相当宽泛,只要是持续性的、独立的、可盈利的活动就可以被解释为产业。一个在美容院使用的产品可以被解释为产业应用。《欧洲专利公约》第 57 条要求发明至少在一个领域的产业活动中"能够制造或使用",要求公开实际应用的具体情形。一种产品可以以某种方法被制

---

① Case T – 717/89 Biogen/Hepatitis B [2003] E. P. . O. R. 39.

② T 341/94 案。

③ T 62/82 案。

④ 参见《欧洲专利公约》第 57 条。

造,并不必然说明其符合实用性的要求,除非还披露了对这种产品的赢利性使用。① 技术申诉委员会还指出,生物技术发明中经常涉及对自然界中存在的物质的发现。当这些物质的结构和功能已经被揭示,大量提取或制造这些物质的方法也已经具备,其实用性在于利用这些信息和技术手段,并使用其物质的相关功能或其他已知功能,或将该物质作为制造同类物或派生物的起始物。如果已知某一功能对人体健康是非常重要的,确定某一物质具有这一功能就立即说明了认可其实用性。当人体中的某物质被确认,其结构特征也被揭示,但其功能是未知的,或是复杂的、难以理解的,并且没有一种疾病或健康状况与此种物质的过剩或缺乏相关,并且其没有暗示这种物质的其他用途,则不能认可其实用性。②

《欧洲专利公约》第52(2)、52(3)条规定了不受专利保护的客体。对于这些客体与实用性的关系,技术申诉委员会指出,排除这些客体并不是因为"实用性"的要件,而是因为专利保护的客体应当是"发明"。《欧洲专利公约》第52(2)、52(3)条排除的客体一般被认为其共同点是缺乏技术性,而不是不能被制造或使用。③

《欧洲专利公约》第53(c)条规定,人或动物体的治疗以及人或动物体的外科手术以及诊断方法,不是可以在产业上应用的发明,这种使用不被认为是产业上应用的理由。正如《欧洲专利公约》2000年外交会议上所指出的,上述规定是一个法律的假定,最好可以认为是一种例外,原因是基于医生在执业时可以不用顾虑因侵权而被起诉。④

(二)实用性的判断

T74/93案涉及避孕方法的实用性问题。技术申诉委员会认为,"产业"应在最广义上被使用。在确定产业活动和个人行为的界限时,《欧洲专利公约》第57条可以被认为是表达了一个通常的观念,个人隐私应受到尊重,不能被任何人剥夺。虽然避孕方法与医生专业行为有联系,但不能使这种个人行为具有产业性质。而一个企业进行服务活动所涉及的方法被认为具有实用性。⑤

五、生物发明的专利性

(一)《欧洲专利公约》的规定

对生物技术授予专利的最大障碍是《欧洲专利公约》第53条的规定,该条规定对下列各项不授予欧洲专利:

> (a)发明的公布和利用违反"公共秩序"或道德的,除非发明的利用仅仅因为某些缔约国的法律或法规禁止利用,而被认为违反公共秩序或道德;
>
> (b)植物或动物品种或者实质上是生产动植物的生物学方法。本规定不适用于

---

① Case T - 870/04 Max - Planck/ BDP1 Phosphatase [2006] E. P. O. R. 14.

② Case T - 870/04 Max - Planck/ BDP1 Phosphatase [2006] E. P. O. R. 14.

③ T 204/93案。

④ See Guy Tritton et al., *Intellectual Property in Europe*, 3th ed., Sweet & Maxwell, 2008, p.111.

⑤ T 1165/97案。

微生物学的方法以及用该方法获得的产品。

上述规定包含了反对生物技术被授予专利的两个理由:一个是生物技术违反社会公共秩序;另一个是很多申请专利的技术实际上是针对生物品种的技术。除此之外,反对生物技术被授予专利还有一个理由,有一些案件中,被申请专利的是提取出的基因序列,因为它只是一种发现而不能被授予专利。

欧盟对生物技术的专利性也存在争议,这些争议导致了1998年7月6日的《生物技术专利指令》的产生。《生物技术专利指令》要求成员国协调关于生物技术专利的法律。虽然欧洲专利局不是欧盟的隶属机构,不受该指令的约束,但欧洲专利局认为,该指令是根据申诉委员会的判例和对《欧洲专利公约》的解释作出的。欧洲专利局为了实施该指令,在《欧洲专利公约实施细则》中增加了生物技术发明一章,这章的规定成为判断生物技术专利性的规则。根据《欧洲专利公约实施细则》的规定,对于涉及生物技术的欧洲专利申请,应当根据《欧洲专利公约实施细则》的有关规定进行解释,《生物技术专利指令》可以作为解释的补充手段。①

(二)生物技术发明的定义

就《欧洲专利公约》而言,生物技术发明是指由生物材料组成或包括生物材料的产品、生产生物材料的方法、生物材料的用途。生物材料指有基因信息的、能自我复制或在生物学系统中进行复制的任何材料。②

(三)生物技术发明与发现

反对生物技术发明被授予专利的其中一项理由就是有的发明实质上是一种发现。在HOWARD FLOREY/Relaxin③案中,欧洲议会绿色组织(the Green Party of the European Parliament)提出异议,反对对H2 Relaxin(人松驰肽2)授予专利。在对该物质进行专利申请之前,人们并没有意识到H2 Relaxin存在。专利权人发明了提取它的方法,发现了其DNA编码,用化学结构定义了产品,并且发现了这种蛋白质的用途。欧洲议会绿色组织认为该要求保护的客体缺乏新颖性,并且其只是一种发现,因为破译Relaxin的基因早在女性身体上就存在。异议部驳回了上述主张,认为对cDNAs的权利要求以前在人身上并不存在,而破解H2 Relaxin的基因片段以前并未被人知道,并没有被人承认存在。对于在自然界存在而第一次被提取出来并且以前没有被认为存在的物质是承认其新颖性的。

《欧洲专利公约实施细则》将上述判例条文化,并增加了补充规定,认为从自然环境中得到的生物物质或通过技术手段生产的物质是可以被授予专利的,即使该物质以前就在自然界中存在。④

---

① 参见《欧洲专利公约实施细则》第26(1)条。

② 参见《欧洲专利公约实施细则》第26(2)条。

③ [1995] E. P. . O. R 541.

④ 参见《欧洲专利公约实施细则》第27(a)条。

(四)因违反公共秩序不能被授予专利的客体

《欧洲专利公约实施细则》第 28 条规定了《欧洲专利公约》根据第 53(a)条的规定不能授予专利的 4 种情形:(1)克隆人类的方法;(2)改变人类种系遗传特性的方法;(3)将人类胚胎用于工业或商业目的;(4)可能会导致动物遭受痛苦但又对人或动物没有任何实质性的医疗益处的改变动物基因特性的方法,以及通过这种方法获得的动物。

(五)生物技术发明和人体

关于人类基因的权利要求,《欧洲专利公约实施细则》第 29 条做了如下规定:

> 人体及其要素:
>
> (1)在其形成和发展的不同阶段的人体,以及对其某一元素的简单发现,包括基因序列或基因序列的某一部分,不构成可授予专利的发明。
>
> (2)脱离人体的或者通过技术方法而产生的某种元素,包括基因序列或基因序列的某一部分,可以构成可授予专利的发明,即使该元素的结构与一个自然界的结构完全相同。
>
> (3)基因序列或基因序列的某一部分的工业实用性必须在专利申请中公开。

从上述规定看,就专利性而言,这些规定并没有就人类基因与动物或植物基因规定不同的方法。因此,其真正的区别是《欧洲专利公约》第 53 条涉及公共秩序的规定。在授予专利时对《欧洲专利公约》第 53 条的规定的考虑导致人类基因与其他基因在是否可被授予专利上产生差异。

(六)生物技术发明与植物品种

植物品种受特别权利的保护,欧盟有专门授予其新品种权的条例。对此,我们将在后面进行详细介绍。就专利保护而言,《欧洲专利公约》第 53(b)条将植物品种排除在专利保护的范围之外。[①] 欧洲专利局扩大申诉委员会认为,《欧洲专利公约》第 53(b)条规定来源于《斯特拉斯堡专利条约》(Strasbourg Patent Convention, SPC)第 2(b)条规定,该条规定成员没有义务对植物品种提供专利保护。该条这样规定的理由是国际植物新品种保护联盟(UPOV)不允许对植物品种提供双重保护。因此,《欧洲专利公约》的起草者决定禁止授予植物品种专利。扩大申诉委员会认为,对于植物新品种条例不予保护的客体,《欧洲专利公约》第 53(b)条并不会也不应当将其排除在专利保护的范围之外。《欧洲专利公约》第 53(b)条为专利保护和植物新品种保护划定了界限,《欧洲专利公约》与植物新品种保护条约是互相补充的。[②]

在上述案件中,扩大申诉委员会还审查了转基因植物的专利性问题。一项专利申请涉及

---

① 该条款规定,对植物或动物品种或者实质上是生产动植物的生物学方法不授予欧洲专利。该规定不适用于微生物学的方法以及用该方法获得的产品。

② Ⅱ/Transgenic Plant ,CaseG - 1/98 [2000] E. P. . O. R 303.

对植物品种中病毒的控制,其中一项权利要求是带有特定外部基因的转基因植物。这些植物带有特定的外部基因,因此可以杀死植物病毒。根据这一发明可以生产大量不同的带有抗病基因的植物品种。这一关于产品的权利要求涵盖了包括外部基因的全部植物品种。技术申诉委员会认为不能给一个植物品种授予专利。因为权利要求包括一种以上的物种就可以授予其专利显然是违反逻辑的。

技术申诉委员会向扩大申诉委员会提出的一个关键问题是,是不是权利要求只涉及植物而没有就单个植物物种申请专利,就避免了《欧洲专利公约》第53(b)条对授予专利的禁止,尽管它包括无数生物物种?扩大申诉委员会认为,对是否授予专利有决定性影响的不是权利要求的措辞,而是权利要求指向的物质。如果权利要求保护的发明既没有明示也没有暗示一个或多个生物物种,该发明的客体就没有限于或指向生物物种,那么这种发明是不能通过植物品种权获得保护的,也就不应被排除在专利保护的范围之外。总之,扩大申诉委员会认为,涉及植物品种的专利,如果权利要求的客体直接指向植物品种,是不能授予其专利的,但只是权利要求中包括一个植物品种并不足以导致该申请不能被授予专利。

(七)实质上的生物方法

《欧洲专利公约》第53(b)条排除了实质上生产动植物的生物学方法的专利性,但没有排除微生物生产方法及其产品。《欧洲专利公约实施细则》规定,如果某一方法包括整个生物过程(包括杂交或精选),该方法就属于实质上生产动植物的生物学方法。

申诉委员会曾在一个案件中称:

> 是否属于《欧洲专利公约》第53(b)条规定的生产动植物的生物学方法,应当根据人工介入的程度以及对结果的影响而定。委员会认为,单纯人工介入本身并不足以否定是"实质上生物学方法"。人工介入的作用如果只是细微的,可能仅意味着方法不是"单纯生物学方法"。进一步说,判断是否属于《欧洲专利公约》第53(b)条所说的方法不是简单的人工介入达到一定数量或质量的问题。[①]

在Novartis Ⅱ/Transgenic Plant[②]案中,扩大申诉委员会对"杂交或精选"进行了解释:

> 一般情况下,品种是饲养或种植的结果。实质上,这意味着品种是精选或杂交的结果,包括正常状态下不会发生的细胞融合等现代技术的介入。
>
> 上述界定主要针对的是植物,生产植物品种的实质上生物学方法是不能授予专利权的。因此,《欧洲专利公约》不只限制植物品种授予专利,而且限制生产植物新品种的方法。

---

① Case T-320/87 [1999] O. J. EPO 3; [1999] E. P. . O. R 173.

② Case G-1/98 Novartis/Transgenic Plant [2000] O. J. EPO 111; [2000] E. P. . O. R 303.

(八)微生物学方法

《欧洲专利公约》第53(b)条并不禁止对微生物学方法授予专利。《欧洲专利公约实施细则》将“微生物方法”解释为“涉及、使用或产生微生物材料的方法”①,并且规定微生物方法或其他技术手段的方法以及通过这些方法产生的除动植物品种外的产品,可以获得专利。② 在Novartis/Transgenic Plant③ 案中,扩大申诉委员会认为,基因工程与微生物学方法是相同的。“微生物学方法”一词与使用微小动植物(microorganisms)的方法是同义语,而微小动植物与用于植物基因改良的生物体部分是不同的。

微生物方法与生物方法存在实质差别,后者不能获得专利,而前者即使只涉及自然现象也可以获得专利。通常情况下,使用微小动植物的微生物方法不会产生植物新品种。对生物方法不授予专利的目的在于防止受植物新品种保护的产品获得专利,微生物方法自然就不应被排除在专利保护的范围之外。

(九)生物工程发明和动物新品种

HARVARD/Onco-mouse 欧洲专利申请案涉及什么是动物品种这个问题。哈佛大学将肿瘤基因植入老鼠体内,生产出一种转基因鼠。这种老鼠对癌症缺乏免疫力,成为研究抗癌药物的工具。与品种相关的权利要求是权利要求17和权利要求18。权利要求17要求保护的是“一种转基因的非人类哺乳动物”,权利要求18为权利要求17的从属权利要求,“如权利要求17所述的转基因的非人类哺乳动物,为啮齿类动物”。

审查部遇到了对“动物品种”(animal varieties)的解释问题。animal varieties 在德语和法语中分别为 Tierarten 和 races animales,而《欧洲专利公约》对这3种文本是同样具有法律效力的。其中,德语中的 Tierarten 和英语中的 species 含义相同,animal varieties 和 races animales 指的则是物种中的小类。审查部认为,《欧洲专利公约》第53(b)条禁止将上位的动物品种申请专利。而技术申诉委员会则不同意这种观点,其引用了专利性例外规则的公认原则,并认为对专利性的例外应当做限制解释,对动物品种的排除并不意味着对上位动物概念的排除。案件被发回审查部,审查部认为可以授予专利。④

同样的方法后来又被使用在该案的异议程序中,技术申诉委员会虽认识到语言所带来的问题,但称不需要解决它。在3种语言中最广泛的含义是物种(animal species),但权利要求保护的不是 species,而是比它还要广,因此它不属于《欧洲专利公约》第53(b)条所禁止的范围。

(十)生物工程发明与公共秩序

对于生物工程,《欧洲专利公约实施细则》制定了一些规则,与其他条款一样,这都照搬了

① 参见《欧洲专利公约实施细则》第26b(6)条。

② 参见《欧洲专利公约实施细则》第26c(c)条。

③ Case G-1/98 Novartis/Transgenic Plant [2000] O. J. EPO 111; [2000] E. P. . O. R 303.

④ Case T-19/90 HARVARD/Onco-mouse [1990] O. J. EPO 476.

《生物技术专利指令》的内容,《欧洲专利公约实施细则》第28(a)条至第28(d)条规定了不能被授予专利的情形,包括:

(a)克隆人的方法;

(b)改变人类胚胎基因本质的技术;

(c)为商业或产业目的使用人类胚胎;

(d)改变动物胚胎基因本质的技术,而给动物所带来痛苦,并没有实质上的医疗好处。

G 0002/06案涉及人类胚胎干细胞培养基的专利性问题。该培养基在专利申请时只能采取破坏胚胎的方式取得,但专利申请并不涉及该方法。对于该专利是否属于不能被授予专利的范围,扩大申诉委员会引用了《生物技术专利指令》来解释《欧洲专利公约》的规定。《欧洲专利公约实施细则》第28条的规定来源于《生物技术专利指令》第6条的规定。而《生物技术专利指令》最初的草案中并没有关于人类胚胎的限制规定,这一规定是根据欧洲议会1996年7月11日的建议增加的。1997年草案第6(2)(c)条的规定是"使用人类胚胎的方法",最后公布的文本中改为"为商业或产业目的使用人类胚胎",而《欧洲专利公约实施细则》第28(1)(c)条的规定与此完全相同。从立法目的看,上述规定的出发点在于禁止商业化滥用人类胚胎,从而保护人类尊严。扩大申诉委员会认为,对这里所规定的"胚胎"应从广义上解释,什么是"胚胎"应从专利申请文本进行认定,而对于是否要求对人类胚胎申请专利,才属于《欧洲专利公约实施细则》第28(c)条规定的范围。扩大申诉委员会认为,该条的规定并没有明确限定于权利要求。因此,重要的不是看权利要求,而是看说明书教导的技术是如何实施的。本案中的技术教导是胚胎干细胞培养基应使用人类胚胎,这属于《欧洲专利公约实施细则》第28(c)条限制的范围。如果将《欧洲专利公约》第28(c)条限制的范围只限于权利要求的内容,将不可避免地出现权利要求是否属于《欧洲专利公约》禁止的范围取决于其起草人的聪明和技巧的情况。在考虑是否允许专利申请时,只考虑申请时的技术,对申请日后的技术发展不予考虑。因此,虽然申请日后的技术使培养基的取得可以采用不破坏胚胎的方式,但这并不属于本案考虑的范围。

对于《欧洲专利公约实施细则》第28(d)条的适用,HARVARD/Once - mouse案给出了解释。在该案中,申诉技术委员会认为,《欧洲专利公约实施细则》第28条列出了4类本身不应被授予专利的客体,但这不是穷尽式列举。就《欧洲专利公约实施细则》第28(d)条而言,只要有引起动物痛苦的可能,就会适用该条。一旦适用该条,就需要衡量给动物带来的痛苦和给人或动物带来的利益。这种衡量包括考虑是否可能给动物带来痛苦,是否已经确认有实质上的医疗利益,痛苦和利益是否存在于同一个被使用的动物。在该案中,独立权利要求被驳回,因为它适用于所有啮齿动物,而从属权利要求只适用于老鼠,因此该从属权利要求被授予专利。技术申诉委员会认为该从属权利要求有医疗利益,并且经过衡量倾向于授予其专利。

技术申诉委员会还提出,即使《欧洲专利公约实施细则》第28(d)条不适用,《欧洲专利公约》第53(a)条也可能适用,这需要衡量发明是否违反人类道德和公共秩序,允许在衡量时考虑一些社会因素,如社会秩序、环境危害以及欧洲文化中的行为准则等,从而有充分的弹性作出决定。衡量的标准是技术申诉委员会在 HARVARD/Once Mouse[①] 案中所提出的:《欧洲专利公约》第 53(a)条是不是授予专利的障碍,主要是基于动物所受痛苦以及对环境的影响与它给人类所带来的利益来进行衡量。

技术申诉委员会没有接受异议人提出的发明违反社会公德的意见,主要理由是,没有充分的证据证明发明对动物的进化有危害,因为授予专利将限制而不是增加转基因老鼠的生产和销售,而且也没有充分的证据证明使用基因控制的老鼠在道德上是不能接受的。

六、方法界定产品的权利要求

《欧洲专利公约》第 64(2)条将方法专利的保护范围扩大到使用该方法直接获得的产品,即使该产品本身并不能获得专利保护。有很多专利申请人直接要求对通过方法界定的已知产品给予专利保护,理由是《欧洲专利公约》第 64(2)条的规定。技术申诉委员会没有接受这种主张,而是将使用方法界定的新的有创造性的产品和新的有创造性的方法进行了区分。技术申诉委员会指出,用方法界定的产品权利要求,只有该产品满足专利性的条件,并且没有其他信息可以看出该产品可以通过成分、结构或其他可测要素进行描述时,才是被允许的。[②] 将产品要素与方法要素结合在一个权利要求中,也是被允许的。[③]

如果产品本身不具有新颖性,即使通过方法界定,也不能授予其专利。对以方法界定的产品的权利要求应独立于方法进行解释。如果产品是新的,也不能仅因为通过方法界定而使其具有创造性。要想获得专利保护,寻求专利保护的产品应当是对现在技术而言非显而易见的技术问题的解释方案。[④]

方法界定产品的权利要求,可以使用"可以通过 Y 方法获得的产品 X"之类的表述。其中不管是使用"可以通过 Y 方法获得"或"通过 Y 方法获得"或"通过 Y 方法直接获得"等类似用语,其获得的专利保护是一样的,即专利保护的是产品本身。[⑤]

第三节 欧洲专利的程序问题

一、专利申请的有关问题

(一)专利申请

任何自然人或法人或依准据法确认的相当于法人的团体都可以申请欧洲专利,两个人也可以联合申请。[⑥]

取得欧洲专利局授予的专利的权利属于发明人或其继承人。如果发明人是雇员,则依据

---

① Case T – 19/90 HARVARD/Onco – mouse [1990] O. J. EPO 501.

② T 150/82, OJ 1984.

③ T 148/87 案。

④ T 223/96 案。

⑤ 参见欧洲专利局《审查指南》(2021 年 3 月)第 F 部分第四章第 4.12 条。

⑥ 参见《欧洲专利公约》第 58 条。

雇员被主要雇佣的国家的国内法确定权利的归属,如果不能确定则依据雇主的营业地(该营业地应该与雇员相关)所在国法律确定(如发明人为雇员,取得欧洲专利的权利应根据该雇员主要受雇的国家的国内法予以决定;如果雇员主要受雇的国家不能确定,应当适用的法律是该雇员所属的雇主企业所在国的法律)。① 而根据大多数成员国法律,如果发明是雇员在执行职务的过程中做出的,雇主将有权得到雇员的发明。②

《欧洲专利公约》的附件《关于管辖和承认欧洲专利权授权决定的议定书》,将确定谁是真正的欧洲专利权人的权利授予各成员国法院。

(二)欧洲专利局的语言

英语、法语和德语是欧洲专利局的正式语言,进行专利申请需要使用其中的一种。但也有一些例外,例如,自然人或法人在以英语、法语、德语以外的其他语言为正式语言的缔约国的领域内有住所或主营业所的,以及该国国民居住于国外的,可以使用该国的正式语言提出欧洲专利申请,但必须在《欧洲专利公约实施细则》规定的期限内提交一份使用欧洲专利局任何一种正式语言的译文,在欧洲专利局的全部程序中,该译文可以被修改成符合申请的原文。③

通常说来,欧洲专利局自专利公布之日起就给予临时保护,但成员国有权自己决定只有在发明的译文被翻译成该国正式语言后才提供临时保护。

(三)成员国指定

申请人可以选择在承认《欧洲专利公约》的国家被授予欧洲专利,其在申请时就应当指定所有其欲得到专利保护的国家。④

(四)优先权

2000 年修改前的《欧洲专利公约》规定,在《巴黎公约》任一成员国申请专利后 12 个月内,再向其他成员国申请欧洲专利的,均可以要求优先权。在先申请应当在《巴黎公约》成员国提出的规定是严格的,例如在印度这样的《与贸易有关的知识产权协议》成员但非《巴黎公约》成员国的在先申请不能取得在其他成员国申请欧洲专利的优先权。2000 年修改的《欧洲专利公约》相关规定修改为与《与贸易有关的知识产权协议》第 2 条的规定一致,即优先权的取得条件的范围扩大到世界贸易组织成员内提出的首次专利申请。该修订后的规定适用于在 2007 年 12 月 13 日及之后提出的申请。

为了取得优先权,前后两个申请应涉及同一发明,包括同一客体。对于同一发明,要求本领域的技术人员应当能够从在先申请的整体中直接、毫无疑义地得出在后申请的权利要求的客体。⑤ 这不一定要求两个申请使用同样的用语,但两个申请披露的实质内容应是相同的。

---

① 参见《欧洲专利公约》第 60(1)条。

② See Guy Tritton et al., *Intellectual Property in Europe*, 3th ed., Sweet & Maxwell, 2008, p. 137.

③ 参见《欧洲专利公约》第 14(2)条。

④ 参见《欧洲专利公约》第 79 条。

⑤ Case G-2/98 X/Same invention [2001] O. J. EPO 413.

在确定优先权是否成立时,欧洲专利局不是仅限于权利要求,而是将在先申请作为一个整体。

要求优先权的专利申请,如果一些权利要求的优先权没有被认可,第二申请公布之前的第一申请将成为现有技术。①

审查部曾在某些案件中指出,针对同一发明不能在优先权期间在同一国家同时分别申请几个专利的优先权。但在 SDLO/Mystery Swine Disease② 案中,技术申诉委员会拒绝了"优先权穷竭"原则。

(五)专利申请的内容

进行欧洲专利申请需要提交请求书和实际申请文件。欧洲专利请求书与实际申请文件应当分开。实际申请文件包括说明书、权利要求书、附图和摘要。

1. 说明书

说明书应当符合以下内容③:

> (a)明确发明所属的技术领域;
>
> (b)用便于理解技术问题的语言解释权利要求书中限定的发明特征、解决问题的方法,并说明与已有技术相比发明所具有的优点;
>
> (c)说明申请人所知的,对审查、检索和理解发明有用的已有技术,可以引用能反映已有技术的文献;
>
> (d)如有附图,作简要说明;
>
> (e)至少要详细介绍一种实施要求保护发明的方法,一般要举例说明,如有附图,应参照附图作出说明;
>
> (f)如果因说明书或发明的性质不能明确说明在工业中如何实施发明,应说明其实施方法。

就(e)而言,不要求说明书描述所有发明实现的方式,但它必须披露至少一个例子,并披露技术效果,然后进行抽象,使本领域技术人员不用克服困难就可以实施专利。④

2. 权利要求书

权利要求书应当符合以下条件:

权利要求书应确定请求保护的内容。权利要求书应清楚、简明,并以说明书为基础。⑤

关于清楚,是指权利要求书不用引用说明书就应当是清楚的。技术申诉委员会认为,使用一般技巧阅读权利要求书时,权利要求书本身应是清楚的。一般技巧包括关于现有技术的知识,但不包括源于说明书本身及修改后的专利的知识。⑥

---

① G 0003/93 Reference by President of EPO EBA [1995] O. J. EPO 18.

② Case T 0015/01 SDLO/Mystery Swine Disease [2005] E. P. . O. R 45.

③ 参见《欧洲专利公约实施细则》第 42 条。

④ Case T-435/91 UNILEVER [1994] O. J. EPO 188.

⑤ 参见《欧洲专利公约》第 84 条。

⑥ Case T-454/89 ICI/Optical sensing apparatus [1995] E. P. . O. R 600.

《欧洲专利公约》要求,如果合适,权利要求应当包括两个部分:前序部分和特征部分。写在前序部分的特征并不当然被认为是该特征缺乏新颖性的不利陈述。确定新颖性应根据客观证据,而不是根据权利要求描述的位置。因此,如果前序部分和特征部分的位置错了,还可以进行调整。①

用途权利要求是方法权利要求的一种。如果专利的客体是方法,授予的专利及于使用该方法直接获得的产品。但是,通过方法界定的产品,只有在产品本身符合专利要件的情况下,才可以被授予专利。②

对于上位的权利要求,其基本要求是得到说明书支持和充分说明。也就是符合《欧洲专利公约》第83、84条的规定。③ 这两个要求是有密切联系的,都反映了同一个原则:授予专利的范围应当与其技术贡献相当。④

欧洲专利局认为,在判断权利要求所允许的概括程度时,应当考虑相关现有技术。开拓性的发明与改进性的发明相比,可以有较强的概括性。关于权利要求的一个公正的描述是,权利要求不应当宽到超出发明的范围,也不应窄到使发明人得不到公开其发明所应当得到的公正报酬的范围。申请人可以将明显的改进、等同物以及说明书中描述的用途包括在权利要求中。但是,权利要求书如果太概括就存在危险。权利要求书概括的范围越大,本领域技术人员全面实施该专利所需的能力越强,有时这是非常困难的。例如,在有些生物工程案件中,权利要求中的技术方案是否真的具有所描述的技术效果令人怀疑。在这类案件中,技术申诉委员会做了如下陈述:

> 如果权利要求中涵盖了一些客体,而这些客体从说明书的披露内容来看,只有付出过度劳动或创造性技巧才能实现,则这种权利要求是不能允许的。至于充分披露所需要的技术细节,这取决于个案的具体事实与一些参数之间的关系,如技术领域的特点、公开日期、相关的公知常识以及文献中披露的技术细节的数量等。
>
> 在一些案件中,对要求保护的发明的一种描述就足以支持较宽功能性描述的权利要求,例如,对新技术的披露构成了发明的本质,以及对实施它的一种描述可以使本领域技术人员不付出过度劳动就可以按照各种方式实施,并得到与发明相同的效果。在另一些案件中,为了支持更宽范围的权利要求,需要更多的技术细节以及更多的实施例……但是,在所有这些案件中,指导性的原则是不变的:本领域技术人员应当在阅读了说明书后,可以不花费过度劳动及使用创造性技能就可以在全部范围内实施该发明。⑤

如果说明书引用了涉及带有一种商标的商品,就会比较危险,因为使用该商标的商品在

---

① Case T-6/81 [1979-85] E. P. O. R. B294.

② Case T-150/82 INTERNATIONAL FLAVOURS [1979-85] E. P. O. R c629.

③ 《欧洲专利公约》第83条规定:"欧洲专利申请应对发明作出充分、清楚和完整的说明,以熟练的技术人员能够实施为准。"

④ Case T-694/92 MYCODEN/Plant Cells [1998] E. P. . O. R 114.

⑤ Case T-694/92 MYCODEN/Plant Cells [1998] E. P. O. R 114.

不同的时间可能有不同的技术特征。但是,如果这一商标明确地指向一种非常特定的商品,并且在优先权日前本领域技术人员可以得到该商品,则这种做法是被允许的。①

欧洲专利局认为,用较窄的基础支持较宽的权利要求也是可能的。在一个例子中,专利申请文献中描述了具有某种特点的新化合物的制备,一个权利要求是对更大范围的同族化合物请求保护,因为本领域技术人员没有理由怀疑这种概括的合理性,所以这一权利要求得到了支持。②

3. 附图和摘要

附图不能用于限制权利要求。除非绝对必要,权利要求中不应引用附图。③

专利申请必须有摘要。摘要只能作为技术信息使用,不能用于其他目的。

(六)单一性

一份欧洲专利申请只应涉及一项发明,或涉及有密切联系的构成一个总的发明概念的一组发明。④《欧洲专利公约实施细则》第 44 条对此的说明是:

> (1)如果一组发明通过一个欧洲专利申请提出,只有这些发明在技术关系上涉及同一个或相关的特定技术特征时,才是符合公约第 82 条规定的。"特定技术特征"应理解为各个权利要求作为一个整体对现有技术所做出的贡献。(2)确定一组发明是否密切联系,构成一个总的发明概念时,不必考虑这些发明是采用不同的权利要求表述,还是在写一个权利要求中的可选择的技术方案。

因缺乏单一性而驳回只限于检索和审查部门,不能作为异议或在各国法院提出无效请求的理由。如果申请人不满足于将申请限于申请中的一个发明,就必须提出分案申请。

对于化学发明而言,如果权利要求涉及中间产品和最终产品,欧洲专利局允许就二者都申请专利,并且认为这符合单一性要求。发明申请涉及一个新发明产品的不同的用途,也符合单一性要求。⑤

二、第一医疗用途和第二医疗用途发明的专利性

(一)医疗用途发明

对与已知物质特定目的的新用途有关的发明的新颖性和创造性的判断是困难的。特别是当其用途是医疗用途时,必须要考虑《欧洲专利公约》第 53(c)条的规定。将一种已知物质的医疗效果作为权利要求,可能有两种情况:一种情况是该物质以前没有用于医疗(第一医疗发明),另一种情况是对于已知医疗效果的物质,又发现了新的有创造性的医疗效果(第二医

---

① Case T - 67/94 Unilever/ Antiperspirant composition [2003] E. P. . O. R 64.

② Case T - 133/85 XEROX CORP [1989] E. P. . O. R 116.

③ 参见《欧洲专利公约实施细则》第 46(6)条。

④ 参见《欧洲专利公约》第 82 条。

⑤ Case W - 11/89 X/Fibre Fleece [1993] E. P. O. R. 514.

疗发明)。

2000 年修改的《欧洲专利公约》生效前在考虑医疗用途发明时,不仅要考虑《欧洲专利公约》第 53(c)条的规定,还要考虑《欧洲专利公约》第 54(5)条的规定:

> 第 2 款和第 3 款的规定,还不应排除第 4 款所述的任何物质或者组合物在第 53(c)条所述的任何方法中的任何特定用途的可享专利性,但以这种用途没有包括在现有技术内为限。

根据上述规定,《欧洲专利公约》提供了一种特殊类型的权利要求"与目的有关的产品权利要求"。扩大申诉委员会指出,"第一医疗用途"的发明者,可以就已知的产品适用于医疗目的获得目的限定的保护。①

在 1975 年 2 月 10 日的慕尼黑外交会议上,会议主席曾指出:

> 《欧洲专利公约》第 54(5)条的目的在于说明,一个已知物质(或已知组合物)属于现有技术的一部分,不能授予专利,但可以就对人或动物体通过外科手术或治疗方法中的第一次使用而申请专利,然而,如果同样的物质又发现了第二种可能用途,不管人或动物体的治疗是否使用它,都不能再授予专利。②

(二)第一医疗用途

《欧洲专利公约》第 53(c)条最后一句话和该公约第 54(5)条的规定说明,对于已知物质在医疗中的用途发明,如果此前没有发现该物质的医疗用途,是可以授予其专利的,这被称为第一医疗用途,其新颖性来源于新的医疗用途。技术申诉委员会指出,未被使用在医疗中的已知产品都是新的,如果发明人发现了其在医疗中的用途,则在整个医疗用途中的特定目的产品的独占权就应授予该发明人。在这种发明中,即使说明书只披露了特定的医疗目的,仍可以申请包括关于医疗用途的宽泛的权利要求,且不一定限于特定的治疗目的。因此,权利要求如"物质 X 作为活性治疗物质的用途"被授予了专利。③ 欧洲专利局《审查指南》称,第一医疗用途发明的形式,应当采用"作为抗菌成分或用于治疗疾病 Y 的组合物 X"的形式,即使说明书中披露了一种特定用途也并不限定于这一种用途。这种权利要求与"某一物质或组合物 X 用于治疗 Y 的用途"的权利要求不同,这些用途被视为《欧洲专利公约》第 52 条所排除的医疗方法。④

第一医疗用途发明只适用于未被发现过其医疗用途的物质。不但对相同的特定医疗用途的披露会破坏其新颖性,而且对任何其他医疗应用的披露都会破坏其新颖性。针对第一医疗用途的权利要求,在发生侵权纠纷时,合议庭要考虑被告生产这种物质的特定用途,如果药

---

① G5/83. OJ 1985.

② See Guy Tritton et al., *Intellectual Property in Europe*, 3th ed., Sweet & Maxwell, 2008, p. 120.

③ Case T-128/82 HOFFMANN-LA ROCHE/Pyrrolidine Derivatives[1979-1985] E. P. . O. R C987.

④ 参见欧洲专利局《审查指南》(2021 年 3 月)第 G 部分第二章第 4.2 条。

厂制造它，则无法规避其医疗用途。①

（三）第二及更多医疗用途

慕尼黑会议建议，一旦一种医疗用途被发现，就不能再对同一物质进一步的医疗用途申请专利。这也是《欧洲专利公约》第54(5)条规定的字面所暗含的意思，这里规定的授权条件是，“任何”使用该物质或合成物的方法不被包括在现有技术内。

但是，在EISAI② 案中，扩大申诉委员会认为《欧洲专利公约》第54(5)条并不排除将第二医疗用途作为发明。《欧洲专利公约》第54(5)条本身只是提供了对《欧洲专利公约》第53(c)条所产生的产业运用的权利限制的补偿。扩大申诉委员会并不认为该条有排除第二医疗用途于专利保护范围之外的意思，扩大申诉委员会认为，允许权利要求直接指向将物质或组合物作为特定的新的治疗的应用在原则上是合法的，即使其生产的方法与使用同样活性物质的方法并无差别。

这是一种瑞士风格的权利要求。③ 扩大申诉委员会在EISAI案中的决定被后来很多案件所采纳。技术申诉委员会称，瑞士风格的权利要求只给权利人针对制造或销售者的救济，如果就某一组合物有一个确定的其他医疗用途，权利人可能发现很难找到专利侵权起诉指控的目标。

与第一医疗用途不同的是，第二医疗用途必须特定化，而其保护范围应受到权利要求限定。

《欧洲专利公约》将2000年修订前的第54(5)条分为两条，即《欧洲专利公约》第54(4)条和第54(5)条。

> (4)第2款和第3款的规定不排除用于第53(c)条所述方法的物质或合成物(即使该物质或合成物包含在现有技术内)取得专利的可能性，只要该物质或合成物任何方式的使用不包括在现有技术内。
>
> (5)第2款至第3款的规定不排除第4款所述的物质或合成物特定地用于第53(c)条所述方法时取得专利的可能性，只要该物质或混合物以该款所述方法的使用不包括在现有技术内。

根据新的规定，第一医疗用途权利要求可以是宽泛的，而第二医疗用途以及其后用途的权利要求使用了“特定”一词，才允许对第二医疗用途以及其后用途的权利要求授予专利。对此，欧洲专利局《审查指南》也做了相应的规定，当一种物质或化合物已被公众所知具有第一医疗用途时，如果发现其具有《欧洲专利公约》第53(c)条所述的第二医疗用途或更多的医疗用途时，如果这种用途符合具有新颖性、创造性的条件，根据《欧洲专利公约》第54(5)条的规

---

① See Guy Tritton et al., *Intellectual Property in Europe*, 3th ed., Sweet & Maxwell, 2008, p.121.

② Case G-05/83 [1985] O. J. EPO 64.

③ 瑞士风格的权利要求，是指覆盖某种已知的物质或化合物的第二种或随后的医学用途的权利要求。

定,仍是可以授予其专利的。[①]

(四)已知产品的非医疗用途

《欧洲专利公约》第53(c)条的规定只适用于医疗用途,并没有排除像"将X用于某特定目的"之类的权利要求,对此一般都认为是可以授予专利的。而对于将已知产品的已知用途用于特定目的权利要求,对于是否可以授予其专利则争议比较大。在MOBIL OIL案中,扩大申诉委员会就审查了这一问题。被告主张应当将"旧物质新目的的新用途"与"旧物质新目的旧用途"区别开来,前者是新颖的,而后者不是。扩大申诉委员会认为,最重要的问题是发明起作用的技术特征是否属于公众可知的范畴。最后扩大申诉委员会总结说,一个已知物质特定目的用途的权利要求,如果该特定目的是基于说明书中描述的技术效果,应当将其解释为包括该技术效果,且该技术效果没有被公开,则该权利要求不受新颖性质疑。

用已知方法使用已知物质,但发现了未知的效果,这种情况是不能获得专利的。但是,将这种效果加以运用并产生的技术效果,如果符合具有新颖性、创造性等条件,则是可以获得专利的。因此,技术申诉委员会称,如果专利申请只是传达了已知方法的附加信息,而不是教导本领域技术人员去做没有本专利就不可能做的事,则其没有一种新的产业应用。[②]

三、欧洲专利申请和审查的一般程序

(一)专利申请的提交

申请人可以向欧洲专利局在慕尼墨总部或海牙、柏林分部,或在国内法允许的情况下向各国的专利局提出欧洲专利申请。另外,申请时必须交纳申请费。

(二)初步审查

提交申请后,受理部将对形式要件进行初步审查,并确定申请日。

(三)欧洲专利局检索

专利申请被受理后(初审部门确定申请日之后),由检索部门进行检索并出具检索报告。检索应以权利要求为基础,适当注意说明书和附图的内容。检索报告大部分都在专利公布之后完成,很少是在专利公布之前完成的。如果申请人要求加快审查速度,欧洲专利局也将加快检索速度。

检索部主要检索涉及新颖性和创造性的文献。[③] 检索报告连同检索到的文献被一并发给申请人。申请人在接到检索报告后,可以选择撤回、修改专利申请,也可以选择继续进行审查程序。

---

① 参见欧洲专利局《审查指南》(2021年3月)第G部分第二章第4.2条。

② Case T-279/93 AMERICAN CYANAMID/Melamine derivatives [1999] E.P..O.R 88.

③ 参见《欧洲专利公约实施细则》第61条。

(四)对申请的公布

自申请日或者优先权日起满18个月,欧洲专利局必须立即公布专利申请。如果有检索报告,检索报告将被一并公布,否则检索报告将在之后被单独公布。①

公布是很重要的,被公布后的专利可以得到临时保护。但成员国可以选择临时保护的时间,即选择只在用本国语言正式翻译的权利要求发布给公众后或传达给该国使用发明的人后,才提供临时保护。现在《欧洲专利公约》的所有成员国都提出了这种要求。专利被公布后就成为现有技术,这对其后的专利申请的影响是致命的。

(五)对申请的审查

在欧洲专利公报公布检索报告后6个月内,申请人应提出实质审查请求。审查部负责审查专利申请是否符合授予专利的条件。申请人可以在检索报告上附上自己的意见,并可以在接到审查部的通知前或接到通知时修改权利要求。如果审查部认为不符合授予专利的条件,可以作出驳回申请的决定。

(六)授予专利

如果审查部认为专利申请符合授予欧洲专利的条件,就可以作出授予欧洲专利的决定。

(七)转化为国内专利

获得欧洲专利后,专利权人将在各指定国得到一组专利,分别在各指定国得到保护。但是,一些国家规定只有专利权人将翻译为该国语言的专利文本提交后,该国才给予保护。

(八)修改

在接到检索报告前,申请人不能修改说明书、权利要求书和附图。在接到检索报告后,申请人才可以对上述文件进行相应的修改。在接到审查部第一次审查通知后,申请人有一次修改的机会。②

《欧洲专利公约》在2000年被修改后增加了第105a条的规定,允许专利权人撤回专利申请或通过修改权利要求的方式限制已获得的专利。但是,如果专利正处于未决的异议程序中,专利权人不能这样做。③

(九)分案申请

分案申请必须符合《欧洲专利公约》第76条的规定,即分案申请内容不得超出最初申请时的内容。在遵守这一规定的前提下,分案申请被视为在初次申请的申请日提出,并享有优先权。如果是第二次分案申请,其不能超出第一次分案申请的范围。

---

① 参见《欧洲专利公约》第93条。
② 参见《欧洲专利公约实施细则》第92条。
③ 参见《欧洲专利公约》第105a(2)条。

(十)异议程序

在授予欧洲专利后的9个月内,《欧洲专利公约》允许第三方提出异议撤销该专利。如果撤销成功,则该专利在所有指定国均无效。

(十一)上诉

申请人针对受理部、审查部、异议部的决定可以提起上诉,一旦提起上诉将延缓这些决定的生效。上诉人应当在收到决定之日起2个月内提出上诉,并在4个月内提交上诉的理由说明。

第四节 欧洲专利在成员国法院的保护

根据《欧洲专利公约》的规定,成员国法院负责审理欧洲专利侵权纠纷。欧洲专利的保护范围以及保护方式主要由成员国的法院来确定。虽然专利保护范围与专利有效性有密切联系,但对于欧洲专利的保护范围,欧洲专利局没有决定权利。简言之,除了异议程序以及修改程序,欧洲专利局没有其他程序可以影响成员国对欧洲专利的保护。

一、欧洲专利的保护范围

(一)《欧洲专利公约》第69条及其解释议定书

由于相同的专利由不同的国家分别进行保护,统一各成员国确定专利保护范围的做法就尤为必要。为此,《欧洲专利公约》在第69条作了专门的规定:

> (1)欧洲专利或欧洲专利申请所授予的保护范围取决于权利要求的内容。然而,说明书和附图应当用以解释权利要求。
>
> (2)在直到授予欧洲专利之前的期间内,欧洲专利申请授予的保护范围取决于公布的申请中所包含的权利要求。但是,授予的欧洲专利或者在异议、限制或者撤销程序中修改过的欧洲专利,在这种保护没有因此而扩大的限度内,应当追溯地决定欧洲专利申请所授予的保护。

为了统一各成员国对上述规定的解释,成员国为此专门制定了《欧洲专利公约第69条解释议定书》,对《欧洲专利公约》第69条的含义进行了解释:

> 第69条不应在以下意义上予以解释,即一项欧洲专利所赋予的保护范围,应被理解为是由权利要求措词的严格的字面的含义所界定,说明书和附图只能被用来说明存在于权利要求中的模糊不清之处。该条也不能在以下意义上予以解释,即权利要求仅仅是作为一个指南,所授予的实际保护则依据该领域中的技术人员对说明书

和附图的考虑,可以及于专利权人期望的东西。相反,该条应该以居于这两个极端方式之间的方式进行解释。这种居间方式综合了对专利权人的公平保护和使第三方有合理的确定性。

《欧洲专利公约》第69(1)条以简明扼要的语言明确了确定专利护范围的方法,指明了权利要求书是确定专利保护范围的依据。在解释权利要求书时,可以借助于说明书和附图。《欧洲专利公约第69条解释议定书》又对上述规定进行了解释。该议定书否定了两种对《欧洲专利公约》第69条的规定进行解释的方法:严格局限于专利权利要求字面含义的做法和只将权利要求书作为一个指南的做法。该解释议定书要求将上述两种做法进行折中,折中的原则是既要给专利权人以公平的保护,又要使第三方有合理的确定性。一般认为,《欧洲专利公约》第69条及《欧洲专利公约第69条解释议定书》的规定,使专利的保护范围可以被扩大到字面含义之外,但对于可以扩大的范围没有明确界定。①

2000年修改《欧洲专利公约第69条解释议定书》时增加了第2条的规定:

为了确定欧洲专利的保护范围,应当适当考虑与专利权利要求中记载的技术特征相等同的技术特征。

其实,在2000年修改时,欧洲专利局行政理事会曾准备对《欧洲专利公约第69条解释议定书》进行较大的修改,在其起草的《修改欧洲专利公约的基本建议草案》中,对《欧洲专利公约第69条解释议定书》提出了增加条款的建议,除了修改前的《欧洲专利公约第69条解释议定书》第2条的规定外,修改后的《欧洲专利公约第69条解释议定书》第2条还有以下内容:

(2)使用某技术手段可以达到与权利要求书中记载的技术手段实质相同的效果,如果这对于本领域技术人员来讲是显而易见的,一般应当认为为等同的技术手段。

另外还有第3条的规定:

为了确定专利的保护范围,应当适当考虑专利申请人或者专利权人在专利授权、无效程序中明确限定专利保护范围的陈述,特别是该限定是作为对引用在先技术的答复而作出的时。

欧洲专利局行政理事会在《修改欧洲专利公约的基本建议草案》中对上述修改建议的解释是:

现行《欧洲专利公约》第69条及《欧洲专利公约第69条解释议定书》关于欧洲

① See Heinz Winkler, *The Scope of Patent Protection*: *Past*, *Present and Future*, 10 I. I. C. 296(1979).

专利保护范围的规定,没有达到专利申请与其解释一致的预定目标。特别是在涉及所谓的"等同"以及专利申请人和专利权人在专利申请书、专利说明书以及在审查和专利无效程序中所做的陈述的作用时,更是如此。在涉及侵犯欧洲专利的诉讼过程中适用上述规定时,成员国的法院从开始就试图尽量做到行动一致,虽然已经取得了一些进展,但从欧洲专利法官论坛和对案件看法来看,至少在解释欧洲专利和确定其保护范围方面还没有形成欧洲一致的标准和规则。特别是在上面提到的两个问题上,更是缺乏一致性。为了强调和澄清《欧洲专利公约》第 69 条所涉及的保护范围问题,以及为了促进欧盟法院实践中的一致性,解释议定书应当增加关于等同和限定性陈述在确定保护范围中的作用的规则。

《修改欧洲专利公约的基本建议草案》中的第 2 条是关于"等同"的规定。在这一条中,不但规定了等同手段是确定专利保护范围时应当考虑的因素,而且对等同手段进行了定义。《修改欧洲专利公约的基本建议草案》中的第 3 条是关于"禁止反悔"的内容,在该条中规定了专利申请人和专利权人的陈述对于确定专利的保护范围具有参考作用。可见,欧洲专利局行政理事会本来想在《欧洲专利公约第 69 条解释议定书》中增加"等同"和"禁止反悔"两个方面的规定。

在 2000 年的慕尼黑会议上,各成员国对于上述拟增加的内容展开了激烈的争议。英国代表强烈反对增加第 2 条和第 3 条规定,认为这不会带来欧洲专利法的统一,并且对于"等同"进行定义也不能禁止对该定义的不同解释。英国代表还提出对于确定专利保护范围的时间欧洲并没有统一的做法。美国的审查档案禁止反悔带来了很多负面的教训,应当给予否定。德国代表支持上述规定,但对认定等同的时间提出了不同意见。很多成员国也都表示了不同的意见。[①] 最后在各方妥协的基础上,该草案第 2(2)条和第 3 条的规定没有被采纳。

《欧洲专利公约》第 69 条和《欧洲专利公约第 69 条解释议定书》的目的就是为了统一成员国确定专利保护范围的做法。并且上述规定为促进《欧洲专利公约》成员国专利权利要求解释方法的统一起到了积极的作用。但是在很多问题上,成员国的做法并不一致。2000 年的慕尼黑外交会议试图将欧洲国家的做法进一步统一,在"等同理论"的适用方面拟定了有关的规则。但从最后被采纳的条款看,关于认定等同的时间、等同的定义以及禁止反悔的规定都没有被采纳,增加的《欧洲专利公约第 69 条解释议定书》第 2 条的规定对各国现行做法的影响并不大。

(二)《欧洲专利公约》成员国在确定专利保护范围时存在的差异

理论上讲,由于《欧洲专利公约第 69 条解释议定书》的存在,各成员国对于专利侵权的判断标准是相同的。但是,文化和历史的差异导致各国对专利保护范围的解释存在较大的差异。

目前,各国法院解释专利保护范围的差异主要表现在:

---

① 关于慕尼黑会议上有关代表的意见和最后结论的报告,参见国际保护知识产权协会就此次会议所做的报告《关于修改欧洲专利公约外交会议的报告》。

第一,专利的保护范围是否限于从本领域技术人员的角度对专利权利要求进行目的性解释,或者说专利保护是否及于等同物,如果及于等同物,是否限于非创造性的等同物。在英国,权利要求的用语在历史上被看得更重,而德国历史上只将权利要求看作确定"发明的本质"的指南,而其他国家的做法界于这两个国家的极端做法之间。随着《欧洲专利公约》在2000年被修改,所有成员国对于"等同物"都给予适当考虑,这种差别将会缩小。

第二,解释权利要求时是否考虑专利审查档案,也就是禁止反悔原则的适用问题。虽然《欧洲专利公约第69条解释议定书》2000年被修改时关于增加禁止反悔的内容没有被通过,但承认禁止反悔原则的国家越来越多,可是在适用的标准上还存在差异。在荷兰,法院则承认禁止反悔原则。在德国,确定专利保护范围时考虑审查档案。而在法国,只有在为了确定优先权日本领域普通技术人员如何理解专利时,才考虑专利审查档案。英国传统上不承认等同原则和禁止反悔原则,但2017年英国最高法院在Eli Lilly v. Actavis UK Ltd案[①]中有条件地承认了等同原则和禁止反悔原则,虽承认专利审查档案的参考作用,却极大地限制了其适用情形。[②]

第三,确定专利保护范围的时间基准是优先权日、公开日还是侵权日。德国倾向于优先权日,英国倾向于公开日,而荷兰和法国倾向于侵权日。[③]

二、交叉管辖:国内法院与欧洲专利局异议部的交迭

《欧洲专利公约》成员国国内法院有权撤销指定本国的欧洲专利。另外,国内法院还有权修改欧洲专利。但有时候,欧洲专利局异议部无效程序和国内法院在专利无效或撤销程序上有交迭。

(一)异议程序和国内法院的撤销程序

如果欧洲专利被授权后,欧洲专利局异议部启动了异议程序,而指定国启动了侵权诉讼,则两种程序会存在协调问题。在Beloit Technologies v. Valmet Paper Machinery Inc[④]案中,在英国法院审理侵权诉讼的同时被告提起涉案专利无效的反诉,同时欧洲专利局在进行无效异议的审理。英国上诉法院认为,英国1977年专利法第77(2)条[⑤]并没有剥夺英国法院撤销已经授予的欧洲专利的权利,即使存在欧洲专利局正在进行的无效程序。专利权人亦有权在英国提起的侵权诉讼中修改专利。只有在欧洲专利局的程序进行得非常迅速,并且中止审理不会对一方当事人不公平或者损害公共利益时,英国法院才可以中止诉讼。但在通常情况下并不能满足这一条件,因为欧洲专利局的异议程序需要很长时间。但是,如果法院决定中止诉讼等待欧洲专利局异议部的决定,不能忽视在国内法院给予中间救济的可能性。其他国家法院采取的方法与英国不同,例如,奥地利立法规定,国内法院的撤销程序要中止审理等待欧洲专利局的异议程序。

---

① [2017]UKSC 48 (12 July 2017).

② 参见闫文军、罗治成:《英国专利侵权判断中的等同原则和禁止反悔原则》,载《科技与法律》2017年第3期。

③ Tilmann, *Harmonisation of Invalidity*, [2006] E. I. P. R. 2006, p. 169 – 173.

④ [1997] R. P. C. 489, CA(England).

⑤ 该条规定,1977年专利法的任何规定都不影响《欧洲专利公约》的实施。

(二)欧洲专利局异议部撤销专利对国内法院的影响

如果异议人在欧洲专利局的异议不能成立,他是否可以在国内法院再提出撤销专利的诉讼呢?英国和德国法院都给出了肯定的答复。两国法院都认为,欧洲专利局的异议程序与国内法院的诉讼程序是不同的,前者是对专利效力的事后审查,并不像后者一样是两个当事人之间的争议。并且,根据《欧洲专利公约》第138条的规定,欧洲专利效力的最终决定权在于国内法院。① 在德国的撤销程序中,德国法院曾在一个案件中在显而易见性问题上与欧洲专利局持相反的观点。② 法院认为,欧洲专利局异议部的观点可以作为专家意见,但不具有约束力。特别重要的是,法院认为通过解释权利要求确定专利的保护范围不属于欧洲专利局异议部的职责。

三、授予欧洲专利后在国内法院的修改程序

对于授予欧洲专利后在国内法院的修改程序,各成员国的处理方式是不同的。在荷兰,授予欧洲专利后的修改只限于以下情况:本领域技术人员可以看出修改后的专利文件明显限制了该专利的保护范围。德国和瑞士的处理方式与荷兰相似。③

在英国,法院对于专利的修改有很大的自主权。即使修改满足实质条件,法院也可以决定是否允许修改专利。特别是,法院可以考虑专利权人是否有不合理的迟延,是否通过专利取得了不合理优势,以及其他与专利本质有关的内容(如申请人故意申请较大范围的专利等)。在其他国家以及欧洲专利局,这些内容都是不被考虑的。在Palmaz European Patents (UK)④案中,英国法院认为,英国的处理方式应与欧洲专利局的处理方式相同,对专利权人的个人行为应不予考虑。但是,英国法院在一个判决中认为,英国法院仍有权这样做。在Kimberly - Clark Worldwide Inc v. Procter & Gamble⑤ 案中,英国上诉法院认为,英国法院没有义务遵循欧洲专利局的做法。法院认为《欧洲专利公约》对于授予欧洲专利后的修改没有作出规定,国内法院对于专利修改的做法没有必要与其他国家或欧洲专利局的做法一致。

2000年修订的《欧洲专利公约》规定了集中化的授予欧洲专利后修改程序,新的规定关于专利修改的内容并没有规定要考虑专利权人的行为等内容,这就对英国的做法造成了冲击。

四、《欧洲专利诉讼协议》和欧洲统一专利法院

目前,由欧洲各国家法院和行政机构决定欧洲专利的侵权和效力问题。当专利权人希望在多个国家执行欧洲专利或第三方寻求撤销欧洲专利时会遇到较多困难。在多个国家/地区进行诉讼成本高昂,并且存在判决不统一和缺乏法律确定性的风险。当事人试图利用国家法院及其程序之间的差异寻找对自己有利的管辖法院。

---

① Buehler A. G > v. Chronos Richardson Ltd [1998] R. P. C. 609, CA; Zahkranzfraser (X ZR 29/93).

② X ZR 57/96 REGENBECKEN/Rainwater reservoir [1999] O. J. EPO at 405.

③ Spiro v Flamco, Hoge Raad, February 9, 1996 [1998] NJ2.

④ [1999] R. P. C. 47.

⑤ [2000] F. . S. R. 235.

为了解决上述问题,《欧洲专利公约》成员国多年来一直酝酿设立一个欧洲专利法院专门处理侵权诉讼以及撤销诉讼的问题,并已经取得了一定的进展。这一设想的目的是通过一个诉讼解决在多个国家提起的专利侵权诉讼,以提高效率和节省费用。

2002 年 5 月 31 日,欧洲专利局提出了"第四次欧洲专利诉讼提议"(WPL/SUB 2/02),之后被称为《欧洲专利诉讼协议》(European Patent Litigation Agreement, EPLA)。《欧洲专利诉讼协议》包括《欧洲专利诉讼协议草案》和《欧洲专利法院条例草案》。关于欧洲专利法院结构的设想是:在卢森堡设立一个一审法院和一个上诉法院,在其他成员国设立地区部门。欧洲专利法院处理原告指控的多个国家同时存在的对某一欧洲专利的侵权诉讼。现在,各国专利法官已就《欧洲专利诉讼协议》达成了共识。作为《欧洲专利公约》下的又一个协议草案,该协议草案已得到欧盟委员会和欧洲专利局的赞同。但是,这一协议能否最终通过并获得实施,仍然悬而未决。

2013 年 2 月,欧盟 25 个成员国[①]在布鲁塞尔签订《统一专利法院协定》(Unified Patent Court Agreement, UPCA),决定设立欧盟统一专利法院(Unified Patent Court, UPC),力求实现专利司法的统一,欧盟统一专利体系也随之得以确立。UPC 将建立一个有效的机构来在处理欧洲专利的侵权和无效争议;结束在不同国家的诉讼的状况;在专利侵权和有效性领域建立统一判例法提高法律确定性;提供更简单、更快捷、更有效的司法程序;协调与授予权利的范围和限制以及侵权情况下的补救措施有关的实体专利法。

建立 UPC,需要 UPCA 的生效,其生效条件为:第 13 个成员国批准 UPCA 生效后第 4 个月的第 1 天,并且批准成员国必须包括批准 UPCA 前一年(2012 年)持有有效欧洲专利最多的 3 个国家,即德国、法国和意大利。[②] 截至 2021 年 6 月 10 日,已有奥地利、法国、瑞典、比利时、丹麦、马耳他、卢森堡、葡萄牙、芬兰、保加利亚、荷兰、意大利、爱沙尼亚、立陶宛、拉脱维亚这 15 个成员国通过全民公投或者议会表决方式批准了 UPCA;英国于 2018 年 4 月 26 日批准 UPCA,但是又在 2020 年 7 月 20 日宣布退出。由于作为欧洲专利大国的德国对 UPCA 的批准是其生效的条件之一,但是至今德国尚未批准 UPCA,所以 UPCA 至今尚未生效,UPC 也尚未建立。

---

① 其中包括英国,因为当时英国尚未脱欧。

② Article 89, Agreement on a Unified Patent Court (2013/C 175/01).

第十二章　欧盟关于专利的立法和立法建议

第一节　欧盟《生物技术专利指令》

一、简介

（一）欧盟《生物技术专利指令》制定的背景和过程

自20世纪80年代以来，欧共体委员会一直寻求在生物技术的专利性方面制定指令。欧共体委员会认为，对于生物技术的专利保护，不同的成员国之间存在较大差异，并且总体来说保护强度均比美国和日本弱。制定指令的目的在于加强对生物技术的专利保护，并澄清哪些生物技术可以获得专利保护。1988年，欧共体委员会就提出了指令草案，但由于对有生命体授予专利引发了伦理争议，该项工作暂缓。1995年3月，欧洲议会否决了指令草案，主要原因是很多人认为它打破了对生命形式不能授予专利的限制。1995年12月，欧盟委员会又提出一个修改的草案，该草案顾及生物技术发明中的伦理问题。经过一系列立法程序后，1997年7月，欧洲议会列出了对1995年草案的66项修改，这些修改被委员会接受。1997年8月，欧洲议会通过了该草案。欧盟理事会于同年11月也以多数赞同通过了该草案。1998年6月16日，欧盟理事会通过了该草案。1998年7月30日，该指令生效。根据该指令的要求，成员国可以在2000年7月30日前修改国内法律以符合该指令的规定。但是，到2000年7月30日，只有4个国家通过立法采纳了该指令。

随后，荷兰政府向欧洲法院提起诉讼，请求废除《生物技术专利指令》，主要理由是质疑生物技术专利的伦理基础。荷兰政府认为，该指令并未澄清在什么情况下基于伦理原因给生物技术发明授予专利是违法的。同时，从伦理角度考虑，允许给人体分离物质授予专利是对人类尊严的冒犯。因为人体是人类尊严的载体，以允许授予专利的方式视人类生命物质为工具，对人类尊严而言是无法接受的。2001年9月，欧盟普通法院作出判决，驳回了荷兰的请求。法院认为，《生物技术专利指令》充分尊重人类尊严。人类尊严是一项基本权利，而该指令第5(1)条保护了这种权利，并对人体的要素提供了保护。另外，该指令第6条还对公共秩序和道德提供了附加保护。法院认为，已有足够多的内容被排除在可专利之外，以达到尊重人类尊严的目的。到2006年，欧盟所有25个成员国完成了国内法转化。

本书上一章在介绍《欧洲专利公约》的部分已经指出，为了使《欧洲专利公约》与《生物技术专利指令》的内容一致，《生物技术专利指令》的大部分内容都被吸收进了《欧洲专利公约》。前一章已经介绍了《欧洲专利公约》关于生物技术保护的内容，其中很多内容就来自《生物技术专利指令》。由于二者内容的一致性，前面已介绍的内容，这里不再重复。

(二)制定《生物技术专利指令》的目的

自20世纪80年代初至1998年年初,欧洲专利局共收到约15,000件涉及生物发明的专利申请,其中大约4000件涉及基因工程,1000件为转基因植物,500件为转基因动物,2000多件为用于医疗的人类基因序列。①

欧共体委员会指出:"在生物技术领域领先的两个国家美国和日本,一直根据工业、科技和消费者的需求不断调整其专利保护。欧共体成员国虽拥有相当的智力和财力方面的潜力,但由于落后的法律框架使之失去活力。"②因此,《生物技术专利指令》有两个目的:一是在所有成员国对生物发明提供有效和统一的保护,并通过保护刺激欧洲生物工程领域的投资,增强针对美国和日本的竞争力。二是保证欧洲专利制度的统一性,使不同成员国在授予专利时对伦理问题的考量具有一致性。③

《生物技术专利指令》在序言部分指出了制定该指令的必要性,"生物技术和基因工程在广泛的产业领域正发挥着日益增长的重要作用,并且保护生物技术发明对共同体的产业发展将理所当然地具有根本性的重要意义;尤其是在基因工程领域……在全体成员国内有效和一致的保护对维持和鼓励生物技术领域的投资非常重要"。④ 因此,《生物技术专利指令》要求成员国在国内法中对生物技术给予保护。⑤ 该指令没有对生物技术进行定义,一般认为它涉及通过现存生命形式的基因编码创造出新的生命形式。但是,它也用于某种可以具有特殊效果的基因序列的发明。在该指令颁布前,除荷兰外,没有成员国明确禁止对生物技术授予专利。但是,成员国国内法在与《欧洲专利公约》相一致后,对下列客体不授予专利权:动植物品种以及生产方法;单纯发现;违反社会道德和公共秩序的发明。这导致了生物技术在专利保护上的不确定性。并且,"不同成员国的法律和判例对生物技术发明提供的保护存在差异……"⑥因此,欧共体委员会希望通过《生物技术专利指令》,澄清生物发明保护适用于成员国法律规定的例外,并尽可能统一成员国对生物技术给予的专利保护。

有的学者指出,虽然序言只是提到了欧共体成员国专利制度的协调,没有创立实体专利法,但其未明确说明的目标是加强欧共体专利保护。⑦ 立法的起草者希望成员国通过国内法保护生物技术发明,但成员国在决定是否授予专利时,拥有根据道德观念确定是否授权的能力。

事实上,《生物技术专利指令》还反映了生物技术产业及其支持者与因道德、伦理、环境、经济因素提出反对意见的反对者之间的妥协。

---

① Donna M. Gitter, *Led Astray by the Moral Compass: Incorporating Morality into European Union Biotechnology Patent Law*, 19 Berkeley J. Int'l L. 1.

② Commission Proposal of 1988, at 22.

③ Donna M. Gitter, *Led Astray by the Moral Compass: Incorporating Morality into European Union Biotechnology Patent Law*, 19 Berkeley J. Int'l L. 1.

④ 《生物技术专利指令》序言第1~3条。

⑤ 《生物技术专利指令》第1条。

⑥ 《生物技术专利指令》序言第5条。

⑦ Donna M. Gitter, *Led Astray by the Moral Compass: Incorporating Morality into European Union Biotechnology Patent Law*, 19 Berkeley J. Int'l L. 1.

二、生物技术专利保护的客体

《生物技术专利指令》明确指出,为本指令之目的,新的、包含创造性步骤的并且能够在产业上应用的发明具有可专利性,即使它们涉及一种由生物材料组成或含有生物材料的产品,或者涉及一种生产、加工或使用生物材料的方法。① 其中,生物材料被定义为"含有基因信息且能自我复制或在生物学系统中进行复制的任何材料"②。

《生物技术专利指令》明确,从自然环境中分离的或通过技术手段产生的生物材料可以成为发明的客体,即使它曾在自然界中存在。③ 这一条规定在于澄清生物材料的发现与工业应用的区别。这样规定的目的在于,"已经有从人体中分离或用其他方法取得的药品在疾病处理方面获得了重大进展,同时生产这些药品所用的技术方法本身是为了获得同人体中自然存在的结构相同的物质;基于此,为了得到或分离出对这些药品的生产有重要价值的物质的研究工作应通过专利制度予以鼓励"④。

对于基因的可专利性,《生物技术专利指令》序言部分指出,未说明功能的单纯DNA序列不包含任何技术信息,因此属于不具有可专利性的发明,⑤为了适用于工业上应用从而符合专利性标准,当基因序列或部分基因序列用于生产蛋白质或蛋白质的某一部分时,有时有必要指明生产了哪种蛋白质或某种蛋白质的哪个部分或指明该基因序列可以实现什么功能。⑥

《生物技术专利指令》对于与源自人体的基因材料有关的生物技术发明作了特别规定。《生物技术专利指令》规定,不同形成或发展阶段的人体,以及对人体某一组成部分的简单发现,包括基因序列或基因序列的某一部分,均不构成可授予专利的发明。⑦ 脱离人体或者通过技术手段而获得的某种组成部分,包括基因序列或基因序列的某一部分,即使该组成部分的结构与一个原始组成部分的结构完全相同,仍可以构成可授予专利的发明。⑧ 该指令指出,从人体中分离的或用其他方式产生的元素未被排除可专利性,是因为该元素是用技术手段进行区分、提纯、分类或在人体之外复制而产生,并且这是一些人类自己能独立付诸实施但自然界自身不能完成的技术;⑨上述规定说明,《生物技术专利指令》不允许对人的生命本身授予专利,但从人身中提取的基因可以授予专利。

2005年7月,欧盟理事会发布了《生物和基因工程领域专利法的发展和意义》的报告。该报告重点讨论了两个问题。第一个问题是基因序列专利的保护范围问题。这涉及是否可以使用传统的专利权利要求模式对基因序列进行保护,即第一个发明人可以对其后所有的用途都要求保护,或者专利只限于说明书中披露的特定用途。根据《生物技术专利指令》第8~11条的规定,这些条款都没有将保护范围限定在基因序列的特定用途上。而该指令第8条和

① 《生物技术专利指令》第3(1)条。
② 《生物技术专利指令》第2(1)(a)条。
③ 《生物技术专利指令》第3(2)条。
④ 《生物技术专利指令》序言第17条。
⑤ 《生物技术专利指令》序言第23条。
⑥ 《生物技术专利指令》序言第24条。
⑦ 《生物技术专利指令》第5(1)条。
⑧ 《生物技术专利指令》第5(2)条。
⑨ 《生物技术专利指令》序言第21条。

第9条确定了专利保护及于通过专利产品所得到的任何生物材料,或者载有专利产品且基因表达相同的生物材料。然而另一方面,从《生物技术专利指令》第5(3)条以及前言第23、25条来看,欧共体的立法者至少提出了将专利保护范围限于专利中确定的特定用途的可能性,否则,《生物技术专利指令》第5(3)条所规定的要求披露基因序列的工业应用的要求,就仅仅只是专利法中的一般要求。相关专家于2003年3月讨论了这个问题,其中,多数非法律和技术专家认为没有客观理由在生物技术领域创立目的限定的专利保护,以使其区别于传统专利保护。而法律和技术专家则认为,DNA序列与化学物质之间没有本质区别,在保护范围上也不应当区别对待。在这次讨论之后,又出现了其他问题。其中一个问题是,就伦理观念而言,从人体中提取的基因序列,与化学物质是否应当区别对待。另一个问题是,"允许第一个发明人获得较宽的保护范围,其他人可在此基础上获得许可"与"允许第一个发明人获得较窄的保护范围,其他人可自由申请专利"相比,哪种方式对社会的价值更大?对于采用传统的保护模式还是限制性保护模式,欧盟委员会虽没有发表意见,但继续跟踪成员国立法的差异。

第二个问题是人类胚胎干细胞的可专利性问题。目前只有多能干细胞可以提取并在培养基中培育。全能干细胞与多能干细胞的区别在于,前者可以发育成人,而后者不能。对于人类干细胞的可专利性问题,欧洲科学和新技术伦理小组(Europe Group on Ethics in Science and New Technology)认为,没有伦理方面的理由完全禁止与干细胞有关的发明获得专利。对于全能干细胞,《生物技术专利指令》的态度是明确的,由于人体的各个阶段都不能获得专利,因此,全能干细胞不能获得专利。而多能干细胞的情况有些复杂,专家小组认为这个问题取决于对胚胎的界定以及成员国国内法所允许研究的范围。对于胚胎干细胞的研究,成员国之间存在明显分歧。欧盟委员会认为,现在进行进一步定义或在该领域对各成员国的法律进行进一步协调还为时尚早。

三、生物技术发明和动植物品种

《生物技术专利指令》确认,植物和动物品种不能授予专利。[①]《生物技术专利指令》序言指出,《生物技术专利指令》对于排除动植物品种的专利性并没有偏见,并试图寻求动植物品种与生物技术之间的相互关系。因此《生物技术专利指令》第4(2)条规定,有关植物和动物的发明如果其技术可行性不仅限于特定的植物或动物品种,则它具有可专利性。这一句话在该指令序言中得到了进一步说明,"植物品种"指类别由其染色体组决定,并因此具有个性特征并明显区别于其他品种的品种;因为以一个特别的基因(但不是整个染色体)为特征的某一植物群不受植物新品种保护,所以即使它构成植物新品种也不能排除其可专利性。[②]

欧洲专利局扩大申诉委员会在NOVARTIS案中对植物品种与影响植物基因码的发明之间的区别进行了说明。扩大申诉委员会在该案的评述与《生物技术专利指令》的规定是一致的,即关于植物品种本身的发明与因一个特定基因而定性的植物群之间是有差别的。扩大申诉委员会推理时认为植物品种不予保护的理由是1961年保护植物新品种联盟已经对植物品种给予了保护,而该公约不允许对植物新品种进行品种权和专利权双重保护。这种推理不适

---

① 《生物技术专利指令》第4(1)(a)条。

② 《生物技术专利指令》序言第30、31条。

用于动物品种,因为没有关于动物品种保护的公约。

四、生物技术发明与公共秩序、社会公德

《生物技术专利指令》第 6 条规定,当发明的商业性利用违背公共秩序或社会公德时,该发明应视为不具有可专利性;但是,不能仅仅因为其利用被法律或法规所禁止就认为违反上述规定。该指令第 6 条还特别指出,下列各项不具有专利性:克隆人的方法;改变人生殖细胞遗传特性的方法;为产业或商业目的使用人类胚胎;改变动物遗传特性的方法,该方法可能导致动物痛苦却不会对人类或动物以及由该方法产生的动物带来任何实质性医疗利益。

对于违背公共秩序和社会公德就不能授予专利的规定,《生物技术专利指令》序言进行了说明:"鉴于公共秩序和公共道德尤其应与各成员国承认的伦理或道德原则相一致,考虑到生物技术领域的潜在发明及其与生命体的固有关系,这些原则在生物技术领域得到尊重格外重要;鉴于这些伦理或道德原则补充了专利法对任一技术领域发明的法律审查标准。"①

上述规定大体上与《与贸易有关的知识产权协议》第 27(2)条②的规定一致,《与贸易有关的知识产权协议》第 27(2)条规定的不授予专利的条件有两个:一是必须证明商业利用发明是违背公共利益的,而不是发明本身违背公共利益;二是阻止商业利用是保护公共秩序所必须。对于其中"必须"的含义,世界贸易组织争端解决小组曾在一个报告中指出,只有无法指望有其他合理的替代手段时,才可以认为是"必须"。③ 但是,该指令的标准与《与贸易有关的知识产权协议》的规定并不完全相同。

对于克隆人的方法不授予专利的原因,《生物技术专利指令》指出,在共同体内一致的意见认为介入人类生殖细胞系列和克隆人违背了公共秩序和公共道德;鉴于此,应毫不含糊地排除修改人类种系基因特征方法和克隆人方法的可专利性就是尤为重要的。④ 克隆人的方法可被定义为,任何旨在制造与另一活人或死人的核基因相同的人体的方法,包括使用胚胎分裂方法。⑤

《生物技术专利指令》认为,除此之外必须排除为工业或商业目的对人类胚胎任何使用的可专利性;鉴于在任何情况下,这种排除都并不影响以治疗或诊断为目的使用人类胚胎的发明和对该目的有用的发明。⑥ 欧洲专利局扩大申诉委员会对于"为商业或产业目的使用人类胚胎"进行了解释,认为"胚胎"应作广义的解释,而对于是否属于"为产业和商业的目的使用人类胚胎",则主要看说明书的教导。⑦

《生物技术专利指令》认为,对改变动物遗传同一性的方法,如可能导致动物痛苦,并对人和动物及由该方法产生的动物从研究、预防、诊断或治疗的角度看没有任何实质性医学利益

---

① 《生物技术专利指令》序言第 39 条。

② 《与贸易有关的知识产权协议》第 27(2)条规定:"各成员可拒绝对某些发明授予专利权,如在其领土内阻止对这些发明的商业利用是有利于维护公共秩序或道德,包括保护人类、动物或植物的生命或健康或避免对环境造成严重损害所必须的,只要此种拒绝授予并非仅因为此种利用为其法律所禁止。"

③ WTO panel Report BISD 37S/200.

④ 《生物技术专利指令》序言第 40 条。

⑤ 《生物技术专利指令》序言第 41 条。

⑥ 《生物技术专利指令》序言第 42 条。

⑦ 参见欧洲专利局 G 0002/06 案。

的,其可专利性应予排除。[①] 欧洲专利局技术申诉委员会曾在 HARVARD/Once Mouse[②] 案中提出,上述规定主要是将动物所受痛苦以及对环境的影响与它给人类所带来的利益进行衡量。

五、生物专利的保护范围

具有发明特性的生物材料专利的保护范围及于任何通过相同或不同的方式对该生物材料进行繁殖或增殖而获得的具有该同样特性的生物材料。[③] 如果是方法专利,其专利的保护范围应及于通过该方法直接获得的生物材料以及任何其他通过相同或不同方式从该生物材料直接繁殖或增殖而产生并具有同样特性的其他生物材料。[④]

对一项含有基因信息或由基因信息组成的产品专利,其保护应及于与该产品结合在一起的以及含有该基因信息且执行其功能的所有材料。[⑤]

根据《生物技术专利指令》,单纯发现基因序列不能得到专利保护,但可以通过蛋白质表达等工业应用获得专利保护。上述规定的字面意思是只要生命体不是人,那么发现基因序列的专利权人就可以对这种动物拥有权利,例如发现猫的某种基因,则可以对所有带有这种基因的猫主张权利。这涉及对"与该产品结合"中"结合"一词含义的解释。如果"结合"不需要人工介入,专利就延及自然载有某种基因的生命形式。有的学者指出,这不是立法的本意,也违反专利保护不延及申请日前已存在的物质的原则。无论通过什么方法,应解释为专利保护不延及这种生命形式。[⑥] 另外,《生物技术专利指令》序言第 46 条规定:"专利的功能在于通过授予一定时间的排他性权利以对发明人的创造性努力给予回报,并以此鼓励创造活动的事实,专利持有人应被授予禁止使用可自我复制的专利材料的权利,相当于应被允许禁止使用不能自我复制的专利产品一样,即生产专利产品本身。"从这些解释也可以得出结论,基因专利的保护不延及自然载有该基因的生命形式。因为授予专利的目的在于对发明人的创造性努力给予回报,如果将自然载有某基因的生命形式也认为属于专利的保护范围,对专利权人来说是意外之财。

《生物技术专利指令》对于源于第一代生物物质的第二代和第三代生物物质给予保护的原则有两个基本例外。小一点的例外是,专利权人将生物材料投放欧共体或同意将其投放欧共体,专利权人不能就第二代和第三代生物材料申请专利:"第 8 条和第 9 条所说的保护不及于用专利权人或经其许可而投入成员国市场的生物材料经繁殖或增殖而获得的生物材料,因为该繁殖或增殖行为是已进入市场的生物材料应用的必然结果,但该获得的材料其后不得为其他繁殖或增殖目的而使用。"[⑦]例如,当转基因抗病虫小麦品种由专利权人或经其同意出售后,种植所得收获物就是第二代,是源于抗病虫小麦品种的生物材料,将这种收获物出售给加

---

① 《生物技术专利指令》序言第 45 条。

② Case T – 19/90 HARVARD/Onco – mouse [1990] O. J. EPO 501.

③ 《生物技术专利指令》第 8(1)条。

④ 《生物技术专利指令》第 8(2)条。

⑤ 《生物技术专利指令》第 9 条。

⑥ See Guy Tritton et al. , *Intellectual Property in Europe*, 3th ed. , Sweet & Maxwell, 2008, p. 202.

⑦ 《生物技术专利指令》第 10 条。

工厂不构成侵权。但是,将其出售给其他农民作为种子使用则构成侵权,因为这构成了增殖。

最主要的例外是“农民例外”,专利权人将繁殖生物材料出售给农民,意味着允许农民将收获物用于再种植,其范围和程序见于2100/94/EC条例第14条。① 同样地,专利权人或经其同意向农民出售种畜或以其他形式将动物繁殖材料商业化,意味着授权农民为农业目的使用受保护的种畜。这包括为进行农业活动之目的获得该动物或其他动物繁殖材料,但不包括在该范围内销售或为商业性繁殖活动目的的行为。② 因此,农民可以饲养牲畜并可以将其出售,例如用于肉食;但是,不能将牲畜出售给其他农民饲养。这里所规定的范围和条件,应由国家法律、法规和惯例决定。③

六、强制交叉许可

某些生物材料可以得到植物品种权保护,也可以得到专利保护。例如,一个普通的土豆品种可能因为加入一种基因而成为可以抗病虫害的新品种,这就可能导致不同的人分别拥有植物品种权和专利权。在这种情况下,其中一个权利的行使往往需要依靠另一权利人的同意后才能进行商业化开发。因此,有些情况下强制许可是必要的:“在利用其特性源于基因工程的新植物方面,当对有关的类或种,该植物品种与现有专利中的要求保护的发明相比具有相当经济效益的重大技术进步时,必须保证在缴纳费用的前提下,能以授予强制许可证的形式获得该植物。”④《生物技术专利指令》第12条规定了必要条件下的强制交叉许可。

当一名育种者不侵犯一项已有的专利权就无法获得或利用一项植物品种权时,在缴纳适当使用费的前提下,他可申请一项非排他性使用该专利所保护的发明的强制许可,条件是该许可对其使用应受保护的植物品种是必要的。成员国应规定,当授予此种许可时,专利权持有人应有权在合理的条件下得到使用该受保护品种的交叉许可。⑤ 当一项生物技术发明的专利权持有人不侵犯已有的植物品种权就无法实施该专利时,在缴纳适当费用的前提下,他可申请一项非排他使用受保护的植物品种的强制许可。成员国应规定,当授予此种许可时,植物品种权持有人应有权在合理的条件下得到使用该受保护的发明的交叉许可。⑥

申请交叉许可证的申请人应表明:(1)他们已向专利权或植物品种权持有人请求了协议许可但未获成功;(2)该植物品种或发明与受专利所保护的发明或受保护的植物品种相比,具有可观经济效益的重大技术进步。⑦ 对于“未获成功”的含义,《生物技术专利指令》并没有界定。它应当意味着,专利权人不同意以合理的价格许可专利。“具有可观经济效益的重大技

---

① 《生物技术专利指令》第11条第(1)项做了如下规定:“与第8条和第9条的规定不同,专利权持有人或经其同意为农业使用的目的向农民出售植物繁殖材料或以其他形式对该材料进行商业化,意味着授权农民自己在农场上为繁殖或增殖的目的而使用其收获的产品,这种不同的范围和条件与2100/94/EC条例第14条相当。”2100/94/EC条例即欧共体理事会1994年通过的《关于植物品种权条例》,其中第14条规定,对于特定的品种,农民有权使用在自己的土地上,在自己的控制下,为了繁育而通过自己种植而获得的收获物、品种种植材料。

② 《生物技术专利指令》第11条第(2)项。

③ 《生物技术专利指令》第11条第(3)项。

④ 《生物技术专利指令》序言第52条。

⑤ 《生物技术专利指令》第12条第(1)项。

⑥ 《生物技术专利指令》第12条第(2)项。

⑦ 《生物技术专利指令》第12条第(3)项的规定。

术进步”意味着,该指令不允许将具有较高价值的专利或植物新品种通过强制许可的方式许可给具有较小价值的专利权人或植物新品种权人。①

第二节　对医药专利的“补充保护证书”

一、简介

(一)“补充保护证书”条例制定过程

药品投放市场前需要行政审批,对此,欧共体委员会专门制定了两个指令。一个是人用药品的,②另一个是关于兽用药品的。③ 药品的行政审批需要一定的时间,因而实质上缩短了药品专利保护的期限。据1988年对300多项药品的调查表明,其在欧洲的专利有效期平均为8年。④ 在20世纪80年代,包括美国、日本、意大利和法国在内的一些国家均对延长药品专利权做了专门规定。例如,美国1984年颁布了《药品价格竞争和专利权期限补偿法》(Drug Price and Competition Patent term Restoration Act),为药品专利权人提供了专利补偿期。根据该法第1条的规定,该补偿法的适用范围包括人用药品、医疗器械、食品和颜料添加剂专利。1988年,美国又将补充保护延伸至兽药领域。日本则在1987年开始实施补充保护制度,适用范围包括人用药或兽用药,人用或兽用诊断试剂或材料,但不适用于医疗器械或装置。⑤

为了强化欧共体国家对药品的专利保护,欧共体委员会提议对药品给予补充保护。后来,《关于创建医药产品补充保护证书条例》(以下简称EEC 1768/92条例)获得通过,并于1993年7月2日起在所有成员国生效。该条例并没有采用延长药品专利保护期的方式,而是在这种专利到期后提供与专利类似的“补充保护证书”进行补充保护。

2006年12月12日欧洲议会和欧洲理事会关于儿科用药的第1901/2006号条例修订了EEC 1768/92条例,现已合并到2009年5月6日欧洲议会和欧共体理事会第469/2009号条例(以下简称EC 469/2009条例)。

(二)“补充保护证书”条例制定的目的

由于医药研究在持续提高公共健康方面具有重要的作用,如果不以有利的规则充分保护研究成果的方式鼓励研究,特别是对于像医疗产品这样费时费力的产品的研究在欧共体就不能持续。由于从专利申请到获得上市销售批准存在时间差,不利于对专利权人的保护,也不

---

① See Guy Tritton et al., *Intellectual Property in Europe*, 3th ed., Sweet & Maxwell, 2008, p.204.

② 第65/65号指令,该条例规定,任何专卖医疗品必须经成员国的正式批准后才能在市场上销售。

③ 第81/851号指令。

④ See L. Elkes, von Uexkull & Tauchner, *Patent Term Restoration in Euope: Taking Advantage of the Supplementary Protection Certificate*, Patent World, 1992/12－1993/1, 14.

⑤ 参见唐晓帆:《欧盟药品补充保护证书(SPC)制度简介》,载《电子知识产权》2005年第5期。

利于医疗研究的开展。[①] 为了在欧共体范围内提供统一的解决方案,以阻止成员国法律的异化导致差距的进一步增加,进而对医疗产品在共同体内的自由活动产生障碍,直接影响欧共体市场体系的建立与作用发挥,需要对成员国专利及欧洲专利的专利权人提供补充证书保护,以延长专利的保护期限,使专利权人拥有至少从获得上市许可之日起 15 年的专利保护期。[②]

二、"补充保护证书"的适用范围和条件

(一)"补充保护证书"的适用范围

EC 469/2009 条例是针对"药用产品"(medicinal products)而制定的。其中的产品,被定义为药用产品的活性物质或者活性物质的组合物。[③] 其中药用产品是指被用于预防或治疗人类或动物疾病,以及疾病诊断或恢复、矫正、改善人或动物生理机能方面的物质或物质组合物。[④] 根据"药用产品"一词不应被理解为专利药品或广义的医药产品,而是狭义上的的专利法中使用的产品,当该产品应用于化学和制药领域时,意味着其含有活性成分。[⑤]

在欧共体成员国地域范围内,受专利保护的产品,如果作为药用产品在市场上销售前经过了第 65/65 号指令或第 81/851 号指令所规定的行政审批程序,就可以按照 EC 469/2009 条例取得"补充保护证书"。

(二)"补充保护证书"适用的条件

只有符合下述条件的产品,才有可能授予"补充保护证书":

(a)产品受有效的基本专利[⑥]保护。

(b)将该产品作为药品根据第 2001/83 号指令或第 2001/82 号指令投放市场已经得到正式批准。

(c)产品还没有得到"补充保护证书"。

(d)第(b)项中所说的批准是指第一次作为药品投放市场的批准。[⑦]

1. 基本专利

EC 469/2009 条例第 3(a)条规定的条件是产品受基本专利保护。在 Farmitalia Carlo Erba[⑧] 案中,欧盟普通法院对这一条件进行了解释。Farmitalia 公司拥有一项关于被称为 idaru-

---

① EC 469/2009 条例序言。

② EC 469/2009 条例序言。

③ EC 469/2009 条例第 1(b)条。

④ EC 469/2009 条例第 1(a)条。

⑤ European Commission, Explanatory Memorandum to the Proposal for a Council Regulation (EEC), of 11 April 1990, concerning the creation of a supplementary protection certificate for medicinal products.

⑥ 根据 EC 469/2009 条例第 1 条的规定,基本专利是指保护 EC 469/2009 条例第 1(b)条中所定义的产品专利,或产品制造方法专利或产品应用专利,并且专利权人指定该专利请求"补充保护证书"。

⑦ EC 469/2009 条例第 3 条。

⑧ [1997] E. C. R. 1 – 5553, [2000] R. P. C. 580.

bicin 的活性物质药品的德国专利，并在德国获得了 5 毫克和 10 毫克的“Zavedos”（治疗骨髓白血病的药品）的销售许可。“Zavedos”的主要活性成分是 idarubicin 的氢氯化物。针对 Farmitalia 提出的“补充保护证书”申请，德国专利局只授予其“包含活性成分 idarubicin 氢氯化物的 Zavedos”的“补充保护证书”，拒绝授予其“idarubicin 以及包含 idarubicin 氢氯化物的盐”的“补充保护证书”。德国法院将案件提交到欧盟法院。

欧盟法院认为，该案需要回答的问题主要是两个：第一个问题是在授予“补充保护证书”时，是否要求所要求保护的产品必须是以“活性成分”的名义取得的销售许可？欧盟法院认为，这一问题的实质是，“补充保护证书”保护的产品是否在取得市场许可时采用的是特别的形式。对此，欧盟法院的意见是，如果“补充保护证书”只就在市场销售许可中提及的活性物质的特定盐形式获得保护，而基本专利既保护活性成分又保护盐化合物，那么，在专利到期后，任何人都可以申请其他包含该活性物质但属于其他盐化合物的市场销售许可。这样就会出现下述情况，一方面在医疗上与专利保护的产品具有等同效果的其他医疗用品有权在市场上销售。这将损害 EEC 1768/92 条例的目的，该条例的目的是在专利到期后，让专利权人就其专利享有一定时间的利益。如果“补充保护证书”没有覆盖实际的医疗产品，EEC 的基本目的就不能实现。因此，如果基本专利保护某一活性成分及不同的变异物，“补充保护证书”也应给予同样的保护。当市场销售许可中涉及的某一产品受有效的基本专利的保护，“补充保护证书”就应当覆盖可以得到专利保护的各种形式的产品。欧盟法院认为，EEC 1768/92 条例第 3（b）条应该解释为，“补充保护证书”应覆盖到这样的产品，无论什么形式，只要其可以得到基本专利保护。如果得出相反的结论，将达不到 EEC 1768/92 条例的目的，即给予专利权人在基本专利有效期外的特别保护。如果受基本专利保护的产品被批准投放市场，“补充保护证书”就应被授予，并且其保护范围应及于受基本专利保护但没有被批准投放市场的产品。

第二个问题是，根据什么标准来确定某一产品是否受基本专利的保护。如果要求得到的“补充保护证书”涉及包括各种盐成分的活性物质的自由基，而基本专利的权利要求只涉及这种物质的自由基，并且只提到其中一种包含自由基的盐，是以权利要求书中措辞还是“补充保护证书”记载的保护范围作为标准？对于第二个问题，欧盟法院认为，该问题的核心在于判断保护范围的确定。欧盟法院认为，欧盟各成员国专利法方面的协调还未实现，在这种情况下，专利保护的范围应根据各国专利法的规定来确定，即一个产品是否受基本专利保护应看该专利受保护时所适用的规则。

而在 Medeva 案①中，欧盟法院认为，EC 469/2009 条例第 3（a）条必须被解释为阻止成员国知识产权局授予与所依赖的基础专利的权利要求的用语中未指定的活性成分有关的“补充保护证书”。“补充保护证书”的保护不应该包括“未在潜在专利中披露的”活性成分。如果专利权利要求中的产品由两种活性成分组成，但未对其中一种活性成分单独提出任何权利要求，则不能基于单独考虑一种活性成分的专利授予“补充保护证书”。

在 Eli Lilly 案②中，所涉及的问题是，即使权利要求书或说明书中没有通过其结构功其他

---

① 参见欧盟法院 C－322/10。
② 参见欧盟法院 C－493/12。

方式提及该产品,该产品是否可以被视为在权利要求的用语中被指定或识别。法院的答复是:认定受有效的基本专利保护,没有必要在专利的权利要求中通过结构性公式来识别活性成分。如果欧洲专利局颁发的专利的权利要求中的活性成分包含在功能配方中,则 EC 469/2009 条例第3(a)条原则上不排除对该活性成分授予"补充保护证书",条件是可以根据这些权利要求得出结论,权利要求隐含地但必然地和具体地涉及所讨论的活性成分。

2. 上市许可

EC 469/2009 条例第3(b)条规定的条件是该产品作为药品得到正式上市许可。上市许可的条件是:是根据第2001/83号指令或第2001/82号指令做出的;包含将产品投放市场的授权;包含 EC 469/2009 条例第8(1)(b)条要求的产品特性的摘要。[①]

在 Yamanouchi Pharmaceuticals[Case C – 110/95 (1997) E. C. R. 1 – 3251.]案中,欧盟法院表明,在某一个成员国申请"补充保护证书",应首先在该国获得上市许可。在该案中,专利权人 Yamanouchi 将其专利许可给 Ciba – Geigy 公司。Ciba – Geigy 公司根据专利生产出治疗哮喘的药品,并申请批准销售。法国政府于1990年6月29日批准药品投放市场,但英国最初拒绝批准,直到1995年8月才批准销售。1993年1月,在该专利到期前,Yamanouchi 向英国要求获得"补充证书保护",并提出其已获得法国的批准。英国拒绝授予其"补充保护证书"。Yamanouchi 起诉到英国法院。英国法院认为这涉及条例的解释问题,遂将这一问题提交给欧盟法院进行初步判断。英国法院提出的问题是,像该案中的情况,英国应当授予专利权人"补充保护证书",还是只有在英国获得销售许可的情况下才能在英国获得"补充保护证书"?欧盟法院对上述问题的回答是,"补充保护证书"的取得,以在申请国提出申请之日已取得在该国有效的市场销售许可为条件。根据这一结论,Yamanouchi 未能在英国获得"补充保护证书"。

3. 未获得过"补充保护证书"

EC 469/2009 条例第3(c)条规定的条件是尚未获得过"补充保护证书"。如果根据某一专利生产的药品已经获得"补充保护证书",根据该专利生产的另一种药品是否可以获得"补充保护证书"。在 Biogen 案[②]件中,欧洲法院认为涉及单个产品的专利,每个专利只能取得1个"补充保护证书"。

但在 AHP Manufacturing 案[③]中,欧盟法院认为,即使已经就某专利发放了"补充保护证书",仍可以就基于该专利生产的药品发放新的"补充保护证书"。欧盟法院指出,EC 469/2009 条例第3(c)条的目的是避免同一产品连续地授予"补充保护证书",使一种相同药品的总保护时间超期。由相关产品的不同基础专利人提出的多项"补充保护证书"申请,无论是否同时在审,都不能导致独占权期限超过从第一次授权将该产品投放到共同体市场开始15年。在 Georgetown University 案[④]中,欧盟法院也持相同的观点,即基于保护几种不同产品的专利,可以获得与这些不同产品中的每一种相关的多个"补充保护证书";然而,这些产品中的每

---

① British Technology Group Ltsd,'s SPC Application, Reports of Patent, Design and Trade Mark Cases, Vol. 114, Issue 3, p. 118 – 124(1997).

② 参见欧盟法院 C – 181/95。

③ 参见欧盟法院 C – 482/07。

④ 参见欧盟法院 C – 484/12。

一个都应受到该基本专利的保护，并包含在医药产品中并受上市许可约束。

但在 Actavis 案①中，欧盟法院认为，如果基础专利包括对包含构成发明唯一主题的活性成分的产品的权利要求，专利权人就该专利已经获得了"补充保护证书"，如果其后又就包含该活性成分和另一种物质的组合产品提出保护要求，专利权人不能获得第二个"补充保护证书"。

4. 第一次作为药品投放市场

EC 469/2009 条例第 3(c)条规定的条件是上市许可是第一次作为药品投放市场的许可。

就第二用途的药品获得上市许可，能否申请"补充保护证书"，涉及对 EC 469/2009 条例第 3(d)条的解释。2012 年欧洲法院对 Neurim 案②中，欧洲法院允许基于第二个医疗用途专利的"补充保护证书"。欧洲法院认为，仅存在较早获得的兽药产品上市许可，并不排除针对已获得上市许可的同一产品的不同申请授予"补充保护证书"，前提是该申请属于申请补充保护证书所依据的基础专利所授予的保护范围。

在 Abraxis Bioscience 案③中，专利权人已经就专利中的活性成分获得了上市许可，后专利权人又利用该活性成分形成治疗其他疾病的配方并获得上市许可，但欧盟法院驳回了其"补充保护证书"申请。欧盟法院认为，授予旧活性成分新制剂（如白蛋白结合型紫杉醇）的上市许可不能被视为该产品作为药品授予的第一个上市许可，不符合 EC 469/2009 条例第 3(d)条的规定。"补充保护证书"的授予仅限于基础创新，而将其排除在渐进式创新外，例如一种活性成分的新配方。

但 2020 年 7 月 9 日，欧洲法院在 Santen 案中，④进一步明确了对先前获得授权的药物的新治疗应用获得上市许可，不能用作该药物的"补充保护证书"的基础。

三、"补充保护证书"的保护范围

EC 469/2009 条例第 4 条规定：

> 在基本专利的保护条件内，证书给予的保护只延及获准投放市场的药品包含的产品，以及在证书到期前已经得到批准将这种产品作为药品使用的行为。

因此，一个产品只有在符合以下条件的情况下才侵犯"补充保护证书"给予的权利：第一，如果专利有效，它将是侵犯专利权的；第二，它属于上市许可命令所涵盖的范围；第三，它属于"补充保护证书"涵盖的范围。根据 EC 469/2009 条例第 4 条的规定，"补充保护证书"给予的权利与专利权利相同，并受同样的限制，权利人承担同样的义务。欧盟法院在 Farmitalia 中强调，EC 469/2009 条例的目的在于"确保基本专利权人在专利有效期后的一定时间内在市场上拥有独占权"。并且得出结论，"补充保护证书"的保护及于受基本专利保护但没有被批准

---

① 参见欧盟法院 C－577/13。
② 参见欧盟法院 C－130/11。
③ 参见欧盟法院 C－443/17。
④ 参见欧盟法院 C－673/18。

投放市场的产品。这样就会出现一种现象:“补充保护证书”的范围与专利的保护范围都比较广,而专利权人(后来的证书持有人)所获得的上市许可的范围比较窄。如果将 EC 469/2009 条例第 4 条规定的“上市许可命令所涵盖的范围”理解为上市许可命令明确提及的产品,就会出现下面的情况,假设有人生产的产品与上市许可命令明确提及的产品不同,但又属于基本专利以及“补充保护证书”的范围,该生产行为就不构成侵权。如果是这样,将与欧盟法院解释的“补充保护证书”的目的相左,专利权人取得较大范围的“补充保护证书”也就失去了意义。以 Farmitalia 案为例来说,虽然法院判决确定 Farmitalia 可以就 idarubicin 以及包含 idarubicin 氢氯化物的盐获得“补充保护证书”,但由于 Farmitalia 所获得的市场许可只是包含 idarubicin 氢氯化物的盐,如果 Farmitalia 只能对生产包含 idarubicin 氢氯化物的盐者提出指控,而不能对生产 idarubicin 者提出侵权指控,则其对 idarubicin 获得“补充保护证书”将没有用处。因此,必须得出这样的结论,“补充保护证书”所给予的保护,不只限于上市许可命令明确提及的产品,而是及于含有同一活性成分的所有其他产品;而批准所涵盖的产品,不是指上市许可命令中提到的产品,而是这些提到的产品中的活性成分。①

EC 469/2009 条例第 5 条规定:就第 4 条的规定而言,证书授予的权利与基本专利相同,而受到的限制和承担的义务也与基本专利相同。欧洲议会和欧洲理事会关于与药品“补充保护证书”第 2019/933 号欧盟条例从 2019 年 7 月 1 日起正式生效。该条例对 EC 469/2009 条例第 5 条进行了修改,将原第 5 条作为第 1 项,又增加了第 2 ~ 10 项的内容,对 SPC 赋予的权利作出例外规定,设置了“生产和贮存豁免”。对此,我们将在后面专门介绍。

EC 469/2009 条例没有涉及在获得“补充保护证书”后,已经签订的专利许可合同如何处理的问题。有人认为,由于该条例第 5 条规定“补充保护证书”的条件和限制与专利相同,因此专利许可应继续对“补充保护证书”有效。② 德国的立法已经做出了上述规定。③

四、“补充保护证书”的保护期限

“补充保护证书”的保护与基本专利的保护在时间上是延续的,“补充保护证书”于基本专利到期后生效。专利申请日至第一次上市许可日(批准投放欧洲自由贸易区市场的时间)的时间差减去 5 年作为保护期限,但最长不超过 5 年。④ 可见,基本专利加上“补充保护证书”提供的保护,专利权人在获得上市许可后最多可以享有 15 年的独占期限。“补充保护证书”只及于专利申请日 5 年以后才获得上市许可的专利,对于专利申请日 5 年内获得上市许可的专利而言,是不可能获得“补充保护证书”的。

由于只有在一个国家获得批准投放市场后才能申请“补充保护证书”,证书的保护期限与第一次获得批准的时间密切相关。如果获得批准的时间相当晚,则得到“补充保护证书”后的保护期也将受严重影响。

---

① See Guy Tritton et al. , *Intellectual Property in Europe*, 3th ed. , Sweet & Maxwell, 2008, p. 210 - 211.

② Cook, *The Supplementary Protection Certificate—How is it Working in Practice*, Patent Word, 02/1994m 29 at 32.

③ Lelkes, von Uexkull & Tauchner, *Patent Term Restoration in Europe: Taking Advantage of the Supplementary Protection Certificate*, Patent World, December 1992 - January 1993, 14.

④ EC 469/2009 条例第 13 条的规定。

在 Pharmacia Italia Spa① 案中，涉案产品 1987 年在意大利获得了作为兽药使用的批准，1988 年获得作为人用药品使用的批准。按照《药品补充保护证书条例》第 19 条的规定，在德国的“补充保护证书”只能是在 1988 年 1 月 1 日的第一次获得批准之后。因此，对于“第一次作为药品批准投放欧共体市场”是否意味着仅指原定目的的使用。欧盟法院认为不应当做这种区分，在意大利获得兽药批准，就决定了可以申请关于人用药品的“补充保护证书”。虽然这是《药品补充保护证书条例》第 19 条的题中之意，但这一推理同样适用于《药品补充保护证书条例》第 13 条关于保护期限的规定。这样，在计算“补充保护证书”的保护期限时，上市许可日的确定就意味着不管是不是原定的用途，只要批准投放市场，就开始计算。

当上市许可命令是关于活性成分时，一个相关的问题是批准的药品的形态是否影响“补充保护证书”的期限。在 Draco AB's SPC Application② 案中，专利权人拥有一项治疗哮喘病药物 budesonide 的专利，并申请了粉末状 budesonide 的“补充保护证书”。对此种产品，专利权人分别于 1989 年和 1990 年在丹麦和英国获得了上市许可。但在 1981 年和 1982 年，它在英国曾获得的是气溶胶喷射剂形态的上市许可。根据 EEC 1768/92 条例第 19 条的规定，只有在 1988 年 1 月 1 日之后获得上市许可的产品才能够获得“补充保护证书”，如果将申请人首次获得上市许可的时间认定为 1981 年和 1982 年，其将不能获得“补充保护证书”。申请人主张 1981 年和 1982 年的批准是针对溶胶剂产品，而补充保护申请请求保护的是粉末状产品，应当以该产品的批准确定保护期限，而与溶胶剂产品的批准无关。但欧盟专利局和欧盟法院都驳回了这一主张，并均认为根据对 EC 469/2009 条例的解释，本案中产品指的是活性成分，而不是活性成分的特定形态。因此，申请人要求得到“补充保护证书”的申请被驳回。

在 2015 年判决的 Seattle Genetics 案③中，欧盟法院认为，上市许可日指的是批准通知送达申请人的时间，而不是作出批准的时间。该案中，申请人在批准时间后 5 天收到通知，因此，“补充保护证书”可以得到比批准日期多 5 天的保护期。

五、“补充保护证书”的取得程序

（一）申请人资格

基本专利权人或其继承人有权申请“补充保护证书”的保护。④ 虽然 EEC 1768/92 条例没有提及，但一般认为申请人不一定是获得上市许可的人。⑤ 如果被许可人获得上市许可，专利权人可以申请“补充保护证书”。

当不同的主体分别对某一活性成分分别拥有方法专利时，就会产生麻烦。根据规定，已获得“补充保护证书”保护的产品不再给予证书保护。也就是说，如果一个专利权人已经就该产品获得“补充保护证书”保护，另一个专利权人就不能再获得“补充保护证书”，即使其专利

---

① Case C－31/03 [2004] E. C. R. 1－10001.

② [1996] R. P. C,417 (English Patents Court).

③ 参见欧盟法院 C－471/14。

④ EEC 1768/92 条例第 7 条。

⑤ Lelkes, von Uexkull & Tauchner, *Patent Term Restoration in Europe: Taking Advantage of the Supplementary Protection Certificate*, Patent World, 12/1992－01/1993, 14 at 17.

属于在先专利。[①]

(二)申请时间

申请人应当在获得上市许可之日起 6 个月内提出“补充保护证书”的申请;如果获得上市许可是在专利授权之前,则应在专利授权之日起 6 个月内提出申请。[②]

(三)程序条件

EC 469/2009 条例第 8 条至第 11 条规定了申请的条件和程序,申请必须向授予基本专利的专利局或欧洲专利被指定有效的成员国专利局提出。申请人交费后,才可能被授予“补充保护证书”。

六、条例的生效以及与《欧洲专利公约》的关系

EEC 1768/92 条例(EC 469/2009 条例)于 1993 年 1 月 2 日生效。该条例对 1993 年 1 月 2 日仍处于专利保护期并且在 1985 年 1 月 1 日之后获得上市许可的产品规定了过渡期保护。对于过渡期产品申请“补充保护证书”必须在 1994 年 7 月 2 日前提出。而对于西班牙、葡萄牙和希腊,该规定的生效时间是 1998 年 1 月 2 日。对于以后新加入的国家,生效日期各异。

《欧洲专利公约》第 63 条经过修订后允许成员国延长专利保护期限,[③]这一修订的范围比 EC 469/2009 条例更宽,不限于药品专利。因此,《欧洲专利公约》和欧盟的共同成员国可以延长 EC 469/2009 条例规定的时间。

七、制造和存储豁免

2019 年 5 月 20 日,欧盟议会和欧盟理事会通过了 EU 2019/933 条例,对 EC 469/2009 条例进行修改,增加了制造和存储豁免的规定。主要是增加了第 5 条第 2 ~ 10 项的规定。

根据修改后的 EC 469/2009 条例其中第 2 项的规定:“补充保护证书”生产和存储豁免主要针对以下行为:“(i)为出口到第三国而制造的产品或含有该产品的医药产品;(ii) 在欧盟内进行第(i)点所述或实际出口所必需的任何相关行为;(iii)在不早于证书到期前 6 个月,制造产品或含有该产品的医药产品,将其储存在制造成员国,以便在相应证书到期后在成员国市场上销售;(iv)在欧盟内为制造第(iii)点或实际储存所必需的任何相关行为,前提是此类相关行为不早于证书有效期届满前 6 个月进行。”可见,制造和存储豁免是对“补充保护证书”持有人权利的限制。本来在“补充保护证书”有效期内,任何制造证书保护范围内的产品的行为都属于侵权行为,他人不得从事。而根据新的规定,他人可以为了出口而制造相关产品,或为了在证书到期后在欧盟销售而在证书到期前 6 个月制造和存储。

增加上述例外的目的,在 EU 2019/933 条例的序言部分进行了说明。由于 EC 469/2009

---

① Lelkes, von Uexkull & Tauchner, *Patent Term Restoration in Europe: Taking Advantage of the Supplementary Protection Certificate*, Patent World, 12/1992 - 01/1993, 14 at 17.

② EEC 1610/96 条例第 7 条。

③ 《欧洲专利公约》第 63 条规定:“(1)欧洲专利权的期限为 20 年,自申请日起算。(2)第 1 款并不限制缔约国按照适用于本国专利的同样条件,延长欧洲专利权期限,或者在专利权到期后立即给予相应保护的权利。”

条例中没有对证书授予的保护做例外规定，已经产生了意想不到的后果，即阻止了在欧盟内建立的仿制药制造商在联盟内生产仿制药以出口到已经不受专利保护的第三国市场，也无法制造仿制药以便在证书到期后销售。这使欧盟仿制药生产企业与其他不再受专利保护的国家的企业相比，处于不利的竞争地位。EU 2019/933 条例的目的是促进欧盟的竞争力，从而促进内部市场的增长和创造就业机会，并通过允许在欧盟建立的仿制药制造商在统一条件下促进更广泛的产品供应。①

可见，制造和存储豁免限制了补充保护证书持有人的权利，而赋予了仿制药厂商可以为出口而制造、为到期后销售而制造和存储的权利，是明显有利于仿制药厂商的政策。修订后的 EC 469/2009 条例于 2019 年 7 月 1 日生效，其中规定的制造和存储豁免最初仅适用于 2019 年 7 月 1 日或之后申请的证书，从 2022 年 7 月 2 日起，它也将适用于 2019 年 7 月 1 日之前申请的证书。

八、植物保护产品的"补充保护证书"保护

1996 年 7 月，欧盟议会和欧盟理事会通过了《植物保护产品补充保护证书条例》(supplementary protection certificate for plant protection products)，即 EEC 1610/96 条例。该条例允许对植物保护产品取得"补充保护证书"。与药品一样，植物保护产品的研究也是费时费力，并且进入市场要取得批准。如果从申请专利到获得上市许可的时间非常长，则专利的意义将受到严重影响。EEC 1610/96 条例定义的植物保护产品为"活性物质或含有一种或一种以上活性物质的制备物"，②其保护的期限、范围、条件等都与 EEC 1769/92 条例基本相同，不同之处在于过渡期条款。该条例于其在欧盟官方期刊发布之日起 6 个月后生效，只有在 1985 年 1 月 1 日之后获得第一次批准的专利才能授予"补充保护证书"。

第三节　药品专利强制许可

一、简介

2001 年 11 月 14 日，世界贸易组织第四次部长级会议通过了《关于与贸易有关的知识产权协议与公共健康的宣言》。该宣言承认每个成员有权颁发强制许可，并且可以自由决定颁发强制许可的理由。该宣言认可在医药领域没有制造能力或者制造能力不足的世界贸易组织成员在有效利用强制许可制度方面存在困难。2003 年 8 月 30 日，世界贸易组织总理事会通过了《关于〈与贸易有关的知识产权协议〉与公共健康多哈宣言第 6 段的执行的决议》，为了满足制造能力不足的 WTO 成员的需求，在一定条件下豁免了《与贸易有关的知识产权协议》就颁发强制许可规定的特定义务。

欧盟委员会认为，为了以法条的形式执行上述决议，以及为了使决议得到统一，需要确保

① EU 2019/933 条例的序言第 3 ~ 8 条的规定。

② EEC 1610/96 条例第 1 条。

依据强制许可制造和销售专供出口的药品的条件在所有成员国中都是一致的,并避免扭曲单一市场上对经营者竞争。为了防止依照决议生产的药品再次进口到共同体内,也需要适用统一的规则。2006 年 5 月 17 日,欧洲议会和欧盟委员会通过了《关于向面临公共健康问题的国家出口药品有关的专利实施强制许可的条例》(以下简称 EC 816/2006 条例)。该条例于其在欧洲官方公报上公布后 20 日起生效。EC 816/2006 条例旨在建立对专利和补充保护证书授予生产、销售药品的强制许可程序,上述药品准备用于出口到合格的进口国以解决公共健康问题。

二、强制许可适用的范围

(一)"药品"的范围

EC 816/2006 条例中的"药品",是指在医药领域的任何产品,包括人用药品、活性物质和诊断用具等。①

(二)合格的进口国

EC 816/2006 条例是为了满足"面临公共健康问题的国家"进口药品的需要而作出的。因此,是否属于"面临公共健康问题的国家"是 EC 816/2006 条例适用的前提。EC 816/2006 条例中将属于这一范畴的国家称为"合格的进口国"。

合格的进口国包括:(1)联合国清单中所列的任何最不发达国家;(2)除前述最不发达国家外,向与贸易有关的知识产权理事会(以下简称 TRIPs 理事会)表明希望作为进口国利用该制度的任何 WTO 成员,这种利用包括完全的或者有限的利用;(3)非 WTO 成员但属于经济合作与发展组织发展援助委员会所列人均国民生产总值低于 745 美元的任何低收入国家,并且其已经向委员会表明希望作为进口方利用该制度,这种利用包括完全的或者有限的利用,但是已经声明不作为进口成员利用该制度的任何 WTO 成员不属于合格进口国。

三、强制许可的程序

(一)主管机构

在某个成员国内有权依据 EC 816/2006 条例颁发强制许可的国家机构为主管机构,成员国可自行确定主管机构,成员国确定主管机构后应当通报欧盟委员会,并在欧洲官方公报上公布。②

(二)强制许可的申请

只要专利或"补充保护证书"在该成员国或国家有效,并且覆盖了其准备从事供出口的生产、销售活动,任何人都可以根据 EC 816/2006 条例向一个或者多个成员国的主管机构申请

---

① EC 816/2006 条例第 2 条。

② EC 816/2006 条例第 2、3 条。

强制许可。[①] 强制许可的申请人就同一产品向多个国家的主管机构递交了申请的，其在每份申请中除提供相关的药品数量和进口国外，还应当说明上述递交了多份申请的情况。[②]

（三）权利人的权利

在接到申请人提交的强制许可申请后，主管机构应当将强制许可申请毫不迟延地通知权利人（专利权人或“补充保护证书”持有人）。在颁发强制许可前，主管机构应当给予权利人一次申请陈述意见并向主管机构提供任何与申请相关的信息的机会。

（四）事先协商

申请人应当向主管机构提供其已经尽力获得权利人的授权，但在提出申请前30日内仍未获得许可的证明。在国家紧急状态或者在其他极端紧急的情况下，或者在公共非商业性使用的情况下，可以不适用前述要求。[③]

（五）申请的驳回

如果申请不符合EC 816/2006条例规定的条件，主管机构应当驳回该强制许可申请。在驳回申请之前，主管机构应当给申请人一次改正和听证的机会。[④]

（六）通报

颁发强制许可后，成员国应当通过委员会向TRIPs理事会通报强制许可的颁发情况和与之相关的详细条件。

四、强制许可的条件

强制许可的条件如下：

强制许可不可转让，但与被许可的企业或者商誉一同转让的除外；强制许可应当是非独占的；根据强制许可生产的产品数量不得超出满足申请中指定的一个或者多个进口国需要的必要数量，并且应当考虑参照其他国家颁发的强制许可生产的产品数量；许可应当指明许可的期限；许可应当严格限定在为实现向申请中指定的一个或者多个国家出口和分发而生产相关产品所需实施的必要行为；任何依据强制许可生产或者出口的产品不得在申请中已指定国家以外的任何国家销售或者投放市场，但进口国根据规定向面临同一健康问题的同一区域性贸易协议成员出口的除外；根据强制许可生产的产品应当采用特殊标签或标记的方式以示明显区别，以表明该产品是依据EC 816/2006条例生产的；如果该产品在申请中指定的进口国享有专利权，那么只有在该国对该产品颁发了进口、零售和/或分发的强制许可的前提下才能出口；为了检查是否满足了强制许可的条件，特别是产品的最终目的地是否符合规定，主管机

---

① EC 816/2006条例第6条。

② EC 816/2006条例第6条。

③ EC 816/2006条例第9条。

④ EC 816/2006条例第11条。

构可以根据权利人的请求或者在国内法允许其依职权采取行动的前提下,依职权要求被许可人提供账簿和记录;实施人有责任向权利人支付主管机构确定的适当报酬。

五、强制许可生产的产品的再进口

为了满足其他国家的需要而强制许可生产的供出口的药品,如果再进口回国,实质上等于强制许可的产品在国内销售,其与 EC 816/2006 条例所规定的强制许可的目的相违背,也会损害专利权人的利益。因此,EC 816/2006 条例特别规定为满足出口需要而强制许可的药品,禁止再进口。①

如果有充分的理由怀疑强制许可生产的产品违反规定进口到共同体,海关应当在主管机构认定货物性质的必要时间内暂缓放行或者扣留该货物。②

六、强制许可的终止

为了充分保护被许可人的合法利益,当被许可人违反强制许可的条件时,主管机构或负责处理不服主管机构决定的上诉机构,可以通过决定终止依据 EC 816/2006 条例颁发的强制许可。③

第四节 实用新型保护建议

目前,欧盟成员国对于实用新型的保护主要由国内法规定,各国的政策存在较大差异。一些国家对实用新型给予保护,④但保护的条件不完全相同。1995 年,欧盟委员会发布了《单一市场实用新型保护绿皮书》{Green Paper on the Protection of Utility Models in the Single Market [COM(95)370 final]},提出了协调实用新型保护的方案。1997 年 12 月,欧盟委员会提出了一份制定指令的建议,⑤目的是使各成员国对实用新型专利保护更加一致。⑥ 1999 年 3 月,欧洲议会审议了该建议,并提出了 34 项修改意见。欧盟委员会接受了其中 25 项建议,并于 1999 年 6 月颁布了修订版指令建议。欧盟委员会认为,实用新型比发明专利更灵活和省事,更适于对发明程度低而生命周期短的发明创造,特别适合于在某些发明领域活跃的中小企业。因此,欧共体委员会建议实用新型保护协调化,对于创造性的发明(包括产品和方法)只要适于工业应用,就可以得到实用新型保护。⑦

根据 1999 年 6 月的建议,欧盟委员会提出的实用新型保护方案主要有以下内容:

---

① EC 816/2006 条例第 13 条。

② EC 816/2006 条例第 14 条。

③ EC 816/2006 条例。

④ 根据世界知识产权组织的统计,欧盟成员国中对实用新型提供保护的有:法国、丹麦、比利时、德国、西班牙、爱尔兰、意大利、瑞士、奥地利、葡萄牙、芬兰、保加利亚、克罗地亚、爱沙尼亚、波兰、罗马尼亚、斯洛伐克、斯洛文尼亚。参见 https://www. wipo. int/patents/en/topics/utility_models. html。

⑤ Proposal for a Directive on the protection of technical inventions (utility models), (IP/97/1127).

⑥ COM (99) 309, adopted by Commission June 30, 1999.

⑦ See Guy Tritton et al., *Intellectual Property in Europe*, 3th ed., Sweet & Maxwell, 2008, p. 204 – 205.

(1)实用新型保护的对象是涉及产品或方法的具有创造性并适用工业应用的新发明。欧洲议会曾建议将实用新型的定义修改为只涉及“结构、构造和形状”,将方法和无形物排除在外,而将涉及计算机程序的发明包括在内,但欧盟委员会没有采纳这一建议。

(2)实用新型保护的例外与《欧洲专利公约》关于专利保护的例外实质相同,但是,“与生物材料有关的发明”以及“化学及药品产品或方法”被列为不受保护的客体。

(3)只要“具有优势,并且与现有技术相比,对于本领域技术人员而言不是特别显而易见”,就符合创造性要求。

(4)审查机构只进行形式审查,不就新颖性、创造性和实用性进行审查。

(5)有效期为自申请日起 6 年;到期后可以申请延长 2 年,最多到自申请日起 10 年。

(6)如果产品经专利权人同意投放欧共体市场,则专利权用尽;但投放欧共体之外的市场,或未经其同意而投放欧共体市场,则权利没有用尽。

(7)就同一发明可以同时或先后申请实用新型又申请专利,但基于同一发明的专利被授权并公布后,实用新型被认为失效。

2000 年,制定实用新型指令的工作被迫中止,主要原因是对于建议提出的一些基本问题成员国无法达成一致。2001 年 6 月,欧共体委员会就设立共同体实用新型的影响,向有关团体征求意见。① 2002 年 3 月,欧共体委员会将收到的意见进行汇总并对外发布。② 由于意见不统一,欧盟委员会又优先考虑欧盟统一专利的问题,2006 年撤回了该建议。因此,至今为止,欧盟并没有关于实用新型的统一规定。但关于知识产权执法的欧盟立法也适用于欧盟国家的国家实用新型执法,如 2004 年知识产权执法指令、关于知识产权海关执法的 EU 608/2013 条例等。

---

① “Consultations on the impact of the Community utility model in order toupdate the Green Paper on the Protection of Utility Models in theSingle Market.”

② “Summary report of replies to the questionnaire on the impact of the Community utility model with a view to updating the Green Paper on protection by the utility model in the internal market.”

第十三章　外观设计保护

第一节　简　　介

一、外观设计指令和条例的制定

由于欧盟不同成员国的文化和哲学观念不同,对外观设计的定义和保护制度存在差异。①多数国家有外观注册,但注册的类型各异。一些具有大陆法背景的国家强调将设计作为实用艺术品给予版权保护,像英国这样的国家则否认工业品设计的版权保护,而对工业品外观设计给予特别权保护。② 在欧盟制定外观设计保护的统一规定之前,各成员国保护外观设计的做法存在以下缺陷:首先,成员国没有对外观设计提供充分的保护,只是保护了设计中的装饰内容,而没有保护外观设计中的主要部分,即"通过设计加强的功能"。其次,成员国对于外观设计的保护是分散的,不利于统一市场的建立。

针对上述问题,欧共体委员会致力于推动工业品外观设计的统一保护。1991 年,欧共体委员会发布了《关于工业品外观设计法律保护的绿皮书》,提出制定欧共体外观设计法规。1993 年 12 月,欧共体委员会起草了欧共体《外观设计条例》和《外观设计指令》。1998 年 10 月 13 日,欧盟议会和欧盟理事会通过了第 98/71 号指令,《外观设计指令》(European Parliament and of the Council of 13 October 1998 on the legal protection of designs)③。要求成员国国内法最迟于 2001 年 10 月 28 日开始实施该指令。2001 年 12 月 12 日,欧盟理事会通过了《外观设计条例》[Council Regulation (EC) No 6/2002 of 12 December 2001 on Community designs],该条例的最新版本是 2013 年修订版。

二、制定外观设计指令和条例的目的

对于外观设计的保护,欧盟先制订了《外观设计指令》,后来又制定了《外观设计条例》,二者共同组成欧盟外观设计保护的法律制度。《外观设计指令》制定前,由于成员国对外观设计的法律保护存在差异,从而影响了欧共体内部市场的建立和运行,扭曲了内部市场的竞争。④ 消除欧共体统一市场内影响货物自由流动的各种因素,是欧共体条约的主要目标之一,

---

① Franzpsi, *The Legal Protection of Industrial Design*, [1990] 5 E. I. P. R. 155.

② See Guy Tritton et al., *Intellectual Property in Europe*, 3th ed., Sweet & Maxwell, 2008, p. 552.

③ 全称为《欧洲议会和理事会关于外观设计法律保护的 1998 年 10 月 13 日欧共体第 98/71 号指令》。(The Directive 98/71 of the European Parliament and of the Council of 13 October 1998 on the Legal Protection of Designs [1998] O. J. L 289/28.)

④ 《外观设计指令》前言第(2)条。

而使各成员国保护外观设计的法律趋于一致则是保证统一市场平稳运行所必须。[①] 因此，《外观设计指令》要求成员国通过注册对外观设计进行保护，并规定了外观设计保护的范围、条件、期限和权利范围等。但是，《外观设计指令》并没有统一成员国关于外观设计保护的所有规定，只是统一了直接影响欧共体统一市场运行的有关规定。而关于外观设计保护的处罚、救济、实施等都由各国国内法规定，[②]关于注册、续展和无效的程序也都由各国自行规定。

尽管《外观设计指令》统一了外观设计保护的条件和期限，但只有比利时、卢森堡、荷兰三国有统一的外观设计保护法律，而其他国家都只是通过国内法对外观设计进行保护。每个国家授予的外观设计权的范围仅限于本国领域内，这有可能出现同样的外观设计在不同国家受到不同的保护，或者同样的外观设计属于不同的权利主体的情况，这就不可避免地会造成在不同成员国之间交易时产生冲突，影响货物的自由流动。[③] 欧共体委员会认为，通过建立统一的外观设计机制，实现一次申请就可以授予“共同体外观设计权”，使其在共同体范围内具有统一的效力，将有助于实现欧共体条约确立的目标。[④] 为了这个目标，《外观设计条例》创立了“共同体外观设计权”，并引入了注册制共同体外观设计（Registered community - wide design）和未注册制共同体外观设计（Community - wide unregistered community design）。因此，事实上《外观设计条例》并不是协调国内法，而是创设了一个新的权利。共同体外观设计权与各国依据本国法注册的外观设计并存，受到同样的保护。

三、负责共同体外观设计的机构

欧共体注册外观设计由欧盟知识产权局（European Union Intellectual Property Office）管理。该局于 2003 年 4 月 1 日开始接受外观设计申请。欧盟知识产权局最早成立于 1994 年，之前的机构名称为“内部市场协调局”（Office for Harmonization in the Internal Market），2016 年 3 月 23 日开始使用“欧盟知识产权局”的名称。欧盟知识产权局属于欧盟下属机构，位于西班牙的阿利坎特（Alicante），该机构同时承担商标及外观设计的申请、公布、复审等官方职能。截至 2021 年 7 月，该局共受理注册外观设计申请 1,486,103 件，授权并公告 1,410,506 件。[⑤]

欧盟知识产权局还有一个无效部，负责审理第三方提起的无效宣告。对于无效部作出的决定，当事人不服的可以上诉到欧盟知识产权局申诉委员会（Board of Appeal）。对于申诉委员会作出的决定，当事人不服的，可以起诉到欧盟普通法院（General Court of the European Union），对欧盟普通法院的判决不服还可以再上诉到欧盟法院（Court of Justice of the European Union）。申诉委员会作出的决定数量并不多，2018～2020 年每年都是 100 多件。

---

① 《外观设计指令》前言第（3）条。

② 《外观设计指令》前言第（5）条。

③ 《外观设计条例》前言第（2）条。

④ 《外观设计条例》前言第（1）条。

⑤ 欧盟知识产权局 Statistics for Community Designs：2003 - 01 to 2021 - 07 Evolution，https://euipo.europa.eu/tunnel - web/secure/webdav/guest/document_library/contentPdfs/about_euipo/the_office/statistics - of - community - designs_en.pdf。

四、其他法律对外观设计的保护

《外观设计指令》是协调成员国在注册外观设计方面的法律,《外观设计条例》则不仅提供了可以获得25年保护的注册制共同体外观设计,还提供了3年的未注册制共同体外观设计。《外观设计指令》和《外观设计条例》中的规定实质上是相同的。但是,《外观设计指令》和《外观设计条例》并没有协调适用于外观设计的所有法律。《外观设计条例》明确它不影响其他法律对于注册外观设计领域外的工业设计的应用。因此,在欧盟范围内,适用版权、实用新型、反不正当竞争法和国内未注册外观设计权对外观设计进行保护方面,还存在相当大的差异。

第二节 《外观设计指令》和《外观设计条例》的不同规定

一、《外观设计指令》

《外观设计指令》的生效日为2001年10月28日,但一些国家的实施时间晚于生效日,例如英国和瑞士。

《外观设计指令》适用于以下外观设计:成员国工业产权局注册的外观设计;比利时、卢森堡、荷兰外观设计局注册的外观设计;根据国际协议注册并在成员国有效的外观设计。① 可见,《外观设计指令》针对的是注册的外观设计。无论注册机构在哪里,只要在共同体成员国内有效,都应当适用指令的有关规定。

《外观设计指令》只是协调了注册外观设计,对于欧共体以及各成员国与工业设计有关的未注册外观设计、商标、专利、实用新型、字体、民事责任以及反不正当竞争法都不产生影响。②《外观设计指令》还特别指出,成员国根据该指令给予注册的外观设计,从其产生或以任何形式固定之日起仍可以受到成员国版权法的保护。至于保护的条件和程序,包括原创性的要求,则由成员国国内法规定。③ 另外,《外观设计指令》没有协调有关使用配件修理或更换复杂产品(如汽车)的行为。这主要是汽车业游说的结果,而它引起了欧洲议会与欧盟委员会之间的分歧。欧盟委员会明显想进一步协调有关立法,但至今进展甚微。④

《外观设计指令》对于注册、续展或无效程序没有做出规定,也没有要求各国知识产权局进行审查。实践中,很多成员国都没有进行审查,也没有一个国家进行现有技术检索。⑤

对于成员国的"现存注册外观设计",《外观设计指令》有一些强制性条款和选择性条款。其中一个选择性条款是,成员国可以针对现存注册外观设计继续使用目前的无效理由,不使用指令规定的理由。⑥ 其中一个强制性的条款是,根据旧法不认为是侵权行为的仍可以继续

---

① 《外观设计指令》第2条。
② 《外观设计指令》第16条。
③ 《外观设计指令》第17条。
④ See Guy Tritton et al., *Intellectual Property in Europe*, 3th ed., Sweet & Maxwell, 2008, p.562.
⑤ See Guy Tritton et al., *Intellectual Property in Europe*, 3th ed., Sweet & Maxwell, 2008, p.562.
⑥ 《外观设计指令》第11(8)条。

实施相关行为。[①] 而除此之外，现存外观设计的保护范围将根据《外观设计指令》确定。

二、《外观设计条例》

《外观设计条例》颁布于 2002 年 1 月 5 日，生效于 2002 年 3 月 6 日。与《外观设计指令》一样，《外观设计条例》也不影响成员国适用其关于外观设计的知识产权法，尤其不影响非注册的外观设计。《外观设计条例》规定了两种外观设计：注册制共同体外观设计和未注册制共同体外观设计。

注册制共同体外观设计是一种在共同体范围内有效的单一权利，与共同体注册商标类似。注册的条件和侵权认定与《外观设计指令》基本相同。

欧洲知识产权局处理注册制共同体外观设计的方式与共同体商标大体相同。虽然可以提起争议的程序为数不多，但几乎没有实质审查。注册制共同体外观设计在授权后，可以获得从申请之日起 5 年的第一次保护期限，在每次到期前可以通过申请，并在交纳续展费后，获得 5 年的保护期，总保护期最长为自申请之日起 25 年。

某些外观设计的生命周期非常短，就需要不登记即可保护的形式。因此，《外观设计条例》规定了未注册制共同体外观设计，给予自该外观设计第一次在共同体范围内提供给公众之日起 3 年的保护。与注册制共同体外观设计不同，未注册制共同体外观设计只给予禁止复制的保护。另外，独立创作的设计不侵犯未注册制共同体外观设计。

关于外观设计的权属争议，需要依据成员国有关法律解决。解决应当在公开（注册型）或披露（非注册型）后 3 年内提起，除非权利人是有恶意的。[②]

《外观设计条例》规定了"在先使用"抗辩，如果被控侵权人在外观设计申请日（或优先权日）前已经在共同体范围内善意地开始使用属于注册外观设计的保护范围但又不是复制于该设计的设计，或为这种使用进行了认真、有效的准备，就可以提出在先使用的抗辩。[③] 但是，这种抗辩并不能使其有权许可其他人使用这种外观设计。[④]

申请注册制共同体外观设计的程序，与申请商标相似，但更简单。申请人可以直接提交，也可以通过本国知识产权局提交。[⑤] 申请必须说明外观设计使用的产品。申请可以包括多个外观设计，如果这些设计属于"工业设计国际分类表"中的同一类。[⑥]

共同体外观设计权应整体行使，不能分开，但可以在欧共体范围内或部分地区内许可他人使用。被许可人在期限、地域、实施方式等方面违反协议，就会侵犯外观设计权。经过权利人同意，被许可人可以提起诉讼。独占许可人通知权利人后，权利人未在适当期限内提起诉讼的，也可以提起诉讼。[⑦]

《外观设计条例》要求成员国在各自地域内指定外观设计法院，并将其名称和管辖地域通

---

① 《外观设计指令》第 12(2)条。
② 《外观设计条例》第 15～16 条。
③ 《外观设计条例》第 22 条。
④ 《外观设计条例》第 22 条。
⑤ 《外观设计条例》第 35 条。
⑥ 《外观设计条例》第 37 条。
⑦ 《外观设计条例》第 32 条。

知欧盟委员会。[①] 共同体外观设计法院对于下列案件具有专属管辖权:侵权诉讼以及侵权诉讼中的无效抗辩;确认不侵犯共同体外观设计权的诉讼;对于未注册共同体外观设计的无效宣告诉讼。[②]一旦某国外观设计法院做出认定共同体外观设计无效的终审判决,则在所有成员国有效。[③]

第三节 《外观设计指令》和《外观设计条例》中的共同规定

一、注册/有效的条件

外观设计注册和有效的条件在《外观设计指令》和《外观设计条例》的很多条款中有规定,这些条件可以归纳如下:

(1)申请针对的"设计"。[④]

(2)设计是新的。[⑤]

(3)设计具有独特性。[⑥]

(4)设计不是由唯一只能依技术功能决定的内容组成的。[⑦]

(5)设计不是机械界面。[⑧]

(6)设计不违反公共政策和社会公德。[⑨]

(7)申请人是该设计的权利人。[⑩]

二、《外观设计指令》和《外观设计条例》中所说的"设计"

外观设计是指,"由线条、轮廓、颜色、形状、质地或者由产品本身的材料和产品装饰等特征形成的产品整体或部分外观"[⑪]。

按照上述定义,注册的是"设计"而不是产品,但是该设计要应用于产品,即"所有工业和手工制品,包括使用在复杂物品中的内在部件,包装、印刷品和印刷文图,但不包括计算机软件"[⑫]。可以看出,可以注册的范围是很广的,并不区分是装饰性的还是功能性的。设计可以是产品中集成的一部分,也可以是适用于所有产品的像 LOGO 这样的抽象设计,计算机软件则被排除在产品的范围之外。从定义可以看出,任何具有可视性的内容都可以注册,无论是

---

① 《外观设计条例》第 80 条。

② 《外观设计条例》第 81 条。

③ 《外观设计条例》第 87 条。

④ 《外观设计指令》第 11(1)(a)条,《外观设计条例》第 25(1)(a)条。

⑤ 《外观设计指令》第 11(2)(b)、3(2)、4 条,《外观设计条例》第 25(1)(b)、4(1)、5 条。

⑥ 《外观设计指令》第 11(2)(b)、3(2)、5 条,《外观设计条例》第 25(1)(b)、4(1)、6 条。

⑦ 《外观设计指令》第 11(2)(b)、7(1)条,《外观设计条例》第 25(1)(b)、8(1)条。

⑧ 《外观设计指令》第 11(2)(b)、7(2)条,《外观设计条例》第 3(a)条。

⑨ 《外观设计指令》第 11(2)(b)、8 条,《外观设计条例》第 25(1)(b)、9 条。

⑩ 《外观设计条例》第 25(1)(c)条。

⑪ 《外观设计指令》第 1(a)条,《外观设计条例》第 3(a)条。

⑫ 《外观设计指令》第 1(b)条,《外观设计条例》第 3(b)条。

抽象的还是具体的。

产品的界定包括了图形和印刷文图,这样很多商标就可以被注册为设计。另外,美术作品可以注册为外观设计。这样就可以禁止他人在产品中使用该美术作品,即使不是复制也会受到禁止。更有趣的是,一个文字作品也可以注册为注册外观设计,虽然文字作品既不是手工品也不是工艺品。当然实际上这种情况可能不会发生,因为版权提供的保护期比外观设计长。① 书的封面设计和版式设计作为书的外观也可以获得外观设计保护。一个设计人如设计出书中文字的新的排列方式,也是可以注册的。

根据外观设计的定义,卡通人物也可以获得注册。因此,为了角色商业化的目的,可以将二维的卡通人物图片进行注册,它是与印刷品和印刷文图相似的。将卡通人物注册为外观设计,比将其注册为商标更容易获得保护。因为,注册商标需要指定商品或服务的类别,而外观设计的保护则不受商品和服务类别的限制。

产品的定义是否包括大件建筑物的设计或外观,还是一个未确定的问题。有的学者认为,很难说建筑物是工业品或手工品,因此难以得到外观设计的保护。

《外观设计指令》和《外观设计条例》允许整个产品或产品的部分进行注册。但是,如果设计是适用于或组合进一个产品中,构成复杂产品②的一个部件,只有在组合进复杂产品后在正常使用时仍然是可见的,在符合注册的其他条件时,才可以获得注册。③ 但是,对于产品的内部构造,例如电话机或激光打印机的内部构成,如果不是作为构成复杂产品的部件,这些内部构造能否申请外观设计,该指令和该条例均没有明确规定。有的学者认为,按照法律条款的一般解释原则,没有明确排除的内容应在保护之列,因此,产品的内部构造可以申请外观设计,而这一结论又是离奇的和难以让人接受的。④ 在 2017 年的 Biscuits Poult SAS vOHIM 案⑤中,申诉委员会和初审法院对此进行了解释。案中 SAS 公司就"饼干"申请了如下的外观设计如图 13－1 所示:

图 13－1　"饼干"外观设计

在无效过程中,申诉委员会和欧盟普通法院对于外观设计的保护客体进行了解释。申诉委员以该外观设计缺乏独特性为由宣告该外观设计无效。申诉委员会认为,在评估有争议的设计的特殊性时,不能考虑饼干内的填充层,因为它在产品的正常使用过程中不可见。SAS 公司上诉称,在产品正常使用时,饼干内部的馅料层是可见的,因为它在消费时会破裂,这是

① See Guy Tritton et al., *Intellectual Property in Europe*, 3th ed., Sweet & Maxwell, 2008, p.565.

② 根据《外观设计指令》第 1 条的定义,"复杂产品"指由不同的部件组装成的产品,这些部件可以更换,从产品中拆解下来和再组装成产品。

③ 《外观设计指令》第 3(3)条。

④ See Guy Tritton et al., *Intellectual Property in Europe*, 3th ed., Sweet & Maxwell, 2008, p.566.

⑤ Case T－494/12.

其正常使用。此外,这种类型的饼干的表现形式表示也是通行的广告中的做法。因此,应该考虑填充物的外观。欧盟普通法院认为,从《外观设计条例》序言中的第7、12、14节中可以明显看出,工业品外观设计的保护仅限于可见元素以及知情用户在观察产品外观时产生的印象,该条例仅对产品的可见部分或产品部分给予保护,这些部分可能因此被注册为外观设计。《外观设计条例》第4(2)条规定了一项特定规则,专门适用于应用于或包含在复杂产品中的设计。根据该规则,只有在以下情况下,此类设计才受到保护:首先,组件一旦被纳入复杂产品,在该产品的正常使用期间仍然可见;其次,组件的可见特征本身满足新颖性和独特性的要求。《外观设计条例》所指的复杂产品的组成部分可以与复杂产品分开生产和销售,在并入复杂产品后可见。本案中,只有当饼干破裂时,饼干内的巧克力馅层才可见。因此,其特性与所涉产品的外观无关,在考虑饼干的外观设计的独特性时,不考虑巧克力馅层部分。

《外观设计指令》和《外观设计条例》对于外观设计的定义,使用了"一个产品"这一术语,而在欧盟知识产权局无效部2007年2月16日裁决的2913号案件中,涉及申请注册的外观设计是不是"一个产品"的问题。案中的外观设计图片如图13－2所示:

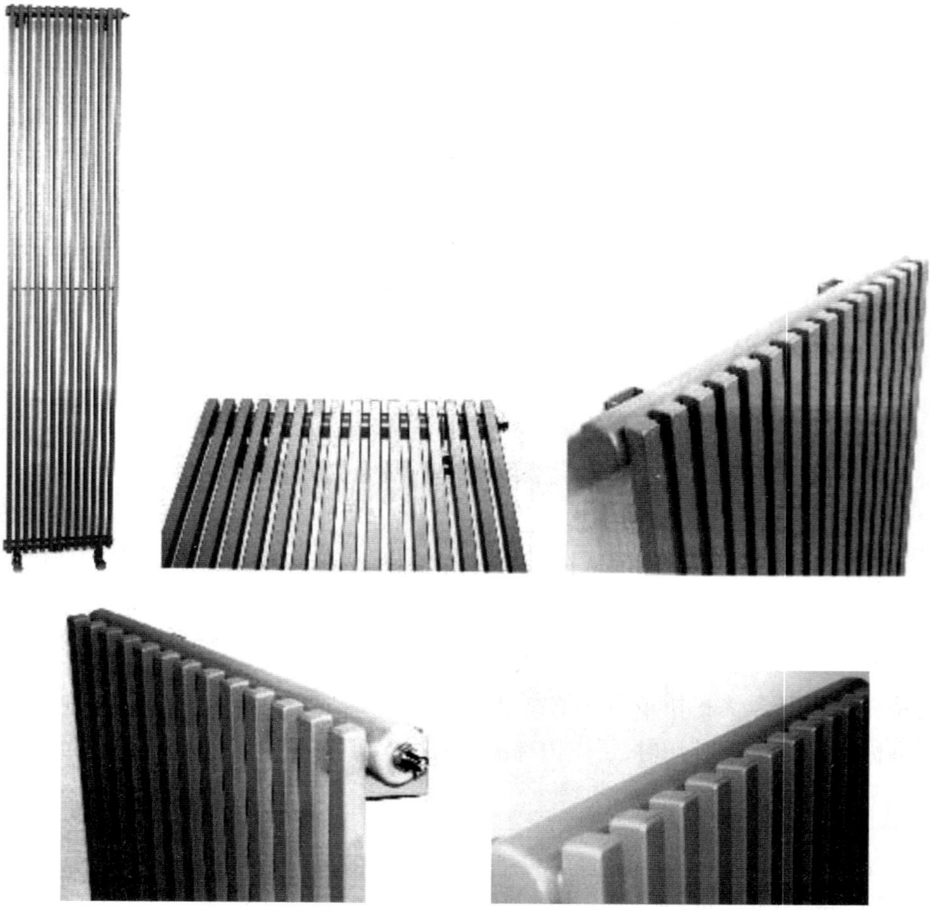

图13－2 "暖气管"外观设计

无效宣告请求提出的一个无效理由是,从图片上看,第一个图和第四个图有16根据垂直管,而第二个和第三个图有 13 个垂直管,第五个图只显示了 11 个垂直管。无效部认为,《外观设计条例》中所说的外观设计是一个产品的外观设计,而案中的外观设计至少是两种外观设计,不符合外观设计单一性的要求,不符合《外观设计条例》第 3(a)条关于外观设计的定义,因此宣告该外观设计无效。

一个外观设计申请也可以包括一组产品。在 Ball Beverage Packaging Europe Ltd v. EUIPO 案[①]中,争议的申请是"饮料罐",如图 13－3 所示:

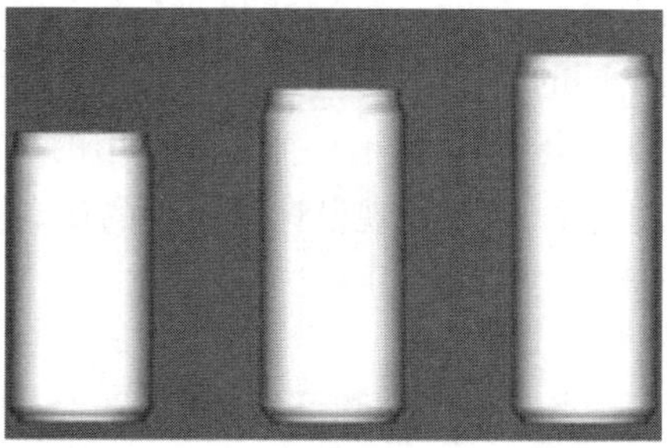

图 13－3　"饮料罐"外观设计

简要说明为:"一组饮料罐,均具有光滑且细高、缩颈的外观,最好由薄金属片制成,尤其适用于分别为 250 毫升、300 毫升或 330 毫升的灌装量。"在对比争议的外观设计是否具有独特性时,上诉委员会认为该外观设计包括一个外观,可以用三种不同的尺寸表示。欧盟普通法院认为,如果一组物品通过美学和功能互补性联系在一起,并且通常作为单一产品销售,则它们可能构成《外观设计条例》中的"一个产品"。本案中的饮料罐无论销售方式如何,很明显,争议的外观设计中的三个罐没有执行它们都不能单独执行的共同功能,例如,餐具或棋盘和棋子。因此,本案争议的外观设计不是一个产品,而是一组饲料罐。尽管如此,欧盟普通法院仍维持了上诉委员会认定该外观设计无效的决定。理由是申请保护的三种尺寸没有表明存在相关差异,因为知情用户知道饮料罐的正常容量并且在总体印象中不会重视其尺寸差异。

三、新颖性

无论是注册外观设计,还是非注册外观设计,要得到保护的条件之一是新颖性。

对于注册外观设计,其新颖性的含义是:如果"相同"的设计在申请日或优先日前已经被公开,则认为不具有新颖性。如果设计的特点只是在不重要的细节上有差异,则认为是相同的。[②]

对于非注册外观设计,其新颖性的含义是,如果"相同"的设计在要求保护的设计初次提供给公众前已经被公开,则认为不具有新颖性。[③] 德国法院曾在非注册外观设计权保护期开始的时间和新颖性判断上进行过有趣的区分。德国法院认为,非注册外观设计保护期开始的

---

① T－9/15,13/06/2017.

② 《外观设计指令》第 4 条、《外观设计条例》第 5(1)(a)条。

③ 《外观设计条例》第 5(1)(b)条。

时间是首次投放在共同体内,而其新颖性判断涉及投放在任何地方,但新颖性判断的时间仍是保护开始的时间。因此,申请人在将产品投放共同体前在美国的销售成为现有技术,破坏了其新颖性。① 但有的学者不同意德国法院的观点,认为这样的结果肯定是错的。《外观设计条例》第5(1)条关于新颖性的确定的相关日期为"要求保护的设计第一次提供给公众的时间",这与该条例第11(1)条规定的"第一次提供给共同体公众"的时间是不同的。该条例第5(1)条是关于新颖性的规定,而该条例第11(1)条是未注册制共同体外观设计保护的开始。这说明,评价新颖性的时间是"第一次提供给公众的时间"与第一次提供给共同体公众的时间(开始受保护的时间)可以是不同的。②

在欧盟知识产权局申诉委员会于2008年9月2日作出的关于000123013－0001号外观设计的R 196/2008－3无效决定中,涉及外观设计新颖性的认定标准问题。涉案的外观设计为"炖锅手柄"如图13－4所示:

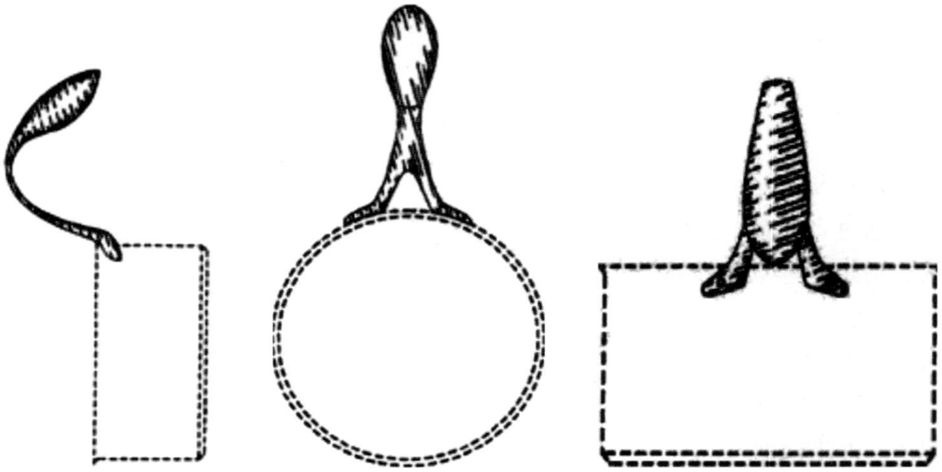

图13－4 "炖锅手柄"外观设计

无效宣告请求人提供了申请日前在英国公开设计的五张照片如图13－5所示:

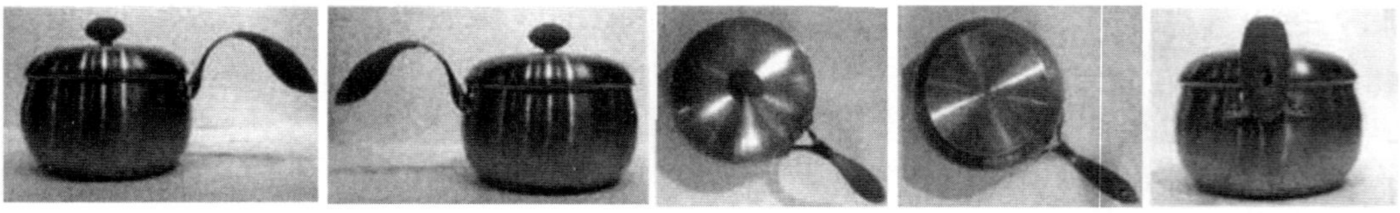

图13－5 "炖锅手柄"现有设计

因本案的外观设计只涉及"手柄",申诉委员会只就手柄进行了对比。申诉委员会认为,涉案设计与对比设计在手柄拱形部分的差异是非常小的,只有经过测量或将两者重合放在一起才能发现其差异。尽管手柄末端的垂直角度是不同的,但这种角度的不同也只有经过测量才能察觉,并且这种末端的角度与手柄在炖锅上的安装也有关系。因此,申诉委员会的结论

① Case 3/12 RE Thane International Group's Application O 5/04, Landgericht(Germany)[2006] E. C. D. R. 8.

② See Guy Tritton et al., *Intellectual Property in Europe*, 3th ed., Sweet & Maxwell, 2008, p.565.

是对比设计与涉案设计属于相同的设计，涉案设计被宣告无效。

四、独特性

（一）相关规定

除了新颖性，外观设计受保护还必须满足“具有独特性”的条件，其含义是：

> 1. 对于一个知情用户（informed user）而言，如果得到的整体印象与申请日（申请优先权时指优先权日，对于非注册外观设计而言，则指该设计首次提供给公众的时间）以前已经公开的设计的整体印象不同，则认为设计具有独特性。
> 2. 在评价独特性时，设计人在开发设计时的设计空间应当给予考虑。[①]

在界定“独特性”时，该条例和该指令使用了“整体印象”一词。整体印象是一个含糊的概念，比“混淆的可能性”操作更困难。从欧盟知识产权局作出的决定看，“独特性”这一要件并不是特别难以克服。[②]

（二）判断主体：知情用户

需要强调的是，某一设计是否具有“独特性”的判断主体是知情用户。也就是说，整体印象不是法官的，而是一个知情用户的。有时，需要用专家来证明知情用户的认识，特别是对于一些非日常领域的设计来说。[③] 即使对于日常领域的设计，例如汽车的设计而言，一个知情用户与没有经验的使用者相比，也知道得更多。因此，只是证明市场上的混淆还不足以说明某一设计不具有独特性，因为对方可以提出主张说一个知情用户可能会注意到区别的存在，因此对于知情用户而言它是具有独特性的。

法国使用了“知情观察者”的用语，法国最高法院在一个案件中指出，知情观察者不是产品的目标客户，而是凭借其个人经验或对该行业的广泛知识而具有特别警惕性的观察者。[④] 德国判例规定，知情用户比普通消费者更谨慎，但不一定是专家。他以某种程度的谨慎观察产品，并了解一般的最新技术，但不是一位对行业内产品之间的所有差异有详细了解的专家。[⑤]

英国专利法院在 Woodhouse v. Aquila 案中对“知情用户”进行了如下界定：

> 首先，这个概念化的人必须明显是申请注册的这类物品的使用人，并且我会认为他是一个通常的使用者（a regular user）。他应当作为消费者或购买者，或者是在

---

① 《外观设计指令》第 5 条、《外观设计条例》第 6 条。

② See Guy Tritton et el. , *Intellectual Property in Europe*, 3th ed. , Sweet & Maxwell, 2008, p. 568.

③ 例如，一个英国案件 woodhouse v. Architectural Lighting systems [2006] E. C. D. R. 11；该案中，涉及路灯的设计，就使用了该领域设计者的证言。

④ C Cass, com, April 3 2013.

⑤ Jos Dumortier , et al. , *Legal review on industrial design protection in Europe*, *Publications Office of the European Union*, 2016, p. 65.

工作中因为使用而熟悉标的物的人。这一标准带有实际操作的因素。在我看来,知情用户首先是设计的目标对象。明显地,他不是物品的制造者,我们的顾问也明确否定了“一个随机选定的无关人士”(a man in the street)的想法。“知情”增加了一个熟悉程度的概念,比我们可以想象的一个普通消费者(average consumer)的熟悉程度更强。它引入了以下的问题,“市场上的情况是什么样的?”以及“前不久市场的情况是什么样的?”我不认为它需要档案式的心理(或眼光),或超出通常水平的记忆,但它确实需要对产品趋势、来源以及对基本技术知识(如果有的话)的认识。与后者有联系的是,我们不能忘记我们是处在设计领域,更重要的是物品的外表。就像顾问提醒我的,这不是小专利(petty patents)。因此,关注视觉吸引力比关注对操作或制作技术的熟悉程度更贴切。将它与过于技术性的“本领域技术人员”相类比,我感觉不舒服。①

英国上诉法院在2012年的Samsung v. Apple案中对“知情用户”的含义做了如下界定:“(1)他(或她)是打算采用该设计产品的用户,而不是设计师、技术专家、制造商或销售商;(2)但是,与商标法的一般消费者不同,他特别细心;(3)他了解设计语料库和相关部门现有设计中通常包含的设计特征;(4)对相关产品感兴趣,并在使用时表现出较高的关注度;(5)他对有争议的设计进行直接比较,除非有特定情况或设备具有某些特性使得这样做不切实际或不常见;(6)既不仅将设计视为一个整体而不分析细节,也不详细观察可能存在的最小差异。”②

欧盟知识产权局也关心“知情用户”的问题,认为:他不一定是一个通常的消费者,但可能是某个在相关市场具有特定知识的人,可能是一个销售者或交易相关商品的人。③ 而欧盟法院在PepsiCo Inc v GrupoPromer Mon Graphic SA案中则认为,知情用户必须被理解为介于普通消费者和部门专家之间。普通消费者适用于商标事务,他们不需要任何特定知识,并且通常不直接比较冲突中的商标,而部门专家是拥有详细技术专长的专家。因此,知情用户的概念可以被理解为不是指一般关注的用户,而是指特别细心的用户,因为他的个人经验或他对相关领域的广泛了解。④

在Wessel - Werk GmbH v. EUIPO案⑤中涉及真空吸尘器的喷嘴设计,而关键问题是知情用户的界定。欧盟普通法院认为,知情用户是将使用真空吸尘器及其吸嘴进行清洁的人,而不是真空吸尘器的生产商。知情用户不是,能够详细观察冲突设计之间可能存在的最小差异的专家。同时,“知情”一词表明,虽然不是设计师或技术专家,用户了解相关领域的各种设计,对此类设计通常包含的功能有一定程度的了解,并且由于对相关产品感兴趣,因此使用它们时关注度较高。

---

① Woodhouse, 2006, E.C. D. R.11; [2006] R. P. C. 1.

② Samsung v Apple UK Court of Appeal [2012] EWCA 133.

③ OHIM Newsletter 21 July 2005.

④ Case C - 281/10P, 20/10/2011.

⑤ T - 174/16,14/03/2017.

在 Linak A/S v. EUIPO 案[①]中，欧盟普通法院也对知情用户的认定进行了分析。案中涉及的外观设计是特别适用于桌子的电动升降柱，争议外观设计和对比设计如图 13－6 所示：

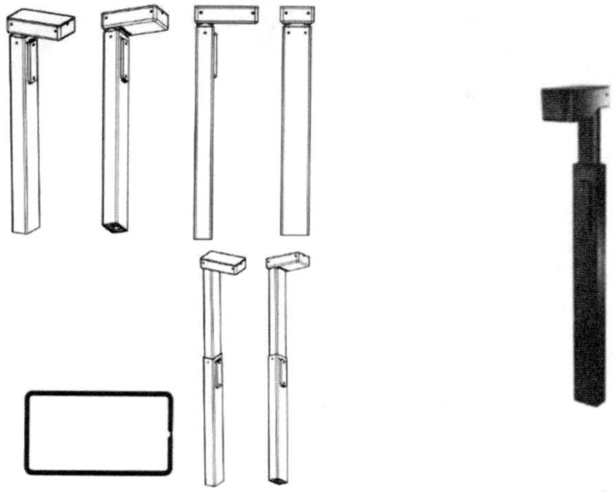

（a）争议外观设计　　　　（b）对比设计

图 13－6　"电动升降柱"的争议外观设计和对比设计

欧盟普通法院认为，"知情用户"应理解为指的不是一般关注的用户，而是特别细心的用户，因为他或她的个人经验或他或她对有关行业的广泛了解。申诉委员会将知情用户描述为升降柱的购买者是正确的，该定义也包括电动升降柱的销售商和分销商，以及为自己需要而购买的用户。

（三）判断标准

外观设计的注册条件与保护范围是有联系的，外观设计必须具有"独特性"才能得到注册保护。而在保护注册外观设计时，如果某一外观设计与注册的外观设计相比，没有给人整体不同的印象，则属于侵权的外观设计。可以说，注册条件与保护范围具有一定的一致性。将一个申请保护的外观设计与一个在先设计相比，如果申请保护的外观设计具有独特性，则使用该在先设计不会侵犯受保护的外观设计。由于注册条件和保护范围具有一致性，并且在注册和保护时使用的是相同的术语，保护范围的变化也可能通过在先设计与注册设计之间的区别预见到。[②] 因此，与现有设计区别明显的注册外观设计，所得到保护的范围更宽。另外，瑞士法院还指出，在一个外观设计密集的领域，观察者习惯于看到细微的差别，这些差别对于认定外观设计的独特性具有重要意义。欧盟普通法院指出，在评估设计的独特性时，不应考虑任何不足以影响整体印象的差异，即使它们可能不仅仅是无关紧要的细节。设计产生的整体印象的比较必须是综合性的，不能局限于对相似和差异列表的分析比较。[③]

---

① T－367/17，18/10/2018.

② Procter & Gamble Co [2007] EWCA Civ. 936.

③ 10/05/2019，T－517/18，Backwaren.

在 Packaging for foodstuffs 案①中,争议外观设计是食品容器。外观设计如图 13 - 7 所示:

图 13 - 7 “食品容器”的外观设计

欧盟普通法院认为,在评价“整体印象”时不得考虑容器内的食物。涉案设计的知情用户,无论是蜜饯的消费者还是食品加工业的专业人士,都将根据产品的用途(作为食品包装)评价该设计,并能够区分那个包装和里面的食物。因此,涉案设计的包装中所含食品的外观以及它们在该包装内的具体布置与知情用户产生的总体印象无关。

在 Gamet S. A. v. EUIPO 案②中,涉及无效争议的门把手外观设计和在先设计如图 13 - 8 所示:

(a)争议外观设计

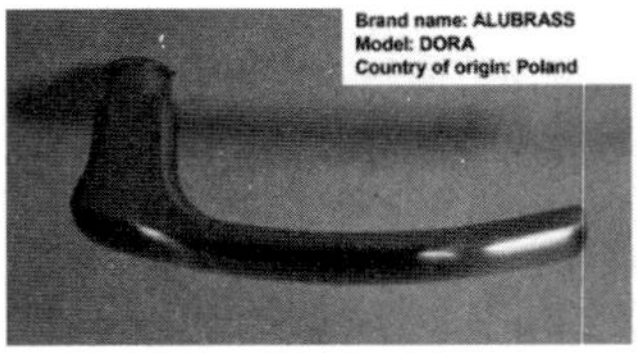

(b)在先设计

图 13 - 8 “门把手”的争议外观设计和在先设计

欧盟普通法院认为,考虑到设计师在门把手方面的高度自由,涉案外观设计产生的整体印象与在先设计产生的印象相同。涉案外观设计中存在的凹槽不能改变这种设计产生的整体印象。

(四)设计空间

在考虑一个设计是否具有独特性时,立法要求考虑开发设计的设计空间。因此,如果一个设计与在先设计非常像,对于一个高度功能性的设计来说,可能比装饰性、可任意发挥的设计更容易被注册。③ 欧盟普通法院指出,设计空间受到由产品的技术功能或其元素强加的特征的限制,或产品的法定要求的限制,但与营销趋势无关。设计空间越大,设计之间的微小差异足以给知情用户产生不同的整体印象的可能性就越小。设计空间只是有助于独特性的评价,但并不能确定两种设计必须有多大不同才能使其中之一具有独特性。④

在申诉委员会 2008 年 7 月 7 日裁决的涉及 000360748 - 0001 号外观设计的 R 1516/2007 - 3 号决定中,申诉委员会对涉案外观设计是否具有“独特性”进行了论述。涉案外观设计为“密

---

① 12/03/2019, T - 352/19.

② T - 306/16,05/07/2017.

③ See Guy Tritton et al., *Intellectual Property in Europe*, 3th ed., Sweet & Maxwell, 2008, p. 569.

④ 13/06/2019, T - 74/18, Informationstafeln für Fahrzeuge.

封容器”如图 13－9 所示：

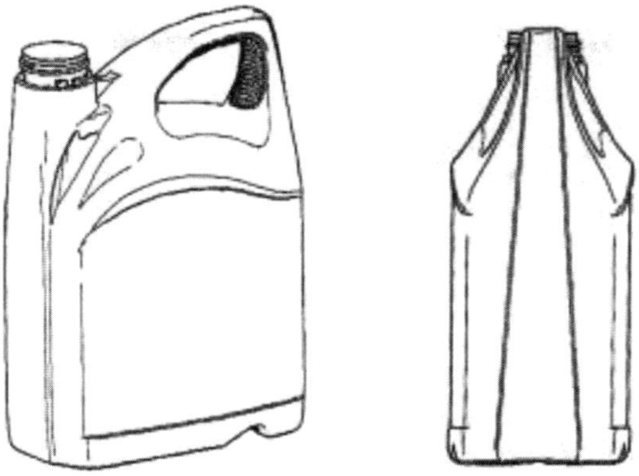

图 13－9 “密封容器”的外观设计

无效申请人提供的对比设计如图 13－10 所示：

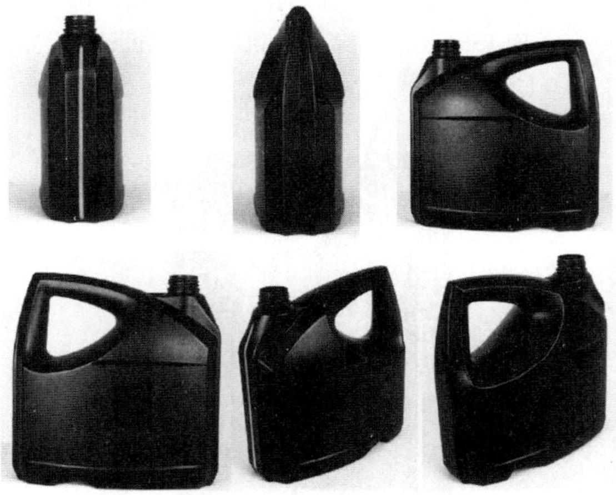

图 13－10 “密封容器”的对比设计

申诉委员会认为，争议的外观设计产品为盛装润滑油的容器，知情的消费者应为销售该产品的部门的专业人士，他了解润滑油市场，知道润滑油容器的各种形状。对于两种外观设计的区别，申诉委员会认为，争议的外观设计细长，而对比外观设计短粗；把手只占争议外观设计的一小部分，而在对比设计中相对明显，占到大约 1/4；把手的形状也存在差异。申诉委员会对设计人可自由发挥的程度给予了考虑，盛机油的容器一般都是平行六面体的形状，把手和出油口也包括在内。因此，在盛机油容器上设计人可自由发挥的程序是很有限的。因此，申诉委员会得出的结论是，两个外观设计给人以不同的整体印象，申请无效的理由不成立。

而在申诉委员会 2008 年 5 月 13 日做出决定的 R 135/2007－3 案件中，申诉委员会以缺乏独特性认定了“自动游戏机”外观设计无效。涉案外观设计如图 13－11 所示：

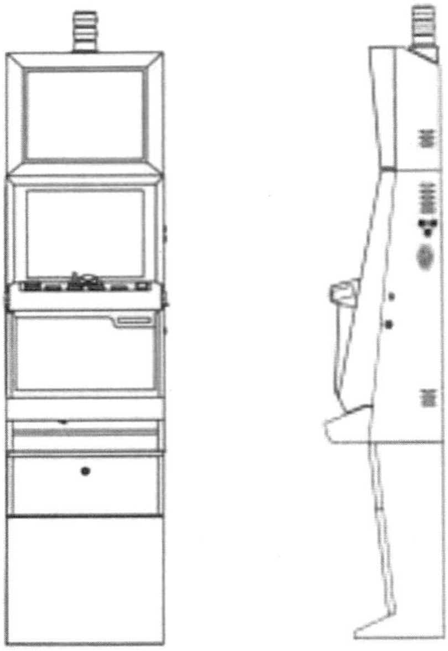

图 13－11 “自动游戏机”的外观设计

对比外观设计如图 13－12 所示:

图 13－12 “自动游戏机”的对比设计

申诉委员会认为,在判断该产品的外观设计时,知情的消费者应是对游戏机非常熟悉的人,而不只是经常玩游戏的人。两个外观设计非常相似,整体呈细高的塔形,两个长方形基座容纳了屏幕、按钮和投币口。而游戏机的设计者在设计游戏机时享有较大的自由,因此,上诉委员会认为,争议外观设计不具备必要的独特性,应被宣告无效。

申诉委员会 2008 年 4 月 17 日作出决定的 R 860/2007－3 案也同样涉及外观设计的独特性问题。案中争议的外观设计“变极发电机”如图 13－13 所示:

图 13 - 13 “变极发电机”的外观设计

作为对比设计的在先设计如图 13 - 14 所示：

图 13 - 14 “变极发电机”的对比设计

申诉委员会认为，本案中的知情消费者是这样的人，他习惯性地购买这样的产品并将其投入使用，通过浏览商品目录、访问相关商店、从互联网上下载相关信息等对相关产品有相当的了解。知情消费者通常不是技术专家，并不对变极发电机的技术设计特别感兴趣。因此，他并不会关注该产品的每个细节，而只是对产品有整体印象。争议外观设计与对比设计在很多地方非常相似：立方体的形状；正对面为中部镶有轻色彩的黑色面板；立方体的上面的角为圆弧形；四个轮子的手推装置；上部有一个突出的旋钮；侧面有把手；除上角外都是直线形设计；上部侧面有凹陷；各部分的比例搭配相似。知情的消费者往往对整体外观而不是对其中的技术细节产生深刻印象，如果两个产品放在相同的场景，大小比例也相同，知情消费者所得到的整体印象是相同的。两个产品的形状、结构和整体外观是非常相似的，其细微之处的差别对于产品的整体外观并不产生显著影响。另外，设计者设计发电机时可自由发挥的程度是相当高的。虽然发电机必须有框架、把手和插口等，但上诉委员会认为，很难找到什么理由可以把发电机设计到与以前的产品如此相像的程度。所以，申诉委员会认为争议的设计缺乏“独特性”这一必要条件，因此被宣告无效。

2019 年申诉委员会裁决的“钥匙圈”案，也涉及设计空间问题。争议的外观设计和在先注册的欧盟商标如图 13 - 15 所示：

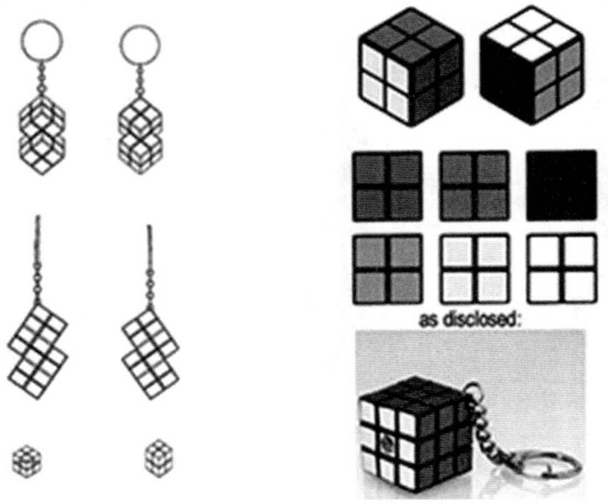

(a)争议外观设计　　　　　(b)在先注册的欧盟商标

图 13－15　“钥匙圈”的争议外观设计和在先注册的欧盟商标

欧盟知识产权局宣告争议的外观设计无效,申诉委员会维持了该决定。申诉委员会认为,知情用户是指熟悉钥匙圈和钥匙扣领域中存在的各种设计,并在使用时表现出较高的关注度的人。钥匙扣和钥匙扣的设计者拥有非常广泛的自由度,基本上对附在其上的装饰物几乎没有限制。案中的外观设计与在先的欧盟商标有相同的立方体, 两个立方体的边都被黑线完全分成四个小方块,此外,将方块彼此分开的线条具有相似的粗细。案中外观设计中有两个立方体,仅在一个角上连在一起。虽然在先欧盟商标是彩色的,这一事实都不会改变它们相似的整体印象。①

五、在先设计

“为公众所知”作为判断新颖性和独特性的在先设计的术语,《外观设计指令》扩展了其含义。通常说来,设计已经发表、展览或使用,就构成现有设计。欧盟普通法院 2018 年判决的 Crocs, Inc v. EUIPO 案②涉及对比设计是否为公众所知的认定。案中争议的外观设计和对比设计为鞋,具体来说是划船用的鞋,如图 13－16 所示:

(a)争议的外观设计　　　　　(b)对比设计

图 13－16　“划船鞋”的争议外观设计和对比设计

---

① 16/01/2019, R 2600/2017－3.

② T－651/16; Footwear;14/03/ 2018.

对于对比设计是否已经为公众所知,欧盟普通法院认为,对比设计产品的三项披露事件,即在无效申请人网站上展示、在劳德代尔堡船展上展示以及通过分销和零售网络销售的事实均在申请注册日之前,即使是单一的披露事件也足以使争议的设计缺乏新颖性。即使披露发生在欧盟以外,至少从整体上看,有争议的设计已经“展出、用于贸易或以其他方式披露”。该网站在技术上可在全球范围内访问,劳德代尔堡船展上的展览以及通过分销和零售网络出售的事实实际上已经发生。劳德代尔堡船展是航海领域的重要国际盛会,因此欧盟制鞋业的专业人士不可能不知道为划船而设计的新鞋。此外,这种鞋在美国的许多州都有销售,鉴于美国市场商业趋势对欧盟市场的重要性,在欧盟范围内经营的相关行业的专业圈子不可能忽视它。

即使已经公开,但特殊情况下也不能作为在先设计,主要有以下特殊情况:

(1)披露不可能合理地通过正常交易被共同体内专门从事该领域业务的人知悉,①这一例外表明,新颖性的标准与专利的新颖性标准是不同的。对于专利来说,只要已经公开就可以破坏新颖性,而不考虑公众对这种公开的认识程度。《外观设计指令》将“不可能合理地通过正常交易被共同体内专门从事该领域业务的人知悉”作为外观设计新颖性和独特性的判断要件。这样规定的目的,是排除侵权者主张可以在偏远地域或博物馆中找到这种设计,来否定其效力。② “共同体内”一词似乎说明在非欧共体国家的披露将不予考虑,但德国法院指出,在中国台湾地区期刊中的发表也符合这一条件:“国外市场也可以是文化圈中的一部分,可以指望德国专家知悉这些设计形式。”③

(2)披露发生在相关日期(申请日或优先权日)12 个月前,是由于设计人、其继承人或通过设计人得到该设计的人的行为而披露的,④这是关于宽限期的规定。《外观设计指令》和《外观设计条例》引入了所谓的宽限期,允许设计人(或得到其授权的人)将设计公开,而这种公开在 12 个月内并不使设计丧失新颖性。宽限期使设计人可以评价市场对其设计的反映,然后确定是否注册外观设计。有关设计公开后,将阻止第三人进行注册,因为它已经成为在先技术。但是,第三人可能担心设计人取得注册外观设计,从而开发一个相似的设计,并进行商业性的使用。这可能会出现以下几种情况:第一种情况是,第三人是独立开发的,但该设计与第一个并没有整体不同的印象。则第三人开发的设计将成为第一个设计的在先设计,使第一个设计无效或不能获得注册。第二种情况是,第三人的设计来源于第一个设计,第一个设计可以看作非注册型外观设计,第三人的行为可能构成对非注册型外观设计的侵权。第三种情况是,第三人“滥用与设计人的关系”,第三人的设计将不构成现有设计。

宽限期是为设计人而不是第三人的利益设定的。在有优先权的情况下,一个在公有领域 18 个月的现有设计将可以获得注册,这会导致第三人在宽限期内无所适从,不利于该设计的商业开发利用。

(3)披露是因为披露人滥用了其与设计人或设计人的继承人的关系而导致的,⑤这将包

---

① 《外观设计指令》第 6(1)条、《外观设计条例》第 7(1)条。

② 《外观设计指令》第二稿的解释备忘录。

③ Case No: I ZR 163/01 COmputergehause. [2005] ⅡC 260.

④ 《外观设计指令》第 6(2)(b)条、《外观设计条例》第 7(2)(b)条。

⑤ 《外观设计指令》第 6(3)条、《外观设计条例》第 7(3)条。

括设计人在私下将设计内容告诉了披露人,而披露人将它公开的情形。其中滥用的是披露人与设计人的关系,而不是与设计的关系。如果第三人并没有滥用与设计人的关系,而是复制了他人的设计并投放市场,对于在后申请的注册将构成在先设计。

(4)设计人披露给第三人时,明示或暗示地附有保密的条件。[①]

六、技术功能的排除

与成员国的国内法规定相似,《外观设计指令》和《外观设计条例》规定,"只是由技术功能决定的外表特征"不受外观设计保护。[②] 有的学者指出,这一条款可以有两种不同的解释方法:第一种解释方法是,所争议的设计特征不能采用其他外观,这种设计才不能保护;第二种解释方法是设计人出于技术考虑,为了实现技术功能所采取的设计,不能通过外观设计进行保护。第一种方法解释得很窄,实质上很少有只能使用一种外观的物品。像英国上议院在Amp v Utilux [③]案中所指出的,适用这种情况时,必须特别小心。而第二种方法将排除纯功能性设计,这与立法的目的是矛盾的,立法没有区分美学和功能设计。《外观设计指令》的序言明确指出,设计不一定必须是美学的。功能性的设计也可以属于外观设计。[④] 因此,从立法目的上看,《外观设计指令》采用的应是第一种解释。实质上,法院走得更远,除非可以证明其目的不能通过其他途径实现,这种限制将不适用。

欧盟委员会《修订草案解释备忘录》(Explanatory Memorandum to the Amended Proposal)中指出,一个设计是否具有美学特点是无关紧要的,但是对于"功能所必须的外形",不给予保护,这实质上采用的是第一种解释方法。另外,在 Phillips v. Remington[⑤] 案中,欧盟普通法院将专利保护与商标保护进行了对比。在《外观设计指令》中关于拒绝注册的理由,与《商标指令》中关于拒绝注册的理由并不完全相同,但其差异并不是变化无常的。前者的拒绝理由是"完全由技术功能决定的"外部特征,而后者拒绝的是"全部由外形构成的标志,而该外形是得到某一技术效果所需要的"。因此,在衡量外观设计被拒绝注册的理由时,功能性的程度应当更高。所争议的特征对于某一技术效果的取得而言,不仅是需要的(necessary),而且是必须的(essential),也就是说,外形是由功能决定的。这意味着,如果可以证明其他不同的设计仍可以取得相同的功能,一个具有功能性的外观设计仍然可以得到保护。[⑥] 上述案件是涉及商标的案件,欧盟普通法院在 2011 年涉及外观设计的 Industrias Francisco Ivars v OHIM 案中也重申了上述观点。欧盟普通法院指出,案中所涉产品(减速器外壳)可以以不同外观生产,这一事实本身就足以表明设计特征不是由技术功能决定的。[⑦]

英国法院也持基本相同的观点。英国法院认为,因具有功能性而被排除在保护范围之外

---

① 《外观设计指令》第 6(1)条、《外观设计条例》第 7(1)条。

② 《外观设计指令》第 7(1)条、《外观设计条例》第 8(1)第。

③ Amp v. Utilux [1972] R. P. C. 103.

④ See Guy Tritton et al., *Intellectual Property in Europe*, 3th ed., Sweet & Maxwell, 2008, p. 569.

⑤ C-299/99.

⑥ Para. 34, C-299/99.

⑦ Industrias Francisco Ivars v. OHIM — Motive (Mechanical speed reducer), T-246/10 General Court, 6/10/2011, ECLI:EU:T:2011:578.

的外观设计的可能性是很小的，只有在证明了采用其他任何设计都不能达到目的时，该设计才可以因为具有功能性而被排除。①

但后来欧盟普通法院则不将替代设计的存在作为关键因素，而是主要考虑技术功能是否是决定这些特征的唯一因素。在 2020 年的 fluid distribution equipment 案②中，欧盟普通法院认为，当设计应用于复杂产品时，这些特征是否“只是技术功能决定”这一问题的答案需要在开始时审查每个特征的技术功能，并审查每个特征的技术功能与相关产品的技术功能之间的因果关系。当特征的技术功能与产品的技术功能之间存在因果关系时，即该特征确实对产品的技术功能有贡献时，该特征“只是由”产品的技术功能决定。《外观设计条例》第 8 条第 1 款并不要求设计特征只指向一个技术功能，多个设计特征可能产生多个技术功能，因此如果产品包括多个设计特征，每个设计特征都产生技术功能，仍可能属于“只是技术功能决定的”。

申诉委员会在 2020 年的“积木”案中，以《外观设计条例》第 8 条第 1 款的规定为依据，认定争议的外观设计属于“只是由技术功能决定的外表特征”。案中的设计如图 13－17 所示：

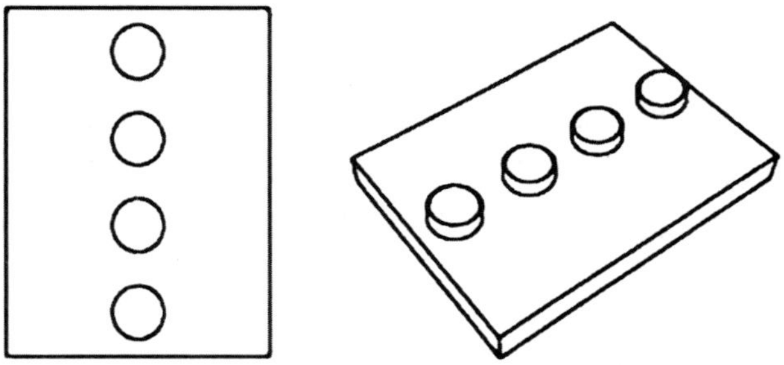

图 13－17　“积木”的外观设计

申诉委员会指出，适用《外观设计条例》第 8 条第 1 款的规定基于几个因素，特别是：(1)包含该设计产品的确认；(2)其技术功能；(3)产品的外观特征；(4)确定除该产品实现其技术功能的需要之外的其他考虑因素。首先，产品“玩具积木中的积木块”清楚地标识了产品，即积木，并显示了其用途，即用这些积木建造物体。其次，必须实现的技术功能是积木相互组装以形成更大的玩具积木建筑。最后，有争议的外观设计的所有外观特征，如积木块上表面的一排螺柱或积木块的厚度完全由积木的技术功能决定，即从该组的其余积木中组装和拆卸它们。因此，该设计是由技术功能决定的，因此被宣告无效。③

七、“接口”排除

如果一种设计“必须适用于”其他产品，也是被排除在外观设计保护范围之外的。

外观设计权不应授予以下产品外观：为了与另一产品进行组合或机械连接、置入、环绕或对接，以使两个产品发挥作用，按照准确形状和尺寸生产的产品的设计。④

---

① Landor v. Azure,［2006］ECDR 31.

② T－574/19,18/11/2020.

③ 10/04/2020, R 31/2018－3.

④ 《外观设计指令》第 7(2)条、《外观设计条例》第 8(2)条。

《外观设计指令》前言中解释这种规定的理由是为了允许不同产品之间的兼容性,而不将外观设计保护延及到机械适用配件上。①

这种界面排除也有例外,“在一个模组系统内,多重组合或相互配合的产品”的设计保护就属于例外的情形。如果模组系统中有创新特征的重要因素,并且成为市场财产的重要部分,是可以获得外观设计注册的。②

八、申请注册的权利人

《外观设计指令》和《外观设计条例》都没有对各成员国申请国家或共同体外观注册的权利主体进行协调。《外观设计条例》规定共同体设计的权利人是设计人或其继承人,如果是雇员在履行职务过程中做出的,或按照雇主的指示做出的,则除了另有约定或国内法另有规定外,归属于雇主。③ 只有权利人才有权以外观设计申请人不是真正权利人为由无效一个注册共同体外观设计。④ 而《外观设计指令》规定,申请人或权利人应当是按照成员国法律有权申请的人。但是,与《外观设计条例》一样,有权提出无效的人也只能是按照成员国法律享有权利的人。⑤

有学者指出,上述规定有可能导致一种尴尬的状况。如果很多人就同一个设计申请注册,并且对同一个使用该设计的第三人主张权利,而真正的设计人并不提出无效宣告,第三人也无权就他们不是真正的权利人提出无效宣告,其结果是该第三人要向这些注册人承担侵权责任。⑥

九、驳回或无效的其他理由

(一)违反公共利益或社会公德

违反公共利益或社会公德的设计被排除在保护之外,⑦《外观设计指令》在序言中指出,《外观设计指令》并不协调各国关于公共政策的概念以及可接受的道德准则。⑧ 因此,就各国的外观设计注册而言,公共利益和社会公德的标准,由各国国内法规定。

(二)包含他人可以禁止使用的识别性标志

《外观设计指令》和《外观设计条例》还规定了一个驳回理由,如果外观设计包含了他人“识别性标志”,而共同体或国内法规定相关权利人可以禁止他人使用该标志,则可以作为驳回或无效的理由。⑨ 例如,在欧盟知识产权局无效部 2008 年 11 月 26 日处理的 5031 号案件

---

① 《外观设计指令》前言第 14 条。
② 《外观设计指令》第 7(3)条。
③ 《外观设计条例》第 14 条。
④ 《外观设计条例》第 25 条。
⑤ 《外观设计指令》第 11(1)(c)、11(4)条的规定。
⑥ See Guy Tritton et al., *Intellectual Property in Europe*, 3th ed., Sweet & Maxwell, 2008, p. 576.
⑦ 《外观设计指令》第 8 条。
⑧ 《外观设计指令》前言第 16 条。
⑨ 《外观设计指令》第 11(2)条、《外观设计条例》第 25(1)(e)条。

中，就涉及以上述理由无效的问题。注册人 VITEC 全球有限公司注册了包括“VITEC”的外观设计如图 13－18 所示：

图 13－18　VITEC 公司申请的外观设计

无效宣告申请人商业联盟提出无效宣告的理由是申请人在多个国家注册了商标如图 13－19 所示：

图13－19　作为 VITEC 外观设计对比的商标

欧盟知识产权局无效部审理认为，如果一个标志被成员国注册为商标，并且这一商标还处于有效状态，这一标志就是“识别性标志”。而根据 89/104/EEC 指令的规定，注册商标权利人有权制止任何第三人未经许可在贸易中使用该商标。在注册外观设计中使用该标志就是在贸易中使用，因为注册外观设计的目的就是为了经营。就涉案的两个标志而言，虽不完全相同，但由于其使用范围和标志本身的近似性，消费者会认为商品或服务来源于相同的或有经济联系的主体。因此，该外观设计被宣告无效。

（三）构成对他人作品的非法使用

如果外观设计构成了对受成员国法律保护的版权作品的非法使用，该外观设计可能被驳回或者无效。[①] 因此，在那些第三者对设计拥有实用艺术品版权的国家，第三人可以禁止他人将该设计注册为外观设计。同样，如一个外观设计中包含了他人的美术作品，也将被禁止注册。由于版权人的权利只是针对复制行为，版权人制止他人将其作品注册为外观设计时，必须证明该外观设计来源于受版权保护的作品。

欧盟知识产权局无效部 2006 年 1 月 20 日裁决的 1014 号案件就涉及上述问题。案中的注册外观设计名为“帐篷”，其中一个图片如图 13－20 所示：

---

① 《外观设计指令》第 11(2)(b)条、《外观设计条例》第 25(1)(f)条。

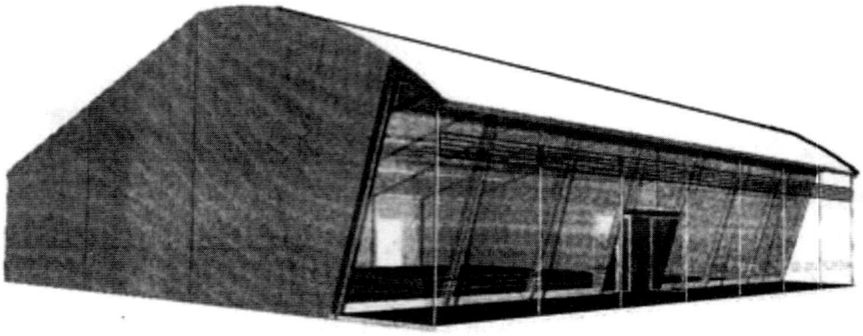

图13－20 “帐篷”外观设计

无效宣告请求人提出无效的一个理由是,这一外观设计与其在杂志上发表的帐篷的设计图相同,构成非法使用他人作品。无效部经过对比后认为,杂志上发表的帐篷与申请外观设计的帐篷的外观并不相同,注册的外观设计并不构成对他人作品的非法使用。

(四)不当使用《巴黎公约》第6条涉及的内容

不当使用《巴黎公约》第6条所涉及徽章、标记、与成员国公共利益特别有关的徽章、标记等,有可能被驳回或无效。①

十、权利人的权利范围

(一)保护期限和权利范围

注册制共同体外观设计,权利人注册和续展一次的有效期为5年,经续展后的保护期最长达25年。②

注册制共同体外观设计的权利人有权自己使用和制止他人未经其许可而使用,上述使用包括制造、销售、许诺销售、进口或出口体现或载有该外观设计的产品,或为了上述目的而储藏上述产品。③

未注册制共同体外观设计,权利人所享有的权利与注册制外观设计相同,但前提是只有被控侵权产品复制于未注册的外观设计,才构成侵权。如果可以合理地认为使用某一设计的人对于权利人已经公开的设计并不熟悉,而是自己独立完成了该设计,则不能认为是对未注册外观设计的复制。④ 非注册外观设计的保护期限为3年,自该设计在欧共体公开之日起计算。

注册制外观设计申请后公开前的保护,与未注册制共同体外观设计相同,即只有复制于该外观设计才构成侵权。⑤

---

① 《外观设计指令》第11(2)(c)条、《外观设计条例》第25(1)(g)条。
② 《外观设计条例》第12条。
③ 《外观设计指令》第10、12条,《外观设计条例》第19(1)条。
④ 《外观设计条例》第19(1)条。
⑤ 《外观设计条例》第19(3)条。

(二)保护范围与侵权判断

一个注册的外观设计,其保护的范围及于任何对于知情的消费者不会产生不同整体印象的设计。[①] 设计人可自由发挥的程度应给予考虑。[②] 这一保护标准是与前面所介绍的授权标准一致的,一个在先设计如果不能使在后的设计无效,就不会侵犯已经注册的在后设计。但这也有一个例外,某一设计可能是在先的,但不可能合理地通过正常交易被共同体内专门从事该领域业务的人知悉,则不会使外观设计无效,未经许可使用这种设计仍可能构成侵权。

外观设计的保护由成员国国内法院负责,并且共同体外观设计与国内外观设计享有同样的保护。[③] 因此,外观设计的保护范围,主要是由各成员国的法院来确定。在 Procter & Gamble Co. v. Reckitt Benckiser[④] 案中,英国上诉法院提出在确定侵权时应考虑以下方法:

> ——法院必须小心确定注册外观设计的整体印象。
>
> ——法院不得不转而提到的概括性是重要的。适当的概括性是虚构的知情用户所具有的水平。
>
> ——法院应对被控侵权行为进行同样的操作。
>
> ——法院然后再问二者的整体印象是否相同,这实质上相当于在问它们是不是相同的外观设计。

按照这种判断方法,越新的设计,其得到保护的范围越大。

注册人在注册一个外观设计时,可以通过概括程度来确定其保护的范围。很多注册人在注册外观设计时都不指明颜色、材料等要素。指明的要素越多,得到授权的可能性越大,而得到保护的范围越小。欧盟知识产权局曾指出,"注册人可以选择其设计的概括程度。如果他选择概括程度较高,则可能因现有技术而无效;如果他选择的概括程度较低,可能对于相似的设计不能得到保护"[⑤]。如果注册的外观设计是线框三维形状,侵权对比将只对比形状,而不管其他图案、颜色等。[⑥]

(三)部分外观设计

外观设计的定义是"产品全部或部分"的外观。对于"产品部分"外观设计的保护,有的学者提出可能的方式有三种:一是就整个产品申请外观设计,并认为它可以自动包括产品的局部;二是就整个产品申请外观设计,并指出要求保护的部分;三是就相关部分申请外观设计。[⑦] 但也有学者认为,上述第一种方法是错误的,因为无法将被控侵权设计的整体与注册外

---

① 《外观设计指令》第9(1)条。

② 《外观设计指令》第9(2)条。

③ 《外观设计条例》第79(1)条。

④ Procter & Gamble CO v. Reckitt Benckiser, 2007, EWCA Civ. 936.

⑤ Eredu v. Arnet OHIM Invalidity Division, ICD000000024.

⑥ 例如,Procter & Gamble [2007] E. C. D. R 4。

⑦ Musker, *Community Design Law: Principles and Practice*, Sweet & Maxwell, 2002, p. 20.

观设计的部分进行对比。① 英国法院在 Woodhouse 案②中提出的意见与上述意见是一致的,即不能将产品局部与整体产品进行侵权对比。该案中涉及的外观设计是一个路灯的外观设计,注册的外观设计包括路灯与一个非常普通的上升架。而被控侵权的外观设计只是路灯,没有上升架。法院认为,上升架是外观设计的一部分,应当纳入保护范围考虑的内容。法院认为路灯部分给人的整体印象相同,但由于上升架不同,不侵犯外观设计权。

(四)侵权例外

《外观设计指令》和《外观设计条例》规定了一些不侵权的例外,主要包括:③

(1)私人非商业性使用。

(2)为试验目的使用。

(3)进行引用和教学,如果属于正常贸易行为,没有不正当地损害对设计的正常使用,并说明了出处。

(4)在他国注册的船舶、飞机等临时进入共同体国境时使用相关设备、为维修此类船舶、飞机而在共同体内进口备件和配件以及对此类船舶、飞机进行修理。

另外,权利人的外观设计权还受权利用尽的限制。权利人或经权利人许可,外观设计产品投放欧共体市场后,在该产品上的外观设计权将用尽。④ 这一规定已经被欧洲经济区(European Economic Area)采用,实际上权利用尽是欧洲经济区中的用尽。

十一、配件的外观设计

为欧共体统一市场的需要,《外观设计指令》和《外观设计条例》特别关注"配件(spare part)"的外观设计保护,目的是避免关于配件的外观设计保护影响商品的自由流通和共同体市场内的竞争。

《外观设计指令》和《外观设计条例》规定的侵权例外就包括关于配件的例外,"为了修理某一物品而在共同体范围内进口配件或附件,以及修理这种物品",均属于权利人不能主张权利的情形。⑤ 在立法过程中,对于配件如何保护存在很大的争议,而汽车制造商进行了大量的游说工作。最后在立法中达成了妥协,即《外观设计指令》第 14 条的规定:

> 在指令根据欧共体委员会的建议、为与第 18 条配套而修订之前,成员国可以继续使用关于配件外观设计的规定,即为了修理一个复杂的产品使之恢复到原来的外观而使用的配件的规定。如果对这些规定作出修改,只能为了开放这种配件市场而修改。

可以看出,该指令第 14 条的规定并不需要成员国通过立法来实施,但是它限制成员国通

---

① See Guy Tritton et al., *Intellectual Property in Europe*, 3th ed., Sweet & Maxwell, 2008, p. 581.

② Woodhouse [2006] R. P. C. 1.

③ 《外观设计条例》第 13 条、《外观设计指令》第 20 条。

④ 《外观设计指令》第 15 条、《外观设计条例》第 21 条。

⑤ 《外观设计条例》第 20 条、《外观设计指令》第 13 条。

过立法做出相反的规定。而《外观设计条例》第 110 条规定：

> 在根据欧共体委员会的建议修改本条例之前，欧共体注册外观设计的保护不延及根据《外观设计条例》第 19(1) 条所规定的适用于复杂产品从而使之恢复原来外观的配件。

上述规定的适用范围是狭窄的，只是作为修理配件时才是可以不侵权的。如果不是作为修理配件，就不能援引这种例外。另外，如果虽作为修理用的配件，但修理后的结果并没有使产品恢复原状也不能援引这种例外。

按照《外观设计指令》第 18 条的规定，在指令实施 3 年后，要对关于配件规定的实施情况进行考察。2004 年 9 月 14 日，欧共体委员会经过 1 年的考察后发布了其结论：

> 委员会认为现在已经是引入“修理条款”的时候了，也就是对以下情况专门做出规定：对新车并不拥有外观设计权的供货商，也可以提供相同外观设计的配件或更换件。事实已经证明业界不能就配件的权利用尽问题达成一致意见，因此现在正是通过这种立法的合适时间，这种立法上的变化也将有利于消费者。[①]

2007 年 11 月，欧盟委员会第一次审议了法律事务委员提出的关于汽车配件和机械部件外观设计保护的议案。议案提议全面开放配件二级市场的竞争，提供配件的行为将不侵犯外观设计权，该议案还规定了 5 年的过渡期。

2004 年的建议虽得到了欧盟经济和社会委员会和议会的谨慎支持，但最终因理事会内部未达成一致而在 2012 年被撤回。

《外观设计条例》第 110 条中的修理条款并没有明确只限于“必须匹配”的配件，对于像汽车轮毂、车灯等独立产品是否属于汽车的配件而受上述规定的约定，欧盟不同的国家、企业及法院长期存在不同的认识。[②] 奥迪、保时捷等汽车企业以及德国政府认为，《外观设计条例》第 110 条中的“修理”条款仅适用于受保护设计依赖于其外观的复杂产品的零部件，即零件其形状是固定的，因此该规定不能涵盖汽车轮辋。但一些汽车零部件厂家以及意大利、荷兰等国政府认为，“修理”条款的适用不限于固定形状的、原则上不可改变的由复杂产品的外观决定的零部件，也适用于客户可自由选择的零部件，因此该条款可能涵盖汽车轮辋。

欧盟法院在 2017 年 12 月 20 日判决的 Acacia 案[③]中对《外观设计条例》第 110 条的规定进行了解释。本案中，奥迪公司就汽车车轮轮辋拥有多项共同体外观设计。Acacia 公司用自己的商标生产汽车车轮轮辋，其外观有的与奥迪公司的外观设计相似。Acacia 在产品上标明

---

① Proposal for a Directive amending Directive 98/71/EC on the legal protection of designs, COM/2004/0582 final—COD 2004/0203.

② Jos Dumortier et al., *Legal review on industrial design protection in Europe*, *Publications Office of the European Union*, 2016, p. 139.

③ Cases C – 397/16 and C – 435/16 Acacia Srl v. Pneusgarda Srl and Audi AG & Acacia Srl and Rolando D'Amato v. Dr. Ing. h. c. F. Porsche AG ECLI:EU:C:2017:992.

“非 OEM”,并作为汽车维修的配件销售。奥迪公司在意大利米兰法院向 Acacia 提起诉讼,主张该公司侵犯了其共同体外观设计。就《外观设计条例》第 110 条规定的修理例外是否可以排除对汽车轮辋外观设计的保护,米兰法院提交给欧盟法院裁决。欧盟法院认为,如果某一产品构成复杂产品的组成部分,并且用于修复该复杂产品,以恢复复杂产品的原始外观,当该产品的外观独立于复杂产品的外观时,则共同体《外观设计条例》中的“修理”条款并未排除该产品受共同体设计保护;当该部件具有与复杂产品投放市场时最初包含在其中的部件相同的视觉外观时,则共同体《外观设计条例》中的“修理”条款排除该产品受共同体设计保护。另外,欧盟法院还指出,复杂产品部件的制造商或销售商如果依据《外观设计条例》第 110 条中的修理条款主张免责,还有义务确保下游用户遵守该条款中规定的条件,即明示并通过合同约束下游用户,该产品包含了他人的外观设计,该产品旨在专门用于修复复杂产品,以恢复其原始外观。

欧盟法院的上述认定,将《外观设计条例》第 110 条中的修理条款的重点从材料范围转移到配件制造和销售的目的,使修理条款的范围受到修理目的的限制。同时,欧盟法院也对配件生产者提出了要求,即要求配件生产者援引修理条款例外时也必须遵守《外观设计条例》第 110 条规定的条件,防止将配件用于非修理的目的和用途。总体来说,这一认定保护了配件外观设计,限制了兼容配件生产者免责的条件。该判决做出后,有的法院严格执行欧盟法院认定的标准。例如,德国最高法院在 Kraftfahrzeugfelgen Ⅱ案[①]中认定,配件生产者只标注自己的商标和“非 OEM”标识,还不符合欧盟法院的标识要求。总体来说,Acacia 案使配件是否会侵犯外观设计权的规则更加明确,市场可见配件(如轮辋和轮毂盖)的范围更加丰富。与此同时,可见部件仍会在欧盟知识产权局注册为共同体外观设计。配件制造商网站上的一般合同条件表明,他们试图履行 Acacia 案裁决中对援引修理条款者施加的信息义务。他们现在通知客户,所提供的产品(轮辋)仅用于维修目的,即更换车辆的一个或多个车轮以恢复其投放市场时的原始外观。[②]

---

① BGH, I ZR 226/14, GRUR 2018, 1246 – Kraftfahrzeugfelgen Ⅱ.

② Dana Beldiman, *Spare Parts and Design Protection – Different Approaches to a Common Problem. Recent Developments from the EU and US Perspective*, GRUR International, Vol. 69, Issue 7, p. 673 – 692 (2020).

第十四章　植物新品种保护

第一节　欧盟植物新品种保护简介

一、欧盟植物新品种保护制度

育种者对植物品种给予保护的需求由来已久。开发一种新的具有商业价值的植物品种，通常需要很长的时间和复杂的劳动。一般来讲，成功开发一个植物新品种需要10年到20年的时间，更多的情况下则是投入的劳动没有成果，开发工作以失败告终。由于植物品种可以通过繁殖不断种植，一旦育种者将植物品种研制成功并提供给他人，如果没有法律的特殊保护，他人就可以自行生产和种植该植物品种，这样育种者的付出将得不到真正的回报。因此，自20世纪以来，如何保护育种者权利就成为一个需要解决的问题。

最初，育种者试图通过专利法来保护其权利，但由于存在诸多法律和技术的障碍很难实现。后来，一些国家开始授予育种者特别权利，使其对某一植物品种享有独占权。例如，德国于1930年制定了《保护培育的植物品种和种子法》，荷兰于1941制定了《育种者法》。直到1961年《保护植物新品种国际公约》通过后，植物新品种的保护进入了一个新的阶段。

目前，在欧洲现行有效的植物新品种保护制度主要包括《保护植物新品种国际公约》、《与贸易有关的知识产权协议》和《共同体植物品种权条例》，本节将针对这三个条约作简单介绍。

二、《保护植物新品种国际公约》的规定

《保护植物新品种国际公约》是国际间有关保护植物新品种的一项专门协定。公约于1961年12月2日签订，1968年生效，并由适用本公约的国家组成保护植物新品种联盟（International Union for the Protection of New Varieties of Plants，UPOV）。公约对各种植物种类都适用，但每种新品种必须命以便于识别的名称。新品种须按公约标准经过审查，符合规定标准，才能得到保护。取得保护后，植物新品种培育者就有权制止他人未经同意生产这种新品种的繁殖材料，或为销售提供这类材料。

该公约已经过1972年、1978年和1991年多次修订，形成了1961年、1978年和1991年三个文本。1991年文本进行了重大修改，该修改是在相关利益群体进行了深入的争论后通过的，该文本将对植物品种的最短保护期（分别从以前的15年和20年）增加到20年（藤本植物和乔木是25年），对农民的权利采取更多的限制。

现在UPOV成员国有的适用1978年文本，有的适用1991年文本。欧洲虽然也有一些国

家没有适用1991年文本。但是,由于欧共体理事会按照UPOV1991年文本制定的《共同体植物品种权条例》在整个欧共体范围内生效,因此,实质上绝大多数欧盟国家已经接受了UPOV1991年文本,并将其规定在国内立法中。

在1978年文本及之前的文本中,有关于禁止植物新品种权和专利权双重保护的规定,即第2(1)条的规定:“联盟各成员国可通过授予专门保护权或专利权,承认本公约规定的育种者权利。但是,对这两种保护方式在本国法律上都予认可的联盟成员,只能对一个或同一个植物属或种提供其中一种保护方式。”正是由于上述规定,《欧洲专利公约》规定不对植物新品种授予专利权。1991年文本则取消了禁止双重保护的规定,但是《欧洲专利公约》并未做相应的修改。因此,目前在欧盟国家,植物新品种只能获得植物新品种权,而不能获得专利权。但是,如前文第十一章所述,符合《生物技术专利指令》规定的植物品种,仍有可能获得专利保护。

三、《与贸易有关的知识产权协议》的规定

《与贸易有关的知识产权协议》第27(3)条涉及植物新品种的保护:

> 各成员还可以将下列各项排除在可享专利性以外,
>
> “……(b)植物和动物(微生物除外),和生产植物或动物的主要生物学方法(非生物学方法和微生物学方法除外)。但是,各成员应当规定依专利或依有效的特别制度,或依二者的结合,保护植物的品种。本项规定在世界贸易组织协定生效之日以后4年应予以审查”。

根据上述规定,《与贸易有关的知识产权协议》成员应通过专利或特别权对植物品种给予保护。由于《欧洲专利公约》禁止通过专利保护植物品种,因此,欧盟成员国通过特别权利保护植物新品种。

四、《共同体植物品种权条例》

在共同体范围内,欧共体委员会一直积极寻求欧盟植物品种的统一保护。1994年7月27日,欧共体理事会通过了EC 2100/94《共同体植物品种权条例》①(Community Plant Variety Right, CPVR),并于1994年9月1日生效,该条例的最新版本是2008年修订版。该条例改变了欧盟植物新品种保护的框架,是按照UPOV1991年文本起草的。CPVR的目的是建立与国内植物新品种保护制度并存的共同体保护制度,根据CPVR授予的共同体植物新品种权,在共同体范围内具有统一的效力。2009年,欧盟专门制定了针对EC 2100/94的EC 874/2009《共同体植物品种权条例实施细则》,细则的最新版本是2016年修订版。

欧共体植物品种局(Community Plant Variety Office, CPVO)成立于1995年4月,总部设在法国昂热,是一个具有法人地位的欧共体下属组织,其监督机构是由各成员国代表和欧盟

---

① 即EC 2100/94条例,该条例制定后已经经过了多次修改,本书所引用的内容,如无特别说明,指的是2007年12月20日修订后的内容。

委员会代表组成的行政理事会。该行政理事会的主要职责是为 CPVO 制定基本方针政策,组建预算部门,并监督 CPVO 的各项活动。目前,CPVO 的行政部门主要包括四个部分:行政部、财务部、技术部、人力资源部。①

CPVO 的成立并不是为了取代或统一各成员国的植物品种保护机构,而是与各国的植物品种保护机构平等共存。任何在欧盟有经常居所或营业所的人都可以用欧共体 11 种工作语言的任何一种直接向 CPVO 递交申请,也可以向某个成员国的植物品种保护局提出申请,受理申请的成员国的植物品种保护局将采取必要措施将申请转至 CPVO。在欧盟没有经常居所或营业所但是来自国际植物新品种保护联盟成员国的申请人可以指定欧盟境内的代理人进行申请。

2020 年,CPVO 收到共同体植物新品种权申请 3427 件,共授权 2978 件。至 2020 年年底,有效的共同体植物新品种共有 29,010。② 从 1995 年到 2020 年的 25 年中,CPVO 处理了约 72,000 份申请,并授予了超过约 56,500 项权利。目前,CPVO 保护的植物品种有约 29,000 个。③

CPVO 还设立了复审委员会(Board of Appeal),负责处理共同体植物品种权的无效、强制许可、异议以及拒绝授权等上诉案件的审理。④ 复审委员会并非常设机构,而是在必要时组成。复审委员会主席由欧盟理事会确定,而复审委员会的合格成员由 CPVO 行政理事会确定。⑤ 在处理案件时,由复审委员会主席从合格成员国选择其他两个成员(在特殊情况下也可以选择更多成员)。复审委员会可以行使 CPVO 的所有职能,可以决定将案件发回重新做决定。

第二节 共同体植物新品种权的授予

一、《共同体植物品种权条例》适用的对象

《共同体植物品种权条例》适用的对象是植物品种(plant variety)。对于"品种"的范围,《共同体植物品种权条例》第 5(1)条规定:所有植物属(genra)或种(species)的品种以及包括属和种之间的杂交品种都属于 CPVR 保护的客体。

对于"品种"的含义,《共同体植物品种权条例》第 5 条第 2 项作了如下界定。

"品种"系指已知最低一级植物分类单元中的一个植物分类,不论授予育种者权利的条件是否充分满足,分类可以是:

---

① CPVO Annual Report 2020.

② CPVO Annual Report 2020.

③ Martin Ekvad, The CPVO and the EU – wide system of plant variety protection, https://cpvo. europa. eu/en/news – and – events/articles/stockholm – intellectual – property – law – review – cpvo – eu – wide – system – plant – variety – protection, 2021 年 12 月 18 日访问。

④ 《共同体植物品种权条例》第 67 条。

⑤ 根据欧盟理事会 2020 年 9 月的决定,申诉委员会的合格成员有 20 名,从 2021 年 1 月起任期 5 年。

——通过某一特定的基因或基因组合的特征的表达来下定义。

——由于表示至少一种所说的特性,因而不同于任何其他植物分类。

——经过繁殖后其适应性未变,被认为是一个分类单元。

上述定义是与 UPOV 第 1 条的规定相同的,与 UPOV 不同的是,《共同体植物品种权条例》又明确了以下两点:

第一,"品种"中所说的植物分类,既包括整个植物,也包括能够繁殖为整个植物的植物部分。整个植物和上述部分植物,都称为植物成分(plant constituents)。①

第二,"品种"定义中所说在同一种植物成分中的特性表达,既可以是可变的,也可以是不可变的如果变化的程度来源于基因或基因组合。因此,如果某一植物品种与其他植物品种不同,而这一品种自身的某些特性存在差异,这并不妨碍它作为植物品种受到《共同体植物品种权条例》的保护。②

二、植物品种受保护的条件

共同体植物品种受保护的实质条件与 UPOV 相似,即具有特异性(distinct)、一致性(uniform)、稳定性(stable)和新颖性(new),另外还必须可以通过命名来确定。③ 但是,在表述的顺序上,《共同体植物品种权条例》将新颖性作为最后一个条件,而在 UPOV 中它是第一个条件。

(一)特异性

1.《共同体植物品种权条例》关于特异性的规定

一个植物品种,通过来源于基因或基因型组合,而与在申请日公知的品种有明显区别,则认为该品种具有特异性。④

与 UPOV 不同的是,《共同体植物品种权条例》还规定了"公知品种"情形:已在共同体或成员国或在具备相应能力的政府间组织获得植物品种权或进入正式登记;已经申请植物品种权或申请进入正式登记,而这种申请最后导致授权或获得登记。可见,《共同体植物品种权条例》作了类似"抵触申请"的规定。

2. 关于特异性的案例

CPVO 复审委员会 2020 年审理的 Griba 案⑤涉及特异性认定的标准。Griba 于 2011 年 7 月提交的植物品种申请被 CPVO 以缺乏特异性驳回,Griba 提了复审,认为原检测报告中的修剪方法和检测地点不合适,影响了对特异性的判断。复审委员会认为,不是检测点的位置或修剪方法阻止了候选品种"Stark Gugger"与常识品种"Jeromine"的区别。这两个品种都来自同一突变体"Red Delicious",因此它们之间的遗传差异非常小,通常无法通过脱氧核糖核酸

---

① 《共同体植物品种权条例》第 5(3)条。

② 《共同体植物品种权条例》第 5(4)条。

③ 《共同体植物品种权条例》第 6、17 条。

④ 《共同体植物品种权条例》第 7(1)条。

⑤ Case A008/2018, 24/1/2020. Griba Baumschulgenossenschaft landwirtschaftliche Gesellschaft v. CPVO.

指纹图谱进行测量。事实上，亲本突变品种“Red Delicious”是从绿色/红色“Delicious”品种中挑选出来的，因为它的果实呈深红色。选择“Stark Gugger”和“Jeromine”是因为水果颜色更深，呈紫色。来自相同初始亲本品种的突变体的果实颜色差异难以区分，有时这些突变体的表型甚至相同。

CPVO 复审委员会审理的 ENARA 案①涉及特异性问题。1995 年 6 月 26 日，S & G 公司提出共同体植物品种权申请，并将产品命名为 ENARA。而在 1993 年 9 月，该申请人曾在荷兰申请过命名为 EDURNE 的植物品种，并且 1995 年 1 月登记在荷兰国家目录中，ENARA 产品也于 1994 年 7 月投放荷兰市场。EPVO 以缺少特异性为由驳回了申请人的申请，理由是 ENARA 与 EDURNE 没有明显区别。复审委员会认为，根据《共同体植物品种权条例》的规定，植物品种权登记只是被公知的一种情况。认定公知的关键因素是普通公众有机会了解要求保护的品种的特性，在该案中这一条件是符合的，EDURNE 已经进入荷兰国家目录。而对于 ENARA 与 EDURNE 的区别，复审委员会依据西班牙的检索报告，认为二者并没有明显区别。因此，植物品种权申请被驳回。

2004 年 9 月，CPVO 以缺乏特异性为由驳回了命名为 Sumcol 01 的植物品种权申请，申请人上诉到复审委员会。对比品种是从南非 Kirstenbosh 的植物园送到德国的审查办公室的，申请人认为，虽然对比品种就是 Sumcol 01，但它是从 Kirstenbosh 的私人花园采摘的，因此该品种并不是公知的。复审委员会认为，用于对比的品种并不是 Sumcol 01，它与 Sumcol 01 存在差别，但没有明显区别，并且对比品种在申请日是公知的。因此，Sumcol 01 并不具有特异性。申请人起诉到欧盟普通法院。欧盟普通法院于 2008 年 11 月 19 日作出了判决。欧盟普通法院驳回了申请人的起诉，理由是没有充分的根据质疑 CPVO 根据技术审查结论所做的认定，而技术审查结论已经认定对比品种与 Sumcol 01 没有明显区别。复审委员会还认为，南非政府等部门出具的意见，确认了对比种品种已经公知的事实。

此案中欧盟普通法院的观点具有重要意义。欧盟普通法院明确表明，确定一个植物品种是否存在特异性特征是一个科学的、技术性的复杂工作，主要通过技术审查作出结论，司法审查的范围很有限。②

（二）一致性

1.《共同体植物品种权条例》关于一致性的规定

《共同体植物品种权条例》关于一致性的定义与 UPOV1991 年文本非常相似。UPOV1991 年文本第 8 条规定：一个品种从其繁殖的特殊性能可预期其变异，如果其有关的特性足够一致，则该品种应认为一致。而《共同体植物品种权条例》的表述与此稍有区别，《共同体植物品种权条例》第 8 条规定：

一个品种的特殊性通过繁殖可以预期其变异，如果包括在特异性审查中的特性表达以及其他用于描述该品种的内容能够一致，则应认为该品种具有一致性。③

---

① A 001/1999.

② CPVO Annual Report 2008.

③ 《共同体植物品种权条例》第 8 条。

不同之处在于,UPOV 只要求“有关的特性”足够一致,而《共同体植物品种权条例》则要求“包括在特异性审查中的特性表达,以及其他用于描述品种的内容”要足够一致。也就是说,《共同体植物品种权条例》对什么是“有关的特性”进行了界定,说明 CPVO 在考虑一致性时关注的是有形的、可见的特征,而不是与基因结构以及其他不可见特点的一致性。

2. 涉及一致性的案例

CPVO 复审委员会 2016 年裁决的 Schniga 案①,涉及一致性的检测。申请人于 2009 年 9 月 17 日就“Gala Schnico”申请了品种权。在审查过程中,申请人要求额外 1 年的测试,声称在候选品种的样品中观察到的水果着色缺乏均匀性可能是由于繁殖材料的差异而不是由于品种的遗传结构。CPVO 未同意并最终驳回了申请人的申请,复审委员会认为,技术审查是根据相关的技术协议,并且为支持驳回决定而提供的信息是充分的。繁殖材料中任何所谓的差异都是无关紧要的,因为只有在测试不正确的情况下才允许延长试验,而“Gala Schnico”品种则不是这种情况。CPVO 的做法并未违反平等待遇原则。

CPVO 复审委员会 2019 年裁决的 Bejo Zaden 案②,涉及一致性的标准。2017 年 4 月 25 日,申请人(Bejo Zaden BV)就马铃薯“Oliver”提交了一份植物品种申请,并提了在国内授权时的 DUS(特异性、一致性和稳定性)检测报告。CPVO 认为缺乏一致性拒绝授权。申请人请求复审委员会复审,称 CPVO 没有对《共同体植物品种权条例》第 8 条关于候选品种的一致性提供正确的解释。一致性受制于可从传播的特定特征中预期的变化,CPVO 没有考虑到候选品种是杂交种子繁殖的马铃薯品种(因此在特征表达方面具有更高程度的可变性)这一事实,因此,拒绝授予 CPVR 被认为是没有根据的。复审委员会承认“Oliver”代表了一种新型马铃薯品种,新品种的 DUS 测试与任何其他品种的测试原则上没有区别,但是,新品种可能需要考虑其他因素。就杂交品种而言,根据遗传和环境对特征表达变异的影响所导致的具体情况设定一致性的容许限度。在没有可比品种的情况下,复审委员会考虑了具有相似遗传结构的其他物种的品种,例如玉米和韭菜。然而,“Oliver”的变异被认为更高。即使考虑到上述情况,复审委员会仍然认为,“Oliver”在其传播的特定特征中,在表达技术中观察到的特征方面不够统一。虽然还不能确定精确的一致性阈值,但适当的阈值必须比候选品种中发现的变异水平更严格。由于所述高度变异,对“Oliver”品种授予保护将提供不合理的广泛保护范围。因此,复审委员会驳回了申请人的复审请求。

CPVO 复审委员会 2006 年 6 月裁决的 David R. Tristram 案③,也涉及一致性问题。2001 年 12 月,David R. Tristram 就 WALFRASUN 申请共同体植物品种权,该品种属于桂竹香,技术审查由德国的审查部门进行,该审查部对 30 株成熟植物进行检验。检验报告载明:其中 13 株植物紧凑茂密,叶片色素较轻;其中 17 株分散枯黄,叶片色素较重。CPVO 据此以缺乏一致性为由驳回了申请,申请人提出复审请求。请求人认为,用于检验的 30 株植物分为两排,其中一排明显染病,而另一排是健康的。两排植物出现的差异是地面条件所致,而不是基因问题。复审委员会认为,审查检验报告正确反映了送检样品的状况,但不能说明复审委员会这

---

① Case A005/2014,22/4/2016.

② Case A007/2018,17/05/2019.

③ CaseA 5/2004,16/06/2006.

一检验是没有问题的,因此不能作为驳回申请的根据。复审委员会认为,检验植物的一个主要原则是将确定的样品随意排列。但是,检验报告中的照片显示,两排样品存在明显差异,左边一排比右边一排小很多。如果是随意排列,因基因不同而出现两排样品的差异即使不是绝对不可能的,也是几乎不可能的。两排样品出现如此差异的原因可能是受到病虫害或其他外界因素的影响。因此,复审委员会决定,CPVO 对申请的品种重新检验并重新作出决定。

(三)稳定性

1.《共同体植物品种权条例》关于稳定性的规定

《共同体植物品种权条例》关于稳定性的定义,也与 UPOV 的定义非常相似。

UPOV 第 9 条的规定是:如果一个品种经过反复繁殖有关特性保持不变,或者是经过一特殊繁殖周期后,在每个周期末尾其有关特性仍保持不变,这个品种就被认为是具有稳定性的。

《共同体植物品种权条例》规定:如果一个品种经过反复繁殖后,或者是经过一特殊繁殖周期后,在每个周期末尾,包括在特异性审查中的特性表达,以及其他用于描述品种的内容保持不变,这个品种就被认为是稳定的。[①]

与关于一致性的定义相同,《共同体植物品种权条例》将 UPOV 中的"有关特性"明确为"包括在特异性审查中的特性表达,以及其他用于描述品种的内容"。

2. 涉及稳定性的案例

UPOV 复审委员会 2016 年审理的 RENV Ralf Schräder 案[②],涉及一致性的问题。1996 年 9 月 5 日,申请人申请了植物品种"Lemon Symphony",属于非洲雏菊(osteospermum ecklonis),并于 1999 年 6 月获得授权。2004 年 10 月 26 日,无效请求人以缺乏稳定性为由提出无效请求,理由该品种不再符合其 1997 年登记的官方描述。CPVO 拒绝了该请求。品种权人向复审委员会提出复审,复审委员会驳回了复审。复审委员会认为,对品种特征的描述可能会发生变化,这取决于许多因素。植物品种由生命物质组成,就非洲雏菊而言,所描述的特征的容差范围相对较高,因为检查通常只进行 1 年以上的测试并在室外进行,因此与在温室中进行的检查相比,会导致更大的变化。关于"嫩枝的形态"特征的 3 个描述的差异,可以通过下述事实进行解释,1997 年没有开发出该特征的示例品种。特征描述的变化通常是由于环境条件造成的,以非洲雏菊为例,除了是户外栽培的品种,因此受环境因素影响较大,1997 ~ 2005 年,常识品种的数量大幅增加也是原因之一。因此,"Lemon Symphony"的基本特征被认为是稳定的。

(四)新颖性

1.《共同体植物品种权条例》关于新颖性的规定

《共同体植物品种权条例》关于新颖性的标准与 UPOV 相同,宽限期也相同。即如果在

---

① 《共同体植物品种权条例》第 9 条。

② Case A007/2007,02/09/2016.

申请日前符合下列情况,就说明申请的植物品种是具有新颖性的。

> 在根据第51条所确定的申请日,如果该品种成分或收获的材料尚未售出,该品种应当被认为具有新颖性;或者由育种者或经育种者同意处置给他人开发,但符合下列条件的,也应当被认为具有新颖性:(i)处置行为在前述申请日前1年内发生在共同体地域内;(ii)处置行为在前述申请日前4年内,或对于树木或藤本植物在前述申请日前6年内,发生在共同体地域外。

可见,关于新颖性的规定,除一般的原则外,宽限期具有重要的意义。有了宽限期的规定,育种者可以先验证品种的价值,然后再申请品种权,而不必担心一旦投放市场就丧失新颖性。

另外,根据《共同体植物品种权条例》关于过渡期条款的规定,如果申请是在该条例生效(1995年9月1日)日起1年内作出的,则在共同体内以品种开发为目的处置行为的宽限期为条例生效日起的4年,对树木或藤本植物而言为6年。① 另外,为鼓励国内品种权人申请共同体植物品种权,这些过渡期还适用于在《共同体植物品种权条例》生效前,植物品种权已经在一个或多个成员国授权的植物新品种。②

关于什么样的处置行为可能损害新颖性,《共同体植物品种权条例》也进行了界定。该条例强调只有与商业收益有关的行为才视为可能损害新颖性的"处置"行为。

第一,如果育种者将品种材料交给法定官方机构,基于合同或其他合法关系确定的其他组织,其目的只是为了繁殖、再繁殖、增殖、养护或储存,而育种者保留了处置这些材料以及其他品种材料的独占权,并且没有其他的处置行为,则不认为构成破坏新颖性的处置。③ 如果育种者与第三方签订了培育或检测品种的合同,则不构成处置行为。但育种者必须保留处置品种材料的排他性权利,第三人不能处置或出售该品种。如果第三人重复地使用母本品种的品种材料生产杂交品种,然后处置品种材料或杂交品种的收获物,将损害母本品种的新颖性。

第二,公司或企业将品种材料交给同一个经济体的公司或企业,或者一方完全属于另一方的情况下,不构成破坏新颖性的处置。④

第三,当为了实验目的在农场种植品种材料或收藏物,或为了培育其他品种种植而不是繁殖或增殖,则将不认为是为了商业目的使用。⑤

2. 关于新颖性的案例

欧盟普通法院2019年审理的Pink Lady America LLC v. CPVO案⑥涉及新颖性的宽限期。1995年8月29日,申请人西澳大利亚农业局(Western Australian Agriculture Authority)为苹果品种"Cripps Pink"向CPVO提交了CPVR申请,并于1997年获得授权。2014年6月26

---

① 《共同体植物品种权条例》第116(1)条。
② 《共同体植物品种权条例》第116(2)条。
③ 《共同体植物品种权条例》第10(2)条。
④ 《共同体植物品种权条例》第10(2)条。
⑤ 《共同体植物品种权条例》第10(3)条。
⑥ Case T-112/18,24/9/2019.

日，Pink Lady America LLC（无效请求人，后来向复审委员会提出上诉）以缺乏新颖性为由提出无效请求，称该品种已经在1985年和1992年7月1日之前在澳大利亚商业化。对于适用《共同体植物品种权条例》第116条过渡性制度的申请，申请日期必须在《共同体植物品种权条例》生效后1年内。CPVO和复审委员会驳回了无效申请，认为申请人没有证据表明该品种在《共同体植物品种权条例》生效之日之前6年在欧盟范围内有任何销售或处置行为。欧盟普通法院支持了这种认定，欧盟普通法院认为，由于本案中的申请是在《共同体植物品种权条例》生效后1年内提交的，因此有两个宽限期：对于在欧盟境内的品种的销售和处置行为，宽限期为《共同体植物品种权条例》生效前6年；对于在欧盟以外销售或处置该品种的行为，宽限期为提交共同体植物品种权申请前6年。

欧盟普通法院在2019年审理的KIKU GmbH v. CPVO案[①]中，认定争议的行为不构成商业性处置。案中的植物品种是1995年申请的苹果品种Pinova。无效宣告请求人主张在1986年6月5日该品种就在市场上销售，并提交了当时网站的广告和权利人的宣传册。权利人称，当时这些品种仅提供给某些授权种植者，仅用于测试目的，并且这种情况不属于《共同体植物品种权条例》第10条第2款的范围。CPVO和复审委员会驳回了无效申请，无效申请人向欧盟普通法院起诉。欧盟普通法院分析了相关证据的证明力，即发票、送货单、营业额报表、买家证词和传单等。最后，法院认定，这些证据只能证明权利人的行为是对品种的测试活动，不涉及为利用品种而将材料出售或处置给第三方，不会使涉案品种因缺乏新颖性而无效。

复审委员会2008年裁决的A 009/2008案中认定争议的行为构成商业性处置。2004年12月，申请人就名为Barberina的植物品种申请植物品种权。但是，该品种在2002年就在市场上出现。申请人解释是2002年只是将品种交给西班牙几个政府组织做研究用，CPVO接受了这种解释并授予了专利权。2006年12月，有人向CPVO提出了无效宣告。无效的理由是申请人已经在申请日1年前对该品种进行了商业性处置，CPVO宣告该品种权无效。2008年6月，申请人提出了复审请求，其中的理由之一是2002年的处置是为了试验目的。对此，复审委员会分析了有关发票、证言、期刊上发表的文章、有关公共机构提供的报表，认定在2001～2002年有11,500株Barberina销售，2003～2003年有16,750株植物销售。复审委员会认为，《共同体植物品种权条例》关于新颖性的规定，从性质上来说是关于质的规定，而不是关于量的规定。也就是说，它指的不是销售或处置了多少数量，而是是否有销售的事件。申请人在2002年销售的数量足以种植25公顷，显然超出了政府机构进行研究和试验所需要的数量。最后，复审委员会以不符合新颖性规定为由，驳回了复审请求人的请求。

三、共同体植物品种权的权利人

种植或发现并开发品种的人是《共同体植物品种权条例》规定的享有品种权的人，如果上述行为是由一个以上的人完成的，则共同拥有权利。如果某一人发现，而其他人开发了它，则共同享有权利。[②] 如果育种者和其他人书面声明共同拥有植物品种权，则品种权归各方共有。如果雇员是育种者，则根据其国内法确定谁是权利人。当共同体植物品种权共同授予两个以

① Case T－765/17，11/4/2019.

② 《共同体植物品种权条例》第11条。

上的人时,其中一个或多个权利人可以通过书面声明授权其他权利人主张所有者的权利。

《共同体植物品种权条例》曾对申请人的资格进行限制,该条例原第 12 条规定,只有共同体或 UPOV 公约的自然人、法人,或在上述国家拥有住所或营业所的自然人或法人,才可以申请共同体植物品种权。2007 年 12 月 20 日,欧盟理事会通过了第 15/2008 号条例,对《共同体植物品种权条例》第 12 条进行了修改,取消了对申请主体的资格限制,修改后的第 12 条为:任何自然人、法人或根据其准据法被认为是法人的团体,都可以申请共同体植物品种权。两个或两个以上的上述主体可以共同提出申请。

四、共同体植物品种权的申请程序

根据《共同体植物品种权条例》和欧盟委员会第 1239/85 号条例的规定,共同体植物品种权的申请和授权程序主要包括:

(一)申请

申请人可以直接向 CPVO 提出共同体植物品种权申请,也可以向分部或国家局提出申请。但在向分部或国家局提出申请的情况下,申请人应在两周内向 CPVO 报告申请信息。[①]

在申请人按照当局的有关规则的规定并交纳费用的情况下,CPVO 收到有效申请的日期为申请日。[②]

在共同体成员国或 UPOV 成员国提出申请的 12 个月内,申请人又就同一品种申请品种权的,以先提出申请的日期为优先权日。[③]

(二)审查

CPVO 收到申请人的申请后,进行三个步骤的审查。第一个步骤是形式审查。第二个步骤是实质审查,主要审查申请的品种是否具有新颖性,是否属于条例所说的品种,命名是否合适等。第三个步骤是技术审查,审查申请的品种是否具有特异性、稳定性和一致性。技术审查由 CPVO 指定的国家局进行。在审查过程中,第三人可以提出反对意见,但反对意见不能针对申请人主体存在的问题提出。

(三)命名

CPVO 决定授予品种权后,就要审查申请人对品种的命名是否合适,以确定是否批准命名。如果存在以下情况,命名是不合适的:第三方在共同体范围内对该名称拥有在先权利;通常会导致使用者难以识别和再生产;与其他品种名称相同或可能导致混淆;与市场上通用或法律规定禁用的标志相同或可能导致混淆的;有可能冒犯一个成员国或违反公共利益。

复审委员会 2005 年 7 月 18 日裁决的 A4/2004 案件涉及命名的问题。案中,申请人就

---

① 《共同体植物品种权条例》第 49 条。

② 《共同体植物品种权条例》第 51 条。

③ 《共同体植物品种权条例》第 52(1)条。

Gynosemma Pentaphyllum 申请了一个新品种，并命名为 GINPENT。第三人提出异议，称 GINPENT 只是 Gynosemma Pentaphyllum 的缩写，且申请人已将 GINPENT 作为商标来使用。根据意大利的相关法律规定不能使用商品名称代替商标，因此反过来商标也不能用作品种名称。另外，GINPENT 会导致其与 Gynosemma Pentaphyllum 以及其他物种的混淆。复审委员会认为，异议人既不能证明 GINPENT 就是 Gynosemma Pentaphyllum 的通用缩写，也不能证明以后将成为 Gynosemma Pentaphyllum 的通用缩写。复审委员会还认为，GINPENT 与 Gynosemma Pentaphyllum 在音、形、义三方面都存在较大差别，并不会导致与 Gynosemma Pentaphyllum 产生混淆。虽然品种名称应是一类植物的名称，品种权人应当用可明显区别的方式为植物品种命名，使其不至于与该属内的其他品种相混淆，而不能用商标来代替品种名称。品种名称只是描述该植物特点的产品名，而商标的作用则在于其识别商品来源的特性，如果将品种名称作为商标使用，就失去了其识别作用。因此，商标与品种名称的特性决定了二者是不能互换的。但是，违反上述立法并不会导致申请人必须修改植物品种权名称，因为修改名称的理由已经在《共同体植物品种权条例》第 63(3)条列明，它并不包括本案所说的情况。因此，复审委员会驳回了异议人的异议。

(四)无效、复审和起诉

对于已经授权的共同体植物品种权，如果在授权时该品种就不符合授权的条件，CPVO 可以宣告该品种权无效；如果在授权后该品种已不符合一致性和稳定性的条件，CPVO 可以撤销该品种权。①

针对 CPVO 就植物品种申请作出的绝大多数决定，当事人均可以提出复审请求。进入复审程序后，原来的程序将中止。

复审由复审委员会进行，当事人不服复审委员会的决定的，可以向欧盟普通法院起诉。

第三节 共同体植物品种权的效力和保护

一、共同体植物品种权与其他权利的关系

《共同体植物品种权条例》是欧共体的一个条例，它并不要求成员国按照条例修改其国内法。因此，《共同体植物品种权条例》并没有协调各成员国关于植物品种保护的法律。各成员国依据其国内法就植物品种授予的知识产权仍然有效。② 但《共同体植物品种权条例》禁止对植物品种进行双重保护。一旦获得共同体植物品种权，权利人就不能再在成员国申请植物品种权或专利权保护。否则，其在成员国获得的权利将失去效力。如果之前已经在成员国获得植物品种权或专利权，则在共同体植物品种权有效期间，权利人不能行使其在国内获得的相应权利。③

---

① 《共同体植物品种权条例》第 20、21 条。

② 《共同体植物品种权条例》第 3 条。

③ 《共同体植物品种权条例》第 92 条。

二、共同体植物品种权的保护范围

(一)相关规定

1. 共同体植物品种权的基本保护范围

共同体植物品种权授权后,涉及品种材料及其收获物的下列行为,必须取得品种权人的许可:生产或再生产;为了繁育而准备(conditioning);许诺销售;销售;向共同体外出口或进口到共同体内;为上述目的储存。①

上述规定应当适用于收获物,共条件是该收获物是未经许可使用受保护品种的品种材料得到的,并且育种者没有合理机会对品种材料行使权利。②

2. 对通过品种材料直接获得产品的保护

在特殊情况下,对品种权的保护延及使用该品种直接得到的产品,如果这种产品是未经许可而生产,并且育种者没有合理机会对品种材料行使权利。③

3. 对实质派生品种的保护

对品种权的保护还适用于以下品种:实质上派生于受保护的品种,而其受保护的品种本身又不是派生品种;与受保护的品种相比没有特异性的品种;需要重复使用受保护的品种生产的品种。④

以下情况中的品种,可以认为是来源于另一品种(初始品种)的实质派生品种:直接从初始品种中选出的占主导地位的派生品种或从该初始品种的派生品种中选出的品种;与初始品种特异性一致但又有明显区别的品种;除派生性状有差异外,由初始品种基因或基因组合控制的基本品种特性的表达与初始品种相同的品种。⑤

上述规定,与 UPOV 的规定实质上是一致的。根据上述规定,实质派生品种也属于共同体植物品种权人的保护范围,但共同体植物品种权的保护不及于本条例生效前已经在共同体公知存在的派生品种。

(二)相关案例

1. Club de Variedades Vegetales Protegidas 案

欧洲法院审理的 Club de Variedades Vegetales Protegidas v. Adolfo Juan Martl'nez Sanchl's 案⑥涉及植物新品种权保护范围的确定,该案是由荷兰最高法院提交到欧洲法院的。Club de Variedades Vegetales Protegidas 是荷兰的植物品种权人,指控被侵犯其品种权。案中涉及名为 Nadorcott 的植物品种,被告从第三人处购买了树苗并种植,荷兰二审法院认为被告的行为不构成侵权。就本案中仅使用繁殖材料生产收获物是否属于《共同体植物品种权条例》第 13

---

① 《共同体植物品种权条例》第 13(2)条。
② 《共同体植物品种权条例》第 13(3)条。
③ 《共同体植物品种权条例》第 13(4)条。
④ 《共同体植物品种权条例》第 13(5)条。
⑤ 《共同体植物品种权条例》第 13(6)条。
⑥ C-176/18,19/12/ 2019.

(2)条规定的权利人的权利范围,荷兰最高法院提交到欧洲法院。欧洲法院审理认为,《共同体植物品种权条例》第13(2)(a)条和第13(3)条应当解释为意味着种植受保护品种并收获不太可能用作繁殖材料的果实的行为,在符合《共同体植物品种权条例》第13(3)条规定的情况下(未经许可使用受保护品种的品种材料得到收获物,并且育种者没有合理机会对品种材料行使权利时),需要获得与该植物品种相关的共同体植物品种权人的同意。

上述案件中,欧洲法院对涉及品种材料收获物的相关行为是否属于品种权人的权利范围进行了解释。欧洲法院首先将收获物界定为不太可能用作繁殖材料的果实,从而使其与繁殖材料区分来。欧洲法院将《共同体植物品种权条例》第13(3)条规定的收获物,界定为仅仅是指不太可能用作繁殖材料的果实。《共同体植物品种权条例》第13(2)条规定的"生产或再生产"等行为,既针对繁殖材料也针对收获物。但针对收获物主张权利时,必须符合《共同体植物品种权条例》第13(3)条的规定,即该收获物是从未经许可使用受保护品种的品种材料得到的,并且育种者没有合理机会对品种材料行使权利。

2. Blancanieves /Dangypmini 案

在 Blancanieves /Dangypmini[①] 案中,涉及两个品种 Blancanieves 和 Summer Snow 是不是 Dangypmini 的实质派生品种。该案是由荷兰法院判决的,但涉及欧共体植物品种权的保护范围。该案中,检测发现前两个品种与后一品种的基因非常相似,荷兰法院并不认为前两个品种是派生品种,该法院认为派生品种必须满足三个条件:第一,直接来源于某一初始品种,或来源于保留了初始品种基因或基因组合实质特性表达的派生品种;第二,与初始品种有明显区别;第三,除因派生导致的区别点外,它与初始品种的基因或基因组合实质特性表达相符。荷兰法院认为,第一个条件看起来好像所有的实质特点被传承下来,而第三个条件则要求除因派生而导致的变化外,所有实质特点被传承下来。第一个条件主要目的在于规定派生品种基因源于初始品种。因此,它并不要求一个实质派生品种应具备初始品种的所有实质特点,应当忽视因派生所导致实质特点的变化,而这种将实质特点分别看待的方法是很危险的。如果只看除了派生导致变化之外的所有实质特点,则可能会出现这种情况,一个受保护的品种的100个实质特点中99个在派生过程中发生了变化,因为有一个实质特点相同,因而它仍然符合第三个条件。因此,这种将实质性特性分别看待的方法是没有意义的。

根据上述理由,荷兰法院认为,一个在很大程度上来源于初始品种的植物品种,不一定就是实质派生品种。初始品种被用于繁殖新的品种不足以说明新的品种就是实质派生品种,只有在其差异不是实质性的时,才属于实质派生品种。最后荷兰法院还指出,将初始品种的保护延伸到实质派生品种,应视为有特异性的品种相互独立这一原则的例外,因此应对实质派生品种的范围进行限制性解释。Dangypmini 和 Blancanieves 在21个特点中有17个是不同的,"这些特点是在数量上和重要性上都是实质性的,因此,不能说这只是派生品种的少量差异。另外,当事人也没有证明,这些大量的差异仅仅是由于派生行为造成的"。因此,荷兰法院最后认定,所争议的两个品种并不是初始品种的派生品种。

这说明,仅仅通过种植使一种植物具有了另一种植物的基因,并不足以说明它是实质派生品种,它们还必须有大量实质相同的特性表达。

---

① 荷兰海牙法院的判决,UPOV Gazette No. 99, September 2005,第9~10页。

三、保护期限

共同体植物品种权保护期限一般为25年,藤本植物和树木品种以及土豆品种为30年。欧盟理事会还可以对于某些特定种类的品种再延长5年。①

四、权利限制

(一)权利范围的限制

共同体植物品种权的行使不能违反基于下列理由制定的条款:社会公德、公共利益和公共安全;保护人类、动物、植物健康和生命;保护环境;保护工业产权或商业财产;保护竞争、贸易和农业生产。②

(二)侵权例外

共同体植物品种权的效力不及于以下行为:私人的非营利性行为;为实验目的的行为;为了培育、发现或开发其他品种而从事的行为等。③

(三)权利用尽

权利人将受保护的品种材料在共同体范围内处置后,权利人在该材料中的权利将用尽。因此,品种权人自己或经其同意的其他人将品种材料投放市场后,品种权人不能就收获物或从收获物得到的产品主张权利。但是,权利人对于实质派生品种的权利并没有用尽。

出售受保护的植物品种并不意味着购买人有权进一步繁殖该品种,除非这些材料在处置时就是用于繁殖该品种的;出售受保护的植物品种并不意味着购买人有权将品种材料出口到不保护材料品种或不保护该品种所属类别的第三国,除非出口的材料是为了最终消费。④

(四)农民权利

《共同体植物品种权条例》允许农民将保护品种的收获物用于再种植。与UPOV相比,它的规定更详细。

《共同体植物品种权条例》第14(1)条授权农民在自己的土地上及在自己的控制下,为了繁殖的目的,使用通过自己种植而获得的品种繁殖材料。但不能使用杂交或合成品种。但这只适用于该条例第14(2)条规定的农作物。

《共同体植物品种权条例》还区分了小型和大型农场主。农民种植区域的产量低于92吨时,为小型农场主,不必向权利人支付补偿金。除此之外的大型农场主应支付补偿金,而补偿金的数额应明显低于同地区同品种的许可费。⑤

---

① 《共同体植物品种权条例》第19条。
② 《共同体植物品种权条例》第13(8)条。
③ 《共同体植物品种权条例》第15条。
④ 《共同体植物品种权条例》第16条。
⑤ 《共同体植物品种权条例》第14(3)条。

欧共体委员会1995年制定的EEC 1768/95条例对农民权的实施作了详细的规定。该条例规定了计算产量的方法，并对“小型农场主”的含义、补偿金数额的标准进行了界定。

五、强制许可

《共同体植物品种权条例》允许他人基于公共利益的原因，就共同体植物品种权申请强制许可。另外，该条例还增加了允许对阻止专利利用的植物品种权申请强制许可的规定。《共同体植物品种权条例》将UPOV第17条的规定引入，规定了对植物品种权进行强制许可的条件和程序。

（一）强制许可的理由

《共同体植物品种权条例》在制定时只允许基于公共利益的理由针对共同体植物品种权发放强制许可，该条例没有就公共利益的含义和范围作出说明。《共同体植物品种权条例》序言提及的可以导致强制许可的公共利益包括：向市场提供具有特定品质的材料，或保持培育和改善品种的激励等。①

《生物技术专利指令》针对植物品种结合专利以及专利结合植物品种的情况，规定了非独占强制许可的条件。与《生物技术专利指令》相适用，《共同体植物品种权条例》2004年修订后，增加了允许对阻碍生物专利利用的植物品种实施强制许可的规定。强制许可申请人必须证明：向权利人请求签订许可合同但没有得到同意；发明与受保护的植物品种相比，有相当的技术进步并能产生可观的经济利益；②一方获得强制许可后，另一方可以获得交叉强制许可。

（二）强制许可的取得

针对共同体植物品种权的强制许可，只能由CPVO发放，而不能由成员国发放。③ CPVO可以根据一个或多个申请人的申请，就共同体植物品种权向该申请人发放强制许可。④ 当成员国、欧共体委员会或欧共体层面的组织提出强制许可申请时，强制许可应当发放，发放的对象可以是符合条件的一类人，或是某一成员国、几个成员国或整个欧共体范围内的所有人。⑤强制许可命令应当包括强制许可的类型以及获得许可的合理条件，许可的合理条件包括时间限制、适当的许可使用费等。⑥

（三）强制许可的撤销

强制许可期间，在强制许可发放后每一年的截止日期，强制许可程序中的有关当事人可以以强制许可决定的条件已经变化为由，申请撤销或修改强制许可决定。

---

① 《共同体植物品种权条例》序言的规定。
② 《共同体植物品种权条例》第29(5)(a)(i)~(ii)条。
③ 《共同体植物品种权条例》第29(7)条。
④ 《共同体植物品种权条例》第29(1)条。
⑤ 《共同体植物品种权条例》第29(2)条。
⑥ 《共同体植物品种权条例》第29(3)条。

六、民事争议和侵权救济

(一)侵权行为

侵犯共同体植物品种权的行为可以为分三类:第一类是针对品种本身的侵权行为,主要是未经品种权人许可而从事的《共同体植物品种权条例》第13(2)条规定的行为。第二类是针对品种名称的行为,根据该条例的规定,在共同体范围内,任何人提供或处置受保护品种的品种材料,必须按照规定使用品种名称。从事涉及受保护品种的其他材料的行为时,根据法律规定或主管部门、购买者或有关主体的要求,提供品种名称的有关信息。即使在品种权保护期到期后,对品种名称的这种使用要求仍然有效。[①] 相应地,删除对品种名称的正确使用,以及删除关于品种名称信息的,属于侵犯品种权的行为。[②] 第三类是使用不恰当的品种名称的行为,根据《共同体植物品种权条例》的规定,当共同体植物品种权在成员国或UPOV成员国受保护时,在欧共体范围内在同属的或有关的其他植物品种上,不得使用该品种名称或可能导致混淆的品种名称。[③] 相应地,违反上述规定使用品种权名称的行为,属于侵犯品种权的行为。[④]

(二)临时保护

在品种权申请公布后至授权前这一段时间,如果他人未经许可从事了授权后应被制止的行为,品种权人可以要求获得合理的补偿。[⑤]

(三)诉讼时效

对于侵权行为和临时保护期的使用费,诉讼时效为植物品种权授权后权利人知道侵权行为,并且知道侵权行为人之后的3年。侵权行为结束30年后,诉讼时效期间届满。[⑥] 因此,品种权获得授权,知道侵权行为发生,知道侵权行为人这三个条件同时满足才是计算诉讼时效的起始点。

(四)关于CPVR权利的争议

当有人认为依据其所在国法律自己应当是已授权品种的真正的权利人时,或是认为自己应当是未授权品种的申请人时,不管是认为自己单独所有还是与其他人共有,都可以在相应的成员国法院提起诉讼,主张欧共体植物品种权或申请权归其所有。[⑦] 这种诉讼应在品种授权公布之日起5年内提起,除非权利人在授权时知道自己不是真正的权利人或者不是唯一的

① 《共同体植物品种权条例》第17条。
② 《共同体植物品种权条例》第94(1)(b)条。
③ 《共同体植物品种权条例》第18(3)条。
④ 《共同体植物品种权条例》第94(1)(c)条。
⑤ 《共同体植物品种权条例》第95条。
⑥ 《共同体植物品种权条例》第96条。
⑦ 《共同体植物品种权条例》第98(1)条。

权利人。①

如果管辖法院作出原权利人不是真正的权利人的终审判决，自真正的权利人在 CPVO 登记之日起，基于原权利人的使用权以及其他权利将终止。如果原权利人或其他享有使用权的人在权属争议开始前已经作了有效的、真正的安排，他在向真正的权利人申请非独占使用权后，可以继续从事原来的行为。即使双方达不成协议，CPVO 也可以参照强制许可的规定授予原使用人使用权。② 但是，如果原权利人或其他使用人在从事有关行为或进行有关安排时具有恶意，则不能获得继续使用的权利。③

（五）管辖法院

关于共同体植物品种权的民事争议的法院管辖，适用洛迦诺公约④的有关规定。另外，《共同体植物品种权条例》还做了补充规定。根据上述规定，关于共同体植物品种权的民事争议的管辖法院为：

（1）被告居住地或所在地或在没有所在地的情况下办事机构所在地的欧盟成员国或洛迦诺公约成员国法院管辖。

（2）如果按第（1）项规定不能确定管辖法院，则由原告/申请人居住地或所在地法院，或没有所在地的情况下由其办事机构所在地的欧盟成员国法院管辖。

（3）如果按第（2）项规定仍不能确定管辖法院，则由 CPVO 所在地（法国）的成员国法院管辖。

《共同体植物品种权条例》并没有指定特定的法院管辖共同体植物品种权案件，只是将这种法院称为主管法院（competent courts）。主管法院可以针对所有成员国内的侵权行为行使管辖权。⑤

诉讼也可以在侵权行为地的法院提起。在这种情况下，该法院只就该成员国内发生的侵权行为具有管辖权。⑥

主管法院在审理有关案件时，所适用的程序法应与其审理国内财产权案件的程序相同。⑦

（六）原告主体资格

有权提起侵权诉讼的人应是品种权人。但是，享有使用权的人也有权提起诉讼，除非在独占许可协议中明确排除了使用权人提起诉讼的权利，或者在强制许可的决定中 CPVO 排除了使用权人提起诉讼的权利。⑧

在品种权人提起的诉讼时，任何使用权人都可以以自己受损害应获得补偿为由加入该诉

---

① 《共同体植物品种权条例》第 98（2）条。

② 《共同体植物品种权条例》第 100（2）条。

③ 《共同体植物品种权条例》第 100（3）条。

④ 洛迦诺公约是 1988 年欧共体的成员国与欧洲自由贸易联盟成员国在瑞士的洛迦诺缔结，全称为《民商事司法管辖权和判决执行公约》。

⑤ 《共同体植物品种权条例》第 101（2）条。

⑥ 《共同体植物品种权条例》第 101（3）条。

⑦ 《共同体植物品种权条例》第 103 条。

⑧ 《共同体植物品种权条例》第 104（1）条。

讼中。[①]

(七)品种权的效力和诉讼中止

国内法院或其他组织在处理侵权诉讼时,应假定共同体植物品种权是有效的。[②] 只有CPVO才有权取消授权,成员国法院不应在诉讼中对共同体植物品种权的效力作出判断。如果在侵权诉讼过程中,还有人向CPVO提出无效请求或撤销请求,国内法院可以中止有关程序,等待CPVO的决定。[③] 如果在侵权诉讼过程中还存在权属争议,则处理侵权诉讼的国内法院必须在权属争议解决后才能作出判决。[④]

如果无效程序正在进行,国内法院可以中止诉讼。如果对权属有争议,国内法院必须等待CPVO作出决定。

(八)侵权惩罚措施

由于侵权纠纷由成员国法院处理,《共同体植物品种权条例》并没有就侵权救济措施作出具体规定。但是,该条例规定了处理原则。对于侵犯共同体植物品种权者,成员国法院应当采取所有适当的措施,以保证适用于侵犯国内权利的惩罚措施都适用。[⑤]

① 《共同体植物品种权条例》第104(2)条。
② 《共同体植物品种权条例》第105条。
③ 《共同体植物品种权条例》第106(2)条。
④ 《共同体植物品种权条例》第106(1)条。
⑤ 《共同体植物品种权条例》第107条。

第十五章 商业秘密保护

第一节 欧盟商业秘密保护制度简介

2016年6月8日,欧盟委员会颁布《防止未披露专有技术和商业信息(商业秘密)被非法获取、使用和披露的指令》(以下简称《商业秘密指令》)。欧盟统一的商业秘密保护制度,就是以该指令为基础建立的。

一、《商业秘密指令》制定前欧盟的商业秘密保护

2011年3月,欧盟委员会任命霍金路伟律师事务所进行一项研究,旨在了解欧盟27个成员国商业秘密保护的做法。2011年9月,该律师事务所完成了提交给欧盟委员会的报告《商业秘密和寄生复制研究》[Study on Trade Secrets and Parasitic Copying (Look - alikes)]。该报告的结论是:

欧盟内部没有保护商业秘密的统一制度。所有成员国都提供某种形式的保护,但有一两个成员国中的保护极为有限。保护方式因国家而异,一些国家的法律和程序不确定。应当指出,是否有涉及商业秘密的具体立法并不一定表明该国家是否可以有效地保护商业。尽管没有具体的商业秘密立法,但英美法系国家(如英国和爱尔兰共和国)拥有有效的商业秘密保护。尽管商业秘密通常不被视为知识产权,并且大多数成员国的立法并未将商业秘密的权利视为知识产权,但至少它们之间存在密切的关系。一些成员国以类似于专利、商标和版权等"传统"知识产权的方式,通过法规来规范商业秘密的保护。成员国瑞典制定了《商业秘密保护法》。其他成员国(如德国)在反不正当竞争法、劳动法和刑法等立法中制定了商业秘密条款。其他成员国,特别是英国和爱尔兰共和国,没有对商业秘密的法定保护形式,而是使用保密法来保护它们。在其他司法管辖区(如荷兰),将一般侵权责任延伸至商业秘密侵权。在大多数成员国,合同责任用于保护商业秘密,特别是与雇员有关的商业秘密。在成员国马耳他对商业秘密的保护完全来自合同法,在不存在合同关系的情况下没有保护手段。[①]

为了协调欧盟范围内的商业秘密保护,并为统一救济措施与程序奠定法律基础,欧盟委员会开始起草关于商业秘密保护的指令,并于2016年获得通过。

---

① Executive Summary: Overview of the Current System, Study on Trade Secrets and Parasitic Copying (Look - alikes), https://ec. europa. eu/docsroom/documents/38002,2021年11月22日访问。

二、欧盟《商业秘密指令》的制定背景及制定过程

(一)欧盟《商业秘密指令》的制定背景

很长时间以来,欧盟没有统一的商业秘密保护制度,各国依据国内法对商业秘密提供保护,存在以下的问题:一是法律规定不统一,保护程度不一致。如前所述,对于商业秘密保护,欧盟不同国家有不同的制度,并且有较大的差异。成员国对商业秘密的不同保护规则,商业秘密在欧盟境内不能受到平等保护,导致共同市场的碎片化,并弱化成员国规则的威慑效果。"成员国的立法在保护商业秘密免遭他人非法获取、使用或披露方面存在重大差异。例如,并非所有成员国都采用了商业秘密或非法获取、使用和披露商业秘密的统一定义,因此很难获得有关保护范围的知识,而且保护范围因成员国而异。此外,在非法获取、使用和披露商业秘密的情况下可用的民法补救措施也不一致,因为并非所有成员国都可以使用禁令来对付非合法竞争者的第三方。商业秘密持有人,对于善意获取商业秘密但随后在使用时获悉该获取源自另一方先前非法获取的第三方的待遇,成员国之间也存在分歧。"①二是与《与贸易有关的知识产权协议》的要求存在差距。欧盟层面的商业秘密保护呈现碎片化和多样化的态势,总体来说,商业秘密保护较弱。三是与其他知识产权制度不协调。随着欧盟商标、专利、外观设计、植物新品种、版权保护方面相关规定的制定和实施,与共同市场密切相关的知识产权保护一体化工作逐渐完成,而商业秘密保护却没有得到应有的重视。随着企业对商业秘密的重视程度的增加,需要像其他知识产权一样在欧盟范围内统一立法。四是不能适应欧盟的创新需求。商业秘密保护是对有价值但不宜公开的知识进行保护和使用的最佳手段,也是保护创新所必须。"企业和非商业研究机构投资于获取、开发和应用技术诀窍和信息,因为它们是知识经济的货币并为投资者提供竞争优势。这种在创造和应用智力资本方面的投资是决定他们在市场上的竞争力和创新相关绩效的决定因素,因此决定了他们的投资回报,这是企业研发的根本动机。"②由于欧盟各国对商业秘密的保护呈弱化的状态,影响了各国的创新和发展。跨境研发创新、跨境生产和贸易都缺乏吸引力,从而导致欧盟整体创新效率低下。"创新企业越来越多地暴露于旨在盗用商业秘密的不诚实行为,例如盗窃、未经授权的复制、经济间谍活动或违反保密要求,无论是来自欧盟内部还是外部。最近的发展,例如全球化、更多的外包、更长的供应链以及更多地使用信息和通信技术,都增加了这些做法的风险。非法获取、使用或披露商业秘密会损害合法商业秘密持有人从其创新相关努力中获得先发回报的能力。如果没有有效和可比的法律手段来保护整个联盟的商业秘密,在内部市场内从事与创新相关的跨境活动的动力就会受到削弱,商业秘密也无法发挥其作为经济增长和就业驱动力的潜力。因此,创新和创造力受到阻碍,投资减少,从而影响内部市场的平稳运行并削弱其增长潜力。"③"因为这种差异降低了企业从事与创新相关的跨境经济活动的动机,包括与合作伙伴的研究合作或生产合作、外包或在其他成员国的投资,这取决于如何使用作为商业秘密受到保护的信息。跨境网络研发以及与创新相关的活动,包括相关生产和随后的跨境贸易,在联

---

① 《商业秘密指令》序言第(6)条。
② 《商业秘密指令》序言第(1)条。
③ 《商业秘密指令》序言第(4)条。

盟内变得不那么有吸引力,也更加困难,从而也导致联盟范围内与创新相关的跨境经济活动的低效率。”①

欧盟委员会指出了制定《商业秘密指令》的必要性:成员国在保护商业秘密方面的立法存在重大差异。商业秘密法律保护的差异意味着商业秘密在整个联盟中并不享有同等水平的保护,因此,规则的整体威慑作用削弱。成员国内部市场受到差异性的影响。就这种差异而言,这些差异降低了企业从事与创新相关的跨境经济活动的积极性。②

(二)欧盟《商业秘密指令》的制定过程

欧盟《商业秘密指令》制定的过程比较简单,简要历程如下:欧盟委员会于 2013 年 11 月提出了草案,2016 年 4 月 14 日通过,2016 年 6 月 15 日正式公布,2016 年 7 月 5 日生效,2018 年 6 月 9 日成员国必须实施。

从欧盟《商业秘密指令》制订的过程可以看出,欧盟成员国对于统一商业秘密保护制度具有一定的共识,并且实质性争议的内容并不多。

第二节 欧盟《商业秘密指令》的主要内容

一、《商业秘密指令》中采用的定义

《商业秘密指令》规定了对防止非法获取、使用或披露商业秘密的规则,其中《商业秘密指令》第 2 条对“商业秘密”“商业秘密持有人”“侵权人”“侵权货物”作出了定义。

关于定义商业秘密的思路中,在《商业秘密指令》序言中指出:“在不限制要保护的主题以防止盗用的情况下,建立商业秘密的同质定义非常重要。因此,此类定义的构建应涵盖专有技术、商业信息和技术信息,其中既有对其保密的合法利益,又有对此类保密性的合法期望。此外,此类专有技术或信息应具有商业价值,无论是实际的还是潜在的。此类专有技术或信息应被视为具有商业价值,例如,其非法获取、使用或披露可能会损害合法控制者的利益,因为它会损害该人的科学和技术潜力,商业或财务利益、战略地位或竞争能力。商业秘密的定义不包括琐碎的信息以及员工在正常就业过程中获得的经验和技能,也不包括通常处理此类问题的圈内人员普遍知道或容易获得的信息。”③

> “商业秘密”是指满足以下所有要求的信息:(a) 从某种意义上说,它是秘密的,因为它作为一个整体或在其组件的精确配置和组装中,通常不为处理相关信息的业内的人所知或容易获得;(b) 由于秘密而具有商业价值;(c) 合法控制信息的人已根据情况采取合理措施对其保密。④

---

① 《商业秘密指令》序言第(4)条。

② Council of the EU - Proposal 9870/14, 19 May 2014.

③ 《商业秘密指令》序言第(14)条。

④ 《商业秘密指令》第 2(1)条。

《商业秘密指令》对商业秘密的定义沿用了"秘密性""价值性""保密性"三个特点:首先,技术信息的秘密性,不是该领域工作人员正常接触的信息,排除员工在工作过程中获得的琐碎信息、经验或者技能;其次,技术秘密必须具有实际或者潜在的商业价值,这种商业价值依赖于商业秘密的"秘密性",二者之间存在因果关系;最后,商业秘密持有人必须采取合理的措施保守秘密。

此外,《商业秘密指令》也对"侵权货物"作出了明确界定。"侵权货物"是指设计、质量、生产方法或销售主要获益于商业秘密的非法获取、使用和披露的货物。① "侵权货物"的认定范围包括非法使用商业秘密的"下游产品"或"衍生品",因此,当任何货物的设计、质量、生产方法或销售主要获益于商业秘密时,商业秘密的权利人都可申请临时措施制止相关货物的处置和流通,这能最大限度地保护权利人的利益。该界定将商业秘密的保护和使用落实到相应的产品或服务,明确了权利人的维权救济,法院的禁令或赔偿有了明确的适用对象,较《与贸易有关的知识产权协议》有明显进步。

同时,《商业秘密指令》也定义了"商业秘密持有人"是指合法控制商业秘密的任何自然人或法人,②和"侵权人"是指非法获取、使用和披露商业秘密的任何自然人或法人。③

二、商业秘密的合法和非法获取

确定在何种情况下对商业秘密进行法律保护是合理的也很重要。因此,有必要确定被视为非法获取、使用和披露商业秘密的行为和做法。④

(一)合法行为

《商业秘密指令》首先界定了合法的获取。

> 以下列方式获取商业秘密的,商业秘密的取得即为合法:(a)独立发现或创造;(b)观察、研究、拆卸或测试已向公众提供或合法拥有信息的获取者的产品或物体,该信息获取者没有任何法律上有效的义务来限制他从该产品或物体中获取商业秘密;(c)根据欧盟法律和欧盟成员国法律和惯例,行使工人或工人代表的知情权和咨询权;(d)符合诚实商业惯例的任何其他行为。⑤

《商业秘密指令》对上述规定的解释是:为了创新和促进竞争,本指令的规定不应为作为商业秘密保护的专有技术或信息创造任何专有权利。因此,独立发现相同的专有技术或信息应该仍然是可能的。对合法获得的产品进行反向工程应被视为获取信息的合法方式,除非合同另有约定。当然,订立此类合同的自由可能受到法律限制。⑥对于合法的反向工程,《商业秘

---

① 《商业秘密指令》第2(4)条。
② 《商业秘密指令》第2(2)条。
③ 《商业秘密指令》第2(3)条。
④ 《商业秘密指令》序言第(15)条。
⑤ 《商业秘密指令》第3(1)条。
⑥ 《商业秘密指令》序言第(16)条。

密指令》规定了"没有任何法律上有效的义务来限制"的前提条件，这就意味着商业秘密权利人可以通过合同约定限制反向工程。这主要是因为，在某些行业反向工程非常容易，而创新者传统上依赖于商业秘密，《商业秘密指令》赋予了商业秘密权利人通过合同排除反向工程的权利，当然合同约定要符合相关法律规定。

商业秘密的合法获取还包括"行使工人或工人代表的知情权和咨询权"的情形。这主要是指根据法律规定允许获取商业秘密的情形。在工人或工人代表根据欧盟法律和欧盟成员国法律和惯例行使知情权、咨询权和参与权以及维护集体利益的情况下，获取商业秘密不视为非法。当然，这并不影响获取商业秘密后的保密义务。

另外，《商业秘密指令》还规定，在欧盟或国家法律要求或允许的范围内，商业秘密的获取、使用和披露应被视为合法。①结合该指令第3(1)条中兜底性规定"符合诚实商业惯例的任何其他行为"，可以看出，《商业秘密指令》对于合法获取、使用和披露商业秘密的行为做了开放性的规定。

(二)非法行为

对于非法获取商业秘密的行为，《商业秘密指令》采用了明文列举加兜底性规定的方式。

> 在以下情况下，未经商业秘密持有人同意而获取商业秘密应被视为非法：(a)未经授权访问、挪用或复制任何文件、物品、材料、物质或电子文件，如果这些材料在商业秘密持有人的合法控制下，包含商业秘密或从中可以推导出商业秘密的；(b)违反诚实商业惯例的任何其他行为。②

对于"一手的"非法使用和披露商业秘密的行为，《商业秘密指令》列举了三种情形。

> 未经商业秘密持有人同意，任何人使用或披露商业秘密的下列行为均应被视为非法：(a)商业秘密是非法获取的；(b)违反保密协议或任何其他不披露商业秘密的义务；(c)违反了限制使用商业秘密的合同或任何其他义务。③

另外，《商业秘密指令》还规定了"二手的"非法使用和披露商业秘密的行为：如果一个人在获取、使用和披露时知道或应该知道商业秘密是直接或间接来自其他人非法使用和披露第4(3)条所指的商业秘密。④

另外，《商业秘密指令》还将非法使用商业秘密的行为扩大到侵犯商业秘密的产品：在市场上生产、提供或投放侵权商品，或为此目的进口、出口或储存侵权商品，也应被视为非法使用商业秘密，如果进行此类活动的人知道或应当知道该商业秘密属于《商业秘密指令》第4

---

① 《商业秘密指令》第3(2)条。
② 《商业秘密指令》第4(2)条。
③ 《商业秘密指令》第4(3)条。
④ 《商业秘密指令》第4(4)条。

(3)条非法使用的情形。①

三、商业秘密权利人的权利及例外

《商业秘密指令》规定了商业秘密权利人有权申请指令规定的措施、程序和补救措施,以防止非法获取、使用和披露其商业秘密或获得补救。②但存在以下例外:(1)为行使《欧盟基本权利宪章》中规定的言论和信息自由,包括尊重媒体的自由和多元化;(2)揭露不当行为、不法行为或非法活动,前提是行为是为了保护公众利益;(3)根据欧盟法或欧盟成员国法律为合法行使职能所必需,工人向其代表披露有关信息;(4)为了保护欧盟或欧盟成员国法律承认的合法利益。③

《商业秘密指令》解释上述例外的原因是:行使包括媒体自由和多元化在内的言论和信息自由权至关重要,因为体现《欧盟基本权利宪章》第11条的行为不受商业秘密保护的限制,特别是在调查性新闻和新闻来源保护方面。④本指令规定的措施、程序和补救措施不应限制举报活动。因此,商业秘密的保护不应扩展到披露商业秘密符合公共利益的情况,即针对不当行为、不法行为或非法活动举报而揭露商业秘密的行为。⑤对措施、程序和补救措施的调整不应危害或损害基本权利和自由或公共利益,例如公共安全、消费者保护、公共卫生和环境保护,并且不应损害工人的流动性。在这方面,本指令规定的措施、程序和补救措施旨在确保主管司法当局考虑以下因素:商业秘密的价值、导致非法获取、使用和披露商业秘密的行为的严重性以及这种行为的影响。还应确保主管司法机关有权酌情权衡诉讼各方的利益,以及第三方的利益,在适当的情况下,包括消费者的利益。⑥

四、措施、程序和补救措施的一般规定

《商业秘密指令》要求欧盟成员国应将本指令规定的措施、程序和补救措施纳入本国法律,以确保商业秘密的非法获取、使用和披露通过民事司法程序得到纠正。⑦ 这是成员国的一般义务。为此,《商业秘密指令》欧盟成员国在实施上述措施、程序和补救时必须遵守的一般原则,即公平性、有效性、公正性和比例原则。⑧

根据《商业秘密指令》,欧盟成员国应规定必要的措施、程序和救济措施以确保商业秘密的非法获取、使用和披露通过司法程序得到纠正。《商业秘密指令》规定了救济措施与执法程序的一般义务,即这些措施、程序和救济应当是公平和合理的,不能过于复杂或成本过高,也没有不合理的时间限制或不当延迟;并且是有效且有说服力的。实施上述措施的方式应当以合理的措施、程序和救济,并且避免对欧洲内部共同市场的合法贸易产生阻碍,同时采取防止

① 《商业秘密指令》第4(5)条。
② 《商业秘密指令》第4(1)条。
③ 《商业秘密指令》第5条。
④ 《商业秘密指令》序言第(19)条。
⑤ 《商业秘密指令》序言第(20)条。
⑥ 《商业秘密指令》序言第(21)条。
⑦ 《商业秘密指令》第6(1)条。
⑧ 《商业秘密指令》第6(2)条。

诉讼滥用的保障措施。欧盟成员国确保主管司法当局可根据被申请人的请求，在有关获取、使用和披露商业秘密的申请没有依据，且申请人恶意提起诉讼的情况下，适用国内法规定的适当措施。①

此外，《商业秘密指令》还规定了欧盟成员国应当对指令规定的措施、程序和补救措施的申请期限作出规定，最迟不晚于6年。②

五、诉讼救济过程中的商业秘密保护

在诉讼过程中，由于司法公开的要求，商业秘密容易失去其“秘密性”，这常常使得权利人放弃诉讼程序保护商业秘密，从而影响救济措施的有效性。因此，在保障公平审判的前提下，欧盟成员国有必要建立诉讼程序中保护商业秘密的特别要求，这些特殊措施包括限制诉讼当事人接触证据或参加听证程序等。根据《商业秘密指令》要求，欧盟成员国应当确保诉讼程序的当事方、法院公职人员、证人、专家及任何其他参与诉讼程序并在诉讼过程中有机会接触商业秘密的人不得获取、使用和披露涉案商业秘密。在诉讼过程中，除了不公开审理案件，成员国选择保护涉案商业秘密的特别措施还包括：限制当事人或第三方查阅任何包含商业秘密的全部或部分文档；限制当事人参加听证以及接触书面听证记录和文本。③

为了对潜在的侵权人增加威慑和提高公众意识，应当及时公布商业秘密的判决结果。但对于非法获取、使用和披露商业秘密的案件，应确保判决结果的公布不会导致商业秘密泄露，也不会影响当事人的隐私和声誉。所以，在司法判决中，只能公布不属于商业秘密的判决内容，有关商业秘密的段落应当删除或作适当编辑，并且只要涉案商业秘密没有进入公有领域，即使在诉讼程序结果后，此种特殊保护措施仍然有效。④

六、临时和预防措施

在商业实践中，第三方非法获取商业秘密可能对合法持有者造成致命的损害和后果。因为商业秘密公开就难以恢复到披露之前的状态，所以，临时和预防措施对于终止非法获取、使用和披露商业秘密十分必要。

根据《商业秘密指令》，欧盟成员国应确保，经商业秘密合法持有人的申请，主管机关可以对嫌疑侵权人采取下列临时和预防措施：(1)视案件情况，停止或禁止使用或披露商业秘密；(2)禁止生产、销售或使用侵权货物，或进口、出口侵权货物，或为上述目的储存侵权货物；(3)扣押涉嫌侵权的货物，以防止其进入市场或在市场内流通。⑤

为了确保临时措施的正确适用，主管司法当局有权要求申请人提供证据以合理证明，商业秘密存在，申请者是商业秘密合法持有人，商业秘密已经被非法获取且正在被非法使用和披露，或即将发生商业秘密的非法获取、使用和披露等。在决定同意或拒绝临时措施申请时，欧盟成员国主管司法当局应当考虑：商业秘密的价值，为保护商业秘密而采取的措施，被申请

---

① 《商业秘密指令》第7条。
② 《商业秘密指令》第8条。
③ 《商业秘密指令》第9条。
④ 《商业秘密指令》第15条。
⑤ 《商业秘密指令》第10条。

人获取、披露和使用商业秘密的行为，非法披露和使用商业秘密对当事方合法利益的影响，第三方的合法利益、公共利益，以及基本人权保障等因素。欧盟成员国同时规定，申请人没有在司法主管部门规定的期限内提起诉讼的，根据被申请人的请求，撤销或以其他方式停止实施上述措施。①

为了尊重被告的辩护权、考虑案件特征及相称性原则，成员国需要同时规定：申请人应提供充足的担保以补偿嫌疑人或被告因申请人不当申请而遭受的损失。如果临时措施将对商业秘密的合法持有者造成不可恢复的损失，实施临时措施的担保就更加迫切。为了确保临时禁止性措施的有效性，成员国应当规定临时措施的时间期限。规定的期限应当足以消除第三方可能通过对商业秘密非法获取、使用或披露而获得的商业优势。但在任何情况下，如果商业秘密保护的信息非因被告原因处于公有领域，成员国主管机关则不得实施这种临时救济措施。②

最后，成员国主管司法机关可以对没有遵守或拒绝遵守临时措施的当事方、法律代理人或任何其他人进行制裁，包括责令支付罚金等。③

七、案件裁决的救济与赔偿

《商业秘密指令》规定，欧盟成员国应确保，如果就案件作出的司法决定发现存在非法获取、使用或披露商业秘密的情况，主管司法当局可应申请人的请求，下令对侵权人采取下列措施：(1)视案件情况，停止或禁止使用或披露商业秘密；(2)禁止生产、销售或使用侵权货物，或进口、出口侵权货物，或为上述目的储存侵权货物；(3)销毁含有或体现商业秘密的文件、对象、材料、物质或电子文件的全部或部分，或酌情向申请人交付这些文件、对象、材料、物质或电子文件；(4)对侵权产品采取适当的纠正措施。纠正措施包括责令侵权人从市场召回侵权产品，消除侵权货物的侵权特质，销毁侵权货物或将其撤出市场。在适当时，侵权人应向商业秘密持有人或慈善组织移交上述材料或电子文件。④

此外，应受害方的请求，主管司法机关责令：知道或者应当知道其正在从事非法获取、使用和披露商业秘密的侵权人应向商业秘密合法持有人赔偿实际损失。在计算损失时，主管司法机关应当考虑所有的适当因素和负面的经济后果，包括受害人的利益损失和侵权人因侵权行为所获的非法利润等。以及在适当情况下，应考虑经济因素以外的因素，如商业秘密合法持有人所遭受的精神损失。主管司法机关既可以要求一次性全额支付损害赔偿，也可以根据最低许可费金额，责令侵权者赔偿正当授权使用商业秘密的许可费。⑤

八、合作机制与信息分享

为了促进保护商业秘密措施在欧盟统一适用，有必要在成员国之间、成员国与欧盟委员会之间通过成员国指定的通信网络建立合作体系和信息分享机制。因此，为了加强合作，每

---

① 《商业秘密指令》第 11 条。
② 《商业秘密指令》第 11 条。
③ 《商业秘密指令》第 16 条。
④ 《商业秘密指令》第 12 条。
⑤ 《商业秘密指令》第 14 条。

一成员国应当指定一个或多个国家通信员，监督保护商业秘密措施的实施，并及时向其他成员国和欧盟委员会通报通讯员的详细信息。① 此外，《商业秘密指令》还规定：为了评审措施顺利达到目标，欧盟委员会应检查《商业秘密指令》的实施和成员国措施的有效性。在过渡期结束后的3年内，欧盟委员会应提交首次报告，总结根据《商业秘密指令》实施的非法获取、使用和披露商业秘密的诉讼情况。在过渡期结束后的4年内，欧盟委员会应当起草《商业秘密指令》实施的中期报告，并提交至欧洲议会和欧盟理事会。在过渡期结束后的8年内，欧盟委员会应该对指令实施的效果进行评估，并向欧洲议会和欧盟理事会提交报告。②

第三节 欧盟《商业秘密指令》的实施及意义

一、欧盟《商业秘密指令》的实施

欧盟《商业秘密指令》需要在2018年6月9日转化为成员国的国内法律来实施，因此，欧盟成员国陆续修订法律以符合《商业秘密指令》的要求。

欧盟《商业秘密指令》使成员国商业秘密的法律规定"协调"，但并没有"统一"。不同国家的规定还存在较大的差异，有的甚至还不符合欧盟《商业秘密指令》的规定。例如，瑞典法案不遵循《商业秘密指令》中对"商业秘密"的定义。丹麦法案没有明确实施公众的言论自由权或信息披露权，以及员工流动的规定。德国法案与指令的规定基本一致，但也有不同之处，例如在什么构成"商业秘密"的定义的核心问题上与指令的规定不一致。英国的情况是一样的，尽管英国政府普遍真诚地努力实施该指令，但也存在重要差异，例如对于合法或非法使用的界定。葡萄牙和西班牙的法规因该指令的实施而产生了较大的变化，但也还存在与该指令不一致之处。③

欧盟《商业秘密指令》转化为成员国国内法至今只有3年多时间，成员国法律之间的分歧需要以后通过欧盟法院的解释去弥合。

二、欧盟《商业秘密指令》的意义

欧盟《商业秘密指令》旨在商业秘密保护的国际协调，它是第一个由欧盟主导且只在欧盟成员国生效适用的关于商业秘密的法律。《商业秘密指令》生效实施后，在一定程度上促进了欧盟创新和推动了共同市场的完善。同时也将成为商业秘密保护的国际规则样本，影响欧盟以外国家关于商业秘密的立法。

《商业秘密指令》反映了欧盟希望协调各成员国商业秘密法律保护的愿望。为了保护商业秘密不被非法获取、使用和揭露，《商业秘密指令》宏观上确定了商业秘密法律保护的基本原则，微观上创立了统一的定义以及全面的实质性和程序性规则，特别注意平衡分配利益相

---

① 《商业秘密指令》第17条。

② 《商业秘密指令》第18条。

③ Jens Schovsbo, Timo Minssen & Thomas Riis, *The Harmonization and Protection of Trade Secrets in the EU*, https://www.elgaronline.com/view/edcoll/9781788973335/9781788973335.00006.xml,2021年11月22日访问。

关方的责任。一方面,《商业秘密指令》加强了对商业秘密的保护,无论是对于商业秘密的对象,还是对非法获取、使用和披露商业秘密行为的列举,都尽可能地对商业秘密提供充分的保护。例如,对于商业秘密保护延及产品的规定,是我国等其他国家相关法律规定中没有的。另一方面,《商业秘密指令》强调商业秘密不是一种专有权利,明确了侵权例外的情形。除了一般独立研发和反向工程的例外以外,商业秘密指令还明确了工会代表、言论自由、举报非法行为等侵权例外,还规定了不能限制员工在正常就业过程中诚实获得的经验和技能的使用,保障了公共利益不受影响。

《商业秘密指令》并没有说明其与《知识产权执法指令》的法律效力和适用问题。它仅仅包含一个声明,即在重叠使用的情况下,《商业秘密指令》具有优先性。这对商业秘密权利人是有益的,因为《知识产权执法指令》包括《商业秘密指令》没有提供但至关重要的措施,即证据的保全程序。

第四编

欧盟商标法

欧盟成员国的商标保护具有悠久的历史，成立欧洲共同体以来的商标保护更是进入一个新的时期，随着一体化进程的发展，商标立法和保护的水平不断提高，尤其是1988年《协调成员国商标立法第一号指令》和1993年《欧盟商标条例》的颁发极大地推动了欧盟商标法的保护水平。进入21世纪以后，欧盟对《欧盟商标指令》和《欧盟商标条例》又进行了几次整合和修改。2015年欧盟对指令和条例进行了重大修订，欧盟商标以及欧盟成员国商标的保护标准和流程都发生了巨大的变化。同时，欧盟法院和普通法院的大量判例也极大地丰富了欧盟商标法的实践，本书中也重点对这些判例进行了介绍。

欧盟作为世界经济最重要的经济体之一，在商标方面的一举一动都会引来其他国家的密切关注，并直接影响到参与竞争的各国企业的切身利益。中国对外开放的不断加深和拓宽，尤其是“走出去”战略的实施，以及“一带一路”倡议的推进，都离不开对欧盟商标法最新进展的研究和借鉴，其商标法作为融合了大陆法系和普通法系的两种实践的先进立法，在立法理念、管理模式上与我国都有诸多契合之处，通过本编的介绍，我们希望能给相关企业、政府部门以及学术机构提供一个便捷的参照。

第十六章　欧盟商标法概论和注册条件

第一节　欧盟商标法概述

一、欧盟早期商标判例

根据《巴黎公约》，商标权具有地域性且相互独立，同样的标志在不同的国家完全可能分属不同的主体。在建立欧洲共同体之前，这些权利互相独立，在一个国家合法的商标流通到另外一个国家时就可能构成侵权。尽管1957年的《罗马条约》保留了工商业产权作为对抗自由流通的一个理由，商标固有的地域性特征对于建立一个统一大市场来说显然是一个巨大的问题。

商标与其他知识产权的比较。为了加快欧洲统一市场的建设，欧盟法院早期对商标存在一种天然的敌意。这种敌意在20世纪70年代的Sirena一案中表现得非常充分，德拉莫斯总法务官在意见书中直言不讳地说："使用在洗面奶上的Prep Good Morning商标的发明人对人类的贡献，显然不及青霉素的发明人对人类的贡献大。"①欧盟法院在该案的判决中也认为"商标权的行使尤其会助长市场的分割，并损害国家之间商品的自由流通，而后者正是共同市场的要义所在。商标权与其他工商业产权的分别在于，后者的保护对象通常比一个普通商标的保护对象具有更高利益和更大价值"②。

这种态度在欧盟法院处理"二战"后国家征收遗留下来的Hag Ⅰ案中达到了顶峰，梅瑞斯总法务官认为，国内立法产生的领土保护效力和共同体商品自由流通的原则格格不入③。法院也认为，与其他工商业产权不同，商标权由于没有时间限制，尤其可能助长市场分割损害商品自由流通④，既然比利时和德国的两个公司历史上有着共同的渊源，允许比利时公司阻止德国公司标有同样商标的产品出口到比利时，就是对《罗马条约》的违反⑤。在Terrapin一案中，欧盟法院甚至说，无论是自愿还是基于公共强制措施，如果导致原本属于同一所有人的权利分割，就不能允许援引商标权对抗自由流通，而且既然商标的分割业已发生，商标的作用必然受损，商标权人本不该有什么抱怨⑥。

商标保护的特别客体。上述判决引发了业界众多的批评和质疑，随着时代的推移，欧盟

---

① Case 40/70 Sirena案意见书。

② Case 40/70 Sirena案判决书第7段。

③ Case 192/73 HAG Ⅰ案意见书。

④ Case 192/73 HAG Ⅰ案判决书第11段。

⑤ Case 192/73 HAG Ⅰ案判决书第15段。

⑥ Case 119/75 Terrapin案判决书第6段。

法院在 Centrafarm 一案中提出了商标保护特别客体(specific subject - matter)的概念,在该案中,Winthrop 集团的英国子公司和荷兰子公司都在一种药品上使用 NEGRAM 商标,Centrafarm 公司在英国公司那里低价购得 NEGRAM 药品,并进口到荷兰出售,Winthrop 荷兰公司诉其商标侵权。欧盟法院在审理该案时指出,商标权特别客体是指"尤其要确保商标权利人能够独占使用商标,首次将商品投放市场,以保护权利人,使其竞争对手不能依靠出售非法贴附其商标的商品,谋取商标的地位和声誉"①。

商标基本功能。在 Hoffman 一案中,欧盟法院进一步提出商标基本功能的理论,该功能体现在,向消费者或最终用户确保标有商标的产品的来源身份,使其不会混淆能够区别于来自其他产源的产品;保证产源就是指消费者或最终用户能够确信,他所得到的产品在之前的商业流通过程中没有遭受未经权利人许可从而损害产品原始状况的改动;对抗可能扭曲商标保证产源的任何使用的权利因此属于商标权特别客体②。

在审理 AHP 案时,欧盟法院的态度进一步明朗,在该案中,平行进口商擅自将英国销售的药品上带有的 Serenid D 商标替换成 Seresta 商标后在荷兰出售,欧盟法院认为:"产源保证的意思就是只有权利人才可以贴附商标赋予商品身份;允许第三人哪怕在真品上贴附商标,对产源保证事实上也会受到损害。"③

商标作用再评价。距离 Hag Ⅰ案之后 15 年,HAG 咖啡的故事再一次上演,只不过这次正好反过来,轮到德国的黑格公司试图阻止比利时黑格公司的咖啡进口。在这次 Hag Ⅱ案件中,欧盟法院终于得以对商标的作用作出一个公正的评价。雅各布总法务官认为早期的商标判例对商标的价值所持的态度过于负面,他觉得德拉莫斯和欧盟法院将青霉素这一医学史上最重要的发明和一个普通商标进行比较并不厚道,他引用英国著名知识产权专家科尼什的话指出:"真实的情况是,至少从经济学的角度,或者也从'人的角度'来看,商标与其他知识产权的形式相比,既不逊色,应该得到的保护也不能更少。"④

欧盟法院也认为有必要重新考虑它以前的判决,并最终支持了雅各布的意见:"就商标权而言,必须承认这一权利是罗马条约所要建立和维系的不受扭曲的竞争制度的基本要素。在这个制度中,企业应该能通过自己的产品或服务的质量赢得顾客,而这一点只有依靠能够识别这些商品或服务的显著标记才能做到。要想商标发挥这一作用,就必须确保所有带有该商标的产品均是由同一企业所生产,并由该企业对产品质量负责。"⑤

在 IHT 案中⑥,欧盟法院进一步明确指出,即使原来属于一个主体的商标由于自由转让分属不同主体,仍然可以适用 Hag Ⅱ中所确立的原则对抗商品的自由流通。

---

① Case 16/74 Centrafarm 案判决书第 8 段。
② Case 102/77 Hoffman 案判决书第 7 段。
③ Case 3/78 AHP 案判决书第 13 ~ 14 段。
④ C - 10/89 HAG Ⅱ案意见书第 17 段。
⑤ C - 10/89 HAG Ⅱ案判决书第 13 段。
⑥ C - 9/93 IHT 案判决书第 60 段。

二、欧盟商标立法

（一）商标立法

1.《欧盟商标条例》

为了彻底克服商标地域性给商品和服务自由流通可能造成的困难，欧洲商标的有识之士早在20世纪60年代就开始筹划建立统一的注册体系，并在1984年拟定了《共同体商标条例（草案）》。但由于各成员国在局地址，工作语言等技术问题上争执不下，该条例又经过近10年的协商谈判，才在1993年12月20日正式通过《欧盟商标条例》（以下简称40/94条例）。该条例于1995年3月15日生效，于1996年4月1日正式运行。

共同体商标是指根据《欧盟商标条例》所规定的条件和方式注册的商品或服务商标。根据注册取得并具有单一性，即在整个共同体内应有同等效力，且只有就整个共同体对商标予以注册、转让、放弃或者作为撤销所有人权利或宣布无效及禁止使用。这一特性带来的直接后果是，一方面，申请注册程序比逐一注册各国商标大为简单，且注册和续展的费用也便宜很多，此外，如果注册了欧盟商标，即使在欧盟的一个成员国的商标使用符合实际使用的条件，也可能被视为在整个欧盟的使用，这样可以避免由于在其他欧盟国家的不使用而被撤销。另一方面，注册对商标的显著性要求更高，共同体27个成员国中只要一个成员国有问题，除非克服在该国的障碍，就会导致整个注册被驳回或无效。同时，欧盟商标又具有独立性，也就是说，它并没有取代各国的国家注册，各个成员国的商标注册继续存在。这样就给不同规模的企业充分的选择，他们既可以选择注册某一个国家的商标，从而只获得在该国的保护，也可以直接注册欧盟商标，获得在整个欧盟的保护，甚至同时注册核心国家和欧盟商标，获得组合保护，至少在一定时期内拥有双重保险，既能获得整体保护范围大的好处，又能避免由于单一性带来的风险，当然条例已经设计了转换的特别程序，企业因此可以自由组合各种保护形式。

欧盟2004年公布了2004年第422号修正案，对《欧盟商标条例》作出了较大修改。这份修正案旨在理顺欧盟商标的行政管理程序，提高工作效率，并为在2004年5月10个新的欧盟成员国的加入做好准备。该修正案的主要内容包括：一是取消在欧盟成员国内在先权利的强制性检索。这主要是因为相关费用随着欧盟的扩大将相应提高，同时也是为了使有关程序更为灵活便利。二是取消了成为欧盟商标权利人的限制性条件。任何自然人和根据共同法成立的法人都有权申请成为欧盟商标权利人。三是取消了内部市场协调局通知其在3个月期限内变更的程序。四是对欧盟地理标志商标也可以提出异议。五是申诉委员会的单个成员可以视情况在双方当事人参与下，对上诉案作出判决，并要求与该上诉有关的法规曾经被申诉委员会的先例判决援引过。六是增设大申诉委员会，为申诉委员会制定应遵守的原则和宗旨。

《欧盟商标条例》第422号修正案经过10多年的运行，取得了巨大的成功。截至2008年，内部市场协调局累计注册突破50万件，每年平均申请量保持在9万件，大大超过创立之初所估计的每年两万件的预测。正如下面将要介绍的那样，由于卓有效率的运转，内部市场协调局的财务状况也出现巨大结余，为最大限度地为用户服务，欧盟委员会取消了注册费，并将申请费调整为900欧元，大大减轻了企业的财政负担，为进一步发展奠定了良好的基础。

2009 年 2 月 29 日,欧盟委员会发布 No 207/2009 号条例,该条例汇总了条例的历次修改,形式上废除了 40/94 条例,但没有实质内容的修改,只是重新编排了条款顺序。

2015 年,欧盟对《欧盟商标条例》作出较大修改(2015/2424),共同体商标(Community trademark)也改称欧盟商标(European Union trademark)。2017 年,欧盟又对该条例进行了条目上的整合,正式推出《欧盟商标条例》(2017/1001),篇章结构也都有较大调整。本书中所引条例条目,除各判决内引用的条目不变以外,均以新法为准。

2.《欧盟商标指令》

为了减少成员国的商标法存在可能阻碍商品的自由流通和服务的自由提供,并扭曲共同市场的竞争条件差异,并且为了内部市场的建立和运转,因而有必要协调成员国立法,作为欧洲立法研究 20 多年的产物,1988 年颁布的《协调成员国商标立法 89/104/EEC 一号指令》(以下简称《一号指令》)。

《一号指令》一开始就不是要完全统一成员国的商标法,例如,它并不剥夺成员国继续保护使用产生的商标的权利,而只将注意力集中到它们与注册产生的商标的关系;《一号指令》保留成员国制定与注册产生商标的注册、失效或无效有关的程序;同时《一号指令》也不排除成员国商标法以外的法律规定,如与不正当竞争、民事责任或保护消费者有关的规定,适用于商标。

《一号指令》共有 12 条立法动机和 17 条正文。通过类似的限制和明确,该指令就能够集中规范最直接影响内部市场运转的部分规定,例如《一号指令》第 2 条规定可构成商标的标记、第 3 条和第 4 条规定驳回或无效的理由、第 5 ~ 7 条规定商标赋予的权利及其限制和用尽、第 8 ~ 12 条规定许可、因容忍导致商标权的丧失、商标使用的义务及处罚及部分驳回、失效和无效等内容。《一号指令》的这一编排体例几乎涵盖了商标保护中最重要的问题,而且逻辑十分严明,层次非常清楚。

《一号指令》无疑是欧盟商标立法发展史上的一个里程碑,代表了当时商标立法的最新成就。它的问世加快了各成员国商标法修改的进程,尽管一些成员国未能按时于 1992 年年底完成修改任务,但最终都相继按《一号指令》的要求对自己的商标法进行了大刀阔斧的修改,如英国就基本放弃了 1938 年商标法的体例,另起炉灶。新入盟的 12 个国家也都按照《一号指令》修改了商标法。连瑞士、南非等与欧盟关系密切的国家甚至我国的香港特别行政区的商标法修改也深受《一号指令》的影响。

2008 年 10 月 22 日,欧盟议会和理事会颁布第 2008/95/EC 号指令,该指令在欧盟官方刊物上公布后 20 日起生效,并取代了《一号指令》。相对于旧版《一号指令》,新版本没有任何实质的变化,只是在形式上进行了重新编辑。

2015 年,欧盟通过了《协调成员国商标法指令》(2015/2436,以下简称《欧盟商标指令》)。新的商标指令公布 20 天以后在各成员国基本都生效了,除了在实体规则方面革新,最大的一个创新的地方在于要求各个成员国就建立一个商标行政争议解决的程序的问题在 3 年内转换为国内法,并在 7 年内将这样的行政程序建立起来。目前,大部分成员国,乃至已经脱欧的英国都已按照《欧盟商标指令》要求完成了修订。

（二）与欧盟商标有关的国际公约

1.《与贸易有关的知识产权协议》

欧盟是世界贸易组织的成员，当然受与贸易有关的知识产权协定的约束。欧盟法院在Hermes 案①一案中表示，鉴于欧盟是《与贸易有关的知识产权协议》的成员，在解释其商标立法时有义务尽可能符合协定的文字和宗旨，而且欧盟法院有权就《与贸易有关的知识产权协议》在成员国的法律适用问题上发表意见。

2.《巴黎公约》

欧盟在《欧盟商标指令》中明确指出，鉴于所有共同体成员国均受《巴黎公约》约束，该指令的规定必须与《巴黎公约》的规定完全符合，成员国因该公约产生的义务不受该指令影响，一旦出现上述情况，应适用《巴黎公约》第 234 条第 2 款予以解决。欧盟法院在实际的判例中也一再重申这一观点。

3.《商标国际注册马德里协定有关议定书》

欧盟 2004 年加入《商标国际注册马德里协定有关议定书》（以下简称马德里议定书），从 2004 年 10 月 1 日起，欧盟商标权人和申请人将有权基于欧盟商标权申请国际保护。同时，基于马德里议定书享有国际注册商标权利人和申请人可以获得欧盟商标注册。具体内容我们将在本书第十九章中介绍。

4.《商标注册用商品及服务国际分类尼斯协定》

欧盟虽然不是也不能成为尼斯协定的正式成员，但欧盟商标的注册和管理实际都使用和依赖尼斯分类。

5.《商标法新加坡条约》

欧盟是商标法条约的签字方，但尚未批准该条约。

三、欧盟商标主管机构

（一）欧盟知识产权局

为保证欧盟商标注册的正常运转，最初设立了内部市场协调局（商标和外观设计），2015 年《欧盟商标条例》则改名为欧盟知识产权局②。欧盟知识产权局设在西班牙的阿利坎特，它是欧盟的一个机构，具有法人资格，并能行使条例赋予它的权力，在每个成员国内享受该国法律赋予法人的最广泛的法律行为能力，特别是它可以取得或转让动产或不动产，可以作为法律诉讼的一方当事人。欧盟知识产权局设理事会③和执行局长④，分别负责欧盟知识产权局的重大决策和日常管理。

欧盟知识产权局内设若干部门，分别介绍如下：

---

① C－53/96 Hermes 案判决书第 28～29 段。

② 《欧盟商标条例》第 2 条。

③ 《欧盟商标条例》第 153～156 条。

④ 《欧盟商标条例》第 157～158 条。

(1)审查员[①](Examiners)

各审查员应代表欧盟知识产权局就有关申请注册,包括《欧盟商标条例》第41、42、76、85条所指的事宜作出决定,但由异议处负责的事宜除外。

(2)异议处[②](Opposition Divisions)

各异议处负责对申请的异议作出决定。异议处应由三名成员组成,其中至少一人应是法律专家。特殊情况下,可以由独任成员裁定。

(3)注册簿管理部[③](Department in charge of the Register)

该部基本取代了之前的商标管理和法律处[④](Administration of Trade Marks and Legal Division),主要负责处理所有与注册簿登记有关的事宜。代理人也由该部管理,决定由一名成员作出。

(4)撤销处 [⑤](Cancellation Divisions)

各撤销处应负责对有关要求撤销或宣布其无效以及转让的申请作出决定。撤销处应由三名成员组成,成员中至少一人是法律专家。特殊情况下,可以由独任成员裁定。

(5)一般授权人员[⑥](General Competence)

凡不属于前述四个部门的事务,经执行局长的特别授权的职员或单位亦可作出决定。

(6)申诉委员会[⑦](Boards of Appeal)

当事人可以针对欧盟知识产权局前述五个部门作出的各类决定提起上诉,《欧盟商标条例》规定了提起上诉的主体资格,上诉的时限和形式,以及上诉的审理、裁决以及继续上诉的条件。

各申诉委员会应由三名成员组成,其中至少两名是法律专家,申诉委员会的成员应是独立的。特别情况下,可以由大申诉委员会(Grand Board)或由法律专家独任委员作出决定。他们在作出决定时不受任何指示的约束。诉讼程序的其他各方当事人当然是上诉程序的当事人。

对决定不服请求上诉的,必须在决定通知之日起两个月内向欧盟知识产权局提交书面上诉书。上诉可以接受的,申诉委员会应审理上诉是否成立。申诉委员会对上诉进行实质审理后,对上诉作出裁定。

(二)欧盟普通法院[⑧]

受申诉委员会裁决不利影响的任何当事人,对申诉委员会作出的裁决不服的,可以在申诉委员会裁决通知之日起两个月内,向欧盟普通法院提起上诉。理由包括无管辖权、违反基

---

① 《欧盟商标条例》第160条。
② 《欧盟商标条例》第161条。
③ 《欧盟商标条例》第162条。
④ 2009年《欧盟商标条例》第133条。
⑤ 《欧盟商标条例》第163条。
⑥ 《欧盟商标条例》第164条。
⑦ 《欧盟商标条例》第66、159、165条。
⑧ 《欧盟商标条例》第72条。

本程序要求、违反条约、条例或所适用法律的规定以及滥用权力。

法院有权宣布有争议的决定无效或改变该决定。欧盟知识产权局经要求应取必要措施执行法院的判决。

(三)欧盟法院①(Court of Justice of European Union)

如果存在法律问题,当事人还可以继续上诉至欧盟法院,求得最后解决,但目前总的趋势是欧盟法院越来越限制这种上诉。

(四)欧盟商标法院②(EUTM Court)

按照《欧盟商标条例》要求,各成员国应在其地域内尽可能少地指定若干一审、二审法院作为欧盟商标法院。法院专属管辖下列诉讼:针对侵权的诉讼,或侵权威胁的诉讼(若该国法律允许);对宣布未侵权的诉讼(若该国法律允许);对《欧盟商标条例》第 11 条第 3 款第 2 句所指的行为提起的诉讼;对根据《欧盟商标条例》第 128 条撤销或宣布其无效而提起的反诉。

如果侵权成立,有管辖权的欧盟商标法院将发出禁止被告继续从事侵权行为的命令,同时,法院还将采取一切必要的措施保证这一禁令的落实。有关临时性的保护措施、有关起诉和进一步上诉的具体规定在《欧盟商标条例》中有规定。

(五)调解中心③(Mediation Center)

为了鼓励当事人协商解决争端,欧盟知识产权局还特别设立了调解中心。当事人可以自愿向调解中心共同提出调解请求。调解员既可以是欧盟知识产权局职员,也可以不是。调解在确保秘密的情况下进行。调解不成的,恢复审理,但参加调解的人员不能担任正式的合议庭成员。

第二节　欧盟商标的要素

《欧盟商标条例》和《一号指令》一开始规定"共同体商标可以由能用书面表示的任何标志,特别是文字,其中包括姓氏、图形、字母、数字、商品或其包装形状组成,只要这些标志能够将一个企业的商品或服务同其他企业的商品或服务区别开来"④。

2015 年的《欧盟商标条例》第 4 条对商标进行了新的定义:"欧盟商标可以由任何标志,特别是包括姓氏在内的文字、图形、字母、数字、颜色、商品或其包装的形状或声音组成,只要这些标志能够:(a)将一个企业的商品或服务同其他企业的商品或服务区别开来;(b)用一种可以使主管部门及公众清晰和准确地确定商标所有人所受保护标的在欧盟商标注册簿上表

---

① 《欧盟商标条例》第 72 条。

② 《欧盟商标条例》第 123 ~ 124 条。

③ 《欧盟商标条例》第 170 条。

④ 《欧盟商标条例》第 4 条,《一号指令》第 2 条也有类似要求。

现出来。”

这一新的定义不仅明确增加颜色和声音商标，而且允许只要通过一般可获取的技术，将标识通过可能的方式呈现即可，不再要求必须通过“书面表示”，结合欧盟法院的判例，只要满足清晰、准确、独立、易获取、可理解、持久和客观的要求，且表述清楚，“书面表示”不再是商标的必要呈现形式①。

该规定对商标的构成要素主要提出了三方面的要求：一是人，即具有适格的主体(第一节)；二是物，即具有明确的商品或服务范围(第二节)；三是志，即可以用各种方式表现的标志(第三节)。

一、人——具有适格的主体

1994 年《欧盟商标条例》②刚开始实施时，对有权申请的主体范围曾经有过要求，即必须是欧盟成员国、《巴黎公约》或世界贸易组织成员国的国民或居民，或者实行对等原则的国家或地区的国民或居民，才可以申请共同体商标。

这一要求 2004 年取消了，现行《欧盟商标条例》规定任何自然人或法人，包括公法中的机构，均可成为欧盟商标的所有人③。

二、物——具有明确的商品或服务的范围

离开商品或服务的商标是没有意义的。因此，要想取得在欧盟的商标保护就离不开商品和服务的问题，目前欧盟知识产权局使用的是商标注册用商品及服务国际尼斯分类④。

零售服务。一般说来，尼斯分类的 45 个类别基本涵盖了所有的商品或服务，但有一个问题就是商品乃至服务的零售是否可以视为一种服务在各国的做法并不统一，因此 2005 年 7 月 7 日，在“Praktiker”案中⑤，欧盟法院对零售服务的商标注册作出规定，指出在商品零售贸易中提供的服务可以依照《一号指令》第 2 条进行商标注册；申请注册时，不需要详述服务本身，但必须详细说明服务所涉及的商品或商品的种类。

为了落实欧盟法院的这一裁决，2005 年 10 月 31 日，欧盟知识产权局在其有关零售服务注册的通知中，对于零售服务商标作了进一步的阐释，它指出，申请注册零售服务商标，不需要说明零售服务所提供的商品具体是什么，只需要说明其种类就可以了。并且这里的种类，未必要与商标注册用商品和服务国际分类中的类别相一致。只要能确定地描述这种商品，使用概括性的字眼也无妨。但是，仅仅指出这种商品所属类别的编号，如仅仅提到“提供第 28 类商品的零售服务”，则不能予以注册。

类别标题的商品范围。在商标申请选择商品或服务的范围的过程中，有一个特殊的问题需要明确，即商标注册申请必须根据尼斯国际分类指定它们所使用的商品或服务，而尼斯分类共有 45 个类别的商品或服务。每个类别都有一个标题，称为“类别标题”。类别标题概括

---

① 《欧盟商标条例》序言第 10 条。

② 《欧盟商标条例》第 5 条，现已废除。

③ 《欧盟商标条例》第 5 条。

④ 《欧盟商标条例》第 33(1)条。

⑤ C-418/02 Praktiker 案判决书第 34~35 段。

了大部分而不是所有的隶属于它的商品或服务。过去在欧盟知识产权局，以及部分欧盟成员国，当商标申请人使用"类别标题"作为其商标使用的商品或服务时，就意味着选择了该类别的所有商品或服务，例如25类的类别名是服装、鞋、帽，那么注册服装、鞋、帽之后，就可以涵盖服装、鞋、帽这个类别里的几百个商品，包括腰带、领带等商品，但在英国等国，则只意味着选择了该类别标题实际所指的那部分商品或服务，即只有服装、鞋、帽这三个商品。

这样在英国 Chartered Institute of Patent Attorneys（CIPA）申请注册 IP TRANSLATOR 商标一案①中，就出现了 CIPA 在使用尼斯分类第41类的类别标题"教育，提供培训，娱乐，文体活动"是否对该商标使用的服务进行了描述的问题。因为翻译服务也属于第41类，但在41类的类别标题中并未提及。很显然，如果标题涵盖所有本类的服务，则 IP TRANSLATOR 就会构成对"翻译服务"的描述。英国知识产权局一反往日做法，按照欧盟知识产权局的处理方式，以该商标构成对其使用的部分服务的描述为由，拒绝了该项申请。CIPA 提起上诉，认为申请商标使用的范围并不包括翻译服务，因此也没有描述性可言。本案的焦点问题就是如果使用尼斯分类的类别标题作为商标使用的商品或服务的名称，那么这个范围应当如何界定，英国法院就此提请欧盟法院作出解释。

欧盟法院总法务官给出意见指出：商标申请人需清晰准确地描述其商标使用的商品或服务，以便让有权机关能了解其商标寻求保护的范围；要满足这一要求，申请人可以通过详尽的列举，也可以通过概括的方式，使有权机关了解商标使用的商品或服务的本质特征和客观属性。只要能足够清楚地表示出申请商标所使用的范围，不排除类别标题的使用。欧盟知识产权局2003年第4号通知认为，如果类别标题不够清晰准确，则视为商标使用于该类别下所有商品或服务。但是，这一规定显然不能保证对商标注册的商品或服务描述的清晰性和准确性，不管在欧盟知识产权局和欧盟成员国，适用该规定都有失合理。

2012年6月19日，欧盟法院在初裁中认为：2008年10月22日《欧洲理事会关于协调各成员国商标立法指令》（2008/95/EC）并不排除使用尼斯分类表中类别标题来指定商品和服务，前提条件是要"足够清晰准确地表示出申请商标所使用的范围"。成员国商标的申请人在使用尼斯商标分类中某一类别标题指定商品或服务时，必须明确说明其注册申请是包含该类别的所有商品或服务，还是只包含其中的一部分。如果申请只涉及其中部分商品或服务，申请人必须明确说明到底包括该类别中哪部分商品或服务。

欧盟知识产权局紧接着在2012年6月20日发布了2/12号通知，进一步确立了该类案件的处理原则。

2015年这次修改《欧盟商标法》，就充分考虑了欧盟法院的这个判例②。即以2012年为限，2012年6月22日之前的老商标，如果当时指定的是全类的类名，新条例会给半年时间，即2016年3月至9月，让商标权人选择，比如服装、鞋、帽，如果申请人想包含25类的全部商品，那他可以做这样一个声明，以后他的注册证就换成所有商品。如果不做这样的声明，那么欧盟知识产权局就会准备一个名单，这个名单里面会把所有这一个类别名称字面所能涵盖的商品范围，比如几百个商品列出来。以后这个注册就只对应最后列出来的这几百个商品，例如

① C－307/10 IP Translator 案。

② 《欧盟商标条例》第33条。

服装、鞋、帽就只有三个商品,而不含有腰带、领带。

当然,即使2012年前的商标申请人选择涵盖腰带、领带时,这个注册也不能针对2012年以前已经开始在腰带、领带上使用的企业,因为当时并没有规定清楚,他人已经开始使用的情况下,不能因为事后的声明明确了,就不能使用。或者说,当时他人的注册是不产生冲突的,现在明确后,也不能就此产生冲突。

后来在Lambretta一案[①]中,欧盟普通法院和欧盟法院进一步澄清了类别标题的范围问题。本案中,Scooter公司2000年申请,并在2002年获准注册了欧盟文字商标"LAMBRETTA",使用在第12类的"车辆、陆上、空中、水上或水里用的运载器"(属于类别标题)以及其他几个类别的商品。2009年,Brandconcern公司以不使用为由申请撤销该商标在第3、12、18类商品上的注册。撤销处及申诉委员会均支持了该商标在第12类商品,以及第3类和第18类部分商品上的撤销申请。

Scooter公司遂向欧盟普通法院提起诉讼。就第12类商品上的注册被撤销的问题,Scooter公司认为,它2000年提起申请时,欧盟知识产权局的实践是把类别标题理解为该标题项下所有的商品,即使IP Translator案件及以后的一些操作规定确立了新的使用类别标题作为商品的案件处理方式,当初的这种理解也不应该发生改变。但本案中,欧盟知识产权局只按照字面意思理解了其商标在第12类商品的使用,缩小了应有的范围。涉案商标使用的商品应该包括该类别标题项下所有的商品,因此,该项下所提及的零部件也应在其中,而自己已经提供了零部件使用的证据,欧盟知识产权局却不予考虑。

2014年9月30日,欧盟普通法院经审理,作出判决认为,欧盟知识产权局的涉案裁定在IP TRANSLATOR案判决以及2012年2/12号通知前做出。根据2/12号裁定,2012年6月21日前已经注册的欧盟商标,使用类别标题描述涉及的商品或服务的,应当理解为商标申请人意图注册在该类别标题项下的所有商品或服务。因此,法院支持了Scooter公司的前述主张。后Brandconcern公司上诉,2017年2月16日,欧盟法院判决驳回其上诉。

三、志——可以作为商标的标志

如前所述,2015年《欧盟商标条例》第4条关于商标的定义取消了"书面表示"的要求,并明确将颜色和声音商标纳入注册范围。之所以取消"书面表示"的要求,主要是因为这个要求对于可视商标,是比较容易做到的,甚至包括立体商标、颜色商标,都可以通过三维图或者色标来表示。

但是,声音商标、气味商的注册仍然很困难,以前曾经尝试注册过一些用文字来表述气味的形式,如新鲜草莓的气味,或者刚修剪草坪的气味,但后来法院都否定了这些做法,认为这些都不够准确,也不是一个大家真正能够直接感观的一种形式,但法院也没有说最后应该怎样表示,它只是原则上同意了这些非传统商标的注册,但是实际操作仍然很困难。所以,2015年《欧盟商标法》修改的最大的一个目的就是把这个"书面表示"的要求完全删除,也就是说可以用其他任何电子方式来设法表现这个商标的标的。

为了进一步规范各种非传统商标的申请,《欧盟商标条例实施细则》(2018/626)第3条详

① T-51/12及C-577/14 P Lambretta案。

细列举了申请时需要指明的商标类型：文字商标[第3(3)(a)条]、图形商标[第3(3)(b)条]、形状商标[第3(3)(c)条]、位置商标[第3(3)(d)条]、连续商标[第3(3)(e)条]、颜色(含单一颜色和颜色组合)商标[第3(3)(f)条]、声音商标[第3(3)(g)条]、动态商标[第3(3)(h)条]、多媒体商标[第3(3)(i)条]、全息商标[第3(3)(j)条]以及其他未列举的商标[第3(4)条]。

(一)具备成为标志的条件

概念不是商标。在Dyson案中①,吸尘器制造商Dyson公司1996年在英国申请将透明吸尘器罩注册为商标,并提交了两个具体的吸尘器图样作为例示,但该申请被驳回。Dyson公司因此上诉到英格兰—威尔士高等法院,法院就相关的问题向欧盟法院进行了请示:即本案涉及的商标究竟属于《一号指令》第3条第3款中提到的经使用获得显著性而可以注册的标志,还是第1款中因表示商品用途而不能注册的标志。

欧盟法院裁决认为:根据《一号指令》第2条,所有有形的标记,尤其是文字(包括人名)、字母、图形、数字、商品或其外包装的形状,只要能将一个企业的商品或服务与其他企业的商品或服务区别开,均可构成商标。也就是说,要注册为商标,必须首先是一个标记。这一要求主要在于避免商标权被用来获取不当竞争利益。Dyson公司申请注册的并不是一种特殊的透明吸尘罩,而是这类吸尘罩所有可以想象得出的形状。如果允许此透明吸尘罩作为商标注册,即把一个“概念”当作商标去保护,就相当于给予了Dyson公司对一项技术解决方案或功能特征的垄断性的保护,显然,这有违《一号指令》第2条的立法本意,而且对其他竞争者也非常不公平,因为这剥夺了其他竞争者在吸尘器上使用任何形状的透明罩的权利。由此,法院最终裁决认定透明吸尘器罩不构成作为商标注册的标志。鉴于此,欧盟法院认为没有必要再对英国高等法院请示的《一号指令》第3(3)条作出解释。

声音和气味商标。在涉及音响商标和嗅觉商标的Shield Mark和Sieckmann两案中②,欧盟法院认为,虽然《一号指令》第2条并未明确提到不能为视觉感知的声音和气味,但也没有特别予以排除,只要它们符合书面表示的要求,就可以用作商标。新条例取消书面表示的要求后,相信会使声音、气味等非传统商标的表示方式更加灵活。

(二)可以各种方式表示

由于《欧盟商标条例》最初的定义也是任何可以起到区别作用的标志都可以获得注册,实际具有很大的开放性。虽然书面表示的要求带来了诸多的困扰,但旧条例和指令期间的欧盟法院判例还是为新条例的产生奠定了基础。

单一颜色商标。在Libertel案中③,欧盟法院认为,单纯的颜色,即使从空间上没有特别限定,就某些商品或服务而言,可以被认为具有显著性,条件是其书面表示能做到明白、准确、完整独立、便于接触、易于理解、持久和客观。简单在纸上复制该颜色还不足以满足上述要求,

---

① C-321/03 Dyson案判决书第33~35、38、39段。

② C-283/01 Shield Mark案判决书第35、38段,C-273/00 Sieckmann案判决书第44、45段。

③ C-104/01 Libertel案判决书第68段。

但可以通过国际通行的颜色识别码指定该颜色来弥补。

颜色组合商标。在 Heidelberger Bauchemie 案中①,欧盟法院认为,将两种或者多种既无形状也无轮廓的颜色简单并列,或只是以"各种可能想象的形式"提及两种或者多种颜色,均无法符合《一号指令》第 2 条的准确性和一致性要求。这样的表示允许太多不同的组合,不可能让消费者理解和记住某一特殊的组合,以便确定地重复应用在每次购物经验上,也不可能使主管部门和其他经营者了解商标权利范围。要书面表示这种抽象不具轮廓的两种或多种颜色,必须以一种预定并一致的方式将各种颜色系统地结合在一起。在表示每一种颜色时,可以和单色商标一样,一方面提供颜色图样,另一方面辅之以国际通用的颜色识别码,从而符合书面表示的要求。

在另一个涉及颜色组合商标的红牛案②中,2019 年 7 月 29 日,欧盟法院作出判决,以商标描述不够明确为由,认定红牛公司的两件蓝银颜色组合商标注册无效。

具体经过是,2002 年,红牛公司在 32 类的能量饮料上申请注册颜色组合欧盟商标,红牛公司将商标描述为"由劳尔色卡 5002 蓝色与 9006 银色组成,两颜色所占的面积约为 1∶1"。2010 年,红牛公司又申请了同样的商标,这一次用潘通色号表示为"潘通 2747C 蓝色以及 877C 银色",随后,红牛公司口头补充"两颜色并列放置,所占比例大体相当"。两商标均基于在使用中获得的显著性而获准注册。

2013 年 9 月 20 日,波兰的 Optimum Mark 公司对两件商标分别提出无效申请,指出涉案的颜色组合商标描述都不够清晰,无论是"50% ~50%",还是所谓的"等比例并列而置"其实都不能使消费者清晰准确地了解这个商标到底是个什么样的商标,依照这个描述,颜色组合的具体形式是多种多样的。欧盟知识产权局撤销处和申诉委员会先后裁定支持无效申请,认为商标描述确实太过抽象,违反《欧盟商标法》第 7(1)(a)条的规定,不符合商标注册申请"清晰、准确、独立、易察、易懂、稳定、客观"的要求。红牛公司继续上诉。

2017 年 11 月 30 日,欧盟普通法院作出判决,支持了申诉委员会的认定。欧盟普通法院认为,涉案商标只是并列的两种颜色,并没有具体的形状,可能产生的具体的颜色组合方式多种多样。即使附加了两颜色"并列放置"的说明,关于两种颜色究竟怎样组合,仍不明确。而且,红牛公司用来证明使用获得显著性的证据与其申请图样中颜色竖直排列的方式也有很大区别。欧盟在先判例 Heidelberger Bauchemie 案中曾明确禁止一个注册衍生出多个标志。该法院认为,颜色组合标志本身的可注册性虽不可否认,但图示必须要精确地表达出颜色标记要保护什么。对于红牛公司抗辩的"如果要描述颜色具体的排布方式,就会混同于图形商标",欧盟普通法院认为,即使两者的说明方式很相近,两种商标保护的内容是不相同的,并未混同。红牛公司仍旧不服,继续上诉。

欧盟法院作出本案判决,首先明确:如果申请材料中有对于相关标识的描述,这个描述必须要能清晰地表达标记要保护的范围,不能与图示不符或是令人存有疑问。欧盟法院早在在先判例 Heidelberger Bauchemie 案中表达过这样的观点,两种或以上没有具体形状的颜色组合在一起的商标,必须要系统地表达出相关颜色是以怎样的一种预先确定且统一的方式组合起

---

① C－49/02 Heideiberger Bauchemie 案判决书第 32 ~36 段。

② T－101/15,T－102/15,C－124/18 P Red Bull 案。

来的。仅仅把这些颜色并列放置,并不足以呈现《欧盟商标条例》第 4 条有关商标申请的“确定性”和“一致性”要求,这样就会导致无以计数的组合形式,让消费者无从识记,以致不能通过对标志确定的认识来进行下一步的购买活动。综合本案的证据,欧盟法院认为红牛公司涉案颜色组合的具体形态并不明确,不能获得注册。

在最新的一个涉及颜色组合商标的斯蒂尔案①中,欧盟普通法院于 2021 年 3 月 24 日作出判决,维持了斯蒂尔公司橙灰颜色组合商标的有效性。

涉案欧盟商标由斯蒂尔公司2008 年 12 月 19 日提出申请,2011 年 8 月 11 日获得注册,使用的商品是第 7 类的链锯。该商标为橙色(劳尔色卡 2010)和灰色(劳尔色卡 7035)的组合,并附有文字说明“橙色用于链锯外壳顶部,灰色用于链锯外壳底部”。2015 年 6 月 24 日,Giro 旅游公司提起无效申请,主要理由是,根据在先判例 Sieckmann 案中确认的标准,涉案标记未能标明商品来源,两个颜色表述不清晰、不准确、不自洽、不禁推敲也不客观。撤销处驳回了无效申请,但随后申诉委员会却支持了 Giro 的主张,认为涉案商标不仅文字描述本身不清楚,而且图示部分在市场上也可能产生多种形状的组合,无法确定涉案颜色组合的保护范围。

斯蒂尔公司上诉,提出申诉委员会的裁定违反了《欧盟商标条例》(40/94)第 4 条及第 7(1)(a)条,其颜色组合标记足够清晰准确,也符合 Heidelberger Bauchemie 案设定的标准:图示是橙灰颜色系统化的排列,颜色以编码表示,并辅之以明确的说明。欧盟知识产权局则坚持认为“系统化排列”做得不够,图示的颜色可以用在不同形状的商品上,文字描述实际上允许了多种组合,缺乏明确性。

欧盟普通法院支持斯蒂尔公司的上诉,推翻了欧盟知识产权局申诉委员会的裁定。该法院认为:虽然使用编码的颜色图示本身不能说明颜色的轮廓,但通过附加的说明性文字,可以了解到涉案颜色会用于链锯外壳,橙色用在上部,灰色用在下部。链锯机壳形状虽有不同但设计上的变化不妨碍消费者对于“链锯”商品的识别。而且,商标的描述也清楚地表明,作为保护对象的颜色组合在链锯外壳上不是任意使用,而是以特定的方式从视觉上把链锯外壳分割成上橙下灰,这个描述实际上对于涉案颜色使用做了更大的限制。这个限制说明涉案两种颜色的组合不是任何“能想象出来的方式”。基于此,同时考虑到其他的因素,欧盟普通法院认为涉案橙灰颜色组合足够明确,可以被识别为商品来源的标志,商标审查员和有关的利益方也可以据之判断其保护的范围。

声音商标。在 Shield Mark 案中②,原告将贝多芬著名钢琴曲《致爱丽斯》的头九个音符申请注册,并附加“商标由《致爱丽斯》的头九个音符组成”的说明,另外还申请了 Kukelekuuu-uu,并附加“由模仿公鸡打鸣的象声词组成”说明。欧盟法院认为,声音本身虽然不能视觉感知,但只要可以书面表示,尤其是借助图形、线条和字体,符合明白、准确、完整独立、便于接触、易于理解、持久和客观的要求,则可以注册。简单指出申请注册的标记由知名音乐作品的曲调组成、或者说明标记由动物叫声组成,或者借助缺乏其他说明的拟声词汇以及音乐记号均不符合上诉要求。但分成节拍,带有谱号,乐音、休止符以表示相对价值和变音的乐谱可以满足书面表示的要求。

---

① T-193/18 斯蒂尔案。

② C-283/01 Shield Mark 案判决书第 64 段。

在人猿泰山案中①,欧盟知识产权局(以下简称欧知局)申诉委员会驳回了一项由声音组成的注册申请。该案中,申请人以一个彩色声谱表以及辅助的文字说明申请注册一个声音商标。申请人用文字描述其商标是虚拟人物“人猿泰山”的吼叫声,共包括五个不同的阶段,先是一个持续音,接着是一声啼叫,然后又是一个更高频的持续音,之后又是一声啼叫,最后是与开始时相同频率的持续音。商标审查员认为声谱表和文字说明不足以表现所申请的商标,不符合《欧盟商标条例实施细则》规定的商标申请的形式要件,于是要求申请人在法定时限内补充材料。但申请人认为材料已经十分充分,所以并未补交。期限届满后,审查员认为该申请不能作为一个申请处理,不能给予申请日期。申请人不服,向申诉委员会提起上诉,指出声谱图在以往的声音商标申请案件中曾被认定可以作为声音商标的表示方法。而且,说明性文字将声音描述为“人猿泰山”的吼叫声,公众应该不存在理解方面的问题,因为欧洲公众对这个声音很熟悉。声谱图加上说明性的文字已经足够清楚地表示了所申请的商标。

申诉委员会在裁决中指出,根据《欧盟商标条例实施细则》,商标申请材料必须清晰准确地表现出所申请的商标究竟是一个什么样的标志,否则就不符合商标申请的形式要件。对于声音商标来讲,仅用语言进行描述是不够的,还应当辅之以相应的音符、乐谱或休止符,这样才能清楚地表述声音的高低、长短和曲调。而本案的申请人所附的文字说明很笼统,声谱图也仅表示出声波的强弱和频率,两者结合起来也无法让人对其所申请的“商标”究竟是一种什么样的声音产生明确的认识,因此申请材料不符合商标申请的要求,审查员驳回裁定没有错误。由本案裁决来看,进行声音商标的申请,音符和乐谱是必须提交的材料。

气味商标。在 Sieckmann 案中②,欧盟法院认为,一个本身不能为视觉可知的标记,如果其书面表示,尤其是借助图形、线条和字体,能做到明白、准确、完整独立、便于接触、易于理解、持久、客观,可以作为《一号指令》第 2 条意义上的商标注册。但就嗅觉商标而言,仅仅提供一个化学方程式、词汇描述或气味样品或者这几者的组合尚不能满足上述书面表示的要求。

如前所述,在“成熟草莓气味”商标申请案中③,欧盟普通法院认为,本案中文字描述以及附有一张成熟草莓照片的图形描述均不足以完整地表现嗅觉商标,但欧盟普通法院同时也认为,这并不能排除存在一种符合《欧盟商标条例》第 4 条对嗅觉商标的描述形式,从而在理论上为嗅觉商标的注册提供了可能。

动态商标。在爱立信案中,2010 年 9 月 23 日,欧盟知识产权局申诉委员会作出裁定,支持了索尼·爱立信公司申请注册的红色液体流动的动态商标。

索尼·爱立信的这一动态商标于 2009 年 9 月提出申请,使用在第 9 类、第 38 类和第 41 类的商品和服务。该商标由 20 个定格画面表示。当年 10 月,审查员通知索尼·爱立信公司其商标不能注册,理由是这 20 个这些画面是彼此孤立的画面,无法看出运动的过程究竟如何,也看不出从某个画面怎样就变成了下一个画面。根据《欧盟商标条例》第 7(1)(a)条,该商标不能予以注册。于是,同年 12 月,索尼·爱立信又提交了一份详细的对该动态商标的文

① R 708/2006 - 4 号裁定。
② C - 273/00 Sieckmann 案判决书第 55、73 段。
③ T - 305/04 Strawberry Smell 案判决书第 28、47 段。

字描述。即使如此，审查员在 2010 年 1 月做出的决定中，仍然认为该商标不能获准注册，索尼·爱立信对此提出上诉。

申诉委员会经审查，并参考了在先的玛氏公司和微软公司的动态商标注册案，他们认为，首先，索尼·爱立信提交的图示以及文字描述互相兼容，且能互相补充，可以足够清晰地表述动态的过程和形态。其次，目前欧盟知识产权局审查的动态商标案件本来数量就很有限，在认定标准上保持统一并不困难。如果对索尼·爱立信的注册申请不予支持，则与之前的玛氏及微软的动态商标案在判断标准上未能保持一致。

店面布置商标。在苹果商店案①中，2014 年 7 月 10 日，欧盟法院针对德国法院提请的苹果（Apple）公司店面布置设计图能否注册为商标的案件做出初裁，并对所提请的问题给予肯定的答复。

2010 年，苹果公司在美国专利商标局将其旗舰店店面的彩色（主要是金属灰和浅棕色）设计图注册为立体商标，使用在"电脑、电脑软件、电脑外设及手机的零售商店服务等"服务上。该商标被描述为"零售店面的独特设计和布置"。之后，苹果公司通过国际注册的途径在德国申请该商标的领土延伸，但被德国专利局驳回。

德国专利局认为消费者会把该设计看作一定质量和价位的标志，而不是标明商品来源的标志。苹果公司上诉到德国专利法院，该法院认为，本案立体标志具有把苹果公司与该电子产品领域的其他公司区分开的特征。但是，该案涉及一些法律适用，比如，如果某标记可表示提供服务所使用的设施，那么它是否能够依据《一号指令》第 2 条列举的可注册标记中的"商品包装"进行保护，并依据有关条款注册为商标？这类标记注册的时候用怎样的方式进行表述？零售服务的商标的保护是否可以延伸至其零售的商品？德国法院就上述问题提请欧盟法院作出初裁。

2014 年 7 月 10 日，欧盟法院作出初裁，认为《一号指令》第 2、3 条应当这样理解：如果某标记可以将申请人的服务与其他经营者的服务区分开来，也没有其他《一号指令》规定的不能注册的情形，即使这个标记仅仅是零售店的布置设计图，也没有标明大小和比例，仍可以在提供某商品的服务上注册为商标，只要这种服务不是作为这些商品的销售的一部分。

颜色图案商标。在 Hartwall 案②中，2019 年 3 月 27 日，欧盟法院针对芬兰最高行政法院请示的有关《欧盟商标指令》（2008/95/EC）有关条款的理解问题作出初裁。本案中，Hartwall 公司在芬兰申请注册商标中间是蓝色，两侧是灰色，其中的蓝色色号为"PMS 2748，PMS CYAN"，灰色色号为（PMS 877），使用在 32 类的矿泉水等商品上。随后，Hartwall 公司作出说明，指出涉案商标是颜色商标，不是图形商标。2013 年，芬兰知识产权局以缺乏显著性为由驳回申请，并指出如未使用获得显著性，颜色标记不能获得注册；而且，本案申请人提供的使用证据表明商标的知名度建立在"图形"上，而不是"颜色"上，不能证明涉案颜色使用获得显著性。Hartwall 公司上诉，被芬兰市场法院驳回，遂继续上诉到芬兰最高行政法院。

芬兰最高行政法院中止程序，就如下问题请示欧盟法院回复：（1）《欧盟商标指令》（2008/95/EC）第 2 条和第 3（1）（b）条的适用与标记是图形商标还是颜色商标是否有关？

---

① C－421/13 Apple 案。

② C－578/17 Hartwall 案。

(2)如果商标是图形商标或是颜色商标关乎显著性的判断,那么本案标记,姑且先不考虑它的呈现方式,是应根据申请材料注册为颜色商标,还是只能注册为图形商标?(3)如果申请中用图形表示的标志要注册为颜色商标,需要满足《欧盟法院判例法》有关颜色标记(此处指非单一、抽象的,没有形状和轮廓的颜色)有关“精确性”的要求吗?需要向欧盟知识产权局另提交使用证据吗?

对此,欧盟法院作出初裁指出:根据《欧盟商标指令》(2008/95/EC)第2条和第3(1)(b)条,商标申请人把一个标记界定为颜色标记或是图形标记,是关乎该标记是否是满足该指令第2条的可注册标记的要素之一,如果是可注册标记,还要看它是不是符合该指令第3(1)(b)条对显著性的要求,对此,商标审查机关要根据实际情况按照前述规定对标志进行全面审查,不能仅仅说这个标志没有使用获得显著性就拒绝注册。根据该指令第2条,像本案程序涉及的这种情况,一个标记与其申请时的表述不一致,就不能注册。究竟是否不一致,要由审理的法院进行审查。

第三节 欧盟商标注册的条件

根据《商标条例》,申请欧盟商标注册,商标应当具有合法性、非功能性、显著性和在先性。

前三个条件一般统称为“驳回商标注册的绝对理由”,除恶意注册的理由外,均可以由欧知局在审查过程中主动提出。当然,任何人可以在商标注册前提出不同意见,也可以在注册后以包括恶意注册在内的各项理由提出无效请求。

第四个条件一般称为“驳回商标注册的相对理由”,欧盟知识产权局只能依请求而不能主动对其进行审查,其中有一部分理由可以在异议程序中提出,注册以后则可以就全部的相对理由提起无效请求。

一、合法性

合法性是商标注册的必备条件,具体到《商标条例》,指的是第7(1)(f)~(m)条。主要包括违反公序良俗、带有欺骗性质、为《巴黎公约》第6条之三所排除或类似排除、含有受保护的地理标志或传统标识以及植物新品种名称等。下面我们结合具体案例来讨论合法性的要求:

(一)违反公序良俗的商标[①]

在Nu - Tride案和Intertops案[②]中,普通法院都特别指出,该项禁令只涉及商标本身对公序良俗的违反,而不包括申请人的行为或者有关国家关于禁止在申请项目例如赌博上营业的情形。

---

① 《商标条例》第7(1)(f)条。

② T - 224/01 Nu - Tride案判决书第76段,T - 140/02 Intertops案判决书第28~29段。

(二)带有欺骗性质,例如有关商品或服务的性质、质量或地理来源的商标[①]

这一理由往往会在申请人涉及因为叙述性而缺乏显著性答辩的时候提出来,例如在Klosterstoff案[②]中,2015年,原告申请注册欧盟文字商标“Klosterstoff”,用于第32类啤酒、啤酒制品、不含酒精的饮料等商品,以及第33类啤酒以外的酒精饮料等商品。该申请被审查员依据《商标条例》(207/2009)第7(1)(b)、(c)、(g)条驳回。申请人提起上诉,被申诉委员会驳回。申诉委员会认为本案的文字商标由德语构成,因此,相关公众为德语公众或是了解基本德语词汇的公众。另外,涉案商标是由“kloster”和“stoff”两部分组成的,这两部分组合在一起,是指来自修道院或由修道院制造的酒产品或含有酒精的产品。从这种角度上说,该词语对于所注册的含有酒精的产品具有描述性,因而也缺乏显著性,属于《商标条例》第7(1)(b)、(c)条规定的情形;而对于指定使用的不含有酒精的商品,该词语具有欺骗性,属于《商标条例》第7(1)(g)条的情形。申请人不服,提起上诉。欧盟普通法院于2017年10月26日作出判决,完全支持了申诉委员会的认定。

该案与欧式咖啡连锁店Caffè Nero集团就“Caffè Nero”文字商标的申请没有得到欧盟普通法院支持的案件非常相似。在Caffè Nero案[③]中,法院认为,“Caffè”和“Nero”组合起来后,相关公众从整体上会认为其具有“黑咖啡”的意思,因此,该商标在所注册的咖啡等商品上具有描述性;而在另一些商品,比如可可、药茶等中,该商标的使用又有欺骗性,可能会使消费者认为其中含有黑咖啡成分。因此,该商标未能获得注册。

(三)未经主管机关认可应按照《巴黎公约》第6条之三被拒绝注册的商标[④]

在枫叶案[⑤]中,欧盟普通法院以缺乏显著性为由部分驳回了申请人申请注册的枫叶图形字母组合商标。该案中,申请人美国服装联合会向欧盟知识产权局申请注册该商标,使用在第18、25类的商品,以及第40类的服务上。经审查,商标审查员驳回了这项申请,理由是该商标的主要组成部分之一“枫叶图形”与加拿大国旗中的枫叶图形相类似,属于《商标条例》第7(1)(h)条规定的“未经主管机关认可,并且按照《巴黎公约》第6条之三应不予注册的商标”。此后,申请人上诉到欧盟知识产权局申诉委员会,仍未获支持,于是又上诉到欧盟普通法院。

欧盟普通法院经审理,于2008年2月28日作出判决,认为两标志确实构成近似,但是《巴黎公约》区别对待商品商标和服务商标,而《巴黎公约》第6条之三的限制性规定仅仅针对商品商标。另外,虽然《商标法条约》统一对待商品商标和服务商标,但是欧盟仅就《商标法条约》进行了签字,并没有批准,因此,《商标法条约》对欧盟不生效力。所以,对于本案商标申请用于第40类服务的部分,应当核准注册,因为《巴黎公约》对于服务商标的注册没有上述的限制;而对该商标申请用于第18、25类商品的部分,则应当予以驳回。欧盟法院在回来

---

① 《商标条例》第7(1)(g)条。

② T-844/16 Klosterstoff案。

③ T-29/16 Caffè Nero案。

④ 《商标条例》第7(1)(h)条。

⑤ T-215/06 RW枫叶案判决书第22~33段。

的上诉程序中最后否定了普通法院关于欧盟就服务商标适用《巴黎公约》第6条之三的合法性,支持了欧盟知识产权局的意见。①

(四)具有特殊公众利益的徽章、徽记或者纹章图案的商标②

虽非《巴黎公约》第6条之三所指,但具有特殊公众利益的徽章、徽记或者纹章图案的商标,但有关当局同意申请人注册的除外。

(五)葡萄酒和烈性酒地理标志③

葡萄酒和烈性酒商标中含有用以识别葡萄酒和烈性酒的地理名称,而葡萄酒和烈性酒又不是出产于该地的,对其不予注册。晚于2081/92号《关于保护农产品和食品地理标志和原产地名称条例》(以下简称《2081/92号条例》)中所提申请之后的申请也不能被注册。

1992年7月14日,欧盟制定了《2081/92号条例》。2003年4月8日欧盟通过《692/2003号条例》,对《2081/92号条例》作出重大修改并于4月17日生效。修改后的条例在以下几个方面进行了调整,一是允许将产品的包装作为保障产品特征或确保产品流通或核查的需要,二是允许原注册人放弃地理标志注册,三是在注册和异议程序中赋予世界贸易组织其他成员更加平等的权利。2006年3月20日,欧盟完全废除《2081/92号条例》,重新制定了510/2006号《关于保护农产品和食品地理标志和原产地名称条例》,但实质条款并无大的变化。

(六)含有葡萄酒传统词汇④及保证传统特色⑤的商标

欧盟以及国际协定中有保护葡萄酒传统词汇以及保证传统特色的规定,这些葡萄酒传统词汇也可以成为阻止商标注册的障碍或无效的理由。

(七)植物新品种⑥的商标

这一项驳回理由主要是为了保护植物新品种保护组织公约(UPOV)中所列的植物新品种名称不能被作为商标注册。

(八)恶意注册的商标

除了《商标条例》第7条所列举的合法性要求,该条例还规定恶意申请的商标注册可以被无效的理由⑦。

在"GALAPAGOS"案⑧中,欧盟知识产权局具体阐述了恶意的认定和法律适用。商标

---

① C-202/08 P及C-208/08 P RW枫叶案判决书第77~80段。
② 《商标条例》第7(1)(i)条。
③ 《商标条例》第7(1)(j)条。
④ 《商标条例》第7(1)(k)条。
⑤ 《商标条例》第7(1)(l)条。
⑥ 《商标条例》第7(1)(m)条。
⑦ 《商标条例》第59(1)(b)条。
⑧ 787C 001641828欧盟知识产权局撤销和无效处2005年12月21日裁定。

“GALAPAGOS”于2002年11月8日由一家叫作ELCAFE的咖啡公司注册，用于第30类的商品。2004年1月2日，加拉帕哥斯咖啡生产商PROCAFE公司申请撤销此商标，并举证证明自己从1994年开始，就已经把“GALAPAGOS”用于其咖啡产品之上。两家公司都位于厄瓜多尔，相隔不到3公里，且是同一个商业联合会的成员。ELCAFE公司理应知晓PROCAFE公司在先使用“GALAPAGOS”商标的事实。并且，ELCAFE公司在国内也申请了另外几个“GALAPAGOS”商标，却从未使用过。ELCAFE公司辩解说，自己没有使用“GALAPAGOS”商标是由于不可抗力的原因。并引用既往判例，认为自己未与PROCAFE公司形成合同或先合同的关系，因此申请注册“GALAPAGOS”商标的行为没有侵犯PROCAFE公司的权利。

根据双方证据，欧盟知识产权局最终以恶意申请为由宣布撤销ELCAFE公司的商标。欧盟知识产权局指出，ELCAFE公司在辩解中将有无合同或先合同关系作为判断恶意的必要条件，曲解了既往判例对恶意的解释。根据既往判例，凡是故意侵犯第三方权利的申请行为都属于恶意申请。在本案中，两公司是同行，且地理位置很近，PROCAFE公司是加拉帕哥斯岛唯一的咖啡生产商，并曾在1996年本地区的交易会上展示过其“GALAPAGOS”牌咖啡。而ELCAFE公司恰恰出席过本次交易会，对此事应当知情。虽然两公司没有合同或是先合同的关系，但是ELCAFE公司的商标申请行为侵害了PROCAFE公司的利益，其行为应当构成恶意。

欧盟法院在一系列案件中也对恶意的构成进行了解释。

一是Lindt案①至少从1930年起，一种兔子形状的巧克力开始在德国和奥地利销售，被称为“复活节兔子”，当时各厂家的兔形巧克力的形状、颜色各异。随着制作工艺的机械化与工业化，各厂家的兔形巧克力外形日趋相同。

著名的巧克力制造商瑞士莲公司（Lindt & Sprüngli AG）从1950年开始生产兔形巧克力，并在2000年成功注册了该巧克力兔（chocolate bunny）的立体商标，核定使用在第30类的巧克力和巧克力产品上。另一家奥地利的巧克力制造商奥斯维斯公司（Franz Hauswirth GmbH），从1962年开始销售类似的兔形巧克力。获得巧克力兔立体商标注册后，瑞士莲公司对奥斯维斯公司提起诉讼，认为其制造与其商标近似的兔形巧克力的行为侵犯其商标权。奥斯维斯公司则提出反诉，认为瑞士莲公司的商标属于恶意注册，应当宣告无效。

奥地利最高法院就本案涉及的《商标条例》（40/94）第51（1）（b）条规定的“恶意”问题向欧盟法院申请初裁。其问题是，申请人在申请注册时已经知道其竞争者（至少）在一个成员国的相同或类似的商品或服务上使用相同或近似的商标，并欲通过注册阻止其竞争者继续使用该标识，是否属于第51（1）（b）条规定的“恶意”？

2009年6月11日，欧盟法院作出初裁。欧盟法院认为，判断申请人是否“恶意”的时间点是提交商标申请时，需根据个案情况，全面评价与案件相关的所有因素，特别是：（1）申请人知道或者应当知道有第三人在至少一个成员国的相同或近似的商品上使用相同或者可能引起混淆的近似标志；（2）申请人有阻止第三人在市场上销售产品的意图；（3）第三人的标志与商标申请人的商标所获得法律保护的程度。

接下来，欧盟法院对上述三个因素予以进一步解释。根据“应当知道”是对申请人知道第

---

① C－529/07 Lindt案。

三方使用相同或近似标志的推定,可根据行业内的一般常识进行推断。同时,该标志使用的时间越长,申请人提交申请注册时知道的可能性越大。但是,申请人知道或应当知道该标志的事实本身不足以证明申请人的"恶意"。在第二项因素中,申请人提交申请注册时的意图是一个主观因素,应根据个案的客观情况进行考虑,尤其是,申请人并无使用的意图,仅是为了阻止第三方进入市场。在第三项因素中,第三方使用的标志享有一定程度的法律保护的事实是考虑申请人恶意的相关因素。在这种情形下,申请人的唯一目的是凭借注册商标的优势与第三方进行不正当竞争。同时,必须考虑申请人提出注册申请时其标志所享有的声誉程度,其声誉程度可能使申请人为保证其商标享有更强法律保护的利益正当化。

二是 Yakult 案①。在该案中,欧盟法院进一步解读了恶意的含义。2012 年 6 月 27 日,欧盟法院对丹麦法院提请的一件商标异议纠纷案作出初裁。起因是日本养乐多公司(Yakult)1965 年把一种乳饮料使用的小塑料瓶注册为外观设计,后该形状又在日本及其他很多国家注册为立体商标,包括不少欧盟成员国。马来西亚乳品公司 1977 年开始生产和销售使用类似塑料瓶的乳饮料,并于 1980 年申请注册。该商标在马来西亚等国获得了注册。1993 年,日本养乐多公司和马来西亚乳品达成在若干国家使用和注册相关小塑料瓶商标的协议。

1995 年,马来西亚乳品公司在丹麦申请了小塑料瓶的立体商标,后该商标获准注册。2000 年,养乐多公司提起无效,理由是马来西亚乳品公司知道且应当知道养乐多公司已经在国外注册了小塑料瓶立体商标。但丹麦专利商标局未支持该无效申请,认为马来西亚乳品公司在马来西亚已经注册了小塑料瓶商标,继而在丹麦又提出申请,不能因为它知道养乐多公司也有小塑料瓶商标而被认定为恶意。养乐多公司不服,上诉至丹麦最高法院。丹麦最高法院在审理过程中就本案涉及的《一号指令》第 4(4)(g)条"该商标可能与申请时已经且持续在外国使用的商标相混淆的,如果是由申请人恶意申请的","成员国可以驳回注册或宣布无效"如何理解的问题,向欧盟法院初裁。

2012 年 6 月 27 日,欧盟法院作出初裁,认为《一号指令》第 4(4)(g)条是欧盟法独有的概念,必须由欧盟统一作出解释。应根据此条认定申请人为恶意,应根据具体的情况考虑案件的各种因素。申请人申请注册商标时知道或应当知道他人已在国外使用有关的商标,且申请商标与该有关商标可能会产生混淆,不足以认定申请人构成该条所规定的恶意。该指令第 4(4)(g)条不允许成员国建立与此不同的针对外国商标的保护机制,并把申请人知道或应当知道该外国商标的存在当作条件。因此,《丹麦商标法》第 15(3)(3)条不符合《一号指令》的规定。但欧盟法院在界定恶意时,引用了 Lindt 案,而该案涉及的是《一号指令》第 3 条中的绝对理由情况下的恶意,是否能等同于本案涉及的相对理由的恶意,仍然存疑。

三是 Koton 案②。在该案中,欧盟法院对于有关恶意的不当理解又作了进一步的澄清。土耳其 Koton 公司拥有时装品牌 KOTON,该品牌创建于 1988 年,后声誉渐强,现以土耳其、德国、俄罗斯为主要市场。Nadal Esteban(自然人)2004 年前曾是 Koton 公司的分销商。2011 年,Nadal 申请注册欧盟商标"Stylo & Koton",指定使用在第 25、35、39 类的相关商品/服务。Koton 公司引用在先的马耳他商标和国际注册指定在欧盟若干国家保护的商标提起异议。异

① C-320/12 Yakult 案。

② T-687/16 及 C-104/18 P Koton 案。

议仅阻止了涉案申请在第25、35类上的注册。对于第39类，异议处和申诉委员会都认为商品/服务不类似，不会混淆。涉案商标在第39类上注册后，Koton公司以恶意注册为由提起无效，但撤销处和申诉委员会都没有支持。2017年，欧盟普通法院也判决驳回Koton公司上诉，认为申诉委员会根据Lindt案认为恶意的成立要求所涉商品/服务相同或近似，且存在混淆可能，并无不妥，鉴于Nadal在第39类的注册与引证商标使用的商品相差较远，即使双方曾有合作，也只能证明Nadal知道Koton公司的商标，而不能证明其不诚信。Koton公司继续上诉。

2019年9月12日，欧盟法院作出判决，认定Nadal对涉案商标的注册具有恶意，应认定为无效。欧盟法院指出，如果申请商标不是出于正当竞争的目的，而是出于以践踏商业诚信的方式损害他人利益的目的，或是怀着获取——甚至没有针对明确的第三方——与商标功能（尤其是商标标明商品来源的功能）相左的专有权的意图，就可适用《商标条例》（207/2009）第52（1）（b）条有关恶意的规定。在前面提到的Lindt案中，欧盟法院是针对提请法院基于特定案情（申请争议商标时，多家生产商在内部市场上使用相同或相似的标志表示相同或相似的产品，在已有混淆的情况下还坚持申请是不是有恶意）的请示回复认为，“混淆”是认定恶意的考虑因素之一。但这不等于必须混淆才能构成恶意。

因此，恶意应全面审查。即使没有混淆可能，甚至所涉及的商标都没有使用，同样有可能构成恶意。欧盟普通法院虽然意识到了要根据“商业逻辑以及时间和事件背景”全面审查，但具体审查时却未能贯彻这项原则。判断Nadal申请涉案商标的意图，应综合考虑各种情况，包括其对第25、35类的申请（即使这部分在本案并无争议），还有Nadal曾是Koton公司代理商并由此对后者的商标十分了解等事实。从这些具体的情况看，Nadal存在恶意，Koton公司的上诉应予支持。

四是Outsource2India案[①]对恶意作了进一步的解读。2007年6月25日，德国的Outsource2India公司申请注册涉案商标。2008年，该商标在第35、36、41类的有关服务上获得注册。

2013年，印度的Flatworld公司根据《商标条例》（207/2009）第52（1）（b）条对该商标提起无效申请，并得到支持，理由是涉案标记为恶意申请，因为其中的outsource2india元素由Flatworld公司在欧盟有在先使用。

Outsource2India公司上诉，得到申诉委员会的支持。申诉委员会认为，无明显证据证明Outsource2India公司有恶意。Outsource2India公司曾有意与Flatworld公司建立商业关系，以帮助德国或其他企业将其服务外包给印度，但并无证据显示它有盗用Outsource2India的意图。因为这个词组对于向印度外包服务有描述性，大家都可以用，使用它并不违反诚信。即使Outsource2India公司已经知晓Flatworld公司在先使用并随后申请注册商标，也不表明它有恶意，因为两个标记的图形部分存在差异。而且，申诉委员会认为Flatworld公司的在先使用证据也过于薄弱。

Flatworld公司上诉，仅针对恶意的部分。普通法院作出判决，认为在欧盟商标的注册也是申请在先原则，仅仅有在先的使用并不能必然对抗他人的注册，除非能证明后者有恶意。

---

① T－340/16及C－104/18 P Outsource2India案。

普通法院引用 Lindt 案(C529/07)的判决认为,在后的申请人对他人已在欧盟成员国使用涉案商标是否知晓,在后申请人是否有意阻止在先使用人的使用,以及在先使用人的标记所受保护的程度等,都是判断恶意时需要考虑的。具体到本案,普通法院认为涉案商标的注册具有恶意。Outsource2India 公司上诉。

2019 年 11 月 13 日,欧盟法院判决维持一审。欧盟法院沿袭了其在 Koton 案的观点,认为恶意不以涉案标记之间存在混淆可能为条件。至于 Outsource2India 具有描述性的问题,法院认为,如果当事人申请商标怀有侵害他人利益且有损诚实信用的意图,那么无论涉案标记是否有描述性,也无论是否有混淆的可能,都构成恶意。Outsource2India 公司对涉案标记系统化的使用,是为了表明自己已经成功地与 Flatworld 公司建立合作,而实际上该合作并不存在。

本案是 Koton 案之后的一起有关恶意的典型案例。它贯彻了 Koton 案的原则,并更进一步地指出,即使标记本身有描述性,也不能否定其主观上恶意。描述性是标志本身的问题,恶意是申请注册怀有何种意图的问题,是并行的两条线。当然,对于本案来讲,会存在一种可能性,就是标志虽然有描述性,但是通过使用可以获得显著性并进而获得注册,但是如果申请人主观上有恶意,则必然阻断其注册的可能。

五是 Sky 案①。该案是关于恶意注册的范围以及认定标准最全面及最集中的体现。本案原告方 Sky 公共公司(Sky Plc)和 Sky 国际公司(Sky International AG)主要从事卫星和数字电视广播业务。原告起诉一家叫作 SkyKick 的云迁移信息技术公司(SkyKick Inc)侵犯了其拥有的四件欧盟注册及一件英国注册的包含 SKY 文字的商标。原告 SKY 商标在多种商品和服务上进行了广泛使用,特别是其业务核心部分的电视广播以及电话、宽带服务。被告也承认原告的 SKY 商标在涉案期间的知名度。但被告提起反诉,要求认定原告的引证商标部分无效,理由是其商标:(1)注册用商品/服务不明确;(2)没有使用意图,属于恶意注册。被告认为原告引证商标的注册应该全部无效,即使不能全部无效,也要在它没有使用意图的部分商品上无效。

审理中,英国高等法院提请欧盟法院就有关问题作出解释:(1)已经注册的国内商标或欧盟商标能否因商品或服务描述不清,而不能使主管当局或第三方据以确定其保护范围,就被全部或部分认定为无效?(2)像本案中的"计算机软件"这种词语,是不是太过笼统,使所指称的商品太过富于变化,以至于不能发挥商标的功能,不能让主管机关或第三方仅凭这个词语就判定商标的保护范围?(3)如果申请商标却没有将其使用在特定商品和服务的意图,是否就可认定申请构成恶意?(4)商标申请有没有可能分别认定,即在无使用意图的商品/服务上构成恶意,而在有使用意图的商品/服务上构成善意?(5)《英国商标法》(1994 年)第 32(3)条是否与欧盟法律相一致?

对此,总法务官发表意见指出:(1)"已经注册的国内商标或是欧盟商标不能仅仅因为某些或全部说明商品或服务的词语不明确就被全部或部分无效。但该'不明确'在判断商标保护范围的时候会被考虑。"(2)如果这种"不明确"有悖公共利益,那么根据《欧盟商标指令》(89/104)第 3(1)(f)条,以及《商标条例》(40/94)第 7(1)(f)条,其就会成为驳回或是无效的理由。像"computer software"这样的词语太过宽泛,涵盖的商品和服务太富于变化,把它作为

---

① C-371/18 Sky 案。

商标使用的具体商品，不能发挥商标标示商品来源的功能，不够明确，因而不能使主管当局和第三方仅凭该词语就确定商标要保护的范围。(3)在某些情况下，申请注册商标时无意将其用于指定商品或服务的行为会构成恶意的考虑因素，尤其是在申请人的唯一目的就是阻止他人进入市场，如果有证据表明有策略性地滥用申请就属于这种情况，具体应由提请法院审查确定。(4)根据《欧盟商标指令》(89/104)第13条和《商标条例》(40/94)第51(3)条的规定，仅针对某些注册商标的商品或服务存在无效理由的，商标仅对那部分商品或服务无效。(5)对于最后一个问题，总法务官认为，只要不作为认定恶意的唯一理由，《英国商标法》(1994)第32(3)条与《欧盟商标指令》(89/104)是一致的。

2020年1月29日，欧盟法院作出初裁，指出《欧盟商标指令》及《商标条例》对无效理由作了穷尽列举，但"商品/服务描述不清"并不在其中。而且《欧盟商标指令》及《商标条例》中所谓的"有损公共利益"并不是针对商标申请本身，比如描述是不是清晰准确，因此，"商品/服务描述不清"不属于有损公共利益。基于此，欧盟法院认为：第一，对欧盟商标或国内商标，不能仅因说明商品或服务的词语不明确就被全部或部分无效。第二，商标申请人申请注册商标但无意将商标使用在指定的商品和服务上，如果申请人怀有违反诚信惯例损害他人利益的意图，或虽然不针对特定的第三人，但是其获得商标专用权却不是为了实现商标的基本功能，就构成恶意；如果没有按照商标基本功能使用商标的情况仅涉及某些商品或服务，那恶意仅在这一部分商品或服务上成立。第三，《欧盟商标指令》并不排斥国内立法规定商标申请人必须说明其商标正使用在所注册的商品或服务上，或其将会善意地进行前述使用，但违反这个义务本身并不构成认定该商标无效的理由。

与此有关的王老吉案①也凸显了商标使用义务与商标恶意注册的关系。被异议人以异议人恶意为主张，对比荷卢商标异议中的异议人权利基础也就是引证商标提出了无效宣告请求。根据比荷卢异议程序的规定，要撤销欧盟注册商标，需要向欧盟知识产权局提出单独的无效宣告申请，同时要按期提交比荷卢异议答辩，并且申请异议程序的暂停，等待欧盟商标无效宣告的案件有结果后再恢复比荷卢异议程序的审理。被异议人遵循了这种制度上的衔接，同时提交了异议答辩和无效宣告。

历经两年半时间，近期被异议人收到了欧盟商标主管机关的裁定。欧盟商标主管机关完全支持其请求，认为异议人在异议中没有引用2009年注册的商标，而是引用了2015年注册的同一商标且明知自己拥有注册时间更早的商标但是没有做任何改变而在5年不使用撤销期限届满时重复注册完全相同的商标，加之又无法提交具有说服力的实际使用证据，明显具有恶意。因此，异议人作为比荷卢商标异议基础的2015年注册的商标在全部商品上予以撤销。

二、非功能性

功能性范围的扩大。鉴于《商标条例》已经完全承认商标可以是视觉商标之外的其他的商标，那么在功能性这个问题上则不再限于立体商标，而以前它的功能性仅限于规定形状三维标志这个功能性，有产品性质、技术效果、商品实质价值这三个方面的条件，具体就是仅由

---

① R 2106/2018 - 2 王老吉案。

以下形状组成的标志:由商品本身的特性决定的形状,或获得一定技术效果所必需的商品形状,或给商品带来实体价值的商品形状不得注册商标①。

现在因为可能会涉及声音商标、气味商标,这些声音、气味有可能也会具有类似的这种技术效果、实质价值,因此,这些标志也都会因为具有功能性而不能给予注册。换句话说,新《商标条例》在非传统商标的注册上实际是一放一收:一方面,它打开了这扇门,明确允许更多的商标注册;另一方面,它又防止申请人通过这扇门进来之后,把一些不应当注册的标志拿来注册。因此,该条例就将立体商标不能具有功能性的要求拓展到所有的产品特征上,具体就是由商品本身的特性决定的形状,或另外一特征;或获得一定技术效果所必需的商品形状,或另外一特征;或给商品带来实体价值的商品形状,或另外一特征,不得注册商标②。比如说有些声音可能是不适合注册的,比如说警报的声音拿来作为商标注册,可能会妨碍人家对于警报这个声音的使用。当然,具体怎么去理解这个规定,还要靠欧盟法院的进一步解读。但总体说来,作为驳回和无效的理由的范围扩大了。

具体说来,功能性包括以下三种情况:

(一)性质功能

在 P & G 香皂案③中,普通法院认为,鉴于还存在其他形状的香皂,因此不能得出申请商标系由商品性质决定的形状。

(二)实用功能

在 Philips 案④中,菲利浦公司早在 1966 年就发明并生产三头剃须刀,并为此申请了专利,1985 年又申请注册了描绘三头剃须刀的二维图形商标,该注册根据 1994 年《英国商标法》具有立体商标的效力。1995 年雷明顿公司也开始生产类似的三头剃须刀,因此被菲利浦公司以商标侵权起诉。欧盟法院认为,《一号指令》第 3 条中所谓"为实现某一技术效果所必需的外形",是指一个外形的基本功能仅在于实现该技术效果的,该外形依法不能注册为商标。即使存在其他可以实现同样技术效果的外形,该外形仍旧不可以注册。具有该功能的商标不能产生显著性,不能按照使用产生显著性获得注册。

在 Lego 公司"玩具砖"立体商标纠纷案⑤中,欧盟普通法院再次明确了这一点。在该案中,Lego 公司于 1999 年获得了砖体为红色的"玩具砖"共同体立体商标的注册,使用在第 9、28 类的商品上。2004 年,欧盟知识产权局宣告该商标在第 28 类玩具等商品上的注册无效,因为该商标是该类别上的商品为获技术效果所必需的形状。Lego 公司上诉至欧盟知识产权局申诉委员会,指出自己的"玩具砖"通过使用获得了显著性,并且该砖的红色并不是"为获得某种技术效果所必需的"。

2006 年,申诉委员会驳回上诉,认为 Lego 公司的上述两项抗辩都不能排除《商标条例》

---

① 《欧盟商标条例》第 7(1)(e)条。
② 《商标条例》第 7(1)(e)条。
③ T-122/99 P & G 香皂案判决书第 55 段。
④ C-299/99 Philips 案判决书第 83 段。
⑤ T-270/06 Lego 案判决书第 39 段。

第7(1)(e)(ii)条的适用。Lego公司不服,继续上诉到欧盟普通法院,认为申诉委员会曲解了这一条款,该条款并不排除有功能性的形状本身注册为商标,而是排除那些为获某种技术效果所"必需"和"专有"的形状注册为商标。因此,对虽体现商品的某些功能,但是在外观上并不独特,且可以发生变化的形状,仍可以注册为商标。

欧盟普通法院经审理,于2008年11月12日指出,根据欧盟法院的判例法,如果商品形状的主要部分体现了商品的功能,即使还存在不体现技术功能的非主要部分,也不能注册为商标。所谓"为获得某种技术效果所必需的"形状,是指该形状与商品的某种功能具有因果关系,是为了使商品具有某种功能而设计出的形状,而不应理解为是与该商品的某种功能相对应的唯一的形状。凡是"为获得某种技术效果所必需的"形状,都不可以注册为商标。

但是,在另一件涉及形状的Lego案①中,欧盟法院进行了区分。2000年6月23日,乐高博士有限公司获准注册欧盟立体商标,该乐高人形立体商标使用的商品包括第28类的游戏器具和玩具、圣诞树用装饰品等。2011年,Best - Lock公司对该商标提出无效申请,理由是该商标属于《商标条例》第7(1)(e)(i)条规定的"仅由商品本身的特性决定的形状",以及(ii)规定的"仅由获得一定技术效果所必需的商品形状"构成,不应予以注册。Best - Lock公司的申请被撤销处驳回,随后,申诉委员会也没有支持它的主张。

于是Best - Lock公司上诉到欧盟普通法院。法院经过审理,于2015年6月16日作出T - 395/14号判决,维持了申诉委员会的裁定。法院认为,对于《商标条例》第7(1)(e)(i)条的规定,无效申请人只是提出争议商标"仅由商品本身的特性决定的形状"构成,并没有任何相应的论证,因此不能予以支持。对于《商标条例》第7(1)(e)(ii)条的规定,法院认为,涉案的乐高人形的手部以及脚下和腿后侧的小洞本身并不表示技术功能;即使假定这些因素有一定的技术功能(它们可以使彼此相连接),它们也不是商标的主要部分,而且对于商品的主要技术功能是否由这些元素产生,申请人没有提交任何证据证明。虽然Best - Lock公司引用了欧盟法院认定乐高砖具有功能性而不能获准注册的第C - 48/09号案件,但是,法院审查后认为,《商标条例》第7(1)(e)(ii)条要求标记应是为获一定技术效果所必需的和特定的形状,是和相应技术功能对应的唯一的形状。本案中的乐高人形与第C - 48/09号案件涉及的乐高砖商标有很大区别。基于此,法院最终支持了乐高人形立体商标的注册。Best - Lock公司继续上诉。2016年4月14日,欧盟法院裁定驳回其上诉。

在Pirelli案②中,欧盟法院指出不能草木皆兵。2001年7月3日,Pirelli公司申请注册如下欧盟图形商标,使用在第12类的轮胎、实心、半充气和充气轮胎、各种车轮、内胎、轮辋、零件、配件和各种车轮备件等商品上,后该商标获准注册。2012年9月27日,Yokohama公司对涉案商标在轮胎、实心轮胎、半充气和充气轮胎上的注册提出无效申请,理由是该商标在这些商品上的注册,是仅由为获一定技术效果而产生的形状构成的标记,没有显著性。此无效申请得到欧盟知识产权局撤销处的支持。Pirelli公司上诉。申诉委员会与撤销处持基本相同的观点,也认为该商标虽是平面图形,但实际上表示轮胎胎面,这条大概90度弯的"L"形沟槽,在轮胎有效制动、刹车和舒适性等方面起着很重要的作用,因而具有功能性,缺乏显著性,不

① T - 395/14及C - 451/15 P Lego案。

② T - 447/16及C - 818/18 P,C - 619/19 P Pirelli案。

能注册。Pirelli 公司遂继续上诉到欧盟普通法院。

欧盟普通法院 2018 年 10 月 24 日作出判决,推翻了欧盟知识产权局申诉委员会的裁定。欧盟普通法院认为,商标图示须以"清晰、明确、易于理解"的方式呈现标志特征,以保证其被确切地识别出来,从而发挥商品来源标记的作用。图示的功能之一就是界定商标的保护范围。从本案商标的图示来看,涉案商标就是一个平面图形,不是轮胎或轮胎胎面的形状,也无法明显看出它要用在轮胎或胎面之上以自己的形状发挥什么技术性的功能。虽然根据在先判决,欧盟知识产权局有权对图形表达的内容进行识别,但它不能把图形本身没有的意思识别进来。而本案中,欧盟申诉委员会脱离了图形本身,对涉案图形作出了"修正",把涉案平面图形直接解读为"轮胎上的沟槽形状",并基于此作出了该商标"有功能性"的判断,有失偏颇。2021 年 6 月 3 日欧盟法院作出判决,维持了一审结论。

(三)美学功能

在 Elwood 案①中,欧盟法院虽然没有涉及美学功能的定义问题,但它明确了一旦认定某商标具有美学功能,则应该直接予以驳回,该商标永远不可能通过使用获得显著性。

欧盟知识产权局申诉委员会在立体音箱申请一案②中认定具有实质价值没有同意注册。B & O 公司不服,再次上诉到普通法院。法院经审理,于 2011 年 10 月 6 日作出判决③。在判决中,法院指出,《欧共体商标条例》并没有把商品的形状必然地排除在注册之外,但是,仅仅体现商品的实质价值的形状则不能获得注册。本案中的申请人申请注册的形状,是 B & O 公司特有的设计。该设计是 B & O 公司品牌的必要组成部分,它提升了这款扬声器产品的价值。该形状是赋予商品实质价值的形状,不应予以注册。而且,从产品经销商的网站,二手货网站以及网上拍卖的截图证据中,可以很清楚地看到,该三维形状首先强调的是它的美学性质,消费者会把它看作一种单纯的、修长的、永恒的音乐制品,这恰恰就是它的卖点。基于上述两点,法院维持了上诉委员会的裁定。(见图 16-1)

图 16-1　B & O 音箱

在红鞋底案④中,著名时尚设计师 Christian Louboutin 先生和 Christian Louboutin 公司共同起诉 Van Haren 鞋店销售红底鞋侵犯了其商标权利,并获胜诉。被告上诉,认为原告的商标无效,不足以作为权利基础。涉案的原告红鞋底商标 2009 年在比荷卢申请了注册,并在 2010 年得到核准。2013 年,注册的商品被修改为高跟鞋。被告认为引证商标是平面商标,并根据《商标指令》(2008/95/EC)第 3(1)(e)(iii)条,认为涉案红色使用在鞋底上,和鞋(底)的形状一致,赋予了商品实质价值,应当无效。

负责审理本案的荷兰海牙区法院则认为,引证商标不是简单的平面商标,因为它与鞋底不可分割,是商品的一部分。但是,区法院不太确定的是,《商标指令》第 3(1)(e)(iii)条是不

① C-371/06 Elwood 案判决书第 27 段。
② R 497/2005-1 上诉委员会 2008 年 9 月 10 日裁定第 34 段。
③ T-508/08 B & O 案。
④ C-163/16 Louboutin 案。

是只适用于商品的立体特征，比如外形，体量、容量之类的，而不包括颜色等非立体特征。如果形状不能延伸适用到颜色上，被告就不能依照前面的逻辑主张引证商标具有功能性，但是这也可能导致一种情况，那些确实因为功能而产生的颜色在注册方面不受约束。而且，区法院认为证据已经表明，在2012年，比荷卢的消费者就已经把涉案的红鞋底作为表明商品来源的标记看待。就此，区法院请示欧盟法院作出解释。

欧盟法院对本案给予高度关注，专门组成大合议庭审理。总法务官2017年，2018年曾先后两次对提请的问题发表意见。2018年6月12日，欧盟法院对本案作出初裁，认为《欧盟商标指令》本身并没有对形状专门下定义，一般来讲形状应理解为一系列线条和轮廓的组合；从《欧盟商标指令》和在先判例来看，如果没有一个外轮廓，仅仅颜色不能看作形状；而且，涉案标记本身的描述已经明确了鞋底的形状不在保护范围内。因此，本案的涉案商标不是形状，不能看作《欧盟商标指令》第3(1)(e)(iii)条规定的"仅由"某形状构成的标记。

值得注意的是，上述初裁仅仅针对《欧盟商标指令》和《商标条例》修改之前的案件。欧盟商标法修改之后，如前所述，是不是形状不会再影响功能性判断？但是考虑到欧盟并没有类似中国《商标法》第59条第2款的抗辩，如果在欧盟旧法下因不是形状而不受功能性限制的标志(如颜色)获得了注册，新法下，它的使用会产生怎样的问题，值得关注和思考。

类似的问题也发生在涉及包装瓶子的金色和闪粉色效果的collio案①中，2019年5月8日，欧盟普通法院作出判决，支持了涉案两件分别具有金色和粉色镀层的瓶形立体商标的注册。

涉案两商标是Sandro Bottega在2013年申请并获准注册的欧盟立体商标，均为瓶形，一件镀有金色，一件镀有闪粉色，使用的商品都是第33类酒精饮料、白酒等。Vinicola Tombacco公司提起无效，被上诉委员会驳回，遂继续上诉。普通法院经审理，做出了前述两判决，对涉案两商标的注册予以维持。

涉案商标是所谓科里奥酒("collio")的酒瓶形状，它只是常见瓶形的简单变体，这一点无效申请人和欧盟知识产权局并无争议。无效申请人提出三个主要的无效理由。一是涉案瓶形是商品本身特性决定的形状。对此，法院指出，涉案商标是商品包装的形状，而不是商品本身的形状。涉案商品是酒，而不是酒瓶。本案销售时使用的"collio"酒瓶形状，是销售习惯和消费习惯决定的，不是商品本身的性质决定的；虽然液体商品的性质决定其必须要使用包装来销售，但不能说包装的形状是由液体决定的。二是涉案形状是获得一定技术效果所必需的商品形状。因为它可以防光，进而作为内容物抗氧化一个屏障，能保持酒的味道、口感等功能，因而涉案形状和特定颜色的组合有技术性的功能。但法院认为本案应适用修改前的《商标条例》(207/2009)，根据这一版条例，有功能性的只能是形状。虽然修改后的《商标条例》(2015/2424)承认形状之外的其他因素有功能性，但它并不是本案的适用法律。"形状"一般被理解为一系列能从空间上对产品做出界定的线条或是图形。颜色如果没有做出空间界定，其本身不会是"形状"。因此，无效申请人认为颜色有功能性的说理不能得到支持。三是涉案商标所使用的颜色(金色/粉色)赋予了商品实质的价值。无效申请人引用了红鞋底案件中总法务官的意见，也即"颜色和形状的组合"也受"给予商品实质价值"的注册限制。

---

① T-324/18和T-325/18 Colio案。

普通法院并不认同,而是认为,如前所述,颜色不同于形状,不能适用于有关形状的规定。而且,无效申请人引用的法务官的意见最后并没有被 C-163/16 号初裁所采纳。如果无效申请是基于涉案瓶形表面抛光而形成的镜面效果,那倒是应该审查一下这个设计元素是不是符合《商标条例》的有关规定。通过对三个理由的驳回,法院最终支持了涉案商标的注册。

在另一个涉及美学功能性的 Textilis 案①中,2019 年 3 月 14 日,欧盟法院对瑞典斯韦亚上诉法院专利及市场上诉庭请示的案件作出初裁,认为用于平面商品的平面连续图案商标不属于《商标条例》(207/2009)第 7(1)(e)(iii)条规定给商品带来实体价值的商品形状。

本案原告 Svenskt Tenn 是一家销售家具和家装的公司,早在 20 世纪 30 年代,该公司就与设计师 Joseph Frank 合作,设计推出了多款家装织物图案,"MANHATTAN"是其中一种。Svenskt Tenn 公司宣称自己对该图案享有版权。2012 年,Svenskt Tenn 公司还将该图案申请欧盟商标并获得注册,使用于第 11、16、20、21、24、27、35 类的商品/服务。

英国的 Textilis 公司 2013 年开始互联网销售业务。Svenskt Tenn 公司认为 Textilis 公司销售的织物使用了与其前述标记近似的图案,遂在瑞典起诉 Textilis 公司及其所有人侵犯其商标及版权权利。被告反诉,认为原告商标应予无效,理由是它缺乏显著性,且从具体使用的方式来看,属于《商标条例》第 7(1)(e)(iii)条规定的给商品带来实体价值的商品形状。区法院驳回了反诉,并认定被告构成商标及版权侵权。

被告上诉。瑞典斯韦亚上诉法院专利及市场上诉庭在审理中,就本案涉及的有关问题,也即像本案这种平面商标,本身就是平面商品(如织物)的平面表现形式,能不能视为商品本身的形状,进而适用《商标条例》第 7(1)(e)(iii)条规定判断其是否可以注册,请示欧盟法院作出回复。

欧盟法院经审理,作出初裁指出:首先,虽然《商标条例》在 2015 年的修改中对第 7(1)(e)(iii)条进行了调整,规定功能性也可以适用于平面标记,但这一修改不适用于对本次修改生效前(2016 年 3 月 23 日前)已经注册的商标提起无效程序;其次,像本案中这种由装饰性的图案构成的平面标记,使用在平面商品(如织物或是纸张)等商品上,不构成《商标条例》第 7(1)(e)(iii)条规定的情形,不能被认为是该商品的形状。

三、显著性

显著性又叫识别性或区别性,是商标最重要的特征。《商标条例》规定,缺乏显著性的商标,或仅由在商业活动中可用于标明商品的种类、质量、数量、用途、价值、原产地商品的生产日期的符号或标志组成的商标,或标明商品或服务的其他特征的符号标志组成的商标,或仅由在习惯用语或善意和公认的商务实践中成为惯例的符号或标志组成的商标不得注册。但经使用取得显著性的除外②。

(一)审查显著性的基本原则

审查显著性是一项综合性很强的工作,欧盟法院在审理中归纳出一些初步成形的带有普

---

① C-21/18 Textilis 案。

② 《商标条例》第 7(1)(b)~(d)条,第 7(3)条。

遍性的原则要求，主要体现在：

1. 分别审查原则

分别审查原则是指驳回注册的理由虽有一定程度的重叠，但也要分别审查各个理由，排除一个驳回理由并不能当然得出其他驳回理由也不成立的结论。在 Postkandoor 案中①，欧盟法院认为，《一号指令》中有关缺乏显著性、具有叙述性或通用性的规定显然存在一定程度的重叠，例如具有叙述性则必然缺乏显著性，但也不能因此简化审查步骤，三个驳回绝对理由的审查必须分别进行。

在 Bravo 案中②，欧盟法院认为，不能将通用性仅限于叙述性这一种情况，否则通用性的规定将变得没有意义。在 Erpo 案中③，它指出，不能将叙述性局限在那些“人人都在用”这一通用性的理由上。

就立体商标的显著性审查问题，欧盟法院认为，显著性和功能性审查有关联，但也不能混为一谈：它在 Philips 和 Elwood 案中④明确指出，如果具有功能性，则不可能获得显著性，在 Linde 和 Henkel 瓶形案中⑤特别指出，产品及其包装的外形即使没有功能性，仍需独立审查它们是否具有显著性。

2. 具体审查原则

具体审查原则是指必须结合具体的人群和商品判断商标的显著性问题，不能脱离相关公众和具体商品抽象地进行显著性判断。在 Philips 案中⑥，欧盟法院援引有关评判是否存在欺骗性的 Gut 案的标准，认为评估是否存在显著性时要结合“具有正常的资讯和合理的小心谨慎的相关产品普通消费者”的感觉来判断。

在有关判断商标是否退化的 Bostobgurga 案中⑦，欧盟法院还进一步明确说，尽管相关公众首先包括最终消费者和使用者，但同样应该考虑中间商对商品购买决定的影响以及他们的认知。

所谓结合具体的商品，是指不能进行抽象审查。欧盟法院在 Bravo 案⑧中指出，《一号指令》在涉及禁止通常语言或商业既定惯例中已经通用的名称注册商标时，虽然并未明确提到相关商品，但显然不能离开具体的商品抽象地进行。

在涉及消费者注意力的冰激凌杯一案⑨中，自然人 Giorgio 于 2009 年获准注册欧盟立体商标，使用在第 30 类的冰、刨冰、冰激凌、冻酸奶等商品上。2010 年，Comigel 公司以该商标缺乏显著性为由申请该商标无效并得到撤销处和申诉委员会的支持。Giorgio 遂向欧盟普通法院提起上诉称，考虑到消费者要在各种口味，各种名目，各种食用方式和各种原料呈现方式的冰激凌中进行选择，他们购买冰激凌产品时会给予较高的注意力。而欧盟知识产权局对本案

---

① C－363/99 Postkandoor 案判决书第 67、85、86 段。

② C－517/99 Bravo 案判决书第 35、36 段。

③ C－64/02 P Erpo 案判决书第 40 段。

④ C－299/99 Philips 案判决书第 75 段，C－371/06 Elwood 案判决书第 27 段。

⑤ C53－55/01 Linde 案判决书第 68 段，C－218/01 Henkel 瓶形案判决书第 39 段。

⑥ C－299/99 Philips 案判决书第 63 段。

⑦ C－371/02 Bostongurka 案判决书第 25 段。

⑧ C－517/99 Bravo 案判决书第 28、29 段。

⑨ T－474/12 及 C－531/14 P Comigel 案。

相关公众的注意水平的判断错误,并进而对显著性的问题做出了错误的认定。

2014 年 9 月 25 日,普通法院经过审理,作出判决认为:首先,冰激凌是日常消费品,并不昂贵,通常在超市销售,购买冰激凌不需要很长时间的思辨,没有理由认为冰激凌消费者注意程度高于一般消费者,而且,消费者根据自己的口味选择冰激凌和其选择其他大众消费品没什么不同;其次,根据 Comigel 公司的举证,涉案的形状与市面上已有的用于盛装甜品、冰激凌等的盛器并没有实质的差异,Giorgio 也没有证明涉案的形状通过使用获得了显著性,因此,该商标注册不能得到支持。申请人继续上诉,2015 年 9 月 2 日,欧盟法院裁定驳回其上诉。

同样地,在涉及酒瓶磨砂效果的 Freixenet 案①中,欧盟法院强调了消费者的认知在显著性判断中的作用。2011 年 10 月 20 日,欧盟法院针对菲斯奈特公司(Freixenet SA)两个酒瓶商标注册案作出判决,撤销了普通法院的判决和欧盟知识产权局申诉委员会的裁定。此前,欧盟普通法院和申诉委员会均认为这两个商标不能注册。

菲斯奈特公司于 1996 年 4 月 1 日向欧盟知识产权局提出两件商标注册申请,商标描述分别为"一种白色抛光酒瓶,当充满起泡酒的时候,就呈现一种金色的类似磨砂效果的外观"以及"一种磨砂效果黑色酒瓶",而且,菲斯奈特公司在申请中声明,希望得到注册保护的是酒瓶表面独特的外观而非酒瓶的形状。

审查员驳回了这两个商标的注册申请,理由是这两个商标本身缺乏显著性且不能证明通过使用获得了显著性。在之后的复审和上诉过程中,欧盟知识产权局申诉委员会和欧盟普通法院都认为,起泡酒销售时酒瓶没有不带标签的,而绝大部分消费者不会通过酒瓶外观区分商品来源,而是更愿意通过标签来区分,因此,这两个酒瓶外观商标都缺乏显著性而应被驳回。

欧盟法院否定了上述意见,因为若按此说,不含文字而仅由商品包装的外观构成的商标都将自动被排除在欧盟商标的保护范围之外。欧盟法院指出,商标显著性的判定,首先要考虑到使用该商标的商品或服务以及相关消费者的认知能力,其次要考虑该商标与行业普遍情况的区别程度是否达到能够区分商品来源的目的。

3. 同等审查原则

同等审查原则主要体现在需要同等对待不同种类的商标,不能适用更严的标准进行审查。在 Postkandoor 案中②,欧盟法院指出,不存在一种所谓"明显不能接受"的商标,所有商标都接受同样标准的考察。在 Philips 案中③,法院特别澄清了一个问题,即《一号指令》第 3(1)(a)条所指的"不能组成商标的标记"并不指向一个特别类别的商标,即不存在一种虽然不应被第 3(1)(b) ~ (d)条和第(3)条驳回但仍可以缺乏显著性为由以第 3(1)(a)条驳回的商标;此外,审查标准应当一视同仁,不能要求必须给产品外形增加一些任意成分。在后来涉及姓氏、产品及其包装外形、颜色及其组合商标的审查中,欧盟法院均反复强调应该平等对待这些类别的商标,不能适用更严格的标准。

---

① T - 109/08 和 T - 110/08 及 C - 344/10 P 和 C - 345/10 P Freixenet 案。

② C - 363/99 Postkandoor 案判决书第 125 段。

③ C - 299/99 Philips 案判决书第 40、48、49 段。

4. 公益审查原则

公益审查原则是指在决定是否同意某一商标注册时应该结合各个法条背后的公共利益加以考虑。在 Chiemsee 案[①]中,原告在以特殊字体将德国巴伐利亚最大的湖泊及旅游胜地 Chiemsee 湖在服装上注册后,指控两家同样使用该词作为商标的服装经销商,认为他们对该词的使用造成了消费者的混淆。被告认为根据《一号指令》及《德国商标法》中的相应条款,只要可能被用来作为产源的标记就不能注册为商标。原告则认为除非事实上一个地名确实与某一产品存在密切的关联,例如某地的确盛产某产品,否则没有理由不让注册,尤其是它的 Chiemsee 自 1990 年开始使用以来已为公众熟知。欧盟法院经审理认为,《一号指令》的目的正如被告所言,就是要将有可能被用作产源的地名留给相关公众使用,而且这种预留的需要未必要等到该地名实际成为产地时才适用。

在 Doublemint 案[②]中,欧盟法院认为,之所以不能将那些可能用来表示商品特征的标记注册为商标,是因为法律基于公共利益必须确保叙述性标记或指示可以由任何人随便使用。

在 Linde 案[③]中,欧盟法院认为,三维立体商标也应该结合具体的公共利益审查,不能注册那些可能被用来表示产品或服务特征因此应该由大家共享的外形,但也不能因此得出一概均予驳回的结论。

在 Libertel 案和 Heidelberger Bauchemie 两案[④]中,欧盟法院认为,申请注册的商品或服务范围的大小同显著性的强弱以及是否会违反公共利益有关。主管机关在审查显著性时应考虑各种因素,尤其是已经使用时间的长短。鉴于本身没有边界且实际可供使用的颜色商标的数量不多,很容易耗尽注册,如此广泛的垄断不合于一个非扭曲的竞争机制,容易滋生不当竞争利益,不利于经济发展和企业精神的培养。申请注册的商品或服务范围越大,违反公共利益的可能也越大。在判定显著性时,须注意不能过度限制经营同类商品或服务者也要使用该颜色或颜色组合的公共利益。

(二)缺乏显著性的具体种类

欧盟法院有关显著性的判例涉及多个种类的商标,这些种类的商标具有一定的共性,现分别介绍如下:

1. 地名商标

地名商标具有一定的特殊性,也是欧盟法院最早审理显著性问题时涉及的问题。在前述的 Chiemsee 案[⑤]中,欧盟法院特别指出,禁止地名注册商标不仅是因为它们可能反映相关商品的质量或其他特点,而且还因为它们会不同程度影响消费者的喜好。对于一个湖泊而言,人们也可能会认为商品来自湖岸或周边地区,而且这种联系也未必只有生产一种,设计构思地也可能成为一个连接点。不过,法院也指出,如果某一地名在相关公众中毫不知名,或者至少作为地名并不知名,或者鉴于所指向的属于像山脉湖泊这样的地方,相关公众不太容易认

---

① C-108/97, C-109/97 Chiemsee 案判决书第 25、31 段。

② C-191/01 P Doublemint 案判决书第 30~32、36、37 段。

③ C53-55/01 Linde 案判决书第 71~75 段。

④ C-104/01 Libertel 案判决书第 52~56、60 段, C-49/02 Heidelberger Bauchemie 案第 41 段。

⑤ C-108/97, C-109/97 Chiemsee 案判决书第 32~36 段。

为会是商品的产地,则不必予以驳回。

在 OLDENBURGER 一案中[①],欧盟普通法院就支持了欧盟知识产权局申诉委员会驳回注册的裁定,主要的理由就是,OLDENBURGER 是德国 Basse - Saxe 州 Weser - Ems 的政府所在地 OLDENBURG 的形容词形式,而该地在德国以农产品尤其是奶制品闻名,故不能给予注册。

当然,并不是所有有地理含义的名称都不能注册为商标,这在欧盟普通法院审理的另一个德国地名"CLOPPENBURG"一案中得到充分表现[②]。在此案中,申请人向欧盟知识产权局提出要将"CLOPPENBURG"注册为商标,使用在第 35 类的零售服务上,该申请被驳回,理由是"CLOPPENBURG"是德国一个城镇和下萨克森州一个区的名字。申请人不服,上诉到欧盟知识产权局第四申诉委员会,申诉委员会维持了欧盟知识产权局的裁定,认为涉案服务的相关公众是一般的德国消费者,而"CLOPPENBURG"经常出现在德国的天气预报和交通信息中,德国人都知道它的地理含义,很可能把它理解为是该服务的地理来源。

申请人不服,上诉到欧盟普通法院,提出"CLOPPENBURG"同时还是一个常用的姓氏,在德国,它更多地会被当作姓氏,而不是地名去理解,消费者不会将其误认为是服务的地理来源。申请人的主张得到了普通法院的支持。普通法院认为,"CLOPPENBURG"只是一个居民很少的城镇,大多数的德国人不知道这个地方。天气预报和交通信息提到的往往是汉堡和汉诺威这样的大城市,而不会具体到"CLOPPENBURG"这样没有什么特色的小地方。相关公众很少知道这个地名,即使一部分人知道,但无论是现在还是将来,都看不出这个地名会被用来指示服务的产源,因此不应该拒绝其注册。

同样地,在另外一个涉及毛里求斯首都路易港(Louis Port)地名的驳回上诉案件中[③],欧盟普通法院指出,由于看不出路易港在现在或将来与申请注册的纺织产品会有什么联系,因此不应该拒绝其注册。

2. 姓氏商标

将姓氏用作商标也是一个古老的传统,涉及这类商标的显著性判断也存在诸多的争议。在 Nichols 案中[④],欧盟法院认为,判断姓氏显著性的标准与其他种类商标的标准并无不同。因此也没有理由制定更加严格的判断标准,例如预先确定一定的人数,超过这一人数就认定缺乏显著性,考察申请注册商品所在行业的企业数量,或者看相关领域姓氏使用是否普遍。即使在实际判断某些商标的显著性时可能遇到更大的困难,也不能就此认为这些商标先天缺乏显著性,只能通过使用才能取得。

3. 字母或数字商标

所谓字母或数字商标,主要指仅有一个字母或数字的商标。在 I 商标申请注册案中[⑤],IVG 公司申请注册,即外形是品蓝色的大写字母"I",用于第 35、36、37、39、42、43 类的服务。该申请被欧盟知识产权局商标审查员以缺乏显著性驳回。IVG 公司诉至申诉委员会,未获支

---

① T - 295/01 Olenburger 案判决书第 37 ~ 38 段。

② T - 379/03 Cloppenburg 案判决书第 43、46 段。

③ T - 230/06 Louis Port 案判决书第 55 ~ 64 段。

④ C - 404/02 Nichols 案判决书第 25 ~ 29 段。

⑤ T - 441/05 I 商标案判决书第 53、62 段。

持,继而上诉到欧盟普通法院。

欧盟普通法院于2007年6月13日作出裁决推翻了欧盟知识产权局申诉委员会的认定,指出后者判断申请商标缺乏显著性的事实基础是:申请商标与普通的罗马字母“I”没有显著区别。这一判断中隐含的意思就是单纯的字母没有显著性,不能作为商标注册。而这显然有悖于《商标条例》第4条,因为只要能够区分商品和服务的来源,该条并不排斥字母本身注册为商标。而且判断商标的显著性,还要考虑其相关公众的注意程度。本案中,IVG公司所提供的服务由于特定的性质和较高的收费价位,使得其相关公众的范围较窄,且注意程度较高。因此,该商标更容易被认知,从而可以具有显著性。

在涉及单个字母的a案中①,Borco公司申请注册单个字母为欧盟商标,使用在含有酒精的饮料、红酒、起泡酒等商品上。欧盟知识产权局的审查员和申诉委员会均未支持该项申请。他们认为该申请仅仅是一个没有任何图形修饰的希腊小写字母,希腊语种的消费者不会把它当作标识商品来源的标志。申诉委员会甚至还认为,相关公众有可能把这个字母误以为是产品质量、型号或是品种的某种标记。

Borco公司不服,上诉至欧盟普通法院。欧盟普通法院判决认为欧盟知识产权局对于该商标的显著性并未做尽职审查,案件应发回重审。

欧盟知识产权局向欧盟法院提起上诉,并引用了欧盟法院的在先判例指出,首先,既然对于立体商标的审查,缺乏相关图形和文字的情况下,消费者不能将该图形与商品的来源相联系,那么,单个字母商标亦是如此,在缺乏有关图形的情况下,消费者不能把它与商品的来源联系在一起;其次,在判定标志是否具有显著性时,不一定要结合商标使用的商品做全面审查并举证证明显著性的有无。

欧盟法院2010年9月9日作出裁决认为,《商标条例》第4条明确规定,字母是可以注册为商标的标志之一。欧盟知识产权局应当根据具体的案件,结合商标所使用的商品,严格地、全面地审查字母商标申请是否符合显著性的特征,而不是粗略地审查后就仓促地下结论。在判断显著性时,既应该结合商标所使用的商品进行考虑,还要看相关公众的认识。虽然本案的标志只是一个单个的字母,连个修饰的图形都没有,但是,商标有显著性,能获得注册,不一定非要求标志具有特定的文字含义或是图形含义。案件发回欧盟知识产权局重新审理。

4. 组合词汇商标

组合词汇商标,一般指字典中查不到的词汇,但组成该词汇的各个要素又具有一定的含义乃至叙述性,既与完全没有含义的臆造词汇不同,也不能直接等同于叙述词汇。在Baby-Dry案中②,欧盟法院认为,新的组合词汇与现有词汇之间只要存在任何可见的差异,就足以赋予该组合词汇以显著性,鉴于Baby-Dry并非英语中一个常见的搭配,而是一个生造的新词,因而具有显著性。

在Doublemint案③中,原告于1996年向欧盟知识产权局就口香糖申请注册Doublemint商标。该局以该标记描述了指定商品的特点为由驳回注册。申请人于是向欧盟普通法院上

---

① T-23/07及C-265/09 P Borco案。

② C-383/99 P Baby-Dry案判决书第40、43、44段。

③ C-191/01 P Doublemint案判决书第32段。

诉。欧盟普通法院认为,由于 double 和 mint 组合在一起可以表达两种意思:"两倍数量的薄荷"或"两种口味的薄荷",Doublemint 并非纯粹描述,因而推翻了欧盟知识产权局的裁定。欧盟知识产权局于是向欧盟法院上诉。欧盟法院认为,只要至少有一个含义指向商品或服务的特征,就不能注册。欧盟普通法院将问题集中在申请注册的标记具有两种含义,并由此认为该标记并非纯粹描述,而没有探讨 Doublemint 是否可能被其他经营者使用,是对法律的错误理解和适用。

在 Postkandoor 案①中,欧盟法院将其在 Baby - Dry 一案的判断标准修正为,如果组合词汇的各要素具有叙述性,原则上简单将其拼凑组合在一起并不能产生显著性,除非组合以后的新词与原有各要素印象差距足够大,或者组合后的新词已进入常用语言并取得独特的不同于其要素的含义,则另当别论。在判断是否可能叙述的问题上,欧盟法院指出,是否还有同义词不重要,是否在叙述商品的主要特征也不重要。

在 Biomild 案②中,生产商 Campina 将"BIOMILD"作为奶制品商标向比荷卢商标局申请注册,被该局裁定驳回,理由是"BIOMILD"由"BIO"和"MILD"两个部分简单组合,没有产生足够新的含义,仅仅描述了该产品是温和的生物产品,因此不具有显著性。Campina 起诉到荷兰高等法院,荷兰高等法院就这一问题向欧盟法院提出咨询。欧盟法院 2004 年 2 月 12 日对"BIOMILD"一案中描述性商标的认定作出了解释。欧盟法院认为,如果创造性词汇是由表示商品属性的描述性的词语组合而成,则作为该商标的创造性词汇本身应被认定为描述性商标。除非该创造性词汇与构成其组成部分的描述性词语的组合具有足够明显的区别。即要求该创造性词汇的特征与描述性词语组合的含义相去甚远,能够使公众产生完全不同于描述性词汇本身的印象,而不是描述性词汇的简单相加。同时,欧盟法院认为,这一认定与是否选择与商品特性相关的同义词无关。

在 Celltech 一案③中,欧盟法院认为欧盟知识产权局认定 CELLTECH 商标没有显著性缺乏依据。本案中,Celltech 公司申请注册 CELLTECH,用于第 5 类、第 10 类和第 42 类药品、兽药等商品或服务上,审查员和申诉委员会均认为该文字商标可以理解为"细胞技术",因而对所注册的商品或服务有描述性予以驳回。Celltech 公司不服,诉至欧盟普通法院,欧盟普通法院认为,欧盟知识产权局只是分别解释了"CELL"和"TECH"的含义,就认为其组合起来可以理解为"细胞技术",可对于什么是"生物技术",以及相关公众如何会直接而明确地把"CELLTECH"理解为"细胞技术",细胞技术与商标申请的注册商品和服务有什么关系均未阐明,就判定该商标有描述性,应属错误。欧盟知识产权局于是上诉到欧盟法院。欧盟法院维持了欧盟普通法院的认定,指出,欧盟知识产权局所作的裁定一定要建立在事实认定的基础上。根据《商标条例》,欧盟知识产权局对驳回注册绝对理由的事实可以主动审查,但要能证明主动审查的事实的准确性,而不是直接宣称这些事实"众所周知",在本案中,欧盟知识产权局在没有相关证据支持的前提下,就认定"细胞技术"众所周知,相关公众会直接而明确地把"CELLTECH"理解为"细胞技术",并进而作出该商标具有描述性的判断,是缺乏法律依

---

① C - 363/99 Poskandoor 案判决书第 100 ~ 102 段。

② C - 265/00 Biomild 案判决书第 40、41 段。

③ C - 273/05 P Celltech 案判决书第 43 ~ 45 段。

据的。

5. 外文商标

外文商标主要指由不为申请国相关公众所知的外文组成的商标。在 Matratzen Ⅱ案[①]中，一家德国公司在欧盟申请注册一个由“MATRATZEN MARKT CONCORD”文字组成的商标，而一家西班牙公司在西班牙已经获准注册了“MATRATZEN”(德国词语，指床垫)的商标，两商标使用的商品都是床垫。

德国公司向西班牙法院提起撤销西班牙公司“MATRATZEN”商标的诉讼，理由是 MATRATZEN 在德语里就是床垫的意思，属于通用名称，不能作为商标注册。案件上诉到巴塞罗那省法院，省法院向欧洲法院请示，在一个成员国注册的外文商标，在使用该外文的另一成员国是商标所使用的商品的通用名称，这种情形是否违背欧盟的条约。

2006 年 3 月 9 日，欧盟法院作出裁决，指出根据《欧盟商标指令》第 3(1)(b)(c)条，由其他成员国文字构成的外文商标可以注册，除非注册国的相关公众能够识别此外国文字的含义。然而，欧盟法院的裁决并没有指出判断相关公众能否识别的标准，比如，究竟应以什么具体的时间判断相关公众是否能识别外文商标含义，就没有明确。

在 House of Donuts 一案中[②]，欧盟普通法院作出裁决，最终驳回了 House of Donuts 公司的起诉，肯定了 Panrico 公司 DONUT 商标的显著性。本案中，House of Donuts 公司先后申请在第 30、32、42 类商品或服务上注册“house of donuts”图文组合，Panrico 公司提起异议，称其在西班牙在先注册了 Donuts 等商标，且使用的商品和服务与申请商标相同，申请商标与在先商标有混淆的可能，不应予以注册。该异议得到欧盟知识产权局异议处和上诉委员会的支持。申请人于是上诉到欧盟普通法院，认为申请商标与引证商标整体视觉效果差别很大，并特别指出，在西班牙，“donut”已成为油炸圈饼的通用名称，因而缺乏显著性，而自己的商标因具有雨伞图形和其他文字而保持了显著性。

2007 年 4 月 18 日，普通法院作出裁决，驳回了申请人的起诉，肯定了异议人 DONUT 系列商标的显著性，并围绕本案的关键，即 DONUT 系列商标的显著性问题指出，主张他人商标缺乏显著性的一方应负举证责任，申请人主张“donut”一词属于通用名称，作为商标缺乏显著性，但是其提交的证据要么超出举证时限，要么与本案无关，均不能作为证明“donut”在西班牙已成为通用名称的证据。“donuts”的显著性虽然不是很强，但也没有弱到不能作为商标使用的程度。即使退一步认为引证商标缺乏显著性，“donut”无论在视觉上还是发音上恰恰也是申请商标中最主要的认读部分，申请商标也就由此失去了显著性。

6. 口号商标

口号商标一般是指使用一些广告用语促进消费激发购买的短语。在 Bravo 案[③]中，欧盟法院认为，重要的是考查口号宣传用语是否在常用语言或商业惯例中通用，而是否起到促销效果并不重要，不能仅仅因为宣传促销就予以驳回。当然，欧盟法院在 Erpo 案中[④]也指出，如

---

① C－421/04 Matraztzen Ⅱ案判决书第 32 段。

② T－333/04 和 T－334/04 Donut 案判决书。

③ C－517/99 Bravo 案判决书第 39、40 段。

④ C－64/02 Erpo 案判决书第 38 段。

果确属通用,口号商标也不能注册。

在涉及口号的"INNOVATION FOR THE REAL WORLD"("为真实世界而创新")案[①]中,Delphi公司提起商标申请,注册在第7类和第12类的机动车设备、第19类的GPS产品以及第10类的医疗器械上。审查员和申诉委员会均以该商标缺乏显著性为由予以驳回。Delphi公司上诉至欧盟普通法院。

欧盟普通法院2013年6月6日作出判决认为,广告语除具有促销功能外,如能"作为商品或服务的商业来源的指示被相关公众所感知",也并不排除注册为商标的可能。但考虑到涉案商标申请使用的商品,"INNOVATION FOR THE REAL WORLD"应该理解为具有褒扬性的促销广告语,它并未标明商品来源,本身缺乏显著性,且未通过使用获得显著性,不能予以注册。虽然Delphi公司随后又提起上诉,但欧盟法院2014年6月12日以裁定驳回其上诉。

在另一个涉及广告短语的"2Good"案[②]中,2012年11月,August Storck公司申请将"2Good"注册为欧盟商标,使用的商品是第30类的"糖、巧克力、巧克力制品、糕点、冰激凌,以及前述商品的配制品"。该申请被驳回,理由是"2"会令人以为是"too"(中文含义为"非常"),这样的话,该标志整体含义会被理解为"非常好",属于褒扬性质的宣传语,不符合商标注册的条件。申请人上诉,被申诉委员会驳回。申请人继续上诉至欧盟普通法院。

2015年9月5日,法院对本案作出T-366/14号判决。判决首先提出,任何种类的商标要获准注册,都必须具有显著性。显著性应基于商标所使用的商品或者服务,以及相关公众的认知来判断。就含有广告口号的标记来讲,如果相关公众认为它可以标明商品或服务的来源,就具有显著性。就本案而言,相关公众是普通的讲英文的消费者;商标所使用的商品是糖、巧克力、冰激凌等普通的食品,相关公众的注意程度不会很高。涉案商标由数字"2"和文字"GOOD"组合而成。相关公众会很容易把"2"理解为"too"。因此,法院认为,欧盟知识产权局在这一问题上的认定是正确的。"too good"这个短语广为人知,使用者众,没有原创性,也没有什么显著的特点,不可能被识别为商品或服务的来源。因此,涉案商标不应予以注册。August Storck公司继续上诉,2016年5月11日,欧盟法院作出裁定,驳回上诉,维持一审判决。

不过,在同样涉及口号的"突破科技,启迪未来"案[③]中,欧盟法院支持了奥迪公司的上诉。案件经过是,著名的德国汽车生产商奥迪公司申请注册欧盟商标"Vorsprung durch Technik"("突破科技,启迪未来"),使用在第9、12、14、16、25、28、35、43、45类的商品和服务。审查员以缺乏显著性为由,驳回了除第12类商品外的其他所有申请。随后,申诉委员会也认为这句口号传达的信息是"技术的卓越使更好的产品和服务成为可能",这个寻常的文字组合本身缺乏显著性,除非申请人可以举证证明消费者已经把它当作商标看待。接着,欧盟普通法院判决也没有支持奥迪公司,奥迪公司遂继续上诉到欧盟法院。

欧盟法院2010年1月21日作出判决,支持了奥迪公司的上诉请求。根据既往判例,法院

---

① T-515/11及C-448/13 P INNOVATION FOR THE REAL WORLD案。

② T-366/14及C-636/15 P 2Good案。

③ T-70/16及C-398/08 P Vorsprung durch Technik案。

指出，一个标志只要能起到区分商品或服务的来源的作用，即可注册为商标。是否具有显著性以相关公众的判断为标准。对于那些同时还用作广告标语/口号，或是表明商品质量，或是激发消费者购买欲望的符号和标记，不能因为它们有这样的用途，就当然地把它们排除在商标注册之外。对这类标志可注册性的判断应当和其他标志相同，而不应采用更严格的标准。那些不具描述性的口号，可以传达出客观的信息，即使简单，也可能有标明商品来源的作用，特别是那种不仅是口号，还具有一定的独创性，能让人产生特定联想的广告信息。奥迪公司的"Vorsprung durch Technik"标语表明了一种因果关系，能让人想到其来源出处并产生联想。此外，它还是被奥迪公司多年使用的广为人知的口号，因此，其标识产品来源的功能非常强，不应被排除于商标注册之外。

7. 图形商标

在安踏案①中，中国体育用品企业安踏公司在相关商品上拥有和使用图形商标，该商标通过安踏公司的多年使用及良好经营，被认定为中国驰名商标。但是，该商标近期在欧盟的注册申请却被驳回。

2014 年，安踏公司向欧盟知识产权局申请注册涉案图形商标，使用在第 18、25、28 类的有关商品。审查员认为该商标不具有显著性，对所有的申请予以驳回。安踏公司上诉。申诉委员会维持了审查员的驳回决定。安踏公司继续上诉到欧盟普通法院。

2017 年 4 月 5 日，普通法院作出判决，驳回了安踏公司的上诉。法院认为，涉案标识由一粗一细两条黑线组成，虽有些风格化的设计，但并不醒目。涉案标志图形非常简单，很容易被消费者识别为普通的装饰元素，而不是标明商品来源的标志。而且，申请人安踏公司并没有提供任何证据证明争议商标通过使用获得显著性。至于安踏公司提到的，与本案争议商标标识较为近似的数件欧盟商标申请已获准注册，并未因缺乏显著性特征而被驳回申请，以及本案争议商标已在其他国家获准注册（甚至包括部分欧盟成员国）的抗辩，法院坚持了个案审查的原则，认为这些注册虽然会对涉案商标注册起到积极作用，但不是决定作用。

安踏公司此次在欧盟商标注册的失利，给有意在欧盟注册的中国企业也敲响警钟，鉴于商标权的地域性特征，在不同法域寻求注册，一定要立足该地域预先评价标记的显著性，并做好充分的材料准备，在可能和必要时更要充分证明使用取得显著性。

8. 连续图案商标

连续图案商标（pattern mark）的提法早就存在，但通常归入广义的图形商标，将其单令分类，即使较为前卫的欧盟，也是 2017 年 10 月才开始，目前为止，欧盟知识产权局有 25 例这种商标，只有 10 多例获得注册。

在 Birkenstock 案②中，该公司 2012 年 6 月基于其在德国注册的交叉波纹图案的商标向欧盟及其他一些国家提出领土延伸申请。其中在欧盟的延伸申请包括第 10、18、25 类的相关商品。欧盟知识产权局依职权全部驳回，理由是该商标缺乏显著性。申请人上诉，被驳回。申诉委员会认为这个以直角形式纵横交错的波纹图案可不断重复并向四周延展，因而可被用作二维或三维的表面，人们看到它，立即就会认为它是商品表面的图案。基于美学、技术功能或

---

① T-291/16 安踏案。

② T-579/14 及 C-26/17 P Birkenstorck 案。

其他考虑,人们也常在商品表面使用连续图案。根据既往判例,商品的外观,本就不容易被识别为商品来源的标记,除非它与这类商品的惯常标准或形态有显著区别,可以被独立地识别出来。但本案的图案并不满足这个要求,它与所注册的商品的惯常表面并没有显著区别。

随后,欧盟普通法院判决基本站在相同的角度,认为该标志会可能用于所注册商品的表面,不同的是,欧盟普通法院认为,其中一部分商品是“不可能”有这种表面的,如假牙、假眼等,那么,图案用于这一部分商品时,就有显著性,可以注册。

申请人继续上诉,认为普通法院基于涉案标记“可能”使用于商品表面就作出不应注册的判断,有违在先判例(Deichmann v OHIM,C－307/11 P)中确认的“最有可能使用”(the most likely use)的标准。欧盟法院 2018 年 9 月 13 日作出判决,维持了一审判决,否定了申请人的前述上诉理由,认为“被用作表面”是连续图案的固有可能性(inherent probability),他们天生就会被当表面使用,并由此与商品产生不可分割的密切关联;申请人引证在先判例中的商标只是一般的图形商标,不是有重复要素的连续图形,与本案的情况不同,其中确立的“最有可能使用”的原则在本案中不适用。上诉人提出的使用获得显著性因缺乏证据支持亦被驳回。

9. 产品及其包装外形商标

产品外形商标是指由产品的外形组成但不包括图形文字的商标。在 Linde、Winward、Rado 系列案中[①],林德公司(Linde AG)试图将一辆车为“装有发动机的卡车或其他移动工作车辆,特别是叉车”注册为三维商标,温沃德公司(Winward Industries Inc)试图将一个手电筒注册为一个三维商标,雷达公司(Rado Uhren AG)试图为一手表注册一个三维标志。德国联邦最高法院认为,判断这些商标的显著性较一般商标特殊,因而向欧盟法院提交了一系列的问题。欧盟法院认为,在判断一个三维商标是否具有显著性时,其检验标准与其他种类的商标相同,三维标志并不要求更严格的标准。但由于消费者并不习惯将产品的外形作为识别出处的标志,比起图文商标,产品外形商标产生显著性的难度显然更大。而且在一个具体案件中,必须考虑公众利益,也就是说,不能注册那些可能被用来表示产品或服务特征因此应该由大家共享的外形。

在宝洁公司的系列洗衣片驳回上诉案件[②]中,欧盟普通法院维持了欧盟知识产权局作出的 9 项关于宝洁公司立体商标申请缺乏显著性的裁定。在本案中,宝洁公司共提出一系列共 9 项共同体立体商标注册申请,形状为白色的长方体,中间分别嵌有不同颜色的四片、五片或六片花瓣形状的图案,使用的商品为洗衣片。该申请先后被欧盟知识产权局商标审查员和申诉委员会以缺乏显著性为由驳回。宝洁公司不服,又上诉到欧盟普通法院。但是其上诉并没有得到普通法院的支持。普通法院裁决认为,虽然判断立体商标是否具有显著性的标准应当与一般的平面商标相同,但是,在具体运用这个标准的时候,立体商标确实会有些不同之处。因为一般的消费者在没有文字或图案的情况下,并不习惯于通过一个商品或其包装的形状去判断它的出处。立体商标要具备显著性就远比图形或文字商标要难。商标的显著性就在于该商标能使相关公众借以区分相关商品。如果不能做到这一点,就很难说它具备显著性。本案中,宝洁公司提交的的证据根本不足以证明相关公众会特别注意其产品的形状,并通过这

---

① C－53－55/01 Linde 案判决书第 46、48 段。

② T－30/00、T－335－7/00、T－118－21/00 P & G 洗衣片案。

种形状判断出这就是宝洁的产品，因此，申请的9个商标均缺乏显著性，不应予以注册。

在汉高公司的洗衣片案件[①]中，欧盟法院在2004年4月29日的判决中，维持了一审法院的判决，它认为，由于汉高公司申请注册的该三维标志缺乏显著特性，因此这种洗涤片的形状不能被申请为欧盟商标。根据欧盟法院的判例法，认定商标是否具有显著性首先要考虑拟注册商品本身的特性，其次要考虑相关公众的一般判断力。欧盟法院经过审查认为，被申请注册的三维商标反映的是与商品本身相似的形状、颜色特征，并且，普通消费者一般不会对该洗衣机和洗碗机所用去污片给以相当的重视。欧盟法院根据上述事实和标准，认定汉高公司申请注册的三维商标无法使消费者识别该产品，因此，一审法院适用上述判例法正确。

包装外形商标是指由产品包装的外形组成但不包括图形文字的商标。在Henkel瓶形商标申请案中[②]，欧盟法院认为，相对于图文商标，消费者对于商品包装商标的认知并不一定相同，在没有搭配图文的情况下，这类商标取得显著性的难度大过图文商标。

在SiSi案[③]中，欧盟法院2006年1月12日作出裁决，维持了欧盟普通法院的认定，认为直立饮料袋作为果汁的商标缺乏显著性。Deutsche SiSi – Werke曾向欧盟知识产权局申请注册直立饮料袋商标，用于第32类的果汁及果汁饮料，被拒绝后，向欧盟普通法院起诉，又因商标缺乏显著性被欧盟普通法院驳回。于是，Deutsche SiSi – Werke上诉到欧盟法院，指出欧盟普通法院既然认定没有证据证明其他任何公司将该商标使用于果汁及果汁饮料，又认为应以一般饮品而不单单是果汁或果汁饮料的消费者的角度去判断商标的显著性，违反了有关判例法对相关公众认定的原则。

对此，欧盟法院认为，Deutsche SiSi – Werke对其引用的判例法的理解有偏差。商标是否具有显著性，当然要从商标申请类别的消费公众的角度予以判断，但是不能局限于这个范围。对于案件涉及的立体包装构成的商标，一般消费者不可能预先对其所包装的商品性质了如指掌，此时，判断该商标是否具有显著性，就不应当仅限于商标申请的商品类别，而应扩大至一般的使用类似包装的饮品。

在一起香肠外形商标案[④]中，2005年3月，Thomas Rotter先生申请注册共同体立体商标，该商标系五节连在一起的香肠形状，使用于第29类，第30类商品以及第43类“提供食品或饮料的服务和临时住宿服务”等。审查员核准了商标在第43类上的注册，但以缺乏显著性为由驳回了其在第29、30类的注册。申请人不服，向申诉委员会提起上诉，也未获得支持。2007年12月3日，申请人向欧盟普通法院提起诉讼，同日，还向欧盟知识产权局提交申请，把该商标注册的商品和服务限定为第43类的服务和第29类的猪肉食品。

2009年5月5日，欧盟普通法院裁决指出：对于立体商标是否具有显著性的判断标准和文字、图形的商标没有什么不同，也是要看它是否能够起到区分商品或服务来源的作用。欧盟普通法院认同申诉委员会的意见，认为本案商标使用的商品是猪肉食品，是欧盟消费者的日常消费品。日常消费品的价格通常不高，消费者在购买时给予的注意力相应也比较低。综

---

① C – 456 – 457/01 和 468 – 467/01 Henkel 案判决书。

② C – 218/01 Henkel 瓶形案判决书第52段。

③ C – 173/04P SiSi 案判决书第31～33、66～67段。

④ T – 449/07 香肠外形案判决书第22段。

合本案的情形,消费者不会根据这个形状来判断商品的出处,他们更倾向于把这个看作把香肠捆绑在一起储藏和销售的一种方式。因此,不能认定其具有商标注册所需的显著性。

在蓝白巧克力案[①]中,2013 年,August Storck 公司通过国际注册指定欧盟的形式,请求把外包装设计作为商标保护,使用的商品包括第 30 类的糖果、巧克力、巧克力制品、糕点、冰激凌等。欧盟知识产权局以缺乏足够的显著性为由未支持其请求。

申请人上诉认为,涉案申请是平面标志,欧盟知识产权局却将其作为立体商标来审查是错误的;涉案申请的白色雪山以及蓝色天空赋予该标志显著的特征,但这一点未被充分考虑;事关其健康,相关的消费者对涉案标记所使用的商品会给予较高程度的注意力。

普通法院审理后作出判决,没有支持申请人的前述主张。法院认为,根据既往判例,如果图形商标是某商品或其包装形状的二维呈现,就应适用立体商标的标准去审查其显著性;至于申请标记上的蓝白两色组成的图案,法院认为只是装饰性的图案,只有美学价值,消费者会更倾向于将其识别为装饰性的因素,而不是商品来源的标志。至于消费者的注意程度问题,法院认为,涉案标记所使用的商品仅仅是超市销售的日常消费品,消费者给予的注意力程度较低。综合考虑涉案标志中的形状、颜色、图案等因素,法院维持了欧盟知识产权局的认定。申请人 August Storck 公司继续上诉。2017 年 5 月 4 日,欧盟法院作出判决驳回其上诉。

不过也有一些例外的判决,例如 2007 年 10 月 10 日,欧盟普通法院在其裁决中支持了一项瘦长形扬声器的共同体立体商标的注册申请[②]。在该案中,Bang & Olufsen 公司申请注册一个立体商标,用于第 9 类的"扬声器"等商品。该项申请被欧盟知识产权局驳回,理由是缺乏显著性,申请人提交的证据也未表明其通过使用获得了显著性,因此,不符合商标注册的绝对要件,不能获准注册。申请人不服,上诉到申诉委员会,仍然未获支持,就继续上诉到欧盟普通法院。

欧盟普通法院撤销了申诉委员会的裁决,就该商标申请是否具有显著性的问题,指出,从该商标所使用的商品的特性来看,消费者在购买时会给予相当程度的注意。尤其是,从该立体商标本身来看,这个设计会给人以非常鲜明的印象,与传统的扬声器的形状截然不同,非常利于消费者识记。鉴于以上分析,欧盟普通法院认为该商标可以注册。申诉委员会在第二次做出的决定中收回了第一次基于缺乏显著性的驳回,但以表示商品实质性价值为由再次驳回了申请[③],问题于是转化为功能性问题,后续情况请参见功能性部分。

在水滴瓶形案[④]中,欧盟普通法院认为涉案玻璃罐立体形状在食用油和果汁等商品上具有显著性,应当核准注册。

2015 年 12 月,Wajos 公司申请注册欧盟商标,使用在第 29、30、32、33 类的相关商品上。审查员及申诉委员会都没有支持注册,主要理由就是涉案标志是所使用的商品的常用包装,因而不能起到区分商品来源的作用。消费者会认为它只是瓶型容器的变体,唯一的区别就是涉案商标下端的球珠,但申诉委员会认为,这部分体现的是技术功能性,不能区分商品来源。

---

① T-806/14 及 C-417/16 P 蓝白巧克力案。

② T-460/05 音箱外形案判决书第 42~44 段。

③ R 497/2005-1 申诉委员会 2008 年 9 月 10 日裁定书第 34 段。

④ T-313/17 Wajos 案。

Wajos 公司上诉。

欧盟普通法院 2018 年 10 月 3 日作出判决，推翻了申诉委员会的裁定，法院认为，从显著性判断标准本身来看，对立体商标不应比平面商标更严，只要有符合最低要求的显著性，消费者能将其识别成来源标记，就可以注册。本案满足最低限度显著性的要求。下面的小球珠比较窄，上面的部分比较宽大，这虽然体现了一定的技术功能性，也具有美学的价值，但是整体来讲，这个形状也有作为商标的显著性。即使消费者没有那么重视食品形状或包装，也不从商品形状本身去探究商品来源，他们还是会感觉到这个容器的形状与一般容器是不同的。这个形状给了它特别的外观，易于识记。因此，普通法院认为涉案形状整体来讲具有显著性。

10. 颜色及颜色组合商标

在 Libertel 和 Heidelberger Bauchemie 两案①中，欧盟法院认为，尽管颜色只是物品的一种属性，而且通常因为它们的吸引和装饰作用被用于广告和商业中，一般不传达具体含义，但也不能由此得出颜色任何情况下都不能起到区别作用的结论，因此不能一概拒绝颜色及其组合商标的注册。

颜色商标一般是指仅仅指定颜色但没有明确形状和边界的商标。在 Libertel 案②中，欧盟法院认为，单纯的颜色，即使从空间上没有特别限定，就某些商品或服务而言，只要能被公众认为可以表示特定的出处，就可以被认为具有显著性。但没有经过使用就具有显著性的可能性非常小，尤其是当指定的商品极少且相关市场极特殊。在 KWS 案中③，欧盟法院指出，鉴于申请中并没有一个大家都不用该颜色的商品，相反的倒是使用该颜色的机器不在少数，故不具备显著性要求。

颜色组合商标一般指使用两种或以上颜色按照一定的比例或顺序排列但没有具体的图形和边界的商标。在 Heidelberger Bauchemie 案④中，欧盟法院认为，除非在极个别的情况下，颜色组合商标一开始是不具有显著性的。

在蓝色锯条案⑤中，凯普曼公司申请商标所使用的颜色为 Pantone 色卡上编号为 302U 的蓝色，使用的商品是锯条，商标的蓝色覆盖整个锯条。该申请被欧盟知识产权局驳回，理由是一般人根本无法想象 302U 蓝究竟是哪一种蓝色，该申请缺乏商标应有的显著性特征，不能起到标明商品的出处的作用，因此不能予以注册。上诉未果后，凯普曼公司到欧盟普通法院寻求救济，指出申请商标的几何形状以及颜色使商标天生具有显著性。但是，普通法院没有支持凯普曼公司的上诉。普通法院认为，凯普曼公司所称的申请商标的几何形状实际上是锯条本身的形状，没有什么显著性可言，而且彩色的锯条是极为常见的，申请商标并无区别于其他的显著性。虽然凯普曼公司还提出，根据欧盟知识产权局既往的案例，只要商标具有最小限度的显著性，也要考虑予以保护。但是，普通法院认为，申请商标不具备最小限度的显著性，因此驳回决定是正确的。

---

① C－104/01 Libertel 案判决书第 27、40、41 段，C－49/02 Heideiberger Bauchemie 案判决书第 23 段。

② C－104/01 Libertel 案判决书第 66 段。

③ C－447/02 P KWS 案判决书第 79～81 段。

④ C－49/02 Heidelberger Bauchemie 案判决书第 39 段。

⑤ T－127/06 Kapman 蓝色锯条案判决书第 24～25、44 段。

在 Energon 案①中,早在 2001 年,Enercon 公司就在第 7 类“风能转换装置及其部件”上申请注册欧盟商标,在申请文件中,该商标被确认是颜色商标,涉及的颜色以色号的形式做了说明。2003 年,该商标获得注册。随后,Gamesa Eólica 公司申请宣告该商标无效。撤销处认为该商标缺乏显著性,无效请求应予支持。但申诉委员会之后审查认为,涉案商标应界定为彩色图形商标,并非颜色商标,也不是为获技术效果所必需的形状,使用在指定商品上具有显著性,不应予以撤销。Gamesa Eólica 公司上诉到欧盟普通法院,法院作出判决,认为申诉委员会对涉案商标系图形商标、而非颜色商标的认定有误。鉴于这个根本性的错误,法院没有再进一步审查显著性的问题。针对欧盟普通法院的判决,Enercon 公司提起上诉。但是,由于 Enercon 公司在一审时未提交任何材料,欧盟法院认为它并没有参与一审,不能被认为是案件的当事人,无权提起上诉。案件发回欧盟知识产权局上诉委员会审理。

2015 年,申诉委员会作出 R 597/2015 - 2 号裁定认为:涉案商标是颜色商标,但是仅仅传递了一些美学方面的信息,属于装饰性的要素,不会被识别为商品的来源;该颜色也会被解读为风能转换装置生态环保的含义,且并没有什么显著的特征可以吸引消费者;对于涉案商品风能转换装置,因其昂贵的价格,消费者一般会施以较高注意力,不会仅仅凭借商品外观来选购,而会更多地关注厂商的名称以及文字标志;至于涉案商标是否使用获得显著性的问题,申诉委员会认为应发回撤销处重新审理。Enercon 公司就此又提起上诉。

2017 年 5 月,欧盟普通法院作出判决,援引在先判决,法院指出颜色商标要获得注册,应当满足三个要件:首先颜色或颜色组合要构成标志;其次,该标志要能用图示的方法表示;最后就是该颜色或颜色组合可以标明商品的来源。除个例外,颜色商标一般不具天生的显著性,但是可以通过使用获得显著特征。法院认为申诉委员会在审查显著性时所做的前述分析及判断完全正确,涉案商标不具备显著性,不能获得注册。Enercon 公司继续上诉。2018 年 10 月 25 日,欧盟法院作出判决,驳回上诉,维持一审判决。

11. 位置商标

在袜子红头案②中,瑞士 X 科技公司申请注册欧盟商标,使用于第 25 类的袜类商品,包括长筒袜、短筒袜等。申请人用国际色卡 16 - 1359 TPX 号橘红色的阴影来表示这个位置商标,它就像一个兜帽一样罩在脚趾的部分,但并没有包裹整个脚趾部分,橘红色阴影还限定了这个位置商标存在的范围,从下面和侧面看,它存在的位置都是水平的。而且,这一部分总是与袜子的其他部分形成颜色上的鲜明对比。对于该项申请,欧盟知识产权局的审查员和申诉委员会观点一致,均认为它缺乏商标注册的显著性,应予驳回。

X 科技公司于是向欧盟普通法院提起上诉。欧盟普通法院经审理,在 2010 年 6 月 15 日作出判决,支持了申诉委员会的认定。法院认为,相关消费者只会把所申请的标准当作是袜子的一个装饰,它缺乏《商标条例》第 7(1)(b)条所要求的商标注册的显著性,不能核准注册。由此看来,欧盟虽然不排斥位置商标的注册,但是,位置商标和其他种类的商标一样,只有具备显著性,才能获准注册。X 科技公司继续上诉。2011 年 5 月 16 日,欧盟法院裁定驳回其上诉。

---

① T - 245/12、C - 35/14 P、T - 36/16 及 C - 433/17 P Enercon 案。

② T - 547/08 及 C - 429/10 P 袜子红头案。

在鞋带红头案[1]中,2010 年,某奥地利鞋业公司提起一项欧盟商标申请,注册使用的商品是第 25 类的鞋,商标标志申请保护的是"鞋带有着红色金属箍的鞋子"。

该商标因缺乏显著性被驳回;上诉委员会继而也支持了审查员的决定,认为在鞋带末端使用红色的小金属箍的鞋子与一般的系带鞋子的设计没有显著不同,消费者只会认为这个红色小金属箍是鞋子设计的一个小变化,但是还不足已将其当作商品来源的标志。

申请人遂上诉至欧盟普通法院。2013 年 7 月 11 日,欧盟普通法院作出判决,对于本案的关键点之一,也即申请商标是否有显著性的问题,欧盟普通法院表示,根据既往判例,产品的外观只有与行业标准或习惯的表现形式有显著区别时,才可能改变消费者判定商品来源的习惯,进而才能使该标记具备商标注册所需的显著性。本案的鞋带上的红色小金属箍并未独立于鞋的外形,而是整个鞋外形的一部分。而这个带有红色鞋带头儿的鞋子并没有增加鞋子整体的显著性。欧盟普通法院最后认为涉案商标缺乏显著性,不应予以注册。

申请人继续上诉至欧盟法院。2014 年 9 月 11 日,欧盟法院作出判决。对于涉案商标的显著性,法院认为,较之于由文字或非商品形状的图形组成的商标,由商品本身的三维形状构成的标志给一般消费者的印象是不同的。一般消费者不习惯于把商品形状作为其来源的标志。因此,这类商标显著性的证明难度也就更大。该三维标志只有与消费标准或习惯显著区分开来,才能成为判断商品来源的标志。本案的商标虽是二维,但是它呈现的是商品本身的形状,因此它的显著性判断,应当参照三维标志显著性审查的标准。基于此标准,法院认为涉案商标并不具有显著性。

(三)使用取得显著性

《商标条例》和《商标指令》都规定,如果要求注册的商标通过使用,在有关商品或服务上已具有显著性,则不能驳回或宣布无效。正如在 Libertel 案中[2]欧盟法院所认定的那样:经过正常的熟悉过程,一开始不显著的颜色也可以获得显著性。

使用取得显著性的考量因素。在 Chiemsee 案[3]中,欧盟法院认为,如果经过原告的长期使用,该词已取得新的含义,即不再是纯粹叙述性的词汇,就应该予以注册,甚至不论该词是否需要留作公用。同时列举了认定商标是否获得显著性的相关要素:(1)商标的内在特征,包括商标是否包含指定商品或服务的叙述成分。(2)商标的市场份额。(3)商标使用的强度、广度及长短。(4)厂商宣传促销该商标的投入。(5)公众通过该商标认知商品或服务产自特定厂商的比例;工商会及其他行业组织的声明。

商标组合使用产生显著性。在 Have a break 案[4]中,对于组合商标经过长期使用获得显著性的同时,是否能让从未单独使用的非显著部分也取得第二含义的问题,欧盟法院认为,整体使用"Have a break,Have a Kit Kat!",并不妨碍单独申请其中的"Have a break"注册为商标。既可以通过与一个注册商标并列使用一个不同的商标获得后者的显著性,也可以通过作

---

① T-208/12 及 C-521/13 P 鞋带红头案。

② C-104/01 Libertel 案判决书第 67 段。

③ C-108-109/97 Chiemsee 案判决书第 46、47、49、51 段。

④ C-353/03 Have a break 案判决书第 30 段。

为一个注册商标的一部分使用获得该部分的显著性。

立体商标的平面使用证据。在糖果立体商标案[①]中,申请人将其圆形、浅褐色的糖果以及金色、两头拧紧的糖纸申请注册为欧盟立体商标。但是,这两项申请,均被审查员以缺乏显著性为由驳回,并且该驳回得到申诉委员会以及欧盟普通法院判决(T-396/02 和 T-402/02)的支持。

申请人不服,上诉到欧盟法院。欧盟法院分别作出 C-24/05 P 和 C-25/05 P 号判决,驳回了上诉,认为普通法院对这此案的处理并无不妥。所申请的糖果和糖纸的外形不仅本身缺乏显著性,也没有通过《商标条例》第 7(3)条所指的"使用"获得显著性。针对申请人提出的,将其在糖果包装盒上使用的 15 粒糖果的照片视为其立体商标的使用证据的问题,欧盟法院指出,立体商标与其平面表现形式并不相同,平面图片的使用不能等同于立体商标本身的使用。虽然糖果包装盒上印有糖果的照片,但是,消费者看到的并不是立体商标本身,而仅仅是立体商标的平面图,这并不能成为立体商标的使用证据。对于该案的处理,欧洲商标界普遍认为,欧盟法院阐明的立体商标的审查标准虽然有点高,但还是比较合理的。

文字商标的地域认知。在 EUROPOLIS 案[②]中,比荷卢商标局驳回一项文字商标"EUROPOLIS"的注册申请,该商标用于第 36 类保险、金融、货币、不动产事务,以及第 39 类运输、商品包装和贮藏、旅行安排事务。商标局的驳回理由是,EUROPOLIS 是由 POLIS 加一个普通的前缀 EURO 构成的,荷兰语是比荷卢使用的语言之一,POLIS 在荷兰语中是保险合同的意思。因此,该商标缺乏显著性。申请人不服,上诉到海牙地区法院。法院就该案的两个问题请示欧盟法院:一是在成员国或是成员国联盟中,应当以什么地域标准判断商标是否通过使用获得了显著性;二是在多语种的成员国或是联盟中,应当以什么地域标准判断一个文字商标是否通过使用获得了显著性。

对此,欧盟法院指出:申请人根据《商标条例》第 3(3)条主张自己的商标通过使用获得了显著性,应当举证证明,商标已在具有驳回理由的成员国获得了显著性,如果该国或联盟有多个语种,那么,对于文字商标而言,申请人只需证明在使用该文字商标的语言的区域内,该商标已获显著性,而不必把证明的范围扩大到整个成员国或联盟。

新旧商标更替使用的效力。在可口可乐瓶[③]案中,可口可乐饮料瓶久负盛名,并在很多国家获得了立体商标注册。可口可乐公司一直希望消费者即使不凭借瓶子上的商标标志也能辨认出它的产品。但可口可乐公司的新版光面弧形瓶立体商标申请却在欧盟遇阻。

涉案申请于 2011 年 12 月 29 日提出,指定使用于第 6、21、32 类的商品。审查员及申诉委员会均以缺乏显著性为由对该申请予以驳回。接连失利后,可口可乐公司向欧盟普通法院提起上诉,2016 年 2 月 24 日,法院作出判决,仍未支持注册。

本案中,审查员、申诉委员会和法院均认为该瓶形与普通的瓶形无实质差别,天生显著性不能得到支持,于是问题关键就成了可口可乐公司的涉案申请是否"使用取得了显著性"。对此,可口可乐公司首先认为"消费者会将其新版光面瓶形(涉案申请)看作其一直使用的著名

---

① C-24/05P 糖果案判决书第 64 段。

② C-108/05 EUROPOLIS 案判决书第 23 段。

③ T-411/14 可口可乐案。

的凹凸条纹瓶形的演进,进而把两种瓶形建立联系";其次它还认为新版瓶形"作为旧版瓶形的一部分",伴随旧版瓶形的使用和知名度的获得,也相应进行了使用并获得了显著性。

对于可口可乐公司的第一个观点,上诉委员会认为,两瓶形虽有近似,但有无"条纹"使两者整体视觉效果完全不同,可口可乐公司的很多证据只证明了旧版瓶形的使用,不能视为新瓶形的使用证据。在法院阶段,可口可乐公司没有再明确坚持"演进"的观点。对于第二个观点,申诉委员会和法院也都没有支持。法院承认商标可以与其他商标一起使用并获得显著性,但前提是消费者要能从这种结合使用中识别出有关的商标,并将其作为商品来源的标志。本案中,可口可乐公司主张的新瓶形作为旧瓶形一部分的使用,与一般的平面标记或平面标记与立体标记的结合使用不一样,这是一种"叠加",在这种叠加中,消费者并不能清楚地识别出涉案申请的立体标志。

此外,法院还考虑到,可口可乐公司虽然提交了在欧盟范围内的使用证据,但这些证据没有达到证明涉案商标在欧盟使用的标准。最后,综合本案的各种因素,法院认定涉案申请不应予以注册。

商标使用的地域要求。在四指巧克力案①中,2018 年 7 月 25 日,欧盟法院判决驳回了雀巢公司的上诉,认为雀巢公司涉案的 KitKat 四指巧克力立体形状不满足商标注册的显著性要求。

在本案中,雀巢公司的涉案形状 2006 年注册后就被他人提起无效。欧盟知识产权局申诉委员会认可使用获得显著性。但欧盟普通法院认为相关证据并不能证明该商标在"整个欧盟"使用获得了显著性。雀巢公司上诉,认为使用获得显著性并不需要在欧盟每个成员国分别证明,这有违欧盟商标整体性的原则。其他方面的当事人也有上诉。欧盟法院进行了并案审理。

2018 年 4 月 19 日,欧盟法院总法务官审查后,建议驳回雀巢的上诉。总法务官虽然原则上维持了普通法院的判决,认为使用获得显著性并没有在相关的全部 15 个成员国得到证明,但其判断显著性问题所使用的地域标准比普通法院要宽松。总法务官认为,在某些成员国使用获得显著性,可以根据其他成员国或地区的使用证据作出推断。但是推断时要谨慎:这就好比一个拼图,如果拼图显示一个马的身体,但是头的部分缺失,这就不能肯定拼图是马,还是人头马。这就是有选性地排除地区证据的风险。要避免这种风险,就需要有足够量的证据。虽然不要求在所有的成员国都有压倒的调研证据,但也不能遗漏整个的区域或市场。

此外,值得关注的是,总法务官承认雀巢公司基于地理和历史等各种原因所形成的涉及多个国家的区域市场,区域市场中一个国家使用获得显著性的证据可用以推断在本区域市场其他国家也使用获得显著性。但是这种推断不是凭空的,要有证据证明两个"使用获得显著性"确因市场可比性而具有推导关系。比如本案中,在卢森堡没有任何证据,并不意味着在卢森堡就没有使用获得显著性,只要能证明与卢森堡相邻的比利时、法国和德国使用获得了显著性,如果能证明卢森堡是这一区域市场的有效组成部分,也是满足注册条件的。在 KitKat 案件中,雀巢公司并没有证明卢森堡是涉案商标使用获得显著性的某一区域市场的有效组成部分。

---

① T－112/13、C－84/17 P, C－85/17 P 以及 C－95/17 P 雀巢四指巧克力案。

欧盟法院随后的判决与总法务官观点一致。法院重申,在欧盟获得显著性并不需要在每个成员国一一证明,但根据欧盟商标整体性的原则,要获准注册,(没有天生显著性的)商标必须要证明其在欧盟整体使用获得了显著性。由于欧盟知识产权局并没有考察涉案商标在比利时、爱尔兰、希腊和葡萄牙使用获得显著性的情况,普通法院撤销其裁定并无不当。

商标使用与申请图案的一致性。在 adidas 案①中,阿迪达斯公司的涉案欧盟商标 2013 年 12 月 18 日是作为图形商标提出的申请,指定使用在第 25 类的服装、鞋、帽等商品,标记被描述为“由三条可以各种方向使用在产品上的平行、等距、等宽的条纹组成”。2014 年,涉案商标获准注册;同年 12 月,Shoe Branding 欧洲公司提出无效宣告申请;2016 年,撤销处支持无效,认为涉案商标既缺乏天生显著性,也没有使用获得显著性;阿迪达斯公司上诉,认为涉案商标通过使用获得了显著性,但并没有得到申诉委员会的支持。阿迪达斯公司遂继续上诉。2019 年 6 月 19 日,欧盟普通法院以 T－307/17 号判决驳回阿迪达斯公司的上诉。

阿迪达斯公司的上诉理由之一是申诉委员会对涉案标记进行了错误解读。阿迪达斯公司认为:涉案商标是应用于表面的连续图案,其面积、高、宽比例会随使用方式而不同,可延长或切割,甚至以倾斜的方式切割;根据欧盟知识产权局的审查指南,虽然涉案商标当初作为图形商标注册,但它其实是连续图案商标(pattern mark);申诉委员会只在图示的特定维度(尤其是特定高、宽比 5:1)中去考察涉案标记,有失偏颇。但欧盟普通法院认为:申诉委员会基于申请图样及文字说明对涉案标记做出认定,并把商标界定为这个特定面积;图形商标一般都按照其图示反映出的比例注册,阿迪达斯引证的判例(C－421/13)只说明图形商标不用表明具体大小及其在具体使用的物体上所占的比例,而并没有说图形本身的比例不需明确;对于阿迪达斯公司有关连续图案商标的主张,法院认为连续图案商标应当是“由一系列有规律出现的重复要素组成”,但涉案商标图样并没有表现出这一点,且与商标文字说明中“三条……等宽……平行线”的描述相左。

阿迪达斯公司的另一个主要上诉理由是申诉委员会错误地排除了一些使用证据。阿迪达斯公司认为使用获得显著性中的“使用”,与不使用撤销中的“使用”一样,在某些情况下使用与注册标记不同的标记都算作“使用”。但申诉委员会认为,前者允许的变化程度比后者窄,实际使用的标记要和申请的相同,只允许微小的改动。

对此,法院先是厘清了一个标准:判断“使用”能否使一个标记获得显著性,以及“使用”能否维持某个标记权利的标准不应有所不同,都是“是否改变了标记的显著性特征”。

随后,法院表明态度,认为申诉委员会排除了某些深色底浅色条纹的证据作为使用获得显著性的证据,并不违反前述标准。首先,申诉委员会将涉案商标认定为极简单的,稍有改动显著性特征就很容易改变的标记,法院对此表示认可。

其次,申诉委员会认为,在使用获得显著性的证据判断上,浅色底彩色条纹的注册可以接受,但阿迪达斯提供的黑色(或深色)底上的白色(或浅色)条纹的证据不能用作使用获得显著性的证据;而阿迪达斯认为只要条纹与背景有对比色差,都没有改变商标的显著特征。对此,法院也表示认可,认为在标志如此简单的情况下,同时也考虑到商标申请说明,颜色反转(深色条纹浅色背景/浅色条纹深色背景)属重大改变,已超出可容许的变化范围。虽然阿迪

① T－307/17 Adidas 三条杠案。

达斯公司引用了若干普通法院认可颜色反转使用不改变商标显著性的判决，但法院认为这应个案分析，除了颜色反转，每个案子都还有其他不同的情形。考虑到本案中阿迪达斯提交的相当数量的证据都是颜色反转的证据，申诉委员会认为这些证据不能作为证据并无不妥。

再次，阿迪达斯认为申诉委员会把某些三条纹的证据误读为“二条纹”证据，但法院认为，这其实就是前述的颜色反转问题，但无论申诉委员会把它看作深色底的浅色三条纹，还是浅色底的深色两条纹，都不会影响“不能作为使用证据”的结论。

复次，申诉委员会以与商标图示不一致为由排除倾斜条纹的使用证据，法院也表示支持，认为这些证据首先也存在前述的颜色反转的问题，并且阿迪达斯也没有指明具体哪个证据申诉委员会仅因倾斜而予以忽略并排除。

最后，法院地理范围的角度，认为阿迪达斯公司提交的证据不足以证明涉案商标在欧盟整体范围内通过使用获得了显著性。

使用获得显著性的判断时点。欧盟法院在 Pure Digital 一案中①进行了阐述。在该案中，Imagination 公司 2001 年 10 月 1 日申请注册“Pure Digital”，使用在第 9 类和第 38 类的商品和服务上。审查员以缺乏显著性为由驳回了该项申请。Imagination 公司提起上诉，被驳回。Imagination公司继续上诉到欧盟普通法院，提出几条抗辩，其中之一就是其商标在申请后，注册程序中获得了显著性。普通法院驳回了 Imagination 公司的所有抗辩，并特别指出，判断商标通过使用获得显著性应以申请日为准，申请日后的状态变化不纳入考虑之列。Imagination 公司进而上诉到欧盟法院。

法院经审理判决，就在什么时间范围内承认商标通过使用获得显著性的问题，认可了普通法院的观点。它指出，根据《商标条例》有关条文中的描述及其含义，《商标条例》第 7(3) 条中提到的通过使用获得显著性的商标，应当是指在申请注册前就已经通过使用获得显著性的商标。这是《商标条例》的立法本意。做这种理解，不仅是为了与其他相关条文保持一致，还可以避免一些不利状况的发生：如果考虑注册程序中获得显著性的情形，势必会导致一些申请人不当利用申请后审查阶段的时间，来“获得显著性”，从而使商标审查工作变得更加复杂而难以操作。因此，欧盟法院最终驳回了 Imagination 公司的上诉。

当然，为了豁免申请时不具有显著性但仍然错误地获得注册的商标确实在注册之后取得显著特征的，《商标条例》特别规定不能予以无效。

（四）放弃专用权

在 Hansson 案②中，欧盟法院 2019 年 6 月 12 日对瑞典斯德哥尔摩斯维亚上诉法院请示的案件作出初裁以表明态度，不允许国内法规定商标部分要素的专用权放弃声明影响混淆判断。

本案在先瑞典商标于 2007 年在 33 类的酒精饮料上注册，因“Roslags”是瑞典的地名，“Punsch”是注册使用商品之一的名称，瑞典专利商标局要求申请人附加声明“该注册中的文字 Roslags Punsch 不享有专用权”。

---

① C－542/07 P Pure Digital 案判决书第 48、49 段。

② C－705/17 Hansson 案。

2015 年 12 月,本案申请人申请注册瑞典国内商标“ROSLAGSÖL”,使用于第 32 类的非酒精饮料和啤酒。瑞典专利商标局驳回申请,理由是与前述在先商标存在混淆可能。申请商标以具有描述性的词语“Roslags”开头,即使附加了其他的元素,也不能降低与在先商标的近似度。两商标使用的商品也是相同/近似商品。申请人遂向瑞典专利及市场法院提起上诉。专利商标局认为,原则上在先商标声明中放弃的部分是没有显著性的,在先商标得以注册也因为它放弃了没有显著性的部分要素的保护;但地名是否有显著性需用发展的眼光看待,目前,“Roslags”在涉案商品上已具有显著性,还是申请商标和在先商标共有的部分,存在混淆可能。一审法院支持注册,认为尽管有放弃声明,放弃部分在近似混淆判断时也应予以考虑。专利商标局上诉。斯德哥尔摩斯维亚上诉法院在审理中,针对在先商标对某一部分作出放弃专用权的声明是否会影响近似混淆判断的问题,提请欧盟法院作出解释。

对此,欧盟法院初裁回复认为:近似比较是涉案商标的全面比较,即使在先商标显著性弱也不排除近似的可能,这是《商标指令》(2008/95/EC)第 4(1)(b)条的应有之意,该条应做这样的理解:不允许国内法规定这样的声明,根据该声明,在整体分析混淆可能的相关要素时,复合商标的某些要素被预先且永久地排除或加以限制。

四、在先性

欧盟商标注册,除了不能违反绝对禁止的规定,还不能与包括在先商标在内的在先权利冲突,即需要具备在先性。

《商标条例》并不要求欧盟知识产权局主动对在先权利进行保护,而是规定在先商标可以通过异议程序和无效保护,其他在先权利则只能通过无效程序保护,且在主张在先权利时需要一并提出。

(一)在先商标①

首先,《商标条例》第 8(1)条规定,在后申请注册的商标,因在先商标所有人的异议,不得予以注册。

申请注册的商标与在先商标相同的以及申请注册的商标使用的商品或服务与在先的商标所保护的商品或服务相同的;由于申请注册的商标与在先的商标相同或近似以及申请注册的商标所使用的商品和提供的服务与在先的商标所保护的商品或服务相同或相似而容易在在先商标受到保护的共同体区域内的公众中引起混淆的;这种容易引起混淆包括容易与在先商标相联系。

《商标条例》第 8(2)条具体定义为,“在先商标”是指在先注册或申请的、在成员国注册的商标,或者比荷卢商标局注册的商标、在成员国有效的国际注册的商标;《巴黎公约》第 6 条之二意义上的驰名的商标。

《商标条例》第 8(3)条商标所有人的代理人或代表人,未经该所有人的同意而以自己的名义申请商标注册的,在商标所有人的异议下,该商标不应予以注册,除非该代理人或代表人证明其行为是正当的。

---

① 《商标条例》第 8 条。

另外,《商标条例》第8(4)条还对在先使用商标特别予以保护,即如果一个商业中使用且不仅具有地方影响的未注册商标或标志的权利是在申请注册前或在提出申请优先权之日前取得的,且该标志赋予其所有人禁止在后商标使用的权利的,那么申请注册的商标,经未注册商标或标志所有人的异议,根据成员国有关该标志的法律规定,不应予以注册。

对于《商标条例》第8(4)条中"不仅限于地区商业活动中使用的标志",欧盟普通法院在GENERAL OPTICAL 一案中①作出了阐释。在该案中,General Óptica 公司于1997年申请注册 GENERAL OPTICAL,使用于第42类的服务,于1999年获准注册。2001年,General Óptica 公司在同类的服务上又申请注册了两个 GENERAL OPTICAL,分别于2002年和2003年获准注册。2004年,Alberto 公司要求欧盟知识产权局宣告 General Óptica 公司一系列 GENERAL OPTICA 商标无效,理由是,它在先享有商业标志"Generalóptica"的所有权,该标志1987年提出申请,1990年即获准注册。根据《欧盟商标条例》第52(1)(c)条和第8(4)条,侵犯他人在先的"不仅限于地区性商业活动中使用的标志"的应宣布无效。但欧盟知识产权局撤销处和申诉委员会均未支持 Alberto 公司的无效申请。Alberto 公司不服,上诉到欧盟普通法院。

法院审理后就这四宗案件作出裁决,特别就本案法律适用的关键问题,也即《商标条例》第8(4)条中"不仅限于地区商业活动中使用的标志"如何理解的问题作出解释。普通法院指出,根据《欧盟商标条例》第52(1)(c)条规定,商标以外的其他标志可以成为无效他人的理由,但这个标志必须满足几个条件:它必须使用在商业活动中,而且是"不仅限于地区性的商业活动"中;这个标志的所有权还应该是权利人基于成员国的立法先于共同体商标的申请而获得的,在先的标志会赋予它的所有人禁止他人注册有关商标的权利。即使某标志可以使其所有人在某国境内享有专用权,也不证明它的使用必然具有"不仅限于地区性"的意义。商业标志的使用范围应该以它标识作用发挥的实际范围为准。

这需要考虑两点,一是这个标志所使用的地域范围,二是该标志使用的经济范围,比如它所使用持续的时间,使用的程度,宣传的范围,等等。当一个标志的实际影响已经超越了它所注册的特定地域,它就不仅是一个使用于地区的商业标志。也就是说,是否"不仅限于地区商业活动中使用的标志",不应仅取决于地域。本案中,Alberto 公司提交的证据虽然能证明在General Óptica 公司的申请注册前其"Generalóptica"就已经使用,但是该标志仅仅使用在葡萄牙的某个小镇,总计人口不过12,000人,因此,只能视为地区性商业活动中使用的标志,而非"不仅限于地区商业活动中使用的标志",不能对抗他人的注册。

关于欧盟声誉商标,《商标条例》第8(5)条有专门规定,即申请注册的商标如果与在先商标相同或近似的,尽管其注册的商品或服务与在先商标保护的商品或服务相同、类似或不类似,但该在先商标在共同体享有声誉或在先国家商标在有关成员国享有声誉,无正当理由使用申请注册的商标会使在先商标处于不利地位或会给在先商标的显著特征或声誉造成损害的;上述申请注册的商标,经在先商标所有人的异议,不得予以注册。关于这方面的内容,我们将在第十九章欧盟驰名商标及声誉商标中专门加以介绍。

另外,为了加强对地理标志的保护,除了《商标条例》第7条将地理标志作为驳回注册的绝对理由加以规定外,《商标条例》第8(6)条也允许通过异议或无效程序阻止与之冲突的商

---

① T-318-21/06 GENERAL OPTICAL 案判决书。

标注册。

情势变更原则。在 METRO 一案中[①]2000 年 1 月,Tesco 公司对 Metro 公司一项注册申请提出异议,理由是 Metro 公司注册的图形商标中使用了大写印刷体字母组合“METRO”,与其已在英国成功注册“METRO”的文字商标构成近似,而其商标 2000 年 7 月才丧失效力。

2000 年 6 月,欧盟知识产权局向 Tesco 公司发出通知,要其在 4 个月内提交补充证据,如果提交证据时其“METRO”商标已经失效, Tesco 公司还应该提交材料证明该商标已申请续展。但是,Tesco 公司没有按通知提交已申请续展的证据,于是,2003 年 6 月欧盟知识产权局异议处驳回该异议申请。Tesco 公司不服,上诉到欧盟知识产权局申诉委员会,并得到支持。

申诉委员会认为,Tesco 公司在提起异议,以及被通知提交补充证据时,“METRO”均在有效期内,这已经足以证明其引证的商标在异议程序中处于有效的状态。案件并未了结,最后被提交到欧盟普通法院,争议的焦点就是,在异议程序中,究竟应当以异议提交,举证期限,作出异议裁决这三个时间中的哪一个为准来判断引证商标是否还在有效期内。

2006 年 9 月 13 日,欧盟普通法院作出裁决认为:首先,欧盟商标法授予欧盟知识产权局在异议受理后,有权要求异议人提交其商标失效后的有关续展证明;其次,两商标要发生冲突,前提是此两商标在一定时期内共存。本案中,申请商标要等异议程序结束后才可能获准注册,而引证商标没有证据证明其在异议后仍为有效,因此,两商标没有共存的时间段,根本不可能发生冲突,异议不能成立。欧盟普通法院同时指出,异议处和申诉委员会必须考虑异议提交后,异议裁定作出前发生的情事变更。

鉴于在先商标的保护与商标侵权判定标准基本重合,我们将在本书第十八章欧盟商标权中一并介绍。

(二)其他在先权利[②]

在无效程序中,《商标条例》允许依据其他在先权利提出无效申请,如果依据保护其他在先权利和尤其是名称权、肖像权、版权或工业产权的共同体法律或国内法,可以禁止使用。

总体说来,涉及在先权利保护的案例非常少。名称权方面,经典的案例是 Elio Fiorucci 案[③],该案涉及一个意大利设计师的姓名保护问题,欧盟法院最后保护了他的名字,且指出姓名权不仅保护其人格利益,同时也保护其商业应用。与名称权相似的肖像权案件目前尚未有案例。

著作权方面,在一个涉及酒的商标案[④]中,加利福利亚酒庄拥有的树叶图案的版权作品成功受到保护,无效了他人的商标。但有时为了证明著作权的权属会十分困难,以至于案件久拖不决[⑤]。

外观设计方面,欧盟知识产权局申诉委员会有机会在涉及茶包的 Tea Forté 一案中对保

---

① T-191/04 METRO 案判决书。
② 《商标条例》第 60 条。
③ C-263/09 P Elio Fiorucci 案判决书第 33~36 段。
④ BoA,R 869 / 2004-1 Turning Leaf 案。
⑤ C-530/12 P National Lottery Commission 案。

护的条件予以解读,最终因条件不成就而拒绝给予保护①。

(三)一并主张原则

为了避免程序的繁复,《商标条例》第60(4)条特别规定,在先权利人在提出无效或反诉申请时,必须同时提出所有他能主张的在先权利,而不能拆开来一次一次地主张。

① BoA,R 2492/2010 - 2 Tea Forté 案。

第十七章　欧盟商标注册的得丧变更

第一节　欧盟商标注册的取得、续展和变更

一、欧盟商标申请

提出欧盟商标申请是获得商标注册的前提条件,这里主要介绍直接到欧盟知识产权局申请的情形,通过马德里国际注册指定欧盟的情况会在本书第十九章中介绍。

(一)申请资格

如前所述,2004 年的《商标条例》对“可以成为欧盟商标所有人”的条款修订为任何人均可申请注册。在 1993 年《欧共体商标条例》中,欧盟商标体系接纳的欧盟商标主体不包括:非欧盟成员的国民、在欧盟成员域内没有经营场所的国民、与欧盟成员之间无互惠协议的巴黎公约成员国的国民等。

2004 年《商标条例》取消了有关国籍和互惠的条件。这样,目前的欧盟体系已经向任何欲在欧盟范围内寻求统一的商标保护的当事人敞开。

(二)申请渠道和语言

欧盟商标申请既可以由申请人向欧盟知识产权局或某一成员国的中央工业产权局或者比荷卢商标局提交,也可以通过马德里议定书将国际注册申请到欧盟延伸保护。

提交的欧盟商标申请可以使用欧盟官方语言中的一种。在异议程序、撤销程序以及无效程序中,申请人还应当另外指定英语、法语、德语、意大利语以及西班牙语中的一种作为工作语言。

(三)申请资费

近年来,随着设计申请的增加、电子申请效率的提高以及欧盟知识产权局自身工作效率的提高,欧盟知识产权局对商标案件的审查量不断攀升,其盈余也随之增长。为此,2005 年欧盟商标费用进行了一次削减。2009 年 5 月 1 日又进一步下调了资费:对于欧盟商标申请,不再收取注册费。通过传真或纸件进行的申请只收取 1050 欧元的申请费,电子方式提交的申请仅需交纳 900 欧元的申请费。目前,所有的成员国均表示同意,对于在该规定生效前已经提交的未决申请,费用均按照新的标准交纳。

2015 年资费进行了一些调整,主要是改变之前 900 欧元包三个类别的做法,即改成第一

个类别850欧元，第二个类别增加50欧元，第三个类别开始每增加一个类别增加150欧元，目的是避免之前900欧元下申请人不从使用需求出发自动申请三个类别的做法。

（四）代理

原则上，《商标条例》不强迫任何人向欧盟知识产权局办理事务时必须有代理人，但在欧盟内没有住所或主要营业场所或真实、有效的工商企业的自然人或法人，则需有代理人办理在欧盟知识产权局的有关事宜。在欧盟内有住所或主要营业地点或真实、有效的工商企业的自然人或法人，可以派一名雇员作为代表在欧盟知识产权局办理有关事宜①。

二、欧盟商标形式审查及检索报告

（一）形式审查

欧盟知识产权局收到申请后会进行形式审查，如果申请已包括了注册申请书、说明申请人身份的文件、申请注册的商品或服务清单以及商标图样，且已缴纳申请费，则会授予该商标一个申请日。同时欧盟知识产权局也会审查分类是否正确等问题②。

（二）检索报告

给予申请的申请日后，欧盟知识产权局应制作一份查询报告，引证可能根据《商标条例》第8条的规定对申请注册的商标提出异议的那些在先注册的或已发现的申请。同时，应申请人的要求，通知成员国进行检索。检索报告会提交申请人参考。商标申请公告后，欧盟知识产权局还会将检索报告提交在先所有人或申请人③。

2004的《商标条例》简化了欧盟商标注册申请过程中对在先权利的查询程序，即只规定欧盟知识产权局对在先欧盟商标的查询为必尽的义务，而由各成员国国内工业产权局实施的国内在先权利的查询可以自行选择。因此，尽管目前仍然可以进行国内查询，但需要申请人提出明确的要求并交纳一定的查询费用后方才进行。

2015年《商标条例》进一步简化了检索报告，一方面只有申请人希望获得检索报告，欧盟知识产权局才会进行这样的检索，另一方面如果在先商标所有人没有表示不希望收到这样的报告，欧盟知识产权局会向他们寄送这一报告。

三、欧盟商标实质审查及第三人意见

（一）实质审查

与此同时，欧盟知识产权局会依据《商标条例》进行绝对理由的审查，如有问题，将驳回商标申请。如无不妥，则会在检索报告提交申请人一个月后，公告商标申请④。

---

① 《商标条例》第119～120条。
② 《商标条例》第31～31条。
③ 《商标条例》第43条。
④ 《商标条例》第42～44条。

(二)第三人意见

在公告之后,任何自然人或法人以及代表制造商、生产商、服务的提供者、贸易商或消费者的团体或组织,可以向欧盟知识产权局提出书面意见,特别是根据《商标条例》第7条的理由,说明该标志依职权不得予以注册。他们不得作为当事人出席欧盟知识产权局的审理程序。该意见应送交申请人。申请人可以对所提意见发表评论。①

四、欧盟商标异议

欧盟知识产权局不主动进行相对理由的审查,只有在申请公告后3个月期限内,有在先商标权利人提出异议后,欧盟知识产权局才会介入。而且《商标条例》还设置了一个特殊的冷静期制度,即提出异议后,经双方协商,还可以申请延迟欧盟知识产权局的正式介入,即获得一个所谓的冷静期,在冷静期内解决异议的,可以不承担异议费用。实践证明,冷静期是解决商标异议的有力工具,大约75%的异议案件,是由当事人通过冷静期的友好协商得以解决。为完善该制度,2005年对冷静期制度又作了一些修改,主要是将原来不受限制的冷静期,修改为只要当事人申请延长冷静期,他就会自动获得延期,最长可延22个月,这样,加上原来的2个月,共有24个月来协商。如果协商不成,则可以随时回到正常的异议程序②。

迟交证据的采信。在Kaul案中③,欧盟法院指出,欧盟知识产权局有权判断对上诉中提交的异议程序中产生的新证据是否予以考虑。在本案中,Atlantic公司于1996年申请注册"Arcol"商标,被一家叫作Kaul的德国公司提起异议,理由是其已经注册了"Capol"商标,且该商标不是描述性词汇,它具有相当高的显著性。2000年,该异议被驳回,异议处认为,两商标并不存在混淆的可能。Kaul公司于是提起上诉,并在上诉中首次提出,它所拥有的"Capol"商标已经通过使用成为驰名商标。该案几经周折,先是申诉委员会驳回了上诉,指出该驰名商标方面的证据的提交已经超过规定期限,不应予以考虑。

随后,欧盟普通法院推翻了申诉委员会的裁决,认为该证据完全在合理的期限内提交,应当予以考虑。最后,欧盟法院又推翻了欧盟普通法院的裁决,指出,根据《商标条例》,申诉委员会有权判断对于迟延提交的事实和证据是否予以采纳。根据《商标条例》第74(2)条,只要有充分的理由,申诉委员会有权决定是否考虑迟延提交的证据。而在Kaul案中,申诉委员会以自己没有权利为由,完全不予考虑新的证据,其裁定应当被撤销。

在Livre案中④,欧盟普通法院认为,欧盟知识产权局是否考虑对当事人过期提交的证据,应当区分情形对待。2007年3月,欧盟法院曾在Kaul案中指出,欧盟知识产权局对当事人逾期提交的证据,可以自己决定是否予以考虑。但是,在本案的裁决中,欧盟普通法院指出,欧盟知识产权局的这种决定权仅限于没有相反规定的情形。如果法律有相反的规定,比如《欧盟商标条例实施细则》第22(1)条规定,异议人必须提供使用证据或说明未使用理由

---

① 《商标条例》第45条。

② 《商标条例》第46~47条。

③ C-29/05P Kaul案判决书第68段。

④ T-86/05 Livre案判决书第49段。

的，欧盟知识产权局应当要求异议人在规定的时间内提供所需要的证明文件。未在规定时间内提供的，欧盟知识产权局应驳回异议申请。这就属于一条相反的规定。根据这条规定，异议人未在规定时间内提供的有关材料，欧盟知识产权局必须驳回异议申请，不能再自行决定对逾期提交的这一部分证据进行考虑。欧盟法院最后也支持了这一看法①。

撤回商标申请的认定。在 Trenton 案中②，欧盟普通法院指出，不能仅仅因为商标申请人在异议或上诉程序中未予回应，就认为申请人撤回商标申请。本案中，Laytoncrest 公司 2001 年 3 月申请注册共同体文字商标 TRENTON，使用于第 7、9、11 类的商品上，该申请于 2002 年 6 月公告。2002 年 9 月，Erico 国际对该商标提起异议，理由是其已经在先于第 6 类和第 7 类的商品上注册了“LENTON”。异议处通知 Laytoncrest 公司进行答辩，但是，Laytoncrest 公司没有任何回应。2004 年，异议处以申请商标与引证商标不构成近似为由，驳回了异议。随后，Erico 国际向欧盟知识产权局申诉委员会提起上诉，在上诉阶段，Laytoncrest 公司也未作出任何回应。

2006 年 4 月 26 日，申诉委员会作出裁定认为，因为申请人在异议和上诉阶段均未作出任何回应，可以视为其已经撤回了自己在第 7 类商品上的商标申请。虽然根据《商标条例》第 44(1)条，商标撤回一般由申请人明示做出，但是也不排除在个别情况下，撤回商标的意思表示由申请人默示作出，既然申请已经撤回，那么该案就可以完结，申请人应当按照《商标条例》第 81(3)条支付对方当事人的有关诉讼费用和开支。Laytoncrest 公司不服，上诉到欧盟普通法院。

欧盟普通法院经审理指出，欧盟知识产权局不能仅仅因为申请人在异议和上诉程序中未予回应，就判定其撤回商标申请。根据《欧盟商标条例实施细则》第 20(3)条，如果申请人在异议阶段未提交答辩书，欧盟知识产权局应根据现有的证据作出异议裁定。而根据该细则第 50(1)条，“除非有相反规定，作出引起上诉的裁定的部门使用的程序的相关条款应比照适用于上诉程序”，也就是说，在没有相反规定的情况下，申诉委员会的上诉程序可以比照异议程序。而有关立法并没有这方面的“相反规定”。所以，不管是异议程序，还是上诉程序，欧盟知识产权局都不能因为申请人未予回应就认为其“撤回商标申请”，而应当根据 Laytoncrest 公司之前提交的证据材料进行审理。

五、欧盟商标注册

欧盟商标申请符合《商标条例》要求并且无人提出异议的或异议经最后驳回的，商标应予核准注册。注册的有效期为 10 年，自申请提交之日起开始计算。公众可以查阅注册簿③。

六、欧盟商标续展

与专利、著作权等其他知识产权显著不同的一点，就是商标专用权可以一直受到保护，条件是商标一直在使用且定期续展。欧盟商标也可以续展，时间每次为 10 年。资费方面，续展

---

① C－90/08 P Livre 案判决书第 39 段。

② T－171/06 Trenton 案判决书第 55～56 段。

③ 《商标条例》第 51～53、57、114 条。

费用,从 1350 欧元降到了 850 欧元,和新申请一个商标一样。

续展可按类分别提出。在 CVTC 案①中,涉案商标在第 7、9、12 类的商品上注册。首次续展时,权利人最初没有续展第 9 类的注册。第 7、12 类上的续展完成后,尼桑公司在 6 个月的宽展期内又提出要在第 9 类续展。欧盟知识产权局、申诉委员会,以及欧盟普通法院先后驳回了尼桑公司的请求。申诉委员会认为,尼桑公司在第一阶段只续展第 7、12 类,基于当时的《商标条例》(207/2009)第 50 条,相当于已经放弃了第 9 类的注册。欧盟普通法院判决则主要依据该条例第 47(3)条认为尼桑公司第 9 类的续展不应支持。

尼桑公司继续上诉至欧盟法院。2016 年 6 月 22 日,欧盟法院对尼桑公司诉欧盟知识产权局的案件作出判决,推翻一审,对宽限期内的商标续展的若干问题进行了明确。欧盟法院认为,宽展期内续展需要满足的条件就是在宽展期满前缴纳费用。本案适用的是《商标条例》(207/2009),但欧盟普通法院错误地理解了该条例第 47(3)条第三句话"未能照此办理的,续展请求可以在上句所指的日期后六个月宽限期内提交,只要在宽限期内交纳了附加费用"。根据普通法院的理解,宽展期内提续展应以之前没有提过任何类别的续展为前提。但这并不是该条的原义。综合既往判例以及该条例第 47 条其他的条款综合理解,续展并不一定要一并提出,即使已经提过部分类别的续展,还想在剩下的其他类别续展,只要在宽展期内缴纳了相关的费用,就应该获准。

续展证据提交的期限。在涉及续展证明的百威案②中,Anheuser – Busch 公司申请注册欧盟文字商标 BUDWEISER,使用在第 32 类的商品上。Budvar 公司对此提起异议,并得到了欧盟知识产权局的支持。Anheuser – Busch 公司于是上诉到欧盟普通法院。除了商标是否构成近似的问题外,Anheuser – Busch 公司特别指出,欧盟知识产权局应该排除 Budvar 提交的关于引证商标续展的证据,因为该证据未在提起异议时提交,而是在规定期限后,在欧盟知识产权局要求下提交的。

欧盟普通法院判决认为,这并不违背《商标条例》第 74(2)条关于"对于有关当事人未及时提交的事实或证据,欧盟知识产权局可以不予考虑"的规定;而且,从欧盟知识产权局的裁定也看不出它适用《商标条例》第 74(2)条就是为了将此份证据纳入考虑范围;再者,该份证据也不是超出规定期限提交的证据。普通法院认为,根据《欧盟商标条例实施细则》第 16 条和第 20 条的规定,欧盟知识产权局有权要求异议人提交异议申请递交后到期的在先商标的续展证据,但并不要求异议人主动提交续展证据,也不意味着欧盟知识产权局必须排除它自己未能及时予以关注的证据。综合各种因素,普通法院驳回了该项上诉。

Anheuser – Busch 公司不服,继续上诉到欧盟法院,欧盟法院 2010 年 7 月 29 日作出判决,不仅在商标近似的问题上维持了欧盟普通法院的认定,在对欧盟知识产权局要求异议人提交续展证据的问题上,也支持了欧盟普通法院的观点,认为欧盟知识产权局有权要求提交在先商标在异议申请提交后到期续展的证据,当事人不必主动提交该部分证据。

---

① T – 572/12 CVTC 案,C – 207/15 P。

② T – 191/07 Budweisher 案,C – 214/09 P。

七、欧盟商标变更、变动及分割

（一）变更

鉴于所有人或其代理人的名称或地址会发生改变，为了保持注册状态能够及时反映这种变化，当事人就需要进行变更登记。

（二）变动

在注册或续展注册有效期间，原则上不能在注册簿中予以变动，除非所有人名称和地址的，且商标的任何变更并不实质上影响原注册商标特征的，可以按所有人的请求予以注册。变动注册的公告应包括变动后的图样。权利受到变更影响的第三方，可以在公告后3个月内对变更注册提出异议①。

（三）分割

欧盟商标申请及注册均可分割②。一般来说，在有部分商品出现问题时，为了不影响其他商品的注册，申请人或注册人往往会选择分割商标申请或注册。需要注意的是，分割后的商品范围与留下来的商品范围不得出现重合。

八、欧盟商标资深权

资深权（Seniority）是欧盟商标中一个特别的制度③，是为了解除已经取得成员国注册的欧盟商标注册人的后顾之忧，也就是说在注册欧盟商标成功后，不必续展之前的国家注册，但又能保持之前的在先利益。当然，条件是国家注册与欧盟注册的标的（包括标志、商品、主体）具有同一性。

在 Medinet 案④中，欧盟法院对资深权的适用作了比较详细的解读。申请人申请注册欧盟商标，该商标为"一个中间带有'MEDINET'字样的十字图形"。程序中，申请人提出了资深权的要求，因为它在先拥有在德国注册及国际注册延伸到欧洲九国的一系列商标，该商标由中间带有"MEDINET"字样的十字图形构成，颜色为金色，要求资深权的商标与申请商标除颜色不同外，在视觉效果上完全相同。

审查员以申请商标与要求资深权的在先商标不相同为由驳回了原告的资深权请求。申诉委员会随后也维持了审查员的决定。申请人不服，上诉至欧盟普通法院，认为申请商标是黑白色，可以涵盖各种颜色，至少可以部分地要求资深权。

2013年2月20日，欧盟普通法院作出判决，对于资深权的认定问题，作出明确：以国内在先注册的商标要求欧盟商标的资深权，必须同时满足"三同"条件，即（1）在先商标与所申请的欧盟商标必须完全相同；（2）申请商标指定使用之商品或服务必须与在先商标完全相同，或

---

① 《商标条例》第54条。
② 《商标条例》第50、56条。
③ 《商标条例》第39～40条。
④ T－378/11 Medinet 案，C－412/13 P。

被在先商标指定使用之商品或服务所包含;(3)二者的所有者必须相同。两商标相同的标准是后者是对前者所有构成要素不加任何改动或增减的复制,从整体上对二者进行视觉比对,即使可能存在不同,也非常细微,不会为普通消费者所察觉。该标准必须非常严格地适用。而且,申请商标的保护范围不是法院在审查资深权要求时的考虑因素。审查是否适用资深权时,只需对商标相同与否进行审查。指定颜色商标与未指定颜色商标在消费者眼中留下的印象显然是不同的。因此,申请人的上诉请求不能得到支持。申请人继续上诉。2014 年 4 月 10 日,欧盟法院裁定驳回其上诉。

第二节 欧盟商标注册的终止

一、欧盟商标的放弃

欧盟商标可以就商标注册的全部或部分商品或服务放弃注册①。当然,如果有登记在案的相关权利人的,例如《商标条例》第 22 ~ 24 条所提到的质押担保人、破产程序相关人,则必须征得他们的同意之后才可以放弃。

二、欧盟商标的撤销

欧盟商标可以因下列原因被撤销:如果商标连续 5 年未在共同体内在注册的商品或服务上实际使用,又无不使用的正当理由;此外,如果由于商标所有人的作为或不作为,商标已成为其注册的商品或服务行业中的通用名称;或者,如果由于商标所有人或在他的同意下在注册的商品或服务上使用商标,该商标可使公众对于商品或服务的性质、质量或产地产生误导②。2015 年改革后,撤销的资费从 700 欧元降到 630 欧元。

撤销与反诉的衔接。需要注意的是,撤销既可以在欧盟知识产权局直接提出,也可以在欧盟商标法院的诉讼中以反诉的形式提出。撤销的反诉提出后,当事人或欧盟商标法院将通知欧盟知识产权局,如果欧盟知识产权局发现已有撤销程序正在进行,则欧盟商标法院将中止诉讼,直到结果终局。另外,即使没有在案程序,欧盟商标法院也可以应商标注册人请求并在与被告协商后,要求其向欧盟知识产权局提出撤销申请,否则将视为撤回反诉申请③。

(一)因不使用撤销

前面在介绍撤销程序时已经提到,连续 5 年没有实际使用的商标将面临被撤销的危险。当然,以不改变其显著特征的,与注册时不同组成形式进行使用;共同体区域内,仅为了出口商品的,把商标贴附在商品或其包装上的行为应视为商标的使用;经商标所有人同意的使用应视为所有人的使用④。

---

① 《商标条例》第 57 条。

② 《商标条例》第 58 条。

③ 《商标条例》第 128(7)条。

④ 《商标条例》第 18、58 条。

5年不使用的后果不仅是商标面临撤销，而且也不能依据该商标提出异议、无效乃至诉讼。

1. 实际使用的定义

在Ansul案中①，实际使用必须基于创造或保证商品或服务的市场，结合商标识别商品出处的基本功能来确定，仅仅出于维持注册的目的象征性的使用，以及企业内部的使用都不能视为实际使用。但实际使用并不必然要求一个明显的使用程度，适当的使用程度将取决于商品或服务的形式及其相应的市场。在某些情况下，如果已注册的商品曾经被销售但却不再流通，也可被视为实际使用。如果商标专用权人持续地以注册商标使用在其销售的原始商品的整体部分或是配件和相关部分，也可构成商标在原始商品上的实际使用。同样地，原始商品的保养或维修服务也可被视为在相关的原始商品上商标的实际使用。

在英国法院提交欧盟法院初裁的La Mer案中②，欧盟法院认为不能预设一个最低使用数量的门槛，而应该综合考虑各种因素，如果商业上确实能有合理理由，即使数量不大或只是一个国家的进口商的使用也可以满足实际使用的要求。

与此同时，围绕LA MER商标，还有一起由普通法院审理的案件③，LA MER公司1996年就向欧盟知识产权局申请注册共同体文字商标LA MER，用于第3类的商品上。该申请被Goëmar公司提起异议，理由是其已经在法国、希腊、英国，并通过国际注册了LABORATOIRE DE LA MER文字商标，用于包括第3类商品在内的多种类别的商品上。异议程序中，LA MER公司依据《商标条例》的有关规定，要求异议人提交证明引证商标在申请商标注册公告前5年期间真实使用的证据。异议人据以提交。异议处经审查，认为这些证据可以证明引证商标的真实使用，申请商标与引证商标近似，异议应予支持。LA MER公司对商标近似和引证商标真实使用的认定均不服，上诉到申诉委员会，仍然未获支持；继而又上诉到欧盟普通法院。

普通法院仍认定申请商标与引证商标构成近似，并就引证商标是否真实使用的问题指出，判断引证商标是否真实使用，应当根据具体案件具体分析，从整个商标使用的情况进行全面的分析，销售数量不是唯一的标准。商标的使用范围，出现的频率，以及商标所使用的商品的销售量都应该予以考虑。只要这种使用是为了保持或者扩大该品牌及其使用的商品的市场占有率，即使商标使用的范围和程度小，也不妨碍其构成真实使用。LA MER公司仅以LABORATOIRE DE LA MER商标的使用频率低、销售量小就否认其真实使用，不能得到支持。

在VITAFRUT商标异议案中④，申请人将VITAFRUIT申请注册，该项申请被注册商标VITAFRUT的所有人提起异议。申请人要求异议人提供VITAFRUT商标在VITAFRUIT初审公告之日前5年的真实使用证据，如果异议人不能提供有力证据，其异议将被驳回。异议人提交证据后，欧盟知识产权局及其申诉委员会都认为，虽然根据其证据，VITAFRUT商标只

---

① C－40/01 Ansul案判决书第39～43段。

② C－259/02 La Mer案判决书第22～27段。

③ T－418/03 La Mer案判决书第90段。

④ C－416/06 P VITAFRUT案判决书第70、76段。

在有限范围内进行了使用,异议人提交的发票也只是针对一个消费者,但是这些证据足以表明在过去的11个月中,贴有VITAFRUT商标的商品在市场上进行了正常的销售,商标VITAFRUT确已真实使用。申请人不服,上诉到欧盟普通法院,欧盟普通法院维持了欧盟知识产权局申诉委员会的决定,申请人继而又上诉到欧盟法院。

欧盟法院驳回了申请人的上诉,维持了欧盟普通法院的裁决,并指出,判断商标是否真实使用,应当综合评价,个案分析。是否为使用商标的商品或服务进行了维持和开创市场的行为,以及商品或服务本身的性质,商品或服务所面向的市场的特征,商标使用的规模和频率等因素都应考虑其中。销售量不是唯一的判断标准。

非营利机构的商标使用。在Radetzky - Orden案中①, BKFR是一家非营利性的社会组织,主要从事为战争中故去的人召开追悼会和其他一些纪念性的服务,还从事保存军事纪念品,协助战后重逢,以及与战后救济有关的募捐等慈善方面的活动。早在1996年,BKFR就在奥地利获准注册了一些图文组合商标,使用在第37、41、45类等有关服务。BKFR组织的徽章含有其注册的商标标志。BKFR成员在进行募集和发放捐赠款,以及其他活动的过程中都会佩戴徽章。2004年,Radetzky - Orden对BKFR的商标提起撤销,认为BKFR的商标在注册后的一定期限内,并未将其徽章使用于商业用途,不属于《一号指令》规定的商标的"真实使用"。该撤销申请得到了奥地利知识产权局的支持。BKFR不服,提起上诉至法院。奥地利法院中止程序,就如何判断非营利性组织的商标真实使用的问题请示欧盟法院。

对此,欧盟法院初裁回复指出:如果非营利性组织已经在相关的商品或服务中注册了有关的商标,那么,它在对外通告,商业文件,广告材料中使用该商标的行为,可以视为《商标指令》中规定的"真实使用"。其会员在募集和发放善款的过程中佩戴含有商标标志的组织徽章的行为,也应视为该商标的真实使用。

赠品的商标使用。在Wellness案中②,从事服装生意的Maselli公司在奥地利享有WELLNESS文字商标的专用权,该商标注册在包括第25类和第32类在内的几个类别的商品上。向消费者出售服装时,Maselli公司还免费赠送带有"WELLNESS"商标标志的饮料,但Maselli公司并没有单独出售过这种饮料。主营饮料销售的Silberquelle公司以不使用为由,对Maselli公司注册在第32类商品的"WELLNESS"商标提起撤销。奥地利专利局支持了该项异议,撤销了Maselli公司的商标。Maselli公司不服,向奥地利最高专利商标法院提起诉讼。法院在审理时,就在赠品上使用商标能否认定为该商标的真实使用的问题提请欧盟商标法院作出答复,即《一号指令》第10(1)条和第12(1)条是否可以解释为,商标权利人将印有其商标的一种商品,免费赠送给购买其另外一种商品的消费者,也即在赠品上使用的商标,可以视为真实使用。

对此,欧盟法院指出,这种情况不能视为商标的真实使用。《一号指令》中提到的商标的真实使用,是指商标能发挥"标明商品来源"的本质作用的"使用"。虽然使用商标标志的形式很多,但只有能够起到标明商品来源,区分此商品与彼商品的不同来源的使用,才是商标法意义上的"真实使用"。本案中,Maselli公司销售服装时免费赠送带有商标标识的饮料,不是

---

① C-442/07 Radetzky - Orden案判决书第20段。

② C-495/07 Wellness案判决书第20~21段。

饮料本身进入市场流通，即使上面标有商标标志，也不是为了区分商品的来源，因此，不属于商标的真实使用。

营销概念的商标使用。在 Walzertraum 案①中，申请人在第 21 类和第 30 类的商品上注册欧盟商标，被他人提起异议，引证商标为注册在第 30 类的焙烤食品等商品上的文字商标 Walzertraum（可译为华尔兹之梦）。异议处支持了异议。随后，申诉委员会推翻了异议处的认定，认为异议人并没有提交充足的证据证明在先商标的真实使用。异议人上诉，被欧盟普通法院驳回后，又向欧盟法院上诉。

2014 年 7 月 17 日，欧盟法院作出判决，针对本案的关键问题，也即商标真实使用问题，法院指出，商标的真实使用，要看商标所使用的商品或服务的性质、特征以及相关的市场情况。也就是说，并不是所有的商业运营行为都可以自动地视为商标的真实使用行为。欧盟法院认同欧盟普通法院在判断本案在先商标是否真实使用时全面考虑商标所保护的商品的销量、商品的性质、特征、商标使用的地理范围、异议人网站上的广告以及在先商标持续使用的时间的做法。欧盟法院特别指出，商标的真实使用应当是该商标明确地在其指定使用的商品上的使用，而不应当仅仅是一个营销概念。

他人商标使用的有效性。在 The Special 案②中，英国某乐队的创始成员，键盘手 Jerry Dammers 在 2005 年以其自己的名义将乐队的名字“THE SPECIALS”注册为欧盟商标，使用在第 9、16、25、41 类的商品或服务上。2012 年，该商标被 Windrush 公司提起撤销，理由是该商标连续 5 年并未真实使用。Dammers 为证明商标在 2007 年 10 月至 2012 年 10 月的使用，提交了若干证据，其中包括一份时间为 1979 年 6 月 8 日的协议，以及相关期间版税方面的会计文件。协议一方是 Dammers 和其他一些艺术家，另一方是某唱片公司。撤销处撤销了第 9 类光碟和电子出版物之外的其他商品和服务上的注册。Windrush 提起上诉。申诉委员会支持了在电子出版物（可下载）上的上诉，但认为在光碟商品上，涉案商标符合真实使用的条件，因为在这部分商品上，根据前述 1979 年协议，第三方唱片公司得到 Dammers 同意使用了涉案商标。

Windrush 公司继续上诉。2017 年 3 月 22 日，欧盟普通法院作出判决驳回上诉。法院认为，首先，在举证责任方面，申诉委员会处理并无不当，当 Dammers 提交了 1979 年协议后，举证责任已经转移到 Windrush 公司。Windrush 公司接着又提到 1979 年协议中，是把包括“THE SPECIALS”商标在内的权利“转让”给了唱片公司，也就是说，Dammers 后来已经无权申请涉案商标了。但法院认为，如果 Windrush 公司要这样主张，它应该依据《商标条例》第 52（1）（b）条以恶意为由提起撤销，而不是依据本案的程序。在本案中，Dammers 已经获得了注册，本案处理的是该注册是否被真实使用的问题。根据 1979 年的协议，可以推断出 Dammers 是允许唱片公司使用涉案商标的。因此，唱片公司的使用可以视为涉案商标的真实使用。该部分注册应予维持。Windrush 公司仍然不服，再次上诉。2018 年 6 月 26 日，欧盟法院以裁定驳回其上诉。

---

① T－355/09 Walzertraum 案，C－141/13 P。

② T－336/15 The Special 案，C－325/17 P。

质量标签的商标使用。在 VBB 案[①]中,原告德国棉纺织品行业协会“不莱梅棉花交易所”(VBB/Verein Bremer Baumwollbörse)是棉花图形商标的所有人,该商标 2008 年 5 月 22 日注册,核定使用在纺织品等商品上。获得注册前的几十年,该棉花商标就已经被棉纤维纺织品制造商们用来证明他们商品的成分和质量。该商标获得注册后,VBB 与加入其组织的公司签订许可协议,允许这些公司使用该标记,但是仅能用于高质量的棉纺织品,被许可方的使用由 VBB 负责监督。

本案被告 Gözze 公司没有加入 VBB,也没有和 VBB 签订关于前述商标的许可协议,但几十年来,它一直生产棉纺织品,并在其产品上使用棉花标识。2014 年 2 月 11 日,VBB 起诉 Gözze 公司侵权,理由是 Gözze 公司销售附有标签的毛巾。2014 年 4 月 14 日,Gözze 公司反诉,认为 VBB 的商标应当无效或撤销。

2014 年 11 月 19 日,杜塞尔多夫地区法院支持了 VBB 的起诉,驳回 Gözze 公司的反诉。法院认为,VBB 的棉花商标为指示商品来源的标识,Gözze 公司使用在标签上的棉花标识和 VBB 棉花商标高度近似,两者存在混淆的可能。

Gözze 公司遂上诉至杜塞尔多夫高等法院。高等法院同意一审判决关于涉案标志近似的认定,但同时认为,这并不必然说明 VBB 的起诉应予支持。公众可能会认为 Gözze 的标识和棉花商标是“质量标签”,而不是商品来源的标志。这样一来,VBB 的棉花商标会因未真实使用而被撤销,Gözze 公司也就不会构成侵权。法院中止审理,提请欧盟法院对下列问题作出初裁:(1)将普通商标作为质量标签使用,是否构成《商标条例》(207/2009)第 9(1)条和第 15(1)条的商标使用?(2)如果前述问题回答为肯定,商标所有人要是不能对被许可方进行定期的质量监控,以确保该标识使用的商品的质量,那么该商标是否应根据第 52(1)(a)条以及第 7(1)(g)条宣告无效?或者参照适用第 73(c)条予以撤销?

2017 年 6 月 8 日,欧盟法院初裁进行了明确:《商标条例》第 15(1)条应解释为:商标权利人自己或经其同意的人将普通商标作为质量标签的使用并不是商标的“真实使用”。但是,如果该标签同时还能向消费者保证该商品来自某一控制该商品生产并进而承担质量责任的企业,这种使用就构成商标的真实使用。这样以来,如果存在混淆可能,商标所有人有权依据第 9(1)(b)条禁止他人在相同商品上使用近似标识。如果商标所有人未能通过定期对被许可人的质量控制来确保公众对该标志对应商品的质量的预期,不能同时适用第 52(1)(a)条和第 7(1)(g)条无效该商标。也不能适用第 73(c)条来撤销该商标,因为第 66 条到第 74 条与集体商标有关的条款的适用是有明确限制的,不能将集体商标的规定准用于普通商标。

改变显著特征的商标使用。对于如何判断改变形式的使用也可以算作使用的问题,欧盟普通法院在两个有关商标使用证据的案件中作出了相似的裁决,都认定作为使用证据的商标不一定非要与注册商标完全相同,形式上一定程度的变化不影响使用的性质:一个是在 GfK 公司对 BUS – Betreuungs – und Unternehmensberatungs 公司提出的商标异议案中[②],可以作为注册商标的使用证据;另一个是在 Louis Roederer 香槟公司对 Castellblanch 公司商标异议案

① C – 689/15 VBB 案。

② T – 135/04 案判决书第 35 ~ 41 段。

中[1],也可以作为 CRISTAL 商标的使用证据。

在 Proti 案[2]中,2012 年 10 月 25 日,欧盟法院针对德国最高法院提请的 Bernard Rintisch 诉 Klaus Eder 商标纠纷案涉及的有关问题作出初裁,无条件认可未改变商标显著性的使用可以视为商标的真实使用。

本案原告在 1996 年、1997 年分别在德国获准注册了文字商标"PROTIPLUS","PROTI",以及图文组合商标"Proti Power",使用在蛋白质产品等商品上。本案被告 2003 年在德国获准注册了文字商标"Protifit",使用在维生素制剂、减肥食品等商品上。原告主要引证"PROTI"商标,申请撤销被告的商标,并要求赔偿。被告抗辩指出,原告的"PROTI"商标根本没有使用。原告认为,自己拥有的"PROTIPLUS"和图文组合商标"Proti Power"是真实使用的商标,这两个商标都含有"PROTI"字样,且没有改变"PROTI"的显著特征,对这两件商标的使用同时也是"PROTI"的使用。一审、二审均败诉后,原告上诉至德国联邦最高法院。德国最高法院针对本案中涉及的如何理解《一号指令》第 10(2)(a)条规定的"只要不改变商标的显著性,使用与其注册形式不同的形式使用注册商标,亦可视为商标的真实使用"应作何理解的问题提请欧盟法院作出解释。德国最高法院提请的问题主要是,如果"与其注册形式不同的形式"本身也是注册商标,是否仍可以适用本规定?

2012 年 10 月 25 日,欧盟法院作出初裁,认为在这种情况下,即使"与其注册形式不同的形式"本身也是注册商标,仍可以认定为真实使用;同时,是否防御商标,对于本条的适用没有影响。

在 Levis 案[3]中,Levi Strauss 公司拥有多件使用在衣服等商品的商标,其中包括欧盟文字商标"LEVI' S",第 DD641687 号图文组合商标(1977 年注册于德国,由一个位于口袋左上角的有"LEVI' S"字样的红色长方形构成),以及第 2292373 号指定颜色的欧盟图形商标(2005 年 2 月注册,实际是位置商标,由一个纺织品制成的红色长方形标记组成,该标记被缝制在裤子、短裤的臀部口袋或者衬衫口袋上,并从左上角的缝合处伸出,对于口袋本身的形状和颜色,放弃专用权)。

Colloseum 公司销售的牛仔裤上也使用了红色的小长方形纺织物标签,标签上带有 COLLOSEUM 等商标或者"SM JEANS"的字样,红色标签被缝制在臀部右侧的口袋的右上部的缝合处。Levi Strauss 公司将 Colloseum 公司诉至法院要求停止侵权,得到一审、二审法院支持。被告上诉到德国最高法院。最高法院认为,如果 Levi Strauss 公司的第 2292373 号有效,那么 Colloseum 公司的行为就会造成混淆,但 Levi Strauss 公司从未单独使用过第 2292373 号商标,而只是以第 DD641687 号的红色背景的形式对其进行了使用。这种情况下第 2292373 号商标是否算真实使用是本案的关键。于是,最高法院提请欧盟法院对《商标条例》第 15(1)条的理解作出解释。

2013 年 4 月 18 日,欧盟法院作出初裁,指出根据《商标条例》第 15(1)条,如果某注册商标是另一组合商标的组成部分,且仅通过组合商标进行使用,该组合商标的使用使某商标获

---

① T-29/04 案判决书第 33~35 段。

② C-553/11 Proti 案。

③ C-12/12 Levis 案。

得了显著性,那么该商标如果仅通过组合商标进行使用,或是只和其他商标共同使用,即使这两个商标的组合本身也是注册商标,这种使用都符合《商标条例》第15(1)条的真实使用的要求。

在Specsaver案①中,2013年7月18日,欧盟法院对Specsavers公司诉Asda公司商标纠纷案作出初裁,明确了组合商标使用认定的相关问题。

2009年,超市连锁公司Asda发起一场针对英国最大的眼镜连锁公司Specsavers的广告促销战。Specsavers公司引证了注册在相应类别的几件欧盟商标对Asda提起侵权之诉,引证商标图样包括纯文字的Specsavers,以及图形商标。英格兰及威尔士高等法院一审没有支持原告,其中重要的一点理由就是商标因不使用应予撤销。原告没有单独使用图形商标,但是对于另外两个图形商标的使用能否视为对单独图形商标的使用,成为本案认定被告是否侵权的关键问题。原告提起上诉。上诉法院对前述问题(以及其他有关问题)请示欧盟法院作出初裁。

2013年7月18日,欧盟法院作出初裁认为:一个图形商标只和一个叠加在它之上的文字商标结合使用,且它们的结合也是一个注册商标,若这个图形商标在这种结合使用的方式下并没有改变其显著特征,这种使用可以被认为是该图形商标的真实使用。此外,对于本案中涉及的另一个问题,也即黑白注册,但是使用为彩色的商标,在对抗他人侵权时,该商标实际使用的颜色,以及对方商标的实际使用的颜色是否与侵权判断有关的问题,法院也给出了肯定的答复。

在Hyphen案②中,Hyphen公司在第3、5、9、24、25、42类的商品和服务上获准注册了商标。Skylotec公司以不使用为由对该商标提起撤销。Hyphen公司遂举证证明涉案商标的使用。但是其实际使用的标记与注册的图样并不相同。撤销处驳回了第9、24、25、42类上部分商品和服务的注册 ,理由是实际使用的标记与注册的标记虽然没有保持严格的一致,但是并没有改变注册标记的显著特征。Skylotec公司上诉,申诉委员会最终全部撤销了涉案的注册。申诉委员会认为,判断是否真实使用,应该看它使用的标记是不是足以支持注册商标的显著性,而本案注册的商标像个哑铃或狗骨头,加上圆圈后像个纽扣,完全背离了注册图样。Hyphen公司随后上诉到欧盟普通法院。

2016年9月13日,欧盟普通法院审理后,作出T-146/15号判决,撤销了申诉委员会的裁定。法院认为,申诉委员会对于注册图样和实际图样的比较“随意且无必要地精确”,法院认为实际使用时添加的圆圈只是没什么显著特征的几何图形,不会改变整个商标的显著性特征。具体而言,法院认为图四的使用与图三没有什么不同;图五虽然是蓝色,但是也并没有改变注册商标图三的显著性特征;图六不仅加了圆圈的要素,还加上了文字要素,但原注册商标的显著性仍然得以保留。Skylotec公司上诉。2017年2月28日,欧盟法院以C-587/16 P号裁定驳回其上诉。

在Deichman案③中,涉案欧盟商标由西班牙的Munich公司2002年申请,2004年获准注

---

① C-252/12 Specsavers案。

② T-146/15 Hyphen案。

③ C-223/18 P Deichmann案。

册,使用于第25类的"运动鞋"。2010年,Munich公司引证涉案商标在杜塞尔多夫地区法院针对Deichmann公司提起侵权诉讼。Deichmann公司反诉,并于2011年1月在欧盟知识产权局对涉案商标提起不使用撤销申请。撤销处认为Munich公司实际使用的标记改变了注册商标的显著特征,不能证明涉案商标的在过去5年中真实使用。Munich公司上诉。申诉委员会认为实际使用的标记对于注册商标无实质改变,能证明真实使用。随后,Deichmann公司上诉,被欧盟普通法院以T-68/16号判决驳回。

针对主要的上诉理由,普通法院2018年1月17日作出T-68/16号判决回应认为,本案商标保护的是图中的交叉线及其在鞋面的位置;虚线仅为表示交叉线的位置,其勾勒的鞋的形状不受保护;Munich公司提交的使用证据中的交叉线可以从其他的细节特征中独立地识别出来,且并没有改变注册商标的显著性特征。作为证据提交的多款运动鞋的交叉线虽然颜色及在鞋面所占的比例有所不同,但与注册商标的交叉线构成相同或近似,结合其他证据,可以反映出该标志在涉案期间持续不断的使用。Deichmann公司继续上诉,唯一的理由就是普通法院错误界定了涉案商标的种类。

欧盟法院经审理,2019年6月6日驳回了Deichmann公司的上诉,维持了一审判决。欧盟法院认为,将本案商标界定为图形商标或位置商标与审查涉案商标真实使用无关。Deichmann公司认为如果含有虚线的标记没有被描述为位置商标,或没有被明确声明代表什么含义,就应该视为商标的一部分,但欧盟法院认为,判断真实使用时,欧盟普通法院不必对商标的种类做出认定,但根据本案情况将商标界定为位置商标也并无不妥,没有制定法或是判例规定位置商标必须声明自己是位置商标,虽然欧盟知识产权局的审查指南要求对位置商标进行明确,但是这个指南不能用来约束欧盟的法律。

在Cystus案[①]中,2004年,自然人Georgios Pandalis获准注册涉案欧盟商标"Cystus",使用的商品是第30类的非医用食品补充剂等。2013年,LR公司针对涉案商标在部分商品(尤其是非医用食品补充剂)的注册提出5年不使用撤销,得到了撤销处和申诉委员会的支持。

Pandalis上诉。欧盟普通法院2017年2月作出判决,维持了申诉委员会的裁定,认为Pandalis提交的使用证据,要么所涉及的商品不是"非医用食品补充剂",要么虽有"cystus"字样,但并不是商标意义上的使用,都不能作为商标真实使用的有效证据。对于后一种情况,普通法院认为双方对涉案产品成分包括百瑞木(Cistus Incanus L)的提取物这一点并无异议。"Cystus"与"Cistus"几乎相同,且拉丁语中"I"和"Y"可以互换。涉案商标即使添加了®符号,被用为"extract of cystus ®"或"cystus ® 052"的形式,仍会被理解为是对成分的表述,而不是商标意义的使用。Pandalis继续上诉。

2019年1月31日,欧盟法院作出判决。欧盟法院认为,上诉审一般局限于法律问题,如果认为一审在事实认定上有重大出入,上诉人必须明确指出问题所在,而不能笼统地要求对于事实重新认定,本案上诉人泛泛要求重新认定事实,不能得到支持。欧盟法院维持一审的事实认定,并特别指出添加®符号并不必然赋予一个标志"商标使用"的性质。对于其他Pandalis明确提出的问题,法院也给予了回应,比如Pandalis认为欧盟普通法院错误地将涉案标记定性为描述性标记的问题,但欧盟法院认为普通法院只是认为本案的标记"cystus"被用作

① T-15/16及C-194/17 P Cystus案。

了描述性的词语,不会被识别为标明商品来源的商业标记,并没有说涉案的注册商标本身是描述性的标记。考虑到本案的各种因素,欧盟法院没有支持 Pandalis,其上诉被全部驳回。

在 Rich John Richmond 一案①中,涉案欧盟商标 RICH JOHN RICHMOND 于 2011 年获得注册,使用在第 3、9、14、18 、25 类等多个类别的商品。2016 年,Moschillo 公司针对全部注册提起不使用撤销,主要的理由就是使用证据中虽然体现了商标的一些元素,但是改变了注册商标的显著特征。该申请得到撤销处和申诉委员会的支持。申诉委员会认为,有些商品上使用的标记是大写"RICH",并没有"JOHN RICHMOND";有些产品图片只有"RICH",或缺失某些字母的"RICHMOND",比如"RIC OND",甚至有时"RICH"和"MOND"还分开放置;还有些证据图片省略了注册商标中处于中心部位、字体较大、非常显著的"RICH";前述的这些情况,结合本案的其他情形,属于对注册商标显著特征的改变。商标所有人向欧盟普通法院提起上诉。

2021 年 7 月 14 日,欧盟普通法院判决驳回上诉,维持申诉委员会的认定。对本案商标的显著特征,法院认为"RICH"从字体、大小和位置看,属于主要部分;"JOHN"有一定显著性,不能忽略;"JOHN RICHMOND"是有关设计师的名字,也不能忽略。申诉委员会把涉案商标认定为图形商标并无不妥,商标中文字元素的大小及彼此之间的联系决定了涉案商标的特征。将"RICH"和"RICHMOND"元素分开放置在相关商品上并且缺少显著元素"JOHN"这一事实足以改变有争议商标的显著特征。最后撤销了注册商标。

商标使用地域的确定。在 Leno 案②中,2012 年 12 月 19 日,欧盟法院针对荷兰法院提请的关于如何理解《商标条例》第 15(1)条中的"商标在欧盟范围内真实使用"的问题做出回复。

在本案中,荷兰法院提请的问题是:(1)在成员国范围内的真实使用能否等同于在欧盟内的使用?(2)如果对第一个问题的回答为否,那么在单一的成员国的真实使用是否绝对不会构成在欧盟的真实使用?(3)如果在单一成员国的真实使用不构成在欧盟的真实使用,那商标在什么地域范围的使用才能被认定为在欧盟的使用?(4)欧盟的使用是否应该抽象地考虑不以具体的国界为标准,而以"相关公众"覆盖的地域范围为标准?

2012 年 7 月 5 日,欧盟法院总法务官曾针对本案给出意见:在某一个成员国使用某商标,可以构成该商标在欧盟的真实使用,但并不必然构成该商标在欧盟的真实使用,做判断时不能单纯考虑地域范围,还要综合其他因素;《商标条例》第 15(1)条规定的"商标在欧盟范围内真实使用",是指足以在相关的市场范围内保持或创造相关商品或服务的市场占有率的使用。总法务官还认为,即使某个欧盟商标在某一成员国的使用不构成"商标在欧盟范围内真实使用",也不妨碍它根据该成员国的法律被认定为构成在该成员国的使用。如果总法务官的意见最后被欧盟法院采纳,那么,关于"商标在欧盟范围内真实使用"的判断问题将得以明确——商标使用的地域范围仍只是判断该问题的标准之一,在一国使用的商标不能作为主张在欧盟使用的充要条件。

2012 年 12 月 19 日,欧盟法院初裁认为:判断是否属于《商标条例》第 15(1)条规定的"商标在欧盟范围内真实使用"时不需要考虑成员国国境的问题。如果商标的使用发挥了它作为

---

① T-297/20 Rich John Richmond 案。

② C-149/11 Leno 案。

商标的基本功能,且是为了保持或创造相关商品或服务在欧共体的市场占有率,就可以认定为“商标在欧盟范围内真实使用”。法院应当按照上述标准,根据实际情况,对各种相关的因素进行考虑,比如所涉及的市场的特点、商标所保护的商品或服务的性质、地域范围,以及商标被使用的规模和频率等,以做出最终的判断。

在 TVR 案①中,2007 年,TVR 意大利公司在第 12 类汽车等商品上申请注册欧盟商标“TVR ITALIA”。2008 年,TVR 汽车公司的前身引证在先的欧盟商标提起异议。异议先是部分得到支持,但是随后,申诉委员会认为引证商标没有足够的真实使用证据,因此驳回了异议。TVR 汽车公司提起上诉。

欧盟普通法院经审理,于 2015 年 7 月 15 日作出 T－398/13 号判决。对于引证商标是否真实使用的问题,法院认为,引证商标在 5 年中的大部分时间都在使用,因为使用的商品是高端跑车,所以市场覆盖面相对较小。但是,相关的网络文章已表明,该品牌的汽车在英国进行了销售,这足以说明该商标特定时段内在欧盟被真实使用过。即使因为破产的原因使用受到削弱,但是过去 5 年中大部分时间的使用证据已经可以证明真实使用的存在。TVR 意大利公司上诉。2016 年 5 月 12 日,欧盟法院以 C－500/15 P 号裁定驳回其上诉。

由此,我们可以看出,法院对于真实使用的问题,继续贯彻了 ONEL 商标案确立的地域原则,真实使用并不一定要遍及全欧盟,并且,对于异议中引证商标的五年使用采用了比较宽松的标准。

2. 正当理由

防御商标的合法性问题。在 Bainbridge 案中②, Marine 公司(现名为 FMG 公司)1998 年申请注册一个商标,该商标由草书的 bainbridge 及其下面的一条水平的粗线组成,左侧还有一卷展开成小帆船形状的布匹图案,指定用于第 18 类和第 25 类的商品。Ponte 公司对该申请提起异议,并引证其在意大利在先注册的一系列使用在第 18、25 类的商品上与 Bridge 有关的共计 11 个商标,如文字商标 THE BRIDGE,图形商标 Bridge,Old Bridge,等等,这些商标中只有两个实际投入了使用,其他的虽然没有超过 5 年不使用撤销的期限,但是均未投入使用。该异议先后被异议处和上诉委员会驳回。Ponte 公司于是上诉到欧盟普通法院。欧盟普通法院审理后认为,异议人的商标不管单个比较还是作为一个有共同特点的系列,与申请商标都不构成近似。Ponte 公司不服,又向欧盟法院提出上诉,但是仍然被驳回。

欧盟法院作出判决,在商标是否构成近似的问题上支持了欧盟普通法院的认定,此外还进一步指出,同一主体享有的存在某些共同点的系列商标,保护时也只能逐个进行保护。注册后没有正当理由不使用的商标,特别是根本不是用来使用的防御性商标,更不能因为本系列的其他商标得到保护就当然地获得保护。部分成员国的国内法支持防御性商标不是商标可以不予使用的“正当理由”,以这样的商标提起异议不符合《商标条例》第 43 条规定的异议的理由。

药品商标的使用。在 Boswelan 案③中,2019 年 7 月 3 日,欧盟法院作出判决,以不使用为

① T－398/13 TVR 案,C－500/15 P。

② C－234/06P Bainbridge 案判决书第 102～103 段。

③ T－276/16 Boswelan 案,C－668/17 P。

由撤销了 Viridis 公司注册在药品上的涉案商标,并明确表示即使药品的市场启动期较长,药品商标的不使用撤销期限仍是 5 年,不应有所例外。

具体案情是,2003 年,德国的 Viridis 公司在第 5 类药品商品上申请文字商标"BOSWELAN",并随后获得注册。申请人继而开始有关治疗多发性硬化药品的临床研究,在这个过程中,有 40 万颗"BOSWELAN"牌药品胶囊被分配给参与临床试验的医院。但 10 年之后,Viridis 公司依旧没有获得该产品的市场准入许可,实际上,它根本没有去申请市场准入。

2013 年,Hecht - Pharma 公司对涉案商标提起不使用撤销。申诉委员会和欧盟普通法院都支持撤销,认为该商标注册后 5 年内没有真实使用。

普通法院在判决中指出:首先,商标真实使用的实质是"能产生或是保持相关商品市场份额的外部使用"。但本案涉及的药品立法(德国法律)禁止临床试验阶段进行前述意义上的使用。本案临床研究阶段的使用属内部使用。其次,药品履行授权程序可以成为不使用的合法理由。但临床研究是更早的阶段,如果允许消极行为无限期拖延试验,则会让行为人获得变相的垄断。本案中,早在商标注册后 3 年,权利人即申请了临床试验。又过了 3 年,在被提起撤销时,试验结果仍遥遥无期。在药品试验阶段,使用或注册商标都不是义务,试验的长短也取决于权利人经济等方面的投入;注册与不注册,什么时候注册,都是权利人根据自身意志作出的选择,相应地,他也要因为自己的选择承担相应的后果。最后,欧盟知识产权局《商标审查指南》中提到"合法的不使用"的一般理由包括药品的临床试验和新药品授权等。但是,这些内容并不是很清楚,也不是无条件的适用,只是作为一个例子提出来,具体适用时仍要根据证据情况考察真实使用的关键要素是否满足。由此可见,法院在判断商标使用的正当理由是否成立时,主要关注的还是其"不使用"是不是因为商标权利人控制之外的原因,以及权利人是否积极地克服这种使用障碍。仅以"临床试验"当作不使用的挡箭牌,是不允许的。

Viridis 公司上诉到欧盟法院。欧盟法院总法务官在 2019 年 1 月曾对本案发表意见。目前,该意见得到了欧盟法院的认同。法院在判决中指出:首先,真实使用必须是能指示商品来源的使用,应该是与第三方发生关系的时候的使用,而不是内部使用。药品临床实践阶段的使用不满足这个条件,因为不是商标权利人"对外"的使用,其用途也不是"标明商品的来源"。而且,在法律上,获得市场许可之前不允许广告宣传,从这角度看,这个阶段也不可能是真实使用。虽然市场筹备阶段可以构成真实使用,但这仅仅适用于可"立即"就进入市场的情况。而本案中,商标所有人并没有举证证明自己立即就要投入市场。实际上,在商标注册后 10 年,商标所有人都没有去申请市场准入。商标所有人认为药品市场准入的时间一般较长,但法院并不认为在不使用撤销的期限上,对于药品要做不同于其他商品的特殊对待。其次,商标所有人辩称,药品市场准入前不能进行广告宣传,这可以作为不使用的一个正当理由。但法院认为,正当理由应当是不受商标所有人主观控制的因素。就本案而言,商标所有人虽然在 2003 年申请时不必马上开始使用,因为那时商品能不能进入市场实际上还非常不确定,但商标注册 3 年后,商标所有人仍未对相关药品的临床试验进行实质性的准备。如前所述,虽然不排除进行中的临床试验阶段可以构成商标不使用的正当理由,但是在本案的情形中,这个时间间距过长,无法自圆其说。

3. 不使用的后果

满 5 年不使用的后果。欧盟商标法是一个实行注册原则的商标法,《商标条例》第 6 条只有一句话,即"欧盟商标依注册取得",注册具有压倒性的作用。不过,《商标条例》并不是唯注册论,商标在申请之前可以不使用,除了那种缺乏显著性的要通过使用取得显著性的以外,正常的申请注册商标,即使不使用只要申请了就可以注册,但注册以后则有5年之内必须使用的义务。5年之内如果还不用就会有一系列的后果:第一,商标可能会被撤销;第二,在异议、无效程序里将无法对抗别人;第三,在实际的诉讼程序里面无法起诉别人。

也就是说,欧盟不承认防御注册,任何欧盟注册5年仍未使用且无正当理由的,任何人都可以提出撤销注册申请①。更重要的是,即使没有人主动提出撤销,但如果在先商标于在后商标提出申请时已注册满5年,则在提起异议的时候,也需要依请求提交在先商标于在后商标申请日之前5年实际使用的证据②。如果是针对在后商标提起无效的,则需要依请求分别计算在后商标申请日之前5年以及无效提出日之前5年在先商标是否已经注册满5年,任一个时间段满5年的,都需要证明实际使用③。在侵权诉讼中,如果起诉日之前原告商标已经注册满5年的,同样需要依请求提供诉前5年的使用证据④。在这三个程序中,都是被申请人作为抗辩事由提出证明使用的请求,异议或无效申请人或原告不能证明的,则不能胜诉。换言之,即必须接受共存的结果。

不满5年不使用的后果。在Länsförsäkringar案⑤中,2016年12月21日,欧盟法院针对瑞典最高法院提请的有关注册不满5年没有使用的商标是否可以保护的问题作出初裁,对提请的问题给出了肯定答复。

本案原告(Länsförsäkringar AB)2008年在欧盟注册了图形商标,使用的服务包括第36类的不动产事务、公寓及商用房出租等服务,以及第37类的建筑、维修保养和安装等服务。本案被告(Matek A/S)从事木制房屋的制造和组装等业务,它2007年即开始使用被诉的标记,并于2009年在瑞典把该标志注册在第19类的建筑材料等商品上。原告认为被告在2008年至2011年这段时间对于被诉标志的使用侵犯了其前述欧盟商标,于是在瑞典提起诉讼,并取得一审胜诉。但是,二审法院推翻了一审判决,认为原告的涉案标记没有使用,因此被告的商标不会与之混淆,因此也不会构成侵权。原告遂上诉到瑞典最高法院,认为近似的比较应该在其注册的标记和被告的标记之间进行,而不是其实际使用的标记和被告的标记。针对本案的关键问题,也即注册后五年内没有使用的商标是否可以获得保护的问题,瑞典最高法院提请欧盟法院对如下问题作出解释。

对此,欧盟法院作出初裁指出,结合《商标条例》第15(1)条和第51(1)(a)条,《商标条例》(207/2009)第9(1)(b)条应当理解为,欧盟商标取得注册后5年内,如果他人在与其注册商标核定使用商品/服务上使用与其注册商标相同或近似的标记,存在产生混淆的可能时,商标权利人有权予以禁止,不需要证明其注册商标在核定商品上进行了真实使用。

在Cooper案中⑥,2005年,本案原告AR在法国申请注册SAINT GERMAIN图文商标,并

① 《商标条例》第58条。

② 《商标条例》第47(2)条。

③ 《商标条例》第64(2)条。

④ 《商标条例》第127(3)条。

⑤ C-654/15 Länsförsäkringar案。

⑥ C-622/18 Cooper案。

于2006年5月12日取得注册,使用于第30、32、33类的有关商品。2012年,AR得知Cooper公司销售使用"St – Germain"标志销售酒产品,遂将Cooper公司及有关生产厂家起诉至巴黎区法院。

2013年2月28日,原告的SAINT GERMAIN图文商标在南泰尔区法院因不使用被撤销,并确定撤销的生效日是2011年5月13日。2014年2月11日,二审维持一审判决。审理本案侵权诉讼的巴黎区法院2015年1月作出判决,并没有支持原告。理由是引证商标已经因为不使用被撤销。即使2009年6月8日到撤销前这段时间的诉求也未支持。2016年,巴黎上诉法院判决维持一审。原告继续上诉。法国最高院在审理中,针对本案的关键问题请示欧盟法院作出解释:对于从来没有使用且因不使用已被撤销的商标,如果在未被撤销前的时间段遭遇侵权,在撤销后是否能主张赔偿?

2020年3月26日,欧盟法院作出初裁回复指出:《欧盟商标指令》(2008/95 / EC)第5(1)(b)条,第10(1)条第一段和第12(1)条第一段,连同序言第6条,应解释为,有关成员国根据2008年《欧盟商标指令》授予其的立法自由,规定商标5年不用期满之日才失效,那失效前遭遇侵权仍然可以追究责任要求赔偿,当然还要证明存在实际损失。

(二)因为退化而撤销

如前所述,商标注册后由于使用不当或怠于维权制止他人的退化性使用,商标可能演变为通用名称,因此可能被撤销[①]。关于退化,欧盟商标法规定的比较细,即强调要由于商标权人的不作为或者作为,造成商标退化,就是商标注册人自己误用,或者别人用的时候坐视不管,商标因此退化的,商标才会被撤销。

在Levis案中[②], Levi Strauss公司于1980年在比荷卢注册了一项图形商标,用于第25类的商品。1998年,因Casucci公司在比荷卢出售的牛仔裤上使用了类似的商标,Levi Strauss公司在布鲁塞尔商事法院对Casucci公司提起诉讼。商事法院和上诉法院都对该案予以驳回,理由是原告的商标已经丧失了显著性。Levi Strauss公司上诉到最高法院,认为判断其商标是否丧失显著性,应当依据侵权标志开始使用的时间而不是法院作出判决的时间。最高法院就有关问题请示了欧盟法院。

欧盟法院判决指出,法院判断商标是否具有显著性,应当以侵权标志开始使用时相关公众的认识为准;如果国内法院认定某标志在开始使用时侵犯了商标权,则应当禁止此标志的使用;如果商标的确已经由于商标权人的作为或不作为丧失了显著性,从而符合了商标撤销的条件,法院则不必禁止有关标志的使用。

在Kornspitz案[③]中,Backaldrin公司在奥地利注册有文字商标"KORNSPITZ",使用在第30类的"面粉及其他来自谷物的配料,烘焙食品"等商品上。Backaldrin公司使用这个商标生产面包坯,供给一些面包师。面包师们将这种面包坯做成长条形两头儿尖的面包。Backaldrin公司同意这些面包师及食品分销商使用他的商标。Pfahnl公司申请撤销涉案商标

---

① 《商标条例》第58(1)(b)条。

② C – 145/05 Levis案判决书第19、35 ~ 36段。

③ C – 409/12 Kornsitz案。

“KORNSPITZ”，理由是这个商标已经被当作长条形两头儿尖的面包的名称，且使用 Backaldrin 公司面包坯的面包师通常既不会告知他们的客户“KORNSPITZ”是个注册商标，也不会告知他们的面包是用了“KORNSPITZ”面包坯，该商标已被通用化。奥地利知识产权局撤销处支持了 Pfahnl 公司的申请。Backaldrin 公司提起上诉，案件诉到奥地利最高专利及商标法院。法院在审理该案的过程中，对于“商标成为相关产品的通用名称而丧失权利”应如何理解的问题提请欧盟法院作出解释。

欧盟法院 2014 年 3 月 6 日作出初裁，认为在本案中《一号指令》第 12(2)(a)条应当理解为，只有商标所有人的作为或不作为导致了该产品的最终用户将其视为该产品的通用名称，商标才应予撤销。如果商标所有人不鼓励销售商在销售时将其商标使用在所注册的商品上，就属于前述“不作为”。商标的撤销不以相关商品有其他的名称为前提。

（三）因产生欺骗性而撤销

同样地，如果商标注册后使用不当产生欺骗性后果，同样也会被撤销注册①。在 Emanuel 案中②，欧盟法院认为，注册已经不在商标所有人公司工作的设计师的姓名为商标并使用，并不足以在商品和服务的性质、质量和原产地上欺骗公众。但欧盟法院将此案留给各成员国法院来判定如果“提出商标注册申请的公司有意使消费者认为 Emanuel 小姐仍然是该产品的设计师或者参与了产品的设计，是否是欺骗性的”，并因此决定商标的可注册性。

（四）商标撤销的法律后果

商标撤销决定一旦生效，欧盟商标的效力则自商标撤销或反诉提出之日丧失。应一方当事人的请求，甚至可以裁定商标自撤销理由成就之日起失效③。

三、欧盟商标的无效

（一）无效的绝对理由和相对理由

欧盟商标注册违反《商标条例》第 7 条规定或申请人在提交商标申请时有恶意④的，或者在先商标人或名称权、肖像权、版权、工业产权等在先权利人⑤提出无效或反诉请求的，可以被宣布无效。

需要注意的是，为了避免多次提起无效的诉累，《商标条例》规定，基于相对理由提出的无效或反诉须一次性提出。

另外，与撤销程序的反诉一样，为了协调无效与反诉程序的衔接，《商标条例》特别规定，一旦欧盟商标法院收到无效的反诉申请，也会优先通知欧盟知识产权局并尊重欧盟知识产权局已经正在进行的无效程序，或即使在没有在案程序的情况下，也可以要求被告向欧盟知识

---

① 《商标条例》第 58(1)(c)条。

② C－259/04 Emanuel 案判决书第 48～53 段。

③ 《商标条例》第 62(1)条。

④ 《商标条例》第 59 条。

⑤ 《商标条例》第 60 条。

产权局提起无效程序,否则视为撤回无效反诉①。

就商标的显著性而言,《商标条例》特别豁免在注册时不具备显著性的商标,即如果注册之后取得显著性的,则不再予以无效②。

当然,如此保留下来的注册,鉴于其本身固有的缺陷,《商标条例》也反过来禁止其作为在先权利,阻碍其他人在其尚不显著的时候提交的申请,也就是说,允许两者共存。该原则还适用于在先商标的知名度系注册后取得的情形③。

(二)无效的法律后果

商标无效宣告生效后,欧盟商标将被视为自始即不产生法律效力。当然,除非涉及疏忽、恶意或不当得利,该无效不影响已经执行的侵权裁决以及已经履行的合同④。

四、欧盟商标的转化

《商标条例》为了减轻单一性带来的问题,特别规定转化程序:如果商标被驳回或宣布无效的理由只存在部分成员国,则该商标可以转换为不存在驳回或无效理由的国家申请,且保留原申请日,但申请人还须支付向每个国家申请的转换费用⑤。

在 Armafoam 案⑥中,申请人申请注册欧盟商标 ARMAFOAM,使用在第 20 类的商品上,异议人提起异议,指出该申请与其在先注册的商标 NOMAFOAM(使用在包括第 20 类的几个类别的商品)构成近似。欧盟知识产权局申诉委员会支持了该项异议,指出两个商标外形和发音相似,使用的商品近似,因此两个商标构成近似。对于那些非英语语种的国家,尤其如此。申请人不服,上诉到欧盟普通法院,欧盟普通法院判决基本维持了申诉委员会的认定。

申请人继而又上诉到欧盟法院,认为欧盟普通法院仅仅考虑了商标在非英语语种国家造成混淆的可能,没有考虑在英语语种国家构成近似,造成混淆的可能;此外,申请人还特别指出,普通法院并未对该欧盟商标的国内转化问题作出说明。

2008 年 9 月 18 日,欧盟法院作出判决,指出,申诉委员会关于申请商标与引证商标在非英语语种国家会造成混淆这一点的认定是没有问题的,欧盟普通法院也有权不再对涉案商标是否在英语语种国家构成近似进行比较,而驳回申请人的上诉。申请人提出的另一个主张,即认为普通法院应当在英语种国家范围内进行商标是否近似的比较,并给申请人提供一定的建议,让他知道自己的欧盟商标申请进行相应的国内转化的可能,也不能得到支持。因为,这并不是商标异议程序的必要内容。商标异议程序仅仅是用以解决商标异议是否成立,申请商标是否能够获准注册的问题,异议裁定书阐明这个问题即可,而不必对该商标在成员国国内法条件下是否可以注册的问题作出说明或指示。欧盟商标异议程序不必涉及该商标国内转化可能遇到的问题。

---

① 《商标条例》第 128(7)条。

② 《商标条例》第 59(2)条。

③ 《商标条例》第 60(1)条第 2 句。

④ 《商标条例》第 62(2)~(3)条。

⑤ 《商标条例》第 139~141 条。

⑥ T-172/05 Armafoam 案,C-514/06 P。

第三节　作为财产的欧盟商标

欧盟商标的财产属性不言自明，但欧盟商标申请是否属于财产则曾有过巨大的争议。

商标申请的性质。在著名的啤酒生产商安海斯—布希公司与葡萄牙政府的一起纠纷中[①]，欧洲人权法院进一步明确安海斯—布希公司的商标申请权属于《欧洲人权法》规定的财产权的范畴。本案中，安海斯—布希公司在葡萄牙申请注册 Budweiser 商标，被一家捷克公司以其在先拥有 Budijovicky 原产地标志为由提起异议。2001 年，葡萄牙最高法院对该案作出判决，最终认定 Budweiser 商标不能在葡萄牙注册，否则将会违反 1986 年《葡—捷关于原产地标志保护的双边协定》(以下简称《葡—捷协定》)。安海斯—布希公司不服，向欧洲人权法院提起诉讼，认为其 1981 年即在葡萄牙申请注册 Budweiser 商标，而《葡—捷协定》的签订时间是 1986 年；商标申请权本身属于《欧洲人权公约一号议定书》中的财产权，而这一财产权却被在后产生的《葡—捷协定》剥夺了。

2005 年 10 月，欧洲人权法院的小法庭支持了葡萄牙政府，认为商标只有获准注册才能作为财产权予以保护。但是，欧洲人权法院的大法庭 2007 年 1 月最终推翻了小法庭的认定，指出即使在申请中，商标也具有一定的经济价值，即使该商标申请可能会遭到异议，安海斯—布希公司也对其享有财产权利。同时，大法庭也指出，即使肯定安海斯—布希公司的商标申请权属于财产权，鉴于葡萄牙最高法院是基于在先权利原则作出裁定并不武断，也没有明显的不合理，所以大法庭不认为葡萄牙最高法院的判决侵犯了安海斯—布希公司的财产权

一、欧盟商标转让

商标是与该商品或服务企业相独立的财产。因此可以独立于企业的转让，就其注册保护的部分或全部商品或服务进行转让，只要公众不会因为转让而被误导[②]。由于欧盟商标的单一性特征，转让不能按国别进行，但部分转让只适用于部分商品，效果相对于商标分割。

误导性审查。2015 年前的《商标条例》第 18(4)条曾经赋予欧盟知识产权局就转让的误导性进行审查的职责，即“如果转让文件明显表明，欧盟商标的转让使公众对于注册的商品或服务的性质、质量或产地引起误导的，协调局对该转让不应予以核准，除非商标受让人同意将共同体商标注册限于不易引起误导的商品或服务”。但新法生效后取消了这一事先审查机制，也就是说如果真出现误导结果的，就由《商标条例》第 58(1)(c)条的撤销程序来处理。

商标追还程序。《商标条例》第 21 条里面还包括一个特别的转让程序或者叫追还程序，主要是为了落实《巴黎公约》第 6 条之七的代理人抢注商标直接归还商标所有人的规定。2015 年修改之前，由于当时的措辞不够清晰，在 Salvador 案[③]中，有成员国曾专门请求欧盟法院对该条的操作程序作出解释。欧盟法院认为只要不属于该条项下的情形，由于按照当时第

---

① Case No. 73049/01, Anheuser - Busch, Inc. v. Portugal, (ECHR, Grand Chamber, Jan. 11, 2007).

② 《商标条例》第 20 条。

③ C - 381/16 Salvador 案判决书第 33 ~ 38 段。

18 条的规定欧盟商标被视为国内商标,所以成员国可以适用该国有关追回所有权的普通法律规定。2015 年修改后,该条特别明确作为无效及反诉的替代请求,即不请求无效而要求转让,操作性进一步提高。

二、欧盟商标许可

《商标条例》规定可以就其注册的部分或全部商品或服务许可他人在共同体整个区域或部分区域使用。许可使用可以是独占或非独占的①。

被许可使用商标资质的认定。在 lensworld 域名案②中,为防止企业名称和商标被抢注,新的顶级域名推出时,一般都会规定一段时间,先对有关的企业和商标权人开放,这段时间称为“日出期”。本案就发生在. eu 域名推出时的日出期。因为只有在欧盟有住所或经营地的主体才能申请注册. eu 域名,美国的 Walsh Optical 公司(以下简称 WO 公司)虽然比荷卢注册有商标“lensworld”,并经营着 www. lansworld. com 网站,从事眼镜行业的生意,但因为经营地不在欧洲,遂委托比利时当地的 Bureau Gevers 知识产权代理公司(以下简称 BG 公司)提出申请。双方 2005 年 11 月签订了许可合同,BG 公司是“被许可人”。合同要实现的唯一目的,就是被许可人以自己的名义注册 lensworld. eu 域名,然后再将域名归还给许可人。2005 年 12 月 7 日,. eu 域名注册日出期开始,BG 公司当日即以自己的名义,代表 WO 公司申请了 lensworld. eu 域名。该域名于 2006 年 7 月 10 日注册成功,并分配给 BG 公司。

当比利时从事眼镜制品销售的 Pie Optiek 公司(以下简称 PO 公司)2006 年 1 月以在先权利人的身份申请注册 lensworld. eu 域名时,欧盟国际域名注册处以 BG 公司已在先申请为由,驳回了 PO 公司的申请。而 PO 公司认为,BG 公司只是被许可注册涉案域名,而并不是被许可使用相关的在先商标,因此,不符合“在先权利人”的条件,不能在日出期申请注册. eu 域名。然而,PO 公司向捷克域名仲裁法院提起的仲裁,以及其后在布鲁塞尔普通法院的诉讼均被驳回。PO 公司遂向布鲁塞尔上诉法院提起上诉。对于本案中 BG 是否有权在日出期内申请注册涉案域名的问题,上诉法院中止程序,提请欧盟法院初裁。

欧盟法院 2012 年 7 月 19 日作出初裁认为,根据欧盟委员会《制定关于顶级域名. eu 和管理登记原则的实施和职能的公共政策规则》(第 874 – 2004 号条例),只有在欧盟有住所或经营地,同时享有被欧共体成员国法律或欧盟法律认可的在先权利的主体才能在日出期申请“. eu”域名。根据欧盟法律,商标许可合同会赋予被许可人对商标的专用权进行使用,比如使用商标的功能发挥它的商业用途,尤其是发挥商标标明商品或服务来源的作用。而本案中,BG 公司仅仅被许可以自己的名义代表权利人注册涉案域名,而并未被许可对这个商标本身进行商业使用。BG 公司不是商标权利的被许可人,不符合在先权利人的条件,不能在日出期申请“. eu”域名。

商标许可使用的可撤销性。在 Martin Y Paz 公司(以下简称 M 公司)诉 Gauquie 公司(以下简称 G 公司)等商标纠纷案③中,G 公司于 1995 年受让取得文字商标“Nathan”。1998 年,

---

① 《商标条例》第 25 条。

② C – 376/11 Lensworld 案。

③ C – 661/11 Martin 案。

M 公司获准注册水平延展的字母“N”以及特殊字体的“Nathan”商标；2002 年，M 公司又注册了“Nathan Baume”商标。前述商标均为比荷卢商标，均使用在第 18 类和第 25 类的商品上。

G 公司以“Nathan”为品牌在市场上投放的手袋上有一个水平延展的字母 N，这个字母和 M 公司在其商品上使用的“N”商标相同。此外，两公司还都使用 Nathan Baume 标识。两公司互相出售商品，G 公司向 M 公司出售手袋和鞋，M 公司向 G 公司出售其他皮具。两公司还曾多次筹划联营。

后双方关系恶化，2005 年，G 公司起诉要求法院宣告 M 公司的前述商标无效，或宣告这些商标仅在小皮具上有效，但未获支持。2007 年，M 公司起诉要求法院判令 G 公司停止“N”和“Nathan Baume”商标的使用。G 公司提起反诉。案件最终诉至比利时最高法院。本案的关键问题之一，就是从 M 公司的行为中，虽然可以认定它给了 G 公司使用“N”和“Nathan Baume”商标的不特定时间段的许可，它是否可以随时收回该许可，禁止被许可方相应的使用，而开始自行使用。这是判断双方的商标使用行为是否合法的关键。对此，最高法院提请欧盟法院给出意见。

2013 年 9 月 13 日，欧盟法院给出初裁认为，根据《一号指令》第 5 条，如果商标所有人原来同意他人在相同的商品上使用与其注册商标相同的商标，现在改变主意不再同意，所有人可以收回专用权，将商标自行使用。

违反商标许可协议的认定。在 Dior 案①中，SIL 公司被 Dior 公司授权经销其豪华紧身衣。双方在许可合同中约定，SIL 公司不能用几种特定的方式进行销售，其中包括批发、团购、在折扣店销售或上门推销等。但是，SIL 公司不顾 Dior 公司的反对，将一些产品投放到折扣店中销售。Dior 公司以商标侵权为由，在法国将 SIL 公司诉上法庭。SIL 公司抗辩说，对于这些产品，Dior 公司的商标权已经用尽，不能再以商标侵权为由追究其责任。在案件审理过程中，法国最高法院就有关问题提请欧盟法院初裁。

欧盟法院 2009 年 4 月 23 日作出初裁，认为根据《一号指令》第 8 条，被许可人只能因特定的事由，援引该商标赋予的权利对抗被许可人，这几种情况包括“就许可合同的期限，商标按注册可以被使用的形式，许可涉及的商品或服务的性质，可以贴附商标的区域，以及被许可人生产的商品或提供的服务的质量违反许可合同的条款”。法院认为，SIL 公司将紧身衣发往折扣店销售的行为，有损 Dior 公司奢侈品牌的声誉，影响了消费者对 Dior 公司产品质量的判断，属于上述可以“援引该商标赋予的权利对抗被许可人”的最后一种情形，因此，可以认定为商标侵权。

三、欧盟商标质押、强制执行和破产清算

根据《商标条例》，欧盟商标可以作为质押、强制执行以及破产清算的标的，并根据成员国相关法律的要求在欧盟商标注册簿上登记。

四、欧盟商标变动登记的效力

需要指出的是，只有在注册簿上登记之后，转让、许可以及质押才能对所有成员国的第三

---

① C－59/08 Dior 案。

方有效。但是,该商标在注册簿上登记之前,这种行为应对在该行为之日以后取得权利的,但在取得权利之日知道该行为的第三方有效。但这一规定不适用于通过整个企业的转让或通过全部财产继承的方式获得或某项权利的人[①]。

未备案被许可人的诉讼地位。《商标条例》第 27 条对未备案的商标许可规定不得对抗善意第三人,但没有明确是否影响被许可人起诉他人的资格。

在 Arktis[②] 中,本案原告 Breiding 公司是欧盟文字商标"ARKTIS"的被许可人,该商标使用的商品是寝具、毛毯等。根据许可合同,Breiding 公司可以用自己的名义对侵犯该商标的行为主张权利。但是,这份许可合同并没有在商标注册簿备案。被告 Hassan 在网上许诺销售的羽绒被上使用 Arktis 90、Arktis 90 HS 等标记。原告对此提起商标侵权之诉。

一审法院判决原告胜诉。Hassan 遂上诉到杜塞尔多夫地区高等法院。高等法院认为,本案关键在于 Breiding 公司在许可合同未备案的情况下,是不是可以用自己名义起诉。针对由此引发的法律适用问题,高等法院提请欧盟法院对两个问题作出初裁:(1)《欧盟商标条例》第 23(1)条[现在《商标条例》第 27(1)条]是否不允许没有备案的许可合同的被许可人对商标侵权行为提起诉讼?(2)如果不备案就不能诉,《欧盟商标条例》第 23(1)条是不是排斥被许可人针对侵权行为采取国内法律行动?

2016 年 2 月 4 日,欧盟法院针对德国杜塞尔多夫地区高等法院提请的商标案件作出初裁,认为即使商标许可合同未在商标注册簿备案,被许可人仍可就侵犯被许可商标的行为提起诉讼。具体说来,欧盟法院认为,虽然《欧盟商标条例》第 23(1)条从字面理解是"不备案不能对第三方产生效力",但这主要是为了保护第三方享有或可能享有的权利。第三方的侵权行为,不属于这种情况,不能适用这一规定。同时,根据《欧盟商标条例》第 22(3)条,在不影响许可合同规定的前提下,被许可人能不能起诉只取决于商标所有人是否同意。本案被许可人在许可合同中已经得到商标所有人的同意,可以用自己的名义对侵犯该商标的行为主张权利,因此,虽然许可合同没有备案,被许可人仍然可以提起诉讼。这样一来,也就没有必要回答高等法院请示的第二个问题了。随后,杜塞尔多夫地区高等法院根据欧盟法院的初裁对本案进行了审判。

---

① 《商标条例》第 27 条。

② C-163/15 Arktis 案。

第十八章　欧盟商标权及其救济

第一节　欧盟商标权

一、欧盟商标权概论

欧盟商标权及侵权定义。欧盟商标注册应赋予商标所有人对该商标的专用权[①]。这一权利在《商标条例》中具体体现为：商标所有人有权阻止所有第三方未经其同意在贸易过程中使用：与其商标相同，使用在与所注册的相同商品或服务上的任何标志；或由于与其商标相同或近似，同时与注册的商品或服务相同成类似的任何标志，其使用可能会在公众中引起混淆的，这种可能的混淆包括该标志和该商标之间可能引起的联想；或与其商标相同或近似，但使用的商品或服务相同、类似或不类似，如果在欧盟内享有声誉，但由于无正当理由使用该标志，会给商标显著特征或声誉造成不当利用或损害的。换言之，未经许可的使用即构成侵权。

原告商标的法律效力。原告商标作为注册商标被推定具有法律效力，除非法院先宣布其无效再决定不给与保护。在Raimund[②]案中，本案原告Raimund先生是欧盟文字商标Baucherlwärmer的所有人，他2000年左右就使用这个商标销售添加草药的酒。被告Aigner女士也把自己销售的添加草药的高度酒称为Baucherlwärmer。原告向维也纳商业法院起诉被告侵权。被告反诉，指出原告的商标是通过不正当途径恶意取得，要求无效原告的引证商标。商业法院决定中止关于反诉的程序，直到本诉有最终结果。后来这个中止裁定被撤销。商业法院经过审理，以引证商标恶意注册为由驳回了原告的侵权诉求。本诉一审过程中，有关无效的反诉处于未决状态。维也纳高等法院二审维持了一审判决。原告遂继续上诉到奥地利最高法院。

最高法院审理后认为，原告的引证商标确实属于恶意取得，应当予以无效。本案中，侵权与否的判断完全取决于引证商标无效与否的认定。但是，正如原告在上诉时提到的，一审、二审法院在作出判决之时，无效反诉还没有形成最终生效的判决，在这种情况下，一审、二审法院是否有权在侵权诉讼中对于无效的部分做出认定呢？换言之，被告要想抗辩本诉的侵权，是仅需提起无效反诉即可，还是要有判决，抑或必须有生效的判决？就此，奥地利最高法院表示困惑，并提请欧盟法院作出解释。

2017年10月19日，欧盟法院审理后认为，《商标条例》第99(1)条应当理解为，根据《商标条例》第96(a)条向欧盟商标法院提起的侵权诉讼，如果被告在诉讼中根据《商标条例》第

---

① 《商标条例》第9～13条。

② C－425/16 Raimund案。

100(1)条提起无效原告商标的反诉,在法院没有判决支持无效反诉的情况下,法院不能基于《商标条例》第52(1)(b)条的规定,基于与反诉相同的无效绝对理由驳回原告的侵权诉讼。不过,一旦有法院的无效判决,即使判决没有最终生效,欧盟商标法院也可以基于《商标条例》第52(1)(b)条规定的无效绝对理由驳回原告根据《商标条例》第96(a)条提起的侵权诉讼。

被告商标的法律效力。《欧盟商标法》不认为商标注册之后即拥有使用的权利,尤其是欧盟知识产权局并不进行主动的在先商标审查,而交由异议及无效程序解决新申请或注册商标与在先商标的冲突。因此,在先注册商标的禁用权优于在后注册商标的权利。在FCI案①中,欧盟法院对此问题进行了全面分析。案件中,FCI公司于2005年获准注册FCI图文组合欧盟商标。2009年,FCIPPR公司申请F. C. I.图文组合欧盟商标。FCI公司提起异议,但是因为缴费问题,异议未果。

2010年6月,FCI公司向阿利坎特法院提起诉讼,认为FCIPPR公司的另外几个西班牙商标与其欧盟商标近似,构成对其欧盟商标的侵犯,并要求相应的赔偿。2010年9月,也即前述诉讼过程中,FCIPPR公司的欧盟商标获准注册。

因本案涉及两共同体注册商标之间的冲突,阿利坎特法院中止审理,提请欧盟法院就本案涉及的《商标条例》第9(1)条的理解和适用作出解释:根据《商标条例》第9(1)条,商标所有人有权禁止任何第三人未经其同意在商业活动中使用可能对其商标造成混淆或不利影响的标志;此处的“第三人”如果拥有在后欧盟商标,在其商标未被撤销之前,是否在“第三人”的范围之内?

2012年11月15日,欧盟总法务官给出意见,认为仅有在后共同体注册商标不能成为商标侵权的抗辩理由。总法务官认为,《商标条例》第9(1)条中的“第三人”应当包括任何使用与商标权利人的商标相混淆的标志的第三人。即使拥有在后的共同体注册商标,也在“第三人”的范围之内,不能仅以在后的欧盟商标作为侵权的抗辩理由。2013年2月21日,欧盟法院的初裁采纳了前述法务官的意见,明确指出对于注册商标之间侵权纠纷,不需要撤销在后商标亦可判定其构成对他人在先商标的侵犯。

在Rossa案②中,根据《欧盟商标指令》,欧盟法院又就成员国商标的冲突作了与FCI案一样的解读。

商标确权程序与侵权程序的关系。在O2案③中,欧盟法院特别指出,异议、无效等确权程序中是基于对在后商标注册进行的预判,因此不能允许有任何可能侵权的情况出现才能授予或维持在后商标的注册,而侵权程序则是基于被告实际使用的场景判断其是否会产生混淆或联想,而不问在其他场景下使用的合法性。

当然,二者的判断标准并无本质的不同,也正因为这样,我们将在先性放到此处与侵权认定一并讨论。

---

① C-561/11 FCI案。
② C-49/14 Rossa案。
③ C-C-533/06 O2案。

二、混淆的定义

混淆可能性的定义。在 Canon 案中①,欧盟法院将“混淆可能性”明确定义为,消费者真的认为商品或服务来自同一或经济上有关联的厂商,除此之外,均不构成《一号指令》意义上的混淆,也就是说,混淆就是商品出处混淆,彻底排除了在出处混淆之外去寻找混淆的路。

混淆可能性的整体判断。在 Sabel 案中②,欧盟法院认为,对一个在公众中并不特别知名,且只是由相对缺乏想象力的图案组成的商标,仅仅因为设计观念上的相似导致的联想本身,还不足以认定有混淆的可能。但欧盟法院在该案中确立了一个重要的先例,即商标越显著,混淆的可能就越大。欧盟法院甚至承认,对无论是本身具备还是由于在公众中所享有的声誉而特别显著的商标,同时使用一个类似的意境所造成的设计观念上的近似,并不是毫无产生混淆的可能。

该案先在德国法院审理,后依照《罗马条约》提交欧盟法院进行初裁。主要案情是,荷兰的萨贝尔(SABEL)公司在德国申请注册了一个 SABEL 及图的组合商标,图形是一只向右奔跑的带斑点的美洲豹,指定的商品包括皮革制品及服装,德国的彪马(PUMA)公司以在同样商品上注册的同样向右奔跑的剪影式的美洲豹图形商标对其提出异议,德国专利局驳回了异议。彪马公司上诉到德国专利法院,该法院推翻了专利局的裁定。萨贝尔公司不服,继续上诉至德国最高法院。

最高法院虽然认为依据德国一贯的司法实践,两个商标从整体上并不存在混淆的可能,但由于两个都描述了美洲豹近似的奔跑姿势的商标可能造成的联想,又由于《一号指令》使用了相对含混的语言(包括联想的可能在内混淆的可能),德国最高法院于是请求欧盟法院对如下问题做出初裁:根据两个商标立意上的一致可能形成的联想是否可以认定存在混淆的可能。

这样,欧盟法院终于有机会对《一号指令》“包括联想的可能在内混淆的可能”进行解释。它认为,从字面上看,只能将“联想”解释成达到“混淆”的一种途径,即用以确定混淆的可能的范围,但不能解释成可以用“联想的可能”来替代“混淆的可能”。换言之,欧盟法院在 PUMA 案中的结论是,根据《一号指令》的措辞本身,在没有“混淆的可能”的情况下,不能单独以存在“联想的可能”认定侵权。

荷兰法院在 ADIDAS 公司诉 MARCA 公司侵权一案③中进一步探究了欧盟法院对“联想的可能”的意见,在该案中 ADIDAS 公司认为 MARCA 在服装上使用的两条平行带与其注册的著名的三条平行带可能造成联想,因而构成侵权。MARCA 公司则根据欧盟法院在 SABEL 一案的判决否认原告的指控。由于欧盟法院曾在 SABEL 一案的判处书中表述过,如果在先商标具有特别的显著性,且两个商标在立意上使用了类似的形象从而产生了观念上的近似,这种近似导致混淆的可能并非不存在④,荷兰法院于是请求欧盟法院对以下问题做出初裁:如

---

① C-39/97 Canon 案判决书第 26、29 段。

② C-251/95 Sabel 案判决书第 26,24 段。

③ C-425/98 Adidas Ⅰ案判决书第 38~41 段。

④ C-251/95 SABEL 案判决书第 24 段。

果某商标十分显著,他人使用的标记有可能与商标产生联想,在该联想可能造成的混淆不能排除的情况下,是否可以认为商标所有人有权阻止他人使用该标记?

欧盟法院认为荷兰法院问题的实质是想知道,在商标具有特别显著性的情况下,是否可以认为存在联想的可能即可推定存在混淆的可能。为了回答这一问题,欧盟法院首先对它在SABEL案判决书第24段所言进行了澄清,即使在商标具有特别的显著性的情况下,这一显著性也只是有助于产生混淆的可能,但绝不是说联想的可能即可构成混淆的可能。因此,欧盟法院拒绝在混淆的标准上让步,它认为,恰恰相反,每一个法院都必须进行个案审理,并且必须在发现证明混淆的可能的正面证据的情况下才能认定侵权。最后,欧盟法院驳回了荷兰法院的解释。从该案可以看出,《一号指令》的现行措辞彻底排除了单独适用联想标准的可能性。

售后混淆。欧盟法院在Arsenal案中认为①,即使在出售时由于悬挂了免责的告示,出售以后其他消费者仍有可能将阿森纳认为是帽子的出处。但Picasso案中②,欧盟法院认为Arsenal只是一个特例,涉及相同商标相同商品,它并没有说在评判混淆时无须特别参照消费者购买某一类商品将会具备特别高的注意力。

三、商标使用的定义

表示支持、忠实的使用。在Arsenal案③中,阿森纳(Arsenal)起诉Matthew Reed侵犯注册商标,因为Matthew Reed销售了一系列"非官方"的服装,上面标有与该俱乐部的"ARSENAL"、"ARSENAL GUNNERS"以及"Crest"和"Cannon"的图形商标相同的标识。Matthew Reed辩称,《一号指令》对于"在商业交易中使用(标识)"的基本词语的解释是:为构成侵权,他人应当以指明货物的原产地的方式使用阿森纳的标志,即应当将其作为商标使用。他否认自己有上述行为,同时辩称,他在使用上述标志时,是将其作为忠实拥护阿森纳的标志。起初,英国的Laddie法官发现上述标志在使用时确实是被视为忠实拥护阿森纳的标志,并不是用来指明商品的原产地。但是,他随后就不将标志作为商标使用是否也构成侵权的问题,请求欧盟法院给予指导。

欧盟法院的裁决是,根据《一号指令》,没有任何明确辩护的情况下,如果一个人在商业交易中所使用的标志与已注册的用于相同商品的商标相同,商标所有人有权"在诸如阿森纳案例的情形中"阻止此类使用。即使该标志同时被视为对商标所有者的支持、忠诚或者与商标所有者有关联,也不应例外。

模型车上的使用。在Opel案④中,汽车生产商欧宝公司1990年即在德国获准注册Opel商标,使用在汽车和玩具等商品上。2004年年初,欧宝公司发现,Autec公司在未经其许可的条件下,在德国生产并销售有以Opel Astra V8型小跑车为原型制作的遥控等比例仿真模型汽车,并且还在与原型汽车相同的位置上标注了Opel标识。因为Opel商标也有在玩具类商品

---

① C-206/01 Arsenal案判决书第57段。
② C-361/04 Picasso案判决书第47段。
③ C-206/01 Arsenal案判决书第62段。
④ C-48/05 Opel案判决书第24、37段。

上进行注册,所以欧宝公司认为 Autec 公司的上述行为在玩具类商品上构成对其商标专用权的侵害,因此向纽伦堡—菲尔特地方法院起诉,要求 Autec 公司立即停止有关的侵权行为。纽伦堡—菲尔特地方法院为此请示欧盟法院。

欧盟法院最终裁决认为,根据《一号指令》第 5(1)(a)条,商标专用权人有权禁止任何第三方未经许可即在相同商品上使用与其商标相同的商标。但是,这条规定的本意是在保护商标最本质的标明商品或服务出处的作用。某些特殊的情况下,在相同商品上使用与他人相同的商标并不会误导相关公众对商品出处的判断,因此也不构成侵权。在本案中,Autec 公司在模型车上使用 Opel 标志,只是为了诚实地复制原品,而不是为了表示该模型出处,不能仅仅因为其使用了 Opel 标志就认定其侵权。只有 Autec 公司使用 Opel 标志的行为影响或可能影响消费者对其商品出处的判断,或者对该商标的显著性或声誉造成了损害,其行为才构成侵权。

关键词服务中的商标使用。LV 案①中,谷歌公司提供搜索关键词的服务,广告发布者付费购买某些关键词,他人通过谷歌搜索该关键词时,发布人的链接就会排在首位或是网站右侧的显著位置,点击链接,就可以进入广告发布人提供的网页。路易威登公司发现谷歌公司出售与他们商标有关的关键词,而通过这些关键词搜索出来的链接,指向一个出售仿冒路易威登商品的网站,于是,在法国将谷歌诉上法庭,要求追究谷歌商标侵权的责任。案件在法国最高法院审理时,法国最高法院就某些涉及案件定性的问题向欧盟法院提出请示。

欧盟法院 2010 年 3 月 23 日初裁指出《一号指令》第 5(1)(a)条规定,商标权所有人有权禁止任何第三人未经其同意,在商业中将与其商标相同的标记使用在与其注册的商品或服务相同的商品或服务上。“在商业中”使用,是判断侵权的一个标准。而关键词搜索的提供商并未在“商业中”使用与他人在先商标相同或近似的标识,它只是创造必要的技术条件,允许它的客户使用,而其行为本身不构成商标侵权。除非关键词搜索的提供商明知关键词非法,或广告发布者行为非法,而未能及时有效地移除关键词所指向的链接,其行为都不能被认定为侵权。广告的发布者使用关键词的行为,才是“在商业中”使用与他人在先商标相同或近似的标识的行为。设定一个能指向其销售网站的搜索关键词,是这些广告发布者商业行为的开始。他们是有目的地通过关键词搜索的方式来混淆自己的商品或服务与商标权利人的商品或服务,其行为构成商标侵权。

在 Banannabay 案②中,原告享有商标“bananabay”的专用权。被告却将“bananabay”使用为网络搜索关键词。这个关键词本身对一般的搜索结果没有什么影响,但搜索页中右侧会出现一个独立栏目,栏目里是一个赞助商链接。不过,这个链接并没有指向商标所有人(原告),而是指向了与该标志没有什么关系的被告。被告通过购买这种关键词服务,吸引网络用户去浏览它的产品或服务。鉴于原告、被告都经营成人用品,涉及的商标和商品都相同,本案的核心问题就是被告在关键词中使用原告的商标标志的行为是否构成商标侵权,这就涉及《一号指令》第 5(1)(a)条应如何理解的问题,德国法院就此请示欧盟法院作出解释。

2010 年 3 月 26 日,欧盟法院做出裁定(order),指出《一号指令》第 5(1)(a)条应当解释

---

① C－236/08 LV 案。

② C－91/09 Banannabay 案。

为:如果广告会导致普通互联网用户不能或很难确定有关的商品或服务是来源于商标所有人,还是与权利人的经济关联方,或是其他第三方,商标所有人则有权禁止广告商未经其同意,借助网络推荐服务,将与其商标相同的关键词用于宣传与其商标核定商品或服务的相同的商品或服务。

电商平台的商标使用。在 eBay 案①中,针对欧莱雅(L'Oréal)公司对 eBay 公司有关"L'Oréal"(欧莱雅)产品在网上市场的非法销售提起的诉讼,欧盟法院 2011 年 7 月 12 日作出初裁(C-324/09),认为网上市场的运营商在某些情况下应承担侵权责任。

欧莱雅公司通过签订合同,授权特定的经销商销售其生产的香水、化妆品等产品。2007 年,欧莱雅发现 Ebay 网上有人未经授权销售欧莱雅产品。欧莱雅认为 Ebay 网通过购买一些与欧莱雅旗下品牌有关的网络关键词,并使用相关链接吸引消费者浏览其网站并购买侵犯其商标的欧莱雅产品。为此,欧莱雅诉至英国(英格兰及威尔士)高等法院,要求法院对 Ebay 网颁布禁令。在审理此案时,英国高等法院就其中涉及的若干法律问题提请欧盟法院作出解释。

2010 年 12 月 9 日,总法务官对本案发表意见,对于电子商务平台的经营者的侵权判定这一关键性的问题,总法务官指出:如果类似 Ebay 网这样的电子商务平台经营者购买与他人注册商标相同的关键词,并将这个关键词作为赞助链接指向其自身的网站,或者使消费者在点击该链接时直接弹出广告或许诺销售与该商标使用商品相同的商品,即符合《商标条例》第 9 条规定的侵犯他人商标权利的使用行为;但是,对于后一种情形,如果普通消费者可以理解经营者是在提供第三方的产品或服务,那么这个赞助链接则对商标不构成损害;如果仅仅在自己的平台网站上使用他人的商标,而并没有制作链接,不能认定为《商标条例》第 9 条规定的"使用";根据《电子商务指令》(E-Commerce Directive)第 14 条的规定,中介服务提供商承担侵权责任的前提是对违法行为或信息"实际知情"。如果电子商务平台的经营者知道其网站上宣传或提供的用于销售的商品是侵犯注册商标专用权的,并且该侵权行为还会持续发生,则不能免除责任;当电子商务平台经营者的服务被第三方用来侵犯注册商标权,商标权人有权要求针对电子平台经营者发布禁令,以防止第三方继续和重复侵权行为。

2011 年 7 月 12 日,欧盟法院作出初裁,认为网上市场的运营商在某些情况下应承担侵权责任。欧盟法院指出,《商标条例》适用于位于第三国的产品的销售及广告,只要这种销售及广告被查实针对欧盟的消费者;如果互联网运营商在优化网上交易及促进销售的过程中扮演了"积极的角色",则不能依据《电子商务指令》免责。而且,即使互联网运营商没有扮演前述的积极的角色,如果其作为一个尽职的运营商应当认识到其网上销售的非法性,而且,在注意到后,未能立即从网站删除相关数据或删掉链接,也不能免责;如果互联网运营商决定不主动阻止侵权行为并进一步防止这种侵权的发生,则应向网上市场运营商颁发禁令。这样,互联网运营商可能被要求采取措施以便确认作为其客户的销售商的身份;欧盟法律要求成员国确保其国内有知识产权保护管辖权的法院能够要求互联网运营商采取措施,停止其用户的侵权行为,并防止这种侵权的进一步发生。禁令应当是有效的,带劝阻性的,并不会给合法的交易造成障碍。

---

① C-324/09 eBay 案。

不受控制广告中的商标使用。在 Mercedes - Benz 案[①]中，欧盟法院对一起匈牙利布达佩斯法院关于如何理解共同体《欧盟商标指令》(2008/95/EC)第 5 条相关规定的请示作出初裁(C - 179/15)，认为只有被告直接或间接控制的行为才承担商标侵权责任。

本案中，原告 Daimler 公司是国际注册 321168 号商标的权利人，商标使用于第 12 类的商品，延伸保护到包括匈牙利在内的多个国家。在匈牙利，Daimler 公司授权被告 Együd Garage 公司在提供车辆售后服务时使用涉案商标，允许其标注"Mercedes - Benz 授权经销商"字样。之后，Együd Garage 公司在网络上投放广告，并在广告中表明了自己授权经销商的身份。授权许可的合同到期后，Együd Garage 公司尽最大限度撤下所有广告，还特别给广告商及多个相关网站写信要求删除涉案商标与其产生关联的内容。但事与愿违，有些广告仍在网络上显示。匈牙利布达佩斯法院在审理时，就本案涉及的共同体《商标指令》第 5 条的理解提请欧共体做出答复。

对涉案问题，欧盟法院 2016 年 3 月 3 日，初裁答复如下：《欧盟商标指令》第 5(1)(a)(b)条应当理解为，即使广告中使用了与商标权利人相同或近似的标志，还标注了第三方的名称，会使人认为第三方与商标权利人之间存在商业联系，但是如果该广告并不是第三方或其代表人投放，或虽是第三方或其代表人投放，但是已经明确要求删除，那么该广告中对相关标志的"使用"不能视为第三方的"使用"，商标权利人不能依据《欧盟商标指令》第 5 条追究第三方的责任。

定牌加工中的商标使用。在红牛案[②]中，温特斯软饮料工业公司是一家荷兰公司，受英属维尔京群岛的聪明饮料公司(Smart Drinks Ltd)委托，为其提供罐装饮料和封罐的服务，其中饮料罐和饮料原料均由聪明饮料公司提供。加工完成的罐装饮料出口到比荷卢以外的国家。

因为饮料罐上标有"bullfighter""Pitbull""Red Horn"商标，红牛公司将温特斯软饮料工业公司告上法庭。一审法院认为饮料罐上的商标可能导致一般消费者将其与红牛公司的商标混淆，因此认定温特斯软饮料工业公司侵犯了红牛公司的商标权。

温特斯软饮料工业公司不服，向荷兰最高法院提出上诉。荷兰最高法院提请欧盟法院就本案涉及的有关法律问题作出回复。

2011 年 4 月 14 日，欧盟法院总法务官就本案给出了意见，在第三方的委托下对某商标的饮料进行灌装不属于对该商标的实际使用，因而不构成侵权。在本案中，是委托方聪明饮料公司在其商业活动中使用这些商标，消费者只会把这些商标与聪明饮料公司联系起来。而且如果认定类似本案的行为是侵权的话，会加重加工企业的负担，使它们在接受任一笔委托的时候都要核查商标是否可能侵权。总法务官认为，将带有与他人在本国/本地区的注册商标近似商标的商品出口，则构成了商标侵权，这种出口行为应当被禁止。2011 年 12 月 15 日，欧盟法院作出初裁，基本采纳了总法务官的前述观点。

仓储中的商标使用。在 TOP 案[③]中，TOP Logistics 公司(前身是 Mevi 公司)经营仓储和

---

① C - 179/15 Mercedes - Benz 案。

② C - 119/10 Red Bull 案。

③ C - 379/14 TOP 案。

运输。Van Caem 公司经营国际贸易。2006 年,应 Van Caem 公司请求,Bacardi 公司生产的几单货物经由第三国运往荷兰并在 Mevi 公司在鹿特丹港口经营的仓库仓储。这些货物属于 T1 类货物,适用对外转运和海关仓储货物的中止程序。这些货物中的一部分被放行并进入自由流通领域,适用关税暂缓征收的规定,相应地被安放在报税仓库。Bacardi 公司申请扣押了此批货物并向鹿特丹区法院申请禁令,理由是它从来没有同意指示该批货物进入欧盟经济区,并且它了解到这批货物的产品代码已经被从包装瓶上去除。区法院就处在关税缓征程序中的货物是否属于《一号指令》中"在商业中使用"的情形的问题请求欧盟法院做出初裁。

2015 年 7 月 16 日,欧盟法院做出判决,认为虽然《一号指令》后来做了修改,但是就本案的发生时间来看,还是应当适用旧的版本。法院认为,未经商标权利人同意进口到欧盟并适用缓征关税的规定,直至缴纳关税被放行的涉案货物,可以适用《一号指令》第 5 条中"在商业中使用"的规定,即使相应的商标标记不一定使用在终端消费者这个环节。本案中,Van Caem 公司的行为已经构成了《一号指令》第 5 条所述的情形,即使货物最终被转运到第三国,而没有在仓储国用于消费,也不能改变前述结论。虽然所有自由流通的货物都可能出口,但这种可能性不能排除侵权的认定。不过,TOP Logistics 公司在整个过程中,仅仅是在其客户 Van Caem 公司的同意下进行了仓储,仓储某商品的行为并不构成对商品的商标的使用,对它的行为可以适用商标法之外的关于帮助侵权等规则。

在 Davidoff 案①中,欧盟法院总法务官 2019 年 11 月 28 日对德国最高法院提请的案件发表意见。针对仓储侵权货物行为本身是否构成侵权,总法务官认为,如果完全不知道所存储的商品是侵权商品,而且也没有意图自己销售或许诺销售这些商品,就不负侵权责任;如果积极参与了相关商品的销售,那就构成侵权。在这种情况下,无论其对假货的情况是否知情,它都对商品是否侵权有合理的注意义务。

本案来自德国最高院的请示。"DAVIDOFF"的独占被许可人 Coty 公司发现有人在亚马逊网站上出售"DAVIDOFF HOT WATER"60 毫升装的香水,并选择了亚马逊物流(Fulfilment by Amazon)来拣选、包装及运输货物。Coty 公司在德国起诉亚马逊公司,但一审、二审法院都认为亚马逊只是为他人进行仓储,而且对商标是不是已经权利用尽并不知情,不能认定侵权。Coty 公司继续上诉。德国最高法院就有关问题请示欧盟法院:如果仓储方对货物是否侵权并不知情,而是为他人向市场提供或投放货物实施仓储行为,是否属于《商标条例》第 9(3)(b)条的情形?

总法务官认为,本案的情况实际上比德国最高法院所请示的更为复杂,这不是单纯的仓储问题,虽然亚马逊仓储货物并不是为了自己出售,但它的仓储行为是销售过程的重要部分,在这个销售过程中亚马逊处于积极的控制地位,实际扮演着销售者的角色,直接或间接地控制着商标使用。如果货物侵权,亚马逊难辞其咎。如果欧盟法院采纳了总法务官的意见,亚马逊很可能会承担侵权责任。

但是,欧盟法院 2020 年 4 月 2 日作出初裁,并未认同总法务官的前述观点。法院指出,《商标条例》第 9(1)条禁止他人未经其同意"使用"与其商标相同或近似的标志行为;《商标条例》第 9(2)条不穷尽地列举了若干侵权行为的方式,其中(b)是销售或是许诺销售,或是以

---

① C-567/18 Davidoff 案。

此为目的仓储侵权商品的行为。很显然,亚马逊只有仓储行为,没有销售或许诺销售涉案商品,其仓储也不是以销售或许诺销售涉案商品为目的。法院引证既往判例指出《商标条例》第9(1)条的"使用"包括积极行为以及对该行为直接或间接的控制,只有能对该行为进行控制,才属于该条规制的范围(参见 Daimler, C-179/15)。而且,这里的"使用"者应当是把标记用于自己的商业交流活动的主体。法院引用在先判例指出,在电子商务情况下,有关商标的使用人并不是电商平台的经营者,而是其客户(参见 L'Oréal 案, C-324/09);某经营活动主体以销售为目的把侵犯他人商标权货物进口到或是发送到仓储方,构成侵权的"使用",不能说仓储方构成这种"使用"(参见 TOP Logistics 案, C-379/14)。具体到本案,法院认为,"使用"侵权标志的人并不是亚马逊,而是亚马逊的商户;亚马逊本身的行为不构成《商标条例》第9(1)条的"使用",不应认定侵权。

由此可见,对电商平台侵权责任的追究,初裁的观点明显比之前总法务官的意见更为宽松,即是不是协助侵权,还要看是否符合欧盟有关执法指令。

四、相关公众

相关公众定义。在 Lloyd 案中①,欧盟法院明确援引了 Gut 案中关于一般消费者的定义作为评价混淆是否会发生的参照系,该定义在评价商标显著性时已经在 Philips 一案中被引用过,这样的消费者应当是"具有正常的资讯和合理的小心谨慎的相关产品普通消费者"。需要注意的是,欧盟法院不只提到消费者,它往往还会同时提到最终用户②。

欧盟普通法院在 ALREX 一案中③推翻了欧盟知识产权局对药品相关公众的认定。在此案中,Bausch & Lomb 制药公司申请注册"ALREX"商标,准备用于第5类商品中消炎抗过敏的眼药水、眼药膏。对此,Biofarma 公司提出异议,指出它已经在法国、葡萄牙,以及比荷卢经济联盟注册过"ARTEX"商标,此商标用于第5类的心血管药品,兽药以及卫生产品,填塞牙孔和牙模用料,等等,而"ALREX"商标与其"ARTEX"商标是相似商标。异议处支持了此项异议。然而,欧盟知识产权局申诉委员会却与异议处意见相左,它认为虽然两商标适用的商品类似,但是两种药品由不同的专业医生开出,因此其相关公众不同,不会造成混淆。

Biofarma 公司不服申诉委员会的认定,向欧盟普通法院提出上诉。欧盟普通法院否定了申诉委员会对药品相关公众的解释,它认为,前后两个商标适用的药品的最终使用者都是患者,患者和医生、药剂师一样,都应当成为药品的相关公众。并且,鉴于两商标在视觉和听觉上具有相似性,又使用在相类似的商品之上,容易使相关公众误认,应当认定为相似商标。

在 GALZIN 商标异议案中④,一家制药公司提交了一项申请,该商标由字母组合 GALZIN 构成,商标拟用于第5类的商品。该申请被另一家制药公司提起异议,异议人的理由是,它此前已在法国注册了 CALSYN 商标,同样用于第5类的商品,两商标构成近似。该异议得到了欧盟知识产权局异议处的支持,异议处认定两商标确实存在近似。但是申诉委员会却持相反

---

① C-342/97 Lloyd 案判决书第26段。

② Case 102/77 Hoffman-LaRoche 案判决书第7段。

③ T-154/03 ALREX 案判决书第45~46段。

④ T-483/04 Galzin 案判决书第70、71段。

意见,它认为两商标的读音有区别,并且是治疗不同疾病的药物,其消费群体是医生和一般患者,他们购买药物时都会相当谨慎,不会发生混淆误认。异议人不服申诉委员会的裁决,向欧盟普通法院提起上诉。

欧盟普通法院于2006年10月17日作出裁定,指出异议人的CALSYN商标使用的商品是药物制剂,注册后一直用于钙质制剂,与GALZIN商标使用的商品属于第5类相同的子类别。并且,两商标在视觉和发音上都很相似。两种药品对应的相关公众,包括医生、配药师还有一般患者。虽然医生和配药师都具备专业知识,有较高的注意力,但是一般的患者却不能做到这一点,他们很可能将两种药品混淆。因此,涉案商标不应获得注册。

五、相同或类似的商品或服务

类似商品关系的客观认定。在德国联邦法院提交欧盟法院进行初步裁定的Canon案[①]中,美国米高梅公司(后更名为帕特公司)在德国申请注册"CANNON"商标,指定的商品和服务为:录制在录像带上的电影;电影院及电视台用电影的制作、发行和放映。日本佳能公司以其注册的"CANON"商标对该申请提出异议,佳能指定的商品包括:静止及活动图像摄制及播放机;电视录制及拍摄设备,电视转播、接收及复制设备,包括电视录制及复制用磁盘机和光盘机。

德国专利局的一个审查员审理后认定两个商标指定的商品类似,第二个审查员则认为不类似;佳能公司于是上诉到德国专利法院,该法院亦认为商品不类似。德国专利法院认为不类似的理由是,依据当时有效的商标法及一贯的做法,只有根据经济含义及使用,商品或服务尤其是它们的产销地如此接近,以至于普通购买人会认为它们来自同一商业运作时才视为类似商品或服务。而专利法院在1989年的一个判例中即已发现,1988年的Seibt工业目录所列的录像带生产商中没有一个娱乐电器生产商,这一情况至今并未改变;有关专业销售店的调查表明,在已录制录像带的栏目中没有一家电视机或录像机生产商。

因此不能断言普通购买人会认为已录制录像带与录制及复制设备来自同一商业运作。至于电影的制作、发行和放映与电视摄制设备之间,专利法院认为也不存在类似之处,因为电影的制作和放映中虽然要使用摄像机和放像机,但并不能说其生产商同时也制作、发行和放映电影。对于佳能公司关于CANON商标广为人知的事实,专利法院认为与商品或服务是否类似的认定无关。佳能公司向德国联邦法院继续上诉时指出,鉴于《一号指令》已写入德国新商标法,德国过去有关商品或服务类似的做法已不再适合。其商标的知名度,以及录像电影带同录像复制设备在同一销售地出售的事实,非常容易使公众产生混淆。

由于德国新商标法是根据《一号指令》制定的,立法者和学术界均认为应当按照《一号指令》的精神来理解类似的概念,以前形成的关于类似的客观性概念不能继续适用。为谨慎起见,德国联邦法院在对上诉案件进行审判前请求欧盟法院就如下问题做出初步裁定,即在判定商品或服务是否类似时可否考虑在先商标的显著性,尤其是该商标的声誉。换言之,是否允许就一个普通商标而言两种本不类似的商品或服务,在同一个特别显著的商标结合使用时被认定为类似的商品或服务?也就是说,是否允许双重标准?

---

① C-39/97 Canon案判决书第16~19、22段。

欧盟法院为此征询了成员国及欧盟委员会的意见。法国、欧盟及佳能公司均认为,根据《一号指令》第 10 条立法理由,“必须结合混淆的可能来解释相似的概念;混淆的可能构成保护的特殊条件,其认定取决于多种因素,尤其取决于商标在市场上的认知程度,商标同使用或注册的标记可能产生的联想,商标与标记及商品或服务间相似的程度”,因此,商品或服务是否类似不应是一个孤立和静止的问题,类似的认定必须同市场上消费者对该商标的主观认知程度结合起来考虑。

英国和帕特公司则竭力反对这种解释,尽管《一号指令》第 10 条立法理由意味着在认定商品或服务类似与否时,应当从消费者是否会对商品或服务的来源发生混淆出发,但在先商标的声誉不应用来认定商品或服务的类似问题。英国甚至认为既然要求将混淆与否作为商品或服务是否类似的标准,那还不如直接问是否存在混淆,认定商品或服务是否类似就没有意义了。

英国高等法院雅各布法官在 TREAT 一案①中认为将混淆和类似分开考虑非常重要,该案的核心问题是使用在“涂面包的甜酱”的 ROBERTSON TOFFEE TREAT 商标是否侵犯注册在“甜品沙司及糖浆”上的 TREAT 商标。他说:“《一号指令》第 10 条第 2 款不仅仅问‘是否有混淆’,而是问‘商品是否类似’,如果类似,接着再问‘是否有混淆的可能’,区分这一点十分重要,因为将两个问题合二为一的话,‘强商标’就会比‘弱商标’在更宽的商品上得到保护。例如,在袜子或自行车上使用 Kodak 商标完全可能造成混淆,但这并不妨碍这些商品同胶卷或照相机不类似。我认为商品类似与否,同注册商标或被告的标记毫不相干。”

欧盟法院最后的结论是,既然“必须结合混淆的可能来解释相似的概念”,而混淆的可能又显然与商标在市场上或公众中的认知程度有关,因此商品或服务是否类似就不可能是一个孤立的问题,存在混淆的可能就必然意味着商品或服务相同或类似。要结合具体因素判断商品是否类似。判定混淆与否必须整体考虑案件的各项因素,而且这些因素尤其是商标间的近似与商品或服务间的类似之间是相互关联的,近似程度低可以由类似程度高加以弥补,反之亦然。由于在先商标越显著,混淆的可能就越大,强显著性商标的保护范围自然应比弱显著性商标的宽。即使类似程度不高,但如果在先商标显著性很强且商标之间近似程度很高,也可以判定存在混淆的可能。

在 O STORE 案②中,欧盟普通法院指出某商品的零售服务与该种商品构成类似。本案中,Oakley 公司是美国知名的太阳镜生产商,它注册了“O STORE”,使用于网上零售服务,零售的商品包括眼镜、珠宝、手表、服装、鞋、头饰等,都属于第 35 类。一家叫作“Venticinque”的法国公司申请撤销该商标,理由是其已经在法国注册了“THE O STORE”商标,使用于第 18 类和 25 类的包、钱包、服装、鞋等商品。它认为 Oakley 公司注册的“O STORE”与其在先商标构成近似,应当予以撤销。欧盟知识产权局撤销处及申诉委员会先后审查此案,均认为 Oakley 公司商标“O STORE”与 Venticinque 公司的“THE O STORE”商标在第 18 和 25 类上构成近似商标。Oakley 公司不服,向欧盟普通法院提起上诉,认为零售服务是一种独立的服务,与该种服务涉及的商品本身相比,有着完全不同的性质。

---

① British Sugar plc v James Robertson & Sons Ltd ([1996] R. P. C. 281).

② T－116/06 O STORE 案判决书第 45～48、59～61 段。

欧盟普通法院经过审理指出,零售服务本身复杂的内在性质及其存在的目的与单纯的商品是有很大区别的,无论这种商品是不是零售服务所涉及的商品。但是,零售服务与所零售商品之间还存在某种互补性。零售服务是人们得到某种商品不可或缺的途径。而且,向消费者提供零售服务,与向其提供零售的商品往往就是同一个过程,两者有着非常密切的联系。考虑到上述因素,零售服务和其涉及的商品应当认定为类似。因此,欧盟普通法院虽然不赞成欧盟知识产权局裁定中的理由分析,但最终还是支持了欧盟知识产权局和申诉委员会的结论,认为在"THE O STORE"使用的第 18 类和第 25 类商品上,"O STORE"与"THE O STORE"构成近似商标,但是对于第 18 类和第 25 类之外的商品,则不能认定为近似商标。

六、相同或近似的商标

隔离比对。在 Lloyd 案①中,欧盟法院特别强调,消费者很少有机会直接对比两个商标,而只能借助于记忆中不完整的形象进行。由于消费者对于不同种类的商品的注意力也是不同的,在比对时需要根据商品不同的种类以及销售时不同的条件,赋予音、形、义不同的权重。

相同商标的定义。在 Arthur 案②中,欧盟法院认为,只有当商标既不改动也不增加地复制另一个商标或差别如此之小以至于消费者难以察觉才可以认定相同商标。

发音近似。欧盟法院在 Lloyd 案③中认为,该案的基本经过是,原告自 1927 年起就开始生产 Lloyd 的鞋,被告自 1970 年起在荷兰、1991 年起在德国销售 Loint's 鞋,其中 90% 以上都是女式休闲鞋。原告认为 Lloyd 商标完全是一个臆造商标,在市场上有着极高的声誉,使用面广、使用时间长,被告的 Loint's 商标与其商标在发音上十分接近,因此很可能会发生混淆。被告不同意原告的所谓 Lloyd 商标的市场知名度极高的说法,而且,它所销售的主要是休闲鞋,原告在这一领域并未有太多的涉足,此外,在鞋这种商品上,视觉上的作用应该比听觉大,商标是否近似不应作抽象的认定。

两个商标只有发音上的近似,也不排除存在混淆的可能。当然,应当考虑商品种类,以及实际使用时赋予各个因素的不同权重。欧盟法院在 ZIRH 一案中④认为,相似性必须基于对标志的全面审查,根据三个层面的认知(视觉、听觉和概念)。仅仅是听觉相似,而视觉和/或概念不同的话,商标仍不近似。

这是因为对视觉、听觉或概念认知的相对重要性取决于商品或服务被购买的方式。对通过口头方式下单购买的商品(如饮料)或经常通过收音机进行广告的商品(清洁剂)或有时是因朋友推荐而购买的商品,听觉的认知会占主导。同理,对在商店货架上被选购或从目录中被选中的商品或者通过其他任何消费者可以进行视觉观察的方式挑选的商品,视觉的认知会占主导。服装类产品就是如此。

在 Zipcar 案中⑤,欧盟普通法院指出,发音也可以成为判断商标近似的关键因素。本案中,Zipcar 公司于 2003 年 4 月申请注册共同体文字商标 ZIPCAR,使用于第 39 类的车辆出租

---

① C-342/97 Lloyd 案判决书第 26、27 段。

② C-291/00 Arthur 案判决书第 54 段。

③ C-342/97 Lloyd 案判决书第 23、28 段。

④ C-206/04 P ZIRH 案判决书第 22、35~36 段。

⑤ T-36/07 Zipcar 案判决书第 49 段,C-394/08 P。

等服务。金丝雀群岛汽车公司对此提出异议，理由是其已经在西班牙注册了 CICAR 商标，同样使用于第 39 类的车辆租赁预订等服务。欧盟知识产权局异议处支持了该项异议。Zipcar 公司上诉至申诉委员会，遭到驳回，继而又上诉到欧盟普通法院。

欧盟普通法院经审理，认为引证商标系在西班牙注册，因此申请商标和引证商标是否构成近似，应以西班牙境内的相关公众的认识为准。两商标均为无任何含义的词汇，虽然视觉效果有差别，但是两词的西班牙语发音非常近似。同时，两商标所使用的服务都和车辆租赁有关，甚至有部分完全相同。考虑到消费者在对这种服务进行消费时，有时是完全通过电话等口头的方式进行商谈，在这种情况下，商标的发音就成为本案中判断近似非常关键的一个因素。发音上的近似很可能会使消费者对服务的来源发生混淆误认。鉴于此，欧盟普通法院最终维持了欧盟知识产权局的裁定。继续上诉被驳回。

外文商标含义。在 Loufti 案①中，欧盟法院在针对布鲁塞尔上诉法院请示的一起商标侵权案件的初裁中，阐明了如何审查商标中外国文字的问题。

本案中，原告（Loutfi Management Propriété Intellectuelle）和被告（AMJ Meatproducts and Halalsupply）都销售清真肉食。原告的引证商标中包括欧盟商标，两商标都使用在第 29、30 类的商品上，均由红色的椭圆以及图形内的白色及绿色文字组成。当发现被告在商品上使用近似的标记时，原告将其诉至法院。

本案涉及的商标的文字部分均由拉丁文字和阿拉伯文字组成。被告标志中的拉丁文字部分（EL BAINA）和原告商标对应的部分（El Benna/El Bnina）在发音和视觉效果上都很相似。在含义上，El Benna 表示“美味”，El Bnina 表示“柔软”，El Baina 表示“景象”。审理过程中，对于本案涉及的“适用《商标条例》第 91（9）条判断商标的近似和混淆时，是否应当考虑外文的发音及含义”的问题，布鲁塞尔上诉法院请求欧盟法院做出初裁。

欧盟法院于 2015 年 6 月 25 日作出初裁指出，涉案的欧盟商标和标志的相关公众如果对书面的阿拉伯文字有基本的了解，那么商标中的阿拉伯文字的含义和发音就应当予以考虑。

欧盟有 23 种官方语言，此外因为国际贸易等各种原因，还存在某些地区性的语言，以及非欧盟的语言。阿拉伯语属于非欧盟的语言，对欧盟而言，属于“外文”。含有非欧盟语言的标志（含有外文的标志）申请注册商标时，不管是成员国的商标局还是欧盟知识产权局，在一般消费者不能理解相应外文含义时，通常允许其注册为商标。这也就意味着，即使是有描述性或者是通用名称的外文也可能注册为商标。但是，在异议案件中，欧盟普通法院曾经有过案例并没有考虑外文的含义。在侵权案件中，国内法院一般会综合考虑相关标志的各种要素。

含义的抵消作用。在 Picasso 案②中，毕加索家族以戴姆勒—克莱斯勒公司注册的用于汽车的“PICARO”与其早先在欧盟注册的“PICASSO”商标在视觉和读音上均属相似，并且两商标都使用在汽车上，违反了欧盟商标法的有关规定为由，诉至欧盟普通法院。2004 年 6 月，欧盟普通法院作出裁决，认定这两个词在概念上差别较大，而且，消费者在购买汽车时，注意程度会相当高，不会将两商标混淆。毕加索家族不服，提起上诉，并且提出“PICASSO”较之于“PICARO”具有更大的知名度，应当受到极大程度的保护。

---

① C－147/14 Loufti 案。

② C－361/04 P Picasso 案判决书第 27 段。

对此,欧盟法院维持了欧盟普通法院的认定,认为知名度大的是作为西班牙画家名字的“PICASSO”,而不是作为汽车商标的“PICASSO”,消费者在购买汽车时,不会仅仅将“PICASSO”作为一个商标,而更多地会把其当作画家的名字予以对待。

整体比对与要部比对。在 Thomson life 案①中,欧盟法院对有关商标近似的问题发表了意见。在本案中,原告商标“LIFE”的所有人 Medion 将其商标用在娱乐性电子设备上,而被告 Thomson 却在相同的商品上使用了“THOMSON LIFE”的商标。对此,欧盟法院认为:如果一个复合商标从构成上包括一个在先存在的商标,那么,两商标是否近似,并不取决于这个在先商标是否构成复合商标的主要部分。如果在先商标不是复合商标的主要部分,但是在复合商标中却有独立的突出地位,也会使公众对商品或服务的来源产生混淆,从而损害在先权利人的利益。因此,欧盟法院认为,《欧盟商标指令》第5(1)(b)条应当解释为,如果把自己的商号与他人的在先注册商标结合起来,使用在与他人相同的商品或服务上,虽然他人的在先商标不构成此复合商标的主要部分,但是却有着独立突出的地位,也可能构成商标近似。

在 Limoncello 案②中,意大利的 shaker 公司于 1999 年申请注册共同体图文组合商标,用于第 33 类的柠檬利口酒。该申请被西班牙的 liminana 公司提起异议,理由是其 1996 年已在西班牙成功注册 LIMONCHELO 文字商标,也用于第 33 类的商品。欧盟知识产权局异议处和申诉委员会均认为争议商标与引证商标存在近似,不应予以注册。shaker 公司于是诉至欧盟普通法院。欧盟普通法院审理后认为,在视觉效果上,争议商标中的最显著的部分应该是边上有一圈柠檬装饰的圆盘;文字在视觉效果上并不是商标的显著部分,因此也就没有必要就文字部分的发音和含义与引证商标进行比对。鉴于圆盘部分与引证的文字商标存在很大的差别,因此两商标根本不构成近似。欧盟知识产权局不服,上诉至欧盟法院。

欧盟法院推翻了普通法院的认定,指出相关公众一般都是把商标作为一个整体来识别,而且,既往判例也表明,对于商标是否近似的判断,也应该把商标作为一个音、形、义的整体来审查。普通法院仅将争议商标视觉上的主要构成部分,而非音、形、义紧密结合的商标整体,与引证商标进行比较,就作出了不近似的认定,显然违反了商标整体审查的原则。虽然主要部分对商标整体效果的形成起着较大的作用,但是,如果其他组成部分的作用没有微弱到可以忽略的程度,还是不能仅仅比较主要组成部分就对商标是否近似作出判定。

在 Quick 案③中,Nestlé 公司申请注册一个由 QUICKY 文字和兔子图案构成的组合商标,图案在文字之下,与文字几乎等大。该申请被 Quick 公司提起异议,异议人指出,申请商标与自己在先注册的,用于相同或近似商品的 QUICKIES 和 QUICK 文字商标构成近似。该异议理由先后得到欧盟知识产权局异议处、申诉委员会,以及欧盟普通法院的支持。普通法院认为,被异议商标的文字部分与引证商标相同或者近似,图形部分存在差异,但是差异不足以使人忽略文字部分的近似,因此仍应判定申请商标与引证商标构成近似。Nestlé 公司不服,上诉到欧盟法院。

欧盟法院认为,普通法院对于商标近似与否的判断方法是错误的。判断商标近似与否,

---

① C-120/04 Thomson life 案判决书第 36 段。
② C-334/05 P Limochelo 案判决书第 41~42 段。
③ C-193/06 P Quick 案判决书第 44~47 段。

应该从商标整体进行比较。欧盟普通法院先比较文字部分，得出此部分近似的结论后，在没有继续审查图形部分是否可以忽略不计的情况下，仅凭文字部分的近似就断言商标的近似，有违商标的整体审查原则。本案应发回普通法院重审。

在 La Perla 案①中，著名的 La Perla 公司以其在先注册的两个 la perla 图形商标文字商标 la perla parfums，对一项注册申请提出撤销。该商标为文字"NIMEI LA PERLA MODERN CLASSIC"，使用在第 14 类的珠宝、手表、贵金属等商品上。在先图形商标所使用的商品包括好几个类别，涉及香水、眼镜和服装；还有一个图形商标使用的商品恰恰就是第 14 类的珠宝、假珠宝和手表等。撤销申请先是得到欧盟知识产权局的支持，继而又被申诉委员会驳回。于是，La Perla 公司上诉到普通法院。

2007 年 5 月 16 日，欧盟普通法院推翻了申诉委员会的认定，认为应当予以撤销。欧盟普通法院认为，首先，La Perla 公司的在先商标享有不可置疑的知名度。在先商标中文字部分是显著部分，图形是非主要部分。在后商标包括了在先图形商标中文字部分的全部，也即在先商标的主要部分。在后商标中的 modern 和 classic 只是描述性的语言，因此不是商标的主要部分，nimei 部分在意大利语中没有任何含义，也不能视为该商标的主要部分，这样一来，在后商标的主要部分 la perla 与在先商标完全相同，考虑到两者使用的商品也构成近似，因此，应当认定商标近似。在后商标应予撤销。并且，欧盟普通法院还进一步指出，不一定非要在相关公众中引起混淆才能认定相似，只要有可能使相关公众把商标和商品错误地发生联系，影响消费者对商品来源的正确判断，即可认定近似。

正如欧盟知识产权局申诉委员会在 helicidine 一案②中所指出的那样，当一文字商标是另一个的组成部分时，判断是否构成近似，不能一概而论，要看前商标究竟以何种方式被后商标包含。基本的情况是，Ajinomoto 公司申请注册 Helicidine，使用于第 5 类的药品。Almirall 公司引证其在先于西班牙注册的，使用于相同商品上的 Cidine 商标提起异议。异议处简单地以 Cidine 商标被 Helicidine 所包含这一点，就认定两商标构成近似，进而支持了该项异议。Ajinomoto 公司不服，提起上诉，申诉委员会作出 R 1645/2007 - 2 号裁决指出，Cidine 和 Helicidine 都是臆造词，在含义上无从比较。因此，发音和外形是近似与否的关键。对于自己不熟悉，也没有什么含义的 Helicidine，消费者会把它们当作一个整体去接受，而不是把它们分割自己同样不熟悉的 Heli 和 cidine 分别看待。而作为一个整体，他们外形和发音差别显著。因此，申诉委员会最终认定两商标不构成近似。

七、在先商标的显著性和知名度

显著性和知名度的作用。欧盟法院在 Sabel 案中认为，显著性和知名度越高，混淆的可能就越大。在 Lloyd 案③中，它还特别指出，在确定商标的显著性以及在认定商标是否特别显著时，成员国法院必须就商标在注册指定的商品或服务上指示特定厂商的能力的强弱进行整体判断，也就是判断该商标将此商品或服务同其他厂商生产的商品或服务区别开来的能力。商

---

① T - 137/05 La Perla 案判决书第 46 ~ 50 段。

② R 1645/2007 - 2 申诉委员会裁定。

③ C - 342/97 Lloyd 案判决书第 22 ~ 23 段。

标的显著性存在强弱之别,在决定商标的保护范围时必须考虑这一因素。即使商标近似度低,但在商品或服务类似度高且商标显著性强的情况下,仍然可能产生混淆。

换言之,显著性强的商标的保护范围就应该比显著性弱的商标宽。在进行这些判断时,具体应考虑如下因素:商标的内在特征,包括商标是否包含指定商品或服务的叙述成分;商标的市场份额;商标使用的强度、广度及长短;厂商宣传促销该商标的投入;公众通过该商标认知商品或服务产自特定厂商的比例;工商会及其他行业组织的声明。

混淆与商标知名度的关系。在 IKEA 案①中,欧盟普通法院阐释了在先商标的知名度对混淆认定的影响。该案中,WAIBEL 公司注册了图形商标 idea 及图,用于第 16 类、第 20 类和第 40 类的家具等商品和其他有关的服务。IKEA 公司向欧盟知识产权局申请撤销该商标,并引证了自己在欧盟及欧盟的几个成员国在先注册,并使用在相同商品和服务的图形商标,同时指出自己的商标是驰名商标。欧盟知识产权局撤销处认为,争议商标和引证商标构成近似,会在相关公众中造成混淆,争议商标应予撤销,但撤销处并没有在裁决中涉及 IKEA 公司提出引证商标驰名的主张。

该裁定随后被申诉委员会推翻,申诉委员会指出,争议商标和引证商标发音上有些近似,但在视觉效果和文字含义上有较大差别,这些差别可以抵销发音上的近似。且就第 20 类的家具这种较为贵重的商品,消费者在购买时,会给予比较高的注意力,轻易不会混淆。IKEA 公司不服,又上诉到欧盟普通法院,仍被驳回。

欧盟普通法院认为,两商标整体视觉效果上的近似度很低;IKEA 本身没有含义,而 idea 是一个有明确含义的常用词汇,因此不能认定 idea 和 IKEA 在含义上存在近似;在发音上,两商标的近似程度也比较低。两个标识本身并不构成近似。针对 IKEA 公司提出的引证商标驰名的问题,欧盟普通法院指出,根据既往的判例,在两商标标识本身近似的情况下,在先商标的知名度越大,认定混淆的可能就越大,但是,鉴于本案的两商标标识本身并不构成近似,差别很大,因此,即使在先商标的知名度再大,也不会影响混淆的判断。

在中国建设银行 CCB 一案②中,中国建设银行(以下简称建设银行)2014 年 10 月 14 日,在欧盟申请注册图文商标,使用在第 36 类的银行服务、金融服务等多种服务上。2015 年,法国 CB 银行卡集团引证多项权利提起异议,其中包括 1999 年注册,也使用在第 36 类保险和金融等服务上的商标。该异议先后得到异议处和申诉委员会的支持。建设银行向欧盟普通法院上诉,被驳回,遂继续上诉到欧盟法院,理由主要是:(1)普通法院在审查标志近似和判断混淆可能两个阶段重复考虑了在先商标的知名度;(2)错误地扩大了在先商标有知名度的服务范围;(3)歪曲了证据和事实,没有考虑在先商标中的图形要素;等等。

2020 年 6 月 11 日,欧盟法院判决推翻了一审判决,支持了建设银行的涉案商标注册,并回应了建设银行的上诉理由。欧盟法院认为,《商标条例》第 8(1)(b)条,要求全面审查混淆的可能性,包括标记近似度,商品类似度,以及在先商标知名度和显著性等。在先商标知名度和显著性是对在先商标单方面的审查,和比较商标近似与否是两个不同的问题,知名度高不能必然得出近似的结论;判断标记近似时不应考虑知名度,而欧盟普通法院却考虑了,还错误

① T-112/06 IKEA 案判决书第 76~80 段。

② C-15/19 P CCB 案。

地认为知名度会让消费者把在先商标的要部识别为文字"CB",并忽略图形因素,以此"CB"文字与申请商标比较,进而得出近似的结论,这有失偏颇。此外,建设银行虽然不反对在先商标在某些服务上的知名度和显著性高,但认为这并不等于该商标在其注册的所有服务上都是如此,而普通法院则把在先商标在银行卡交易系统的知名度和显著性,不加审查分析地适用到了金融、货币和银行服务上,导致了知名度判断的错误。

八、混淆的综合认定

各要素的综合考量。如前所述,商品的类似和商标的近似如果不能完全排除,就需要进一步考虑在先商标的显著性和知名度,以考察整体是否具有混淆的可能性。当然,共存的事实也会对可注册性产生影响。

商标共存协议的影响。在 Kerrygold 案①中,欧盟法院 2017 年 7 月 20 日针对西班牙阿利坎特省法院商标案件作出初裁,阐明了商标在欧盟部分地区共存时,在欧盟其他区域的混淆认定问题。

爱尔兰的 Ornua 公司(Ornua Co – operative Limited)享有欧盟文字商标"KERRYGOLD"以及图形商标的专用权,这些商标分别注册于 1998 年和 2011 年,使用在食品等商品上,其商品在欧盟的主要销售区域包括西班牙、比利时、丹麦、德国、爱尔兰、希腊、法国、塞浦路斯、卢森堡、马耳他、荷兰以及英国。西班牙的 T&S 公司(Tindale & Stanton Ltd España SL)进口并在西班牙销售由 Kerry 集团(Kerry Group)生产的"KERRYMAID"牌的人造奶油。Kerry 集团在英国及爱尔兰注册了"KERRYMAID"商标。

2014 年,Ornua 公司认为 T & S 公司使用 KERRYMAID 商标的行为侵犯了其 KERRYGOLD 商标,并不正当利用了其商标的知名度,向西班牙阿利坎特商业法庭提起诉讼,遭到驳回。法庭认为涉案商标相同的部分是"KERRY"文字,而"KERRY"是爱尔兰以养牛闻名的县的名字;涉案商标在爱尔兰和英国一直相安无事,这两个成员国在欧盟举足轻重;基于欧盟商标在欧盟保护的整体性原则,涉案商标在这两个成员国的共存,在欧盟其他地区也不会造成混淆,也不存在不正当利用原告知名度的问题。

Ornua 公司上诉。负责二审审理的阿利坎特省法院对本案中涉及的,欧盟商标和国内商标在欧盟部分地区共存,能否推广认定相关标志在欧盟其他地区也不存在混淆等问题,请示欧盟法院对如何解读《商标条例》(207/2009)第 9(1)(b)(c)条作出解释。

2017 年 3 月 29 日,欧盟法院总法务官给出意见指出,《商标条例》(207/2009)第 9(1)(b)(c)条应当作如下理解:发生冲突的商标在欧盟部分区域和平共存且未引起混淆,并不意味着在欧盟其他区域就当然没有混淆的可能。然而,在某种情况下,一方面,这种部分区域的共存在整体判断混淆时要考虑;另一方面,在判断涉案标记之间的联系时也要考虑,这分别是适用《商标条例》第 9(1)(b)(c)条进行保护时要满足的标准。总法务官还认为,如果涉案的标记包括相同的词语,该词又是被诚实使用的标明产源的词语,不能以涉案商标含有该词语为由认定混淆或是有损商标声誉。

对此,欧盟法院初裁指出,根据《商标条例》(207/2009)第 9(1)(b)条,欧盟商标和国内

---

① C – 93/16 Kerrygold 案。

商标在欧盟部分区域和平共存,并不意味着该欧盟商标和与该国内商标相同的标志在其他没有和平共存的欧盟区域不构成近似;欧盟商标法院审理某商标侵权案件时所考虑的因素,对审理该案涉及区域之外的其他欧盟地区商标权利人是否有权制止他人使用该案涉及的标记的其他案件具有相关性,如果两案涉及的区域的市场条件和社会文化状况没有重大区别,前案考虑的因素可以在后案中予以考虑。根据《商标条例》第9(1)(c)条,在欧盟部分区域,具有一定知名度的欧盟商标和某标记和平共存,也不意味着在不和平共存的区域就有正当的理由使用某标记。

无协议共存的法律后果。欧盟法院在 Carbonell 一案中①就商标近似的认定给出了进一步的指示。在该案中,西班牙植物油生产商 Aceites del Sur 公司申请注册,异议人 Koipe 公司以在先注册的商标提起异议。异议处和申诉委员会均认为异议商标和引证商标并不近似。Koipe 公司不服,上诉至欧盟普通法院,获得胜诉;而 Aceites del Sur 公司上诉到欧盟法院。

欧盟法院经审理,作出裁决,维持了普通法院的判决。首先,它认为图文组合商标中没有显著性的部分可以忽略不计,通过对有显著性的部分进行整体比对,两商标构成近似;其次,针对申请人的"共存"抗辩,特别指出"共存"在一定条件下确实可以削弱因近似而造成混淆的可能,但这里的"共存"应是一种不存在冲突的"共存",而本案中,双方当事人的商标纠纷已经持续了相当一段时间,在这种情况下,"共存"不能作为抗辩理由;至于申请人提出的,应当对商标知名度进行审查的问题,法院指出,此时需要审查的知名度应当是在先商标的知名度,也即引证商标的知名度,申请人商标的知名度对于近似判断没有影响。

九、商标侵权的具体形式

根据《商标条例》第9(3)条,如果上述条件成立,商标所有人特别可以制止他人:在商品或商品包装上缀附该标志;提供带有该标志的商品将其投入市场,或为此目的持有或用该标志提供服务;进口或出口带有该标志的商品;在商业文书或广告上使用该标志。

企业名称侵权。关于商标与企业名称关系的问题,新的欧盟商标法从两方面进行了强化:一是根据第9(3)(d)条企业名称只要用在商品上就是侵权,无论是否突出,除非不用在商品上,只是一个单纯的主体的名称。二是根据第14(1)(a)条,在抗辩的时候,以前用企业名称就可以作为抗辩,现在这个名称只能是个人的名称才能抗辩,企业的名称是不可以抗辩的,这两条合起来加强了企业名称的规制。

过境商品侵权。新的《商标条例》第9(4)条总体规定即使单纯过境也可构成侵权,除非证明商品在最终目的地不侵权。之前的情况有所不同,在 Diesel 案中②,意大利牛仔裤制造商 Diesel Spa 在德国享有注册商标 DIESEL 的专用权。而 Montex Holdings 公司在波兰生产贴有 DIESEL 商标的牛仔裤,通过公路运输,途经德国,到爱尔兰进行销售。整个运输过程完全依照《欧盟海关法典》关于运输方面的规定。但是,在2000年12月,德国海关查扣了一批 Montex Holdings 生产的 DIESEL 牛仔裤,理由是这批货物侵犯了 DIESEL 商标专用权。案件在德国法院进行审理,后德国法院就过境商品是否构成侵权的问题请示了欧盟法院。欧盟法院

---

① C-498/07 Carbonell 案判决书第70、82~84段。

② C-281/05 Diesel 案判决书第25、26段。

2006 年 11 月 9 日对请示进行了回复,指出,在本案中,Montex Holdings 运输货物的行为本身并没有侵犯 DIESEL 商标权。欧盟法院同时还指出,如果非商标权利人将贴有某商标的商品,在欧盟成员国之间进行过境运输,途经该商标受保护的国家,最终到达该商标不受保护的国家,商标权利人只有在能够证明这些货物必然会在途经的国家进行销售,才能禁止这种过境运输行为。

后来又有一个飞利浦和诺基亚的案子①,欧盟法院因为受限于当时的立法,判决不能算侵权,因为在没有实质性的证据证明它要投放欧盟市场的情况下,侵权不能成立,但要证明它有可能实际会进入欧盟市场,举证又会非常困难,当时大家的意见就非常大。新法改成原则上只要进到欧盟的地域,都算侵权。被告如果能证明这个商品是要到比如埃及去的,而他在埃及有这个商标权,这个时候仅仅是过境,就不算侵权。新法将举证责任进行了一定的倒置,同时也给这个最终目的地有合法权利的转运商一条活路,总体是一个比较平衡的做法。

帮助侵权。在 Lacoste 案②中,欧盟法院在针对捷克最高院请示的案件的初裁中指出,根据《商标条例》(2004/48/EC)第 11 条,市场经营者需制止商户的侵权行为。

本案中,Delta Center 公司租用 Prague 市场的场地,并将场地转租给若干商户。Lacoste 公司(法国鳄鱼)等多个权利人在该市场内发现侵犯其商标权利的商品,遂起诉到法院,要求 Delta Center 公司停止向侵权人出租场地。一审失利后,原告向捷克最高法院提起上诉,在审理中,捷克最高法院就该案涉及的《欧盟商标指令》第 11 条的理解问题提请欧盟法院做出回复。

2016 年 7 月 7 日,欧盟法院对本案作出初裁。根据《知识产权执法指令》第 11 条,权利人有权提起诉讼,追究为第三方侵权行为提供服务的中间方的责任。此前,欧盟法院曾在 L'Oréal 公司诉 eBay 案中,确认过网络交易平台经营者应当禁止通过其网站进行的商标侵权活动。而本案原告的意见是,实体市场的经营者和网络交易平台经营者一样,也应负有制止通过其市场进行的侵权活动。这一观点基本上得到了欧盟法院的支持。

欧盟法院在初裁中认为,根据《知识产权执法指令》第 11 条,将其在市场租用的场地分租给商户的承租方,其分租商户在该场地上如有假冒行为,该市场承租方应界定为"为第三方侵犯他人知识产权提供服务的中间方"。这种情况下,市场承租方的行为与 L' Oreal 案件中的网络平台经营的行为一样,都可以适用禁令。

除此以外,欧盟商标法还特别规定了几种特殊情况下的救济,这些救济有的不算严格意义的商标侵权,但对于制止相关的违法行为特别有效。

预备侵权行为。《商标条例》第 10 条特别规定,如果单纯的包装、标签等物料可能被用于侵权,则商标权人也可加以制止。这方面中国的商标法可以说走在了前面,因为欧盟最近这十几年深刻地感受到侵权人越来越狡猾,他们出口的时候在运输途中商品和商标不放在一起,以矿泉水为例,商标单独放,运的时候只运白瓶的矿泉水,运到后再把商标贴上。这样,有时候只发现一堆标签,有时候只发现一堆裸瓶,单独似乎都不侵权。这种情况今后就可以追究了。

---

① C－446/09 及 C－495/09 案判决书第 63 段。

② C－494/15 Lacoste 案。

临时保护。《商标条例》第 11 条规定了临时保护制度,基本的意思是,欧洲商标的权利应当从注册公告之日起才可以对抗第三方,也就是说从申请到注册这之间可能有几个月到一年的时间,等注册公告以后,其他人就不能再用了,但是它有一个申请之后的临时保护,就是申请之后如果进行了公告,那么申请公告之后的行为就可以起诉了。这个起诉不是马上判,会等到商标注册下来以后,因为有可能商标因为异议没有注册成功,这段时间的行为也会成为违法行为。

具体在 Irina 一案[①]中,欧盟法院指出《商标条例》第 9(3)条第 2 句(现行《商标条例》第 11 条)应当理解为,对于欧盟商标申请公布之前第三人使用该商标的行为,欧盟商标权人不得要求第三人赔偿。对于欧盟商标申请公布之后至欧盟商标注册公告之前第三人的非法行为,欧盟商标权人有权要求第三人承担合理赔偿责任,赔偿范围限于第三人于上述期间因该行为实际获得的利益,不包括商标权人因上述行为而造成的精神损失等其他损害赔偿。

字典订正权。《商标条例》第 12 条规定:如果编入词典、百科全书或类似参考书,给人的印象好像成为注册使用的商品或服务的通用名称,出版社应根据所有人的要求,保证至少在最近再版时,注明该词为注册商标[②]。

之所以这么规定,是因为这种退化很多情况下是因为字典把一个商标误收为一个普通词汇,比如吉普车,如果不作说明,大家就容易认为吉普车是一种车的名称,所有的这种车都叫吉普车,但实际上吉普是他人的商标,如果在字典里叫吉普车可能就不太合适。所以比较正式的牛津、剑桥词典,它里面都会标®,或者注明某某是人家的一个商标。这个规定在以前欧盟商标条例里就有,欧盟《商标指令》将这个条例里的规定推广到各个成员国。

制止代理人使用权。《巴黎公约》第 6 条之七特别禁止抢注被代理人商标,且允许被代理人禁止代理人使用该商标甚至将商标转回。《商标条例》第 13 条即规定了禁用权,第 21 条还规定了转回申请权,当然根据第 8(3)条或第 60(1)(b)条,商标权利人也可以阻止其注册或申请宣告该注册无效。

第二节 欧盟商标权的限制

一、因在先商标的懈怠导致的抗辩——容忍失权

如果所有人在明知的情况下,已默许在后的商标在共同体内连续使用 5 年,则不再有权以在先商标为由申请在后的商标宣布无效,或者反对在后的商标在已使用的商品或服务上继续使用,除非在后商标是以欺骗行为申请注册的[③]。但是,其他在先权利没有这样的限制。

在百威案[④](C-482/09)中,捷克的布捷约维策百威公司(Budějovick ý Budvar)和美国的安海斯布希公司(Anheuser-Busch),分别于 1973 年和 1974 年进入英国市场,并各自在市场

① C-280/15 Irina 案。

② 《商标条例》第 12 条。

③ 《商标条例》第 61 条。

④ C-482/09 百威案。

上销售带有 Budweiser 商标的啤酒。1979 年 12 月 11 日，安海斯布希公司向英国商标注册处申请在“啤酒、麦芽酒和黑啤酒”上注册 Budweiser 商标，而就在此商标申请的审理过程中，1989 年 6 月 28 日，布捷约维策百威公司也递交了 Budweiser 商标注册申请。

2000 年 2 月，英国法院裁定两公司均可注册 Budweiser 商标，因为英国法律明确规定，在两个相同或近似商标共同善意使用的情况下，两个商标可以共同注册。此裁定一出，2000 年 5 月，两公司的商标均被核准注册。

2005 年 5 月 18 日，即两商标注册 4 年零 364 天后，安海斯布希公司向英国商标注册处提出申请，要求宣告布捷约维策百威公司注册的 Budweiser 商标无效。

依照欧盟相关法律，在相同或近似商品上与在先商标相同的商标不能被核准注册或者应宣告无效，除非在先商标拥有人在知晓在后相同商标使用的情况下默许其使用连续 5 年以上，此种情形下，在先商标拥有人就丧失了对在后相同商标提出异议或无效的权力。

在欧盟法院 2011 年 9 月 22 日的裁定中，首先对上述五年时间限制在本案中的应用做出了解释，认为，一方面，5 年时间应自在后商标注册之日起计算，非注册商标的使用时间不计在内，另一方面，在先商标的注册也并非计算这 5 年时间的先决条件，而且，法院认为，在先商标的拥有人没有能力对在后商标提出异议的期间不应计入 5 年时间内。

欧盟法院指出，对于在后商标，只有在该商标对在先商标的基本功能，即使消费者区分商品来源的功能产生了不利影响的条件下，才能宣告其无效。而针对本案，欧盟法院认为，在 Budweiser 商标注册之前，两公司已经在英国市场上使用该商标 30 多年，虽然安海斯布希公司提出注册申请在先，但最初两公司对于该商标的使用都是基于善意的。而且，欧盟法院还了解到，虽然使用相同的 Budweiser 商标，英国消费者深知两个公司啤酒的区别，因为它们在味道、价格、外观等方面都有很大区别。因此，欧盟法院裁定，两公司在市场上共同善意使用 Budweiser 商标已有很长历史，且没有对安海斯布希公司在先商标的基本功能产生不利影响，因此对布捷约维策百威公司的注册商标无须宣告无效。

二、因在先商标的缺陷导致的抗辩——中间权利

2015 年欧盟商标法引入了一个新的理念①，就是以在后商标的申请日为准，在这个申请日的那一天，在先商标必须符合下列条件：第一个就是符合基本的起码的显著性，翻译成中国的法律，就是要符合中国《商标法》第 11 条的要求。如果当初这个商标就是不能获得注册的商标，结果侥幸获得注册了，那就不能主张权利。

第二个就是它不具有认定混淆所要求的高显著性，就是说它的显著性不够。欧盟的商标法是先认定商标的客观近似、商品的客观类似，再把在先商标的显著性、知名度作为一个单独的因素在商标是否混淆的框架下进行考虑。这样就会出现一个同样的相同近似的商标，由于在先商标的显著性、知名度不同，高的就产生混淆了，低的就不混淆。所以，它就是要求商标的知名度作为一个单独的因素，如果该显著性在在后商标的申请日那天欠缺的话，那就不能禁止在后的商标。这个情况甚至会发生在后来显著性增强的情况下。但即使后来显著性够了，也不能改变当时不够这个现实，当时撤不了在后的商标，在后的商标就稳定了。

---

① 《商标条例》第 16 条。

第三个就是如果在后商标申请时在先商标注册已满 5 年但还没有使用,则该商标就不能阻止在后商标的注册,即使后来在先的商标又开始使用了。

三、他人对名称的使用

在 Budweisher 案①中,欧盟法院认为,《与贸易有关的知识产权协议》第 16 条第 1 款的第一句话中的标记包括商号,根据欧盟法院以往判例,商标所有人在第三方使用的标记影响或可能影响其商标功能,特别是区分来源的功能得以发挥时,可以禁止第三方使用。但是,根据《与贸易有关的知识产权协议》第 17 条,如果第三方上述使用符合工商业的诚实惯例,则该使用应被允许。此外,商号还可能成为《与贸易有关的知识产权协议》第 16 条第 1 款第三句话中所说的在先权利。

在 Céline 案②中, Céline 股份公司成立于 1928 年,并在 1948 年申请注册文字商标 CÉLINE,用于第 1 ~ 42 类的商品和服务,这些商标经续展目前仍然有效。Céline 有限公司 1992 年以 Céline 为企业名称获准注册,主营服装、服饰,以及半成品服装加工,等等。发现对方也在使用 Céline 标志的事实后,Céline 股份公司即以商标侵权和不正当竞争为由将 Céline 有限公司诉至南锡大审法院,法院判决支持了 Céline 股份公司的诉讼请求,禁止 Céline 有限公司在商号和店铺名称中使用 Céline 的标志,并给予原告相应的赔偿。

Céline 有限公司不服,向南锡上诉法院提起上诉,认为商号和店铺的名称不是用来区分商品或者服务的来源,商品在一家商店出售,消费者并不会就此误以为该商品来源于该家商店,因此,自己在商号和店铺名中使用 Céline 标志,不可能构成商标侵权。在审理中,南希上诉法院中止程序,请示欧盟法院《一号指令》第 5(1)条是否应当理解为未经授权的任何第三人把他人的注册商标用作企业名称、商号或者店铺的名称,并且经营与商标所使用的商品相同的商品,就一定构成侵权,商标权利人就有权制止这种行为。

对此,欧盟法院认为,对请示所提及的行为的定性,应当从相关公众对于该标志的理解程度、商号使用者对在先商标应当知晓的程度,以及在先商标本身的知名度等方面进行考量,如果行为影响或者可能影响商标的区分来源的作用,则应当认定为《一号指令》第 5(1)(a)条中的商业使用,商标权利人有权予以制止,如果只是单纯的商号使用的行为,则应当理解为符合法律规定的诚实使用。

新的指令和条例对企业名称的规定基本沿袭了 Céline 案件的思路,也就是说关键不在于企业名称是否突出使用,关键在于企业名称是否与具体商品发生关系,如果答案是肯定的,则企业名称的使用也可能构成商标侵权。

四、他人对叙述词汇的使用

除了少数臆造词构成的商标,大部分的商标都是由普通词汇乃至叙述性词汇构成的,是这些叙述性词汇的“第二含义”,商标的注册不能妨碍在一般的叙述意义上对这些词汇的使用,也不能限制人们为了指示商品或服务的用途使用他人商标,否则消费者的知情权就将受

---

① C-245/02 Budweisher 案判决书第 85 段。

② C-17/06 Céline 案判决书第 27 段。

到威胁。

因此,《商标条例》和《一号指令》均规定,所有人无权制止第三方在贸易过程中使用:其自己的名称或地址;或有关品质、质量、数量、用途、价值、产地名称、生产商品或提供服务的时间的标志,或有关商品服务的其他特点的标志;或需要用来表明商品或服务用途的标志,特别是用来表明商品零部件用途的商标;但上述使用必须符合工商业务中的诚实惯例①。

在 Gerry 案②中,欧盟法院认为,《一号指令》并未对正当使用作任何区分,只要是在说明商品的特点且符合工商业诚实惯例,就不存在商标侵权。仅仅存在发音近似并不足以得出不符合诚实惯例的结论。

具体的经过是,本案原告 Gerolsteiner Brunnen 公司在德国灌装矿泉水并生产含有矿泉水的软饮料,并注册有文字商标"Gerri"(1985 年 12 月 21 日)以及多个含有"GERRI"的图文组合商标。前述商标核定使用的商品是矿泉水、无酒精饮料、果汁、柠檬汽水等。

本案被告 Putsch 公司 20 世纪 90 年代中期就开始在德国使用"KERRY Spring"标志出售饮料,这些饮料在爱尔兰 Kerry 县的 Ballyferriter 生产和灌装。负责罐装的是爱尔兰的"Kerry 矿泉水公司",使用的是来自"Kerry 泉"的水。

原告在德国起诉被告商标侵权。一审慕尼黑地区法院支持原告,认定侵权,并禁止被告继续在矿泉水或软饮料上使用"KERRY Spring"。Putsch 公司上诉,得到二审慕尼黑高等法院的支持。案件最后诉至德国最高院。最高院就本案中涉及的法律问题,也即《一号指令》第 6(1)(b)条的理解问题提请欧盟法院作出解释。

2004 年 1 月 7 日,欧盟法院作出初裁指出,该条应理解为:如果在一个成员国注册的文字商标与在贸易过程中用来表明产品来自另一成员国的"标示"存在听觉混淆的可能性,只有在该地理来源的"标示"不符合工商业的诚信实践时,商标所有人才可以依据《一号指令》第 5 条禁止该地理来源"标示"的使用。具体由成员国法院根据案情全面判断。

在 BAVARIA 案中③,欧盟法院对意大利都灵法院提请的"商标与地理标志并存问题"作出初裁,明确了两者在一定条件下是可以共存的。本案中,Bayerischer Brauerbund(以下简称 BB 公司)是一个 1917 年即开始运营的,旨在保护巴伐利亚啤酒商权益的协会,它 1968 年即获准注册了 Bayrisch Bier 和 Bayerisches Bier 集体商标,且 Bayerisches Bier 标志在德国与意大利、希腊等国家关于地理标志、原产地标志保护的双边协议中获得保护。1993 年,BB 公司还根据《欧盟 2081/92 条例》申请将 Bayerisches Bier 注册为可保护的地理标志,并于 2000 年获准注册。本案的另一方当事人 Bavaria 则是一家面向国际市场的荷兰啤酒商,它 1925 年就开始使用"Bavaria"标志,并从 20 世纪 40 年代起就先后注册了很多含有"BAVARIA"的文字或图文组合商标。

BB 公司要求撤销 Bavaria 及其意大利分公司含有"BAVARIA"的商标,理由是这些商标与其注册地理标志冲突,并且,Bavaria 及其意大利分公司的啤酒实际产地是荷兰,所以,这些商标中含有的 BAVARIA 字样还会误导消费者。意大利都灵法院对此案进行了审理,部分支

---

① 《商标条例》第 12 条。

② C-100/02 Gerry 案判决书第 19、24~25 段。

③ C-343/07 BAVARIA 案判决书第 124~125 段。

持了 BB 公司的请求,于是 Bavaria 及其意大利分公司上诉到都灵上诉法院。上诉法院在审理中,就一些法律问题提请欧盟法院做出答复,即商标与第 1347/2001 号欧盟理事会条例所保护的地理标志是否可以共存的问题。对此,欧盟法院答复指出:如果地理标志侵犯了在先商标,误导了消费者,那它根本不能根据第 1347/2001 号条例获得注册。即使地理标志获准注册,也不能禁止他人在该地理标志申请注册前,就已经善意申请并获得注册的有关商标使用,除非该商标具有《一号指令》第 3(1)(c)条中驳回或无效的理由,或该指令第 12(2)(b)条中丧失权利的理由。

非显著抗辩。增加了一个对非显著部分的使用可以不视为侵权的抗辩。以前它和我国《商标法》一样。我国《商标法》第 59 条第 1 款主要涉及对通用名称,叙述性标志和地名的使用不视为侵权,但这个里面也没有提非显著部分。因此接下来如何执行还需要观察。

在 F1 案①中,2004 年 4 月,RL 公司(Racing - Live SAS)申请注册欧盟商标,使用在第 16、38、41 类中与一级方程式比赛有关的某些商品或服务上。2005 年 5 月,FOL 公司(Formula One Licensing BV)引证在先注册的使用于相关商品或服务的三件 F1 文字商标(一件英国注册,一件德国注册,还有一件是领土延伸保护到法国、德国、西班牙等国的国际注册),以及一件欧盟图文组合商标提起异议,并提交材料认为自己的引证商标具有很高程度的显著性。异议处仅引证了国际注册的 F1 文字商标,认为申请商标与引证商标构成近似,会导致混淆,不应予以注册。后全球体育媒体公司(Global Sports Media Ltd)取代 RL 公司成为申请商标的所有人,并继而向欧盟知识产权局申诉委员会提出上诉。申诉委员会审查后撤销了异议处的裁定,支持申请商标的注册。

FOL 公司遂向欧盟普通法院提起上诉,法院 2011 年 2 月作出 T - 10/09 号判决。判决认为相关公众会把 Formula 1 认知为一级方程式赛车或比赛的简称;"F1"作为 Formula 1(一级方程式)的简称,应视为通用名称。仅有 F1 在成员国内获得国内注册或国际注册的事实也不排除该标志具有描述性,内在显著性弱。但是,前述国内注册或国际注册商标的有效性问题不能在本案程序中解决,只能通过成员国国内的程序来解决。FOL 公司提交的使用证据只是其欧共体注册的图文商标的使用证据,不能因为里面含有 F1 字样就看作 F1 文字商标的使用证据。而且,考虑到描述性的问题,消费者不会因为申请商标中含有 F1 就将申请商标与三件 F1 文字引证商标联系在一起并进而产生混淆。所以实际只需比较申请商标与引证的图文组合商标即可。通过音、形、义几方面的整体比较,法院认为两者并不构成近似。申请商标的注册应当得到支持。

FOL 公司遂上诉到欧盟法院。欧盟法院经审理,于 2012 年 5 月 24 日作出 C - 196/11 P 号判决,针对普通法院否定 FOL 公司 F1 商标有效性这一点纠正了普通法院的认定。欧盟法院认为,普通法院非法地剥夺了 FOL 公司依法获得的 F1 文字商标专用权。欧盟法院认为,普通法院的行为,相当于否定了已经受到法律保护的成员国内注册或国际注册的商标的有效性。这在程序上是不允许的。因此,欧盟法院判令欧盟普通法院对此案重新进行审理。

2014 年 6 月,ESPN 公司(ESPN Sports Media Ltd)向欧盟普通法院提交材料,表示其已经成为申请商标的权利人,将取代全球体育媒体公司在本案中的诉讼地位。2014 年 12 月 11

---

① T - 10/09,C - 196/11 P,T - 10/09 RENV, F1 案。

日,欧盟普通法院作出 T-10/09 RENV 号判决。重审判决未提及 F1 文字商标的有效性问题。但欧盟普通法院仍然认为,F1 是 Formula 1 通常使用的简称,使用在与一级方程式相关的产品和服务上显著性较弱。但显著性弱并不排除申请商标会与之造成混淆的可能。申请商标使用的商品和服务明确指出与一级方程式比赛有关。申请商标与引证商标之间存在差别,但也有一定程度的近似。F1 虽然不是申请商标的主要部分,但也是不可忽略的一部分,申请商标中的 LIVE 会使人联想起"对体育活动的现场播报",灰色圆圈会使人联想起跑道,再结合上 F1 字样,就很可能使相关公众认为在后的商标申请与在先的商标注册都出自在先商标权利人 FOL 公司,因此,申请商标不应予以注册。

五、他人对商标的指示性使用

在 BMW 案①中,欧盟法院认为,转销商既然有权转销经商标所有人合法投放市场的商品,就应该有权使用该商标通过广告告诉公众该商品的继续流通,除非这一使用严重损害了商标的声誉。至于被告在诚实使用原告的商标过程中获得了利益和声誉这一事实本身,则并无不当之处。在二手车的经营过程中,如果不使用 BMW 的商标,被告实际就不可能将他特别从事该商标汽车的销售和维修的事实传达给公众。此外,正如一些非原厂生产的零配件需要指出它们可以匹配的产品,在本案中使用 BMW 的商标也是为了指示究竟是在什么商品上提供修理和维护的服务。如果禁止使用原告的商标,被告将无法向公众传达他有能力维修这一车型的信息。但无论在任何一种情况下,他均不得使人认为他的经营与商标所有人有商业上的联系,尤其不得使人误以为他是商标所有人的特约经销商。这种错误的联系不仅与商品的自由流通无关,而且将使商标的价值下降。但是否可能造成这种错误的联系,将由各成员国法院根据事实判断。

在 Gillette 案②中,欧盟法院判决认为,第三方在为了说明自己的商品或服务,特别是说明商品的附件或配件时,可以基于善意的目的使用商标权利人的商标。如果只有通过使用他人的商标才能说明自己的商品或服务,并给公众提供完整的信息,那就应该允许。所谓善意,是指第三方使用该商标不能误导他人认为他是商标权利人,或者有损商标的价值,影响商标权利人的信誉,或者模仿商标权利人的商品。

六、他人对商标的比较性使用

为了协调各成员国的立场,避免同一广告在不同国家受到不同对待,从而影响商品或服务的自由流通或提供,在经过长达 7 年的讨论和反复研究之后,欧洲议会和委员会终于于 1997 年 10 月 6 日通过了放开比较广告的 97/55/EC 指令。该指令是以修改和完善 1984 年有关误导性广告的 84/450/ EEC 指令的形式出台的。97/55/EC 指令要求各成员国最迟于 2000 年 4 月完成对各自立法的修改。法国过去坚决反对比较广告,但在欧盟征求意见的过程中却于 1992 年先行修改立法,放开了比较广告③。英国 1994 年的新商标法根据《一号指令》第 5

① C-63/97 BMW 案判决书第 42、51、52、58~61、64 段。
② C-228/03 Gillette 案判决书第 39、49 段。
③ 《法国消费法典》,L121-8 及以下各条。

(5)条①规定，也允许了比较广告的存在，只要该比较广告对竞争对手商标的使用不违反工商业诚实惯例，也不存在无正当理由从竞争对手商标的显著性或声誉中获利或对它们造成损害的情况。英国认为只要不违反诚实信用的基本原则，比较广告就不用去寻找什么正当理由。

该指令以最概括的语言对比较广告下了一个定义：凡是直接或间接提到竞争对手或竞争对手提供的商品或服务的广告都属于比较广告。允许比较广告最有力的理由是消费者有知情权，尤其在各国产品实现自由流通之后，市场竞争全面升级，面对在型号、口味、成分等方面展开竞争的各种产品，由于缺少足够的信息，消费者无从比较取舍。为了使消费者最大限度地享受到统一大市场带来的好处，就应该给消费者提供尽可能多信息，包括竞争对手所作的客观比较。基于这个基本出发点，该指令从以下八个方面对比较广告进行了规范：

(1)必须确保比较广告不能是误导性广告，所谓误导性广告，是指以任何方式欺骗或可能欺骗消费者，并且由于其欺骗性可能损害竞争对手或影响消费者行为的广告。这实际是对任何广告的一个最基本的要求。

(2)为了避免漫无边际的比较，比较的商品或服务必须针对同样的需要或具有同样的用途，该指令不允许将不相干的商品或服务随便比来比去。例如，将电话资费与巧克力饼干进行比较就是不合适的。

(3)必须就商品或服务的主要的、有关的、可核实的及有代表性的特征包括价格进行比较。该指令如此不厌其烦地规定比较的内容，主要还是希望将比较广告纳入客观可靠的轨道中来。但该指令的用词仍然太过笼统，在实际操作中落实该指令提出的要求并非易事，试想由于各国的风俗习惯相去甚远，意大利人或希腊人心目中的“有关或有代表性”的特点，对于德国人或北欧人完全可能毫不相关。

(4)比较广告不得在市场上产生广告主同竞争对手之间的混淆，也不得产生两个公司的商标、商号或其他区别性符号及商品或服务之间的混淆。比较广告中对竞争对手的标记的使用，只能限于指明竞争对手所必须的程度，而不能导致消费者的混淆和误认。比较广告如果产生混淆，就与其存在的基本理由相矛盾，因为，比较广告不能一方面号称给消费者提供更多可供参考的信息，另一方面却让消费者将两者混为一谈。

(5)比较广告不得诋毁或贬低竞争对手的商标、商号或其他区别性符号及商品或服务，否则将被视为不正当竞争行为。

(6)比较广告如果涉及带有原产地名称的商品，两种商品必须带有同样的原产地名称，因为该指令认为原产地不同的商品之间不具有可比性。硬拉到一起比较只会让消费者产生混淆。

(7)比较广告不得从竞争对手的商标、商号或其他区别性标志中谋取不正当的利益。这一规定主要是为了确保商标所有人不至于遭到不正当竞争的侵袭。这种情况尤其可能发生在联想型的比较广告上。

(8)比较广告不得直接使用对应模仿的方式，即广告中不得使用诸如“夏奈尔类香水”这样的语言，否则无异于允许公开的仿冒侵权。

---

① 即成员国中适用的禁止以区别商品或服务的目的之外的目的使用一标记的规定，不受第1～4款规定的影响，只要该标记的使用无正当理由从该商标的显著性或声誉中获利或对它们造成损害。

为了避免竞争对手仅仅进行空头比较，对含有特别报价的比较广告，该指令要求必须注明特别报价开始或结束的时间，以供消费者实际掌握。

总体来说，强调商品或服务间的差别的区别型的比较广告，可能会比刻意攀附的联想型的比较广告更容易被法院接受。当然，联想型广告和区别型广告有时也不可能截然分开，一则广告完全可能在产品质量上使用联想型比较，但在价格上使用区别型比较。由于比较广告取得了法律的认可，商标所有人则会将防线后撤，转而利用上面提到的第七个方面的理由，阻止其竞争对手借助其商业信誉谋取不当利益。

2006 年 12 月 12 日出台的 2006/114/CE 指令又重新整合了误导性广告和比较广告的相关条款。

在 Champagnebier 案①中，比利时啤酒生产商 landtsheer 公司开发了一种用气泡葡萄酒酿造工艺制成的啤酒，宣称是“Champagnebier”，即“香槟啤酒”，并在酒瓶和包装上使用了“BRUT RÉSERVE”（“珍藏绝干”）、“La première bière BRUT au monde”（“世界第一的干啤酒”）、“Reims – France”（“法国—兰斯”）等法文，还提及了法国兰斯和埃佩尔内地区的葡萄酒生产商。为此，香槟酒业协会和 Veuve Clicquot 香槟酒厂诉至比利时尼韦勒商业法庭，认为 landtsheer 公司的行为误导消费者，属于不合法的比较广告，应停止使用上述标志。尼韦勒商业法庭部分支持了原告的诉求，判令 landtsheer 公司停止使用某些涉案标志，后双方均上诉到布鲁塞尔上诉法院。布鲁塞尔上诉法院在审理中，因本案涉及 landtsheer 公司在广告中将自己的商品与“香槟酒”进行比较的问题，故对广告中提及一类商品，而非特定竞争者的特定商品的行为是否可以构成比较广告，请示欧盟法院。

对此，欧盟法院批复指出，根据欧盟理事会第 84/450/EEC 号关于误导广告和比较广告的指令，及对该指令进行修正的第 97/55/EC 号指令，比较广告是指明确或含蓄地提及竞争者或竞争者的商品或服务的广告。既往判例对比较对象没有过多的限制，即使是隐讳地提及竞争者或其商品，也可以认定为比较广告。关键在于，能否从广告中看出他在与某个具体的竞争者的商品或服务进行比较。笼统地与一类商品，而不是某种明确的商品进行比较，并不必然说明没有具体的比较对象，如果该广告能够使人建立起与具体的比较对象的联系，仍可以构成比较广告。即使依据广告能找到多个比较对象，只要这些对象是特定而具体的，就可以构成比较广告。对此，各国法院应根据具体的情形加以判断。

间接比较问题。在 Toshiba 案②中，欧盟法院认为，不能仅仅因为没有直接比较就否认比较广告的认定，在自己产品型号的旁边提及对方产品的型号可以使公众准确地识别竞争对手的产品，因此这种对比实际相当于在说两者具有同等技术特征，即在进行主要、有关、可核实及有代表性的特征的比较。除非产生错误的联想，否则不能认定比较广告从商标声誉中获取了不当利益。

在 Simens 案③中，鉴于产品面对的公众的专业性、比较广告已经附加了各自的缩写名称且代码可以同时作为使用密码从而方便用户使用，不能简单因为比较广告会带来好处，就认

---

① C – 381/05 Champagnebier 案判决书第 19 ~ 24 段。

② C – 112/99 Toshiba 案判决书第 38、40、60 段。

③ C – 59/05 Simens 案判决书第 19 ~ 27 段。

为是在获取不当利益。

在 O2 案①中,原告 O2 公司系手机服务提供商。它在英国将静态气泡图形注册为商标,使用于通讯器材和通讯服务。被告 H3G 公司以数字“3”为标志提供一种叫作“Threepay”的电话预付费服务。2004 年,被告在电视广告中,使用了“O2”名称和与原告注册商标近似的黑白动态的气泡图案,明确宣称自己的服务比原告的便宜。原告于是向英格兰威尔士高等法院大法庭提起诉讼,指出被告的广告侵犯了其气泡商标的专用权。在诉讼中,原告虽然对“被告的广告未使消费者对双方的产品和服务产生混淆”这一点不存异议,但仍坚持认为,被告未经其同意在广告中使用与自己商标近似的标志的行为构成商标侵权。在其诉讼请求被高等法院驳回后,原告提起上诉,上诉法院对本案涉及的,比较广告中使用他人注册商标是否构成商标侵权的问题,提请欧盟法院作出初裁。

2008 年 6 月 12 日,欧盟法院作出裁定,从表面上看,《一号指令》第 5(1)条的规定似乎更为严格:商标权利人有权禁止任何未经其许可的第三人,在商业活动中,在相同或近似商品上使用与其商标相同或近似的标志。而欧盟理事会关于误导广告和比较广告的指令(84/450/EEC 号指令)第 3a(1)条则规定,如果符合法定条件,且没有在广告主和竞争者之间,或者他们的商标等标志之间造成混淆的比较广告是被允许的。但是,两者对“混淆”的判断标准并不矛盾。使用与在先商标相同或近似的标志是否会导致侵权,要看其具体使用的状况,不能做绝对的判断。但在注册申请阶段,为了保护在先商标,对只要有可能会对其造成危害的商标就要予以驳回。《一号指令》的规定比较严格,是因为《一号指令》涵盖了申请阶段。而 84/450/EEC 号指令中提到的,主要是“实际使用的标志”是否侵犯在先商标的问题,要判断这一点,只需考虑实际使用的方式、时间、地域、商业领域等具体因素。本案属于后一种情形,在没有造成混淆的情况下,原告不能根据《一号指令》追究被告的侵权责任。

七、他人在平行进口中对商标的使用

自 1957 年成立之初,欧洲经济共同体就确立了确保商品和服务自由流通和自由提供的原则。为了平衡保护知识产权和确保商品自由流通之间的矛盾,《罗马条约》第 28 条和第 30 条明确规定,各成员国间对进口的数量限制和具有同等影响的一切措施应予禁止,但该规定不应妨碍由于保护工商业产权的理由对进口所作的禁止或限制,不过此项禁止或限制不应构成任意歧视的手段,也不应成为对各成员国间贸易的变相限制。为了落实这一系列的原则性规定,具体平衡商标权利与商品自由流通之间的矛盾,欧盟法院在司法实践中发展了一整套的判例法,这些判例于 1988 年被整合到《一号指令》中。

《一号指令》第 7 条因此成为全面规范商标权利用尽的问题的最新依据,其具体内容如下:“(1)商标所有人本人或经其同意,将带有商标的商品在共同体内投放市场后,商标赋予其所有人的权利不得用来禁止在该商品上使用该商标。(2)商标所有人有正当理由对抗商品的进一步商业流通,尤其是商品状况在投放市场后遭到改变或损坏时,不适用第 1 款的规定。”②欧盟于 1994 年 1 月 1 日与欧洲自由贸易联盟(成员国为挪威、冰岛和列支敦士敦)组成

---

① C-533/06 O2 案判决书第 65~68 段。

② 《商标条例》第 13 条与此规定相同。

欧洲经济空间(EEA),《一号指令》第7(1)条中所指的“共同体”范围相应扩大到了整个欧洲经济空间。下面对该条的第1、2款分别加以论述:

(一)权利用尽的原则——《一号指令》第7(1)条

在Centrafarm案①中,欧盟法院提出了商标权的“特别客体”的概念,所谓商标权特别客体是指“尤其要确保商标权利人能够独占使用商标,首次将商品投放市场,以保护权利人,使其竞争对手不能依靠出售非法贴附其商标的商品,谋取商标的地位和声誉”。根据这一概念,商标所有人行使一成员国赋予他的权利,去制止他或经他同意在另一个成员国将标有相同商标的商品首次投放市场后的进一步流通,就会违反《罗马条约》中有关商品在共同市场内部自由流通的规定,这实际上是在共同体范围内承认了商标权利用尽的理论,为商品的平行进口开了绿灯。

对于首先在共同体外投放市场的商品的命运如何,《一号指令》却未置一词,《一号指令》是否排斥商标权利国际用尽原则也因此成为一桩公案。《一号指令》颁布前欧盟法院对于这一问题的经典判例是1975年发生的EMI诉CBS案②,判决认定行使商标权阻止从第三国进口带有相同商标的商品,不影响成员国间商品的自由流通,并因此不违背《罗马条约》第30条的规定。

国际用尽问题。《一号指令》颁布以后,欧盟法院一直没有机会对此正式表态,但1996年告到欧盟法院的Silhouette案③终于使欧盟法院有了回答这一问题的机会。原告Silhouette公司在奥地利生产SILHOUETTE高档眼镜框,经营低档镜框的被告Hartlauer公司,从一未知渠道获得了原告处理给保加利亚及苏联国家的一批过季镜框,并重新进口到奥地利出售,原告因此诉被告商标侵权。

围绕此案和对《一号指令》第7(1)条的解释,出现了两种截然对立的意见。一种意见认为,《一号指令》并不排斥国际用尽,因为平行进口非但不会造成消费者误认,恰恰相反,消费者会因买到廉价的平行进口商品而高兴;并且,商标不应被商标所有人用来瓜分各国市场,维持在个别市场上的高价;退一步说,《一号指令》至少并未明确规定商标权利国际用尽的原则不能适用,因为同样适用《一号指令》的欧洲自由贸易联盟成员国,在案情基本相同的Mag Instrument Inc诉California Trading Company Norway一案(E-2/97)中,已被欧洲自由贸易联盟法院于1997年裁定可以自由决定是否接受商标权利国际用尽理论。另一种意见则认为,《一号指令》最初的草案确实规定了商标权利的国际用尽理论,但因为立法者担心得不到其他贸易伙伴的相应回报,《一号指令》最后只规定了共同体内用尽,这种写法的潜台词只能解释为立法者最后放弃了草案中的提法,否则就应该直接在条文中体现出来,而绝不会像现在这样点到为止,让人拐弯抹角地去猜测;并且所谓《一号指令》至少是将该问题搁置起来留待各成员国自行抉择的说法,也同样不能成立,因为这一说法虽然表面上允许个别成员国选择同意或反对商标权利国际用尽,但实际上一旦有成员国做出同意平行进口的选择,其他成员国在

---

① Case 16/74 Centrafarm案判决书第8段。

② Case 51/75 EMI案判决书第9~10段。

③ C-355/96 Silouette案判决书第25~31段。

共同市场的大前提下则必须接受这些平行进口商品的自由流通,从而被迫事实上接受商标权利的国际用尽原则,而如上所述,这种后果显然是违背《一号指令》的立法初衷的;而欧洲自由贸易联盟法院之所以敢于裁定《一号指令》对商标权利国际用尽问题未作要求,则主要是因为它认为欧洲自由贸易联盟不像欧洲经济共同体那样是一个关税同盟,而只是一个自由贸易区,所谓自由贸易区只是要求成员国所产商品能够自由流通,但不包括从区外进口的商品,因此各国在决定国际用尽的问题上自行其是不至于连带其他成员国,对全局也不构成损害;至于放弃国际用尽可能给消费者带来的损失,则只能通过统一大市场的建立来弥补;而且,一些成员国如法国、意大利,包括曾经承认国际用尽的德国、比荷卢均已在实践中否定了商标权利国际用尽的理论。

欧盟法院最后采纳了反对商标权利国际用尽的观点,其判决理由为,相对于规定商标权利范围的《一号指令》第5条而言,第7条只是一种例外规定,而第5(3)条尤其赋予了商标所有人制止任何第三人未经同意使用其商标进口商品的权利,第7条只就首先投放共同体市场的产品进一步流通问题,排除了第5条的适用;因此,根据"明示其一即是排斥其他"(expressio unius est exclusio alterius)的原则,首先投放共同体市场之外的产品进口问题必须仍然受第5条的制约。而且只有这种解释才能确保欧盟内部市场的正常运行。

后来,欧盟自由贸易联盟法院在针对挪威法院提起的,关于国际商标权利用尽原则适用的问题,作出回复指出,欧盟自由贸易联盟成员国(共三个:挪威、冰岛、列支敦士登),应当适用《一号指令》第7(1)条,即"商标所有人本人或经其同意将带有商标的商品在共同体内投放市场后,商标赋予其所有人的权利不得用来禁止在该商品上使用该商标",《一号指令》的该项规定应当理解为排除商标权利国际用尽的适用。此前,欧盟自由贸易联盟法院在1997年裁定可以自由决定是否接受商标权利国际用尽理论。而此次联盟法院的该项回复,则在态度上发生了转变,这将对于阻塞欧盟国家贸易中的某些漏洞起到一定的作用。

许可对象的范围。在SEBAGO一案①中,何为经过许可。欧盟法院审理的SEBAGO一案提出了一个新的问题,即如果原告作为商标所有人曾经同意进口过一批同样商标的商品(在本案中为SEBAGO的鞋),被告是否可以认为商标所有人不再有权阻止这一类商品的继续进口。在该案中,被告甚至认为原告没有禁止它在萨尔瓦多的被许可人向欧盟市场出口已经构成了默许,但原告则否定曾经许可过他人在萨尔瓦多使用,法院因此没有在这个问题上深究。

欧盟法院对此作了明确的回答,不能扩大解释商标所有人的同意,而必须就"每一批"商品的进口取得同意。雅各布总检察官特别澄清了一个概念,即所谓商标权用尽不是一个抽象的概念,它具体针对的是一个个别商品在投放市场后,商标所有人不能再利用所拥有的商标权控制该商品的继续流通。因此,不存在一个笼统的商标权用尽的问题。其实,商标权用尽在很多国家和地区的商标立法中都是就具体出售的商品而言的,例如台湾地区"商标法"第23条第3款就规定,附有商标之商品,由商标专用权人或经其同意之人于市场上交易流通者,商标专用权人不得就该商品主张商标专用权。但为防止商品变质、受损或有其他正当理由者,不在此限。无论SEBAGO案的结论如何,该案至少明确了一个问题,即只有在未经商标

① C-173/98 SEBAGO案判决书第20~22段。

所有人同意的情况下，才能适用SILOUETTE一案所赋予的阻止平行进口的权利，商标所有人不能既同意又反对商品投放或进口到欧盟市场。问题是这一"同意"是否必须是直接的明示，间接或者暗示的"同意"是否同样可以导致商标所有人丧失阻止平行进口的权利。

默示许可问题。英国发生的DAVIDOFF一案从合同法和国际私法的角度探讨了平行进口问题。在该案中，原告作为"COOL WATER"及"DAVIDOFF COOL WATER"香水商标的所有人，曾同意该香水在新加坡出售，这些香水与在欧盟市场出售的香水并无不同，而其中一部分经过平行进口商的转售，被以十分便宜的价格在英国出售，原告于是提起诉讼，试图阻止该批香水在英国的流通。

首先必须明确的是，《一号指令》并不是要协调所有与商标有关的规定，至少不涉及与商标有关的合同法规定，Laddie法官因此认为，商标所有人的权利固然不是根据合同产生的，但这并不妨碍商标所有人以合同的方式处置他的商标权，许可和转让是最明显的例子，但显然不是唯一的例子。《一号指令》关于商标权用尽的原则，是指在商标所有人或经其同意将商品投放共同体市场后，即无权阻止商品的进一步流通，但商标所有人保留通过合同约定同意或反对商品进入欧盟市场的权利。根据英国的判例法，出售一件商品即意味着将其拥有的所有权利全部转让给新的所有人，除非他明确予以了保留。同样，如果新加坡的合同法也存在类似的推定，新所有人将该商品转卖或出口到别的国家，包括欧盟国家，均无须征得最初所有人明示的同意。因此，最初所有人在出售时的沉默应被认为是对商品进一步自由流通的默许，欧盟国家的法院完全可以自由决定是否承认该国合同法的这一推定。在本案中，由于原告在新加坡销售时没有明确的全面的禁止销往欧盟国家的约定，Laddie法官因此认为可以将此视为原告已经默许商品进入英国市场。

虽然Laddie法官驳回了原告的初步申请，为了谨慎起见，他决定将此案提交欧盟法院进行初步裁定①。欧盟法院原则上同意权利人可以以明示或默示的形式同意将商品投放欧盟市场，但不能仅仅因为权利人没有通知商品流通过程的各个经销商，没有在商品上贴附不得流入欧盟的警示或没有在合同中约定禁止流入，就推定存在默示同意。

在Makro案②中，欧盟法院进一步指出，关于默示同意的解释不仅适用于在欧盟以外投放市场的情况，也包括在共同体市场以内投放市场的情况。

许可违约问题。在Dior Ⅱ案③中，欧盟法院在Dior公司诉SIL公司商标侵权案中指出，商标被许可方有损商标声誉的行为可以认定为商标侵权。该案中，SIL公司被Dior公司授权经销其豪华紧身衣。双方在许可合同中约定，SIL公司不能用几种特定的方式进行销售，其中包括批发、团购、在折扣店销售或上门推销等。但是，SIL公司不顾Dior公司的反对，将一些产品投放到折扣店中销售。Dior公司以商标侵权为由将其诉上法庭。SIL公司抗辩说，对于这些产品，Dior公司的商标权已经用尽，不能再以商标侵权为由追究其责任。欧盟法院2009年4月23日没有支持SIL公司的抗辩。根据《一号指令》第8条，许可人只能因特定的事由，援引该商标赋予的权利对抗被许可人，这几种情况包括"就许可合同的期限，商标按注册可以

---

① C-414-6/99 Davidoff案判决书第47、60段。

② C-324/08 Makro案判决书第34段。

③ C-59/08 DIOR Ⅱ案判决书第37段。

被使用的形式,许可涉及的商品或服务的性质,可以贴附商标的区域,以及被许可人生产的商品或提供的服务的质量违反许可合同的条款”。法院认为,SIL 公司将紧身衣发往折扣店销售的行为,有损 Dior 公司奢侈品牌的声誉,影响了消费者对 Dior 公司产品质量的判断,属于上述可以“援引该商标赋予的权利对抗被许可人”的最后一种情形,因此,可以认定为商标侵权。

试用装问题。在 Coty 案①中,Coty Prestige 公司生产并销售使用其自有品牌 Lancaster、Joop! 和它被授权使用的 Davidoff 等其他品牌的香水。这些品牌都获得了欧盟商标注册或是国际注册。Coty Prestige 公司特别授权一些经销商销售它的香水。

2007 年 9 月,Coty Prestige 公司在德国一家叫作 Sparfümerie 的连锁店里,发现了 Davidoff Cool Water 男士香水的试用装,使用了原告 Davidoff 香水的原装瓶和原装香水,但是没有标,并写着“样品”字样。而且,试用装的外包装和原装也有所不同。从生产批号调查,香水应为 Coty Prestige 公司 2006 年 7 月授权其新加坡的经销商销售。Sparfümerie 连锁店提供发票证明,它的香水购自瑞士 Simex 贸易公司在德国纽伦堡的经销店。

Coty Prestige 公司将 Simex 贸易公司起诉到纽伦堡地区法院,要求禁止被告向消费者提供这些香水试用装。Coty Prestige 公司认为,让这些试用装进入市场并非其本意,也未经其同意。根据经销合同,这些试用装的所有权仍属于 Coty Prestige 公司。他们是宣传品,本来也不是为了出售。但纽伦堡地区法院判决认定原告商标权已经用尽,驳回了它的起诉。法院认为,权利用尽原则的适用不受原告与经销商的约定的限制,产品是否投入市场,是一个事实状态,不能以双方的约定为判断标准。

原告不服,提起上诉,纽伦堡高等法院在审理中,就本案涉及的商标权利用尽的问题向欧盟法院提出请示。2010 年 6 月 3 日,欧盟法院作出初裁(C-127/09),认为《商标条例》第 13(1)条和《一号指令》第 7(1)条所指的商标权利用尽,应当理解为商标权利人明示或暗示地将带有其商标的商品投放欧共体市场或是欧洲经济区市场。本案中,为了让消费者试用,Coty Prestige 公司给了经销商这些试用装,双方约定,试用装不转移所有权,也不能出售;Coty Prestige 公司有权随时收回这些试用装;试用装和正常出售的香水在外观上有明显的差别。试用装上明确标有“样品”“非卖品”的字样,如果没有相反的证据,法院可以排除 Coty Prestige 公司默示这些试用装投入了市场。因此,不能认定原告的商标权利已经用尽。

旧货关键词搜索问题。在 Portakabin 案②中,原告 Portakabin 公司生产、销售移动建筑,并在比荷卢注册有使用在第 6 类和第 9 类商品上的商标“PORTAKABIN”。而租售一手、二手移动建筑及配件的荷兰公司 Primakabin 使用“Portakabin”及其他几个发音和拼写与之相近的词语作为搜索关键词,链向自己的网站,网站的标题写着“经营二手 Portakabin 产品”。原告起诉未获支持,遂上诉至阿姆斯特丹地区上诉法院。后者就网络关键词中使用他人商标的问题向欧盟法院提请作出初裁。

2010 年 7 月 8 日,欧盟法院作出初裁指出:《一号指令》第 5(1)条应当理解为,商标权利人有权禁止他人未经其允许,选用与其商标相同或近似的关键词,通过网络访问服务,使这些

---

① C-127/09 Coty 案。

② C-558/08 Portakabin 案。

关键词指向与商标注册使用的商品相同的商品，并使消费者不能或很难识别该关键词指向的商品究竟是来源于商标权利人，还是提供该链接的企业。在前述情况下，广告人通常不能适用《一号指令》第6(1)条规定的"合理使用"进行抗辩，但国内法院应根据具体的情形，对广告人的使用是否遵循了工商业的诚实惯例进行考量。

根据《一号指令》第7条，商标权利人本人或经其同意将带有商标的商品投入欧洲经济区后，商标权利人无权禁止他人——虽未经其同意——把与其商标相同或近似的标志用作网络搜索的关键词；除非存在《一号指令》第7(2)条中规定的正当理由，比如对其商标造成了声誉上的损害等。但是，国内法院不能仅仅因为广告人在关键词中使用了他人的商标，并用"二手""旧货"等措辞表明该商品系转售商标权利人的商品，就认定广告人与商标权利人存在经济联系，或是广告人的行为严重损害了商标的声誉。如果经销商去除了商标权利人的商标，取而代之以自己的商标，掩盖原有商标，则商标权利人有正当理由可以对抗该商品的进一步流通。即使经销商同时经销其他品牌的二手货，也不能禁止其以网络搜索关键词的方式使用商标权利人的商标进行广告宣传，除非其他品牌的商品在外观、质量或是数量上存在严重损害商标权利人商标的风险。

共同控制国际商标问题。在 Schwepps 案①中，Schweppes 牌汤力汽水在世界范围内具有知名度。"Schweppes"不仅是欧盟商标，其图文形式在每个欧盟成员国都有注册。最早，所有的 Schweppes 商标都归 Cadbury Schweppes 公司所有。经过各种商业重组，Schweppes 国际有限公司取而代之成为"Schweppes"商标的所有人。1999 年，Schweppes 国际有限公司将部分 Schweppes 商标转让给包括 Coca－Cola 公司在内的多家公司。转让后，在英国享有 Schweppes 商标权的是 Coca－Cola 公司。Schweppes 国际有限公司和 Coca－Cola 公司虽在不同欧盟国家分别享有权利，但在某种程度上，他们都把该商标作为一个"国际品牌"进行推广。

Schweppes 公司是 Schweppes 国际有限公司在西班牙的排他被许可人。因为 Red Paralela 公司从欧洲经济区的其他国家（主要是英国）进口 SCHWEPPES 饮料到西班牙出售。Schweppes 公司将 Red Paralela 公司起诉至巴塞罗那第八商业法庭。商业法庭就本案涉及的平行进口问题请示欧盟法院。其中的核心问题是：商标权利人在一个或多个欧盟成员国（但不是全部成员国）享有商标权利，但打出"国际品牌"的旗号，如果要制止他人平行进口或推广来自其不享有商标权利的成员国的，归第三方所有的相同商标的商品，是否适用《欧盟运行条约》第 36 条，以及《欧盟商标指令》(2008/95/EC)第 7(1)条[修改后(EU) 2015/2436 第 15(1)条]有关权利用尽的规定？

2017 年 9 月 12 日，欧盟法院总法务官给出回复意见。商业法庭的问题的核心就是平行进口情况下商标权利用尽的问题。对此，总法务官引用在先判例指出，平行进口情况下商标权利用尽的适用，要求进口国的商标权利人与出口国的商标权利人是同一个主体，或者是存在经济联系。所谓的经济联系是指两者是生产和销售的关系，或是许可与被许可的关系，或是两者都属于同一集团的关系。这种关系的判断是结果取向的判断，换言之，就是要看相应的商标是不是有统一的控制。即使两个完全独立的主体，如果联合控制一个商标，并为了共

① C－291/16 Schewepps 案。

同的利益进行开发,也属于有经济联系。如果平行进口涉及的商标是从一个商标分化而来,并且两者合作,联合掌控商标的使用,这种情况下,进口国其实对该商标也有直接或间接的控制,也应属于有经济联系的情形。

2017 年 12 月 20 日,欧盟法院作出初裁,认为结合《欧盟运行条约》第 36 条,《欧盟商标指令》第 7(1)条应当解读为:如果某国内商标的权利人将与该国内商标相同的商标转让给第三人,第三人在其他成员国行使商标权利;如果转让后,商标权利人要么通过自己,要么通过与受让的第三方保持协调的商标战略,已经积极且有意地推进统一的国际品牌形象,因此产生并强化了部分相关公众对于使用该标志的商品的混淆;或者,商标权利人和第三人之间整合了他们的商业策略,或达成统一控制商标使用的协议,因而存在经济联系,并由此使其有可能直接或间接地对使用商标的产品做出决策,并控制这些产品的质量;在这些情况下,成员国国内商标权利人无权禁止他人从其他欧盟成员国进口使用第三方所有的相同商标的相同商品。

旧罐重复利用问题。在 BP 案①中,高山燃气公司(Kosan Gas)从 2001 年起在丹麦用一种可重复利用的复合液化气罐(轻型液化气罐)销售罐装液化气。该液化气罐外形已在丹麦和欧盟注册为立体商标,而高山燃气公司享有该商标权在丹麦的独占许可。

高山燃气公司在这种复合液化气罐上标注本公司名称和标志(分别为已注册的文字和图形商标)后出售。消费者在首次购买时需要支付液化气和液化气罐的费用,而后可以选择用空液化气罐换取灌满气的新罐同时仅仅支付液化气的费用即可。

维京燃气公司(Viking Gas)也在丹麦销售罐装液化气,消费者可以用高山燃气公司的空液化气罐到维京燃气公司的灌气站换取充满气的新罐。维京燃气公司在利用高山燃气公司的液化气罐出售自己的液化气时,仅仅在罐外贴上标注公司名称和灌气站号码等信息的标签,对罐上原有的高山燃气公司的商标未进行遮盖或涂改。

高山燃气公司以维京燃气公司侵犯商标权为由,在丹麦提起诉讼。案件几经周折,上诉至丹麦最高法院。在案件审理中,丹麦最高法院提请欧盟法院对本案涉及的有关问题做出解释。

欧盟法院 2011 年 7 月 14 日针对本案做出的初裁,高山燃气公司对该液化气罐的商标专用权,在消费者购买液化气罐后即权利用尽。而维京燃气公司的重新灌装不会导致消费者误认为两个公司有所联系,因而不会造成对高山燃气公司名誉的损害。而且如果支持高山燃气公司的诉求,会影响市场公平竞争。因此,虽然高山燃气公司拥有这种可重复利用的复合液化气罐外观立体商标的专用许可,但不能阻止他人在液化气罐已经出售给消费者之后对该液化气罐进行重新灌装并销售。

(二)权利用尽的例外——《一号指令》第 7(2)条

为防止平行进口商滥用权利,《一号指令》第 7(2)条对以往欧盟法院的判例进行的总结。《一号指令》颁布后,欧盟法院又通过新的判例对有关问题进行了进一步阐发。所谓商标所有人有正当理由,尤其是商品状况在投放市场后遭到改变或损坏时,可以阻止平行进口,就目前判例反映出的问题而言,主要是指以下五种情况:

---

① C-46/10 BP 案。

1. 重新包装问题

重新包装的问题主要出现在药品的平行进口上,欧洲共同体各成员国在药品价格管理体制上的差异,药品价格相差很大,药品的平行进口问题十分突出;同时,药品语言标识、处方配药及营销手段方面差异较大,从甲国进口到乙国的药品通常需要重新包装。早期有三个著名的案例。

在 Hoffman 案①中,被告从英国购得 VALIUM 药品,在进行重新包装和重新贴附 VALIUM 商标后销往德国,欧盟法院认为,原告原则上可以禁止平行进口商进行重新包装时重新贴附商标,否则这种未经许可而贴附商标无异是在蒙蔽不知情的消费者,但法院提出了一个十分重要的观点,即原告如果使用了可能会造成人为分割市场的营销手段,而被告的重新包装又不至于影响商品的原始状况,原告则无权阻止平行进口商进行重新包装,但是平行进口商必须预先通知商标所有人,且在包装上注明商品已经其重新包装。

在 AHP 案②中,被告在消除原告在英国销售药品上贴附的 SERENID 商标,换上原告在荷兰同一药品上使用的 SERESTA 商标再平行进口到荷兰出售,欧盟法院认为,被告更换商标的行为显然走得太远,因此原告完全有权阻止任何第三人未经同意,哪怕是在原商品上随意贴附或置换他的商标,这一权利实际上是由商标保证商品来源的基本功能所决定的,但欧盟法院重申了它在 Hoffman 确立的原则,即商标权人不得人为分割市场。

在 Pfizer 案③中,被告公司在英国购得 VIBRAMYCIN 药品后进行了重新包装,与 Hoffman 一案不同的是,被告没有重新贴附原告商标,而是在外包装上开了一个透明窗口,通过这一窗口可以看到原告的 VIBRAMYCIN 商标,欧盟法院则认为,被告虽然重新包装,但被告既未重新贴附商标,也未危及原告商品的内在品质和商标标识,因此无可厚非。

从这三个判例可以得出的结论是,原告是否使用了可能会造成人为分割市场的营销手段是重新包装是否被允许的重要条件。因此,如何判定人为分割市场立即成为问题的焦点所在。

在 Bristol – Myers Squibb 案④中,欧盟法院主要从三个方面发展了前面的三个判例:

①无须追究人为分割市场到底是商标权人主观故意制造的还是客观上存在的,平行进口商如果必须进行重新包装才能打入进口国就无可非议;②不再细分包括商标再贴附的重新包装和简单重新包装,因为在人为分割市场几乎总是能认定的情况下,这种区分已失去意义,但在通过附加新标识或说明书就可以达到销售目的的情况下,商标权人可以反对重新包装;③重新包装时不得直接或间接地影响商品的原始状况,不能漏掉重要信息或显示错误信息,必须明确声明商品的包装人和原产厂名称,进口商包装前应通知商标权人,如商标权人要求还应提供重新包装后的样品,重新包装不得损害商标或其所有人的声誉,即不能采用劣质、不洁或有瑕疵的包装。

在 Debrisoft 案⑤中,本案原告德国公司 Lohmann & Rauscher 生产医药卫生制剂以及医用

① Case 102/77 Hoffman 案判决书第 10 ~ 12 段。

② Case 3/78 AHP 案判决书第 13 ~ 15 段。

③ Case 1/81 Pfizer 案判决书第 10 ~ 12 段。

④ C – 427、429、436/93 Bristol – Meyers Squibb 案判决书第 79 段。

⑤ C – 642/16 Debrisoft 案。

敷料等,并使用"DEBRISOFT"标志零售其商品。它在欧盟拥有注册商标"DEBRISOFT",该商标核定使用的商品包括"医药卫生制剂、膏药、敷料用材料"等。本案被告 Junek Europ - Vertrieb 成立于奥地利并在德国从事销售活动。本案涉案的"DEBRISOFT"医疗器材是原告出口到奥地利,被告通过平行进口的途径获得,又在德国进行销售。在此过程中,被告在商品上贴附了标签,表明了如下信息:该公司对进口行为负责,以及它的地址、电话、条形码和中央部分的药品编号。这个标签并没有遮盖原告的标志。

被告将涉案商品再次进口到德国前并没有通知原告,事后也没有向原告提供变更后的标签。原告认为被告的这种行为侵犯了其欧盟商标,遂起诉到杜塞尔多夫地区法院,要求被告停止侵权,并销毁侵权商品,得到一审法院支持。被告上诉。二审维持。被告继续上诉,德国最高法院在审理中就本案涉及的平行进口"重新包装"问题请示欧盟法院初裁。德国最高法院在请示中提到一系列在先的 Bristol - Myers Squibb 起诉他人的案件,该些案件确认了平行进口药品重新包装的限制性规定,其中包括权利人不能人为割裂欧盟市场,重新包装要清晰、整齐、真实,不能影响商品本身的状态,以及平行进口方的通知义务,等等。德国最高法院希望得到回复,上述规定是否可应用于本案涉及的"医疗器材"。

2018 年 5 月 17 日,欧盟法院作出初裁,对提请的问题作出阐释,法院指出,根据《商标条例》有关权利用尽的规定,欧盟商标所有人无权禁止由其本身、或经其同意已投放欧洲经济区的标有该商标的商品使用该商标,除非是商品在投放市场后,商品质量发生了变化或损坏;这一规定应该理解为,如果(本案)医用器材内、外包装均无变动,只是贴附了进口商的标签,且标签的内容、功能、大小、呈现方式和位置不会损害原有商标标明医疗器材来源的作用,商标权利人无权阻止平行进口商继续销售。法院虽然认可 Bristol - Myers Squibb 系列案对于重新包装的限制性规定,但同时认为,在本案中,平行进口商只是在原包装没有文字的部分增加贴附了标签,原包装并未打开,增加贴附的标签也很小,上面的信息也仅限于平行进口商的名称、地址、电话号码、条形码,以及用来规范药房产品的药物编码等,属于权利用尽,并不是"重新包装",因此不构成侵权,商标权利人无权反对。

改装必要性问题。在 Klyx 案①中, Ferring Lægemidler 公司在丹麦、芬兰、瑞典和挪威销售使用"Klyx"商标的药品,在这四个国家中,各种"Klyx"药品,无论是 120ml 的规格的,还是 240ml 规格的,也无论是单只装还是十只装,均使用相同的包装。本案被告 Orifarm 公司从事平行进口业务,它从挪威购买十只装的"Klyx"药品,将其分成单只装,并在单只装上重新贴附"Klyx"商标后在丹麦销售。原告认为,这种改装的行为根本就没有必要,只是进口商为了获取商业利益而已。被告则认为,这种改变包装的行为是为了适应丹麦市场进行的,是必要的。审理该案的丹麦海商法院审查后发现,在所有欧洲经济区成员国家,涉案药品都有单只装和十只装,那么本案被告改换新包装是否"必要"? 就此,丹麦法院希望欧盟法院能解释一下《一号指令》第 7(2)条是否允许商标权利人对抗平行进口商对于药品商品改装销售的行为,如果商标权利人在出口国和进口国都有两种规格的包装(单只装和十只装),而平行进口商从出口国购买十只装然后改装为单只装在进口国销售,会不会对前述问题的界定有影响。

2016 年 11 月 10 日,欧盟法院作出初裁指出《一号指令》第 7(2)条应当理解为,如果进口

① C - 297/15 Klyk 案。

国和出口国都是1992年5月2日欧洲经济区协议成员国,且涉案药品可以在进口国以与出口国相同的包装出售,而出口商又没有说明进口的商品只能在进口国的有限区域出售的,商标权利人有权禁止平行进口商将药品商品改换新包装并重新贴附商标继续出售的行为。前述要素是否符合,由审理案件的法院根据具体案情决定。

2. 重贴标识问题

在Ballentine案①中,对于重贴标识问题,原告Ballentine & others公司指控被告Loendersloot取下他们出产的威士忌酒的印有其商标的酒贴,在去除酒贴上的识别码,以及酒贴中的英文字“Pure”及Ballentine & others特许经销商的名称再换上原标贴或复制件出口到美、法、日等国,但被告认为标注识别码的唯一目的就是发现平行进口的参与人,以阻止平行进口,因而是违反共同体法律的,而去除酒贴中的英文字“Pure”及Ballentine & others特许经销商的名称则是一些进口国的要求,他完全是不得已而为之。

在分析了原告在酒贴上标注识别码及Pure等内容的合理性后,欧盟法院裁定,原告标注这些内容,也许客观上会产生人为分割市场的效果,但除非证明商标权被实际用来掩盖商标权人人为分割市场的企图或后果,或者重贴标识并未损害商品的原始状况,或者通知商标权人,或者重贴标识并未损害商标或其所有人的声誉,商标权人就仍然可以依靠商标权阻止平行进口商重贴标识。

3. 改换商标问题

在Upjohn案②中,原告Pharmacia & Upjohn公司由于历史原因同另一家公司达成的协议而在欧盟的不同成员国中就同一药品使用不同的商标。被告从法国和希腊购买了原告标有DALACINE和DALACIN C商标的药品,然后自行更换为DALACIN商标在荷兰出售并被原告提起侵权诉讼。为了回答该案中被告是否有权更换商标的问题,原告主张应以当初它何以在不同成员国使用不同商标的历史为参照系,而被告则认为既然商品并无本质不同,更换商标只是为了适应药品进口国的管理需要。

欧盟法院认为改变商标从本质上与重新包装后贴附原商标并无不同,因而应当适用同一规则,即只要存在改变商标的客观理由且平行进口商不是故意获取商业利益,则原则上原告不能加以反对。欧盟法院再一次坚持了它对于商标功能的看法,因为它认为商标形式上的差异并不能改变商品实质上的一致,原告在出口国使用的商标虽然被改变为它在进口国使用的商标,但商标指示真实来源的作用并未受到损害,因此不能以此为由阻碍商品在共同体内的自由流通。

4. 广告方式问题

在Dior案③中,欧盟法院讨论了转售商品的广告宣传问题。原告Dior公司是法国的一家生产香水和化妆品的公司,它采用的是选择分销的方式(selective distribution system),即所有销售商必须经过它的挑选才能加入分销网络,且入网销售商只能向最终用户出售产品。被告Evora公司不在Dior的分销网络之中,但在1993年圣诞节为促销平行进口的Dior香水，进行

① C-349/95 Ballentine案判决书第50段。

② C-379/97 Upjohn案判决书第46段。

③ C-337/95 Dior案判决书第46、48段。

广告宣传中使用了 Dior 的商标,但其广告方式达不到 Dior 的要求。Dior 认为这与其一贯的豪华、高贵的形象不相吻合,损害了它的声誉,或者说,商品的状况尤其是精神状况受到了损害,它认为这一正当理由已可以阻止 Evora 公司在销售时使用它的商标做广告。被告则申辩说原告的商标权利已经用尽,自己有权以当地通行的方式进行广告宣传。

欧盟法院最后认为,保护原告的声誉原则上构成《一号指令》第 7(2)条中所指的正当理由,但平行进口商依照当地行业惯例进行广告宣传的权益也不能不考虑,因此除非在个别特殊情况下,这种使用严重损害了商标的声誉和形象,商标所有人不得阻止平行进口商在广告中使用其商标。

5. 去除商标问题

在三菱案①中,Duma 公司等从欧洲经济区外购买 Mitsubishi(三菱)牌叉车,在货物存放海关仓库期间,移除商标,进口到欧洲经济区。根据既有的判例法,商标所有人有权禁止他人未经其同意将商品平行进口到欧洲经济区,三菱公司等遂在布鲁塞尔商业法庭对 Duma 公司等提起诉讼,认为被告擅自移除商标标记的行为构成侵权,因为这种行为侵犯了商标所有人对使用该商标的商品的质量控制权,并有损该标志在其投资及广告方面的作用。

原告主张未获支持,遂提起上诉。布鲁塞尔上诉法院在审理中,就有关问题提请欧盟法院初裁:"如果产品未在欧洲经济区投放,存放海关仓库期间,他人出于将产品进口到欧洲经济区的意图移除商标标记,是否适用《欧盟商标指令》(2008/95/EC)第 5 条以及《商标条例》(207/2009)第 9 条? 前述条件下,如果移除标记之后附加了自己的标记,抑或除标或贴附新标后相关公众仍基于产品外观识别到原商标所有人,前述条款是否依旧适用?"

2018 年 7 月 25 日,欧盟法院作出初裁,给出了有利于原告的回复。法院认为,"根据前述欧盟法律规定,如果商品从未在欧洲经济区销售,商标所有人有权禁止他人未经其同意,以进口到欧洲经济区或在欧洲经济区销售为目的,在海关仓库移除所有与其商标相同的标记并且贴附其他标记"。与在先判例不同,本案被告的商品进入欧洲经济区时是没有标的状态,但法院认为,不管是除去原有的标记,还是贴附新标,都对原商标具有负面影响,都妨碍了商标基本功能的发挥。至于消费者在除标或被贴附新标后仍能识别原产品来源,是否能使除标或贴附新标合法化的问题,法院认为,关键还是要看除标或是贴附新标是否"有害于"商标基本功能的发挥。

第三节 欧盟商标侵权救济

知识产权执法指令。欧盟委员会于 2004 年 4 月 26 日通过了《知识产权执法指令》(2004/48/EC),《知识产权执法指令》并未采用最初建议的刑事制裁方式,而是倾向于制定民事制裁和民事赔偿的国家法规,以使得欧盟的执法更趋于完善。在司法实践中,欧盟成员国要确保权利人、被许可人、集体管理组织以及知识产权的专业代理机构有权要求国家司法机关采取一系列反盗版与假冒的措施。

① C-129/17 三菱案。

《知识产权执法指令》中的证据保全措施包括详细的说明以及对侵权产品予以查封。临时预防性措施包括了中间禁令。但如果申请人未能在20个工作日内或30日内提起诉讼，则被申请人可以请求解除上述措施。如果已经采取了措施或最终发现被申请人没有侵权，则被申请人可以对此要求相应的赔偿。《知识产权执法指令》还规定，欧盟成员国需提供相应的反馈信息，这些信息来自商业渠道以及侵权行为的手段方式和侵权所造成的损害。采取这些措施的费用应根据侵权者的侵权程度由侵权者支付。如果侵权人的行为不是出于故意或疏忽，《知识产权执法指令》可根据双方所达成的合意，提供其他可供选择的措施，诸如支付赔偿金等。其中的知情权将赋予法官一定的权利，法官基于知情权可以勒令相关当事人披露其名称和地址，以及产品价格和数量的详细信息。《知识产权执法指令》要求所有成员国的国家法在两年的时间内作出调整以符合该指令的要求。

电子商务指令。欧洲议会及欧盟理事会2000年6月8日通过了关于共同体内部市场的信息社会服务，尤其是电子商务的若干法律方面的第2000/31/EC号指令，简称为《电子商务指令》。欧盟在eBay案中就引用了其中的内容，包括对电商平台，甚至在后面对于关键词检索的保护都引用了其中的内容。也就是说，当平台不可能不知道或者侵权人反复侵权而要采取进一步措施的时候，这时候就不是简单的通知加删除，平台有特定的注意义务。总体比较偏向商标注册人利益的保护。

一、行政救济

欧盟商标的海关行政保护。为加强知识产权的海关保护措施，欧洲共同体理事会2003年7月22日通过1383/2003号条例，新条例于2004年7月1日起生效并取代3295/94号条例。新条例主要就以下几个方面进行了修改：一是将保护范围扩大到地理标志、产地标志以及植物新品种；二是取消了申请费和担保金，但权利人须提供赔偿；三是统一各国的申请书式，鼓励电子申请，申请有效期延长到1年；四是加快了假冒商品的销毁程序，尤其在对公众健康和安全有害时；五是扩大了海关依职权行动的范围。

2009年3月16日，欧盟理事会通过2009～2012年度欧盟海关打击知识产权侵权行动计划的决议。假冒活动对人们的健康、安全和环境造成了极大的危害。欧盟此次通过的这个行动计划主要就是为了加强各国执法部门以及海关等的相互合作，共同对抗日益猖獗的假冒活动。欧盟各国达成共识，要继续加强有关立法、增强国际合作，提高知识产权保护意识。此外，海关还将特别关注那些有可能产生危险的假货，着力制止那些有组织的网络售假犯罪活动。

后来，针对网上购假，并以小件托运的形式运抵欧盟的行为日益猖獗的情况，欧盟又更新关于针对涉嫌知识产权侵权产品的海关行动和对确定侵权产品采取措施的规定（第1383/2003号），实行针对小件托运中查获假货的快速销毁程序。新规定于2014年1月1日起施行。根据修改前的第1383/2003号规定，海关查获涉嫌侵犯他人知识产权的货物时，应暂缓放行并扣押嫌疑货物，然后由权利人在规定时间内向法院提起诉讼、请求法院判令没收侵权产品。在实际操作中，由于权利人疲于应对日渐增长的海关小额查扣，权利人在规定期满未提起诉讼的，嫌疑货物通常得以放行并最终进入欧盟市场。为改变这种状况，欧盟对原规定作出如下修改：自海关向进口方发出扣押通知书之日起10个工作日内，进口方未表示反对的,海关有权直接销毁嫌疑货物。进口方不予回应的,视为对海关销毁行为的默许。所谓“小件托运”,指的是通过邮局或快递发出的三个单位及以内的货物或者重量在2公斤以内的货物。需注意的是,该快速销毁程序的实施以权利人明示为前提。

在NOKIA案①中,欧盟法院针对拉脱维亚法院的请示回复指出,当事人之间处理纠纷的约定不妨碍海关处罚权的行使。本案中,海关经纪Shenker公司根据合同约定,以自己的名义代理收货人Rovens公司发出了一批贴有“Nokia”标志的货物在拉脱维亚自由流通。2005年2月16日,里加海关根据《关于海关就涉嫌侵犯和侵犯知识产权的产品采取行动和措施的第(EC)1383/2003号理事会条例》(以下简称《1383/2003号条例》)第9条之规定扣留了这批货物,并通知Nokia公司,Nokia公司接到通知后,通过取样了解到这批货物确实属于假冒的Nokia商品。经过协商,Rovens公司和Nokia公司根据《1383/2003号条例》第11条,也即简易程序条款,达成协议,由Rovens公司负担费用,对侵权货物进行销毁。随后,海关又认定,在本案中,Shenker公司履行报关责任时违反了有关海关处罚的规定,应当被处罚款500拉特。

对此,Shenker公司向有关的政府部门反映,认为海关无权作出这样的处罚决定,一是Rovens公司和Nokia公司达成协议由Rovens公司销毁货物,并承担销毁费用的行为本身就有惩罚的性质,二是海关无权介入当事人之间在法律允许的范围内作出的纠纷解决协议。但是Shenker的投诉并没有得到令其满意的解决,于是它上诉到拉脱维亚最高法院行政庭。行政庭在审理过程中就有关的法律问题请示了欧盟法院,核心就是,知识产权权利人和进口人,根据《1383/2003号条例》第11条的规定达成了协议,启动简易程序来解决彼此的纠纷,在这种情况下海关是否还能够根据条例第18条的规定对进口人(或其代理人)采取罚款等制裁措施。

最后,欧盟法院2009年2月12日答复指出,《1383/2003号条例》第11条规定的简易程序,旨在简化海关对侵权案件的处理的程序,以及知识产权权利人对自己的权利进行救济程序,它与海关根据条例第18条对侵权和违法行为进行处罚的权力并不冲突,当事人之间约定的处罚与国家权力机关根据第18条作出的处罚不是同一性质的处罚。

在另一起Nokia案②中,2008年,英国海关在希思罗机场截获了一批贴有NOKIA标签的手机,经联系NOKIA公司进行鉴定,证明这批手机是假货。NOKIA公司申请海关扣留这批货物。但是英国海关认为,该批货物系从香港运往哥伦比亚,只是途径欧盟,且没有证据证明这批货物会投放于欧盟市场,因此,不能被认定为假冒货物,也不能对其采取扣留措施。NOKIA公司遂通过司法途径在英国法院寻求救济。案件最终诉至英国上诉法院,上诉法院就本案的核心问题,即过境侵权的货物能否被认定为“假货”,进而由海关采取扣留措施的问题向欧盟法院作出请示。

针对的均是知识产权侵权货物在欧盟过境能否被认定为假货,以及海关是否可以扣留的问题,欧盟法院2011年12月1日作出初裁称,如果过境货物侵犯了欧盟法保护下的知识产权,并且有针对欧盟消费者的某种商业行为,如销售或者进行广告宣传,海关即可采取行动。仅仅过境欧盟,或是在欧盟成员国海关进行仓储的货物,不能认定为在欧盟进行销售的货物。

---

① C-93/08 NOKIA案判决书第23~33段。

② C-495/09 C-446/09 NOKIA案。

法院同时指出,当商业行为没有实际发生,但已经有证据显示,负责货物生产、运输或者分销的运营商正准备实施这种商业行为或者在这方面有意隐藏他们的动机时,即使这些货物还没有实际指向欧盟的消费者,海关当局也可以扣留货物。

二、民事救济

(一)管辖

在 Nike 案[①]中,本案原告 Hummel 公司(Hummel Holding A/S)起诉 Nike 公司(Nike Inc.)及其下属的 Nike 零售公司(Nike Retail BV)侵犯其国际注册指定延伸保护到欧盟的商标。Hummel 公司营业地在丹麦。Nike 公司是 Nike 集团的实际控股公司,营业地在美国。Nike 零售公司营业地在荷兰,它通过网站平台主要在德国销售 Nike 商品;在线途径之外,Nike 零售公司还向一些独立经销商供货,在德国销售 Nike 商品。Nike 集团旗下所有的公司,都不在德国直接销售商品。Nike 零售公司在德国设有子公司 Nike 德国公司,但 Nike 德国公司并不是本案的当事人。因为原告有子公司在德国,原告起诉到德国杜塞尔多夫地区法院,一审法院没有质疑管辖问题,但出于其他原因驳回了原告的起诉。原告上诉。二被告在答辩中提出,德国法院无权管辖本案。本案要进一步审理需要明确《商标条例》(207/2009)97(1)条的理解,具体来讲就是该规定中有关"机构"(establishment)是不是包括在法律上独立的(legally distinct)二级下属机构的问题,杜塞尔多夫高等法院请求欧盟法院作出解释。

欧盟法院于 2017 年 5 月 18 日审理后认为:根据《商标条例》第 97(1)条,依照第 96 条提起的诉讼,应当向被告住所地成员国法院提起,被告在成员国没有住所地的,在其设有机构的成员国法院提起。虽然母公司营业地不在欧盟,但法律上独立的二级下属机构的营业地在欧盟,如果该下属机构是相关商业活动在所在成员国的运营中心,且相关商业活动真实、稳定,外界对其有恒定的印象,比如认为该机构是母公司的延伸,就可以认为是《商标条例》第 97(1)条规定的"机构"。

在 AMS 案[②]中,被告是 Heritage 音响公司(等),该公司在西班牙成立并拥有住所,通过网络向英国的消费者展示和销售涉案侵权的音响设备。本案原告是 AMS Neve 公司(等),该公司是一家成立于英国的生产、销售音响的公司。原告起诉被告销售音响的行为侵犯其欧盟商标。除却商品本身的来源及标记是否近似等问题,被告还抗辩指出,自己并没有在英国做广告或实际销售,也没有委托英国当地的销售商来进行销售,自己只有网络销售。负责一审的英国知识产权及企业法院认为本案涉及对欧盟商标的侵犯,根据《商标条例》(207/2009)第 97(1)条,应由被告住所地法院管辖,或根据《商标条例》第 97(5)条,由侵权行为发生地法院管辖。对于后者,英国知识产权及企业法院认为,涉及在线侵权的,应当是由"决定将侵权商品信息发布广告或许诺销售的行为"的发生地的法院管辖。因此,英国法院无管辖权。原告上诉,英格兰及威尔士上诉法院就《商标条例》第 97(5)条的适用等有关问题请示欧盟法院作出解释。

---

① C-617/15 Nike 案。

② C-172/18 AMS 案。

欧盟法院 2019 年 9 月 5 日作出 C－172/18 号初裁认为,《商标条例》第 97(5)条应解释为:欧盟商标的所有人认为第三方未经其同意,以电子的方式,在广告和许诺销售中将与其商标相同的标志使用在与其商标核定使用的商品相同或类似的商品,侵犯其商标权利的,可以在前述广告或许诺销售所针对的消费者或商家所在的欧盟成员国法院提起诉讼,即使该第三方作出决定和采取措施以电子方式发布广告或许诺销售的行为发生在另一成员国。这也意味着,本案中,虽然被告决定将发布广告和许诺销售的国家是西班牙,但如果其针对的消费者或商家在英国,英国法院也有管辖权。

(二)禁令

在 NOKIA 案①中,欧盟法院认为停止使用是《商标条例》中规定的一项主要救济措施,即使某一成员国的法律中已有禁止侵权一般性规定乃至刑事责任的规定,也必须通过这一救济。

在 DHL 案②中,原告 Chrononpost 公司是法国及欧盟商标"WEBSHPPING"的所有人,商标使用在信件投递服务上。DHL 快递(法国)公司在网络快件管理服务上使用了 WEB-SHIPPING 文字,Chronopost 公司向巴黎地区法院提起诉讼。巴黎地区法院以欧盟商标法院的身份对该案进行了审理并下达了侵权认定判决。DHL 公司对此判决向巴黎上诉法院提起上诉,同时,Chronopost 公司也提了上诉,要求认定判决要求的禁令及罚款不应限于法国境内。巴黎上诉法院要求欧盟法院就此问题作出解释。

欧盟法院总法务官 Cruz Villalon 于 2010 年 10 月 7 日给出意见指出,如果国内法院被指定为欧盟法院审理欧盟商标案件,其颁布的禁令应当在整个欧共体范围内生效。在这一点上,总法务官认为,《商标条例》授权某些国内法院审理欧盟商标在一国或多国被侵犯的案件,因此,权利人当然也可以申请法院颁布禁令禁止多个成员国内侵犯该商标的行为。对欧盟商标的司法保护权利被授予特定的国内法院,这些国内法院作出的侵权认定原则上也及于整个欧共体范围。既然禁令是侵权认定的一个必然结果,那么禁令的有效范围当然也是整个欧共体。总法务官还认为,强制措施的作用范围应当与侵权认定和禁令有效的范围相同。但是,这些强制措施要受到不同成员国国内法律体系的限制。如果该国家的国内法允许这种强制措施,情况就比较简单,如果不允许,只能根据国内法选择其他的执行方式。

2011 年 4 月 12 日,欧盟法院作出初裁认为,原告或被告居住或营业所在的欧盟成员国的欧盟商标法院,对任何成员国境内实施或可能实施的侵权行为拥有管辖权。因此,该法院不仅可以在本国或侵权发生的国家发布禁令,也可以在多个欧盟成员国甚至整个欧盟范围发布禁令。然而,"可以"不意味着自动成为一条规则,更不用说成为必须。

该案的裁定中,欧盟法院就该问题提出了一些指导原则:(1)若原告在诉讼请求中明确要求整个欧盟范围的禁令,则该禁令的范围通常扩展至整个欧盟。(2)若原告在诉讼请求中未提出相关领土范围,则视为其提请了整个欧盟范围的禁令;因此,该禁令的范围一般扩展至整个欧盟。(3)如果原告在诉讼请求中限定了相关禁令的领土范围,则禁令当然应在相应范围

---

① C－316/05 NOKIA 案判决书第 53 段。

② C－235/09 DHL 案。

之内。

但是,若被告证明被诉侵权商标的使用只涉及到欧盟部分,则欧盟商标法院必须将禁令限定在某一成员国或欧盟的部分领土范围内。这种不同可以是由于某些原因,例如:(1)语言方面的原因(如在本案中,法院在判决中所指出的那样);(2)并不导致对争议标志的感知产生混淆的原因;(3)提请对驰名商标的特别保护时,欧盟商标声誉受影响的范围仅限在欧盟部分地区,可能不包括在欧盟其他地区的欧盟商标的形象转移或损害。即原告无义务证明无限侵权,但被告有义务证明有限侵权。

在欧莱雅案[①]中,欧莱雅公司通过签订合同,授权特定的经销商销售其生产的香水、化妆品等产品。2007 年,欧莱雅发现 Ebay 网上有人未经授权销售欧莱雅产品。欧莱雅认为 Ebay 网通过购买一些与欧莱雅旗下品牌有关的网络关键词,并使用相关链接吸引消费者浏览其网站并购买侵犯其商标的欧莱雅产品。为此,欧莱雅诉至英国(英格兰及威尔士)高等法院,要求法院对 Ebay 网颁布禁令。在审理此案时,英国高等法院就其中涉及的若干法律问题提请欧盟法院作出解释。

2010 年 12 月 9 日,总法务官对本案发表意见,对于电子商务平台的经营者的侵权判定这一关键性的问题,总法务官指出:如果类似 Ebay 网这样的电子商务平台经营者购买与他人注册商标相同的关键词,并将这个关键词作为赞助链接指向其自身的网站,或者使消费者在点击该链接时直接弹出广告或许诺销售与该商标使用商品相同的商品,即符合《商标条例》第 9 条规定的侵犯他人商标权利的使用行为;但是,对于后一种情形,如果普通消费者可以理解经营者是在提供第三方的产品或服务,那么这个赞助链接则对商标不构成损害;如果仅仅在自己的平台网站上使用他人的商标,而并没有制作链接,不能认定为第 9 条规定的"使用";根据《电子商务指令》(E – Commerce Directive)第 14 条的规定,中介服务提供商承担侵权责任的前提是对违法行为或信息"实际知情"。如果电子商务平台的经营者知道其网站上宣传或提供的用于销售的商品是侵犯注册商标专用权的,并且该侵权行为还会持续发生,则不能免除责任;当电子商务平台经营者的服务被第三方用来侵犯注册商标权,商标权人有权要求针对电子平台经营者发布禁令,以防止第三方继续和重复侵权行为。

2011 年 7 月 12 日,欧盟法院作出初裁,认为网上市场的运营商在某些情况下应承担侵权责任。欧盟法院指出,《商标条例》适用于位于第三国的产品的销售及广告,只要这种销售及广告被查实针对欧盟的消费者;如果互联网运营商在优化网上交易及促进销售的过程中扮演了"积极的角色",则不能依据《电子商务指令》免责。而且,即使互联网运营商没有扮演前述的积极的角色,如果其作为一个尽职的运营商应当认识到其网上销售的非法性,而且,在注意到后,未能立即从网站删除相关数据或删掉链接,也不能免责;如果互联网运营商决定不主动阻止侵权行为并进一步防止这种侵权的发生,则应向网上市场运营商颁发禁令。这样,互联网运营商可能被要求采取措施以便确认作为其客户的销售商的身份;欧盟法律要求成员国确保其国内有知识产权保护管辖权的法院能够要求互联网运营商采取措施,停止其用户的侵权行为,并防止这种侵权的进一步发生。禁令应当是有效的,带劝阻性的,并不会给合法的交易造成障碍。

---

① C – 324/09 L' Oréal 案。

(三)赔偿

在UVP案[①]中,United Video Properties Inc.(“UVP”)在比利时起诉Telnet NV(“Telnet”)侵犯其专利权。Telnet提出反诉,申请宣告涉案专利无效。最终Telnet胜诉,UVP被判赔偿Telnet因应诉而产生的费用。

法院判决UVP应当赔偿的费用总额是11,000欧元,这也是比利时法律规定的最高赔偿额。Telnet提出,他们为诉讼花费的实际费用远超过上述判决数额,要求UVP支付其律师费用185,462.55欧元以及一家专利代理所的服务费用40,400欧元。

欧盟法院首先要解决的问题是《欧盟有关执行知识产权法的指令(第2004/48/EC号)》(以下简称《欧盟第2004/48/EC号指令》)第14条有关赔偿费用的规定是否应当理解为,禁止成员国国家法律设立固定赔偿率方案,限定律师服务费的赔偿上限?

为了回答这个问题,欧盟法院指出《欧盟第2004/48/EC号指令》规定了判定知识产权诉讼赔偿费用的两个要求:赔偿数额应当“合理(reasonable)”且“适当(proportionate)”。

一方面,成员国国家法律设立固定赔偿率方案,并不必然违反上述《欧盟第2004/48/EC号指令》的要求。因为,如果设立目的是确保胜诉方在合理的范围内获得诉讼费用赔偿,设定具体数值时也考虑了诉讼标的、诉讼总价值以及胜诉方为维护其权利而付出的劳动等,那么设立固定赔偿率方案不违反《欧盟第2004/48/EC号指令》的要求。

上述判断尤其适用于以下情况:胜诉方与其律师签订了“超高”律师费,律师实际提供的服务超过为执行其知识产权权利而进行的必要行为。此时如果允许胜诉方主张全部诉讼成本,则对于败诉方来说,赔偿额远远超过“合理”限度。

另一方面,要求败诉方承担“合理”的诉讼成本,并不代表允许成员国国家法律制定“远低于”该国律师费用平均值的固定赔偿率。

要求承担“适当”的诉讼费用,不代表败诉方一定要承担“胜诉方的全部诉讼支出”,但至少应当承担“胜诉方实际支出的合理诉讼费用的大部分或适当比例”。

欧盟法院解决的第二个问题是《欧盟第2004/48/EC号指令》第14条是否应当理解为,禁止成员国国家法律规定只有在败诉方有过错时,才承担胜诉方聘请“技术顾问”的费用?

欧盟法院在裁定中首先指出,只有与诉讼存在联系的“技术顾问”费用才属于诉讼成本范围。本案中技术顾问仅对相关行为进行识别和研究,对市场进行概括分析并发现可能违反知识产权法律规定并构成侵权的情况,但是分析研究并非针对特定侵权者,因此不能证明该“技术顾问”的行为与诉讼本身有足够紧密的直接联系。

其次,无论它们的性质如何,如果“技术顾问”提供的服务是为了在具体诉讼中保证“能够采取有效法律行动”,那么聘请该“技术顾问”提供上述服务的费用就属于《欧盟第2004/48/EC号指令》第14条规定的应当由败诉方承担的“其他”诉讼费用。

专利诉讼,由于需要专业性很高的律师以及技术专家的参与,因此诉讼成本高昂。直到今天,诉讼参与方仍然相信只要赢了诉讼,就能收回全部诉讼成本。实际上,许多国家规定了诉讼实际发生成本的可要求赔偿的上限。欧盟法院对本案的初步裁定,势必会引起对专利和

---

① C-57/15 UVP案。

其他知识产权诉讼成本的限制规定的大范围修改。

欧盟法院在裁定中指出，设立“赔偿诉讼成本”的目的是震慑侵权行为，因此相应的赔偿额必须是“合理”而“适当”的。因此，应当保证胜诉方即使不能收回全部诉讼成本，至少能够收回“大部分”诉讼成本。从本案的裁定来看，真正要限制的是“过高”或者“大大超出正常”的诉讼费用，而非限制法律中不能规定固定赔偿率。该案虽然涉及专利的赔偿，但对商标案件也有直接影响。

三、刑事救济

一方面，《与贸易有关的知识产权协议》对假冒商标犯罪的追究有原则性规定；另一方面，欧盟商标法在刑事方面尚未进行全面的协调，基本是交给各个成员国自行决定。

第十九章 欧盟商标的特别制度

第一节 欧盟驰名商标和声誉商标

一、对未注册驰名商标的保护

鉴于欧盟成员国均是《巴黎公约》的成员国,《欧盟商标指令》和《商标条例》都有保护驰名商标的义务,但目前实际发生的案例比较少。

驰名商标的定义。欧盟法院在 Nieto 诉 Monlleo 商标侵权案中①作出了解释。在该案中,自然人 Nieto 在第 36 类的保险,金融等服务上注册了商标 FINCAS TARRAGONA,并将另一自然人 Monlleo 诉至巴塞罗那第三商业法庭,认为后者公开和持续地在经营中使用了与其注册商标相同的 FINCAS TARRAGONA 标志,构成商标侵权。在程序中,Monlleo 提出,自己从 1978 年就开始在地产经营活动中使用该标志,并且该标志经使用已获得相当的知名度,虽然未经注册,也应被认定为驰名商标,倒是 Nieto 在自己的商标已经驰名的情况下又申请注册的 FINCAS TARRAGONA 商标应当被撤销。

本案的焦点集中在 Monlleo 先生的商标能否认定为驰名商标,以及是否可以据以撤销 Nieto 在后注册的商标,就此,第三商业法庭中止程序请示欧盟法院作出答复。2007 年 9 月 22 日,欧盟法院作出裁决指出,根据《一号指令》第 4(2)(b)条,《巴黎公约》所指的驰名商标应当是在"成员国"范围内驰名。但是,这个范围一般不可能是指某个成员国的全部疆域,只要在一成员国的主要地区达到驰名即可。当然,如果仅仅在一个城市,或其周边有限的地区有知名度,还是不能构成驰名商标。

二、对已注册声誉商标的保护

声誉商标(Mark with reputation)是欧盟商标法中一个特有的概念,与驰名商标的概念既有密切的联系,也有独特的要求。

(一)声誉商标定义

在 Chevy 案②中,欧盟法院经过对《一号指令》各个文本措辞的分析,最后将声誉商标归结为达到一定知名度的商标。它认为,只要在与该商标有关的公众的相当一部分中知名,就可以视为达到法定的知名度。同时,欧盟法院反对以确定百分比的方法来认定著名商标,因

---

① C-328/06 Fincas Tarragona 案判决书第 17、18 段。

② C-375/97 Chevy 案判决书第 25、26 段。

为从《一号指令》第5(2)条的字面和宗旨都看不出商标必须在一定比例的公众中知晓才算著名。

在Pago案①中,欧盟法院针对奥地利最高法院提请的,有关《商标条例》第9(1)(c)条中声誉商标的保护问题作出解释。本案原告Pago国际主要从事果汁生产和销售,并于2001年获准注册共同体绿色立体瓶形商标。因Tirolmilch公司销售的果味乳使用了与之相似的瓶子,Pago国际将其诉至维也纳商业法庭。经审理,法院支持了Pago国际的请求。但对方上诉,地区高等法院又判决驳回了Pago国际的诉讼请求。于是,Pago国际向奥地利最高法院寻求救济,指出其立体商标应作为《商标条例》第9(1)(c)条的声誉商标获得保护。但是,最高法院在审理中,发现Pago国际的商标仅在奥地利一国享有声誉,于是请求欧盟法院,针对仅在一个成员国享有声誉的商标,是否可依《商标条例》第9(1)(c)条获得保护的问题作出初裁。2009年,欧盟法院经审查,作出第C-301/07号初裁,指出:要根据《商标条例》第9(1)(c)条获得扩大保护的,该商标应被欧盟主要地区的,使用该商标的商品或服务的大部分的相关公众所知悉。就本案而言,Pago立体商标在奥地利享有声誉的事实,可以满足这一要求。也就是说,仅在一国享有声誉的商标,也有可能成为《商标条例》第9(1)(c)条所保护的声誉商标。

在Impulse案②中,联合利华有限公司(以下简称联合利华)针对他人商标申请提起的异议,联合利华是2006年注册于第3类商品上的欧盟商标"IMPULSE"的所有人,并使用该商标推广其"身体喷雾"产品。

2012年,Iron & Smith在匈牙利申请注册彩色图形商标"BE IMPULSIVE",该申请被联合利华提起异议。联合利华并没有主张两商标构成近似,而是援引《一号指令》第4(3)条的规定要求更宽的保护。匈牙利知识产权局驳回了涉案申请。Iron & Smith遂上诉至布达佩斯法院。

本案的核心问题就是联合利华是否充分地证明其引证的商标满足《一号指令》第4(3)条规定的条件;也就是说:(1)在先商标在欧盟的主要地区具有知名度;(2)在后的(国内)商标不正当地利用,或是损害了在先商标的显著性特征或是知名度。异议程序中,联合利华提交了广告方面的证据,以及该商品主要在英国和意大利销售的证据,在这两个国家,其产品分别占据相关市场的5%和0.2%。联合利华并没有提交引证商标在匈牙利使用的证据。在上诉程序中,布达佩斯法院提请欧盟法院做出初裁明确《一号指令》第4(3)条的适用。

提请欧盟法院考虑的第一个问题是:"要在欧盟范围内享有知名度,欧盟商标需要满足什么条件?"对此,欧盟法院重申,判断知名度的条件有别于判断商标是否真实使用的条件。对于知名度,市场份额……频度、地理范围和使用所持续的时间,以及商标所有人为推广该商标所做的努力等方面的证据必须能够证明商标"为大部分该商品或服务的相关公众所知。"欧盟法院2015年9月3日认为"欧盟主要地区"有可能在一个成员国内,这个成员国可能是异议被提起的国家,但也可能不是。

第二个提请欧盟法院的问题是,如果知名度并没有在"有关成员国的相关公众"中建立,

---

① C-301/07 Pago案判决书第29段。

② C-125/14 Impulse案。

那么有知名度的商标的所有人是否可以在有关成员国依据《一号指令》第4(3)条保护自己的权利。

对此,欧盟法院认为是可能的,但只能在欧盟商标的持有人能证明“该国具有”,并且对于欧盟商标既没有实际的损害,也没有发生损害的“严重危险”。这种危险会随着在先商标的知名度而增长。该初裁与总法务官 N. Wahl 发表于2015年3月的意见相一致。

在 Nasdaq 案①中,Antartica 公司申请注册欧盟商标,使用在服装和体育器械等商品上。Nasdaq 股票市场公司提起异议,引证其享有在先权利的使用于金融服务等商品和服务上的 NASDAQ 商标(该商标在欧盟也享有一定的声誉),指出 Antartica 公司无正当理由,不当利用了 NASDAQ 商标知名度。异议处驳回了异议,申诉委员会随后支持异议。Antartica 公司上诉到欧盟普通法院,被欧盟普通法院判决驳回后,继续上诉至欧盟法院。

2009年3月12日,欧盟法院作出判决,维持了欧盟普通法院的认定,指出欧盟普通法院对《商标条例》第8(5)条的适用没有错误,根据该项规定,申请商标与在先商标相同或近似,尽管所使用的商品和服务不类似,但是 Nasdaq 公司的标志影响非常广泛,并不限于其所注册的金融服务方面,它作为一个商标,对消费者的影响力已经延伸到其他的商品和服务上。申请商标的所涉及的商品的相关公众也对 Nasdaq 公司的标志有深刻印象,此种情况下,Antartica 公司申请注册涉案商标,属于不当利用他人商标的知名度,是一种搭乘便车的行为,不得予以注册。

在鳄鱼案②中,2007年,Eugenia Mocek, Jadwiga Wenta KAJMAN Firma Handlowo – Usługowo – Produkcyjna(以下简称申请人)在第18类的宠物服装等、第20类的宠物垫子等,第22类的织物包装袋、第25类皮质或仿皮鞋和腰带等,以及第36类不动产评估及办公室出租等服务上申请注册欧盟图形商标。拉科斯特公司(LACOSTE)引证在先注册在第18、20、24、25类相关商品上的商标提起异议。异议被驳回后,异议人提起上诉。上诉得到部分支持,申诉委员会认为申请商标和引证商标在第18类和第25类上构成近似,但是在其他商品上不近似。申请人遂即上诉至欧盟普通法院。

2015年9月30日,欧盟普通法院对本案作出判决。法院认为,商标近似的判断取决于很多因素,尤其是相关公众的认知因素。商标的显著性越强,识别度越高,造成混淆的可能性越大,这也是为什么高知名度的商标要受到更大范围的保护。将申请商标和引证商标的标记本身作比较,两标记在含义上存在一定程度的近似。两商标所使用的商品在第18类和第25类上构成相同或类似商品。而且,根据异议人提交的证据,可以认定引证商标在第18和第25类上具有很高的知名度。将上述因素综合考虑,法院认定申请商标和引证商标在第18类和第25类上构成近似。然而,对申请商标注册的其他类别,因为引证商标没有形成较高的知名度,且两商标标志本身也确实存在某些区别,不会造成混淆,所以引证商标不能对抗申请商标在其他类别的注册。申请人上诉。2016年6月21日,欧盟法院裁定驳回上诉。

---

① T – 47/06, C – 320/07 P Nasdaq 案。

② T364/13, C – 619/15 P Lacoste 案。

（二）损害

损害的条件。在 Intel 案[①]中，原告 INTEL 公司在英国享有 INTEL 文字商标的专用权，此外，还在英国及其他国家和欧盟注册了含有"Intel"的若干关联商标，使用于第 9、16、38、42 类的计算机以及与计算机有关的商品和服务。有关材料证明，INTEL 商标在微处理产品、多媒体以及商务软件上在英国享有相当的知名度。被告 CPM 公司在英国注册了 INTELMARK 文字商标，使用于第 35 类的"营销及电话营销"服务。2003 年 10 月 31 日，INTEL 公司根据《英国商标法》第 47(2)条的规定，申请英国商标局宣告被告的 INTELMARK 商标无效，理由是 INTELMARK 不正当地利用了其在先注册的 INTEL 商标的知名度，有损在先商标的显著性，依法应当宣告无效。该申请 2006 年被商标局驳回，INTEL 公司不服，先后上诉到英格兰及威尔士高等法院和英格兰及威尔士上诉法院，案件主要集中在如何理解和适用《一号指令》中对有一定知名度的商标进行保护的反淡化条款，即第 4(4)(a)条和第 5(2)条。

在审理中，上诉法院就有关的法律适用问题向欧盟法院请求初裁。欧盟法院最后指出：《一号指令》的第 4(4)(a)条和第 5(2)条应当做如下理解：要判断是否构成商标淡化，必须要结合实际的情况，综合各种因素全面考量，在后的商标与有一定知名度的在先商标之间是否具有一定的关联，在后商标是否已经或可能不当地利用在先商标的知名度，是否已经或者可能给在先商标带来损害。即使在先商标并不独特，即使在后商标只是首次使用，也有可能对在先商标的显著性造成损害，从而构成商标淡化。但是，在先商标权利人必须证明在后商标的使用有损其商标的显著性，需要举证说明在先商标所使用的商品或服务的一般消费者因为在后商标的使用，而在消费行为上已经发生了改变，或可能发生某种重大的改变。

也就是说，损害发生要分三种情况，一是看有没有发生弱化，就是它的显著性被弱化了。二是看有没有声誉的贬损或丑化。三是"搭便车"。在这三种情况里面，前两种甚至还有进一步的要求，就是发生了所谓的弱化、丑化以后，消费者的消费习惯有没有发生相应的改变。甚至要求证明有这种后果，所以不是抽象、笼统地假说肯定会贬损或肯定会弱化，而是要求进一步去论证消费者消费习惯会改变。

在 CITI 案[②]中，欧盟普通法院对有一定知名度的在先商标对抗在后申请商标的条件作出解释。本案中，申请人申请注册 CITI 商标，使用在第 36 类的海关经纪、财产评估、不动产代理服务等项目上。异议人提起异议，认为申请商标与其在第 36 类金融服务等项目上在先申请的 CITI、CITIBANK、CITIBANKING 等构成近似。该异议得到欧盟知识产权局异议处的支持。异议处认为异议人的商标具有相当的知名度，所以虽然申请商标与引证商标使用的服务并不近似，但根据《商标条例》第 8(5)条，"有一在先且该商标在共同体享有声誉的"，在先商标所有人的异议应当获得支持。申请人上诉到申诉委员会，申诉委员会审查后认为，异议人的商标中只有一个 CITIBANK 有一定的知名度，而且相关公众一般不会把 CITIBANK 与申请商标 CITI 混淆。申诉委员会认为本案不存在对 CITIBANK 扩大保护的问题，但是考虑到 CITIBANK 相应的知名度，CITI 商标只能在海关经纪一项上获准注册。申请人不服，继续上

---

① C－252/07 Intel 案判决书第 62～64、79～81 段。

② T－181/05 CITI 案。

诉到欧盟普通法院。

法院经审理认为,本案的关键在于对《商标条例》第 8(5)条的适用,本条适用的条件是,对于相同或近似的商标,如果在先商标已经获得了知名度,而且在后商标的申请有利用在先商标知名度的恶意或者会危害到在先的商标。基于这些分析,欧盟普通法院认为,从发音和含义上看,CITI 是 CITIBANK 的主要的构成部分,BANK 只是一个描述性的词汇,因此两商标构成近似。CITIBANK 在欧盟范围内的金融服务领域已经获得较大的知名度。考虑到在国际贸易、进出口领域中的客户通常都会接受金融领域的服务,两商标使用的项目有些比较紧密的联系,客户很可能会认为两商标之间存在密切的联系。申请人申请被异议的商标,有利用异议人商标知名度的恶意。因此,申请人的商标不能予以注册。

在 BANANIA"战斗中塞内加尔步枪手的微笑"图形商标案①中,提起撤销的是 Nutrimaine 公司,它认为争议商标与自己使用在可可饮料等商品上并享有盛誉的 BANANIA 商标构成近似,对方把商标使用在酒精饮料上,将对它的品牌产生损害,酒精是不利于健康的,具有负面含义,它不希望自己的 BANANIA 品牌和酒精有什么瓜葛。但是,撤销处没有支持其申请。于是 Nutrimaine 公司提起上诉。

欧盟知识产权局申诉委员会认可了 Nutrimaine 公司 BANANIA 商标的知名度,也认为申请商标和引证商标确实"高度近似",但两商标毕竟使用于不同类的商品。问题的关键就成为将 BANANIA 用于酒精饮料是否损害了 Nutrimaine 公司一直用于非酒精饮料的商标。对此,申诉委员会指出,酒和烟不同,烟对烟民和周围的人来讲,都有诸多危害。但是对于酒,虽然过量饮用有损健康,且对饮酒的年龄、酒广告的内容等也有很多限制,但是适量饮酒对身体还有一定的好处,许多国家和地区的人都有饮酒的习惯,酒本身并不能让人产生不好的联想。因此 Nutrimaine 公司的主张不能获得支持。

在 Wolf 案②中,Environmental 公司申请欧盟图形商标,使用于第 7 类的商品。Société Elmar Wolf 公司(以下简称 SEW 公司)引证在先注册在第 7 类以及其他几个类别的几件法国商标和国际注册指定西班牙、葡萄牙的商标提起异议。异议被驳回,SEW 公司上诉并得到申诉委员会支持。Environmental 公司遂上诉至欧盟普通法院。

欧盟普通法院 2012 年 5 月 12 日作出判决,驳回 Environmental 公司上诉,认为考虑到本案在先商标的知名度,申请商标与引证商标的近似性,以及所使用商品的相同或类似的事实,可以断定在后商标的使用会对在先商标造成淡化,在先权利人不需要提交证据证明在后商标确实改变了消费者相关的经济行为。Environmental 公司不服,上诉至欧盟法院。

欧盟法院 2013 年 11 月 14 日作出判决。针对本案的关键点之一,即在先权利人要证明在后商标对在先商标显著性造成淡化时,是否需要提交证据证明在后商标改变了消费者相关的经济行为,欧盟法院认为,普通消费者"经济行为的变化"是淡化商标的一个判断标准。普通消费者"经济行为的变化"应是客观的现实情况。这种变化不能仅仅是主观推断出来的。消费者认识到了在后标志与在先标志之间存在近似性,并不意味着在后商标对于在先商标造成或可能造成损害。因此仅仅证明了消费者认识到了这种近似性,并不满足《商标条例》第 8

① R 677/2008 - 2 申诉委员会裁定第 36 ~ 39 段。

② T - 570/10, C - 383/12 P Wolf, T - 570/10 RENV 案。

(5)条的规定。

2015年2月5日,欧盟普通法院作出判决,落实了欧盟法院的前述观点,认为本案的异议人并没有证明消费者已经改变了相关的经济行为,因此,不能证明在后商标对在先商标的显著性特征产生或是将要产生损害。申诉委员会原来的淡化认定系属错误。

(三)"搭便车"

在L' Oréal一案①中,欧盟法院对如何理解商标《一号指令》第5(2)条中的"不当利用他人商标声誉"的问题作出阐释。L' Oréal公司等三原告均为L' Oréal集团名下的公司,他们在英国享有Trésor、Miracle等几个文字和图形商标的专用权,使用在香水和其他芳香类产品上。这些商标在英国均具有相当的知名度。被告Malaika公司和Starion公司销售由另一被告生产的"Creation Lamis""Dorall"等几个系列的芳香产品。这些产品有的与原告上述几个知名品牌的香水在包装上存在不同程度的相似,有的并不相似。即使相似,也不足以在专业人士和公众中造成混淆。但被告销售时宣称其香水是对原告知名品牌香水的模仿。

于是,原告以商标侵权为由将三被告诉至英格兰及威尔士高等法院。一审判决后,双方均不服,上诉至英格兰及威尔士上诉法院,上诉法院就案件中涉及的某些法律问题提请欧盟法院作出解释,其中包括如果使用与商标权利人商标近似的标志,但不会造成混淆,是否构成《一号指令》第5(2)条的情形。对此,欧盟法院指出,《一号指令》第5(2)条所指的第三人"不当利用他人商标声誉"并不要求一定要产生混淆,或一定要对他人的商标构成损害。只要第三人可以从这种"搭便车"行为中获取利益,且并未因此给予商标权利人任何经济补偿即可。

(四)相同或类似商品上的保护

在Davidoff案②中,欧盟法院认为,虽然《一号指令》第5(2)条所规定的对声誉商标的保护是授权性而不是强制性的规定,但实际适用这一规定立法的国家在执法过程中,不能导致著名商标在相同或类似商品上所获得的保护反而少于在非相同或类似商品上所获得的保护的结果。在解释法律时,既要考虑其字面含义,也要考虑总体的立法意图和目标。

因此,当《一号指令》第5(2)条所规定的对声誉商标的保护条件出现时,即在后商标的使用无正当理由从在先声誉商标的显著性或声誉中获利或对它们造成损害,即使商品相同或类似也可适用该款所规定的保护。

在Adidas Ⅱ案③中,原告阿迪达斯萨洛蒙公司要求保护一个特殊商标,该商标由衣服或裤子外侧"三条平行的道"构成。被告健美贸易公司(FITNESS TRADING LTD)在同样的位置使用了"两条平行的道"。欧盟法院在DAVIDOFF一案的基础上又向前迈进了一大步,它认为,各成员国不仅"可以"就相同或类似的商品对有声誉商标提供特殊保护,而且只要就非类似的商品对有声誉商标提供特殊保护的,成员国"必须"就相同或类似的商品给予这样的保护。

---

① C－487/07 L' Oréal案判决书第42～50段。

② C－292/00 Davidoff案判决书第24、25段。

③ C－408/01 Adidas Ⅱ案判决书第18～20、22段。

在对声誉商标进行保护时,要想证明近似,无须证明可能混淆,而只需证明可能联想,当然,还需证明在后商标对在先商标的显著性或知名度造成了损害或从中获取了不当利益。欧盟法院在此案中还认为,除非被告使用的标志被相关公众认为是纯粹属于美观装饰的作用,否则仍会构成侵权。

(五)正当理由

在 Bulldog 案①中,红牛公司 1983 年 7 月 11 日在第 32 类的"无酒精饮料"上注册了"Red Bull Krating – Daeng"图文组合商标。牛头犬公司于同年 7 月 14 日在第 32 类的"无酒精饮料"上注册了"THE BULLDOG"文字及图形商标。De Vries 先生早在 1975 年就将"The Bulldog"作为贩售饮料的餐馆和餐饮服务的商号使用,并曾在各种商业活动中使用过这一标识,但直到 1997 年才开始生产销售"The Bulldog"牌的功能饮料。

红牛公司以商标侵权为由将牛头犬公司诉至阿姆斯特丹地区法院。案件最终诉至荷兰最高法院。荷兰最高法院在审理中,提请欧盟法院对第三人在他人有一定知名度商标申请注册前善意使用与该商标相同或类似的标识是否构成《一号指令》第 5(2)条所述的"正当理由"作出初裁。

2013 年 3 月 21 日,总法务官给出意见,认为在判定被告的使用行为是否属于《一号指令》第 5(2)条的无"正当理由"的情形时应考虑下列因素:原告商标的知名程度及其显著特征的范围,原告商标的知名度越高,被告的使用行为越容易被认定为不正当;原告和被告商标的相似程度,二者相似程度越高,被告的使用行为越容易被认作从原告在先商标的声誉中获利或对其声誉造成损害;原告和被告商标所使用的商品和服务的性质,二者所使用的商品或服务越关系紧密,消费者越容易将两者联系起来;原告和被告商标的关联程度。本案红牛公司"Red bull"商标的注册日只比牛头犬公司的"The Bulldog"标识早几天,很难说红牛公司的"Red bull"商标在牛头犬公司的标识申请注册之时就已达到了驰名程度。即使 De Vries 先生自 1997 年才开始在功能饮料上使用其商标,法院也应考虑其商标(此前一段时间里)在其他商品或服务上的使用情况,因为其使用行为有可能已经为其积累了声誉或是产生了吸引力,而这种声誉或吸引力应被纳入合法权益的范围之内,不能因为 De Vries 先生在红牛公司之后才涉足功能饮料领域这一事实而断然否认其合法权益。

欧盟法院 2014 年 2 月 6 日做出初裁,认为根据《一号指令》第 5(2)条之规定,如果第三方对某标志的使用是基于善意,且使用的时间先于某个有知名度的商标申请注册的时间,那么即使该商标与该有知名度的商标构成近似,两者使用的商品也相同,有一定知名度的商标的所有人也有义务容忍第三方的使用行为。要判断是否符合上述的情形,欧盟法院认为成员国法院应当考虑几个因素:(1)该标志及其知名度为相关公众所接受的时间;(2)该标志使用的商品或服务与有知名度的商标注册使用的商品或服务的接近程度;(3)该标志的使用对于该标志所使用的商品在经济和商业上的重要性。

在 Interflora 案②中,被告玛莎公司使用了与著名鲜花公司原告 Interflora 的商标作为关键

---

① C – 65/12 Red Bull 案。

② C – 323/09 Interflora 案。

词，欧盟法院表示，如果竞争者只是提供一种替代选择而非提供仿制品，也不引起淡化或丑化，亦未对声誉商标的功能产生负面影响，则应被纳入自由竞争的范畴，从而具备使用商标的正当理由。

第二节　欧盟集体商标和证明商标

2015 年欧盟商标法修改对集体商标、证明商标做了一个比较全面的规定。以前在《欧共体商标条例》里面，只规定了集体商标，这次补充规定了证明商标。《商标指令》又要求各个国家对集体商标、证明商标进行规定。需要注意的是，《商标条例》规定证明商标不可以包含地名，集体商标可以包含地名，但《商标指令》又规定证明商标可以包含地名，具体情况还需要观察。

一、欧盟集体商标

集体商标的使用义务。在绿点案[①]中，DGP 公司（Der Grüne Punkt — Duales System Deutschland GmbH）申请并获准注册欧盟集体商标，使用于第 1～34 类的相关商品以及多个类别的服务。该标记是为了使消费者和商家能够识别 DGP 回收系统中的包装以及使用这种包装的商品，并将它们与其他包装和商品区分开来。

该商标在第 1～34 类所有商品上的注册被他人以不使用为由提起撤销。撤销处支持撤销，只维持了商品本身就是包装的注册。DGP 公司上诉，被申诉委员会驳回。申诉委员会认为消费者不会将有争议的商标视为商品来源的标志，而是把它看作包装可回收利用的符号。DGP 公司继续上诉，认为该标志的使用人并不是包装的生产商，而是涉案商品的生产商或销售商，这个标记标明的内容就是涉案商品的生产商或销售商参与了 DGP 回收系统，这会被相关公众认为是环保的良好行为，从而给相关商品赋予一种无形的特征。但欧盟普通法院判决也没有支持 DGP 公司。

欧盟法院 2019 年 12 月 12 日经过审查，作出判决推翻了普通法院的判决。法院首先指出，与个体商标不同，集体商标表明该商品/服务来源于作为商标所有人的“集体”的成员，而不是该集体之外的其他人，集体商标向消费者表明的并不是产品来源者的身份，标明具体来源者是个体商标才有的功能。在判断集体商标的使用时，与个体商标相同，也要看是不是发挥了指示商品来源的基本功能，能创造或是维持相关商品或服务的市场影响。这需要考虑各种有关的因素，尤其是这种使用是不是相关经济部门对使用该商标创造或维持相关商品或服务市场份额的一种保证，以及商品或服务的性质，相关市场特征，以及商标使用的规模和频率等。某些相关经济部门，比如食品、饮料等经常会产生包装垃圾。其生产商或销售商是否参与环保回收，也可能影响消费者的购买，并且进而影响使用该商标创造或维持相关商品或服务市场份额。而欧盟普通法院并没有就此进行审查。

---

① T－253/17，C－143/19 P 绿点案。

集体声誉商标。在大吉岭案[①]中,2010 年 10 月 22 日,Delta Lingerie 申请注册欧盟商标,使用的商品包括第 25 类的女性内衣等,还有第 35、38 类的零售及电信等服务。印度茶叶局(The Tea Board)引证在先注册在第 30 类茶叶商品上的欧盟文字商标“DARJEELING”和图形商标提起异议。异议被驳回,理由是使用的商品差别大,印度茶叶局也没有足够证据证明引证商标的知名度。印度茶叶局继续上诉,被申诉委员会驳回,遂诉至欧盟普通法院。

2015 年 10 月 2 日,欧盟普通法院做出判决,支持了申请商标在第 35 类某些服务以及第 38 类上的注册,但驳回了申请商标在第 25 类商品以及第 35 类另一些服务上的注册。法院认为,共同体集体商标(包括标明商品地理来源的标志)和其他商标没什么不同,都起到标明商品来源的作用。集体商标和一般商标是否近似,判断标准也没有什么特殊,也是要比较标志本身是否近似,以及使用的商品是否类似。对于本案,考虑到涉案商标使用的商品和服务的差别,法院认为欧盟知识产权局认定商标本身的近似程度不至于混淆这一点是正确的。但没有混淆并不意味着申请商标就必然可以获准注册。如果在先商标具有知名度,相关公众即使内心没有混淆,如认为两者存在联系,仍有在后商标搭乘在先商标便车的可能。本案中,申诉委员会在假定在先商标具有知名度和有联系的情况下,虽然排除淡化、丑化的认定是正确的,但排除“搭便车”损害的可能,做出申请商标可以注册的裁定,有失妥当。如果考虑到引证商标的知名度,申请商标使用的第 25 类的内衣、香水等商品及第 35 类的某些服务上,就有“搭便车”的可能。欧盟普通法院的这一认定,肯定了集体商标原则上可以作为驰名商标进行跨类保护。印度茶叶局上诉。2017 年 9 月 20 日,欧盟法院判决驳回上诉。

二、欧盟证明商标

如前所述,《商标条例》2015 年增加了证明商标的规定,与欧盟商标指令保持了一致。

证明商标的作用主要在于能够让消费者确信带有这些商标的产品或服务已经符合某些获得欧盟知识产权局认可的具体特点。而且,任何遵守商标法规的私人或公众机构均可使用证明商标。但是,证明商标的所有人在申请过程中必须声明自己不会供应相关的认证商品或服务。

证明商标与集体商标的不同之处在于,证明商标能够保证产品和(或)服务具备某些特点,而集体商标只能用来表示该标志的使用者是某一组织的成员。

第三节 欧盟商标与国际注册

《商标国际注册马德里协定》只允许以国家的身份参加,工作语言最初只有法语,而且必须要先在国内基础注册才能申请国际注册,驳回期只有一年,不能再另外收费,这些因素虽然有一定的便利性,但也限制了它的发展和扩容。后来在 1989 年签订了《商标国际注册马德里协定有关议定书》(以下简称《马德里议定书》),这个议定书就在各个方面放宽了对国际注册的限制。比如,在国内申请就可以马上申请国际注册,驳回期改成了 18 个月,费用可以再单

---

① T-624/13,C-673/15 P 大吉岭案。

独收一份单独规费,参加的成员不仅可以是国家,也可以是地区组织,语言也增加了英语和西班牙语。

这就为欧盟参加马德里国际注册体系打开了大门。欧盟 1996 年正式加入该议定书,为其他国家获得欧盟商标保护提供了新的渠道。当然,这样就有一个国际注册与欧盟的商标衔接的问题,例如直接到法国、德国或欧盟注册,也可以单独通过《马德里议定书》指定法国、德国,或同时再指定欧盟,这样欧盟其实和德国、法国有一定的重叠,但各自仍然相互独立。

新的《商标条例》专门在其第十三章规定了商标国际注册的有关事项,该章第一节规定的总体原则是,除非有特别规定,条例也适用于国际注册商标。

一、以欧盟为原属成员的国际注册

《商标条例》第十三章第二节规定了以欧盟商标为基础的国际注册程序。根据《马德里议定书》可以以欧盟商标注册或申请为基础向欧盟知识产权局提出国际注册申请。如果欧盟商标的注册语言是英、法、西之外的语言,申请人需要选择其一作为国际注册语言。如果有不规范的地方,欧盟知识产权局会要求申请人加以更正。

国际注册商标的注册日期和号码将由欧盟知识产权局记录在欧盟商标申请文件中并在其获得注册后记入欧盟商标注册簿中,以欧盟商标注册为基础的则直接记入注册簿。

如果基础注册或申请在国际注册 5 年内失效或无效,欧盟知识产权局将会通知国际局。所有费用都将直接支付给国际局。

二、以欧盟为指定成员的国际注册

《商标条例》第十三章第三节规定了以欧盟为指定缔约方的程序。例如通过国际注册指定欧盟的商标与直接申请具有同等效力,同时规定了欧盟知识产权局的两次公告程序:需要注意的是,之前 3 个月的异议期是从第一次公告后 6 个月起算,现在缩短了,变成了 1 个月起算。第二次公告则视同注册公告,5 年不使用的撤销期限也以此公告日起算。

该条例第三节还规定了特别涉及资深权、绝对理由审查、集体商标、证明商标、检索、异议、代替、无效、转让、许可、驳回及无效后的转换(Conversion),以及中心打击之后的转化(Transformation)等的特别程序。以下简要介绍一下新的条例出台以前有关国际注册的起算时间点和国际注册效力的两个判例,欧盟法院在其中的意见已基本吸收到新的条例中了。

国际注册的起算时间点。欧盟法院在 Le Chef de Cuisine 案①中阐述了计算指定各成员国的国际注册商标不使用的时间起点。在该案中,奥地利的自然人 Haupl 以不使用为由,申请撤销 Lidl 超市用于熟肉制品的 Le Chef de Cuisine 文字商标。涉案商标从 1993 年 10 月 12 日起开始作为一个国际注册的商标予以保护,但是公告的日期是 1993 年 12 月 2 日。而 Lidl 超市 1998 年 11 月 5 日开始营业,这也是涉案商标首次使用的日期,期限的起算点对于本案的处理至关重要。奥地利知识产权局作出的决定采用 1993 年 10 月 12 日作为起算点,由此得出的结论是 5 年期限已满,涉案商标应予撤销。Lidl 超市不服,上诉到奥地利知识产权法庭,知识产权法庭就期限起算的问题请示了欧盟法院。

---

① C-246/05 Le Chef de Cuisine 案判决书第 31、54 段。

欧盟法院作出裁决认为,5 年不使用撤销期限的起算点应该由商标注册的程序决定,也即应由国际注册商标延伸至的国家,根据自己的程序方面的法律规定,判断商标注册程序是否已经完成,完成的时间点即为不使用撤销期限的起算点。

国际注册的效力。对于指定欧盟的国际注册商标是否应当受到海关条例的保护的问题,欧盟法院对德国法院提请的 Davidoff 案中①作出初裁,给予了肯定的答复。该案中,商标权利人 Davidoff 公司依据第 1383/2003 号规定第 5(4)条,向德国海关提出申请,要求对其根据《马德里议定书》进行的指定欧盟的国际注册的十二个商标采取海关保护措施,但遭到拒绝。海关的理由是,Davidoff 公司提出申请所依据的这项规定中保护的是欧盟商标,而 Davidoff 公司的商标是根据《马德里议定书》进行的国际注册商标。Davidoff 公司不服,上诉至德国商业法院,商业法院在审理中,就有关问题提请欧盟法院作出解释,即考虑到欧盟也加入了《马德里议定书》,那么第 1383/2003 号规定第 5(4)条,尽管条文提到的仅仅是欧盟商标的字眼,是否可以理解为也包括指定欧盟国家的国际注册商标?

对此,欧盟法院给出了非常直接的回复:既然欧盟已经加入了《马德里议定书》,《商标条例》第 146 条也明确了国际注册指定欧盟的商标应当得到与欧盟商标同等的保护,那么第 1383/2003 号条例第 5(4)条,就应当理解为,国际注册指定欧盟的商标的权利人,与欧盟商标的权利人一样,不仅可以要求侵权货物登录的国家给予保护,也可以要求指定欧盟的其他成员国的海关扣留侵权货物。

---

① C－302/08 Davidoff 案。

主要参考文献

一、专著

1. Guy Tritton, *Intellectual Property in Europe*, 3rd Edition, Sweet & Maxwell, 2008, 2018.

2. Ben Smulders & Herman Jehoram, *The European Community and Copyright*, one part of International Copyright Law and Practice by Paul Geller, Myers Nimmer, Matthew Bender, 2005.

3. Catherine Seville, *EU Intellectual Property Law and Policy*, Edward Elgar, 2009.

4. David Keeling, *Intellectual Property Rights in EU Law*, volume one, Oxford University Press, 2003.

5. Cornish Llewelin, *Intellectual Property: Patents, Copyright, Trade Marks and Allied Rights*, 6th edtion, Sweet & Maxwell 2007.

6. D. I. Brainbridge, *Intellectual Property*, 4th edition, Financial Times & Pitman Publishing, 1999.

7. Alison Jones & Brenda Sufrin, *EC Competition Law*, 3rd Edition, Oxford University Press, 2008.

8. Duncan Curley, *Intellectual Property License and Technology Transfer*, Chandos Publishing, 2004.

9. Nari Lee, Niklas Bruun, Mingde Li, editors, *Governess of Intellectual Property Rights in China and Europe*, Edward Elgar Publisher, January 2016.

10. [匈]米哈伊·菲彻尔:《版权法与因特网》,郭寿康、万勇、相靖译,中国大百科全书出版社 2009 年版。

11. [美]吉·德雷特勒:《知识产权许可》,王春燕等译,清华大学出版社 2003 年版。

12. 郑成思:《知识产权法》(第 2 版),法律出版社 2003 年版。

13. 郑成思:《知识产权论》(第 3 版),法律出版社 2003 年版。

14. 郑成思:《知识产权法:新世纪初的若干研究重点》,法律出版社 2004 年版。

15. 郑成思:《版权法》(修订本),中国人民大学出版社 1997 年版。

16. 郑成思:《世界贸易组织与贸易有关的知识产权》,中国人民大学出版社 1996 年版。

17. 郑成思主编:《知识产权——应用法学与基本理论》,人民出版社 2005 年版。

18. 李明德:《美国知识产权法》,法律出版社 2003 年版。

19. 李明德、闫文军:《日本知识产权法》,法律出版社 2020 年版。

20. 李明德、许超:《著作权法》(第 2 版),法律出版社,2009 年版。

21. 吴伟光:《数字技术环境下的版权法》,知识产权出版社 2008 年版。

22. 闫文军:《专利权的保护范围》(第 2 版),法律出版社 2018 年版。

23. 黄晖:《商标法》(第 2 版),法律出版社 2016 年版。

24. 黄晖:《驰名商标和著名商标的法律保护》,法律出版社 2001 年版。

二、论文

1. Bernt Hugenholtz, *Why the Copyright Directive is Unimportant, and Possibly Invalid*, 2000 EIPR, issue 11.

2. J. Rheinbothe & S. von Lewinski, *The WIPO Treaties 1996: Ready to Come into Force*, 2002 EIPR, 199.

3. Thomas C. Vinje, *Should We Begin Digging Copyright's Grave?*, 2000 EIPR, issue 12.

4. Silke von Lewinski, *Proposed EC Directive on Copyright and Related Rights in the Information Society as It Porgress*, IIC No. 7, 1999.

5. Peter S Menell, *Tailing Legal Protection for Computer Program*, 39 Stanford Law Review 1329 (1987).

6. F. K. Beier, *Industrial Property and the Free Movement of Goods in the Internal European Market*, (1990) IIC, 131.

7. Chistie, *Designing Appropriate Protection for Computer Programs*, 1994 ETPR, 486.

8. Matthias Leistner, *Current Trends and Future of Copyright in Europe*, a report to Chosum University International Symposium, September 11, 2009.

三、绿皮书、建议、报告等

1. Television without Frontiers: Green Paper on the Establishment of the Common Market for Broadcasting, especially by Satellite and Cable, COM(84) 300 final.

2. Commission of European Communities, Green Paper on Copyright and the Challenge of Technology - Copyright Issues Requiring Immediate Action, COM /88/172 Final.

3. Green Paper on Copyright and Related Rights in the Information Society, COM (95) 382 final.

4. Follow - up Green Paper on Copyright and Related Rights in the Information Society, COM (96) 586 final.

5. Commission of European Community: Green Paper on Copyright in Acknowledge Economy, July 17, 2008, COM (2008) 466 final.

6. Communication from the Commission: EUROPE 2020: A strategy for smart, sustainable and inclusive growth, COM(2010) 2020 final.

7. Communication from the Commission: A digital Agenda for Europe, COM (2010) 245 final.

8. Communication from the Commission: Towards a modern, more European copyright framework, COM(2015) 626 final.

9. Commission Recommendation of 18October 2005 on collective cross - border management

of copyright and related rights for legitimate online music services, 21/10/2005.

10. Commission prohibits practices which prevent European collecting societies offering choice to music authors and users, news brief, July 16, 2008(IP/08/1165).

11. Proposal for a EUROPEAN PARLIAMENT AND COUNCIL DIRECTIVE amending Directive 2006/116/EC of the European Parliament and of the Council on the term of protection of copyright and related rights, COM (2008) final, July 16, 2008.

12. Press Release IP/09/627"Commission welcomes Parliament vote on copyright term of 23 April 2009".

13. Report from the Commission on the implementation and effects of Directive 91/250/EEC on the legal protection of computer programs, COM/2000/0199 final.

14. Commission of European Communities, First evaluation of Directive on the legal protection of databases, 12 December 2005.

15. Commission Staff Working Document, *Evaluation of Directive 96/9/EC on the legal protection of databases*, Brussels, 25.4.2018 SWD(2018) 146 final.

16. Commission of EU, Report on the Public Lending Right in the European Union COM (2002) final.

17. Report from the European Commission on the Application of Council Directive 93/83/EEC of 27 September 1993 on satellite broadcasting and cable retransmission, July 26, 2002 COM (2002) 430 final.

18. Study on the Implementation and Effect on the Member States' Laws of Directive 2001/29/EC on the Harmonization of Certain Aspects of Copyright and Related Rights in the Information Society, Final Report by Institute of Information Law, Amsterdam University, February 2007.

四、条约、条例、指令和案例

(一)条约(Treaties)

1. Paris Convention for the Protection of Industrial Property (1883, 1967).

2. Berne Convention for the Protection of Literary and Artistic Works (1886, 1971).

3. Rome Convention on the Protection of Performers, Producers of Phonograms, and Broadcasting Organizations (1961).

4. WIPO Copyright Treaty (1996).

5. WIPO Performance and Phonograms Treaty (1996).

6. Marrakesh Treaty to Facilitate Access to Published Works for Persons Who Are Blind, Visually Impaired, or Otherwise Print Disabled (2013).

7. Patent Cooperation Treaty (1970, 1984).

8. Convention on Biological Diversity (1992).

9. Madrid Agreement Concerning the International Registration of Marks (1891).

10. Protocol relating to the 1891 Madrid Agreement Concerning the International Registration

of Marks (1989).

11. International Convention for the Protection of New Varieties of Plants (1961, 1991).

12. Agreement Establishing World Trade Organization (1994).

13. Agreement on Trade – Related Aspects of Intellectual Property Rights (1994).

14. Universal Declaration of Human Rights (1948).

15. Brussels Convention on Jurisdiction and Enforcement in Civil and Commercial Matters (1968).

16. Vienna Convention on the Law of Treaties (1969).

17. European Community Treaty (Rome Treaty, 1957).

18. Single European Act (1986).

19. Agreement on the European Economic Area (1992).

20. Treaty on European Union (Maastricht Treaty, 1992).

21. Treaty ofAmsterdam (1997).

22. Treaty ofLisbon (2009).

23. Treaty of European Union (2009).

24. Treaty on the Functioning of the European Union (2009).

25. European Patent Convention (1973, 2000).

(二)条例(Regulations)

1. Regulations Concerning the Creation of a Supplementary Protection Certificate for Medical Products (1992).

2. Regulations on Compulsory Licensing of Patents relating to the Manufacture of Pharmaceutical Products for Export to Countries with Public Health Problems (2006).

3. Regulations on Community Designs (2002).

4. Regulations on Community Plant Variety Rights (1994, 2005).

5. Regulation Implementing Enhanced Cooperation in the Area of the Creation of Unitary Patent Protection (2012).

6. Agreement on the Unified Patent Court (2013).

7. Regulations on Supplementary Protection Certificates for Plant Protection Products (1996).

8. Regulations on Community Trademark (1994, 2009, 2015, 2017).

9. Regulations on the Protection of Geographical Indications and Designations of Origin for Agricultural Products and Foodstuffs (1992, 1997, 2000, 2003).

10. Regulation on Certificates of Specific Character for Agricultural Products and Foodstuffs (1992).

11. Regulations Establishing the Community Customs Code (1992).

12. Regulations Concerning Customs Actions against Goods Suspected of Infringing Certain Intellectual Property Rights and the Measures to be taken against Goods found to have Infringed Such Rights (2003).

13. Regulation Concerning Customs Enforcement of Intellectual Property Rights (2013).

14. Regulations on Jurisdiction and the Recognition and Enforcement of Judgments in Civil and Commercial Matters (2001).

15. Regulation on Certain Permitted Uses of Certain Works and other Subject Matter Protected by Copyright and Related Rights for the Benefit of Persons Who are Blind, Visually Impaired or otherwise Print – disabled (2017).

(三)指令(Directives)

1. Directive on Semiconductor Products (1987).

2. Directive on Legal Protection of Computer Programs (1991).

3. Directive on Rental Right and Lending right and on Certain Rights related to Copyright (1992).

4. Directive on Copyright and Rights related to Copyright applicable to Satellite Broadcasting and Cable Retransmission (1993).

5. Directive on Term of Copyright and certain Related Rights (1993).

6. Directive on the Legal Protection of Database (1996).

7. Directive on Information Society Services, in Particular Electronic Commerce, in the Internal Market (2000).

8. Directive on Copyright and Related Rights in the Information Society (2001).

9. Directive on the Resale Right for the Benefit of the Author of an Original Work of Art (2001).

10. Directive on Certain Permitted Uses of Orphan Works (2012).

11. Directive on Certain Permitted Uses of Certain Works and other Subject Matter Protected by Copyright and Related Rights for the Benefit of Persons Who are Blind, Visually Impaired or otherwise Print – disabled (2017).

12. Directive on Collective Management of Copyright and Related Rights and Multi – territorial Licensing of Rights in Musical Works for Online Use in the Internal Market (2014).

13. Directive on the Exercise of Copyright and Related Rights Applicable to Certain Online Transmissions of Broadcasting Organizations and Retransmissions of Television and Radio programs (2019).

14. Directive on Copyright and Related Rights in the Digital Single Market (2019).

15. Directive on Biotechnological Inventions (1998).

16. Directive on the Legal Protection of Designs (1998).

17. Directive on Misleading Advertising (1984).

18. Directive on Trademarks (1989, 2008).

19. Directive on the Enforcement of Intellectual Property Rights (2004).

20. Directive on the Protection of Trade Secrets (2016).

(四)案例(略,参考正文相关部分)